U0681992

马　骏　黄美华——著

The Ancient Japanese Literature under the Stylistic Influence of the Chinese Buddhist Scriptures

(研究·资料)

汉文佛经文体影响下的日本上古文学

(资料卷·下)

社会科学文献出版社
SOCIAL SCIENCES ACADEMIC PRESS(CHINA)

本书得到北京第二外国语学院人才引进项目资助，是国家社会科学基金一般项目
“日本上代文学文体与汉文佛经的比较研究”（批准号：12BWW015）的结项成果。

目　录

contents

P

【拍於～/～をうつ】 于字　拍打，击打。《日本灵异记》下卷《拍于忆持千手咒者以现得恶死报缘第14》（p. 296）唐法琳撰《一切经音义》卷31："拍长者……《博雅》云：拍，击也。《说文》云：拍，拊也。从手，白声。"又卷42："拍：烹百反。《古今正字》云：拍，拊也。从手，白声。"又卷57："拍杀：普格反。《广雅》：拍，击也。《释名》：拍，搏也。以手搏其上也。今谓拍其上而死也。经文作摽，非也。"隋阇那崛多译《佛本行集经》卷27《魔怖菩萨品》："或复以手，拍于脐上。或复数数，解脱衣裳。或复数数，还系衣服。或复数数，褰拨内衣，露现尻髀。"按：《日本灵异记》中的"拍于～"，后续的是宾语；《佛本行集经》中的"拍于～"，后续的是处所。

【排開/おしひらく】 后补　拨开（草丛）；推开（门户）。《日本灵异记》下卷《忆持〈法华经〉者舌著曝髑髅中不朽缘第1》："闻之留立，排开草中而见之者，有一髑髅。历久日曝，其舌不烂而生者著有。"（p. 263）后汉安世高译《大比丘三千威仪》卷2："复有五事：一者比丘僧会，不得但著结袈裟入行众中；二者不得当讲堂户中观僧；三者不得踞户外听僧语；四者不得住户中大呼留上人；五者设讲堂户已闭，不得排开，急欲入当三弹指。"按：《汉语大词典》失收。

【徘徊顧恋/はいかいこれん】 四字　彷徨眷顾。《日本书纪》卷15《仁贤纪》六年九月条："于是粗寸从日鹰吉士发向高丽。由是其妻饱田女徘徊顾恋，失绪伤心。"（第二册，p. 262）唐慧琳撰《一切经音义》卷14："踯躅：郑剧反，下重局反。踯躅，犹徘徊也，不进也，跳跃也。"新罗璟兴撰《无量寿经连义述文赞》卷3："徙倚者，犹徘徊也。又失所之状，宜从初也。"又卷16："屏营：上并冥反，下唯荧反。案屏营，犹徘徊也。"又卷52："彷徉：房羊二音。《广雅》：'彷徉，从倚也，亦徘徊也。'"又卷72："踌躇：上宙留反，下纾庐反。《考声》云：'踌躇，不行也。又云徘徊也。'"又卷33："顾恋：古布反。《郑笺毛诗》云：'回首曰顾，顾，犹视也。又云顾，念也。'《广雅》云：'眷，顾也。'"齐昙景译《摩诃摩耶经》卷1："上至诸天，五欲自在。福尽临终，五相现时，徘徊顾恋，心怀愁苦。"按：汉文佛经中还有以下类似的四字格语句。东晋法显译《大般涅槃经》卷2："弗波育帝等五百人，悲号啼泣，奉送如来，徘徊顾慕，绝望乃返。”唐道宣撰《集神州三宝感通录》卷3：“其人徘徊顾眄记志处所，以赍瓠卢挂于室树下山，召村人往寻其谷内，树上往往，悉是瓠卢，莫知纵迹。”

【徘徊四望/たちもとほり、よもをのぞむ】 四字 流连忘返，四顾而望。《肥前国风土记・养父郡》条：“同天皇行幸之时，在此山行宫，徘徊四望，四方分明。因曰分明村，今讹谓狭山乡。”（p. 318）（1）唐慧祥撰《古清凉传》卷2：“未行数步，恍若有忘。徘徊四望，都无所见，唯高山巨谷，蟠木秀林而已。”（2）唐义净译《根本说一切有部毘奈耶》卷26：“后于异时，师子出窟，奋迅身体，三声哮吼，四顾而望，来向彪前。彪亦出窟，摇鼓身体，吼叫三声，周回四望，向师子前。”又《根本说一切有部毘奈耶杂事》卷16：“时阿难陀，四望顾视，婆罗门更加瞋恼。”

【攀持/よぢかかる】 并列 牵挽，抓住。《日本书纪》卷2《神代纪下》：“时此神形貌自与天稚彦恰然相似。故天稚彦妻子等见而喜之曰：‘吾君犹在。’则攀持衣带，不可排离。’”（第一册，p. 124）（1）后汉昙果、康孟详合译《中本起经》卷1《化迦叶品》：“佛后入指地池澡浴毕，当出无所攀持，池上有树，名曰迦和，绝大修好。其树曲下就佛，佛牵出池。”刘宋求那跋陀罗译《过去现在因果经》卷4：“尔时世尊，又于他日，入指地池，而自洗浴。洗浴讫已，心念欲出，无所攀持。池上有树，名迦罗迦，枝叶蔚映，临于池上。”梁僧佑撰《释迦谱》卷有转录。（2）《吴志》卷7《张昭传》：“权每田猎，常乘马射虎，虎常突前攀持马鞍。昭变色而前曰：‘将军何有当尔？夫为人君者，谓能驾御英雄，驱使群贤，岂谓驰逐于原野，校勇于猛兽者乎？如有一旦之患，奈天下笑何？’权谢昭曰：‘年少虑事不远，以此惭君。’然犹不能已，乃作射虎车，为方目，间不置盖，一人为御，自于中射之。”按：《汉语大词典》失收。

【攀引/よぢひく】 并列 攀缘，抓住。《出云国风土记・出云郡》条：“即北海滨有矶，名脑矶，高一丈许。上生松，芫至矶。邑人之朝夕如往来，又木枝人之如攀引。”（p. 212）唐慧琳撰《一切经音义》卷69：“攀揽：上盼蛮反。王逸注《楚辞》云：攀，引也。《广雅》：恋也。《说文》作𠬤，云：引也，从反，𠬤今作攀，从手，樊声。”西晋竺法护译《宝女所问经》卷1《问慧品》：“无有根本，亦无所住，犹如心者，不可攀引。”隋阇那崛多译《佛本行集经》卷2《发心供养品》：“时菩萨母，仰观虚空，安庠右手，攀引树枝，枝即垂下。”唐道宣撰《集神州三宝感通录》卷1：“昔与育王共游鄮县下真舍利起塔镇之，育王与诸真人捧塔飞行虚空入海，诸弟子攀引，一时俱堕，化为乌石，石犹人形，其塔在铁围山也。”按：《汉语大词典》例举唐张鷟《朝野佥载》卷6：“尝著吉莫靴走上砖城，直至女墙，手无攀引。”略晚。

【攀缘/えんをよづ】 述宾 攀取缘虑之意。凡夫由于以妄想缘取三界诸法，故产生种种烦恼。《日本灵异记》中卷《序》：“恶因连磐趁苦处，善业攀缘引安堺。”（p. 141）姚秦鸠摩罗什译《维摩诘所说经》卷2《文殊师利问疾品》：“何所攀缘？谓之三界。云何断攀缘？以无所得，若无所得，则无攀缘。”后秦僧肇撰《注维摩诘经》

卷5《文殊师利问疾品》："心有所属，名为**攀缘**，**攀缘**取相，是妄动之始，病之根也。"

【抛入/なげいる】 后补 扔进，掷入。《续日本纪》卷1《文武纪》四年三月条："卜人曰：'龙王欲得铛子。'和尚闻之曰：'铛子此是三藏之所施者也。龙王何敢索之?'诸人皆曰：'今惜铛子不与，恐合船为鱼食。'因取铛子，**抛入**海中。"（第一册，p. 24）唐慧琳撰《一切经音义》卷33："**抛**钵：普交反。**抛**，掷也。《埤苍》云：**抛**，击也。"唐阙名《持诵金刚经灵验功德记》卷1："昔有朱士衡，为性粗恶，不敬三宝。为梁国左仆射。其妻常乐善，专持《金刚经》，其夫不在正持《金刚经》。次其夫从外而归，见妻乃于手中夺得经卷，**抛入**火中。及至火灭，经亦不损。遂夫妻二人，却收经卷，于佛前忏悔。"唐于頔编集《庞居士语录》卷3："觉熟捻铛下，将身近畔边。时时**抛入**口，腹饱肚无言。"《敦煌变文·维摩诘经讲经文（一）》："忽被个泥鳅之鱼，**抛入**水池之内，浑身不净，遍体腥臊，满池之清水浑浊，彻底之澄泉臭秽。"按：《汉语大词典》失收。

【泡沫之命/ほうまつのいのち】 自创 "泡沫"，指聚集在液体中的气泡，亦用来比喻人的肉体的脆弱。《万叶集》卷5《敬和为熊凝述其志歌序》："传闻假合之身易灭，**泡沫之命**难驻。"（第二册，p. 66）唐慧琳撰《一切经音义》卷28："**泡沫**：上魄茅反。《考声云》：水上浮沤也。《说文》：从水，包声。下忙钵反。顾野王云：**沫**，水上浮沫，重重水上浮沫也。"后秦佛陀耶舍、竺佛念合译《长阿含经》卷4："是身如**泡沫**，危脆谁当乐？佛得金刚身，犹为无常坏。"姚秦鸠摩罗什译《大庄严论经》卷3："**泡沫**及沙聚，芭蕉无坚实。如此危脆身，修善百劫住。"隋达摩笈多译《起世因本经》卷4《地狱品》："彼頞浮陀，地狱之中，诸众生辈，有得如是，色身形体，譬如**泡沫**，是故名为，頞浮陀也。"按：如例句所示，与"泡沫"一词搭配使用的通常是"身"，而不是"命"。歌序中的"泡沫之命"可以说是一种创新的搭配形式。

【配住/はいじゅう】 述宾 被安排住在某处。《唐大和上东征传》："是时，大周则天长安元年有诏于天下诸州度僧，便（就）智满禅师出家为沙弥，**配住**大云寺。"（p. 34）唐道宣撰《集古今佛道论衡》卷3："及武德四年荡定东夏，入伪诸州例留一寺洛阳旧都僧徒极盛，简取名胜**配住**同华。"唐道世撰《法苑珠林》卷38："时有道宣律师门徒十人，**配住**西市南长寿坊崇义寺。"日本空海撰《御请来目录》卷1："入唐学法沙门空海言：空海以去延历二十三年，衔命留学之末，问津万里之外。其年腊月，得到长安。二十四年二月十日，准敕**配住**西明寺。"按：《汉语大词典》失收。

【捧鉢受飯/はちをささげて、いひをうく】 自创 捧着饭钵盛饭。《日本灵异记》中卷《恃己高德刑贱形沙弥以现得恶死缘第1》："时有一沙弥，滥就餐供养之处，**捧钵受饭**。亲王见之，以牙册以罚沙弥之头。头破流血，沙弥摩头扪血，悕哭而忽不覲。所去不知。"（p. 146）宋智觉注《心性罪福因缘集》卷2："应时天童，光明照耀，忽然现前，礼弥留越匝七匝，恭敬合掌，**捧钵受**食。僧俗贵贱，极大惊怪，悔过自责，顶礼愚僧，请于忏悔。从是以后，尊重赞叹，弥留越以为上首。”宋宗寿集《入众日用》卷1：“两手捧钵受食，想念偈云：‘若受食时，当愿众生，禅悦为食，法喜充满。’”该例亦见于宋惟勉编《丛林校定清规总要》卷2。

【捧持/ささげもつ】并列（3例）恭敬地托着；环抱式地握持。《古语拾遗》：“其物既备，掘天香山之五百筒真贤木，而上枝悬玉，中枝悬镜，下枝悬青和币白和币，令太玉命捧持称赞。”（p. 123）又：“其物既备，天富命率诸斋部，捧持天玺镜剑，奉安正殿，并悬琼玉，陈其币物，殿祭祝词。”（p. 133）《续日本纪》卷27《称德纪》天平神护二年十月条：“壬寅，奉请隅寺毘沙门像所相舍利于法华寺。简点氏氏年壮然有容貌者。五位以上二十三人，六位以下一百七十七人，捧持种种幡盖，行列前后。其所著衣服，金银、朱紫者，恣听之。诏百官主典以上，礼拜。”（第四册，p. 134）（1）东晋瞿昙僧伽提婆译《中阿含经》卷30《大品》：“梵志居士，以手捧持，种种饮食，住道边待，而作是说：‘精进沙门，受是食是，可持是去，随意而用，令我长夜，得利饶益，安隐快乐。’”唐实叉难陀译《大方广佛华严经》卷74《入法界品》：“九者，此世界中，所有天女，乃至摩睺罗伽女，皆生欢喜，各各捧持，诸供养具，向毕洛叉树前，恭敬而立。”高丽义天集《圆宗文类》卷22：“清净不染华中莲，捧持世界百亿千。踊出香海浩无边，风轮负之尽夜旋。”（2）《文选》卷41司马迁《报任少卿书》：“拳拳之忠，终不能自列。（《礼记》，子曰：‘回得一善，拳拳不失之矣。’郑玄曰：‘拳拳，捧持之貌。’）因为诬上，卒从吏议。”《隋书》卷80《烈女传》：“年十八，觊从军战没，于氏哀毁骨立，恸感行路。每至朝夕奠祭，皆手自捧持。”按：《汉语大词典》首引唐杨巨源《酬崔驸马惠笺百张兼贻四韵》：“捧持价重凌云叶，封裹香深笑海苔。”偏晚。

【捧幡/はたをささぐ】先例　手持旗帜。《肥前国风土记·基肆郡》条：“珂是古，即捧幡祈祷云：‘诚有欲吾祀者，此幡顺风飞往，堕愿吾之神边。’便即举幡，顺风放遣。”（p. 316）宋常谨集《地藏菩萨像灵验记》卷1：“有沙门一人童子二人。而一童捧幡，一童棹船。沙门持梵夹。”按：《汉语大词典》失收。

【披卷聞名/まきをひらき、みなをきく】自创　读诵经文，听闻佛号。《奈良朝写经45·说一切有部俱舍论卷第21》：“凭斯胜因，断无明暗得智慧眼。披卷闻名，回邪归正；超过三界，游历宝□［刹］。”（p. 292）→【聞名持卷】

【披著袈裟/けさをきる】四字　身上穿着法衣。《日本灵异记》下卷《灾与善表相先现而后其灾善答被缘第38》：“惭愧者，剃除鬓发，披著袈裟。弹指者，灭罪得福也。”（p. 372）失译人名今附北凉录《大方广十轮经》卷3《相轮品》：“佛言：‘善男子，若诸比丘，佛法出家，剃除须发，披著袈裟，一切天人阿修罗，皆应供养。’”唐道宣撰《四分律删繁补阙行事钞》卷3：“《大悲经》云：‘但使性是沙门污沙门行，形是沙门披著袈裟者，于弥勒佛乃至楼至佛所，得入涅槃，无有遗余。’”

【皮鞋/みくつ】偏正 （2例） 用皮革做的鞋。《日本书纪》卷24《皇极纪》三年正月条："偶预中大兄于法兴寺槻树之下打毱之侣，而候**皮鞋**随鞠脱落，取置掌中，前跪恭奉。"（第三册，p.86）《藤原家传》上卷《镰足传》："倘遇于蹴鞠之庭，中大兄**皮鞋**随球放落。大臣取捧。中大兄敬受之。自兹相善，俱为鱼水。"（p.141）唐慧琳撰《一切经音义》卷62："革屣：上正，革字也。下师滓反，西国**皮鞋**也。"隋达磨笈多译《菩提资粮论》卷6："支提舍中，应以种种香油酥灯鬘等善作供养，为得佛眼故。布施伞盖**皮鞋**象马车舆乘等，为得菩萨无上神通乘不难故。"唐义净撰《南海寄归内法传》卷2："若尔者，著衣噉食，缘多损生。蝼蚓曾不寄心，蛹蚕一何见念。若其总护者，遂使存身靡托投命何因。以理推征此不然也。而有不噉酥酪不履**皮鞋**不著丝棉，同斯类矣。"唐闾丘胤撰《寒山子诗集》卷1："急须归去来，招贤阁未启。浪行朱雀街，踏破**皮鞋**底。"按：《汉语大词典》例引赵彦卫《云麓漫钞》卷3："今人为**皮鞋**不用带线，乃古丧屦。"偏晚。

【毗瑠璃王/びるりおう】人名 波斯匿王即位后，欲娶释种之女，释迦族的摩诃男选婢女的女儿嫁给了他，王立为第一夫人，生子名毗瑠璃（流离）。毗瑠璃屡屡受到释迦族人的羞辱，继承王位后，立即率兵灭了释迦族。《日本灵异记》下卷《杀生物命结怨作狐狗互相怨报缘第2》："何以故？**毗瑠璃王**，报过去怨，而杀释众九千九百九十万人。以怨报怨，怨犹不灭。如车轮转。"（p.267）东晋瞿昙僧伽提婆译《增壹阿含经》卷26《等见品》："是时，波斯匿王随寿在世，后取命终，便立流离太子为王。是时，好苦梵志至王所，而作是说：'王当忆本释所毁辱。'"又："佛告目连：'汝今还就本位，释种今日宿缘已熟，今当受报。'"又："是时，流离王杀九千九百九十万人，流血成河，烧迦毘罗越城，往诣尼拘留园中。"

【毗沙門天（像）/びしゃもんてん（ぞう）】菩萨 （2例）"毗沙门天"，四天王天中北方天王的名字，汉译为多闻，亦即多闻天王，佛教护法天神。《续日本纪》卷27《称德纪》天平神护二年十月条："壬寅，奉请隅寺**毗沙门像**所现舍利于法华寺。"（第四册，p.137）又卷29《称德纪》神护景云二年十二月条："十二月甲辰，先山阶寺僧基真，心性无常，好学左道。诈咒缚其童子，教说人之阴事。至乃**毗沙门天像**，密置数珠珠子于其前，称为现佛舍利。道镜仍欲眩耀时人，以为己瑞。"（第四册，p.224）姚秦佛陀耶舍、竺佛念等合译《长阿含经》卷20《四天王品》："须弥山北千由旬有**毗沙门天王**，王有三城：一名可畏，二名天敬，三名众归。各各纵广六千由旬，其城七重，七重栏楯、七重罗网、七重行树，周匝校饰，以七宝成，乃至无数众鸟相和而鸣，亦复如是。"

【疲尽/つかれつく】后补 精疲力竭。《日本书纪》卷19《钦明纪》十五年十二月条："于是新罗将等具知百济**疲尽**，遂欲谋灭无余。有一将云：'不可。日本天皇以任那事屡责吾国。况复谋灭百济官家，必招后患。'故止之。"（第二册，p.434）史传部《寺沙门玄奘上表记》卷1："沙门玄奘言：名庸虚幸参梵侣，贞观之日，早沐殊私，永徽以来，函叨恩遇，顾循菲劣，每用惭负。自奉诏翻译一十五年，夙夜非遑，思力疲尽。行年六十。又婴风疹，心绪迷谬，非复平常。朽疾相仍，前途讵几?"按：《汉语大词典》失收。→【滅尽】【為尽】

【疲寝/つかれいぬ】 后补 累得睡着；疲劳瞌睡。《日本灵异记》上卷《凶女不孝养所生母以现得恶死报缘第24》："母以**疲寝**，不得往活。其女终死，不复相见也。"（p. 112）梁僧佑撰《弘明集》卷10《豫章王功曹参军沉绲答》："杜夷云：'召渴马于滮泉，不待鞭策而至矣。'垂示上答臣下神灭论，晨宵伏读用忘**疲寝**。构斯法栋导彼迷流，天属既申三世又辩，鬼神情状于焉可求。"唐宗密述、宋子璇治定《金刚般若经疏论纂要》卷2："歌利，此云极恶。佛昔作仙，山中修道，王猎**疲寝**，妃共礼仙。王问得四果，皆答不得。王怒割截，天怒雨石，王惧而忏悔。仙证本无瞋，王乃免害。"宋张尚英述《续清凉传》卷2："会夜分**疲寝**，所见盖有未尽者。然大风所不能摧，昏霾所不能掩，非大光明，有无量神力，不可思议。"

【疲瘦/つかれやす】 后补 （马匹）因疲乏而瘦弱，累得消瘦。《日本书纪》卷25《孝德纪》大化二年三月条："复有百姓，临向京日。恐所乘马**疲瘦**不行，以布二寻、麻二束，送参河、尾张两国之人，雇令养饲，乃入于京。"（第三册，p. 156）（1）西晋竺法护译《正法华经》卷2《应时品》："无数狗犬，蹲伏窠窟。各各围绕，皆共揸掣。假使此等，饿饿之时，普皆诤食，**疲瘦**羸劣。斗相齮啮，音声畅逸。其舍恐畏，变状如是。"（2）《抱朴子》卷15《杂应》："夫服药断谷者，略无不先极也。但用符水及单服气者，皆作四十日中**疲瘦**，过此乃健耳。"陶弘景《冥通记》卷2："去岁十月至其今年三月，恒菜食，既辛苦**疲瘦**，姨母更劝令渐进，裁少少而已。"按：《汉语大词典》《北齐书》卷24《陈元康传》："从高祖破周文帝于邙山，大会诸将，议进退之策。咸以为野无青草，人马**疲瘦**，不可远追。"偏晚。

【疲懈/つかれおこたる】 并列 疲倦松懈。《日本灵异记》中卷《观音铜像及鹭形示奇表缘第17》："牧牛见彼居鹭，拾集砾块，以之掷打，不避犹居。掷拍**疲懈**，下池取鹭。"（p. 194）（1）后汉竺大力、康孟详合译《修行本起经》卷1《菩萨降身品》："阿夷答言：'闻大王夫人生太子，故来瞻省。'敕其内人，抱太子出。侍女白言：'太子**疲懈**，始得安眠。'"姚秦鸠摩罗什译《妙法莲华经》卷2《信解品》："世尊往昔，说法既久，我时在座，身体**疲懈**，但念空、无相、无作，于菩萨法，从戏神通、净佛国土、成就众生，心不喜乐。"唐义净译《金光明最胜王经》卷1《序品》："复有三万六千，诸药叉众，毘沙门天王，而为上首。其名曰庵婆药叉、持庵婆药叉、莲花光藏药叉、莲花面药叉、颦眉药叉、现大怖药叉、动地药叉、吞食药叉，是等药叉，悉皆爱乐，如来正法，深心护持，不生**疲懈**。"（2）《太平广记》卷110《南宫子敖》条："子敖虽分必死，而犹至心念《观世音》，既而次至子敖，群刃交下，或高或僻，持刀之人忽疲懈，四支不随，尔时长乐公亲自临刑，惊问之。”按：《汉语大词典》首引《法苑珠林》卷49：“或有念诵，小有疲懈，山神现形，又著乌衣，身长一丈，手执绳索，僧众惊惧，诵习不懈。”稍晚。

【譬猶小火/たとへばいささけきひのごとし】 比喻　意思是：不及时扑灭火苗将酿成大火，佛经中常比作防微杜渐。《日本书纪》卷19《钦明纪》五年二月条：“汝是虽微，譬犹小火，烧焚山野，连延村邑。由汝行恶，当败任那。遂使海西诸国官家不得长奉天皇之阙。”（第二册，p. 384）东晋佛驮跋陀罗译《大方广佛华严经》卷59《入法界品》：“譬如小火，随所焚烧，其焰转盛。菩提心火，亦复如是。随所缘法，慧火猛盛。”刘宋求那跋陀罗译《杂阿含经》卷27：“微劣心生，微劣犹豫，以此诸法，增其微劣故。譬如小火，欲令其燃，增以燋炭。云何？比丘，非为增炭，令火灭耶？”唐玄奘译《大般若波罗蜜多经》卷584：“又满慈子，譬如有人，持小火燥，烧干草木，若时若时，火依草木，尔时尔时，火渐增长。”

【漂还/ただよはれてかへる】 偏正　漂流而回，被冲回来。《唐大和上东征传》：“毕后，大使以下共议曰：‘方今广陵郡又觉知和上向日本国，将欲搜舟，若被搜得，为使有（殃）；又（被风）漂还，著唐界，不免罪恶。’”（p. 90）东晋佛陀跋陀罗、法显合译《摩诃僧祇律》卷16：“诸外道……皆欲先渡而水激急。适欲渡岸，还复漂还。”该例亦见于梁宝唱等集《经律异相》卷14。按：《汉语大词典》失收。

【漂流大海/おほうみにただよひながる】 先例　在大海中漂流。《日本灵异记》下卷《漂流大海敬称尺迦佛名得全命缘第25》（p. 323）明通润笺《法华经大窾》卷7：“有注念观音，设使推入火坑，即火坑原是宝池，必不能烧；设使漂流大海，即大海亦如宝地，必不能没。”

【漂流於～/～にただよひながる】 于字　在海河中漂浮流动。《日本灵异记》下卷《漂流大海敬称尺迦佛名得全命缘第25》：“水甚荒，忽绝绳解栰，过潮入海。二人各得，一木以乘，漂流于海。”（p. 325）宋元照撰《四分律行事钞资持记》卷2：“是以托腥臊而为体，全欲染以为心，漂流于生死海中，焉能知返？”宋太宗赵炅撰《御制佛赋》卷2：“佛在兜率，名曰讲明。欲下降生，先观缘故。且见众生对执，众苦交煎。漂流于五欲海中，沉埋于四魔山内，并无知觉，难有出期。若不下生，如何救拔？”按：《日本灵异记》例用于具体义，佛典例用于抽象义。

【漂没於～/～にただよひしづむ】 于字（9例）　在某处漂流沉没。①《播磨国风土记・揖保郡》条：“于是大怒，即起暴风，打破客船，漂没于高岛之南滨，人悉死亡。乃埋其滨。故号曰韩滨。”（p. 66）②《肥前国风土记・彼杵郡》条：“充而嵯峨，草木不生。加以，陪从之船，遭风漂没。于兹，有土蜘蛛名郁比表麻吕，拯济其船。因名曰救乡。今谓周贺乡，讹之也。”（p. 344）《续日本纪》卷15《圣武纪》天平十六年五月条："五月庚戌，肥后国雷雨、地震。八代、天草、苇北三郡官舍，并田二百九十余町，民家四百七十余区，人千五百二十余口被水**漂没**。"（第二册，p.440）又卷19《孝谦纪》天平胜宝五年九月条："壬寅，摄津国御津村南风大吹，潮水暴溢，坏损庐舍一百十余区，**漂没**百姓五百六十余人。"（第三册，p.134）又卷25《淳仁纪》天平宝字八年九月条："授刀物部广成等拒而却之。押胜进退失据，即乘船向浅井郡盐津。忽有逆风，船欲**漂没**。于是，更取山道，直指爱发，伊多智等拒之。"（第四册，p.18）又卷32《光仁纪》宝龟三年十月条："山崩填涧，水为不流。积十余日忽决，**漂没**百姓四十七人，被埋家四十三三区。"（第四册，p.390）又卷33《光仁纪》宝龟六年八月条："九月日异常风雨，**漂没**百姓三百余人，马牛千余及坏国分并诸寺塔十九。其官私庐舍不可胜数。"（第四册，p.456）又卷34《高绍纪》宝龟七年十二月条："比著我岸，忽遭恶风，柁折帆落，**漂没**者多。"又卷35《高绍纪》宝龟十年五月条："又海路难险，一二使人，或**漂没**海中，或被掠耽罗。朕闻之凄怆于怀。"（1）姚秦鸠摩罗什译《佛说华手经》卷9《不退转品》："回旋百千匝，波涌而扬涛。经流地狱堑，罪人悉入中。即堕此中时，波浪所颠覆。不能得崖底，**漂没于**中流。"（2）吴支谦译《佛说长者音悦经》卷1："长者白佛：'何等五危？'佛即报言：'一者大火，烧之不觉；二者大水，**漂没**无常；三者县官夺取无道；四者恶子用度无限；五者盗贼所见劫夺。'"东晋法显译《大般涅槃经》卷1："一切众生，皆悉**漂没**，生死大海，唯愿如来，为作舟航。"梁宝唱等集《经律异相》卷47："时山水暴涨，五百猕猴，一时**漂没**，魂神即生，第二忉利天上。"按：《汉语大词典》失收。

【**漂溺/おぼほれす**】后补（2例）　被水冲没、淹没而亡。《日本书纪》卷2《神代纪下》："若兄起忿怒，有贼害之心者，则出潮溢琼以**漂溺**之。若已至危苦求愍者，则出潮涸琼以救之。如此逼恼，自当臣伏。"（第一册，p.170）又卷19《钦明纪》三十一年四月条："朕承帝业若干年。高丽迷路，始到越岸。虽苦**漂溺**，尚全性命。"（第二册，p.456）唐慧琳撰《一切经音义》卷29："**漂溺**：上匹遥反。顾野王云：**漂**，流也。《说文》：浮也，从水，票声。票音同上。下宁滴反。《考声》：**溺**，沉也，惑也。从人，从水。作休，正体字也。滴音，丁历反。"（1）西晋法炬译《佛说鸯崛髻经》卷1："我曾为恶贼，名曰鸯崛髻。为水所**漂溺**，自归命三佛。"东晋佛驮跋陀罗译《大方广佛华严经》卷5《如来光明觉品》："一切三有海，深广无涯底。见彼群生类，**漂溺**莫能济。"唐玄奘译《大般若波罗蜜多经》卷105："是善男子、善女人等，现在不为，毒药所中，刀兵所害，火所焚烧，水所**漂溺**，乃至不为，四百四病，之所殀没。"唐义净译《金光明最胜王经》卷1《如来寿量品》："无生是实，生是虚妄，愚痴之人，**漂溺**生死。如来体实，无有虚妄，名为涅槃。"（2）《全晋文》卷158道安《道地经序》："由处秽海，幽厄九月；既生迍邅，罗遘百凶，寻旋老死，婴苦万端，**漂溺**五流，莫能自返。"按：《南齐书》卷54《徐伯珍传》："山水暴出，**漂溺**宅舍，村邻皆奔走，伯珍累床而止，读书不辍。”偏晚。

【漂人/ただよふひと】 偏正　在海中漂泊的人。《日本灵异记》下卷《漂流大海敬称尺迦佛名得全命缘第25》：“见闻之者，无不奇矣。海中虽多难，而全命存身，寔尺迦如来之威德，海中**漂人**之深信矣。现报犹如是，况后报也。”（p. 325）（1）吴康僧会译《六度集经》卷3：“佛告诸沙门：‘理家者，是吾身也。国王者，弥勒是。鳖者，阿难是。狐者，鹙鹭子是。蛇者，目连是。**漂人**者，调达是。菩萨慈惠度无极行布施如是。’”该例亦见于梁宝唱等集《经律异相》卷11、唐道世撰《法苑珠林》卷50、《诸经要集》卷8等。后秦僧肇撰《注维摩诘经》卷7《佛道品》：“肇曰：遇海**漂人**，则变身为地，水火风皆，随彼所须，而自变形也。”该例亦见于唐道掖撰《净名经集解关中疏》卷2《8佛道品》。（2）北齐刘昼《刘子》：“善济事者，若救火拯溺。明其谋者，犹骥捷矢疾。令焚燃熛室，则飞驰灌火。湍波**漂人**，必奔游拯之。”

【貧報/まづしきむくひ】 偏正　（遭受）贫穷的报应。《日本灵异记》中卷《穷女王归敬吉祥天女像得现报缘第14》：“二十二王以次第设宴乐已讫，但此女王，独未设食。备食无便，大耻**贫报**，至于诸乐左京服部堂，对面吉祥天女像而哭之曰：‘我先世殖贫穷之因，今受穷报。我身为食人于宴会，徒噉人物，设食无便。愿我赐财。’”（p. 184）《说文·贝部》：“**贫**，财分少也。”本义指财物少，贫困。隋阇那崛多译《佛本行集经》卷40《教化兵将品》：“复以彼时，不行布施，今得**贫报**，此是过去，所造作业。”北凉法众译《大方等陀罗尼经》卷2：“欲求大富，反得**贫报**。阿难以是因缘，我重语汝，莫谤此经。我今略说，如上罪报。”唐道世撰《法苑珠林》卷28：“因发愿曰：‘女人穷困，由昔种悭业。今得**贫**[①]**报**，困苦如是。今竭贫行施，用希来报。’”→【窮報】

【頻多/しきりにさはに】 并列　频繁，屡次。《日本书纪》卷28《天武纪上》元年七月条：“时东师**频多**臻。则分军，各当上中下道而屯之。唯将军吹负亲当中道。”（第三册，p. 338）唐宗密《圆觉经略疏钞》卷3：“言数数者，**频多**之义。”隋灌顶撰《国清百录》卷3：“张衡又宣敕云：‘师等既是行道之众，勿容受北僧及外州客僧，乃至私度出家。冒死相替，**频多**假伪，并不得容受。’”唐义净译《根本萨婆多部律摄》卷2：“一举满五，便成本罪。如**频多**举，方始满者，一一取时，咸窣吐罗。后虽满五，不犯根本。”《敦煌变文·王昭君变文》：“单于虽是番人，不那夫妻义重，**频多**借问。明妃遂作遗言，略叙平生，留将死处，若为陈说。”（p. 158）按：《汉语大词典》失收。

【頻喚/しきりにめす】 偏正　频繁地召唤，反复催促。《藤氏家传》上卷《镰足传》：“戊申，帝临轩。古人大兄侍焉。使舍人急唤入鹿。入鹿起立著履，履三回不著。入鹿心忌之，将还彷徨。舍人**频唤**，不得已而参驰。”（p. 164）（1）唐义净译《根本说

① “贫”，明本中作“穷”。

一切有部苾刍尼毘奈耶》卷19：“时诸苾刍尼出羯耻那衣，欲共同分。吐罗难陀不肯来分，诸尼频唤，来往疲乏。”又《根本说一切有部毘奈耶破僧事》卷6：“若复有人，频唤如来俗姓名号等，彼无智人，生生之处，失大利益，常受苦恼。汝等应知，自今以去，于如来所，莫唤俗姓。”唐怀信述《释门自镜录》卷2：“榜云：此人被差为僧作烛，遂阙而不作。其同作人，频唤不得。乃作戏言：‘大德何能，与汝作烛，以此违众故，堕此地狱？’”（2）《朝野佥载》卷3：“阿臧与凤阁侍郎李回秀通，逼之也。同饮以碗盏一双，取其常相逐。迴秀畏其盛，嫌其老，乃荒饮无度，昏醉是常，频唤不觉。”按：《汉语大词典》失收。

【颦蹙/くちひそむ】 并列　皱眉蹙额。《日本灵异记》中卷《恃己高德刑贱形沙弥以现得恶死缘第1》：“诚知怙自高德，刑彼沙弥，护法颦蹙。善神恶嫌。”（p. 146）唐法琳撰《一切经音义》卷1：“颦蹙：上毘寅反。下酒育反。《文字集略》云：颦者，蹙眉也。顾野王曰：颦蹙者，忧愁思虑，不乐之貌也。”

【平安以不/へいあんにますやいなや】 口语　（2例）　一切都好吗？用于口头或书信问候。《日本书纪》卷26《齐明纪》五年七月条：“（《伊吉连博德书》）三十日，天子相见闻讯之：‘日本国天皇，平安以不？’使人谨答：‘天地合德，自得平安。’”（第三册，p. 224）《续日本纪》卷35《高绍纪》宝龟十年五月条：“丁巳，飨唐使于朝堂。中纳言从三位物部朝臣宅嗣宣敕曰：‘唐朝天子及公卿，国内百姓，平安以不？’”唐道世撰《法苑珠林》卷58引《贤愚经》：“遂前进，路逢一梵志，是父亲友。即向梵志，具陈辛苦。梵志怜愍，相对啼哭，寻问家中：‘平安以不？’梵志答言：‘父母眷属大小，近日失火，一时死尽。’闻之懊恼，死而复苏。梵志将归，供给如女。”唐道世撰《诸经要集》卷9亦有辑录。李济宁整理《大般涅槃经佛母品》卷1：“尔时摩耶夫人问言：‘优波离，汝从阎浮提来，知我悉达，平安以不？’尔时优波离，含悲报言：‘佛母，佛母！尔时如来，昨夜子时，舍大法身，入般涅槃，故遣我来，告诸眷属。’”按：《新编日本古典文学全集》栏上的注释指出，“以不”，亦说“以否”，唐代俗语。亦见于韵散相间、讲述故事的敦煌文献。

【平鼻/はなひらむ】 偏正　扁平的鼻子。→【轻咲】

【平等大悲/びょうどうのだいひ】 四字　“平等”，“差别”的对应词。佛法从一开始就针对印度种姓制度所呈现的种族歧视，而宣说平等的尊严，且这成为佛法的一项重要特质。“大悲”，佛菩萨欲消除众生痛苦的悲悯之心。《日本灵异记》下卷《产生肉团之作女子修善化人缘第19》：“讲师见之，呵啧之言：‘何尼滥交？’尼答之言：‘佛平等大悲，故为一切众生，流布正教。何故别制我？’”（p. 309）失译人名今附后汉录《大方便佛报恩经》卷6《优波离品》：“佛告阿难，及诸大众：‘汝等善听！汝等乃可说如来无有平等大悲、三念处、五智三昧，不得说言优波离比丘真实是下贱人，修习下行、下愿、下精进也。’”唐实叉难陀译《大方广佛华严经》卷30《十回向品》：“愿一切众生，常能发起，甚可爱乐，**平等大悲**；愿一切众生，念念发起，甚可爱乐，大菩提心，常令诸根，欢喜悦豫。”

【平伏/むきしたがふ】 并列 归顺，臣服。《日本书纪》卷3《神武纪》即位前纪戊午年九月条：“天皇恶之。是夜自祈而寝，梦有天神训之曰：‘宜取天香山社中土，以造天平瓮八十枚，并造严瓮而敬祭天神地祇，亦为严咒诅。如此则虏自**平伏**。’”（第一册，p. 210）隋智顗说、灌顶记《请观音经疏》卷1：“伏亦二义：一除伏，二**平伏**，亦对断不断也。如《金刚般若》云：‘如是降伏其心。’‘降’是消义，具二种消伏，是二种伏也。”唐道宣疏、元照述《四分律删补随机羯磨疏济缘记》卷4：“以善伏恶，如石压草，乍似**平伏**，根不除故。”唐栖复集《法华经玄赞要集》卷31：“日夜勤听闻，如于粥饭将息得**平伏**，即是证菩萨。”

【平生之日/へいぜいのひ】 四字 平时的日子，平素。《奈良朝写经66・大般若经卷第176》：“是以，大法师讳行信，**平生之日**，至心发愿，敬写法华一乘之宗，金鼓灭罪之文，般若真空之教，瑜伽五分之法，合贰千七百卷经论。”（p. 403）唐义净译《佛为胜光天子说王法经》卷1：“复次，大王。**平生之日**，澡浴严身，涂香末香，种种庄饰，熏香遍馥，顶系花鬘。设受如此，上妙乐具，终归不免，渐将变坏，复本形状，臭秽现前。澡沐涂香，并皆虚设。”唐赵迁撰《大唐故大德赠司空大辨正广智不空三藏行状》卷1：“大师所有，行化之由，会亲禀受，**平生之日**，命令序述，在于侍奉，未暇修纂。况乃奉临终遗言，固辞不获。临之气尽。悲泪难裁。乩诸故事，十无在一。谨状。”

【憑仏法/ほとけのみのりによる】 三字 依凭释尊所说的教法。《日本灵异记》下卷《减塔阶仆寺幢得恶报缘第36》：“时看病众中，有一禅师，发誓愿言：‘凡**凭佛法**，修行大意，救他活命。今我寿施病者代身。佛法实有，病人命活。’”（p. 356）《隋书》卷35《经籍志4》：“俗人信**凭佛法**者，男曰优婆塞，女曰优婆夷，皆去杀、盗、淫、妄言、饮酒，是为五诫。”（p. 1094）宋惟白集《建中靖国续灯录》卷21：“圣心敬竭于孝诚，佛事钦修于永日。命诸禅而升座，大敷阐于宗猷，冀**凭佛法**之殊勋。”→【水瓶】【携瓶揭鉢】【玉瓶】

【瓶酒/かめおち】 偏正 犹言“酒瓶”，一瓶酒。《播磨国风土记・印南郡》条：“所以号瓶落者，难波高津御宫天皇御世，私部弓取等远祖他田熊千，**瓶酒**著于马尻，求行家地，其瓶落于此村。故曰瓶落。”（p. 28）（1）刘宋求那跋陀罗译《杂阿含经》卷50：“时有一尼揵子，饮酒狂醉，持一**瓶酒**，从聚落出，见尊者舍利弗，而说偈言。”（2）《朝野佥载》卷3：“初，兵部尚书任瑰敕赐宫女二人，皆国色。妻妒，烂二女头发秃尽。太宗闻之，令上宫赍金壶**瓶酒**赐之，云：‘饮之立死。瑰三品，合置姬媵。尔后不妒，不须饮；若妒，即饮之。’柳氏拜敕讫，曰：‘妾与瑰结发夫妻，俱出微贱，更相辅翼，遂致荣官。瑰今多内嬖，诚不如死。’”

【婆羅門/ばらもん】音译 巴利语 brāhmaṇa 的音译，意译作“外意”“净行”“净志”“静志”等。印度四姓之一，是奉侍大梵天王而修净行的种族。《日本灵异记》中卷《依汉神祟杀牛而祭又修放生善以现得善恶报缘第5》：“如《鼻奈耶经》说：‘迦留陀夷，昔作天祀主，由杀一羊，今随作罗汉，而后得怨报于**婆罗门**之妻所杀。’云云。”（p. 160）宋法云编《翻译名义集》卷2：“**婆罗门**，《普门疏》云：‘此云净行。劫初种族，山野自闲，故人以净行称之。’肇曰：‘秦言外意。其种别有经书，世世相承，以道学为业。或在家，或出家，多恃己道术，我慢人也。’应法师云：‘此讹略也。具云婆罗贺磨拏，义云承习梵天法者。其人种类，自云从梵天口生，四姓中胜，独取梵名，唯五天竺有，余国即无。诸经中梵志，即同此名。正翻净裔，称是梵天苗裔也。’”

【叵見/みえがたし】偏正（2例） 难以见到。“叵”，不可，否定词，多用于口语。《古事记·序》：“是以今或一句之中，交用音训。或一事之内，全以训录。即辞理**叵见**，以注明，意况易解，更非注。”（p. 24）《日本灵异记》下卷《序》：“莫朽之号恶种，**叵见**之号善根。”（p. 260）吴支谦译《撰集百缘经》卷1《菩萨授记品》：“佛告阿难：‘汝今**叵见**，彼大长者，七日作王不？’阿难白言：‘唯然，已见。’”西晋竺法护译《佛说阿阇贳王女阿术达菩萨经》卷1：“见我色者，闻我声者。愚痴不信，是人不见。以法见佛，佛者法身。法者难晓，以是**叵见**。”北魏瞿昙般若流支译《正法念处经》卷14：“复置热沸，焰漂赤铜，热沸铁镬，在彼镬中，上下回转，极煮烂熟，如大小豆，既煮熟已，普气遍覆，一切**叵见**。”按：《汉语大词典》失收。

【破船/ふねやぶる】格义（2例） 因风浪船只受损，使船只受损。《日本书纪》卷20《钦明纪》二年五月条：“二年夏五月丙寅朔戊辰，高丽使人泊于越海之岸。**破船**溺死者众。”（第二册，p. 468）《播磨国风土记·揖保郡》条：“韩荷岛。韩人**破船**，所漂之物，漂就于此岛。故号韩荷岛。”（p. 68）吴支谦译《佛说孛经抄》卷1：“我如飞鸟，止无常处。道贵清虚，不宜人间。如野火行，傍树为焦。激水**破船**，毒虫害人。”姚秦佛陀耶舍、竺佛念等译《四分律》卷46：“时恶行即还，修罗吒城，至王月益所，白王言：‘王今知不？我海中遇，大风**破船**，五百贾人，没在海中。唯我安隐而还。’”按：《汉语大词典》失收。传世文献中，“破船”一词，一般表示破损的船只。《魏志》卷30《鲜卑传》：“又得一**破船**，随波出在海岸边，有一人项中复有面，生得之，与语不相通，不食而死。其域皆在沃沮东大海中。”《晋书》卷29《志19》：“八年七月，大雨，殿前地陷，方五尺，深数丈，中有**破船**。”

【破仏/くだかれたるほとけ】自创 遭毁坏的佛物，被破坏的佛像。《日本灵异记》中卷《佛铜像盗人所捕示灵表显盗人缘第22》：“僧并檀越，闻之集来，卫于**破佛**，而号愁曰：‘哀哉，悬哉！我大师，聊何有过失，蒙此贼难。尊像有寺，以像为师。今自灭后，以何为师矣？’众僧严瞿，安置损佛，哭殡于寺。”（p. 206）东晋瞿昙僧伽提婆译《中阿含经》卷8《未曾有法品》：“时世尊钵，亦在其中，有一猕猴，持佛钵去，诸比丘诃：‘恐**破佛**钵。’佛告诸比丘：‘止，止！莫诃。不破钵也。’”北凉昙无谶译《大方等大集经》卷56《法灭尽品》：“边夷王等来，毁**破佛**塔寺。杀害诸众僧，劫夺佛僧物。”

【破戒/はかい】 述宾 又作犯戒。“持戒”对应词。即毁破所受持的戒律。《日本灵异记》下卷《刑罚贱沙弥乞食以现得顿恶死报缘第33》：“所以《十轮经》云：‘薝匐花随萎，犹胜诸花。**破戒**诸比丘，犹胜诸外道。说出家人过，若**破戒**若持戒，若有戒若无戒，若有过若无过，说者过出万亿佛身血。’”（p. 348）失译人名今附北凉录《大方广十轮经》卷3《相轮品》：“尔时世尊，而说偈言：‘瞻卜华随萎，胜于诸余华；**破戒**诸比丘，犹胜诸外道。’”新罗太贤集《梵网经古迹记》卷2：“又《十轮》云：‘占匐花随萎，犹胜诸余花；**破戒**诸比丘，犹胜诸外道。’说出家人过，若**破戒**若持戒，若有戒若无戒，若有过若无过，说者过出万亿佛身血。”→【持戒】

【破滅仏法/ぶっぽうをやぶりほろぼす】 四字 （2例） 破坏毁灭佛法；佛法遭受破坏毁灭。《元兴寺伽蓝缘起并流记资财账》：“佐俾岐弥牟留古造，召三尼等，泣而出往时见大臣。将三尼等至都波岐市长屋时，脱其法衣，**破灭佛法**。”又：“马屋门皇子白：‘**佛法破灭**者，恠灾增益。’故三尼者樱井道场置，可宜供养。时天皇许赐，令住樱井寺而为供养。”东晋佛陀跋陀罗译《佛说观佛三昧海经》卷10《观佛密行品》：“当教是人密身口意，莫起邪命莫生贡高。若起邪命及贡高法，当知此人，是增上慢，**破灭佛法**。”萧齐昙景译《摩诃摩耶经》卷2：“六百岁已，九十六种，诸外道等，邪见竞兴，**破灭佛法**。”新罗义寂述《菩萨戒本疏》卷2：“若佛子，皆以信心，受佛戒者；若国王太子百官四部弟子，自恃高贵**破灭佛法**戒律，明作制法以我四部弟子，不听出家行道。”

【破謬/やぶりあやまる】 述宾 破除谬误。《元兴寺伽蓝缘起并流记资财账》：“若有此愿**破谬**者，当如天皇所愿，被种种大灾羞。”隋天台智者大师说、灌顶记、唐湛然释《妙法莲华经玄义释签》卷3：“次文者，先引地持证谬，次正**破谬**。”唐湛然述《法华文句记》卷8《释见宝塔品》：“北地师下，**破谬**斥非，义当破恶，即对治也。”又《止观辅行传弘决》卷9：“释论下**破谬**，兼证九想，能发大乘。故知诸师，不体论意。”按：《汉语大词典》失收。

【破焼/やぶりやく】 并列 破坏烧毁。《元兴寺伽蓝缘起并流记资财账》：“此会此时，他田天皇欲破佛法。即此二月十五日，斫伐刹柱，重责大臣及依佛法人人家，佛像殿皆**破烧**灭尽。”陈真谛译《阿毘达磨俱舍释论》卷6《分别世间品》：“曾闻**破烧**赤铁块，见虫于中生，中有众生。若应生此道中，从此道，一切方便。”按：《汉语大词典》失收。

【菩薩/ぼさつ】 音译 （17例） 梵语 bodhi-sattva 的译音，“菩提萨埵”的略称。

“菩提”是谓“觉”，“萨埵”是谓“有情”“有生命者”，译为“觉有情”“道众生”“大心众生”等。佛教中指上求佛法、下化众生的圣者。在“三乘”中，菩萨高于罗汉而次于佛。菩萨标榜大慈大悲，普渡是大乘精神的象征。《日本灵异记》上卷《信敬三宝得现报缘第5》：“大臣亦喜，请池边直冰田雕佛，造**菩萨**三躯像，居于丰浦堂，以诸人仰敬。”（p. 75）又《聋者归敬方广经典得相报开两耳缘第8》：“于是发希有想，白禅师言：‘今我片耳闻一**菩萨**名。故唯愿大德忍劳。’”（p. 82）又《遭兵灾信敬观音菩萨像得现报缘第17》：“丁兰木母犹相生相，僧感画女尚应哀形。何况是**菩萨**而不应乎？”（p. 98）又《日本灵异记》中卷《智者诽妒变化圣人而相至阎罗阙受地狱苦缘第7》：“圣武天皇，感于威德，故重信之。时人钦贵，美称**菩萨**。”（p. 167）又中卷《穷女王归敬吉祥天女像得现报缘第14》：“定知**菩萨**感应所赐。因大富财，免贫穷愁。是奇异之事矣。”（p. 185）又《观音铜像及鹭形示奇表缘第17》：“见所居木，有金之指。取牵上见，观音铜像。赖观音像，名**菩萨**池。”（p. 194）又《观音木像不烧火难示威神力缘第37》：“彼**菩萨**木像自所烧殿，出二丈许，而伏无损。诚知，三宝之非色非心，虽不见目，而非无威力。此不思议第一也。”（p. 243）又《极穷女凭敬千手观音像愿福分以得大富缘第42》：“爰内心思怪，开柜而见，有钱百贯。如常买花香油，擎往千手前而见，其足著之马屎。尔乃疑思：‘**菩萨**贶钱欤？’”（p. 253）又下卷《忆持〈法华经〉者舌著曝髑髅中不朽缘第1》：“诺乐宫御宇大八洲国之帝姬阿倍天皇御代，纪伊国牟娄郡熊野村，有永兴禅师。化海边之人。时人贵其行，故美称**菩萨**。”（p. 263）又《沙门凭愿十一面观世音像得现报缘第3》：“是维那等来，征之犹逼。答言：‘暂待！我于**菩萨**白钱将偿。敢久不延。’”（p. 269）又《妙见菩萨变化示异形显盗人缘第5》：“定知是非实鹿，**菩萨**所示矣。是奇异之事矣。”（p. 274）又《未作毕捻埴像生呻音示奇表缘第17》：“今安置弥气堂，以居乎弥勒胁士之**菩萨**是也。左大妙声菩萨，右法音轮菩萨。”（p. 304）又《刑罚贱沙弥乞食以相得顿恶死报缘第33》：“今此义解云：‘出血不能障佛道。说僧过时，破坏多人信，生彼烦恼，障圣道。是故**菩萨**，乐求彼德，不乐求彼失。’”（p. 348）又：“夫钱财者，五家共有。何五家者？一县官非理来向，二者盗贼犹来劫夺，三者忽为水漂流，四者忽然火起不免焚烧，五者恶子无理费用。其故**菩萨**欢喜布施也。”（p. 348）又《智行并具禅师重得人身生国皇之子缘第39》：“昔诸乐宫二十五年治天下胜宝应真圣武太上天皇之御世，又同宫九年治天下帝姬阿倍天皇御世，彼山有净行禅师而修行。其名为寂仙**菩萨**。其时贵彼净行，故美称**菩萨**。”（p. 378）《奈良朝写经6·瑜伽师地论卷第21》：“而法音轮、大妙相、二柱**菩萨**船主，分段生死之海度。”（p. 55）→【大妙声菩薩】【地藏菩薩】【法音輪菩薩】【仏菩薩】【観世音菩薩】【観音菩薩】【护塔菩薩】【挟侍菩薩】【金鷲菩薩】【弥勒菩薩】【妙德菩薩】【妙見菩薩】【妙現菩薩】【南無妙德菩薩】【饒財菩薩】【十地菩薩】【十一面観音菩薩】【文殊師利菩薩】【賢天菩薩】【行基菩薩】

【菩薩大願/ぼさつのだいがん】 誓愿 佛菩萨求自身成佛救济一切众生的愿望。

《续日本纪》卷15《圣武纪》天平十五年十月条："粤以天平十五年岁次癸未十月十五日，发**菩萨大愿**，奉造卢舍那佛金铜像一躯。尽国铜而镕象，削大山以构堂，广及法界，为朕知识。遂使同蒙利益，共致菩提。"（第二册，p.430）西晋圣坚译《佛说罗摩伽经》卷3："尔时善财童子，一心思惟，彼夜天教，初发道心，圆满清净；思惟是已，即得深入，诸菩萨藏，出生**菩萨大愿**法海，净诸菩萨，波罗蜜道，穷尽菩萨圆满，胜净行业，发起成就，深入智海，以一切智，救护十方，一切众生，长养增广，大慈悲云，于诸佛刹，出生普贤，诸大愿行。"东晋佛驮跋陀罗译《大方广佛华严经》卷11《功德华聚菩萨十行品》："此菩萨修习行时，心常爱乐，诸佛妙法；一向专求，无上菩提，未曾暂舍，**菩萨大愿**。"唐义净译《根本说一切有部毘奈耶药事》卷14："我是帝释，能伏阿修罗，为欲成就，**菩萨大愿**，无上菩提，哀愍有情。"

【菩薩戒/ぼさつかい】 三字 （8例） 大乘菩萨应受持的戒。亦称大乘戒。菩萨戒以摄律仪戒（受持戒律以防恶）、摄善法戒（修一切善法）、摄众生戒（亦称饶益有情戒，为教化利益一切众生而尽力）的三聚净戒为根本，又有十重禁戒、四十八轻戒等。《唐大和上东征传》："唐中宗孝和皇帝神龙元年，从道岸律师受**菩萨戒**。"（p.34）又："冯都督来，自手行食，供养众僧，请和上受**菩萨戒**。其所都督七十四州官人、选举试学人并集此州；随都督受**菩萨戒**人，其数无量。和上留住一年。"（p.72）又："其年四月初，于卢遮那殿前立戒坛，天皇初登坛受**菩萨戒**，次皇后、皇太子亦登坛受戒。"（p.92）《续日本纪》卷19《孝谦纪》天平胜宝八岁十二月条："闻道有**菩萨戒**，本《梵网经》。功德巍巍，能资逝者。仍写六十二部，将说六十二国。"（第三册，p.170）又卷26《称德纪》天平神护元年十一月条："然此遍〈能〉常〈余利〉别〈仁〉在故〈方〉、朕〈方〉佛〈能〉御弟子〈等之天〉**菩萨**〈乃〉**戒**〈乎〉受赐〈天〉在。此〈仁〉依〈天〉上〈都〉方〈波〉三宝〈仁〉供奉。"（第四册，p.102）《奈良朝写经64·金光明最胜王经卷第1》："维天平宝字六年岁次壬寅二月八日，**菩萨戒**佛弟子百济丰虫，奉为二亲，敬写《法华经》一部。"（p.393）东晋佛驮跋陀罗译《大方广佛华严经》卷23《十地品》："常行实语，不污诸佛家，不舍**菩萨戒**，生萨婆若心，不动如山王，不乐世间事，成就出世间善根，集善助菩提法，无有厌足，常求胜中胜道，菩萨成就如是净地法，名为安住欢喜地。"姚秦鸠摩罗什译《佛说千佛因缘经》卷1："若欲发道心，修持**菩萨戒**，欲求真实空，随学菩萨道。"北凉昙无谶译《大般涅槃经》卷28《师子吼菩萨品》："从初发心，乃至得成，阿耨多罗三藐三菩提。是名**菩萨戒**。"

【菩薩戒疏/ぼさつかいそ】 内典 《菩萨戒疏》。《唐大和上东征传》："智周师《**菩萨戒疏**》五卷、灵溪释子《**菩萨戒疏**》二卷。"（p.87）唐道宣撰《续高僧传》卷21《释智文》条："著《律义疏》十二卷，《羯磨疏》四卷，《**菩萨戒疏**》两卷。学门传贵以为口实。僧尼从受戒者三千余人。"

【菩薩浄戒/ぼさつのじょうかい】 四字 菩萨所受持的清净戒法。《续日本纪》

卷25《淳仁纪》天平宝字八年九月条："然朕〈方〉发〈乎〉曾利〈天〉佛〈乃〉御袈裟〈乎〉服〈天〉在〈止毛〉、国家〈乃〉政〈乎〉不行〈阿流己止〉不得。佛〈毛〉经〈仁〉敕〈久〉、国王〈伊〉、王位〈仁〉坐时〈方〉**菩萨**〈乃〉**净戒**〈乎〉受〈与止〉敕〈天〉在。"（p. 32）西晋无罗叉译《放光般若经》卷4《治地品》："须菩提白佛言：'何等为**菩萨净戒**？'佛言：'不念罗汉、辟支佛意，及余恶戒，诽谤道者，是为净戒。'"东晋佛驮跋陀罗译《大方广佛华严经》卷43《离世间品》："**菩萨净戒**香，远离诸恶戒，以此净戒香，途熏一切众。"高齐那连提耶舍译《月灯三昧经》卷6："童子，**菩萨净戒**有十种利益。何等为十？一者满足一切智；二者如佛所学而学；三者智者不毁；四者不退誓愿；五者安住于行；六者弃舍生死；七者慕乐涅槃；八者得无缠心；九者得胜三昧；十者不乏信财。"

【菩薩所/ぼさつのところ】 三字 （3例） 菩萨居住的地方。《日本灵异记》中卷《智者诽妒变化圣人而相至阎罗阙受地狱苦缘第7》："时行基菩萨，有难波，令渡椅堀江造船津。光身渐息，往**菩萨所**。菩萨见之，即以神通知光所念，含咲爱言：'何罕面奉？'光发露忏悔曰：'智光于**菩萨所**，致诽妒心。'"（p. 168）又下卷《忆持〈法华经〉者舌著曝髑髅中不朽缘》："尔时，有一禅师，来之于**菩萨所**。所持之物，《法华经》一部，白铜水瓶一口，绳床一足也。"（p. 263）后汉竺大力、康孟详合译《修行本起经》卷2《出家品》："于是三女，严庄天服，从五百玉女，到**菩萨所**，弹琴歌颂，淫欲之辞，欲乱道意。"吴支谦译《菩萨本缘经》卷2《一切持王子品》："尔时，释提桓因，即作是念：'怪哉！菩萨。无所爱惜。'即下化身为婆罗门，至**菩萨所**，而说偈言。"西晋竺法护译《普曜经》卷1《论降神品》："佥共叉手，诣**菩萨所**，而前咨问：'惟愿正士究竟菩萨，一生补处所可降神，种姓何类？功勋云何？'"

【菩薩行/ぼさつのぎょう】 三字 菩萨自利利他、佛果圆满的大行，即布施、持戒、忍辱、精进、禅定、智慧等六波罗蜜（度），须经五十二个修行阶段，从事历劫修行才可达成。《续日本纪》卷27《称德纪》天平神护二年十月条："复敕〈久〉、此〈乃〉世间〈乃〉位〈乎波〉乐求〈多布〉事〈波〉都〈天〉无、一道〈尔〉志〈天〉、**菩萨**〈**乃**〉**行**〈乎〉修〈比〉、人〈乎〉度导〈牟止〉云〈尔〉、心〈波〉定〈天〉伊末〈须〉。可久〈波阿礼止毛〉、犹朕〈我〉敬报〈末川流〉和佐〈止之天奈毛〉此〈乃〉位冠〈乎〉授〈末川良久止〉敕天皇〈我〉御命〈乎〉、诸闻食〈止〉宣。"（第四册，p. 136）后汉支娄迦谶译《般舟三昧经》卷1《行品》："因缘会，因缘散，悉了是。知本无，加慈哀，于一切。施贫穷，济不还，是为定。**菩萨行**，至要慧，起众智。"元魏慧觉等译《贤愚经》卷1《梵天请法六事品》："修行大喜心，同己所得法，救护以道意，乃应**菩萨行**。"隋阇那崛多译《佛本行集经》卷2《发心供养品》："或见东方，恒河沙数，佛刹之中，诸菩萨等，行**菩萨行**。"

【菩薩儀/ぼさつのすがた】 三字 菩萨修行所须遵守的仪轨。《日本灵异记》中

卷《智者诽妒变化圣人而相至阎罗阙受地狱苦缘第7》："舍俗离欲，弘法化迷。器宇聪敏，自然生知。内密**菩萨仪**，外相声闻形。"（p. 167）姚秦佛陀耶舍译《虚空藏菩萨经》卷1："云何此大士，相斯神通力，不修**菩萨仪**，而坐宝莲华?"唐实叉难陀译《大方广佛华严经》卷57《离世间品》："与三世诸佛，同一境界，而不废菩萨行，不舍菩萨法，不懈菩萨业，不离菩萨道，不弛**菩萨仪**，不断菩萨取，不息菩萨巧方便，不绝菩萨所作事，不厌菩萨生成用，不止菩萨住持力。"唐玄奘译《瑜伽师地论》卷35《自他利品》："云何菩萨纯共自利利他？谓诸菩萨于纯自利利他，应知应断违越不顺**菩萨仪**。故于其所余应勤修学不越随顺**菩萨仪**。"

【菩薩之乗/ぼさつのじょう】 四字 梵语 bodhisattva - yāna。三乘之一，五乘之一。又称佛乘。乘，运载之意。以悲智六度法门为乘，运载众生，总越三界三乘之境，至无上菩提大般涅槃彼岸，如乘舶过海，故称菩萨乘。或有直称菩萨之机类为菩萨乘。《续日本纪》卷15《圣武纪》天平十五年正月条："仰愿梵字增威，皇家累庆，国土严净，人民康乐，广及群方，绵该广类，同乘**菩萨之乘**，并坐如来之座。像法中兴，实在今日。凡厥知见，可不思哉。"（第二册，p. 416）西晋竺法护译《渐备一切智德经》卷4《玄妙住品》："假使能弃，一切诸行，因从第七，至第八住，亦承清净，**菩萨之乘**，悉了一切，众生之行，不著尘劳，瑕秽不染，永无所犯，辄得超度，入玄妙法。"梁曼陀罗仙、僧伽婆罗合译《大乘宝云经》卷4《陀罗尼品》："所谓若以大乘，所应化者。而为是等，说大乘道。而不为说声闻之乘。若有众生。以声闻乘而受化者。即为是等说声闻道。而不为说**菩萨之乘**。"隋吉藏撰《胜鬘宝窟》卷1："如《大品》云：'诸法如中，非但无有三乘，亦无独一，**菩萨之乘**。故知就理未曾三一，非一非三叹美为一。'"

【菩提/ぼだい】 音译 （8例） "菩提"，梵语 bodhi 的译音。意译作觉、智、知、道。广义而言，乃断绝世间烦恼而成就涅槃之智慧，即佛、缘觉、声闻各于其果所得之觉智。这三种菩提中，以佛之菩提为无上究竟，故称阿耨多罗三藐三菩提，译作无上正等正觉、无上正遍智、无上正真道、无上菩提。《日本灵异记》下卷《序》："殖恶之因，怨恶之果，是吾迷心。作于福因而鉴**菩提**，是我寤怀。"（p. 260）又《灾与善表相先现而后其灾善答被缘第38》："授本垢者，过去时，本有善种子之**菩提**，所覆久不现形，由修善法，后应得故也。"（p. 372）《奈良朝写经20・大般若经卷第232》："托思玄津，庶福于安乐，归心实际，冀果于**菩提**。"（p. 148）《奈良朝写经38・大般若经卷第591》："智识之中，存亡父母、六亲神识等，生安乐国土值**菩提**。"（p. 253）《奈良朝写经56・大般若经卷第50等》："道行忽蒙威力，才得本心。以为连河能仁，设波若之宝筏，双树正觉，开**菩提**之禅林。"（p. 358）《奈良朝写经64・金光明最胜王经卷第1》："右奉虫自发誓言，弘济沉沦，勤除烦障，妙穷诸法，早契**菩提**。"（p. 393）《奈良朝写经未收1・弥勒成佛经》："当愿必得往生睹史多天，奉事慈氏，听闻正法，登临觉路，遂契**菩提**。"（p. 461）《奈良朝写经未收6・维摩诘经卷第下》："故今，西方净土涅万行之黑土，基**菩提**之白盘。”（p. 497）姚秦鸠摩罗什译《大智度论》卷4《序品》：“**菩提**，名诸佛道。”后秦僧肇撰《注维摩诘经》卷4《菩萨品》：“道之极者，称曰**菩提**，秦无言以译之。**菩提**者，盖是正觉无相之真智乎？其道虚玄，妙绝常境，听者无以容其听，智者无以运其智，辩者无以措其言，像者无以状其仪。故其为道也。”→【波若~菩提~】【発菩提心】【契菩提】【同趣菩提】【無上菩提】

【菩提之岸/ぼだいのきし】 四字　开悟的彼岸。《元兴寺伽蓝缘起并流记资财账》：“高丽大兴王方睦大倭，尊重三宝，遥以随喜，黄金三百二十两助成大福，同心结缘。愿以兹福力，登遐诸皇遍及含识，有信心不绝，面奉诸佛，共登**菩提之岸**，速成正觉。”隋灌顶撰《国清百录》卷3：“窃闻民生在三事之如一皆资圣范，能遂贤功。颜回不值宣尼，岂邻殆庶？尹喜不逢老氏，安致长龄？况乎乘般若之舟，望**菩提之岸**，弗有明导，岂至宝所？”宋宗晓编《四明尊者教行录》卷7：“破烦恼网，而同登解脱之舟；越生死河，而俱达**菩提之岸**。”宋宗寿集《入众须知》卷1：“堂头和尚常为苦海津梁，执事高人永作法门梁栋，合堂清众同乘般若之舟，剃头沙弥速至**菩提之岸**。”

【菩提之妙果/ぼだいのみょうか】 四字　开悟的微妙的果实，即菩提涅槃。《续日本纪》卷20《孝谦纪》天平宝字元年十一月条：“皇帝、皇太后，如日月之照临，并治万国，若天地之覆载，长育兆民，遂使为出世之良因，成**菩提之妙果**。”（第三册，p. 236）唐慧净作《般若心经疏》卷1：“得至**菩提之妙果**，名果彼岸。”唐道宣撰《广弘明集》卷19萧子显撰《御讲金字摩诃般若波罗蜜经序》：“故能导群盲而并驱，方六舟而俱济；成**菩提之妙果**，入涅槃之玄门。”唐李通玄撰《新华严经论》卷19《升兜率天宫品》：“云敷座，敷者，开发义，为表大悲赴俗开敷众善之华至**菩提之妙果**故。”

【菩提之樹/ぼだいのき】 四字　菩提树；开悟、涅槃之树。《奈良朝写经23·十轮经卷第3》：“伏愿凭斯胜因，奉资冥助，永庇**菩提之树**，长游般若之津。”（p. 179）西晋安法钦译《阿育王传》卷2：“时摩登伽，不解其意，谓为导彼，**菩提之树**，即结咒索，系菩提树，而欲咒杀，转转干枯。”刘宋求那跋陀罗译《杂阿含经》卷23：“王言：‘如是，尊者。然我今先当供养，佛念所觉，**菩提之树**，然后香美饮食，施设于僧。’”隋阇那崛多译《悲华经》卷4《诸菩萨本授记品》：“世尊，愿我**菩提之树**，纯是七宝，高千由旬，树茎周匝，满一由旬，枝叶纵广，满千由旬，常有微风，吹菩提树，其树则出六波罗蜜、根、力，觉道微妙之声，若有众生，闻此妙声，一切皆得，离于欲心。”

【菩提枝下/ぼだいのえのもと】 自创　菩提树下。《奈良朝写经18·弥勒上生经》：“伏愿契道能仁，升游正觉，**菩提枝下**闻妙法之圆音，兜率天中得上真之胜业，通该有顶，普被无边，并泛慈航，同离爱网。”（p. 141）东晋佛驮跋陀罗译《大方广佛华严经》卷7《佛升须弥顶品》：“尔时，如来威神力故，十方一切，诸佛世界，诸四天下，一一阎浮提，皆有如来，坐菩提树下，无不显现。”姚秦鸠摩罗什译《妙法莲华经》卷3《化城喻品》："尔时忉利诸天，先为彼佛于**菩提**树下敷师子座，高一由旬，佛于此座当得阿耨多罗三藐三菩提。"北凉昙无谶译《大般涅槃经》卷21《光明遍照高贵德王菩萨品》："尔时复到阿利跋提河中洗浴，受牧牛女，所奉乳糜。受已转至，**菩提**树下，破魔波旬得成阿耨多罗三藐三菩提。"

【菩提子/ぼだいし】 音译　指藏语 bodici 之果，而非指菩提树之果实，产于雪山附近。其树属一年生草本，春天生苗，茎高三四尺，叶如黍，开红白花，呈穗状；夏秋之间结实，圆而色白，有坚壳，如珐琅质，俗用为念佛之数珠，故称菩提子。《唐大和上东征传》："**菩提子**三斗、青莲华二十茎。"（p. 88）

【普被無辺/あまねくむへんにかがふる】 四字（2例）　恩泽遍及天涯海角。《奈良朝写经18·弥勒上生经》："伏愿契道能仁，升游正觉，菩提枝下闻妙法之圆音，兜率天中得上真之胜业，通该有顶，**普被无边**，并泛慈航，同离爱网。"（p. 141）《奈良朝写经31·别译杂阿含经卷第10》："通该有顶，**普被无边**，并出尘区，俱登彼岸。"（p. 232）唐道宣撰《广弘明集》卷19："圣心等视苍生，犹如一子，遂臣之请即是**普被无边**。如蒙允许，众望亦足，两肩荷负，岂敢为喻？不任下愿，谨启事以闻。谨启。"

【普済~広救~/あまねくすくふ~ひろくすくふ~】 对偶　普遍济助，广泛拯救。《续日本纪》卷21《淳仁纪》天平宝字二年八月条："大慈至深，建药院而**普济**，弘愿潜运，设悲田而**广救**。"（第三册，p. 270）（1）后汉昙果、康孟详合译《中本起经》卷1《度瓶沙王品》："众佑受施止顿，一时大化**普济**，靡不欣乐。"东晋佛驮跋陀罗译《大方广佛华严经》卷58《入法界品》："见众生受苦，无有归依处，大悲**普济**者，安住此法堂。"唐义净译《金光明最胜王经》卷10《十方菩萨赞叹品》："圆光遍满十方界，随缘**普济**诸有情；烦恼爱染习皆除，法炬恒然不休息。"（2）《魏书》卷91《术艺传》："天船横汉以**普济**，积水候灾于其中。"按：《汉语大词典》例引晋陆机《演连珠》之二十："威以齐物为肃，德以**普济**为弘。"略晚。→【広救】

【普門/ふもん】 音译　《法华经·观世音菩萨普门品》的略称。梵语 samanta-mukha，又译作"无量门"，意指普及于一切之门。天台宗认为，《法华经》所说之中道、实相之理，即遍通于一切，无所壅塞，故诸佛菩萨乘此理，能开无量之门，示现种种身，以拔众生苦，成就菩提。《日本灵异记》下卷《灾与善表相先现而后其灾善答被缘第38》："乞食者，**普门**示三十三身也。"（p. 369）姚秦鸠摩罗什译《妙法莲华经》卷7《观世音菩萨普门品》："尔时持地菩萨，即从座起，前白佛言：'世尊，若有众生，闻是观世音菩萨品，自在之业，**普门**示现，神通力者，当知是人，功德不少。"圣德太子疏《胜鬘经疏义私钞》卷1："故《华严》云八地菩萨于一切不可说，国中随众生信乐差别而为现身。八地尚尔，佛地可知。亦如观世音**普门**示现三十三身、十九说法。"唐均正撰《大乘四论玄义》卷6："佛即其随受种种身，或作牛王饿鬼，或作鹅王像等，佛如斯等事，来应众生，具如观音经**普门**示现三十三身。"

【普求/あまねくもとむ】偏正（3例）广泛寻求，四处寻找。《日本书纪》卷15《雄略纪》八年二月条："时香赐退逃亡不在。天皇复遣弓削连丰穗普求国郡县，遂于三岛郡蓝原执而斩焉。"（第二册，p. 178）又卷15《仁贤纪》五年二月条："五年春二月丁亥朔辛卯，普求国郡散亡佐伯部。以佐伯部仲子之后为佐伯造。"（第二册，p. 258）又卷19《钦明纪》即位前纪条："寐惊，遣使普求，得自山背国纪郡深草里。姓字果如所梦。"（第二册，p. 356）（1）西晋竺法护译《佛说无言童子经》卷2："金刚脐答曰：'佛叹耆年，智慧最尊。贤者舍利弗，以智慧眼，推索本末。此诸菩萨，为在何所？'时舍利弗以圣慧眼，周遍普求，诸菩萨等，不知所在。"（2）西晋竺法护译《等集众德三昧经》卷3："严净佛土，而救众生，不为非法，普求一切，诸度无极，不求伴党，不望众生。"（3）《贤劫经》卷4："普求诸法，无有色像，坦然玄虚，无有处所，是曰一心。"按：《汉语大词典》失收。西晋竺法护译《日本书纪》三例中的"普求"用作具体义，谓广范围地寻找某人。汉译佛经文例中，（1）用作具体义，"普求"的对象是菩萨。（2）（3）的用法则有所不同，用作抽象义，表示无止境地追求普度众生或佛教诸法。

【普施群生/あまねくぐんしょうにせす】四字　普遍向有情行布施。《日本灵异记》中卷《序》："籍此功德，右胁著福德之翮，而翔于冲虚之表。左胁烛智惠之炬，而登于佛性之顶。普施群生，共成佛道也。"（p. 143）唐玄奘译《辩中边论》卷3《辩无上乘品》："我辩此论诸功德，咸持普施群生类，令获胜生增福慧，疾证广大三菩提。"唐义净译《根本说一切有部毘奈耶破僧事》卷9："尔时憍萨罗国胜军大王，遣使持书向劫比罗城，与净饭王书曰：'王应欣庆。王之太子，得成正觉，获甘露法，以微妙义，普施群生，皆得充足。深助欢喜。'"又《根本说一切有部毘奈耶杂事》卷13："佛言：'苾刍局心行施，有此过生。由此应知，留食之时，普施群生，勿拘一类。'"

【普示/あまねくしめす】偏正　拿给大家阅览。《日本书纪》卷19《钦明纪》四年十二月条："十二月，百济圣明王复以前诏，普示群臣曰：'天皇诏敕如是。当复何如？'"（第二册，p. 380）（1）西晋竺法护译《正法华经》卷10《光世音普门品》："光世音菩萨，游诸佛土，而普示现，若干种形，在所变化，开度一切。"姚秦鸠摩罗什译《十住经》卷1《欢喜地》："此诸菩萨，一切菩萨，智慧行处，悉得自在；诸如来智慧入处，悉皆得入；善能教化，一切世间；随时普示，神通等事。"元魏慧觉等译《贤愚经》卷2《降六师品》："时洴沙王，长跪白佛：'世尊奇相，三十有二，身手诸相，犹曾得见。未睹如来，足下轮相，愿见示众，咸共敬观。'佛即出脚，普示众会，一切见佛，足底轮相，端严昞著，文理如画，分别显了，观之无厌。"（2）《全唐文》卷115晋高祖《听以见居官品封赠三代敕》："冀使人臣之列，不轻王父之尊，永载简编，普示孝理。"（p. 1175）按：《汉语大词典》失收。从上引文例可知，中土文献（2）中，"普示"用作抽象义，表示广泛昭示。相反，《钦明纪》与（1）一样用作具体义，表示拿出某东西给某人看，或佛陀讲经说法时在受众面前示现不同身形和神通。

【普同此福/あまねくこのさきほひにおなじくす】 四字　普遍地共同享受这一福德。《元兴寺伽蓝缘起并流记资财账》："信心不绝，修行此法，永世无穷者，愿共一切含识有形，**普同此福**，速令成正觉。"颜娟英主编《道俗三十七人造经像记》卷1："敬造释迦金像一区，石像一区，弥勒像一区，《法华经》一部，冀契菩提因果，慈氏□世□登先首，为法界众生，**普同此福**。"

Q

【七宝/しちほう】 偏正 即七种宝。因经典不同而说法略异。《唐大和上东征传》："东二里，路侧有圣井，深三尺许，清凉甘美，极雨不溢，极旱不涸。中有一鳗鱼，长一尺九寸，世传曰护塔菩萨也。有人以香花供养，有福者即见，无福者经年求不见。有人就井上造屋，至以七宝作材［瓦］，即从井中水涨流却。"（p. 57）姚秦鸠摩罗什译《妙法莲华经》卷3《授记品》："诸佛灭后，各起塔庙，高千由旬，纵广正等，五百由旬，皆以金、银、琉璃、车璩，马瑙、真珠、玫瑰、七宝合成。"又《大智度论》卷10《序品》："更有七种宝：金、银、昆琉璃、颇梨、车璩、马瑙、赤真珠（此珠极贵，非是珊瑚）。"

【（花如）七宝色/（はなは）しちほうのいろのごとし】 比喻 花儿像七种宝物的颜色一样。《唐大和上东征传》："彼处珍异口味，乃有益知子、槟榔子、［椰子］、荔支子、龙眼、甘蕉、拘莚，搂头大如钵盂，甘甜于蜜，花如七宝色。"（p. 69）姚秦鸠摩罗什译《佛说弥勒大成佛经》卷1："说此偈已，出家学道，坐于金刚，庄严道场，龙花菩提树下。枝如宝龙，吐百宝华，一一花叶，作七宝色，色色异果，适众生意，天上人间，为无有比。树高五十由旬，枝叶四布，放大光明。"北周阇那耶舍译《大乘同性经》卷2："彼诸池中，自然化出，无量莲华，大如车轮。彼诸妙华，有七宝色，开敷微妙，其叶柔软。或复化出，无量莲华，广一由旬，杂色精妙，香气柔软，如迦陵伽衣。"

【七宝荘厳/しちほうそうごん】 四字 使用金、银、琉璃、砗磲、玛瑙、真珠、玫瑰七种宝加以装饰。《唐大和上东征传》："又开元寺有胡人造白檀《华严经》九会，率工匠六十人，三十年造毕，用物三十万贯钱，欲［将往］天竺；采访使刘巨鳞奏状，敕留开元寺供养，七宝庄严，不可思议。"（p. 73）东晋法显译《大般涅槃经》卷2："又复为王，起说法殿，高下纵广，亦八踰阇那，七宝庄严，无异于前。"梁会慧皎撰《高僧传》卷5："夜梦见观世音从西郭门入。清晖妙状，光映日月，幢幡华盖，皆以七宝庄严。"唐实叉难陀译《大方广佛华严经》卷67《入法界品》："园中复有，泉流陂池，一切皆以，七宝庄严，黑栴檀泥，凝积其中，上妙金沙，弥布其底，八功德水，具足盈满，优钵罗华、波头摩华、拘物头华、芬陀利华，遍覆其上，无量宝树，周遍行列。”

【七重塔/しちじゅうのとう】 三字 （4 例） 安置佛陀舍利等物的七层灵塔。《日本灵异记》中卷《将建塔发愿时生女子卷舍利所产缘第 31》：“年至七岁，开手示母曰：‘见是物。’因瞻掌，有舍利二粒。欢喜异奇，告知诸人。诸人众喜，展转国司。郡卿悉喜，引率知识，建**七重塔**，安彼舍利，以供养了。今盘田郡部内建立盘田寺之塔是也。”（p. 229）《续日本纪》卷 13《圣武纪》天平十二年六月条：“甲戌，令天下诸国，每国写《法华经》十部，并建**七重塔**焉。”（第二册，p. 364）又卷 14《圣武纪》天平十三年三月条：“案经云：若有国土讲宣读诵，恭敬供养，流通此经王者，我等四王，常来拥护。一切灾障，皆使消殄。忧愁疾疫，亦令除差。所愿遂心，恒生欢喜，宜令天下诸国各令敬造**七重塔**一区，并写《金光明最胜王经》《妙法莲花经》一部。”（p. 388）又卷 17《圣武纪》天平十九年十一月条：“己卯，诏曰：‘朕以去天平十三年二月十四日，至心发愿，欲使国家永固，圣法恒修，遍昭天下诸国，国别令造金光明寺、法华寺。其金光明寺各造**七重塔**一区，并写《金字金光明经》一部，安置塔里。’”（第三册，p. 48）唐道宣撰《关中创立戒坛图经》卷 1：“正中佛院之内有十九所（初佛院门东，佛为比丘结戒坛，二门西，佛为比丘尼结戒坛，三前佛殿，四殿东三重楼，五殿西三重楼，六**七重塔**，七塔东钟台，八塔西经台，九后佛说法大殿，十殿东五重楼，十一殿西五重楼，十二三重楼，十三九金镬，十四方华池，十五三重阁，十六阁东五重楼，十七阁西五重楼，十八东佛库，十九西佛库）。”

【七代父母/しちだいのぶも】 四字 犹言“七世父母”。指今世及过去六世在六道轮回时的父母，代指一切众生。《奈良朝写经 20・大般若经卷第 232》：“又愿内外眷属、**七代父母**，无边无境，有形含识，并乘般若之舟，咸登正觉之路。”（p. 148）唐输波迦罗译《苏婆呼童子请问经》卷 1《分别处所分品》：“一依前件分食法，供养本尊。一通无碍，一分自食，余者水陆过去**七代父母**及饿鬼。”唐宗密疏《盂兰盆经疏新记》卷 2：“善男子，若比丘、比丘尼、国王、太子、大臣、宰相、三公百官、万民庶人行慈孝者，皆应先为所生现在父母、过去**七代父母**，于七月十五日佛欢喜日，僧自恣日，以百味饭食，安盂兰盆中，施十方自恣僧。”→【七世父母】

【七七/しちしち】 时段 （6 例） 民间有“七七”之俗。人死之后，亲属每隔七天营斋。治丧，或延僧追荐。依次为头七、二七直至七七（断七），共四十九天。“七七”之俗起源很早。“七七”之俗出于佛教的因果轮回之说。佛教认为，除大善、大恶者因业力牵引极大而直接投生转世外，一般人在死后生前都有一种过渡状态的“中阴身”。据说“中阴身”脱离了粗浊的躯壳，由意念凝聚微细的物质而成，常人无法感知其存在。“中阴身”如小儿大小，感觉敏锐，行动迅捷。“中阴身”逢到转世机缘，即生“倒心”，因来世父母交会而投入胎中。这种转世机缘以七日为一期，最多四十九天内，必然投生，进入下一次轮回。这便是“七七”荐亡的教义上的依据。《续日本纪》卷3《文武纪》大宝三年二月条：“癸卯，是日当太上天皇七七。遣使四大寺及四天王、山田等三十三寺设斋焉。”（第一册，p. 66）又庆云四年六月条：“壬午，以三品志纪亲王、正四位下犬上王、正四位上小野朝臣毛野、从五位上佐伯宿祢百足、从五位下黄文连本实等，供奉殡宫事。举哀著服，一依遗诏行之。自初七至七七，于四大寺设斋焉。”（第一册，p. 114）又卷17《圣武纪》天平胜宝元年正月条：“始从元日七七之内，令天下诸寺悔过，转读《金光明经》。又禁断天下杀生。”（第三册，p. 60）又卷19《孝谦纪》天平胜宝八年六月条：“癸卯，七七。于兴福寺设斋焉。僧并沙弥一千一百余人。”（第三册，p. 164）又卷30《称德纪》宝龟元年九月条：“辛巳，七七。于山阶寺设斋焉。诸国者，每国屈请管内僧尼于金光、法华二寺，行道转经。”（第四册，p. 304）又卷36《高绍纪》天应元年十二月条：“又敕天下诸国，七七之日，令国分二寺见僧尼奉为设斋以追福焉。”（1）唐道世撰《法苑珠林》卷85：“然汝男女忆吾乳餔之恩，将吾生平，受用资具，速舍修福，望拔冥苦。至七七日为吾设斋之时，令此功德，早得成就。吾至斋日，更请官人，望得复来。”唐善导集记《观念阿弥陀佛相海三昧功德法门》卷1：“或一日三日七日，或二七日五六七七日，或至百日，或尽一生，至心观佛，及口称心念者，佛即摄受，既蒙摄受，定知罪灭，得生净土。”新罗义寂述《菩萨戒本疏》卷2：“若疾病国难贼难父母兄弟和上阿阇梨亡灭之日，及三七日四五七日乃至七七日，亦应读诵、讲说大乘经律。”→【初七】

【七七日/しちしちにち】[时段]（2例） 指人死之后的第七个七天，即第四十九天斋日。《续日本纪》卷15《圣武纪》天平十五年正月条：“弟子，阶缘宿殖，嗣应宝命。思欲宣扬正法，导御蒸民。故以今年正月十四日，劝请海内出家之众于所住处，限七七日转读大乘《金光明最胜王经》。又令天下，限七七日，禁断杀生，及断杂食。”（第二册，p. 414）姚秦鸠摩罗什译《梵网经》卷2：“若疾病国难贼难。父母兄弟和上阿阇梨亡灭之日，及三七日乃至七七日，亦应读诵讲说，大乘经律。”唐实叉难陀译《地藏菩萨本愿经》卷2《利益存亡品》：“若能更为，身死之后，七七日内，广造众善，能使是诸众生，永离恶趣，得生人天，受胜妙乐，现在眷属，利益无量。”唐义净译《药师琉璃光七佛本愿功德经》卷2：“是时病人，亲属知识，若能为彼，归依诸佛，种种庄严，如法供养。而彼神识，或经七日，或二七日，乃至七七日，如从梦觉，复本精神。”唐一行、慧觉依经录《华严经海印道场忏仪》卷35：“集福修善忏悔等，第一七日中紧切追荐，则后七七日中，易得度脱也。若第一七日中，若不紧切追荐，后七七日中，难救拔也。所以者何？上品修善人，及人道欲界天色界天中有身之寿命者，第三七日内，决受生去。”

【七七日斋/しちしちにちのいわひ】[时段] 人死后四十九日间，亲属每七日为其营斋作法，或指第七次之追荐日，称为“七七斋”，亦作“七七忌”“累七斋”“七七

日”“斋七日”。盖人命终后至受报间称为“中有”，中有之寿命但极于七日而死；死而复生，未得生缘，辗转而至“七七日”，自此以后定得生缘，方受报，此间亲属为亡者修法追福，可转劣为胜。《续日本纪》卷 12《圣武纪》天平七年十月条：“冬十月丁亥，诏：‘亲王薨者，每七日供斋，以僧一百人为限。**七七日斋**讫者，停之。自今以后，为例行之。’”（第二册，p. 294）→【七七斋】

【七七御斋/しちしちのをがみ】 自创 日本“七七斋”的敬称。《续日本纪》卷 40《桓武纪》延历八年十二月条：“敕曰：‘中宫**七七御斋**，当来年二月十六日。宜令天下诸国国分二寺见僧尼奉为诵经焉。又每七日，遣使诸寺诵经以追福焉。’”

【七七斋/しちしちのをがみ】 时段 “七七日斋”的略称。《续日本纪》卷 23《淳仁纪》天平宝字四年七月条：“癸丑，设皇太后**七七斋**于东大寺并京师诸小寺。”（第三册，p. 359）宋志盘撰《佛祖统纪》卷 33：“**七七斋**：人死中有身若未得生缘，极七日住，死而复生。如是展转生死，至**七七日**，决定得生。若有生缘即不定，今寻经旨，极善恶无中有（《瑜伽论》：中有亦名中阴，极善即生净土，其次生人天。极恶即入地狱或生三恶道，即日死亡不经中阴）。今人亡，每七日必营斋追福，谓之斋七者，令中有种子，不转生恶趣也。”

【七日/なぬか】 偏正 （5 例） 人死后四十九日间，亲属每七日为其营斋作法的日子。《续日本纪》又卷 12《圣武纪》天平七年十月条：“冬十月丁亥，诏：‘亲王薨者，每**七日**供斋，以僧一百人为限。七七日斋讫者，停之。自今以后，为例行之。’”（第二册，p. 294）卷 17《圣武纪》天平二十年四月条：“丙寅，当初七，于飞鸟寺诵经。自是之后，每至**七日**，于京下寺诵经焉。”（第三册，p. 57）又天平二十年五月条：“五月丁丑，敕：‘令天下诸国奉为太上天皇，每至**七日**，国司自亲洁斋，皆请诸寺尼僧，聚集于一寺，敬礼诵经。’”（第三册，p. 56）又卷 36《高绍纪》天应元年十二月条：“癸丑，当太行天皇初七，于七大寺诵经。自是之后，每值**七日**，于京师诸寺诵经焉。”又卷 40《桓武纪》延历八年十二月条：“敕曰：‘中宫七七御斋，当来年二月十六日。宜令天下诸国国分二寺见僧尼奉为诵经焉。又每**七日**，遣使诸寺诵经以追福焉。’”

【七日供斋/なぬかにいはひまつる】 时段 人死后直到第四十九天，每逢七日都设斋追善。《续日本纪》卷 12《圣武纪》天平七年十月条：“冬十月丁亥，诏：‘亲王薨者，每**七日供斋**，以僧一百人为限。七七日斋讫者，停之。自今以后，为例行之。’”（第二册，p. 294）

【七日乃蘇/なぬかにしてすなはちよみがへる】 时段 过了七天终于苏醒过来。七天后好不容易醒了过来。《日本灵异记》中卷《依不布施与放生而现得善恶报缘第 16》：“托卜者曰：‘我身莫烧。七日置之。’随卜者语，自山荷出，置之于外，唯待期日。**七日乃苏**，语妻子言。”（p. 191）东晋帛尸梨蜜多罗译《佛说灌顶经》卷 11：“缘

我重病，奄便欲死，**七日乃苏**。善神将我，经历地狱，靡不周遍。以是因缘，得见父母，在苦剧地。修福如此，而更堕罪，不解所以，今故问佛。”唐道宣撰《集神州三宝感通录》卷3：“右监门校尉凭翌李山龙，以武德中暴亡心暖。**七日乃苏**，云：‘初至官庭前，有囚数千人，枷锁检系。见一大官坐听高座，问傍人何官，彼曰：‘王也。’”该例亦见于《大唐内典录》卷10。宋道成集《释氏要览》卷3：“晋沙门惠达，姓刘，名萨何。年二十一忽暴死。以心热故，家人未即葬之。经**七日乃苏**，说：‘冥间见一人，长二丈许，相好严丽，身黄金色。使者报之：此观（世音）大士也。’”

【七日乃止/なぬかにしてすなはちやむ】 时段 到了第七天才停止。《续日本纪》卷33《光仁纪》宝龟五年正月条：“乙丑，山背国言：‘去年十二月，于管内乙训郡乙训社，狼及鹿多，野狐一百许，每夜吠鸣。**七日乃止**。’”（第四册，p. 420）刘宋佛陀什、竺道生等合译《弥沙塞部和醯五分律》卷9：“佛在王舍城，尔时去城不远，有一神树。众人奉事，至节会时，**七日乃止**。”该例亦见于唐大觉撰《四分律行事钞批》卷10。唐道宣撰《释迦方志》卷2：“又东二百余步，垣外有铜立像，高八十余尺。六层阁盛满曹王所造。此北三里砖精舍中，多罗菩萨像量高灵异，岁之元日盛兴供养。诸国王臣宝乐俱奏，**七日乃止**。”

【七日七夜/なぬかななよ】 时段 （5例） 七天七夜（暗含经历的时间很长）。《日本书纪》卷9《神功纪》摄政前纪条：“因以千绘高绘置琴头尾，而请曰：‘先日教天皇者谁神也？愿欲知其名。’逮于**七日七夜**，乃答曰：‘神风伊势国之百传度逢县之拆铃五十铃宫所居神，名撞贤木严之御魂天疎向津媛命焉。’”（第一册，p. 418）又卷14《雄略纪》二十年条：“《百济记》：盖卤王乙卯年冬，狛大军来攻大城，**七日七夜**，王城降陷，遂失尉礼。国王及大后、王子等皆没敌手。”（第二册，p. 204）《播磨国风土记·托贺郡》条：“所以号荒田者，此处在神，名道主日女命，无父而生儿。为之酿盟酒，作田七町，**七日七夜**之间，稻成熟竟。乃酿酒集诸神，遣其子捧酒而令养之。于是，其子向天目一命而奉之。乃知其父。后荒其田。故号荒田村。”（p. 100）《日本灵异记》上卷《捉雷缘第1》：“然后时，栖轻卒也。天皇敕：‘留**七日七夜**，咏彼忠信。雷落同处作彼墓，永立碑文。’柱言：‘取雷栖轻之墓也。’此雷恶怨而鸣落，踊践于碑文柱。彼柱之析间，雷构所捕。天皇闻之，放雷不死。雷慌，**七日七夜**留在。”（p. 57）吴支谦译《佛说维摩诘经》卷2《菩萨行品》：“答曰：‘此饭住止，至**七日七夜**，后乃消化。而随所语，若弟子行者，服食此饭，不得道终不消。其食此饭，而中止者，则不消也。新行大道，而服食此饭，不得法忍，则亦不消。若得法忍，而食此饭，至一生补处，其饭乃消。譬如，阿难，阿昏陀药其香遍一室，皆作蜜香气，悉消众毒，药气乃歇。此饭如是，未乎即消。至诸垢毒，一切除尽，饭气乃消。’”梁宝唱等集《经律异相》卷23：“时童子手执宝盖，便出彼境界，诣毘婆式如来所，住如来后擎宝盖。经**七日七夜**，作此誓愿言：‘持我供养，世尊功德，当为女身，端正无比，使有见者，迷惑偃地。'童子寿终，生三十三天为天女，有五事胜。"隋阇那崛多译《佛本行集经》卷48《舍利目连因缘品》："时彼二人，念行捷利，少欲知足，智慧深远，其删阇耶毘罗瑟智（隋云别异杖）之子，遂向二人，说己道术，种种技艺，医方药草，非想禅定。时二童子，既闻是已，于**七日七夜**，皆悉通达。"

【七日七夜（船漂蕩）/なぬかななよ（ふねただよふ）】 时段 （船在海上漂泊）七天七夜。《续日本纪》卷1《文武纪》四年三月条："比至海中，船漂荡不进者，**七日七夜**。诸人怪曰：'风势快好。计日应到本国。船不肯行，计必有意。'"（第一册，p. 24）唐菩提流志译《不空罥索神变真言经》卷12《广博摩尼香王品》："今彼难陀龙王跋难陀龙王，往昔当与，娑伽罗龙王，**七日七夜**，海中斗战。"

【七日七夜（悔過）/なぬかななよ（げかす）】 时段 七天七夜（忏悔罪过）。《续日本纪》卷13《圣武纪》天平十一年七月条："甲辰，诏曰：'方今孟秋，苗子圣秀。欲令风雨调和，年谷成熟。宜令天下诸寺转读无故成熟经，并悔过**七日七夜**焉。'"（第二册，p. 354）隋智者大师说、灌顶记《菩萨戒义疏》卷1："有沙门道进，求谶受菩萨戒。谶不许，且令悔过。**七日七夜**竟，诣谶求受，谶大怒不答。进自念：'正是我障业未消耳。'"智升撰《开元释教录》卷4、唐圆照撰《贞元新定释教目录》卷6中亦有辑录。隋那连提耶舍译《大云轮请雨经》卷2："若曾违犯，尼萨耆罪，乃至众学，皆须已前，**七日七夜**，殷重忏悔。"唐法琳撰《辩正论》卷4："窃以如来圣教，深尚慈仁，禁戒之科，杀害为重，永言此理，弥增悔惧。爰命有司，京城诸寺，皆为建斋行道，**七日七夜**，竭诚礼忏，所有衣服，并用檀舍。冀三涂之难，因斯解脱，万劫之苦，藉此弘济，灭怨障之心，趣菩提之道。"

【七日七夜（遊楽歌舞）/なぬかななよ（あそび、たのしみ、うたひまふ）】 时段 七天七夜（游玩嬉戏、载歌载舞）。《常陆国风土记·行方郡》条："天之鸟琴，天之鸟笛，随波逐潮，铭杵唱曲，**七日七夜**，游乐歌舞。"（p. 384）西晋竺法护译《正法华经》卷5《授五百弟子决品》："众人从命，归到本土，家室亲里，饮食伎乐，车马乘从，悉来迎逆，共相娱乐，**七日七夜**，乃归家居。"东晋佛驮跋陀罗译《大方广佛华严经》卷49《入法界品》："若有众生，得闻此香，**七日七夜**，欢喜悦乐，灭一切病，无有狂横，远离恐怖，危害之心，专向大慈，普念众生。"失译人名今附秦录《别译杂阿含经》卷15："时彼国人，一切共为，俱蜜头星会，**七日七夜**，欢娱聚集，无有延请，比丘尼者。"又卷16："尔时，跋耆子游俱萨罗国，住止彼林。时彼国人，一切皆作，拘蜜提大会，**七日七夜**。"

【七日行道/なぬかぎょうどう】 时段 连续七天不断地绕行堂塔或本尊周围，以表示供养之敬意。《续日本纪》卷12《圣武纪》天平八年七月条："辛卯，诏曰：'比来，太上天皇寝膳不安。朕甚恻隐，思欲平复。欲奉为度一百人，都下四大寺**七日行道**。'"（第二册，p. 302）（1）东晋瞿昙僧伽提婆译《中阿含经》卷16《王相应品》：

“彼商人等，即便弃舍，故水樵草，一日行道，不得新水樵草，二日三日，乃至**七日行道**，犹故不得，新水樵草。过七日已，为食人鬼，之所杀害。”唐道宣撰《续高僧传》卷16：“晚抱危疾，诸僧像前，**七日行道**。沙门法泰梦，像至于京房。净人远志，亲睹像从京房，返于大殿。尔日即愈。是知育王瑞像，感降在人。”唐道世撰《法苑珠林》卷38：“帝曰：‘能得舍利，深是善因，可前至塔所，**七日行道**，祈请有瑞，乃可开发。’即给钱五千贯，绢五千匹，以充供养。”（2）《魏书》卷114《释老志》：“时沙门道登，雅有义业，为高祖眷赏，恒侍讲论。曾于禁内与帝夜谈，同见一鬼。二十年卒，高祖甚悼惜之，诏施帛一千匹。又设一切僧斋，并命京城**七日行道**。”→【一日行道】

【七世父母/しちせいのぶも】 四字 （4例） 指今世及过去六世在六道轮回时的父母，代指一切众生。多出现在愿文或抄经跋文之中。《日本书纪》卷26《齐明纪》五年七月条：“庚寅，诏群臣于京内诸寺劝讲《盂兰盆经》，使报**七世父母**。”（第三册，p. 228）《奈良朝写经1・金刚场陀罗尼经》：“岁次丙戌年五月，川内国志贵评内知识，为**七世父母**及一切众生，敬造《金刚场陀罗尼经》一部。”（p. 5）《奈良朝写经6・瑜伽师地论卷第21》：“天平二年岁次庚午二月十日，飞鸟寺僧贤证，为**七世父母**、六亲眷属及广无边无际之、与一切有情共成佛道，贡敬《瑜伽论》七卷。”（p. 55）《奈良朝写经31・别译杂阿含经卷第10（光明皇后发愿一切经・五月十一日经）》：“次愿**七世父母**、六亲眷属，契会真如，驰紫舆于极乐；薰修慧日，沐甘露于德池。通该有顶，普被无边，并出尘区，俱登彼岸。”（p. 232）西晋竺法护译《佛说盂兰盆经》卷1：“佛告诸善男子、善女人，是佛弟子，修孝顺者，应念念中，常忆父母，供养乃至，**七世父母**。”唐宗密述《佛说盂兰盆经疏》卷2：“‘当为**七世父母**，及现在父母，厄难中者’：当为者，能救之心。七世，下所救之境，约境明心，故云胜也。七世者，所生父母，不同儒教，取上代祖宗。厄难中者，通于存殁，殁则地狱鬼畜，存则病痛枷禁，皆名厄难。七世父母，虽似转疎，皆是生我，修道之器。既蒙鞠育，岂负深恩？故三藏云：‘天地覆载，既无惮于劬劳；幽显沉沦，理合答于罔极。三设胜供。’”→【過去七世父母】

【栖泊処/すむところ】 三字 亦作“栖泊”。居留；停泊；寄居。《上宫皇太子菩萨传》：“此形貌与凡无别，亦无**栖泊处**。若有恶人即现，无恶人不现，时共目为大梓澙。”唐慧琳撰《一切经音义》卷32：“**栖泊**：蒲各反。泊，止也。今谓舟止为栖泊也。”又卷18：“**栖泊**：《尔雅》：**栖**，息也。《广雅》：**栖**，息，谓之林正。从妻，从木，作栖。经从西，作**栖**，俗字也……《楚辞》曰：陵阳乌之泛滥，忽翱翔之**栖泊**。王逸注云：**泊**，犹止也。水流停止曰泊也。”唐裴休集《黄檗山断际禅师传心法要》卷1：“如今学道人，不悟此心体，便于心上生心，向外求佛，著相修行，皆是恶法，非菩提道。供养十方诸佛，不如供养一个无心道人。何故？无心者，无一切心也。如如之体，内如木石不动不摇，外如虚空，不塞不碍，无能所无方所，无相貌无得失，趋者不敢入此法，恐落空无**栖泊处**故，望崖而退。例皆广求知见，所以求知见者如毛，悟道者如角。”

【**栖止/すむ**】并列　寄居；停留。《唐大和上东征传》：“昔远法师于是立寺，无水，发愿曰：‘若于此地堪**栖止**者，当使抽泉。’以锡杖扣地，有二青龙寻锡杖上，水即飞涌。今尚其水涌出地上三尺焉，因名龙泉寺。”（p. 78）（1）梁诸大法师集撰《慈悲道场忏法》卷1：“欲停寿命，则永不灭，欲现无常，则示涅槃。神通智慧，出没自在，飞行适性，坐卧虚空。履水如地，不见险难，毕竟空寂，以为**栖止**。通达万法，空有俱明，成就办才，智慧无量。”唐玄奘撰《大唐西域记》卷12：“昔者，此国虚旷无人，毘沙门天，于此**栖止**。”唐菩提流志译《大宝积经》卷120：“汝等观彼，阎浮洲中，诸仙人等，蓬发上靡，**栖止**林莽，涂灰却粒，或月半月，节食羸瘦，鹿皮树皮，以充衣服。”《敦煌变文·双恩记》：“山胜余山，谓瑞鸟之所**栖止**。法胜余法，谓上人之所游（护）。还有甚人？莫不是诸方菩萨各门舍利弗等游此会中。”（2）《太平广记》卷356《韦自东》条：“贞元中有韦自东者，义烈之士也。尝游太白山，**栖止**段将军庄，段亦素知其壮勇者。”按：《汉语大词典》首引唐李频《辞夏口崔尚书》：“同来**栖止**地，独去塞鸿前。”偏晚。

【**栖住/すむ**】并列　亦作“棲住”，居住。《常陆国风土记·行方郡》条：“麻生里。古昔，麻生于潴水之涯。围如大竹，长余一丈。周里有山，椎、栗、槻、栎生，猪猴**栖住**。”（p. 380）唐道宣撰《续高僧传》卷4：“又东将七百里，至劫毘罗伐窣堵国，即迦毘罗卫净饭王所治之都也。空城十余，无人**栖住**，故宫砖城，周十五里，荒寺千余，惟宫中一所在焉。”按：《汉语大词典》例引明屠隆《彩毫记·庐山受枉》：“我们来到匡山，傍著腾空尊师**栖住**，且喜风尘不到，尽可安居。”偏晚。

【**期尅/いのごふ**】主谓　犹言“克期”，严格规定期限。《日本灵异记》上卷《狐为妻令生子缘第2》：“彼犬之子每向家室，而**期克**睚眦嗥吠。”（p. 61）（1）唐玄奘译《大乘大集地藏十轮经》卷7《忏悔品》：“我等于彼，诸佛弟子，或是法器，或非法器，以粗恶言，**期克**迫胁。我等由此，恶业障故，经无量劫，堕诸恶趣。”唐菩提流志译《金刚光焰止风雨陀罗尼经》卷1：“右手执杖，左手结龙坐印，随十方面，观视天地，田野苗稼，奋怒大声，一诵真言，一杖拟击，**期克**止御。”（2）唐袁皓《寄岳阳严使君》：“万恨只凭**期克**手，寸心唯系别离肠。”唐曹唐《和周侍御买剑》：“见说夜深星斗畔，等闲**期克**月支头。”按：《新编日本古典文学全集》栏上的注释例引唐慧琳撰《一切经音义》卷17：“**期克**：渠基反，下口勒反。言必当也。经文作忌，非也。”

【**齐登覚道/ひとしくかくどうにのぼらむ**】先例　一同登上觉悟之路。《奈良朝写经66·大般若经卷第176》：“退愿笃蒙四恩，枕涅槃之山，坐普提之树，位成灌顶，力奋降魔，广及法界，六道有识，离苦得乐，**齐登觉道**。”（p. 403）宋智圆述《闲居编》卷36：“其次，功沾品物，利润含生，等沐良缘，**齐登觉道**。”→【俱登覚道】

【其後不久/そののちひさしからずして】 时段　那以后不久。《日本灵异记》下卷《二目盲男敬称千手观音日摩尼手以现得明眼缘第11》："至帝姬阿倍天皇之代，不知二人来云：'汝矜，故我二人治汝盲目。'左右各治了，语言：'我径二日，必来是处。慎待不忘。'**其后不久**，倏二眼明，平复如故。"（p. 290）后汉昙果、康孟详合译《中本起经》卷2《瞿昙弥来作比丘尼品》："**其后不久**，佛时与诸大比丘俱，从释氏精舍，入迦维罗卫国。"吴支谦译《菩萨本从经》卷1《一切施品》："从其初生，身与行施，渐渐增长，譬如初月，至十五日。**其后不久**，父王崩背，即承洪业，霸治国土。如法化民，不枉万姓，拥护自身，不豫他事，终不侵陵，他余邻国。"北凉昙无谶译《大般涅槃经》卷2《寿命品》："尔时客医，以种种味，和合众药。谓辛苦碱，甜醋等味。以疗众病，无不得差。**其后不久**，王复得病。即命是医。"唐道世集《诸经要集》卷6："**其后不久**，得病命终，生阿育王，夫人腹中，满足十月，产生一女，端正殊妙，世之少双。"

【其人唱言："～"/そのひとよばひて～といふ】 说词　那个人大声叫喊道："……"。《日本灵异记》上卷《自幼时用网捕鱼而现得恶报缘第11》："亲属欲救，**其人唱言**：'莫近我！我顿欲死。'于时，其亲诣寺，请求行者。行者咒，时良久，乃免。"（p. 88）姚秦鸠摩罗什译《大庄严论经》卷6："王家策伺，怪其卒富，而纠举之，系在狱中。先所得金。既已用尽，犹不得免。将加刑戮，**其人唱言**：'毒蛇，阿难！恶毒蛇，世尊！'"该例在唐道世撰《法苑珠林》卷77和《诸经要集》卷15中均有辑录。

【其人答曰："～"/そのひとこたへていひしく～といひき】 说词　那个人回答道："……"。《古事记》中卷《应神记》："尔问其人曰：'何汝饮食负牛入山谷。汝必杀食是牛。'即捕其人，将入狱囚。**其人答曰**：'吾非杀牛。唯送田人之食耳。'"（p. 274）（1）西晋竺法护译《生经》卷1："和难又问：'子何以故，不为沙门？沙门者，多获众利。子便降意，出为沙门，所学德行，吾悉供给。'**其人答曰**：'唯诺从命，除诸忧患，假使安隐，便为沙门。'则除续发，受成就戒。"梁宝唱等集《经律异相》卷47："又问：'吾以见之，愿持示我，食贸狗子，令命得济。'**其人答曰**：'不能相与。'如是至三，殷勤喻请。其人抵突，不肯随言。"北凉昙无谶译《大般涅槃经》卷22《光明遍照高贵德王菩萨品》："即欲还家，路见一人，而便语言：'吾欲卖身，君能买不？'**其人答曰**：'我家作业，人无堪者，汝设能为，我当买汝。'"《敦煌变文·悉达太子修道因缘》："太子遂出至南门，忽见一老人，发白面皱，形容憔悴。遂遣车匿，问其老人：'曲脊柱杖，君是何人？'**其人答曰**：'我是老人。'"（p. 471）又《八相变（一）》："太子遂遣车匿问之：'君是何人？'**其人答曰**：'我是病儿。'"（p. 511）（2）《太平御览》卷849引《齐谐记》曰："此家出语之：'汝已就前门得，那复后门乞？'**其人答曰**：'实不知君有两门。'"（p. 3797）《太平广记》卷247《陆乂》条："北齐散骑常侍河南陆乂，黄门郎卬之子。卬字云驹，而乂患风，多所遗忘，尝与人言：

‘马曰云驹。有刘某者常带神符，渡漳水致失。’乂笑曰：‘刘君渡水失神符。’**其人答曰**：‘陆乂名马作云驹。’”（p. 1913）

【其如此人/それかくのごときひと】 总括 像这样的人。“其”，起强调的作用。《日本书纪》卷22《推古纪》十二年正月条：“亦佞媚者，对上则好说下过，逢下则诽谤上失。**其如此人**，皆无忠于君，无仁于民。是大乱之本也。”吴康僧会译《旧杂譬喻经》卷1：“使者至以王告之，王欲见贤者。则严车进去已，自念：‘王以我明达，故来相呼。则还取书籍之要术。而见妇与客为奸，怅然怀感，为之结气，颜色衰耗，惟怪更丑。臣见**其如此人**，行道轗轲，颜色痟瘦，便断定马厩以安措之。”宋彦起撰《释门归敬仪护法记》卷1：“舍利弗思惟言：‘如此弊人等，难可度也。眼实无用，而强索之。既得脚踏，何恶之**其如此人**辈不可度也，不如自度，早脱生死。’思惟是已，于菩萨道，退向小乘。是名不到彼岸等。”

【其色如水/そのいろはみづのごとし】 四字 它的颜色就像水一样（无色）。《丰后国风土记·大分郡》条：“此水之源，出郡西柏野之盘中，指南下流。**其色如水**，味小酸焉。用疗痂癣。”（p. 296）唐义净译《根本说一切有部毘奈耶杂事》卷11：“佛告难陀：‘虽有母胎，有入不入。云何受生，入母胎中？若父母染心，共为淫爱。其母腹净，月期时至，中蕴现前。当知尔时，名入母胎。此中蕴形，有其二种：一者形色端正；二者容貌丑陋。地狱中有，容貌丑陋，如烧杌木，傍生中有，其色如烟。饿鬼中有，**其色如水**。人天中有，形如金色。色界中有，形色鲜白。无色界天，元无中有，以无色故。’”

【其舌不腐（爛）/そのしたくちず】 四字 （2例）（若干年后，死者的）舌头尚未腐烂。《日本灵异记》下卷《忆持〈法华经〉者舌著曝髑髅中不朽缘第1》：“永兴复往，将取其骨，见髑髅者，至于三年，**其舌不腐**。菀然生有。”（p. 264）又：“闻之留立，排开草中而见之者，有一髑髅。历久日曝，**其舌不烂**而生者著有。”（p. 264）唐僧详撰《弘赞法华传》卷3：“亡后数年，**其舌不坏**，鬓发加长二寸，容色如旧。”→【舌不腐】

【其实一也/そのまことはいちなり】 四字 实际是相同的，其实别无二致。《日本书纪》卷15《仁贤纪》元年二月条：“一本云：‘和珥臣日触女大糠娘，生一女，是为山田大娘皇女，更名赤见皇女。’文虽稍异，**其实一也**。”（第二册，p. 258）（1）唐慧琳撰《一切经音义》卷1：“寻香城：古译名乾闼婆城，唐梵虽殊，**其实一也**。”又卷2：“制多：古译，或云‘制底’，或云‘支提’，皆梵语声转耳。**其实一也**。此译为‘庙’，即寺宇、伽蓝、塔庙等是也。”（2）《文选》卷16潘岳《闲居赋》：“其东则有明堂辟雍，清穆敞闲。（《三辅黄图》，大司徒宫奏曰：明堂、辟雍，**其实一也**。）环林萦映，圆海回渊。”（p. 224）按：该说法早已出现在传世文籍中。《春秋繁露》卷12《阴阳义》：“天之太阴，不用于物而用于空。空亦为丧，丧亦为空，**其实一也**，皆丧死亡之心也。”（p. 342）《盐铁论》卷1《力耕》：“文学曰：古者，商通物而不豫，工致牢而不伪。故君子耕稼田鱼，其实一也。”（p. 28）但考虑到该说法在《仁贤纪》中是以注释的形式出现的，因此出自辞书或《文选》的可能性更大。

【其事甚多/そのことはなはだおほし】 四字　那样的事情非常多。《唐大和上东征传》：“自晋、宋、齐、梁至于唐代，时时造塔、造堂，**其事甚多**。”（p. 55）唐澄观述《大方广佛华严经随疏演义钞》卷36《贤首品》：“以小喻大者，若易中射隼于高墉，以况天下等，**其事甚多**。”又《大方广佛华严经疏钞会本》卷17：“譬如王子初生，即为耆旧，臣佐礼敬。菩提之心，亦复如是。《出现品》云：‘如转轮王，所生太子，具王相者，七宝不敬，即绍轮王。若约外典，**其事甚多**，如周成晋献，皆自小为人主。’”

【其事無量/そのことむりょうなり】 比较（2例）那样的事情多得无法计算。《唐大和上东征传》：“……等官人、僧、道父老。迎送礼拜，供养承事，**其事无量**，不可言记。”（p. 71）又：“端州太守迎引送至广州，庐都督率诸道俗出迎城外，恭敬承事，**其事无量**。”（p. 73）（1）西晋竺法护译《佛说灭十方冥经》卷1：“面善悦释种童子，前白佛言：‘我已奉受，此诸佛名，怀抱在心，思惟奉行，**其事无量**，自立己心，我见十方，无所蔽碍。如今向者，世尊所说，宣传经道，及诸佛名，皆如所闻，审谛无异。’”（2）北凉昙无谶译《大方等大集经》卷6：“宝女，如是障碍，**其事无量**。我于今者，但略说耳。”唐道宣撰《广弘明集》卷27：“凡此累碍，**其事无量**。圣人所以，无碍自在者，由何而致？实由远诸尘劳自策为本。”按：从用法上看，（1）用于积极义，（2）用于消极义。因此，《唐大和上东征传》中的用法更近于（1）。

【其数甚多/そのかずはなはだおほし】 四字　它的数量非常庞大。《唐大和上东征传》：“昔梁武帝崇信佛法，兴建伽蓝，今有江宁寺、弥勒寺、长庆寺、延祚寺等，**其数甚多**；庄严雕刻，已尽工巧。”（p. 79）（1）吴康僧会译《六度集经》卷6：“昔者菩萨，身为马王，名曰驱耶，常处海边，渡漂流人。时海彼岸，有淫女鬼，**其数甚多**，若睹商人，即化为城郭居处，田园伎乐饮食，变为美人，颜华晔晔，要请商人，酒乐娱之。”元魏慧觉等译《贤愚经》卷10《迦毘梨百头品》：“是时世尊，为说妙法，种种苦切，漏尽结解，成阿罗汉。复为众会，广说诸法，分别四谛，苦集灭道。有得初果，乃至第四果，有发大道意者，**其数甚多**。尔时四众，闻佛所说，欢喜奉行。”唐实叉难陀译《大方广佛华严经》卷39《十地品》：“解脱月菩萨言：‘**其数甚多**，无量无边。’”（2）《颜氏家训·归心第16》：“好杀之人，临死报验，子孙殃祸，**其数甚多**，不能悉录耳，且示数条于末。”《旧唐书》卷186上《来俊臣传》：“往从按察，害虐在心，倏忽加刑，呼吸就戮，曝骨流血，**其数甚多**，冤滥之声，盈于海内。”《太平广记》卷492《灵应传》条：“数数有云气，状如奇峰者，如美女者，如鼠如虎者，由二湫而兴，至于激迅风，震雷电，发屋拔树，数刻而止。伤人害稼，**其数甚多**。”

【其数無量/そのかずむりょうなり】 比较 （2 例） 因其数量庞大而无法计算。《唐大和上东征传》："随都督受菩萨戒人，**其数无量**。和上留住一年。"（p. 72）又："讲授之间，造立寺舍，供养十方（众）僧，造佛菩萨像，**其数无量**。"（p. 80）东晋瞿昙僧伽提婆译《中阿含经》卷 50《大品》："乌陀夷，犹如居士、居士子，极太富乐，多有钱财，畜牧产业，不可称计。封户食邑，米谷丰饶，及若干种，诸生活具、奴婢象马，**其数无量**。"东晋佛驮跋陀罗译《大方广佛华严经》卷 14《金刚幢菩萨十回向品》："造作无数尊形像，宝藏净金而庄严，巍巍高大如山王，**其数无量**不思议。"姚秦鸠摩罗什译《妙法莲华经》卷 2《譬喻品》："我财物无极，不应以下劣小车与诸子等。今此幼童，皆是吾子，爱无偏党。我有如是，七宝大车，**其数无量**，应当等心，各各与之，不宜差别。"

【其斯謂也矣/それこれをいふなり】 自创 （3 例） 它说的就是这个道理。《日本灵异记》下卷《奉写〈法华经〉经师为邪淫以相得恶死报缘第 18》："复《涅槃经》云：'知五欲法，无有欢乐。不得暂停。如犬啮枯骨，无饱厌期。'者，**其斯谓也矣**。"（p. 305）又《诽奉写〈法华经〉女人过失以相口喎斜报缘第 20》："《法华经》云：'谤受持此经者，诸根暗钝，矬陋挛躄，盲聋背伛。'又云：'见受持是经者，出其过恶，若实若不实，此人相世得白癞病。'者，**其斯谓也矣**。"（p. 310）又《依妨修行人得猴身缘第 24》："依此罪报，罗睺罗不生六年，在母胎中者，**其斯谓也矣**。"（p. 323）

【其斯謂矣/それこれをいふなり】 口语 （3 例） 它说的就是这个道理（用于强调说明某段经文的寓理，《日本灵异记》特有的一种说教形式）。《日本灵异记》中卷《埴神王腨放光示奇表得现报缘第 21》："赞曰：'善哉！金鹫行者。信燧攒东春，熟火炬西秋。腨光扶感火，人皇慎验瑞。'诚知愿无不得者，**其斯谓矣**。"（p. 204）又下卷《智行并具禅师重得人身生国皇之子缘第 39》："是故当知善珠大德，重得人身，生人王之子矣。内教言：'人家家。'者，**其斯谓矣**。是亦奇异事矣。"（p. 378）法琳撰《辩正论》卷 2："三间有言曰：'道可受而不可传。'**其斯谓矣**。"宋智圆述《维摩经略疏垂裕记》卷 6《弟子品》："四引佛语证。破波离疑执者，疑罪执小，小乘之中，但有作法。若准优波离作此执者，尚违小教，何况大耶？以毘尼中犯既问心岂非罪从心起，但彼小乘覆相不说唯心名不了义。**其斯谓矣**。"

【其斯謂歟矣/それこれをいふか】 自创 它或许说的就是这个道理吧。《日本灵异记》下卷《沙门诵持方广大乘沉海不溺缘第 4》："所以《长阿含经》云：'以怨报怨，如草灭火；以慈报怨，如水灭火。'者，**其斯谓欤矣**。"（p. 273）宋周琪述《圆觉经夹颂集解讲义》卷 11："《法华》云：'安置诸子，秘密藏中，吾亦不久，自住其中。**其斯谓欤**。若非如此境界者，善用其心，非此心地，终不可取。"宋智聪述《圆觉经心镜》卷 6 中亦见同文。宋太宗赵炅撰《御制秘藏诠》卷 23："各愿致升平：上之所行，下之所好，故圣人执大象以治天下，行之以中孚，茂之以盛德，君臣谐穆，上下咸熙。

是以，圣人感人心，而天下和平。**其斯谓欤**。”

【其斯謂之也/それこれをいふなり】 自创 它说的就是这个道理。《日本灵异记》下卷《未作毕捻埴像生呻音示奇表缘第17》：“诚知愿无不得，无愿不果者，**其斯谓之也**。斯亦奇表之事也。”（p. 304）

【其斯謂之矣/それこれをいふなり】 自创 （26例） 恰好说的正是这件事（这个道理）。《日本灵异记》上卷《忆持〈法华经〉相报示奇异表缘第18》：“《善恶因果经》云：‘欲知过去因，见其相在果。欲知未来报，见其相在业。’者，**其斯谓之矣**。”（p. 102）又《僧用涌汤之分薪而与他作牛役之示奇表缘第20》：“所以《大方等经》云：‘四重五逆，我亦能救。盗僧物者，我所不救。’者，**其斯谓之矣**。”（p. 105）又《邪见假名沙弥斫塔木得恶报缘第27》：“《涅槃经》云：‘若见有人修行善者，名见天人；修行恶者，名见地狱，何以故？定受报故。’者，**其斯谓之矣**。”（p. 116）又《邪见打破乞食沙弥钵以相得恶死报缘第29》：“如《涅槃经》云：‘一切恶行，邪见为因。’者，**其斯谓之矣**。”（p. 121）又《非理夺他物为恶行受恶报示奇事缘第30》：“作罪得报之因缘者，《大乘经》如广说，谁不信耶？所以经云：‘相在甘露，未来铁丸也。’者，**其斯谓之矣**。”（p. 126）又中卷《见乌邪淫厌世修善缘第2》：“夫将大炬时，先备兰松。将雨降时，兼润石坂。示乌鄙事，领发道心。先善方便，见苦悟道者，**其斯谓之矣**。”（p. 149）又中卷《依汉神崇杀牛而祭又修放生善以相得善恶报缘第5》：“如《最胜王经》说：‘流水长者，放十千鱼。鱼生天上，以四十千珠，相报流水长者。’**其斯谓之矣**。”（p. 160）又《智者诽妒变化圣人而相至阎罗阙受地狱苦缘第7》：“诚知，口伤身之灾门，舌剪善之铦钺。所以《不思议光菩萨经》云：‘饶财菩萨，说贤天菩萨过故，九十一劫，常堕淫女腹中生，生已弃之，为狐狼所食。’**其斯谓之矣**。”（p. 169）又《生爱欲恋吉祥天女像感应示奇表缘第13》：“如《涅槃经》云：‘多淫之人，画女生欲。’者，**其斯谓之矣**。”（p. 182）又《观音铜像及鹭形示奇表缘第17》：“如《涅槃经》说：‘虽佛灭后，法身常在。’者，**其斯谓之矣**。”（p. 195）又《呰读〈法华经〉僧而相口喎斜得恶死报缘第18》：“《法华经》云：‘贤僧与愚僧，不得居同位。又长发比丘者，白衣不剃发鬓而贤也。同位同器而不得用。若强位者，铜炭上居铁丸吞，堕地狱。’者，**其斯谓之矣**。”（p. 196）又《忆持〈心经〉女相至阎罗王阙示奇表缘第19》：“如《涅槃经》云：‘若见有人修行善者，名见天人。修行恶者，名见地狱。’者，**其斯谓之矣**。”（p. 200）又《佛铜像盗人所捕示灵表显盗人缘》：“又彼经三十三卷云：‘一阐提辈，永断灭。故以是义，故杀害蚁子，犹得杀罪，杀一阐提，无有杀罪。’者，**其斯谓之矣**。”（p. 207）又《阎罗王使鬼得所召人之赂以免缘第24》：“‘卖花女人，生忉利天，供毒掷多，返生善心。’者，**其斯谓之矣**。”（p. 212）又中卷《行基大德携子女人视过去怨令投渊示异表缘第30》：“所以《出曜经》云：‘负他一钱盐债故，堕牛负盐所驱，以偿主力。’者，**其斯谓之矣**。”（p. 227）又《将建塔发愿时生女子卷舍利所产缘第31》:“闾知愿无不得，愿无不果者，**其斯谓之矣**。”（p. 229）又《贷用寺息利酒不偿死作牛役之偿债缘第32》:“所以《成实论》云：‘若人负债不偿，堕牛羊、麞鹿、驴马等中，偿其宿债。’者，**其斯谓之矣**。”（p. 232）又《因慳贪成大蛇缘第38》:“诚知贪钱因隐，得大蛇身，返护其钱也。虽见须弥顶，不得见欲山顶者，**其斯谓之矣**。”（p. 244）又《药师佛木像流水埋沙示灵表缘第39》:“传闻优填檀像，起致礼敬；丁兰木母，动示生形者，**其斯谓之矣**。”（p. 246）又《女人大蛇所婚赖药力得全命缘第41》:“佛告阿难：‘……生邻家女，终成子妻，祠自夫骨，而今慕哭，知本末事故，我哭耳。’者，**其斯谓之矣**。”（p. 251）又《极穷女凭敬千手观音像愿福分以得大富缘第42》:“如《涅槃经》说：‘母慈子，因自生梵天。’者，**其斯谓之矣**。”（p. 254）又下卷《杀生物命结怨作狐狗互相怨报缘第2》:“所以《书传》云：‘若不买忍心，凡打杀其母。’者，**其斯谓之矣**。”（p. 267）又《拍于忆持千手咒者以相得恶死报缘第14》:“《方广经》云：‘诽谤贤人者，等于破坏八万四千国塔寺之人罪。’者，**其斯谓之矣**。”（p. 296）又《用寺物复将写〈大般若〉建愿以相得善恶报缘第23》:“《大般若经》云：‘凡钱一文，至二十日，倍一百七十四万三贯九百六十八文在。故窃一文钱莫盗用也。’者，**其斯谓之矣**。”（p. 319）又《髑髅目穴笋揭脱以祈之示灵表缘第27》:“如《涅槃经》说：‘受恩报恩。’者，**其斯谓之矣**。”（p. 334）又《怨病忽婴身因之受戒行善以相得愈病缘第34》:“‘无缘大悲，至感之者，播于异形。无相妙智，深信之者，呈于明色。’者，**其斯谓之矣**。”（p. 350）

【其斯謂之歟/それこれをいふなり】 自创 或许说的正是这件事情（这个道理）。《日本灵异记》中卷《己作寺用其寺物作牛役缘第9》:“古人谚曰：‘现在甘露，未来铁丸’者，**其斯谓之欤**。诚知非无因果，不怖慎欤？”（p. 173）宋智聪述《圆觉经心镜》卷6:“《法华》云：‘安置诸子，秘密藏中。吾亦不久，自住其中。’**其斯谓欤**。”

【其味甚甘/そのあぢいとあまし】 四字 它的味道格外甜美。《播磨国风土记·贺古郡》条：“此里有松原。生甘茸，色似菆花，体如莺茸。十月上旬生，下旬亡。**其味甚甘**。”（p. 26）（1）唐慧琳撰《一切经音义》卷70:“半豭娑：乃可反，旧言那娑果。形如冬爪，**其味甚甘**也。”（2）《南齐书》卷18《志第10》:“中兴二年三月，甘露降茅山，弥漫数里。元徽四年三月，醴泉出昌国白鹿山，**其味甚甘**。”

【其義如何/そのこころいかならむ】 口语 它是什么意思呢？它意味着什么呢？《续日本纪》卷33《光仁纪》宝龟五年三月条：“问曰：‘夫请修旧好每相聘问者，乃似亢礼之邻，非是供职之国。且改贡调称为国信。变古改常。**其义如何**？’”（第四册，p. 422）（1）隋吉藏法师撰《仁王般若经疏》卷1《序品》:“佛自成道，所说甚多，其人并不在坐。而悉称我闻者，**其义如何**？”唐慧沼撰《法华玄赞义决》卷1:“问：有云为说，二种密境界者，谓吹大法螺、击大法鼓，**其义如何**？”唐窥基撰《成唯识论述记》卷4:“与还灭等，作依持用。**其义如何**？论：‘及涅槃证得者，至有涅槃证得。’”

（2）《全唐文》卷677白居易《三教论衡》："《黄庭经》中有养气存神长生久视之道，常闻此语，未究其由。**其义如何**，请陈大略。"（p. 6923）又："《孝经》云：'敬一人则千万人悦。**其义如何**者？'"（p. 6923）

【其意難見/そのこころみかたし】 四字　它的意思难以捉摸。《上宫圣德法王帝说》："后见人，若可疑年号，此不然也。然则言一年字，**其意难见**。"智顗撰《释禅波罗蜜次第法门》卷1："若诸大圣善巧随缘利物，则言无定准解释（云云）。故诸经论中，出没立名，**其意难见**，不可谬执。"又《六妙法门》卷1："上来所说，**其意难见**。行者若用此法门，当善思推取意，勿妄行也。"又《维摩经文疏》卷3："第二辨数者，数量多少，依事可知。或表法门，**其意难见**，未可对定也。"又《三观义》卷1："问曰：'诸大乘经，皆明不思议，**其意难见**。云何了别？'答曰：'佛法不思议道理，唯可仰信，岂可情求？'"

【其罪甚深/そのつみはなはだふかからむ】 四字　其罪孽甚为深重。《日本灵异记》中卷《恃己高德刑贱形沙弥以现得恶死缘第1》："故《憍慢经》云：'先生位上人，尺迦牟尼佛顶，佩履踟人等罪。'云云。何况著袈裟之人打侮之者，**其罪甚深**矣。"（p. 146）西晋竺法护译《佛说阿惟越致遮经》卷3《讥谤品》："佛言：'阿难，当为其人，现说此罪。若复有人，毁乱灭尽过去、当来、现在佛法，其罪如何？'阿难言：'**其罪甚深**，不可称计。'"姚秦鸠摩罗什译《十住毘婆沙论》卷4："许施师而诳，**其罪甚深**重。人无有疑悔，强令生疑悔。"

【奇相/きそう】 偏正　非凡的相貌。《藤氏家传》上卷《镰足传》："讲讫将散，旻法师击目留矣。旻因语大臣云：'入吾堂者，无如宗我大郎。但公神识**奇相**，实胜此人。愿深自爱。'"（p. 130）后汉竺大力、康孟详合译《修行本起经》卷1《菩萨降身品》："阿夷猛力，回伏百壮士，方抱太子，筋骨委震，见**奇相**三十二、八十种好，身如金刚，殊妙难量，悉如秘谶，必当成佛，于我无疑，泪下哽咽，悲不能言。"唐道宣撰《续高僧传》卷16："加又口绕黑子欹若升形，目有重瞳光明外射，腋怀凤卵七处俱平，**奇相**超伦有声京洛。"唐慧详撰《弘赞法华传》卷7："释僧朗，一名法朗，俗姓许氏，南阳人。年二十余，欣欲出家。寻预剃落，棲止无定，多住鄂州。形貌与世殊，有**奇相**。"按：《汉语大词典》例引《金史》卷64《后妃传下》："后教之有义方，尝密谓所亲曰：'吾儿有**奇相**，贵不可言。'"偏晚。

【奇異事/あやしきこと】 三字　（11例）　奇特神异的事情。多用于说话的结尾。《日本灵异记》上卷《信敬三宝得现报缘第5》："尔时并住行基大德者，文殊师利菩萨反化也。是**奇异事**矣。"（p. 76）又《令盗绢衣归愿妙现菩萨修得其绢衣缘第34》："买人转闻，乃知盗衣，当头匪求。宴嘿弗动也。斯亦**奇异事**矣。"（p. 133）又中卷《生爱欲恋吉祥天女像感应示奇表缘第13》："谅委深信之者，无感不应也。是**奇异事**矣。"（p. 182）又《阎罗王使鬼受所召人之饷而报恩缘第25》："备饷赂鬼，此非功虚。凡有物者，犹可赂饷。是亦**奇异事**矣。”（p. 215）又《女人恶鬼见点攸食啾缘第 33》：“或言神怪，或言鬼啖。覆思之，犹是过去怨。斯亦**奇异事**。”（p. 234）又《孤娘女凭敬观音铜像示奇表得现报缘第 34》：“从此以来，得本大富，脱饥无愁，夫妻无夭，全命存身也。斯**奇异事**矣。”（p. 239）又下卷《禅师将食鱼化作〈法华经〉覆俗诽缘第 6》：“鱼化成经，天感齐道。此复**奇异事**也。”（p. 276）又《阎罗王示奇表劝人令修善缘第 9》：“为彼死妻，奉写《法华经》，讲读供养，追赠福聚，赎祓彼苦。斯**奇异事**矣。”（p. 284）又《女人产生石以之为神而斋缘第 31》：“往古今来，未都见闻。是亦我圣朝**奇异事**矣。”（p. 343）又《不顾因果作恶受罪报缘第 37》：“恭敬供养，追救彼灵苦也。此亦**奇异事**也。”（p. 358）又《智行并具禅师重得人身生国皇之子缘第 39》：“是故当知，善珠大德，重得人身，生人王之子矣。内教言：‘人家家。’者，其斯谓矣。是亦**奇异事**矣。”（p. 378）东晋佛陀跋陀罗、法显合译《摩诃僧祇律》卷 1：“复白：‘仙人止此已来，颇曾见有**奇异事**不?’答言：‘曾见。’复问：‘为见何等?’答曰：‘此山南有一树，名尼拘律，常有金色鹿王，飞来在上，食彼树叶，饱已而去。’”唐义净译《根本说一切有部毘奈耶杂事》卷 20：“灯光得为王，有五殊胜物。因叙**奇异事**，广说健陀罗。”按：《日本灵异记》当中，该三字格多用于说话文体的故事结尾。

【奇異之事/あやしきこと】 四字 （11 例） 奇特、神异的事情。多用于说话的结尾。《日本灵异记》上卷《圣德皇太子示异表缘第 4》：“诚知圣人知圣，凡人不知。凡夫之肉眼见贱人，圣人之通眼见隐身。斯**奇异之事**。”（p. 69）又《婴儿鹫所擒他国得逢父缘第 9》：“诚知天哀所资，父子深缘也。是**奇异之事**矣。”（p. 84）又《缔知识为四恩作绘佛像有验示奇表缘第 35》：“道俗归敬，斯乃**奇异之事**也。”（p. 135）又中卷《赎蟹虾命放生得现报缘第 8》：“欲知虚实，问于耆老，姓名遂无定委，耆是圣化也。斯**奇异之事**也。”（p. 172）又《穷女王归敬吉祥天女像得现报缘》：“因大富财，免贫穷愁。是**奇异之事**矣。”（p. 185）又《弥勒菩萨铜像盗人所捕示灵表显盗人缘第 23》：“夫理法身佛，非血肉身。何有所痛？唯所以示常住不变也。是亦**奇异之事**也。”（p. 208）又《极穷女凭敬千手观音像愿福分以得大富缘第 42》：“如《涅槃经》说：‘母慈子，因自生梵天。’者，其斯谓之矣。斯**奇异之事**矣。”（p. 254）又下卷《忆持〈法华经〉者舌著曝髑髅中不朽缘第 1》：“禅师随读《法华》，髑髅共读故，见彼舌，舌振动矣。是亦**奇异之事**也。”（p. 263）又《妙见菩萨变化示异形显盗人缘第 5》：“定知是非实鹿，菩萨所示矣。是**奇异之事**矣。”（p. 274）又：《二目盲女人归敬药师佛木像以现得明眼缘第 11》：“定知至心发愿，愿者无不得之也。是**奇异之事**矣。”（p. 288）又《产生肉团之作女子修善化人缘第 19》：“我圣朝所弹压之土，有是善类。斯亦**奇异之事**矣。”（p. 309）

【祈生/のみまをさしめて】 述宾 祈求饶命，乞讨活命。《日本书纪》卷 18《安闲纪》元年闰十二月条：“于是，大河内直味张恐畏永悔，伏地汗流，启大连曰：‘愚

蒙百姓，罪当万死。伏愿每郡以镢丁春时五百丁、秋时五百丁奉献天皇，子孙不绝。籍此祈生，永为鉴戒。'"（第二册，p. 340）《说文解字》卷1《示部》："［祈］求福也。从示斤声。"唐澄观疏《大方广佛华严经随疏演义钞》卷63《十地品》："疏：杀生祀祠，求梵福者，即《智论》《百论》皆说，外道杀马祀梵天，祈生梵世。"唐怀感撰《释净土群疑论》卷2："若本以愿心，祈生净土，心求胜果，戒成妙因，感彼西方，寿命长远。"新罗璟兴撰《三弥勒经疏》卷1："七为诸众生闻□□□天宫祈生彼故说《上生经》，为令众生见宝楼阁破坏得解无故说余二经。"日本净慧集《金刚经灵验传》卷1："遂尽敛所积衣资，就普庆寺东建观音堂一所，修白净业，祈生净土。"按：汉译佛经中的全部用例均表示祈求往生（转世）净土或梵天。

【祈生於～/～にいのちいかむことを・にのみまをさしめて】 于字　求某人饶命。①《日本书纪》卷15《清宁纪》即位前纪条："惟河内三野县主小根慄然振怖，避火逃出，抱草香部吉士汉彦脚，因使祈生于大伴室屋大连曰：'奴县主小根事星川皇子者，信。而无有背于皇太子。乞降洪恩，救赐他命。'"（第二册，p. 218）②又卷18《安闲纪》元年闰十二月条："籍此祈生，永为鉴戒。"（第二册，p. 340）（1）唐道世撰《法苑珠林》卷73："夫禀形六趣，莫不恋恋而贪生。受质二仪，并皆区区而畏死。虽复升沉万品，愚智千端，至于避苦求安。此情何异？所以惊禽投案，犹请命于魏君。穷兽入庐，乃祈生于区［欧］氏。"该例在《诸经要集》卷14中亦有辑录。（2）元普度编《庐山莲宗宝鉴》卷1："夫学佛初门大悲是菩萨正辙，利他要行劝进乃净业胜曰：'晋社群贤愿祈生于安养，十方海众忻出离于娑婆。'"

【祈願/きがんす】 誓愿　（3例）　祈请实现某种愿望。《日本书纪》卷19《钦明纪》十三年十月条："譬如人怀随意宝，逐所须用，尽依情，此妙法宝亦复然。祈愿依情，无所乏。"（第二册，p. 416）《日本灵异记》上卷《令盗绢衣归愿妙相菩萨修得其绢衣缘第34》："纪伊国安谛郡私部寺之前，昔有一家。绢衣十盗人所取，凭妙见菩萨而祈愿之。"（p. 133）《续日本纪》卷26《称德纪》天平神护元年八月条："复己〈毛〉先灵〈仁〉祈愿〈币流〉书〈乎〉见〈流仁〉云〈天〉在〈良久〉、己〈我〉心〈仁〉念求〈流〉事〈乎之〉成给〈天波〉、尊灵〈乃〉子孙〈乃〉远流〈天〉在〈乎方〉京都〈仁〉召上〈天〉臣〈止〉成〈无止〉云〈利〉。"（第四册，p. 86）（1）元魏慧觉等译《贤愚经》卷2："王甚忧愁，惧绝国嗣，即广祷祀，祈愿诸天。"唐玄奘译《不空羂索神咒心经》卷1："彼由如是，功德力故，于十方面，各有十佛，来现其前，教令悔除，先所作罪，所有祈愿，皆令满足。"唐义净译《金光明最胜王经》卷2《梦见金鼓忏悔品》："一切天人有情类，殷重至诚祈愿者。得闻金鼓妙音声，能令所求皆满足。"（2）《全梁文》卷7梁武帝《断酒肉文》："若以不杀祈愿，辄得上教；若以杀生祈愿，辄不得教。"（p. 2991）

【乞匃人/かたゐ】 三字　（2例）　要饭的人，乞丐。《日本灵异记》上卷《圣德皇

太子示异表缘第4》："皇太子居住于鵤冈本宫时，有缘出宫游观。幸行片冈村之路侧，有毛乞匃人得病而卧。"（p. 69）又："太子取衣著之。有臣白曰：'触于贱人而秽衣，何乏更著之？'太子诏：'佳矣。汝不知之也。'后乞匃人，他处而死。"（p. 69）《汉书》卷96《西域传上·罽宾国》："护疆汉之节，馁山谷之间，乞匄无所得。"颜师古注："匄亦乞也。"唐慧琳撰《一切经音义》卷9："乞匃：古赖反。《苍颉篇》：匃，乞行，请求也。'《通俗文求愿》曰：匃字，体从人亾，言人有止失，则行求匃也。"后汉安世高译《尸迦罗越六方礼经》卷1："奴客婢使事大夫亦有五事：一者当早起，勿令大夫呼；二者所当作，自用心为之；三者当爱惜大夫物，不得弃捐乞匃人；四者大夫出入，当送迎之；五者当称誉大夫善，不得说其恶。"西晋无罗叉译《放光般若经》卷9《42泥犁品》："所生之处，常当生盲家，或生杀人家，或生鱼猎家屠杀家，或生下贱乞匃人家，或盲或聋，或无手足，或瘖哑不能言。"唐义净译《根本说一切有部毘奈耶》卷42："时诸人众，见其如此，遂号恶来，与乞匃人，共为伴侣，以乞活命。"

【乞歓喜/かんぎをこふ】三字（2例） 请求对方原谅，使对方高兴起来。《唐大和上东征传》："其灵佑日日忏谢，（乞）欢喜，每夜一更立至五更谢罪。遂终六十日，又诸寺三纲、大德共来礼谢，乞欢喜。大和上乃开颜耳。"（p. 61）隋阇那崛多译《佛本行集经》卷18《剃发染衣品》："尔时，车匿既闻太子，说此偈已，即以自身，四布于地，持其两手，前著抱于，太子两足，而作是言：'善哉！圣子。今乞欢喜，莫作如是，苦切誓言。大圣大子，我有何力，有何神德，能令圣子，回还本宫？'"唐道宣述《教诫新学比丘行护律仪》卷1："一、不得共大已五夏人同床；二、与同类人共房，每须相护，勿令喧竞；三、房中常作意更相问讯，须知大小；四、若有得失言语，即须乞欢喜，不得经宿，结其罪业。"唐慧立本、彦悰笺《大唐大慈恩寺三藏法师传》卷10："其日又命，塑工宋法智，于嘉寿殿，竖菩提像骨已，因从寺众，及翻经大德，并门徒等，乞欢喜，辞别云。"

【乞利/りをこふ】述宾 乞求获得利养。《日本灵异记》中卷《依汉神祟杀牛而祭又修放生善以现得善恶报缘第5》："非人犹强白言：'明知是人作主，截我四足，祀庙乞利，贼脍食肴。今如切倪，犹欲屠啖。'"（p. 159）唐窥基撰《因明入正理论疏》卷2："有外道出，名嗢露迦，此云鸺鹠。昼藏夜出，游行乞利，人以为名。旧云优娄佉，讹也。后因夜游，惊伤产妇，遂收场碾米斋食之。因此亦号为蹇拏仆。云食米斋仙人，旧云蹇拏陀，讹也。亦云吠世史迦。"按：《汉语大词典》失收。

【乞取/こひとる】并列（3例） 求得；索取，索要。《古事记》中卷《神武记》："故尔其弟神沼河耳命乞取其兄所持之兵，入杀当艺志美美。故亦称其御名，谓建沼河耳命。"（p. 162）又《应神记》："故是女人自其昼寝时，妊身，生赤玉。尔其所伺贱夫，乞取其玉，恒裹著腰。"（p. 274）《日本书纪》卷1《神代纪上》："既而素戋鸣尊乞取天照大神髻。"（p. 64）（1）后秦弗若多罗、罗什合译《十诵律》卷61："佛言：

‘从今日清净，故与。’与竟他，不还，是事白佛。佛言：‘当从**乞取**。’”隋阇那崛多译《佛本行集经》卷55《罗睺罗因缘品》：“尔时，罗睺罗母，遣罗睺罗，往向父边，**乞取**父封。”唐义净译《金光明最胜王经》卷1《如来寿量品》：“五者，如来之身，无有饿渴，亦无便利，羸惫之相。虽行**乞取**，而无所食，亦无分别。然为任运，利益有情，示有食相，是如来行。”（2）《唐律疏议》卷11《职制》：“**乞取**者，加一等；强乞取者，准枉法论。”（p. 372）按：《汉语大词典》例引唐王建《乞竹》诗：“**乞取**池西三两竹，房前栽著病时看。”偏晚。

【乞食活命/くひものをこひていのちをいく】 四字　讨饭糊口，以乞讨为生。《日本灵异记》中卷《奉写〈法华经〉因供养显母作女牛之因缘第15》：“爰乞者问之：‘所以者何？’答曰：‘请令讲《法华经》。’乞者：‘我无所学。唯诵持《般若陀罗尼》，**乞食活命**。’”（p. 188）姚秦鸠摩罗什译《大智度论》卷3《序品》：“‘姊，我不堕是，四不净食中，我用清净，**乞食活命**。’‘是时，净目闻说，清净法食，欢喜信解。舍利弗因为说法，得须陀洹道。’如是清净，**乞食活命**。故名乞士。”刘宋求那跋陀罗译《央掘魔罗经》卷1：“是等一切，剃发除慢，孤游持钵，**乞食活命**著坏色衣，如是比丘，云何放逸？”隋阇那崛多译《佛本行集经》卷56《难陀出家因缘品》：“复次，难陀，汝若在于，阿兰若处，**乞食活命**，著粪扫衣，此乃为善。”

【乞食僧/こつじきのほうし】 三字　为了资养色身，而向人乞食的僧人。《日本灵异记》上卷《恶人逼**乞食僧**而现得恶报缘第15》：“昔故京时，有一愚人，不信因果，见僧乞食，忿而欲击。时僧走入田水，追而执之。僧不得忍，以咒缚之。”唐大觉撰《四分律行事钞批》卷9：“西国屠儿，方为此业。胜人上姓，极污其流，**乞食僧**尼。”宋宗晓编《法华经显应录》卷1：“师旧名法京，姓朱，会稽人。年少聚沙为塔，蒿艾为殿，合掌称佛。忽遇**乞食僧**劝之曰：‘汝可往天台山出家。彼有初依菩萨说法化世。’儿即奔往。”

【乞索/こひもとむ】 并列　乞讨，乞求。《奈良朝写经14·七知经》：“读之者，以至诚心，上为国家，下及生类，**乞索**百年，祈祷万福。”（p. 108）吴支谦译《撰集百缘经》卷2《报应受供养品》：“尔时如来，即便然可，告阿难曰：‘汝可往语，波斯匿王，云吾今日，从王**乞索**，此一罪人，用为出家。’”姚秦鸠摩罗什译《大庄严论经》卷2：“医师报言：‘宜须食肉。’于是婆罗门，语比丘言：‘汝可为我，至檀越家，**乞索**少肉，以疗我疾。’”北凉昙无谶译《大般涅槃经》卷11《圣行品》：“尔时海中，有一罗刹，即从其人，**乞索**浮囊。其人闻已，即作是念：‘我今若与，必定没死。’答言：‘罗刹，汝宁杀我，浮囊叵得。’”按：《汉语大词典》首引《世说新语·文学第4》：“康僧渊初过江，未有知者，恒周旋市肆，**乞索**以自营。”略晚。

【乞延寿命/いのちをのべたまへとこふ】 四字　乞求延长寿命，企盼延年益寿。《日本书纪》卷20《敏达纪》十三年是岁条：“大臣即遣子弟奏其占状。诏曰：‘宜依

卜者之言，祭祠父神。’大臣奉诏，礼拜石像，**乞延寿命**。是时国行疫疾，民死者众。”（第二册，p. 490）唐不空译《佛说大方广曼殊室利经》卷1《授记品》：“应念皆来至，游戏恣娱乐。及求**延寿命**，不死甘露药。丰财及仆使，一切五欲乐。应诵洛叉遍，若我及如来。”《敦煌变文・欢喜国王缘》：“夫人闻说，遂向山中，礼拜此僧，**乞延寿命**。”（p. 1091）→【寿命延長】【延福寿】【願寿】

【乞欲～/～とおもふとこふ】 偏正 乞求得到；希望做某事。《古事记》上卷《日子穗穗手见命与鹈茸草茸不合命》：“尔火远理命见其婢，**乞欲**得水。婢乃酌水，入玉器贡进。”（p. 126）（1）西晋竺法护译《佛五百弟子自说本起经》卷1：“所欲往至诣，**乞欲**系糊口。执杖见趋叱，为人所嫉辱。”失译人名今附西晋录《佛说梵摩难国王经》卷1：“王有太子，名均邻儒。至心精进，觉世非常，无生不死者，不贪时荣。白王言：‘佛世难值，经法难闻。我今**乞欲**，随佛作沙门。’王即听之。”刘宋沮渠京声译《佛说旃陀越国王经》卷1：“臣下白王言：‘外有道人，**乞欲**见王。’王闻之，即出与相见。”（2）《吴志》卷20《韦曜传》：“曜益忧惧，自陈衰老，求去侍、史二官，**乞欲**成所造书，以从业别有别付，皓终不听。时有疾病，医药监护，持之愈急。”按：《汉语大词典》失收。

【岂不信哉/あにまことならずあらむや】 口语 怎么可以不相信呢？《日本灵异记》上卷《偷用子物作牛役之示异表缘第10》：“然后以覆被及财务，而施其师，更为其父广修功德。因果之理，**岂不信哉**？”（p. 87）唐道宣撰《广弘明集》卷5：“唐尧则天，稷偰翼其化；汤武革命，伊吕赞其功。由斯以言，用舍影响之论，惟我与尔之谈。**岂不信哉**？”唐智云撰《妙经文句私志记》卷1：“然此震方，去彼天竺。其途辽敻，十万有余。或云十万八千里，山川重险，人兽众难往来，达者十无二三。况非其人？不过其时，则不虚行。故玄音辍昌之后，时虽千载之外，虽翻度数家，罕能备体至于什师，一出方乃，洋溢天下。以此而论，传译之难，**岂不信哉**？”

【岂合如此/あにかくのごとくあるべけむや】 口语 （9例） 怎么可以这样呢？从道理上讲，不应该如此。《续日本纪》卷12《圣武纪》天平九年九月条：“遂逼乏困，逃亡他所，父子流离，夫妇相失。百姓币穷，因斯弥甚。实是国司教喻乖方之所致也。朕甚愍焉。济民之道，**岂合如此**？”（第二册，p. 326）又卷15《圣武纪》天平十六年九月条：“无畏宪章，擅求利润，公民岁弊，私门日增。朕之股肱，**岂合如此**？”（第二册，p. 444）又卷17《圣武纪》天平十九年十一月条：“而诸国司等怠慢不行。或处寺不便，或犹未开基。以为天地灾异，一二显来，盖由兹乎。朕之股肱，**岂合如此**？”（第三册，p. 48）又卷19《孝谦纪》天平胜宝六年九月条：“然犹不肯承行，贪浊成俗。朕之股肱，**岂合如此**？”（第三册，p. 146）又卷20《孝谦纪》天平宝字元年七月条：“呜呼！宰辅之任，**岂合如此**？”（第三册，p. 214）又卷28《称德纪》神护景云元年六月条：“又比年法吏，但守文句，不顾义理，任意决断。由是，萨摩诉状不得披心。清白吏道，**岂合如此**？”（第四册，p. 164）又卷 35《高绍纪》宝龟十年九月条：“戊子，敕曰：‘依令条，全户不在乡。依旧籍，转写并显不在之由。而职检不进计帐之户，无论不课及课户之色，愡取其田，皆悉卖却。一取之后。更无改还。济民之务，**岂合如此**？’”又卷 36《高绍纪》宝龟十一年七月条：“今北陆道亦供蕃客，所有军兵未曾教习，属事征发，全无堪用。安必思危，**岂合如此**？”又卷 37《桓武纪》延历二年六月条：“每有征发，未尝差点。同曰皇民，**岂合如此**？”又卷 39《桓武纪》延历五年四月条：“又其莅政治民，多乖朝委。廉平称职，百不闻一。侵渔润身，十室而九。忝曰官司，**岂合如此**？”（1）唐义净译《根本说一切有部毘奈耶》卷 29：“时邬陀夷，见而告曰：‘仁等看此，黑钵之类，每于寺中，粪秽狼籍。仙人居处，**岂合如此**？’作是语时，令诸俗徒，共生嫌贱。”又《根本说一切有部苾刍尼毘奈耶》卷 6：“问曰：‘汝于何处，共谁作法？’答曰：‘是我界外，共人为解。’尼曰：‘**岂合如此**，作解法耶？’答曰：‘从合不合，我已作讫，何忓汝事？’”唐大觉撰《四分律行事钞批》卷 4：“今时僧尼，多犯斯过。但修饰己房，争事光显。佛堂之内，尘粪难言。口称剃染，出家为佛弟子。事师之法。**岂合如此**？”（2）《全唐文》卷 34 元宗《铨择内外官敕》：“亦朝廷勋旧，蹔镇外台，却任京人，众以为荣。为官择人，**岂合如此**？”（p. 378）又卷 135 高冯《上太宗封事》：“比见帝子拜诸叔，诸叔亦答拜，王爵既同，家人有礼，**岂合如此**颠倒昭穆？伏愿一垂训诫，永循彝则。”

【岂忘恩乎/あにおんをわすれむや】 口语 （作为人）怎么能忘恩负义呢？《日本灵异记》下卷《髑髅目穴笋揭脱以祈之示灵表缘第 27》：“夫日曝髑髅，尚故如是，施食报福，与恩报恩。何况现人，**岂忘恩乎**？”（p. 334）隋灌顶撰《国清百录》卷 3：“于事有益，愿为咨奏，使苍生庆赖。然国是王国，民是王民，加修慈心，抚育黎庶。犬马识养，人**岂忘恩乎**？”

【起爱心/うつくしぶるこころをおこす】 三字 产生喜爱的感情。《万叶集》卷 4 第 536 首歌注：“未有几时，即绝往来，累月之后，更**起爱心**。”（第一册，p. 296）失译人名今附秦录《别译杂阿含经》卷 12：“何以故？见于盛壮，端正女人，即**起爱心**。若生此心，非我所宜。”元魏瞿昙般若流支译《正法念处经》卷 29：“须臾起爱心，须臾心不爱。其心不暂停，如电不久住。”唐义净译《根本说一切有部毘奈耶》卷 32：“尔时马驹闻是语已，跪就瓦师舐其双足。瓦师见已便生**爱心**，遂即受取牵将至舍。妻见问曰：‘往商主处，得何财物？’夫曰：‘得此马驹。’妻曰：‘善哉！此物。劳我作器，随成蹋损。’驹闻此语，便至妻所，舐其双足。其妻见已，亦**起爱心**。”按：“起爱心”为佛典中的固定搭配形式。“爱心”一词宗教色彩鲜明，指贪念色相之心，但在歌注中却指一般的男女爱情。此处歌注中的“未有几时”亦为佛典习见的四字语句，为证明“起爱心”出自佛典提供了佐证。《日本灵异记》上卷《殷勤归信观音愿福分以相得大福德缘第 31》：“卿之女被咒力病愈。乃于东人**发爱心**，终交通也。亲属系之东人，闭居构璅。女**爱心**不得忍，犹哭恋之，不离其边。”（p. 128）又中卷《女人大蛇所婚赖药力得全命缘第41》：“**爱心**深入，死别之时，恋于夫妻及父母子，而作是言：‘我死复世必复相也。’”（p. 251）又：“佛告阿难：‘是女先世产一男子。深结**爱心**，口啜其子屌。’”（p. 251）

【起暴風/あからしまかぜをおこす】 三字 刮起狂风。《播磨国风土记・揖保郡》条：“于是，大怒，即**起暴风**，打破客船。漂没于高岛之南滨，人悉死亡。乃埋其滨。故号曰韩滨。”（p. 66）姚秦鸠摩罗什译《佛说华手经》卷9《不退转品》：“入此林时，四面**起暴风**。飘雨诸锋刃，段段割截身。如是雨刀剑，割截身体时。无量亿千岁，苦毒不可忍。”

【起悲/あはれびをおこす】 述宾 生起慈悲心。《日本灵异记》上卷《序》：“唯代代天皇，或登高山顶**起悲**，住雨漏殿，抚于庶民。”（p. 54）东晋佛驮跋陀罗译《达摩多罗禅经》卷2：“若见此众生，受无量苦，而不**起悲**，是则极恶，无善根人。”高齐那连提耶舍译《大方等大集经》卷57《灭非时风雨品》：“汝今当知，亦应如是。于诸众生，常应**起悲**。”又《月灯三昧经》卷7：“无量诸亿众，劝教修菩提。与众作利益，一切悉**起悲**。”新罗义寂述《菩萨戒本疏》卷2：“文中常起大悲心者，愍彼长没苦海，常欲拔之令出。若人以下，内心**起悲**发言唱导。”按：《汉语大词典》失收。

【起避/たちさる】 连动 起身回避。《日本灵异记》上卷《序》：“见闻之者甫惊怪，忘一卓之内；惭愧之者倏悸惕，忩**起避**之顷。”（p. 54）（1）姚秦佛陀耶舍、竺佛念等合译《四分律》卷51：“尔时世尊在舍卫国。时有比丘在僧地中作私房，有上座客比丘来。语言：‘**起避**上座。’彼答言：‘不起。’问言：‘何故耶？’答言：‘是我私房。’”萧齐求那毘地译《百喻经》卷4：“昔有一人，聘取二妇，若近其一，为一所嗔。不能裁断，便在二妇中间，正身仰卧。值天大雨，屋舍霖漏，水土俱下，堕其眼中，以先有要，不敢**起避**，遂令二目，俱失其明。”唐义净译《根本说一切有部毘奈耶杂事》卷11：“难陀见已，便作是念：‘此诸苾刍，咸弃于我，不同一处。此阿难陀，既是我弟，岂可相嫌？’即去同坐。时阿难陀，速即**起避**。”（2）《世说新语・容止第14》：“俄而率左右十许人步来，诸贤欲**起避**之，公许云：‘诸君少住，老子于此处兴复不浅。’”按：《汉语大词典》失收。

【起忿怒/いかりをおこす】 三字 怒从心起，心中生起怒火。《日本书纪》卷2《神代纪下》：“若兄**起忿怒**，有贼害之心者，则出潮溢琼以漂溺之。若已至危苦求愍者，则出潮涸琼以救之。如此逼恼，自当臣伏。”（第一册，p. 170）隋智顗撰《法界次第初门》卷1：“违忿之心，名之为瞋；若以迷心对一切违情之境，便**起忿怒**，即是瞋毒。”唐义净译《根本说一切有部毘奈耶药事》卷18：“其人闻已，欲情顿息，起杀害心，**起忿怒**心。”唐一行记《大毘卢遮那成佛经疏》卷20：“若忿怒者，火为胎作事。胎即心也，谓有因缘，须作忿怒之事，降伏于人，即从其内心中，而**起忿怒**。此忿怒非如世间之忿怒也。”

【起居安不/たちゐやすくありやいなや】 口语 “起居安宁吗?”，问候语。犹言“身体好吗?”《日本灵异记》上卷《圣德皇太子示异表缘第4》：“时有人言：‘是有愿觉师。’即优婆塞往而见，当实愿觉师也。逢于优婆塞而谈之言：‘比顷不谒恋思无间，**起居安不**也。’”后汉昙果、康孟详合译《中本起经》卷1《还至父国品》：“佛问忧陀：‘父王**起居安不**?’忧陀白佛：‘大王无恙，唯思世尊。’”后秦弗若多罗、罗什合译《十诵律》卷41：“代自恣人从坐起，脱革屣胡跪合掌，作是言：‘比丘尼僧和合，礼大德僧足，问讯少病少恼，**起居安不**?’问讯已，作是言：‘大德僧忆念，我等三月安居竟，我等今求大德说见闻疑罪，僧怜愍故。大德僧，为我等说罪者，增长善法。’第二亦应言：‘大德僧忆念，和合比丘尼僧稽首，礼大德僧足，问讯少病少恼，**起居安不**?’问讯已，作是言：‘我等三月安居竟，今求僧自恣说见闻疑罪，僧怜愍故。大德僧，为我等说罪者，增长善法。’第三亦应言：‘大德僧忆念，和合比丘尼僧稽首，礼大德僧足，问讯少病少恼，**起居安不**?’问讯已，作是言：‘我等三月安居竟，今求僧自恣说见闻疑罪，僧怜愍故。大德僧，为我等说罪者，增长善法。’”唐玄奘译《阿毘达磨大毘婆沙论》卷99：“然彼大天，随造众恶，而不断灭，诸善根故。后于中夜，自惟罪重，当于何处，受诸剧苦，忧惶所逼，数唱苦哉。近住弟子，闻之惊怪，晨朝参问：‘**起居安不**?’大天答言：‘吾甚安乐。’”

【起立寺塔/じとうをたつ】 四字 （2例） 起造寺院内的塔堂。《日本书纪》卷21《崇峻纪》二年四月条：“乃斫取白月胶木，疾作四天王像，置于顶发而发誓言：‘今若使我胜敌，必当奉为，护世四王，**起立寺塔**。’苏我马子大臣又发誓言：‘凡诸天王、大神王等，助卫于我使获利益，愿当奉为诸天与大神王，**起立寺塔**，流通三宝。’”（第二册，p. 512）后汉迦叶摩腾、法兰合译《四十二章经》卷1：“登**起立塔寺**，于是道法流布，处处修立佛寺，远人伏化愿为臣妾者。不可称数。国内清宁，含识之类，蒙恩受赖，于今不绝也。”晋世法炬、法立合译《法句譬喻经》卷2：“何谓施多得福多者? 若有贤者，觉世无常。好心出财，**起立塔寺**精舍果园。供养三尊，衣服履屣，床榻厨膳。斯福如五河，流入于大海。福流如是，世世不断。是为施多，其报转多。”唐道世撰《法苑珠林》卷19：“晋太元中，于奉高县金舆山谷，**起立塔寺**，造制形像。苻坚之末，降斥道人。唯敬朗一众，不敢毁焉。”

【起乱/みだれをおこす】 述宾 发动叛乱，引发祸乱；内心产生混乱。《上宫皇太子菩萨传》：“先造大官寺，又为弓削大连**起乱**，于摄津造四天王寺，度人出家。而弓削殄殒，大祚克宁。”（1）西晋竺法护译《生经》卷5：“佛告诸比丘：‘尔时梵志，今清信士是；其妇者，今妇是；彼国王者，吾身是。尔时**起乱**，今亦如是。’”姚秦竺佛念译《菩萨从兜术天降神母胎说广普经》卷6《光影品》：“法身自然空，内外清净行；烦恼八万四，定意不**起乱**。”（2）《晋书》卷100《载记序》：“胡人利我艰虞，分镰**起乱**；晋臣或阻兵遐远，接武效尤。”《魏书》卷105之3《志第3》：“三年三月丙辰，金昼见，在参。魏邦戒也。闰月戊寅，金犯五诸侯。占曰：‘四滑起，官兵**起乱**。’”按：《汉语大词典》失收。

【起逆心/さかふるこころをおこす】 三字 产生叛逆之心。《日本书纪》卷23《舒明纪》即位前纪条：“是以汝遂有不从者，我与汝有瑕，则国亦乱。然乃后生言之，吾二人破国也是后叶之恶名焉。是焉，汝慎以勿**起逆心**。”（第三册，p.34）（1）唐善无畏译《阿吒薄俱元帅大将上佛陀罗尼经修行仪轨》卷1：“若将此咒镇国土，四方一切邻敌及大臣不**起逆心**。若有作逆者，三称观世音菩萨名，即大元帅，召一切鬼神，兴云降雨，下其刀剑，而灭逆臣。”又《观无量寿佛经疏》卷2：“此意有二：一明夫人，致怨于子，忽于父母，狂**起逆心**。二明又恨提婆教我阇世造斯恶计。若不因提婆者，我儿终无此意也。”唐栖复集《法华经玄赞要集》卷8：“提婆达多于佛**起逆心**，与未生怨王，共为亲友。兼劝未生怨王，交煞频婆娑罗王。”《敦煌变文·张义潮变文》：“何期今岁兴残害，辄尔依前**起逆心**。”（p.180）（2）《唐律疏议》卷1《名例》：“为子为臣，惟忠惟孝。乃敢包藏凶慝，将**起逆心**，规反天常，悖逆人理，故曰谋反。”

【起入於~/たちて~にいる】 于字 （2例） 起身进入某处。《藤氏家传》上卷《镰足传》：“天皇**起入于**殿中。古麻吕等遂诛鞍作焉。”（p.173）《日本灵异记》上卷《凶人不敬养奶房母以相得恶死报缘第23》：“瞻保于是不言，而**起入于**屋里，拾出举，炎于其庭中，皆已烧灭。然后入山，迷惑不知所为。乱发身伤，东西狂走，复还行路，不住己家。”（p.110）（1）高齐那连提耶舍译《月灯三昧经》卷8：“尔时智力王，见如是梦，觉已至明。即从卧**起，入于**后宫，集诸宫人，具说斯梦。”唐一行记《大毘卢遮那成佛经疏》卷13《转字轮漫荼罗行品》：“师如是自加持已，安祥而**起，入于**中台，徐徐运布众彩，而作毘卢遮那之像也。”（2）唐义净译《根本说一切有部毘奈耶杂事》卷10：“时大世主，复入初定，从初定起，入第二定，从第二定起，入第三定，从第三定，起入第四定。从第四定，**起入于**空，从空处起，入识处，从识处起，入无所有处，从无所有处起，入非想非非想处，从非想非非想处起，次第逆入，至初静虑，而般涅槃。”按：（1）用作具体义，（2）用作抽象义。《镰足传》与（1）相同。

【起寺/てらをたつ】 述宾 修建寺庙。《元兴寺伽蓝缘起并流记资财账》：“时聪耳皇子、马古大臣俱**起寺**处见定。”东晋瞿昙僧伽提婆译《增壹阿含经》卷19《四意断品》：“世尊告曰：‘当集种种香华，于四衢道头，起四寺偷婆。所以然者，若有**起寺**，此人有四种应起偷婆。’”刘宋求那跋陀罗译《大意经》卷1：“是时，有五百人，同时共**起寺**，或悬缯然灯者，或烧香散花者，或供养比丘僧者，或诵经讲道者，今皆来会此。”唐义净译《根本说一切有部毘奈耶药事》卷9：“复有药叉，名曰法力。世尊便即调伏。是时药叉，同前**起寺**，名泥德勒迦寺。”按：《汉语大词典》失收。

【起塔於~/とうを~にたつ】 于字 在某处修建寺塔。《日本书纪》卷20《钦明

纪》十四年二月条："十四年春二月戊子朔壬寅，苏我大臣马子宿祢**起塔于**大野丘北，大会设斋。即以达等前所获舍利，藏塔柱头。"（第二册，p. 490）梁慧皎撰《高僧传》卷7："顾命令阇维之，刘思考为**起塔于**武担寺门之右。"唐道宣撰《续高僧传》卷3："阇维既了，沙门玄谟收拾余骸，为之**起塔于**胜光寺，在乘师塔东。即贞观七年四月六日也。"唐道世撰《法苑珠林》卷18："至十一年依言发之，身肉都尽，唯舌不朽。一县士女，咸共戴仰，乃函盛舌本，**起塔于**甘谷岸上。"

【起邪心/あしきこころをおこす】 三字 产生不正当的念头。"邪心"，梵语 dur-darśana 的意译，指不符合佛理的知见。《古事记》中卷《崇神记》："故大毘古命更还参上，请于天皇时，天皇答诏之：'此者为在山代国我之庶兄建波迩安王，**起邪心**之表耳。伯父兴军宜行。'"（p. 190）元魏菩提留支译《大萨遮尼乾子所说经》卷2："大王，汝今应当远离，邪淫之罪，自妻知足，他妻无求，无**起邪心**。"唐义净译《金光明最胜王经》卷3《灭业障品》："善男子，若人成就四法，能除业障，永得清净。云何为四？一者不**起邪心**，正念成就；二者于甚深理，不生诽谤；三者于初行菩萨，起一切智心；四者于诸众生，起慈无量，是谓为四。"唐善导集记《集诸经礼忏仪》卷2："于一切三宝、师僧父母、六亲眷属、善知识、法界众生上、**起邪心**，不可知数。"按："邪心"在中土文献中多见，具有多项语义，在文章中时常难以把握其准确的含义。但如果关注"起邪心"这一动宾结构，就会发现该搭配形式唯见于佛典。

【起造/おこしつくる】 并列 （4 例） 建造，修建。《日本书纪》卷17《继体纪》二十四年九条："秋九月，任那使奏云：'毛野臣遂于久斯牟罗**起造**舍宅，淹留二岁，懒听政焉。'"（第二册，p. 322）又卷24《皇极纪》元年八月条："九月癸丑朔乙卯，天皇诏大臣曰：'朕思欲**起造**大寺。宜发近江与越之丁。复课诸国使造船舶。'"（第三册，p. 66）又卷25《孝德纪》大化元年八月条："又于闲旷之所**起造**兵库收聚国郡刀甲弓矢。边国近与虾夷接境处者，可尽数集其兵。而犹假授本主。"（第三册，p. 118）《肥前国风土记·神埼郡》条："此地平原，元来无冈。大足彦天皇敕曰：'此地之形，必可有冈。'即令群下，**起造**此冈。"（p. 324）（1）梁曼陀罗仙、僧伽婆罗合译《大乘宝云经》卷5："复作是念：'如是寺舍，皆是檀越，之所**起造**，利益一切，修道之人。是故我今，不应于寺，生我所心，虽住寺中，恒不离于，露地之想。'"隋阇那崛多译《佛本行集经》卷2《发心供养品》："是时天人，收彼宝体，佛舍利已，**起造**于塔。"（2）《陈书》卷27《姚察传》："察幼年尝就钟山明庆寺尚禅师受菩萨戒，及官陈，禄俸皆舍寺**起造**，并追为禅师树碑，文甚遒丽。"按：《汉语大词典》首引宋陈与义《观我斋再分韵得下字》："梦攀城西树，**起造**君子舍。"偏晚。

【气力衰邁、老耄虚羸、要仮扶縄、不能進歩。/きりょくすいまいし、ろうもうきょるいせり。たとひなはにたよるとも、すすみありくことあたはず】 典据 气力衰弱，年迈羸弱。走路时需要借助绳索，否则难以挪步。《日本书纪》卷15《显宗纪》三

年九月条："九月，置目老困乞还曰：'气力**衰迈**，**老耄虚羸**，**要假扶**绳，不**能进步**。愿归桑梓，以送厥终。'天皇闻惋痛，赐物千段，逆伤歧路，重感难期。"（第二册，p. 250）唐义净译《金光明最胜王经》卷9《除病品》："无量众生，为诸极苦，之所逼迫。我父长者，虽善医方，妙通八术，能疗众病，四大增损，然已**衰迈**，**老耄虚羸**，**要假扶**策，方**能进步**，不复能往，城邑聚落，救诸病苦。"

【~訖後/~をはりてのちに】 完成 （2例） 完成之后。《日本灵异记》中卷《奉写〈法华经〉因供养显母作女牛之因缘第15》："于是，檀主大哭言：'实我母。我曾不知。今我奉免。'牛闻大息。法事**讫后**，其牛即死。法会之众，悉皆号哭，响于堂庭。"（p. 188）又下卷《序》："昔有一比丘，住山坐禅。每斋食时，拆饮施乌，乌常啄效，每日来候。比丘斋食**讫后**，嚼杨枝，嗽口洒手，把砾而玩。乌居篱外。时彼比丘，不瞪居乌，投砾中乌。乌头破飞即死，死生猪，猪住其山。彼猪至于比丘室上，颓石求食，径下中比丘而死。"（p. 260）吴支谦译《私呵昧经》卷1："一者如来灭**讫后**，舍利得供养。诸天龙鬼神、质谅神、执乐神、金鸟神、似人形神、胸臆行神、人非人皆来供养舍利，为作礼无有极。"隋阇那崛多译《佛本行集经》卷25《向菩提树品》："菩萨如是，思惟念已，受彼乳糜，而问善生村主女言：'姊善！仁者。我若食此，乳糜**讫后**，将此钵器，付嘱与谁？'善生女言：'付与仁者。'"唐输波迦罗译《苏悉地羯罗经》卷2《净除诸物品》："应洗物等，先以牛尿和胡麻，水洗**讫后**，以香水洗之。诸余物等，世所称用其水洗应随洗之。"

【棄捨/すつ】 并列 犹言舍弃。丢开，放弃。《日本书纪》卷24《皇极纪》二年十一月条："时人说前谣之应曰：'……以渠梅挖你母、陀碍底腾褒罗栖、柯麻之之能鸣腻，而喻山背王之头发斑杂毛似山羊。又**弃舍**其宫匿深山相也。'"（第三册，p. 82）（1）后汉竺大力、康孟详合译《修行本起经》卷1《试艺品》："太子志意，不以为欢，常欲**弃舍**，静修道业，济度众生。"姚秦鸠摩罗什译《妙法莲华经》卷1《序品》："求名利无厌，多游族姓家，**弃舍**所习诵，废忘不通利。"《敦煌变文·破魔变》："我佛当日，为度众生，**弃舍**王宫，雪山修道。"又《维摩诘经讲经文（三）》："若在刹利，刹利中尊，教以忍辱。刹利者，是西天王种，为厌居王佐，不乐喧嚣，**弃舍**国城。"又《频婆娑罗王后宫采女功》："加以深崇三宝，重敬佛僧，**弃舍**高荣，恳修功德。"（2）《宋书》卷91《孝义传》："至于风漓化薄，礼违道丧，忠不树国，孝亦愆家，而一世之民，权利相引；仕以势招，荣非行立，乏翱翔之感，**弃舍**生之分；霜露未改，大痛已忘于心，名节不变，戎车遽为其首。"《齐诗》卷12谢朓《和刘西曹望海台诗》："嚣尘及簿领，**弃舍**出重城，临川徒可羡，结网庶时营。"按：《汉语大词典》例引《易·井》"旧井无禽时舍也"唐孔颖达疏："时舍也者，以既非食，禽又不向，即是一时共**弃舍**也。"偏晚。

【棄捨珍財/たからをすつ】 四字 舍弃珍贵物品和财物。《日本书纪》卷24《皇

极纪》三年七月条：“都鄙之人取常世虫置于清座，歌舞求福**弃舍珍财**。都无所益，损费极甚。”（第三册，p. 94）《说文解字》卷1《玉部》：“［**珍**］宝也。从玉㐱声。”唐玄奘译《大般若波罗蜜多经》卷580：“又满慈子，诸菩萨摩诃萨，修行布施，波罗蜜多。虽有**弃舍，珍财**等事，而于彼事，无取相想。谓若弃舍，一切法相，回向无上，正等菩提，欲为有情，作大饶益，便能证得，一切智智。”

【棄身命/いのちをすつ】 三字　舍弃性命，抛弃生命。用以表示一种坚定的决心。《上宫圣德法王帝说》：“此王，有贤尊之心，**弃身命**而爱人民也。后人与父圣王相滥，非也。”西晋竺法护译《佛说大方等顶王经》卷1：“吾以**弃身命**，被无挂碍铠，志不贪正觉，尔乃曰博闻。”高齐那连提耶舍译《佛说施灯功德经》卷1：“愿我恒得于人身，于佛法中生净信，常不放逸住佛道，宁**弃身命**不舍法。”唐慧沼撰《金光明最胜王经疏》卷2《如来寿量品》：“为利有情，宁**弃身命**，不以恶加名广大。”

【棄欲/よくをすつ】 述宾　抛弃欲望。《日本书纪》卷22《推古纪》十二年四月条：“五曰：绝餮**弃欲**，明辨诉讼。其百姓之讼一日千事，一日尚尔，况乎累岁?”（第二册，p. 544）（1）后汉安世高译《佛说八正道经》卷1：“第二谛念为何等？所意**弃欲**弃家不瞋恚怒不相侵，是为谛念。”后秦佛念译《出曜经》卷30《梵志品》：“是故说曰：‘若能**弃欲**，去家舍爱，以断欲漏，是谓梵志。’”齐那连提耶舍译《大宝积经》卷61《序品》：“王臣劝化时，坚慧悉不许。捐亲及国土，**弃欲**而出家。”（2）《全晋文》卷159竺道壹《答丹阳尹》：“大晋光熙，德被无外。崇礼佛法，弘长弥大。是以殊域之人，不远万里，被褐振锡，洋溢天邑。皆割爱**弃欲**，洗心清玄，遐期旷世。”（p. 2382）按：《汉语大词典》失收。

【泣吟/なきいさつ】 先例　哭泣呻吟。《日本书纪》卷6《垂仁纪》二十八年十一月条：“数日不死，昼夜**泣吟**。遂死而烂臰之，犬鸟聚噉焉。天皇闻此**泣吟**之声，心有悲伤。”（第一册，p. 322）宋智觉注《心性罪福因缘集》卷1：“时二老僧，临命终克，俱时出遇，合眼语通，执手**泣吟**。时于空中音乐声满，妙华异香遍熏山林。文殊、弥勒乘云出现，各为老僧，说深妙法，各迎一僧，东西升天。异香熏室，数月不先，光明满林，通夜照曜。”按：《汉语大词典》失收。

【契菩提/ぼだいをちぎらむ】 三字　契合菩提。《奈良朝写经23·十轮经卷第3》：“又光明子自发誓言，弘济沉沦，勤除烦障，妙穷诸法，早**契菩提**。”（p. 179）唐澄观述《大方广佛华严经随疏演义钞》卷80《如来出现品》：“离是二法，皆称为边，又二与不二，亦名为边。今一**契菩提**，一切都寂，故云远离。”颜绢英主编《道俗三十七人造经像记》卷1：“冀**契菩提**因果，慈氏□世□登先首，为法界众生，普同此福。”宋戒环解《楞严经要解》卷7：“此责其妄计戏论，难**契菩提**，故曰菩提遥远。非汝能证，虽持多经，只益戏论也。”

【恰然/ひとしく】后缀 完全相同。《日本书纪》卷2《神代纪下》："时此神形貌，自与天稚彦**恰然**相似。故天稚彦妻子等见而喜之曰：'吾君犹在。'则攀持衣带，不可排离。"（第四册，p. 124）（1）唐道宣撰《续高僧传》卷7："初将逝告众前云：'昨夜二菩萨见迎，一是生身，一是法身。吾已许之。寻有诸天，又来迎接，以不愿生，故不许耳。'流光照于，侃禅师户，侃怪光盛出户见，二人向布房中不知是圣也。旦往述之，**恰然**符合。"唐智升撰《续集古今佛道论衡》卷1："当此之时，佛入涅槃，计佛入涅槃至今合有一千二十二年。明帝大悦曰：'弟子此土，周书异记，法师所说，**恰然**与同。'"唐慧详撰《弘赞法华传》卷8："又欲设千僧斋，乃于庵侧，获银数饼。下山馔会，**恰然**周足。"日本空海撰《文镜秘府论·天卷》："李氏忽以《周礼》证明，商不合律，与四声相配便合，**恰然**悬同。"（2）《全隋文》卷21王劭《舍利感应记》："泾州于大兴国寺起塔，将造函，三家各献旧磨好石，非界内所有，因而用之，**恰然**相称。"按：《汉语大词典》失收。

【恰如～/あたかも～のごとし】比喻（2例） 正如，正似。《古语拾遗》："尔乃，太玉命以广厚称词启曰：'吾之所捧宝镜明丽，**恰如**汝命。乞开户而御览焉。'"（p. 124）《日本灵异记》上卷《女人好风声之行食仙草以相身飞天缘第13》："常以是行，为身心业。彼气调，**恰如**天上客。"（p. 93）唐道宣撰《续高僧传》卷25："登临眺望山水，多所表诣，如曾闻见。行至禅居寺南岭望云，此寺达者所营，极尽山势。众侣繁盛，清肃有余，如何后锐于前起阁。寺僧非唯寡少，更增喧净。相接曾未经涉，**恰如**其言。"唐道镜、善道共集《念佛镜》卷2："余多见世人，于平常念佛、礼赞，发愿求生西方。及致病来，却又怕死，都不说着往生解脱之事，直待气消命尽，识投冥界，方始十念鸣钟。**恰如**贼去关门，济何事也?"《敦煌变文·捉季布传文》："汉下谋臣真似雨，楚家猛将**恰如**云。"又《庐山远公话》："母吃热饭，不异镬汤煮身；母吃冷物，**恰如**寒冰地狱。"又《妙法莲华经讲经文（三）》："**恰如**粉面一般，和水浑流不止。"又《父母恩重经讲经文（二）》："十月怀耽弟子身，昼夜**恰如**持重担。"又《维摩诘经讲经文》共有八例，仅举一例："每向佛前奏五音，**恰如**人得真三昧。"按：《汉语大词典》首引唐韩愈《盆池》诗之一："一夜青蛙鸣到晓，**恰如**方口钓鱼时。"略晚。

【恰似～/あたかも～のごとし】比喻 恰好就像是……《日本灵异记》上卷《忆持〈法华经〉现报示奇异表缘第18》："二亲听许。然咨往当到之猴家，叩门唤人。乃女人出含咲还入，白家母曰：'门在客人，**恰似**死郎。'闻之出见，犹疑死子。"（p. 102）唐一行译《七曜星辰别行法》卷1："危宿直日，鬼名丘行先。此日是此鬼行病，令人失却精神**恰似**痴人。"高丽知讷撰《高丽国普照禅师修心诀》卷1："日久月深，对治功熟，则身心客尘，**恰似**轻安。"《全唐五代词》卷6《敦煌作品（434首）》："日出卯。人生在世须臾老。男儿不学读诗书，**恰似**园中肥地草。"按：《汉语大词典》首引唐李白《襄阳歌》："遥看汉水鸭头绿，**恰似**葡萄初酦醅。"略晚。

【千仏像/せんぶつのみかた】 三字　一千位佛的画像。“千佛”，谓于过去、现在、未来三劫，分别出现的千佛。《日本书纪》卷25《孝德纪》白雉元年是岁条：“是岁，汉山口直大口奉诏刻**千佛像**。”（第三册，p. 186）唐道宣撰《广弘明集》卷17：“明年歧州大宝昌寺，写得陕州瑞相图置于佛堂，以供养当户。大像三吐赤光，流出户外。于是户外**千佛像**及观世音菩萨亦频放光。半旬之内天华再落。”唐道世撰《法苑珠林》卷100：“齐高宗明帝：写一切经，造**千佛像**，口诵《般若》，常持《法华》，造归依寺，召集禅僧，常侍六斋。”

【千幅輪相/せんぷくりんそう】 四字　指具足千辐轮之妙相，是佛三十二相之一。言佛足下有千辐轮的印纹，象征驾驭一切的法王相。《唐大和上东征传》：“（其）鄮山东南岭石上，有佛（右）迹；东北小岩上，复有佛左迹，并长一尺四寸，前阔五寸八分，后阔四寸半，深三寸。**千幅轮相**，其印文分明显示。世传曰：迦叶佛之迹也。”（p. 56）唐慧琳撰《一切经音义》卷26：“**千辐轮相**：梵云斫讫罗，此云轮。在如来足下。经云：以如法财施众生，故得此相也。”失译人名今附后汉录《大方便佛报恩经》卷7《亲近品》：“若至心作，以是因缘，得**千辐轮相**、第二第三指网缦相、七处满相、细软肩圆、缺满身直、广长舌相。”刘宋求那跋陀罗译《杂阿含经》卷4：“时有豆磨，种姓婆罗门，随彼道行。寻佛后来，见佛脚迹**千辐轮相**，印文显现，齐辐圆辋，众好满足。”隋阇那崛多译《佛本行集经》卷9《相师占看品》：“一者太子足下安立，皆悉平满。二者太子双足下，有**千辐轮相**，端正处中，可喜清净。”

【千界/せんがい】 偏正　“三千大千世界”的略称。《奈良朝写经56·大般若经卷第50等》：“一切合灵，亦犹如是。傍及**千界**，共登波若。”（p. 358）隋阇那崛多译《起世经》卷1《阎浮洲品》：“诸比丘，此千世界，犹如周罗（周罗者隋言髻），名小千世界。诸比丘，尔所周罗，一千世界，是名第二，中千世界。诸比丘，如此第二中千世界，以为一数，复满**千界**。是名三千，大千世界。”

【千手観音日摩尼手/せんじゅかんのんのにちまにしゅ】 多音　“千手观音”，以一千只手和每只手又各附有一个眼睛的一千只眼，来救度众生的观音菩萨。六观音之一，亦称“千臂观音”“千眼千臂观音”“千手千眼观音”。“日摩尼手”，像可以自然发出光热、照明的如意宝珠一样的手。《日本灵异记》下卷《二目盲男敬称**千手观音日摩尼手**以现得明眼缘第12》（p. 290）。

【千手観音像/せんじゅかんのんのみかた】 先例　通常的画像是四十臂，各臂具二十五手（将三界分为二十五种），而成千手千眼。千手千眼表度一切众生有自在无碍的大用。《日本灵异记》中卷《极穷女凭敬**千手观音像**愿福分以得大富缘第42》（p. 253）明王士性撰《广志绎》卷2：“真定龙兴寺后大悲阁有**千手观音像**，高七十三尺，其阁高一百三十尺，拓梁九间，而为五层。盖真定之铜像，嘉定之石像，皆大像之选也。”

【千手経/せんじゅきょう】内典 （2例）1卷。《千手千眼观世音菩萨广大圆满无碍大悲心陀罗尼经》的略称。唐伽梵达摩译。内容述说因由、发愿、十五善生、不受十五恶死之功德、千手陀罗尼、受持之功德、咒诅法、四十二手各各之功德，日光月光二菩萨拥护之咒等。《日本灵异记》下卷《拍于忆持千手咒者以现得恶死报缘第14》：“以绳系《千手经》，从地引之而去。刑行者之处，与长家之程一里许……如《千手经》说：‘大神咒，干枯树尚得生枝柯华菓。若有谤此咒者，即为谤彼九十九亿恒河沙诸佛。’云云。”（p. 296）唐伽梵达摩译《千手千眼观世音菩萨广大圆满无碍大悲心陀罗尼经》卷1：“此大神咒，咒干枯树，尚得生枝柯华果，何况有情、有识众生？身有病患，治之不差者，必无是处……若有谤此咒者，即为谤彼九十九亿恒河沙诸佛。”

【千手千眼経/せんじゅせんげんきょう】内典 唐伽梵达摩译《千手千眼观世音菩萨广大圆满无碍大悲心陀罗尼经》的略称。又称《千手千眼观世音菩萨悲心陀罗尼经》《千手悲心陀罗尼经》《千手陀罗尼经》《大悲总持经》《千手观音大悲心陀罗尼经》《千手千眼大悲心经》《千手经》《千手无碍大悲心陀罗尼经》。《奈良朝写经29·千手千眼陀罗尼经》：“天平十三年七月十五日，僧正玄昉发愿，敬写《千手千眼经》一千卷。”（p. 200）唐菩提流志译《千手千眼观世音菩萨姥陀罗尼身经》卷1：“复以千手千眼观世音像，当坛中心面东悬置。复以《千手千眼经》，置于三十二叶莲花上白檀像前。”

【千手陀羅尼/せんじゅだらに】内典 《千手千眼观世音菩萨广大圆满无碍大悲心陀罗尼经》的略称。《日本灵异记》下卷《怨病忽婴身因之受戒行善以现得愈病缘第34》：“忠仙见之此病相惆，看病咒护，发愿言：‘为愈是病，奉读《药师经》《金刚般若经》各三千卷，《观世音经》一万卷，《观音三昧经》一百卷也。’历十四年，奉读《药师经》二千五首卷，《金刚般若经》千卷，《观世音经》二百卷。唯《千手陀罗尼》，无间诵之也。”（p. 350）最澄撰《传教大师将来台州录》卷1：“梵汉两字《千手陀罗尼》一卷。”安然集《诸阿阇梨真言密教部类总录》卷1：“梵字经中汉字对注《千手陀罗尼》一卷（仁和上注）。”

【千手像/せんじゅのみかた】三字 （3例）“千手观音像”的略称。《日本灵异记》中卷《极穷女凭敬千手观音像愿福分以得大富缘第42》：“海使薇女者，诸乐左京九条二坊之人也。产生九子，极穷无比。不能生活。穴穗寺于千手像而愿福分，一年不满。”（p. 253）《唐大和上东征传》：“所将如来肉舍利三千粒，功德绣普集变一铺、阿弥陀如来像一铺、雕白栴檀千手像一躯、绣千手像一铺、救［苦］观世音像一铺、药师、弥陀、弥勒菩萨瑞像各一躯。”（p. 87）辽非浊集《三宝感应要略录》卷3：“婆罗门言：‘汝有何力？’沙门答曰：‘我以亲近如来大法，负千手像有此威神。’婆罗门夫妇闻已观已，欢喜供养之矣。”宋宗鉴集《释门正统》卷5：“师曰：‘此非常事也。小子将助矣。’乃绘**千手像**，诵大悲咒，誓曰：‘事果遂，当焚此躯。’”

【千手院/せんじゅいん】 寺名 穗积寺院的一部分，安放千手观音像的厅堂。《日本灵异记》中卷《极穷女凭敬千手观音像愿福分以得大富缘第42》：“过三年。所收**千手院**修理分之钱，无百贯。因皮柜，知彼寺之钱。”（p. 253）

【千手咒/せんじゅのじゅ】 三字（2例） 千手神咒，出自《千手千眼观世音菩萨广大圆满无碍大悲心陀罗尼经》。《日本灵异记》下卷《拍于忆持**千手咒**者以现得恶死报缘第14》：“于时有京户小野朝臣庭麿，为优婆塞，常诵持**千手之咒**为业。”（p. 296）高丽一然撰《三国遗事》卷3：“青在东台，北角下北台南麓之末，宜置观音房，安圆像观音及青地画一万观音像。福田五员昼读八卷金经仁王般若**千手咒**，夜念观音礼忏。称名圆通社。”

【遷化/せんげす】 并列（5例） 高德的僧侣过世。“迁”是迁移，“化”是化异之意，即化导众生。说法、教化众生之后，再移往其他国土教化之意。（高僧）死亡、逝世。《唐大和上东征传》：“大和上答曰：‘昔闻南岳思禅师**迁化**之后，托生倭国王子，兴隆佛法，济度众生。’”（p. 40）又：“岸律师**迁化**之后，其弟子［杭州］义威律师，响振四远，德流八纮，诸州亦以，为受戒师。”（p. 80）又：“宝字七年癸卯春，弟子僧忍基梦见讲堂栋梁摧折，寤而惊惧，［知］大和上**迁化**之相也。”（p. 96）《续日本纪》卷17《圣武纪》天平胜宝元年二月条：“二月丁酉，大僧正行基和尚**迁化**。和尚药师寺僧。俗姓高志氏，和泉国人也。”（第三册，p. 60）又卷24《淳仁纪》天平宝字七年五月条：“和上预记终日，至期端坐，怡然**迁化**。时年七十有七。”（第三册，p. 342）梁慧皎撰《高僧传》卷5：“言毕即有光照于身，容貌更悦，遂奄尔**迁化**。”隋慧远撰《大乘义章》卷5：“菩萨后时，**迁化**他土。”宋道成集《释氏要览》卷3：“释氏死，谓涅槃、圆寂、归真、归寂、灭度、**迁化**、顺世，皆一义也，随便称之。盖异俗也。”按：《新日本古典文学大系》栏上的注释指出，在《续日本纪》当中，“迁化”一词，仅用于行基、鉴真两人。→【從遷化】【奄然遷化】

【遷入/うつしいる】 后补（2例） 将东西从某处移至另一处。《元兴寺伽蓝缘起并流记资财账》：“然我者此等由良宫者寺成念。故宫门**迁入**急速作也。”又：“以是癸丑年宫内**迁入**，先金堂礼佛堂等略作，等由良宫成寺。”（1）后汉昙果、康孟详合译《中本起经》卷1《现变品》：“敕诸比丘：‘汝曹各行，广度众生，随所见法，示导桥梁，普施法眼，宣畅三尊，拔爱除有，**迁入**泥洹。’”隋费长房撰《历代三宝纪》卷9：“敕遣李廓撰经录云：‘至永熙主**迁入**关中，因成西东南北四魏，合一十六帝，世历一百六十一年。’”（2）《吴志》卷8《薛珝薛莹传》：“作守合浦，在海之隅，**迁入**京辇，遂升机枢。”《宋书》卷16《志第6》：“康帝崩，京兆**迁入**西储，同谓之祧，如前三祖迁主之礼。”按：《汉语大词典》失收。

【遷置於～/うつしすう】于字（4例） 迁移安置在某处，将人迁徙安置在某处。①《日本书纪》卷1《神代纪上》："是后，以稻田宫主簀狭之八个耳生儿真发触奇稻田媛，迁置于出云国簸川上，而长养焉。"（第一册，p. 96）《续日本纪》卷11《圣武纪》天平五年十二月条："十二月己未，出羽栅迁置于秋田村高清水冈。又于雄胜村建郡居民焉。"（第二册，p. 272）又卷19《孝谦纪》天平胜宝五年九月条："壬寅，摄津国御津村南风大吹，潮水暴溢，坏损庐舍一百十余区，漂没百姓五百六十余人。并加赈恤。仍追海浜居民、迁置于京中空地。"（第三册，p. 134）②《续日本纪》卷39《桓武纪》延历七年六月条："请河东依旧为和气郡，河西建盘梨郡，其藤野驿家迁置河西，以避水难，兼均劳逸。"（1）《全唐文》卷620刘宇《河东盐池灵庆公神祠碑阴记》："故及东都留守礼部尚书崔公纵顷知河中院，以神之旧宫，僻在幽阻，既崇其礼，宜敬厥居，是用迁置于斯。"（2）失译人名今附秦录《大乘悲分陀利经》卷7《眼施品》："愿逮最胜妙寂道，于四暴流度众生，迁置涅槃到彼岸。"唐道宣撰《续高僧传》卷28："乃敕中书舍人高珍曰：'卿是信向之人，自往看之，必有灵异。宜迁置净所，设斋供养。'"唐栖复集《法华经玄赞要集》卷20："将死不久，被诸天子，强力之者，迁置林中，领诸天徒，共为欢乐。"

【牽入/ひきいる】后补 牵着某人手将其带进某处。《上宫皇太子菩萨传》："其山门有二十里松径。有一异人，守护此山。若恶人入山，怀劫夺者，至松径，异人即出捉手，牵入松林溪中。"（1）曹魏白延译《佛说须赖经》卷1："当受明为师，勿用愚所誉。愚誉牵入冥，师明益近净。"后秦弗若多罗译《十诵律》卷57："有比丘尼，名守园，中前著衣持钵行乞食。有诸博掩人，牵入深林中，强为淫欲。"唐玄奘译《大般若波罗蜜多经》卷312《众喻品》："善现，譬如商人，有巧便智，先在海岸，装治船已，方牵入水，知无穿穴，后持财物，置上而去。善现当知，是船必不坏没，人物安隐达所至处。"（2）《北齐书》卷14《平秦王归彦传》："对曰：'高元海受毕义云宅，用作本州刺史，给后部鼓吹。臣为藩王、太宰，仍不得鼓吹。正杀元海、义云而已。'上令都督刘桃枝牵入，归彦犹作前语望活。"按：《汉语大词典》失收。

【牽上/ひきあぐ】后补 拉上；扶上；提起；拽上来。《日本灵异记》中卷《观音铜像及鹭形示奇表缘第17》："见所居木，有金之指。取牵上见，观音铜像。赖观音像，名菩萨池。"（p. 194）（1）东晋佛陀跋陀罗、法显合译《摩和僧祇律》卷31："比丘著革屣时，应牵根上。若不牵上者，越比尼心悔。若著无根者得越比尼罪。是名屣法。"后秦弗若多罗、罗什合译《十诵律》卷38："悬帘时暗。佛言：'应施绳牵上。'"（2）《艺文类聚》卷16《储宫》："又曰：愍怀太子名遹，少聪惠，帝爱之。六七岁时，帝夜望火，太子牵上衣裾，使入暗中。上问其故，太子对曰：'暮夜仓卒，宜备非常。不当亲近火光，令人照见。'"《南史》卷47《荀伯玉传》："因呼左右索舆，高帝了无动意。敬则索衣，以衣高帝，仍牵上舆。"

【慳貪/けんどん】 并列 （3 例） 吝啬贪婪。《日本灵异记》中卷《因**悭贪**成大蛇缘缘第 38》（p. 244）又下卷《击沙弥乞食以现得恶死报缘第 15》：“谅知邪见切身之利剑，瞋心是招祸之疾鬼，**悭贪**受饿鬼之苦因。”（p. 298）又《强非理以征债取多倍而现得恶死报缘第 26》：“天年无道心，**悭贪**无给与。酒加水多，沽取多直。贷日与小升，偿日受大升。出举时用小斤，偿收大斤。”（p. 329）后汉安世高译《佛说父母恩难报经》卷 1：“**悭贪**，教令好施，劝乐教授，获安隐处。”吴支谦译《撰集百缘经》卷 6《诸天来下供养品》：“贤面**悭贪**受毒蛇身缘”。宋法天译《佛说解忧经》卷 1：“又饿鬼趣，以宿**悭贪**，受饥渴苦，如遇饮食，即成烟焰。鬼报满已，设生人中，贫穷饥困，种种苦恼，说不能尽。”

【慳心/むさぼるこころ】 偏正 悭贪的念头。《日本灵异记》下卷《击沙弥乞食以现得恶死报缘第 15》：“所以《丈夫论》云：‘**悭心**多者，虽是泥土，重于金玉；悲心多者，虽施金玉，轻于草木。见乞人时，不忍言无，悲泣堕泪。’云云。”（p. 298）吴支谦译《菩萨生地经》卷 1：“深学求佛意，多闻广开人，好施无**悭心**，是行得佛疾。”东晋佛驮跋陀罗译《大方广佛华严经》卷 7《贤首菩萨品》：“又放光明名无悭，彼光觉悟除贪惜，解知财宝非常有，悉能舍离无所著，难制**悭心**能调伏，解财如梦如浮云，常能欢喜乐布施，因是得成无悭光。”姚秦鸠摩罗什译《摩诃般若波罗蜜经》卷 23《三次品》：“是菩萨远离**悭心**，布施众生食饮衣服、香华璎珞、房舍卧具灯烛，种种资生所须，尽给与之。”

【前仏後仏/ぜんぶつごぶつ】 四字 前佛指释迦佛，后佛指弥勒佛。《续日本纪》卷 23《淳仁纪》天平宝字四年七月条：“三贤十地，所以开化众生，**前佛后佛**，由之劝勉三乘。”（第三册，p. 356）梁诸大法师集撰《慈悲道场忏法》卷 5：“进不睹面前授记，退不闻一音演说，良由罪业深厚怨结牢固。非唯不见**前佛后佛**菩萨贤圣，而亦将恐十二分教闻声传响永隔心路。”唐道宣撰《广弘明集》卷 5：“世之有佛，莫知其始，**前佛后佛**，其道不异。法身湛然，各由应感，感之所召，跨大千而尺尺。缘苟未应，虽践迹而弗睹。”隋灌顶撰《天台八教大意》卷 1：“**前佛后佛**，自行化他。究其旨归，咸宗一妙。”

【前後失次/ぜんごつぎてをうしなふ】 四字 前后次序错乱。《日本书纪》卷 19《钦明纪》二年三月条：“帝王本纪，多有古字，撰集之人屡经迁易。后人习读，以意刊改。传写既多，遂致舛杂，**前后失次**，兄弟参差。”（第二册，p. 366）刘宋求那跋陀罗译《杂阿含经》卷 39：“时有年少比丘，出家未久，不闲法律。当乞食时，不知先后次第。余比丘见已，而告之言：‘汝是年少，出家未久，未知法律。莫越莫重！**前后失次**，而行乞食，长夜当得，不饶益苦。’”后晋可洪撰《新集藏经音义随函录·大藏经音随函录后序》：“或有单收一字，不显经名，首尾交加，**前后失次**。”按：《新编日本古典文学全集》栏上的注释指出：“钦明天皇皇统系谱，其异传之多，令人惊叹。”《日本书纪》的作者原封不动地引用《汉书》叙例对此情况加以叙述。

【浅識之人/せんしきのひと】 四字 见识肤浅的人，见识短浅的人；执着于肤浅的知识，不辨佛法道理。《日本灵异记》中卷《智者诽妒变化圣人而现至阎罗阙受地狱苦缘第7》："光发露忏悔曰：'智广于菩萨所，致诽妒心，而作是言：光者古德大僧，加以智光生知。行基沙弥者，**浅识之人**，不受具戒。'"（p. 168）梁法云撰《法华经义记》卷5《譬喻品》："斯《法华经》此下有六行，是第二诫令，莫为恶人说。此六行中，亦有三种者：初一行先明**浅识之人**莫为说；第二一切声闻下三行，举有信之人，况出不信之人，及取即得不信之人也；第三又舍利弗下两行更出恶人总结莫为说。初偈明我见之人不应说，后偈多爱染之人勿为说。"隋吉藏撰《大乘玄论》卷3："若言理性本有非始行性始有非本者，更执成病圣教非药。而世间**浅识之人**，但见其语定以为是，以成迷执也。"唐志鸿撰述《四分律搜玄录》卷2："上两句，学非；下两句，行非。缁黑色之衣，谓**上浅识之人**。虽名字参杂缁衣中，习不积年，名学非。"唐大觉撰《四分律行事钞批》卷1："引文中浇末者，浇者，薄也。谓末代浇薄之流也。庸见者，庸，浅近。薄皮，名皮肤（言夫）。名参缁服者，参由同也，杂也。缁者，黑也。学非经远者，积年集学，名为经远。如上**浅识之人**，不能经远寻师，故曰情既疎野等者。"按：《日本书纪》卷19《钦明纪》即位前纪条："四年冬十月，武小广国押盾天皇崩。皇子天国排开广庭天皇令群臣曰：'余幼年**浅识**，未闲政事。山田皇后明闲百揆。请就而决。'"（第二册，p. 358）《续日本纪》卷9《元正纪》养老六年七月条："近在京僧尼，以**浅识**轻智，巧说罪福之因果，不练戒律，诈诱都里之众庶。"（第二册，p. 120）

【遣看/みしむ】 连动 （2例） 派人去探视，派人去看望。《丰后国风土记·总论》条："菟名手即勒仆者，**遣看**其鸟，鸟化为饼。片时之间，更化芋草千许株。"（p. 284）《肥前国风土记·高来郡》条："昔者，缠向日代宫御宇天皇，在肥后国玉名郡长渚滨之行宫，览此郡山曰：'彼山之形，似于别岛。属陆之山欤，别居之岛欤。朕欲知之。'仍勒神大野宿祢**遣看**之，往到此郡。"（p. 346）梁宝唱等集《经律异相》卷6："王召见之闻：'卿家大富，尽有何物耶？'对曰：'实无所有。'王不信之，留迦罗越**遣看**其家。见门有七重舍宅，堂宇皆以七宝，有胜王宫。"唐阿地瞿多译《陀罗尼集经》卷8《金刚阿蜜哩多军荼利菩萨自在神力咒印品》："是一法咒，若欲使其，使者治病，即诵此咒。若留使者**遣看**病者，亦诵此咒。"《敦煌变文·维摩诘经讲经文（六）》："世尊，蒙慈父发言，何销如来推奖。懦质而幸居法会，冗琐而叨侍花至。处分令入毗耶，敕命**遣看**居士，便合副尊［遵］圣意，其那自愧荒孱。"按：《汉语大词典》失收。

【遣人喚~/ひとをつかはして~をめす】 三字 派人去召令某人前来。《播磨国风土记·饰磨郡》条："所以称饰磨御宅者，大雀天皇御世，**遣人唤**意伎、出云、伯耆、因幡、但马五国造等。是时，五国造即以召使为水手，而向京之。以此为罪，即退于播磨国，令作田也。"（p. 44）西晋竺法护译《阿育王传》卷5："婆须达多语优波毱多言：‘我平安时，**遣人唤**汝，汝言非是时。今日我受困厄身被剪削，何以看我？’”姚秦鸠摩罗什译《大庄严论经》卷13：“尸利毱多作是思惟：‘彼亲弟故，心生己党，今当守护，若不尔者，或泄我言，以告傍人。’作是念已，即闭其妇，在深室中。即时**遣人唤**诸尼揵：‘汝今可来，为汝除怨，我以施设，火坑毒饭。’”元魏慧觉等译《贤愚经》卷9《善事太子入海品》：“日转欲暮，王**遣人唤**女，女还遣人，往白王曰：‘我愿为此，守园人妇，不用其余，国王太子，今我专心，殷勤如是。唯愿父王，勿违我意。’使到王所，具谘其事。”

【遣人令～/ひとをつかはして～しむ】 三字 （2例） 派人去做某事。《古事记》下卷《雄略记》：“尔天皇诏者：‘奴乎，己家似天皇之御舍而造。’即**遣人令**烧其家之时，其大县主惧畏，稽首白：‘奴有者，随奴不觉，而过作甚畏。故献能美之御币物。’”（p. 338）《日本书纪》卷22《推古纪》二十六年是岁条：“是年，遣河边臣于安艺国令造舶。至山觅舶材，便得好材，以将伐。时有人曰：‘霹雳木也，不可伐。’河边臣曰：‘其虽雷神，岂逆皇命耶？’多祭币帛，**遣人**夫**令**伐。”（第二册，p. 572）（1）梁宝唱等集《经律异相》卷22：“王往见之，前为作礼，以种种宝，庄严高车，载死沙弥，至平坦地，积众香木，阇毘供养。严饰是女，极世之殊，置高显处，普使时会，一切皆见，语众人言：‘是女殊妙，容晖乃尔。未离欲者，谁无染心？而此沙弥，既未得道，以生死身，奉戒舍命，甚奇希有。’王即**遣人，令**[①]请其师，广为大众，说微妙法。时会一切，见闻此事，有求出家，有发无上菩提心者。”（2）《旧五代史》卷109《赵思绾传》：“自后夫人密**遣人令**思绾之妻来参，厚以衣物赐之，前后与钱物甚多。”《明史》卷114《后妃传》：“甫至前宫门，又数数**遣人令**朕还，毋御文华殿也。”按：“令”“遣”都有“使”的意思。从中土文献的文例可以看出，较之汉译佛经的文例，“遣人令～”这一兼语式出现较晚，是在《旧五代史》以后。

【遣人問曰：“～”/ひとをつかはしとひてまをさく～】 说词 派人前去询问道：“……”。《日本书纪》卷2《神代纪下》：“于是丰玉彦**遣人问曰**：‘客是谁者，何以至此？’火火出见尊对曰：‘吾是天神之孙也。’乃遂言来意。”（第一册，p. 164）唐楼颖撰《善慧大士语录》卷1：“太子**遣人问曰**：‘何不论议？’对曰：‘当知所说，非长非短，非广非狭，非有边非无边。如如正理，夫复何言！’”《（古今图书集成）神异典释教部纪事》卷2：“皇后**遣人问曰**：‘我夫妇崇信佛法，以师事汝。止有一子，宁不能延其寿耶？’答曰：‘佛法譬犹灯笼，风雨至乃可蔽。若烛尽则无如之何矣。’”

【遣人於～/ひとを～につかはす】 于字 派人到某处。《唐大和上东征传》：“时越州僧等知大和上欲往日本国，告州官曰：‘日本国僧荣叡诱大和上欲往日本国。’时山阴县尉**遣人于**王亟宅，搜得荣叡师。”（1）吴康僧会译《旧杂譬喻经》卷1：“母后

① “令”，宋本、元本中作“今”，明本、宫本中作“命”。

日请目连、阿那律、大迦叶饭，时当得鱼，遣人于市买鱼归治，于腹中得金镮，母谓子：'我无所亡。'"姚秦竺佛念译《鼻奈耶》卷10："时王即遣人于四城里作堑，皆成四种宝堑作迦叶偷婆，纵一由延，广一由延，高一由延。"梁僧佑撰《出三藏记集》卷7："焉中山支和上遣人于仓垣，断绢写之，持还中山。中山王及众僧，城南四十里，幢幡迎经，其行世如是。"（2）《后汉书》卷34《梁统传》："永和元年，拜河南尹。冀居职暴恣，多非法，父商所亲客洛阳令吕放，颇与商言及冀之短，商以让冀，冀即遣人于道刺杀放。"（p.1179）《世说新语·方正第5》："梅颐尝有惠于陶公，后为豫章太守，有事，王丞相遣收之。侃曰：'天子富于春秋，万机自诸侯出，王公既得录，陶公何为不可放！'乃遣人于江口夺之。"

【欠少/たらず】并列（3例） 不够，缺少。《日本书纪》卷24《皇极纪》二年七月条："于是大夫问调使曰：'所进国调，欠少前例。送大臣物，不改去年所还之色。送群卿物，亦全不将来。皆违前例，其状何也?'"（第三册，p.74）《藤氏家传》下卷《武智麻吕传》："先从壬申年乱离已来，官书或卷轴零落，或部帙欠少。"（p.322）《续日本纪》卷6《元明纪》和铜七年四月条："因斯，国司相替之日，依帐承付，不更勘验。而用多欠少，徒立虚帐，本无实数。良由国郡司等不检校之所致也。"（第一册，p.212）唐慧琳撰《一切经音义》卷7："《字书》云：欠，少也。"（1）唐义净译《根本说一切有部毘奈耶杂事》卷24："大王，于往昔时，有一名山，泉流清泚，果木敷荣。于大树颠，有二鸠鸟，为巢而住，便采好果，填满其巢。报雌鸠曰：'贤首，此中贮果，不应辄食，且求余物，权自充躯。若遇风雨，饮食难得，方可其啾。'答曰：'善事。'遂遭风日之所吹暴，果遂干枯巢中欠少。雄鸠问曰：'我先语汝，果不应食，待风雨时，方可飡啾。因何汝遂，独食果耶?'答言：'我不食果。'问曰：'我先以果，填满此巢。今既欠少，不食何去?'答曰：'我亦不知，何缘欠失。'二鸠皆云不食，两诤，遂致纷纭。"《敦煌变文·金刚般若波罗蜜经讲经》："六道身中无欠少，诸佛身上不遍（偏）多。"（2）《旧唐书》卷49《志29》："如无欠负，与减一选。如欠少者，量加一选。欠数过多，户部奏闻，节级科处。"按：《汉语大词典》失收。

【強奪取/しひてうばひとる】三字 恃强掠夺。《日本灵异记》上卷《非理夺他物为恶行受报示奇事缘第30》："或人物强夺取，或他妻奸犯。不孝养父母，不恭敬师长，不奴婢者骂慢。"（p.126）唐慧琳撰《一切经音业》卷25："抄掠：上初教反，下力约反。谓强夺取物也。"后秦弗若多罗译《十诵律》卷16："尔时，六群比丘，知衣已成，便往索言：'此衣何以久不还我?'软语不得，即强夺取。"刘宋求那跋陀罗译《央掘魔罗经》卷2："若在屠脍舍，法应强夺取，帝王所珍器，不应属恶人。"唐法藏撰《梵网经菩萨戒本疏》卷2："摩得伽云：'劫夺心有三种：谓强夺取；要语取；施已还取。'"

【強喚/あながちにめす】偏正（2例） 强行征召。《日本书纪》卷7《景行纪》

十二年十月条："是五人并其为人强力，亦众类多之。皆曰：'不从皇命。若**强唤**者，兴兵距焉。'"（第一册，p. 350）《丰后国风土记・速见郡》条："是五人并为人强暴，众类亦多在。悉皆谣云：'不从皇明。若**强唤**者，兴兵距焉。'"（p. 300）唐义净译《根本说一切有部毘奈耶》卷 37："时邬陀夷报少年曰：'贤首，我废善品，来汝宅中，令增信心，为汝说法。汝不乐听，欲何所为?'即**强唤**坐，令其听法。"又《根本说一切有部尼陀那目得迦》卷 4："时六众苾刍，于洗足处，贮水瓮边，趋他令起，自言：'我是耆年，应合先用。'佛言：'于洗足处，若先洗时，事未了者，不应**强唤**令起。得越法罪。'"按:《汉语大词典》失收。

【強心/こころこはし】 偏正 顽强的意志。《日本书纪》卷 14《雄略纪》十三年八月条："秋八月，播磨国御井隅人文石小麻吕，有力**强心**，肆行暴虐，路中抄劫，不使通行。"（第二册，p. 192）西晋竺法护译《大哀经》卷 2："逮知谊理，分别所趣，不从六界，成就念门，断诸非法，具足善德，睹有**强心**。"元魏慧觉译《贤愚经》卷 3《贫女难陀品》："有知慧巧便人，以小缘故，能发大心，趣向佛道。懈怠懒惰人，虽有大缘，犹不发意趣向佛道。是故行者，应**强心**立志，勇猛善缘。"隋智顗说《释禅波罗蜜次第法门》卷 4："若是鬼神及因魔罗得病，当用**强心**加咒，及以观照等法助治之。"按:《汉语大词典》失收。

【強修/つよくをさむ】 偏正 脚踏实地地修行。《日本灵异记》上卷《得电之喜令生子强力在缘第 3》："后世人传谓：'元兴寺道场法师强力多有'是。当是知道，诚先世**强修**能缘所感之力也。是日本国奇事矣。"（p. 65）西晋竺法护译《佛说弘道广显三昧经》卷 2："所施无望报，省己立诸行。忍耐善不善，念脱彼众生。勤精**强修**德，不计有身命。以次知诸定，亦不随于定。"隋慧远撰《维摩义记》卷 2："今阿那律是大声闻，应见二千。**强修**力故，能见三千。又以愿智，自在力故，能见三千。"唐玄奘译《摄大乘论释》卷 5："或有利益，而非安乐，如盛贪者，**强修**梵行；或有安乐，而非利益，如乐欲者，受用种种，有罪境界。"

【伽藍/がらん】 音译 （12 例） 梵语 saṃgha-ārāma 的译音，"僧伽蓝摩""僧伽蓝"的略称。是梵语 saṃgh（众）与 ārāma（园）的复合名词，意译为"僧园""众园"。指僧侣参集止宿、修行佛道的清净闲静场所。原意为僧众所住的庭园，后来才渐指寺院或其建筑物。各伽蓝的名称和配置，又依宗派或时代而有变迁差异。《日本书纪》卷 19《钦明纪》十三年十月条："有司乃以佛像，流弃难波堀江。复纵火于**伽蓝**，烧烬更无余。于是天无风云，忽炎大殿。"（第二册，p. 418）又卷 25《孝德纪》大化五年三月条："己巳，大臣谓长子兴志曰：'汝爱身乎?'兴志对曰：'不爱也。'大臣仍陈说于山田寺众僧及长子兴志，与数十人曰：'夫为人臣者安构逆于君，何失孝于父？凡此**伽蓝**者，元非自身故造，奉为天皇誓作。'"（第三册，p. 172）又白雉元年二月条："道登法师曰：'昔高丽欲营**伽蓝**，无地不览。便于一所白鹿徐行，遂于此地营造**伽蓝**，名白鹿薗寺，住持佛法。’”（第三册，p. 180）又卷 30《持统纪》即位前纪条：“又诏曰：‘新罗沙门行心与皇子大津谋反、朕不忍加法、徙飞騨国伽蓝。’”（第三册，p. 476）《唐大和上东征传》：“普照、思托［劝］请大和上以此地为伽蓝，长传四分律藏，法励［师］《四分律疏》，《镇国道场饰宗义记》，《宣律师钞》，以持戒之力，保护国家。”（p. 94）《续日本纪》卷 12《圣武纪》天平九年四月条：“道慈奉天敕，住此大安寺修造以来，于此伽蓝，恐有灾事。私请净行僧等，每年令转《大般若经》一部六百卷。因此，虽有雷声，无所灾害。”（第二册，p. 312）又卷 17《圣武纪》天平十九年十二月条：“敕：‘天下诸国，或有百姓情愿造塔者，悉听之。其造地者，必立伽蓝院内。不得滥作山野路边。若备储毕，先申其状。’”（第三册，p. 50）又卷 30《称德纪》宝龟元年八月条：“自太师被诛，道镜擅权，轻兴力役，务缮伽蓝。公私雕丧，国用不足。政刑日峻，杀戮妄加。”（第四册，p. 298）又卷 31《光仁纪》宝龟元年十月条：“由是山林树下，长绝禅迹。伽蓝院中，永息梵响。”（第四册，p. 320）又卷 36《高绍纪》宝龟十一年正月条：“丙戌，诏曰：‘朕以仁王御历法日恒澄，佛子弘猷惠风长扇。遂使人天合应邦家保安，幽显致和鬼神无爽。顷者彼苍告谴灾集伽蓝。眷言于兹。情深悚悼。’”又天应元年六月条：“其略曰：‘内外两门本为一体，渐极似异，善诱不殊。仆舍家为寺，归心久矣。为助内典，加置外书。地是伽蓝，事须禁戒。’”后秦弗若多罗、罗什合译《十诵律》卷 56：“地法者，佛听受地，为僧伽蓝故，听僧起坊舍故。”唐慧琳撰《一切经音义》卷 21：“僧伽蓝：具云僧伽罗摩。言僧者，众也。伽罗摩者，园也。或云众所乐住处也。”→【立伽藍】【興建伽藍】【造立伽藍】

【怯軟/きょうぜん】 并列 虚弱无力。《万叶集》卷 17 第 3965～3966 首书简：“忽沉枉疾，累旬痛苦。祷恃百神，且得消损。而由身体疼羸，筋力怯软。”（第四册，p. 178）西晋月竺法护译《正法华经》卷 7：“若有比丘，敢能守护。如是法则，无所怯软。”按：《汉语大词典》失收。

【窃避/ひそかにさる】 偏正 私自、偷偷地避开。《日本书纪》卷 10《应神纪》九年四月条：“时武内宿祢独大悲之，窃避筑紫，浮海以从南海回之，泊于纪水门。仅得逮朝，乃辩无罪。”（第一册，p. 476）后晋可洪撰《新集藏经音义随函录》卷 8：“窃避：上七结反，私也。”东晋竺昙无兰译《五苦章句经》卷 1：“有家长者，信邪倒见，祠祀鬼妖。妻子儿妇，家内大小，直信三尊，不失八斋，布施为德，六度不废。长者呵止，不从其教。窃避为之，是谓伊兰为主栴檀围之者也。”姚秦竺佛念译《最胜问菩萨十住除垢断结经》卷 3：“复次菩萨，观察方俗，王法所制，勿生叛逆。善则从之，恶则窃避，无自贡高，毁败风俗。”按：《汉语大词典》失收。

【窃到/ひそかにいたる】 偏正 悄悄地来到某处。《丰后国风土记・速见郡》条：“此汤井在郡西河直山东岸，口径丈余。汤色黑，泥常不流。人窃到井边，发声大言，惊鸣涌腾，二丈余许。其气炽热，不可向昵。缘边草木，悉皆枯萎。因曰慍汤井。”

（p. 300）梁宝唱等集《经律异相》卷37："昔有优婆塞，侨居舍卫国。妇形端正，一国同闻。朋友欲观，终不肯示。人以白王，王思欲见，不知何由。一臣启言：'夫妇并持五戒，供养道士，手自斟酌。王可诈作道士，持钵诣门。必得见之。'即随臣言，权变形服，**窃到**其家。妇见道士，头面作礼。王睹察已，还语臣等：'此妇实好，入我心中。不知何从得之？'"按：《汉语大词典》失收。

【窃相語曰："～"/ひそかにあひかたらふ～】 相字 悄悄地互相说道："……"。《日本书纪》卷20《钦明纪》十四年六月条："又发疮死者充盈于国。其患疮者言：'身如被烧被打被摧。'啼泣而死。老少**窃相语曰**：'是烧佛像之罪矣。'"（第二册，p. 492）（1）刘宋佛陀什、竺道生等合译《弥沙塞部和酰五分律》卷7："时诸比丘尼**窃相**语言：'此比丘唯知此一偈，云何当能，教诫我等？'般陀闻已，作是念：'此诸比丘尼，轻贱于我。'于是踊在虚空，现分一身，作无量身，还合为一。石壁皆过，履水如地，入地如水。"（2）《太平御览》卷371："《唐新语》曰：韩思彦以侍御史巡察于蜀。成都有富商兄弟三人分资，不平，争诉，累年不决。思彦推案数日，令厨者奉乳自饮，以其余赐争者。**窃相**语，遂号哭，攀援不解，俱言曰：'侍御岂不以兄弟同乳母耶！'悲号不自胜，请同居如初。"（p. 1709）

【欽伏/つつしみつかへまつる】 偏正（2例） 钦佩折服。《日本书纪》卷15《显宗纪》即位前纪条："小楯大惊离席，怅然再拜，承事供给，率属**钦伏**。于是，悉发郡民造宫，不日权奉安置，乃诣京都，求迎二王。"（第二册，p. 234）又卷20《钦明纪》十二年是岁条："若不来者，召其大佐平、王子等来。即自然心生**钦伏**。后应问罪。"（第二册，p. 484）（1）唐义净译《金光明最胜王经》卷10《舍身品》："阿难陀，过去世时，有一国王，名曰大车，巨富多财，库藏盈满，军兵武勇，众所**钦伏**，常以正法，施化黔黎，人民炽盛，无有怨敌。"唐般刺蜜帝译《大佛顶如来密因修证了义诸菩萨万行首楞严经》卷9："令其听人，各知本业，或于其处，语一人言：'汝今未死，已作畜生。'敕使一人，于后踏尾，顿令其人，起不能得，于是一众，倾心**钦伏**。"《敦煌变文·须大拏太子好施因缘》："此象胜于六十象力，摧灭怨敌，**钦伏**四方，一切倚仗□□□□力。"（p. 501）（2）《全唐文》孙逖《大宝三载亲察九宫坛大赦天下制》："百姓间有孝勤过人，乡闾**钦伏**者，所观点长官具以名荐。"（p. 3149）按：《汉语大词典》例引《水浒传》第13回："那索超见了杨志手段高强，心中也自**钦伏**。"偏晚。

【欽貴/つつしみたふとぶ】 并列 佩服敬重。《日本灵异记》中卷《智者诽妒变化圣人而现至阎罗阙受地狱苦缘第7》："圣武天皇，感于威德，故重信之。时人**钦贵**，美称菩萨。"（p. 167）（1）唐道宣撰《四分律删繁补阙行事钞》卷1："说戒仪轨，佛法大纲，摄持正像，匡维众法。然凡情易满，见无深重，希作**钦贵**，数为贱薄。比虽行此法，多生慢怠，良由日染屡闻，便随心轻昧。以此论情，情可知矣。"唐大觉撰《四分律行事钞批》卷5："希作**钦贵**数为贱薄者，立明。此商略今时僧尼，若一年中，一两度作说戒事，似若贵重；若半月常住，则多怀贱慢也。”宋赞宁等撰《宋高僧传》卷8：“二年诏于西园问道，朝廷**钦贵**。”（2）《晋书》卷81《刘胤传》：“王敦素与胤交，甚**钦贵**之，请为大司马。”

【侵命/いのちをおかす】 自创　侵蚀生命。《奈良朝写经75·大般若经卷第176》：“［岂谓四蛇］**侵命**，二鼠催年。报运既穷，［奄从去世。］”（p.442）北凉昙无谶译《大般涅槃经》卷2《寿命品》：“夫盛必有衰，合会有别离。壮年不久停，盛色病所**侵**。**命**为死所吞，无有法常者。诸王得自在，势力无等双。”唐义净译《佛说无常经》卷1：“常求诸欲境，不行于善事，云何保形命，不见死来**侵**？**命**根气欲尽，支节悉分离，众苦与死俱，此时徒叹恨。”又《根本说一切有部戒经》卷1：“诸大德，春时尔许过，余有尔许在。老死既**侵**，**命**根渐减。大师教法，不久当灭。诸大德，应勤光显莫为放逸。”

【侵損/をかしそこなふ】 并列（3例）　侵害并使之受损。《续日本纪》卷13《圣武纪》天平十一年五月条：“五月甲寅，诏曰：‘诸国郡司，徒多员数，无益任用。**侵损**百姓，为蠹实深。仍省旧员改定。’”（第二册，p.352）又卷30《称德纪》神护景云三年八月条：“今年大水，其流没道，每日**侵损**叶栗、中岛、海部三郡百姓宅。”（第四册，p.450）又卷36《高绍纪》宝龟十一年正月条：“又诸国国师，诸寺镇三纲，及受讲复者，不顾罪福，专事请托，员复居多，**侵损**不少。如斯等类，不可更然，宜修护国之正法，以弘转祸之胜缘。”（1）吴支谦译《菩萨本缘经》卷2《鹿品》：“如人热时，止息凉树，是人乃至，不应**侵损**，是树一叶，受恩不忘，亦复如是。”后秦佛陀耶舍、竺佛念等合译《长阿含经》卷2：“若能尔者，长幼和顺，转更增盛，其国久安，无能**侵损**。”北凉昙无谶译《大般涅槃经》卷5《如来性品》：“所谓病者，四百四病，及余外来，**侵损**身者，是处无故，故名解脱，无疾病者，即真解脱，真解脱者，即是如来。”（2）《宋书》卷95《索虏传》：“边疆将吏，不得因宋衰乱，有所**侵损**，以伤我国家存救之义。”《魏书》卷46《许彦传》：“事下有司，司空伊馛等以宗之腹心近臣，出居方伯，不能宣扬本朝，尽心绥导，而**侵损**齐民，枉杀良善，妄列无辜，上尘朝廷，诬诈不道，理合极刑。”按：《汉语大词典》失收。

【親弁/みづからそなふ】 偏正　亲自办理。《日本书纪》卷15《显宗纪》即位前纪条：“白发天皇二年冬十一月，播磨国司山部连先祖伊豫来目部小楯于赤石郡**亲办**新尝供物，适会缩见屯仓首，纵赏新室，以夜继昼。”（第二册，p.228）唐玄奘译《成唯识论》卷7：“云何应知，此缘生相，缘且有四。一因缘，谓有为法，**亲办**自果。”唐昙旷撰《大乘入道次第开决》卷1：“一者因缘，谓有为法，**亲办**自果。此体有二，种子现行。”按：《汉语大词典》失收。

【親附/まゐしたがふ】 并列（2例）　亲近依附。《日本书纪》卷25《孝德纪》大化二年正月条：“天皇久居边裔，悉知百姓忧苦，恒见枉屈。若纳四体沟隍，布德施

惠，政令流行，邺贫养孀，虾夷**亲附**。”（第三册，p. 132）又卷 25《孝德纪》大化二年正月条：“是月，天皇御子代离宫。遣使者诏郡国修营兵库。虾夷**亲附**。”（第三册，p. 132）（1）《周礼・春官・大宗伯》“以宾礼亲邦国”，郑玄注：“**亲**，谓使之相**亲附**。”（p. 759）（2）吴支谦译《撰集百缘经》卷 5《饿鬼品》：“时彼河岸，复有五百饿鬼，依住其中，见嚪婆罗来，身极臭处，止住其中，无有能敢，**亲附**之者。”姚秦鸠摩罗什译《妙法莲华经》卷 2《譬喻品》：“虽**亲附**人，人不在意，若有所得，寻复忘失。”唐义净译《金光明最胜王经》卷 8《王法正论品》：“此王作非法，恶党相**亲附**。王位不久安，诸天皆忿恨。”

【親誨曰："～"/みづからをしへてのたまはく～】 自创　亲自教诲说：“……”。《日本书纪》卷 25《孝德纪》大化三年三月条：“以去年八月，朕**亲诲曰**：‘莫因官势取公私物，可吃部内之食，可骑部内之马。若违所诲，次官以上降其爵位，主典以下决其笞杖。入己物者，倍而征之。’”（第三册，p. 140）→【誨曰：“～”】【誨曰之：“～”云而～】

【親自/みづから】 后缀（8 例）　自己亲身。《丰后国风土记・速见郡》条：“时于此村有女人，名曰速津媛，为其处之长。即闻天皇行幸，**亲自**奉迎。”（p. 300）《续日本纪》卷 7《元正纪》养老元年十一月条：“鳏寡惸独，疾病之徒，不能自存者，量加赈恤。仍令长官，**亲自**慰问。加给汤药。”（第二册，p. 36）又卷 8《元正纪》养老二年十二月条：“其废疾之徒，不能自存，量加赈恤。仍令长官，**亲自**慰问，兼给汤药。”（第二册，p. 50）又养老三年七月条：“若有非违及侵渔百姓，则按察使**亲自**巡省，量状黜陟。”（第二册，p. 56）又养老四年八月条：“其废疾之徒，不能自存者，量加赈恤。因令长官**亲自**慰问，量给汤药。勤从宽优。”（第二册，p. 76）又卷 13《圣武纪》天平十一年二月条：“其废疾之徒，不能自存者，量加赈恤。仍令长官，**亲自**慰问量给汤药。僧尼亦同。”（第二册，p. 348）又天平十二年十月条：“大将军东人等言：‘逆贼藤原广嗣率众一万许骑，到板柜河。广嗣**亲自**率隼人军为前锋。’”（第二册，p. 270）又卷 39《桓武纪》延历六年十月条：“所司准例加赈恤。仍各令本国次官以上巡县乡邑，**亲自**给禀。”（1）《墨子・兼爱中》：“‘越国之宝在此！’越王**亲自**鼓其士而进之。”（2）后汉昙果、康孟详合译《中本起经》卷 2《须达品》：“还家具膳，庄严幢幡，**亲自**执事，极世之味。”西晋竺法护译《正法华经》卷 2《应时品》：“**亲自**目见，火所燔烧，无量群萌，乌殟灰芦，诸薄枯者，为火所灾。”唐义净译《金光明最胜王经》卷 8《僧慎尔耶药叉大将品》：“尔时，正了知药叉大将白佛言：‘世尊，我有陀罗尼，今对佛前，**亲自**陈说，为欲饶益怜愍，诸有情故。’”

【勤除/つとめてのぞく】 偏正　精勤地排除。《奈良朝写经 23・十轮经卷第 3》：“又光明子自发誓言，弘济沉沦，**勤除**烦障，妙穷诸法，早契菩提。”（p. 179）唐窥基撰《说无垢称经疏》卷 2《序品》：“**勤除**懈怠，外感可知，定除散乱。故感念知定者来生。”唐宗密撰《圆觉经道场修证仪》卷3：“尽觉无边法（学法愿也），将销有识疑。**勤除**八万惑（断烦恼愿），敬事十方师（事佛愿也）。”

【勤而不懈/いそしみおこたらず】 四字　勤奋不懈怠。《日本书纪》卷30《持统纪》五年六月条：“甲申，赐直丁八人官位，美其造大内陵时**勤而不懈**。癸巳，天皇观藤原宫地。”（第三册，p. 530）《说文・力部》：“**勤**，劳也。”本义指劳累、劳苦。（1）后汉支曜译《佛说成具光明定意经》卷1：“故行道之始，先于十戒，既能自为，又化他人**勤而不懈**，行而不休，都无懈惓之想。故曰广戒也。”（2）《全唐文》卷529顾况《释祀篇》：“夫温夷越杂居，役敛烦多，皆有远志，宜昭赏刑，谨吏则，**勤而不懈**，犹恐罔从，而淫神贪福，海盗亦将乱，温人其不免乎？”

【勤心/いそしきこころ】 述宾　殷切，尽心。《日本书纪》卷30《持统纪》五年二月条：“二月壬寅朔，天皇诏公卿等曰：‘卿等于天皇世，作佛殿、经藏，行月六斋。天皇时时遣大舍人问讯。朕世亦如之。故当**勤心**奉佛法也。’”（第三册，p. 514）（1）吴康僧会译《六度集经》卷2：“投身于水，荡波截流，引舟著岸，负之还居，**勤心**养护，疮愈命全。”西晋竺法护译《佛说弘道广显三昧经》卷4《嘱累法藏品》：“又诸族姓，若贤男女，在于过去，恒沙诸佛，所作功德，施行种种，受持诸佛，所可说法，一一专习，**勤心**奉行。”唐善导集记《观无量寿佛经疏》卷1：“唯可**勤心**奉法，毕命为期，舍此秽身，即证彼法，性之常乐。”（2）《后汉书》卷46《陈宠传》：“宠常非之，独**勤心**物务，数为昱陈当世便宜。”《汉武帝内传》：“此子**勤心**已久，而不遇良师。”

【勤修/ねもころにをさむ】 偏正　梵语 prayujyate，精勤修习。《日本书纪》卷19《钦明纪》十三年十月条：“大臣跪受而忻悦，安置小垦田家。**勤修**出世业，为因净舍向原家为寺。”（第二册，p. 418）吴支谦译《撰集百缘经》卷5《饿鬼品》：“尔时世尊，告嚪婆罗：‘汝今于我法中，已得出家，**勤修**系念，未久之间，得阿罗汉果。’”姚秦鸠摩罗什译《妙法莲华经》卷2《譬喻品》：“汝速出三界，当得三乘，声闻、辟支佛、佛乘。我今为汝，保任此事，终不虚也。汝等但当，**勤修**精进。”《高僧传》卷10：“慧预告弟子曰：‘吾宿对寻至，诫劝眷属，令**勤修**福善。’尔后二日，果收而刑之。春秋五十八矣。”按：《汉语大词典》失收。《日本书纪》卷19《钦明纪》二年七月条：“言念先祖与旧旱岐和亲之词，有如皎日。自兹以降，**勤修**邻好，遂敦与国，恩踰骨肉。善始有终，寡人之所恒愿。”（第二册，p. 372）又是四年八月条：“别的臣敬受天敕，来抚臣蕃，夙夜乾乾，**勤修**庶务。”（第二册，p. 424）又卷20《敏达纪》十四年三月条：“属此之时，天皇与大连卒患于疮。故不果遣。诏橘丰日皇子曰：‘不可违背考天皇敕。可**勤修**乎任那之政也。’”（第二册，p. 492）《怀风藻》大友皇子《小传》：“臣闻：天道无亲唯善是辅。愿大王**勤修**德，灾异不足忧也。”（p. 70）上引诸例中的“勤修”，并无修行佛道的宗教含义，仅表示勤勉地从事某事。

【勤修仏道/ぶつどうをつとめおこなふ】 四字　勤勉修行佛法之道。《日本书纪》

卷25《孝德纪》即位前纪条："于是，古人大兄避座逡巡，拱手辞曰：'奉顺天皇圣旨，何劳推让于臣。臣愿出家入于吉野，**勤修佛道**，奉佑天皇。'"（第三册，p.110）唐菩提流志译《大宝积经》卷92："尔时，弥勒菩萨白佛言：'世尊，云何名为，众务中过？若观察时，令诸菩萨，不营众务，**勤修佛道**。'佛言弥勒：'初业菩萨。应当观察，乐营众务，二十种过。若观察时，能令菩萨，不营众务，**勤修佛道**。'"按：《新编日本古典文学全集》栏上的注释例引《法华经·序品》："经行林中，**勤求佛道**。"不确。

【勤修净行/きよきおこなひをつとめおこなふ】 四字 精勤修习清净纯正的行为。《日本灵异记》上卷《持戒比丘修净行而得现奇验力缘第26》："大皇后天皇之代，有百济禅师，名曰多罗常。住高市郡部内法器山寺。**勤修净行**，看病第一。"（p.114）唐道宣撰《广弘明集》卷23宋谢灵运《庐山慧远法师诔》："释公振玄风于关右，法师嗣沫流于江左。闻风而悦，四海同归，尔乃怀仁山林，隐居求志。于是众僧云集**勤修净行**，同法飡风栖迟道门。"宋志盘撰《佛祖统纪》卷11："忏主思永号真净，入道于秀之胜果。久亲慈云，**勤修净行**。时众高之，谓足上拟其师，亦称忏主。"

【勤修善/しゅぜんにつとむ】 三字 精勤修习善行。《日本灵异记》中卷《见乌邪淫厌世修善缘第2》："赞曰：'可哉！血沼县主氏。瞰乌邪淫，厌俗尘背。浮花假趣，常净身，**勤修善**，祈惠命。心克安养期，解脱是世间，异秀厌土。'者也。"（p.149）曹魏康僧铠译《佛说无量寿经》卷2："何不弃众事，各曼强健时，努力**勤修善**，精进愿度世，可得极长生？"姚秦鸠摩罗什译《大庄严论经》卷4："说是偈已，还摄神足，女服本形。尔时法师，告众会言：'汝等宜**勤修善**。'"唐义净译《根本说一切有部毘奈耶》卷29："若**勤修善**时，罪恶心不起；于福不勤者，心便造诸恶。"

【勤修善因/ぜんいんをつとめおこなふ】 四字 精勤修习招感善果的业因。《日本灵异记》下卷《灾与善表相先相而后其灾善答被缘第38》："擎白米献乞者，为得大白牛车，发愿造佛，写改大乘，**勤修善因**也。"（p.372）唐玄奘译《佛地经论》卷2："第五种性无有出，世功德因故，毕竟无有，得灭度期。诸佛但可，为彼方便，示相神通，说离恶趣，生善趣法。彼虽依教，**勤修善因**，得生人趣，乃至非想，非非想处，必还退下堕诸恶趣。"

【勤作/ねんごろにつくる】 偏正 勤勉地从事、劳作。《元兴寺伽蓝缘起并流记资财账》："汝命以至心奉为斯归岛宫治天下天皇**勤作**奉也。"（1）姚秦鸠摩罗什译《妙法莲华经》卷2《信解品》："即脱璎珞、细软上服、严饰之具，更著粗弊，垢腻之衣，尘土坌身，右手执持，除粪之器，状有所畏。语诸作人：'汝等**勤作**，勿得懈息。'以方便故，得近其子。"失译人名今附秦录《别译杂阿含经》卷8："能如说修行故，**勤作**方便，能令满足。"北凉昙无谶译《大般涅槃经》卷20《婴儿行品》："众生闻有如是乐，故心生贪乐。止不为恶，**勤作**三十三天善业。"（2）《齐民要术》卷1《种谷》："力耕数耘，收获如寇盗之至。师古曰：力谓**勤作**之也。如寇盗之至，谓促遽之甚，恐为风雨所损。”《南齐书》卷38《萧景先传》：“刘家前宅，久闻其货，可合率市之，直若短少，启官乞足。三处田勤作，自足供衣食。”按：《汉语大词典》失收。

【擒獲/とらへう】后补　捕获，抓到。《续日本纪》卷10《圣武纪》天平二年九月条：“庚辰，诏曰：‘京及诸国多有盗贼，或捉人家劫掠，或在海中侵夺。蠹害百姓，莫甚于此。宜令所在官司严加捉搦，必使擒获。’”（第二册，p.238）唐慧琳撰《一切经音义》卷41：“擒获：及今反。《考声》：捉也。或单作禽。见《蜀都赋》。从手，禽声。《说文》：作鈙，持也。从攴，金声。”（1）失译人名今附后汉录《大方便佛报恩经》卷5《7慈品》：“我等若当，擒获此人，资生衣食，七世无乏。”北凉昙无谶译《大般涅槃经》卷12《圣行品》：“复次迦叶，譬如国王，有一智臣善，知兵法，有敌国王，拒逆不顺。王遣此臣，往讨伐之，即便擒获，将来诣王。老亦如是，擒获壮色，将付死王。”（2）《搜神记》卷7：“太康末，京洛为《折杨柳》之歌，其曲始有兵革苦辛之辞，终以擒获斩截之事。自后杨骏被诛，太后幽死，杨柳之应也。”《后汉书》卷86《西南夷传》：“建武二十三年，其王贤栗遣兵乘箄船，南下江、汉，击附塞夷鹿茤，鹿茤人弱，为所擒获。”按：《汉语大词典》首引北魏杨衒之《洛阳伽蓝记》卷4《法云寺》：“南青州刺史毛鸿宾赍酒之蕃，路逢贼，盗饮之即醉，皆被擒获。”偏晚。

【軽尔/たやすし】后缀　轻率，言语随便。《日本书纪》卷19《钦明纪》元年九月条：“曩者，男大迹天皇六年，百济遣使表请任那上哆唎、下哆唎、娑陀、牟娄四县，大伴大连金村辄依表请许赐所求。由是新罗怨旷积年，不可轻尔而伐。”（第二册，p.362）（1）梁慧皎撰《高僧传》卷6：“什因嘲之曰：‘君不闻大秦广学，那忽轻尔远来？’”失译人名今附梁录《佛说长者女庵提遮师子吼了义经》卷1：“佛告舍利弗：‘此女人不从远来，只在此室。虽有父母眷属，其夫不在。以自诚敬顺夫因缘故，不从父母，轻尔出游，现于大众。’”唐玄奘译《大般若波罗蜜多经》卷325：“是菩萨摩诃萨，终不轻尔，而发语言，所发语言，皆引义利。若无义利，终不发言。”（2）《魏书》卷19中《景穆十二王传》：“冲对曰：‘臣等正以徒御草创，人斯乐安，内而应者未审，不宜轻尔动发。’”《隋书》卷24《志19》：“十五年二月，诏曰：‘本置义仓，止防水旱，百姓之徒，不思久计，轻尔费捐，于后乏绝。’”按：《汉语大词典》失收。→【忽尔】【輒尔】

【軽奉/かろがろしくたてまつる】书简　唐突地呈上。“轻”，用作谦称，谓自己的行为轻率。尺牍用语。《万叶集》卷17第3965~3966首书简：“独卧帷幄之里，聊作寸分之歌。轻奉机下，犯解玉颐。其词曰。”（第四册，p.178）后秦僧肇撰《注维摩诘经》卷2《弟子品》：“肇曰：‘奉佛使命，宜须重人。净名大士，智慧无量，非是弟子，所堪能也。且曾为所呵，默不能报，岂敢轻奉，使命以致，漏失之讥？’”隋灌顶纂《国清百录》卷3：“深愿道力不孤，所请虽厚恩申报，具在愿文，而实宜加护，实须酬仰。二僧今返，轻奉报书，远拜灵仪，心载呜咽，谨和南。开皇十八年正月二十日。”按：《汉语大词典》失收。

【軽蔑/けいべつ】 并列 轻看，蔑视。《怀风藻》第8首释智藏《小传》：“同伴僧等，颇有忌害之心。法师察之，计全躯之方，遂披发阳狂，奔荡道路。密写三藏要义，盛以木筒，著漆秘封，负担游行。同伴**轻蔑**，以为鬼狂。遂不为害。”（p.79）唐慧琳撰《一切经音义》卷27：“**轻蔑**：莫结反。《说文》：相轻侮。《切韵》：无也。经作懱，二形同。”西晋竺法护译《生经》卷1：“王修治国，常以正法，不枉万民。梵志受恩，因自憍恣，**轻蔑**重臣，群臣忿怨。”姚秦鸠摩罗什译《妙法莲华经》卷5《安乐行品》：“若欲说是经，当舍嫉恚慢、谄诳邪伪心，常修质直行。不**轻蔑**于人，亦不戏论法，不令他疑悔，云汝不得佛。”梁宝唱等集《经律异相》卷16：“时三藏比丘，内心**轻蔑**，不免僧命，便与后学，敷显经义。”按：《汉语大词典》例引苏辙《历代论1·三宗》：“矜己自圣，**轻蔑**臣下，至于失国，直矣。”偏晚。

【軽神道/かみのみちをあなづる】 三字 蔑视神道。《日本书纪》卷25《孝德纪》即位前纪条：“天万丰日天皇，天丰财重日足姬天皇同母弟也。尊佛法，**轻神道**。为人柔仁好儒。不择贵贱，频降恩敕。”（第三册，p.108）《敦煌变文·解座文汇抄》：“慢佛僧，**轻神道**，争使这身人爱乐。”（p.1176）

【軽咲/あなづりわらふ】 典据 轻蔑嘲笑。《日本灵异记》上卷《呰读〈法华经〉品之人而现口喎斜得恶报缘第19》：“《法华经》云：‘**若有轻咲之者**，**当世世牙齿疏缺**，**丑唇**、**平鼻**、**手脚缭戾**、**眼目角睐**。’者，其斯之谓矣。”姚秦鸠摩罗什译《妙法莲华经》卷7《普贤菩萨劝发品》：“**若有轻笑之者**，**当世世牙齿疏缺**，**丑唇**、**平鼻**，**手脚缭戾**，**眼目角睐**，身体臭秽，恶疮脓血，水腹短气，诸恶重病。是故，普贤，若见受持，是经典者，当起远迎，当如敬佛。”

【軽咲呰/あなづりわらひあざける】 自创 轻蔑嘲笑毁呰。《日本灵异记》上卷《呰读〈法华经〉品之人而现口喎斜得恶报缘第19》：“时乞者来，读《法华经》品而乞物。沙弥闻之，**轻咲呰**，故戾己口，讹音效读。”（p.103）

【軽于草木/くさきよりかろみす】 四字 较之花草，树木更为卑贱。→【丈夫論】【重於金玉】

【軽智/きょうち】 偏正 浅短的智慧。《续日本纪》卷9《元正纪》养老六年七月条：“近在京僧尼，以浅识**轻智**，巧说罪福之因果，不练戒律，诈诱都里之众庶。”（第二册，p.120）（1）西晋竺法护译《佛说文殊悔过经》卷1：“文殊师利言：‘当复自责。我前世时，行不清净，毁身口意，淫怒愚痴，兴心为害，放訑谀谄，多求无厌，积累恶业，诽谤轻调，毁佛法众，不孝父母，蔑于尊长，众佑凡人，噎其功勋，不能自觉，**轻智**慢圣，自叹其身，求他长短。’”（2）《宋书》卷75《王僧达传》：“护军之任，臣不敢处，彭城军府，即时过立。且臣本在驱驰，非希崇显，**轻智**小号，足以自安。愿垂鉴恕，特赐申奖，则内外荣荷，存没铭分。”按：《汉语大词典》失收。

【倾損/かたぶきそこなふ】 并列 倾斜损坏。《唐大和上东征传》：“阁高二十丈，是梁武帝之所建也，至今三百余岁，微有**倾损**。”（p. 79）后秦弗若多罗译《十诵律》卷28：“佛言：‘给孤独居士有子，字僧迦罗叉。应语是祇林汝父作，而今**倾损**，汝能治不?’诸比丘到语言僧迦罗叉：‘是祇林汝父所作，今日**倾损**，汝何以不治?’”唐玄奘撰《大唐西域记》卷12：“是时也，王宫导从、庶僚凡百，观送舍利者，动以万计。罗汉乃以右手，举窣堵波，置诸掌中，谓王曰：‘可以藏下也。’遂坎地安函，其功斯毕，于是下窣堵波，无所**倾损**。”唐窥基撰《妙法莲华经玄赞》卷5《譬喻品》：“四未成佛者，愿早成佛，愿如宝绳，交络诸行，令当得果，胜决定故，邪见暴风，不能**倾损**。”按：《汉语大词典》失收。

【倾臥/かたぶきふす】 后补 倾斜身子躺下来。《日本灵异记》下卷《击沙弥乞食以现得恶死报缘第15》：“明日辰时起，居朝床，彼鲤含口，取酒将饮。自口黑血返吐**倾卧**。如幻绝气，如寐命终。”（p. 298）（1）后汉安世高译《长阿含十报法经》卷2：“已行不得，多可噉食，便念：‘今日自不得多可意噉食，身羸不能坐，当**倾卧**便**倾卧**。’”姚秦鸠摩罗什译《持世经》卷2《五阴品》：“持世，其大意山王佛知此二王子深心所愿，而为广说是五阴十二入十八性菩萨方便经，于四万岁中终不睡眠，常不满腹食亦不**倾卧**，若坐若经行。”唐道宣撰《续高僧传》卷26：“函外东面双树间，现前死鸟**倾卧**，须臾起立，鸟上有三金花，其鸟西南而行。”（2）《风俗通义》卷4：“后为大将军梁冀从事中郎，冬月坐庭中，向日解衣裘捕虱，已，因**倾卧**，厥形悉表露。”

【傾仰/けいこう】 书简 （2例） 倾倒仰慕。尺牍用语。《续日本纪》卷10《圣武纪》神龟五年二月条：“甲寅，天皇御中宫。高齐德等上其王书并方物。其词曰：‘武艺启，山河异域，国土不同。延听风猷。但增**倾仰**。延听风猷，但增**倾仰**。’”（第二册，p. 188）又卷13《圣武纪》天平十一年十二月条：“十二月戊辰，渤海使己珎蒙等拜朝，上其王启并方物。其词曰：‘钦茂启，山河杳绝，国土敻遥。伫立望风猷，唯增**倾仰**。’”（第二册，p. 356）（1）失译人名今附后汉录《分别功德论》卷4：“满愿子说法时，先以辩才，唱发妙音，使众座欢喜，佥然**倾仰**。”梁慧皎撰《高僧传》卷13：“光乃回心习唱制造忏文，每执炉处众，辄道俗**倾仰**。”隋灌顶纂《国清百录》卷2《秦孝王书》：“次书**倾仰**每深甚热，禅师道体何如，修习不乃劳心也。”（2）《全梁文》卷65王筠《与长沙王别书》：“筠顿首顿首，高秋凄爽，体中何如。愿比胜纳，承入东礼拜，用深**倾仰**。”《游仙窟》：“暂因驱使，至于此间。卒尔干烦，实为**倾仰**。”按：《汉语大词典》首引唐薛用弱《集异记·徐佐卿》：“佐卿至则栖焉，或三五日，或旬朔，言归青城，甚为道流之所**倾仰**。”偏晚。

【卿等何如/いましたちいかに】 口语 众卿怎么想的?《日本书纪》卷21《崇峻纪》四年八月条：“秋八月庚戌朔，天皇诏群臣曰：‘朕思欲建任那。**卿等何如**?’群臣

奏言：‘可建任那官家，皆同陛下所诏。’”（第二册，p. 522）（1）唐神清撰、慧宝注《北山录》卷10：“国初高祖问群臣曰：‘傅弈每云，佛教无用，朕欲从其所议。**卿等何如**？’”（2）《通典》卷71《嘉礼16》：“大唐睿宗景云二年四月，欲传位于皇太子，召三品以上官，谓曰：‘朕素怀澹泊，不以宸极为贵。昔居皇嗣，已让中宗。及居太弟，又固辞不就。思脱屣于天下，为日久矣。今欲传位于太子，**卿等何如**？’群臣唯唯，莫有对者。”（p. 1951）

【清浄奉写/しょうじょうにうつしたてまつる】 自创　抄写经文时保持不做一切恶行、远离烦恼污垢的状态。《日本灵异记》下卷《如法奉写〈法华经〉火不烧缘第10》：“发愿如法，**清净奉写**《法华经》一部。专自书写。每大小便利，洗浴净身，自就书写筵以还，径六个月，乃缮写毕。”（p. 286）梁曼陀罗仙译《宝云经》卷7：“佛言：‘复有善男子、善女人，于此三千、大千世界、百千亿劫、修行布施，不如善男子善女人、信心**清净书写**供养。以清净心故，得福甚多。’”唐菩提流志译《不空羂索神变真言经》卷1《母陀罗尼真言序品》：“世尊，若斯经典，所住方处，有能依法。**清净书写**，读诵受持，赞叹之者，当知其地，即是一切，诸佛舍利制多。”

【清浄沐浴/しょうじょうもくよく】 四字　洗澡洗得干干净净。《续日本纪》卷12《圣武纪》天平九年八月条：“癸卯，令四畿内二监及七道诸国，僧尼**清净沐浴**。一月之内二三度，令读《最胜王经》。又月六斋日，禁断杀生。”（第二册，p. 324）唐菩提流志译《不空羂索神变真言经》卷6《羂索成就品》：“若有国土，灾疫起者，白月十五日，**清净沐浴**，著净衣服，于诸有情，起大悲心，仰高楼上，或于塔上，或于幢下，如法作坛，执持宝索，诵母陀罗尼真言秘密心真言一百八遍，诵奋怒王真言四十九遍，诵摩尼宝陀罗尼真言一百八遍，观视九方，轮旋宝索，愿言国土，一切灾障，水旱不调，即当消灭，而则除烬。”唐善无畏译《七俱胝独部法》卷1：“佛言欲持此法于十五日夜，**清净沐浴**，著新净衣，面向东方，半跏正坐，置镜在前，随力香华，清净水诸物，先当静心绝思，然后结印，印于心上，诵此咒一百八遍。持此咒时，能使短命者长命，加摩罗病，尚得除差，何况余病。若不消差，无有是处。”唐解脱师子译《都表如意摩尼转轮圣王次第念诵秘密最要略法》卷1《相貌品》：“行者像前面东坐，**清净沐浴**香涂身。兼著新净妙衣服，又持种种供养具。步步想八叶莲华，存想变地无浊秽。加持护身入精室，安置像前而念诵。”

【清浄為先/しょうじょうをさきとなす】 四字（3例）　以清净为要务。《藤氏家传》下卷《武智麻吕传》：“崇饰法藏，肃敬为本，修营佛庙，**清净为先**。”（p. 337）《续日本纪》卷7《元正纪》灵龟二年五月条：“庚寅，诏曰：‘崇饰法藏，肃敬为本，营修佛庙，**清静为先**。’”（第二册，p. 10）又卷9《元正纪》神龟二年七月条：“戊戌，诏七道诸国，除冤祈祥，必凭幽冥，敬神尊佛，**清净为先**。”（第二册，p. 160）（1）西晋白法祖译《佛般泥洹经》卷2：“和心软教，为诸王说治国法，知足无求，逝心之行，清净为首；理家及民，出诣佛庙，听采沙门，正真之化，归当修孝。”唐玄奘译《瑜伽师地论》卷90：“于经行处，能正经行，于所坐处，能正安坐，于如是等，一切处所，皆善知量。如是行时，**清净为先**。于其住时，亦得清净。”唐大觉撰《四分律行事钞批》卷6：“又取举罪五德者，众以**清净为先**。过犯具彰，何得杜嘿？故须举处，德人行事也。”（2）《旧唐书》卷1《高祖本纪》：“释伽阐教，**清净为先**，远离尘垢，断除贪欲。”（p. 16）

【清涼甘美/せいりょうにしてうまし】 四字 （2例） 凉快甜美。《唐大和上东征传》：“东方二里，路侧有圣井，深三尺许，**清凉甘美**，极雨不溢，极旱不涸。”（p. 57）又：“舟人把碗，竞上岸头觅水，过一小岗，（便）遇池水，**清凉甘美**，众人争饮，各得饱满。”（p. 66）西晋竺法护译《普曜经》卷2《欲生时三十二瑞品》：“寻入宫宅，是我所喜，意中所乐，皆悉平正，无有倾邪。可坐禅思，威光辉曜，其香芬熏，**清凉甘美**，音声柔软，若干奇宝，璎珞其身，庄严要妙，见者皆欢。”唐般若译《大乘理趣六波罗蜜多经》卷3《不退转品》：“地狱苦者，我誓入彼，地狱之中，拔济令出。堕饿鬼者，为作**清凉，甘美**饮食，除热饥渴。”宋施护等译《顶生王因缘经》卷5：“又善法堂，侧有七流渠，各各深广一由旬量，金、银、瑠璃、颇胝迦等，以布其底；渠水四面，有四梯陛，亦四宝成……而彼渠水，**清凉甘美**，充满其中。”

【清明心/きよきあかきこころ】 三字 清净光明之心。“清明”，巴利语 vippasanno anāvilo，圣洁无染垢。《日本书纪》卷20《钦明纪》十年二月条：“于是绫糟等惧然恐惧，乃下泊濑中流，面三诸岳，歃水而盟曰：‘臣等虾夷自今以后，子子孙孙用**清明心**，事奉天阙。’臣等若违盟者，天地诸神及天皇灵绝灭臣种矣。”（第二册，p. 478）（1）西晋竺法护译《渐备一切智德经》卷5：“智慧及善权，逮得**清明心**。远游难可胜，大志难得喻。寂然本清净，心利志变故。诸苦悉平等，超越不可动。”（2）唐般剌蜜帝译《大佛顶如来密因修证了义诸菩萨万行首楞严经》卷10：“惟愿如来，发宣大慈，为此大众，**清明心**目，以为末世，一切众生，作将来眼。”宋仁岳述《楞严经熏闻记》卷5：“**清明心**目者，心有余疑，如目有微昧，今请开示，故曰清明。”

【清行近士/しょうぎょうのごんし】 四字 清净士，优婆塞。“近士”，谓在三宝近处的侍奉者。《续日本纪》卷21《淳仁纪》天平宝字二年八月条：“天下诸国隐于山林**清行近士**十年以上，皆令得度……其依犯摈出僧等，戒律无阙，移近一国。”（第三册，p. 276）按：《新日本古典文学大系》栏上的注释指出，例文中所说的藏匿于山林的“清行近士”，当指逃避世间、躲藏在山中修行的在家信徒。

【情所不安/こころにやすみせぬところなり】 书简 心神不安宁。尺牍用语。《续日本纪》卷28《称德纪》神护景云元年三月条：“天平宝字二年编籍之日，追注凡费。**情所不安**。于是，改为粟凡直。”（第四册，p. 156）（1）梁僧佑撰《弘明集》卷12《桓玄与王令书论道人应敬王事》：“沙门抗礼至尊，正自是**情所不安**。一代大事，

宜共论尽之。今与八座书，向已送都。今付此信，君是宜任此理者，迟闻德音。”该例在唐彦悰撰录的《集沙门不应拜俗等事》卷1中亦有辑录。(2)《隋书》卷2《帝纪第2》：“仰惟祭享宗庙，瞻敬如在，罔极之感，情深兹日。而礼毕升路，鼓吹发音，还入宫门，金石振响。斯则哀乐同日，心事相违，**情所不安**，理实未允。”（p. 42）又卷51《长孙晟传》：“晟辞曰：‘有男行布，今在逆地，忽蒙此任，**情所不安**。’”（p. 1335）按：《称德纪》的用法用作散文体，属于非正格用法。

【情冀/こころにねがはくは】 主谓 衷心希望；情愫。《日本书纪》卷24《皇极纪》二年十一月条：“山背大兄王等对曰：‘如卿所道，其胜必然。但吾**情冀**，十年不役百姓。以一身之故，岂烦劳万民？’”（第三册，p. 80）(1)唐慧立本、释彦悰笺《大唐大慈恩寺三藏法师传》卷7：“玄奘学艺无纪。行业空疎。敢誓捐罄。方期光赞。凭恃皇灵。穷遐访道。所获经论。奉敕翻译。**情冀**法流渐润。克滋鼎祚。圣教绍宣。光华史册。”(2)《全唐文》卷112后唐明宗《即位赦文》：“繇是指河流而南渡，誓军旅以西驰，志欲救于颠危，**情冀**申于忠赤。”按：《汉语大词典》失收。

【擎持/ささげもつ】 并列 手持，手拿。《日本灵异记》下卷《沙门积功作佛像临命终时示异表缘第30》：“乞汤洗身，易著袈裟，胡跪合掌，**擎持**香炉，烧香向西，便日申时，命终之矣。”（p. 341）唐慧琳撰《一切经音义》卷76：“**擎**灯：竟迎反。《字书》：**擎**，举也。《说文》：从手，敬声。”(1)后汉支娄迦谶译《佛说阿阇世王经》卷2：“一一树下，当其根上，而有众宝之垛，其垛上者，皆以珍宝，而为香炉，皆烧名香。一一垛者，其女百人，各以莲华，**擎持**栴檀名香。”东晋佛驮跋陀罗译《大方广佛华严经》卷6《净行品》：“**擎持**应器，当愿众生，成就法器，受天人供。”隋阇那崛多译《佛本行集经》卷8《从园还城品》：“复以右手，**擎持**宝机，在菩萨前，断于人行，口发是言：‘卿诸人辈，宜各避道。最胜众生，今欲入城。’”(2)《全唐文》卷932：“又二青衣，持花捧香。又四侍玉女，**擎持**玉案。”《敦煌变文·维摩诘经讲经文（一）》：“半千宝盖，行行而总已**擎持**；一国英贤，浩浩而齐声赞叹。”

【擎幡/はたをささぐ】 述宾 （2例） 举起旗帜。《日本灵异记》中卷《依汉神崇杀牛而祭又修放生善以现得善恶报缘第5》：“千万余人，卫绕于我左右前后，自王宫出。乘辇而荷，**擎幡**而导，赞叹以送，长跪礼拜。彼众人，皆作一色容。”（p. 159）《唐大和上东征传》：“始安［郡］都督上党公冯古璞等步出［城］外，五体投地，接足而礼，引入开元寺。初开佛殿，香气满城，城中僧徒［**擎**］**幡**、烧香、唱梵。”（p. 72）新罗慧超、唐圆照等撰《游方记抄》卷1：“初开佛殿，香气满城，城中僧徒，**擎幡**[①]烧香，喝梵云集寺中。”

【擎奉/ささげたてまつる】 自创 托举；双手捧着献出。用作谦辞。《元兴寺伽

① “幡”，戊本、己本中作“幢”。

蓝缘起并流记资财账》："擎奉佛像经教法师，天皇诏巷哥名伊奈米大臣，修行兹法。"唐义净撰《南海寄归内法传》卷4："细者可作锡杖行与苾刍：言锡杖者，梵云吃弃罗，即是鸣声之义。古人译为锡者，意取锡锡作声鸣……原斯制意，为乞食时，防其牛犬。何用辛苦擎奉劳心，而复通身总铁？头安四股，重滞将持，非常冷涩。非本制也。"

【擎往/ささげゆく】 后补 手举着拿到某处。《日本灵异记》中卷《极穷女凭敬千手观音像愿福分以得大富缘第42》："爰内心思怪，开柜而见，有钱百贯。如常买花香油，擎往千手前而见，其足著之马屎。尔乃疑思：'菩萨贶钱欤？'"（p. 253）隋智顗说、湛然略《维摩经略疏》卷10《菩萨行品》："就第一掌擎中为六：一相相；二阿难见相白佛；三佛为说；四维摩唱欲往；五文殊同往；六用神力擎往庵园。"唐道世撰《法苑珠林》卷35："又告文殊师利及观音大士，待我灭度后，汝以神力分身取我齿塔，擎往彼国至僧伽蓝中，令塔放光。"

【請得/うけもとむ】 后补 （2例） 请到某人，邀请到某人；得到佛像等难得物品时的用语。《日本灵异记》上卷《偷用子物作牛役之示异表缘第10》："告使人云：'应请一禅师。'其使人问曰：'请何寺师？'答日：'不择其寺，随遇而请。'其使随愿，请得路行一僧归家。"（p. 87）《唐大和上东征传》："又请得宰相李林甫之兄林宗之书，与扬州仓曹李凑，令造大舟，备粮送遣。"（p. 39）东晋佛陀跋陀罗、法显合译《摩诃僧祇律》卷39："偷兰难陀比丘尼请得六群比丘，树提问言：'为我请得僧未？'答言：'已得。'"梁宝唱等集《经律异相》卷6："佛右牙右缺瓫骨。在忉利天师子洲起塔，请得二缺瓫及牙，今在释宫。"唐惠详撰《弘赞法华传》卷1："于彼中天竺国，请得拟摩揭陀国鹫峯山说《法华经》金像一躯，通光座高三尺，色相超挺，妙绝人功。顶戴瞻仰，实万恒倍。至止之后，摸写无穷矣。"按：《汉语大词典》失收。

【請僧（而）設斎/ほうしをませてせっさいす】 四字 （4例） 邀请僧人设斋做法事。《日本书纪》卷22《推古纪》二十九年二月条："是月，葬上宫太子于矶长陵。当于是时，高丽僧慧慈闻上宫皇太子薨，以大悲之，为皇太子，请僧而设斋。"（第二册，p. 576）又卷29《天武纪下》四年四月条："夏四月甲戌朔戊寅，请僧尼二千四百余而大设斋焉。"（第三册，p. 360）《续日本纪》卷9《元正纪》养老六年十一月条："即从十二月七日，于京并畿内诸寺，便屈请僧尼二千六百三十八人，设斋供也。"（第二册，p. 126）又卷20《孝谦纪》天平宝字元年五月条："五月己酉，太上天皇周忌也。请僧千五百余人于东大寺设斋焉。"（第三册，p. 184）（1）梁慧皎撰《高僧传》卷10："又有齐谐妻胡母氏病，众治不愈。后请僧设斋。斋坐有僧聪道人，劝迎杯度。度既至一咒，病者即愈。"唐道世撰《法苑珠林》卷63："义兴五年大旱，陂湖竭涸，苗稼焦枯祈祭山川，累旬无应，毅乃请僧设斋。"唐慧详撰《弘赞法华传》卷5："以宋孝建二年六月三日，集薪为龛，并请僧设斋，告众辞别。"（2）唐唐临撰《冥报记》卷3："主司曰：'此人死三日，家人为请僧设斋。每闻经呗声，铁梁辄折。故不得也。'"

【請為我～/あがためにー】 口语 （2 例） 希望为了我做某事。《日本书纪》卷 2《神代纪下》："及将归去，丰玉姬谓天孙曰：'妾已娠矣。当产不久。妾必以风涛急峻之日，出到海滨。**请为我**作产室相待矣。'"（第一册，p. 160）又："先是且别时，丰玉姬从容语曰：'妾已有身矣。当以风涛壮日，出到海边。**请为我**造产屋以待之。'"（第一册，p. 166）（1）梁僧佑撰《释迦谱》卷 2："佛语难陀：'汝勤持戒，修汝天福。'难陀答言：'不用生天。今唯愿我，不堕此狱。'佛为说法，一七日中，成阿罗汉。诸比丘叹言：'世尊出世，甚奇甚特！'佛言：'非但今日，乃往过去，亦复如是。'诸比丘言：'过去亦尔，其事云何？**请为我**说。'"唐地婆诃罗译《方广大庄严经》卷 4："时输檀王，告菩萨言：'颇复能与，頞顺那，校量算不？'菩萨言：'大王，此事可耳。'时彼算师，问菩萨言：'颇有了知，百拘胝外，数名以不？'菩萨报言：'我甚知之。'頞顺那言：'太子能知，**请为我**说。'"唐实叉难陀译《大乘入楞伽经》卷 7《偈颂品》："佛为诸比丘，说于所受生；念念皆生灭，**请为我**宣说。"（2）《苏辙集·栾城集卷 24》："新喻吴君，志学而工诗，家有山林之乐，隐居不仕，名其堂曰浩然。曰：'孟子，吾师也，其称曰：我善养吾浩然之气。吾窃喜焉，而不知其说，**请为我**言其故。'"

【慶悦無限/よろこぶることかぎりなし】 自创 无比地喜庆欢乐。《日本书纪》卷 18《安闲纪》元年闰十二月条："闰十二月己卯朔壬午，行幸于三岛。大伴大连金村从焉。天皇使大伴大连问良田于县主饭粒。县主饭粒**庆悦无限**。谨敬尽诚，仍奉献上御野、下御野、上桑原、下桑原，并竹村之地，凡合肆拾町。"（第二册，p. 338）（1）唐义净译《金光明最胜王经》卷 8《坚牢地神品》："我得闻法，深心欢喜。得飡法味，增益威光，**庆悦无**量。"又《根本说一切有部毘奈耶》卷 30："诸苾刍尼，闻是教已，白难铎迦曰：'大德，我蒙善教，深生希有，**庆悦无**已。'"唐实叉难陀译《大方广佛华严经》卷 27《十回向品》："其心清净，**庆悦无**量；心净信解，照明佛法。"（2）《艺文类聚》卷 58 徐陵《移齐》："获去月二十日移，承羯寇平殄，同怀**庆悦**，眷言邻穆，深副情伫。"（p. 1052）《魏书》卷 9《肃宗纪》："如此，则上下休嘉，天地清晏，魏道熙隆，人神**庆悦**，不其善欤？"（p. 230）按：首先，在表达上，"庆悦"后续表程度的"无量""无已"等，是佛经特有的用法。其次，汉语两类文献均未见"庆悦无限"的搭配形式。同理，下面的"嘉庆无限"，自创的可能性颇大。《日本书纪》卷 19《钦明纪》九年四月条："夏四月壬戌朔甲子，百济遣中部杆率掠叶礼等奏曰：'德率宣文等奉敕至臣蕃曰：所乞救兵、应时遣送。祗承恩诏，嘉**庆无限**。'"（第二册，p. 408）

【窮報/まづしきむくひ】 偏正 （遭受）贫穷的报应。《日本灵异记》中卷《穷女王归敬吉祥天女像得现报缘第 14》："二十二王以次第设宴乐已讫，但此女王，独未设食。备食无便，大耻贫报，至于诸乐左京服部堂，对面吉祥天女像而哭之曰：'我先世殖贫穷之因，今受**穷报**。我身为食入于宴会，徒噉人物，设食无便。愿我赐财。'"

（p. 184）《说文·穴部》："穷，极也。"本义指穷尽，完结。引申为贫穷，缺少衣食钱财。唐义净译《根本说一切有部毘奈耶药事》卷17："我即合掌礼，愿我无**穷报**，当生大豪族，颜色得端严。"唐道世撰《法苑珠林》卷6："'十四食香鬼'：由卖恶香多取酬直，唯食香烟，后受**穷报**。"→【貧報】

【窮未来際/みらいさいをきはめむ】 时段　穷尽未来世，亦即永恒之义。《续日本纪》卷17《圣武纪》天平胜宝元年闰五月条："因发御愿曰：'以《华严经》为本，一切大乘小乘经律论抄疏章等，必为转读讲说，悉令尽竟。远限日月，**穷未来际**。'"（第三册，p. 82）梁诸大法师集撰《慈悲道场忏法》卷2："四生六道，有缘无缘，**穷未来际**，一切众生。以此忏法，永得清净，在所生处，同得如愿。"唐玄奘译《大般若波罗蜜多经》卷47《摩诃萨品》："佛告善现：'若菩萨摩诃萨，生如是心：我当**穷未来际**，于一切有情，为作归依、桥船、洲渚，救济覆护，常不舍离。'"唐实叉难陀译《大方广佛华严经》卷23《兜率宫中偈赞品》："于诸法中，得无所畏，随所演说，**穷未来际**；辩才无尽，以大智慧，开总持门，慧眼清净，入深法界，智慧境界，无有边际，究竟清净，犹若虚空。"新罗太贤集《梵网经古迹记》卷2："要须先发，大菩提心，谓誓定取，无上菩提，**穷未来际**，利乐有情。"

【窮於来際/らいさいにきはむ】 于字　犹言"穷（尽）未来际"。《续日本纪》卷20《孝谦纪》天平宝字元年十二月条："复愿因此善业，朕与众生，三檀福田，**穷于来际**，十身药树，荫于尘区，永灭病苦之忧，共保延寿之乐，遂契真妙之深理，自证円满之妙身。"（第三册，p. 238）唐澄观撰《大方广佛华严经疏》卷50《如来出现品》："**穷于来际**，不动三昧者，究竟寂灭也。由寂无动故，无所不动耳。"唐澄观述、宋净源录疏《华严经疏注》卷83《如来出现品7》："谓正示涅槃，而便分身，处无边座，**穷于来际**。"

【求悔/くやしぶ】 前缀　后悔，懊悔。"求"，词义虚化。《日本书纪》卷18《安闲纪》元年闰十二月条："于是大河内直味张恐畏**求悔**，伏地汗流。启大连曰：'愚蒙百姓，罪当万死。伏愿每郡以钁丁春时五百丁、秋时五百丁奉献天皇，子孙不绝。藉此祈生，永为鉴戒。'"（第二册，p. 340）（1）姚秦鸠摩罗什译《梵网经》卷2："前人**求悔**，善言忏谢，犹瞋不解者，是菩萨波罗夷罪。"刘宋求那跋陀罗译《相续解脱地波罗蜜了义经》卷1："若彼**求悔**，虚受无碍，若他触犯，不望忏谢，如法哀受，无畏无求，常行饶益，心不废舍。是七种名，羼提波罗蜜净。"元魏菩提流支译《深密解脱经》卷4："不生报心，不怀结恨，若彼**求悔**，应时即受。"新罗义寂述《菩萨戒本疏》卷1："前人求悔，善言忏谢，犹瞋不解者，是菩萨波罗夷罪。"（2）《苏洵集·补遗·上张益州书》："虽欲刻骨刺心，**求悔**其过而不可得，而天下之人且指以为党人矣。"按：《汉语大词典》失收。

【求覓/もとむ】 并列　寻找，寻觅。《日本书纪》卷14《雄略纪》三年四月条：

“天皇疑皇女不在，恒使暗夜东西**求觅**。乃于河上虹见如蛇四五丈者，掘虹起处而获神镜。”（第二册，p. 156）后汉安世高译《佛说奈女祇域因缘经》卷1：“时师即与一笼器及掘草之具：‘汝可于德叉尸罗国面一由旬，**求觅**诸草，有非是药者持来。’”唐义净译《金光明最胜王经》卷2《分别三身品》：“譬如有人，愿欲得金，处处**求觅**，遂得金矿。”又卷10《舍身品》：“王闻语已，惊惶失所，悲哽而言：‘苦哉今日，失我爱子！’即便抆泪，慰喻夫人，告言：‘贤首，汝勿忧戚。吾今共出，**求觅**爱子。’王与大臣，及诸人众，即共出城，各各分散，随处**求觅**。”按：《汉语大词典》首引《百喻经·贫人烧粗褐衣喻》：“既烧之后，于此火处**求觅**钦服，都无所得。”略晚。

【求失之者/とがをもとむれば】 典据　如果挑剔毛病的话，即使是三贤十圣也有值得非议之处；如果寻求德行的话，即使是谤法断善的人，也有值得赞美之处。《日本灵异记》下卷《刑罚贱沙弥乞食以现得顿恶死报缘第33》：“**求失之者**，三贤十圣，**有失可**诽。**求德之者**，谤法**断善**，**有德可**美。”（p. 348）新罗太贤集《梵网经古迹记》卷2：“解云：出血不能障道，说僧过时，怀多人信，生彼烦恼。障圣道故，是故菩萨，乐求彼德，不乐求失。**求失之者**，麟角圣上，**有失可**取。**求德之者**，**断善**者身，**有德可**录。”按：此处出典关系由原口裕指出。

【求行/まぎゆく】 并列　前去寻找。《播磨国风土记·饰磨郡》条：“所以号瓶落者，难波高津御宫天皇御世，私部弓取等远祖，他田熊千，瓶酒著于马尻，**求行**家地，其瓶落于此村。故曰瓶落。”（p. 28）吴支谦译《佛说义足经》卷2：“已离谛更**求行**，悉从罪因缘受，亦如说力求净，自义失生死苦，行力求亦不说，眼如行亦思惟，死生无尽从是，如是慧亦如说。”隋阇那崛多译《佛本行集经》卷36《耶输陀宿缘品》：“彼之梵行，必当精胜，法集牢强，而耶输陀善男子，事彼大沙门，行于梵行。我等今者，亦可至彼，大沙门边，**求行**梵行。”乞伏秦圣坚译《佛说除恐灾患经》卷1：“妾便告言：‘太子应继，承嗣圣王，展转千子。汝骨朽败，永无盖望。子闻妾言。惨然畏死。**求行**学道，妾辄听之。’”按：《汉语大词典》失收。《饰磨郡》中的“求行”，谓去寻找某物，用于具体义，汉文佛经中的“求行”，表示要求修行佛法等，用于抽象义。

【求諮/もとめとふ】 自创　寻求咨问。《日本灵异记》中卷《忆持〈心经〉女现至阎罗王阙示奇表缘第19》：“优婆夷欲买彼经，遣使而还，开经见之，彼优婆夷昔时奉写《梵网经》二卷、《心经》一卷也。未供而失，径之多年，**求咨**不得。”（p. 199）梁曼陀罗仙译《宝云经》卷1：“菩萨作是念言：‘我若不解是经不知是法，终不得阿耨多罗三藐三菩提。’是故菩萨勤**求咨**问读诵，是名菩萨法忍。”隋阇那崛多译《大法炬陀罗尼经》卷4《四念处品》：“梵天复言：‘世尊，而我心中，愚暗少知，无有光明，不能远察。是以今日，于如来所，更**求咨**问。’”唐菩提流志译《大宝积经》卷12：“若有众生，能勤修业，便为消除，一切所著。有**求咨**嗟，稽首叹之，示其自师。喜诽谤者，亦随顺意，令不起心。”

【駆龍/たつをはす】 述宾 赶走巨龙。《唐大和上东征传》法进《七言伤大和上》："大师慈育契圆空，远迈传灯照海东。度物草筹盈石室，散流佛戒绍遗踪。化毕分身归净国，娑婆谁复为（**驱**）**龙**。"（p. 101）唐道宣撰《四分律删繁补阙行事钞》卷1："又名威势。如来在世，有威力者，是尸罗之力故。余如**驱龙**事，五百罗汉，不能逐之。有一罗汉，但以护戒力故，便即驱出，以轻重等持也。"唐神清撰、慧宝注《北山录》卷6："有死无贰，**驱龙**堕雁，精诚一贯：如有比丘，于龙住处，现通驱之，终不失。持戒者往弹指三下，龙即便去也。《智论》云：'有比丘持戒，食时至念食感。雁王知之，令雁投地欲供其食。比丘知已不食也。'"唐志鸿撰述《四分律搜玄录》卷2："**驱龙**事者，论云：昔迦湿弥罗国，有一毒龙，名无怯惧。为性暴恶，多为损害。有毗阿罗，数为彼龙之所娆恼。寺有五百罗汉，共议入定欲逐。彼龙尽其神力，而不能遣。有一罗汉，名婆伽陀，自外而来。时旧诸人，具说上事。时外来者至龙所，弹指语言：'贤面远出。'龙闻其声，即便远去。时诸罗汉，恠而问之：'汝遣此龙，是何定力？起何等通？'答曰：'我不定力，亦不起通。但护尸罗，故有此力。护其轻戒，如防重禁。故使恶龙，惊怖而去。由此尸罗，是增上威势义也。又戒名为头者。'"唐大觉撰《四分律行事钞批》卷3、后唐景霄撰《四分律行事钞简正记》卷5中都可见该罗汉驱逐龙孽典故的记载。按：《汉语大词典》失收。

【駆却/おひしりぞく】 后缀 驱逐使之退却，撵退。《日本书纪》卷19《钦明纪》二十三年八月条："（一本云）十一年，大伴狭手彦连共百济国，**驱却**高丽王阳香于比津留都。"（第二册，p. 454）（1）姚秦佛陀耶舍、竺佛念等合译《四分律》卷33："时摩竭国人，皆作是念：'是谁威神化作此婆罗门形，手执金杖，金澡瓶金柄扇，身在空中，去地四指，在如来前，引导**驱却**众人？'"后秦弗若多、罗什译合译《十诵律》卷18："使者白王：'我已扫除，祇洹净洁。唯有一人，著弊故衣，近佛坐听法。我等敬难佛故，不敢**驱却**。'"唐义净译《根本说一切有部毘奈耶杂事》卷24："不应事不观，不善合**驱却**。惊怖不欢舍，渴忆难思忧。"（2）孟郊《答友人赠炭》："青山白屋有仁人，赠炭价重双乌银。**驱却**坐上千重寒，烧出炉中一片春。"按：《汉语大词典》失收。

【駆使鬼神/おにかみをはせつかふ】 四字 调遣使用神灵精气。《日本灵异记》上卷《修持孔雀王咒法得异验力以现作仙飞天缘第28》："所以晚年以四十余岁，更居岩窟。被葛饵松，沐清水之泉，濯欲界之垢，修习孔雀之咒法，证得奇异之验术。**驱使鬼神**，得之自在。"（p. 119）唐般剌蜜帝译《大佛顶如来密因修证了业诸菩萨万行首楞严经》卷6："若诸众生，爱生天宫，**驱使鬼神**，我于彼前，现四天王，国太子身，而为说法，令其成就。"唐善无畏译《阿吒薄俱元帅大将上佛陀罗尼经修行仪轨》卷1："尔时阿吒薄拘白佛言：'世尊，我是一切天龙八部鬼神阿修罗，人及非人之中元帅大将，**驱使鬼神**，守护国土，护持众生，皆由持我神咒。'"唐般若斫羯啰译《摩诃吠室啰末那野提婆喝啰阇陀罗尼仪轨》卷1《求使者品》："夫欲**驱使鬼神**之时，先须别作一位于坛外，著一盏灯一盆净水，一束净草布于地上已，造油饼四十枚，不著油饼四十九枚，散著草上，呼诸鬼神名字施食，然后可得**驱使神鬼**也。"

【屈請/くつじょう】 偏正 （9例） 谓受屈接受邀请。谦辞。《日本书纪》卷19《钦明纪》十六年二月条："祝者乃托神语报曰：'**屈请**建邦之神，往救将亡之主，必当国家谧靖，人物乂安。'"（第二册，p.438）又卷20《敏达纪》十三年是岁条："马子独依佛法，崇敬三尼。乃以三尼付氷田直与达等，令供衣食。经营佛殿于宅东方，安置弥勒石像，**屈请**三尼，大会设斋。"（第二册，p.488）《日本灵异记》上卷《聋者归敬方广经典得相报开两耳缘第8》："小垦田宫御宇天皇代，有衣缝伴造义通者，忽得重病，两耳并聋，恶疮遍身，历年不愈。自谓：'宿业所招，非但相报。长生为人所厌，不如行善遄死。'乃扫地饬堂，**屈请**义禅师。"（p.82）《续日本纪》卷9《元正纪》养老六年十一月条："即从十二月七日，于京并畿内诸寺，便**屈请**僧尼二千六百三十八人，设斋供也。"（第二册，p.126）又卷18《孝谦纪》天平胜宝三年十月条："壬申，诏曰：'顷者，太上天皇，枕席不稳。由是，七七日间，**屈请**四十九贤僧于新药师寺，依续命之法，设斋行道。'"（第三册，p.114）又卷19《孝谦纪》天平胜宝八年五月条："丁丑，敕：'奉为先帝陛下，**屈请**看病禅师一百二十六人者，宜免当户课役。'"（第三册，p.161）又卷30《称德纪》宝龟元年七月条："谨于京内诸大小寺，始自今月十七日，七日之间，**屈请**缁徒，转读《大般若经》。"（第四册，p.288）又宝龟元年九月条："辛巳，七七。于山阶寺设斋焉。诸国者，每国**屈请**管内僧尼于金光、法华二寺，行道转经。"（第四册，p.304）又卷32《光仁纪》宝龟四年十二月条："乙未，敕：'增益福田，凭释教之弘济。光隆国祚，资大悲之神功。是以，比日之间，依《药师经》，**屈请**贤僧，设斋行道。'"（第四册，p.416）刘宋求那跋陀罗译《杂阿含经》卷48："沙门婆罗门，**屈请**入其舍。悭惜不时施，是则堕负门。"梁僧佑撰《出三藏记集》卷14："敕交州使称旨迎致，京邑名僧慧严慧观等附信修虔，并与王书**屈请**弘法阇婆，崇为国师。"梁宝唱等集《经律异相》卷7："佛言：'止，止！勿说此也。若使女人不出家，外道异学，一切贤者，皆四事供养，解发布地，**屈请**令蹈。我之正法，当住千年，以度女人，今止五百。'"《敦煌变文·八相变（一）》："**屈请**将来令交［教］相，臣此今朝不虚然。"（p.505）又："大王**屈请**圣仙才，侵晨便到门守［首］来。"又《金刚丑女因缘》："其时大王处分：排备燕会，**屈请**［王］郎。"（p.1104）按：《汉语大词典》失收。

【屈請衆僧/もろもろのほうしをくつじょうす】 四字 （4例） 很多僧侣受屈接受邀请。《日本书纪》卷24《皇极纪》元年七月条："庚辰，于大寺南庭，严佛菩萨像与四天王像，**屈请众僧**，读《大云经》等。"（第三册，p.64）《日本灵异记》上卷《凶人不敬养奶房母以相得恶死报缘第23》："宾明语之曰：'善人何为违孝？或人奉为父

母，建立塔，造佛写经，**屈请众僧**，令行安居。汝家饶财，贷稻多吉。何违学覆，不孝亲母？'"（p.110）又中卷《至诚心奉写〈法华经〉有验示异事缘第6》："檀越大悔，又访无由。故发誓愿，依经作法，**屈请众僧**，限三七日悔过。"（p.161）又下卷《沙门一目眼盲使读〈金刚般若经〉得明眼缘第21》："沙门长义者，诺乐右京药师寺之僧也。宝龟三年之间，长义眼暗盲，径五月许。日夜耻悲，**屈请众僧**，三日三夜，读诵《金刚般若经》。"（p.310）隋智顗说《观无量寿佛经疏妙宗钞》卷4："经云：波罗奈城有优婆夷，名摩诃斯那达多。夏九十日，**屈请众僧**，奉施医药。有一比丘，身婴重病。良医诊之，当须肉药。若不得者，命将不全。是优婆夷，寻自取刀，割其股肉，切以为羹，施病比丘。服已，已病差。"该例在隋智顗说《涅槃经会疏》卷14、宋知礼述《观无量寿佛经疏妙宗钞》卷5中亦见辑录。

【取持/とりもつ】 并列 （15例） 拿，取。同义连言。《古事记》上卷《天照大御神与须佐之男命》："此种种物者，布刀王命，布刀御币等**取持**，而天儿屋命布刀诏户言祷白。"（p.64）又《大国主神》："尔握其神之发，其室每椽结著，而五百引石取塞其室户，负其妻须世理毘卖，即**取持**其大神之生大刀与生弓矢及其天诏琴、而逃出之时、其天诏琴抚树而地动鸣。"（p.82）又《忍穗耳命与迩迩艺命》："故尔，天忍日命、天津久米命二人，取负天之石靫，取佩头椎之大刀，**取持**天之波士弓，手挟天之真鹿儿矢，立御前而仕奉。"（p.116）又中卷《神武记》："降此刀状者，穿高仓下之仓顶，自其堕入。故阿佐米余玖，汝**取持**献天神御子。"（p.165）《万叶集》卷2第199首："大御手尔　弓**取持**之　御军士乎　安腾毛"（第一册，p.132）又210首："打蝉等　念之时尔　**取持**而　吾二人见之"（第一册，p.140）又卷3第443首："一手者　木棉**取持**　一手者　和细布奉平"（第一册，p.246）。又卷9第1792首："玉钏　手尔**取持**而　真十镜　直目尔不视者"（第二册，p.440）。又卷10第1853首："梅花　**取持**而见者　吾屋前之　柳乃眉师　所念可闻"（第三册，p.36）。又卷12第3185首："白铜镜　手二**取持**而　见常不足　君尔所赠而　生跡文无"（第三册，p.373）。又卷19第4142首："春日尔　张流柳乎　**取持**而　见者京之　大路所念"（第四册，p.296）。又卷19第4192首："嬬嬬良我　手尔**取持**有　真镜　盖上山尔"（第四册，p.318）。又第4236首："木棉手次　肩尔取挂　倭文幣乎　手尔**取持**氏"（第四册，p.338）。又第4257首："手束弓　手尔**取持**而　朝猎尔　君者立之奴　多奈久良能野尔"（第四册，p.349）。《日本灵异记》中卷《力女示强力缘第27》："国上惶烦，彼衣返与。**取持**归家，洒净，牒收其衣。"（p.220）（1）后汉支娄迦谶译《道行般若经》卷8《守行品》："时释提桓因，化作文陀罗华，**取持**散佛上。散已，作是说：'行菩萨道者，乃向佛道乎？所愿悉成，为近为悉护。作是行者，为悉成佛。诸经法、萨艺若经法、怛萨阿竭经法悉具足。阿惟越致，经法亦尔。'"隋达摩笈多译《起世因本经》卷1《郁多罗究留洲品》："到器树已，器树为彼，枝亦垂下，手所擎及，随所欲器，即**取持**用，诣向果树。”隋阇那崛多译《佛本行集经》卷3《受决定记品》：“尔时，彼人报于我言：‘仁者童子，汝可不闻？降怨大王，出敕告下：所有华鬘，悉不听卖，与于他人。何以故？王欲自**取，持**供养佛。’”（2）《艺文类聚》卷33所载《说苑》曰：“楚庄王赐群臣酒。日暮灯烛灭，有人引美人衣，美人援绝其冠缨，告王曰：‘有引妾衣者，妾绝其缨。**取持**火来，视绝缨者。’”（p. 582）按：《汉语大词典》失收。→【取持】【手取持】

【取持来/とりもちく】 三字 （3例） 犹言持来，拿来；娶过来。“取”字词义呈现虚化的倾向。“取”，亦通“娶”。《古事记》下卷《安康记》：“故天皇大怒，杀大日下王尔，而**取持来**其王之嫡妻长田大郎女为皇后。”（p. 328）《万叶集》卷16第3885首：“韩国乃　虎神乎　生取尔　八头**取持来**”（第四册，p. 138）。又第3886首：“今日往　明日**取持来**　吾目良尔　盐柒给　腊赏毛”（第四册，p. 140）。后汉竺大力、康孟详合译《修行本起经》卷1《试艺品》：“告其仆曰：‘吾先祖有弓，今在天庙。汝**取持来**。’”姚秦鸠摩罗什译《集一切福德三昧经》卷1：“佛告目连：‘汝**取持来**。’时大目连，即下至彼，如大力士，屈伸臂顷。一切大众，皆见其去，即便持来，授与如来。”刘宋僧伽跋摩译《萨婆多部毘尼摩得勒伽》卷4：“诸比丘去是不远，经行见是璎珞，便**取持来**，还诸女人。”按：仅就佛典例句而言，此类三音节词组实则为四字语句，即“汝取持来”“便取持来”，其口语色彩可见一斑。

【取持去/とりもちいぬ】 三字 拿去，带去。《日本书纪》卷1《神代纪上》：“天熊人悉**取持去**而奉进之。于时天照大神喜之曰：‘是物者，则显见苍生可食而活之也。’”（第一册，p. 60）后汉安世高译《大比丘三千威仪》卷2：“复有五事：一者持手巾，不得教软，当先熟历手；二者不得奋湿取燥；三者不得以手，拭面目鼻口；四者不得言我自有不**取持去**；五者当如法用之。”姚秦佛陀耶舍、竺佛念等译《四分律》卷25：“有一摩纳，来入其家，四顾不见人，便作是念：‘此床座于我有益。’即**取持去**。”刘宋求那跋陀罗译《大法鼓经》卷2：“如雪山下，有出净光，摩尼宝性，有人善知，摩尼宝相，见相则知，即**取持去**。”

【取道於~/みちを~にとる】 先例 选取某处作为经由的道路。《日本书纪》卷14《雄略纪》七年是岁条：“……**取道于**百济，并下敕书，令献巧者。”（第二册，p. 172）（1）宋陈舜俞撰《庐山记》卷1：“三里而近有南北二石柱峯。铁舡峯。悬瀑注其前。为龙潭。天将雨。云物未有不出焉。望其上。正十八贤台也。石柱峯下有庵基。近岁为涧水所坏。无居者。盖昔贤所游。**取道于**此。”（2）《苏轼集》卷75：“轼今日得于州吏，伏审执事移使湖北。窃以江陵之地，实楚之故国，巴蜀、瓯越、三吴之出入者，皆**取道于**是，为一都会。”

【取得/とりう】 后补 （3例） 得到。《古事记》中卷《垂仁记》：“故其军士等，还来奏言：‘御发自落，御衣易破，亦所缠御手玉绪便绝。故不获御祖，**取得**御子。’”（p. 202）《日本书纪》卷9《神功纪》摄政前纪条：“辛卯，至层增岐野，即举兵击羽白熊鹫而灭之。谓左右曰：‘**取得**熊鹫，我心则安。’故号其处曰安也。”（第一册，p. 420）又卷11《仁德纪》五十五年条：“时有从者，**取得**田道之手缠与其妻。乃抱手缠而缢死。时人闻之流涕矣。”（第二册，p. 64）（1）吴康僧会译《旧杂譬喻经》卷1：“昔有一女行嫡人，诸女共送，于楼上饮食相娱乐。橘子堕地，诸女共观。谁敢下**取得**橘来，当共为作饮食。”姚秦鸠摩罗什译《大庄严论经》卷6：“我即挽弓向之，以贪宝故，即便射杀。杀已，即**取得**一铜钱。宁惜一钱，不惜身命。”隋阇那崛多译《佛本行集经》卷41《迦叶三兄弟品》：“于彼树上，**取得**菓已，于先来至优娄频螺迦叶居处火神堂中，端然而坐。”（2）《搜神记》卷12：“此物能别，男女气臭，故取女，男不取也。若**取得**人女，则为家室。其无子者，终身不得还。”（p. 373）《宋书》卷29《符瑞下》：“晋成帝咸康八年九月，庐江春谷县留珪夜见门内有光，**取得**玉鼎一枚，外围四寸。”（p. 851）

【取将来/とりく】 三字 取来，拿来，带来。《万叶集》卷16第3833首：“虎尔乘 古屋乎越而 青渊尔 蛟龙**取将来** 剑刀毛我”（第四册，p. 116）。东晋法显译《大般涅槃经》卷2：“如来为说，种种妙法。其闻法已，心开意悟，远尘离垢，得法眼净，即语侍人：‘汝可取我，金色劫贝，二张持来，我欲上佛。’侍人奉敕，即**取将来**。”唐义净译《根本说一切有部毘奈耶》卷5：“‘婆罗门子被秋贼将去，仁夺将来，其事虚实？’报言：‘是实我**取将来**。’”唐道宣撰《四分律删繁补阙行事钞》卷2：“又暗逐贼彼藏物去，比丘即**取将来**。”

【取聚/とりあつむ】 并列 收取聚集，收集，聚集。《肥前国风土记·养父郡》条：“鸟樔乡。昔者，轻岛明宫御宇誉田天皇之世，造鸟屋于此乡，**取聚**杂鸟养驯，贡上朝廷。因曰鸟屋乡。后人改曰鸟樔乡。”（p. 318）姚秦佛陀耶舍、竺佛念等合译《四分律》卷55：“佛言：‘汝以何心？’答言：‘作粪扫衣取。’佛言：‘不犯。而不应**取聚**粪扫衣。’”又：“佛问言：‘汝以何心取？’答言：‘以粪扫衣取。’佛言：‘无犯。而不应**取聚**粪扫衣。’”萧齐僧伽跋陀罗译《善见律毘婆沙》卷18《大德舍利弗问优波离律污出品》：“其类非一种者，酥蜜等也。非前亦非后者，**取聚**置一处并服，一时俱得罪。”按：《汉语大词典》失收。

【取殺/とりころす】 前缀 杀死。“取”字，此处本义虚化，词义中心在“杀”字。《古事记》中卷《景行记》：“尔诏：‘吾者坐缠向之日代宫，所知大八岛国，大带日子淤斯吕和气天皇之御子，名倭男具那王者也。意礼熊曾建二人，不伏无礼闻看，而**取杀**意礼诏而遣。’”（p. 218）（1）后汉安世高译《佛说分别善恶所起经》卷1：“杀虫以为饵，钩生蒙其利。**取杀**而食之，后世为魅魍。”西晋法炬译《佛说鸯崛髻经》卷1：“然此沙门，独来无伴，我今当**取杀**之。”高丽一然撰《三国遗事》卷1：“富山下果有女根谷，百济兵五百人来藏于彼，并**取杀**之。”（2）《艺文类聚》卷91引载《列士传》曰：“公子欲尽杀之，恐有辜，乃自按剑至其笼上曰：‘谁获罪无忌者耶？’一鹞独低头，不敢仰视。乃**取杀**之。”《晋书》卷126《秃发傉檀传》：“昔宋殇好战，致灾于华督；楚灵黩武，**取杀**于乾溪。异代同亡，其于傉檀见之矣。”（p.3158）按：《汉语大词典》失收。

【**取於/～をとる**】于字　取，拿；抢，夺。《日本灵异记》下卷《漂流大海敬称尺迦佛名得全命缘第25》：“万侣朝臣，遣于驱使，**取于**流木。”（p.325）姚秦鸠摩罗什译《大庄严论经》卷7：“如炼山石中，而**取于**真金，譬如伊兰木，相瑳便火出，亦如淤泥中，出生青莲花，不观所生处，唯观于德行。”失译人名今附秦录《别译杂阿含经》卷6：“往昔有群贼，劫掠怀聚落，剥脱系缚人，大**取于**财物。”隋阇那崛多译《佛本行集经》卷4《受决定记品》：“即得出家，剃除须发；除须发已，无量诸天，**取于**我发，为供养故，十亿诸天，共得一发。”

【**取置於～/とりて～におく**】于字（7例）　拿来安放在某处。①《日本书纪》卷19《钦明纪》五年十二月条：“岛东禹武邑人采拾椎子为欲熟吃，著灰里炮，其皮甲化成二人，飞腾火上一尺余许，经时相斗。邑人深以为异，**取置于**庭，亦如前飞，相斗不已。”（第二册，p.402）②《日本书纪》卷1《神代纪上》：“顷时有一个小男，以白蔹皮为舟，以鹪鹩羽为衣，随潮水以浮到。大己贵神即**取置**掌中而玩之，则跳啮其颊。”（第一册，p.106）又卷15《显宗纪》即位前纪条：“**取置**椽橑者，此家长御心之齐也。**取置**芦萑者，此家长御心之平也。”（第二册，p.232）又卷24《皇极纪》三年正月条：“偶预中大兄于法兴寺槻树之下打毱之侣，而候皮鞋隋鞠脱落，**取置**掌中，前跪恭奉。中大兄对跪敬执。”（第三册，p.86）《万叶集》卷11第2356首：“狛锦　纽片叙　床落迩祁留　明夜志　将来得云者　**取置**待”（第三册，p.166）。又卷13第3237首：“未通女等尔　相坂山丹　手向草　系**取置**而”（第三册，p.396）。（1）梁僧伽婆罗译《阿育王经》卷3：“时此猎师，张施罗网，以其绳羂，**取置于**水边，日日之中，多杀诸鹿。”《通典》卷86《凶礼8》：“礼官授之，并随礼官先诣册车，安置其旧宝册，准次**取置于**车。”（2）《搜神记》卷2：“将断时，先以舌吐示宾客。然后刀截，血流覆地。乃**取置**器中，传以示人。视之，舌头半舌犹在。既而还取，含续之。”（p.291）姚秦佛陀耶舍、竺佛念等合译《四分律》卷41：“时阿难著衣持钵，往其家就座而坐。楼延出行不在。阿难问其妇言：‘楼延在不?’答言：‘不在。’阿难言：‘取衣簏来。’即**取置**阿难前。”梁宝唱等集《经律异相》卷49：“久受苦已，出一铜鍑，至多铜鍑地狱。捉罪人足，倒投鍑中，随汤涌沸，上下回旋，举身坏烂，以铁钩**取，置**余鍑中，悲叫苦毒，故使不死。”唐义净译《根本说一切有部毘奈耶》卷36：“佛言：‘应**取置**深水中渍七八日，待诸鱼鳖，唼尽油腻，应与僧家，净厨处用。’”按：《汉语大词典》失收。

【**取著/とりつく**】后补（4例）　拿过来穿戴上。《古事记》上卷《天照大御神与须佐之男命》：“于上枝**取著**八尺勾璁之五百津之御须麻流之玉，于中枝取系八尺镜，于下枝取垂白丹寸手青丹寸手。”（p.64）《万叶集》卷3第478首歌：“舍人者　白栲

尔 服**取著**而 常有之 咲比振麻比 弥日异 更经见者 悲吕可闻”（第一册，p. 262）。又卷 7 第 1313 首歌：“红之 深染之衣 下著而 上取著者 事将成鸭”（第二册，p. 250）。《日本灵异记》中卷《孤娘女凭敬观音铜像示奇表得现报缘第 34》：“娘大欢喜，不胜幸心，脱著黑衣，与使而言：‘无物可献，但有垢衣。幸受用之。’使母**取著**。”（p. 238）（1）《全后汉文》卷 36 应劭《风俗通义》：“今家人织新缣，皆**取著**后缣绢二寸许系户上。此其验也。”（p. 678）（2）后汉支娄迦谶译《道行般若经》卷 10《昙无竭菩萨品》：“萨陀波伦菩萨及五百女人，共到说经处，至已特为昙无竭菩萨施高座，时五百女人，各各自**取著**身衣，布著座上。”西晋竺法护译《普曜经》卷 5：“时兜术天子，号离垢光。寻取天衣，袈裟僧迦梨，化沙门形，奉上菩萨。于时菩萨，即**取著**之，静然而住。”姚秦佛陀耶舍、竺佛念等合译《四分律》卷 7：“若先有长衣，应**取著**；若无者，诸知友比丘有长衣，应**取著**。”按：《汉语大词典》失收。

【去方不知/ゆくへしらずして】 先例 不知去了何处。《万叶集》卷 11 第 2723 首：“数多不有 名乎霜惜三 埋木之 下从其恋 **去方不知**而”（第三册，p. 256）宋智觉注《心性罪福因缘集》卷 1：“时我一夜，居宿山里。至于半夜，忽有啼哭，叫呼之声。其声宣言：‘多盗贼取我财，**不知去方**。’”又卷 3：“命根既去，诸根散坏，身既散失，犹如念珠。日月多积，时节运过，丝绪朽坏，玉体摧破，所所散失，**不知去方**。故知离身，更不可求，别之念珠。”

【去後不久/さりてのちひさしからずして】 时段 走后不大一会儿工夫。《日本灵异记》下卷《将写〈法华经〉建愿人断内暗穴赖愿力得全命缘第 13》：“故有一沙弥，自隙入来，钵盛馔食，以与之语：‘汝之妻子，供我饮食，雇吾劝救。汝复哭愁，故我来之。’自隙出去，**去后不久**，当乎居顶，而穴开通，日光照被及也。”（p. 293）东晋瞿昙僧伽提婆译《中阿含经》卷 30《大品》：“尊者舍梨子，**去后不久**，给孤独居士及五百优婆塞，亦诣佛所，稽首佛足，却坐一面。”刘宋求那跋陀罗译《杂阿含经》卷 30：“时尊者迦叶氏，世尊**去后不久**，心即生悔：‘我今失利，得大不利，于世尊所，说戒相应法，赞叹制戒时，于世尊所，心不忍不喜，心不欢喜，而作是言：沙门极制是戒，极赞叹是戒。’”宋宝云译《佛本行经》卷 2《阎浮提树荫品》：“王爱子不觉，悲惨且还宫。王**去后不久**，太子从禅觉；闻空中有声，三天于上问。”

【去之不遠/ゆくこととおからずして】 自创 没走多远，在不远的地方。《日本灵异记》下卷《村童戏克木佛像愚夫斫破以现得恶死报缘第 29》：“白壁天皇之世，彼愚夫，咲戏克佛，以斧杀破弃之。而**去之不远**，举身躄地。从口鼻流血，两目拔，如梦忽死。”（p. 337）后汉支娄迦谶译《杂譬喻经》卷 1：“昔者兄弟二人居，大势富贵，资财无量，父母终亡，无所依仰。虽为兄弟，志念各异，兄好道谊；弟爱家业，官爵俸禄，贪世荣色。居近波利弗，鸡鸣精舍，**去之不远**。”西晋竺法护译《慧上菩萨问大善权经》卷 1：“譬大旷野，断绝无人，自然有墙，上至三十三天，唯有一门。无央数人，皆入旷野，去之不远，有一大城，其国丰熟，米谷卒贱，快乐难言。”姚秦鸠摩罗什译《众经撰杂譬喻》卷 2：“昔山中有两沙门，闲居行道得六通。去之不远，有一师子生二子。稍稍长大，师子母欲行，心念惟道德二慈可以委命，即语：‘欲行来，二子尚小，恐人伤害，欲寄道人。惟蒙慈护，自当来视。’道人许之。”按：汉译佛经中的“去之不远”，表示“离此不远的地方”。

【権門/ごんもん】 偏正 方便之门。权经所说的法门，即权教。权是权宜之意，门是能入之义，即教道。谓权宜说示的方便之教。《奈良朝写经 71・十诵律卷第 17》：“非有能仁，谁明正法。惟朕仰止，给修慧业。权门利广兮拔苦，知力用妙兮登岸。”（p. 425）隋智顗说《妙法莲华经玄义》卷 1：“荡化城之执教，废草庵之滞情，开方便之权门，示真实之妙理，会众善之小行。”唐澄观撰《大方广佛华严经疏》卷 7《世主妙严品》：“六开种种权门，安众生于一极之乐。权为入大之本，故皆佛智因权实不迷斯为遍照。”

【権実/ごんじつ】 并列 “权”是权宜之意，表示方便，“实”表示真实义。《奈良朝写经 38・大般若经卷第 591》：“权实神机，邈绝名言之域；方便秀术，颐翳有无之间。”（p. 253）姚秦筏提摩多译《释摩诃衍论》卷 5：“所以者何？以法尔故。所言因者，本觉性种，所言缘者，权实别用，以此二事，故诸法得成立。”隋智顗说《摩和止观》卷 3：“权是权谋，暂用还废。实是实录，究竟旨归。”唐实叉难陀译《大方广佛华严经》卷 58《离世间品》：“虽知诸法，不可言说，而转净法，转令众心喜，虽能示现，诸佛神力，而不厌舍，菩萨之身，虽现入于，大般涅槃，而一切处，示现受生，能作如是，权实双行法，是佛业。”

【権実二智/ごんじつにち】 四字 佛智分为权智与实智两种，权智亦称方便智。实智是显诸佛自行真实之智，权智是至自行前的化他方便之智。《上宫圣德法王帝说》：“上宫王师，高丽慧慈法师。王命能悟涅槃常住，五种佛性之理，明开法华三车权实二智之趣，通达维摩不思议解脱之宗。”梁法云撰《法华经义记》卷 5《信解品》：“宝机承足者，有二种解，一解戒定为脚足，二谛境为宝机。一家言权实二智为脚足，二谛境为宝机，如来二智常照二谛境，如宝机承足也。”隋吉藏撰《法华义疏》卷 3《方便品》：“六者总明诸佛，不出权实二智真应两身，照三乘之智为权，鉴一乘之智为实。”隋智顗说《妙法莲华经玄义》卷 1：“用者力用也。三种权实二智，皆是力用，于力用中，更分别自行二智。”

【全不可~/またく~べからず】 否定 完全不可能做到某事。《出云国风土记・意宇郡》条：“禽兽则有雕、晨风、山鸡、鸠、鹑、鸽、鸦鸮、熊、狼、猪、鹿、兔、狐、鼯、猕猴之族。至繁全不可题之。”（p. 152）隋灌顶撰《大般涅槃经疏》卷 22《德王品》：“佛说五事因大涅槃得，人师解通内外三十心，当知地前不名为得。佛自说是无漏。开善云：‘是有漏。’既公抗佛语，岂不疑误后生？故知人解全不可信。”唐玄奘译《瑜伽师地论》卷 34："所以者何？由彼诸行，与世现见，灭坏因缘，俱灭坏已，后不相似，生起可得。非彼一切，全不生起，或有诸行，既灭坏已，一切生起，**全不可**得。如煎水等，最后一切，皆悉消尽。"唐湛然述《法华文句记》卷 8《释提婆达多品》："以此验之，乃成三人，俱契经理。望嘉祥三义，**全不可**依。"

【**全壊無色/またくそこなひてみにくし**】自创　物什完全损坏失去色泽。疑似缀合佛典词语而成。《日本书纪》卷 17《继体纪》二十三年三月条："二十三年春三月，百济王谓下哆唎国守穗积押山臣曰：'夫朝贡使者恒避岛曲，每苦风波。因兹湿所赍，**全坏无色**。请以加罗多沙津，为臣朝贡津路。'"（第二册，p. 312）姚秦鸠摩罗什译《十住毘婆沙论》卷 3："若菩萨得佛时，地六种震动，十方无量、三千大千世界、诸魔王宫殿，皆变**坏无色**，光不复现。"唐义净译《根本萨婆多部律摄》卷 6："若**全坏**不堪料理者，应作白二与其别褥。"

【**全似～/もはら～ににる**】偏正　完全与……相似。《日本书纪》卷 14《皇极纪》三年七月条："此虫者，常生于橘树，或生于曼椒。其长四寸余，其大如头指许，其色绿而有黑点，其貌**全似**养蚕。"（第三册，p. 94）（1）姚秦鸠摩罗什译《大智度论》卷 17《序品》："太子啼哭不食，王催责园人，仰汝得之。园人至得果处，见有鸟巢，知鸟衔来，翳身树上，伺欲取之。鸟母来时，即夺得果送，日日如是。鸟母怒之，于香山中取毒果，其香味色，**全似**前者。园人夺得输王，王与太子，食之未久，身肉烂坏而死。"唐湛然述《法华文句记》卷 8："西晋时译，已有此品，则梵本不无，若观所译，**全似**什公文体。"唐澄观撰《大方广佛华严经疏》卷 12《华藏世界品》："形如四洲者，水中可居曰洲，准俱舍东洲如半月，南洲如车，西洲如满月，北洲叜方。四洲形异，而云如者，则**全似**此界也。"（2）《北齐书》卷 33《萧放传》："萧放，字希逸，随父祗至邺。祗卒，放居丧以孝闻。所居庐室前有二慈乌来集，各据一树为巢，自午以前，驯庭饮啄，午后更不下树，每临时，舒翅悲鸣，**全似**哀泣。"按：《汉语大词典》失收。

【**全未曾～/またく～**】口语　压根儿就没有过。《日本书纪》卷 19《钦明纪》十三年十月条："是日，天皇闻已，欢喜踊跃，诏使者云：'朕从昔来，未曾得闻，如是微妙之法。然朕不自决。'乃历问群臣曰：'西蕃献佛，相貌端严。**全未曾**看，可礼以不？'"（第二册，p. 416）唐湛然述《止观辅行传弘决》卷 3："今日声闻具禁戒者，良由久远，初业闻常。若昔不闻，小尚不具，况复大耶？若**全未曾**闻大乘，常既无小果，谁论禁戒，具不具耶？"唐道暹述《法华经文句辅正记》卷 7："元小者，此约**全未曾**受大化者，元是禀小之人耳。"唐定宾作《四分律疏饰宗义记》卷 6："若所对人，**全未曾**食，亦可胡跪。若正食上，即应依本。若改威仪，便已犯足，何得为他也。"

【**泉側/いづみのほとり**】后缀　泉水边。《日本书纪》卷 7《景行纪》四十年是岁条："时山神之兴云零冰，峯雾谷曀，无复可行之路，乃捷遑不知其所跋涉。然凌雾强行，方仅得出，犹失意如醉。因居山下之**泉侧**，乃饮其水而醒之。故号其泉曰居醒泉也。”（第一册，p. 382）（1）西秦圣坚译《佛说罗摩伽经》卷1：“尔时，日光**泉侧**，有一园林，名曰王园。”唐菩提流志译《一字佛顶轮王经》卷2：“住塔净堂室，河渊及**泉侧**。迥树山窟中，山林多花处。”唐慧立本、彦悰笺《大唐大慈恩寺三藏法师传》卷2：“法师与众宿于**泉侧**，明发又经银山。山甚高广，皆是银矿。西国银钱，所从出也。”（2）《汉魏南北朝墓志汇》：“启奠有期，幽穸长即，兰釭已无，青松无极，仰图芳尘，俯铭泉侧。”《初学记》卷8《州郡部》引《水经注》曰：“滹沲水东流圣人阜北。阜下有水，**泉侧**石上有手迹，西又有二脚迹。”按：《汉语大词典》失收。

【勧救/あつらひすくふ】 并列　劝化救助。《日本灵异记》下卷《将写〈法华经〉建愿人断日暗穴赖愿力得全命缘第13》：“故有一沙弥，自隙入来，钵盛馔食，以与之语：‘汝之妻子，供我饮食，雇吾**劝救**。汝复哭愁，故我来之。’”（p. 293）后汉支曜译《佛说成具光明定意经》卷1：“天人之尊，如来为上，慈哀**劝救**，等施三界。”唐菩提流志译《金光明最胜王经疏》卷6《长者子流水品》：“七时有树神下，树神劝救，于中有三：一现身为急难故；二作如是语下赞叹引冀发心故；三善男子汝有实义下**劝救**符名义故。”按：《汉语大词典》失收。按：《新日本古典文学大系》训“劝救”为“スクフコトヲアツラフ”，解作“劝（我去）救（助）”。《新编日本古典文学全集》释义与《日本古典文学全集》同。不确。

【勧請/あつらへむかふ】 并列　（9例）　劝进请求。本义为祈求于佛。此有二意，一为请转法轮，即祈请佛说法；二为请佛久住于世。后世转移佛神的威灵或形像，奉于寺庙，又谓劝“劝请”。《日本灵异记》上卷《恶人逼乞食僧而现得恶报缘第15》：“其人有二子，欲解父缚。便诣僧房，**劝请**禅师。”（p. 96）又中卷《赎蟹虾命放生得现报缘第8》：“女脱衣赎，犹不免可。复脱裳赎，老乃免之。然蟹持更返，**劝请**大德，咒愿而放。”（p. 172）又《赎蟹虾命放生现报蟹所助缘第12》：“殷誂乞，脱衣而买。童男等乃免之。**劝请**义禅师，令咒愿以放生。”（p. 180）又《奉写〈法华经〉因供养显母作女牛之因缘第15》：“有伎戏人，剃发悬绳以为袈裟。虽为然，犹曾不觉知。使见起礼，**劝请**归家。”（p. 188）又《依不布施与放生而现得善恶报缘第16》：“如乞而赎，**劝请**法师，令咒愿放之于海。”（p. 191）又《打法师以现得恶病而死缘第35》：“从者知状，**劝请**法师，师否不受。”（p. 240）又《药师佛木像流水埋沙示灵表缘第39》：“引率知识，**劝请**佛师，令造佛耳。”（p. 246）又下卷《杀生物命结怨作狐狗互相怨报缘第2》：“时彼村有病者。是将来于禅师住寺，**劝请**禅师而令看病，咒之时愈，即退发病。”（p. 266）又《假官势非理为政得恶报缘第35》：“天皇**劝请**善珠大德为讲师，请施皎僧都为读师，于平城宫野寺，备大法会，为讲读件经，赠救彼灵之苦也。”（p. 353）吴支谦译《佛说须摩提长者经》卷1：“唯愿世尊，为度一切故，可往至彼，诸佛世尊，不以无请，而有所说。我今为彼，诸人**劝请**，于佛世尊，以大慈悲，愿往至彼。”姚秦鸠摩罗什译《大智度论》卷1《序品》：“是时三千、大千世界、主梵天王，名式弃，及色界诸天等，释提桓因及欲界诸天等，并四天王，皆诣佛所，**劝请**世尊，初转法轮。”唐义净译《金光明最胜王经》卷1《如来寿量品》：“尔时，释迦牟尼如来、应、正等觉告彼侍者诸菩萨言：‘善哉，善哉！彼四如来，乃能为诸众生，饶益安乐，**劝请**于我，宣扬正法。’”

【勸捨/すすめてすてしむ】 述宾 劝说舍弃。《日本书纪》卷24《皇极纪》三年六月条：“由是加**劝舍**民家财宝，陈酒陈菜、六畜于路侧，而使呼曰：‘新富入来。’都鄙之人取常世虫置于清座，歌舞求福弃舍珍财。都无所益，损费极甚。”（第三册，p. 94）齐那连提耶舍译《月灯三昧经》卷2：“非此能证甘露道，**劝舍**恶道住善趣。是故得名为菩萨，忍者住于随顺道。”唐玄奘译《瑜伽师地论》卷46：“尔时大医，知先病愈，后病复生。更须余药。**劝舍**前药，令服余药。”隋阇那崛多译《佛本行集经》卷14《空声劝厌品》：“种种珍宝货，来乞皆随与，仁彼世财施，今**劝舍**法财。”按：《汉语大词典》失收。

【勸率/あつらへひきゐる】 并列 劝诱和率领。《日本灵异记》下卷《假官势非理为政得恶报缘第35》：“宛经六万九千三百八十四文字，**劝率**知识，举皇太子、大臣、百官皆悉加入其知识也。”（p. 353）后汉支曜译《佛说成具光明定意经》卷1：“当布露是戒，令一切闻受，持行之，此明士所当勤**劝率**也。”东晋瞿昙僧伽提婆译《增壹阿含经》卷3《弟子品》：“能广**劝率**，施立斋讲，陀罗婆摩罗比丘是。”隋费长房撰《历代三宝纪》卷12：“于时台宫主将省府官僚诸寺僧尼县州佐史并京城宿老等并相**劝率**，再日设斋奉庆经像，日十万人。”→【引率】

【勸誘/すすめみちびく】 并列 劝勉诱导；规劝诱导。《续日本纪》卷15《圣武纪》天平十五年十月条：“乙酉，皇帝御紫香乐宫。为奉造卢舍那佛像，始开寺地。于是，行基法师率弟子等，**劝诱**众庶。”（第二册，p. 432）（1）西晋竺法护译《正法华经》卷2《应时品》：“譬如长者，**劝诱**其子，免火患难，许以象车，驱出火宅。”姚秦竺佛念译《出曜经》卷16《忿怒品》：“是时，调达比丘，即从坐起，礼足退归，在在处处，巧言伪辞，诳惑于俗，**劝诱**世人，得数十人，在在处处，共相劝勉，取要言之。”唐义净译《根本说一切有部毘奈耶》卷1：“父报子曰：‘汝所发心，诚亦佳矣。我身亡后，汝知家务，以前所陈，咸皆**劝诱**，令持财货，驰逐他方。’”（2）《宋书》卷69《范晔传》：“以臣昔蒙义康接盼，又去岁群小为臣妄生风尘，谓必嫌惧，深见**劝诱**。”《魏书》卷98《萧道成传》：“徐龙驹自东宫斋师以便佞见宠，构造奸邪，以取容媚，凡诸鄙黩杂事，皆龙驹所**劝诱**也。”按：《汉语大词典》首引北魏杨衒之《洛阳伽蓝记》卷3《景明寺》：“子才罚惰赏勤，专心**劝诱**，青领之生，竞怀雅术。”略晚。

【却還/かへす】 格义（6例）①退回来、返回来（具体义）。《日本书纪》卷14《雄略纪》九年五月条：“是三臣由前相竞，行乱于道，不及百济王宫而**却还**矣。”（第二册，p. 184）又卷17《继体纪》二十三年二月条：“敕使父根等因斯难以面赐，**却还**

大岛。”（第二册，p. 314）又卷21《崇峻纪》即位前纪条：“于是，大连升衣揩朴枝间，临射如雨。其军强盛，填家溢野。皇子等军与群臣众，怯弱恐怖，三回**却还**。”（第二册，p. 512）②退还，返还（抽象义）。《日本书纪》卷25《孝德纪》大化元年七月条：“是故百济王随敕悉示其界，而调有阙。由是**却还**其调。”（第三册，p. 114）③恢复到授予官位以前的身份。《续日本纪》卷10《圣武纪》神龟五年三月条：“请后犯罪者，披陈所司，推问得实，决杖一百，追夺位记，**却还**本色。”（第二册，p. 190）又卷20《孝谦纪》天平宝字元年四月条：“其不孝之子，慈父难矜。无礼之臣，圣主犹弃。宜从天废**却还**本色。”（第三册，p. 180）（1）《论衡》卷29《对作篇》：“尧时十日并出，尧上射九日；鲁阳战而日暮，援戈麾日，日为**却还**。世间书传，多若等类，浮妄虚伪，没夺正是。”《隋书》卷70《裴仁基传》：“简精兵三万，傍河西出，以逼东都。世充**却还**，我且按甲，世充重出，我又逼之。”（2）唐菩提流志译《不空罥索神变真言经》卷12：“昔有商主，号名成就，诸事居士，游于海中，采得宝珠，不被却失，亦以此香，涂身熏服，假香神力，誓弘愿言，竭大海水，住立海岸，舀大海水。不踰一日，海水欲尽，令诸龙王，忙怖持珠，**却还**商主。”《全唐文》卷651唐元稹《弹奏剑南东川节度使状》：“伏乞圣慈勒本道长吏及诸州刺史，招缉疲人，一切**却还**产业，庶使孤穷有托，编户再安。”按：传世文献中，“却还”通常表示移动中“退回、返回某处”。《孝德纪》和汉译佛经中的例文则表示物品交往中“退还某物”。

【群迷/もろもろのまどふひと】 偏正　无数迷惑的众生。《日本灵异记》下卷《智行并具禅师重得人身生国皇之子缘第39》：“我从所闻选口传，侻善恶，录灵奇。愿以此福，施**群迷**，共生西方安乐国矣。”（p. 377）后汉安世高译《太子慕魄经》卷1：“观我手足，察我形容，云何**群迷**，诳诈所惑，以谬为谛，生相捐弃？”唐义净译《金光明最胜王经》卷2《梦见金鼓忏悔品》：“愿一切有情，皆令住十地；福智圆满已，成佛导**群迷**。”唐实叉难陀译《地藏菩萨本愿经》卷2《见闻利益品》：“有人发心念经典，欲度**群迷**超彼岸，虽立是愿不思议，旋读旋忘多废失。”

【群品/ぐんぽん】 偏正　谓众生。《奈良朝写经66·大般若经卷第176》：“奉翊圣朝，退报四恩，兼救**群品**。然假体如浮云，草命似电光。未毕其事，含玉从化。”（p. 403）（1）西晋竺法护译《正法华经》卷4《往古品》：“令诸**群品**类，予等获此法，悉解于一切，诸行慧本末。”唐怀素撰《四分律开宗记》卷6：“次度生者，以四无量心，誓救**群品**，无问怨亲，平等并济。”（2）唐司空图《为东都僧化刻律疏》：“虽设喻于三乘，同归觉路；盖防微于**群品**，共享成规。”

【群生/ぐんじょう】 偏正　指一切生物、众多生类、一切众生。“生”，谓生类。《奈良朝写经6·瑜伽师地论卷第21》：“而愿与**群生**共，速登无上觉也。”（p. 55）姚秦鸠摩罗什译《妙法莲华经》卷1《方便品》：“又诸大圣主，知一切世间，天人**群生**类，深心之所欲，更以异方便，助显第一义。”

【群生品類/ぐんじょうひんるい】 四字 指所有生物。《万叶集》卷5《沉疴自哀文》："若夫**群生品类**，莫不皆以有尽之身，并求无穷之命。"（第二册，p. 78）西晋竺法护译《佛说如来兴显经》卷2："复次佛子，如大梵天，名曰三千，悉现身三千世界，靡不周遍，亦不分身。**群生品类**，敢有形者，随其色貌，皆现其前，无不见像。"宋元照集《地藏慈悲救苦荐福利生道场仪》卷2："盖闻觉天广大，普令万像森罗；智海渊深，融设**群生品类**。"按：《万叶集全注卷5》例引《法华经·方便品》："一切世间天人**群生类**"《文选》卷11王文考《鲁灵光殿赋》："图画天地。**品类群生**。"（p. 226）不确。

R

【然後不久/しかうしてのちにひさしからずして】 时段 （3 例） 那件事后没过多久，这样过了不久。《日本灵异记》中卷《好于恶事者以相所诛利锐得恶死报缘第 40》："相报甚近，不无慈心。为无慈行，致无慈怨。**然后不久**，诸乐麻吕，天皇见嫌，利锐攸剔。"（p. 247）又下卷《被观音木像之助脱王难缘第 7》："即见其颈张曳，将打杀时，敕使驰来言：'若大真山继在此类耶？'答曰：'有之。今将诛杀。'使谏：'莫杀。唯当流罪于信浓国。'所流，**然后不久**召上，令官而多磨郡少领所任也。"（p. 278）又《刑罚贱沙弥乞食以相得顿恶死报缘第 33》："沙弥犹辞之，凶人犹强之。不胜强逼，一遍读逃。**然后不久**，仆地而死。更不可疑，护法加罚。"（p. 384）高齐那连提耶舍译《月灯三昧经》卷 9："闻我如是最胜教，见诸比丘持净戒，无谄曲心而奉事，**然后不久**得是定。"宋法天译《妙臂菩萨所问经》卷 4："入于静室，更诵真言，满一洛叉，**然后不久**，即得所乐悉地。"

【燃灯/ともしびをともす】 述宾 （8 例） 燃点灯烛。《日本书纪》卷 25《孝德纪》白雉三年十二月条："冬十二月晦，请天下僧尼于内里，设斋、大舍、**燃灯**。"（第三册，p. 192）《日本灵异记》下卷《妙见菩萨变化示异形显盗人缘第 5》："河内国安宿郡部内，有信天原山寺，为妙见菩萨献**燃灯**处。畿内每年奉于**燃灯**。帝姬阿倍天皇代，知识缘依例，献于**燃灯**菩萨，并室主施于钱财物。"（p. 274）《唐大和上东征传》："如佛所言，我诸弟子展转行之，即为如来常在不灭；亦如一灯**燃**百千**灯**，瞑者皆明明不绝。"（p. 96）《续日本纪》卷 15《圣武纪》天平十六年十二月条："丙申，度一百人。此夜，于金钟寺及朱雀路**燃灯**一万杯。"（第二册，p. 450）又卷 19《孝谦纪》天平胜宝六年正月条："辛丑，行幸东大寺，**燃灯**二万。"（第三册，p. 136）又天平胜宝六年十一月条："其经云：'悬续命幡，**燃**四十九**灯**，应放杂类众生。'"（第三册，p. 150）后汉安世高译《大比丘三千威仪》卷 2："**燃灯**有五事：一者当持净巾拭中外令净；二者当作净炷；三者当自作麻油；四者著膏不得令满。亦不得令少；五者当护令坚。莫悬妨人道污人。"姚秦鸠摩罗什译《妙法莲华经》卷 1《序品》："是诸王子，供养无量，百千万亿佛已，皆成佛道，其最后成佛者，名曰**燃灯**。"梁宝唱等集《经律异相》卷

41："妇持钱绢与夫，夫持与守合婢，婢持与守门奴，奴持往佛寺中，布施沙门烧香燃灯。"

【燃灯供養/ねんとうくよう】四字（2 例） 燃点灯烛，敬献奉养佛法僧三宝。《日本书纪》卷 29《天武纪下》朱鸟元年六月条："丁亥，敕之，遣百官等于川原寺，为**燃灯供养**。仍大斋悔过也。"（第三册，p. 462）《续日本纪》卷 16《圣武纪》天平十八年十月条："甲寅，天皇、太上天皇、皇后，行幸金钟寺，**燃灯供养**卢舍那佛。佛前后灯一万五千七百余杯。夜至一更，使数千僧，令擎脂烛，赞叹供养，绕佛三匝。至三更而还宫。"（第三册，p. 34）吴支谦译《撰集百缘经》卷 6《诸天来下供养品》："今此塔者，先王所造，供养之处。以此良日，扫除清净，**燃灯供养**。"元魏慧觉等译《贤愚经》卷 3《贫女难陀品》："从是已后，常送苏油，灯炷之具，诣于精舍。圣友比丘，日日经营，**燃灯供养**，发意广济，诚心款着。"唐慧详撰《弘赞法华传》卷 7："然后还相州法藏寺，**燃灯供养**，诵经不息。"

【染沈痼疾/やまひにぜんじんす】自创 患上积久难以治愈的病。《续日本纪》卷 9《圣武纪》神龟三年六月条："庚申，诏曰：'夫百姓或**染沉痼疾**，经年未愈，或亦得重病，昼夜辛苦。朕为父母。何不怜愍。宜遣医药于左右京、四畿及六道诸国，救疗此类，咸得安宁。依病轻重，赐谷振恤。所司存怀，勉称朕心焉。'"（第二册，p. 168）（1）唐楼颖撰《善慧大士语录》卷 4："忽**染沉**疴**疾**。因成卧病身。妻儿愁不语。朋友厌相亲。楚痛抽千脉。呻吟彻四邻。不知前路险。犹尚恣贪嗔。"（2）《唐文拾遗》卷 44 崔致远《大唐新罗国故凤岩山寺教谥智证大师寂照之塔碑铭》："居无何，**染沉**疴，谒医无效，枚卜之。佥曰：'宜名隶大神。'母追惟曩梦，试覆以方袍而泣，誓言斯疾若起，乞佛为子。信宿果大瘳，仰悟慈念，终成素志。"

【染穢/しみけがる】述宾 沾染上污秽。《日本灵异记》中卷《生爱欲恋吉祥天女像感应示奇表缘第 13》："里人闻之，往问虚实，并瞻彼像。淫精**染秽**。优婆塞不得隐事，而具陈语。"（p. 182）后秦佛陀耶舍、竺佛念等合译《长阿含经》卷 10："由彼**染秽**想，故生我狐疑；长夜与诸天，推求于如来。"高齐那连提耶舍译《月灯三昧经》卷 1："云何于戒而不缺？云何能知有为性？云何得斯三业净，无**染秽**心趣佛道？"梁曼陀罗仙译《宝云经》卷 2："若洗手时，当愿众生，悉离**染秽**。若洗脚时，愿一切众生，除烦恼垢。若嚼杨枝时，愿一切众生，种种垢秽，皆悉得除。"

【染疾/ぜんしつ】述宾 患病，生病。《万叶集》卷 5 第 794 首歌题："盖闻四生起灭，方梦皆空，三界漂流，喻环不息。所以维摩大士在于方丈，有怀**染疾**之患；释迦能仁坐于双林，无免泥洹之苦。"（第二册，p. 22）唐玄奘撰《大唐西域记》卷 5："又有如来发爪小窣堵波，人有**染疾**至诚旋绕，必得痊愈蒙其福利。"《敦煌变文·舜子变》："乐登夫人**染疾**在床，三年不岂［起］。"（p. 200）又《维摩诘经讲经文（四）》："居士丈室**染疾**，使汝毗耶传语。速须排比，不要推延。"又："今为维摩身**染疾**，事须与传语莫因循。"（p. 857）按：《汉语大词典》例引唐薛用弱《集异记补编·李楚宾》："母尝**染疾**，昼常无苦，至夜即发。"略晚。

【染心/しみにしこころ】 述宾 心被烦恼染垢；爱意浸染心房。《万叶集》卷11第2496首："肥人　额发结在　染木棉　**染心**　我忘哉"（第三册，p. 201）。西晋竺法护译《佛说无言童子经》卷2："无言答曰：'唯族姓子，吾始以来，未曾问法，亦无所受。当以何缘，而致法染，可**染心**耶？'"北凉昙无谶译《大般涅槃经》卷11《圣行品》："复次，善男子，菩萨摩诃萨，复作是愿：'宁以热铁，挑其两目，不以**染心**，视他好色。'"刘宋求那跋陀罗译《胜鬘师子吼一乘大方便方广经》卷1："为一切众生故，以不爱**染心**、无厌足心、无挂碍心，摄受众生。"

【染著/そめつく】 后补 沾染；为爱欲、情欲所浸染；爱恋，迷恋。多用于抽象义。《万叶集》卷11第2827首："红　花西有者　衣袖尔　**染著**持而　可行所念"（第三册，p. 282）。唐慧琳撰《一切经音义》卷5："耽**染**……《考声》云：**染**，污也，**著**也。《说文》：从水，杂声。"后汉昙果、康孟详合译《中本起经》卷1《化迦叶品》："心意识行，因缘**染著**，决正分部，名曰教授示现。"隋阇那崛多译《佛本行集经》卷5《贤劫王种品》："是甘蔗王，今于我边，无量敬爱，深心**染著**，纵情荡意。"唐义净译《金光明最胜王经》卷7《无**染著**陀罗尼品》："尔时，世尊告具，寿舍利子：'今有法门，名无**染著**陀罗尼，是诸菩萨，所修行法，过去菩萨，之所受持，是菩萨母。'"按：《汉语大词典》首引《无量寿经》卷下："于其国土，所有万物，无我所心，无**染著**心，去来进止，情无所系。"略晚。

【饒病/やまひほこる】 述宾 体弱多病。《藤氏家传》下卷《武智麻吕传》："幼丧其母，血泣摧残，浆不入口，几将灭性。自兹厎若，进趣**饶病**。"（p. 291）唐慧琳撰《一切经音义》卷40："丰**饶**：下绕招反。《广雅》云：**饶**，多也，益也，谓丰厚也。《声类》：余也。《说文》：饱也，从食，尧声。经本作浇，非也。"（1）唐不空译《文殊师利菩萨及诸仙所说吉凶时日善恶宿曜经》卷2《七曜直日历品》："辰星直日其日宜入学及学一切诸工巧皆成，收债本利具获，割甲剃头远行者则宜，伏怨敌。不宜修造宅舍，遇战敌勿先斗，看十问因必谩语作誓并凶，被禁自出失物及逃走必获。其日生者**饶病**不孝妨财物，长成已后，财物自足，有智长命，能言语有词辩得人畏敬。"敦煌遗书北新1254号《禅策问答》卷1："问：'禅师戒行精研，去魔离障，何因**饶病**？'答：'戒行修身，必得来生果报。今身**饶病**，过去业缘。'"（2）白居易《病中多雨逢寒食》："水国多阴常懒出，老夫**饶病**爱闲眠。三旬卧度莺花月，一半春销风雨天。"按：《汉语大词典》失收。

【饒財菩薩/にょうざいぼさつ】 菩萨 不思议光菩萨过去世的名字。《日本灵异记》中卷《智者诽妒变化圣人而现至阎罗阙受地狱苦缘第7》："所以《不思议光菩萨经》云：'**饶财菩萨**，说贤天菩萨过故，九十一劫，常堕淫女腹中生，生已弃之，为狐狼所食。'其斯谓之矣。"（p. 169）姚秦鸠摩罗什译《不思议光菩萨所说经》卷1："尔时波斯匿王，白世尊言：'是不思议光菩萨婴儿，成就如是，胜妙大法。有何业障，而生于是，淫女腹中，捐弃空处？'佛告大王：'乃往过去，九十一劫，尔时有佛，号毘婆尸，出相于世。如来、应供、正遍觉、明行足、善逝、世间解、无上士调御丈夫、天人师、佛、世尊。大王当知，尔时毘婆尸如来法中有二菩萨，一名贤天，二名**饶财**。贤天菩萨，于无上道，得不退转，得陀罗尼，及无碍辩，获无生忍，有福德威势，少欲少事，常乐独处，逮得神通。彼时**饶财菩萨**，习学头陀，为贤天菩萨，而作给使。彼人恒往，聚落城邑，多诸事务。是贤天菩萨呵，啧教诲："何故多造，是诸事务，而不断除。"数数教呵，彼便生瞋，忿心不喜。以忿恚故，毁败身心。败身心已，瞋恚骂言……以此不善业行因缘，身坏命终，生淫女胎。为彼贤天菩萨所护，不生地狱。淫女生已，恒常弃之，为狐狼狗，之所噉食。大王，以是缘故，九十一劫，常如是死，生生常弃，为多人众，之所骂言。是淫女子，被弃空处，狐狼狗食。大王莫疑。何以故？彼时**饶财**，瞋骂菩萨，即是今此，不思议光菩萨是也。'"

【饒益有情/うじょうをにょうやくす】 四字　"饶益"，给予众生丰富的利益。"有情"，梵语 sattva 的译语。音译为"萨埵""萨埵皞"等。泛称具有感情、意识的一切生类。"非情"的对应词。旧译作"众生"。广义上是包含佛在内的一切生物。《日本灵异记》下卷《灾与善表相先现而后其灾善答被缘第38》："沙弥者观音变化。何以故？未受具戒，名为沙弥。观音亦尔。虽成正觉，**饶益有情**故，居因位。"（p. 372）隋智顗说、灌顶记《菩萨戒义疏》卷1："**饶益有情**戒：此戒是过去未来现在一切菩萨所住戒，过去一切菩萨已学，未来一切菩萨当学，现在一切菩萨今学。"唐玄奘译《大般若波罗蜜多经》卷8《转生品》："复次，舍利子，有菩萨摩诃萨安住布施、净戒安忍、精进静虑、般若波罗蜜多，常勤精进，**饶益有情**，口常不说，引无义语，身意不起，引无义业。"唐达摩流支译《佛说宝雨经》卷3："云何菩萨于自在力修得圆满？谓此菩萨意所乐欲七宝充满大千世界，**饶益有情**，乃至乐欲，种种诸宝，于不可说，不可说界，皆得充满。是名菩萨，于自在力，修得圆满。"

【繞仏三匝/ほとけをめぐることみたびせしむ】 四字　围着佛右绕三圈，表示恭敬爱慕之意。《续日本纪》卷16《圣武纪》天平十八年十月条："甲寅，天皇、太上天皇、皇后，行幸金钟寺，燃灯供养卢舍那佛。佛前后灯一万五千七百余坏。夜至一更，使数千僧，令擎脂烛赞叹供养，**绕佛三匝**。至三更而还宫。"（第三册，p. 34）后汉昙果、康孟详合译《中本起经》卷1《现变品》："诸比丘受教，头面礼足，**绕佛三匝**，于是别去。"姚秦鸠摩罗什译《妙法莲华经》卷7《妙庄严王本事品》："于是妙庄严王与群臣眷属俱，净德夫人与后宫采女眷属俱，其王二子与四万二千人俱，一时共诣佛所。到已，头面礼足，**绕佛三匝**，却住一面。"梁宝唱等集《经律异相》卷6："佛言：'善哉！因造沙塔，即得生天，见弥勒佛。五百天子，各启父母，勿复愁忧，但努力精进。’绕佛三匝，作礼飞去。”

【熱悩/あつくなやむ】 并列 谓堕人地狱后所受的焦灼苦恼。《日本灵异记》中卷《智者诽妒变化圣人而现至阎罗阙受地狱苦缘第7》：“副使步前不见火，非日光，甚热之气，当身炙面。虽极**热恼**，而心欲近就，问：‘何是热？’答：‘为煎汝地狱热气。’”（第三册，p. 34）（1）后汉安世高译《四谛经》卷1：“从更复更，觉受复受，意念**热恼**。从更复更，知受复受，令身意**热恼**。从更复更，从受苦复苦，身热疲**热恼**。从更复更，从受复受，意**热恼**疲令热忧。从更复更，从受复受，令身意恼热疲。从念**热恼**，从更复更，从受复受。”（2）东晋佛陀跋陀罗译《达摩多罗禅经》卷1：“又复自亿念：‘饿鬼无量苦，咽细如针孔，巨身如沃焦，于此无数劫，饥渴极**热恼**，见天降甘雨，欲饮成炭火。’”元魏瞿昙般若流支译《正法念处经》卷16《饿鬼品》：“何时离饥渴，何时得安乐，受苦极**热恼**，何时得解脱？”隋阇那崛多译《起世经》卷3《地狱品》：“当于是时，受极**热恼**、极大**热恼**、大大**热恼**，是故名为大**热恼**狱。”按：《汉语大词典》首引后秦法师鸠摩罗什译《妙法莲华经》卷2《譬喻品》：“又诸饿鬼，头上火燃，饥渴**热恼**，周章闷走。”偏晚。

【熱銅柱/あつきあかがねのはしら】 三字（4例） 以铜柱刑治罪人之地狱。指犯邪淫行、非处非时行、不净业等者，死后所趣生之处是铜柱地狱，受铜柱刑治（拥抱滚烫的铜柱）之苦。《日本灵异记》上卷《非理夺他物为恶行受报示奇事缘第30》：“王诏广国曰：‘汝无罪，可还于家。然慎以黄泉之事，勿忘宣传。若欲见父，往于南方。’往而见之，实有我父，抱甚**热之铜柱**而立。”（p. 124）又中卷《智者诽妒变化圣人而现至阎罗阙受地狱苦缘第7》：“副使步前，不见火，非日光，甚热之气，当身炙面。虽极热恼，而心欲近就，问：‘何是热？’答：‘为煎汝地狱热气。’往前，极**热铁柱**立之。使曰：‘抱柱。’光就抱柱，肉皆销烂，唯骨璅存。历之三日，使以弊帚，抚于其柱而言：‘活活。’如故身生。又指北将往。倍胜于先**热铜柱**立。极热之柱，而所引恶，犹就欲抱。”（p. 168）又下卷《重斤取人物又写〈法华经〉以相得善恶报缘第22》：“四人副至**热铁柱**，所令抱彼柱。编铁热烧，著背而押。历三日夜，令抱铜柱。编铜甚热，著背而押。又径三日，极热如爓。铁铜虽热，非热非安。编铁虽重，非重非轻。恶业所引，唯欲抱荷。合历六日乃出。”（p. 315）东晋瞿昙僧伽提婆译《增壹阿含经》卷24《善聚品》：“是时，狱卒取彼，罪人使抱，**热铜柱**坐。前世时，喜淫泆故，故致此罪。为罪所追，终不得脱。”姚秦竺佛念译《出曜经》卷28《心意品》：“莫吞热铁丸，嗥哭受其报者，如火所烧，痛彻骨髓，死入地狱，酸楚万端，**抱热铜柱**，吞热铁丸，嗥哭受报，靡知所诉，是故说曰：‘莫吞热铁丸，嗥哭受其报也。’”

【熱月/なつ】 偏正 炎热的月份，即夏季。《日本书纪》卷11《仁德纪》六十二年是岁条：“曰：‘掘土丈余，以草盖其上，敦敷茅荻，取冰以置其上。既经夏月而不泮。其用之，即当**热月**，渍水酒以用也。’”（第二册，p. 68）（1）唐澄观撰《大方广佛华严经疏》卷21："《西域记》云：'从正月十六日，至五月十五日为热时，则后**热月**。言兼得此方孟夏后半余之二际，各有四月准释可知。"又《大方广佛华严经随疏演义钞》卷41《偈赞品》："今此梵本云后**热月**者，当此国二月半已后三月半已前，彼方两热月中后**热月**也。"（2）白居易《自题》："老宜官冷静，贫赖俸优饶。**热月**无堆案，寒天不趁朝。"

【人間百年/じんかんのももとせ】时段 一般来说，人的寿命最高为100岁。《日本灵异记》下卷《假官势非理为政得恶报缘第35》："僧都答曰：'受苦之始也。何以知尔，以**人间百年**，为地狱一日一夜。故未免也。'"（p.353）唐智度述《法华经疏义缵》卷2："**人间百年**，夜摩一日一夜；人间二百年，兜率一日一夜；人间四百年，化乐一日一夜；人间八百年，他化一日一夜。"宋法贤译《大正句王经》卷1："王报迦叶：'如尊者言亦未可信。何以故？所云人间百年等忉利天为一昼夜，有何人来告语于汝，**人间百年**等忉利天为一昼夜？'"宋澄彧注《注十疑论》卷1："人间五十年，四天王天一昼一夜；**人间百年**，忉利天一昼夜；人间二百年，夜摩天一昼夜；人间四百年，兜率天一昼夜；人间八百年，化乐天一昼夜；人间一千六百年，他化自在天一昼夜。"

【人能弘道/ひとよくみちをひろむ】四字（2例） 语出《论语·卫灵公》："子曰：'人能弘道，非道弘人。'"意为人能使道发扬，而不能用道来光大人。佛家格义此话，用以表示依靠人来弘扬佛教。《续日本纪》卷1《文武纪》四年三月条："临诀，三藏以所持舍利、经论，咸授和尚而曰：'**人能弘道**。今以斯文附属。'"（第一册，p.22）又卷7《元正纪》灵龟二年五月条："臣等商量，**人能弘道**，先哲格言。阐扬佛法，圣朝上愿。"（第二册，p.10）梁慧皎撰《高僧传》卷1："帝曰：'夫**人能弘道**，道藉人弘。'今得法师非直道益苍生，亦有光于世望。可目寺为兴皇，由是成号。"唐道宣撰《续高僧传》卷3："然'**人能弘道**，非道弘人。'远有弥勒文殊，亲承音旨；近则图澄罗什，发明经教。"又卷28："恭曰：'外书云：**人能弘道**，非道弘人。但至心听佛语，岂得以人弃法？'"→【弘道由人】

【（雖）人如烏/ひと（なりといふとも）からすのごとし】比喻 （虽说是人却）像乌鸦一样。《日本灵异记》中卷《常鸟卵煮食以现得恶死报缘第10》："诚知地狱现在，应信因果。不可如乌之慈己儿而食他儿。无慈悲者，虽人如乌矣。"（p.176）宋法天译《佛说大乘日子王所问经》卷1："愚迷著欲**人**，**如乌**恋臭肉，常被恶魔牵，堕在于恶趣。"

【人身難得、中国難生/にんじんえかたし、ちゅうごくうまれかたし】典据 作为人来到世间需要漫长的修行，作为人生在中国是一份难得的福分。《唐大和上东征传》："彼国太远，性命难存，沧海淼漫，百无一至。**人身难得**，**中国难生**；进修未备，道（果）未到。是故众僧咸默无对而已。"（p.40）后汉安世高译《佛说阿难同学经》卷1："比丘，**人身难得**，犹优昙钵花。比丘，**人身甚难得**，犹彼板一孔推著水中，数

万岁乃值其孔。”东晋瞿昙僧伽提婆译《增壹阿含经》卷40《九众生居品》：“是谓比丘，如来出现世间，甚为难值，**人身难得**，生正国中，亦复难遭。”姚秦竺佛念译《出曜经》卷22《广演品》：“不如一日中，精进不怯弱者，或有世人，勇猛精进，解世非常，**人身难得**，佛世难遇，生值**中国**，亦复**难**遭，诸根完具，亦复难得。”唐义净译《根本说一切有部毘奈耶》卷11：“于诸世间，有其六事。希有难遇。云何为六？一诸佛出世，难可逢遇；二如来所说，微妙法律，难可得闻；三**人身难得**；四**中国难生**；五诸根难具；六信心难发。”唐道宣撰《净心戒观法》卷1：“一者，万类之中，人身难得，如《提谓经》说：‘今得人身，难于龟木。’二者，虽得人身，**中国难生**，此土即当，边地之中，具足大乘，正法经律。”

【人師/ひとのし】 后缀　凡人之师。谓身为凡夫而教导他人者。相对于佛称大导师，印度的龙树、天亲等为论师，而泛称中国的嘉祥（吉藏）、法藏、玄奘、慈恩等为人师。《续日本纪》卷15《圣武纪》天平十五年正月条：“诸德等或一时名辈，或万里嘉宾，佥曰**人师**，咸称国宝。所冀屈彼高明，随兹延请。始畅慈悲之音。终谐微妙之力。”（第二册，p. 416）（1）后汉安世高译《阿难问事佛吉凶经》卷1：“阿难复白佛言：‘为**人师**者，为可得呵遏弟子，不从道理，以有小过，遂之成大，可无罪不？’”吴支谦译《须摩提女经》卷1：“是时阿耨达大神天龙鬼神，皆起前迎，恭敬问讯：‘善来！**人师**，可就此坐。’时均头沙弥往至泉水之处。”（2）隋智顗说《摩诃止观》卷5：“自匠匠他，兼利具足，**人师**国宝，非此是谁？”按：在中国现有的内外典籍中，唯见《摩诃止观》将杰出的佛教界人士并称作“人师”与“国宝”，可见其对《圣武纪》记载内容的直接影响。

【人天種子/にんでんのしゅじ】 四字　因为积功累德，种下来世转生做人或天人的种子。《日本灵异记》下卷《灾与善表相先现而后其灾善答被缘第38》：“无养之物者，无种性众生，令成佛无因也。乞食养者，得**人天种子**也。”（p. 373）姚秦筏提摩多译《释摩诃衍论》卷7：“若有众生，善根微少，久远已来，烦恼深厚，虽值于佛，亦得供养，然起**人天种子**，或起二乘种子。”唐玄奘译《大乘大集地藏十轮经》卷7《有依行品》：“我说如是，补特伽罗，常乐习行，十恶业道，烧灭一切，**人天种子**，尚退声闻，独觉乘法。况于大乘，能成法器，愚痴憍慢，自号大乘，诳惑他人，招集利养。”

【人物駢闐/じんぶつべんてんたり】 四字　人和东西聚集在一起。用以表示热闹喧腾的场面。《唐大和上东征传》：“时诸州道俗闻和上归岭北来，四方奔集，日常三百以上。**人物骈阗**，供具炜烨。”（p. 77）唐慧琳撰《一切经音义》卷61：“**骈阗**：上便绵反，下殿莲反。《集训音》：**骈阗**，谓益满也。盛也。《说文》：骈，车驾二马，从马，并声。亦会意字也。”宋赞宁等撰《宋高僧传》卷8：“初觉未亡前，禁足于西岩，望所住寺，喟然叹曰：‘**人物骈阗**，花舆蓊蔚。何用之为？’其门人吴兴兴师、新罗国宣师，数人同闻，皆莫测之。寻而述之曰：‘昔有一禅师，将诸弟子，游赏之次，远望一山，忽而唱曰：人物多矣。弟子亦不测。后匪久此师舍寿，殡所望地也。'"宋智昭集《人天眼目》卷2："人人有个生缘，桑梓**人物骈阗**。借问东邻西舍，西天十万八千。"

【人眼/ひとめ】 偏正 （4例） 人的眼睛。《万叶集》卷4第770首："**人眼**多见　不相耳曾　情左倍　妹乎忘而　吾念莫国"（第一册，p.369）。又卷12第3104首："将相者　千遍虽念　蚁通　**人眼**乎多　恋乍衣居"（第三册，p.353）。又卷19第4154首："语左气　见左久流**人眼**　乏等"（第四册，p.300）。《播磨国风土记·饬磨郡》条："号麻跡者，品太天皇巡行之时，敕云：'见此二山者，能似**人眼**割下。'故号目割。"（p.30）（1）后汉昙果、康孟详合译《中本起经》卷1《度瓶沙王品》："天下**人眼**，不但视色；苦乐无常，身不得久。"西晋安法钦译《佛说道神足无极变化经》卷1："天子，过于**人眼**逮得天眼净，悉见十方，不可计，无央数亿千万，诸佛刹中。"（2）《搜神后记》卷1："平乐县有山临水，岩间有两目，如**人眼**，极大，瞳子白黑分明，名为目岩。"《世说新语·言语第2》："徐孺子年九岁，尝月下戏，人语之曰：'若令月中无物，当极明邪？'徐曰：'不然。譬如**人眼**中有瞳子，无此必不明。'"按：《汉语大词典》中该词条无此义项。

【人影/ひとかげ】 偏正 （3例） 人的身影。《日本书纪》卷2《神代纪下》："于时海神之女丰玉姬，手持玉碗来，将汲水。正见**人影**在于井中，乃仰视之。"（第一册，p.168）又："时有丰玉姬侍者，持玉碗当汲井水，见**人影**在水底，酌取之不得。"（第一册，p.182）《日本灵异记》下卷《将写〈法华经〉建愿人断日暗穴赖愿力得全命缘第13》："穴开通，广方二尺余，高五丈许。于时三十余人，取葛入山，自穴边往。穴底人见**人影**，叫言：'取我手。'云。"（p.293）（1）吴竺律炎、支谦合译《摩登伽经》卷2："二月一日日初出时，**人影**长于九十六寻。"姚秦竺佛念译《菩萨从兜术天降神母胎说广普经》卷5："初习法观去地，初如阿摩勒果，渐如鞞酰勒果，转如呵梨勒果，去地如指影等，渐渐去地七人影等。此是俗禅凡夫仙学。"梁宝唱等集《经律异相》卷45："答曰：'我于水中自见端正，大家不别独见贱遇。'即与镜照之，乃见丑形，犹生不信。送临水上，见死**人影**，婢意方解惭自分。"（2）《搜神后记》卷1："中宿县有贞女峡。峡西岸水际有石如**人影**，状似女子。是曰贞女。"《博物志》卷3："江南溪水中射工虫，甲类也。长一二寸，口中有弩，形气射**人影**，随所著处发疮，不治则杀人。今蠼螋虫溺**人影**，亦随所著处生疮。"《艺文类聚》卷80梁孝元帝《古意咏烛诗》曰："花中烛，焰焰动帘风，不见来**人影**，回光持向空。"按：《汉语大词典》首引唐张谓《送裴侍御归上都》诗："江月随**人影**，山花趁马蹄。"偏晚。

【人願天従/ひとねがへばてんしたがふ】 誓愿 犹言天遂人愿。《万叶集》卷5《沉疴自哀文》："**人愿天从**。如有实者，仰愿顿除此病，赖得如平。"（第二册，p.78）唐慧立本、彦悰笺《大唐大慈恩寺三藏法师传》卷6："时移岁积，**人愿天从**。遂得下雪岫而泛提河。窥鹤林而观鹫岭。"按：契冲《代匠记卷3》例引《尚书》周书《泰誓

上》："天矜于民，民之所欲，天必从之。"（p. 143）《大慈恩寺三藏法师传》是记述玄奘生平最早、最为翔实的一部传记，被梁启超先生誉为"古今所有名人谱传中，价值应推第一。"

【~人衆/ひともろもろ】 偏正 （10例） ①泛指许多人。《古事记》下卷《雄略记》："彼时有其自所向之山尾登山上人，既等天皇之卤簿，亦其装束之状及**人众**，相似不倾。"（p. 346）《日本书纪》卷14《雄略纪》二年十月条："天皇以心为师，误杀**人众**。天下诽谤言：'太恶天皇也。'唯所爱宠史部身狭村主青、桧隈民使博德等。"（第二册，p. 156）又卷21《推古纪》十四年四月条："然鞍作鸟之秀工，不坏户得入堂。即日设斋。于是会集**人众**，不可胜数。"（第二册，p. 552）又卷25《孝德纪》大化元年七月条："凡国家所有公民大小所领**人众**，汝等之任，皆作户籍及校田亩，其薗池水陆之利与百姓俱。"（第三册，p. 116）《播磨国风土记·揖保郡》条："一云：昔天有二星，落于地化为石。于此，**人众**集来谈论。故名阿豆。"（p. 46）又："尔时，出云国人来到，连立**人众**运传，上川砾作墓山。故号立野。"（p. 52）《续日本纪》卷10《圣武纪》天平二年九月条："又安艺、周防国人等妄说祸福，多集**人众**，妖祠死魂，云有所祈……擅发兵马、人众者，当今不听。"（第二册，p. 238）②"~人众"。《播磨国风土记·贺古郡》条："有石桥。传云：'上古之时，此桥至天，八十**人众**，上下往来。故曰八十桥。'"（p. 26）③"~数人众"。《日本灵异记》下卷《重斤取人物又写〈法华经〉以相得善恶报缘第22》："前有深河，广一町许。其河度椅，有**数人众**。其椅修理言：'奉写《法华经》之人，从此椅度，故我修理。'"（p. 315）（1）《墨子》卷14《备城门》："凡守围城之法，城厚以高，壕池深以广，楼撕修，守备缮利，薪食足以支三月以上，**人众**以选，吏民和，大臣有功劳于上者多，主信以义，万民乐之无穷。"《战国策》卷6《秦四》："或为六国说秦王曰：'土广不足以为安，**人众**不足以为强。'"（2）吴康僧会译《六度集经》卷6："长者家室，内外大小，五百**人众**，皆从儿学，发摩诃衍意，悉行佛事。"元魏慧觉等译《贤愚经》卷2《降六师品》："释种将领，九亿**人众**，洴沙王等，诸国人民，亘川满野，逐趣舍卫。"隋阇那崛多译《佛本行集经》卷19《车匿等还品》："尔时心念，城门自开，彼诸宫门，从来各有，多千**人众**，心不放逸，守护诸门。"《北史》卷27《唐和传》："唐和，字幼起，晋昌冥安人也。父繇，以凉土丧乱，推凉武昭王霸于河右。及凉亡，和与兄契携其甥武昭王孙宝，避难伊吾。招集**人众**二千余家，臣于蠕蠕。蠕蠕以契为伊吾王。"（3）刘宋求那跋陀罗译《过去相在因果经》卷2："难陀即便，前至象所，以足指挑象，掷著路傍。无**数人众**，聚共看之。"萧齐僧伽跋陀罗译《善见律毘婆沙》卷2《阿育王品》："国中人民见太子出家，各自念言：'太子如此尊贵，尚舍王位，出家修道。我等贫穷，何所恋慕？'念已，无**数人众**，悉随出家。"元魏菩提流志译《胜思惟梵天所问经》卷4："彼一一城皆有二万五千聚落，而围绕之。一一聚落，无量百千，万数**人众**，充满其中，安居止住。"按：

"人众"一词，古而有之，表示"人多、众人"的意思。例如①和（1）的文例。但是，"数量词＋人众"的句式，是后出用法，率先出现在汉文佛经当中，例如（2）的文例。由此可知，②的用法源自（2）。③则是从汉文佛经（3）的文例中敷衍而出的自创搭配。→【諸人衆】

【人衆聚集/ひとどもつとふ】 四字　很多人聚集在一起。《日本书纪》卷7《景行纪》十八年三月条："是时于石濑河边**人众聚集**。于是天皇遥望之，诏左右曰：'是集者何人也？'"（第一册，p. 356）唐义净译《根本说一切有部毘奈耶》卷45："王曰：'诚有斯理随书且作。'于两驿半，平治道路，乃至王自亲观。依彼来书，盛陈供养，引至城邑，于平坦处。无量百千，**人众聚集**，香花普设，充遍街衢。王开画像，瞻仰而住。于时中国商人，共来观像，咸皆合掌，异口同音，俱出大声，唱言：'南谟佛陀也。南谟佛陀也。'"唐玄奘诏译《瑜伽师地论》卷8："若王者，谓王家。若彼使者，谓执理家。若别者，谓长者居士。若众者，谓彼聚集。若大集中者，谓四方**人众聚集**处。"宋施护译《佛说给孤长者女得度因缘经》卷3："十者梦见，有多**人众，聚集**一处，互相斗诤，论竞是非。"

【仁愛之徳/めぐみうつくしびのとく】 四字　宽仁慈爱的德行。《日本书纪》卷27《天智纪》八年八月条："秋八月丁未朔己酉，天皇登高安岭，议欲修城。仍恤民疲，止而不作。时人感而叹曰：'寔乃**仁爱之德**。不亦宽乎？'云云。"（第三册，p. 380）西晋竺法护译《渐备一切智德经》卷1："若兴福施，惠施于人；**仁爱之德**，有所饶益；等利之义，一切不舍；常心念佛，惟慕正法。"

【仁王般若経/にんおうはんにゃきょう】 内典　2卷。姚秦（后秦）鸠摩罗什译。《仁王护国般若波罗蜜经》的略称。亦称《仁王经》。说示正法衰灭、思想混乱时，将因恶业而遭受七难，若欲免受此灾难则应受持般若（知一切诸法实相的菩萨智能），又讲述五忍（伏忍、信忍、顺忍、无生忍、寂灭忍）等的菩萨行法。与《法华经》《金光明经》合称护国三部经。《续日本纪》卷16《圣武纪》天平十八年三月条："丁卯，敕曰：'兴隆三宝，国家之福田。抚育万民，先王之茂典。是以，为令皇基永固，宝胤长承，天下安宁，黎元利益。仍讲《**仁王般若经**》。于是，伏闻其教，以慈为先。情感宽仁，事深隐恻。'"（第三册，p. 22）唐元照撰《贞元新定释教目录》卷15："右一部二卷大兴善寺三藏沙门不空所奏。此当第四译也。此经自晋至唐凡有四译：一晋武帝太始三年月支三藏法护译为一卷，名《**仁王般若经**》；二后姚秦兴弘始三年三藏法师鸠摩罗什秦言童寿，于长安草堂寺逍遥园西明阁译为二卷，名《仁王护国般若波罗蜜经》，方言尚隔；三梁元帝承圣三年西天竺优禅尼国三藏波罗末陀梁云真谛，于洪府宝田寺译为一卷，名《**仁王般若经**》，隐而不行；三藏和上详览晋经校于梵本，文义脱略华夷语乖，录表上闻再请翻译。此即第四译也。"

【仁王般若之会/にんおうはんにゃ（の）え】 多音　依据鸠摩罗什译《仁王般若

波罗蜜经》，在宫中或各郡国，共计百余处，设置高台，讲说《仁王经》，举行祈愿国泰民安的法会。《日本书纪》卷28《齐明纪》六年五月条："是月，有司奉敕造一百高座、一百衲袈裟，设仁王般若之会。"（第三册，p. 230）

【仁王会/にんおうえ】 三字 （4 例） 亦称"仁王斋""仁王般若会""仁王道场""百座道场""百座会"。该会是祈求风调雨顺、国泰民安，而讲赞《仁王般若波罗蜜经》的法会。《万叶集》卷20第4494首歌注："右一首，为七日侍宴，右中辩打伴宿祢家持预作此歌。但依仁王会事，却以六日于内里召诸王卿等赐酒，肆宴给禄。因斯不奏也。"（第四册，p. 452）《续日本纪》卷22《淳仁纪》天平宝字四年二月条："庚申，设仁王会于宫中及东大寺。"（第三册，p. 346）又卷30《称德纪》宝龟元年正月条："戊寅，设仁王会于宫中。"（第四册，p. 272）又卷32《光仁纪》宝龟三年六月条："甲子，设仁王会于宫中及京师大小诸寺，并畿内七道诸国分金光明寺。"（第四册，p. 382）

【仁王経/にんおうきょう】 内典 （8 例） 2卷。《仁王般若波罗蜜经》的略称。《日本书纪》卷29《天武纪下》五年十一月条："甲申，遣使于四方国，说《金光明经》、《仁王经》。"（第三册，p. 374）又卷30《持统纪》七年十月条："己卯，始讲《仁王经》于百国，四日而毕。"（第三册，p. 540）《续日本纪》卷10《圣武纪》天平元年六月条："六月庚申朔，讲《仁王经》于朝堂及畿内七道诸国。"（第二册，p. 216）又卷17《圣武纪》天平十九年五月条："庚寅，于南苑讲说《仁王经》，令天下诸国亦同讲焉。"（第三册，p. 44）又卷18《孝谦纪》天平胜宝二年五月条："五月乙未，于中宫安殿，请僧一百，讲《仁王经》。并令左右京四畿七道诸国讲说焉。"（第三册，p. 104）又卷19《孝谦纪》天平胜宝五年三月条："三月庚午，于东大寺设百高座，讲《仁王经》。是日，飘风起，说经不竟。于后，以四月九日讲说，飘风亦发。"（第三册，p. 128）又天平胜宝八年十二月条："甲申，请僧一百于东大寺，转读《仁王经》焉。"（第三册，p. 168）又卷20《孝谦纪》天平宝字元年七月条："庚午，于宫中设斋，讲《仁王经》焉。"（第三册，p. 218）（1）《酉阳杂俎·续集》卷2《支诺皋中》："上都僧太琼者，能讲《仁王经》。开元初，讲于奉化县京遥村，遂止村寺。经两夏，于一日，持钵将上堂，阖门之次，有物坠檐前。时天才辨色，僧就视之，乃一初生儿，其襁褓甚新。僧惊异，遂袖之，将乞村人。行五六里，觉袖中轻，探之，乃一弊帚也。"《独异志》卷上："唐天后朝，处士孙思邈居于嵩山修道。时大旱，有敕选洛阳德行僧徒数千百人于天宫寺讲《仁王经》，以祈雨泽。"（2）《全唐文》卷690符载《奉送良郢上人游罗浮山序》："良郢法师多闻强学，风表端净，拔乎出萃者也。始童子剃落，转持麈尾，讲《仁王经》，白黑赞叹，生希有想。"《旧唐书》卷11《代宗纪》："冬十月己未，复讲《仁王经》于资圣寺。吐蕃至邠州，与回纥相遇，复合从入寇。"（p. 280）又卷118《王缙传》："每西蕃入寇，必令群僧讲诵《仁王经》，以攘虏寇。苟

幸其退，则横加锡赐。”（p. 3416）

【忍劳/いたわりをしのぶ】 述宾 忍受劳苦。《日本灵异记》上卷《聋者归敬方广经典得报闻两耳缘第8》：“于是发希有想，白禅师言：‘今我片耳闻一菩萨名。故唯愿大德**忍劳**。’”（p. 82）西晋竺法护译《佛说阿惟越致遮经》卷1：“尔时柔音软响，菩萨大士，三反扬声，而叹颂曰：‘妙哉！能仁如来，最慈师子，人中之王。道德巍巍，无所挂碍，念世尊明，肃然恭敬。因本功德，其意之愿，而为众生，乃**忍劳**谦，讲说道义。”元魏慧觉等译《贤愚经》卷9《善事太子入海品》：“王闻是语，自往其所，语导师言：‘我此太子，志存入海，种种谏语，意坚不回，事不得已，今听就去。念其年少，未厌辛苦，闻汝前行，知海去就。望汝回意，**忍劳**共往。’”宋周琪述《圆觉经夹颂集解讲义》卷11：“众生种种诸病，如尘若沙。菩萨法药，治尘沙病。慈悲**忍劳**，出没合变，种种现形，如观音马郎妇、弥勒傅大士之俦。”按：《汉语大词典》失收。

【忍辱/にんにく】 述宾（2例） 梵语kṣānti，音译“羼提”，意译“忍辱”。忍受他人侮辱或迫害等，而不起愤怒心。是大乘菩萨所修“六度”（布施、持戒、忍辱、精进、禅定和智慧）之一。《日本灵异记》上卷《恃凭念观音菩萨得现报缘第6》：“法师之性，**忍辱**过人，唐皇所重。”（p. 78）又下卷《沙门诵持方广大乘沉海不溺缘第4》：“赞曰：‘美哉！不举彼恶，犹能忍之。寔斯法师鸿立，**忍辱**高行。’”（p. 273）姚秦鸠摩罗什译《妙法莲华经》卷1《序品》：“又见佛子，住忍辱力，增上慢人，恶骂捶打，皆悉能忍，以求佛道。”又《维摩诘所说经》卷1《佛国品》：“**忍辱**是菩萨净土，菩萨成佛时，三十二相，庄严众生，来生其国。”唐玄奘译《瑜伽师地论》卷92：“言忍辱者，谓于他怨，终无返报。言柔和者，谓心无愤，性不恼他。”→【不得忍～】【不能忍行】【不忍言无】【発忍辱】【悟無生忍】【以之為忍】【猶不能忍】

【忍心/にんのこころ】 偏正（2例） 忍辱之想法，忍耐的毅力。《日本灵异记》下卷《杀生物命结怨作狐狗互相怨报缘第2》：“所以《书传》云：‘若不买**忍心**，凡打杀其母。’者，其斯谓之矣。”（p. 267）又《刑罚贱沙弥乞食以现得顿恶死报缘第33》：“虽自度师，犹视**忍心**。隐身圣人，交凡中故。”（p. 347）东晋佛驮跋陀罗译《大方广佛华严经》卷14《金刚幢菩萨十回向品》：“勇猛精进力具足，智力照明甚清净，**忍心**坚固不倾动，常能救护诸群生。”姚秦鸠摩罗什译《大庄严论经》卷13：“种种加毁骂，犹故生**忍心**，我今亦如医，往诣于彼家。”姚秦竺佛念译《出曜经》卷18《水品》：“**忍心**如地者，犹如此地亦受于净亦受不净，地亦不作是念：‘我当舍是受是。’智者执行，亦复如是，若人叹誉，不以为欢，有毁辱者，不怀忧戚，见善不喜，闻恶不怒。是故说，**忍心**如地也。”

【忍行/にんぎょう】 述宾 忍辱之行。菩萨修行时，有身口意三种忍行。《续日本纪》卷1《文武纪》四年三月条：“三月己未，道照和尚物化。天皇甚悼惜之，遣使吊赙之……和尚戒行不缺，尤尚**忍行**。”（第一册，p. 22）西晋竺法护译《普曜经》卷

2《降神处胎品》："本无数亿劫，志道行忍辱；**忍行**致此果，慈心愍天人。"元魏菩提留支译《大萨遮尼乾子所说经》卷1《一乘品》："善男子，菩萨如是，修行诸法已，复有十三种观修行羼提波罗蜜得大利益，菩萨应行忍波罗蜜。何等十三？一者**忍行**堪忍诸恼，能证一切，诸法空故，菩萨应行，忍波罗蜜；二者**忍行**不见有我为他害故，菩萨应行忍波罗蜜；三者**忍行**不见众生有怨亲故，菩萨应行忍波罗蜜；四者**忍行**不见自他身可捐故，菩萨应行忍波罗蜜；五者**忍行**闻毁赞叹心常不动故，菩萨应行忍波罗蜜；六者**忍行**能断烦恼诸结使故，菩萨应行忍波罗蜜；七者**忍行**能断瞋恨诸结使故，菩萨应行忍波罗蜜；八者**忍行**能成三十二相、八十种好故，菩萨应行忍波罗蜜；九者**忍行**能离恶道生梵天故，菩萨应行忍波罗蜜；十者**忍行**能过一切损害境界故，菩萨应行忍波罗蜜；十一者**忍行**能得尽智、无生智故，菩萨应行忍波罗蜜；十二者**忍行**能降一切恶魔诸境界故，菩萨应行忍波罗蜜；十三者**忍行**能见如来无量功德庄严身故，菩萨应行忍波罗蜜。善男子，是名菩萨十三种观修羼提波罗蜜得大利益，回向阿耨多罗三藐三菩提。"按：《汉语大词典》失收。

【任意取舍/こころのまにまにとりみすてみす】 四字 随意择用与弃置，不受约束地选择。《古语拾遗》："至天平年中，勘造神帐，中臣专权，**任意取舍**。有由者小祠皆列，无缘者大社犹废。敷奏施行，当时独步，诸社封税，总入一门。"（p. 139）唐慧沼撰《金光明最胜王经疏》卷2《分别三身品》："然准经云亦如水镜无有分别，即前释胜。准下合文云以愿自在力众生有感，即后释胜。**任意取舍**。"唐窥基撰《成唯识论述记》卷6："虽无正文**任意取舍**，于中复有二说：一云见道起二无间；一断见惑。"

【任著/つかながら】 偏正 随手放置在某处。"著"的动词性更为明显。"任"，本义放任，此处作状语。《古事记》上卷《日子穗穗手见命与鹈茸草不合命》："尔不饮水，解御颈之玙，含口唾入其玉器。于是其玙著器，婢不得离玙。故玙**任著**，以进丰玉毘卖命。"（p. 128）唐菩提流志译《五佛顶三昧陀罗尼经》卷1："次说胜顶王像，若画者皆如上：菩提树下，坐佛说法，以右手扬掌，左手**任著**。亦有师子座，顶放众光。"按：《汉语大词典》失收。

【日光遍照·月光遍照/にっこうへんじょう·げっこうへんじょう】 菩萨 "日光遍照"，亦作"日光菩萨""日曜菩萨"。"月光遍照"，亦称月净菩萨、月光遍照菩萨。两菩萨同为药师如来之胁侍。《奈良朝写经19·灌顶随愿往生经》："爰为二郎，敬造自愿药师如来、侠侍观世音菩萨，追福**日光遍照**、**月光遍照**菩萨等像一铺，并写《随愿往生经》一卷。"（p. 129）唐玄奘译《药师琉璃光如来本愿功德经》卷1："于其国中，有二菩萨摩诃萨：一名**日光遍照**，二名**月光遍照**，是彼无量，无数菩萨，众之上首，悉能持彼，世尊药师，琉璃光如来，正法宝藏。"

【日摩尼手/にちまにしゅ】 四字 （3例） 大悲观音四十二手眼之第九式，亦称"日精摩尼手"。此式成就神通，使人拥有一股巨大的能量。修习此式还会使人体内气脉畅通、身心健康。《日本灵异记》下卷《二目盲男敬称千手观音**日摩尼手**以现得明眼缘第12》："奈良京药师寺东边里，有盲人，二眼精盲。归敬观音，称念**日摩尼手**，明眼暗。昼坐药师寺于正东之门，披敷布巾，称礼**日摩尼手**之名。"（p. 290）唐三昧苏嚩罗译《千光眼观自在菩萨秘密法经》卷1："二者调伏法用金刚部尊。是故有跋折罗（二合）手（唐言金刚是三钴金刚）、金刚杵手（犹钴金刚）、宝剑手、宫殿手、金轮手、宝钵手、**日摩尼手**、月摩尼手（是为八法）。"

【日日不闕/ひびにかけず】 时段 一天不缺地坚持做某事。《日本灵异记》中卷《依不布施与放生而现得善恶报缘第16》："绫君之家，为所乞食，**日日不阙**，铺时而逢。"（p. 191）密教部《清净法身毘庐遮那心地法门成就一切陀罗尼三种悉地》卷1："一[①]**日日不阙**作此法者，其利广多矣。舍此身已，得生西方净土，现世生中，增益得福。"

【日日夜夜/ひにひによなよな】 时段 每天每夜。谓延续的时间之长。《日本书纪》卷27《天智纪》六年三月条："三月辛酉朔己卯，迁都于近江。是时，天下百姓不愿迁都，讽谏者多，童谣亦众。**日日夜夜**，失火处多。"（第三册，p. 270）《藤氏家传》上卷《镰足传》："赐纯金香炉，持此香炉，如汝誓愿，从观音菩萨之后，到兜率陀天之上，**日日夜夜**，听弥勒之妙说，朝朝暮暮，转真如之法轮。"（p. 243）（1）东晋佛陀跋陀罗译《佛说观佛三昧海经》卷8《观马王藏品》："长者有子，名曰华德。兄弟三人，游荡无度，竟奔淫舍。始初一往，各各皆输，金钱十五。**日日夜夜**，恒输金钱，过倍常人。经一月中，一藏金尽。"宋慧因注《梵网经菩萨戒注》卷1："由**日日夜夜**相续作罪，渐渐增益如水滴滴在也。"（2）齐己《赠持〈法华经〉僧》："众人有口，不说是，即说非。吾师有口何所为，莲经七轴六万九千字，**日日夜夜**终复始。"→【朝朝暮暮】

【日入之時/ひぐれに】 时段 日落西山之时，太阳下山的时候。《日本书纪》卷26《齐明纪》五年七月条："（《伊德连博德书》）十五日**日入之时**，石布连船，横遭逆风，漂到南海之岛。"（第三册，p. 224）北凉昙无谶译《大般涅槃经》卷26《光明遍照高贵德王菩萨品》："善男子，如阎浮提，**日入之时**，众生不见，以黑山障故。而是日性，实无没入，众生不见，生没入想。声闻弟子，亦复如是。为诸烦恼，山所障故，不见我身。以不见故，便于如来，生灭度想，而我实不，趣灭度也。"该文亦见于隋灌顶撰《涅槃经会疏》卷23《次广举五譬》。

【日夜不絶/ひるもよるもたへず】 时段 昼夜不断，每天不停。《唐大和上东征传》："州县官人、百姓填满街衢，礼拜赞叹，**日夜不绝**。"（p. 72）唐菩提流志译《文殊师利所说不思议佛境界经》卷2："世尊，若有善男子善女人，受持此咒，**日夜不绝**，

① 疑似衍字。

则为一切天龙、乾闼婆、阿修罗、迦楼罗、紧那罗、摩睺罗伽、人非人等，常所守护，一切怨憎，不能为害。”唐输波迦罗译《苏悉地羯罗经》卷1《分别持诵真言相品》：“若人少欲，及以知足，诵持真言，念所求事，**日夜不绝**。如此之人，速得成就。”唐义净译《根本说一切有部毘奈耶破僧事》卷14：“时摩纳婆，答大王曰：‘我自苦行一年，**日夜不绝**，求得此法，旃荼罗可虚与我。’”

【容貌非常/かたちつねにあらず】 四字　长相异于常人。《藤氏家传》下卷《武智麻吕传》：“公尝梦遇一奇人，**容貌非常**。语曰：‘公爱慕佛法，人神共知。幸为吾造寺，助济吾愿。吾因宿业，为神固久。今欲归依佛道，修行福业，不得因缘。故来告之。’”（p. 351）（1）隋阇那崛多译《佛本行集经》卷25《精进苦行品》：“彼王第一，最大夫人，名为摩耶，而彼夫人，生一太子，极甚端正，可喜绝殊，**容貌非常**，身黄金色，头顶上圆，犹如伞盖，鼻如鹦鹉，臂长至膝，一切身体，悉皆正等。”宋法贤译《众许摩诃帝经》卷3：“时阿私陀，详观太子，**容貌非常**，即问王言：‘曾有相师，来占相否?’大王白言：‘有婆罗门，相此太子，若不出家，必得转轮王位，若能出家，定成正觉。’”（2）《陈书》卷22《骆牙传》：“牙年十二，宗人有善相者，云：‘此郎**容貌非常**，必将远致。’梁太清末，世祖尝避地临安，牙母陵，睹世祖仪表，知非常人，宾待甚厚。”

【容貌絶世/かたちよにすぐる】 四字　长相冠绝当世。《日本书纪》卷2《神代纪下》：“良久有一美人，**容貌绝世**。侍者群从，自内而出。”（1）后汉安世高译《佛说奈女祇域因缘经》卷1：“闻奈女聪明，**容貌绝世**，无与匹者。又生与我同体，皆辞父母，往事奈女，求作弟子。明经智慧，皆胜此五百人。”萧齐昙景译《摩和摩耶经》卷1：“娑伽罗龙王、修陀利舍那鬼王、毘摩质多罗阿修罗王、舍脂迷那天后、阿伽蓝波天后、欝波尸天后、胝舍罗鸡尸天后、阿葛逻天后、阿留波底天后、藐底天后、藐底梨沙天后，此诸杂王，具大威力，及众天后，**容貌绝世**。若有见者，即失正念。”（2）《太平御览》卷381所引王子年《拾遗记》曰：“魏文帝所爱美人，姓薛名灵芸，常山人也。灵芸年十七，**容貌绝世**。”（p. 1757）

【容貌美麗/かほきらきらし】 四字　长相漂亮。《肥前国风土记·松浦郡》条：“昔者，桧限卢入野宫御宇武少广国押楯天皇之世，遣大伴狭手彦连，镇任那之国，兼救百济之国。奉命到来，至于此村，即聘篠原村弟日姬子成婚，**容貌美丽**，特绝人间。”（p. 330）（1）隋吉藏撰《维摩经义疏》卷1《佛国品》：“有一女，从庵罗树生。**容貌美丽**，世所绝伦。人欲见者，输三金钱。庵罗树女，舍薗为佛立精舍，如祇陀之类，以施主标色也。”（2）《陈书》卷20《韩子高传》：“景平，文帝出守吴兴，子高年十六，为总角，**容貌美丽**，状似妇人，于淮渚附部伍寄载欲还乡。”→【形容美麗】

【容貌似～/かたち～ににる】 三字　长得像……似的。《肥前国风土记·松浦郡》条：“此岛白水郎，**容貌似**隼人，恒好骑射，其言语，异俗人也。”（p. 336）（1）后汉

安世高译《佛说分别善恶所起经》卷1：“犯人妇女者，巨躯有百足，**容貌似**美女，与友便攫之。”吴支谦译《撰集百缘经》卷10《诸缘品》：“于是商人，白大王言：‘我所居止，聚落之中，有一小儿，字孙陀利，端政殊妙，**容貌似**天，胜于王子，百千万倍，不可为比。’”《敦煌变文·金刚丑鬼女因缘》：“毁谤圣贤多造罪，敢昭（感招）**容貌似**烟熏。”（2）《吴志》卷8《阚泽传》：“人有非短，口未尝及，**容貌似**不足者，然所闻少穷。”

【容姿/かたち】 并列 （11例） 容貌姿色。《古事记》上卷《忍穗耳命与迩迩艺命》：“其过所以者，此二柱神之**容姿**甚能相似，故是以过也。”（p.104）又中卷《神武记》：“其所以谓神御子者，三岛湟咋之女，名势夜陀多良比卖，其**容姿**丽美故，美和之大物主神见感。”（p.156）又《景行记》：“于是天皇闻看定三野国造之祖大根王之女，名兄比卖，弟比卖二娘子。其**容姿**丽美，而遣其御子大碓命以唤上。”（p.214）又下卷《雄略记》：“亦一时天皇游行到于美和河之时，河边有洗衣童女，其**容姿**甚丽。”（p.340）又：“尔赤猪子答白：‘其年其月，被天皇之命，仰待大命，至于今日，经八十岁。今**容姿**既耆，更无所恃。然显白己志以参出耳。’”（p.344）《日本书纪》卷7《景行纪》四年二月条：“唯有妾姊，名曰八坂入媛。**容姿**丽美，志亦贞洁。宜纳后宫。”（第一册，p.344）又四年二月条：“是月，天皇闻美浓国造名神骨之女，兄名兄远子，弟名弟远子，并有国色。则遣大碓命使察其妇女之**容姿**。”（第一册，p.346）又二十七年十二月条：“川上枭帅感其童女之**容姿**，则携手同席，举杯令饮而戏弄。”（第一册，p.366）又卷12《反正纪》即位前纪条：“天皇初生于淡路宫，生而齿如一骨，**容姿**美丽。”（第二册，p.94）又卷13《允恭纪》七年十二月条：“弟姬**容姿**绝妙无比，其艳色彻衣而晃之。是以时人号曰衣通郎姬也。”（第二册，p.114）又二十三三月条：“二十三年春三月甲午朔庚子，立木梨轻皇子为太子。**容姿**佳丽，见者自感。”（第二册，p.124）（1）后汉昙果、康孟详合译《中本起经》卷2《度奈女品》：“世尊告曰：‘形不久住，色不久鲜，命如风过，少壮必衰。勿恃**容姿**，自处污行。世间迷惑，祸起色欲，三涂勤苦，智者能闭。’”梁宝唱等集《经律异相》卷46：“取香山乾闼婆神女为妻，**容姿**美妙，色踰白玉。”（2）《文选》卷30陆机《拟青青河畔草》：“粲粲妖**容姿**，灼灼美颜色。”（p.435）《世说新语·容止第14》：“裴令公有俊**容姿**，一旦有疾，至困，惠帝使王夷甫往看。”（p.336）按：《汉语大词典》首引《后汉书·虞延传》：“永平初，有新野功曹邓衍，以外戚小侯每豫朝政，而**容姿**趋步，有出于众。”略晚。

【容姿端正/かたちきらぎらし】 四字 （6例） 容貌姿色漂亮美丽。“端正”，巴利语 abhikkanta-vaṇṇā，谓姿态或行仪正直、整洁、姣好。①《古事记》中卷《崇神记》：“此谓意富多多泥古人，所以知神子者，上所云活玉依毘卖，其**容姿端正**。于是有神壮夫，其形姿威仪，于时无比。夜半之时，儵忽到来。”（p.184）又下卷《仁德记》：“尔天皇闻看吉备海部直之女名黑日卖，其**容姿端正**，唤上而使也。”（p.288）

《日本书纪》卷7《景行纪》三年二月条："四年春二月甲寅朔甲子，天皇幸美浓。左右奏言之：'兹国有佳人，曰弟媛。**容姿端正**。八坂入彦皇子之女也。'"（第一册，p. 342）《万叶集》卷16第3808首歌注："是会集之中有鄙人夫妇。其妇**容姿端正**，秀于众诸。"（第四册，p. 103）②《日本书纪》卷7《景行纪》四十年七月条："今朕察汝为人也，身体长大，**容姿端正**。力能扛鼎，猛如雷电，所向无前，所攻必胜。"（第一册，p. 372）又卷8《仲哀纪》即位前纪条："天皇**容姿端正**，身长十尺。稚足彦天皇四十八年，立为太子。"（第一册，p. 400）北凉昙无谶译《佛所行赞》卷1："**容姿端正**女，名耶轮陀罗。应嫂太子妃，诱导留其心。"按："新潮集成本"栏上的注释已经指出，"端正"一词出自汉文佛经。但需要补充并订正的是：此处"容姿端正"这一词组源自汉文佛经文体中习见的"四字格"，而且该搭配为孤例，描述对象是悉达多太子（成道前的佛陀）之正妃、罗侯罗之生母。她相好端严，姝妙第一，具诸德貌。①中的用法与此相同。值得注意的是，在②的《日本书纪》当中，它还用来表现男性伟人的容貌。这一用法仅见于《日本书纪》，中国文献中难觅相同的表达。

【肉身/ししのみ】 偏正 生身，即父母所生之身。《日本灵异记》下卷《弥勒丈六佛像其颈蚁所嚼示奇异表缘第28》："夫闻佛非**肉身**，何有痛病？诚知圣心示现。随佛灭后，而法身常存，常住不易。更莫疑之焉。"（p. 336）东晋瞿昙僧伽提婆译《增壹阿含经》卷44《十不善品》："是故，阿难，当建此意，我释迦文佛，寿命极长。所以然者，**肉身**虽取灭度，法身存在，此是其义。当念奉行。"梁僧肇撰《注维摩诘经》卷3《3弟子品》："什曰：非**肉身**即法化身也。非三界之形故过于三界，随有生灭而无老病众恼十事之患故名无漏，无漏则体绝众为故名无为，形超五道非物之数故曰无数也。"唐义净译《金光明最胜王经》卷1《如来寿量品》："佛非血**肉身**，云何有舍利？方便留身骨，为益诸众生。法身是正觉，法界即如来；此是佛真身，亦说如是法。"→【法身】

【宍血/ししのち】 并列 犹言"血肉"。"**宍**"，"肉"的俗字。《日本灵异记》中卷《行基大德放天眼视女人头涂猪油而呵啧缘第29》："凡夫肉眼是油色，圣人明眼见视**宍血**。于日本国，是化身圣也。隐身之圣矣。"（p. 224）唐慧苑述《续华严经略疏刊定记》卷8《明法品第18》："六如慈力王，于五夜叉边求法，任就身上食热**宍血**。"

【如本/もとのごとし】 述宾 （5例）（身体）恢复得跟原来一样。《古事记》上卷《大国主神》："于是大穴牟迟神教告其菟：'今急往此水门，以水洗汝身，即取其水门之蒲黄，敷散而辗转其上者，汝身如本肤必差。'故为如教，其身**如本**也。"（p. 78）又中卷《应神记》："是以其兄八年之间，干萎病枯。故其兄患泣，请其御祖者，即令返其诅户。于是，其身**如本**，以安平也。"（p. 280）《日本灵异记》中卷《智者诽妒变化圣人而现至阎罗阙受地狱苦缘第7》："即至，执师烧入烧煎。唯闻打钟音时，冷乃憩。径之三日，叩地狱边，而言：'活活！'**如本**复生。"（p. 168）又《女人大蛇所婚赖药力得全命缘第41》："迷惑之娘，乃醒言语。二亲问之，答：'我意如梦。今醒**如本**。'"（p. 251）又下卷《沙门一目眼盲使读〈金刚般若经〉得明眼缘第21》："沙门长义者，诺乐右京药师寺之僧也。宝龟三年之间，长义眼暗盲，径五月许。日夜耻悲，屈请众僧，三日三夜，读诵《金刚般若经》。便目开明，**如本**平也。"（p. 310）后汉支娄迦谶译《道行般若经》卷4《持品》："稍稍腹大身重，不**如本**故，所作不便，饮食欲少，行步不能，稍稍有痛，语言软迟，卧起不安，其痛欲转。当知是妇人，今产不久。"隋阇那崛多译《佛本行集经》卷7《树下诞生品》："菩萨初从，右胁出已，正心忆念。时菩萨母，身体安常，不伤不损，无疮无痛。菩萨母身，**如本**不异。"按：《汉语大词典》失收。"如本"与"如故"意思相近，下一例可资参照。东晋瞿昙僧伽提婆译《中阿含经》卷30："天复白曰：'拘翼，我树天不住树天法，从今日始树天住树天法，愿善住尼拘类树王，还复**如本**。'于是，天帝释作如其像如意足，作如其像，如意足已，复化作大水暴风雨，化作大水，暴风雨已，善住尼拘类树王即复如故。"比较而言，中土文献中使用更多的是"如故"一词。《韩诗外传》卷10："曰：吾闻上古医曰茅父，茅父之为医也，以莞为席，以蒭为狗，北面而祝之，发十言耳，诸扶舆而来者皆平复如故。子之方岂能若是乎？"（p. 345）《搜神记》卷15："即掘出之，已活，走至井上浴，平复如故。"（p. 391）

【如不能者/もしあたはじとならば】 口语　如果不能做到的话。《日本书纪》卷3《神武纪》即位前纪条："时椎根津彦乃祈之曰：'我皇当能定此国者，行路自通。**如不能者**，贼必防御。'言讫径去。时群虏见二人，大笑之曰：'大丑乎！老父老妪。'"（第一册，p. 212）唐义净译《根本萨婆多部律摄》卷1："说波罗底木叉，有其五种……五乃至终，谁应为说波罗底木叉，谓众中上座。**如不能者**，应令第二第三，或为番次，或可别请余人。"唐窥基撰《瑜伽师地论略纂》卷15："答有一能入，有一不能，谓利根众多，善资助身，能现起。此有二，一利根，二众多。善本资助，如钝根者，虽善多资助，根钝不能入。如利根无善，资不能入。要利根善助方起喜也。**如不能者**，得果已，方别引起喜根。"唐义净撰《南海寄归内法传》卷4："所有券契之物，若能早索得者，即可分之。**如不能者**，券当贮库，后时索得，充四方僧用。"唐道世撰《法苑珠林》卷63："汉孙策，既定会稽，引兵迎汉帝。时道人于吉在策军中。遇天大旱船路艰涩，策尝自出督切军中人。每见将士多在吉所，因愤怒曰：'吾不如吉乎？'收吉缚置日中，令其降雨。**如不能者**，便当受诛。俄顷之间，云雨滂沛，未及移时，川涧涌溢。时并来贺，吉免其死。"

【如草滅火～如水滅火～/くさをもちてひをけすがごとし～みずをもちてひをけすがごとし～】 比喻　如同用草灭火一样适当其反；如同用水灭火一样恰如其分。《日本灵异记》又《沙门诵持方广大乘沉海不溺缘第4》："所以《长阿含经》云：'以怨报怨，**如草灭火**；以慈报怨，**如水灭火**。'者，其斯谓欤矣。"（p. 273）新罗太贤集《梵

网经菩萨戒本疏》卷5："经云：'以怨报怨，怨终叵尽。准有无怨，怨乃息耳。'"按：《考证》指出，第4话典出《梵网经古迹记》卷2："世间之孝，以怨报怨，**如草灭火**；胜义之孝，以慈报怨，**如水灭火**。"

【如車輪～似萍移～/くるまのわのごとし～うきくさのなびくがごとし～】 比喻

三界流转人好像车轮滚滚，不曾停息；六道轮回恰似草萍漂移，没有定所。《日本灵异记》中卷《序》："还三界，**如车轮**；生回六道，**似萍移**。此死彼生，具受万苦。"（p. 141）（1）后汉安世高译《尸迦罗越六方礼经》卷1："各追所作行，无际**如车轮**，起灭从罪福，生死十二因。"西晋法炬译《佛说优填王经》卷1："此辈有百数，难可一一陈，常在三恶道，宛转**如车轮**。"失译人名今附东晋录《般泥洹经》卷1："缘生老死忧悲苦瀖恼，致是具足苦性习，有生死之本，转**如车轮**，行无休息。"失译人名今附秦录《大乘悲分陀利经》卷4《千童子受记品》："三界苦炽然，皆住于邪见；一切在五道，譬**如车轮**转。"刘宋求那跋陀罗译《杂阿含经》卷39："寿命日夜流，无有穷尽时，寿命当来去，犹**如车轮**转。"北凉昙无谶译《悲华经》卷5《诸菩萨本授记品》："周回生死，五道之中，不得休息，譬**如车轮**。"唐般若译《大乘本生心地观经》卷3《报恩品》："有情轮回生六道，犹**如车轮**无始终。或为父母为男女，世世生生互有恩。"（2）唐道世撰《法苑珠林》卷52："窃寻眷属**萍移**，新故**轮转**，去留难卜，聚会暂时。良由善恶缘别，升沉殊趣。善如难陀弃荣欲而从道，罗云舍王位而断结。"又《法苑珠林》卷66："夫三界**轮转**，六道**萍移**。神明不朽，识虑冥持。乍死乍生，时来时往。"该例亦见于《诸经要集》卷7。

【如車輪転/くるまのわのめぐるがごとし】 比喻　似车轮旋转从不间断，比喻以怨报怨无有间断。《日本灵异记》下卷《杀生物命结怨作狐狗互相怨报缘第2》："何以故？毗瑠璃王，报过去怨，而杀释众九千九百九十万人，以怨报怨，怨犹不灭。**如车轮转**。"（p. 267）吴支谦译《佛说孛经抄》卷1："人死神去，随行往生，**如车轮转**，不得离地。信哉罪福，不可诬也。"刘宋求那跋陀罗译《杂阿含经》卷39："寿命日夜流，无有穷尽时，寿命当来去，犹**如车轮转**。"隋阇那崛多译《佛本行集经》卷38《那罗陀出家品》："当知业**如车轮转**，对一人说圣法时，一人思惟即证知，调伏诸根独处坐，调伏诸根心成就，于后名闻遍十方。"

【如此等類/これら（かくの）のごときたぐひ】 总括（2例）　像这样的一类，诸如此类。《日本书纪》卷25《孝德纪》大化二年三月条："复有百姓就他借甑炊饭，其甑触物而覆。于是，甑主乃使祓除。**如是等类**，愚俗所染，今悉除断，勿使复为。"（第三册，p. 156）《续日本纪》卷29《称德纪》神护景云二年五月条："昔里名胜母，曾子不入。其**如此等类**，有先著者，亦即改换，务从礼典。"（第四册，p. 200）西晋竺法护译《持人菩萨经》卷1《四事品》："若有众生，欲奉斯业，殊特之原，无上大道，今故为斯。**如此等类**，启问如来。"姚秦竺佛念译《出曜经》卷9《戒品》："戒终老安者，持戒之人虽复年耆老朽，天龙神祇，常随护助，阿须伦、迦留罗、真陀罗、摩休勒、人与非人，鸠盘荼、匹奢遮、罗杀鬼，**如此等类**，常护长老，持戒之人，昼夜禁卫，如影随形，是故说曰，戒终老安也。”唐义净译《根本说一切有部毘奈耶破僧事》卷5：“于时，于东城门施会，沙门婆罗门、外道梵志、贫穷孤独，悭贪乞求。**如此等类**，皆悉施与。”按：汉文佛经当中还有“如是等类”的说法，意思与“如此等类”相同，但其使用范围更广，更为普遍。后秦法师鸠摩罗什译《妙法莲华经》卷4《法师品》：“求声闻者、求辟支佛者、求佛道者，**如是等类**，咸于佛前，闻妙法华，经一偈一句，乃至一念随喜者，我皆与授记，当得阿耨多罗三藐三菩提。”唐义净译《金光明最胜王经》卷1《如来寿量品》：“此诸众生，多有我见人见，众生寿者。养育邪见，我我所见，断常见等。为欲利益，此诸异生，及众外道。**如是等类**，令生正解，速得成就，无上菩提。”又卷2《梦见金鼓忏悔品》：“现在十方界，常住两足尊。愿以大悲心，哀愍忆念我。众生无归依，亦无有救护。为**如是等类**，能作大归依。”→【如斯等类】

【如此色人/かくのごときしきのひと】 自创　这一类人。“色”为品类、种类之义。《续日本纪》卷10《圣武纪》：“凡**如此色人**等，国郡预知，存意简点，临敕至日，即时贡进。宜告内外咸使知闻。”（第二册，p. 194）

【如此色者/かくのごときしき】 总括　这一种类，这种情况。《续日本纪》卷25《淳仁纪》天平宝字八年三月条：“而闻紃政台少疏正八位上土师宿祢岛村，出己蓄粮资养穷弊者壱拾余人。其所行虽小，有义可褒。仍授位一阶。自今以后，若有**如此色者**，所司检察，录实申者。”（第四册，p. 8）（1）元魏瞿昙般若流支译《正法念处经》卷17《饿鬼品》：“一切众生，于爱不爱，虚妄贪著。**如此色者**，非有自体，非常非有，非真非乐，非不坏法，非坚非我。”唐玄奘译《大乘阿毘达磨杂集论》卷1《三法品》：“如此**如此色者**，谓骨锁等所知事同类影像。如是**如是色者**，谓形显差别。种种构画者，谓如相而想。”（2）《唐文拾遗》卷55 阙名《截耳进状先决四十奏》：“臣谨详前后敕制如前。伏请自今已后，有**如此色者**，并准元敕付司，先决四十后推勘。宜令待推勘无理，即本犯之外，准元敕处分。”

【如此言而～/かくこそしぶ】 总括　（因为）这样说，以至于……《日本书纪》卷8《仲哀纪》八年正月条：“时神亦托皇后曰：‘如天津水影，押伏而我所见国。何谓无国，以诽谤我言。其汝王之**如此言而**遂不信者，汝不得其国。唯今皇后始之有胎，其子有获焉。’”（第一册，p. 410）后秦佛陀耶舍、竺佛念等合译《长阿含经》卷6：“佛言：‘彼以何事，而嫌责汝？’寻白佛言：‘彼言：我婆罗门，种最为第一，余者卑劣；我种清白，余者黑冥；我婆罗门种，出自梵天，从梵口生，于相法中，得清净解，后亦清净；汝等何故，舍清净种，入彼瞿昙，异法中耶？世尊，彼见我于佛法中，出家修道，以**如此言而**呵责我。’”

【如此言教/かくことをしふ】 说词　这般的告谕，这样的教诲。《古事记》中卷

《仲哀记》："尔，具请之：'今**如此言教**之大神者，欲知其御名。'即答诏：'是天照大神之御心者。亦底筒男、中筒男、上筒男三柱大神者也。'"（p. 244）东晋瞿昙僧伽提婆译《增壹阿含经》卷9《惭愧品》："尔时，世尊以此种种法向难陀说。是时，尊者难陀从世尊受教已，从坐起，礼世尊足，便退而去，至安陀园。到已，在一树下结加趺坐，正身正意，系念在前，思惟如来，**如此言教**。"苻秦僧伽跋澄等译《僧伽罗刹所集经》卷3："是时世尊，意不移动，吐**如此言教**，便作是说：'云何阿难，我不再三告汝耶？'是时尊者阿难，尊无二语，便默然住，犹如大海中船破坏，无由得至彼岸。"陈真谛译《摄大乘论释》卷15："佛说但大三千世界，中我自在成，**如此言教**，别有密意。若世尊不作意，但在自性中无功用心，于大三千世界，言语光明，五识等事，自然得成。"

【如此矣/かく のごとし】 口语 就是这样的。《日本书纪》卷2《神代纪下》："复进潮满琼、潮涸琼二种宝物，仍教用琼之法。又教曰：'兄作高田者，汝可作洿田。兄作洿田者，汝可作高田。'海神尽诚奉助，**如此矣**。"（第一册，p. 176）姚秦鸠摩罗什译《众经撰杂譬喻》卷1："经言：'能竭慈可谓**如此矣**。'"梁宝唱等集《经律异相》卷19："沙门曰：'昔为人时，违戾佛教，聋瞽为党，愚惑自逐，以祸为福，守悭不施，贪取非分。'鬼泣泪曰：'诚**如此矣**。'"唐道宣撰《续高僧传》卷10："薛道衡每曰：'则公之文，屡发新采，英英独照。其为时贤所尚也。**如此矣**。"按：《神代纪下》用作吩咐他人做某事，相当于现代语的"如此这般地去做"。

【如此之類/かく のごときたぐひ】 总括（7例） 就像这一类的，诸如此类。《古事记·序》："是以今或一句之中，交用音训。或一事之内，全以训录。即辞理叵见，以注明，意况易解，更非注。亦于姓日下谓玖沙诃，于名带字谓多罗斯，**如此之类**，随本不改。"（p. 24）《续日本纪》卷2《文武纪》大宝元年七月条："又画工及主计、主税算师雅乐诸师，**如此之类**，准官判任。"（第一册，p. 44）又卷6《元明纪》和铜六年五月条："若齿及纵天，气力尪弱，神识迷乱，又久沉重病，起居不渐。发狂言，无益时务，**如此之类**，披诉心素，归田养命，于理合听。"（第一册，p. 198）又卷9《元正纪》养老六年闰四月条："其国授刀、兵卫、卫士及位子、帐内、资人、并防阁、仕丁、采女、仕女，**如此之类**，皆悉放还。各从本色。"（第二册，p. 116）又卷39《桓武纪》延历六年七月条："牧宰之辈，奉使入京，或无返抄而归任，或称病而滞京下，求预考例兼得公廨。**如此之类**，莫预厘务，国司夺料，郡司解任。"又卷40《桓武纪》延历八年五月条："于是，始制：'**如此之类**，不问入京与在国，共夺目以上之料。但遥附便使，不在夺限。'"又延历十年五月条："又王臣家、国郡司及殷富百姓等，或以下田相易上田，或以便相换不便。**如此之类**，触处而在。"（1）西晋竺法护译《佛说大净法门经》卷1："譬如怯人，求于救者，**如此之类**，不为勇猛。开士大士，亦复如是。"东晋瞿昙僧伽提婆译《增壹阿含经》卷46《放牛品》："梵志报曰：'**如此之类**，当言驴马。所以然者，由驴遗形故，得此驹也。'" 唐道宣撰《续高僧传》卷8："光师终日，遵在齐州。初闻哀问，不觉从床而坠，口中流血。其诚孝动人，**如此之类**也。"《三国史记》卷7《新罗本纪·文武王》："昔日万机之英，终成一封之土。樵牧歌其上，狐兔穴其旁。徒费资财，贻讥简牍，空劳人力，莫济幽魂。静而思之，伤痛无已。**如此之类**，非所乐焉。"（2）《魏志》卷10《荀彧传》："彧从容与太祖论治道，**如此之类**甚众，太祖常嘉纳之。"（p. 318）《魏书》卷60《韩显宗传》："又曰：'诸宿卫内直者，宜令武官习弓矢，文官讽书传。而今给其蒱博之具，以成亵狎之容，长矜争之心，恣喧嚣之慢，徒损朝仪，无益事实。**如此之类**，一宜禁止。'"（p. 1342）《唐律疏议》卷5《名例》："问曰：'谋杀凡人，乃云是舅；或谋杀亲舅，复云凡人，姓名是同，舅与凡人状别。**如此之类**，若为科断？'"

【如此之夢/かくいめみつるは】 总括　这样的梦想，诸如此类的梦想。《古事记》中卷《垂仁记》："乃天皇惊起，问其后曰：'吾见异梦，从沙本方暴雨零来，急沾吾面。又锦色小蛇缠绕我颈。**如此之梦**，是有何表也？'"（p. 198）西晋安法钦译《阿育王传》卷3："王复梦见齿堕落，王至早起，便唤相师，而占此梦。相师占言：'**如此之梦**必是王子，失眼之相。'王闻此语，合十指掌，归命四方，护佛道神，信法信僧者，愿护我子。"唐地婆诃罗译《方广大庄严经》卷5《感梦品》："时净居天，化作一婆罗门，著鹿皮衣，立在宫门之外，唱如是言：'我能善解，大王之梦。'诸臣闻奏召入宫中。时输檀王具陈所梦，语婆罗门：'**如此之梦**，是何祥也？'婆罗门言：'大王当知，所梦帝幢，众人舁出，城东门者，此是太子，当为无量，百千诸天，围绕出家之像。'"

【如此之人/かくのごときひと】 总括　这样的人，这一类人。《续日本纪》卷20《孝谦纪》天平宝字元年八月条："中纳言多治比真人广足，年临将耄，力弱就列。不教诸侄，悉为贼徒。**如此之人**，何居宰辅？宜辞中纳言，以散位归第焉。"（第三册，p. 220）（1）后汉支娄迦谶译《佛说无量清净平等觉经》卷1："**如此之人**，皆一种类，消尽诸垢，勇净者也。无数之众，悉共大会。"（2）《抱朴子》卷5《至理》："皆曰：'俞跗扁鹊和缓仓公之流，必能治病，何不勿死？'又曰：'富贵之家，岂乏医术？而更不寿，是命有自然也。'乃责**如此之人**，令信神仙，是使牛缘木，马逐鸟也。"（p. 112）

【如此之事/かくのごときこと】 总括（2例）　像这样的事情，诸如此类的事情。《日本书纪》卷14《雄略纪》二十三年八月条："**如此之事**，本非为身。止欲安养百姓，所以致此。"（第二册，p. 208）《常陆国风土记·香岛郡》条："古老曰：倭武天皇之世，天之大神宣中臣臣狭山命：'今社御舟者。'臣狭山命答曰：'谨承大命，无敢所辞。'天之大神昧爽后宣：'汝舟者，置于海中。'船主仍见在冈上。又宣：'汝舟者，置于冈上也。'舟主因求，更在海中。**如此之事**，已非二三。"（p. 392）（1）失译人名今附后汉录《大方便佛报恩经》卷3《论议品》："太子言：'不如诸臣所言也。但使父王，病得损者，假使舍百千身，亦不为难，况我今日，此秽身也？'大臣报言：'**如此**

之事，随太子意。'"吴支谦译《菩萨本缘经》卷2《月光王品》："自在天王，面上三目，瞿昙仙人，于释身上，化千女根，婆私咤仙变帝释身为羝羊形，毗仇大仙食须弥山如食乳糜，**如此之事**，尽是我等，婆罗门力。"（2）《吴志》卷3《三嗣主传》："纵复如此，亦何所损？君特当以曜等恐道臣下奸变之事，以此不欲令入耳。**如此之事**，孤已自备之，不须曜等然后乃解也。"（p. 1160）《宋书》卷69《范晔传》："比年以来，意态转见，倾动险忌，富贵情深，自谓任遇未高，遂生怨望。非唯攻伐朝士，讥谤圣时，乃上议朝廷，下及籓辅，驱扇同异，恣口肆心，**如此之事**，已具上简。"

【如此之状/かく のさま】 总括 如此情况，诸如此类的状况。《续日本纪》卷1文武元年八月条："天皇朝庭敷赐行赐〈币留〉国法〈乎〉过犯事无〈久。〉明〈支〉净〈支〉直〈支〉诚之心以而、御称称而缓怠事无〈久〉。务结而仕奉〈止〉诏大命〈乎〉、诸闻食〈止〉诏。故〈乎〉**如此之状**〈乎〉闻食悟而、款将仕奉人者、其仕奉〈礼良牟〉状随。"北凉昙无谶译《金光明经》卷4《嘱累品》："其温州安固县丞妻病，一年绝音不食，独自狂语，口中唱痛，叩头死罪，状有所诉。居道闻之，为其夫说。**如此之状**，多是怨家债命，文案未定，故命不绝，自当思忖，省悟以来，由缘所问，杀害身命，急为造《金光明经》分明忏唱。"

【如蛾投火/ひひるのひにおもむく がごとし】 比喻 像蛾子扑火一样。比喻自找死路、自取灭亡。→【愚人所貪】

【如法/ほう のごとく】 述宾 （6例） 契合事理，随顺佛所说的教法而不违背。《日本书纪》卷25《孝德纪》大化元年八月条："朕更复思崇正教光启大猷。故以沙门狛大法师、福亮、惠云、常安、灵云、惠至、寺主僧旻、道登、惠邻、惠妙，而为十师。别以惠妙法师为百济寺寺主。此十师等宜能教导众僧，修行释教，要使**如法**。"（第三册，p. 122）又卷29《天武纪下》十二年四月条："三月戊子朔己丑，任僧正、僧都、律师。因以敕曰：'统领僧尼**如法**。'云云。"（第三册，p. 426）《藤原家传》下卷《武智麻吕传》："今闻诸国寺，多不**如法**，或草堂始辟，争求题额，幡幢才施，即诉田薗。或房舍不修，牛马踏损，庭荒凉，荆棘旅生。"（p. 337）《日本灵异记》下卷《**如法**奉写〈法华经〉火不烧缘》（p. 286）《续日本纪》卷1《文武纪》文武二年三月条："庚午，任诸国郡司。因诏：诸国司等，铨拟郡司，勿有偏党。郡司居任，必须**如法**。"（第一册，p. 8）又卷7《元正纪》灵龟二年五月条："今闻诸国寺家，多不**如法**，或草堂始辟，争求额题，幢幡仅施，即诉田亩。或房舍不修，马牛群聚。门庭荒废，荆棘弥生。"曹魏康僧铠译《佛说无量寿经》卷2："若闻斯经信乐受持，难中之难，无过此难。是故我法，如是作、如是说、如是教，应当信顺，**如法**修行。"姚秦鸠摩罗什译《维摩诘所说经》卷1《弟子品》："时维摩诘，来谓我言：'唯，大目连，为白衣居士说法，不当如仁者所说。夫说法者，当**如法**说。'"→【発願如法】

【如法経/にょほう きょう】 三字 如法书写经文。书写《法华经》或法华三部经

等的经文，以作供养的行事，引申为其法会或所书写的经卷。其法会又被称为如法会、如法经会。《日本灵异记》下卷《如法奉写〈法华经〉火不烧缘第10》："谅知阿东练行尼，所写**如法经**之功兹显；陈时王与，读经免火难之力再示。"（p. 286）唐僧详撰《法华传记》卷8"隋开皇中，严恭者，蒋州人也。于郭下造精舍，写《法华经》，清净供养。若纸若笔，必以净心，不行欺诈。信心而与不行，乞觅随得。便营**如法经**。给书生欢喜。"唐道宣撰《集神州三宝感通录》卷3中亦见相同记载。

【如法修行/みのりのごとくしゅぎょうす】 四字 按照佛所说的教法实践修行。《续日本纪》卷11《圣武纪》天平三年八月条："诏曰：'比年，随逐行基法师优婆塞、优婆夷等，**如法修行**者，男年六十一以上，女年五十五以上，咸听入道。自余持钵行路者，仰所由司，严加捉搦。'"（第二册，p. 246）梁宝亮等集《大般涅槃经集解》卷51《德王品》："若如此知，涅槃有究竟，可谓是真**如法修行**者也。"隋吉藏撰《无量寿经义疏》卷1："如是说者，说其国土，正报殊胜。如是教者，教修行愿，如是作者，立其大志。**如法修行**者，劝其流通，举教不违。"唐圆测撰《仁王经疏》卷1《观空品》："**如法修行**者，显其修慧，因修禅定，所生慧故。"

【如蜂（集鳴）/はちのあつまりなくがごとし】 自创 《日本灵异记》中卷《依恶梦至诚心使诵经示奇表得全命缘第20》："二子见有七僧，坐乎居屋上而读经也。二子白母言：'屋上在七躯法师而读经矣。遄出应见。'彼读经音，**如蜂**集鸣。"（p. 202）姚秦鸠摩罗什译《大庄严论经》卷8："尔时世尊犹如晴天无诸云翳，出深远声犹如雷音，如大龙王，亦如牛王，如迦陵频伽声，亦**如蜂**王，又如人王，如天伎乐，出梵音声告优波离：'乐出家不？'"元魏瞿昙般若流支译《正法念处经》卷57《观天品》："或有坐于莲花之中，**如蜂**歌音，饮于天酒，香味相应，共诸天女，或百或千，以天衣鬘而为庄严，身出光明，皆从天王口中而出。"唐菩提流志译《大宝积经》卷54《大自在天授记品》："尔时，空中周匝正等一踰缮那，复有无量百千音乐，亦无执持自然而现，犹如**蜂房**悬处虚空，作倡伎乐发微妙音。"

【如奉仏/ほとけにたてまつるがごとし】 三字 就像侍奉释尊一样。《续日本纪》卷19《孝谦纪》天平胜宝八年五月条："壬申，奉葬太上天皇于佐保山陵。御葬之仪，**如奉佛**。供具有师子座香炉、天子座金轮幢、大小宝幢、香幢、花缦、盖伞之类。在路、令笛人奏行道之曲。"（第三册，p. 16）西晋竺法护译《佛说大方等顶王经》卷1："其定光诸佛，所供养奉事，见诸菩萨法，是第一供养；是供养第一，**如奉佛**世尊，从其授决已，当得致正觉。"失译人名今附梁录《牟梨曼陀罗咒经》卷1："其佛左边作摩尼伐折啰菩萨，当作四面有十六臂，右手把如意珠，**如奉佛**势，左手把莲华。"

【如仏説/ほとけのときたまへるがごとし】 比喻 就像佛陀所说的那样。《日本灵异记》中卷《佛铜像盗人所捕示灵表显盗人缘第22》："《涅槃经》十二卷文，**如佛说**：'我心重大乘。闻婆罗门诽谤方等，断其命根。以是因缘，从是以来，不堕地

狱。'"（p. 206）后汉支娄迦谶译《道行般若经》卷6《怛竭优婆夷品》："须菩提言：'**如佛说**本，无不可逮，愿解不可逮，慧有增有减。'"姚秦鸠摩罗什译《大智度论》卷10《序品》："**如佛说**：'我自忆念宿世，一日施人千命。度众生故，虽诸功德、六波罗蜜一切佛事具足，而不作佛，恒以方便，度脱众生。'"刘宋求那跋陀罗译《杂阿含经》卷31："**如佛说**六经，如是异比丘问六经，佛问诸比丘六经，亦如是说。"

【如仏所説/ほとけのときたまへるがごとし】四字　正如佛所说的一样。《日本书纪》卷24《皇极纪》元年七月条："苏我大臣报曰：'可于寺寺转读大乘经典。悔过**如佛所说**，敬而祈雨。'"（第三册，p. 64）后汉支娄迦谶译《道行般若经》卷5《分别品》："须菩提言：'**如佛所说**，度为诸法得阿惟三佛。何以故？无所著耶？'"西晋竺法护译《生经》卷2："尔时贤者舍利弗谓目揵连：'贤者已说，吾等之类，盍各言志，随其辩才，各宣其意，宁可俱往，诣佛大圣，启说此事？**如佛所说**，吾当奉行。'"姚秦鸠摩罗什译《维摩诘所说经》卷3《嘱累品》："弥勒菩萨，闻说是已，白佛言：'世尊。未曾有也。**如佛所说**，我当远离，如斯之恶，奉持如来，无数阿僧祇劫所集阿耨多罗三藐三菩提法。'"唐义净译《金光明最胜王经》卷5《依空满愿品》："尔时，善女天答梵王曰：'大梵王，**如佛所说**，实是甚深。一切异生，不解其义，是圣境界，微妙难知。'"

【如仏所言/ほとけののたまふところのごとし】四字　正如佛所说的那样。《唐大和上东征传》："师［师］相传，遍于寰宇。**如佛所言**，我诸弟子，展转行之，即为如来，常在不灭；亦如一灯，燃百千灯，瞑者皆明明不绝。"（p. 96）吴竺律炎译《佛说三摩竭经》卷1："五百梵天闻佛语，应时举声言：'善哉！审**如佛所言**。'于是五百梵天，忽然不见。"西晋竺法护译《正法华经》卷7《安行品》："其有志求，斯尊道者，普当受决，**如佛所言**。"姚秦鸠摩罗什译《维摩诘所说经》卷3《香积佛品》："文殊师利曰：'**如佛所言**，勿轻未学。'"

【如釜地獄/かなへのごときぢごく】比喻　就像铜釜地狱一样。"釜地狱"，铜釜地狱的略称。因前世造孽，后世转生该地狱，身受铜锅沸水的煎熬。《日本灵异记》下卷《假官势非理为政得恶报缘第35》："还时见之，大海之中，有**如釜地狱**。其中有如黑梓之物，而涌返沉，浮出。"（p. 353）梁诸大法师集撰《慈悲道场忏法》卷9："今日道场，同业大众，重复至诚，普为十方，尽虚空界，一切地狱：想地狱黑砂地狱、铁身地狱火井地狱、石臼地狱沸砂地狱、刀兵地狱饥饿地狱、铜**釜地狱**，如是等无量地狱，今日现受苦众生，（某甲）等今日以菩提心力，普为归依，世间大慈悲父。"隋阇那崛多等合译《起世经》卷2《地狱品》："诸比丘，此八大地狱，各各复有，十六小地狱，周匝围绕，而为眷属。是十六狱，悉皆纵广，五百由旬。何等十六？所谓黑云沙地狱、粪屎泥地狱、五叉地狱、饥饿地狱、燋渴地狱、脓血地狱、一铜**釜地狱**、多铜**釜地狱**、铁硙地狱、函量地狱、鸡地狱、灰河地狱、斫截地狱、剑叶地狱、狐狼地狱、寒冰地狱。”隋达摩笈多译《起世因本经》卷2《地狱品》中亦见同文。

【如谷響/たにのひびきのごとし】比喻 （恶报）仿佛谷中回响声一样。《日本灵异记》下卷《序》：“恶报遄来如水镜，向之即现。夸力飒被**如谷响**，唤之必应。”（p.260）（1）高齐那连提耶舍译《月灯三昧经》卷9：“智者演说一切言，不以语言易彼心。知诸言音**如谷响**，是故于言无取著。”唐玄奘译《大般若波罗蜜多经》卷460《巧便品》：“是菩萨摩诃萨，观察一切，声**如谷响**，色如聚沫。不应于中，妄起瞋恨，坏诸善品。”（2）陈真谛译《摄大乘论释》卷6《释应知胜相品》：“为对治口业，故说**谷响**譬。由此譬显，口业为因，有口业果报，由**如谷响**。”→【如水鏡】

【如谷応音/たにのこゑにこたふるがごとし】自创 如同山谷里的回音一样。《日本灵异记》上卷《序》：“善恶之报，如影随形。苦乐之响，**如谷应音**。”（p.54）（1）唐文益撰《宗门十规论》卷1：“曹洞则敲唱为用，临济则互换为机，韶阳则函盖截流，沩仰则方圆默契。**如谷应**韵，似关合符。”宋蕴闻编《大慧普觉禅师语录》卷23：“妙喜常常说与学此道者，若是真实、见道之士，如钟在虚，**如谷应**响，大扣大鸣，小扣小应。”宋延寿集《宗镜录》卷75：“心凡则三毒萦缠，心圣则六通自在，心空则一道清净，心有则万境纵横。**如谷应**声，语雄而响厉；似镜鉴像，形曲而影凹。以知万行由心，一切在我。”高丽知讷撰《真心直说》卷1：“真心妙用，随感随现，**如谷应**声。”（2）唐道宣撰《续高僧传》卷18：“然则凡夫学人，妄情未尽，不能齐彼我均苦乐遗欣厌亡是非。故须回向愿求，标心所诣，然后往生耳。其实则不然，譬犹明镜现形，空**谷应**声，影响之来，岂云远乎?”按：《日本古典文学大系》”栏上的注释例引《考证》指出，唐道宣撰《广弘明集》卷29梁武帝《净业赋》：“若空**谷**之**应**声。似游形之有影。”

【如火焰/ほのほのごとし】比喻 （身上发出的光）如同火焰一样。《日本书纪》卷20《钦明纪》十二年是岁条：“德尔等昼夜相计将欲杀，时日罗身光有**如火焰**。由是德尔等恐而不杀。”（第二册，p.484）元魏瞿昙般若流支译《正法念处经》卷40《观天品》：“有大光明，遍虚空中，**如火焰**炽。”隋阇那崛多译《不空罥索咒经》卷1：“在彼像前长跪，设饮食已，当诵咒一千八遍。尔时行者，在于像前，即见自身，出大光明，犹**如火焰**。既自见已，生大欢欣，乃至观世音菩萨，自来现身，随其心愿，皆悉与之。”唐玄奘译《不空罥索神咒心经》卷1：“食讫澡漱，往佛像前，烧沉水香，至诚顶礼，专心诵此，大神咒心，满八千遍。尔时行者，自见其身，遍放光明，犹**如火焰**。见是事已，欢喜踊跃。时观自在，便现其前，随所愿求，皆令满足。”

【如鏡面/かがみのおもてのごとし】比喻 洁净如镜子的表面。《日本书纪》卷21《用明纪》元年五月条：“于殡庭诔曰：‘不荒朝庭，净如镜面，臣治平奉仕。’”（第二册，p.500）（1）东晋法显译《佛说大般泥洹经》卷5：“愚人见月，犹**如镜面**；中人见月，犹如车轮；上人见月，圆五由旬。”（2）唐慧琳集《建立曼荼罗及拣择地法》

卷1："每填土一重，即以加持香水一洒乃至填满。皆如是作。填土满已，筑令坚实，平如镜面。"唐宝思惟译《不空罥索陀罗尼自在王咒经》卷3："应离荆棘，骨石瓦砾，高下不平，秽草稠林，险恶之地。于其好处，除去恶土，好土填之，泥涂摩拭，平坦如掌，周遍细滑，犹如镜面。"《敦煌变文·维摩诘经讲经文（二）》："俱持宝盖出城来，扫洒天街如镜面。"→【鏡面】

【如来/にょらい】佛名（6例） 梵语 tathāgata 的译名。音译为"多陀阿伽陀"。如实来至者、真如到来者、如如而来者之意。佛的十号之一。《日本灵异记》上卷《凶人不敬养奶房母以现得恶死报缘第23》："所以经云：'不孝众生，必堕地狱。孝养父母，往生净土。'是如来之所说，大乘之诚言矣。"（p. 110）又中卷《女人大蛇所婚赖药力得全命缘第41》："夫恋，母啼，妻咏，姨泣。佛闻妻哭，出音而叹。阿难白言：'以何因缘，如来叹之？'"（p. 251）《唐大和上东征传》："大和上诞生象季，亲为佛使，经云：'如来处处度人，汝等亦斅如来，广行度人。'"（p. 95）又："如佛所言，我诸弟子展转行之，即为如来常在不灭；亦如一灯燃百千灯，瞑者皆明明不绝。"（p. 96）《续日本纪》卷27《称德纪》天平神护二年十月条："然今示现赐〈弊流〉如来〈乃〉尊〈歧〉大御舍利〈波〉、常奉见〈余利波〉大御色〈毛〉光照〈天〉甚美〈久〉、大御形〈毛〉円满〈天〉别好〈久〉大末之〈末世波〉、特〈尔〉久须之〈久〉奇事〈乎〉思议〈许止〉极难〈之〉。"（第四册，p. 132）后秦佛陀耶舍、竺佛念等合译《长阿含经》卷12："佛于初夜，成最正觉，及末后夜，于其中间，有所言说，尽皆如实，故名如来。复次，如来所说如事，事如所说，故名如来。"姚秦鸠摩罗什译《大智度论》卷55《散华品》："如锭光佛等智，知诸法如，从如中来，故名如来；释迦文佛亦如是来，故名如来。"北凉昙无谶译《大般涅槃经》卷18《梵行品》："云何名如来？如过去诸，佛所说不变。云何不变？过去诸佛，为度众生，说十二部经，如来亦尔。故名如来。诸佛世尊从六波罗蜜三十七品十一空来至大涅槃，如来亦尔。是故号佛为如来也。诸佛世尊，为众生故，随宜方便，开示三乘，寿命无量，不可称计，如来亦尔。是故号佛为如来也。"→【阿弥陀如来】【蘆舍那如来】【尺迦如来】【薬師如来木像】

【如来出世/にょらいしゅっせ】四字 此谓如来出现于世间成佛，以教化众生。《藤氏家传》下卷《武智麻吕传》："公以为：'如来出世，演说诸法，教化众生，令树善业。'"（p. 330）后汉昙果、康孟详合译《中本起经》卷1《化迦叶品》："如来出世，亦有三焉：一曰一切大智，照除愚冥；二曰分部五道，言行所由；三曰权慧拯济，利而安之。"北凉昙无谶译《大般涅槃经》卷40《憍陈如品》："如来出世，如优昙花，于今中夜，当般涅槃。若有所作，可及时作，莫于后日，而生悔心。"隋阇那崛多译《佛本行集经》卷3《受决定记品》："如来出世，难见难逢，今既遭遇，欲买此华，上然灯如来。多陀阿伽度、阿罗呵、三藐三佛陀，种诸善根，为未来世，求于阿耨多罗三藐三菩提。"→【佛出世】

【如来肉舍利/にょらいのにくしゃり】多音　如来的骨身、遗骨。《唐大和上东征传》："所将**如来肉舍利**三千粒，功德绣普集变一铺、阿弥陀如来像一铺、雕白栴檀千手像一躯、绣千手像一铺、救［苦］观世音像一铺、药师、弥陀、弥勒菩萨瑞像各一躯。"（p. 87）唐玄奘译《瑜伽师地论》卷 1 唐许敬宗制《后序》："以贞观十九年，持**如来肉舍利**一百五十粒，佛像七躯，三藏圣教要文凡六百五十七部，二月六日还至长安，奉敕于弘福寺安置。"唐智升撰《开元释教录》卷 8："奘于西域请得**如来肉舍利**一百五十粒，金佛像一躯通光座高尺有六寸。"

【如来之座/にょらいのざ】四字　犹言"法空座"，即以"一切法空"自安而安他如座。"法空"，意谓没有客观存在的东西。《续日本纪》卷 15《圣武纪》天平十五年正月条："仰愿，梵字增威，皇家累庆，国土严净，人民康乐，广及群方，绵该广类，同乘菩萨之乘，并坐**如来之座**。像法中兴，实在今日。凡厥知见，可不思哉。"（第二册，p. 416）西晋法炬译《法海经》卷 1："此**如来之座**，贤圣之会，度世者之聚，清净道德者，之所集处，此座犹如，栴檀之林，卿以伊兰臭秽，乱于真正。"姚秦竺佛念译《最胜问菩萨十住除垢断结经》卷 4《成道品》："夫人习近，著乐痛者，便自远离，**如来之座**，不应如来贤圣戒律，自今永息，不复生痛，使诸众生，观痛无主。"唐菩提流志译《大宝积经》卷 36《金毘罗天受记品》："所谓最上之座，法座微妙座，胜过一切三界座，尊胜座佛座，**如来之座**。我当于此坐，为欲利益一切众生故，说大乘菩萨行所依经，名微妙吉祥大菩萨藏。"

【如露/つゆのごとし】比喻　像露珠一样（容易消融、泯灭）。《万叶集》卷 16 第 3788 ~ 3790 首："娘子叹息曰：'一女之身，易灭**如露**；三雄之志，难平如石。'"（第四册，p. 90）后汉安世高译《地道经》卷 1："是身为譬如车常行至葬地，是身为譬**如露**雾不久止。"西晋竺法护译《修行地道经》卷 6《观品》："是身如萎华，疾至老耄，是身**如露**，不得久立。"元魏菩提流支译《金刚般若波罗蜜经论》卷 3："又**如露**身亦如是，以少时住故。"又《金刚仙论》卷 10："五**如露**者，如草上朝露，见日则落。阴身亦然，生已即灭，念念迁谢，暂时不住，以体虚不实，无常故也。"

【如羅睺羅/らごらのごとし】比喻　佛祖对待众生，如同对待自己的儿子罗睺罗一样等观齐视，满含慈悲。《万叶集》卷 5 第 802 ~ 803 首《思子等歌一首并序》歌序："释迦如来，金口正说，等思众生，**如罗睺罗**。"（第二册，p. 29）刘宋求那跋陀罗译《央掘魔罗经》卷 1："央掘魔罗，汝今疾来归依如来。央掘魔罗，莫怖莫畏。如来大慈，是无畏处，等视众生，**如罗睺罗**。"按：《新编日本古典文学全集》栏上的注释例引唐义净译《金光明最胜王经》卷 1《如来寿量品》："普观众生爱无偏党**如罗怙罗**。"又引北凉昙无谶译《大般涅槃经》卷 1《寿命品》："今日如来，应正遍知，怜愍众生，覆护众生，等视众生，**如罗睺罗**。"这里有如下几点需要进一步澄清。第一，歌序中"等思众生，如罗睺罗"一句，更早的书证可上溯至《央掘魔罗经》。第二，"等思众生”的说法为山上忆良创用。如上揭诸例所示，佛典中的说法是“等视众生”“普观众生”等，未见“等思众生”的说法。第三，佛典中“等视众生”的具体含义，如引例“爱”“怜愍”和“大慈”所示，指佛对待众生一视同仁，如同对待自己的儿子罗睺罗一样，充满了慈悲的情怀。第四，山上忆良将佛典成句中的“视（观）”改换成“思”，既是出于“思子”歌主题表达的需要，又客观地反映了山上忆良的父子观。显然，这是山上忆良自己的解释，与其文中的“爱无过子”“爱子之心”等一样，均与佛教的义理相去甚远。

【如墨而卒/すみのごときにしてしぬ】 自创 被火烧得像木炭一样死去。《日本灵异记》中卷《打法师以现得恶病而死缘第35》：“王经三日，**如墨而卒**。”（p. 240）

【如其不尔/もしそれしからずは】 口语 如果不是这样的话。《日本书纪》卷3《神武纪》即位前纪条：“又祈之曰：‘吾今当以严瓮，沉于丹生之川。如鱼无大小悉醉而流，譬犹被叶之浮流者，吾必能定此国。**如其不尔**，终无所成。’”（第一册，p. 214）（1）东晋慧远问、罗什答《鸠摩罗什法师大义》卷3：“此又似香像，先学兔马之涉水，然能蹈涉于理深乎。**如其不尔**，遍学之义，未可见也。”唐义净译《根本说一切有部毘奈耶出家事》卷1：“其影胜太子，为人犷暴，违盟负信，不受征科。幸愿大王，早为先策。**如其不尔**，恐招后患。”唐道世撰《法苑珠林》卷48：“大丈夫生当降魔，死当饲虎。**如其不尔**，徒生何益？”（2）《世说新语·排调第25》：“桓玄素轻桓崖，崖在京下有好桃，玄连就求之，遂不得佳者。玄与殷仲文书，以为嗤笑曰：‘德之休明，肃慎贡其楛矢；**如其不尔**，篱壁间物，亦不可得也。’”（p. 442）《宋书》卷74《沈攸之传》：“君诸人既有志心，若能与薛子弟俱来者，皆即假君以本乡县，唯意所欲；**如其不尔**，无为空劳往还。”（p. 1930）《魏书》卷38《刁雍传》：“若送吾出境，便是再生之惠，**如其不尔**，辄欲自裁。”（p. 874）

【如前日/さきのひのごとし】 三字 就像前几天那样。《日本书纪》卷11《仁德纪》即位前纪条：“于是，海人之苞苴，鲧于往还。更返之，取他鲜鱼而献焉。让**如前日**。鲜鱼亦鲧。”（第二册，p. 26）（1）刘宋佛陀什、竺道生等合译《弥沙塞部和醯五分律》卷2：“乃过去世，于恒水边，有一仙人，住于石窟。尔时龙王，日从水出，以身七匝，围绕仙人，舒头在上，下向敬视。仙人后时，游行人间，弟子守窟。龙亦**如前日**来恭敬，弟子怖畏，即大羸瘦。”唐道世撰《法苑珠林》卷31：“鼠还穴，后至期复出，更冠帻皂衣而语曰：‘周南汝日中当死。’周南复不应，鼠复入穴。斯须复出复入，转行数语**如前日**。”（2）《贞观政要》卷10《慎终》：“既有所弊，易为惊扰，脱因水旱，谷麦不收，恐百姓之心，不能**如前日**之宁帖。此其渐不克终，十也。”《全唐文》卷212陈子昂《谏灵驾入京书》：“陛下不深察始终，独违群议，臣恐三辅之弊，不止**如前日**矣！”（p. 2147）

【如犬嚙枯骨/いぬのかれたるほねをかぶるがごとし】 比喻 如同饿狗啃咬没有

多少肉的骨头一样。比喻欲望难以得到满足。《日本灵异记》下卷《奉写〈法华经〉经师为邪淫以现得恶死报缘第18》："复《涅槃经》云：'知五欲法，无有欢乐，不得暂停，**如犬啮枯骨**，无饱厌期。'者，其斯谓也矣。"（p. 306）→【五欲法】

【如上高山～似入深谷～/たかきやまにのぼるがごとし～ふかきたににいるににたり】 比喻 《唐大和上东征传》："沸浪一透，**如上高山**；怒涛再至，**似入深谷**。"（p. 63）（1）如同攀登高山一样。唐李通玄撰《新华严经论》卷2："解云：以处表法者，为至法际，无相可得。**如上高山**，至相尽处故，以无相性，能现色身，无心性中，知见自在。观机摄益，名之为妙。善害烦恼，名之曰峯。具足知见出过情境，智逾高远不动为山。"又卷7："升须弥山顶者，明从前信心，今升十住，法王山顶，至法之际，智照无碍，**如上高山**至相尽处故。又山者，表定能发慧故，从兹以去，任法无功，始终俱佛，不从八地，方具无功。"唐法砺撰述《四分律疏》卷2："多论云：受舍虽可相对，违顺路殊，难易事别。受顺难成，**如上高山**。退返事易，如从高坠。又受如集，宝要假多缘。舍如散宝，须臾败坏。故不相类。"（2）好似进入了深山溪谷。疑似自创比喻表达。唐玄奘译《大唐西域记》卷12："或**入深谷**，或上高崖，盛夏合冻，凿冰而度。"宋赞宁等撰《宋高僧传》卷8："释道亮，姓朱氏，越州人也。厥考前刺会稽郡。亮年八岁，出家极通经业。受具后学河中三论，复讲《涅槃经》。寻**入深谷**，破衣覆形，蔬食资命，不交俗务，直守童真。"崔颢《赠王威古》："插羽两相顾，鸣弓新上弦。射麋**入深谷**，饮马投荒泉。"

【如上具述/かみのごとくつぶさにのぶ】 说词 就像上面详细叙述的一样。《日本灵异记》下卷《沙门凭愿十一面观世音像得现报缘第3》："亲王闻之，问弟子言：'以何因缘，今斯禅师如是白耶？'弟子答之，**如上具述**。"（p. 268）唐道宣撰《四分律删繁补阙行事钞》卷2："此之八名，经论及律盛列通数，显过不应，相承次比，**如上具述**，不出佛经。"古逸部《律抄第三卷手决》卷1："相丞次比，**如上具述**者，如上八文，散在经律，不依次第，有人集著一处，故云不出佛经。"

【（白："～"）如是白已～/まをさく～かくまをしおわる】 说词 （说道："……"）这样说了以后……。《元兴寺伽蓝缘起并流记资财账》："同日聪耳皇子**白**：'……以三称名，永世应流布也。如是符诸臣。'**如是白已**，即发愿白言。"姚秦鸠摩罗什译《摩诃般若波罗蜜经》卷27《法尚品》："萨陀波仑菩萨摩诃萨受释提桓因曼陀罗华，散昙无竭菩萨上，**白言**：'大师，我从今日，以身属师，供给供养。'**如是白已**，合掌师前立。"梁僧伽婆罗译《文殊师利所说般若波罗蜜经》卷1："如是念已，各**白**佛**言**：'世尊，如来今日，放此光明，非无因缘，必说妙法。我等渴仰，乐如说行。'**如是白已**，默然而往。"

【如是不信/かくうけたまはずは】 总括 就像这样不相信。《日本书纪》卷9《神功纪》摄政前纪条："（一云）时神称其名曰：'表筒雄、中筒雄、底筒雄。'如是

称三神名，且重曰：‘吾名向匮男闻袭大历五御魂速狭腾尊也。’时天皇谓皇后曰：‘闻恶事之言坐妇人乎？何言速狭腾也。’于是神谓天皇天皇曰：‘汝王**如是不信**，必不得其国。唯今皇后怀姙之子，盖有获欤。’”（第一册，p. 432）西晋竺法护译《佛说阿惟越致遮经》卷2：“贤者阿难，承佛威神，问文殊师利曰：‘何故世尊，默而不言？’文殊师利报曰：‘最于后末，五浊世时，人法**如是，不信**深经，佛故默然。’”元魏瞿昙般若流支译《正法念处经》卷52：“所谓谨慎，不放逸者，谓于富乐，欲等不信，观知无常，作如是知。此欲无常，转动不定，则不可信。不久破坏，不久失灭。**如是不信**，安隐之事，故不放逸。”北凉浮陀跋摩、道泰等译《阿毘昙毘婆沙论》卷53：“居士子，于意云何？**如是不信**者，岂非嫌责，诸信者耶？居士子白佛言：‘世尊，实生嫌责。’”

【如是称名/かく なをなのる】 总括　就像这样称呼名字。“称名”，亦作“称佛”“唱名”“念佛”。即称念诸佛、菩萨之名号，目的在于袪除灾害苦恼，消灭罪障，往生净土，乃至得不退转。《日本书纪》卷9《神功纪》摄政前纪仲哀天皇九年十二月条：“（一云）时神称其名曰：‘表筒雄、中筒雄、底筒雄。’**如是称**三神**名**，且重曰：‘吾名向匮男闻袭大历五御魂速狭腾尊也。’”（第一册，p. 432）元魏吉迦夜、昙曜合译《杂宝藏经》卷6：“**如是称**差摩释**名**，余人亦**如是称名**，便得眼净。得眼净已，使暗除，使瞙除。若是风瞖，若热瞖，若是冷瞖，若等分瞖，莫烧，莫煮，莫肿，莫痛，莫痒，莫流泪。”隋菩提灯译《占察善恶业报经》卷1：“次当称名，若默诵念，一心告言：‘南无地藏菩萨摩诃萨。’**如是称名**，满足至千，经千念已，而作是言：‘地藏菩萨摩诃萨，大慈大悲，唯愿护念，我及一切众生，速除诸障，增长净信，令今所观，称实相应。’”唐一行慧觉依经录《华严经海印道场忏仪》卷42：“以虔诚心念弥陀，**如是称名**至十念：‘惟愿慈悲护念我，我及一切诸众生。’”按：称名念佛的意义，如唐怀感撰《释净土群疑论》卷7所言：“故《大集日藏分经》言：‘大念见大佛，小念见小佛；大念者大声称佛也，小念者小声称佛也。’”

【如是重重/かく のごとく かさねがさね】 总括　这样反反复复地。《日本灵异记》中卷《呰读〈法华经〉僧而现口喎斜得恶死报缘第18》：“同郡高丽寺僧荣常，常诵持《法华经》。彼白衣，与僧居其寺，暂间作碁。僧作碁条言：‘荣常师之碁手乎。’每遍之言。白衣呰僧，故戾己口，效言而曰：‘荣常师碁手乎？’**如是重重**，不止犹效。”（p. 196）唐阿地瞿多译《陀罗尼集经》卷12《佛说诸佛大陀罗尼都会道场印品》：“阿阇梨把跋折罗，应当问彼诸弟子言：‘汝等必能决定，受我诸佛等说秘密法藏，不生疑惑不？’徒众答言：‘我等于佛法中，决定诚信，不生疑惑。’（**如是重重**，三问三答）”唐义净译《根本说一切有部毘奈耶杂事》卷5：“彼作是念：‘随其大作，于我何伤？’即造大钵。彼见钵已，报言：‘更作小者，置大钵中。’**如是重重**，乃至于七。既作得已，即使弟子，俱洗令净，以五色线，结为钵络，次第重叠，置钵络中，即令求寂，顶戴而去。”唐法藏撰《梵网经菩萨戒本疏》卷1：“又此杂类并皆摄在莲华藏世界海中，是故华藏，亦说无尽。又以华藏界一一尘中现一切世界，如因陀罗网。**如是重重**，无尽无尽，出过思议之表，此等并是卢舍那常转法轮处也。”

【如是三遍/かくのごとくすることみたびなり】 总括　这样重复了三次。《日本灵异记》下卷《假官势非理为政得恶报缘第35》：“告火君言：‘待耶，物白耶?’即亦涌返沈，一复浮而言：‘待！物白。’**如是三遍**。”（p. 353）唐阿地瞿多译《陀罗尼集经》卷1《释迦佛顶三昧陀罗尼品》：“晨朝净洒手面漱口竟，正面向东，咒一掬水三遍，洒于头顶面身心上。**如是三遍**，一切众人，见者欢喜，所往之处，无有障碍。”隋智顗说《摩诃止观》卷8：“若治之法，闭口蹙鼻，不令气出；待气遍身，然后放气，令长远；从头至足，遍身皆作出想，牵之令尽。**如是三遍**，然后诵咒。”唐善无畏译《苏悉地羯罗供养法》卷1：“其手印相，以右手，指左手掌。**如是三遍**（此是辟除手印）。”

【（言：“～”）如是誓已～/（いいたまひしく～と）かくちかひをはりて～】 总括　（说道：“……”）这样发顽誓后……《元兴寺伽蓝缘起并流记资财账》：“尔时天皇即从座起合掌，仰天至心流泪发忏悔**言**……**如是誓已**，即大地动摇，震雷卒雨大雨，悉净国内。”姚秦鸠摩罗什译《大智度论》卷14《序品》：“自思惟**言**：‘今我此身，以施诸虫。为佛道故，今以肉施，以充其身；后成佛时，当以法施，以益其心。’**如是誓已**，身干命绝，即生第二，忉利天上。”唐菩提流志译《大宝积经》卷89：“子**白**父母：‘我从今日，不食诸味，不升床坐，不食苏油，不饮浆水。若善若恶，口不言说，乃至得出家。迦叶，大精进菩萨！’**如是誓已**，默然而住。如是默然，一日不食。”

【如視掌中/しょうちゅうをみるがごとし】 比喻　如同看自己手掌中的庵摩罗果一样一清二楚。犹言了如指掌。《日本书纪》卷19《钦明纪》十一年二月条：“十一年春二月辛巳朔庚寅，遣使诏于百济曰：‘朕依施德久贵、固德马进文等所上表意，一一教示，**如视掌中**。思欲具情。冀将尽抱。’”（第二册，p. 412）元魏月婆首那译《僧伽咤经》卷2：“一切善根，悉皆现前，**如视掌中**，庵摩罗果。”未详撰者今附梁录《陀罗尼杂集》卷1：“我大势至菩萨，威神力故，令此行人，所修转胜，悉得成办。有诸行人，在所生处，得宿命智。百生千生，百千万亿生，通达无碍，**如视掌中**，阿摩勒果。”隋阇那崛多等译《起世经》卷7：“当于是时，了了分明。忆宿世事，**如视掌中**。”宋宝臣述《注大乘入楞伽经》卷8《如来藏性品》：“大慧此如来藏藏识（至）**如观掌中**，庵摩勒果：外道妄觉；二乘偏觉，非现前见；菩萨分觉虽胜，亦未究竟；如来现见如来藏，**如视掌中**庵摩勒果，皎然非谬。”按：“了如指掌”，语出《论语·八佾》：“或问禘之说。子曰：‘不知也；知其说者之于天下也，其如示诸斯乎！’指其掌。”何晏集解引包咸曰：“孔子谓或人言知禘礼之说者，于天下之事，如指示掌中之物，言其易了。”

【如是之事/かくのごときこと】 总括　像这样的事情。《上宫圣德法王帝说》：“太子所问之义，师有所不通。太子夜梦见金人，来教不解之义。太子寤后，即解之，

乃以传于师，师亦领解。**如是之事**，非一二耳。”（1）吴支谦译《菩萨本缘经》卷1《一切施品》：“既饱满已，王即问言：‘大婆罗门，是处可畏，无有人民；是中唯是闲静，修道之人，独住之处。仁何缘来？’婆罗门言：‘汝不应问我是事，汝是福德，清净之人，远离家居，牢狱系缚，何缘问我**如是之事**？’”唐实叉难陀译《大方广佛华严经》卷62《入法界品》：“善哉，善哉！善男子，汝已能发阿耨多罗三藐三菩提心，复能请问！诸菩萨行。**如是之事**，难中之难。”唐义净译《金光明最胜王经》卷6《四天王护国品》：“或隐林薮，或造宝珠，或欲众人爱宠，或求金银等物，欲持诸咒，皆令有验。或欲神通，寿命长远，及胜妙乐，无不称心。我今且说，**如是之事**，若更求余，皆随所愿，悉得成就，宝藏无尽，功德无穷。”（2）《全梁文》卷7梁武帝《断酒肉文》：“啖食之时，此物有灵，即生忿恨，还成怨对，向者至亲，还成至怨，**如是之事**，岂可不思？”

【如水火/みづとひとのごとくなり】 比喻 互不相容。喻势不两立。《日本灵异记》中卷《依汉神崇杀牛而祭又修放生善以现得善恶报缘第5》：“爰余居中而七非人与千万余人，每日诉诤**如水火**。”（p. 159）（1）姚秦鸠摩罗什译《大智度论》卷17《序品》：“若勤修道法，恼害则不行，善恶势不并，如水火相背。”梁僧佑撰《出三藏记集》卷8：“相与无相，有**如水火**。二性相违，岂得共贯。”隋阇那崛多译《佛本行集经》卷21《王使往还品》：“若乐寂定，复贪世务，此二相乖，天地悬远，譬**如水火**，不得共居。”唐阿地瞿多译《陀罗尼集经》卷9《乌枢沙摩金刚法印咒品》：“若夫妻相憎，犹**如水火**，咒五色缕，一咒一结，成一七结，系臂肘后，诸钦皆喜。若有县官，口舌诤颂，咒五色缕，一咒一结，成一七结。亦依前法，即得解脱。”（2）《魏书》卷81《山伟传》：“（山伟）与綦儁少甚相得，晚以名位之间，遂若**水火**。”（p. 1794）

【如水镜/みづのかがみのごとし】 比喻 如同东西立刻显影在水镜上一样。《日本灵异记》下卷《序》：“恶报遄来**如水镜**，向之即现。夸力飒被如谷响，唤之必应。”（p. 260）隋智顗说《方等三昧行法》卷1：“心路清净，善恶皆现。喻**如水镜**，澄明众像皆现。”唐实叉难陀译《大乘入楞伽经》卷7《偈颂品》：“彼过失显然，妄计者不觉；**如水镜**及眼，现于种种影。”宋昙摩蜜多译《虚空藏菩萨神咒经》卷1：“摄取诸见，犹**如水镜**，魔怨中铠，毁戒者药。”→【如谷響】

【如斯等類/かくのごときなどのたぐひ】 总括 像这一类。《续日本纪》卷36《高绍纪》宝龟十一年正月条：“又诸国国师，诸寺镇三纲，及受讲复者，不顾罪福专事请托，员复居多侵损不少。**如斯等类**，不可更然，宜修护国之正法，以弘转祸之胜缘。凡厥梵众，知朕意焉。”西晋竺法护译《持人菩萨经》卷4《飏陀和五百人品》：“又复阿难，当为汝等，现其证明。**如斯等类**，安隐众生，正使三千世界，一切众生，皆由想行，故堕地狱。”唐义净译《根本说一切有部毘奈耶》卷39：“世尊告曰：‘汝等苾刍众，应与彼无相苾刍，作别谏事。若复更有，**如斯等类**，应如是作。’”唐道宣撰《续高僧传》卷2："自兹以后，迭相祖述，旧典成法，且可宪章，展转同见，因循共写，莫问是非，谁穷始末。僧鬘惟对面之物，乃作华鬘、安禅本合掌之名，例为禅定。**如斯等类**，固亦众矣。"→【如此等類】

【如我所思/あがおもふところのごとし】所字　就像我想的那样。《古事记》中卷《应神记》："次大雀命知天皇所问赐之大御情而白：'兄子者，既成人，是无悒。弟子者，未成人，是爱。'尔天皇诏：'佐邪歧，阿艺之言，**如我所思**。'"（p. 258）陈真谛译《佛说解节经》卷1："作如是言：'**如我所思**，此是真实，异此非真，虽随世言，为显实义。是人不须，重更思惟。'"

【如先具述/さきのごとくつぶさにのぶ】说词　正像上面详细说的那样。《日本灵异记》下卷《髑髅目穴笋揭脱以祈之示灵表缘第27》："父母为拜诸灵，入其屋里，见牧人而惊，问于入来之缘。牧人于是，**如先具述**。"（p. 333）唐玄奘译《大乘广百论释论》卷7《破根境品》："论曰：'如诸幻事体实虽无而能发生种种妄识，眼等亦尔。体相皆虚，如矫诳人，生他妄识，想随此发。境岂为真？根境皆虚。**如先具述**。'"

【如意珠/にょいのたま】三字　能随意取出无量财宝的宝珠，亦称"如意宝珠""如意宝"。用以表示佛与经典的威德伟大。《日本书纪》卷8《仲哀纪》二年七月条："秋七月辛亥朔乙卯，皇后泊丰浦津。是日，皇后得**如意珠**于海中。"（第一册，p. 406）唐慧琳撰《一切经音义》卷27："摩尼：末尼，**如意珠**也。"宋希麟集《续一切经音义》卷6："振多摩尼：或云真多末尼，皆梵语，轻重也，此译云**如意珠**是也。"宋法云编《翻译名义集》卷2："迦楼罗：《文句》：此云金翅，翅翮金色，两翅相去，三百三十六万里，颈有**如意珠**，以龙为食。肇曰金翅鸟神。"又卷3："《大论》云：如意珠状如芥粟。又云：**如意珠**出自佛舍利。若法没尽时，诸舍利皆变为**如意珠**。"元魏慧觉等译《贤愚经》卷8《大施抒海品》："于时大施，不欲上船，诸人悉集，问其意故，大施答言：'我欲前进，至龙王宫，求**如意珠**，尽我身命，不得不还。'"西晋竺法护译《生经》卷1："海中诸龙，及诸鬼神，悉共议言：'此**如意珠**，海中上宝，非世俗人，所当获者。'"东晋佛驮跋陀罗译《佛说观佛三昧海经》卷4《观相品》："琉璃地上，复生诸树，树有四龙。其龙顶上，有**如意珠**，其珠光明，遍照龙身，令龙及树，纯黄金色。其龙奋迅龙诸毛孔出金色光，其光直照下方无量世界。"又《大方广佛华严经》卷44《入法界品》："譬如**如意珠**，能满一切意，最胜亦如是，悉满诸净愿。"唐澄观撰《大方广佛华严经疏》卷16《贤首品》："喻**如意珠**，略有五义：一胜义，法宝中王故；二希义，非佛轮王余无有故；三净义，能不信浊故；四贵义，出位行宝等不可尽故；五蕴义，蕴众德物无障碍故。"按：《新编日本古典文学全集》栏上的注释指出："与'如意宝珠'同。佛教词（《二菩萨经》等）。是一种不可思议的宝玉，能够满足人的一切愿望。据《酉阳杂俎·忠志》载，代宗即位伊始，楚州敬献的玉石之一，鸡蛋一般大小。未详是否属于同一类型。"

【汝等莫轻/なむだち、あなづることなかれ】 口语　你们千万不要轻视。《日本灵异记》上卷《勤求学佛教弘法利物临命终时示异表缘第22》："三藏语弟子曰：'是人还更将化多人，**汝等莫轻**，可能供给。'"（p. 108）刘宋佛陀什、竺道生等译《弥沙塞部和醯五分律》卷15："五人复言：'卿先如是，难行苦行，尚不得过人法，圣利满足。况今失道，放恣多欲，过人之法，其可得乎？'佛复告曰：'**汝等莫轻**如来无上正觉。佛不失道，亦不多欲。'五人闻已，乃舍本心。"唐楼颖撰《善慧大士语录》卷1："乃诫诸弟子曰：'**汝等莫轻**昌居士。'佗舍命甚易，无余痛恼，颜色鲜洁，倍胜平常。舍命之后，大士方说，是阿难耳。"

【汝非我子/なむぢはわがこにあらず】 口语　（语气粗暴地说）你并非我的孩子。《日本灵异记》中卷《阎罗王使鬼受所召人之饷而报恩缘第25》："衣女犹不听，往于鹈垂郡衣女之家言：'当此我家也。'其父母言：'**汝非我子**，我子烧灭。'"（p. 215）唐道世撰《法苑珠林》卷97："后遣俊送涵向家。畅闻涵至门前，起火手持刀，魏氏把桃枝拒之：'汝不须来。吾非汝父，**汝非我子**。急手速去，可得无殃。'涵遂舍去，游于京师街内，常宿寺门下。"

【汝何故哭/なむぢ、なにのゆゑにかなく】 口语　你为什么哭呢？《日本灵异记》上卷《婴儿抚所擒他国得逢父缘第9》："家主待问：'**汝何故哭**？'宿人如见，具陈上事。"（p. 84）姚秦鸠摩罗什译《大庄严论经》卷10："尔时世尊，清净无垢，如花开敷，手光炽盛，掌有相轮，网缦覆指。以是妙手，摩彼人头，而告之言：'**汝何故哭**？'"又卷14："时彼猎师，闻是语已，作是思惟：'如我今者，无有慈心，不如彼象。'涕泣啼哭。象王问言：'**汝何故哭**？'猎师答言：'逼恼故哭。'"萧齐求那毘地译《百喻经》卷1："昔有婆罗门，自谓多知，于诸星术，种种技艺，无不明达，恃己如此。欲显其德，遂至他国，抱儿而哭。有人问婆罗门言：'**汝何故哭**？'婆罗门言：'今此小儿七日当死，愍其夭伤，以是哭耳。'"刘宋佛陀什、竺道生等合译《弥沙塞部和醯五分律》卷4："长老比丘问：'**汝何故哭**？'答言：'师夺我衣。'"元魏慧觉等译《贤愚经》卷4《出家功德尸利苾提品》："世尊即于，其前踊出，放大光明，相好庄严，譬如忉利天王帝释七宝高车。佛问福增：'**汝何故哭**？'尔时长者，闻佛梵音，心怀喜踊，如子见父，五体投地，为佛作礼。"

【汝何人/なむぢはなにひとぞ】 口语（2例）　你是谁？你是谁呀？《日本书纪》卷3《神武纪》即位前纪条："至吉野时，有人出自井中，光而有尾。天皇问之曰：'**汝何人**？'对曰：'臣是国神，名为井光。'此则吉野首部始祖也。更少进，亦有尾而披盘石而出者。天皇问之曰：'**汝何人**？'对曰：'臣是盘排别之子。'此则吉野国樔部始祖也。"（第一册，p. 208）（1）后秦弗若多罗译《十诵律》卷6："旧比丘问：'**汝何人**？'答言：'我是沙门。''何沙门？'答言：'释子沙门。'"北凉昙无谶译《佛所行赞》卷1："问言：'**汝何人**？'答言：'是沙门。畏厌老病死，出家求解脱。'"高丽一然撰

《三国遗事》卷4：“门者曰：‘自奉山帚，未见忤犯，吾师讳者，**汝何人**斯尔狂言乎？’居士曰：‘但告汝师。’遂入告。”（2）《宋书》卷83《宗越传》：“还补后军参军督护，随王诞戏之曰：‘**汝何人**，遂得我府四字。’越答曰：‘佛狸未死，不忧不得谘议参军。’诞大笑。”（p.2109）《旧唐书》卷198《焉耆国传》：“太宗数之曰：‘焉耆者，我兵击得，**汝何人**，辄来统摄。吐屯惧而返国。’”（p.5302）

【汝可独～/いましひとり～べし】 口语　汝可独自做某事。《日本书纪》卷20《敏达纪》十四年六月条：“于是诏马子宿祢曰：‘**汝可独**行仏法，宜断余人。’”（第二册，p.492）唐玄奘译《说无垢称经》卷2《菩萨品》：“诸女答言：‘恶魔汝去。我等不复，与汝俱还。所以者何？汝以我等，施此居士，云何更得，与汝等还？我等今者，乐法苑乐，不乐欲乐，**汝可独**还。’”唐窥基撰《说无垢称经疏》卷4《菩萨品》：“经：我等今者（至）**汝可独**还。赞曰：显乐法也。故不能还。”按：唐代以后出现的新句式。

【汝是誰耶/いましはこれだれぞ】 口语　你是谁呀？《日本书纪》卷1《神代纪上》：“于时，神光照海，忽然有浮来者曰：‘如吾不在者，汝何能平此国乎？由吾在故，汝得建其大造之绩矣。’是时大己贵神问曰：‘然则**汝是谁耶**？’”（第一册，p.104）东晋瞿昙僧伽提婆译《中阿含经》卷16《王相应品》：“尊者桥焲钵帝数往游行彼楕树林空宫殿中，尊者桥焲钵帝遥见蜱肆王，即便问曰：‘**汝是谁耶**？’”后秦弗若多罗译《十诵律》卷15：“佛知而故问：‘**汝是谁耶**？’答言：‘我罗睺罗。’”北凉昙无谶译《大般涅槃经》卷29《师子吼菩萨品》：“须达多言：‘善男子，**汝是谁耶**？’答言：‘长者，我是胜相婆罗门子，是汝往昔，善知识也。’”唐义净译《根本说一切有部毘奈耶破僧事》卷17：“时薜室罗末拏天问曰：‘**汝是谁耶**？’曰：‘我名胜仙。’”

【汝所行～/ながしわざ】 所字　你所做的，你的行为。《日本书纪》卷1《神代纪上》：“既而诸神啧素戋呜尊曰：‘**汝所行**甚无赖。故不可住于天上，亦不可居于苇原中国。宜急适于底根之国。’乃共逐降去。”（第一册，p.86）后汉安世高译《佛说长者子制经》卷1：“**汝所行**当正，寿尽当上生第七梵天、第四兜术天。天上寿尽，当复下生，作遮迦越王。寿尽当复，上生第七梵天。”后汉支娄迦谶译《道行般若经》卷8《贡高品》：“我所行是也，**汝所行**非也。”西晋无罗叉译《放光般若经》卷13《坚固品》：“**汝所行**者非佛所说，亦非弟子所说，但魔事耳。”后秦佛陀耶舍、竺佛念等合译《长阿含经》卷12：“汝师法正，**汝所行**是。今所修行，勤苦如是，应于现法，成就道果。”

【汝往看之/なむぢ、ゆきてみよ】 口语　你去看看！《日本灵异记》上卷《信敬三宝得现报缘第5》：“敏达天皇之代，和泉国海中，有乐器之音声。如笛筝琴箜篌等声，或如雷振动。昼鸣夜耀，指东而流。大部屋栖古连公闻奏，天皇嘿然不信。更奏皇后，闻之诏连公曰：‘**汝往看之**。’”（p.76）梁宝唱等集《经律异相》卷7：“军人去后，目连白佛：‘承佛神力，护得四五千人。’佛言：‘**汝往看之**。’目连下钵，人皆已死。”

【汝有何事/いまし、なにごとありし】 口语　你到底发生了什么事？《日本书纪》卷19《钦明纪》即位前纪条：“于是忻喜遍身，叹未曾梦。乃告之曰：‘**汝有何事**？’答云：‘无也。’”（第二册，p. 356）吴支谦译《撰集百缘经》卷6《诸天来下供养品》：“寻即问言：‘**汝有何事**？颜色乃尔。’于时大臣，即向父说，委曲情理。”元魏慧觉等译《贤愚经》卷1：“时有一龙，闻其哭音，变身为人，来问之言：‘**汝有何事**？悲哭乃尔。’是事园监，具自宣说。”唐义净译《根本说一切有部毘奈耶杂事》卷33：“时吐罗难陀苾刍尼，因乞食入其舍，告言：‘少女与我钵饼。’报言：‘圣者且去，我今怀忧，无人授与。’尼曰：‘少女**汝有何事**？’彼便具告。”→【有何事耶】

【汝之功也/なむぢがいさをしなり】 口语　是你的功劳。《日本书纪》卷22《推古纪》十四年五月条：“又造佛像既讫，不得入堂。诸工人不能计，以将破堂户。然汝不破户而得入，此皆**汝之功也**。”（第二册，p. 552）东晋瞿昙僧伽提婆译《增壹阿含经》卷48《礼三宝品》：“佛语阿难：‘欲知尔时大天王在贤劫初兴者不？则我是也。阿难，欲知尔时八万四千年王名荏，治政无枉者，则汝是也。欲知尔时最后名善尽王，暴逆不道，断圣王种者，调达是也。阿难，汝于往时，承继大天转轮圣王之善嗣，使其绍立不绝者。**汝之功也**。’”

【汝作何善/なむぢいかなるよきことをかなす】 口语（3例）　你做过什么善事？“善”，指对自己和他人都有利的事。反之，若只利自己不利他人的事，则叫作“恶”。《日本灵异记》下卷《将写〈法华经〉建愿人断日暗穴赖愿力得全命缘第13》：“国司问云：‘**汝作何善**？’答曰如上。国司闻之大悲，引率知识，相助造《法华经》，供养已毕。”（p. 293）又《重斤取人物又写〈法华经〉以现得善恶报缘第22》：“三僧问虾夷言：‘汝知此意不也？’答：‘不知也。’僧复问言：‘**汝作何善**？’答：‘我奉写《法华经》三部。唯一部未供养之也。’”（p. 315）又《用寺物复将写〈大般若〉建愿以现得善恶报缘第23》：“爰三僧出来，问忍胜言：‘**汝作何善**？’答：‘我不作善。唯欲写《大般若经》六百卷，故先发愿，而未书写。’”（p. 319）东晋法显译《佛说杂藏经》卷1：“目连问言：‘**汝作何善**行，得如此报？’答言：‘彼国大城，名曰罗楼。我昔在中，作贫女人，又织毛缕囊，卖以自活。居计转贫，屋舍怀尽，遂至陌头，近一大富好施长者家，织囊自活。日欲中时，若有沙门、婆罗门，持钵乞食，问我言：某长者家，为在何处？我心真实，无有虚妄，欢喜举手，指示其家言：彼处去，彼处去。日时欲过，勿复余求。以是因缘故，得报如是。’”该例亦见于梁宝唱等集《经律异相》卷46，问句“汝作何善行”改作“汝作何善”。

【入道/にゅうどう】 述宾（4例）　谓皈依宗教，出家为僧尼或道士。原与“出家”同义。《唐大和上东征传》：“唐国诸寺三藏、大德，皆以戒律为**入道**之正门；若有不持戒者，不齿于僧中。于是方知本国无传戒人。”（p. 38）《续日本纪》卷8《元正纪》养老五年五月条：“乙丑，正三位县犬养橘宿祢三千代，缘**入道**，辞食封、资人。优诏不听。”（第二册，p. 94）又卷9《圣武纪》神龟元年十月条：“冬十月丁亥朔，治部省奏言：‘勘检京及诸国僧尼名籍，或**入道**元由，披陈不明。或名存纲帐，还落官籍。或形貌志黡，既不相当。惣一千一百二十二人。准量格式，合给公验。不知处分，伏听天裁。’”（第二册，p. 152）又卷11《圣武纪》条：“诏曰：‘比年，随逐行基法师优婆塞、优婆夷等，如法修行者，男年六十一以上，女年五十五以上，咸听**入道**。’”（第二册，p. 246）又卷37《桓武纪》延历二年四月条：“每国造僧寺，必合有二十僧者，仍取精进练行，操履可称者度之。必须数岁之间，观彼志性始终无变，乃听**入道**。”后汉昙果、康孟详合译《中本起经》卷1《转法轮品》：“何谓**入道**？八正为真。一曰正见、二曰正利、三曰正言、四曰正行、五曰正命、六曰正治、七曰正志、八曰正定。是为苦习，以尽**入道**。”姚秦鸠摩罗什译《妙法莲华经》卷3《药草喻品》：“既闻法已，离诸障碍，于诸法中，任力所能，渐得**入道**。”唐菩提流志译《大宝积经》卷36《试验菩萨品》：“是人不为，淫欲所娆，速于今生，舍盛年乐，以净信心，于佛法中，出家**入道**。”按：《汉语大词典》首引北魏杨衒之《洛阳伽蓝记》卷3《城南高阳王寺》：“及雍薨后，诸妓悉令**入道**，或有嫁者。”偏晚。

【入道修行/にゅうどうしておこなふ】 四字 （2例） 进入佛道佛门，实践佛的教示。《日本书纪》卷28《天武纪上》即位前纪条：“癸未，至吉野而居之。是时，聚诸舍人谓之曰：‘我今**入道修行**，随欲修道者留之。若仕欲成名者，还仕于司。’”（第三册，p. 302）《续日本纪》卷8《元正纪》养老五年五月条：“壬子，诏曰：‘太上天皇，圣体不予，寝膳日损。每至此念，心肝如裂。思归依三宝，欲令平复。宜简取净行男女一百人，**入道修道**。’”（第二册，p. 94）唐不空译《文殊师利菩萨及诸仙所说吉凶时日善恶宿曜经》卷2：“安重，毕翼斗壁。此四是安重宿，宜造庄宅、宫殿寺、观义堂；种莳栽接，修立园林；贮纳仓库，收积谷麦；纳交投友，成礼为婚。册君王封，将相授官，荣锡班职；造装具，设斋供，**入道修行**。”

【入道之縁/にゅうどう のえん】 四字 证入无漏圣道的机缘。《日本书纪》卷22《推古纪》三十二年九月条：“秋九月甲戌朔丙子，校寺及僧尼，具录其寺所造之缘，亦僧尼**入道之缘**及度之年月日也。当是时有寺四十六所，僧八百十六人，尼五百六十九人并一千三百八十五人。”（第二册，p. 586）唐道宣撰述《四分律删繁补阙行事钞》卷3：“凡入寺之行，与俗人作，**入道之缘**；建立寺者，开净土之因；供养僧者，为出离之轶也。今末法中，善根浅薄，不感圣人示导，仅知有寺而已。不体法意，都无敬重佛法。超生因缘，供养福田，而来入寺也。”宋元照撰《四分律行事钞资持记》卷1：“二行四依：粪扫衣长，乞食树下，坐腐烂药，此四种行，**入道之缘**，上根利器，所依止故。”宋延寿集《宗镜录》卷41：“是以若人于此宗镜之中，或介尔起心，或瞥然举意，或偶得手触，或暂以目观。皆成入道之缘，尽结一乘之种。”

【入来/いりく】后补（6例） 进来，来到。《古事记》上卷《伊耶那岐命与伊耶那美命》：“然爱我那势命入来坐之事恐，故欲还。且与黄泉神相论。莫视我。”（p. 44）《日本书纪》卷24《皇极纪》三年七月条：“由是加劝舍民家财宝，陈酒陈菜、六畜于路侧，而使呼曰：‘新富入来。’”（第三册，p. 94）《万叶集》卷12第3117首：“门立而　户毛闭而有乎　何处从鹿　妹之入来而　梦所见鹤”（第三册，p. 356）《日本灵异记》中卷《将写〈法华经〉建愿人断日暗穴赖愿力得全命缘第13》：“故有一沙弥，自隙入来，钵盛馔食，以与之语：‘汝之妻子，供我饮食，雇吾劝救。汝复哭愁，故我来之。’自隙出去。”（p. 293）又下卷《髑髅目穴笋揭脱以祈之示灵表缘第27》：“良久，彼灵倏忽不现。父母为拜诸灵，入其屋里，见牧人而惊，问于入来之缘。”（p. 333）《续日本纪》卷29《称德纪》神护景云三年五月条：“歧良比给〈弖之〉冰上盐烧〈我〉儿志计志麻吕〈乎〉天日嗣〈止〉为〈牟止〉谋〈弖〉挂畏天皇大御发〈乎〉盗给〈波利弖〉、歧多奈〈伎〉佐保川〈乃〉髑髅〈尔〉入〈弖〉大宫内〈尔〉持参入来〈弖〉、厌魅为〈流已止〉三度〈世利〉。”（第四册，p. 240）（1）东晋佛陀跋陀罗、法显合译《摩诃僧祇律》卷20：“若一比丘先在堂内坐，二比丘私语从外入来，堂内比丘不得默然，应弹指动脚作声。”隋阇那崛多译《佛本行集经》卷47《跋陀罗夫妇因缘品》：“尔时，彼大长者，从外入来，见彼使女，啼哭如是，而问之曰：‘贤者何故，如此啼哭？’”新罗元晓造《梵网经菩萨戒本私记》卷1：“恶贼入来，为欲夺戒财时，能令闭退。”（2）《搜神记》卷13：“至后汉明帝时，西域道人入来洛阳。时有忆方朔言者，乃试以武帝时灰墨问之。”（p. 378）

【入滅尽定/にゅうめつしてじょうをきわむ】四字 进入灭尽定的状态。“灭尽定”，又名“灭受想定”，或“灭定”。在此定中，以灭受想二心所为主，最后并六识心所亦灭，是九次第定的最后一定。《上宫皇太子菩萨传》：“若恶人入山，怀劫夺者，至松径，异人即出捉手，牵入松林溪中。而言：‘汝过去无量劫中作恶业，今旦坐禅入灭尽定，以一手捉石压脚上，更不得起。’”东晋瞿昙僧伽提婆译《中阿含经》卷58《晡利多品》：“复问曰：‘贤圣，若死及入灭尽定者，有何差别？’法乐比丘尼答曰：‘死者寿命灭讫，温暖已去，诸根败坏。比丘入灭尽定者，寿不灭讫，暖亦不去，诸根不败坏，若死及入灭尽定者，是谓差别。’”东晋佛驮跋陀罗译《大方广佛华严经》卷26《十地品》：“譬如比丘，得于神通，心得自在，次第乃入灭尽定，一切动心，忆想分别，皆悉尽灭。”后秦佛陀耶舍、竺佛念等合译《长阿含经》卷9：“入有想无想处，则不用想刺灭。入灭尽定，则想受刺灭。”

【入浦/うらにいる】述宾 进入河流入海处。《唐大和上东征传》：“入浦。晚，见一人被发带刀，诸人大怖，与食便去。”（p. 67）（1）东晋法显《高僧法显传》卷1：“或言未至广州，或言已过，莫知所定。即乘小舶，入浦觅人，欲问其处，得两猎人，即将归令法显，译语问之。”梁僧佑撰《出三藏记集》卷15：“商人相视失色僶俛而止，既水尽粮竭，唯任风随流。忽至岸见藜藋菜依然知是汉地，但未测何方。即乘小船**入浦**。”梁宝亮撰《名僧传抄》卷1：“时荆杨大水，襄凌浩汗。庆始达，小雷景风总至。同侣强力先皆**入浦**，庆船迟重，后来未及。杨侯鼓怒，耸浪浮天。”（2）《宋书》卷67《谢灵运传》：“鱼则鱿鳢鲋鲔，鳟鲩鲢鳊，鲂鲔鲂鳜，鲙鲤鲻鳣。辑采杂色，锦烂云鲜。唼藻戏浪，泛荇流渊。或鼓鳃而湍跃，或掉尾而波旋。鲈鮆乘时以**入浦**，鳡迅沿濑以出泉。”《水经注》卷36：“林邑**入浦**，令军不进，持重故也。浦西即林邑都也，治典冲，去海岸四十里。”按：《汉语大词典》失收。

【入山修法/やまにいり、みのりをおこなふ】 自创　住进深山，修行秘法。《日本灵异记》下卷《漂流大海敬称尺迦佛名得全命缘第25》：“马养发心厌世，**入山修法**。见闻之者，无不奇矣。”（p. 326）→【修法】

【軟於～/～にやわらかなり】 于字　比……柔软。《古语拾遗》：“所贡绢棉，**软于**肌肤。故训秦字谓之波陀。仍以秦氏所贡绢，缠祭神剑首，今俗犹然。所谓秦机织之缘也。”（p. 137）（1）元魏瞿昙般若流支译《正法念处经》卷11《地狱品》：“彼人身业，口业意业，恶不善行，身坏命终，堕于恶处。在大焦热，大地狱中，受大苦恼，一由旬身，身极柔软，**软于**生酥。如是眼软，更**软于**身。如是五根，皆悉坏软。”（2）《唐摭言》卷10：“腻若凝脂，**软于**无骨。”白居易《杂曲歌辞·杨柳枝》：“一树春风万万枝，嫩于金色**软于**丝。永丰西角荒园里，尽日无人属阿谁。”

【潤田/たにつく】 偏正　滋润肥沃的田地。《日本书纪》卷11《仁德纪》十二年十月条：“冬十月，掘大沟于山背栗隈县以**润田**。是以其百姓每丰年也。”（第二册，p. 40）（1）唐玄奘译《阿毘达磨顺正理论》卷49：“言随增者，谓诸随眠于此法中随住增长。即是随缚增惛滞义，如衣有润尘随住中，如有**润田**种子增长。”（2）唐慧琳撰《一切经音义》卷38：“湫所：上酒犹反。案，湫者，大龙池也。多在山林丘壑、摧崖堰谷，作大深池，龙神所居，深水渊也。人畜莫敢犯触。或祈祷有灵时起风雷，或降澍甘雨，沃**润田**苗。”唐般若译《大乘本生心地观经》卷8《观心品》：“此法犹如大圣主，赏功罚过顺人心；此法犹如沃**润田**，生成长养依时候。”按：《汉语大词典》失收。

【若不尔者/もししからずは】 假设　如果不这样的话。《日本书纪》卷19《钦明纪》五年十一月条：“北敌强大，我国微弱。若不置南韩郡领、城主修理防护，不可以御此强敌，亦不可以制新罗。故犹置之攻逼新罗，抚存任那。**若不尔者**，恐见灭亡，不得朝聘。”（第二册，p. 400）（1）失译人名今附后汉录《大方便佛报恩经》卷1《孝养品》：“天王释言：‘汝惟空言，谁当信汝？’须阇提即立誓愿：‘若我欺诳，天王释者，令我身疮，始终莫合。**若不尔者**，令我身体，平复如本，血当反白为乳。’”吴支谦译《撰集百缘经》卷6《诸天来下供养品》：“王不听言，而告之曰：‘自今以后，常送此果。**若不尔者**，吾当杀汝。’”梁宝唱等集《经律异相》卷7：“琉璃王曰：‘汝等速开城门。**若不尔者**，尽当杀之。'"（2）《吴越春秋》卷3《王僚使公子光传》："胥曰：'报汝平王，欲国不灭，释吾父兄；**若不尔者**，楚为墟矣。'使返报平王。'"（p. 36）

【若不然者/もししからずは】 假设 （2例） 如果不是这样的话。《古事记》上卷《大国主神》："其神言：'能治我前者，吾能共与相作成。**若不然者**，国难成。'"（p. 94）《续日本纪》卷2《文武纪》大宝元年八月条："撰令所处分，职事官人，赐禄之日，五位以下，皆参大藏受其禄。**若不然者**，弹正纠察焉。"（第一册，p. 46）（1）符秦僧伽跋澄译《鞞婆沙论》卷6："问曰：'**若不然者**，此云何？'答曰：'此说除义，不说除味，此说除施设义，不说除施设味，谓一切法性，彼尽摄十二入中。'"陈真谛译《四谛论》卷1《思择品》："汝问：'若阿罗汉，于四谛中，智圆无余，与一切智，则应无异。**若不然者**，于四谛中，应有无明者。'"隋阇那崛多译《佛本行集经》卷37《那罗陀出家品》："尔时，长兄闻弟诵通一切诸论，心生苦恼，作如是念：'我无量年，游历诸国，学习种种，所诵咒论，心虑烦劳，方始诵持，诸咒术得。其那罗陀，云何闻已，皆少时间，受持净遍？而其少年，尚得如是，若后成长，必定应当，作王国师。以是因缘，我须方便，除灭其体，如是则我，得成大利。**若不然者**。终夺我位。'"（2）《南史》卷66《裴子烈传》："古人云：'知臣莫若君'，《书》曰：'知人则哲'，观夫陈武论将，而周、侯遇祸，有以知斯言之非妄矣。**若不然者**，亦何以驱驾雄杰，而创基拨乱者乎。"（p. 1623）按："若不然者"，思辨色彩极强的连接形式，用于非此不可的强烈主张。而且，如例句所示，多用于对话的场合。最能体现这一语体特征的例子是《敦煌变文·长兴四年中兴殿应圣节讲经文》："修持三世之果因，敬重十方之佛法。**若不然者**，曷能得每逢降诞，别启御筵。"（p. 618）

【若不如是/もしかくのごとくにあらずは】 假设 如果不像这样。《日本书纪》卷27《天智纪》三年六月条："是月，高丽大臣盖金终于其国，遣言于儿等曰：'汝等兄弟，和如鱼水勿争爵位。**若不如是**，必为邻笑。'"（第三册，p. 264）（1）西晋竺法护译《慧上菩萨问大善权经》卷1："学志问姊：'何所求乎？'答曰：'慕仁。'学志报言：'吾不乐欲。'女曰：'设不然者，吾将自贼。'焰光自念：'吾护禁戒，净修梵行，四百二十万岁，今若毁之，非吉祥也。'念已舍却，离之七步，乃发慈哀：'毁犯禁戒，则堕地狱。**若不如是**，女自残贼。宁令斯女，获致安隐，吾当堪忍，地狱之痛。'"刘宋求那跋陀罗译《杂阿含经》卷38："慈地比丘言：'汝**若不如是**者，我与汝绝，不复来往言语，共相瞻视。'"北凉昙无谶译《大般涅槃经》卷7《如来性品》："如是经律，是佛所说。**若不如是**，是魔所说，若有随顺，魔所说者，是魔眷属。若有随顺，佛所说者，即是菩萨。"（2）《后汉书》卷11《刘玄传》："长安中起兵攻未央宫。九月，东海人公宾就斩王莽于渐台，收玺绶，传首诣宛。更始时在便坐黄堂，取视之，喜曰：'莽不如是，当与霍光等。'宠姬韩夫人笑曰：'**若不如是**，帝焉得之乎？'更始悦，乃悬莽首于宛城市。"（p. 470）《太平广记》卷371《马举》条："叟曰：'方今正用兵之时也，公何不求兵机战术，而将御寇仇。**若不如是**，又何作镇之为也？’公曰：‘仆且治疲民，未暇于兵机战法也。幸先生辱顾，其何以教之？’”

【若实若不实/もしはまことにもあれ、もしはまことにあらざるにもあれ】假设 如果真实或者不真实。→【出其過悪】

【若事実者/もしことまことならば】假设 如果事情属实的话。《日本书纪》卷22《推古纪》三十二年四月条：“三十二年夏四月丙午朔戊申，有一僧执斧殴祖父。时天皇闻之召大臣，诏之曰：‘夫出家者，顿归三宝，具怀戒法。何无忏忌辄犯恶逆。今朕闻有僧以殴祖父。故悉聚诸寺僧尼，以推问之。**若事实者**，重罪之。’”（第二册，p. 584）唐义净译《根本说一切有部毘奈耶》卷14：“时彼童儿，去父不远，游戏而住。其父唤来，置于膝上，而问之曰：‘汝知异母，与他男子，行恶事耶？’但女人情伪，不学而知，即便以手，掩其子口，而告之曰：‘彼是汝母，不须言说。**若事实者**，但可点头。’彼即点头。”

【若是実者/もしこれまことならば】假设 如果是真（事实）的话。《日本书纪》卷19《钦明纪》二十三年六月条：“是月，或有谗马饲首歌依曰：‘歌依之妻逢臣赞歧，鞍鞯有异。就而熟视，皇后御鞍也。’即收廷尉，鞫问极切。马饲首歌依乃扬言誓曰：‘虚也，非实。**若是实者**，必被天灾。’”（第二册，p. 446）苻秦僧伽跋澄译《鞞婆沙论》卷6：“问曰：‘如呼声响应，彼是实耶？为非实耶？**若是实者**，谓此发声即灭，除此已云，何更有声？’譬喻者说曰：‘非实。’问曰：‘何以故非实。’答曰：‘此间发声即灭，除此已云，何更有声？’”梁宝亮等集《大般涅槃经集解》卷4：“若是今者，菩萨受食，及以得道，皆亦应实。**若是实者**，则是无常。”北凉昙无谶译《大般涅槃经》卷27《师子吼菩萨品》：“即作是言：‘修是苦行，空无所得。**若是实者**，我应得之。以虚妄故，我无所得，是名邪术，非正道也。既成道已，梵天劝请，惟愿如来，当为众生，广开甘露，说无上法。’”

【若斯之甚/かくのごとくはなはだしけんとは】四字 如此严重的情况。《续日本纪》卷26《称德纪》天平神护元年四月条：“岂悟逆贼仲麻吕，近出臣族，极凶肆逆。**若斯之甚**。今臣等，既以凶逆之囚族，犹沾忠概之余封。以何面目，叨近殊厚。”（第四册，p. 80）（1）梁僧佑撰《弘明集》卷7：“若夫颜回见东野毕之驭测其将败，子贡观邾鲁之风审其必亡。子何无知，**若斯之甚**。故标愚智之别，撰贤鄙之殊，聊举一隅示子望能三反。”（2）《梁书》卷1《武帝上》：“自草昧以来，图牒所记，昏君暴后，未有**若斯之甚**者也。”

【若有犯者/もしおかすことあらば】假设（6例） 若有违反者。《日本书纪》卷29《天武纪下》四年二月条：“癸巳，诏曰：‘群臣、百寮及天下人民，莫作诸恶。**若有犯者**，随事罪之。’”（第三册，p. 358）又四年四月条：“庚寅，诏诸国曰：‘自今以

后，制诸渔猎者，莫造栏穽及施机枪等之类。亦四月朔以后九月三十日以前，莫置比弥沙伎理梁。且莫食牛、马、犬、猨、鸡之宍。以外不在禁例。**若有犯者**罪之。'"（第三册，p. 362）又六年六月条："今当朕世，将责汝等不可之状以随犯应罪。然顿不欲绝汉直之氏，故降大恩以原之。从今以后，**若有犯者**，必入不赦之例。"（第三册，p. 378）又八年正月条："戊子，诏曰：'凡当正月之节，诸王诸臣及百寮者，除兄姊以上亲及己氏长以外，莫拜焉。其诸王者，虽母非王姓者莫拜。凡诸臣亦莫拜卑母。虽非正月节，复准此。**若有犯者**，随事罪之。'"（第三册，p. 384）《日本灵异记》下卷《刑罚贱沙弥乞食以现得顿恶死报缘第33》："《像法决疑经》云：'未来世中，俗官莫令使比丘输税。若税夺者，得罪无量。一切俗人，不得乘骑三宝牛马。不得挞打三宝奴碑及以六畜。不得受其三宝奴稗礼拜。**若有犯者**，皆得殃咎云云。'"（p. 348）《续日本纪》卷20《孝谦纪》天平宝字元年六月条："宜告所司严加禁断。**若有犯者**，科违敕罪。"（第四册，p. 190）（1）西晋竺法护译《佛说阿阇贳王女阿术达菩萨经》卷1："女报尊者罗云：'宁知世间，以何为净，何等不净？'罗云报女言：'世间有持戒，信受不犯者，是则为净。**若有犯者**，则为不净。'"姚秦佛陀耶舍、竺佛念等合译《四分律》卷36："佛言：'汝等善听！若说戒日，有比丘犯罪，自念言：世尊制戒，**若有犯者**，不得说戒，不得闻戒，不得向犯者忏悔，犯者不得受他忏悔。'"唐义净译《根本说一切有部毘奈耶出家事》卷4："王告贼曰：'我先击鼓宣令，于我国中，不得行盗。**若有犯者**，当害其命。被劫之家，我库藏中，出物酬直。'"（2）《梁书》卷3《武帝下》："（诏曰：）应是缘边初附诸州部内百姓，先有负罪流亡，逃叛入北，一皆旷荡，不问往愆。并不得挟以私仇而相报复。**若有犯者**，严加裁问。"（p. 92）《魏书》卷114《释老志》："'僧尼之法，不得为俗人所使。**若有犯者**，还配本属。其外国僧尼来归化者，求精检有德行合三藏者听住，若无德行，遣还本国，若其不去，依此僧制治罪。'诏从之。"（p. 3041）《全唐文》卷27元宗《整饬民风诏》："宜令府县长官左右金吾，明加训导捉搦。**若有犯者**，随事科绳。"（p. 312）

【若有闕者/もしかくることあらば】 假设　如果有空缺、疏失的话。《续日本纪》卷14《圣武纪》天平十三年三月条："僧寺必令有二十僧，其寺名为金光明寺天王护国之寺。尼寺一十尼，其名为法华灭罪之寺。两寺相去，宜受教戒。**若有阙者**，即须补满。"（第二册，p. 390）唐达摩流支译《佛说宝雨经》卷9："止盖菩萨白佛言：'世尊，于此十法，为要具足，方始得生。**若有阙者**，能得生不？'"唐定宝作《四分律疏饰宗义记》卷6："第四念，祇文乃义如章。行事应言三衣钵具足（**若有阙者**，应言僧伽梨郁多罗僧已具，安陀会未具，我当具。余衣或钵，具阙准知也）。"

【若有知者・若無知者/もししることあらば・もししることなくば】 假设　如果（鬼神）有知/无知的话。《藤氏家传》下卷《武智麻吕传》："公曰：'吾从少至今，不敢轻慢鬼神。鬼神**若有知者**，岂其害我。**若无知者**，安能害人。'"（p. 341）（1）元魏

瞿昙般若流支译《正法念处经》卷10《地狱品》："此诸众生，岂可无心？若其有心，则应有知。**若有知者**，何不离欲?"唐菩提流志译《大宝积经》卷17："若我成佛，国中声闻，无有知其数者，假使三千大千，世界满中、有情及诸缘觉，于百千岁，尽其智算，亦不能知。**若有知者**，不取正觉。"唐义净译《佛说大孔雀咒王经》卷3："阿难陀，汝当忆持，此大地中，有大毒药名字。**若有知者**，不被毒药，之所中害。"（2）梁曼陀罗仙译《文殊师利所说摩诃般若波罗蜜经》卷1："舍利弗，无分别中则无知者。**若无知者**，即无言说。无言说相，即非有非无，非知非不知。一切诸法，亦复如是。"该例亦见于唐菩提流志译《大宝积经》卷116。唐义净译《根本说一切有部毘奈耶杂事》卷19："昔日苾刍犯舍衣舍与僧，遂被分张，事成阙乏。由是不应，舍与僧众，可与别人。**若无知者**，虽舍与僧，亦不应分。"

【弱背自淫面門/やはらかなるひとは、みづからめんもんにたわく】 典据 脊背柔软的人容易通过口来自慰。《日本灵异记》下卷《奉写〈法华经〉经师为邪淫以现得恶死报缘第18》："所以律云：'**弱背自淫面门**。'"（p. 306）按：出典依据松浦良俊说。

S

【灑浄/あらひきよむ】 后补 洗涤干净。《日本灵异记》中卷《力女示强力缘第27》："国上惶烦，彼衣返与。取持归家，**洒净**，牒收其衣。"（p. 220）唐输波迦罗译《苏悉地羯罗经》卷2《供养次第法品》："正念诵时，忽然謦咳，及来欠上下气，忘真言字等，即起就水，作**洒净**法。纵掐数珠，欠一欲匝，有斯病至。洒净讫已，还从首念。"又："又内衣三时浣泽。其身燥听。以香熏**洒净**。"唐善无畏译《苏悉地羯罗供养法》卷1："前所置三聚土，取一分，以印印土，持诵三遍。用洗从足至脐，即洗其手，用水**洒净**。第二第三亦如是，洗及以**洒净**。"按：《汉语大词典》失收。

【薩婆多/さつばた】 音译 汉译作"一切有"，即"说一切有部"。为小乘二十部派之一。约于佛灭后三百年之初，自根本上座部分出。主张三世一切法皆是实有，故称说一切有部。《上宫圣德法王帝说》："且知经部**萨婆多**两家之办，亦知三玄五经之旨，并照天文地理之道。"东晋佛陀跋陀罗、法显合译《摩诃僧祇律》卷40："**萨婆多**者，晋言说一切有。所以名一切有者，自上诸部，义宗各异。**萨婆多**者，言过去未来现在中阴各自有性。故名一切有。于是五部并立纷然竟起，各以自义为是。"明弘赞辑《四分律名义标释》卷1"**萨婆多**者，言过去未来现在中阴，各自有性。故名一切有。《大集云》：而复读诵书写外典，受有三世，及以内外。破坏外道，善能论义，说一切性，悉得受戒。凡所问难，悉能答对。是故名为**萨婆多**，法名十诵。"

【三宝/さんぼう】 偏正 （24例） 佛宝、法宝、僧宝。一切之佛，即佛宝；佛所说之法，即法宝；奉行佛所说之法的人，即僧宝。佛者觉知之义，法者法轨之义，僧者和合之义。《日本书纪》卷21《崇峻纪》即位前纪条："苏我马子大臣又发誓言：'凡诸天王、大神王等，助卫于我使获利益，愿当奉为诸天与大神王，起立寺塔流通**三宝**。'"（第二册，p. 512）又卷22《推古纪》十二年四月条："二曰笃敬**三宝**。**三宝**者，佛法僧也，则四生之终归万国之极宗。何世何人，非贵是法。人鲜尤恶，能教从之。其不归**三宝**，何以直枉。"（第二册，p. 542）又卷29《天武纪下》五年六月条："是夏，大旱。遣使四方，以捧币帛祈诸神祇。亦请诸僧尼祈于**三宝**。然不雨，由是五谷不登，百姓饥之。"（第三册，p. 370）又朱鸟元年六月条："近者朕身不和，愿赖**三宝**之威，以身体欲得安和。是以僧正僧都及众僧，应誓愿，则奉珍宝于三宝。”（第三册，p. 460）《怀风藻》第 103 首释道慈《小传》：“三宝持圣德，百灵扶仙寿。寿共日月长，德与天地久。”（p. 106）《日本灵异记》上卷《信敬三宝得现报缘第 5》：“赞曰：‘善哉！大部氏，贵仙倘法，澄情效忠，命福共存，径世无夭。武振万机，孝继子孙。谅委三宝验德，善神加护也。’”（p. 76）又中卷《女人恶鬼见点攸食噉缘第 33》：“韩筥入头，初七日朝，置三宝前以为斋食。”（p. 234）又《观音木像不烧火难示威神力缘第 37》：“诚知三宝之非色非心，虽不见目，而非无威力。”（p. 243）又下卷《沙门诵持方广大乘沉海不溺缘第 4》：“彼聟奥国而为陷舅，聊备斋食，供于三宝。”（p. 272）又《刑罚贱沙弥乞食以现得顿恶死报缘第 33》：“《像法决疑经》云：‘未来世中，俗官莫令使比丘输税。若税夺者，得罪无量，一切俗人，不得乘骑三宝牛马。不得挝打三宝奴碑及以六畜。不得受其三宝奴稗礼拜。若有犯者，皆得殃咎。’云云。”（p. 348）《续日本纪》卷 15《圣武纪》天平十五年十月条：“诚欲赖三宝之威灵，乾坤相泰，修万代之福业，动植咸荣。”（p. 430）又卷 17《圣武纪》条：“敕：‘遣左大臣橘宿祢诸兄。白佛。三宝〈乃〉奴〈止〉仕奉〈流〉天皇〈罗我〉命卢舍那佛像〈能〉大前〈仁〉奏赐〈部止〉奏〈久〉。’”（第三册，p. 64）又：“百官〈乃〉人等率〈天〉礼拜仕奉事〈远〉、挂畏三宝〈乃〉大前〈尔〉、恐〈无〉恐〈无毛〉奏赐〈波久止〉奏。”（第三册，p. 64）又：“众人〈波〉不成〈帮登〉疑、朕〈波〉金少〈牟止〉念忧〈都都〉在〈尔〉、三宝〈乃〉胜神〈枳〉。”（第三册，p. 66）又卷 20《孝谦纪》天平宝字元年四月条：“故朕窃计，废此立大炊王，躬自乞三宝，祷神明，政之善恶，显示微验。”（第三册，p. 180）又卷 22《淳仁纪》天平宝字三年六月条：“而今或曾不入寺，计官供于七日，或贪规兼得，著空名于两处。由斯讥及三宝，无益施主。”（第三册，p. 324）又卷 26《称德纪》天平神护元年十一月条：“复敕〈久〉、神等〈乎方〉三宝〈余利〉离〈天〉不触物〈曾止奈毛〉人〈能〉念〈天〉在。”（第四册，p. 102）又卷 28〈称德纪〉神护景云元年八月条：“又诸臣等〈乃〉天下〈乃〉政事〈乎〉合理〈天〉奉仕〈尔〉依〈天之〉三宝〈毛〉诸天〈毛〉天地〈乃〉神〈多知毛〉共〈尔〉示现赐〈币流〉奇〈久〉贵〈伎〉大瑞〈乃〉云〈尔〉在〈良之止奈毛〉念行〈须〉。”（第四册，p. 172）又卷 30〈称德纪〉神护景云三年十月条：“复上〈波〉三宝〈乃〉御法〈乎〉隆〈之米〉出家道人〈乎〉治〈麻都利〉。次〈波〉诸天神·地祇〈乃〉祭祀〈乎〉不绝。下〈波〉天下〈乃〉诸人民〈乎〉慜给〈弊〉。”（第四册，p. 258）→【常施三宝】【恭敬三宝】【供奉三宝】【供養三宝】【供於三宝】【帰三宝】【帰信三宝】【帰依三宝】【護三宝】【建立三宝】【敬礼三宝】【敬三宝】【礼三宝】【能信三宝】【紹隆三宝】【信敬三宝】【信三宝】【信重三宝】【興隆三宝】【性崇三宝】【仰信三宝】【重尊三宝】【尊重三宝】

【三宝徳/さんぼう のどく】 三字 佛法僧的功能德用。《唐大和上东征传》淡海

元开《初谒大和上二首并序》："道种将萌夏，空华更落春。自归**三宝德**，谁畏六魔瞋。"（p. 100）唐湛然述《止观辅行传弘决》卷3："颂曰：'道识性般若，菩提大乘身。涅槃**三宝德**，一一皆三法。'"唐澄观述《大方广佛华严经随疏演义钞》卷41《明法品》："下取意引息苦除怖救护，赞**三宝德**调伏有情为第三静虑。"新罗元晓撰《璎珞本业经疏》卷2："入一切佛国土者，即是至一切处义也。以常住三宝授与前人者，于一心内蕴**三宝德**。恒授与人，而无穷尽，即是无尽，功德藏义也。"

【三宝覆護/さんぼう のふくごす】 四字 受到佛法僧的保护。《奈良朝写经5·大般若经卷第267》："又以此善根，仰资现御寓天皇并开辟以来代代帝皇，**三宝覆护**，百灵影卫。"（p. 32）唐遁伦集撰《瑜伽论记》卷18："复获四德：一大护圆满以受归依，**三宝覆护**名护圆满；二令自心邪信轻微；三入聪叡众数；四令净信诸天欢喜。"

【三宝護念/さんぼう のごねん】 四字 受到佛法僧的保护和忆念。《日本灵异记》中卷《依恶梦至诚心使诵经示奇表得全命缘第20》："女闻母传状，大怖通心，增信三宝。乃知诵经之力，**三宝护念**也。"（p. 202）唐阿地瞿多译《陀罗尼集经》卷12《佛说诸佛大陀罗尼都会道场印品》："其施主者现世具获六波罗蜜，三业清净，生生之处具足神通，身相端严，随意自在，所愿皆果，常得**三宝，护念**施主，行住坐卧，一切时处，身心安隐，功德力故，获斯大报。"宋尊式述《天竺别集》卷2："愿我此身，常悔诸业，命终不以，恶因缘故，还生此间，及八难处。设有恶业，应堕恶道，愿**三宝护念**，及誓愿力，延至未来，无生忍地。"

【三宝神力/さんぼう のあやしきちから】 四字 佛法僧的神通力，拥有不可思议的力用。《日本灵异记》上卷《归信三宝钦仰众僧令诵经得现报缘第32》："时男女十余人，皆遭其难，身单心慄，无所凭恃。但谓：'自非**三宝神力**，孰肯拯其重忧。'"（p. 130）梁诸大法师集撰《慈悲道场忏法》卷6："愿以**三宝神力**，令四生六道，三世怨对，所忏除断，所悔永灭。"唐阿地瞿多译《陀罗尼集经》卷1《释迦佛顶三昧陀罗尼品》："放香炉竟，却坐端身，作礼拜印，以印当胸，即诵赞叹，**三宝神力**，灭罪陀罗尼咒咒曰。"

【三宝威力/さんぼう のいりょく】 四字 佛法僧的威神之力用。《续日本纪》卷10《圣武纪》神龟五年八月条："甲申，敕：'皇太子寝病，经日不愈。自非**三宝威力**，何能解脱患苦。'"（第二册，p. 198）梁诸大法师撰《慈悲道场忏法》卷7："凡人处世，苦多乐少，一欣一喜，尚不可谐，况今相与，有多无碍，得此无碍？皆是十方，**三宝威力**。宜各至心，怀忆此恩。"隋智严译《大乘修行菩萨行门诸经要集》卷1："凡夫数闻，**三宝威力**，无量种性，则发菩提，不断阿耨多罗三藐三菩提心。若声闻缘觉，虽曾闻说，如来圣德，十力无畏，十八不共，亦不堪任，发得菩提。"唐法藏撰《大乘起信论义记》卷1："今传此法，理须念恩致敬。二请加护故，谓末代浇时，传化不易。若不仰请，**三宝威力**，无由自通。故须致敬。"

【三宝物/さんぼう のもの】 三字　佛物、法物、僧物。佛像殿堂香花幡盖等，即佛物；经典纸张笔墨等，即法物；僧房田园衣钵等，即僧物。《日本灵异记》下卷《强非理以征债取多倍而现得恶死报缘第26》：“阎罗王阙所召，而示三种之罪：一者**三宝物**多用不报之罪；二者沽酒加多水取多直之罪；三者斗升斤两种用之，与他时用七目，乞征时用十二目而收。”（p. 329）姚秦鸠摩罗什译《梵网经》卷2：“善守三宝物，莫无度用，如自己有，而反乱众斗诤，恣心用三宝物者，犯轻垢罪。”萧齐昙景译《摩诃摩耶经》卷2：“千四百岁已，时诸四众，犹如猎师，好乐杀生，卖三宝物。”辽非浊撰《三宝感应要略录》卷2：“若自造一卷，至心诵持，一生已来，所用三宝物罪，并得消灭。”→【三宝之物】

【三宝之棟梁/さんぼう のとうりょう】 四字　担任佛教传承重任的人物。《日本书纪》卷22《推古纪》三年是岁条：“五月戊午朔丁卯，高丽僧慧慈归化，则皇太子师之。是岁，百济僧慧聪来之。此两僧弘演佛教，并为**三宝之栋梁**。”（第二册，p. 532）唐慧立本、释彦悰笺《大唐大慈恩寺三藏法师传》卷8：“乃有三藏玄奘法师者，所谓当今之能仁也。聪慧夙成，该览宏赡，德行纯粹，律业翘勤。实**三宝之栋梁**，四众之纲纪者也。”唐道宣撰《续高僧传》卷16：“至皇建二年五月，弟子昙询等，奏请为起塔。下诏曰：‘故大禅师，德业高迥，**三宝栋梁**，灭尽化终，神游物外。可依中国之法，阇毘起塔，建千僧斋，赠物千段，标树芳迹，示诸后代。敕右仆射魏收，为制碑文。’”唐彦琮撰《唐护法沙门法琳别传》卷2：“梁高祖留心释典祈佑舍身，隋文帝荷负四生**栋梁三宝**。”按：《续日本纪》卷8《元正纪》养老五年六月条：“又百济沙门道藏，寔惟法门袖领，**释道栋梁**。”（第二册，p. 98）→【棟梁】

【三宝之法/さんぼう のみのり】 四字　佛法僧的法宝。《元兴寺伽蓝缘起并流记资财账》：“时中臣连物部连等而为上首，诸臣同心白言：‘从今以后，**三宝之法**，更不破，更不烧流，更不凌轻，三宝之物不摄不犯。从今以后，左肩三宝坐，右肩我神坐，并为礼拜，尊重供养。’”西晋无罗叉译《放光般若经》卷7《持品》：“受持般若波罗蜜者，增益诸天众、减损阿须伦众。**三宝之法**终不断绝，以佛法不断绝故，世间便当有六波罗蜜、三十七品、佛十八法，皆当现于世间，便有行菩萨道者，便有三乘之教。”西晋竺法护译《佛说如来兴显经》卷3：“因假三昧，其明无边，则如来慧，所达巍巍，犹如大海。其意无限，从初发意，乃至菩萨，一切智行，而不断绝；道宝无量，一切道品、**三宝之法**，不可尽极。劝化众生，当造斯观；诸学不学，其缘觉乘，悉见济度，以无极谛，志无所在，悉睹无量，住于第一，欣然之地。”

【三宝之理/さんぼう のことわり】 四字　佛法僧的道理。《元兴寺伽蓝缘起并流记资财账》：“而妹公主名止与弥举哥斯岐移比弥天皇，在樱井等由罗宫，追盛渎边天皇之志，亦重**三宝之理**。”唐行满集《涅槃经疏私记》卷7：“旧云当果佛性者，故不生灭者。经中现文非未来等，云何言当果也？若见此理者，一体**三宝之理**也。”

【三宝之力/さんぼうのちから】四字　佛法僧的力量。《日本书纪》卷20《敏达纪》十四年六月条："夏六月，马子宿祢奏曰：'臣之疾病至今未愈。不蒙三宝之力，难可救治。'"（第二册，p. 492）隋灌顶撰《国清百录》卷3隋炀帝《王遣使入天台建功德愿文》："今遣往于佛陇峯顶，集众结斋。愿承三宝之力，速达西方。"唐道宣撰《广弘明集》卷24徐陵《谏仁山深法师罢道书》："法师非是无知，遂为愚者所迷，类似阿难便为魔之所娆，犹须承三宝之力，制彼群凶。"唐道镜、善道集《念佛镜》卷2："在世间内，上至国王，下至父母，皆反致敬，是谁之力？尽岂不是，三宝之力？世间之内，亦有不问贵贱、男女，皆令自在，衣食自然，见者恭敬，不辞劳倦。以是义故，当知三宝之力，唯信乃知。"

【三宝之威/さんぼうのみたまのふゆ】四字　佛法僧的威神之力。《日本书纪》卷29《天武纪下》朱鸟元年六月条："甲申，遣伊势王及官人等于飞鸟寺，敕众僧曰：'近者朕身不和，愿赖三宝之威，以身体欲得安和。是以，僧正僧都及众僧应誓愿，则奉珍宝于三宝。'"（第三册，p. 460）唐慧净撰《盂兰盆经赞述》卷1："文二句，一领即坐之益，贺三宝之威。二为未戊传芳，即咨疑审定。"

【三宝之物/さんぼうのもの】四字　寺院的东西。《元兴寺伽蓝缘起并流记资财账》："时，中臣连物部连等而为上首，诸臣同心白言：'从今以后，三宝之法，更不破，更不烧流，更不凌轻，三宝之物不摄不犯。从今以后，左肩三宝坐，右肩我神坐，并为礼拜，尊重供养。'"隋阇那崛多译《大威德陀罗尼经》卷17："言羸弱者，作诸恶法故名羸弱。彼以秽浊而取塔物及众僧物，若得若取三宝之物。"唐菩提流志译《大宝积经》卷13《营事比丘品》："迦叶，营事比丘，宁自噉身肉，终不杂用，三宝之物，作衣钵饮食。"唐道世撰《法苑珠林》卷18："至武德二年闰二月，内身患二十余日，乃见一人，身著青衣好服，在高阁上，手把经卷，告法藏云：'汝立身已来，虽大造功德，悉皆精妙，唯有少分，互用三宝物，得罪无量。我今把者，即是金刚般若，汝能自造一卷，令汝所用，三宝之物，得罪悉灭。'"→【三宝物】

【三車/さんしゃ】比喻　《法华经·譬喻品》所说，三车火宅譬中的羊车、鹿车、牛车，三车比喻声闻、缘觉、菩萨三乘，大白牛车喻一佛乘。《上宫圣德法王帝说》："上宫王师，高丽慧慈法师。王命能悟涅槃常住，五种佛性之理，明开法华三车权实二智之趣，通达维摩不思议解脱之宗。"姚秦鸠摩罗什译《妙法莲华经》卷2《譬喻品》："舍利弗，如彼长者，初以三车，诱引诸子，然后但与大车，宝物庄严，安隐第一。"唐李通玄撰《新华严经论》卷2："今诸子驰走，虽至露地，同索三车。羊车、鹿车、大牛之车者，明三乘人，出三界苦。"宋志盘撰《佛祖统纪》卷5："长者方便，诱谕诸子，以羊鹿牛三车，玩好之具，引之令出，然后等赐，高广大白牛车。如来亦复如是。初说三乘，引导众生，然后但以大乘，而度脱之。"

【三大/さんだい】偏正　谓体大、相大、用大。体是本体，相是相貌，用是作用，此三者广大无边故谓大。《奈良朝写经 38・大般若经卷第 591》："眷属经六道而不忘，历三大而弥茂，相续善心，修习福慧，遍施四生，俱登觉道。"（p. 253）唐义净译《南海寄归内法传》卷 1："然无上世尊，大慈悲父，愍生沦滞，历三大而翘勤；冀使依行，现七纪而扬化。"

【三悪趣苦/さんあくしゅのくるしび】四字　遭受转生三恶道的痛苦。《奈良朝写经 33・大智度论卷第 54》："仰愿藉此功德，过去神灵救三恶趣苦，欲令往生十方净土，莲花台化生，俱成觉道。"（p. 217）西晋无罗叉译《放光般若经》卷 11《不和合品》："书是般若波罗蜜时，或有人来，说三恶趣苦难之剧，语其人言：'我能使卿，离勤苦事，用是阿耨多罗三耶三菩学为？'"东晋竺昙无兰译《五苦章句经》卷 1："何谓禁戒？守口摄意，身不杀不盗、不淫不欺，奉孝不醉，三恶趣苦，不可久处，是谓禁戒。"唐玄奘译《大般若波罗蜜多经》卷 330《愿行品》："善现，是菩萨摩诃萨见此事已，作是思惟：'我当云何，拔济如是，诸有情类，令其永离，三恶趣苦？'"

【三綱/さんごう】偏正　"三纲"，寺院内管理统辖各种事务的三位僧官。谓上座、寺主、都维那。上座统辖寺内的僧侣，寺主司掌寺务，都维那负责订正寺规。《续日本纪》卷 25《淳仁纪》天平宝字八年七月条："纪袁祁臣之女粳卖，嫁本国氷高评人内原直牟罗，生儿身卖、狛卖二人。蒙急，则臣处分，居住寺家，造工等食。后至庚寅编户之岁，三纲校数，名为奴婢。"（第四册，p. 10）又卷 36《高绍纪》宝龟十一年正月条："又诸国国师，诸寺镇三纲，及受讲复者，不顾罪福，专事请托，员复居多，侵损不少。如斯等类，不可更然，宜修护国之正法，以弘转祸之胜缘。凡厥梵众，知朕意焉。"

【三綱連署/さんごう れんじょ】四字　上座、寺主、都维那连名盖章画押。"连署"，同一份文件有两人以上连名，盖章画押。《续日本纪》卷 7《元正纪》养老元年四月条："凡僧尼，寂居寺家，受教传道。准令云：'其有乞食者，三纲连署。午前捧钵告乞，不得因此更乞余物。'"（第二册，p. 26）又："如有重病应救，请净行者，经告僧纲，三纲连署，期日令赴。"（第二册，p. 26）

【三綱律師/さんごう のりっし】四字　"律师"，指由僧正、僧都、律师构成的僧纲的成员之一。《日本书纪》卷 29《天武纪下》朱鸟元年正月条："庚戌，请三纲律师及大官大寺知事、佐官并九僧，以俗供养养之。仍施絁、棉、布各有差。"（第三册，p. 454）又朱鸟元年六月条："是日，三纲律师及四寺和上、知事并相有师位僧等，施御衣御被各一具。"（第三册，p. 462）→【律師】

【三谷寺/みたにでら】寺名　其遗址在三次市寺町。《日本灵异记》上卷《恃凭念观音菩萨得现报缘第 6》："即请禅师，相共还来。造三谷寺。其禅师所造立伽蓝多。

诸寺道俗观之，共为钦敬。”（p. 80）

【三帰/さんき】 偏正　归依佛法僧三宝。亦称三归依、三归戒。为佛教徒的根本条件。《唐大和上东征传》淡海元开《初谒大和上二首并序》：“弟子浪迹嚣尘，驰心真际，奉三归之有地，欣一觉之非遥。欲赞芳猷，聊奋弱管云尔。”（p. 98）《魏书》卷114《释老志》：“故其始修心则依佛法僧，谓之**三归**，若君子之三畏也。”（p. 98）（1）唐彦琮撰《集沙门不应拜俗等事》卷4：“今若降其尘外之迹，婴其俗中之事，一乘紊典，**三归**弛法，尚其道而黩其仪，挹其流而汨其本。”（2）《全隋文》卷32智顗《遗书临海镇将解拔国述放生池》：“今若断**三归**之命，养五阴之身，斯则废净土之花业，起无边之重过。”《全唐文》卷236任知古《宁义寺经藏碑》：“年十九出家，于是练识归真，储精诣道。赴**三归**之胜辙，泳波若津；排六趣之迷涂，践菩提境。”《全唐文》卷248李峤《宣州大云寺碑》：“落落开宇，沉光绝机。池开梵乐，树下天衣。高座宏道，深经畅微。虎驯十戒，龙学**三归**。”

【三帰五八戒/さんきごはちかい】 多音　“五戒”，1. 不杀生；2. 不偷盗；3. 不邪淫；4. 不妄语；5. 不饮酒。“八戒”，1. 不杀生；2. 不偷盗；3. 不邪淫；4. 不妄语；5. 不饮酒；6. 不得带佩应珞、香油涂身、香熏衣裳；7. 不得歌舞作唱及故往观听；8. 不得上高广大床。《上宫皇太子菩萨传》：“太子云：‘汝若出家，与汝高位大禄。’不制娉房。自是已来，出家甚众，渐后制**三归五八戒**等。”唐道宣撰《广弘明集》卷27：“若有如是善，我今悉随喜。离欲在家人，奉修如来戒。**三归五八戒**，十善菩萨戒。清净诸律仪，离恶名声者。”唐大觉撰《四分律行事钞批》卷4：“能斋者与食食已为说法，授与**三归五八戒**等。”

【三帰五戒/さんきごかい】 四字　（2例）“五戒”，不杀生是不杀伤生命；不偷盗是不盗取别人的财物；不邪淫是不做夫妇以外的淫事；不妄语是不说欺诳骗人的话；不饮酒是不吸食含有麻醉人性的酒类及毒品。《万叶集》卷5《悲叹俗道假合即离易去难留诗一首并序》说云：“窃以释慈之示教，先开**三归五戒**，而化法界。”（第二册，p. 86）《日本灵异记》中卷《赎蟹虾命放生得现报缘第8》：“女恐，明日白于大德。大德住在生马山寺，而告之言：‘汝不得免。唯坚受戒。’乃全受持**三归五戒**，然还来。”（p. 171）失译人名今附后汉录《大方便佛报恩经》卷6《优波离品》：“佛告优波离：‘汝速师子吼于，三宝四谛，在家出家，七众差别。所谓**三归**、**五戒**，乃至一切戒：利益众生戒、净烦恼戒、调御威仪戒、禅戒、无漏戒，兴隆三宝。’”东晋佛驮跋陀罗译《大方广佛华严经》卷60《入法界品》：“或教众生**三归五戒**、八斋十善，出家学道，闻法受持，正念思惟，住菩提心。”隋阇那崛多译《佛本行集经》卷40《教化兵将品》：“彼等女见法实相已，随佛乞受，**三归五戒**。既得戒已，即从佛手，取于钵器，将好色香，美味具足，种种饮食，满盛钵中，以用奉佛。”《敦煌变文·佛说阿弥陀经讲经文（二）》：“上来已与门徒弟子，受**三归五戒**了，更欲广说，法门无边，穷劫不

尽。”→【五戒】

【三会/さんえ】偏正　三场的说法会座。指《法华经》所说的三场说法会（前灵鹫山会、虚空会、后灵鹫山会）。《法华经》的说会场所，从序品第一至《法师品》第十的十品，说于灵鹫山（前灵鹫山会）；接着，从《见宝塔品》第十一至《嘱累品》第二十二，是在虚空说法（虚空会）；由《药王品》第二十三至《劝发品》第二十八，再于灵山会上说法（后灵鹫山会），遂告结束。此二处三次法会，被称为“二处三会”。《奈良朝写经6・瑜伽师地论卷第21》：“团而六度轻舫，设于三会之津。”（p. 55）

【三界/さんがい】偏正　欲界、色界、五色界。欲界是有淫食二欲的众生所住的世界，上自六欲天，中自人畜所居的四大洲，下至无间地狱，皆属之；色界是无淫食二欲但还有色相的众生所住的世界，四禅十八天皆属之；无色界是色相俱无但住心识于深妙禅定的众生所住的世界，四空天属之。《奈良朝写经75・大般若经卷第176》：“奉资先考之神［路，般若之船，净于苦］海，速到极乐之宝［城，大乘炬焕于闾］衢，早登摩尼之宝殿，［永觉三界之蔓，长息一如之床，广及有识，共出迷滨，到涅槃岸。］”（p. 442）→【超過三界】【四方~三界~】

【三界含識/さんがいのがんじき】四字　欲界、色界、无色界一切含有心识的有情众生。《奈良朝写经5・大般若经卷第267》：“**三界含识**，六趣禀灵，无愿不遂，有心必获。”（p. 32）隋吉藏撰《法华义疏》卷5《譬喻品》：“多诸人众者，第四明所化人也。**三界含识**，品类滋繁，故云多诸人众。”唐道世撰《法苑珠林》卷92：“夫**三界含识**，四生禀命，六情攀缘，七识结业，欲火所烧，贪心难满，事等驶河，作同沃焦。”

【三界~火宅~/さんがい~かたく~】对偶　根据《法华经》的说法，三界好像是一所被火烧着的房子一样，人们住在里面，苦不堪言。《奈良朝写经38・大般若经卷第591》：“悲云覆于**三界**，奖四生于火宅。”（p. 253）姚秦鸠摩罗什译《妙法莲华经》卷2《譬喻品》：“**三界**无安，犹如**火宅**。”姚秦竺佛念译《中阴经》卷2《破爱网品》：“**三界**为**火宅**，火炎极炽盛，爱心所染著，将入三恶道。”唐般若译《大乘本生心地观经》卷1《序品》：“了达**三界**如**火宅**，八苦充满难可出，未得解脱超彼岸，谁有智者乐轮回？”新罗元晓撰《起信论疏》卷1：“佛犹大长者，以众生为子，入**三界火宅**，救诸焚烧苦，故言救世。救世之德，正是大悲。”唐善导集记《往生礼赞偈》卷1：“流转**三界**，不出**火宅**。”

【三界~六道~/さんがい~ろくどう~】对偶　“三界”，指众生所居之欲界、色界、无色界。“六道”，指天、人、阿修罗、畜生、饿鬼、地狱。六者是一切众生乘业而趣向之处，故又名六趣。《日本灵异记》中卷《序》：“还**三界**，如车轮；生回**六道**，似萍移。此死彼生，具受万苦。”（p. 141）梁僧祐撰《出三藏记集》卷12《世界记目录序》：“夫**三界**定位，**六道**区分，粗妙异容，苦乐殊迹。”唐道宣撰《广弘明集》卷8

《教旨通局》："反俗之谟，莫先剃落，而削发毁容，事存高素，辞亲革爱，趣圣之方，袪嗜欲于始心，忘形骸于终果，何眷恋乎**三界**，岂留运于**六道**？"隋费长房撰《历代三宝记》卷15《开皇三宝录总目序》："区分**三界**，五浊之秽土沙；形别**六道**，二乘之鄙羊鹿。"

【三空～二諦～/さんくう～にたい～】 对偶 "三空"，指空、无相、无愿之三解脱，因此三者都是阐明空的道理，故名三空。"二谛"，俗谛和真谛。俗谛又名世谛，或世俗谛，即凡夫所见的世间事相；真谛又名第一义谛，或胜义谛，即圣智所见的真实理性，亦即内证离言法性。《续日本纪》卷8《元正纪》养老三年十一月条："不践安远之讲肆，学达**三空**；未漱澄什之言河，智周**二谛**。"（第二册，p. 62）《艺文类聚》卷76引《建初寺琼法师碑》曰："屑屑人世，茫茫大千，欲流心火，意树身田，老惊灵钥，孔惜逝川，**三空**莫辩，**二谛**何诠，佛日初昭，慈云不偏，秋露寂灭，莫系悠然。"《全梁文》卷60刘勰《灭惑论》："大乘圆极，穷理尽妙，故明**二谛**以遣有，辨**三空**以标无，四等弘其胜心，六度振其苦业，诳言之讪，岂伤日月！"

【三空～一真～/さんくう～いちしん～】 对偶 "三空"，同上。"一真"，唯一真实的意思。一，即无二；真，即不妄。与"真如"同义。《续日本纪》卷21《淳仁纪》天平宝字二年八月条："（光明子）既而游神慧苑，体**三空**之玄宗，降迹禅林，开**一真**之妙觉。大慈至深，建药院而普济，弘愿潜运，设悲田而广救。"（第三册，p. 270）

【三明/さんみょう】 偏正 巴利语 te－vijja，指"宿命明""天眼明""漏尽明"。"宿命明"是明白自己或他人一切宿世的事；"天眼明"是明白自己或他人一切未来世的事；"漏尽明"是以圣智断尽一切的烦恼。以上三者，在阿罗汉叫作三明，在佛却叫作"三达"。《奈良朝写经19·灌顶随愿往生经》："伏愿金花承步高升五净之天，玉叶籍仪远契**三明**之果，傍该动植，普洎尘劳，并出盖缠，俱登彼岸。"（p. 129）东晋法显译《大般涅槃经》卷2："其中或有，得阿罗汉，具足**三明**，及以六通，有大威德，福天人者。"

【三明之果/さんみょうのか】 四字 "三明"，指"宿命明""天眼明""漏尽明"。"宿命明"是明白自己或他人一切宿世的事；"天眼明"是明白自己或他人一切未来世的事；"漏尽明"是以圣智断尽一切的烦恼。《奈良朝写经19·灌顶随愿往生经》："伏愿金花承步高升五净之天，玉叶籍仪远契**三明之果**。"（p. 129）

【三木寺/みきでら】 寺名 未详。俟考。《日本灵异记》下卷《強非理以征债取多倍而现得恶死报缘第26》："为赎罪报，**三木寺**进入家内杂种财物，东大寺进入牛七十头马三十匹治田二十町稻四千束，负他人物，皆既免之。"（p. 329）

【三七/さんしち】 时段 （2例）"三七日"的略称。指人死之后的第三个七天，即第二十一天斋日。《续日本纪》卷19《孝谦纪》天平胜宝八年五月条："乙亥，**三**

七。于左右京诸寺诵经焉。”（第三册，p. 160）又卷 30《称德纪》宝龟元年八月条：“壬子，三七。于元兴寺诵经。”（第四册，p. 300）

【三七日/さんしちにち】 时段 （3 例） 第三个七日，即第二十一天斋日。《日本灵异记》中卷《至诚心奉写〈法华经〉有验示异事缘第 6》：“檀越大悔，又访无由。故发誓愿，依经作法，屈请众僧，限**三七日**悔过。哭曰：‘亦令得。’未历二七日，请经试纳，函自少延，垂不得纳。檀越增加精进悔过，历**三七日**纳，乃得纳。”（p. 161）《续日本纪》卷 16《圣武纪》天平 17 年五月条：“乙丑，地震。于大安、药师、元兴、兴福四寺，限**三七日**，令读《大集经》。”（第三册，p. 10）西晋竺法护译《修行地道经》卷 1《五阴成败品》：“寻在胎时，即得二根，意根、身根也。七日住中，而不增减；又二七日，其胎稍转，譬如薄酪；至**三七日**，似如生酪。”隋阇那崛多译《佛本行集经》卷 32《梵天劝请品》：“摩诃僧祇师作此言：‘如是次第，七七日诵。’或复有师言言：‘此事经二七日。’或复有师言言：‘此事经**三七日**。’或复有师言言：‘此事经四七日。初一七日，谛心而在，菩提树下，第二七日，渐次移在，不瞬眼塔。’”

【三日供養/みかくようす】 四字 三天招待远方到来的僧人，为其提供衣服、饮食、卧具，汤药等方面的需要。《唐大和上东征传》：“州大首领冯若芳请住其家，**三日供养**。”（p. 68）又：“从此陆行至江州城，太守追集州内僧、尼、道士、［女］官、州县官人、百姓，香花音乐来迎，请停**三日供养**。”（p. 79）唐玄奘译《大唐西域记》卷 6：“窣堵波侧不远，有一伽蓝，僧众尠矣，清肃皎然，而以沙弥，总任众务。远方僧至，礼遇弥隆，必留**三日**，**供养**四事。”宋志盘撰《佛祖统纪》卷 42：“帝御安福门，降楼迎拜，赐沙门及耆老曾见元和奉迎者金帛有差。佛骨留禁中，**三日供养**，迎置安国崇化二寺，令士庶得瞻礼。十二月如前礼迎佛骨还凤翔。”

【三日三夜/みかみよ】 时段 （3 例） 三天三夜（多用于表示时间之长）。《日本灵异记》下卷《沙门一目眼盲使读金刚般若经得明眼缘第 21》：“日夜耻悲，屈请众僧，**三日三夜**，读诵《金刚般若经》，便目开明，如本平也。”（p. 311）《唐大和上东征传》：“**三日三夜**，便达雷州。罗州、辨州、象州、白州、佣州、藤州、梧州、桂州等官人、僧、道父老迎送礼拜，供养承事，其事无量，不可言记。”（p. 71）《续日本纪》卷 16《圣武纪》天平十七年四月条：“是日，通夜地震。**三日三夜**。美浓国橹、馆、正仓，佛寺堂塔，百姓庐舍，触处崩坏。”（第三册，p. 8）（1）《庄子·外篇·秋水》：“惠子相梁，庄子往见之。或谓惠子曰：‘庄子来，欲代子相。’于是惠子恐，搜于国中**三日三夜**。”《韩非子·和氏和》：“武王薨，文王即位。和乃抱其璞而哭于楚山之下，**三日三夜**，泪尽而继之以血。”（2）唐僧详撰《法华传记》卷 5：“盖护山阳人，尝系狱应死。此人本诵《观世音经》，**三日三夜**，心无间断。”唐孟献忠撰《金刚般若经集验记》卷 2：“其僧正念，烧香启请：‘弟子闻大身众生，守护此阁。恐是过去贤圣，或是山龙诸神。弟子今日向此阁中，一心念诵，为上坊禅院求请一泉。幸愿诸神，咸加拥护，勿令恐畏。’听诵《金刚般若》，布施弟子，一个小泉，以供上坊禅院。即至心念诵，一坐三日三夜，目不交睫。”又卷3：“礼遂问其僧：‘阿师将何法祈雨？’报云：‘将十一面观世音咒及《金刚般若经》，精心诵念，以此祈雨。’云：‘几日可得雨足？’答言：‘三日三夜，雨必得足。’”

【三十三身/さんじゅうさんしん】 四字　又作三十三应化身。即观世音菩萨为摄化普益而示现三昧中之三十三种化身。此系法华经观世音菩萨普门品所举。其顺序为：1. 佛身；2. 辟支佛身；3. 声闻身；4. 梵王身；5. 帝释身；6. 自在天身；7. 大自在天身；8. 天大将军身；9. 毗沙门天身；10. 小王身；11. 长者身；12. 居士身；13. 宰官身；14. 婆罗门身；15. 比丘身；16. 比丘尼身；17. 优婆塞身；18. 优婆夷身；19. 长者妇女身；20. 居士妇女身；21. 宰官妇女身；22. 婆罗门妇女身；23. 童男身；24. 童女身；25. 天身；26. 龙身；27. 夜叉身；28. 乾闼婆身；29. 阿修罗身；30. 迦楼罗身；31. 紧那罗身；32. 摩侯罗伽身；33. 执金刚身。《日本灵异记》下卷《灾与善表相先现而后其灾善答被缘第38》：“乞食者，普门示三十三身也。”（p. 372）日本圣德太子疏《胜鬘经疏义私钞》卷1：“《法华》云：‘应以佛身，而为说法’乃至释等经文，虽有三十三身，所谓六道四圣也。”隋智顗说、灌顶记《观音玄义》卷1：“三十三身，即显益也，现佛身即实智也，现余身即权智也，观音身即本余身即迹也。”唐慧沼撰《十一面神咒心经义疏》卷1：“《法华经》曰：‘以种种形，游诸国土，度脱众生。’故三十三身，现化众生也。”→【普門】

【三十三天/さんじゅうさんてん】 四字　欲界六天的第二，即忉利天。在弥山顶上，中央为帝释天，四方各有八天，合成三十三天。《日本书纪》卷27《天智纪》十年十一月条：“大友皇子，手执香炉，先起誓盟曰：‘六人同心，奉天皇诏。若有违者，必被天罚。’云云。于是左大臣苏我赤兄臣等，随次而起，泣血誓盟曰：‘臣等五人随于殿下，奉天皇诏。若有违者，四天王打。天神地祇亦复诛罚。三十三天证知此事。’”（第三册，p. 294）唐慧琳撰《一切经音义》卷25：“忉利天：此云三十三天，在须弥山顶上，四方各有八天王，帝释居中合三十三天也。”姚秦鸠摩罗什译《妙法莲华经》卷6《药王菩萨本事品》：“此经亦复如是，于众经中，最为其尊。又如帝释、于三十三天中王，此经亦复如是，诸经中王。”唐义净译《金光明最胜王经》卷3《灭业障品》：“善男子！若有欲生四天王众天、三十三天、夜摩天、睹史多天、乐变化天、他化自在天，亦应忏悔，灭除业障。”高丽一然撰《三国遗事》卷1：“储贰时，有天唱空云：‘三十三天之一人降于新罗为庾信，纪在于书。’出捡视之，惊惧不已，更遣使许无改太宗之号。”

【三世諸仏/さんぜしょぶつ】 四字　指过去、现在、未来三世之众多诸佛。亦作一切诸佛、十方佛、三世佛。《奈良朝写经75·大般若经卷第176》：“夫以般若大乘者，斯乃三世诸佛之肝心，十地菩萨之宝藏。”（p. 442）唐金刚智译《吽迦陀野仪轨》卷1

《吽迦陀野摩诃主布解梵字品》："尔时大日薄伽梵言：未来世众生早欲成就悉地，先从阿阇梨以应受梵字。虽行余法不知此法悉地难成就。所以者何？是**三世诸佛肝心**也。是释迦牟尼如来二瞳，一切圣人之命，多闻王福德藏，一切众生依报。若有众生，不知**三世诸佛肝心**而何得成佛道？若有众生闭释迦之瞳，何可被释迦护？"

【三檀/さんだん】 偏正 "檀"，"檀那"之略称，为布施之意。"三檀"，指三布施，又称"三施"，即财施、法施、无畏施。《续日本纪》卷20《孝谦纪》天平宝字元年十二月条："复愿因此善业，朕与众生，**三檀**福田穷于来际，十身药树荫于尘区。"（第三册，p.238）（1）姚秦鸠摩罗什译《大智度论》卷14《序品》："**檀**有**三**种：一者财施；二者法施；三者无畏施。"隋达摩笈多译《金刚般若波罗蜜经论》卷1："**檀**那有**三**种：一资生施者，谓檀那波罗蜜；二无畏施者，谓尸罗波罗蜜羼提波罗蜜；三法施者，谓毘梨耶波罗蜜、禅耶波罗蜜、般若波罗蜜等。"（2）唐玄奘译《大般若波罗蜜多经》卷566玄则《大般若经第六会序》："源夫控归涂以弥纶，践要极而端务，莫若警十度于一施，披六蔽于**三檀**。"宋本觉编集《释氏通鉴》卷11："粥名良药，佛所赞扬。义冠**三檀**，功标十利。"

【三賢十地/さんげんじゅうじ】 四字 "三贤"，指修善根以制伏烦恼，使心调和之三种修行阶位。可分小乘之五停心、别相念住、总相念住和大乘之十住、十行、十回向三位。"十地"，又作"十住"。"地"，住处、住持、生成之意。即住其位为家，并于其位持法、育法、生果之意。"十地"具体指：1. 欢喜地；2. 离垢地；3. 发光地；4. 焰慧地；5. 难胜地；6. 现前地；7. 远行地；8. 不动地；9. 善慧地；10. 法云地。《续日本纪》卷23《淳仁纪》天平宝字四年七月条："**三贤十地**，所以开化众生，前佛后佛，由之劝勉三乘。"（第三册，p.356）姚秦竺佛念译《菩萨璎珞本业经》卷1《贤圣学观品》："佛子，乃至**三贤十地**之名，亦无名无相，但以应化故。古佛道法有十地之名，佛子，汝应受持一切佛法等无有异。"隋智者大师说《释禅波罗蜜次第法门》卷3："若是菩萨，即入**三贤十地位**中，能破一切，尘沙烦恼，是名金沙轮。"唐良贲述《仁王护国般若波罗蜜多经疏》卷2《菩萨行品》："十四菩萨者，**三贤十地**及以等觉为十四也。"新罗见登之集《华严一乘成佛妙义》卷1："既是通教，方得知佛道长远，更径**三贤十地**修方得成佛。"→【十地・二乘】

【三賢十聖/さんげんじゅうしょう】 四字 "三贤"与"十圣"并称，为大乘佛教之菩萨修行阶位。"三贤"指修行者中的凡夫位，是十圣等圣者位以前的阶位。"十圣"指十地位的圣者。十地菩萨皆已断惑，证会正性，故称。"三贤"的对应词。《日本灵异记》下卷《刑罚贱沙弥乞食以现得顿恶死报缘第33》："炯然无过殷探，吹毛不可求疵。求失之者，**三贤十圣**，有失可诽。求德之者，谤法断善，有德可美。"（p.348）姚秦鸠摩罗什译《佛说仁王般若波罗蜜经》卷1《菩萨教化品》："**三贤十圣**忍中行，唯佛一人能尽原，佛众法海三宝藏，无量功德摄在中。"隋吉藏撰《净名玄论》卷8："今有土者，皆是应物，名为应土。故《仁王》云：'三贤十圣住果报，唯佛一人居净土。'此明三贤十圣有三界内外，报土佛则无也。"新罗太贤集《梵网经古迹记》卷1："言心行者略有二门：一教正行门；二诫恶行门。教正行者，即经初说三贤十圣，内证之行。诫恶行者，即经后说十重四十八轻戒行。"

【三学六宗/さんがくろくしゅう】 四字 "三学"，同上。"六宗"，奈良时代的六种宗派，称为南都六宗。即三论宗、成实宗、法相宗、俱舍宗、华严宗和律宗。《续日本纪》卷23《淳仁纪》天平宝字四年七月条："制四位十三阶。以拔三学六宗。就其十三阶中。三色师位并大法师位，准敕授位记式，自外之阶，准奏授位记式。"（第三册，p. 356）→【六宗】

【三学~五乘~/さんがく ~ごじょう~】 对偶 "三学"，指学佛者所必修之戒、定、慧三学。又作三胜学，全称戒定慧三学。"五乘"，指人乘、天乘、声闻乘、缘觉乘、菩萨乘。人乘就是乘着五戒的教法而生到人间来；天乘就是乘着十善的教法而生到天上去；声闻乘就是乘着四谛的教法而证得阿罗汉果；缘觉乘就是乘着十二因缘的教法而证得辟支佛果；菩萨乘就是乘着六度的教法而证得至高无上之佛果。《唐大和上东征传》："凡前后讲大律并［疏］［四十］遍，讲《律抄》七十遍，讲《轻重［仪］》十遍，讲《羯磨疏》十遍。具修三学，博达五乘。外秉威仪，内求奥理。"（p. 80）唐智升撰《开元释教录》卷9："沙门输波迦罗，唐言善无畏，中印度人。释迦之苗裔，风仪爽俊，聪睿超群，解究五乘，行该三学。总持禅观，妙达其源，艺术异能无，不谙晓。"宋赞宁等撰《宋高僧传》卷2："是日携手同归，慈云布阴，一境丕变，畏风仪爽，俊聪睿超群。解究五乘，道该三学，总持禅观，妙达其源，艺术伎能，悉闻精练。"

【三藏/さんぞう】 偏正（4例） 三藏，一指修多罗藏，即经藏，为佛所说的经文；二指毗奈耶藏，即律藏，为佛所制的戒律；三指阿毗达磨藏，即论藏，为佛弟子所造的论。《日本灵异记》上卷《勤求学佛教弘法利物临命终时示异表缘第22》："故道照法师者船氏，河内国人也。奉敕求佛法于大唐，遇玄奘三藏，而为弟子。三藏语弟子曰：'是人还更将化多人。汝等莫轻，可能供给。'"（p. 107）《唐大和上东征传》："荆州南泉寺弘景律师为和上巡游二京，究学三藏。"（p. 34）又："唐国诸寺三藏、大德，皆以戒律为入道之正门；若有不持戒者，不齿于僧中。"（p. 38）隋慧远撰《大乘义章》卷1："言三藏者，谓修多罗毘尼毘昙。修多罗者，中国之言，此方释者。翻译非一，或名法本，或复翻为真说语言，或名契经，或翻名綖。人家所以翻为经本，盖依仁王百论。"宋师慧述《般若心经略疏连珠记》卷1："三藏者，谓经律论也。通称藏者，以含摄故，谓摄一切所应知义摄，即包含故。"→【五宗·三藏】

【散堕~/あかれて~おつ】 自创 犹言"散落"。《续日本纪》卷10《圣武纪》神龟五年八月条："壬戌，夜，流星。长可二丈。余光照赤，四断散堕宫中。"（第二册，p. 200）西晋竺法护译《渐备一切智德经》卷2《兴光住品》："又若众生，身行恶，口言恶，心念恶，诽谤圣贤，或于邪见，寿尽身**散**，**堕**于地狱。”姚秦竺佛念译《出曜经》卷13《沙门品》：“时彼愚人，还家寝卧，先有郁金华，裹悬于屋栋，绳解华**散**，**堕**于愚人上，愚人举声，唤家室告曰：‘吾今已死，何不舁我捐弃?’”元魏瞿昙般若流支译《正法念处经》卷15《地狱品》：“所受苦恼，复入铁林。自业道行，入彼铁林。一切身分，分分析裂。劈割令**散**，**堕**铁床上。”隋阇那崛多译《佛本行集经》卷29《魔怖菩萨品》：“或在虚空，将山将石，将树将槌、斧钺戟戈，向菩萨掷，复有住在，虚空不下；或有下来，自然碎末，百段分**散**，**堕**于余处；或在空里，犹如日天。”

【散浮/ちらしうく】 偏正 撒在水面使之漂浮。《古事记》中卷《仲哀记》：“今寔思求其国者，于天神地祇亦山神及河海之诸神悉奉币帛，我之御魂坐于船上，而真木灰纳瓠，亦箸及比罗传多作，皆皆**散浮**大海，以可度。”（p. 244）失译人名今附秦录《毘尼母经》卷5：“漉著水器中，染草若熟，染汁直沉水下。若不熟，**散浮**水上。熟竟，净漉染衣。染竟，欲晒衣时著平地。”按：《汉语大词典》失收。佛典例中“散浮”一词，指将浸染的草摊放在水面上，《仲哀记》中是说在葫芦里装进“真木/マキ”烧成的灰（一种咒术），再将无数筷子及树叶捆绑在一起漂浮着渡河。

【散流/さんる】 格义 犹言流散。流布，传播。《唐大和上东征传》法进《七言伤大和上》：“大师慈育契圆空，远迈传灯照海东。度物草筹盈石室，**散流**佛戒绍遗踪。”（p. 201）唐窥基撰《大乘法苑义林章》卷2：“众生由教摄，不**散流**恶趣。义理由教贯，不散失隐没。是故圣教，名为契经。”唐道宣撰《续高僧传》卷3：“后移胜光，又译《般若灯大庄严论》，合三部三十五卷。至六年冬，勘阅既周，缮写云毕。所司详读，乃上闻奏。下敕各写十部**散流**海内。仍赐颇物百段，余承译僧，有差束帛。”又卷17：“传业学士三十二人，习禅学士**散流**江汉，莫限其数。”按：在传世文献中，“散流”一词通常用作具体义，表示“液体四散而流”的意思。三国魏锺会《蒲萄赋》：“滋泽膏润，入口**散流**。”晋谢安《兰亭诗》之一：“迥霄垂雾，凝泉**散流**。”北魏郦道元《水经注·汝水》：“山有涌泉北流，畜之以为陂，陂塘方二里，陂水**散流**。”但在汉译佛经中，“散流”多出现在抽象义的场合，表示人流散或物流传于某处。

【散去/あらけたまふ・ちりゆく】 格义 （14例） ①人物散去、消失。《日本书纪》卷1《神代纪上》：“是时，菊理媛神亦有白事。伊奘诺尊闻而善之，乃**散去**矣。”（第一册，p. 56）《续日本纪》卷14《圣武纪》天平十三年三月条：“辛丑，摄津职言：‘自今月十四日始至十八日，有鹳一百八，来集宫内殿上。或集楼阁之上，或止太政官之庭。每日辰时始来，未时**散去**。’仍遣使镇谢焉。”（第二册，p. 386）又卷38《桓武纪》延历三年五月条：“癸未，摄津职言：‘今月七日卯时，虾蟇二万许，长可四分，其色黑斑。从难波市南道，南行池列可三町，随道南行，入四天王寺内，至于午时，皆悉**散去**。’”②花朵飘散、落下。《万叶集》卷2第120首：“吾妹儿尔　恋乍不有者　秋芽之　咲而**散去**流　花尔有猿尾”（第一册，p. 95）。又卷3第277首：“速来而母

见手益物乎　山背　高槻村　**散去**奚留鸭”（第一册，p. 183）。又第 477 首：“足桧木乃　山左倍光　咲花乃　**散去**如寸　吾王香闻”（第一册，p. 260）。又卷 6 第 1011 首：“我屋户之　梅咲有跡　告遣者　来云似有　**散去**十方吉”（第二册，p. 152）。又卷 8 第 1514 首：“秋芽者　可咲有良之　吾屋户之　浅茅之花乃　**散去**见者”（第二册，p. 326）。又第 1536 首：“暮相而　朝面羞　隐野乃　芽子者**散去**寸　黄叶早续也”（第二册，p. 1536）。又卷 10 第 1864 首：“足日木之　山间照　樱花　是春雨尔　**散去**鸭”（第三册，p. 25）。又第 1974 首：“春日野之　藤者**散去**而　何物鸭　御狩人之　折而将插头”（第三册，p. 68）。又第 2126 首：“秋芽子者　于雁不相常　言有者香　音乎闻而者　花尔**散去**流”（第三册，p. 106）。又第 2150 首：“秋芽子之　**散去**见　郁三妻恋为良思　棹壮鹿鸣母”（第三册，p. 112）。又卷 16 第 3786 首：“春去者　挿头尔将为跡　我念之　樱花者　**散去**流香闻”。（1）后汉竺大力、康孟详合译《修行本起经》卷 1《试艺品》：“时力人王，踰地勇起，奋臂举手，前撮太子。太子应时，接扑著地，地为大动。众会重辱，**散去**忽灭。”吴支谦译《菩萨本缘经》卷 3《鹿品》：“汝当随意，各自**散去**。吾欲观觅，平整之处，自恣饮水，以充渴乏。”东晋瞿昙僧伽提婆译《增壹阿含经》卷 31《力品》：“是时，人民取太子杀已，各自**散去**。”《魏志》卷 9《曹休传》：“曹休字文烈，太祖族子也。天下乱，宗族各**散去**乡里。”（p. 279）（2）《后汉书》卷 24《马援传》：“乌桓候者见汉军至，虏遂**散去**，援无所得而还。”按：《汉语大词典》失收。作为歌语的②，其意思和用法在中国文献中未见先例。

【散心/さんしん】 偏正　散乱之心。“定心”的对应词。《奈良朝写经 56 · 大般若经卷第 50 等》：“独出里邻，远入山岳，收秽累之逸豫，卷淫放之**散心**，俨然闲居，归依三宝。”（p. 358）隋智顗说《摩和止观》卷 5：“夫**散心**者，恶中之恶，如无钩醉象，踏坏华池；穴鼻骆驼，翻倒负驮；疾于掣电，毒逾蛇舌。”唐湛然述《止观辅行传弘决》卷 2：“**散心**诵《法华》，不入禅三昧，坐立行一心，念法华文字。行若成就者，即见普贤身。”

【散擲/あかちなぐ】 偏正　四处散发；遍撒；到处乱扔。《续日本纪》卷 13《圣武纪》天平十二年九月条：“又闻或有逆人，捉害送人，不令遍见。故更遣敕符数千条，**散擲**诸国。”（第二册，p. 370）姚秦佛陀耶舍、竺佛念等合译《四分律》卷 16：“出房外，拾诸草木大树株，在露地然火向空。树孔中有毒蛇出，惊怖取所烧薪，**散擲**东西，使迸火乃然佛讲堂耶？”隋阇那崛多译《佛本行集经》卷 15《净饭王梦品》：“第六梦见此迦毘罗城之处中，有一高楼。太子坐上，四面**散擲**，无量诸宝。而其四方，复有无量，无边亿数，诸众生来，将此宝去。”隋达磨笈多译《大方等大集经菩萨念佛三昧分》卷 5《叹佛妙音胜辩品》：“复有二亿那由他百千女人，各解自身，众宝璎珞，**散擲**虚空，住于不空见菩萨摩诃萨上，皆于阿耨多罗三藐三菩提种诸善根。”按：《汉语大词典》失收。

【桑門/そうもん】音译（4 例） 梵语 śramaṇa 的译音。音译亦作“沙门”“丧门”，意译作“静志”“贫道”“勤息”等。修行善法而破除恶法之意，出家修行佛道之人。《怀风藻》第 8 首释智藏《玩花莺》：“桑门寡言晤，策杖事迎逢。以此芳春节，忽值竹林风。”（p. 80）《续日本纪》卷 7《元正纪》养老元年四月条：“顷者，百姓乖违法律，恣任其情，剪发髡鬓，辄著道服。貌似桑门，情挟奸盗，诈伪所以生，奸宄自斯起。”（第二册，p. 26）又卷 8《元正纪》养老三年十一月条：“倘使天下桑门智行如此者，岂不殖善根之福田，渡苦海之宝筏。”（第二册，p. 62）又卷 36《高绍纪》宝龟十一年正月条：“丙戌，诏曰：‘朕以仁王御历法日恒澄，佛子弘猷惠风长扇。遂使人天合应邦家保安，幽显致和鬼神无爽。顷者彼苍告谴灾集伽蓝。眷言于兹。情深悚悼。于朕不德虽近此尤。于彼桑门宁亦无愧。’”唐慧琳撰《一切经音义》卷 26：“沙门：梵语也。此云勤劳，内道外道之总名也。皆据出家为言耳。古经为桑门，或为娑门。罗什法师以言非，便改为沙门也。”（1）梁僧佑撰《弘明集》卷 8：“本旧经云：‘丧门丧门由死灭之门，云其法无生之教，名曰丧门。至罗什又改为桑门，僧祎又改为沙门。沙门由沙汰之法，不足可称。’”梁慧皎撰《高僧传》卷 14：“自汉之梁，纪历弥远，世涉六代，年将五百。此土桑门，含章秀起，群英间出，迭有其人。”（2）《后汉书》卷 42《楚王英传》：“伊蒲塞即优婆塞也，中华翻为近住，言受戒行堪近僧住也。桑门即沙门。”（p. 1428）《魏书》卷 114《释老志》：“诸服其道者，则剃落须发，释累辞家，结师资，遵律度，相与和居，治心修净，行乞以自给。谓之沙门，或曰桑门，亦声相近，总谓之僧，皆胡言也。僧，译为和命众，桑门为息心，比丘为行乞。”（p. 3026）

【掃床/とこはらふ】述宾 打扫床铺。暗指女子对男人的侍奉。《播磨国风土记・贺古郡》条：“又迁于城宫田村，仍始成昏也。以后，别娘扫床仕奉，出云臣比须良比卖，给息长命。”（p. 22）（1）姚秦佛陀耶舍、竺佛念等合译《四分律》卷 49：“若地不平，应平治泥浆，洒涂令净，取地敷抖擞，曝晒持入房。若先敷不好，应更好敷。若先敷好，还如本敷，取床支物，净拭治持入。应净扫床抖擞，持入房安著支上，取卧具枕毡被净抖擞，敷著绳床上。”宋颐藏主集《古尊宿语录》卷 10：“既到此地，黄河为酥酪，须弥为饭食，大地为卧具，帝释、梵王执侍巾瓶，维摩为侍者，文殊、普贤扫床折被，等妙二觉随驴把马。所以经云：‘一切众魔及诸外道，皆吾侍者。’”（2）朱庆余《重过惟贞上人院》：“老去唯求静，都忘外学名。扫床秋叶满，对客远云生。”《苏辙集・栾城集卷二》：“号呼从者久嗔骂，老僧下床揉两目。问知官吏冒夜来，扫床延客卧华屋。”按：《汉语大词典》失收。

【掃浄/はらひきよむ】后补（3 例） 打扫干净。《日本灵异记》下卷《重斤取人物又写〈法华经〉以现得善恶报缘》：“于是峙视前路，多有数人，以帚扫路言：‘奉写《法华经》之人，从此路往，故我等扫净。’”（p. 315）《续日本纪》卷 3《文武纪》庆云三年闰正月条：“京畿及纪伊、因幡、参河、骏河等国并疫，给医、药疗之。是日，令**扫净**诸佛寺并神社。亦索捕盗贼。"（第一册，p. 94）又卷 9《圣武纪》神龟二年七月条："宜国司长官自执币帛，慎致清扫，常为岁事。又诸寺院限，勤加**扫净**，仍令僧尼读《金光明经》。"（第二册，p. 160）（1）唐慧详撰《弘赞法华传》卷 6："有时醉卧，法衣离身，自然卷襞，引被整覆，衣脱泥垢，未暇浣治，乃复取之，久以香洁。或瓶水自满，或地恒**扫净**。"新罗璟兴撰《无量寿经连义述文赞》卷 1："离垢者即谦云维末坻盖净除是也。说本起云轮提陀，**扫净**寺舍愿，令心无尘垢如寺，故名净除。净除离垢，言异义同故。"（2）孟浩然《晚春卧病寄张八》："狭径花障迷，闲庭竹**扫净**。翠羽戏兰苕，赪鳞动荷柄。"按：《汉语大词典》失收。

【色妙/いろぐはし】 自创 （2 例） 容色妙好，颜色妙美。《万叶集》卷 2 第 222 首："奥波　来依荒矶乎　**色妙**乃　枕等卷而　奈世流君香闻"（第一册，p. 149）又卷 10 第 1999 首："朱罗引　**色妙**子　数见者　人妻故　吾可恋奴"（第三册，p. 75）（1）西晋竺法护译《生经》卷 1："时女心念：'计此比丘，守法难及。'频为兴设，甘脆肥美之食，而授与之。往返不息，学问未明，所作不办，未伏诸根。见淫荡女，颜**色妙**好，淫意为动，志在放逸。"东晋佛驮跋陀罗译《大方广佛华严经》卷 49《入法界品》："见彼形色，天龙八部，诸采女众，所不能及，十方世界，一切女人，无与等者；容**色妙**绝，十方无伦，况有胜者？唯除诸佛。"元魏瞿昙般若流支译《正法念处经》卷 28《观天品》："是时天子，见诸天女，颜**色妙**美，百倍爱著。"宋宝云译《佛本行经》卷 1《入誉论品》："王然此义，即召美女；十五以上，容**色妙**者。"（2）西晋竺法护译《弥勒菩萨所问本愿经》卷 1："世尊转法轮，大身师子吼，恐伏诸外道，佛慧度彼德。**色妙**无与等，戒德及智慧。精进度诸岸，佛道过众德。"刘宋求那跋陀罗译《杂阿含经》卷 22："时有一天子，容**色妙**绝。于后夜时，来诣佛所，稽首佛足，身诸光明，遍照祇树，给孤独园。"隋阇那崛多译《佛本行集经》卷 44《布施竹园品》："如来自伏能调他，共此一千旧螺髻。如是金**色妙**身体，无上世尊今入城。"按：《汉语大词典》失收。《万叶集》的"色妙"修饰枕头和女子，佛典形容佛菩萨、美女的外貌。

【僧/ほうし】 单音 （220 例） 梵语 saṃgha 的译音略称。亦译作"僧伽"。原本称出家人的团体，后来指出家的个人。又称比丘、比丘尼。比丘是出家男子，比丘尼是出家女子。谓剃发、出俗尘之家，遁入佛门、从事佛道修行的人。《日本书纪》卷 19《钦明纪》十五年二月条："五经博士王柳贵，代固德马丁安。**僧**昙慧等九人、代**僧**道深等七人。"（第二册，p. 428）又卷 20《敏达纪》十三年是岁条："是岁，苏我马子宿祢请其佛像二躯，乃遣鞍部村主司马达等、池边直冰田，使于四方访觅修行者。于是，唯于播磨国得**僧**还俗者，名高丽惠便。"（第二册，p. 488）又卷 21《崇峻纪》即位前纪条："是岁，百济国遣使并僧惠总、令斤、惠寔等献佛舍利。百济国遣恩率首信、德率盖文、那率福富味身等，进调并献佛舍利，**僧**聆照律师、令威、惠众、惠宿、道严、令开等。"（第二册，p. 518）又："苏我马子宿祢请百济**僧**等问受戒之法，以善信尼等付百济国使恩率首信等，发遣学问。”（第二册，p. 518）又卷 22《推古纪》元年四月条：“及壮，一闻十人诉以勿失能辩，兼知未然。且习内教于高丽僧慧慈，学外典于博士觉哿，并悉达矣。”（第二册，p. 530）又三年五月是岁条：“五月戊午朔丁卯，高丽僧慧慈归化，则皇太子师之。是岁，百济僧慧聪来之。此两僧弘演佛教，并为三宝之栋梁。”（第二册，p. 532）又四年十一月条：“四年冬十一月，法兴寺造竟。则以大臣男善德臣拜寺司。是日，慧慈、慧聪二僧始住于法兴寺。”（第二册，p. 532）又十年十月条：“冬十月，百济僧观勒来之。仍贡历本及天文地理书并遁甲方术之书也。”（第二册，p. 538）又：“闰十月乙亥朔己丑，高丽僧僧隆、云聪共来归。”（第二册，p. 538）又十一年四月条：“二曰笃敬三宝。三宝者佛法僧也，则四生之终归万国之极宗。”（第二册，p. 542）又十七年四月条：“十七年夏四月丁酉朔庚子，筑紫大宰奏上言：‘百济僧道欣、惠弥为首一十人、俗七十五人，泊于肥后国苇北津。’”（第二册，p. 560）又十八年三月条：“十八年春三月，高丽王贡上僧昙征、法定。”（第五册，p. 562）又二十三十一月条：“癸卯，高丽僧慧慈归于国。”（第二册，p. 572）又二十九年二月条：“是月，葬上宫太子于矶长陵。当于是时，高丽僧慧慈闻上宫皇太子薨，以大悲之，为皇太子请僧而设斋。”（第二册，p. 576）又三十二年四月条：“三十二年夏四月丙午朔戊申，有一僧执斧殴祖父。时天皇闻之召大臣，诏之曰：‘夫出家者，顿归三宝，具怀戒法。何无忏忌辄犯恶逆。今朕闻有僧以殴祖父。故悉聚诸寺僧尼，以推问之。若事实者，重罪之。’于是集诸僧尼而推之。则恶逆僧及诸僧尼并将罪。于是，百济观勤僧表上以言：‘夫佛法自西国至于汉经三百岁，乃传之至于百济国而仅一百年矣。’”（第二册，p. 584）又：“壬戌，以观勒僧为僧正，以鞍部德积为僧都，即日以阿昙连阙名为法头。”又三十二年九月条：“秋九月甲戌朔丙子，校寺及僧尼，具录其寺所造之缘、亦僧尼入道之缘及度之年月日也。当是时有寺四十六所、僧八百十六人、尼五百六十九人并一千三百八十五人。”（第二册，p. 586）又三十三年正月条：“三十三年春正月壬申朔戊寅，高丽王贡僧惠灌。仍任僧正。”（第二册，p. 588）又卷 23《舒明纪》九年二月条：“九年春二月丙辰朔戊寅，大星从东流西，便有音似雷。时人曰：‘流星之音。’亦曰：‘地雷’。于是，僧旻僧曰：‘非流星。是天狗也。其吠声似雷耳。’”（第三册，p. 44）又十二年五月条：“五月丁酉朔辛丑，大设斋，因以请惠隐僧令说《无量寿经》。”（第三册，p. 50）又卷 25《孝德纪》大化五年是岁条：“是岁，新罗王遣沙㖨部沙飡金多遂为质，从者三十七人僧一人、侍郎二人、丞一人、达官郎一人、中客五人、才伎十人、译语一人、杂傔人十六人，并三十七人也。”（第三册，p. 180）又卷 29《天武纪下》二年十二月条：“时知事福林僧由老辞知事，然不听焉。”（第三册，p. 354）又六年五月条：“戊辰，新罗人阿飡朴刺破、从人三口、僧三人漂著于血鹿岛。”（第三册，p. 376）又九年七月条：“癸巳，飞鸟寺弘聪僧终。遣大津皇子、高市皇子而吊之。”（第三册，p. 398）又九年十一月条：“癸未，皇后体不豫。则为皇后誓愿之，初兴药师寺。仍度一百僧。由是得安平。丁亥，月蚀。遣草壁皇子讯惠妙僧之病。明日，惠妙僧终。乃遣三皇子而吊之。”（第三册，p. 402）又：“丁酉，天皇病之。因以度一百僧。俄而愈之。”（第三册，p. 404）又十二年七月条：“是月始至八月，旱之。百济僧道藏雩之。得雨。”（第三册，p. 428）又十三年闰四月条：“乙巳，坐飞鸟寺僧福杨以入狱。”（第三册，p. 436）又十四年十月条：“冬十月癸酉朔丙子，百济僧常辉封三十户，是僧寿百岁。庚辰，遣百济僧法藏、优婆塞益田直金钟于美浓，令煎白朮。因以赐絁棉布。”（第四册，p. 450）又十二月条：“丁亥，絁棉布以施大官大寺僧等。”（第三册，p. 452）又朱鸟元年正月条：“庚戌，请三纲律师及大官大寺知事、佐官并九僧，以俗供养养之。仍施絁、棉、布各有差。”（第三册，p. 454）又朱鸟元年六月条：“丙申，法忍僧、义照僧，为养老各封三十户。”（第三册，p. 462）又朱鸟元年七月条：“丙午，请一百僧读《金光明经》于宫中。”（第三册，p. 462）《出云国风土记·意宇郡》条：“教昊寺。有山国乡中，郡家正东二十五里一百二十步。建立五层之塔也。在僧。教昊僧之所造也。”（p. 148）又：“山代乡中，郡家西北四里二百步。建立严堂也。无僧。日置君目烈之所造。”（p. 148）又：“有山代乡中，郡家西北二里，建立教堂。住僧一躯。饭石郡少领出云臣弟山之所造也。”（p. 148）《怀风藻》大津皇子《小传》：“时有新罗僧－行心，解天文卜筮。诏皇子曰：‘太子骨法，不是人臣之相。以此久在下位，恐不全身。’”（p. 74）又释智藏《小传》：“时吴越之间，有高学尼，法师就尼受业，六七年中，学业颖秀。同伴僧等，颇有忌害之心。”（p. 79）又释道慈《104 初春在竹溪山寺于长王宅宴追致辞并序》：“惊春柳虽变，余寒在单躬。僧既方外士，何烦入宴宫。”（p. 168）《日本灵异记》上卷《圣德皇太子示异表缘第 4》：“进止威仪，似僧而行。加以制《胜鬘》、《法华》等经疏，弘法利物，定考绩功勋之阶，故曰圣德。”（p. 69）又《信敬三宝得现报缘第 5》：“连公奉敕而检之，僧八百三十七人，尼五百七十九人也。以观勒僧为大僧正，以大信大伴屋栖古连公与鞍部德积为僧都。”（p. 75）又《偷用子物作牛役之示异表缘第 10》：“告使人云：‘应请一禅师。’其使人问曰：‘请何寺师？’答曰：‘不择其寺，随遇而请。’其使随愿，请得路行一僧归家。家主住心供养。其夜，礼经已讫。僧将息时，檀主设以被覆之。僧即心念：‘明日得物，不如取被而出。’时有声而言：‘莫盗其被。’僧大惊疑，顾窥家中觅人，唯有一牛，立家仓下。僧进牛边，语言：‘吾者，此家长之父也。而吾先世为欲与人，不告子取稻十束。所以今受牛身，而偿先债。汝是出家，何辄盗被乎？欲知其事虚实，为我设人座。我当上居。应知其父。’于是僧即大愧，还止宿处。朝事行既讫之曰：‘令他人远却。’然后召集亲族，具陈先事。”（p. 87）又《僧忆持〈心经〉得现报示奇事缘第 14》：“时有同寺僧慧义，独以夜半出行。因见室中，光明照耀。僧乃怪之，窃穿牖纸窥看。法师端坐诵经，光从口出。僧以惊悚，明日悔过，周告大众。”（p. 95）又《遭兵灾信敬观音菩萨像得现报缘第 17》：“丁兰木母犹现生相，僧感画女尚应哀形。何况是菩萨而不应乎？”（p. 98）又《僧用涌汤之分薪而与他作牛役之示奇表缘第 20》：“时不知僧，在寺门曰：‘惠胜法师者，《涅槃经》虽能读，而不能引车。’牛闻，流泪长息，忽而死。将牛之人，啧其僧言：‘汝咒牛杀!’捉之申官。官将问状，请僧见之，面姿奇贵，身体姝妙而添。”(p. 104)又《邪见打破乞食沙弥钵以现得恶死报缘第29》：“时有一僧来而乞食。豬磨不施所乞，反加逼恼，亦破其钵而逐去之。”(p. 121)又《骂僧与邪淫得恶病而死缘第11》：“圣武天皇御世，纪伊国伊刀郡桑原之狭屋寺尼等发愿，于彼寺备法事，请奈良右京药师寺僧题惠禅师，字曰依网禅师。俗姓依网连，故以为字。”(p. 177)又：“口生百舌，虽万言白，慎莫诽僧。倏蒙灾故也。”(p. 178)又《呰读〈法华经〉僧而现口喎斜得恶死报缘第18》：“同郡高丽寺僧荣常，常诵持《法华经》。彼白衣，与僧居其寺，暂间作碁。僧作碁条言：‘荣常师之碁手乎。’每遍之言。白衣呰僧，故戾己口，效言而曰：‘荣常师碁手乎？’如是重重不止犹效。”(p. 196)又《依恶梦至诚心使诵经示奇表得全命缘第20》：“二子见有七僧，坐乎居屋上而读经也。”(p. 202)又《佛铜像盗人所捕示灵表显盗人缘第22》：“僧并檀越，闻之集来，卫于破佛，而号愁曰：‘哀哉，恳哉！我大师，聊何有过失，蒙此贼难。尊像有寺，以像为师。今自灭后，以何为师矣？’”(p. 206)又《贷用寺息利酒不偿死作牛役之偿债缘第32》：“于兹，知寺僧净达并檀越等，悟于因缘，垂哀愍心，为修诵经。”(p. 232)又《打法师以现得恶病而死缘第38》：“天皇敕诏：‘朕亦法师。谛镜亦僧。法师云何杀于法师，宇迟招灾，非谛镜咎。’”(p. 241)又《因悭贪成大蛇缘第38》：“圣武天皇御世，诺乐京马庭山寺，一僧常住。”(p. 244)又《药师佛木像流水埋沙示灵表缘第39》：“于时有僧，经国而行过彼，当时：‘取我。’之曰音，犹不止。僧呼求之，邂逅得闻。”(p. 246)又《好于恶事者以现所诛利锐得恶死报缘第40》：“强窥非望，心系倾国。招集逆党，当头其便。画作僧形，以之立的，效射僧黑眼之术。”(p. 247)又下卷《序》：“羊僧景戒，所学者未得天台智者之问术，所悟者未得神人辩者之答术，是犹以螺酌海因管窥天者矣。”(p. 260)又《忆持〈法华经〉者舌著曝髑髅中不朽缘第1》：“僧常诵持法华大乘，以之为宗。”(p. 263)又《沙门凭愿十一面观世音像得现报缘第3》：“沙门辩宗者，大安寺之僧也。天年有辩。”(p. 268)又《沙门诵持〈方广大乘〉沉海不溺缘第4》：“聟与船人，同心谋恶，缚僧四枝，掷陷海中。往语妻曰：‘汝之父僧，欲瞵汝面，率共度来。忽值荒浪，驿船沉海，大德溺流，救取无便。终漂沉亡。但我仅活耳。’”(p. 272)又：“僧沉海，至心读诵《方广经》，海水凹开，踞底不溺。径二日二夜后，他船人向于奥国而度。”(p. 272)又：“见之绳端泛，有于海而漂留。船人取绳牵之，忽僧上。形色如常。”(p. 272)又：“舅僧展转乞食，偶值法事，有于自度之例。匿面而居，受其供养。”(p. 272)又：“于是舍海中僧，申手受施行。”(p. 272)又《击沙弥乞食以现得恶死报缘第15》：“真老不施乞物，返夺袈裟，诸见逼恼言：‘汝曷僧也。’乞者答曰：‘我是自度。’真老亦拍逐之，沙弥大恨而去。”(p. 298)又《产生肉团之作女子修善化人缘第19》：“时托磨郡之国分寺僧，又丰前国宇佐郡之矢羽田大神寺僧二人，嫌彼尼言：‘汝是外道。’嗍呰嬲之，神人自空降，以桙将棠僧。僧恐叫终死也。大安寺僧戒明大德，任彼筑紫国府大国师之时，宝龟七八个年比顷，肥前国佐贺郡大领正七位上佐贺君儿公，设安居会。”（p. 308）又《沙门一目眼盲使读〈金刚般若经〉得明眼缘第21》：“沙门长义者，诺乐右京药师寺之僧也。”（p. 310）又《重斤取人物又写〈法华经〉以现得善恶报缘第22》：“三僧问虾夷言：‘汝知此意不也？’答：‘不知也。’僧复问言：‘汝作何善？’答：‘我奉写《法华经》三部。唯一部未供养之也。’”（p. 315）又：“于时，僧言：‘校札之者，实如汝曰。敬写三部法华大乘也。’”（p. 315）又《用寺物复将写大般若建愿以现得善恶报缘第23》：“爰三僧出来，问忍胜言：‘汝作何善？’答：‘我不作善。唯欲写《大般若经》六百卷，故先发愿，而未书写。’”（p. 319）又：“僧告之言：‘汝实发愿，出家修道。虽有是善，而多用于住堂之物。故摧汝身。今还毕愿，后殡堂物。’”（p. 319）又《依妨修行人得猴身缘第24》：“社边有堂。白壁天皇御世之宝龟年中，其堂居住大安寺僧惠胜。”（p. 322）又：“僧问言：‘汝谁耶？’猴答言：‘我东天竺国大王也。彼国有修行僧从者数千所。’”（p. 322）又：“猕猴答言：‘朝庭臣贶我。而有典主，念之己物，不免我。我恣不用。’典主者即彼神社司也。僧言：‘无供养者，何为奉读经？’猕猴答言：‘然者浅井郡有诸比丘，将读六卷抄故，我入其知识。’浅井郡者，同国内有郡也。六卷抄者，是律名也。此僧念怪，随猕猴语，往告檀越曰：‘山阶寺满预大法师，陈猴誂语。’”（p. 322）又：“檀越曰僧，更作七间堂。”（p. 323）又：“夫妨修善道倘，得成猕猴报。故僧劝催，犹不可妨。”（p. 323）又《漂流大海敬称尺迦佛名得全命缘第25》：“留淡路国国分寺，从其寺僧。”（p. 326）又《刑罚贱沙弥乞食以现得顿恶死报缘第33》：“今此义解云：‘出血不能障佛道。说僧过时，破坏多人信，生彼烦恼，障圣道。是故菩萨，乐求彼德，不乐求彼失。’”（p. 348）又《灾与善表相先现而后其灾善答被缘第38》：“帝姬阿倍天皇御世之天平神护元年岁次乙巳年始，弓削氏僧道镜法师，与皇后同枕交通，天下政相摄，治天下。”（p. 370）又：“是当知同时道镜法师以为法皇，鸭氏僧韵兴法师以为法臣参议，而天下政摄表答也。”（p. 370）又：“同天皇御世延历六年丁卯秋九月朔四日甲寅酉时，僧景戒，发惭愧心。”（p. 371）又：“又僧景戒梦见事，延历七年戊辰春三月十七日乙丑之夜梦见。”（p. 373）《藤原家传》上卷《镰足传》：“故僧道显云：‘昔者侍卫之士，毂鸣而请死；节义之子，穿地而自殉。’”（p. 204）又《贞慧传》：“高丽僧道贤作诔曰：‘夫豫计运推，著自前经，明鉴古今，有国恒典。’”（p. 269）《唐大和上东征传》：“次至吉州，僧祥彦于舟上端坐，问思托师云：‘大和上睡觉否？’思托答曰：‘睡未起。’彦云：‘今欲死别。’”（p. 76）又：“从此陆行至江州城，太守追集州内僧、尼、道士、［女］官、州县官人、百姓，香花音乐来迎，请停三日供养。”（p. 79）又：“和上之弟子僧灵佑承大和上来，远从栖霞寺迎来。”（p. 80）又：“缝［衲］袈裟千领，布袈裟二千余领，［供］送五台山僧，设无遮大会。”（p. 81）又：“其弟子中超群拔萃，为世师范者，即有：扬州崇福寺僧祥彦、润州天响寺僧道金、西京安国寺僧璇光、润州栖霞寺僧希瑜、扬州白塔寺僧法进、润州栖霞寺僧乾印、汴州相国寺僧神邕、润州三昧寺僧法藏、江州［大］林寺僧志恩、洛州福［先］寺僧灵佑、扬州既济寺僧明烈、西京安国寺僧明债、越州道树寺僧璇真、扬州兴云寺僧惠琮、天台山国清寺僧法云等三十五人，并为翘楚，各在一方，弘法于世，导化群生。”（p. 82）又：“弟子等先录和上尊名，并持律弟子五僧，已奏闻主上，向日本传戒。”（p. 83）又：“相随弟子：扬州自塔寺僧法进、泉州超功寺僧昙静、台州开元寺僧思托、扬州兴云寺僧义静、衢州灵耀寺僧法载、窦州开元寺僧法成等一十四人，藤州通善寺尼智首等三人，杨州优婆塞潘仙童，胡国人安如宝，昆仑国人军法力，［瞻］波国人善听，都二十四人。”（p. 85）又：“三日，至河内国，大纳言正二位藤原朝臣仲麿遣使迎慰，复有道璇律师遣弟子僧善谈等迎劳。”（p. 91）又：“初，大和上受中纳言从三位冰上真人之延请，［诣］宅窃尝其土，知可立寺，仍语弟子僧法智：‘此福地也，可立伽蓝。’今遂成寺，可谓明鉴之先见也。”（p. 95）又：“僧思托便受于大安［寺］唐院，为忍基等讲，四、五年中，研磨数遍。”（p. 95）又：“宝字三年，僧忍基于东大唐院讲《疏记》，僧善俊于唐寺讲《件疏记》，僧忠惠于近江讲《件疏记》，僧惠新于大安塔院讲《件疏记》，僧常巍于大安寺讲《件疏记》，僧真法于兴福寺讲《件疏记》。”（p. 95）又：“宝字七年癸卯春，弟子僧忍基梦见讲堂栋梁摧折，寤而惊惧，［知］大和上迁化之相也。”（p. 96）又：“平生［常］谓僧思托言：‘我若终，已愿［坐］死，［汝］可为我于戒坛院别立影堂，旧住房与僧住。’”（p. 96）《续日本纪》卷 1《文武纪》文武四年八月条：“乙丑，敕僧通德、惠俊并还俗。”（第一册，p. 28）又卷 2《文武纪》大宝元年三月条：“壬辰，令僧辩纪还俗。代度一人。赐姓春日仓首，名老。授追大壱。”（第一册，p. 34）又大宝元年八月条：“八月壬寅，敕僧惠耀、信成、东楼，并令还俗复本姓。代度各一人。”（第一册，p. 44）又大宝二年四月条：“获瑞僧隆观，免罪人京。”（第一册，p. 54）又卷 3《文武纪》大宝三年九月条：“癸丑，施僧法莲丰前国野四十町。褒医术也。”（第一册，p. 72）又大宝三年十月条：“甲戌，僧隆观还俗。本姓金，名财。沙门幸甚子也。颇涉艺术。兼知算历。”（第一册，p. 72）又卷 8《元正纪》养老五年六月条：“六月戊寅，诏曰：‘沙门法莲，心住禅枝，行居法梁。尤精医术，济治民苦。善哉若人，何不褒赏。其僧三等以上亲，赐宇佐君姓。’”（第二册，p. 94）又卷 9《元正纪》养老七年二月条：“二月丁酉，敕遣僧满誓《俗名从四位上笠朝臣麻吕。》于筑紫，令造观世音寺。”（第二册，p. 128）又神龟二年闰正月条：“壬寅，请僧六百人于宫中，读诵《大般若经》。为除灾异也。”（第二册，p. 158）又神龟三年六月条：“丁卯，奉为太上天皇，度僧二十八人、尼二人等。”（第二册，p. 168）又神龟三年七月：“甲午，度僧十五人，尼七人。”（第二册，p. 168）又卷 10《圣武纪》神龟四年二月条：“辛酉，请僧六百，尼三百于中宫，令转读《金刚般若经》。为销灾异也。”（第二册，p. 178）又卷 11《圣武纪》天平六年三月条：“丙子，施入四天王寺食封二百户，限以三年。并施僧等絁布。”（第二册，p. 276）又卷 12《圣武纪》天平七年十月条：“冬十月丁亥，诏：‘亲王薨者，每七日供斋，以僧一百人为限。七七日斋讫者，停之。自今以后，为例行之。’”（第二册，p. 294）又天平九年四月条：“请自今以后，撮取诸国进调庸各三段物，以充布施。请僧百五十人，令转此经。”（第二册，p. 312）又天平九年五月条：“五月甲戌朔，日有蚀之。请僧六百人于宫中，令读《大般若经》焉。”（第二册，p. 320）又天平九年八月条：“丙辰，为天下太平，国土安宁，于宫中一十五处，请僧七百人，令转《大般若经》、《最胜王经》。”（第二册，p. 326）又天平十二年十一月条：“戊子，大将军东人等言：‘以今月一日，于肥前国松浦郡，斩广嗣、纲手已讫。菅成以下从人以上，及僧二人者，禁正身，置大宰府。”（第二册，p. 376）又天平十三年三月条：“又每国僧寺，施封五十户，水田一十町。尼寺水田十町。僧寺必令有二十僧，其寺名为金光明四天王护国之寺。尼寺一十尼，其寺名为法华灭罪之寺。两寺相共，宜受教戒。”（第二册，p. 390）又卷15《圣武纪》天平十六年三月条：“丁丑，运金光明寺《大般若经》，致紫香乐宫。比至朱雀门，杂乐迎奏，官人迎礼，引导入宫中，奉置大安殿。请僧二百，转读一日。”（第二册，p. 438）又：“戊寅，难波宫东西楼殿，请僧三百人，令读《大般若经》。”（第二册，p. 438）又卷16《圣武纪》天平十七年九月条：“丁丑，平城中宫，请僧六百人，令读《大般若经》。”（第三册，p. 16）又天平十七年十一月条：“庚午，收僧玄昉封物。”（第三册，p. 18）又天平十八年六月条：“己亥，僧玄昉死。”（第三册，p. 28）又天平十八年十月条：“甲寅，天皇、太上天皇、皇后行幸金钟寺，燃灯供养卢舍那佛。佛前后灯一万五千七百余杯。夜至一更，使数千僧令擎脂烛。赞叹供养，绕佛三匝。至三更而还宫。”（第三册，p. 34）又卷17《圣武纪》天平胜宝元年二月条：“二月丁酉，大僧正行基和尚迁化。和尚药师寺僧，俗姓高志氏，和泉国人也。”（第三册，p. 60）又天平胜宝元年十二月条：“即于宫南梨原宫。造新殿，以为神宫。请僧四十口，悔过七日。”（第三册，p. 96）又：“是日，百官及诸氏人等咸会于寺。请僧五千，礼佛读经。”（第三册，p. 96）又卷18《孝谦纪》天平胜宝二年五月条：“五月乙未，于中宫安殿，请僧一百讲《仁王经》。并令左右京、四畿内、七道诸国讲说焉。”（第三册，p. 104）又天平胜宝四年正月条：“己丑，地动。是日，度僧九百五十人、尼五十人，为太上天皇不悆也。”（第三册，p. 116）又天平胜宝四年四月条：“夏四月乙酉，卢舍那大佛像成，始开眼。是日行幸东大寺。天皇亲率文武百官，设斋大会。其仪一同元日，五位以上者著礼服，六位以下者当色。请僧一万。”（第三册，p. 118）又卷19《孝谦纪》天平胜宝六年七月条：“秋七月丙午，诏曰：‘顷者，大皇大后，枕席不安……，此日度僧一百人，尼七人。”（第三册，p. 142）又天平胜宝六年十一月条：“戊辰，敕：‘朕以至款，奉为二尊御体平安，宝寿增长。一七之间，屈四十九僧，归依药师琉璃光佛，恭敬供养。’”（第三册，p. 150）又天平胜宝六年十一月条：“甲申，药师寺僧行信，与八幡神宫主神大神朝臣多麻吕等，同意厌魅。下所司推勘，罪合远流。”（第三册，p. 150）又天平胜宝八岁六月条：“丙戌，五七。于大安寺设斋焉。僧、沙弥合一千余人。”（第三册，p. 164）又天平胜宝八岁六月条：“癸卯，七七。于兴福寺设斋焉。僧并沙弥一千一百余人。”（第三册，p. 164）又天平胜宝八岁七月条：“癸酉，土左国道原寺僧专住，诽谤僧纲，无所拘忌。配伊豆岛。”（第三册，p. 166）又天平胜宝八岁十二月条："甲申，请僧一百于东大寺，转读《仁王经》焉。"（第三册，p. 168）又卷20《孝谦纪》天平宝字元年五月条："五月己酉，太上天皇周忌也。请僧千五百余人于东大寺设斋焉。"（第三册，p. 184）又卷21《淳仁纪》天平宝字二年八月条："其依犯摈出僧等，戒律无阙，移近一国。"（第三册，p. 276）又天平宝字二年八月条："辛丑，外从五位下僧延庆，以形异于俗，辞其爵位。诏许之。"又天平宝字二年八月条："癸亥，归化新罗僧三十二人、尼二人，男十九人、女二十一人。移武藏国闲地。"（第三册，p. 282）又卷22《淳仁纪》天平宝字三年五月条："庚辰，先是，僧善神殉心以纵奸恶。僧专住极口而詈宿德。并摈佐渡，令其悔过。而戾性不悛，丑声滋彰。至是，还俗从之差科。"（第三册，p. 312）又卷23《淳仁纪》天平宝字四年十二月条："戊寅，药师寺僧华达，俗名山村臣伎婆都。与同寺僧范曜，博戏争道，遂杀范曜。还俗配陆奥国桃生栅户。"（第三册，p. 368）又天平宝字五年六月条："每年始自忌日，一七日间，请僧十人，礼拜阿弥陀佛。"（第三册，p. 380）又卷24《淳仁纪》天平宝字七年十月条："至是，坐杀高田寺僧，下狱夺封。"（第四册，p. 442）又卷25《淳仁纪》天平宝字八年七月条："唐国敕使韩朝彩，自渤海来云：'送日本国僧戒融，令达本乡已毕。若平安归乡者，当有报信。而至于今日，寂无来音。宜差此使，其消息欲奏天子。'"（第四册，p. 16）又："得新罗国牒称，依韩内常侍请，欲知僧戒融达不。"（第四册，p. 18）又卷27《称德纪》天平神护二年九月条："己未，赐助官军近江国僧、沙弥及锦部、蒿园二寺檀越、诸寺奴等物，各有差。"（第四册，p. 132）又卷28《称德纪》神护景云元年八月条："并以被僧寿应诱，造金埼船濑也。"（第四册，p. 168）又："乙酉，参河国言：'庆云见。'屈僧六百口于西宫寝殿设斋。以庆云见也。"（第四册，p. 170）又神护景云元年十月条："庚子，御大极殿，屈僧六百，转读《大般若经》。"（第四册，p. 182）又卷29《称德纪》神护景云二年十二月条："十二月甲辰，先是山阶寺僧基真，心性无常，好学左道。"（第四册，p. 424）又卷30《称德纪》宝龟元年四月条："乙未，赐陪从文武百官及十二大寺僧、沙弥物，各有差。"（第四册，p. 278）又卷31《光仁纪》宝龟元年十月条："丙辰，僧纲言：'奉去天平宝字八年敕，逆党之徒，于山林寺院，私聚一僧以上，读经悔过者，僧纲固加禁制。'"（第四册，p. 320）又卷32《光仁纪》宝龟三年十一月条："庚辰，以僧永严为大律师，善荣为中律师。"（第四册，p. 392）又宝龟三年十二月条："己巳，彗星见南方。屈僧一百口，设斋于杨梅宫。"（第四册，p. 396）又卷33《光仁纪》宝龟六年十月条："己卯，屈僧二百口，读《大般若经》于内里及朝堂。"（第四册，p. 462）又卷34《高绍纪》宝龟七年五月条："丙辰，屈僧六百，读《大般若经》于宫中及朝堂。"又宝龟八年三月条："癸酉，屈僧六百口、沙弥一百口，转读《大般若经》于宫中。"又卷37《桓武纪》延历元年七月条："壬寅，松尾山寺僧尊镜，生年百一岁。请入内里，叙位大法师。优高年也。"又延历二年四月条："每国造僧寺，必合有二十僧者，仍取精进练行，操履可称者度之……至是敕，国分寺僧，死阙之替，宜以当土之僧堪为法师者补之。"又卷38《桓武纪》延历三年六月条："辛亥，普光寺僧勤韩获赤乌。授大法师，并施稻一千束。"又延历四年七月条："然则惟僧惟尼，有德有行。自非褒显，何以弘道？"→【常住僧】【大僧】【大僧都】【大僧正】【大少僧都】【法僧】【梵僧】【仏法僧】【仏法僧宝】【高僧】【官僧】【国師僧】【教化僧】【净行僧】【老僧】【留学僧】【流僧】【名僧】【乞食僧】【十方衆僧】【貪僧】【唐僧】【維那（僧）】【賢僧】【小僧】【修行僧】【学頭僧】【学問僧】【羊僧】【愚僧】【智行僧】【衆僧】【宗僧】

【僧都/そうず】 偏正 （11例） 统率僧尼之官名，职位次于僧正、僧统。《日本书纪》卷22《推古纪》三十二年四月条："戊午，诏曰：'夫道人尚犯法，何以诲俗人。故自今已后，任僧正**僧都**，仍应检校僧尼。'壬戌，以观勒僧为僧正，以鞍部德积为**僧都**，即日以阿昙连阙名为法头。"（第二册，p. 586）又卷29《天武纪下》十二年正月条："三月戊子朔己丑，任僧正、**僧都**、律师。因以敕曰：'统领僧尼如法。'云云。"（第三册，p. 426）又朱鸟元年六月条："甲申，遣伊势王及官人等于飞鸟寺，敕众僧曰：'近者朕身不和。愿赖三宝之威，以身体欲得安和。是以，僧正**僧都**及众僧应誓愿。'则奉珍宝于三宝。"（第三册，p. 460）又朱鸟元年七月条："是日，僧正**僧都**等参赴宫中而悔过矣。"（第三册，p. 462）《日本灵异记》上卷《信敬三宝得现报缘第5》："以观勒僧为大僧正，以大信大伴屋栖古连公与鞍部德积为**僧都**。"（p. 76）《唐大和上东征传》："又敕**僧都**良辨，令录诸临坛大德各进内。不经日，敕授传灯大法师位。"（p. 92）又下卷《假官势非理为政得恶报缘第35》："天皇闻之，请施皎**僧都**，而诏之言：'世间众生，至地狱受苦，经二十余年，免耶不也？'**僧都**答曰：'受苦之始也。何以知尔，以人间百年，为地狱一日一夜。故未免也。'"（p. 353）又："天皇劝请善珠大德为讲师，请施皎**僧都**为读师，于平城宫野寺，备大法会，为讲读件经，赠救彼灵之苦也。"（p. 353）《续日本纪》卷30《称德纪》神护景云三年十月条："辛酉，赐陪从仕丁、仕女以上及**僧都**以下棉有差。"（第四册，p. 264）

【僧房（坊）/そうぼう】 偏正 （4例） 修行僧侣的居所。亦称"房舍""舍"。《日本灵异记》上卷《恶人逼乞食僧而现得恶报缘15》："其人有二子，欲解父缚。便诣**僧房**，劝请禅师。"（p. 96）又下卷《依妨修行人得猴身缘第24》："即将读抄，为设之顷，堂童子优婆塞，匆匆走来言：'小白猴居堂上。才见九间大堂仆如征尘，皆悉折摧，佛像皆破，**僧坊**皆仆。'"（p. 323）又《刑罚贱沙弥乞食以现得顿恶死报缘第33》："见彼乞者，不施乞物。散其荷稻，亦剥袈裟而拍逼之。沙弥逃隐于其别寺**僧坊**。"（p. 347）《续日本纪》卷17《圣武纪》天平十九年十一月条："限来三年以前，造塔、金堂、**僧坊**，悉皆令了。若能契敕，如理修造之，子孙无绝，任郡领司。"（第三册，p. 50）唐慧琳撰《一切经音义》卷22："**僧坊**：坊，甫亡反。《韵林》曰：**坊**，区也，谓区院也。"又卷27："**僧坊**：甫亡反。《字林》：**坊**，别屋。"东晋佛驮跋陀罗译《大方广佛华严经》卷6《净行品》："若人**僧坊**，当愿众生，一切和合，心无限碍。"姚秦鸠摩罗什译《妙法莲华经》卷5《分别功德品》:“是善男子、善女人,受持读诵,是经典者,为已起塔、造立**僧坊**、供养众僧。”新罗太贤集《梵网经古迹记》卷2:“言**僧坊**者制出家也。舍宅在家也。城邑国王等也。”按:《汉语大词典》首引《晋书》卷95《鸠摩罗什传》:“尔后不住**僧坊**,别立解舍,诸僧多效之。”偏晚。

【僧感画女/ほうしのかがふりあがけるをみな】 典据 虔诚的僧人心仪画中的天女,天女报以会心的一笑。《日本灵异记》上卷《遭兵灾信敬观音菩萨像得现报缘第17》:“丁兰木母犹现生相,**僧感画女**尚应哀形。何况是菩萨而不应乎?”(p.98)唐慧沼撰《十一面神咒心经义疏》卷1:“一者行人心诚,二愿强盛故,三菩萨愿重故也。人世不无是事也。如丁兰木母犹现生相,**僧感画女**尚应哀形。何况是菩萨而不应耶?”

【僧綱/そうごう】 并列 (27例) 僧官、僧位的总称。日本是始于624年(推古天皇三十二年),敕封观勒为僧正、鞍部为僧都。僧位有僧正、僧都、律师三位。后来又在僧正设置大僧正、僧正、权僧正;僧都设置大僧都、权大僧都、少僧都、权少僧都;律师设置大律师、中律师、律师、权律师等。864年(贞观六年)修改僧纲,增设法印、法眼、法桥的僧位。《怀风藻》第103首释道慈《小传》:“养老二年,归来本国。帝嘉之,拜**僧纲**律师。”(p.165)《藤原家传》下卷《武智麻吕》:“**僧纲**有少僧都神睿、律师道慈。”(p.363)《续日本纪》卷7《元正纪》灵龟二年五月条:“癸卯,充**僧纲**及和泉监印。弓五千三百七十四张充大宰府。”(第二册,p.16)又卷7《元正纪》养老元年四月条:“如有重病应救,请净行者,经告**僧纲**,三纲连署,期日令赴。”(第二册,p.26)又卷8《元正纪》养老二年十月条:“冬十月庚午,太政官告**僧纲**曰:‘智鉴冠时,众所推让。可为法门之师范者,宜举其人显表高德。’”(第二册,p.46)又:“**僧纲**宜回静鉴,能叶清议。”(第二册,p.48)又养老三年十一月条:“十一月乙卯朔,诏**僧纲**曰:‘朕闻优能崇智,有国者所先。劝善奖学,为君者所务。于俗既有,于道宜然。’”(第二册,p.62)又养老五年六月条:“如有修行天下诸寺,恭敬供养,一同**僧纲**之例。”(第二册,p.98)又卷9《元正纪》养老六年七月条:“比来**僧纲**等,既罕都座,纵恣横行,既难平理。彼此往还,空延时日。尺牍案文,未经决断,一曹细务,极多拥滞。其**僧纲**者,智德具足,真俗栋梁。”(第二册,p.120)又卷10《圣武纪》神龟四年十一月条:“庚子,**僧纲**及僧尼九十人上表,奉贺皇子诞生。施物各有差。”(第二册,p.184)又卷15《圣武纪》天平十六年九月条:“己丑,诏曰:‘今闻**僧纲**任意用印,不依制度。宜令进其印,置大臣所。自今以后,一依前例。**僧纲**之政,亦申官待报。’”(第二册,p.446)又卷17《圣武纪》天平胜宝元年四月条:“又寺寺〈尔〉垦田地许奉〈利〉、**僧纲**〈乎〉始〈弖〉众僧尼敬问〈比〉、治赐〈比〉、新造寺〈乃〉官寺〈止〉可成〈波〉官寺〈止〉成赐〈夫〉。”(第三册,p.68)又卷19《孝谦纪》天平胜宝八岁七月条:“癸酉,土左国道原寺僧专住,诽谤**僧纲**,无所拘忌。配伊豆岛。”(第三册,p.166)又卷20《孝谦纪》天平宝字元年四月条:“其**僧纲**及京内僧尼复位以上，施物有差。”（第三册，p. 182）又天平宝字元年闰八月条：“宜告**僧纲**，知朕意焉。”（第三册，p. 232）又卷 21《淳仁纪》天平宝字二年八月条：“**僧纲**始〈弖〉诸寺师位僧尼等〈尔〉物布施赐〈夫〉。”（第三册，p. 264）又：“是日，百官及**僧纲**诣朝堂上表，上上台、中台尊号。”（第三册，p. 268）又：“**僧纲**表曰：‘沙门菩提等言：菩提闻，乾坤高大覆载，以之显功。日月贞明照临，由其甄用。’”（第三册，p. 270）又：“宜停**僧纲**之任。集诸寺僧尼，欲学戒律者，皆属令习。”（第三册，p. 276）又卷 23《淳仁纪》天平宝字四年八月条：“己卯，赐新京诸大小寺及**僧纲**、大尼、诸神主、百官主典以上新钱，各有差。”（第三册，p. 362）又卷 25《淳仁纪》天平宝字八年七月条：“谨奉严敕搜古记文，有**僧纲**所庚午籍，书寺贱名。”（第四册，p. 12）又卷 26《称德纪》天平神护元年闰十月条：“事毕，幸弓削寺礼佛。奏唐、高丽乐，及黑山、企师部舞。施太政大臣禅师棉一千屯。**僧纲**及百官番上以上，至直丁、担夫，各有差。”（第四册，p. 98）又卷 31《光仁纪》宝龟元年十月条：“又**僧纲**始〈弖〉诸寺师位僧尼等〈尔〉御物布施赐〈布〉。”（第四册，p. 312）又宝龟元年十月条：“丙辰，**僧纲**言：‘奉去天平宝字八年敕，逆党之徒，于山林寺院，私聚一僧以上，读经悔过者，僧纲固加禁制。’”（第四册，p. 320）又宝龟二年三月条：“壬寅，始免陆奥国司户内杂徭。是日，**僧纲**请置威仪法师六员。许之。”（第四册，p. 340）又宝龟二年八月条：“己卯，初令所司铸**僧纲**及大安、药师、东大、兴福、新药、元兴、法隆、弘福、四天王、崇福、法华、西隆等寺印，各颁本寺。”（第四册，p. 348）又卷 36《高绍纪》宝龟十一年正月条：“如闻缁侣行事与俗不别，上违无上之慈教，下犯有国之道宪。**僧纲**率而正之，孰其不正乎？”又天应元年四月条：“又**僧纲**〈乎〉始〈弖〉诸寺智行人及年八十以上僧尼等〈尔〉物布施赐〈夫〉。”

【僧還俗者/ほうしかへりのひと】 四字　“还俗”，又作“归俗”“返俗”。即指已出家者，脱下法服归还俗家。还俗原因或为犯罪之故而被逐出教团，或因心生退堕，或奉朝廷之命等。《日本书纪》卷 20《钦明纪》十三年是岁条：“于是唯于播磨国，得**僧还俗者**。”（第二册，p. 488）宋志盘撰《佛祖统纪》卷 48：“诏天下诸僧寺田自金宋所有及累朝赐予者悉除其租，其有当输租者，仍免其役，**僧还俗者**，听复为僧。武帝忌辰命高丽汉僧三百四十人诵经二藏于崇恩福元寺。”

【僧尼/そうに】 并列　（91 例）　僧与尼。谓出家修行佛道的男女。《日本书纪》卷 22《推古纪》十一年五月条：“时汝祖父司马达等便献舍利。又于国无**僧尼**。于是汝父多须那为橘丰日天皇出家，恭敬佛法。”（第二册，p. 552）又三十二年四月条：“三十二年夏四月丙午朔戊申，有一僧执斧殴祖父。时天皇闻之召大臣，诏之曰：‘夫出家者，顿归三宝，具怀戒法。何无忏忌辄犯恶逆。今朕闻有僧以殴祖父。故悉聚诸寺**僧尼**，以推问之。若事实者，重罪之。’于是集诸**僧尼**而推之。则恶逆僧及诸**僧尼**并将罪。于是，百济观勤僧表上以言：‘夫佛法自西国至于汉经三百岁，乃传之至于百济国而仅一百年矣。然我王闻日本天皇之贤哲而贡上佛像及内典，未满百岁。故当今时，以僧尼未习法律，辄犯恶逆。是以，诸僧尼惶惧，以不知所如。仰愿其除恶逆者以外僧尼，悉赦而勿罪。是大功德也。’天皇乃听之。戊午，诏曰：‘夫道人尚犯法，何以诲俗人。故自今已后，任僧正僧都，仍应检校僧尼。’”（第二册，p. 584）又三十二年九月条：“秋九月甲戌朔丙子，校寺及僧尼，具录其寺所造之缘、亦僧尼入道之缘及度之年月日也。当是时有寺四十六所、僧八百十六人、尼五百六十九人并一千三百八十五人。”（第二册，p. 586）又卷25《孝德纪》大化二年八月条：“癸卯，遣使于大寺，唤聚僧尼而诏曰：‘于矶城岛宫御宇天皇十三年中，百济明王奉传佛法于我大倭。’”（第三册，p. 120）又：“天皇诏马子宿祢而使奉其法。于小垦田宫御宇天皇之世，马子宿祢奉为天皇造丈六绣像、丈六铜像，显扬佛教，恭敬僧尼。”（第三册，p. 122）又：“今拜寺司等与寺主。巡行诸寺，验僧尼、奴婢、田亩之实，而尽显奏。”（第三册，p. 122）又白雉二年十二月条：“冬十二月晦，于味经宫请二千一百余僧尼使读一切经。是夕，燃二千七百余灯于朝庭内，使读《安宅》《土侧》等经。于是，天皇从于大郡迁居新宫，号曰难波长柄丰碕宫。”（第三册，p. 188）又白雉三年十二月条：“冬十二月晦，请天下僧尼于内里，设斋、大舍、燃灯。”（第三册，p. 192）又卷29《天武纪下》四年四月条：“夏四月甲戌朔戊寅，请僧尼二千四百余而大设斋焉。”（第三册，p. 360）又五年六月条：“是夏，大旱。遣使四方，以捧币帛祈诸神祇。亦请诸僧尼祈于三宝。然不雨，由是五谷不登，百姓饥之。”（第三册，p. 370）又八年三月条：“壬寅，贫乏僧尼，施絁棉布。”（第三册，p. 386）又八年十月条：“是月，敕曰：‘凡诸僧尼者，常住寺内以护三宝。’”（第三册，p. 392）又九年十月条：“冬十月壬寅朔乙巳，恤京内诸寺贫乏僧尼及百姓而赈给之。一每僧尼各絁四匹、绵四屯、布六端，沙弥及白衣各絁二匹、棉二屯、布四端。”（第三册，p. 400）又十二年七月条：“秋七月丙戌朔己丑，天皇幸镜姬王之家，讯病。庚寅，镜姬王薨。是夏，始请僧尼安居于宫中，因简净行者三十人出家。”（第三册，p. 428）又十三年五月条：“五月辛亥朔甲子，化来百济僧尼及俗男女并二十三人，皆安置于武藏国。”（第三册，p. 436）又十四年四月条：“庚寅，始请僧尼安居于宫中。”（第三册，p. 446）又朱鸟元年九月条：“甲子平旦，诸僧尼发哭于殡庭乃退之。”（第三册，p. 466）又：“乙丑，诸僧尼亦哭于殡庭。”（第三册，p. 466）又：“丙寅，僧尼亦发哀。”（第三册，p. 468）又：“丁卯，僧尼发哀之。”（第三册，p. 468）又《持统纪》称制前纪条：“闰十二月，筑紫大宰献三国高丽、百济、新罗百姓男女并僧尼六十二人。”（第三册，p. 478）又元年四月条：“夏四月甲午朔癸卯，筑紫大宰献投化新罗僧尼及百姓男女二十二人，居于武藏国，赋田受禀，使安生业。”（第三册，p. 480）《日本灵异记》上卷《信敬三宝得现报缘第5》：“夏四月，有一大僧，执斧殴父。连公见之，直奏之曰：‘僧尼检校，应中置上座，犯恶使断是非。’天皇敕之曰：‘诺也。’”（p. 75）《藤原家传》下卷《武智麻吕传》：“顾问国人，国人答曰：‘寺檀越等统领寺家财物田园，不令僧尼勾当，不得自由。’”（p. 330）又：“僧尼空载名于寺籍，分散糊口于村里。"（p. 333）《续日本纪》卷1《文武纪》文武四年十月条："冬十月壬子，施京畿年九十以上僧尼等絁、棉、布。始置制衣冠司。"（第一册，p. 30）又卷2《文武纪》大宝元年十一月条："十一月壬申，大赦天下。但盗人者不在赦限。老疾及僧尼赐物各有差。"（第一册，p. 50）又卷4《元明纪》庆云四年七月条："僧尼准八位以上，各施籾、布。"（第一册，p. 122）又和铜元年七月条："丙午，有诏：'京师僧尼及百姓等，年八十以上赐粟，百年二斛，九十一斛五斗，八十一斛。'"（第一册，p. 140）又卷5《元明纪》和铜五年二月条："二月戊午，诏：'赐京畿高年、鳏寡惸独者，絁、棉、米盐各有差。高年僧尼亦同施焉。'"（第一册，p. 178）又卷7《元正纪》灵龟元年九月条："亲王以下及百官人，并京畿诸寺僧尼，天下诸社祝部等，赐物各有差。"（卷2，第二册，p. 4）又灵龟二年五月条："又闻诸国寺家，堂塔虽成，僧尼莫住，礼佛无闻。"（第二册，p. 12）又养老元年四月条："凡僧尼，寂居寺家，受教传道。准令云：'其有乞食者，三纲连署。午前捧钵告乞，不得因此更乞余物。"（第二册，p. 26）又："僧尼依佛道，持神咒以救溺徒，施汤药而疗痼病，于令听之。方今，僧尼辄向病人之家，诈祷幻怪之情，戾执巫术，逆占吉凶，恐胁耄穉，稍致有求。道俗无别，终生奸乱。"（第二册，p. 26）又养老元年五月条："僧尼取年十六以下不输庸调者，听为童子。而非经国郡，不得辄取。"（第二册，p. 28）又养老元年十一月条："八十以上者，絁一匹、棉一屯、布二端、粟一石。僧尼亦准此例。"（第二册，p. 36）又养老二年十二月条："其废疾之徒，不能自存，量加赈恤。仍令长官亲自慰问，兼给汤药。僧尼亦同。布告天下，知朕意焉。"（第二册，p. 50）又卷8《元正纪》养老四年正月条："丁巳，始授僧尼公验。"（第二册，p. 64）又养老四年八月条："其废疾之徒，不能自存者，量加赈恤。因令长官亲自慰问，量给汤药。勤从宽优。僧尼亦同之。"（第二册，p. 76）又养老四年八月条："癸未，诏：治部省奏，授公验僧尼多有滥吹。唯成学业者一十五人，宜授公验。自余停之。"（第二册，p. 74）又养老四年十二月条："比者，或僧尼自出方法，妄作别音。遂使后生之辈积习成俗。不肯变正。恐污法门。"（第二册，p. 80）又卷9《元正纪》养老六年七月条："近在京僧尼，以浅识轻智，巧说罪福之因果，不练戒律，诈诱都里之众庶。内黩圣教，外亏皇猷。"（第二册，p. 120）又养老六年十一月条："即从十二月七日，于京并畿内诸寺，便屈请僧尼二千六百三十八人，设斋供也。"（第二册，p. 126）又神龟元年二月条："又百官官人及京下僧尼，大御手物取赐治赐〈久止〉诏天皇御命，众闻食宣。"（第二册，p. 142）又神龟元年十月条："冬十月丁亥朔，治部省奏言：勘检京及诸国僧尼名籍，或入道元由，披陈不明。或名存纲帐，还落官籍。或形貌志黡，既不相当。惣一千一百二十二人。准量格式，合给公验。不知处分，伏听天裁。"（第二册，p. 152）又神龟二年七月条："又诸寺院限，勤加扫净，仍令僧尼读《金光明经》。若无此经者。便转《最胜王经》。令国家平安也。"（第二册，p. 160）又卷10《圣武纪》神龟四年十一月条："庚子，僧纲及僧尼九十人上表，奉贺皇子诞生。施物各有差。"（第二册，p. 184）

又天平元年八月条："又左右两京今年田租，在京**僧尼**之父今年所出租赋，及到大宰府路次驿户租调，自神龟三年已前官物未纳者皆免。"（第二册，p. 218）又卷 11《圣武纪》天平六年十一月条："戊寅，太政官奏：'佛教流传，必在**僧尼**。度人才行，实简所司。'"（第二册，p. 282）又："其取**僧尼**儿，诈作男女，令得出家者，准法科罪。所司知而不正者，与同罪。得度者还俗。奏可之。"（第二册，p. 282）又卷 12《圣武纪》天平八年七月条："又京畿内及七道诸国百姓并**僧尼**有病者，给汤药、食粮。"（第二册，p. 302）又天平九年五月条："高年之徒、鳏寡惸独，及京内**僧尼**男女，卧疾不能自存者，量加赈给。"（第二册，p. 320）又天平九年八月条："癸卯，令四畿内二监及七道诸国**僧尼**清净沐浴。一月之内二三度，令读《最胜王经》。"（第二册，p. 324）又卷 13《圣武纪》天平十一年二月条："其废疾之徒，不能自存者，量加赈恤。仍令长官亲自慰问量给汤药。**僧尼**亦同。"（第二册，p. 348）又卷 14《圣武纪》天平十三年三月条："其**僧尼**每月八日，必应转读《最胜王经》。"（第二册，p. 390）又卷 15《圣武纪》天平十六年七月条："甲申，诏曰：'四畿内七道诸国，国别割取正税四万束，以入**僧尼**两寺，各二万束。每年出举。以其息利，永支造寺用。'"（第二册，p. 442）又天平十六年十月条："是时，释门之秀者，唯法师及神睿法师二人而已。著述《愚志》一卷，论**僧尼**之事。"（第二册，p. 446）又卷 17《圣武纪》天平二十年五月条："五月丁丑，敕令天下诸国奉为太上天皇，每至七日，国司自亲洁斋，皆请诸寺**僧尼**，聚集于一寺，敬礼读经。"（第三册，p. 56）又天平二十年十二月条："十二月甲寅，遣使，镇祭佐保山陵。度**僧尼**各一千。"（第三册，p. 60）又天平胜宝元年四月条："又寺〈尔〉垦田地许奉〈利〉、僧纲〈乎〉始〈弖〉众**僧尼**敬问〈比〉、治赐〈比〉、新造寺〈乃〉官寺〈止〉可成〈波〉官寺〈止〉成赐〈夫〉。"（第三册，p. 68）又天平胜宝元年四月条："戊申，大臣以下诸司仕丁以上，赐禄各有差。京畿内**僧尼**等施物，亦各有差。"（第三册，p. 76）又天平胜宝元年十月条："丙子，河内国寺六十六区见住**僧尼**及沙弥、沙弥尼，赐絁棉各有差。"（第三册，p. 92）又卷 20《孝谦纪》天平宝字元年四月条："其僧纲及京内**僧尼**复位以上，施物有差。"（第三册，p. 182）又 21《淳仁纪》天平宝字二年八月条："僧纲始〈弖〉诸寺师位**僧尼**等〈尔〉物布施赐〈夫〉。"（第三册，p. 264）又："集诸寺**僧尼**，欲学戒律者，皆属令习。"（第三册，p. 276）又天平宝字二年八月条："治部省，**僧尼**宾客，诚应尚礼。故改为礼部省。"（第三册，p. 284）又卷 22《淳仁纪》天平宝字三年六月条："修行护国，僧尼之道。而今或曾不入寺，计官供于七日，或贪规兼得，著空名于两处。由斯讥及三宝，无益施主。"（第三册，p. 322）又卷 23《淳仁纪》天平宝字四年七月条："其天下诸国，每国奉造阿弥陀净土画像。仍计国内见**僧尼**，写《称赞净土经》，各于国分金光明寺礼拜供养。"（第三册，p. 358）又天平宝字四年八月条："癸未，施新京高年**僧尼**曜藏、延秀等三十四人絁棉。"（第三册，p. 362）又卷 30《称德纪》宝龟元年七月条："宜令普告天下，断辛肉酒，各于当国诸寺奉读。国司、国师共知，检校所读经卷并**僧尼**数，附使奏上。其内外文武官属，亦同此制。称朕意焉。”（第四册，p. 290）又宝亀元年九月条：“辛巳，七七。于山阶寺设斋焉。诸国者，每国屈请管内**僧尼**于金光、法华二寺，行道转经。”（第四册，p. 304）又卷 31《光仁纪》宝亀元年十月条：“又僧纲始《弖》诸寺师位**僧尼**等〈尔〉御物布施赐〈布〉。”（第四册，p. 312）又宝亀二年正月条：“壬戌，自天平神护元年以来，**僧尼**度缘，一切用道镜印之。”（第四册，p. 326）又卷 33《光仁纪》宝亀六年九月条：“壬寅，敕：‘十月十三日，是朕生日。每至此辰，感庆兼集。宜令诸寺**僧尼**，每年是日，转经行道。’”（第四册，p. 456）又卷 35《高绍纪》宝亀十年八月条：“大宝元年以降，**僧尼**虽有本籍，未知存亡。是以，诸国名帐，无由计会。”又宝亀十年八月条：“今检造**僧尼**本籍，计会内外诸寺名帐，国分**僧尼**，住京者多。”又宝亀十年九月条：“**僧尼**之名，多冒死者。心挟奸伪，犯乱宪章。”又卷 36《高绍纪》天应元年四月条：“又僧纲〈乎〉始〈弖〉诸寺智行人及年八十以上**僧尼**等〈尔〉物布施赐〈夫〉。”又天应元年十二月条：“又敕天下诸国，七七之日，令国分二寺见**僧尼**奉为设斋以追福焉。”又卷 37《桓武纪》延历元年十二月条：“壬子，敕太上天皇周忌御斋。当今月二十三日，宜令天下诸国国分二寺见**僧尼**奉为诵经焉。”又卷 39《桓武纪》延历七年正月条：“诏在京诸司及高年**僧尼**，并神祝等，赐禄各有差。”又卷 40《桓武纪》延历八年十二月条：“敕曰：‘中宫七七御斋，当来年二月十六日。宜令天下诸国国分二寺见**僧尼**奉为诵经焉。又每七日，遣使诸寺诵经以追福焉。’”

【僧尼令/そうにりょう】 三字 “僧尼令”，有关僧尼的法律条文。《续日本纪》卷 2《文武纪》大宝元年六月条：“六月壬寅朔，令正七位下道君说**僧尼令**于大安寺。”（第一册，p. 40）

【僧身/ほうしのみ】 偏正 （2 例） 僧尼的身份。《续日本纪》卷 8《元正纪》养老五年六月条：“又老师所生同籍亲族。给复终**僧身**焉。”（第二册，p. 98）又卷 19《孝谦纪》天平胜宝八岁五月条：“丁丑，敕：‘奉为先帝陛下，屈请看病禅师一百二十六人者，宜免当户课役。但良辩、慈训、安宽三法师者，并及父母两户。然其限者，终**僧身**。’”（第三册，p. 162）

【僧寺/そうじ】 偏正 （10 例） 僧尼修行的寺院。《丰后国风土记·总记》条：“寺贰所。**僧寺**、尼寺。”（p. 284）又《大分郡》条：“寺贰所。**僧寺**、尼寺。”（p. 298）又《肥前国风土记·总记》：“寺贰所。**僧寺**。”（p. 310）又《神埼郡》条：“乡玖所，驿壹所，烽壹所，寺壹所。**僧寺**。”（p. 320）《续日本纪》卷 14《圣武纪》天平十三年三月条：“又每国**僧寺**，施封五十户，水田一十町。尼寺水田十町。**僧寺**必令有二十僧，其寺名为金光明四天王护国之寺。尼寺一十尼，其寺名为法华灭罪之寺。两寺相共、宜受教戒。”（第二册，p. 390）又卷 17《圣武纪》天平十九年十一月条：“其**僧寺**、尼寺水田者，除前人数已外，更加田地，**僧寺**九十町，尼寺四十町。”（第三册，p. 50）又卷 20《孝谦纪》天平宝字二年七月条：“戊戌，敕：‘为令朝廷安宁，天下太平，国别奉写《金刚般若经》三十卷，安置国分**僧寺**二十卷，尼寺十卷，恒副《金光明最胜王经》，并令转读焉。'"（第三册，p. 256）又卷37《桓武纪》延历二年四月条："去天平十三年二月，敕处分：'每国造**僧寺**，必合有二十僧者，仍取精进练行，操履可称者度之。'"刘宋僧伽跋摩译《萨婆多部毘尼摩得勒伽》卷10："问如佛所说，若比丘知**僧寺**中先有比丘，往到彼逼坐令恼，波夜提。"元魏瞿昙般若流支译《正法念处经》卷35《观天品》："若于**僧寺**，或见佛塔，有破坏者，为之修治。"唐义净译《根本说一切有部毘奈耶杂事》卷15："给孤长者，创造此等施佛僧已，所有墙壁，未为彩画，便作是念：'我今请佛，欲画**僧寺**。'"

【僧徒/そうと】 偏正　僧的同伴。僧侣。众多的僧侣；弟子。"师僧"的对应词。《唐大和上东征传》："州太守卢同宰及**僧徒**父老迎送，设供养，差人备粮送至白社村寺。"（p. 58）又："初开佛殿，香气满城，城中**僧徒**［擎］幡、烧香、唱梵，云集寺中。"（p. 72）东晋法显记《高僧法显传》卷1："其国中人，为佛齿起塔，有千余**僧徒**，尽小乘学。"唐玄奘撰《大唐西域记》卷1："伽蓝百余所，**僧徒**五千余人，习学小乘教说一切有部。"唐道宣撰《四分律删繁补阙行事钞》卷2："迦竺传法已来，讫至曹魏之初，**僧徒**极盛，未禀归戒，止以剪落殊俗。"→【諸僧徒】

【僧物/ほうしのもの】 偏正　（5例）　僧众所共有之物。一般而言，僧物可分为两种：1. 四方僧物，又称招提僧物、释放僧物、常住僧物，系僧伽所共享，而为教团之共有物，现前之僧不得私自处置。例如寺舍、田园、仆畜等皆属之。2. 现前僧物，指现前僧（住于一寺眼前所见之比丘、比丘尼）所特用之物，即施主布施予现前僧之物，或指丧亡比丘之遗物。《藤原家传》下卷《武智麻吕传》："得其门者，出离盖缠。失其路者，轮回生死。何肯白衣檀越辄统**僧物**?"（p. 330）又："部内人民，不知困果。檀越子孙，不惧罪业。统领**僧物**，专养妻子。"（p. 334）《日本灵异记》上卷《僧用涌汤之分薪而与他作牛役之示奇表缘第20》："宁所迫饥虽食沙土，谨不用食常住**僧物**。所以《大方等经》云：'四重五逆，我亦能救。盗**僧物**者，我所不救。'者，其斯谓之矣。"（p. 105）又中卷《己作寺用其寺物作牛役缘第9》："诚知非无因果，不怖慎欤?所以《大集经》云：'盗**僧物**者，罪过五逆。'云云"（p. 173）后汉支娄迦谶译《杂譬喻经》卷1："众僧议逐，有真人曰：'且莫摈弃！随用**僧物**，能多化度。'"刘宋僧伽跋摩译《萨婆多部毘尼摩得勒伽》卷7："复有一事得大罪，谓盗**僧物**。"唐义净译《金光明最胜王经》卷3《灭业障品》："或盗窣堵波物、四方僧物、现前**僧物**，自在而用，世尊法律，不乐奉行，师长教示，不相随顺。"

【僧正/そうじょう】 偏正　（23例）　僧官名。中国是在后秦时代，僧䂮受封该职为起始。此后，沿用至北魏初期，为最高位的僧职。在日本，据《日本书纪》所载，是在624年（推古天皇三十二年），敕封观勒为起始。僧纲的上位，经僧团推举者而被任命，统辖僧尼。其后划分大、正、权的三级。《日本书纪》卷22《推古纪》三十二年四月条：“戊午，诏曰：‘夫道人尚犯法，何以诲俗人。故自今已后，任僧正僧都，仍应检校僧尼。’壬戌，以观勒僧为僧正，以鞍部德积为僧都，即日以阿昙连阙名为法头。”（第二册，p. 586）又三十三年正月条：“三十三年春正月壬申朔戊寅，高丽王贡僧惠灌。仍任僧正。”（第二册，p. 588）又卷 29《天武纪下》十二年正月条：“三月戊子朔己丑，任僧正、僧都、律师。因以敕曰：‘统领僧尼如法。’云云。”（第三册，p. 426）又朱鸟元年六月条：“甲申，遣伊势王及官人等于飞鸟寺，敕众僧曰：‘近者朕身不和。愿赖三宝之威，以身体欲得安和。是以，僧正僧都及众僧应誓愿。’则奉珍宝于三宝。”（第三册，p. 460）又朱鸟元年七月条：“是日，僧正僧都等参赴宫中而悔过矣。”（第三册，p. 462）《怀风藻》第 8 首释智藏《小传》：“临于试业，升座敷演，辞义峻远。音词雅丽，应对如流。皆屈服莫不惊骇。帝嘉之拜僧正。时岁七十三。”（p. 79）《日本灵异记》下卷《智行并具禅师重得人身生国皇之子缘第 39》：“皇臣见敬，道俗所贵。弘法导人，以为行业。是以天皇贵其行德，拜任僧正之。”（p. 377）《唐大和上东征传》：“五日，唐道璇律师、婆罗门菩提僧正来慰问。”（p. 92）《续日本纪》卷 1《文武纪》文武二年三月条：“壬午，诏：‘以惠施法师为僧正，智渊法师为少僧都，善往法师为律师。’”（第一册，p. 8）又卷 2《文武纪》大宝二年正月条：“癸巳，诏：‘以智渊法师为僧正，善往法师为大僧都，辩照法师为少僧都，僧照法师为律师。’”（第一册，p. 52）卷 3《文武纪》大宝三年三月条：“乙酉，以义渊法师为僧正。”（第一册，p. 66）又卷 10《圣武纪》神龟四年十二月条：“十二月丁丑，敕曰：‘僧正义渊法师，（俗姓市往氏也。）禅枝早茂，法梁惟隆，扇玄风于四方，照惠炬于三界。’”（第二册，p. 184）又神龟五年十月条：“冬十月壬午，僧正义渊法师卒。遣治部官人监护丧事。”（第二册，p. 200）又天平二年十月条：“冬十月乙酉，大僧都辩静法师为僧正。”（第二册，p. 238）又卷 12《圣武纪》天平九年八月条：“丁卯，以玄昉法师为僧正，良敏法师为大僧都。”（第二册，p. 326）又天平九年九月条：“因施两京、四畿、二监僧正以下沙弥尼以上，惣二千三百七十六人棉并盐，各有差。”（第二册，p. 330）又天平九年十二月条：“是日，皇太夫人藤原氏就皇后宫，见僧正玄昉法师。”（第二册，p. 334）又卷 13《圣武纪》天平十二年八月条：“癸未，大宰少弐从五位下藤原朝臣广嗣上表，指时政之得失，陈天地之灾异。因以除僧正玄昉法师。”（第二册，p. 364）又卷 16《圣武纪》天平十八年六月条：“己亥，僧玄昉死。玄昉，俗姓阿刀氏。灵龟二年入唐学问。唐天子尊昉。准三品、令著紫袈裟。天平七年，随大使多治比真人广成还归。赍经论五千余卷及诸佛像来。皇朝亦施紫袈裟著之。尊为僧正，安置内道场。”（第三册，p. 28）又卷 18《孝谦纪》天平胜宝三年四月条：“甲戌，诏以菩提法师为僧正，良辩法师为少僧都，道璇法师、隆尊法师为律师。”（第三册，p. 112）又卷 32《光仁纪》宝龟四年闰十一月条：“辛酉，诏：‘僧正赙物准从四位、大少僧都准正五位，律师准从五位。’”（第四册，p. 414）又宝龟四年闰十一月条：“甲子，僧正良辩卒。遣使弔之。”（第四册，p. 414）

【殺捕/ころしとる】 并列 犹言"捕杀"。《出云国风土记·意宇郡》条:"尔时,举鉾而刃中央一和尔杀捕已讫。然后,百余和尔解散。"(p. 142)隋阇那崛多译《佛本行集经》卷12《捔术争婚品》:"时彼王子所将食粮,皆悉罄尽,王子游猎,杀捕诸虫以用活命。"该例在唐道世撰《法苑珠林》卷10中亦有辑录。隋灌顶纂《国清百录》卷4:"昔贫道西游,路经岳州刺史王宣武,仍结香火禀受大乘。而彼地民不事农桑,专行杀捕之业。"宋志盘撰《佛祖统纪》卷6:"其俗专业杀捕,及闻法感化,于是一郡五县,一千余所,咸舍杀业。"按:《汉语大词典》失收。

【殺盗為業/ころすこととぬすむことをなりはひとす】 四字 以杀生、偷盗为职业,以杀生、偷盗为生。《日本灵异记》中卷《佛铜像盗人所捕示灵表显盗人缘第22》:"和泉国日根郡部内,有一盗人。住道路边,姓名未详也。天年心曲,杀盗为业,不信因果。"(p. 206)唐法琳撰《辩正论》卷7:"宋有恶人朱恭,每以杀盗为业,夜至莲花寺,杀尼盗物。一夜绕院而走,不知出处,遂堕露厕而死,背犹负物。"

【殺而噉之/ころしてくらふ】 四字 杀死吃掉。《日本灵异记》上卷《归信三宝钦仰众僧令诵经得现报缘第32》:"神龟四年岁次丁卯九月中,圣武天皇与群臣,猎于添上郡山村之山。有鹿走入纳见里百姓之家中。家人不觉,杀而噉之。"(p. 130)梁宝唱等集《经律异相》卷46:"昔有一母人,甚多子息,性恶无慈,喜盗人子,杀而噉之。亡子家不知谁取,行巷涕哭。如是非一。"

【殺割/さく】 并列 (2例) 屠杀割裂,杀戮宰割。《出云国风土记·意宇郡》条:"杀割者,女子之一胫屠出。仍和尔者,杀割而挂串,立路之垂也。"(p. 142)(1)梁僧伽婆罗译《解脱道论》卷3《分别行品》:"云何诸行初所造因缘?于初可爱方便故,多善业成欲行人。复从天堂落生于此,多起杀割桁械怨业,成瞋行人,不爱业所覆,从地狱从龙生堕落生此。初多饮酒离间,成痴行人,从畜生堕落生此。如是行初造因缘。"唐道世集《诸经要集》卷8:"由是之故,我得此马,及以珍宝,来投王国。若不见信,往看贼之创痍,杀割处所。是王即遣亲信往看,果如其言。"(2)《太平御览》卷544所载《夏官·太仆》曰:"丧纪,正王之服位,诏法仪,赞王牲事。(牲事,杀割匕载之属。)"按:《汉语大词典》失收。

【殺人之罪/ひところしのつみ】 四字 杀人的罪行。《日本灵异记》下卷《用寺物复将写〈大般若〉建愿以现得善恶报缘第23》:"宝龟五年甲寅春三月,倏被人谗,堂檀越所打损而死。檀越者即忍胜之同属。眷属议曰:'令断于杀人之罪。'故转不烧失,点地作冢,殡收而置。"(p. 318)西晋法炬译《佛说鸯掘摩经》卷1:"当微改常倒教而教,教使杀人,限至于百,各贯一指,以鬘其额。杀人之罪,罪莫大焉。不加楚酷,必就辜戮,现受危没,没堕地狱,不可释置,纵使滋甚也。"梁慧皎撰《高僧传》卷1:"祖前身罪缘欢喜毕对,愿从此以后与辅为善知识,无令受杀人之罪。遂便鞭之五十，奄然命终。”

【殺生/せっしょう】述宾（13例） 杀害人畜等一切有情的生命，为十恶业之一。《日本灵异记》下卷《序》：“甘嗜名利杀生，疑托鬼之人抱毒蛇。莫朽之号恶种，叵见之号善根。”（p.260）又《漂流大海敬称尺迦佛名得全命缘第25》：“小男叹曰：‘从杀生人，受苦无量。我亦还到，彼又驱使，犹聿不止杀生之业。’”（p.326）《续日本纪》卷8《元正纪》养老五年七月条：“故周孔之风，尤先仁爱，李释之教，深禁杀生。”（第二册，p.100）又卷12《圣武纪》天平九年八月条：“癸卯，令四畿内二监及七道诸国，僧尼清净沐浴。一月之内二三度，令读《最胜王经》。又月六斋日，禁断杀生。”（第二册，p.324）又卷14《圣武纪》天平十三年三月条：“其僧尼每月八日，必应转读《最胜王经》。每至月半，诵戒羯磨。每月六斋日，公私不得渔猎杀生。”（第二册，p.390）又卷15《圣武纪》天平十五年正月条：“又令天下限七七日禁断杀生及断杂食。”（第二册，p.416）又卷17《圣武纪》天平胜宝元年正月条：“天平胜宝元年春正月丙寅朔，废朝。始从元日，七七之内，令天下诸寺悔过，转读《金光明经》。又禁断天下杀生。”（第三册，p.60）又天平胜宝元年十一月条：“又所历之国，禁断杀生。其从人供给，不用酒宍。道路清扫，不令污秽。”（第三册，p.94）又卷18《孝谦纪》天平胜宝四年正月条：“辛巳，禁断始从正月三日迄于十二月晦日，天下杀生。”（第三册，p.116）又卷19《孝谦纪》天平胜宝七年十月条：“又始自今日。至来十二月晦日。禁断杀生。”（第三册，p.154）又天平胜宝八岁六月条：“庚寅，诏曰：‘居丧之礼，臣子犹一。天下之民，谁不行孝？宜告天下诸国，自今日始，迄来年五月三十日，禁断杀生。’”（第三册，p.164）又卷20《孝谦纪》天平宝字二年七月条：“甲戌，敕：‘比来，皇太后寝膳不安。稍经旬日。朕思延年济疾，莫若仁慈。宜令天下诸国，始自今日，迄今年十二月三十日，禁断杀生。又以猪鹿之类，永不得进御。’”（第三册，p.256）又卷22《淳仁纪》天平宝字三年六月条：“其滥不杀生，能矜贫苦，为仁；断诸邪恶，修诸善行，为义。”（第三册，p.320）后汉昙果、康孟详合译《中本起经》卷2《瞿昙弥来作比丘尼品》：“亦能自禁制，不杀生，不盗窃，不淫泆，不妄语，不饮酒。如是，阿难，正使人终身相给施衣被、饮食、卧具、病困医药，不及我此恩德也。”东晋佛驮跋陀罗译《大方广佛华严经》卷24《十地品》：“于中杀生之罪，能令众生，堕于地狱、畜生饿鬼；若生人中，得二种果报，一者短命；二者多病。”姚秦鸠摩罗什译《大智度论》卷13《序品》：“若实是众生，知是众生，发心欲杀，而夺其命。生身业，有作色，是名杀生罪。”萧齐僧伽跋陀罗译《善见律毘婆沙》卷2《阿育王品》：“须那迦答言：‘我非夜叉尼伴，我等名为沙门，断杀生法，护持十善，勇猛精进，我有善法。’”

【殺生業/せっしょうのわざ】三字 杀害有情生命所造成的身业，死后将堕地狱、饿鬼、畜生三恶道，即使生于人间，亦不免多病短命。《日本灵异记》中卷《依汉神祟

杀牛而祭又修放生善以现得善恶报缘第5》："于兹，思之：'我得重病，由杀生业。'故自卧病年已来，每月不阙，六节受斋戒，修放生业，见他杀含生之类，不论而赎，又遣八方，访买生物而放。"（p. 159）梁僧伽婆罗译《文殊师利问经》卷2《杂问品》："佛告文殊师利：'如人然灯，不为杀虫。文殊师利，如来如是，随众生所堪，则为彼说，如来说法，无非因缘。若有众生，有杀生业，必受果报。彼众生不堪受法，是故休道。彼众生堪受法，则得解脱。皆随其因缘，非如来所作。'"元魏瞿昙般若流支译《正法念处经》卷31《观天品》："若于先世，有杀生业，寿命短促，速疾命终。"

【殺生之業/せっしょうのわざ】 四字 犹言"杀生业"。《日本灵异记》下卷《漂流大海敬称尺迦佛名得全命缘第25》："当土人等见之，问来由，状知愍养，申当国司。国司闻见之，悲赈给粮。小男叹曰：'从杀生人，受苦无量。我亦还到，彼又驱使，犹聿不止杀生之业。'"（p. 326）元魏瞿昙般若流支译《正法念处经》卷1《十善业道品》："如是恶人，多作杀生，以是因缘，堕于地狱、畜生、饿鬼，受极苦恼、杀生之业，有下中上。受苦报时，亦下中上。既作业已，如是不得，不受果报，如是如是。自作恶业，自得恶报。"唐菩提流志译《大宝积经》卷48《毘利耶波罗蜜多品》："卿等但能为我，永断永离，杀生之业，永断永离，不与取业，永断永离，欲邪行业。"唐义净译《根本说一切有部毘奈耶皮革事》卷2："希有猎师，发清信心。纵令千种教化，终不肯息杀生之业。"

【殺無罪者/ころすともつみなきなり】 四字 杀人无罪。《日本灵异记》中卷《佛铜像盗人所捕示灵表显盗人缘第22》："此人者，诽谤佛法僧，为众生不说法。无恩义故，杀无罪者也。"（p. 207）姚秦鸠摩罗什译《成实论》卷7《三业品》："刹利为护人故杀无罪者，此如家法，如屠儿等，世世家法，常应杀生，亦不免罪。刹利亦尔。"隋灌顶撰《大般涅槃经疏》卷17《梵行品》："言杀无罪者，下文云：施一阐提得千倍报，施一饿狗得百倍报。而此中云杀阐提言无罪者，互明与夺。若据阐提现在无善，害之无罪。过去五戒，感报人身，胜于畜生，故报千倍。"宋允堪述《四分律含注戒本疏发挥记》卷3："有害，言蛇既害人，杀亦无过，父母老病，杀无罪者。论云今波斯国说之。此亦无礼义之邦也。周孔之教，既不及因果之法，岂能别乎？"

【殺於~/~をころす】 于字 （3例） 杀害，致死。《日本灵异记》中卷《依不布施与放生而现得善恶报缘第16》："宫门左右，有额生一角之人，捧大刀，为杀于吾颈。法师优婆塞，谏之不令戮。"（p. 192）又《打法师以现得恶病而死缘第35》："天皇敕诏：'朕亦法师。谛镜亦僧。法师云何杀于法师？宇迟招灾，非谛镜咎。'"（p. 241）《上宫圣德法王帝说》："□□天皇御世乙巳年六月十一日，近江天皇杀于林太郎□□，以明日其父丰浦大臣子孙等皆灭之。"失译人名今附后汉录《大方便佛报恩经》卷1《孝养品》："王悲闷绝，举身躃地。良久醒悟，复自思惟：'不设方便，三人并命，不离此死。我今何不，杀于夫人，以活我身，并续子命。'作是念已，寻即拔刀，欲杀夫人。”刘宋求那跋陀罗译《杂阿含经》卷23：“如是在海，十有余年，采诸重宝，还到本乡，道中值五百贼，杀于商主，夺彼宝物。”元魏慧觉等译《贤愚经》卷11《无恼指鬘品》：“母时语言：‘咄！不孝物。云何怀逆，欲危害我？’儿便语言：‘我受师教，要七日中，满得千指，便当得愿，生于梵天。日数已满，更不能得，事不获已，当杀于母。’”

【沙門/しゃもん】 音译 （68例） 梵语 śramaṇa 的译音，即僧侣。《日本书纪》卷25《孝德纪》即位前纪条：“以沙门旻法师、高向史玄理为国博士。”（第三册，p.112）又大化元年八月条：“朕更复思崇正教光启大猷。故以沙门狛大法师、福亮、惠云、常安、灵云、惠至、僧旻、道登、惠邻、惠妙，而为十师。”（第三册，p.122）又白雉元年二月条：“又问沙门等，沙门对曰：‘耳所未闻，目所未睹。宜赦天下使悦民心。’”（第三册，p.180）又白雉三年四月条：“夏四月戊子朔壬寅，请沙门惠隐于内里，使讲《无量寿经》，以沙门惠资为论议者，以沙门一千为作听众。”（第三册，p.190）又卷26《齐明纪》三年九月条：“是岁，使使于新罗曰：‘欲将沙门智达、间人连御厩、依网连稚子等付汝国使，令送到大唐。’新罗不肯听送。由是，沙门智达等还归。”（第三册，p.210）又四年七月条：“是月，沙门智通、智达奉敕乘新罗船往大唐国，受无性众生义于玄奘法师所。”（第三册，p.214）又四年四岁条：“沙门智踰造指南车。”（第三册，p.218）又六年七月条：“高丽沙门道显《日本书纪》曰：‘七月云云。春秋智借大将军苏定方之手，使击百济亡之。’”（第三册，p.232）又卷27《天智纪》三年十月条：“冬十月乙亥朔，宣发遣郭务悰等敕。是日，中臣内臣遣沙门智祥赐物于郭务悰。”（第三册，p.264）又五年是冬条：“倭汉沙门智由献指南车。”（第三册，p.268）又七年九月条：“丁未，中臣内臣使沙门法辩、秦笔，赐新罗上臣大角干庾信船一只，付东严等。”（第三册，p.278）又八年是岁条：“是岁，沙门道行盗草薙剑逃向新罗，而中路风雨，芒迷而归。”（第三册，p.278）又十年十月条：“东宫起而再拜，便向于内里佛殿之南，踞坐胡床，剃除鬓发为沙门。”（第三册，p.292）又十年十月条：“月生二日，沙门道久、筑紫君萨野马、韩岛胜娑婆、布师首盘四人从唐来曰：‘唐国使人郭务悰等六百人、送使沙宅孙登等一千四百人、总合二千人，乘船四十七只，俱泊于比智岛。’”（第三册，p.292）又卷30《持统纪》称制前纪条：“冬十月戊辰朔己巳，皇子大津谋反发觉。逮捕皇子大津，并捕为皇子大津所诖误直广肆八口朝臣音橿、小山下壹伎连博德与大舍人中臣朝臣臣麻吕、巨势朝臣多益须、新罗沙门行心及帐内砺杵道作等三十余人。”（第三册，p.474）又：“又诏曰：‘新罗沙门行心与皇子大津谋反，朕不忍加法，徙飞驒国伽蓝。’”（第三册，p.476）又二年七月条：“秋七月丁巳朔丁卯，大雩。旱也。丙子，命百济沙门道藏请雨。不崇朝，遍雨天下。”（第三册，p.486）又三年正月条：“丙辰，务大肆陆奥国优嗜昙郡城养虾夷脂利古男、麻吕与铁折请剔鬓发为沙门。”（第三册，p.488）又：“是日，赐越虾夷沙门道信佛像一躯、灌顶幡、钟钵各一口、五色采各五尺、棉五屯、布一十端、锹一十枚、鞍一具。”（第三册，p. 490）又三年七月条：“秋七月壬子朔，付赐陆奥虾夷沙门自得所请金铜药师佛像、观世音菩萨像各一躯、钟、娑罗、宝帐、香炉、幡等物。”（第三册，p. 496）又四年二月条：“戊午，新罗沙门诠吉、级飡北助知等五十人归化。”（第三册，p. 502）又四年七月条：“是日，以絁、丝、棉、布奉施七寺安居沙门三千三百六十三。别为皇太子奉施于三寺安居沙门三百二十九。”（第三册，p. 506）又六年二月条：“赐阴阳博士沙门法藏、道基银二十两。”（第三册，p. 524）又六年五月条：“戊戌、赐沙门观成絁十五匹、棉三十屯、布五十端，美其所造铅粉。”（第三册，p. 528）又六年闰五月条：“己酉，诏筑紫大宰率河内王等曰：‘宜遣沙门于大隅与阿多，可传佛教。’”（第三册，p. 530）又六年十月条：“冬十月壬戌朔壬申，授山田史御形务广肆。前为沙门，学问新罗。”（第三册，p. 532）又七年正月条：“赐船濑沙门法镜水田三町。”（第三册，p. 534）又七年六月条：“六月己未朔，诏高丽沙门福嘉还俗。”（第三册，p. 538）又七年十一月条：“己亥，遣沙门法员、善往、真义等，试饮服近江国益须郡醴泉。”（第三册，p. 540）又八年八月条：“八月壬子朔戊辰，为皇女飞鸟，度沙门一百四口。”（第四册，p. 546）又十年十一月条：“十一月己亥朔戊申，赐大官大寺沙门辩通，食封三十户。”（第三册，p. 552）《怀风藻》第 104 首释道慈《初春在竹溪山寺于长王宅宴追致辞并序》：“沙门道慈启：以今月二十四日，滥蒙抽引，追预嘉会。奉旨惊惶不知攸措。”（p. 167）《日本灵异记》上卷《序》：“于是，诺乐药师寺沙门景戒，熟瞰世人也。”（p. 54）又：“诺乐右京药师寺沙门景戒录”（p. 54）又上卷《自幼时用网捕鱼而现得恶报缘第 11》：“播磨国饬磨郡浓于寺、京元兴寺沙门慈应大德，因坛越请夏安居，讲《法华经》。”（p. 88）又《人畜所履髑髅救收示灵表而现报缘第 12》：“高丽学生道登者，元兴寺沙门也。”（p. 91）又《僧用涌汤之分薪而与他作牛役之示奇表缘第 20》：“释惠胜者，延兴寺之沙门也。”（p. 104）又中卷《智者诽妒变化圣人而现至阎罗阙受地狱苦缘第 7》：“释智光者，河内国人，其安宿郡锄田寺之沙门也。”（p. 167）又《打法师以现得恶病而死缘第 35》：“向于奈良京时，下毛野寺沙门谛镜，自奈良京，往于山背，步缀喜郡。”（p. 240）又下卷《杀生物命结怨作狐狗互相怨报缘第 2》：“禅师永兴者，诺乐左京兴福寺沙门矣。”（p. 266）又《沙门凭愿十一面观世音像得现报缘第 3》：“沙门辩宗者，大安寺之僧也。”（p. 268）又《沙门诵持方广大乘沉海不溺缘第 4》（p. 272）又《未作毕捻埴像生呻音示奇表缘第 17》：“时左京元兴寺沙门丰庆，常住其堂。惊彼沙门，叩室户白：‘咄大法师，起应闻之矣。’具述呻状。”（p. 304）又《沙门一目眼盲使读〈金刚般若经〉得明眼缘第 21》：“沙门长义者，诺乐右京药师寺之僧也。”（p. 310）又《沙门积功作佛像临命终时示异表缘第 30》：“爰多利麿及以明规等，悲哭涕泪而答曰：‘请语状，我必奉毕。’沙门闻之，起拜欢喜。”（p. 341）《唐大和上东征传》：“日本［国］天平五年，岁次癸酉，沙门荣睿、普照等随遣唐大使丹墀真人广成，至唐国留学。”（p. 38）又：“于是，方知本国无传戒人。仍请东都大福［先］寺沙门道璇律师，附副使中臣朝臣名代之［舶］，先向本国去，拟为传戒者也。”（p. 38）又：“五言伤大和上传灯逝日本国传灯沙门释思托。”（p. 100）又：“传灯贤大法师大僧都沙门释法进。”（p. 101）《续日本纪》卷1《文武纪》文武四年三月条：“忽有一沙门，手持梨子，与吾食之。吾自啖后，气力日健。今汝是持梨沙门也。”（第一册，p. 22）又卷3《文武纪》大宝三年十月条：“甲戌，僧隆观还俗。本姓金，名财。沙门幸甚子也。颇涉艺术。兼知算历。”（第一册，p. 72）又卷6《元明纪》和铜七年三月条：“三月丁酉，沙门义法还俗。姓大津连，名意毘登。授从五位下。为用占术也。”（第一册，p. 210）又卷7《元正纪》养老元年七月条：“庚申，以沙门辩正为少僧都，神睿为律师。赐从五位下纪朝臣清人谷一百斛。优学士也。”（第二册，p. 30）又卷8《元正纪》养老四年十二月条：“从是始乎，宜依汉沙门道荣、学问僧胜晓等转经唱礼。余音并停之。”（第二册，p. 80）又养老五年六月条：“六月戊寅，诏曰：‘沙门法莲，心住禅枝，行居法梁。尤精医术，济治民苦。善哉若人，何不褒赏。其僧三等以上亲，赐宇佐君姓。’”（第二册，p. 94）又：“戊戌，诏曰：‘沙门行善，负笈游学，既经七代，备尝难行，解三五术，方归本乡。矜赏良深。’”（第二册，p. 98）又卷21《淳仁纪》天平宝字二年八月条：“沙门菩提等言：‘菩提闻乾坤高大覆载，以之显功。日月贞明照临，由其甄用。’”（第三册，p. 270）又：“沙门菩提等，不任下情。谨奉表以闻。”（第三册，p. 274）又卷36《高绍纪》宝龟十一年十一月条：“胜宝以后，宗室枝族，陷辜者众。邑珍削发为沙门，以图自全。”《奈良朝写经3·舍利弗阿毗昙卷第12》：“和铜三□戌五月十日　沙门知法。”（p. 15）

【沙門之行/しゃもんのおこなひ】 四字　沙门的行为德操。《续日本纪》卷16《圣武纪》天平十八年六月条：“自是之后，荣宠日盛，稍乖沙门之行。时人恶之。”（第二册，p. 28）吴康僧会译《六度集经》卷5：“王曰：‘善哉！夫贞洁者，沙门之行。自斯国内，商人让利，士者辞位，豪能忍贱，强不凌弱，王之化也。’”梁宝唱等集《经律异相》卷17：“王报言：‘若取当问讯礼敬无有害心，然彼凶恶无有慈心，安能修行沙门之行。’”高丽觉训撰《海东高僧传》卷2：“王患句高丽屡侵封疆，欲请隋兵以征敌国，命师修乞师表。师曰：‘求自存而灭他，非沙门之行也。’”

【沙弥/さみ】 音译　（51例）　梵语 śrūamaṇera 的译音。旧译作“息恶”“行慈”等，止恶而行慈之意。新译为“勤策男”“求寂”。为大僧服勤，受鞭策而奋发的男子，故谓“勤策男”；追求寂灭（悟），故谓“求寂”。一般是谓七岁至未满二十岁的出家人。释尊是以沙弥之法，阐说沙弥的修行。《日本书纪》卷26《齐明纪》六年九月条：“九月己亥朔癸卯，百济遣达率、沙弥觉从等来奏曰：‘今年七月，新罗恃力作势，不亲于邻，引构唐人，倾覆百济。’”（第三册，p. 234）又卷29《天武纪下》九年十月条：“冬十月壬寅朔乙巳，恤京内诸寺贫乏僧尼及百姓而赈给之。一每僧尼各絁四匹、棉四屯、布六端，沙弥及白衣各絁二匹、棉二屯、布四端。”（第三册，p. 400）《日本灵异记》上卷《呰读〈法华经〉品之人而现口喎斜得恶报缘第19》："昔山背国，有一自度，姓名未详也。常作碁为宗。沙弥与白衣俱作碁，时乞者来，读《法华经》品而乞物。沙弥闻之，轻咲呰，故戾己口，讹音效读。白衣闻之，碁条恐曰：'畏恐矣！'白衣者，作碁每遍而胜；沙弥者，每遍犹负。于是，即坐沙弥口喎，斜令药治疗，终不直。"（p.103）又《邪见假名沙弥斫塔木得恶报缘第27》："石川沙弥者，自度无名，其俗姓亦未详。所以号石川沙弥者，以其妇河内国石川郡人也。其虽假容于沙弥，而系心于贼盗。"（p.116）又《邪见打破乞食沙弥钵以现得恶死报缘29》（p.121）又中卷《恃己高德刑贱形沙弥以现得恶死缘第1》："时有一沙弥，滥就餐供养之处，捧钵受饭。亲王见之，以牙册以罚沙弥之头。头破流血，沙弥摩头扪血，悕哭而忽不觌。所去不知。"（p.146）又："诚知怙自高德，刑彼沙弥，护法嚬嘁。善神恶嫌。"（p.146）又《智者诽妒变化圣人而现至阎罗阙受地狱苦缘第7》："时有沙弥行基，俗姓越史也。"（p.167）又："吾是智人，行基是沙弥。何故天皇不齿吾智，唯誉沙弥而用焉？"（p.167）又："行基沙弥者，浅识之人，不受具戒。何故天皇，唯誉行基，舍智光也？"（p.168）又《阎罗王使鬼得所召人之赂以免缘第24》："盘岛参入大安寺南塔院，请沙弥仁耀法师，未受戒之时也。"（p.212）又下卷《如法奉写〈法华经〉火不烧缘第10》："牟娄沙弥者，榎本氏也。自度无名。纪伊国牟娄郡人，故字号牟娄沙弥者。"（p.286）又《将写〈法华经〉建愿人断日暗穴赖愿力得全命缘第13》："故有一沙弥，自隙入来，钵盛馔食，以与之语：'汝之妻子，供我饮食，雇吾劝救。汝复哭愁，故我来之。'自隙出去。"（p.293）又《击沙弥乞食以现得恶死报缘第15》："当帝姬阿倍天皇之代，有一沙弥，就真老之门而乞食。真老不施乞物，返夺袈裟，诸见逼恼言：'汝曷僧也。'乞者答曰：'我是自度。'真老亦拍逐之，沙弥大恨而去。"（p.298）又《未作毕捻埴像生呻音示奇表缘第17》："沙弥信行者，纪伊国那贺郡弥气里人。"（p.304）又："信行沙弥，常住其堂，打钟为宗。"（p.304）又《刑罚贱沙弥乞食以现得顿恶死报缘第33》："有一自度。字曰伊势沙弥也。诵持药师经十二药叉神名，历里乞食。就于给正税之人乞稻，臻于厥凶人之门而乞。见彼乞者，不施乞物。散其荷稻，亦剥袈裟而拍逼之。沙弥逃隐于其别寺僧坊。凶人逐捕，更将己门，举持大石，当沙弥头而迫之曰：'读其十二药叉神名，咒缚乎我？'沙弥犹辞之。"（p.347）又《灾与善表相先现而后其灾善答被缘第38》："有纪伊国名草郡部内楠见粟村之沙弥镜日也，徐就见之，其沙弥前，有长二丈许，广一尺许板札。"（p.371）又："爰景戒愁：'何无纸？'乞者沙弥，又出本垢，授景戒言：'于斯写之哉。我往他处，乞食还来。'然置札并书而去。爰景戒言：'斯沙弥，常非乞食之人。何故乞食耶？'有人答言：'子数多有。无养之物，乞食养也。'梦答未详。唯疑圣示矣。沙弥者观音变化。何以故，未受具戒，名为沙弥。观音亦尔。"（p.372）《唐大和上东征传》："是时，大周则天长安元年有诏于天下诸州度僧，便［就］智满禅师出家为沙弥，配住大云寺。"（p.34）又："下时，有二十四沙弥悲泣［赶］来，白和上言：'大和上今向海东，重［觐］无由我，今者最后请预结缘。’乃于江边为二十四沙弥授戒。”（p. 85）又：“其年四月初，于卢遮那殿前立戒坛，天皇初登坛受菩萨戒，次皇后、皇太子亦登坛受戒。寻为沙弥澄修等四百四十余人授戒。”（p. 92）《续日本纪》卷 12《圣武纪》天平九年十月条：“丙寅，讲《金光明最胜王经》于大极殿。朝廷之仪，一同元日。请律师道慈为讲师，坚藏为读师。听众一百，沙弥一百。”（第二册，p. 330）又卷 17《孝谦纪》天平胜宝元年五月条：“私度沙弥小田郡人丸子连宫麻吕授法名应宝，入师位。”（第三册，p. 80）又：“所冀太上天皇沙弥胜满，诸佛拥护，法药薰质，万病消除，寿命延长，一切所愿，皆使满足。”（第三册，p. 82）又天平胜宝元年十月条：“丙子，河内国寺六十六区见住僧尼及沙弥、沙弥尼，赐絁棉各有差。”（第三册，p. 92）又卷 19《孝谦纪》天平胜宝八岁六月条：“丙戌，五七。于大安寺设斋焉。僧、沙弥合一千余人。”（第三册，p. 164）又：“癸卯，七七，于兴福寺设斋焉。僧并沙弥一千一百余人。”（第三册，p. 164）又卷 27《称德纪》：“己未，赐助官军近江国僧、沙弥及锦部、蒿园二寺檀越、诸寺奴等物，各有差。”（第四册，p. 132）又卷 30《称德纪》宝龟元年四月条：“乙未，赐陪从文武百官及十二大寺僧、沙弥物，各有差。”（第四册，p. 278）又卷 34《高绍纪》宝龟八年三月条：“癸酉，屈僧六百口、沙弥一百口，转读《大般若经》于宫中。”

【沙弥尼/さみに】 三字（7 例） 巴利语 sāmaṇerī。全称“室罗摩拏理迦”。意译“勤策女”“息慈女”。五众之一，七众之一。指初出家受持十戒而未受具足戒之女子，与沙弥、式叉摩那合称三小众。其受持的十戒与沙弥相同。《日本灵异记》上卷《缔知识为四恩作绘佛像有验示奇表缘》：“河内国若江郡游宜村中，有练行沙弥尼，其姓名未详。”（p. 135）《续日本纪》卷 10《圣武纪》天平九年九月条：“因施两京、四畿、二监僧正以下沙弥尼以上，惣二千三百七十六人棉并盐，各有差。”（第二册，p. 330）又卷 17《孝谦纪》天平十九年正月条：“癸卯，制令七道诸国沙弥尼等，于当国寺受戒，不须更入京。”（第三册，p. 40）又天平胜宝元年十月条：“丙子，河内国寺六十六区见住僧尼及沙弥、沙弥尼，赐絁棉各有差。”（第三册，p. 92）《奈良朝写经 51·华严经卷第 65》：“以天平胜宝六年十一月十日，沙弥尼真证，令缮奉写。”（p. 309）《奈良朝写经 56·大般若经卷第 50 等》：“天平宝字二年岁次戊戌十一月，奉为伊势大神，愿主沙弥道行，书写优婆塞圆智，愿主沙弥道行，书写师沙弥闻曜，沙弥尼闻道，沙弥尼德钤。”（p. 358）曹魏康僧铠译《昙无德律部杂羯磨》卷 1：“尽形寿不得偷盗，是沙弥尼戒，能持不？（答言能）；尽形寿不得偷盗，是沙弥尼戒，能持不？（答言能）；尽形寿不得淫欲，是沙弥尼戒，能持不？（答言能）；尽形寿不得妄语，是沙弥尼戒，能持不？（答言能）；尽形寿不得饮酒，是沙弥尼戒，能持不？（答言能）；尽形寿不得著华鬘香涂身，是沙弥尼戒，能持不？（答言能）；尽形寿不得歌舞倡伎亦不往观听，是沙弥尼戒，能持不？（答言能）；尽形寿不得高广大床上坐，是沙弥尼戒，能持不？（答言能）；尽形寿不得非时食，是沙弥尼戒，能持不？（答言能）；尽形寿不得捉持生象金银宝物，是**沙弥尼**戒，能持不？（答言能）。如是**沙弥尼**十戒，尽形寿不应犯。”唐普光述《俱舍论记》卷14《分别业品》：“梵云室罗摩拏理迦，唐言勤策女。释名如前。理是女声，旧云**沙弥尼**，讹也。”

【山辺/やまのへ】后缀（26例） 今义同。《古事记》中卷《崇神记》：“御陵在**山边**道勾之冈上也。”（p.192）又《景行记》：“而腾其山之时，白猪逢于**山边**，其大如牛。”（p.230）又：“御陵在**山边**之道上也。”（p.238）《日本书纪》卷5《崇神纪》六十八年明年条：“明年秋八月甲辰朔甲寅，葬于**山边**道上陵。”（第一册，p.294）又卷6《垂仁纪》即位前纪条：“冬十月癸卯朔癸丑，葬御间城天皇于**山边**道上陵。”（第一册，p.298）又卷7《成务纪》二年十一月条：“二年冬十一月癸酉朔壬午，葬大足彦天皇于倭国之**山边**道上陵。”（第一册，p.394）《万叶集》卷1第81首歌：“**山边**乃　御井乎见我弖利　神风乃　伊势处女等　相见鹤鸭”（第一册，p.68）。又卷3第460首歌：“何方尔僧　念鸡目鸭　都礼毛奈吉　佐保乃**山边**尔僧　哭儿成　慕来座而”（第一册，p.252）。又第475首歌：“**山边**尔僧波　花咲乎为里　河湍尔僧波　年鱼小狭走”（第一册，p.258）。又卷10第2149首歌：“**山边**庭　萨雄乃祢良比　恐跡　小壮鹿鸣成　妻之眼乎欲焉”（第三册，p.112）。又卷13第3234首歌：“**山边**乃　五十师乃原　尔内日刺　大宫都可倍　朝日奈须　目细毛　暮日奈须　浦细毛”（第三册，p.394）。又第3235首歌：“**山边**乃　五十师乃御井者　自然　成锦乎　张流山可母”（第三册，p.395）。又卷16第3791首歌：“春避而　野边尾廻者　面白见　我矣思经蚊　狭野津鸟　来鸣翔经　秋僻而　**山边**尾往者　名津蚊为迹　我矣思经蚊　天云裳　行田菜引”。《播磨国风土记·揖保郡》条：“萓生山。萓生**山边**，故曰萓生。”（p.50）又：“所以，女神怨怒也。然后，河内国茨田郡枚方里汉人来至，居此**山边**而敬祭之，仅得和镇。”（p.58）又：“今所以号胜部者，小治田河原天皇之世，遣大倭千代胜部等，令垦田，即居此**山边**。故号胜部冈。”（p.60）（1）后汉康孟详译《佛说兴起行经》卷1：“假令须弥**山边**，旁出亚崖一由延，至百由延，值我头痛热者，亦当消尽。”东晋瞿昙僧伽提婆译《中阿含经》卷52《大品》：“汝见**山边**，有好平地、园观、林木、清泉、华池、长流、河水耶？”北凉昙无谶译《悲华经》卷10《入定三昧门品》：“过七日已，十方世界，有十二那由他、菩萨摩诃萨，至娑婆世界，住其**山边**，欲见释迦牟尼如来，供养恭敬，尊重赞叹，启受妙法。”（2）《艺文类聚》卷7陈徐陵《后堂望美人山铭》曰：“高堂碍雨，洛浦无舟，何处相望，**山边**一楼。”（p.129）《初学记》卷5《总载山第2》：“山足曰麓，山穴曰岫，**山边**曰崖。崖之高曰岩，上秀者曰峰，陬汦高者曰峊。”（p.91）按：《汉语大词典》失收。

【山谷険難/さんこくけんなん】四字 山间低凹而狭窄处险阻艰难。《续日本纪》卷8《元正纪》养老二年五月条：“行程迂远，**山谷险难**。”（第二册，p.44）（1）陈真谛译《随相论》卷1：“为未来报故，于现在修苦行，凡有十一事：一永坐，恒坐不起；

二大发行，不住不避**山谷险难**而漫行。”（2）《唐会要》卷48：“其诸县有户口繁盛，商旅辐辏，愿依香火，以济津梁，亦任量事，各置院一所，于州下抽三五人住持。其有**山谷险难**，道途危苦，羸车重负，须暂憩留，亦任因依旧基，却置兰若，并须是有力人自发心营造，不得令奸党，因此遂抑敛乡闾。”

【山階寺/やましなでら】 寺名 （10例） 日本奈良的兴福寺。位于奈良市登大路町的法相宗本山。公元119年（天智天皇八年），藤原镰足之妻、镜女王于山城国（今之京都府）宇治山科村建立一寺，取名山阶寺。其后迁移飞鸟，再移至现址，改名兴福寺，为藤原氏的氏寺。《日本灵异记》下卷《依妨修行人得猴身缘第24》：“此僧念怪，随猕猴语，往告檀越曰**山阶寺**满预大法师，陈猴挑语。”（p. 322）《续日本纪》卷13《圣武纪》天平十年三月条：“丙申，施**山阶寺**食封一千户。”（第二册，p. 338）又卷19《孝谦纪》天平胜宝八年十二月条：“赞岐守正四位下安宿王、左大辩正四位下大伴宿祢古麿于**山阶寺**，讲《梵网经》。讲师六十二人。”（第三册，p. 170）又卷20《孝谦纪》天平宝字元年闰八月条：“今有**山阶寺**维摩会者，是内大臣之所起也。”（第三册，p. 230）又天平宝字元年十二月条：“十二月辛亥，敕：‘普为救护疾病及贫乏之徒，以越前国垦田一百町，永施**山阶寺**施乐院。’”（第三册，p. 238）又卷23《淳仁纪》天平宝字五年六月条：“辛酉，于**山阶寺**，每年皇太后忌日，讲《梵网经》。舍京南田四十町，以供其用。”（第三册，p. 380）又卷24《淳仁纪》天平宝字七年九月条：“癸卯，遣使于**山阶寺**，宣诏曰：‘少僧都慈训法师，行政乖理，不堪为纲。宜停其任。依众所议，以道镜法师为少僧都。’”（第三册，p. 438）又卷28《称德纪》神护景云元年二月条：“戊子，幸**山阶寺**，奏林邑及吴乐。奴婢五人赐爵有差。”（第四册，p. 152）又卷29《称德纪》神护景云二年十二月条：“十二月甲辰，先是**山阶寺**僧基真，心性无常，好学左道。”（第四册，p. 224）又卷30《称德纪》宝龟元年九月条：“辛巳，七七，于**山阶寺**设斋焉。诸国者，每国屈请管内僧尼于金光、法华二寺，行道、转经。”（第四册，p. 304）

【山階之舎/やましなのてら】 四字 藤原氏的氏寺、后来的平城京兴福寺的前身。《藤原家传》上卷《镰足传》：“粤以庚午闰九月六日，葬于**山阶之舍**。敕王公卿士，悉会葬所。使大锦下纪大人臣告送终之辞，致赠赙之礼。”（p. 250）

【山科寺/やましなでら】 寺名 即山阶寺，后来的兴福寺。《续日本纪》卷17《圣武纪》天平二十年四月条：“壬戌，于大安寺诵经。甲子，于**山科寺**诵经。丙寅，当初七，于飞鸟寺诵经。”（第三册，p. 56）

【山寺/やまでら】 偏正 （24例） 古时寺院大多建造于山中，故称。《藤原家传》上卷《武智麻吕传》：“后就余闲，诣滋贺**山寺**。礼尊容而发愿，刻身心而忏罪。”（p. 344）《日本灵异记》上卷《持戒比丘修净行而得现奇验力缘》：“大皇后天皇之代，有百济禅师，名曰多罗常。住高市郡部内法器**山寺**。”（p. 114）又《缔知识为四恩作绘佛像有验示奇表缘第35》："河内国若江郡从宜村中，有练行沙弥尼。其姓名未详。住于平群山寺。"（p. 135）又中卷《赎蟹虾命放生得现报缘第8》："女恐，明日白于大德。大德住在生马山寺，而告之言：'汝不得免。唯坚受戒。'"（p. 171）又《生爱欲恋吉祥天女像感应示奇表缘第13》："和泉国泉郡血淳山寺，有吉祥天女像。圣武天皇御世，信浓国优婆塞，来住于其山寺。"（p. 182）又《埴神王腨放光示奇表得现报缘第21》："诺乐京东山，有一寺。号曰金鹫。金鹫优婆塞，住斯山寺。故以为字。今成东大寺。"（p. 203）又："其山寺居一执金刚神埴像矣。行者神王，腨系绳引之，愿昼夜不憩。时从腨放光，至于皇殿。"（p. 203）又《观音木像不烧火难示威神力缘第37》："圣武天皇世，泉国泉郡部内珍努上山寺，居于正观自在菩萨木像，而敬供之。"（p. 243）又《因悭贪成大蛇缘第38》："圣武天皇御世，诺乐京马庭山寺，一僧常住。"（p. 244）又下卷《沙门凭愿十一面观世音像得现报缘第3》："维那僧等征钱而逼。偿债无便，故登于泊濑上山寺，参向十一面观音菩萨。"（p. 268）又："于时，船亲王有善缘，参至其山寺，备法事而行。"（p. 269）又《妙见菩萨变化示异形显盗人缘第5》："河内国安宿郡部内，有信天原山寺，为妙见菩萨献燃灯处。畿内每年奉于燃灯。"（p. 274）又《禅师将食鱼化作〈法华经〉覆俗诽缘第6》："吉野山有一山寺，名号海部峰也。帝姬阿倍天皇御世，有一大僧，住彼山寺，精勤修道。疲身弱力，不得起居。"（p. 276）又："童子至于山寺，向师具陈于俗等事，禅师闻之，一怪一喜，知天守护。"（p. 726）又《弥勒菩萨应于所愿示奇形缘第8》："帝姬阿倍天皇御世，天平神护二年丙午秋九月，至一山寺，累日止住。其山寺内，生立一柴。其柴枝皮上，忽然化生弥勒菩萨像。"（p. 280）又《阎罗王示奇表劝人令修善缘第9》："藤原朝臣广足者，帝姬阿倍天皇御代，修病婴身。为差身病，神护景云二年二月十七日，至大和国菟田郡于真木原山寺而住。"（p. 283）又《诽奉写〈法华经〉女人过失以现口喎斜报缘第20》："白壁天皇代，是女奉写《法华经》于麻殖菟山寺。"（p. 310）《续日本纪》卷2《文武纪》大宝元年八月条："甲辰，太政官处分：'近江国志我山寺封，起庚子年计满三十岁，观世音寺・筑紫尼寺封，起大宝元年计满五岁，并停止之。皆准封施物。'"（第一册，p. 44）又卷10《圣武纪》天平元年八月条："又在近江国紫乡山寺者，入官寺之例。"（第二册，p. 218）又卷13《圣武纪》天平十二年十二月条："乙丑，幸志贺山寺，礼佛。"（第二册，p. 382）又卷37《高绍纪》延历元年七月条："壬寅，松尾山寺僧尊镜，生年百一岁。请入内里，叙位大法师。优高年也。"

【善悪報/よきこととあしきことのむくひ】 三字 （5例） 善恶报应，善恶的果报。《日本灵异记》中卷《依汉神祟杀牛而祭又修放生善以现得善恶报缘第5》（p. 158）又《依不布施与放生而现得善恶报缘第16》（p. 191）又《重斤取人物又写〈法华经〉以现得善恶报缘第22》（p. 315）又《用寺物复将写〈大般若〉建愿以现得善恶报缘第23》（p. 318）《续日本纪》卷30《称德纪》神护景云三年十月条："若造善恶业，今于

现在中，诸天共护持，示其**善恶报**。”（第四册，p. 262）东晋瞿昙僧伽提婆译《增壹阿含经》卷5《壹入道品》：“尔时，世尊告诸比丘：‘有恶、有罪，善恶之行皆有报应。若彼提婆达兜愚人知有**善恶报**者，便当枯竭，愁忧不乐；沸血便从面孔出，以彼提婆达兜不知**善恶之报**，是故在大众中而作是说：无**善恶之报**，为恶无殃，作善无福。’”后秦佛陀耶舍、竺佛念等合译《长阿含经》卷7：“弊宿婆罗门，常怀异见，为人说言：‘无有他世，亦无更生，无**善恶报**。’”唐义净译《金光明最胜王经》卷8《王法正论品》：“为示善恶报，故得作人王；诸天共护持，一切咸随喜。”唐湛然述《止观辅行传弘决》卷8：“报因者，行善恶因，得**善恶报**。”

【善恶因果/ぜんあく のいんが】 四字 善恶的因果报应。《日本灵异记》下卷《序》：“夫**善恶因果**者，著于内经。吉凶得失，载诸外典。”（p. 259）元魏瞿昙般若流支译《正法念处经》卷39《观天品》：“若行善人，善意直心，正见不邪，心常谛知，**善恶因果**，不杀盗淫，不杀不盗。”北凉昙无谶译《大般涅槃经》卷18《梵行品》：“又世间者一切凡夫，解者知诸凡夫**善恶因果**，非是声闻缘觉所知，惟佛能知。是故号佛为世间解。”唐般若译《大乘理趣六波罗蜜多经》卷3《不退转品》：“复有众生，受我邪教，不信三世，**善恶因果**，言无布施，亦无供养，亦无其果，无护魔法，无善行，无恶行，亦无业果，无此世，无他世，无地狱，无饿鬼，无傍生，无天，无人，无父无母。一切众生，犹如酒醉。造酒之人，而以曲米，温凉调适，遂有酒名。饮则醉人，此醉岂从，父母生耶？”

【善悪因果経/ぜんあく いんがきょう】 内典 《佛说善恶因果经》的略称。《日本灵异记》上卷《忆持〈法华经〉现报示奇异表缘第18》：“《**善恶因果经**》云：‘欲知过去因，见其现在果。欲知未来报，见其现在业。’者，其斯谓之矣。”（p. 102）又中卷《常鸟卵煮食以现得恶死报缘第10》：“《**善恶因果经**》云：‘今身烧煮鸡子者，死堕灰河地狱。’者，其谓之矣。”（p. 176）《诸经要集》卷6《贫贱部第11》《述意缘第一》：“故经言：‘欲知过去因，当观现在果；欲知未来果，当观现在因。’”又《诸经要集》卷14《十恶部第二十三》《偷盗缘第二》、《法苑珠林》卷56、卷74中亦见相同内容的记述。唐明佺等撰《大周刊定众经目录》卷15：“《**善恶因果经**》一卷。”唐智升撰《开元释教录》卷18：“《**善恶因果经**》一卷。”唐元照撰《贞元新定释教目录》卷28：“《**善恶因果经**》一卷。”方广锠整理《佛说水月光观音菩萨经》卷1：“三年斋，写《**善恶因果经**》一卷。右件写经功德，为过往马氏追福。奉请龙天八部、救苦观世音菩萨、地藏菩萨、四大天王、八大金刚以作证盟。一一领受福田，往生乐处，遇善知识，一心供养。”按：《日本古典文学全集》就中卷第10话指出，该经是日本人撰述的伪经，未见于中国人撰述的经书目录中（p. 175）。《新编日本古典文学大系》就上卷第18话指出，此处引文未见《善恶因果经》，这是该经的名称首次出现在本故事当中（p. 32）。

【善悪之報/よきこととあしきことのむくひ】 四字 （4 例） 义同“善恶报”。《日本灵异记》上卷《非理夺他物为恶行受恶报示奇事缘第 30》：“广国问少子云：‘汝谁之子？’答：‘欲知我者，汝幼稚时，奉写《观世音经》是也。’还之焉，即见苏还。广国至黄泉见**善恶之报**，显录流布也。”（p. 126）又中卷《序》：“瑞应之华竟而开国邑，**善恶之报**现而示吉凶。故号称胜宝应真圣武太上天皇焉。”（p. 142）又《依不布施与放生而现得善恶报缘》：“是人观之，淚然好施。放生赎命之报者，返救翼，不施之报者，返令饥渴矣。非无**善恶之报**也。”（p. 192）又下卷《重斤取人物又写〈法华经〉以现得善恶报缘第 22》：“**善恶之报**，终不朽失，并受二报。唯专作善，不可作恶矣。”（p. 315）西晋竺法护译《修行地道经》卷 1《五阴成败品》：“其无福者，自发念言：‘吾从山堕，投于树岸、沟坑溷中，或如地狱、罗网棘上、旷野石涧、剑戟之中。’愁忧不乐。**善恶之报**，不同若此。”东晋瞿昙僧伽提婆译《增壹阿含经》卷 5《壹入道品》：“提婆达兜愚人，在大众中，而作是说：‘云何为恶无殃，作福无报，无有受**善恶之报**。’”元魏慧觉等译《贤愚经》卷 5《长者无耳目舌品》：“由于尔时，好布施故，常生豪富，得为财主。**善恶之报**，虽久不败。是故汝等，当勤精进，摄身口意，莫妄造恶。”

【善悪之報、如影随形/よきこととあしきことのむくひはかげのかたちにしたがふがごとし】 典据 《日本灵异记》上卷《序》：“**善恶之报**，**如影随形**。苦乐之响，如谷应音。”（p. 54）姚秦竺佛念合译《菩萨从兜术天降神母胎说广普经》卷 7《破邪见品》：“时我即说：‘邪见颠倒，非真非实，分别有无，为说涅槃，无生老病死，无彼无此，中间自相法观，清净四无所畏。为福生天，为罪地狱，悭贪饿鬼，抵债畜生，**善恶之报**，**如影随形**。’”失译今附三秦录《师子月佛本生经》卷 1：“罗汉见之，即便微笑告言：‘天王，**善恶之报**，**如影随形**，终不相舍。’”唐若那跋陀罗译《大般涅槃经后分》卷 1《遗教品》：“**善恶之报**，**如影随形**。三世因果，循环不失。此生空过，后悔无追。涅槃时至，示教如是。”唐宗密述《圆觉经道场修证仪》卷 16 中亦见该例。唐义净译《根本说一切有部毘奈耶》卷 43：“是故诸苾刍当观如是：‘**善恶之报**，**如影随形**，终不亡失。’”宋行霆述《重编诸天传》卷 2：“呜呼！**善恶之报**，**如影随形**，端不虚矣。”

【善方便/よきほうべん】 三字 随顺机宜而施设的巧妙智用。亦作善巧方便。《日本灵异记》中卷《见乌邪淫厌世修善缘第 2》：“示乌鄙事，领发道心。先**善方便**，见苦悟道者，其斯谓之矣。”（p. 149）吴康僧会译《六度集经》卷 6：“昔者菩萨，身为龟王，昼夜精进，思**善方便**，令众生神，得还本无。”姚秦鸠摩罗什译《妙法莲华经》卷 5《如来寿量品》：“如医**善方便**，为治狂子故，实在而言死，无能说虚妄。”唐义净译《金光明最胜王经》卷 5《重显空性品》：“大悲哀愍有情故，以**善方便**胜因缘；我今于此大众中，演说令彼明空义。”

【善根/ぜんごん】偏正（2例） 又作“善本”“德本”，将善譬喻为树根，谓产生善的根源。指身、口、意三业之善法。善能生妙果，故谓之根，谓善之根性。“恶种”的对应词。《日本灵异记》中卷《序》：“莫朽之号恶种，叵见之号**善根**。”（p. 260）《续日本纪》卷8《元正纪》养老三年十一月条：“道慈法师，远涉沧波，核异文于绝境，遐游赤县，研妙机于秘记。参迹象龙，振英秦汉。并以戒珠如怀满月，慧水若写沧溟。傥使天下桑门智行如此者，岂不殖**善根**之福田，渡苦海之宝筏？”（第二册，p. 62）后汉支曜译《佛说成具光明定意经》卷1：“如此明士，**善根**五愿，必获尔志，疾成至佛。”姚秦鸠摩罗什译《妙法莲华经》卷6《常不轻菩萨品》：“得大势，是常不轻菩萨摩诃萨，供养如是若干诸佛，恭敬、尊重、赞叹，种诸**善根**。于后复值，千万亿佛，亦于诸佛法中，说是经典，功德成就，当得作佛。”唐义净译《金光明最胜王经》卷2《分别三身品》：“一切众生，未种**善根**，令得种故，已种**善根**，令增长成熟故，一切世界所有众生，皆劝修行，六波罗蜜多。”

【善功德/ぜんのくどく】三字（5例） 身、口、意三业之善法招感的利益福德。《日本灵异记》下卷《被观音木像之助脱王难缘第7》：“故于已作**善功德**，发信至心，即大欢喜，被助脱灾故。”（p. 279）又下卷《灾与善表相先现而后其灾善答被缘第38》：“乞食者来于景戒之家，诵经教化云：‘修上品**善功德**者，得一丈七尺之长身。修下品**善功德**者，得一丈之身。’”（p. 371）又：“徐就见之，其沙弥前，有长二丈许，广一尺许板札。于彼札者，一丈七尺与一丈印也。景戒见之问：‘斯是修上品与下品**善功德**人之身印耶？’答：‘唯然也。’爰景戒发惭愧心，弹指而言：‘修上品、下品善者，得身长如是有也。我先唯不修下品**善功德**，故我受身唯有五尺余矣。鄙哉！’”（p. 371）后汉安世高译《阿那邠邸化七子经》卷1：“长者，彼七子缘是功德，诸**善功德**，皆悉具足，谛听彼七子所因功德诸善所获果报，我今当说。”姚秦鸠摩罗什译《妙法莲华经》卷5《分别功德品》：“阿逸多，若我灭后，诸善男子、善女人，受持读诵，是经典者。复有如是，诸**善功德**，当知是人，已趣道场，近阿耨多罗三藐三菩提，坐道树下。”隋宝贵合、北凉昙无谶译《合部金光明经》卷5《四天王品》：“聚集如是，诸**善功德**，现世常得，无量无边，不可思议，自在之利，威德势力，成就具足，能以正法，摧伏诸恶。”

【善解除/よしはらへ】三字 妥善地消除，圆满地消除。“恶解除”的对应词。《日本书纪》卷12《履中纪》五年十月条：“因以数之曰：‘尔虽车持君，纵检校天子之百姓。罪一也。既分寄于神车持部，兼夺取之，罪二也。’则负恶解除、**善解除**而出于长渚崎，令禊祓。”（第二册，p. 92）唐般若译《大方广佛华严经》卷12：“善财复言：‘何等之人，堪典御膳？’答言：‘仁者，典御膳人，应具十德。何者为十？一种姓清净；二三业调柔；三忠孝备足；四信让谦和；五知王食性；六妙闲食禁；七善调体味；八知王食时；九体食甘毒，亦**善解除**；十知所应食昼夜月时。具此十德，可典王厨。”又卷

4："能善解除诸业缚，巧转诸乘妙法轮。智慧决了自在人，示我普焰摩诃衍。"

【善巧多方/ぜんぎょうたほう】 四字 各种巧妙的度人方法。"善巧"，亦称"善方便""巧方便""权方便"。《上宫皇太子菩萨传》："是知菩萨方便，善巧多方。经云：'先以欲钩牵，后令入佛道。'"宋惟白集《建中靖国续灯录》卷4："河沙知识，善巧多方。万派同源，皆归大海。"宋悟明集《联灯会要》卷25："设使垂慈苦口，且不可呼昼作夜。更饶善巧多方，终不能指东为西，脱或能尔。"

【善少男・善少女/えをとこ・えをとめ】 自创 （2例） 化用佛经习语"善男子""善女人"的说法。指理想的少男少女。《日本书纪》卷1《神代纪上》："阴神先唱曰：'美哉，善少男。'时以阴神先言故为不祥，更复改巡。则阳神先唱曰：'美哉！善少女。'遂将合交而不知其术。时有鹡鸰飞来，摇其首尾。二神见而学之，即得交道。"（第一册，p. 32）刘宋求那跋陀罗译《杂阿含经》卷37："尔时，世尊告诸比丘：'有不善男子、善男子。谛听！善思。今当为汝说。云何为不善男子？谓杀生者，乃至邪见者，是名不善男子。云何善男子？谓不杀生，乃至正见，是名善男子。'"又《胜鬘师子吼一乘大方便方广经》卷1："胜鬘白佛言：'三种善男子、善女人，于甚深义，离自毁伤，生大功德，入大乘道。'"按："善男子""善女人"，信奉佛法的男女，又特别用于称呼在家男女。

【善神/ぜんじん】 偏正 八部众中护持正法的神。《日本灵异记》中卷《恃己高德刑贱形沙弥以现得恶死缘第1》："诚知怙自高德，刑彼沙弥，护法嚬嘁。善神恶嫌。"（p. 146）吴康僧会译《六度集经》卷8："帝欲游观东西南北，意适存念，金轮处前，随意所之，七宝皆然，飞导圣王。天龙善神，靡不防卫，散众宝华，称寿无量。"唐义净译《金光明最胜王经》卷6《四天王护国品》："非但我等，舍弃是王，亦有无量，守护国土，诸大善神悉皆舍去。"→【護法善神】【善神加護】

【善神加護/ぜんじんのかご】 四字 护法神加持守护。《日本灵异记》上卷《信敬三宝得现报缘第5》："赞曰：'善哉！大部氏，贵仙侻法，澄情效忠，命福共存，迳世无夭。武振万机，孝继子孙。谅委三宝验德，善神加护也。'"（p. 76）唐义净译《天地八阳神咒经》卷1："复次无碍菩萨一切众生，既得人身，不能修福，背真向伪，造种种恶业。命将欲终，必沉苦海，受种种罪。若闻此经，信受不逆，即得解脱，诸罪之难，出于苦海。善神加护，无诸障碍，延年益寿，而无横夭。"

【善業/ぜんごう】 偏正 善的行为。"恶业"的对应词。《续日本纪》卷中《序》："恶因连辔趍苦处，善业攀缘引安堺。"（p. 141）吴支谦译《撰集百缘经》卷6《诸天来下供养品》："宿造善恶业，百劫而不朽，善业因缘故，今获如是报。"姚秦鸠摩罗什译《妙法莲华经》卷1《序品》："亦行众善业，得见无数佛，供养于诸佛，随顺行大道，具六波罗蜜，今见释师子。"隋阇那崛多译《佛本行集经》卷4《受决定记品》："我以如是，诸**善业**故，于彼无量，百千世中，得作梵王，作于帝释。或作百千，转轮圣王，以彼善根，因缘力故，今得作佛、多陀阿伽度、阿罗呵、三藐三佛陀，得转无上，最妙法轮。"→【悪因～善業～】【樹善業】【以此善業】【因此善業】

【善因/ぜんいん】 偏正 （3例） 招感善果的业因。《奈良朝写经1·金刚场陀罗尼经》："藉此**善因**，往生净土，终成正觉。"（p. 5）《奈良朝写经未收6·维摩诘经卷第下》："斯依**善因**，资己丑岁八月二十六日子时过往亡者，穗积朝臣老。"（p. 497）《东大寺献物账》天平胜宝八年六月二十一日条："伏愿用此**善因**，奉资冥助。"元魏慧觉等译《贤愚经》卷12《二鹦鹉闻四谛品》："佛告阿难：'一切诸佛，及众贤圣，天人品类，受福多少，皆由于法，种其**善因**，致使其后各获妙果。'"隋阇那崛多译《起世经》卷4《地狱品》："王言：'汝不修**善因**，唯造种种诸恶业，痴人今日当得果，受彼业故来地狱。'"唐义净译《金光明最胜王经》卷2《梦见金鼓忏悔品》："愿我以斯诸善业，奉事无边最胜尊；远离一切不**善因**，恒得修行真妙法。"→【藉此善因】【勤修善因】

【善願功徳/ぜんがんのくどく】 誓愿 由善行的誓愿所招致的利益福德。"善愿"，梵语 manoraghaḥ或 śubhakṛtām，指有益于世人的誓愿。"恶愿"的对应词。《元兴寺伽蓝缘起并流记资财账》："仰愿以此**善愿功德**，皇帝陛下共与日月天下安乐，后嗣蒙赖，虽世时异，得益无异。"东晋帛尸梨蜜多罗译《佛说灌顶经》卷12："若人愚痴，不受父母，师友教诲，不信佛，不信经戒，不信圣僧，应堕三恶道中者，亡失人种。受畜生身。闻我说是，瑠璃光佛，**善愿功德**者，即得解脱。"晋代译失三藏名《佛说摩诃衍宝严经》卷1："如是迦叶，菩萨作若干种**善愿功德**，当作佛道，悉为一味，譬如四天王三十三天住须弥山。"

【善種子/よきしゅじ】 三字 种子可分两种：能产生诸现象（众生之迷界）者，称为有漏种子；能生菩提之因者，称为"无漏种子"。此处指后者。《日本灵异记》下卷《灾与善表相先现而后其灾善答被缘第38》："授本垢者，过去时，本有**善种子**之菩提，所覆久不现形，由修善法，后应得故也。"（p. 372）姚秦鸠摩罗什译《大庄严论经》卷4："施为**善种子**，能生诸利乐，是故应修施，莫如我受苦。"萧齐昙摩伽陀耶舍译《无量义经》卷1《德行品》："尔乃洪注，无上大乘，润渍众生，诸有善根，布**善种子**，遍功德田，普令一切，发菩提萌，智慧日月，方便时节，扶踈增长，大乘事业，令众疾成，阿耨多罗三藐三菩提，常住快乐，微妙真实。"北凉昙无谶译《大般涅槃经》卷33《迦叶菩萨品》："如十二部经，修多罗中，微细之义，我先已为，诸菩萨说；浅近之义，为声闻说；世间之义，为一阐提，五逆罪说；现在世中，虽无利益，以怜愍故，为生后世，诸**善种子**。"

【傷残/やぶりそこなふ】 后补 损害，伤害。《日本书纪》卷24《皇极纪》二年十一月条："于是山背大兄王使三轮文屋君谓军将等曰：'吾起兵伐入鹿者，其胜定之。

然由一身之故，不欲**伤残**百姓。是以吾之一身赐于入鹿。’终与子弟妃妾一时自经俱死也。”（第三册，p.82）（1）吴支谦译《佛说八师经》卷1：“杀者心不仁，强弱相**伤残**。杀生当过生，结积累劫怨。”西晋竺法护译《佛说文殊悔过经》卷1：“若危城邑，谋图帝主，害于种姓，内外亲属。若复**伤残**，他人身体，令生疮瘢，危其命根。”唐义净译《根本说一切有部毘奈耶》卷48：“诸罗刹女，稽首拜曰：‘我等昔来，广兴暴恶，从今已往，奉遵言教，迁移远去，不敢**伤残**。’”（2）《魏志》卷25：“及超攻急，城中饥困，刺史韦康素仁，愍吏民**伤残**，欲与超和。”《后汉书》卷72《董卓传》：“余人或匍匐岸侧，或从上自投，死亡**伤残**，不复相知。”按：《汉语大词典》首引唐吕岩《忆江南》词：“彭祖得之年八百，世人因此转**伤残**，谁是识阴丹。”偏晚。

【商価/あきなふ】 偏正 商议价格，做生意，做买卖。《日本书纪》卷19《钦明纪》即位前纪条：“于是忻喜遍身，叹未曾梦。乃告之曰：‘汝有何事？’答云：‘无也。但臣向伊势**商价**来还，山逢二狼相斗污血。乃下马，洗漱口手，祈请曰：‘汝是贵神而乐粗行。倘逢猎士，见禽尤速。’乃抑止相斗，拭洗血毛，遂遣放之，俱令全命。’”（第二册，p.356）吴竺律炎、支谦合译《摩登伽经》卷2：“月在翼宿，而地动者，诸**商价**人。依山住者，并大臣衰。”北凉昙无谶于姑臧译《菩萨地持经》卷4：“复次菩萨，见彼来者，有求索相，知其心已，不令发言，随其所须，施令满足。若有**商价**，欺诳他时，菩萨知已，覆藏不说。”后唐景霄撰《四分律行事钞简正记》卷11：“行商坐贾，才见少利，便博易之。沙门贮畜，要侍**商价**，更甚于彼也。”按：《汉语大词典》失收。

【上徳/じょうとく】 格义 （2例） 至德，盛德。《唐大和上东征传》思托《伤大和上传灯逝日本国》：“**上德**乘杯渡，金人道已东。戒香余散馥，慧炬复流风。”（p.100）又石上宅嗣《五言伤大和上》：“**上德**从迁化，余灯欲断风。招提禅草（歇），戒院觉华空。”（p.100）（1）《老子》：“**上德**不德，是以有德；下德不失德，是以无德。”《韩非子·解老》：“德盛之谓**上德**。”（2）吴康僧会译《六度集经》卷6：“船人抱尸，号天而哭曰：‘斯必菩萨，非凡庸之徒。’躃踊呼天：‘宁令吾等，命殒于兹，无丧**上德**之士矣。’”姚秦鸠摩罗什译《梵网经》卷1：“是人行是**上德**，入世间中，教化众生，使众生解脱，一切结缚。故名世间解脱。”又《大庄严论经》卷5：“善哉**上德**者，善说真实法，佛教从耳闻，入我心屋宅，使我家安隐，为我作拥护。”

【上進/たてまつる】 偏正 进呈君上。《日本书纪》卷30《持统纪》五年八月条：“八月己亥朔辛亥，诏十八氏，**上进**其祖等墓记。”（第三册，p.518）（1）刘宋求那跋陀罗译《杂阿含经》卷21：“服食积所积，广度于众难，施**上进**福田，殖斯五种力。”唐神清撰、慧宝注《北山录》卷6：“异说曰：禅者莫极乎吾师，其禅曰《首楞严》（三昧也）。自佛传大迦叶，至菩提达磨，逮吾师，心与心相付，余宗则不吾若也（钵罗蜜谛三藏赍到佛顶经十卷，于广州与房融共译。**上进**天后，此乃称为圆顿之旨，皆禅之宗匠也）。”唐般若译《大乘理趣六波罗蜜多经》卷1《大乘理趣六波罗蜜多经序御制》：“……以贞元四年岁次戊辰十一月二十八日，于西明寺译成上进，凡一部十卷，龙神翼卫如从金口之传，梵众护持无异毫光之现。”（2）《宋史》卷490《外国传》：“伏愿支那皇帝福慧圆满，寿命延长，常为引导一切有情生死海中，渡诸沉溺。今以释迦舍利附光远上进。”（p. 14103）按：《汉语大词典》例引宋梅尧臣《碧云騢》：“今若须陈述根源，乞归台作文字，明日上进。”偏晚。

【上品・下品/じょうぼん・げほん】 偏正 （4例） 指《观无量寿经》所说九品往生中的上三种，即上品上生、上品中生、上品下生。《日本灵异记》下卷《灾与善表相先现而后其灾善答被缘第38》：“乞食者来于景戒之家，诵经教化云：‘修上品善功德者，得一丈七尺之长身。修下品善功德者，得一丈之身。’”（p. 371）又：“景戒见之问：‘斯是修上品与下品善功德人之身印耶？’答：‘唯然也。’爰景戒发惭愧心，弹指而言：‘修上品、下品善者，得身长如是有也。我先唯不修下品善功德，故我受身唯有五尺余矣。鄙哉！’弹指悔愁。”（p. 371）又：“上品一丈七尺者，净土万德之因果也。一丈者为果数，圆满故。七尺者为因数，不满故。下品一丈者，人天有漏之苦果也。”（p. 372）北凉昙无谶译《大般涅槃经》卷36《迦叶菩萨品》：“修上品者，处善可见天，修中品者，处无热天，修下品者，处少广天。”

【上首/はじめとして】 偏正 指一座大众中的主位。后亦指寺院中的首座。《元兴寺伽蓝缘起并流记资财账》：“时中臣连物部连等而为上首，诸臣同心白言：‘从今以后，三宝之法，更不破，更不烧流，更不凌轻，三宝之物，不摄不犯。从今以后，左肩三宝坐，右肩我神坐，并为礼拜，尊重供养。’”吴支谦译《菩萨本缘经》卷3《兔品》：“安住不动，如须弥山，与无量兔，而为上首，常为诸兔，而说是言：‘汝等不知，堕恶道耶？’”后秦法师鸠摩罗什译《妙法莲华经》卷5《从地踊出品》：“是四菩萨，于其众中，最为上首，唱导之师，在大众前，各共合掌，观释迦牟尼佛，而问讯言：‘世尊，少病少恼，安乐行不？所应度者，受教易不？不令世尊，生疲劳耶？’”按：《汉语大词典》例引宋畺良耶舍译《观无量寿佛经》：“佛在王舍城耆阇崛山中，与大比丘众千二百五十俱，菩萨三万二千，文殊师利法王子而为上首。”偏晚。

【上往/のぼりゆく】 偏正 犹言“往上”。《古事记》上卷《天照大御神与须佐之男命》：“此时箸从其河流下，于是须佐之男命以为人有其河上，而寻觅上往者，于是，老夫与老女二人在，而童女置中而泣。”（p. 68）唐澄观述《大方广佛华严经随疏演义钞》卷72：“密云不雨上往也，自我西郊施未行也。”唐法成译《释迦牟尼如来像法灭尽之记》卷1：“龙王见已，极生忧恼，语僧众曰：‘此有直路，有其蛇桥。能上往者，速达彼处。’”按：《汉语大词典》失收。

【上為国家/かみはくにのため】 四字 今义同。从大的方面讲，从国家层面来说。《奈良朝写经14・七知经》：“读之者，以至诚心，上为国家，下及生类，乞索百

年，祈祷万福。”（p. 108）颜绢英主编《刘未等造像记》卷 1：“造弥勒像一躯，**上为国家**皇帝仰及七世父母，眷属村舍大小常与佛，愿上生天上，下生人中，侯王居仕，富贵家产。”

【上味/よきあぢはひ】 偏正 美味、精美的食品。《日本书纪》卷 10《应神纪》十九年十月条：“夫国樔者，其为人甚淳朴也。每取山果食，亦煮虾蟆为**上味**。”（第一册，p. 486）（1）西晋法立、法炬合译《大楼炭经》卷 6《天地成品》：“尔时，诸人民食，其地**上味**，以自生活。如是食是地味，甚久长，寿命无极。”北凉昙无谶译《大般涅槃经》卷 3：“夫醍醐者，名为世间，第一**上味**。”唐义净译《金光明最胜王经》卷 6《四天王护国品》：“复欲安乐，饶益汝等，及诸眷属，无量百千，诸药叉众，是故彼王，常当听受，是妙经王。由得闻此，正法之水，甘露**上味**，增益汝等，身心势力，精进勇猛，福德威光，悉令充满。”（2）《艺文类聚》卷 72 吴筠《移》：“凡厥**上味**。惟君能施。君若不施。成君深累。于神为不祥。于人为愆义。”（p. 1241）按：《汉语大词典》失收。

【上下往来/のぼりくだりかよふ】 四字 来往于上下之间。《播磨国风土记·印南郡》条：“传云上古之时，此桥至天，八十人众，**上下往来**，故曰八十桥。”（p. 26）西晋竺法护译《修行地道经》卷 4：“今当观察，诸所风气，为有我耶？我在风耶？何谓为风？风有二事，内风外风。何谓内风？身所受气，**上下往来**，横起胁间，脊背腰风，通诸百脉，骨间之风，掣缩其筋力风。急暴诸风，兴作动发，则断人命。此谓内风。”唐李通玄撰《新华严经论》卷 6：“第八转法，轮处别者，权教中化，佛转法轮，或言鹿园，或言给孤独园等，皆有处所，**上下往来**。此经即十处十会及一切尘中佛国，佛身重重重重重重无尽无尽无尽常转法轮，不去不来，不出不没。十会名处，后当更明，皆云不离，菩提场而，升一切处。”

【上下衣服/かみしものころも】 四字 上下身穿的衣服。《古事记》中卷《应神记》：“于是有二神，兄号秋山之下冰壮夫，弟名春山之霞壮夫。故其兄谓其弟：‘吾虽乞伊豆志袁登卖，不得婚。汝得此娘子乎。’答曰：‘易得也。’尔其兄曰：‘若汝有得此娘子者，避**上下衣服**，量身高而酿瓮酒，亦山河之物悉备设，为宇礼豆玖云尔。’”（p. 278）元魏菩提流支译《大萨遮尼乾子所说经》卷 5《请食品》：“萨遮尼乾子食已，严炽王即以价直，百千万亿，**上下衣服**，奉施萨遮尼乾子。余弟子众，所应得者，悉皆施与，**上下衣服**。”唐义净译《根本萨婆多部律摄》卷 14：“不覆头者，不以衣物，覆头，如新嫁女。**上下衣服**，不得偏抄一边，露现形体双抄者，总襵两边，置于肩上。凡是行步，非大人相者，皆应远离。”唐不空译《北方毘沙门天王随军护法真言》卷 1：“行者**上下衣服**，并须清净，一上厕一洗浴。”

【上臻有頂/うへはうちょうにいたる】 自创 上至世界的最高顶。“有顶”，天名，色界之第四重，本名色究竟天，因处于有形世界的最高顶，故称。《奈良朝写经

29·千手千眼陀罗尼经》："遂令圣法之盛，与天地而永流，拥护之恩，被幽明而恒满，**上臻有顶**，傍及无边，俱发菩提心，顿悟无生理。"（p. 200）失译人名今附后汉录《大方便佛报恩经》卷1《孝养品》："又佛放大光明，下至阿鼻地狱，**上至有顶**，所应度者，皆令得见，不应度者，对目不见。"姚秦鸠摩罗什译《妙法莲华经》卷1《序品》："眉间光明，照于东方，万八千土，皆如金色，从阿鼻狱，**上至有顶**。"唐实叉难陀译《大方广佛华严经》卷57《离世间品》："若闻下至，阿鼻地狱，**上至有顶**，众生之香，皆知彼过去，所行之行。"

【上座/じょうざ】 比较 （2例） 梵语sthavira，音译作"悉他薛罗""悉提那"。意译作"长老""上腊""首座"等。僧寺的职位名，位在住持之下，除了住持以外，更无人高出其上，故名为上座。《日本灵异记》上卷《信敬三宝得现报缘第5》："连公见之，直奏之曰：'僧尼检校，应中置**上座**，犯恶使断是非。'天皇敕之曰：'诺也。'"（p. 75）又中卷《赎蟹虾命放生得现报缘第8》："置染臣鲷女者，奈良京富尼寺**上座**尼法迩之女也。"（p. 171）宋道成集《释氏要览》卷1："**上座**：《五分律》云：齐几名**上座**？佛言：上更无人，名**上座**。"又："《十诵律》云：具十法，名**上座**，谓有住处（言住处者，《婆沙论》云：谓道及果空、三摩地，能引彼力殊胜，能令身心安住不动，故名上座住处矣）。无畏无烦恼，多知识多闻，辩言具足，义趣明了，闻者信受，善能安痒入他家，能为白衣说法，令他舍恶从善，自具四谛法，乐无有所乏，名**上座**。"又："《婆沙论》云：'夫**上座**者，心安住故，不为世违顺倾动，是名**上座**。'"

【尚不能知/なほししりたまふことあたはず】 典据 尚且不能知晓（更何况……）。《日本书纪》卷19《钦明纪》十三年十月条："是法于诸法中，最为殊胜，难解难入，周公、孔子，**尚不能知**。此法能生无量无边福德果报，乃至成辩无上菩提。"（第二册，p. 416）唐义净译《金光明最胜王经》卷1《如来寿量品》："婆罗门言：'善哉！童子。此《金光明》甚深最上，难解难入，声闻独觉，**尚不能知**，何况我等，边鄙之人，智慧微浅，而能解了？是故我今，求佛舍利，如芥子许，持还本处，置宝函中，恭敬供养，命终之后，得为帝释，常受安乐。云何汝今，不能为我，从明行足，求斯一愿？'"

【尚猶如此/なほしかくのごとし】 口语 犹言"况且如此"。举一例而言其他，暗含其他情况不言而喻。《日本灵异记》上卷《人畜所履髑髅救收示灵表而现报缘第12》："夫死灵白骨，**尚犹如此**，何况生人，岂忘思哉。"（p. 91）（1）唐义净译《根本说一切有部毘奈耶破僧事》卷3："时诸童子见树不倒，共相谓曰：'我闻菩萨，威猛自在，于诸五技，无不达者。云何轮刀断树，一不能倒？斫树小术，**尚犹如此**，岂况余技？'"唐道世撰《法苑珠林》卷55："时天帝释，即取乳满钵，阿难得乳，意甚欢喜。于是梵志从邑中来者，闻此牛子母所说，皆共惊怪。此牛弊恶，人不得近，今日何故，柔善乃尔。想是阿难，所感发耳。瞿昙弟子，**尚犹如此**，何况佛德，威神变化？而我等不信其教。”宋处元述《摩诃止观义例随释》卷3：“呜呼！初品功德，尚犹如此，何况第二品五品？其功德又如何哉？五品尚尔，十信、十住乃至妙觉，又岂可挍量耶？”（2）《全唐文》卷155马周《陈时政疏》：“陛下少处人间，知百姓辛苦，前代成败，目所亲见，尚犹如此。”《全唐文》卷169王綝《请改东宫门殿名疏》：“晋尚书仆射山涛启事，称皇太子而不言名。涛中朝名士，必详典故，其不称名，应有凭准。朝官尚犹如此，宫臣归则不疑。”

【烧過/もえすぐ】 格义　大火从某处烧过去。《古事记》上卷《大国主神》：“于是不知所出之间，鼠来云：‘内者富良富良，外者须夫须夫。’如此言故，蹈其处者，落隐入之间，火者烧过。尔其鼠咋持其鸣镝出来而奉也。其矢羽者，其鼠子等皆吃也。”（p.82）（1）失译人名今附秦录《萨婆多毘尼毘婆沙》卷5：“若白铁钵，若瓦钵，未烧过十日，何以不得舍堕？答曰：‘衣钵不同。’”（2）北凉浮陀跋摩、道泰等合译《阿毘昙毘婆沙论》卷11：“以多薪烧物，烧过烂坏。”唐义净译《根本说一切有部毘奈耶破僧事》卷9：“当须远离彼，是故不应轻。微火广能焚，烧过背皆黑。”按：《汉语大词典》失收。汉译佛经中的“烧过”一词，（1）表示燃烧经过的时间；（2）表示“烧透”的意思，“过”强调灼烧的程度；《大国主神》中表示燃烧涉及的处所。

【烧煎/やきいる】 并列　又烧又煎。多用于表述众生在地狱中备受煎熬的情形。《日本灵异记》中卷《智者诽妒变化圣人而现至阎罗阙受地狱苦缘第7》：“问：‘是何处？’答：‘为师煎熬阿鼻地狱。’即至，执师烧入烧煎。”（p.168）梁宝唱等集《经律异相》卷50《阿鼻地狱受诸苦相》：“有十八狱卒，口如夜叉，六十四眼，散迸铁丸。狗牙上出，高四由旬，牙端火流，烧煎铁车，轮网出火。”唐窥基撰《阿弥陀经通赞疏》卷1：“其家虽富，而无子息，于其舍侧，有一树神，颇有灵祇。夫妇累求子息，数年无应。怒曰：‘今七日尽心奉事。若复无验，必相烧煎。’树神愁怖，告四天王，四天王告帝释。帝释遍观阎浮，无堪与彼，而为子者。即诣梵王，广宣上事，梵王即以，天眼遍观，一梵天临当命终，即往劝之，劝其生往。梵天受教，即来詑生。”唐义净译《根本说一切有部毘奈耶颂》卷2：“厌疑生恼触，忧热遍烧煎。能令起悔心，随说皆招罪。但是律教中，所有诸小戒。苾刍轻慢说，亦皆成本愆。”按：《汉语大词典》失收。

【烧爛/やけただる】 后补　烧得破碎。《续日本纪》卷33《光仁纪》宝龟六年四月条：“时酒麻吕回舵。火乃傍出，手虽烧烂，把舵不动。因遂扑灭，以存人物。”（第四册，p.450）东晋瞿昙僧伽提婆译《增壹阿含经》卷36《八难品》：“是时，狱卒以热铁丸，著彼罪人口中，烧烂身体，痛不可堪，要当毕其罪本，然后乃命终。”萧齐求那毘地译《百喻经》卷3：“譬如有蛇，尾语头言：‘我应在前。’头语尾言：‘我恒在前，何以卒尔？’头果在前，其尾缠树，不能得去，放尾在前，即堕火坑，烧烂而死。”唐僧详撰《法华传记》卷8：“僧法见黑炭流泣，沙门释子，如何受重苦愿欲见昔形。

时罗刹唱活宛如平生，但身体烧烂。谓法曰。‘吾昔贡高恣犯，汝将救吾苦。’”按：《汉语大词典》失收。→【銷爛】【朽爛】

【烧凝/たきこらす】自创　烧得凝固起来，烧成一团儿。《古事记》上卷《忍穗耳命与迩迩艺命》：“是我所燧火者，于高天原者，神产巢日御祖命之，登陀流天之新巢之凝烟之，八拳垂摩弖烧举；地下者，于底津石根烧凝。而栲绳之千寻绳打延。”（p. 112）元魏瞿昙般若流支译《正法念处经》卷16《饿鬼品》：“此鬼被烧，亦复如是。遍身皆燃，哀叫悲哭，口中火出，二焰俱起，焚烧其身，慞惶求道。地生棘刺，皆悉火燃，贯其两足，苦痛难忍，哀嗥悲叫。火烧其舌，皆悉融烂，如烧凝酥，灭已复生。”

【烧身/からだをやく】述宾　焚烧身体。典自《法华经·药王品第23》。谓药王菩萨于过去世为一切众生熹见菩萨时，苦行得悟，为报恩而焚烧身体、燃烧手臂。《日本灵异记》下卷《灾与善表相先现而后其灾善答被缘第38》：“景戒身死之时，积薪烧死身。爰景戒之魂神，立于烧身之边而见之，如意不烧也。”（p. 373）姚秦鸠摩罗什译《妙法莲华经》卷6《药王菩萨本事品》：“即服诸香：栴檀、熏陆、兜楼婆、毕力迦、沈水、胶香，又饮瞻卜，诸华香油。满千二百岁已，香油涂身，于日月净明德佛前，以天宝衣，而自缠身，灌诸香油，以神通力愿，而自然身，光明遍照，八十亿恒河沙世界。”隋智顗说《妙法莲华经文句》卷8《释提婆达多品》：“梁有满法师，讲经一百遍，于长沙郡烧身。”唐窥基撰《妙法莲华经玄赞》卷10《药王菩萨本事品》：“药王时虽在会，说其过去，烧身燃臂，自行苦行，以流通正法。”

【烧食/やきはふ】偏正　烧着吃，烧烤着吃。《日本灵异记》中卷《赎蟹蝦命放生现报蟹所助缘第12》：“圣武天皇代，彼里牧牛村童，山川蟹取八，而将烧食。”（p. 180）（1）梁僧伽婆罗译《孔雀王咒经》卷2：“火所烧食，臭烂屎尿，唾涕涎淡，残吐不净，诸噉食鬼，种种可恶。以此大孔雀王咒，愿守护我，令寿百岁。”失译今附梁录《牟梨曼陀罗咒经》卷1：“复次当知，欲烧食等供养者，面向东方，心想观佛，咒烧供养。”唐阿阇梨述《北斗七星护摩秘要仪轨》卷1：“其坛场内，安著圆炉，饮食果子，分别置之。烧食谓饭食果饼酥蜜等，但五谷并乳木，随人命星相捡用之。”（2）《太平御览》卷943所载《岭表录异》曰：“石矩，亦章举之类，身小而足长。入盐为干，烧食极美。又有小者，两足如常，曝干后似射踏子，故南中呼为射踏子也。”

【烧收訖/やきおさめをはる】完成　火葬结束，火葬以后。《日本灵异记》上卷《圣德皇太子示异表缘第4》：“时圆势师告弟子优婆塞言：‘葬烧收。’即奉师告，而烧收讫。”（p. 69）

【烧寺/てらをやく】述宾　火烧寺院。一种灭佛行为。《日本灵异记》中卷《序》：“窃视历代，自宣化天皇以往，随外道凭卜者。自钦明天皇也后，敬三宝信正教。然或皇臣**烧寺**流佛像，或皇臣建寺弘佛法。”（p. 142）唐义净译《根本说一切有部毘奈耶》卷 29：“时有猎师，为捕禽鹿，纵燎原野。其火炎盛遍烧村邑遂来**烧寺**。”唐法藏撰《梵网经菩萨戒本疏》卷 4：“四约损者亦略显十种：一因瞋他令他舍佛法；二更发恶骂；三打棒系缚；四损他财物；五解他支节；六断他命根；七害己亲属；八永舍三宝；九**烧寺**害僧；十作诸逆罪。皆前轻后重。”

【烧退/やきそく】 后补　用火焚烧使退却。《古事记》中卷《景行记》：“于是先以其御刀苅拔草，以其火打而打出火，著向火而**烧退**。还出，皆切灭其国造等，即著火烧。故于今谓烧津也。”（p. 226）宋天息灾译《佛说大摩里支菩萨经》卷 4：“今此大菩萨，身遍于法界，清净若虚空，慈光照世间。明等百千日，能发智慧焰，**烧退**烦恼魔，永断贪瞋痴，长抛生死海。是故持诵者，依法而修学，澄心作观想。”按：《景行记》用作具体义，是说采用火攻击退敌人。佛典例用作抽象义，是说运用智慧的火焰，击退烦恼的侵扰。

【烧香/こりをたく】 述宾（3 例）　焚香作供养。亦称“焚香”“插香”“炷香”“捻香”“拈香”“告香”。烧香所用的香有丸香、抹香、线香等，焚香的容器则称香炉。五种供养及六种供养之一。《日本灵异记》下卷《减塔阶仆寺幢得恶报缘第 36》：“今阎罗王宫内烟满。王问：‘何烟?’答曰：‘永手之子家依，受病而痛，咒之禅师，手于**烧香**，彼烟也。’”（p. 356）《唐大和上东征传》：“初开佛殿，香气满城，城中僧徒（擎）幡、**烧香**、喝梵，云集寺中。”（p. 72）又：“思托咨和上，和上**烧香**，将曲几来，使彦凭几向西方念阿弥陀佛。”（p. 76）姚秦鸠摩罗什译《妙法莲华经》卷 4《法师品》：“若复有人，受持读诵，解说书写，《妙法华经》，乃至一偈，于此经卷，敬视如佛，种种供养：华、香、璎珞、末香、涂香、**烧香**，缯盖、幢幡、衣服、伎乐，乃至合掌恭敬。药王，当知是诸人等，已曾供养，十万亿佛，于诸佛所，成就大愿，愍众生故，生此人间。”唐义净译《金光明最胜王经》卷 6《四天王护国品》：“应取诸香，所谓安息、栴檀、龙脑、苏合、多揭罗、熏陆，皆须等分，和合一处，手执香炉，**烧香**供养，清净澡浴，著鲜洁衣，于一静室，可诵神咒，请我薜室啰末拏天王。”唐一行记《大毘卢遮那成佛经疏》卷 8《入漫荼罗具缘真言品》：“**烧香**是遍至法界义，如天树王开敷时，香气逆风顺风，自然遍布。菩提香亦尔，随一一功德，即为慧火所焚，解脱风所吹，随悲愿力，自在而转，普熏一切。故曰**烧香**。”

【烧香発願/こりをたきてほつがんす】 誓愿　焚香许下誓愿。《日本书纪》卷 24《皇极纪》元年七月条：“庚辰，于大寺南庭，严佛菩萨像与四天王像，屈请众僧，读《大云经》等。于时苏我大臣手执香炉，**烧香发愿**。”（第三册，p. 64）唐阿地瞿多译《陀罗尼集经》卷 1《释迦佛顶三昧陀罗尼品》：“教令病人，清净洒浴，著净衣服，近坛西门，令于咒师，左边坐竟，咒师与其香炉，**烧香发愿**，礼拜如前，作芥子法，一百八遍。”唐释道宣撰《续高僧传》卷 15：“有汰律师，闻其拨略大乘，舌即挺出，告曰：

‘汝大痴也。一言毁经，罪过五逆。可信大乘，方可免耳。’乃令**烧香发愿**，忏悔前言。舌还收人。”唐慧详撰《弘赞法华传》卷8：“尼等不知何计，得免斯苦，持经尼云：‘此《法华经》，何无灵验?’即著净衣，入佛殿，**烧香发愿**。”

【烧香供養/こりをたきてくようす】 四字　焚香供施。《日本灵异记》下卷《智行并具禅师重得人身生国皇之子缘第39》：“向问饭占时，大德亲王之灵，托卜者言：‘我是善珠法师也。暂间生国王之子耳。为吾**烧香供养**。’者矣。是故当知，善珠大德，重得人身，生人王之子矣。”（p.378）后汉支娄迦谶译《文殊师利问菩萨署经》卷1：“入舍有大高座，令我如坐，**烧香供养**，具作饮食已，二百万为达儭。”吴支谦译《撰集百缘经》卷1《菩萨授记品》：“达到家中，观其宝物，爱恋贪惜，不肯施佛，作是念言：‘若减此宝，持半与者，自无已许。我今当就，持此宝物，尽持与妇，当从彼边，索少许钱，市易熏陆，持诣祇桓，**烧香供养**。’”唐义净译《金光明最胜王经》卷6《四天王护国品》：“应取诸香，所谓安息、栴檀、龙脑、苏合、多揭罗、熏陆，皆须等分，和合一处，手执香炉，**烧香供养**，清净澡浴，著鲜洁衣，于一净室，可诵神咒，请我薜室啰末拏天王。”

【烧香向西/こりをたきてにしにむく】 四字　焚香时面朝西方，西方即是极乐世界。《日本灵异记》下卷《沙门积功作佛像临命终时示异表缘第30》：“师乞历见之言：‘今当十五日，何我子虚言未及也?’乞汤洗身，易著袈裟，胡跪合掌，擎持香炉，**烧香向西**，便日申时，命终之矣。”（p.341）唐神清撰、慧宝注《北山录》卷4：“睿魏郡长乐人，依僧贤法师为弟子。谦虚内敏，佐罗什译经，善摄威仪，弘赞经法，常回此业，愿生安养，坐不背西。临终洗浴**烧香，向西**合掌，严然而卒。”

【烧香行道/こりをたきてめぐりあるく】 四字　焚香绕佛。《日本灵异记》下卷《减塔阶仆寺幢得恶报缘第36》：“时看病众中，有一禅师，发誓愿言：‘凡凭佛法，修行大意，救他活命。今我寿施病者代身。佛法实有，病人命活。’弃命不睠。手于置爝，**烧香行道**，读陀罗尼，而忽走转。”（p.356）梁慧皎撰《高僧传》卷7：“以晋义熙十三年七月往嵩高山，寻觅未得，便至心烧香行道。”唐菩提流志译《不空罥索神变真言经》卷15《最上神变解脱坛品》：“四门坛内**烧香行道**，诵奋怒王真言广大明王央俱舍真言，母陀罗尼真言溥遍心印真言，不思议观陀罗尼真言悉地王真言，一切菩萨敬礼解脱三昧耶真言各一千遍。”唐智升撰《续集古今佛道论衡》卷1：“正月十一日，帝诣白马寺，至佛殿前**烧香行道**礼拜讫，问二法师。”

【烧折/やききる】 后补　烧断，烧成两截。《日本书纪》卷29《天武纪下》五年五月条：“是月，敕：‘禁南渊山、细川山，并莫蒭薪。又畿内山野，元所禁之限，莫妄**烧折**。’”（第三册，p.368）唐僧详撰《法华传记》卷9：“初死之时，见八人阿防夜叉，三人持铁棒，二人担火车，一人持铁绳，一人持神囊，一人捧火笼，驱吾入火车持搒。率在三方相副，火笼在头上，随振火迸如铁火。绳率在前导，各口吐火炎。二呵责之：‘汝阎浮恶人。恶果忍不？’尔时五体**烧折**，苦痛无量。”

【烧煮/やきにる】 并列　又烧又煮。暗指众生将因作恶而转生地狱备受煎熬。《日本灵异记》中卷《常乌卵煮食以现得恶死报缘第10》：“善恶因果经：今身**烧煮**鸡子，死堕灰河地狱。”（p. 176）（1）后汉康孟详译《佛说兴起行经》卷2：“佛语舍利弗：‘我尔时贪财、害弟，以是罪故，无数千岁，在地狱中**烧煮**，为铁山所搥。’”后秦鸠摩罗什译《妙法莲华经》卷2《譬喻品》：“见诸众生为生老病死、忧悲苦恼之所**烧煮**，亦以五欲财利故，受种种苦；又以贪著追求故，现受众苦，后受地狱、畜生、饿鬼之苦；若生天上，及在人间，贫穷困苦、爱别离苦、怨憎会苦，如是等种种诸苦。”失名人名今附秦录《大乘悲分陀利经》卷5《大师立愿品》：“为一切善知识所弃，为一切慧人所讥；为三界烦恼，驶水所漂，没在生死，灰河**烧煮**。”（2）《幽明录》：“至夜眠后，此物抱子从涧中发石取虾蟹，就人火边**烧煮**以食儿。时人有未眠者，密相觉语，齐起共突击，便走而遗其子，声如人啼也。此物便男女群共引石击人，趣得子然后止。”按：《汉语大词典》失收。

【烧著/やきつく】 后补　烧燃某处，在某处燃烧。《古事记》上卷《大国主神》：“而以火烧，似猪大石而转落。尔追下取时，即于其石所**烧著**而死。”（p. 78）西晋竺法护译《持心梵天所问经》卷3：“譬如男子，而取叚铁，**烧著**火中，不欲愿火，不当手触。”隋智顗说《维摩经文疏》卷10：“经云：‘是身无我，为如火。’亦作两释：一作破外人解者，外人计有神我。云何知耶？见身能东西驰走，及出音声。故知有神我也。内人破曰：‘约火一法，破其两计。’所以者何？火烧野草，亦能东西自在，亦是我也。又**烧著**竹木，出诸音声，亦是有神我也。”唐阿地瞿多译《陀罗尼集经》卷3：“然后请诸佛菩萨金刚天等，作花座印，随法所须，**烧著**炉中供养。”按：《汉语大词典》失收。

【烧足如煮/あしをやくことにるがごとし】 自创　（在地狱的铜釜中遭受报应）手脚就像被烧煮一样。《日本灵异记》中卷《常乌卵煮食以现得恶死报缘第10》：“山人问言：‘何故然也？’答曰：‘有一兵士，召我将来，押入爝火，**烧足如煮**。见四方者，皆卫火山。无间所出，故叫走回。’”（p. 176）晋世法立、法炬合译《大楼炭经》卷2《泥犁品》：“有泥犁名一，铜釜纵广二万里，尽入中。泥犁旁便共举人，身体手**足**著釜中煮，在底亦熟，在上亦熟，汤沸踊跃起伏。有在上露手**足**者覆亦熟，譬**如煮**豆。在底亦熟，在上亦熟，覆亦熟，露亦熟。”姚秦鸠摩罗什译《大智度论》卷16《序品》：“第六、第七，热大热地狱中，有二大铜镬：一名难陀，二名跋难陀（秦言喜，大喜也）。醎沸水满中，罗刹鬼狱卒以罪人投中，如厨士烹肉。人在镬中，**脚**上头下，譬**如煮**豆熟烂，骨节解散，皮肉相离。”

【稍寤/やをやくさむ】 偏正　略微恢复了意识；稍微有了一点觉悟。《古事记》中卷《景行记》：“于是，零大氷雨打惑倭建命。故还下坐之，到玉仓部之清泉以息坐之时，御心**稍寤**。故号其清泉，谓居寤清泉也。”（p. 230）（1）唐道世撰《法苑珠林》

卷21："**稍寤**心澄静，方厌俗苍茫。缁徒既肃肃，法侣亦锵锵。"（2）《宣室志》卷3："既而兀兀然，若甚醉者，凡数日，方**稍寤**，因惧且甚。"按：《汉语大词典》失收。

【少乏/すくなくともし】 并列　缺少，缺乏。《日本书纪》卷11《仁德纪》十一年四月条："十一年夏四月戊寅朔甲午，诏群臣曰：'今朕视是国者，郊泽旷远，而田圃**少乏**。且河水横逝，以流末不駃。聊逢霖雨，海潮逆上，而巷里乘船，道路亦泥。故群臣共视之，决横源而通海，塞逆流以全田宅。'"（第二册，p. 36）（1）西晋竺法护译《生经》卷2："譬如长者，若尊者子，净水洗沐，著新好衣，所有具足，无所**少乏**。"隋达摩笈多译《佛说药师如来本愿经》卷1："愿我来世得菩提时，以无边无限，智慧方便，令无量众生界受用无尽，莫令一人，有所**少乏**。"唐义净译《金光明最胜王经》卷6《四天王护国品》："时禅腻师，闻是语已，即还父所，白其父言：'今有善人，发至诚心，供养三宝，**少乏**财物，为斯请召。'"《敦煌变文·伍子胥变文》："将后，越王蒸粟还吴，乃作书报吴王曰：'此粟甚好，王可遣百姓种之。'其粟还吴被蒸，入土并皆不生。百姓失业，一年**少乏**，饥虚五载。"（2）《全唐文》卷7太宗《答元奘还至于阗国进表诏》："朕已敕于阗等道使诸国送师，人力鞍乘，应不**少乏**，令敦煌官司于流沙迎接，鄯善于沮沫迎接。"《洛阳缙绅旧闻记》第4："他日我死，汝等看此人如我今日，不得令有**少乏**。'"《太平御览》卷606所引《东观汉记》曰："黎阳故吏最贫羸者，举国念训，尝所服药北州**少乏**，又知训好青泥封书，从黎阳步推鹿车于洛阳市药，还过赵国易阳，并载青泥一幞，至上谷遗训。其得人心如是。"按：《汉语大词典》失收。

【少缺/すこしくかく】 并列（3例）　某物略有缺损。用作具体义。《日本书纪》卷1《神代纪上》："素戋呜尊乃拔所带十握剑，寸斩其蛇。至尾剑刃**少缺**。故割裂其尾视之，中有一剑，此所谓草薙剑也。"（第一册，p. 92）又："素戋呜尊拔剑斩之，至斩尾时，剑刃**少缺**，割而视之，则剑在尾中，是号草薙剑。"（第一册，p. 96）又："呜尊乃以蛇韩锄之剑，斩头斩腹。其斩尾之时，剑刃**少缺**。故裂尾而看，即别有一剑焉。名为草薙剑。"（p. 98）（1）梁僧佑撰《弘明集》卷10："弟子**少缺**下帷尤蔽名理，既符夙志窃深踊跃。"唐玄奘译《瑜伽师地论》卷42《戒品》："又诸菩萨，受净戒已，若遭急难，乃至失命。于所受戒，尚无**少缺**，何况全犯？是名菩萨第二难行戒。"（2）《晋书》卷50《曹志传》："魏氏诸王公养德藏器，壅滞旷久，前虽有诏，当须简授，而自顷众职**少缺**，未得式叙。"（p. 1389）《全唐文》卷526薛珏《请禁淹留馆驿奏》："伏以承前格敕，非不丁宁，岁月滋深，因循久弊。今往来使客，多是武臣，逾越条流，广求供给。府县**少缺**，悔吝坐至。"（p. 5349）按：《汉语大词典》失收。中国两类文献中，"少缺"均用作抽象义，表示读书少、受戒不全或职位不足。

【少少/すこしく】 重叠　微微，很少。《元兴寺伽蓝缘起并流记资财账》："然后百济人高丽人汉人私**少少**为修行在。"后汉支娄迦谶译《道行般若经》卷2《功德品》："释提桓因白佛言：'阎浮利人少，所信佛、信法、信比丘僧者**少少**耳。及行须陀洹、斯陀含、阿那含、阿罗汉、辟支佛，至行佛道者复少少耳。'"后汉昙果、康孟详合译《中本起经》卷1《舍利弗大目揵连来学品》："拘律陀，见彼容悦，疑得甘露。即问优波替：得甘露那？勿违本要，惠及少少。"隋阇那崛多译《佛本行集经》卷24《精进苦行品》："是时菩萨，复更思惟：'我今可以，手掌盛取，少少汁饮，而活于命，或小豆臛，赤豆、豌豆、菉豆臛等。'"按：《汉语大词典》首引《后汉书·度尚传》："所亡少少，何足介意！"略晚。

【少許/すこしばかり】 偏正 （4例） 少量，微量，一点点儿。《日本书纪》卷14《雄略纪》二十年条："二十年冬，高丽王大发军兵，伐尽百济。爰有少许遗众，聚居仓下。兵粮既尽，忧泣兹深。"（第二册，p.204）又卷19《钦明纪》元年九月条："物部大连尾舆等奏曰：'少许军卒，不可易征。曩者，男大迹天皇六年，百济遣使表请任那上哆唎、下哆唎、娑陀、牟娄四县，大伴大连金村辄依表请许赐所求。由是，新罗怨旷积年，不可轻尔而伐。'"（第二册，p.362）《唐大和上东征传》："其后二日无物，唯有急风高浪。众僧恼卧，但普照师每日食时，行生米少许，与众僧以充中食。"（p.64）《续日本纪》卷35《高绍纪》宝龟九年十月条："敕答：'朕有少许答信物，今差宝英等押送。道义所在，不以为劳。'即赐银碗酒，以惜别也。"（1）后汉安世高译《佛说鬼问目连经》卷1："一鬼问言：'我一生以来，常吞铁丸。何罪所致？'目连答言：'汝为人时，作沙弥子，取净水作石蜜浆。石蜜坚大，盗打取少许，众僧未食盗食一口故。以是因缘，果入地狱。'"吴支谦译《撰集百缘经》卷1《菩萨授记品》："作是念言：'若灭此宝，持半与者，自无已许。我今当就，持此宝物。尽持与妇，当从彼边，索少许钱，市易熏陆，持诣祇桓，烧香供养。'"（2）《魏志》卷29《方伎传》："辂族兄孝国，居在斥丘，辂往从之，与二客会。客去后，辂谓孝国曰：'此二人天庭及口耳之间同有凶气，异变俱起，双魂无宅，流魂于海，骨归于家，少许时当并死也。'"按：《汉语大词典》首引晋葛洪《抱朴子》卷16《黄白》："然率多深微难知，其可解分明者少许尔。"略晚。

【少而出家/わかくしてしゅっけす】 四字 年轻的时候到寺庙做和尚。《怀风藻》第103首释道慈《小传》："释道慈者，俗姓额田氏，添下人。少而出家，聪敏好学。英材明悟，为众所推。"（164）隋费长房撰《历代三宝纪》卷9："右一经一卷，周武帝世，高齐居士万俟懿于邺城译。懿元是鲜卑姓万俟氏。少而出家，师事婆罗门，甚聪哲。善梵书语，工咒术医方。故预翻译焉。"唐慧详撰《弘赞法华传》卷7："释法爱，长沙人也。少而出家，不能蔬节苦行。诵《法华经》甚通利，兼听三论。"唐智升撰《开元释教录》卷8："沙门释法琳，姓陈氏，颍川人。远祖随官，寓居襄阳。少而出家，游猎儒释，博综词义。"

【少年出家/しょうねんにしてしゅっけす】 四字 义同"少而出家"，指年轻时到寺庙做和尚。《怀风藻》第26首释辨正《小传》："辨正法师者，俗姓秦氏。性滑稽，

善谈论。少年出家，颇洪玄学。”（p. 96）唐法藏集《华严经传记》卷 2：“释法业，未详其氏族。幼而有超方之韵，脱屣尘表。少年出家，风格秀整。学无常师，博洽覃思，时辈所推也。”唐道世撰《法苑珠林》卷 52：“昔有婆罗门，少年出家，学至六十不能得道，婆罗门法六十不得道，然后归家娶妇为居家。”唐慧祥撰《古清凉传》卷 2：“周沙门，未详其氏讳。即前娑婆寺主，明禅师之师也。少年出家，游历名山，禅习为业，晚到五台山。”

【紹隆仏法/ぶっぽうをしょうりゅうす】 四字　继承光大佛教的教理教义。《元兴寺伽蓝缘起并流记资财账》：“僧纲依三纲牒检件事讫，仍为恒式以传远代，谨请绍隆佛法，将护天朝者矣。”唐慧琳撰《一切经音义》卷 21：“**绍隆**：绍市沼反。《切韵》称：**绍**，继也。《郑注礼记》云：**隆**，犹盛也。言继嗣宗业，令兴盛者也。”《文选》卷 44 钟会《檄蜀文》：“今主上圣德钦明，**绍隆**前绪。”刘良注：“**绍**，继绪业也，言有圣明之德而继先人之业。”唐义净译《根本说一切有部毘奈耶》卷 9：“时彼苾刍，便作是念：‘此婆罗门，善能激论，若出家者，**绍隆佛法**。’作是念已，报曰：‘善哉！随汝意乐。荣名富盛，皆悉无常，能舍出家，斯为最善。’”唐道绰撰《安乐集》卷 1：“《大集经》云：于说法者，作医王想、作拔苦想；所说之法，作甘露想、作醍醐想；其听法者，作增长胜解想、作愈病想。若能如是，说者听者，皆堪**绍隆佛法**，常生佛前。”唐怀迪证释、宋咸辉排经入注《首楞严经义海》卷 22：“‘形成出胎，亲为佛子，名法王子住’疏：十身具足，故曰形成。出因显果，故云出胎。堪任继嗣，**绍隆佛法**，名法王子住。”

【紹隆三宝/さんぼうをしょうりゅうす】 四字　继承发扬佛法僧三宝。《法隆寺金堂释迦三尊像光背铭》：“癸未年三月中，如愿敬造释迦尊像并侠待及庄严具竟。乘斯微福，信道知识，现在安隐，出生入死，随奉三主，**绍隆三宝**，遂共彼岸。普遍六道，法界含识，得脱苦缘，同趣菩提。”姚秦鸠摩罗什译《维摩诘所说经》卷 1《佛国品》：“为护法城，受持正法；能师子吼，名闻十方；众人不请，友而安之；**绍隆三宝**，能使不绝。”梁僧佑撰《注维摩诘经》卷 1《佛国品水》：“‘**绍隆三宝**，能使不绝。’：肇曰：继佛种，则三宝隆。”唐实叉难陀译《大方广佛华严经》卷 18《明法品》：“菩萨如是，**绍隆三宝**，一切所行，无有过失，随有所作，皆以回向，一切智门。是故三业，皆无瑕玷。”

【舌不爛/したくちず】 三字　（因常年读诵《法华经》的功德）人死后舌头不腐烂。《日本灵异记》下卷《忆持〈法华经〉者舌著曝髑髅中不朽缘第 1》：“赞曰：‘贵哉！禅师。受血肉身，常诵《法华》，得大乘验。投身曝骨，而髑髅中，著**舌不烂**。是明圣也，不凡矣。’”（p. 264）（1）梁慧皎撰《高僧传》卷 12：“出城北阇维之，烟炎冲天，七日乃歇，尸骸都尽，唯**舌不烂**。即于其处，起塔三层，树碑于右。”该例亦见于《法苑珠林》卷 65。唐神清撰、慧宝注《北山录》卷 3：“仁者死成仁，何顾之有也？故什死，焚之，心**舌不烂**焉。”（2）《晋书》卷95《鸠摩罗什传》：“罗什未终少日，觉四大不悆，乃口出三番神咒，令外国弟子诵之以自救，未及致力，转觉危殆，于是力疾与众僧告别曰：‘因法相遇，殊未尽心，方复后世，恻怆可言。’死于长安。姚兴于逍遥园依外国法以火焚尸，薪灭形碎，惟**舌不烂**。”（p. 2499）→【其舌不腐（爛）】

【蛇室/へみのむろ】 偏正 蛇栖息的巢穴。《古事记》上卷《大国主神》：“故随诏命，而参到须佐之男命之御所者，其女须势理毘卖出见，为目合而相婚。还入白其父言：‘甚丽神来。’尔其大神出见而告：‘此者谓之苇原色许男。’即唤入，而令寝其**蛇室**。”（p. 80）西晋竺法护译《渐备一切智德经》卷1：“不从他教，进退不安，怀抱久病，不可疗治，坚住罗网，未出深堑，六十二疑，四倒五盖，火林**蛇室**，十二牵连，十重之阁，三坑三户，三流之逸，游在旷野，未向佛门；设闻此法，踌躇不进。”姚秦鸠摩罗什译《灯指因缘经》卷1：“世人甚众，无知我者。由我贫穷，所向无路。譬如旷野，为火所焚。人不喜乐。如枯树无荫，无依投者。如苗被雹霜，捐弃不收。如毒**蛇室**，人皆远离。”按：《汉语大词典》失收。

【闍維/じゃゆい】 音译 巴利语 jhāpita，亦译为“荼毘”“荼毘”“阇鼻多”，谓僧人死后火化。《唐大和上东征传》：“化后三日，顶上犹暖，由是久不殡殓；至于**阇维**，香气满山。”（p. 96）唐慧琳撰《一切经音义》卷25：“阇毘：或**阇维**，或荼毘。古云耶旬，此云焚烧也。”又卷43：“耶维：或言阇毘，或言**阇维**。皆讹也。正言阇鼻多，义是焚烧也。”又卷44：“邪旬：或云**阇维**，或云阇毗。同一义也。正言阇鼻多，义是焚烧也。”宋法云编《翻译名义集》卷5：“**阇维**：或耶旬，正名荼毘。此云焚烧。《西域记》云：‘涅叠盘那，旧**阇维**，讹也。’《通慧音义》云：‘亲问梵僧，未闻**阇维**之名。’”后汉安世高译《迦叶结经》卷1：“贤者桥桓钵说是以竟，便而灭度。灭度已，从身出火，还自**阇维**。如大积薪燃炬矣。**阇维**以竟，便于空中，于四流泉，来下灌身。水清且凉，其色如水精，瑠璃之色。”梁慧皎撰《高僧传》卷4：“士行遂终于于阗，春秋八十。依西方法**阇维**之，薪尽火灭，尸犹能全。众咸惊异，乃咒曰：‘若真得道法当毁败。’应声碎散。因敛骨起塔焉。”按：“阇维”是古印度社会传统的葬法，其方式是纵火焚尸，弃之不顾。古印度雅利安人认为火是构成万物的地水火风四大元素中最为纯洁的，是人与神之间的媒介，因而导致了火葬的盛行。

【捨此而去/これをすててさる】 四字 丢掉某物而离去。《日本书纪》卷24《皇极纪》四年六月条：“于是高向臣国押谓汉直等曰：‘吾等由君大郎应当被戮。大臣亦于今日明日立俟其诛决矣。然则为谁空战、尽被刑乎？’言竟解剑投弓，**舍此而去**。贼徒亦随散走。”（第三册，p. 102）（1）东晋瞿昙僧伽提婆译《增壹阿含经》卷41：“时彼大商主，告诸人曰：‘止，止！愚人。此间无有女人。大海之中，云何有人居处？’诸商人报曰：‘且止！大主。我等不能，**舍此而去**。’”刘宋佛陀什、竺道生等合译《弥沙塞部和醯五分律》卷24：“彼诸比丘，亦作是语：由我等罪，致使世尊，**舍此而去**。我今宁可，共往佛所，苦自悔过。便著衣持钵，来诣佛所。”唐义净译《根本说一切有部毘奈耶破僧事》卷1：“作是念已，诣父王所，顶礼合掌，白父王言：‘大王当知。我欲出家，趣于非家。’王告子言：‘若义利故，多有人舍施财物。供养天神，事火苦行。求国王位，汝今已得。我舍命已，汝当绍位。何故汝今，**舍此而去**？’”（2）《晋书》卷90《鲁芝传》：“若挟天子保许昌，杖大威以羽檄征四方兵，孰敢不从？**舍此而去**，欲就东市，岂不痛哉！”

【捨離眷属/けんぞくをすてはなる】 四字　舍去远离亲属家眷。《上宫皇太子菩萨传》：“思禅师后生日本国橘丰日天皇宫，度人出家，人皆不从。即云：‘奴不能**舍离眷属**。’”姚秦鸠摩罗什译《大树紧那罗王所问经》卷3：“知诸有为不坚牢，**舍离眷属**行出家。三有知最无有上。智到彼岸我赞礼。”北凉昙无谶译《大方等大集经》卷55《布阎浮提品》：“汝等各应发心，**舍离眷属**，分布安置，护持养育，并汝诸天，一切眷属，乃至迦咤富单那王，一切眷属，亦令于此，阎浮提中，一切国土，乃至树林，分布安置，护持养育。”陈慧思撰《诸法无诤三昧法门》卷1：“复次初夜后夜，专精学禅，节食摄心，**舍离眷属**，断诸攀缘，是名精进。”

【捨入～/～にほどこしいる】 后补（4例）　扔放在某处；施舍给某处。《续日本纪》卷28神护景云元年十一月条：“至是，以大和、山背、摄津、越中、播磨、美作等国乘田及没官田**舍入**。”（第四册，p. 184）又卷29《称德纪》神护景云二年五月条：“辛未，惠美仲麻吕越前国地二百町，故近江按察使从三位藤原朝臣御楯地一百町，**舍入**西隆寺。”（第四册，p. 198）又神护景云二年九月条：“至是日奉敕，班给百姓见开田十二町四段**舍入**寺家，园地三十六町六段依旧为公地。”（第四册，p. 216）又卷30《称德纪》神护景云三年八月条：“戊申，远江、越前二国户各二十烟，大和、山背两国田各五町**舍入**龙渊寺。”（第四册，p. 246）姚秦佛陀耶舍、竺佛念等合译《长阿含经》卷19《地狱品》：“时有大铜镬，自然在前。若镬出宫内，王见畏怖，舍出宫外。若镬出宫外，王见畏怖，**舍入**宫内。”唐义净译《根本说一切有部毘奈耶》卷24：“时彼长者，见寺空虚，即便以寺，**舍入**僧伽。”按：《汉语大词典》失收。

【捨寿零形/いのちをすて、かたちをれいにす】 自创　“舍寿”，舍去寿命，死亡的婉称。“零形”，使肉体归零（消亡），即死亡。《上宫皇太子菩萨传》：“于一时梨树生花结实，其思禅师来彼山修道，即自竖一石记之：‘余一生来此，迄耆年坠齿，**舍寿零形**。’”西晋白法祖译《佛说大爱道般泥洹经》卷1：“是时佛即已觉知，便语阿难：‘是间摩诃卑耶和题俱昙弥自念言：我不忍见佛般泥洹，并阿难、舍利弗、目乾连是贤者辈，我先**舍寿**行取泥洹去。’”东晋法显译《大般涅槃经》卷1：“尔时，世尊即便**舍寿**，而以神力住命三月。”梁慧皎撰《高僧传》卷7：“生于大众中正容誓曰：‘若我所说，反于经义者，请于现身，即表厉疾。若与实相，不相违背者，愿**舍寿**之时，据师子座。'言竟抚衣而游。"梁宝唱撰《比丘尼传》卷2:"至四月八日夜半,以布自缠,而烧其身。火已,亲顶命其妹,令呼维那打磬:'我今舍寿,可遍告诸尼,速来共别。'"按:《汉语大词典》例引《金石萃编·唐济度寺尼萧法愿墓志》:"粤以龙朔三年八月二十六日舍寿于济度寺之别院,春秋六十三。"偏晚。

【捨俗/よのなかをすつ】 述宾 (2例) 脱俗,背俗。《日本灵异记》中卷《智者诽妒变化圣人而现至阎罗阙受地狱苦缘第7》:"母和泉国大鸟郡人,蜂田药师也。舍俗离欲,弘法化迷。"(p.167)又《未作毕捻埴像生呻音示奇表缘第17》:"沙弥信行者,纪伊国那贺郡弥气里人。俗姓大伴连祖是也。舍俗自度,剃除鬓发,著福田衣,求福行因。"(p.302)晋世法炬、法立合译《法句譬喻经》卷3《安宁品》:"丘闻之即告之曰:'汝等所论,是其末耳,不究苦本。天下之苦,无过有身,身为苦器,忧畏无量,吾以是故,舍俗学道,灭意断想,不贪四大,欲断苦原,志存泥洹。泥洹道者,寂灭无形,忧患永毕,尔乃大安。'"梁慧皎撰《高僧传》卷6:"姚苌姚兴早挹风名,素所知重,及僭有关中,深相顶敬。兴既崇信三宝,盛弘大化,建会设斋,烟盖重叠,使夫慕道舍俗者,十室其半。"隋费长房撰《历代三宝纪》卷7:"苕华母亡,顷父又终,度母亦卒。度见世代无常,忽然感悟,即舍俗出家。"按:《汉语大词典》失收。

【舍利/しゃり】 并列 (21例) 梵语 śarīra。意译"身骨"。释迦牟尼佛遗体火化后结成的坚硬珠状物。又名"舍利子"。后泛指佛教徒火化后的遗骸。《日本书纪》卷20《敏达纪》十三年是岁条:"此时,达等得佛舍利于斋食上。以舍利献于马子宿祢。马子宿祢试以舍利置铁质中,振铁锤打。其质与锤悉被摧坏,而舍利不可摧毁。又投舍利于水,舍利随心所愿浮沉于水。由是,马子宿祢、池边氷田、司马达等深信佛法,修行不懈。"(第二册,p.488)又十四年二月条:"十四年春二月戊子朔壬寅,苏我大臣马子宿祢起塔于大野丘北,大会设斋。即以达等前所获舍利藏塔柱头。"(第二册,p.490)又卷22《推古纪》十四年五月条:"五月甲寅朔戊午,敕鞍作鸟曰:'朕欲兴隆内典,方将建佛刹,肇求舍利。'时汝祖父司马达等便献舍利。"(第二册,p.552)又三十一年七月条:"三十一年秋七月,新罗遣大使奈末智洗尔、任那遣达率奈末智并来朝。仍贡佛像一具及金塔并舍利,且大观顶幡一具、小幡十二条。即佛像居于葛野秦寺、以余舍利、金塔、观顶幡等皆纳于四天王寺。"(第二册,p.578)《日本灵异记》中卷《将建塔发愿时生女子卷舍利所产缘第31》:"年至七岁,开手示母曰:'见是物。'因瞻掌,有舍利二粒。欢喜异奇,告知诸人。诸人众喜,展转国司。郡卿悉喜,引率知识,建七重塔,安彼舍利以供养了。今盘田郡部内建立盘田寺之塔是也。"(p.229)《元兴寺伽蓝缘起并流记资财账》:"时按师首饭食时,得舍利以奉大臣。"《上宫圣德法王帝说》:"其内有青□□瓶,其内纳舍利八粒。丙子年四月八日上露盘。戊寅年十二月四日铸丈六佛像。"《续日本纪》卷27《称德纪》天平神护二年十月条:"壬寅,奉请隅寺毘沙门像所现舍利于法华寺。"(第四册,p.134)又:"然今示现赐

〈弊流〉如来〈乃〉尊〈歧〉大御**舍利**〈波〉、常奉见〈余利波〉大御色〈毛〉光照〈天〉甚美〈久〉、大御形〈毛〉圆满〈天〉别好〈久〉大末之〈末世波〉、特〈尔〉久须之〈久〉奇事〈乎〉思议〈许止〉极难〈之〉。"（第四册，p. 132）又天平神护二年十月条："癸卯，敕：'去六月，为有所思，发菩提心，归无上道。因有灵示，缄器虔候，遂则**舍利**三粒，见于缄器。数月感叹，莫识所为。朕闻：麟凤五灵。王者嘉瑞。至德之世。史不绝书。未见全身**舍利**，如是显形。有感必通。良有以也……以**舍利**之会奏唐乐也。'"（第四册，p. 138）（1）姚秦鸠摩罗什译《妙法莲华经》卷5《如来寿量品》："众见我灭度，广供养**舍利**，咸皆怀恋慕，而生渴仰心。"唐义净译《金光明经》卷4《舍身品》："尔时佛告尊者阿难：'汝可开塔，取中舍利，示此大众，是**舍利**者，乃是无量，六波罗蜜，功德所熏。'"（2）《魏书》卷114《释老志》："佛既谢世，香木焚尸。灵骨分碎，大小如粒，击之不坏，焚亦不燋，或有光明神验，胡言谓之'**舍利**'。弟子收奉，置之宝瓶，竭香花，致敬慕，建宫宇，谓为'塔'。"→【仏舍利】

【舍衛城/しゃえじょう】 地名　古代中印度五大城市之一，憍萨罗国的都城。在今印度北方邦北部，拉普底河南岸。佛教史上著名的祇园精舍所在地。《日本灵异记》下卷《产生肉团之作女子修善化人缘第19》："**舍卫城**须达长者之女苏曼，所生卵十枚，开成十男，出家皆得罗汉果。"（p. 309）萧齐僧伽跋陀罗译《善见律毘婆沙》卷12《舍利弗品》："**舍卫**者，是道士名也，昔有道士，居住此地。往古有王，见此地好，就道士乞为立国，以道士名号为**舍卫**。如王舍城。昔有转轮王，更相代谢，止住此城，以其名故，号为王舍城。**舍卫**亦复如是。**舍卫**又名多有，何谓多有？诸国珍宝，及杂异物，皆来归聚此国，故名多有。"

【設会/えをまうく】 述宾（4例）（为举行佛事而）设立斋会。《日本灵异记》上卷《妻为死夫建愿图绘像有验不烧火示异表缘第33》："赞曰：'善哉！贞妇。追远报恩，迄秋**设会**。诚知其敦。炎火虽列，尊像不焚。上天所佑，知复何论。'"（p. 132）又《忆持〈心经〉女现至阎罗王阙示奇表缘第19》："**设会**讲读，增信因果，殷勤诵持，昼夜不息。"（p. 200）又下卷《重斤取人物又写〈法华经〉以现得善恶报缘第22》："虾夷奉写《法华经》二遍，每遍**设会**，讲读既了。"（p. 315）《洛阳伽蓝记》卷5："至于**设会**，一人唱，则客前；后唱则罢会。惟有此法，不见音乐。"《魏书》卷114："三月，又幸永宁寺**设会**，行道听讲，命中、秘二省与僧徒讨论佛义，施僧衣服、宝器有差。"《唐大和上东征传》："债曰：'此间虽无姓丰田人，而今大和上即将当弟子之舅。'即迎入宅内，设［斋］供养。又于大守庁内，**设会**授戒，仍入州大云寺安置。"（p. 68）按："设会"，在中土文献当中，最早指为举办神事而聚会。《南齐书》卷26《王敬则传》："劫帅既出，敬则于庙中**设会**，于座收缚，曰：'吾先启神，若负誓，还神十牛。今不违誓。'即杀十牛解神，并斩诸劫，百姓悦之。"

【設会供養/えをまうけてくようす】 四字（2例）设立斋会，敬献奉养佛法僧三

宝。《日本灵异记》下卷《未作毕捻埴像生呻音示奇表缘第17》："于兹，丰庆与信行，大怪大悲。率引知识，奉捻造毕。**设会，供养**。今安置弥气堂，以居乎弥勒胁士之菩萨是也。"（p. 304）又《沙门积功作佛像临命终时示异表缘第30》："观规圣武天皇之代，发愿雕造尺迦丈六并胁士，以白壁天皇世宝龟十年己未，奉造既毕。居能应寺之金堂，以**设会供养**。"（p. 341）姚秦鸠摩罗什译《佛说弥勒下生成佛经》卷1："或以施僧常食，斋讲**设会供养**饭食，修此功德，来至我所。"唐义净译《根本说一切有部尼陀那目得迦》卷8："复白佛言：'苾刍颇得，鸣鼓乐不？'佛言：'不合。唯除**设会供养**。'佛时告乐人曰：'仁者，汝今应可供养大师，不应无故，击鼓作乐。作者得恶作罪。'"

【設器/まうけたるうつわもの】[自创] 陈设器物。《日本灵异记》中卷《穷女王归敬吉祥天女像得现报缘第14》："其饮食阑，美味氛馥，无比无等。无不具足物。**设器**皆碗，使荷之人三十人也。"（p. 184）唐慧琳撰《一切经音义》卷40："娶方：上初色反。古今正字。陈**设器**物，整齐之貌也。"隋阇那崛多等译《起世经》卷2《郁单越洲品》："彼人得饭欲食之时，施**设器**物，就座而坐。尔时，若有四方人来，欲共同食，即为诸人具设饭食，饭终不尽，乃至食人，坐食未竟，所设之饭器常盈满。"

【設飲食/をしものをまく】[三字]（3例） 谓摆设饮食，供设吃的喝的。《常陆国风土记·筑波郡》条："更登筑波岳，亦请容止。此时，筑波神答曰：'今夜虽新粟尝，不敢不奉尊旨。'爰**设饮食**，敬拜祗承。"（p. 360）《日本灵异记》上卷《人畜所履髑髅救收示灵表而现报缘第12》："辄将万吕，至于其家，从闭屋而入于屋里。多**设饮食**。其中以己分之馔与万吕共食。"（p. 91）又："使礼万吕，更**设饮食**。"（p. 91）（1）吴支谦译《撰集百缘经》卷8《比丘尼品》："到旷野中，食时已至，告善爱比丘尼言：'汝今可**设饮食**供养佛僧。'"吴康僧会译《旧杂譬喻经》卷1："适前逢噉人鬼，女叩头愿乞解誓，鬼放去。到童子门，请前坐，童子不干，为**设饮食**。以私金一饼送之。"后秦佛陀耶舍、竺佛念合译《长阿含经》卷3："是时，周那寻**设饮食**，供佛及僧，别煮栴檀树耳，世所奇珍，独奉世尊。"隋阇那崛多译《佛本行集经》卷55《罗睺罗因缘品》："又于一时，输头檀王白佛言：'世尊，愿佛及僧，受我明朝，所**设饮食**。'"（2）《朝野佥载》卷1："至时，候见一人著青䌷襦，遂邀为**设饮食**。"（p. 1）《太平广记》卷331《洛阳鬼兵》："帝恶之，使巫祝禳厌，每夜于洛水滨**设饮食**，尝读《北齐书》，亦有此事。"

【設斎/せっさい】[述宾]（15例） 备办素食，通常在死人的忌日等邀请僧人读经祈求冥福。《日本书纪》卷22《推古纪》十四年四月条："即日**设斋**。于是会集人众，不可胜数。自是年初，每寺四月八日、七月十五日**设斋**。"（第二册，p. 552）又二十九年二月条："是月，葬上宫太子于矶长陵。当于是时，高丽僧慧慈闻上宫皇太子薨，以大悲之，为皇太子请僧而**设斋**。"（第二册，p. 576）又卷23《舒明纪》十二年五月条："五月丁酉辛丑，大**设斋**。因以请惠隐僧，令说《无量寿经》。"（第三册，p. 50）又卷

25《孝谦纪》白雉二年三月条："二年春三月甲午朔丁未，丈六绣像等成。戊申，皇祖母尊请十师等设斋。"（第三册，p. 186）又白雉四年六月条："冬十二月晦，请天下僧尼于内里，设斋、大舍、燃灯。"（第三册，p. 192）又卷 29《天武纪》四年四月条："夏四月甲戌朔戊寅，请僧尼二千四百余而大设斋焉。"（第三册，p. 360）《唐大和上东征传》："官寮参省设斋，施物盈满一屋。"（p. 69）《续日本纪》卷 3《文武纪》大宝三年二月条："癸卯，是日当太上天皇七七。遣使四大寺及四天王、山田等三十三寺设斋焉。"（第一册，p. 66）又卷 20《孝谦纪》天平宝字元年五月条："五月己酉，太上天皇周忌也。请僧千五百余人于东大寺。设斋焉。"（第三册，p. 184）又天平宝字元年八月条："维天平胜宝九岁岁次丁酉夏五月八日者，是陛下奉为太上天皇周忌，设斋悔过之终日也。"（第三册，p. 222）又卷 23《淳仁纪》天平宝字四年十二月条："其忌日者亦入国忌例，设斋如式。"（第三册，p. 368）又卷 31《光仁纪》宝亀二年十二月条："丁卯，敕：'先妣纪氏未追尊号。自今以后，宜奉称皇太后，御墓者称山陵，其忌日者亦入国忌例，设斋如式。'"（第四册，p. 358）又卷 36《高绍纪》天应元年十二月条："又敕天下诸国，七七之日，令国分二寺见僧尼奉为设斋以追福焉。"《奈良朝写经22·道行般若波经卷第 5》："设斋敬赞，藉此胜缘，伏惟尊府君道济迷途，神游净国。"（p. 167）（1）梁慧皎撰《高僧传》卷 10："又有齐谐妻胡母氏病，众治不愈。后请僧设斋，斋坐有僧聪道人，劝迎杯度。度既至一咒，病者即愈。齐谐伏事为师。"隋灌顶撰《国清百录》卷 3："今遣典签吴景贤往，彼设斋奉为亡日追福，迟知一二。杨广和南，开皇十八年。"新罗璟兴撰《无量寿经连义述文赞》卷 1："城中有龙名曰善见，明日设斋。如来受讫，往卢酰多婆苏都村。"（2）《宋书》卷 97《夷蛮传》："世祖大明四年，于中兴寺设斋。有一异僧，众莫之识，问其名，答言名明慧，从天安寺来，忽然不见。天下无此寺名，乃改中兴曰天安寺。大明中，外国沙门摩诃衍苦节有精理，于京都多出新经，《胜鬘经》尤见重内学。"

【設斎大会/せっさいだいえ】 自创　举办读经祈福的大法会。《续日本纪》卷 18《孝谦纪》天平胜宝四年四月条："夏四月乙酉，卢舍那大佛像成，始开眼。是日，行幸东大寺。天皇亲率文武百官，设斋大会。"（第三册，p. 118）→【大会設斎】【大設斎】

【設斎供養/せっさいくよう】 四字　备办素食供施僧尼。《唐大和上东征传》："债曰：'此间虽无姓丰田人，而今大和上即将当弟子之舅。'即迎入宅内，设［斋］供养。'"（p. 68）唐实叉难陀译《地藏菩萨本愿经》卷 2《利益存亡品》："是故，长者，阎浮众生，若能为其父母，乃至眷属，命终之后，设斋供养，志心勤恳，如是之人，存亡获利。"唐道宣撰《续高僧传》卷 28："乃敕中书舍人高珍曰：'卿是信向之人，自往看之，必有灵异。宜迁置净所，设斋供养。'"唐慧立本、彦悰笺《大唐大慈恩寺三藏法师传》卷 10："时玉华寺都维那寂照，庆贺功毕，设斋供养。是日请经从肃诚殿往嘉寿殿斋所讲读。当迎经时，《般若》放光，诸天雨花，并闻空中音乐、非常香气。"

【設斎会/さいえをまく】三字 举办集合僧侣供养斋食的法会。《日本灵异记》上卷《妻为死夫建愿图绘像有验不烧火示异表缘第33》："画师矜之，共同发心，绘绚画毕。因**设斋会**。即安置金堂，恒为敬礼。"（p.132）西晋竺法护译《般泥洹后灌腊经》卷1："若供养师，施与贫穷，可**设斋会**。"梁慧皎撰《高僧传》卷13："每**设斋会**无有导师。王谓光曰：'奖导群生，唯德之本。上人何得为辞？愿必自力。'光乃回心习唱，制造忏文，每执炉处众。辄道俗倾仰。"《魏书》卷98《萧衍传》："曾**设斋会**，自以身施同泰寺为奴，其朝臣三表不许，于是内外百官共敛珍宝而赎之。"（p.2187）

【設斎行道/せっさいしてぎょうどうす】四字（3例） 举办读经祈福绕佛的法事。《续日本纪》卷18《孝谦纪》天平胜宝三年十月条："壬申，诏曰：'顷者，太上天皇枕席不稳。由是，七七日间，屈请四十九贤僧于新药师寺，依续命之法，**设斋行道**。'"（第三册，p.114）又卷32《光仁纪》宝龟三年八月条："……改葬废帝于淡路。乃曲当界众僧六十口，**设斋行道**。又度当处年少稍有净行者二人，常庐墓侧，令修功德。"（第四册，p.386）又宝龟四年十一月条："是以，比日之间，依药师经，屈请贤僧，**设斋行道**。"（第四册，p.416）唐道宣撰《续高僧传》卷25："贞观十九年，嘉兴县高王神，降其祝曰：'为我请聪法师受菩萨戒。'依言为授。又降祝曰：'自今以往，酒肉五辛，一切悉断。后若祈福，可请众僧，在庙**设斋行道**。'"唐智升撰《续集古今佛道论衡》卷1："永平十二年十二月十一日，明帝在白马寺**设斋行道**。帝问法师摩腾曰：'佛处生化世灭度日月可知不？'"唐道世撰《法苑珠林》卷13："祯明二年像面自西，虽正还尔。以状闻，帝延入太极，**设斋行道**。"

【設斎於~/~にせっさいす】于字（31例） 在某处备办素食，举办斋会。①《日本书纪》卷29《天武纪下》十三年闰四月条："丁酉，**设斋于**宫中。因以赦有罪舍人等。"（第三册，p.436）又朱鸟元年七月条："丙寅，选净行者七十人以出家，乃**设斋于**宫中御窟院。"（第三册，p.464）又卷30《持统纪》元年九月条："九月壬戌朔庚午，设国忌斋于京师诸寺。辛未，**设斋于**殡宫。"（第三册，p.482）又四年二月条："丙寅，**设斋于**内里。"（第三册，p.502）《续日本纪》卷2《文武纪》大宝二年十二月条："丁巳，**设斋于**四大寺。"（第一册，p.62）又卷3《文武纪》大宝三年正月条："丁卯，奉为太上天皇，**设斋于**大安、药师、元兴、弘福四寺。"（第一册，p.64）又卷6《元明纪》灵龟元年六月条："癸亥，**设斋于**弘福、法隆二寺。"（第一册，p.230）又卷32《光仁纪》宝龟三年十二月条："己巳，彗星见南方。屈僧一百口，**设斋于**杨梅宫。"（第四册，p.396）②《日本书纪》卷25《孝德纪》白雉三年十二月条："冬十二月晦，请天下僧尼**于**内里**设斋**、大舍、燃灯。"（第三册，p.192）《续日本纪》卷3《文武纪》庆云四年六月条："举哀著服，一依遗诏行之。自初七至七七，**于**四大寺**设斋**焉。"（第一册，p.114）又卷9《圣武纪》神龟三年八月条："八月癸丑，奉为太上天皇造写释迦像并《法华经》讫，仍于药师寺设斋焉。"（第二册，p. 170）又卷19《孝谦纪》天平胜宝八岁六月条："丙戌，五七。于大安寺设斋焉。僧、沙弥合一千余人。"（第三册，p. 164）又："丙申，六七。于药师寺设斋焉。"（第三册，p. 164）又："癸卯，七七。于兴福寺设斋焉。僧并沙弥一千一百余人。"（第三册，p. 164）又卷20《孝谦纪》天平宝字元年五月条："五月己酉，太上天皇周忌也。请僧千五百余人于东大寺设斋焉。"（第三册，p. 184）又天平宝字元年七月条："庚午，于宫中设斋，讲《仁王经》焉。"（第三册，p. 218）又卷28《称德纪》神护景云元年八月条："乙酉，参河国言：'庆云见。'屈僧六百口于西宫寝殿设斋。以庆云见也。"（第四册，p. 170）又卷30《称德纪》宝龟元年八月条："己未，四七。于大安寺设斋焉。"（第四册，p. 302）又宝龟元年九月条："丙寅，五七。于药师寺设斋焉。"（第四册，p. 304）又："癸酉，六七。于西大寺设斋焉。"（第四册，p. 304）又："辛巳，七七。于山阶寺设斋焉。诸国者，每国屈请管内僧尼于金光、法华二寺，行道转经。是日，京师及天下诸国大秡。"（第四册，p. 304）又卷37《桓武纪》延历元年十二月条："辛未，是日，太上天皇周忌也。于大安寺设斋焉。百官参会，各供其事。"又卷40《桓武纪》延历九年十二月条："己未，是日，当中宫周忌。于大安寺设斋焉。"（1）《唐文拾遗》卷41："唐中和二年太岁壬寅正月望日，具衔某敬请僧某乙，设斋于法云寺天王院，谨白言舍利佛大慈大悲观音菩萨：'伏以欲界将倾，魔军竞起，九野尘昏于劫烬，四溟波荡于狂飙。'"宋志盘撰《佛祖统纪》卷43："建隆元年（庚申）正月甲辰周恭帝逊于位。初上受诏北征宿陈桥驿，将士推戴拥入京师。时太夫人杜氏（太祖母昭宪皇后）同王夫人（太祖后孝明皇后）方设斋于定力寺为祈福。"《旧唐书》卷9："十二载春正月壬子，杨国忠于尚书省注官，注讫，于都堂对左相与诸司长官唱名。二月庚辰，选人郑怼等二十余人以国忠铨注无滞，设斋于勤政殿下，立碑于尚书省门。"（2）《宋书》卷97《夷蛮传》："世祖大明四年，于中兴寺设斋。有一异僧，众莫之识，问其名，答言名明慧，从天安寺来，忽然不见。天下无此寺名，乃改中兴曰天安寺。大明中，外国沙门摩诃衍苦节有精理，于京都多出新经，《胜鬘经》尤见重内学。"（p. 2392）《北齐书》卷8《幼主纪》："每灾异寇盗水旱，亦不贬损，唯诸处设斋，以此为修德。"《魏书》卷114《释老志》："太和元年二月，幸永宁寺设斋，赦死罪囚。"

【射落/いおとす】 后补 （2例） 用弓箭将猎物或人从高处射下来。《古事记》下卷《安康记》："即衣中服甲，取佩弓矢，乘马出行。倏忽之间，自马往双，拔矢射落其忍齿王"（p. 334）《日本书纪》卷19《钦明纪》十五年十二月条："有能射人筑紫国造，进而弯弓，占拟射落新罗骑卒最勇壮者。发箭之利，通所乘鞍前后桥及其被甲领会也。"（第二册，p. 434）（1）唐湛然述《止观辅行传弘决》卷10："书云：如羿善射。尧九年洪水，七日并出，羿射落其六。此亦书家，过分之说。"宋法应集、元普会续集《禅宗颂古联珠通集》卷39："一箭射落天边雁，千人万人着眼看。不知此箭自何来，湖南长老何曾见。”（2）《全唐文》陆贽《圣人苑中射落飞雁赋（以题为韵次用）》（p. 4694）。李贺《野歌》：“鸦翎羽箭山桑弓，仰天射落衔芦鸿。麻衣黑肥冲北风，带酒日晚歌田中。”（p. 2520）按：《汉语大词典》失收。

【射入/いいる】 后补 射进，射在某物里面。《古事记》上卷《大国主神》：“亦鸣镝射入大野之中，令采其矢。故入其野时，即以火回烧其野。”（p. 82）东晋佛陀跋陀罗译《佛说观佛三昧海经》卷5：“狱卒罗刹，化为良医，手执利针，唱言治病。罪人心喜，气绝命终，生铁网间……无量诸针，射入毛孔。如是婉转，诸铁网间，刹那顷死，刹那顷生。”元魏瞿昙般若流支译《正法念处经》卷12《地狱品》：“犹如弩弦，所放铁箭，射入蚁封，如是人已，不知所在。”唐义净译《根本说一切有部毘奈耶药事》卷6：“善其射法，略有五种……五者射入坚牢。此之射法悉能善了。”按：《汉语大词典》失收。

【摂取/とる】 后补 收敛；拿取。《元兴寺伽蓝缘起并流记资财账》：“面奉弥勒，听闻正法，悟无生忍，速成正觉。十方诸佛及四天等，所以至诚心誓愿，所造二寺及二躯丈六，更不破不流不斫不烧，二寺所纳种种诸物，更不摄取不灭不犯不谬也。”东晋佛陀跋陀罗、法显合译《摩诃僧祇律》卷36：“佛住舍卫城，王舍城中有长者，名曰须提那。有妇年少端正，其夫无常。妇不乐男子，叔欲摄取。即语余妇人言：‘我不乐男子，而叔欲取我为妇。’”元魏慧觉等译《贤愚经》卷9《善事太子入海品》：“五百天女，各持宝珠，来奉太子。最前一女，手所持珠，如语绀色，随次第摄取，裹在衣角，便旋还来。”

【摂心悔過/しょうしんげか】 四字 收敛心神悔改过错。《日本书纪》卷30《持统纪》五年六月条：“六月，京师及郡国四十，雨水。戊子，诏曰：‘此夏阴雨过节，惧必伤稼。夕惕迄朝忧惧，思念厥愆。其令公卿百寮人等禁断酒宍，摄心悔过。京及畿内诸寺梵众亦当五日诵经。庶有补焉。’”（第三册，p. 516）晋法炬、法立合译《法句譬喻经》卷3：“五体投地，稽首佛足，摄心悔过，作礼而去。”按：《新编日本古典文学全集》栏上的注释例引《长阿含经》“摄心不乱”，不确。

【申臂・撃目/しんぴ・けきもく】 时段（2例）①（壮士）伸展臂膀。亦说“伸臂”。“申”与“伸”音义相通。《藤原家传》上卷《镰足传》：“至秋七月，天皇御体不悆。于是，大臣中心危惧，祈祷神祇，亦依三宝，敦求眉寿。璧像申臂而摩顶，观音寄梦以现空。圣应有所，焕然明矣。”（p. 204）②喻刹那之间。《万叶集》卷5《悲叹俗道假合即离，易去难留诗一首并序》歌序：“击目之间，百龄已尽，申臂之顷，千代亦空。”（第二册，p. 86）又：“俗道变化犹击目，人事经纪如申臂。”（p. 87）西晋竺法护译《佛说阿惟越致遮经》卷1：“目连受教，承佛圣旨，自以道力，如申臂顷，遍三千大千，世界宣告。如是有未尝法，当共普听。”后汉支曜译《阿那律八念经》卷1：“佛以圣心，逆知其意，譬如力士，屈申臂顷，飞到其前。”吴支谦合译《太子瑞应本起经》卷2："时四天王，即遥知佛当用钵，如人**屈申**臂顷，俱到頞那山上。"后秦佛陀耶舍、竺佛念译《长阿含经》卷16："譬如壮士，**屈申**臂顷，至舍卫国祇树给孤独园，来至我所。"按："申臂"，亦说"屈申臂"。以上肢动作作为代体形式表示时段，这些形式未见于上古及东汉中土文献。值得注意的是，从现有资料来看，"击目"与"申臂"的对举表达，似为山上忆良所独创。究其原因，问题似由下面的"击目"一词引起。"击目"，眼光接触，犹言目击。例如，唐宗密述《大方广园觉修多罗了义经略疏》卷2《圭峰定慧禅师遥禀清凉国师书》："恨以累有事故。不获早赴起居。下情伏增惶惧。既未**击目**。敢自陈心。若不粗述本缘。宁表诚素。欲书实语。恐尘渎视听。进退无已。伏惟照恕幸甚。"高丽一然撰《三国遗事》卷3："时年二十二。当充舍人（罗爵有大舍小舍等。盖下士之秩）瞻仰龙颜。知情**击目**。""击目"一词原本不含有转瞬即逝的比喻用法。这也是汉语中不见"击目"与"申臂"对举表达的原因。山上忆良独创的这一对举表达，有两条线索值得参考。第一，"击目"的同素异序词是"目击"。"目击"一词产生的年代更为久远，而且有"目击道存"的成语，谓眼光一接触便知"道"之所在。《庄子·外篇·田子方》："若夫人者，目击而道存矣，亦不可以容声矣。"郭象注："目裁往，意已达，无所容其得音也。"（p. 706）"目击"既表示实际目光的接触，又比喻像目光接触一般短暂的时间。第二，"击目之间"的类义表达可见"瞬目之间"，喻转瞬之间。例如，唐不空译《金刚恐怖集会方广轨仪观自在菩萨三世最胜心明王经》卷1："若得持明仙愿，为明仙中轮惹，身相美白发绀青色，便成二八童子之形。**瞬目之间**能往百千由旬，还来本处寿五百千岁，命终生安乐国。"正是由于上述语境的存在，山上忆良才得以创出"击目"与"申臂"的对举表达。→【擊目】

【身被殺/みころさる】 被动　人被杀，肉体被消灭。《续日本纪》卷13《圣武纪》天平十二年九月条："若**身被杀**者，赐其子孙。忠臣义士，宜速施行。大军续须发人，宜知此状。"（第二册，p. 366）（1）梁僧伽婆罗译《文殊师利问经》卷2《杂问品》："世尊，有人能杀命不？若人能杀命者，不应更生；若命已被杀，不须涅槃；若身是寿命，**身被杀**时，命亦被杀；若身是寿命，杀身则得涅槃。何以故？以无异故。是故无杀生果。世尊！若**身被杀**，寿命更生，受别异姓。是故此人，不得杀罪。何以故？寿命更生故。更生者，地狱、畜生、饿鬼、阿修罗等，是谓更生，是故杀身，不名杀命。"唐义净译《根本说一切有部毘奈耶杂事》卷30："商主念曰：'此女容仪，卒求难得。'即便纳受，以为己妻。忽于中路，狂贼破营，财物并将，夫**身被杀**。"（2）《还冤记》："尔夜，元崇母陈氏梦元崇还，具叙亡父事及**身被杀**委曲。"

【身及妻子/みとめこと】 四字　自身以及妻儿。《日本书纪》卷20《敏达纪》十二年是岁条："于是，恩率、参官临罢国时，窃语德尔等言：'计吾过筑紫许，汝等偷杀日罗者，吾具白王，当赐高爵。**身及妻子**，垂荣于后。'"（第二册，p. 484）（1）梁宝唱等集《经律异相》卷29："王即到佛所，头面礼佛足，具以白佛：'恐亡国土，**身**

及妻子。愿闻教戒。'"元魏慧觉等译《贤愚经》卷1《梵天请法六事品》:"太子复言:'大师所须,愿见告敕,**身及妻子**,一皆不惜。'"(2)《隋书》卷45《杨勇传》:"但朕情存好生,未能尽戮,可并特免死,各决杖一百,**身及妻子**资财田宅,悉可没官。"

【身死之時/みしにたるときに】 时段 死的时候。《日本灵异记》下卷《灾与善表相先现而后其灾善答被缘第38》:"景戒**身死之时**,积薪烧死身。爰景戒之魂神,立于烧身之边而见之,如意不烧也。"(p. 373)隋慧远撰《大乘义章》卷6:"所言异者,有人说言,身与神异,身相粗现,神即微细,五情不得。散心凡夫,不能得见,摄清净禅定之人,乃能见之。故知是异。若不异者,**身死之时**,神即随灭。以其异故,身灭神在。"

【身体痩弱/みやせよわる】 四字 身体虚弱无力。《日本书纪》卷6《垂仁纪》二十五年三月条:"(一云)因以,命渟名城稚姬命定神地于穴矶邑,祠于大市长冈岬。然是渟名城姬命既**身体**悉**瘦弱**,以不能祭。是以,命大倭直祖长尾市宿祢令祭矣。"(第一册,p. 320)唐义净译《根本说一切有部毘奈耶药事》卷14:"王闻此已,心闷迷乱。良久醒已,时王即敕,左右臣曰:'卿等速即将见。'臣等依命将至。时有一臣,先抱儿来,直见大王。王见孙子,**身体瘦弱**,垢秽异常,衣裳破坏,迷闷躄地。"宋法贤译《啰嚩拏说救疗小儿疾病经》卷1:"其小儿先患寒热,**身体瘦弱**,渐渐干枯,心神荒乱,身常颤掉。"

【身体姝妙/すがたうるわし】 四字 容貌美丽,身体姣好。《日本灵异记》上卷《僧用涌汤薪而与他作牛役之示奇缘第20》:"宫将问状,请僧见之,面姿奇贵,**身体姝妙**而添。"(p. 105)唐玄应撰《一切经音义》卷22:"**姝妙**:充朱反。《说文》:姝,好也,色美也。《方言》:赵魏燕代之间谓好为**姝**。"吴支谦译《菩萨本缘经》卷2:《一切持王子品》:"时婆罗门语菩萨言:'今此妇人,颜貌端正,**身体姝妙**,色像第一。道路险难,多有寇贼,我今单独,去必不达,且还相寄,莫复余施。'"唐法藏述《华严经探玄记》卷14《十地品》:"二尔时下明,随何等身,**身体姝妙**,广称华座。三即时下明,随何眷属,谓处座得定,心敬目瞻。"按:《日本书纪》卷17《雄略纪》即位前纪条:"天皇父闻振媛颜容**姝妙**,甚有嫐色,自近江国高岛郡三尾之别业,遣使聘于三国坂中井,纳以为妃,遂产天皇。"(第二册,p. 284)《日本灵异记》下卷《女人滥嫁饥子乳故得现报缘第16》:"问姊之时,答:'实如语。我等母公,**面姿姝妙**,为男爱欲,滥嫁,惜乳不赐子乳。'"(p. 301)例中"颜容姝妙""面姿姝妙"的搭配形式,在中国文献中未见,疑似自创搭配。

【身著甲鎧/みによろひをきる】 四字 身披铠甲。《日本灵异记》中卷《智者诽妒变化圣人而现至阎罗阙受地狱苦缘第7》:"见之前路有金楼阁,问:'是何宫?'答曰:'于苇原国名闻智者,何故不知?当知行基菩萨将来生之宫。'其门左右,立二神人,**身著甲铠**,额著绯缦。"(p. 167)唐若那跋陀罗译《大般涅槃经后分》卷2《圣躯廓润品》："如来舍利，至城内已，置四衢道中。尔时，拘尸城人，即严四兵，无数军众，**身著甲铠**，各执战具，绕拘尸城，四面周匝，无数重兵，俨然而住，拟防外人，来抄掠故，虽为仪式，无战诤心。"

【深長寺/ふかおさでら】 寺名 所在未详。行基四十九院之一，似为建于天平三年（731）的法禅寺。《日本灵异记》中卷《赎蟹虾命放生现报蟹所助缘缘第12》："时行基大德，有纪伊郡**深长寺**。往白事状。"（p. 180）

【深非道理/ふかくどうりにあらず】 四字 完全没有道理，毫无道理。《续日本纪》卷8《元正纪》养老四年三月条："比来出举多不依法。若临时征索，无稻可偿者，令其子侄易名重举。依此奸计，取利过本，积习成俗，**深非道理**。"（第二册，p. 68）（1）唐义净译《根本说一切有部毘奈耶破僧事》卷18："时王即便，射杀此鹿。既见命终，仙乃发愤，报彼王曰：'汝之恶性，**深非道理**。彼鹿投我，辄事屠害。'时王闻已，极生瞋恚，告诸臣曰：'若有世人，于灌顶刹帝王，加粗恶语，合科何罪？'群臣白王：'非法恶人，合当死罪。'王曰：'然此仙人，轻毁于我。'其时群臣，欲害仙人。"（2）《全唐文》卷11高宗《禁献鹰犬诏》："其诸州及京官，仍有访求狗马鹰鹘之类来进，**深非道理**。自今后更有进者，必加罪责。"

【深怀愁毒/ふかくおもひうれひなやむ】 四字 满腔愁苦怨恨。"毒"，用作词缀，前承意义负面的词语。《法隆寺金堂释迦三尊像光背铭》："时王后王子等及与诸臣，**深怀愁毒**，共相发愿：'仰依三宝，当造释像尺寸王身。蒙此愿力，转病延寿，安住世间。若是定业，以背世者，往登净土，早升妙果。'"东晋佛陀跋陀罗、法显合译《摩诃僧祇律》卷12："尔时韦提希子阿阇世王，杀父王已，**深怀愁毒**，常日三诣世尊忏悔，清旦日中晡时，晨朝忏悔。已中时复来不见世尊，即问诸比丘世尊所在。诸比丘答言：'世尊已去。'王作是言：'世尊每行时一月半月常语我，今何因缘，默然而去？'"按：《说文・屮部》："**毒**，厚也，害人之艸，往往而生。""毒"的本义为一种草，引申为"怨""恨"。《日本书纪》卷2《神代下》："天孙心怪其言窃觇之，则化为八寻大鳄。而知天孙视其私屏，**深怀**惭恨。"（第一册，p. 178）又卷19《钦明纪》十四年八月条："其谋若是。臣等闻兹，**深怀**危惧，即遣疾使轻舟驰表以闻。"（第二册，p. 422）《续日本纪》卷13《圣武纪》天平十一年四月条："王等谦冲之情，**深怀**辞族；忠诚之至，厚在殷勤。"（第二册，p. 352）例中"深怀惭恨""深怀危惧""深怀辞族"的搭配形式，在中国文献中未见，疑似自创搭配。

【深禁/ふかくいましむ】 偏正 严厉禁止。《续日本纪》卷8《元正纪》养老五年七月条："故周孔之风，尤先仁爱，李释之教，**深禁**杀生。"（第二册，p. 100）唐栖复集《法华经玄赞要集》卷11："逐阿阇世，随顺调达，恶友之教，收执父王，频婆娑罗，幽闭**深禁**。制诸群臣，辄不得往。"按：《汉语大词典》失收。"深禁"在《元正纪》中用作动词；佛典中用作名词，表示深深幽禁的处所。"深禁杀生"的搭配形式，疑似自创搭配。

【**深理**/しんり】 偏正 深邃的道理。《续日本纪》卷20《孝谦纪》天平宝字元年十二月条："复愿因此善业，朕与众生，三檀福田穷于来际，十身药树荫于尘区，永灭病苦之忧，共保延寿之乐，遂契真妙之**深理**，自证圆满之妙身。"（第三册，p.238）东晋佛陀跋陀罗、法显合译《摩诃僧祇律》卷32："佛告优波离：'我已制如，大德比丘，如法如律，善解**深理**。是比丘应礼拜恭敬，诸比丘随顺行法，共一界住，共一布萨自恣，共作羯磨。是名僧和合。'"姚秦鸠摩罗什译《众经撰杂譬喻》卷1："是故佛弟子，要解**深理**，魔说佛说，悉皆能知。是故义不可不学，施不可不修。"刘宋佛陀什、竺道生等合译《弥沙塞部和醯五分律》卷10："佛在王舍城。尔时诸比丘，左右顾望食，诸白衣讥呵：'此诸比丘，如狗如鸟，自食并视人。食尚不知食法，况余**深理**？'诸长老比丘闻，以是白佛。"按：《汉语大词典》失收。

【**深染**/ふかそめ】 格义 （4例） 深深地浸染。《万叶集》卷6第1044首："红尔 **深染**西 情可母 宁乐乃京师尔 年之历去倍吉"（第二册，p.167）。又第1313首："红之 **深染**之衣 下著而 上取著者 事将成鸭"（第二册，p.251）。卷11第2624首："红之 **深染**衣 色深 染西鹿齿蚊 遗不得鹤"（第三册，p.232）。又第2828首："红之 **深染**乃衣乎 下著者 人之见久尔 仁宝比将出鸭"（p.282）。（1）姚秦鸠摩罗什译《大智度论》卷62《信谤品》："先所闻法，**深染**爱著，不解般若波罗蜜相，故言'般若波罗蜜无所有、空、不坚固，无有罪福。'"失译人名今附秦录《萨婆多毘尼毘婆沙》卷4："舍利弗智慧利根，**深染**法味，常修智慧，及论议法。"唐玄奘译《阿毘达磨集异门足论》卷19《八法品》："内无色想，观外诸色，若青青显，青现青光，犹如乌莫迦花，或如婆罗痆斯，**深染**青衣。"（2）施肩吾《禁中新柳》："万条金线带春烟，**深染**青丝不直钱。又免生当离别地，宫鸦啼处禁门前。"（p.2645）《全唐诗补编》卷13欧阳炯《凌霄花》："凌霄多半绕棕榈，**深染**栀黄色不如。满树微风吹细叶，一条龙甲飐清虚。"按：《汉语大词典》失收。"深染"在汉译佛经（1）例中表示"对一切境界容易生起分别执著之心"；而在《万叶集》和歌、汉诗（2）例中则表示"着色鲜艳"。

【**深生**/ふかくなす】 偏正 产生很深的意识或感情。《日本书纪》卷25《孝德纪》大化三年四月条："由是率土民心，固执彼此，**深生**我汝，各守名名。"（第三册，p.162）吴支谦译《撰集百缘经》卷1《菩萨授记品》："时婆罗门，闻彼亲友，叹佛功德，**深生**信敬。"东晋法显译《大般涅槃经》卷3："时诸天人，既睹奇特，希有之事，莫不嗟叹，**深生**苦恋。"姚秦鸠摩罗什译《大庄严论经》卷2："此人闻已，**深生**瞋忿，放身纵体，投棘刺上，转剧于前。"按：《汉语大词典》失收。汉译佛经中的"深生"，后续内容均为表感情色彩的抽象词语，如"信敬""苦恋""瞋忿"等。《孝德纪》中则是你我（彼此），指人们因拘泥于神灵姓氏和皇族姓氏而彼此间产生隔膜意识。

【**深違**/ふかくたがふ】 偏正 严重违反。《续日本纪》卷11《圣武纪》天平二年

九月条："如此之徒，深违宪法。若更因循，为害滋甚。"（第二册，p. 238）（1）唐玄奘译《成唯识论》卷4："又诸圣教，处处皆说，阿赖耶识，变似色根，及根依处，器世间等，如何汝等，拨无色根？许眼等识变似色等不许眼等藏识所变。如斯迷谬，深违教理。"唐道宣述《教诫新学比丘行护律仪》卷1："若与童行钵食者，深违佛教。"新罗太贤集《成唯识论学记》卷3："有避如前（至）深违教理。"（2）《全唐文》卷980阙名《对署书题阁判》："抚韦家之宿事，徒想钦承；语王氏之门风，深违祖述。"

【深信/ふかくうやまふ】偏正（7例） 坚信，深信不疑。《日本灵异记》中卷《生爱欲恋吉祥天女像感应示奇表缘第13》："谅委深信之者，无感不应也。是奇异事矣。谅委深信之者，无感不应也。是奇异事矣。"（p. 182）又下卷《沙门凭愿十一面观世音像得现报缘第3》："亲王闻状，出钱偿寺。方知观音大悲，法师深信矣。"（p. 269）又《弥勒菩萨应于所愿示奇形缘第8》："诚知弥勒之高有兜率天上，应愿所示。愿主下在苦缚凡地，深信招佑。何更疑之也。"（p. 280）又《如法奉写〈法华经〉火不烧缘第10》："赞曰：'贵哉！榎本氏。深信积功，写一乘经。护法神卫，火呈灵验。是不信人改心之能谈。邪见人辍恶之颖师矣。'"（p. 286）又《二目盲男敬称千手观音日摩尼手以现得明眼缘第12》："赞曰：'善哉！彼二目盲者。现生开眼，远通太方。舍杖空手，能见能行。'诚知观音德力，盲人深信也。"（p. 291）又《漂流大海敬称尺迦佛名得全命缘第25》："海中随多难，而全命存身，寔尺迦如来之威德，海中漂人之深信矣。"（p. 326）又《怨病忽婴身因之受戒行善以现得愈病缘第34》："'无缘大悲，至感之者，播于异形。无相妙智，深信之者，呈于明色。'者，其斯谓之矣。"（p. 350）隋智顗撰《维摩经文疏》卷25："信者，深信坚固，犹如金刚也。"唐义净译《金光明最胜王经》卷8《坚牢地神品》："凡是土地，所生之物，悉得增长滋茂广大，令诸众生，受于快乐，多饶珍财，好行惠施，心常坚固，深信三宝。"

【深信発願/ふかくしんじてねがひをおこす】先例 毫不怀疑，许下誓愿。《日本灵异记》下卷《沙门一目眼盲使读〈金刚般若经〉得明眼缘第21》："般若验力，其大高哉。深信发愿，无愿不应故也。"（p. 310）元普度编《庐山莲宗宝鉴》卷7："若也如此念佛，深信发愿，是信行愿，三不亏也。临终见佛。即非外来。尽是唯心显现。犹如种子。在地逢春发生。岂是外来皆从地出也。今之修行亦尔。"

【深①信仏法/ほとけのみのりをたもちうく】四字 坚定不移地相信释尊所说的教法。《日本书纪》卷20《敏达纪》十三年是岁条："由是，马子宿祢、池边氷田、司马达等深信佛法，修行不懈。马子宿祢亦于石川宅修治佛殿。佛法之初，自兹而作。"（第二册，p. 490）吴支谦译《撰集百缘经》卷1《菩萨授记品》："时彼城中，有二梵志：一者深信佛法，常说如来，所有功德，三界中尊，最为第一；其第二者，深著邪

① 《新编日本古典文学全集》中作"保"，"日本古典文学大系本"中作"深"。此处依据后者。

见，言诸外道，六师之徒，亦最第一，无与等者。”东晋佛陀跋陀罗、法显合译《摩诃僧祇律》卷28：“尔时王舍城中，有外道儿出家。时父母欲罢儿道，余人言：‘沙门重安居，安居中必无东西。尔时可罢。’其姊**深信佛法**，语弟言：‘父母欲罢汝道。可速避去。’”《高僧传》卷10：“既至彭城，遇有白衣黄欣**深信佛法**，见度礼拜请还家。”

【深信修善/ふかくうやまひて、よきことをおこなふ】 自创　坚定地信奉佛法，断恶行善。《日本灵异记》上卷《序》：“或**深信修善**，以生沾祐。善恶之报，如影随形。”（p. 54）高齐那连提耶舍译《大悲经》卷5《教品》：“彼以信佛法僧因缘，于一比丘亦生**深信**，**修**行布施，作诸功德，受持禁戒，读诵受持，为人解说。”唐湛然述《大方广佛华严经愿行观门骨目（又名华严经骨目）》卷2《离世间品》：“于一切佛教，一向**深信**，**修**一切善根，皆令成就。”唐实叉难陀译《大方广佛华严经》卷74《入法界品》：“我当尊重恭敬，供养一切诸佛，见佛无厌，于诸佛所，常生爱乐，常起**深信**，**修**诸功德，恒无休息。”

【深用歓喜/ふかくもちてかんぎす】 书简　谓深感喜悦。多用于尺牍。《日本书纪》卷19《钦明纪》十五年十二月条：“而天皇遣有至臣，率军以六月至来。臣等**深用欢喜**。”（第二册，p. 430）元魏慧觉等译《贤愚经》卷6《月光王头施品》：“祇洹门外，有一大石，尼提比丘，坐于石岩，缝补故衣。有七百天人，各持华香，而供养之，右绕敬礼。时王睹见，**深用欢喜**。”按：《日本书纪》卷19《钦明纪》十四年八月条：“由是海表诸蕃，皆称其善，谓当万岁肃清海表。不幸云亡，**深用追痛**。今任那之事，谁可修治？”（第二册，p. 424）例中“深用追痛”的搭配形式，在中国文献中未见，疑似自创搭配。从语体色彩看，《钦明纪》用于尺牍，汉译佛经用于对话文。两者在用于口头叙述这一点上一致。→【深之歓喜】

【深有其理/ふかくそのことわりあり】 口语　有着深邃的理喻，太有道路了。《日本书纪》卷2《神代纪下》：“于是，经津主神则还升报告。时高皇产灵尊乃还遣二神，敕大己贵神曰：‘今者闻汝所言，**深有其理**，故更条而敕之。’”（第一册，p. 134）唐明旷删补《天台菩萨戒疏》卷2：“又世传云，天帝分月，判四天下，正月南天二月，西天三月，北天四月，东天五月南天，乃至九月，还至南天。虽未见正教，**深有其理**。”

【深有以矣/ふかきゆゑあり】 口语　真是有着深刻的含义。《古语拾遗》：“因兴斋宫，令倭姬命居焉。始在天上，预结幽契，衢神先降，**深有以矣**。”（p. 135）唐智云撰《妙经文句私志记》卷2：“初实次权，后是不二，故约此三明因缘，**深有以矣**。若尔此经，即无熟义，此旨信为幽矣。”又卷12：“次番更别为菩萨，次番更为凡夫，并以初义，为本。故后二番不更释初句，**深有以矣**。故此三收十界，文统前后尽矣。以见观之故，前诸释并浅局矣。”按：《续日本纪》卷22《淳仁纪》天平宝字三年正月条：“又不忘旧心，遣使来贡。勤诚之至，**深有**嘉尚。”（第三册，p. 302）例中“深有嘉尚”的搭配形式，在中国文献中未见，疑似自创搭配。

【深之歓喜/ふかくよろこぶ】自创　非常高兴，极为欢喜。《日本书纪》卷9《神功纪》摄政四十六年三月条："爰斯摩宿祢即以傔人尔波移与卓淳人过古二人，遣于百济国，慰劳其王。时百济肖古王深之欢喜而厚遇焉。"（第一册，p. 452）隋达磨笈多译《大方等大集经菩萨念佛三昧分》卷7："……则得作诸功德具足故，则得大功德具足故，则得大人牛王具足故，则得令他欢喜音具足故，则得令他深欢喜音具足故。"唐玄奘译《大般若波罗蜜多经》卷499："尔时世尊赞善现曰：'善哉，善哉！汝今善能，为诸菩萨摩诃萨众，宣说般若波罗蜜多，亦能劝励，诸菩萨摩诃萨，令深欢喜，勤修般若波罗蜜多。'"唐实叉难陀译《大方广佛华严经》卷5《世主妙严品》："佛久修行无量劫，禅定大海普清净。故令见者深①欢喜，烦恼障垢悉除灭。"→【深用歡喜】

【深智人/ふかくさとれる】三字　具有深邃智慧的人。《日本灵异记》上卷《序》："今时深智人，神功亦罕测。"（p. 54）姚秦鸠摩罗什译《大庄严论经》卷5："若谓女人解，名为浅近者，诸余深智人，敬尚方能悟。"又《佛说华手经》卷7《毁坏品》："今是撰择深智人，欢喜合掌立空中。恭敬赞叹供养我，自愿逮觉如今佛。"

【神跡/かみのあしあと】格义　神佛的足迹，神佛踩出的脚印。《唐大和上东征传》："昔一夜暴风急吹，明旦，人看阁下四隅，有（八）神迹，长三尺，入地三寸；今造四神王像，扶持阁四角，其神（践）迹，今尚存焉。"（p. 79）唐玄奘撰《大唐西域记》卷12："降生故基，与川原而膴膴；潜灵旧趾，对郊阜而茫茫。览神迹而增怀，仰玄风而永叹，匪唯麦秀悲殷，黍离愍周而已。"唐道宣撰《广弘明集》卷15："有志奇僧，每经游历，神迹昭然，咸有文注。"按：《唐大和上东征传》用作具体义；传统用法用作抽象义，表示"神灵的事迹；灵异的现象"。后者例如晋陆机《汉高祖功臣颂》："游精杳漠，神迹是寻。"梁慧皎撰《高僧传》卷1："高穷理尽性。自识缘业。多有神迹，世莫能量。"

【神力/あやしきちから】偏正（2例）　梵语 ṛddhy-ahhisaṃskāra。又作"神通力"。谓佛菩萨所示现的种种神变不可思议之力。①用于说话故事的小标题。《日本灵异记》中卷《观音木像示神力缘第36》（p. 242）。②用于说话故事结尾时的赞叹。《日本灵异记》下卷《将写〈法华经〉建愿人断日暗穴赖愿力得全命缘第13》："是乃《法华经》神力，观音赑屃。更莫疑之矣。"（p. 293）后汉昙果、康孟详合译《中本起经》卷1《化迦叶品》："佛欲令迦叶必伏，便入泥兰禅河。其水深驶，佛以神力，断水令住，高出人头，使底扬尘，佛行其中。"按：《汉语大词典》首引。《法华经》卷1《序品》："诸佛神力，智慧稀有。"偏晚。→【三宝神力】【威神力】

【神通/じんずう】并列　即神通力亦称"神力""通力"。谓佛菩萨及诸天等拥有

① "深"，宋本、元本、明本中作"心"。

的神变不可思议、自在无碍之力。《日本灵异记》中卷《智者诽妒变化圣人而现至阎罗阙受地狱苦缘第7》："光身渐息，往菩萨所。菩萨见之，即以**神通**，知光所念。"（p. 168）隋慧远撰《大乘义章》卷20："其**神通**者，就能彰名，所为神异，目之为神。作用无壅，谓之为通。"

【神遊浄国/こころきよきくににあそばむ】 四字 灵魂遨游在清净的佛果。《奈良朝写经22·道行般若波经卷第5》："设斋敬赞，藉此胜缘，伏惟尊府君道济迷途，**神游净国**。"（p. 167）隋灌顶纂《国清百录》卷1《敬礼法》："为武元皇帝元明皇太后七庙圣灵，愿**神游净国**，位入法云，敬礼常住诸佛。"

【甚哀憐/はなはだあはれむ】 三字 非常哀伤怜惜。《续日本纪》卷17《圣武纪》天平十九年十月条："乙巳，敕曰：'春宫少属从八位上御方大野所愿之姓，思欲许赐。然大野之父，于净御原朝庭在皇子之列。而缘微过，遂被废退。朕**甚哀怜**。所以，不赐其姓也。'"（第三册，p. 46）《北周书》卷47《强练传》："建德中，每夜上街衢边树，大哭释迦牟尼佛，或至申旦，如此者累日，声**甚哀怜**。"（p. 850）

【甚愛念之/はなはだこれをあいねむす】 四字 非常喜欢疼爱。《上宫圣德法王帝说》："池边天皇，其太子圣德王，**甚爱念之**，令住宫南上大殿，故号上宫王也。"失译人名今附后汉录《大方便佛报恩经》卷4《恶友品》："太子言：'今欲从王，求索一愿，王见听不？'王言：'吾有汝一子，**甚爱念之**，不逆汝意。'太子言：'愿欲得父王，一切库藏，所有财宝饮食，用施一切。'王言：'随汝所愿，不逆子意。'"姚秦佛陀耶舍、竺佛念等合译《四分律》卷38："尔时世尊，在王舍城。时瞻婆城，有大长者子，字守笼那。其父母唯有此一子，**甚爱念之**，生来习乐，未曾蹑地而行，足下生毛。"元魏慧觉等译《贤愚经》卷11《无恼指鬘品》："儿渐长大，雄壮绝伦，有力士之力，一人敌千，腾接飞乌，走疾奔马，其父辅相，**甚爱念之**。"

【甚大飢渇/はなはだいたくきがす】 四字 腹饿口渴得要命。《唐大和上东征传》："心既清凉，睿语彼官人曰：'舟上三十余人，多日不饮水，**甚大饥渴**，请檀越早取水来。'"（p. 65）吴支谦译《菩萨本缘经》卷3《龙品》："尔时龙王，即将诸龙，至寂静处，远离淫欲瞋恚之心。于诸众生增修大慈，具足忍辱以自庄严；开菩提道自受八戒，清净持斋，经历多日，断食身羸，**甚大饥渴**，疲极眠睡。龙王修行如是八戒具足忍辱，于诸众生心无害想。"唐菩提流支译《大宝积经》卷79《大悲品》："复次目连，过去久远我念本身，见诸苦恼众生即作是念：'我今不应舍而不救。'即至其所而问之言：'汝有何苦何所须欲？'答言：'仁者，我等今者**甚大饥渴**。'我闻是已即语之言：'汝等今须何等饮食？'答言：'我等唯欲饮血噉肉。若能以身血肉与我，我则快乐无复病痛。'我即许之，便自割肉出血与诸众生。"

【甚悼惜焉/はなはだいたみをしむ】 自创 对死者极度哀伤惋惜。《续日本纪》

卷35《高绍纪》宝龟十年七月条："于时上不予，已经累月。百川忧形于色，医药祈祷，备尽心力。上由是重之。及薨**甚悼惜焉**。"《魏书》卷114《释老志》："时沙门道登，雅有义业，为高祖眷赏，恒侍讲论。曾于禁内与帝夜谈，同见一鬼。二十年卒，高祖**甚悼惜**之，诏施帛一千匹。又设一切僧斋，并命京城七日行道。"（p.3025）《续日本纪》卷1《文武纪》文武四年三月条："三月己未，道照和尚物化。天皇**甚悼惜**之，遣使吊赙之。"（第一册，p.22）又卷2《文武纪》大宝元年正月条："己丑，大纳言正广参大伴宿祢御行薨。帝**甚悼惜**之。遣直广肆榎井朝臣倭麻吕等，监护丧事。"（第一册，p.32）又卷38《桓武纪》延历四年九月条："中纳言种继等，并为留守，照炬催检，烛下被伤。明日薨于第，时年四十九。天皇**甚悼惜**之。"按：例中"甚悼惜焉"，在中国文献中未见，疑似自创搭配。

【甚広大/はなはだひろくおほきなり】 三字　面积、空间非常宽阔。《播磨国风土记・贺古郡》条："望览四方敕云：'此土丘原野**甚广大**，而见此丘如鹿儿。'故名曰贺古郡。"（p.18）（1）抽象义。《老子想尔注》："大道泛，其可左右。泛，广也。道**甚广大**，处柔弱，不与俗人争，教人以诫慎者宜左契，不诫慎者置左契。"后汉支娄迦谶译《道行般若经》卷9《随品》："发心行愿**甚广大**，菩萨等心于十方人无有极，佛有四事不护，各各异端无有极，菩萨随道般若波罗蜜教，当如是。"（2）具体义。姚秦鸠摩罗什译《十住毘婆沙论》卷5："常以智慧日，开诸善根华。宝土**甚广大**，我遥稽首礼。"元魏瞿昙般若流支译《正法念处经》卷26《观天品》："众蜂出妙音，在于莲华池。宝楼**甚广大**，端严极净妙。"《冥报记》卷中："吏即将山龙东行百余步，见一铁城，**甚广大**，上有屋覆其城，傍多有小窗，或大如小盆，或如盂碗，见诸人男女从地飞入窗中，即不复出。"按：《贺古郡》中的用法与（2）相同。

【甚渴/はなはだかわく】 偏正　口渴得厉害。《唐大和上东征传》："梦见［有］官人请我，受戒忏悔，睿曰：'贫道**甚渴**，欲得水。'彼官人取水与睿，水色如乳汁，取饮甚美。"（p.65）西晋竺法护译《修行地道经》卷4《行空品》："或有贾客，失众伴辈，独在后行，上无伞盖，足下无履，体面汗出，唇口燋干，热炙身体，张口吐舌，劣极**甚渴**。"姚秦竺佛念译《出曜经》卷5《爱品》："狱卒斯须，复问罪人：'汝等为从何来？''我等**甚渴**，亦不自知，为从何来？'"隋阇那崛多等译《起世经》卷2《地狱品》："入此狱已，时守狱卒，遥见彼人，从外而来，即前问言：'汝等今者，何所求须？'罪人答言：'仁者，我今**甚渴**。'"按：《汉语大词典》失收。

【甚快也/はなはだこころよし】 口语　心情非常愉快。《日本书纪》卷1《神代纪上》："又因定天邑君，以其稻种始殖于天狭田及长田。其秋垂颖八握莫莫然，**甚快也**。"（第一册，p.60）（1）西晋竺法护译《佛说须真天子经》卷2《声闻品》："佛尔时赞叹文殊师利言：'善哉，善哉！如是所说，为**甚快也**。何以故？文殊师利，称誉大乘、毁弟子乘，弟子则毁，一切乘矣。所以然者？其大乘者，皆生一切乘故。"失译人名附东晋录《那先比丘经》卷 1："佛经说种种诸善。如是但欲共攻，去诸恶耳。王言：'善哉，善哉！说经**甚快也**。'"（2）《南齐书》卷 56《刘系宗传》："四年，白贼唐寓之起，宿卫兵东讨，遣系宗随军慰劳，遍至遭贼郡县。百姓被驱逼者，悉无所问，还复民伍。系宗还，上曰：'此段有征无战，以时平荡，百姓安怗，**甚快也**。'赐系宗钱帛。"（p. 975）按："甚快（也）"在汉译佛经中谓心情非常愉快；而《南齐书》中则表示形势变化迅速。由此可知，《神代纪》中的用法出自汉译佛经。

【甚美/はなはだうまし】 偏正 （饮用水）非常甜美。《唐大和上东征传》："梦见［有］官人请我受戒忏悔，睿曰：'贫道甚渴，欲得水。'彼官人取水与睿，水色如乳汁，取饮**甚美**。"（p. 65）（1）后汉支娄迦谶译《文殊师利问菩萨署经》卷 1："有名诸法，甚深无有底，其水**甚美**。于是浴者，悉得净洁。若欲浴者，当于中浴，众邪恶可以消除。浴已，诸天人及一切，皆得安隐，便以法教化，无所不遍。"萧齐求那毘地译《百喻经》卷 4："昔边国人，不识于驴，闻他说言，驴乳**甚美**，都无识者。"宋延寿集《宗镜录》卷 11："其元晓法师，因渴思浆，遂于坐侧，见一泓水，掬饮**甚美**。及至来日观见，元是死尸之汁。当时心恶，吐之。"（2）《宋书》卷 93《戴颙传》："山北有竹林精舍，林涧**甚美**，颙憩于此涧，义季亟从之游，颙服其野服，不改常度。"（p. 2277）

【甚難值遇/はなはだあひかたし】 四字 难得遇到，难以碰上。《唐大和上东征传》："大使自手行食，将优昙钵树叶以充生菜，复将优昙钵子供养众僧。乃云：'大和上知否，此是优昙钵树子。此树有子（无）华，弟子得遇和上，如优昙钵华，**甚难值遇**。'"（p. 70）西晋竺法护译《正法华经》卷 4《往古品》："故出于世，愍伤众庶，我等福会，**甚难值遇**。"东晋佛驮跋陀罗译《大方广佛华严经》卷 13《如来升兜率天宫一切宝殿品》："一切兜率陀天子，及诸天女，一心恭敬，静默观佛，咸作是念：'如来出世，**甚难值遇**，功德具足，智慧无碍，平等正觉，我今得见。'作是念已，皆大欢喜。"姚秦鸠摩罗什译《大庄严论经》卷 2："一比丘言：'如来世尊，所有余食，难可值遇，梵释天王等，皆悉顶戴，而恭敬之。我今若食，当益色力，安乐办才。如是之食，**甚难值遇**，云何不食？'"

【甚能/いとよく】 偏正 （2 例） 非常，极为。《古事记》上卷《忍穗耳命与迩迩艺命》："其过所以者，此二柱神之容姿，**甚能**相似。故是以过也。"（p. 104）《续日本纪》卷 19《孝谦纪》天平胜宝八年五月条："丙子，敕：'禅师法荣，立性清洁，持戒第一，**甚能**看病。由此，请于边地，令侍医药。太上天皇得验多数，信重过人，不用他医。'"（第三册，p. 162）（1）西晋竺法护译《持人菩萨经》卷 4："（佛复告持人）又其菩萨，**甚能**晓了，观世间行，极复分别，有为无为，奉行诸法，心所不著，有为无为。"元魏吉迦夜、昙曜合译《杂宝藏经》卷 3："诸比丘言：'希有！世尊，提婆达多，**甚能**谄伪，于众人前，调顺向佛；于屏处时，恶心骂佛。'"隋阇那崛多译《佛本行集经》卷 11《习学技艺品》："其忍天至，王敕之言：'羼提提婆，汝能教我，悉达太子，戎仗智不？’是时忍天，即白王言：‘臣**甚能**教。’”《敦煌变文·孔子项托相问书》：“项托七岁能言语，报答孔丘**甚能**强。”（p. 359）又《目连变文》：“目连虽割亲爱，舍俗出家，偏向二亲，**甚能**孝道，寻思往［日］乳哺，未有报答劬劳。”（p. 1072）（2）《宋书》卷48《毛修之传》：“经年不忍问家消息，久之乃讯访，修之具答，并云：‘贤子元矫，**甚能**自处，为时人所称。’”（p. 1426）按：《汉语大词典》失收。“甚”，表示程度之甚。“能”，音“nài”，通“耐”，表示胜任或相称的意思。《汉书》卷49《晁错传》：“夫胡貉之地，积阴之处也，木皮三寸，冰厚六尺，食肉而饮酪，其人密理，鸟兽毳毛，其性**能**寒。杨粤之地少阴多阳，其人疏理，鸟兽希毛，其性**能**暑。”颜师古注：“**能**读曰**耐**。此下能暑亦同。”（p. 2284）上引文例均为直接引语或口述形式。

【甚深法藏/じんしんのほうぞう】 四字 （2例） 佛所说的极为深湛的教法或经典。《藤氏家传》下卷《武智麻吕传》：“遂使无上尊像，永蒙尘埃；**甚深法藏**，不免风雨。”（p. 337）《续日本纪》卷7《元正纪》灵龟二年五月条：“遂使无上尊像，永蒙尘秽；**甚深法藏**，不免风雨。”（第二册，p. 12）曹魏康僧铠译《佛说无量寿经》卷1：“受持如来，**甚深法藏**，护佛种性，常使不绝。”东佛驮跋陀罗译《大方广佛华严经》卷10《明法品》：“一切菩萨，皆亦爱敬，得善根力，增长白法，能开诸佛，**甚深法藏**，以大正法而自庄严，次第演说，菩萨所行。”隋宝贵合、北凉昙无谶译《合部金光明经》卷2《忏悔品》：“诸佛所有，**甚深法藏**。不可思议，无量功德。”

【甚太辛苦/はなはだいたくたしなむ】 口语 非常辛苦，大为辛苦。“太”与“大”相通。《唐大和上东征传》：“潮来，水至人腰；和上在乌蓝草上，余人并在水中。冬寒，风急，**甚太辛苦**。”（p. 51）（1）失译人名今附后汉录《禅要经》卷1《诃欲品》：“世间欢日少，忧恼**甚太**[①]多。安由得此苦，自作不由他。”西晋竺法护译《佛五百弟子自说本起经》卷1《罗盘飏提品》：“是塔**甚太**大，何日当成就？可稍作功德，如是自立办，既不多劳烦，塔寺亦速讫。”唐僧详撰《法华传记》卷1：“龙王言：‘我宫有华严不思议解脱经三本，上本有十三世界微尘数颂四天下微尘数品，中本有四十九万八千八百偈一千二百品，下本有十万颂三十品。法华平等大会经，有十世界，微尘数偈，不可说品。自余经典，**甚太**广博。’”（2）唐义净译《根本说一切有部毘奈耶皮革事》卷2：“王言：‘善来，圣者！邬波难陀。得安稳眠不？’即告王曰：‘我虽眠卧，心常恐怖。大王自知，我未出家，卧八重敷具。今虽出家，为是小夏，分得一破床，触著作声，不敢转侧，恐畏破坏，**甚大辛苦**。云何得安稳眠？’”唐法崇述《佛顶尊胜陀罗尼经教迹义记》卷1：“未举首顷，忽见一老人，素服皓首，仪宇肃然，具婆罗门音，谓佛陀波利曰：‘大德远来，**甚大辛苦**。’波利曰：‘故来礼谒文殊，岂辞辛苦？’”按：《续日本纪》卷2《元正纪》灵龟元年十月条：“先祖以来，贡献昆布。常采此地，年

① “太”，宋本、元本、明本、宫本中作“大”。

时不阙。今国府郭下，相去道远，往还累旬，**甚多辛苦**。”（第二册，p. 6）例中“甚多辛苦”，在中国文献中未见，疑似自创搭配。

【甚微妙/はなはだみみょうなり】 三字 非常深远而又细密。《日本灵异记》中卷《忆持〈心经〉女现至阎罗王阙示奇表缘第19》：“利苅优婆夷者，河内国人也。姓利苅村主，故以为字。天年澄情，信敬三宝，常诵持《心经》，以为业行。诵《心经》之音**甚微妙**，为诸道俗所爱乐也。”（p. 199）西晋竺法护译《佛说海龙王经》卷2《授决品》：“哀鸾拘夷诸鬼神，梵天之音亦如是，声闻十方**甚微妙**，如来之音超于彼。”姚秦鸠摩罗什译《妙法莲华经》卷2《譬喻品》：“我堕疑网故，谓是魔所为，闻佛柔软音，深远**甚微妙**，演畅清净法。”唐义净译《金光明最胜王经》卷10《十方菩萨赞叹品》：“其声清彻**甚微妙**，如师子吼震雷音；八种微妙应群机，超胜迦陵频伽等。”

【甚違道理/はなはだどうりにたがへり】 四字 与事理大相径庭。《续日本纪》卷8《元正纪》养老二年四月条：“癸酉，太政官处分：‘凡主政、主帐者，官之判补，出身灼然。而以理解任，更从白丁。前劳徒废，后苦实多。于义商量，**甚违道理**。宜依出身之法，虽解见任，犹上国府，令续其劳。内外散位，仍免杂徭。’”（第二册，p. 44）后汉支娄迦谶译《佛说无量清净平等觉经》卷4：“妄捐忠良，不当天心，**甚违道理**，臣欺其君，子欺其父，弟欺其兄，妇欺其夫。”该例亦见于吴支谦译《佛说阿弥陀三耶三佛萨楼佛檀过度人道经》卷2。按：蓬左文库本作“其”。刊本改作“甚”，《日本古典文学大系》从之。

【甚希有/いとめづらし】 三字 极少见，极为稀罕。《续日本纪》卷30《称德》神护景云三年十一月条：“复三〈乃〉善事〈乃〉同时〈仁〉集〈天〉在〈己止〉、**甚希有**〈止〉念畏〈末利〉尊〈备〉、诸臣等〈止〉共〈仁〉异奇〈久〉丽白〈伎〉形〈乎奈毛〉见喜〈流〉。”（第四册，p. 272）东晋佛驮跋陀罗译《大方广佛华严经》卷7《贤首菩萨品》：“一切世界诸群生，鲜有欲求声闻道，求缘觉者转复少，求大乘者**甚希有**，求大乘者犹为易，能信是法为甚难，况能受持正忆念，如说修行真实解。”姚秦鸠摩罗什译《妙法莲华经》卷1《方便品》：“闻法欢喜赞，乃至发一言，则为已供养，一切三世佛，是人**甚希有**，过于优昙花。”唐义净译《金光明最胜王经》卷6《四天王护国品》：“现在十方一切佛，咸共护念此经王；见有读诵及受持，称叹善哉**甚希有**。”

【甚辛苦/いたくたしなむ】 三字 非常辛勤劳苦。《常陆国风土记·九慈郡》条：“有人向行大小便时，令示灾致疾苦者。近侧居人，每**甚辛苦**，具状请朝。”（p. 412）（1）北凉昙无谶译《佛所行赞》卷1：“离欲生喜乐，正受三摩提。世间**甚辛苦**，老病死所坏。”（2）《太平御览》卷812所载《神仙传》曰：“尹轨，字公度。有一人遭父丧，当葬，而贫穷汲汲。公度过省之，孝子说**甚辛苦**。”（p. 3610）

【甚異・異甚/はなはだし】 偏正 （2 例） 极为奇异，异常之甚。《万叶集》卷 16 第 3804～3805 首歌序：“累年之后，壮士还来，复命既了。乃诣相视，而娘子之容姿，疲羸**甚异**，言语哽咽。”（第四册，p. 100）又第 3807 首歌注：“葛城王遣于陆奥国之时，国司祇承，缓怠**异甚**。于时王意不悦，怒色显面。”（p. 102）（1）后汉竺大力、康孟详合译《修行本起经》卷 1：“生一太子，字为灯光。聪明智远，世之少双。圣王爱念，甚奇**甚异**。”西晋竺法护译《鹿母经》卷 1：“猎者于是，闻鹿所语，甚奇**甚异**。意犹有贪，复答鹿曰：‘夫巧伪无实，奸诈难信，虚华万端，狡猾非一，爱身重死，少能效命，人之无良，犹难为期，而况禽兽，去岂复还？固不放汝，不须多方。’”该例亦见于梁宝唱等集《经律异相》卷 47。（2）《藤氏家传》上卷《镰足传》：“轻皇子即知雄略宏远，智计过人，特重礼遇，令得其交。使宠妃朝夕侍养。居处饮食，**甚异**常人。”（p. 137）《战国策》卷 21《赵 4》：“太后曰：‘丈夫亦爱怜其少子乎？’对曰：‘甚于妇人。’太后笑曰：‘妇人**异甚**。’”按：《汉语大词典》失收。通过比较可知，“甚异”集中出现在汉文佛经，“异甚”多用于中土文献。

【滲洗/すすきあらふ】 并列 沐浴干净。《藤氏家传》下卷《武智麻吕传》：“公曰：‘吾从少至今，不敢轻慢鬼神。神若有知者，岂其害我？若无知者，安能害人？’即**渗洗**清齐，率五六人，披蒙笼而登。”（p. 341）吴月支谦译《撰集百缘经》卷 10《诸缘品》：“值王夫人及诸采女，出宫到园池中**渗**[1]**洗**，解脱衣服，置林树间。”唐慧敬撰《温室经疏》卷 1：“经曰：‘今欲请佛及众僧菩萨大士入浴室**渗洗**。’通曰：‘请，引也。众生身疾，粗得疗治，圣人骸垢，未曾请沐。今欲初基净业，必假良田，所以奉屈三尊，来游渗室。’”大内文雄、斋藤隆信整理《净度三昧经》卷 3：“为佛弟子弃恶，当如粪扫，**渗洗**去垢，勿遗其余，作后世缘，勤求至法，亲敬明师。”按：《汉语大词典》失收。

【慎心/こころにつつしむ】 偏正 保持谨小慎微的意识。《播磨国风土记・揖保郡》条：“于今过其处者，**慎心**固戒，不言韩人，不构盲事。”（p. 66）后汉安玄译《法镜经》卷 1：“复有四净戒事。何谓四？以守慎身，身无挂碍，以守慎言，言无挂碍，以守**慎心**，心无挂碍，去离邪疑，造一切敏意，是为去家开士者四净戒事。”吴维祇难等译《法句经》卷 2《忿怒品》：“除口恶言，诵习法言，常守**慎心**，以护瞋恚。”唐道世撰《法苑珠林》卷 58：“然虚谤之罪，自加涂炭。如唇口是弓，心虑如弦，音声如箭。长夜空发，徒染身口，特须自省缄口**慎心**也。”按：《汉语大词典》失收。

【（早）昇妙果/（はやく）みょうかにいたる】 四字 “妙果”，即绝妙之果。“妙因”的对应词。佛果之意，谓修行妙法所得的证果。指成佛的境地。《法隆寺金堂释迦三尊像光背铭》：“时王后王子等及与诸臣，深怀愁毒，共相发愿：仰依三宝，当

① “渗”，宋本、元本、明本中作“澡”。

造释像尺寸王身。蒙此愿力，转病延寿，安住世间。若是定业，以背世者，往登净土，**早升妙果**。”《全隋文》卷29阙名《青州舍利塔下铭》：“愿太祖武元皇帝、元明皇后、皇帝、皇后、皇太子、诸皇子孙等，并内外群官，爰及庶民，六道三途，人非人等，生生世世，值佛闻法，永离苦空，**同升妙果**。”唐输波伽罗译《苏悉地羯罗经》卷2《供养品》：“我从过现未来，所发胜事心，修诸善业，六波罗蜜，一切功德，尽皆回向，施一切众生，归于正路，**同升妙果**，速成佛道。乃至菩提。”又卷3《供养品》：“我从过现未来，所发胜心，修诸善业，六波罗蜜，一切功德，尽皆回施，一切众生，归于正路，**同升妙果**，速成佛道，乃至菩提。”→【妙果】

【昇樹/きにのぼる】 述宾 （2例） 爬上树。《日本书纪》卷16《武烈纪》四年四月条：“四年夏四月，拔人头发，使**升树**巅，斮倒树本，落死升者为快。”（第二册，p.278）又七年二月条：“七年春二月，使人**升树**，以弓射坠而笑。”（第二册，p.278）（1）吴康僧会译《六度集经》卷3：“雀即翔飞，**升树**重曰：‘天下有三痴。’王曰：‘何谓三？’‘一者吾痴；二者猎士痴；三者大王痴。’”唐玄奘译《大唐西域记》卷3：“有一沙门，游诸印度，观礼圣迹，申其至诚，后闻本国，平定即事，归途遇诸，群象横行，草泽奔驰震吼，沙门见已**升树**以避。”元魏瞿昙般若流支译《正法念处经》卷34《观天品》：“临终生于，中阴有中，见莲花树，青黄赤白，有无量种，复作是念：‘我当**升树**。’”（2）《隋书》卷45《杨勇传》：“时勇自以废非其罪，频请见上，面申冤屈。而皇太子遏之，不得闻奏。勇于是**升树**大叫，声闻于上，冀得引见。”（p.1238）《神仙传》卷6：“将升天，县厅侧先有大皂荚树，纲**升树**数丈，力能飞举；夫人即平坐床上，冉冉如云气之举，同升天而去矣。”按：《汉语大词典》失收。

【昇天上/てんじょうにいたる】 三字 死后转生天界。《奈良朝写经5·大般若经卷第267》：“现在者，争荣于五岳，保寿于千龄；登仙者，生净国**升天上**，闻法悟道，修善成觉。”（p.32）后汉安世高译《犍陀国王经》卷1：“王守法精进不懈怠，寿终**升天上**，寿尽下为国王。”姚秦鸠摩罗什译《大庄严论经》卷9：“闻是语已，还复本形，礼尊者足还**升天上**。”唐义净译《根本说一切有部毘奈耶》卷9：“我今悲愍汝，汝宜发善心。厌离傍生身，当得**升天上**。”

【生剥/いけはぎ】 偏正 （3例） 犹言“活剥”。《古事记》中卷《仲哀记》：“尔惊惧而坐殡宫，更取国之大奴佐而，种种求**生剥**、逆剥、阿离、沟埋、屎户、上通下通婚、马婚、牛婚、鸡婚之罪类，为国之大祓，而亦建内宿祢居于沙庭，请神之命。”（p.244）《古语拾遗》：“其后，素戋呜神奉为日神，行甚无状，种种凌侮，所谓毁畔、埋沟、放樋、重播、刺串、**生剥**、逆剥、屎户。”（p.121）《日本书纪》卷1《神代纪上》：“日神尊以天垣田为御田。时素戋呜尊春则填渠毁畔，又秋谷已成，则冒以络绳。且日神居织殿时，则**生剥**斑驹，纳其殿内。”（第一册，p.80）（1）吴支谦译《弊魔试目连经》卷1：“譬如**生剥**牛皮，宛转在地，痛不可言。”姚秦佛陀耶舍、竺佛念等合译

《长阿含经》卷7：“我敕左右，收缚此人，**生剥**其皮，求其识神，而都不见。”姚秦鸠摩罗什译《大智度论》卷27《序品》：“瞋亦如是，从久远世时作毒蛇，猎者**生剥**其皮，犹尚不瞋，云何最后身而瞋五人？”《敦煌变文・大目乾连冥间救母变文》：“或有劈腹开心，或有面皮**生剥**。”（2）《魏书》卷95《苻生传》：“使宫人与男女裸交于殿前，引群臣临而观之。或**生剥**牛羊驴马，活爇鸡豚鹅鸭，数十为群，放之殿下。”（p. 2076）按：《汉语大词典》失收。

【生処/うまれむところ】 偏正　佛教谓转世轮回、转生之处。《日本灵异记》中卷《智者诽妒变化圣人而现至阎罗阙受地狱苦缘第7》：“行基大德，和颜嘿然。亦更白：‘见大德**生处**，以黄金造宫。’行基闻之言：‘欢矣，贵哉！’”（p. 168）《魏书》卷114《释老志》：“善恶**生处**凡有六道焉。”刘宋佛陀什、竺道生等合译《弥沙塞部和酰五分律》卷20：“耆域善别音声本末之相，佛将至冢间，示五人髑髅。耆域遍叩白佛言：‘第一叩者生地狱，第二叩者生畜生，第三叩者生饿鬼，第四叩者生人道，第五叩者生天上。’佛言：‘善哉！皆如汝说。’复示一髑髅，耆域三叩，不知所之，白佛言：‘我不知此人，所生之处。’佛言：‘汝应不知。何以故？此是罗汉髑髅，无有**生处**。’”

【生方便/ほうべんをしょうす】 三字　想方设法，采取权宜之计。《续日本纪》卷5《元明纪》和铜五年五月条：“今国郡司及里长等，缘此恩借，妄**生方便**。害政蠹民，莫斯为甚。如顾润身、枉收利者，以重论之，罪在不赦。”（第一册，p. 178）后秦佛陀耶舍、竺佛念等合译《长阿含经》卷18《阎浮提州品》：“三者举阎浮提所有龙王，各在宫中，相娱乐时，金翅大鸟，入宫搏撮，或始**生方便**，欲取龙食，诸龙怖惧，常怀热恼，唯阿耨达龙，无如此患。”姚秦鸠摩罗什译《十住经》卷3《远行地》：“深智慧定心，具行六地已，一时**生方便**，智慧入七地。”

【生誹謗/ひぼうをおこす】 三字　出现毁人的不实之词。《续日本纪》卷15《圣武纪》天平十五年十月条：“但恐徒有劳人，无能感圣。或**生诽谤**，反堕罪辜。是故，预智识者，恳发至诚，各招介福，宜日每三拜卢舍那佛。”（第二册，p. 432）后汉康孟详译《佛说兴起行经》卷2：“常欢比丘见无胜比丘偏受供养，兴嫉妒意，横**生诽谤**曰：‘无胜比丘，与善幻通，不以道法供养，自以恩爱供养耳。’”刘宋求那跋陀罗译《央掘魔罗经》卷2：“若诸众生，多背诸佛者，闻如来藏，则**生诽谤**，彼诸众生，自烧种子。”北凉昙无谶译《大般涅槃经》卷2《如来性品》：“或有众生，其心甘乐，听受是经，闻已欢喜，不**生诽谤**，如彼福人食于稻粮。”

【生歓喜/かんぎをしょうす】 三字　听闻佛的教诲，或得解脱、或以慈悲心救众生时，身心感到喜悦，而更加发起信心。《续日本纪》卷14《圣武纪》天平十三年三月条：“案经云：‘若有国土讲宣读诵、恭敬供养、流通此经王者，我等四王常来拥护，一切灾障皆使消殄。忧愁疾疫，亦令除差。所愿遂心，恒**生欢喜**者。’宜令天下诸国各令敬造七重塔一区，并写《金光明最胜王经》《妙法莲华经》各一部。”（第二册，

p. 388）西晋竺法护译《正法华经》卷 8《叹法师品》："其有听闻，所说经法，睹察报应，清净亿千，即生欢喜，晓了尊上，供养经卷，不可计量。"东晋法显译《大般涅槃经》卷 2："尔时，淳陀闻佛此语，心生欢喜，不能自胜，而白佛言：'快哉！世尊。我今已得，如此大利。'"隋阇那崛多译《佛本行集经》卷 3《发心供养品》："日主如法，分判已后，入彼王意，王于日主，婆罗门所，倍生欢喜，分割半国，与婆罗门，封授为王，令其治化。"

【生净国/じょうこくにうまる】 三字　转世出生在清净的佛国。《奈良朝写经 5·大般若经卷第 267》："现在者，争荣于五岳，保寿于千龄；登仙者，生净国升天上，闻法悟道，修善成觉。"（p. 32）东晋佛驮跋陀罗译《佛说观佛三昧海经》卷 10《念七佛品》："见此佛者，常生净国，不处胞胎。临命终时，诸佛世尊，必来迎接。"姚秦佛陀耶舍译《虚空藏菩萨经》卷 1："善男子，时彼众生，得见佛身，又闻此偈，至心观察，欢喜踊跃，不能自胜。命终之后，得生净国，永不更在，五浊世界，常获亲近，彼佛如来。"失译人名今附北凉录《不退转法轮经》卷 2《信行品》："常生净国，离诸恶趣，虽住诸趣，而证菩提，常住安隐，亦无依止，以如是义，一切刀兵，不能加害。"

【生理有限/せいりかぎりあり】 四字　"生理"，性命，寿命。"有限"，有限制，有限度。《续日本纪》卷 10《圣武纪》神龟五年正月条："土宜虽贱，用表献芹之诚。皮币非珍，还惭掩口之诮。生理有限，披胆未期。时嗣音徽，永敦邻好。"（第二册，p. 188）东晋慧远问、罗什答《鸠摩罗什法师大义》卷 1："今十住不过千生者，为是何力耶？若是遍学时，道力所制者，即生理有限，不得至千。以是而推，即不同生七可知，若功报转，积理极故，唯一生者。一生即是后边身，身尽于后边，即不得不取正觉。若不得不成，何故菩萨有自誓不取正觉者？自誓之言，为是变化形，为真法身乎？若变化形者便是推假之说。若是真法身者，数有定极，即不得有自誓无穷之言也。"

【生憐愍/あはれびをなす】 三字　产生怜悯之心。《日本灵异记》下卷《击沙弥乞食以现得恶死报缘第 15》："唯见来乞者，可生怜愍，和颜悦色，法施财施。"（p. 298）吴支谦译《菩萨本缘经》卷 2《善吉王品》："若有贫穷，困悴之人，身体羸瘦，衣裳不障，菩萨见已，即生怜愍，举身战动，犹被毒箭。"北凉昙无谶译《金光明经》卷 4《赞佛品》："世尊成就，无量功德，譬如大海，须弥宝山，为诸众生，生怜愍心，于未来世，能与快乐。"隋阇那崛多译《佛本行集经》卷 9《从园还城品》："时净饭王，为如是等，五百亲眷，生怜愍故，将于菩萨，次第巡历，入其精舍，悉皆周遍，然后始将，入于自宫。"

【生卵十枚/うめるかひごとをち】 四字　产下十个蛋。→【蘇曼】

【生生処処/せいせいしょしょ】 时段　犹言"生生世世"。祈祷佛保佑的套语。《元兴寺伽蓝缘起并流记资财账》："缘此福力，天皇大臣及诸臣等过去七世父母，广及

六道，四生众生，**生生处处**，十方净土，普因此愿，皆成佛果。以为子孙，世世不忘，莫绝纲纪，名建通寺。”元魏毘目智仙译《宝髻经四法忧波提舍》卷1：“菩萨布施，作如是愿：‘我为满足，一切众生，无上乐故，种种物施，一切生处，我常满足，一切众生。是故菩萨，作愿布施，一切生处，得大富乐。以彼愿力，布施力熏，**生生处处**，种种布施，无量众生，皆悉满足。”隋阇那崛多译《不空罥索咒经》卷1：“……二十者**生生处处**，常得不离，慈悲喜舍。世尊，若人能受持，如是心咒者，当得如是二十种功德。”唐阿地瞿多译《陀罗尼集经》卷12《佛说诸佛大陀罗尼都会道场印品》：“如是种种，华香供养，施主当获，三业清净，身常香洁，一切见者，皆生欢喜，**生生处处**身常端正，得大名闻。”

【生生世/しょうじょうのよ】 时段 “生生世世”的缩略形式。《日本灵异记》中卷《女人大蛇所婚赖药力得全命缘第41》：“母经三年，儵倏得病，临命终时，抚子啜屌，而斯之言：‘我**生生世**，常生相之。’”（p. 251）隋阇那崛多译《佛本行集经》卷33《梵天劝请品》：“诸天及人**生生世**，发心欲听密法门。彼愿世尊今已成，速说莫彼等退。”

【生生世世/よよ】 时段 永生永世。祈祷佛菩萨保佑的套语。《日本书纪》卷25《孝德纪》大化五年三月条：“言毕，开佛殿之户，仰而发誓曰：‘愿我**生生世世**，不怨君主。’誓讫，自经而死。妻子殉死者八。”（第三册，p. 174）梁诸大法师集撰《慈悲道场忏法》卷2：“（某甲）等从今日去，愿**生生世世**，在在处处，常得忆念发菩提心，令菩提心相续不断。（某甲）等从今日去，愿**生生世世**在在处处，常得奉值，无量无边，一切诸佛，常得供养。供养众具，皆悉满足。（某甲）等从今日去，愿**生生世世**，在在处处，常得护持，大乘方等，一切诸经。供养众具，皆悉满足。（某甲）等从今日去，愿**生生世世**，在在处处，常值十方，无量无边，一切菩萨。供养众具，皆悉满足。（某甲）等从今日去，愿**生生世世**，在在处处，常值十方，无量无边，一切贤圣。供养众具，皆悉满足。（某甲）等从今日去，愿**生生世世**，在在处处，常得奉报，覆荫慈恩，有所奉给，随心满足。（某甲）等从今日去，愿**生生世世**，在在处处，常得奉值，和尚阿阇梨，所应供养，随念满足。（某甲）等从今日去，愿**生生世世**，在在处处，常得奉值，大力国王，共兴三宝，使不断绝。（某甲）等从今日去，愿**生生世世**，在在处处，常得庄严，诸佛国土，无有三毒，八难之名。（某甲）等从今日去，愿**生生世世**，在在处处，得四无碍，智具六神通，恒在现前，常不忘失。以此教化，一切众生，相与至心，等一痛切，五体投地，归依世间，大慈悲父。”→【生生世】

【生貪愛/をしむことをなす】 三字 产生贪恋的念头。“贪爱”，梵语 tṛṣṇā，强烈的爱欲、爱执。《日本书纪》卷25《孝德纪》大化二年三月条：“若是细马，即**生贪爱**，工作谩语，言被偷失。若是牝马，孕于己家，便使秡除，遂夺其马。”（第三册，p. 156）姚秦鸠摩罗什译《大树紧那罗王所问经》卷3：“何等十？于诸众生，修行慈心；于他财封，不**生贪爱**；不思念他，男子之人；失命因缘，终不妄语；不作两舌；不粗恶语；不无义语；不起无明；不为瞋牵；有正直见，依于业报。”陈月婆首那译《胜天王般若波罗蜜经》卷2：“若见色、声、香、味、触，作是思惟：‘云何于彼，不真实法，而**生贪爱**？此乃凡夫愚痴所著，即是不善。’”北凉昙无谶译《大方等大集经》卷22：“二**生贪爱**，爱亦有二：一者系缚坚固；二者求取。”

【生天/てんにうまる】 述宾 （2例） 因善业而生于天界。《日本灵异记》上卷《非理夺他物为恶行受恶报示奇事缘第30》：“令读经者，住东方金宫后，随愿**生天**。”（p.126）又中卷《依汉神祟杀牛而祭又修放生善以现得善恶报缘第5》：“如《最胜王经》说：‘流水长者，放十千鱼。鱼**生天**上，以四十千珠，现报流水长者。’其斯谓之矣。”（p.160）（1）元魏瞿昙般若流支译《正法念处经》卷24《观天品》：“一切愚痴凡夫，贪著欲乐，为爱所缚，为求**生天**，而修梵行。”（2）《宋书》卷67《谢灵运传》：“太守孟顗，事佛精恳，而为灵运所轻，尝谓顗曰：‘得道应须慧业，丈人**生天**当在灵运前，成佛必在灵运后。’”

【生相/いけるかたち】 偏正 就有情之一期相续而言，有情之始生于现在世，即称为生相；活着的时候。《日本灵异记》上卷《遭兵灾信敬观音菩萨像得现报缘第17》：“丁兰木母犹现**生相**，僧感画女尚应哀形。何况是菩萨而不应乎？”（p.98）宋赞宁等撰《宋高僧传》卷30：“后三年准西域焚之发棺俨若**生相**，髭发爪皆长，茶毘收舍利起小塔焉。”按：《汉语大词典》该词条未见此义项。

【生一肉团/ひとつのししむらをうむ】 典据 （2例） 生出一个肉团。《日本灵异记》下卷《产生肉团之作女子修善化人缘第19》：“肥后国八代郡丰服乡人，丰服广公之妻怀妊，宝龟二年辛亥冬十一月十五日寅时，产**生一肉团**。其姿如卵。夫妻谓为非祥，入笥以藏置之山石中。径七日而往见之，肉团壳开，生女子焉。父母取之，更哺乳养。见闻人，合国无不奇。”（p.308）又：“迦毘罗卫城长者之妻，怀妊**生一肉团**，到七日头，肉团开敷，有百童子。一时出家，而百人俱得阿罗汉果。”（p.309）吴支谦译《撰集百缘经》卷7《现化品》：“佛在迦毘罗卫国尼拘陀树下。时彼城中，有一长者，财宝无量，不可称计，选择族望，娉以为妇，作倡伎乐，以娱乐之。其妇怀妊，足满十月，**生一肉团**。时彼长者，见其如是，心怀愁恼，谓为非祥。往诣佛所，前礼佛足，长跪白佛：‘我妇怀妊，**生一肉团**。不审，世尊，为是吉凶？唯愿世尊，幸见告语。’佛告长者：‘汝莫疑怪，但好养育。满七日已，汝当自见。’时彼长者，闻是语已，喜不自胜，还诣家中，敕令瞻养。七日头到，肉团开敷，有百男儿，端政殊特，世所希有。”该例亦见于唐道世撰《法苑珠林》卷56《引证部》。

【声聞/しょうもん】 主谓 梵语 śrāvaka，音译作“舍罗婆迦”，意译作“弟子”。为二乘之一或三乘之一。指听闻佛陀声教而证悟的出家弟子。《日本灵异记》中卷《智者诽妒变化圣人而现至阎罗阙受地狱苦缘第7》：“舍俗离欲，弘法化迷。器宇聪敏，自然生知。内密菩萨仪，外现声闻形。”（p. 167）宋道成集《释氏要览》卷2：“声闻者，《瑜伽论》云：‘诸佛圣教，声为上首，从师友所闻。此声教，展转修证，永出世间，小行小果。故名声闻。’”

【縄床/じょうしょう】偏正（3例） 巴利语mañca。比丘十八物之一。亦作“坐床”“坐禅床”“交椅”“胡床”“交床”。一种可以折叠的轻便坐具，以板为之，并用绳穿之而成。最早见于西晋译经。《日本灵异记》下卷《忆持〈法华经〉者舌著曝髑髅中不朽缘第1》：“尔时，有一禅师，来之于菩萨所。所持之物，《法华经》一部，字细少书，减卷数成一卷持之。白铜水瓶一口，绳床一足也。僧常诵持法华大乘，以之为宗。历一年余，而思别去。敬礼禅师，奉施绳床，而语之曰：‘今者罢退，欲居山。踰于伊势国。’”（p. 263）《续日本纪》卷1《文武纪》四年三月条：“坐禅如故。或三日一起，或七日一起。倏忽香气从房出。诸弟子惊怪，就而谒和尚，端坐绳床，无有气息。时七十有二。”（第一册，p. 26）后汉安世高译《佛说骂意经》卷1：“于佛寺中斋宿，不得卧沙门绳床、榻橙、机上及被中，皆为犯戒。”梁慧皎撰《高僧传》卷9：“澄坐绳床，烧安息香，咒愿数百言。如此三日，水泫然微流。”北凉昙无谶译《佛所行赞》卷5《涅槃品》：“扫洒令清净，安置于绳床。吾今中夜时，当入于涅槃。”按：《汉语大词典》首引《晋书》卷96《佛图澄传》：“乃与弟子法首等数人至故泉上，坐绳床，烧安息香，咒愿数百言。”偏晚。

【聖果/しょうか】偏正 即菩提涅槃，指依圣道所证得的果报。《奈良朝写经19·灌顶随愿往生经》：“崇慧业以致真如，积芳因而成圣果。”（p. 129）唐般剌蜜帝译《大佛顶如来密因修证了义诸菩萨万行首楞严经》卷1：“佛告阿难：‘世间一切，诸修学人，现前虽成，九次第定，不得漏尽，成阿罗汉，皆由执此，生死妄想，误为真实。是故汝今，虽得多闻，不成圣果。’”唐道宣撰《广弘明集》卷27：“愿耳常闻诸佛说法八音声，八万四千波罗蜜声，三乘圣果十地功德如是等声。”

【聖化無窮/しょうかきはみなし】四字 帝王的教化无限。“圣”，古之王天下者。亦为对于帝王或太后的极称。《元兴寺伽蓝缘起并流记资财账》：“即发愿白言：‘仰愿蒙三宝赖，皇帝陛下，共与乾坤，四海安乐，正法增益，圣化无穷。’白。”（1）梁僧肇著《宝藏论》卷1《离微体净品》：“又无眼无耳谓之离，有见有闻谓之微；无我无造谓之离，有智有用谓之微；无心无意谓之离，有通有达谓之微。又离者涅槃，微者般若。般若故繁兴大用，涅槃故寂灭无余。无余故烦恼永尽，大用故圣化无穷。”唐般若译《大方广佛华严经》圆照《题记》：“大唐贞元十四年，岁在戊寅，四月辛亥朔，翻经沙门圆照，用恩赐物，奉为皇帝，圣化无穷，太子诸王，福延万叶，文武百官，恒居禄位。伏愿先师考妣，上品往生，法界有情，同沾斯益，手自书写，此新译经，填续西明寺菩提院东阁一切经阙，本愿千佛出世，随侍下生，同出苦源，齐登正觉；又愿三宝增明，法轮恒转，长留镇寺，永冀传灯，有情界穷，兹愿无尽。”

(2)《唐文拾遗》卷61："顷为去载，四大乖和，阴阳失候，药而不效，疗亦无瘳，发希有心，愿造此浮图一所，奉为皇帝皇后**圣化无穷**，师僧父母，永保安乐，法界有情，□得利苦，俱登觉道。"《唐文续拾》卷11："大唐永徽三年二月十一日，信［缺］洛州□安县蒋安定等，并□州间［缺］六道［缺］之［缺］之众留［缺］力以像［缺］上为皇帝御□，**圣化无穷**，下为七世考妣，见在未［缺］勒石镌碑，□名永固。"

【聖教/しょうぎょう】 偏正　梵语 āgama，音译作"阿笈摩"。圣者所说之教法，指佛所说之教与圣贤等所撰述之典籍。又总称经律论三藏及其他圣贤等的著述为圣教。《奈良朝写经38·大般若经卷第591》："寔知**圣教**广被，训尘沙而一味；法慧高照，运大千而分影。"（p.253）唐窥基撰《成唯识论述记》卷1："言**圣教**者，圣者正也，与理相应，于事无拥目之为圣。又契理通神，目之为圣。又圣者正也，心与境冥，智与神会，名之为圣。此所说教，名为**圣教**。"

【聖戒/しょうかい】 偏正　梵语 śīla－śuddhi，证正道的戒律。"圣"，正的意思，证正道，名为圣。"俗"的对应词。《唐大和上东征传》："道俗二百余人，唯有大和上、学问僧普照、天台僧思托始终六度，经（逾）十二年，遂果本愿。来传**圣戒**；方知济物慈悲，宿因深厚，不惜身命，所度极多。"（p.93）东晋瞿昙僧伽提婆译《中阿含经》卷52《大品》："若圣弟子观内身如身，乃至观觉、心、法如法者，此四念处，谓在贤圣弟子心中，系缚其心，制乐家意，除家欲念，止家疲劳，令乐正法，修习**圣戒**。"姚秦鸠摩罗什译《梵网经》卷2："若佛子，信心出家受佛正戒，故起心毁犯**圣戒**者，不得受一切檀越供养。"刘宋求那跋陀罗译《杂阿含经》卷19："如是，如是。尊者大目犍连，是中种种诸天来会此者，皆是宿命，曾闻正法，得于佛不坏净，法、僧不坏净，**圣戒**成就，身坏命终，而来生此。"按：《汉语大词典》失收。

【聖井/しょうせい】 偏正　神圣的水井。《唐大和上东征传》："东二里，路侧有**圣井**，深三尺许，清凉甘美，极雨不溢，极旱不涸。"（p.57）（1）唐道宣撰《集神州三宝感通录》卷1："寺北二里有**圣井**，其实深池鳗鱼，俗号为鱼菩萨也。"宋志盘撰《佛祖统纪》卷53："寺东一里有**圣井**灵鳗，欲出则有二红蟹若前躯者。钱武肃王迎塔至钱唐，梦一菩萨首戴结缨华冠，两掖挟蟹云：'是育王圣井灵鳗，来护塔耳。'"（2）《邺中记》："又于铜爵台穿二井，作铁梁地道以通井，号曰命子窟。于井中多置财宝、饮食，以悦蕃客，曰**圣井**。又作铜爵楼，巅高一丈五尺，舒翼若飞。"《吴地记》："北一百九十步有孔子弟子言偃宅，中有**圣井**，阔三尺，深十丈，傍有盟。（即坛也。）盟北百步有浣纱石，可方四丈。"按：《汉语大词典》失收。

【聖人応生/しょうにんおうじてうまる】 四字　品德高尚、智慧超群的人应运而生。《上宫皇太子菩萨传》："其山中有千年梨树，树若发花结果，即有**圣人应生**。"唐神清撰、慧宝注《北山录》卷1："非死非生而能死生者，是谓大圣人也。而六合之间，万类职之。未捐于有为，未窳于无为。生而复生，未始有极。而**圣人应生**者，亦何有极焉。是以大圣生可生之世，灭可灭之世，生灭在物，固不在己也。”

【聖王出世/せいおうよにいづ】自创 “圣王”，谓圣明的君王。“出世”，指来到世间成佛，以教化众生。《日本书纪》卷 25《孝德纪》白雉元年二月条：“诏曰：‘圣王出世治天下时，天则应之示其祥瑞。曩者，西土之君周成王世与汉明帝时白雉爰见。我日本国誉田天皇之世白乌樔宫大鷦鷯帝之时龙马西见。是以自古迄今祥瑞时见，以应有德，其类多矣。’”（第三册，p. 184）东晋瞿昙僧伽提婆译《增壹阿含经》卷 41：“若转轮圣王，出世之时，便有七宝，自然响应。”按：佛典例中，所谓“圣王”，指转轮王。作为祥瑞表征的“七宝”，指金轮宝、象宝、马宝、神珠宝、玉女宝、主藏臣宝、主兵臣宝。不仅是转轮王，如来出世时也会出现这样的吉兆。刘宋求那跋陀罗译《杂阿含经》卷 27：“如来出世，亦有七觉分宝现……有此吉瑞，必是转轮圣王。”在《孝德纪》中，作者在“圣王出世”后面加上一句“治天下时”，又将七宝“吉瑞”换成天示祥瑞的说法，因而使得此处出自佛典构思的表达变得含糊不清，甚至有几分貌似儒家天人合一的说法。这一创意只有在《日本书纪》当中才能见到。

【勝鬘/しょうまん】内典 胜鬘传为古印度拘萨罗国波斯匿王之女，阿踰阇国王后，其母即佛陀堂弟摩诃男之养女末利夫人。《胜鬘经》为记述胜鬘夫人劝信佛法的说教。此经旨趣以一乘为宗，与《妙法莲花经》相同。《妙法莲华经》广说，《胜鬘经》略说。法华有三会及种种权实，该经则说二死五住。《日本灵异记》上卷《圣德皇太子示异表缘第 4》：“进止威仪，似僧而行，加以制《胜鬘》《法华》等经疏，弘法利物，定考绩功勋之阶，故曰圣德。”（p. 69）刘宋求那跋陀罗译《胜鬘师子吼一乘大方便方广经》卷 1：“尔时胜鬘，复于佛前发三大愿而作是言：‘以此实愿安隐无量无边众生，以此善根于一切生得正法智，是名第一大愿；我得正法智已，以无厌心为众生说，是名第二大愿；我于摄受正法舍身命财护持正法，是名第三大愿。尔时世尊即记胜鬘，三大誓愿如一切色悉入空界。如是菩萨恒沙诸愿，皆悉入此三大愿中。此三愿者真实广大。’”

【勝鬘経/しょうまんぎょう】内典（2 例） 1 卷。具名《胜鬘师子吼一乘大方便方广经》。刘宋代求那跋陀罗译。隋智顗将释尊一代说法划分为五时，其列入方等部。据称是舍卫国波斯匿王之女，即阿踰阇国友称王之夫人胜鬘夫人受佛威神力而说者，该经是胜鬘夫人受佛威神力而讲说，中心内容破小乘而明一乘真实与如来藏法身。与《维摩经》一样，该经历来作为讲说在家得道的经典而广为人知。《日本书纪》卷 22《推古纪》十四年七月条：“秋七月，天皇请皇太子，令讲《胜鬘经》。三日说竟之。”（第二册，p. 554）《上宫圣德法王帝说》：“戊午年四月十五日，少治田天皇请上宫王令讲《胜鬘经》。其仪如僧也。诸王公主及臣连公民信受无不嘉也。三个日之内，讲说讫也。”《宋书》卷 97《夷蛮传》：“大明中，外国沙门摩诃衍苦节有精理，于京都多出新经，《胜鬘经》尤见重内学。”（p. 2384）《南史》卷 78《天竺迦毗黎国传》中亦见同一记载。颜绢英主编《唐邕刻经记》卷1："于是发七处之印，开七宝之函；访莲华之书，命银钩之迹。一音所说，尽勒名山。于鼓山石窟之所，写《维摩诘经》一部、《**胜鬘经**》一部、《孛经》一部、《弥勒成佛经》一部。起天统四年三月一日，尽武平三年。"宋祖琇撰《隆兴编年通论》卷7："十年，诏法师僧旻入慧轮殿讲《**胜鬘经**》，帝临听，公卿毕集。"

【勝巧/すぐる】 比较 殊胜巧便。《日本书纪》卷11《仁德纪》十二年八月条："是日，集群臣及百寮令射高丽所献之铁盾的。诸人不得射通的。唯的臣祖盾人宿祢射铁的通焉。时高丽客等见之，畏其射之**胜巧**，共起以拜朝。"（第二册，p. 38）后秦弗若多罗译《十诵律》卷3："僧伽婆尸沙，若言上大胜上大巧上大善上大妙上大福上大好上大快供养；僧伽婆尸沙，若言大**胜巧**大胜善大胜妙大胜福大胜好大胜快供养……僧伽婆尸沙，若言上大胜巧善妙上大**胜巧**善福上大**胜巧**善好上大**胜巧**善快供养；僧伽婆尸沙，若言上大**胜巧**善妙福上大**胜巧**善妙好上大**胜巧**善妙快供养；僧伽婆尸沙，若言上大**胜巧**善妙福好上大**胜巧**善妙福快供养……僧伽婆尸沙，如是大**胜巧**善妙福好快亦如是。"后魏菩提流支译《胜思惟梵天所问经论》卷4："此义应知，以为众生，能作上首，令降伏故，以是菩萨，能领大众，诸魔不能，与作障难。远离一切，诸魔业故，以有不护，身口意业，毕竟得故，不畏他人，说其过故，以其现见，甚深之法，能答问难，不怯弱故，以说法**胜，巧**方便故，以领大众，行于大事。"按：《汉语大词典》失收。

【勝善/しょう ぜん】 并列 美好，美善。"胜"，卓越。"劣"的对应词。"善"，好事、合理或有价值之事。"恶"的对应词。在佛法上，根据法则是善法，据此修行则是善行。《日本书纪》卷19《钦明纪》六年九月条："是月，百济造丈六佛像，制愿文曰：'盖闻造丈六佛功德甚大。今敬造。以此功德，愿天皇获**胜善**之德，天皇所用弥移居国，俱蒙福佑。'"（第二册，p. 404）（1）西晋竺法护译《佛说如幻三昧经》卷2："**胜善**男子、善女人，江河沙劫，奉敬如来，供养圣众，著吾我人，及计寿命，不得至道，闻是法者，疾得解脱。"东晋佛驮跋陀罗译《大方广佛华严经》卷14《金刚幢菩萨十回向品》："得一切智，舍离众魔，远恶知识，亲近菩萨，**胜善**知识。"唐义净译《金光明最胜王经》卷3《灭业障品》："供养功德，有数有量，不摄一切，诸功德故，随喜功德，无量无数，能摄三世，一切功德。是故若人，欲求增长，**胜善**根者，应修如是，随喜功德。"（2）《南齐书》卷40《萧子良传》："臣近段仰启，赐希受戒，天心洞远，诚未达**胜善**之途，而圣恩迟疑，尚未垂履曲降尊极，岂可今月复随此事？臣不隐心，即实上启。"（p. 699）按：《汉语大词典》失收。

【勝験/かてるしるし】 偏正 殊胜的验应。《日本书纪》卷1《神代纪上》："故素戋呜尊既得**胜验**。于是日神方知素戋呜尊固无恶意，乃以日神所生三女神，令降于筑紫洲。"（第一册，p. 68）唐伽梵达摩译《千手千眼观世音菩萨治病合药经》卷1："作诸法令有**胜验**，是人受持，大悲心，随心自在，陀罗尼神妙章句，能救世间苦，是人如我，无异我身也。”唐实叉难陀译《观世音菩萨秘密藏如意轮陀罗尼神咒经》卷1《一切爱乐法品》：“若求最**胜验**者，或亲觐国王，于七日中，每至五更，诵一千八遍，即得相见。”唐菩提流志译《不空罥索神变真言经》卷3《秘密印三昧耶品》：“此印真言，若结持者，三世诸佛，欢喜赞叹，加被持者，大悲之心，成就**胜验**，现诸吉相。”按：《汉语大词典》失收。

【勝業/まされるわざ】 偏正 （3例） 指佛道修行中卓越的业及善的行为。《续日本纪》卷20《孝谦纪》天平宝字元年八月条：“于是，帝释感皇帝、皇后之至诚，开通天门，下鉴**胜业**，标陛下之御宇，授百年之远期。”（第三册，p. 222）《奈良朝写经18・弥勒上生经》：“伏愿契道能仁，升游正觉，菩提枝下闻妙法之圆音，兜率天中得上真之**胜业**，通该有顶，普被无边，并泛慈航，同离爱网。”（p. 141）《奈良朝写经66・大般若经卷第176》：“受持顶戴，福利无边；读诵书写，**胜业**难测。”（p. 403）东晋佛驮跋陀罗译《大方广佛华严经》卷19《金刚幢菩萨十回向品》：“具足修习净功德，履行无量诸**胜业**，回向一切众生类，亦不取业坚固相。”北凉昙无谶译《佛所行赞》卷1《处宫品》：“爱行清净业，祠祀不害生，炽然修**胜业**，王胜梵行胜。”唐义净译《金光明最胜王经》卷2《梦见金鼓忏悔品》：“以此随喜福德事，及身语意造众善；愿此**胜业**常增长，速证无上大菩提。”按：《汉语大词典》失收。

【勝因/しょういん】 偏正 殊胜的因缘。《奈良朝写经23・十轮经卷第3》：“伏愿凭斯**胜因**，奉资冥助，永庇菩提之树，长游般若之津。”（p. 179）隋阇那崛多译《佛本行集经》卷25《精进苦行品》：“此法既非是离欲，亦复非正趣菩提，又非解脱之**胜因**，但是身心之苦本。”唐义净译《佛说无常经》卷1：“将至琰魔王，随业而受报，**胜因**生善道，恶业堕泥犁。”唐实叉难陀译《大方广佛华严经》卷2《世主妙严品》：“佛知众生善业海，种种**胜因**生大福，皆令显现无有余，此喜髻天之所见。”→【藉此勝因】【因此勝因】

【尸羅/しら】 音译 梵语 śila 的译音，意译“为戒”“清凉”“性善”。《续日本纪》卷20《孝谦纪》天平宝字元年闰八月条：“如闻护持佛法，无尚木叉。劝导**尸罗**，实在施礼。是以官大寺别永置戒本师田十町。”（第三册，p. 232）唐慧琳撰《一切经音义》卷13：“**尸罗**：梵语，唐云戒，或云律，或总云戒律藏也。”又卷27：“**尸罗**：尸罗云清凉，顺古名净戒。”失译人名今附后汉录《大方便佛报恩经》卷2《发菩提心品》：“发菩提心故，行菩萨**尸罗**，是故发心名根、名因，名枝、名叶，亦名华、名果，亦名为子。”姚秦鸠摩罗什译《妙法莲华经》卷5《分别功德品》：“若有善男子、善女人，为阿耨多罗三藐三菩提故，于八十万亿那由他劫，行五波罗蜜——檀波罗蜜、**尸罗**波罗蜜、羼提波罗蜜、毘梨耶波罗蜜、禅波罗蜜——除般若波罗蜜，以是功德，比前功德，百分、千分、百千万亿分、不及其一，乃至算数譬，喻所不能知。”

【失緒/しつしょ】 述宾 心绪失衡，心绪紊乱。《日本书纪》卷15《仁贤纪》六

年九月条："于是粗寸从日鹰吉士发向高丽。由是其妻饱田女徘徊顾恋，**失绪**伤心，哭声尤切，令人肠断。"（第二册，p. 262）唐慧琳撰《一切经音义》卷29："**失绪**：上失字，《说文》：纵也，从手，乞声也。下徐吕反。《毛诗传》：**绪**，业也。《韵诠》：**绪**，次也。《说文》：丝，端也，从纟者声也，纟音觅也。"（1）失译人名今附后汉录《分别功德论》卷1："诸经之中，或一义一法，一行一事，各各相从，不失其绪也。故曰一一相从，不**失绪**也。"唐义净译《金光明最胜王经》卷10《舍身品》："至彼菩萨，舍身之地，见其骸骨，随处交横，俱时投地，闷绝将死，犹如猛风，吹倒大树，心迷**失绪**，都无所知"《敦煌变文·妙法莲华经讲经文》："公主闻兮苦死留连，慈母见兮殷勤安抚。后妃悲啼，臣寮**失绪**，人人交（教）仙者却回，个个愿大王不去。"（p. 708）又《父母恩重经讲经文》："形貌精神，都来**失绪**。"（p. 973）（2）《晋书》卷97《吐谷浑传》："经国者，德礼也；济世者，刑法也。二者或差，则纲维**失绪**。"（p. 2540）《魏书》卷91《张渊传》："洪波滔天，功隆大禹。此则冥数之大运，非治纲之**失绪**。"（p. 1951）按：《汉语大词典》失收。

【師師（資）相伝/ししあひつたふ】 相字　师徒口口相传。"师资"，即师与弟子。与"师弟""师徒"同义。师是师父，资是帮助、秉承之意，谓接受相传的弟子。师向弟子相传法门，称为师资相传或师资相承。师向弟子传付法门的顺序，称师资次第，授受教法的师弟关系谓师资之道。《唐大和上东征传》："从此以来，日本律仪，渐渐严整；**师（资）相传**，遍于环宇。"（p. 96）唐慧琳撰《一切经音义》卷50："**师资**：**师**，徒也。**资**，用也，又取也。善人，不善人之师。不善人，善人之资。亦如资财者也。"（1）失译人名今附秦录《萨婆多毘尼毘婆沙》卷5："师与弟子通为十六种，如是六师有九十六。师所用法及其将终，必授一弟子。如是**师师相传**，常有六师。"梁僧佑撰《弘明集》卷7："但自皇羲以来，各弘其方，**师师相传**，不相关涉。良由彼此，两足无复，我外之求。故自汉代以来，淳风转浇，仁义渐废，大道之科莫传，五经之学弥寡。"（2）姚秦佛陀耶舍、竺佛念等合译《四分律》卷1："若睹初制，此土先所出戒，差互不同。每以为惑以今律藏检之，方知所以。盖由大圣迁化后，五部分张，各据当时所闻，开闭有以。于是**师资相传**，遂使有彼此之异。"梁僧佑撰《出三藏记集》卷3："昔大迦叶具持法藏，次传阿难，至于第五师优波掘，本有八十诵。优波掘以后，世钝根不能具受故，删为十诵，以诵为名，谓法应诵持也。自兹以下，**师资相传**，五十余人。"隋费长房撰《历代三宝纪·卷失译》："右一部一十八卷，武帝世，外国沙门僧伽跋陀罗，齐言僧贤。**师资相传**云：'佛涅槃后，优波离既结集律藏讫，即于其年七月十五日，受自恣竟，以香华供养律藏，便下一点置律藏前，年年如是。'"

【師位僧/しいのほうし】 三字　高级僧官，等同于五位以上阶位的官人。《续日本纪》卷22《淳仁纪》天平宝字三年六月条："是日，百官及**师位僧**等，奉去五月九日敕，各上封事，以陈得失。"（第三册，p. 322）

【師位僧尼/しのくらゐのほうしあま】四字（2例） 高级僧尼官，等同于五位以上阶位的官人。《续日本纪》卷21《淳仁纪》天平宝字二年八月条："百官职事以上及太神宫〈乎〉始〈弖〉诸社祢宜・祝〈尔〉大御物赐〈夫〉。僧纲始〈弖〉诸寺**师位僧尼**等〈尔〉物布施赐〈夫〉。"（第三册，p. 264）又卷31《光仁纪》宝龟元年十月条："又僧纲始〈弖〉诸寺**师位僧尼**等〈尔〉御物布施赐〈布〉。"（第四册，p. 312）

【施財/たからをたまふ】述宾 施舍财物。《日本灵异记》中卷《孤娘女凭敬观音铜像示奇表得现报缘第34》："起灶燃火，居于空锅，押颊而蹲，入于空屋徘徊，大嗟，嗽口洒手，参入堂内，系像引绳，涕泣白言：'莫令受耻，我急**施财**。'"（p. 238）后汉安玄译《法镜经》卷1："复为造行恩德，贫者为**施财**，诸恐畏者，为安隐之，忧戚者，宽解其忧，无力者，忍默之，诸豪强者，损憍慢。"北凉昙无谶译《大般涅槃经》卷14《圣行品》："世尊，若有众生，贪著财物，我当**施财**，然后以是，大涅槃经劝之令读。"唐达摩流支译《佛说宝雨经》卷1："善男子，云何菩萨，成就财施？所谓菩萨观见，一切有情，造极恶业，施财摄取，令彼远离，所作恶业，安置善处。"

【施福/さきほひをたまふ】述宾 施与福德。《日本灵异记》中卷《孤娘女凭敬观音铜像示奇表得现报缘第34》："我乃一子而无父母，孤唯独居。亡财贫家，存身无便。愿我**施福**。早贶，急施！"（p. 238）东晋瞿昙僧伽提婆译《增壹阿含经》卷12《三宝品》："若有一人，开心布施沙门、婆罗门、极贫穷者、孤独者、无所趣向者，须食与食，须浆给浆，衣被、饭食、床卧之具、病瘦医药、香花、宿止，随身所便，无所爱惜，此名曰**施福**之业。"刘宋求那跋陀罗译《杂阿含经》卷46："由是**施福**，七反往生，三十三天，七反生此，舍卫国中，最胜族姓，最富钱财。"

【施烏/からすにほどこす】自创 给乌鸦喂食；供施乌鸦食物。《日本灵异记》下卷《序》："昔有一比丘，住山坐禅。每斋食时，拆饮**施乌**。乌常啄效，每日来候。"（p. 260）隋智顗述《观心论（亦名煎乳论）》卷1："天龙皆庆喜，一切岂不欣？能报白鸦恩，普**施乌**鸦食。"隋灌顶纂《观心论疏》卷1："王既觉已还宫，仍敕诸臣令觅白鸦，欲报其恩。诸臣答之：'若专觅白鸦，无由可得。王但普**施乌**鸦，即是报白鸦恩也。'借白鸦以喻圣人，乌鸦以譬凡人。"唐道宣撰《广弘明集》卷23："临终合掌曰：'愿即生三途，救一切众苦。'又曰：'吾以身**施乌**鸟。慎勿埋之。'"

【施銭/ぜにをたまふ】述宾 施与钱财。《日本灵异记》下卷《沙门凭愿十一面观世音像得现报缘第3》："观音菩萨之手绳系，引之而白言：'我用大安寺修多罗宗分钱，而偿无便。愿我**施钱**。'称名以愿求。"（p. 268）元魏吉迦夜、昙曜合译《杂宝藏经》卷4："王见欢喜，心生敬重，如是数时，私自念言：'我所以得，是富福缘，以**施钱**故。今彼众僧，便为于我，有大重恩。'"隋费长房撰《历代三宝纪》卷12："如此之人，罪实深重。今于三宝前，悉为发露忏悔，敬施一切，毁废经像，绢十二万匹。皇后又敬施绢十二万匹，王公以下，爰至黔黎，又人敬**施钱**百万。愿一切诸佛，一切诸法，一切诸大贤圣僧，为作证明，受弟子忏悔。”宋宗晓编《四明尊者教行录》卷7：“寻而法华岩公之门人齐公，以其事闻于本师禅师，禅师大可其议。遂辍所得众**施钱**三十万，以资经始。”

【施入/せにゅう】 后补 （8例） 施舍纳入某处。《续日本纪》卷11《圣武纪》天平六年三月条：“丙子，**施入**四天王寺食封二百户，限以三年。并施僧等絁布。”（第二册，p. 276）又卷14《圣武纪》天平十三年正月条：“丁酉，故太政大臣藤原朝臣家返上食封五千户，二千户依旧返赐其家，三千户**施入**诸国国分寺，以充造丈六佛像之料。”（第二册，p. 384）又卷16《圣武纪》天平十八年九月条：“戊寅，恭仁宫大极殿**施入**国分寺。”（第三册，p. 24）又卷19《孝谦纪》天平胜宝八年八月条：“八月乙酉，以近江朝书法一百卷，**施入**崇福寺。”（第三册，p. 166）又卷24《淳仁纪》天平宝字六年四月条：“壬申，敕：越前国江沼郡山背乡户五十烟**施入**冈寺。”（第三册，p. 406）又卷30《称德纪》神护景云三年十月条：“难波宫棉二万屯、盐三十石**施入**龙华寺。”（第四册，p. 264）又卷32《光仁纪》宝龟四年十一月条：“其修行之院，惣四十余处。或先朝之日，有**施入**田，或本有田园，供养得济。”（第四册，p. 414）又卷39《桓武纪》延历七年六月条：“乙酉，下总越前二国封各五十户**施入**梵释寺。”姚秦鸠摩罗什译《大智度论》卷88《四摄品》：“若**施入**正道中人及凡人，下至禽兽，皆无分别，等一布施。何以故？一切法不异、不分别故。”唐菩提留志译《一字佛顶轮王经》卷4《大法坛品》：“阿阇梨分为三分：一分**施入**常住供养众僧；一分给施，贫下乞人；一分阿阇梨自受取用，写经画像。其诸饮食，亦分三分。”唐圆照集《代宗朝赠司空大辨正广智三藏和上表制集》卷3：“吾缘身衣并已舍尽有金八十七两银二百二十两半，并将**施入**五台山金阁玉华两寺，装修功德。”按：《汉语大词典》失收。

【施食/くひものをほどこす】 述宾 供养斋食给僧人；布施食物给饿鬼。《日本灵异记》下卷《髑髅目穴笋揭脱以祈之示灵表缘第27》：“**施食**报福，与恩报恩。何况现人岂忘恩乎？”（p. 334）宋道诚集《释氏要览》卷1：“佛言人持食施僧，有五种利：一色、二力、三命、四安、五辩。若上座**施食**，应诵偈云：施者受者，俱获五常，色力命安，得无碍辩。”

【施水/みづをまく】 述宾 （2例） 往田地等输水，灌溉水田。《日本灵异记》上卷《忠臣小欲知足诸天见感得报示奇事缘第25》：“或遭旱灾时，使塞己田口，水施百姓田田。田**施水**既穷，诸天感应，龙神降雨。”（p. 113）又：“**施水**塞田，甘雨时降，美誉长传。”（p. 113）吴支谦译《撰集百缘经》卷5《饿鬼品》：“佛告目连：‘欲知彼时，女人不**施水**者，今此饿鬼是。’”元魏瞿昙般若流支译《正法念处经》卷28《观天品》：“若人道行，井泉池流，**施水**之处，施其瓶罐、饮水之器，供给行路。”唐义净译《金光明最胜王经》卷9《长者子流水品》：“尔时长者子流水及其二子，为彼池鱼，**施**

水施食，并说法已，俱共还家。”按：《汉语大词典》失收。

【施薬/せやく】述宾　供施药物。《续日本纪》卷22《淳仁纪》天平宝字四年六月条：“又设悲田、施药两院，以疗养天下饥病之徒也。”（第三册，p.352）后汉安世高译《佛说奈女祇域因缘经》卷1：“供养比丘比丘尼，施药迎医，随喜发誓，今获果报。”东晋佛驮跋陀罗译《大方广佛华严经》卷16《金刚幢菩萨十回向品》：“菩萨摩诃萨施药善根，如是回向已，因此善根，令一切众生，舍离诸病，安隐无患，具足清净，得诸如来，无病之法。”宋志盘撰《佛祖统纪》卷40：“五月，京师人多疫病。医王韦老师施药以救，无不瘥。”

【施薬院/せやくいん】寺名　（2例）　古代日本佛教施药救济贫穷病人之设施。依据《像法决疑经》之四福田（敬田、施药、疗病、悲田）思想而建立的四院之一。相传此院系圣德太子始创于四天王寺寺内。天平二年（730），光明皇后亦曾设置施药院。《续日本纪》卷10《圣武纪》天平二年四月条：“辛未，始置皇后宫职施药院。令诸国以职封并大臣家封户庸物充价，买取草药，每年进之。”（第二册，p.234）又卷20《孝谦纪》天平宝字元年十二月条：“十二月辛亥，敕：‘普为救养疾病及贫乏之徒。以越前国垦田一百町永施山阶寺施药院。’”（第三册，p.238）→【薬院】

【施於~/~をほどこす】于字　供施某物，布施某物。《日本灵异记》下卷《妙见菩萨变化示异形显盗人缘第5》：“帝姬阿倍天皇代，知识缘依例，献于燃灯菩萨，并室主施于钱财物。”（p.274）失译人名今附秦录《别译杂阿含经》卷8：“世尊，我忆过去，有一人王，名曰迟缓。然彼国王，于四城门，施于饮食，城中及市，亦施饮食。”元魏慧觉等译《贤愚经》卷4《摩诃斯那优婆夷品》：“佛赞五施，得福无量，所谓施远来者，施远去者，施病瘦者，于饥饿时，施于饮食，施知法人。”按：《续日本纪》卷22《淳仁纪》天平宝字三年六月条：“其缁侣意见，略据汉风，施于我俗，事多不稳。虽下官符，不行于世。故不具载。”（第三册，p.324）该例中“施于~”表示在某处施行某事，与《日本灵异记》的文例带宾语的用法不同。→【奉施於~】

【施置/ほどこして~におく】后补　供施、放在某处。《日本灵异记》下卷《二目盲男敬称千手观音日摩尼手以现得明眼缘第12》：“往来之人，见哀之者，钱米谷物，施置巾上。”（p.290）西晋圣坚译《睒子经》卷1：“睒到山中，以柴草作屋，施置床蓐，不寒不热，恒得其宜。”东晋佛陀跋陀罗、法显合译《摩诃僧祇律》卷20：“次至难陀住处，见青色地，敷高大床，施置重蹬，敷拘执褥。”刘宋功德直译《菩萨念佛三昧经》卷1《序品》：“时不空见，心自念言：‘我宜速疾，至彼地所，如其相貌，心入三昧，入三昧已，为佛世尊，化作种种，众宝法座。’即如其念，施置座已。”按：《汉语大词典》中该词条无此义项。

【十重囲繞/とへにいにょうす】四字　围了十层，围了十圈。《唐大和上东征

传》："于是，江东道采访使下牒诸州，先追所经诸寺三纲于狱，留身推问；寻踪至禅林寺，捉得大和上，差使押送，防护**十重围绕**，送至采访使所。"（p. 60）唐实叉难陀译、唐澄观述《大方广佛华严经疏钞会本》卷 68："见其住宅，广博严丽，宝墙宝树，及以宝堑，一一皆有，**十重围绕**，其宝堑中，香水盈满，金沙布地。诸天宝华、优钵罗华、波头摩华、拘物头华、芬陀利华，遍覆水上。宫殿楼阁，处处分布，门闼窗牖，相望间列，咸施网铎，悉置旛幢，无量珍奇，以为严饰。瑠璃为地，众宝间错，烧诸沉水，涂以栴檀。悬众宝铃，风动成音，散诸天华，遍布其地。种种严丽，不可称说，诸珍宝藏，其数百千，十大园林，以为庄严。"

【十地～二乘～/じゅうじ～にじょう～】 对偶　"十地"具体指：一欢喜地；二离垢地；三发光地；四焰慧地；五难胜地；六现前地；七远行地；八不动地；九善慧地；十法云地。是大乘佛教修行成就的十个阶段。"二乘"，大乘教与小乘教。乘是运载之义，表示乘坐物，谓灭众生之苦，运载于涅槃的两种教义。《日本灵异记》上卷《序》："亦大僧等，德侔**十地**，道超**二乘**。秉智烛以照昏歧，运慈舟而济溺类，难行苦行，名流远国。"（p. 54）《全唐文》卷 182 王勃《释迦如来成道记》："以最后之胜体，诣菩提之道场；圆解脱之深因，登金刚之宝座。一百四十功德，不共**二乘**；八万四千法门，高超**十地**。"《全唐文》卷 389 独孤及《佛顶尊胜陀罗尼幢赞（并序）》："世王有为之牢狱，**二乘**求慧而著空。**十地**见性而弗了，微我智印侯谁司南？故如来以大悲自定之慧力，示总持无畏之秘藏，云覆世界，雷震群有。"又卷 905 静迈《菩萨戒本序》："夫业理绵微，**二乘**不足臻其极；神宰惚恍，**十地**未易暨其深。"→【三賢十地】

【十地菩薩/じゅうじのぼさつ】 菩萨　大乘菩萨从初地到十地，共有十个阶段，十地菩萨是菩萨的最高阶段。在佛典中，不同的经论，往往对十地的内容有不同的描述。华严十地如次：欢喜地、离垢地、发光地、焰慧地、难胜地、现前地、远行地、不动地、善慧地、法云地。《奈良朝写经 75・大般若经卷第 176》："夫以般若大乘者，斯乃三世诸佛之肝心，**十地菩萨**之宝藏。"（p. 442）东晋佛驮跋陀罗译《大方广佛华严经》卷 27《十地品》："如十方无量无边，世界微尘，等诸佛世界，**十地菩萨**，皆满其中，是诸菩萨，有无量无边业，修习菩萨功德，智慧禅定，于如来功德智慧力，百分不及一、百千万亿分不及一，乃至算数譬谕，所不能及。"唐义净译《金光明最胜王经》卷 4《最净地陀罗尼品》："善男子，**十地菩萨**，是相先现，如来之身，金色晃耀，无量净光，皆悉圆满，有无量亿，梵王围绕，恭敬供养，转于无上，微妙法轮，菩萨悉见。"

【十二薬叉神/じゅうにやくさじん】 先例（2 例）　亦作药师十二神将、十二神将、十二药叉大将。为药师佛之眷属，即守护诵持药师经者的十二夜叉神将；或以其为药师佛的分身。每一神将各拥有七千药叉，计为八万四千护法神。根据《药师琉璃如来本愿功德经》的说法，即：1. 宫毗罗，意译为极畏，以弥勒菩萨为本地；2. 伐折罗，意译为金刚。以大势至菩萨为本地；3. 迷企罗，意译为执严，以阿弥陀佛为本地；

4. 安底罗，以观音菩萨为本地；5. 频尔罗，意译为执风，以摩利支菩萨为本地；6. 珊底罗，意译为居处，以虚空藏菩萨为本地；7. 因达罗，意译为执力，以地藏菩萨为本地；8. 波夷罗，以文殊菩萨为本地；9. 摩虎罗，以药师佛为本地；10. 真达罗，意译为执想，以普贤菩萨为本地；11. 招度罗，意译为执动，以金刚手菩萨为本地；12. 毗羯罗，意译为圆作，以释迦牟尼佛为本地。《日本灵异记》下卷《刑罚贱沙弥乞食以现得顿恶死报缘第33》："有一自度，字曰伊势沙弥也。诵持《药师经》**十二药叉神**名，历里乞食。"（p. 347）又："凶人逐捕，更将己门，举持大石，当沙弥头而迫之曰：'读其**十二药叉神**名，咒缚乎我？'沙弥犹辞之。"（p. 374）明受登集《药师三昧行法》卷1："一心奉请宫毗罗等**十二药叉神**将，各及七千眷属、梵释四王、天龙八部、人非人等，洎此国内，名山大川一切灵庙，（某）州地分，属内鬼神，此所住处，护伽蓝神，一切圣众。"

【十方净土/じゅう ほうじょうど】 四字 （2 例） 十方是谓东、西、南、北四方，与东北、东南、西北、西南四维，及上下二方。与三世（过去世、现在世、未来世）合而表现成三世十方，表示时间上永恒的流转与空间上的辽阔。十方有诸佛净土，无量无边，故称十方净土。《奈良朝写经33・大智度论卷第54》："仰愿藉此功德，过去神灵救三恶趣苦，欲令往生**十方净土**，莲花台化生，俱成觉道。"（p. 217）《元兴寺伽蓝缘起并流记资财账》："缘此福力，天皇大臣及诸臣等过去七世父母，广及六道四生众生，生生处处，**十方净土**，普因此愿，皆成佛果。以为子孙，世世不忘，莫绝纲纪，名建通寺。"东晋帛尸梨蜜多罗《佛说灌顶经》卷11《佛说灌顶随愿往生**十方净土**经卷第11》姚秦鸠摩罗什译《佛说仁王般若波罗蜜经》卷1《序品》："复有变**十方净土**，现百亿高座，化百亿须弥宝华，各各坐前华上，复有无量化佛。"唐菩提流志译《千手千眼观世音菩萨姥陀罗尼身经》卷1："若善男子、善女人等，作此印者，随得灭除，无量生死劫来，恶业罪障，一时消灭，当来往生，**十方净土**。"唐善无畏译《佛顶尊胜心破地狱转业障出三界秘密三身佛果三种悉地真言仪轨》卷1："是人定命终，必随愿往生**十方净土**中，为其土众及三千大千世界一切众生说是法。"

【十方有情/じゅう ほう のうじょう】 四字 佛教主张十方有无数世界及净土，称为十方世界、十方法界、十方净土、十方刹等。又其中之诸佛及有情、众生，则称为十方诸佛、十方有情、十方众生。《续日本纪》卷28《称德纪》神护景云元年正月条："神护景云元年春正月己未，敕：'畿内七道诸国，一七日间，各于国分金光明寺，行吉祥天悔过之法。因此功德，天下太平，风雨顺时，五谷成熟，兆民快乐，**十方有情**，同沾此福。'"（第四册，p. 148）唐菩提流志译《五佛顶三昧陀罗尼经》卷2《行相三昧耶品》："尔时世尊诰金刚密迹首言：'汝复谛听！我为利益，薄德尠福，少精进者。说一切秘密门，修持法时，每日三时，洗净浴法，不贪诸欲，念心无乱，唯一想佛。慈心备缘，**十方有情**，持以净土干牛粪末和咒，澡手洗净浴，身著浴衬衣，结印护身。'"

唐般若译《大乘本生心地观经》卷8《观心品》："尔时薄伽梵，妙善成就，一切如来，最胜住持，平等性智，种种希有，微妙功德，已能善获，一切诸佛，决定胜法，大乘智印，已善圆证，一切如来，金刚秘密，殊胜妙智，已能安住，无碍大悲，自然救摄，**十方有情**，已善圆满，妙观察智，不观而观，不说而说。"

【十方衆僧/じゅう ほうしゅそう】 四字 （2例） 十方世界无数的僧侣。《唐大和上东征传》："讲授之间，造立寺舍，供养**十方**（**众**）**僧**，造佛菩萨像，其数无量。"（p. 80）《续日本纪》卷20《孝谦纪》天平宝字元年十一月条："壬寅，敕：'以备前国垦田一百町，永施东大寺唐禅院十方众僧供养料。'"（第三册，p. 236）西晋竺法护译《佛说盂兰盆经》卷1："佛言：'汝母罪根深结，非汝一人，力所奈何？汝虽孝顺，声动天地，天神、地神、邪魔、外道、道士、四天王神，亦不能奈何！当须**十方众僧**，威神之力乃得解脱。吾今当为汝说，救济之法，令一切难皆离忧苦，罪障消除。'"唐宗密述《佛说盂兰盆经疏》卷2："'当须**十方众僧**威神之力乃得解脱'。三藏云：一缕不能制象，必假多丝。一人不能除业，必资众德。"唐道宣撰《续高僧传》卷15："至七月十四日讲盂兰盆经竟，敛手曰：'生常信施今须通散。一毫以上舍入**十方众僧**及穷独乞人并诸异道。'言已而终于法座矣。"

【十方諸仏/じゅう ほうしょぶつ】 四字 （4例） 所有十方三世一切之佛。《元兴寺伽蓝缘起并流记资财账》："面奉弥勒，听闻正法，悟无生忍，速成正觉。**十方诸佛**及四天等，所以至诚心誓愿，所造二寺及二躯丈六，更不破不流不斫不烧，二寺所纳种种诸物，更不摄取不灭不犯不谬也。"又："即发菩提心，誓愿**十方诸佛**，化度众生，国家大平，敬造立塔庙。"《奈良朝写经19·灌顶随愿往生经》："维天平九年岁次戊寅，六月戊戌朔二十九日丙寅，出云国守从五位下勋十二等石川朝臣年足，稽首和南**十方诸佛**。"（p. 141）《奈良朝写经31·别译杂阿含经卷第10》："维天平十五年岁次癸未五月十一日，佛弟子藤三女，稽首和南**十方诸佛**、诸大菩萨、诸圣贤众。"（p. 232）后汉支娄迦谶译《道行般若经》卷8《强弱品》："佛复言：'今我刹界中菩萨行般若波罗蜜，**十方诸佛**，今亦赞叹，说行般若波罗蜜菩萨，亦复如是。'"姚秦鸠摩罗什译《妙法莲华经》卷4《见宝塔品》："尔时**十方诸佛**，各告众菩萨言：'善男子，我今应往娑婆世界，释迦牟尼佛所，并供养多宝如来宝塔。'"唐义净译《金光明最胜王经》卷8《大辩才天女品》："过去现在，**十方诸佛**，悉皆已习，真实之语，能随顺说，当机实语，无虚诳语，已于无量，俱胝大劫，常说实语，有实语者，悉皆随喜。"

【十号之尊/じゅうごう のそん】 佛名 佛的十种尊称：即一如来，乘如实之道来成正觉；二应供，应受人天的供养；三正遍知，真正遍知一切法；四明行足，宿命明天眼明漏尽明等三明与圣行、梵行、天行、婴儿行、病行五行悉皆具足；五善逝，自在好去入于涅槃；六世间解，能了解一切世间的事理；七无上士，至高无上之士；八调御大夫，能调御修正道的大丈夫；九天人师，一切天、人的导师；十佛世尊，自觉，觉他，觉行圆满，是一切世人所共同尊重的人。《续日本纪》卷21《淳仁纪》天平宝字二年八月条："独标**十号之尊**，式崇四大之极。"（第三册，p.270）唐道宣撰《广弘明集》卷19《又竟陵王解讲疏一首》："藉此幽通控情妙觉，仰愿圣灵速登宝位，越四天之表，记**十号之尊**，惟兹三世咸证于此，敢誓丹衷庶符皎日。"宋太宗赵炅撰《御制莲华心轮回文偈颂》卷13："'移照拟循先'：如来将拟演唱妙经，先放毫相照耀五浊之众，令闻**十号之尊**。众生循光咸移苦趣者。"

【十輪経/じゅうりんきょう】 典据　凡10卷。唐玄奘译。《大乘大集地藏十轮经》的略称。释尊为地藏菩萨菩萨而说此经。阐明依佛十种智力（十轮）救济众生的佛法治国论，其次讲说金刚菩萨为首的大乘菩萨活跃情形等。《日本灵异记》下卷《刑罚贱沙弥乞食以现得顿恶死报缘第33》："所以《**十轮经**》云：'**薝匐花虽萎，犹胜诸花。破戒诸比丘，犹胜诸外道。说出家人过，若破戒若持戒，若有戒若无戒，若有过若无过，说者过出万亿佛身血**。'今此义**解云**：'**出血不能障佛道**。说僧过时，**破怀多人信，生彼烦恼，障圣道。是故菩萨乐求彼德，不乐求彼失**。'"（p.348）新罗太贤集《梵网经古迹记》卷2："又《十轮》云：'**占匐花虽萎，犹胜诸余花。破戒诸比丘，犹胜诸外道。说出家人过，若破戒若持戒，若有戒若无戒，若有过若无过，说者过出万亿佛身血**。'解云：'**出血不能障道。说僧过时，怀多人信，生彼烦恼，障圣道故。是故菩萨乐求彼德，不乐求失**。'"

【十念成功/じゅうねんじょうく】 先例　十种专念一对象的禅法取得成功。指念佛等十种念。又作十随念。增一阿含经卷一载有念佛、念法、念僧、念戒、念施、念天、念休息（即止息心意之想动）、念安般（数息）、念身非常、念死十念。《奈良朝写经18・弥勒上生经》："盖闻法门兴圣，表无量以凝尊；真相开灵，随缘然而应物。故得五根宣化，遥变响于和音；**十念成功**，远登神于补处。"（p.141）宋王日休撰《龙舒增广净土文》卷12："经云：'念阿弥陀佛一声，灭八十亿劫生死重罪，上至一心不乱，下至**十念成功**，接向九莲令辞五浊。苟能心心不昧，念念无差，则疑情永断，决定往生矣。'"

【十身薬樹/じゅうしんのやくじゅ】 自创　"十身"，《华严经》所说佛所得十身，即正觉佛、愿佛、业报佛、住持佛、化佛、法界佛、心佛、三昧佛、性佛、如意佛。"药树"，指《法华经》所说佛之药树王身。药树王，又作药王树。草木有可以治病者，称为药草、药树；其中最胜者，称为药王。若人立于树前，其五脏六腑等悉见分明。《续日本纪》卷20《孝谦纪》天平宝字元年十二月条："复愿因此善业，朕与众生，三檀福田穷于来际，**十身药树**荫于尘区。"（第三册，p.238）后汉安世高译《佛说奈女耆婆经》卷1："《本草经》说：有**药**王**树**，从外照内见人腹脏。此儿樵中，得无有药王耶？"隋智顗说、灌顶记《观音玄义》卷1："如《华严》云：'有上**药树**，其根深入，枝叶四布，根茎枝叶，皆能愈病。闻香触身，无不得益。菩萨亦如是，大悲熏身形声利物，名大药王身。'"隋智顗说《妙法莲华经玄义》卷6："示身轮者，即是示药树王身如意珠王身。"

【十一面観世音像/じゅういちめんかんぜおんぞう】 多音　十一面观世音像。《日本灵异记》下卷《沙门凭愿十一面观世音像得现报缘第3》（p. 268）北周耶舍崛多译《佛说十一面观世音神咒经》卷1："其四愿中若不得已，至后月十五日朝更立道场，于道场中置像一躯。其中有舍利者，还以**十一面观世音像**，置舍利像边，须花一千八茎。其行者在于像前敷草为坐胡跪恭敬，取其一花咒之一遍散著像上。如是次第尽一千八花，尽其花已。"唐阿地瞿多译《陀罗尼集经》卷4《佛说跋折啰功能法相品》："尔时观世音菩萨摩诃萨白佛言：'世尊，若有善男子、善女人，有能依行观世音教作咒法者，彼善男子善女人，用白栴檀，作**十一面观世音像**。'"唐菩提流志译《不空罥索神变真言经》卷13《溥遍心印真言世间品》："等数精治，白月十五日，净治途地严曼拏罗，置**十一面观世音像**，置药坛上，以诸香花香水饮食灯明随力供养。"

【十一面観音/じゅういちめんかんのん】 菩萨　具有十一种面貌的观世音菩萨。亦称十一面观世音菩萨、十一面观自在菩萨、大光普照观世音菩萨。《日本灵异记》中卷《骂僧与邪淫得恶病而死缘第11》："圣武天皇御世，纪伊国伊刀郡桑原之狭屋寺尼等发愿，于彼寺备法事，请奈良右京药师寺僧题惠禅师，奉仕**十一面观音**悔过。"（p. 177）唐道宣撰《续高僧传》卷2："自兹已后乃翻新经，既非弘泰，羁縻而已。所以接先阙本，传度梵文。即**十一面观音**、金仙问经等是也。"宋赞宁等撰《宋高僧传》卷18："尝卧贺跋氏家，身忽长其床榻各三尺许，莫不惊怪。次现**十一面观音**形，其家举族欣庆倍加信重。遂舍宅焉。"北周耶舍崛多译《佛说**十一面观世音**神咒经》卷1："彼善男子、善女人，须用白旃檀，作**观世音像**。其木要须精实不得枯箧，身长一尺三寸，作十一头。当前三面作菩萨面，左厢三面作瞋面，右厢三面似菩萨面，狗牙上出，后有一面作大笑面，顶上一面作佛面，面悉向前后著光。其十一面各戴花冠，其花冠中各有阿弥陀佛。观世音左手把澡瓶，瓶口出莲花，展其右手，以串璎珞施无畏手。其像身须刻出缨珞庄严。"

【十一面観音菩薩/じゅういちめんかんのんぼさつ】 菩萨　十一面观音菩萨像。《日本灵异记》下卷《沙门凭愿十一面观世音像得现报缘第3》："帝姬阿倍天皇代，辩宗受用于其寺大修多罗供钱三十贯，不得偿纳。维那僧等，征钱而逼。偿债无便，故登于泊濑上山寺，参向**十一面观音菩萨**。"（p. 268）唐道宣撰《集古今佛道论衡》卷4："金铜佛像伍躯　**十一面观音菩萨**二躯诸大乘经。"宋赞宁等撰《宋高僧传》卷18："弟子慧俨，未详氏姓生所。恒随师僧伽执侍缾锡，从楚州发至淮阴，同劝东海裴司马妻恪白金沙罗，而堕水抵盱眙开罗汉井，宿贺跋玄济家，俨侍**十一面观音菩萨**旁。"

【十一面観音菩萨木像/じゅういちめんかんのんぼさつのきのみかた】 多音　十一面观音菩萨木像。《日本灵异记》下卷《沙门积功作佛像临命终时示异表缘第30》："又

发愿雕造**十一面观音菩萨木像**高十尺许，半造未毕。小缘历年之，老耄力弱，不得自雕。”（p. 341）

【十一面観音像/じゅういちめんかんのんのみかた】 多音　十一面观音像。《日本灵异记》下卷《沙门积功作佛像临命终时示异表缘第30》：“既而佛师多利麿，受遗言，造彼**十一面观音像**，因关白供养已讫。今居能应寺之塔本也矣。”（p. 341）唐道宣撰《集古今佛道论衡》卷4：“幸顾斯言金铜佛五躯，**十一面观音像**二躯，并诸大乘经。”高丽一然撰《三国遗事》卷3：“丞相奏云：‘所谓伊人其心且直。愿赦宥之。’帝曰：‘彼既贤直，朕昨梦之像画，进不差则宥之。’其人乃画**十一面观音像**呈之，协于所梦。帝于是意解赦之。”辽非浊集《三宝感应要略录》卷3：“尔时梦见，圣像具足十一面，身黄金色，光明照耀，舒手摩王顶言：‘我以十一面，守护王国。’梦觉告臣。王臣人民，一日中造**十一面观音像**。一时免难。”

【時花/ときのはな】 偏正（2例）　应时的花卉。《万叶集》卷19第4166～4168首歌题：“咏霍公鸟并**时花**歌一首并短歌”（第四册，p. 306）又卷20第4304首歌注：“瞩**时花**作，但未出之间，大臣罢宴而，不举诵耳。”（p. 378）（1）元魏瞿昙般若流支译《正法念处经》卷44：“又复彼花树枝中生，枝垂至地，有种种色，种种形相，种种分分，杂杂异异，一切**时花**，同时开敷。”（2）《王子安集注·涧底寒松赋》：“见**时华**之屡变，知俗态之多浮。”（p. 37）按：与“非时（花）”一样，其反义词“时花”在佛经中同样带有浓厚的宗教意味。佛典例中说的是天界的园林中，时令花卉竞相绽放，可谓天妙花香。“非时（花）”强调非时令时的意外绽放，“时花”突出应时季节的一齐怒放。这一解释可以在歌词中得到验证。《万叶集》卷19第4166首“每时尔　伊夜目都良之久　八千种尔　草木花左伎”中的“八千种”，是上引佛经中“有种种色、种种形相、种种分分、杂杂异异”的具象化，“草木花咲き”则是“一切时花。同时开敷”的歌语表达。王勃则从“时花”的凋落感悟到世俗的炎凉。歌与诗在此虽立意不同，却都关涉佛教词“时花”。

【時時読之/ときときによむ】 四字　经常读诵（经文）《日本灵异记》下卷《如法奉写〈法华经〉火不烧缘第10》：“供养之后，入于涂漆皮筥，不安外处，置于住室之翼阶，**时时读之**。”（p. 286）宋晓宗编《乐邦遗稿》卷2：“孝子察其往生时至，预以父母平生众善聚为一疏，**时时读之**，令生欢喜。”

【時世之人/ときよのひと】 四字　当时的人，同一时代的人。《日本灵异记》中卷《埴神王腨放光示奇表得现报缘第21》：“敕许得度，金鹫为名。誉彼行，供四事无乏。时世之人美赞其行，称金鹫菩萨矣。”（p. 204）梁宝唱等集《经律异相》卷34：“王向迦叶佛说十一梦。佛言：‘此梦所为未来，非现在也。梦小树生花者，当来有佛名释迦文。**时世之人**年始二十，头生白发已，生儿子。’”

【時有人言：“~”/ときにあるひといはく ~】 说词　当时有人说：“……”。《日本灵异记》上卷《圣德皇太子示异表缘第4》：“**时有人言**：‘是有愿觉师。’即优婆塞往而见，当实愿觉师也。”（p. 69）西晋圣坚译《摩诃僧祇律》卷8：“**时有人言**：‘汝莫语此沙门辈不顺正理，欲取人物，譬如贼伺人慢藏，如医治病，以自济活。是沙门辈亦复如是，伺人灾患向城而走是坏败人有何道哉？’”东晋佛驮跋陀罗译《大方广佛华严经》卷48《入法界品》：“**时有人言**：‘善男子，此优婆夷在此城中深宫之内。’善财闻已，往诣宫门，敬心而立。”刘宋求那跋陀罗译《杂阿含经》卷14：“**时有人言**：‘有一年少，名曰须深，聪明黠慧，堪能密往沙门瞿昙众中出家，听彼法已，来还宣说。’”

【時有人曰：“~”/ときにひとありていはく ~】 说词（2例）　当时有人说：“……”。《日本书纪》卷13《允恭纪》二十四年六月条：“**时有人曰**：‘木梨轻太子奸同母妹轻大娘皇女。’因以推问焉。辞既实也。太子是为储君，不得罪。则移轻大娘皇女于伊豫。”（第二册，p. 126）又卷22《推古纪》二十六年是岁条：“是年，遣河边臣阙名于安艺国。令造舶。至山觅舶材。便得好材，以名将伐。**时有人曰**：‘霹雳木也，不可伐。’河边臣曰：‘其虽雷神，岂逆皇命耶？’多祭币帛，遣人夫令伐。则大雨雷电之。”（第二册，p. 572）唐窥基撰《唯识二十论述记》卷2：“如旧《中阿含经》说，娑罗那王是眉稀罗国主，容貌端政，自谓无双，求觅好人，欲自方比显己殊胜。**时有人曰**：‘王舍城内，有大迦旃延。形容甚好，世中无比。’王遣迎之。迦旃延至，王出宫迎。王不及彼，人睹迦延，无看王者。王问所以，众曰：‘迦延容貌胜王。’”

【時衆默然/ときにもろもろもくねんとして】 四字　当时大家都默不作声。《唐大和上东征传》：“今我同法众中，谁有应此远请，向日本国传法者乎？**时众默然**，一无对者。”（p. 40）东晋卑摩罗叉续译《十诵律》卷61：“时小儿男女擎木叉，道中见人作伎乐饮食嬉戏，舍衣绳著一面，走往看失衣物。佛言：‘若六岁以下至无岁，及式叉摩尼沙弥沙弥尼，为五众担衣。’居士更言：‘佛听持香炉在前？’白佛。佛言：‘听。’**时众默然**行。”梁宝亮等集《大般涅槃经集解》卷8《长寿品》：“而纯陀去后，**时众默然**。于是动地骇情，复与问首。而哀恋之至，了无谘启。唯深陈哀苦，设譬仰讥。于是世尊，因以二偈，抑其悲情，略举法门，劝其令问，所举所劝，皆是果旨。”

【実際/じちさい】 偏正　在佛教中，“实际”一词与法性、真如、实相、法界、涅槃等含义基本相同，指唯一绝对，常住不变的本体。实际无所不容，无处不在，一切现象都是实际的显现，故亦名“实际海”。《奈良朝写经20・大般若经卷第232》：“托思玄津，庶福于安乐，归心**实际**，冀果于菩提。”（p. 148）姚秦鸠摩罗什译《大智度论》卷32《序品》：“**实际**者，如先说：法性名为**实**，入处名为**际**。”隋慧远撰《大乘义章》卷1：“言**实际**者，理体不虚，目之为**实**；实之畔齐，故称为**际**。名义如是。”

【实如其言/まことにそのことのごとし】 口语 的确如其所言。《日本书纪》卷14《雄略纪》十四年四月条："事平之后，小根使主夜卧问人曰：'天皇城不坚，我父城坚。'天皇传闻是语，使人见根使主宅。**实如其言**，故收杀之。"（第二册，p. 200）姚秦鸠摩罗什译《众经撰杂譬喻》卷2："王闻不信问是妄语，如此下贱之人何能识宿命耶？后便问佛，佛答曰：'**实如其言**，非妄语也。'"元魏吉迦夜、昙曜合译《杂宝藏经》卷3："时有猎师，著仙人衣服，杀诸鹿鸟，人无知者。有吉利鸟，语诸人言：'此大恶人，虽著仙人衣，实是猎师，常行杀害，而人不知。'众人皆信吉利鸟，**实如其言**。"宋契嵩编《传法正宗记》卷3："逊大士坐其主榻，盛列供养，因以犬事问之曰：'若智者所说，解我疑心，即师事之。'大士曰：'吾说若有所验。汝**实如其言**乎？'曰：'不妄。'"按：《日本灵异记》中卷《贷用寺息利酒不偿死作牛役之偿债缘第32》："独大怪之，往乎妹家，具陈上事。答：'**实如言**。贷用酒二斗，未偿而死。'"（p. 232）又下卷《阎罗王示奇表劝人令修善缘第9》："广足白言：'我为此女，写《法华经》，讲读供养，救所受苦。'妻白言：'**实如白**。億忽免应还。'"（p. 284）又下卷《女人滥嫁饥子乳故得现报缘第16》："问姊之时，答：'**实如语**。我等母公，面姿姝妙，为男爱欲，滥嫁，惜乳不赐子乳。'"（p. 301）又《重斤取人物又写〈法华经〉以现得善恶报缘第20》："于时，僧言：'校札之者，**实如汝曰**，敬写三部法华大乘也。'"（p. 315）例中"实如言""实如白""实如语""实如汝曰"等搭配形式，在中国文献中未见，疑似自创搭配。

【拾集/ひろひあつむ】 并列 拾掇汇集。《日本灵异记》中卷《观音铜像及鹭形示奇表缘第17》："夏六月，彼边有牧牛童男等，见之池中有聊木头。头上居鹭。牧牛见彼居鹭，**拾集**砾块，以之掷打，不避犹居。"（p. 194）唐僧详撰《法华传记》卷9："昔佛在世时有一人，名曰光明女。此人本依闻《法华经》，命终生忉利天。其父母**拾集**儿骨，造塔供养。"

【食訖/けをはる】 完成 吃完，吃完饭。《日本书纪》卷23《舒明纪》即位前纪条："九月，葬礼毕之，嗣位未定。当是时，苏我虾夷臣为大臣，独欲定嗣位。顾畏群臣不从。则与阿倍麻吕臣议而聚群臣飨于大臣家。**食讫**将散，大臣令阿倍语群臣曰：'今天皇既崩无嗣，若急不计，畏有乱乎？'"（第三册，p. 18）（1）失译人名今附后汉录《分别功德论》卷2："昔有比丘，作阿练若，常行乞食，于江水边食，**食讫**澡钵。"梁宝唱等集《经律异相》卷5："昔波罗奈国有山，去城四五十里，有五沙门，处山学道。晨旦出山，人间乞食。**食讫**还山，晚暮乃到。往还疲极，不堪坐禅，思惟正定，历年如是，不能得道。"隋阇那崛多译《佛本行集经》卷21《王使往还品》："譬如有人，已得美食，**食讫**已后，吐变此食弃之于地，复欲还吃，可得以不？如是如是，若人舍彼五欲出家，或为诸缘，还欲入家，亦复如是。"唐慧详撰《古清凉传》卷2："多罗因不饮食，卒经三日，**食讫**将行，译语诫众曰：'大圣住处，亿劫稀闻，况得亲经。诚宜克念，幸各专志，勿复諠哗。设有所逢，但自缄默。'"（2）《搜神记》卷16："度称姓名，叙起居，既毕，命东榻而坐。即治饮馔。**食讫**，女谓渡曰。"《晋书》卷67《郗鉴传》："鉴于是独往，**食讫**，以饭著两颊边，还吐与二儿，后并得存，同过江。"按：《汉语大词典》失收。《日本灵异记》下卷《序》："比丘斋**食讫**后，嚼杨枝，嗽口洒手，把砾而玩。乌居篱外。"（p. 260）例中"（斋）食讫后"的完成句，中国文献未见，疑似变体形式。

【食於～/～をくらふ】 于字 （7例） 吃，吃东西。《日本灵异记》上卷《女人好风声之行食仙草以现身飞天缘第13》："是难波长柄丰前宫时，甲寅年，其风流事神仙感应，春野采菜，**食于**仙草飞于天。"（p. 93）后汉康孟详译《佛说兴起行经》卷2："过梵志山，见食香美，便兴妒嫉意曰：'此髡头沙门，正应食马麦，不应食此，甘馔之供。'告诸童子：'汝等见此髡头道人，**食于**甘美肴膳不?'诸童子曰：'尔实见。此等师主，亦应食马麦。'"北凉昙无谶译《大般涅槃经》卷6《如来性品》："或有众生，其心甘乐，听受是经，闻已欢喜，不生诽谤，如彼福人，**食于**稻粮。"唐般若译《大方广佛华严经》卷28《入不思议解脱境界普贤行愿品》："女人志欲无厌足，曾无少分系夫心，犹如野牛自在行，恒思渐**食于**新草。"按：《日本书纪》卷7《景行纪》四十年是岁条："然日本武尊披烟凌雾，遥径大山。既逮于峯而饥之，**食于**山中。"（第一册，p. 380）又卷8《仲哀纪》二年六月条："夏六月辛巳朔庚寅，天皇泊于丰浦津。且皇后从角鹿发而行之，到渟田门，**食于**船上。"（第一册，p. 404）又卷9《神功纪》摄政前纪条："夏四月壬寅朔甲辰，北到火前国松浦县而进**食于**玉岛里小河之侧。"（第一册，p. 420）《播磨国风土记·贺毛郡》条："所以然者，住吉大神，上坐之时，**食于**此村。"（p. 116）又《美囊郡》条："所以号志深者，伊射报和气命，御**食于**此井之时，信深贝，游上于御饭筥缘。"（p. 118）《肥前国风土记·松浦郡》条："昔者，气长足姬尊，欲征伐新罗，行于此郡，而进**食于**玉岛小河之侧。"五例中的"食于～"的"于"表示处所，与《日本灵异记》表示动作对象的"于"有所不同。此外，《日本灵异记》中卷《依不布施与放生而现得善恶报缘第16》："主将试之，而每夜半，窃起爨，令**食于**家口，犹来相之。"（p. 191）例中"食于～"的"于"表示动作涉及的对象（施事对象），在中国文献中未见，疑似自创搭配。

【使無乏少/ともしきことなからしむ】 自创 使之在物质上没有任何匮乏。《日本书纪》卷17《继体纪》元年二月条："由是，仍于蚊屋野中，造起双陵，相似如一，葬仪无异。诏老妪置目，居于宫傍近处，优崇赐邮，**使无乏少**。"（第二册，p. 244）例中"使无乏少"取法自"令无乏少"，中国文献中未见，疑似自创搭配。→【令無乏少】【令無所乏】【勿令乏少】

【始興於～/はじめて～におこる】 于字 始于……兴于……《日本书纪》卷6《垂仁纪》二十七年八月条："二十七年秋八月癸酉朔己卯，令祠官卜兵器为神币，吉

之。故弓矢及横刀纳诸神之社。仍更定神地、神户以时祠之。盖兵器祭神祇，**始兴于**是时也。"（第一册，p. 322）唐彦琮撰《唐护法沙门法琳别传》卷2："仲卿论云：'石勒之日，念其胡风，与僧澄道人，矫足毛羽。因此胡法，**始兴于**世。'"元子成撰、师子比丘述注《折疑论》卷3："'素王制礼而曲躬之貌形焉'：素，空也。言孔子有君师之德，无君师之位。《左传》序云：'夫子作《春秋》为素王，左丘明传《春秋》为素臣。故礼乐**始兴于**孔子。'"按：《日本书纪》卷29《天武纪》四年正月条："庚戌，**始兴**占星台。"（第三册，p. 356）

【始於此時/このときにはじまる】 于字 （2例） 肇始于这个时候。出自玄奘译经。《日本书纪》卷12《履中纪》即位前纪条："然太子疑其心欲杀，则吾子篭愕之，献己妹日之媛，仍请赦死罪。乃免之。其倭直等贡采女，盖**始于此时**欤。"（第二册，p. 82）又卷26《齐明纪》七年五月条："（《伊吉连博德书》）五月二十三日，奉进朝仓之朝。耽罗入朝**始于此时**。"（第三册，p. 242）唐玄奘译《阿毘达磨俱舍论》卷12："尔时诸人，随食早晚，随取香稻，无所贮积。后时有人，禀性懒惰，长取香稻，贮拟后食，余人随学，渐多停贮。由此于稻，生我所心，各纵贪情，多收无厌。故随收处，无复再生，遂共分田，虑防远尽，于己田分，生悋护心，于他分田，有怀侵夺。劫盗过起，**始于此时**。"又《阿毘达磨顺正理论》卷32："后时有王，贪悋财物，不能均给，国土人民。故贫匮者，多行贼事。王为禁止，行轻重罚。为杀害业，**始于此时**。"

【始於是時/このときにはじまる】 时段 （2例） 肇始于这个时候。《日本书纪》卷22《推古纪》十八年三月条："十八年春三月，高丽王贡上僧昙征、法定。昙征知五经，且能作彩色及纸墨，并造碾硙。盖造碾硙**始于是时**欤。"（第二册，p. 562）又三十一年十一月条："盘金问之曰：'是船者何国迎船？'对曰：'新罗船也。'盘金亦曰：'曷无任那之迎船？'即时更为任那加一船。其新罗以迎船二艘**始于是时**欤。"（第二册，p. 584）梁宝唱等集《经律异相》卷11："尔时六子，各相违戾，抄掠攻伐。尔时一切，阎浮提内，苗稼不登，人民饥饿。水雨不时，诸树枯悴，不生华实。鸟兽皆饥，其身炽然。我于尔时，舍己身体，肌肤血肉，以施众生，令其饱满。我于尔时，自投其身，以愿力故，即成肉山，高一由旬，纵广正等。是时人民，飞鸟禽兽，**始于是时**，噉肉饮血。"

【示現/あらはる】 并列 谓佛菩萨应机缘而现种种化身，如观音之三十三身。《日本灵异记》下卷《弥勒丈六佛像其颈蚁所嚼示奇异表缘第28》："夫闻佛非肉身，何有痛病？诚知圣心**示现**。虽佛灭后，而法身常存，常住不易。更莫疑之焉。"（p. 336）后汉竺大力、康孟详合译《修行本起经》卷1《现变品》："佛哀国人，欲令解脱，即化二城，变为琉璃，其城洞达，内外相照；复化六十，二万比丘，如佛无异，变化**示现**。"吴支谦译《月明菩萨经》卷1："尔时，世有佛，名谛念愿无上王如来、无所著、等正觉，**示现**受身于世间，随所乐具习行为上尊。"姚秦鸠摩罗什译《妙法莲华经》卷7《妙音菩萨品》："如是种种，随所应度，而为现形，乃至应以灭度，而得度者，示现灭度。"

【示験/しるしをしめす】述宾 示现灵验。《藤氏家传》下卷《武智麻吕传》："乃祈曰：'神人道别，隐显不同。未知昨夜梦中奇人是谁者。神若示验，必为树寺。'于是神取优婆塞久米胜足置高木末，因称其验。公乃知实，遂树一寺。今在越前国神宫寺是也。"（p. 351）梁僧佑撰《出三藏记集》卷8支道林《大小品对比要抄序第5》："而彼揩文之徒，羁见束教，顶著《阿含》，神匮分浅，才不经宗，儒墨大道，域定圣人。志局文句，诘教难权，谓崇要为达谅，领统为伤宗，须征验以明实，效应则疑伏。是以至人顺群，情以征理，取验乎沸油，明小品之体，本塞群疑幽滞，因物之征验，故示验以应之。"按：《汉语大词典》失收。

【世間/よのなか】偏正（4例） 人世间；世界上。《日本灵异记》中卷《见乌邪淫厌世修善缘第2》："赞曰：'可哉！血沼县主氏。瞰乌邪淫，厌俗尘背。浮花假趣，常净身，勤修善，祈惠命。心克安养期，解脱是世间，异秀厌土。'者也。"（p. 149）《续日本纪》卷27《称德纪》天平神护二年十月条："复敕〈久〉、此〈乃〉世间〈乃〉位〈乎波〉乐求〈多布〉事〈波〉都〈天〉无、一道〈尔〉志〈天〉、菩萨〈乃〉行〈乎〉修〈比〉、人〈乎〉度导〈牟止〉云〈尔〉、心〈波〉定〈天〉伊末〈须〉。"（第四册，p. 136）又："次〈尔〉、诸大法师〈可〉中〈仁毛〉、此二禅师等〈伊〉同心〈乎〉以〈天〉相从、道〈乎〉志〈天〉、世间〈乃〉位冠〈乎波〉不乐伊末〈佐倍止毛奈毛〉犹不得止〈天〉圆兴禅师〈尔〉法臣位授〈末川流〉。"（第四册，p. 136）又卷30《称德纪》神护景云三年十月条："今世〈尔方〉世间〈乃〉荣福〈乎〉蒙〈利〉忠净名〈乎〉显〈之〉。后世〈尔方〉人天〈乃〉胜乐〈乎〉受〈天〉终〈尔〉佛〈止〉成〈止〉所念〈天奈毛〉诸〈尔〉是事〈乎〉教给〈布止〉诏〈布〉御命〈乎〉、众诸闻食〈止〉宣。"（第四册，p. 262）后汉安世高译《佛说阿含正行经》卷1："见佛不问，见经不读，见沙门不承事，不信道德，见父母不敬，不念世间苦，不知泥犁中考治剧，是名为痴，故有生死。"陈真谛译《摄大乘论释》卷15《释智差别胜相品》："世间法或自然坏，或由对治坏。"唐玄奘译《阿毘达磨俱舍论》卷1《分别界品》："此有漏法，亦名有诤……亦名世间，可毁坏故，有对治故。"

【世間人/よのなかのひと】三字 人世间的凡人。《怀风藻》第1首大友皇子《小传》："皇太子者，淡海帝之长子也。魁岸奇伟，风范弘深，眼中精耀，顾盼炜烨。唐使刘德高，见而异曰：'此皇子，风骨不似世间人。实非此国之分。'"（p. 69）后汉安世高译《一切流摄守因经》卷1："痴者，比丘。不闻者，世间人，不见慧者，亦不从慧人闻法，亦不从慧人受教诫，亦不从慧人分别解，便得非本念。"姚秦鸠摩罗什译《妙法莲华经》卷4《劝持品》："自作此经典，诳惑世间人，为求名闻故，分别于是经。"隋阇那崛多译《佛本行集经》卷2《发心供养品》："彼然灯佛，住世一劫，共诸比丘，声闻弟子，为**世间人**，作利益故。”

【世間無常/よのなかのむじょう】 四字 （2 例） “世间”，一般社会、世上、世俗。又与“世界”同义。世是隔别、迁流之意，间是存于内部的事物，间隔之意。指世上的一切事象、事物。“无常”，谓世间一切事物不能久住，都处于生灭变异之中。《万叶集》卷 16 第 3849～3850 首歌题《厌**世间无常**歌二首》：“生死之　二海乎　厌见　潮干乃山乎　之努比鶴鴨”“**世间**之　繁惜芦尔　住住而　将至国之　多附不知闻”（第四册，p. 123）又卷 19 第 4160 首歌题《悲**世间无常**歌一首》（第四册，p. 303）后汉安世高译《佛说八大人觉经》卷 1：“第一觉悟：**世间无常**，国土危脆；四大苦空，五阴无我；生灭变异，虚伪无主；心是恶源，形为罪薮。如是观察，渐离生死。”西晋竺法护译《太子墓魄经》卷 1：“**世间无常**，恍惚如梦；室家欢娱，须臾间耳；欢乐暂有，忧苦延长。”梁宝唱等集《经律异相》卷 47：“母顾命曰：‘尔还勿来，无得母子，并命俱死。吾没心甘伤，汝未识**世间无常**，皆有离别。我自薄命，尔生无佑，何为悲怀，徒益忧患？但当建志毕命。’”

【世間無上之法/よのなかのむじょうのみのりなり】 典据 （2 例） 世界至高无上的佛法。《元兴寺伽蓝缘起并流记资财账》：“太子像并灌佛之器一具及说佛起书卷一筐度而言：‘当闻佛法既是**世间无上之法**，其国亦应修行也。’”又：“丈六光铭曰：天皇名广庭在斯归斯麻宫时，百济明王上启：‘臣闻所谓佛法既是**世间无上之法**。天皇亦应修行。’”萧齐僧伽跋陀罗译《善见律毘婆沙》卷 1《序品》：“赞叹者，学法、无学法、**世间无上法**，此是赞叹义也。”吴支谦译《菩萨本缘经》卷 3《龙品》：“金翅鸟言：‘唯愿仁者，为我和上，善为我说，**无上之法**，我从今始，惠施一切，诸龙无畏。’”隋宝贵合、北凉昙无谶译《合部金光明经》卷 2《忏悔品》：“常当至心，正念诸佛。闻说微妙，**无上之法**。”

【世間虚仮/よのなかこけなり】 四字 世俗的虚假不实。《上宫圣德法王帝说》：“我大王所告：‘**世间虚假**，唯佛是真。玩味其法，谓我大王：应生于天寿国之中，而彼国之形眼所叵看，悕因图像欲观大王往生之状。’”唐玄奘译《大乘广百论释论》卷 8《破边执品》：“领纳等相，推体实无，唯有**世间，虚假**名相。若无大造，如何世间，有火等物，烧煮等用?”宋法护等译《佛说大乘菩萨藏正法经》卷 25《精进波罗蜜多品》：“时魔波旬，现大众前，种种毁訾：‘此诸契经，非佛所说，但是**世间，虚假**文饰。’”

【世間衆生/よのなかのしゅじょう】 四字 （2 例） 共生于世的众人。《日本灵异记》下卷《假官势非理为政得恶报缘第 35》：“天皇闻之，请施皎僧头，而诏之言：‘**世间众生**，至地狱受苦，经二十余年，免耶不也？’”（p. 353）又《不顾因果作恶受罪报缘第 37》：“因时王，拍手言：‘如许见之，**世间众生**，作罪受苦，未见如此人，太甚作罪。’”吴支谦译《菩萨本缘经》卷 3《兔品》：“所以众生，不成道果，无不由此，憍慢炽盛，自是非彼，讥刺呵责，**世间众生**，以憍慢故，增长邪见，邪见因缘，诽谤三宝。”东晋佛驮跋陀罗译《大方广佛华严经》卷1《世间净眼品》：“一切**世间众生**类，不能思议佛功德，消灭一切愚痴暗，超升无上智慧台。”隋阇那崛多译《佛本行集经》卷12《游戏观瞩品》：“呜呼呜呼！**世间众生**，极受诸苦，所谓生老，及以病死，兼复受于，种种苦恼，展转其中，不能得离。”

【世俗法/よのなかのならひ】 三字 世间一般的方法。《日本灵异记》下卷《智行并具禅师重得人身生国皇之子缘第39》：“平城宫治天下山部天皇御世延历十七年之比顷，禅师善珠临命终时，依**世俗法**，问饭占时，神灵托卜者言。”（p. 377）后汉支娄迦谶译《文殊师利问菩萨署经》卷1：“不念以过去**世俗法**以应道法，不说俗事之恶、不言道事可好，如是学者，为学怛萨阿竭署。”姚秦鸠摩罗什译《大智度论》卷26《序品》：“复次，世世求一切经书、**世俗法**、佛法，粗细、善不善，悉皆学知故，慧无减。”唐玄奘译《大般若波罗蜜多经》卷500《天帝品》：“善现告言：‘如是，如是。如汝所说。一切法无依持。是故如来，非能依持，非所依持，但为随顺**世俗法**，故说为依持。’”

【世相伝云：“～”/よあいつたへていはく～】 相字 （2例） 社会上传言说：“……”。《续日本纪》卷1《文武纪》三年五月条：“**世相传云**：‘小角能役使鬼神，汲水采薪。若不用命，即以咒缚之。’”（第一册，p. 16）又卷16《圣武纪》天平十八年六月条：“自是之后，荣宠日盛，稍乖沙门之行。时人恶之。至是，死于徙所。**世相传云**：‘为藤原广嗣灵所害。’”（第三册，p. 30）隋吉藏撰《法华义疏》卷12《普贤菩萨劝发品》：“又《华严经》七处八会，普贤文殊善其始。《入法界品》流通之分，此二菩萨又令其终。所以此二人，在彼经始终者。**世相传云**：‘究竟普贤行满足文殊愿，故普贤显其行圆文殊明其愿满。故于诸菩萨中，究竟具足，显《华严》是圆满法门。’”唐明旷删补《天台菩萨戒疏》卷2：“蛊毒者，**世相传云**：‘取百种虫蛇置一瓮中相食强者即名为蛊。’”按：中土先行文献中未见文例，佛典两例属于注疏类典籍。由此可推断“世相传云”的说法，是经由内典注疏类典籍进入史书叙述语言系统的。

【市頭/いちのほとり】 后缀 （2例） 市井；市场。《续日本纪》卷9《元正纪》养老六年二月条：“戊戌，诏曰：‘**市头**交易，元来定价。比日以后，多不如法。’”（第二册，p. 110）又卷25《淳仁纪》天平宝字七年十月条：“东西**市头**，乞生者众。”（第四册，p. 8）（1）唐湛然述《止观辅行传弘决》卷2：“亦如《譬喻经》云：有长者子不别货，父令往外国兴易。初载栴檀往他国卖，久久不售，便问他言：‘**市头**何者贵耶？’他人答言：‘市中炭贵。’便烧栴檀为炭。”《敦煌变文·李陵变文》：“武帝闻之，忽然大怒，遂掩（阉）司马迁，并陵老母妻子于马**市头**付法。血流满市，枉法陵母，日月无光，树枝摧折。”又《妙法莲华经讲经文》：“若问最好是上州胡饼炉间满**市头**。”（2）唐施肩吾《途中逢少女》诗：“**市头**日卖千般镜，知落谁家新匣中？”按：《汉语大词典》首引唐元稹《估客乐》诗："一解**市头**语，便无乡里情。"略晚。

【事了/ことをはる】 完成 （3 例） 事情完了以后。《日本书纪》卷 25《孝德纪》大化二年三月条："复有被役边畔民，**事了**还乡之日，忽然得疾，卧死路头。于是路头之家乃谓之曰：'何故使人死于余路？'因留死者友伴强使祓除。"（第三册，p. 154）又卷 26《齐明纪》五年七月条："（《伊吉连博德书》）十二月三日，韩智兴傔人西汉大麻吕枉谗我客。客等获罪唐朝已决流罪，前流智兴于三千里之外。客中有伊吉连博德奏，因即免罪。**事了**之后，敕旨：'国家来年必有海东之政。'"（第三册，p. 226）《续日本纪》卷 8《元正纪》养老四年三月条："据案：'唯言运送庸调脚直，自余杂物送京，未有处分。但百姓运物入京，**事了**即令早还。'"（第二册，p. 70）（1）西晋竺法护译《修行地道经》卷 1："医心念言曼命未断当避退矣。便语众人今此病者，设有所索饭食美味，恣意与之勿得逆也。吾有急事而相舍去**事了**当还，故兴此缘便舍退去。"唐义净译《根本说一切有部毘奈耶》卷 18："笈多觉知邬陀夷，欲心炽盛，告言：'圣者我暂须出，**事了**还来。'邬陀夷作如是念：'此为便利，而欲出耶？'遂令暂出。"（2）《吴志》卷 9《周瑜传》："毕，遣之曰：适吾有密事，且出就馆，**事了**，别自相请。"《晋书》卷 34《羊祜传》："帝欲使祜卧护诸将，祜曰：'取吴不必须臣自行，但既平之后，当劳圣虑耳。功名之际，臣所不敢居。若**事了**，当有所付授，愿审择其人。'"按：《汉语大词典》失收。

【事若实者/こともしまことならば】 假设 事情如果是事实的话。《日本书纪》卷 19《钦明纪》十四年八月条："**事若实者**，国之败亡，可企踵而待。庶先日本军兵未发之间，伐取安罗，绝日本路。"（第二册，p. 422）姚秦鸠摩罗什译《大庄严论经》卷 12："我割身肉时，心不存苦乐。无瞋亦无忧，无有不喜心。此**事若实者**，身当复如故。速成菩提道，救于众生苦。"唐大觉撰《四分律行事钞批》卷 10："'与欲已悔戒七十六'《开文》云：其**事若实者**，《准多论》第八云：若僧一切羯磨事，作不如法，当时力不能，有所转易，嘿然而不呵，后言不可，无罪。"

【视占/みる】 并列 察看，窥察。《日本书纪》卷 29《天武纪下》十三年二月条："庚辰，遣净广肆广濑王、小锦中大伴连安麻吕及判官、录事、阴阳师、工匠等于畿内，令**视占**应都之地。"（第三册，p. 432）唐慧琳撰《一切经音义》卷 9："**视占**：之盐反。《方言》：**占**，**视**也。**占**，亦候也。凡物相候谓之**占**，亦瞻也。"吴支谦译《赖吒和罗经》卷 1："赖吒和罗言：'取宝物上覆，皆用作囊，悉取珍宝，盛著囊中，载著车上，持到恒水边，**视占**深处，以投其中。'"刘宋昙无蜜多译《五门禅经要用法》卷 1："师教行人行住坐立相，其人内境界多者**视占**极高远知缘外多，若一心徐步**视占**审谛者知缘内，若外缘者教观冢间死尸。"梁宝唱等集《经律异相》卷 26："文殊敕三摩陀阿楼陀者，令严治其处，可容来者。菩萨受教，四面**视占**[①]则时悉办。"按：《汉语大词

① "占"，宋本、元本、明本、宫本中作"瞻"。

典》失收。

【拭涕/なみだをのこふ】 述宾 （4 例） 擦拭眼泪。《日本书纪》卷6《垂仁纪》五年十月条："兹意未竟，眼涕自流。则举袖**拭涕**，从袖溢之沾帝面。故今日梦也，必是事应焉。锦色小蛇则授妾匕首也，大雨忽发则妾眼泪也。"（第一册，p. 310）《万叶集》卷6第965～966首歌注："于是，娘子伤此易别，叹彼难会，**拭涕**自吟振袖之歌。"（第二册，p. 132）又第978首歌注："有须，**拭涕**悲叹，口吟此歌。"（第二册，p. 138）又卷19第4248～4849首歌序："于是别旧之凄，心中郁结，**拭涕**之袖，何以能旱？"（第四册，p. 344）刘宋求那跋陀罗译《佛说树提伽经》卷1："王语树提伽：'诸臣皆喜，卿何以无言。'树提伽答言：'不敢欺王。是臣之家，**拭涕**之巾，挂著池边，遇天风起，吹王殿前。以是之故，默然不言。'"高丽一然撰《三国遗事》卷3："夫妇老且病，饥不能兴。十岁女儿巡乞，乃为里獒所噬，号痛卧于前。父母为之歔欷，泣下数行。妇乃□涩**拭涕**，仓卒而语曰。"按：《汉语大词典》失收。

【是等物/これらのもの】 总括 这些东西，这一类东西。《日本书纪》卷8《仲哀纪》八年正月条："复熊袭为服。其祭之，以天皇之御船及穴门直践立所献之水田，名大田，**是等物**为货也。"（第一册，p. 410）吴支谦译《菩萨本缘经》卷1《毘罗摩品》："牛车八万、象马八万，及诸仓库，钱财珍宝，不可称计。如**是等物**，悉庄严已，而作是念：'今是施物，将无少耶？'"唐实叉难陀译《大方广佛华严经》卷29《十回向品》："佛子，菩萨摩诃萨于一世界，尽未来劫，修菩萨行，以**是等物**，施一众生，如是给施，一切众生，皆令满足。"唐输波迦罗译《苏悉地羯罗经》卷2《成就诸物相品》："复次我今，说成就物，依**是等物**，真言悉地，所谓真陀摩尼贤瓶雨宝伏藏轮雌黄刀。此等七物，上中之上，能令种种，悉地成就。"

【是故当知/このゆゑにまさにしるべし】 四字 因为这一缘故，应当知道……《日本灵异记》下卷《智行并具禅师重得人身生国皇之子缘第39》："**是故当知**，善珠大德，重得人身，生人王之子矣。"（p. 378）失译人名今附后汉录《大方便佛报恩经》卷1《序品》："汝师瞿昙，不知恩分，而不顾录，遂前而去。**是故当知**，是不孝人。"东晋瞿昙僧伽提婆译《中阿含经》卷24《因品》："阿难，**是故当知**，是老死因、老死习、老死本、老死缘者，谓此生也。所以者何？缘生故则有老死。"姚秦鸠摩罗什译《小品般若波罗蜜经》卷2《塔品》："**是故当知**，善男子、善女人，发阿耨多罗三藐三菩提心，乃至能受持读诵、供养恭敬、尊重赞叹般若波罗蜜。"

【是何瑞也/これなにのみづぞ】 口语 这是什么征兆？《日本书纪》卷11〈仁德纪〉元年正月条："初天皇生日，木菟入于产殿。明旦，誉田天皇唤大臣武内宿祢语之曰：'**是何瑞也**？'"（第一册，p. 30）吴维祇难等合译《法句经》卷1〈普光庄严菩萨等证信品〉曰："于是东方百千万亿阿僧祇土有国，名宝土，佛名宝相。有菩萨，名普光庄严，见此地动，白宝相佛言：'世尊，如此地动，**是何瑞也**？'彼佛答言：'西方去此百千万亿阿僧祇土有国，名娑婆，佛号释迦牟尼，为诸众生，说于佛法，决定大乘，报善知识恩。故现斯瑞。'"《折疑论》："王问太史扈多曰：'**是何瑞也**？'扈对曰：'此西方大圣人入灭所现相也。'"

【是何物耶/これなにぞ】 口语 是什么呢？是什么东西呢？《日本书纪》卷6《垂仁纪》二十三年十月条："冬十月乙丑朔壬申，天皇立于大殿前，誉津别皇子侍之。时有鸣鹄度大虚。皇子仰观鹄曰：'**是何物耶**？'"（第一册，p. 316）隋吉藏撰《法华义疏》卷12："问：'咒**是何物耶**？'答：'诸佛菩萨说法有二：一显现二秘密，咒即是秘密法，如世人有二种法，一显现，谓世俗之常法；二秘密术，谓禁咒等。今随世俗亦作此二法。'"唐义净译《根本说一切有部苾刍尼毘奈耶》卷9："报言大妹：'我曾昼日，入彼林中，起怖畏心，身毛皆竖。大妹如何，独住于彼？手所持者，**是何物耶**？'时苾刍尼具以缘告。"又卷42："世尊告曰：'汝之衣角，**是何物耶**？'即便开解，见一金钱，白佛言：'此一金钱，是父知识，见我贫苦，持以相赠。由薄福故，忘而不忆。'世尊告曰：'汝可持此金钱，买青莲花来。'"唐道宣撰《四分律删繁补阙行事钞》卷2："问：'招提常住等**是何物耶**？'答：'《中含》阿难受别房用施招提僧，庵婆女以园施佛为首，及招提僧，文中不了。'"唐大觉撰《四分律行事钞批》卷8："'招提常住，**是何物耶**'者，此问意云，常住与招提，有何殊状？答云：'《阿含》经文不了。'"

【是人存時/このひといけりしときに】 时段 这个人活着的时候。《日本灵异记》中卷《贷用寺息利酒不偿死作牛役之偿债缘第32》："字号盐春也。**是人存时**，不中矢，猪念我当射，春盐往荷见之无猪，但矢立于地。里人见咲，号曰盐春。故以为字也。"（p. 231）唐法砺撰述《四分律疏》卷8："病人语比丘言：'看我当与长者衣钵。'无常后集众，欲分衣物。看病人言：'**是人存时**，言与我衣钵。'白佛，佛言不应与。"

【是日夜半/このひのよなかに】 时段（3例） 这天半夜。《日本书纪》卷21《用明纪》元年五月条："于是，穴穗部皇子阴谋王天下之事，而口诈在于杀逆君。遂与物部守屋大连率兵，围绕盘余池边。逆君知之，隐于三诸之岳。**是日夜半**，潜自山出隐于后宫。"（第二册，p. 502）又《崇峻纪》二年四月条："六月甲辰朔庚戌，苏我马子宿祢等奉炊屋姬尊，诏佐伯连丹经手、土师连盘村、的臣真啮曰：'汝等严兵速往，诛杀穴穗部皇子与宅部皇子。'**是日夜半**，佐伯连丹经售等围穴穗部皇子宫。"（第二册，p. 508）又卷24《皇极纪》元年八月条："**是日夜半**，雷鸣于西南角而风雨。参官等所乘船舶触岸而破。"（第三册，p. 64）后汉竺大力、康孟详译《修行本起经》卷2："**是日夜半**后，得三术阇（三术阇者汉言三神满具足），漏尽结解，自知本昔，久所习行，四神足念，精进定、欲定、意定、戒定。得变化法，所欲如意，不复用思。"

【是聖非凡/これひじりなり、ただびとにあらず】 四字（3例） 是圣人而并非凡人。《日本灵异记》上卷《忆持〈法华经〉现报示奇表缘第18》："赞曰：'善哉！日下部之氏。读经求道，过现二生，重诵本经。现孝二父，美名传后，**是圣非凡**。诚知法华

威神，观音验力。’”（p. 101）又《勤求学佛教弘法利物临命终时示异表缘第22》：“赞曰：‘船氏明德，远求法藏。**是圣非凡**，终没放光。’”（p. 108）又下卷《沙门积功作佛像临命终时示异表缘第30》：“赞曰：‘嗟呼，庆哉！三间名干岐之氏大德。内密圣心，外现凡形。著俗触色，不染戒珠，临没向西，走神示异。’诚知**是圣非凡**矣。”（p. 342）唐善导集记《观无量寿佛经疏》卷2：“从‘佛告韦提下，至令汝得见已来’，正明夫人**是凡非圣**。由非圣故，仰惟圣力冥加，彼国虽遥得睹。此明如来恐众生置惑，谓言夫人**是圣非凡**。由起疑故，即自生怯弱。然韦提现是菩萨，假示凡身。我等罪人，无由比及。”

【是事為云何/このことなすやいかに】 口语　这件事是为什么？这件事是因为什么呢？《元兴寺伽蓝缘起并流记资财账》：“时聪耳皇子大大王大前白：‘昔百济国乞遣法师等及工人奉上。**是事为云何**？’”姚秦鸠摩罗什译《妙法莲华经》卷1《方便品》：“无漏诸罗汉，及求涅槃者，今皆堕疑网，佛何故说是？其求缘觉者，比丘比丘尼，诸天龙鬼神，及乾闼婆等，相视怀犹豫，瞻仰两足尊，**是事为云何**？愿佛为解说。”又《佛藏经》卷3《嘱累品》：“无心生心想，而自大惊畏。我为作不作，**是事为云何**？如是诸凡夫，思惟而筹量。我当云何作，如是常啼泣。”唐菩提流志译《大宝积经》卷3：“无心起心想，当有大怖畏。我当成不成，**是事为云何**？而常起寻伺，住在于一边。诽谤于正道，不可得菩提。”

【是事云何/このこといかに】 口语　这件事究竟怎么样？《元兴寺伽蓝缘起并流记资财账》：“时三尼等官白：‘但六口僧耳来，不具二十师。故犹欲度百济国受戒。’白。时官问诸法师等：‘此三尼等欲度受戒，**是事云何**？’时法师等答状，如先客答无异。”西晋无罗叉译《放光般若经》卷13《坚固品》：“须菩提言：‘**是事云何**？世尊。’佛言：‘从阿罗汉、辟支佛地动转者，是则阿惟越致。从阿罗汉、辟支佛地虽不动转者，是菩萨则为动转者。须菩提，以是相行，像貌具足，是为阿惟越致。’”北凉昙无谶译《大般涅槃经》卷30《师子吼菩萨品》：“世尊，我妇怀妊，六师相言：‘生必是女。**是事云何**？’佛言：‘长者，汝妇怀妊，是男无疑，其儿生已，福德无比。’尔时长者，闻我语已，生大欢喜，便退还家。”唐实叉难陀译《大方广佛华严经》卷73《入法界品》：“时王即集，五百大臣，而问之言：‘**是事云何**？’诸臣答言：‘彼罪人者，私窃官物，谋夺王位，盗入宫闱，罪应刑戮。有哀救者，罪亦至死。’”

【是夜半/このよなかに】 时段　这天半夜。《日本书纪》卷26《齐明纪》四年十一月条：“**是夜半**，赤兄遣物部朴井连鲔率造宫丁，围有间皇子于市经家。”（第三册，p. 216）又卷27《天智纪》元年六月条：“**是夜半**，铃鹿关司遣使奏言：‘山部王、石川王并来归之，故置关焉。’天皇便使路直益人征。”（第三册，p. 316）元魏等译《贤愚经》卷3《差摩现报品》：“时王竟日，忽忘前事，夜卒自念：‘我以先许，彼罪人食，云何欻忘？’即时遣人，致食往与。举宫内外，无欲往者，咸作是说：‘今**是夜半**，道路恐有，猛兽恶鬼罗刹，祸难众多，宁死于此，不能去也。'" 按："指示代词 + 时间成分"是中土文献中习见的表达形式，汉译佛经继承了这一形式，并在译经中大量运用。

【恃己力/おのがちからをたのむ】 三字 凭借一己之力。《日本灵异记》中卷《力女捔力试缘第 4》："住小川市内，**恃己力**，凌弊于往还商人，而取其物为业。"（p. 154）元魏瞿昙般若流支译《正法念处经》卷 20《畜生品》："时鬘持天告婆修基德叉迦等诸龙王曰：'今此勇健，阿修罗王，以憍慢故，自**恃己力**，犹不调伏。汝今可于，阿修罗上，降澍大火，令彼失力，破坏还退。'" 又：卷 21《畜生品》："一切阿修罗，皆共和集，欲来我所，自**恃己力**，而生憍慢，不知天力。" 失译人名今附秦录《无明罗刹集》卷 1："王见是已，即便忧愁唱言：'咄哉！云何自**恃己力**，暴恶乃尔？'"

【恃力作勢/ちからをたのみいきほひをなす】 典据→【略無嘸類】

【恃色/かほをたのむ】 述宾 依仗姿色，自恃色貌。《日本书纪》卷 6《垂仁纪》四年九月条："夫以色事人，色衰宠缓。今天下多佳人，各递进求宠，岂永得**恃色**乎？是以冀吾登鸿祚，必与汝照临天下。则高枕而永终百年，亦不快乎？愿为我弑天皇。"（第一册，p. 306）元魏瞿昙般若流支译《正法念处经》卷 69："复次修行者，观业果法。众生三种，憍慢放逸，不作善业。何等为三？一者**恃色**，而生憍慢；二者恃少，而生憍慢；三者恃命，而生憍慢。" 唐菩提流志诏译《大宝积经》卷 96："是身众秽器，犹如贮粪瓶。凡夫无智慧，**恃色**生憍慢。" 唐道世撰《法苑珠林》卷 21："富贵之者，人多放逸：傲慢贡高，轻辱凌下；或有乘威籍势，尊己凌人；或有博识聪达，恃才凌人；或有辩口利词，畅说凌人；或有夸豪奢侈，轻慢凌人；或有美容姿态，**恃色**凌人；或有乘肥骋骑，恃乘凌人；或有资财奴婢，恃富陵人。如是众多，不可具述。" 按：《汉语大词典》失收。

【室裏/むろのうち】 后缀 屋里，房间里。《日本灵异记》上卷《僧忆持〈心经〉得现报示奇事缘第 14》："时觉法师语弟子言：'一夕诵《心经》一百遍许，然后开目，观其**室里**，四壁穿通，庭中显见。'"（p. 95）（1）唐道世撰《法苑珠林》卷 39："西头**室里**，有一沙门，端坐俨然，尘没膝，四望瞻眺，唯见茂林悬涧，非有人居。" 宋延寿集《宗镜录》卷 18："一处顿现者，如来眼睫，文殊宝冠，弥勒阁中，普贤毛孔，净名**室里**，摩耶腹中，芥子针锋，近尘远刹，各各顿现。"（2）《太平御览》卷 49 引《武陵记》曰："山下有石室数亩，望**室里**虽暗，犹见铜钟高丈余，数十枚，其色甚光明。" 按：《汉语大词典》失收。

【釈~/ほうし~】 前缀 （9 例） 释尊的略称。又以出家人作释尊弟子从师姓，而有此称。《日本书纪》卷 25《孝德纪》大化四年二月条："是月，诏博士高向玄理与**释**僧旻，置八省百官。"（第三册，p. 170）又卷 26《齐明纪》七年四月条："**释**道显《日本世记》曰：'百济福信献书，祈其君糺解于东朝。'"（第三册，p. 240）又卷 27《天智纪》即位前纪条："**释**道显云：'言春秋之志，正起于高丽。而先声百济。百济近侵甚苦急，故尔也。'"（第三册，p. 252）又元年四月条："夏四月鼠产于马尾。**释**道显占曰：'北国之人将附南国，盖高丽破而属日本乎？'"（第三册，p. 252）《日本灵异记》上卷《僧忆持〈心经〉得现报示奇事缘第14》："**释**义觉者，本百济人也。其国破时，当后冈本宫御宇天皇之代，入我圣朝，住难破百济寺矣。"（p. 94）又《僧用涌汤之分薪而与他作牛役之示奇表缘第20》："**释**惠胜者，延兴寺之沙门也。法师平生时，涌汤分薪诎一束，与他而死。"（p. 104）又中卷《智者诽妒变化圣人而现至阎罗阙受地狱苦缘第7》："**释**智光者，河内国人，其安宿郡锄田寺之沙门也。"（p. 167）《唐大和上东征传》："五言伤大和上传灯逝日本国传灯沙门**释**思托。"（p. 100）又："传灯贤大法师大僧都沙门**释**法进。"（p. 101）

【釈道/しゃくどう】偏正　释尊所倡导的佛教。《续日本纪》卷8《元正纪》养老五年六月条："又百济沙门道藏。寔惟法门袖领。**释道**栋梁。"（第二册，p. 98）

【釈典/しゃくてん】偏正（2例）指释尊说法，经结集而成的经典，后世遂以佛门经籍，统称为释典。《续日本纪》卷8《元正纪》养老四年十二月条："**释典**之道，教在甚深。转经唱礼，先传恒规。理合遵承，不须辄改。"（第二册，p. 82）又卷37《桓武纪》延历二年三月条："天平十二年，坐兄广嗣事，流于隐伎。十四年宥罪征还隐居蜷渊山中，不预时事，敦志**释典**，修行为务。"后魏菩提流支等译《十地经论》卷1崔光《十地经论序》："每以佛经为游心之场，**释典**为栖照之囿。"隋费长房撰《历代三宝纪》卷11："帝以庭荫早倾常怀哀感，每叹曰：'虽有四海之尊，无以得申罔极。'故留心**释典**，以八部般若是十方三世诸佛之母，能消除灾障荡涤烦劳。故采众经，穷述注解，又亲讲读。冀藉兹胜，福望得展，斯思慕频，奉代舍身。"高丽觉训撰《海东高僧传》卷1："当文宣时盛弘**释典**，内外阐扬，黑白咸允，景行既彰，逸响遐被。"按：《汉语大词典》首引《晋书》卷77《何充传》："性好**释典**，崇修佛寺。"略晚。

【釈放還/ゆるしはなちかへす】连言　释放回去。《续日本纪》卷14《圣武纪》天平十三年九月条："其流人，未达前所，已达前所，及年满已编付为百姓，亦咸**释放还**。"（第二册，p. 396）唐伽梵达摩译《千手千眼观世音菩萨广大圆满无碍大悲心陀罗尼经》卷1："若为王官收录身，囹圄禁闭杻枷锁，至诚称诵大悲咒，官自开恩**释放还**。"

【尺迦/しゃか】佛名　梵名 śākya 的音译，意译作"能仁"。释迦牟尼所属种族之名称，为佛陀五姓之一。亦为释迦牟尼之简称。释迦族为古印度民族之一，属武士阶级，为雅利安民族中日种系甘蔗王之后裔。佛陀出身于此族，因而称为释迦牟尼（即释迦族之圣者）。"尺"是"释"的省笔。《日本灵异记》下卷《序》："今探是贤劫**尺迦**一代教文，有三时：一正法五百年；二像法千年；三末法万年。"（p. 259）

【尺迦仏/しゃかぶつ】 三字 释迦牟尼佛的略称。“尺”，“释”字的省笔。《日本灵异记》下卷《漂流大海敬称**尺迦佛**名得全命缘第25》（p. 325）。东晋佛驮跋陀罗译《大方广佛华严经》卷23《十地品》：“于**释迦佛**前，而现此神力，以佛力开现，法王无畏藏。”隋阇那崛多译《佛本行集经》卷36《耶输陀宿缘品》：“如是系念，身体不净，忆念不舍，数数复念，成就勤劬，得四禅心，复更重发，如是之愿：‘愿未来世，值**释迦佛**，出现于世。’”北凉昙无谶译《金光明经》卷1《赞叹品》：“令我世界，无与等者，奉贡金鼓，赞佛因缘，以此果报，当来之世，值**释迦佛**。”

【釈迦仏金銅像/しゃかぶつのこんどうぞう】 多音 释迦佛金铜像。《日本书纪》卷19《钦明纪》十三年十月条：“冬十月，百济圣明王遣西部姬氏达率怒唎斯致契等，献**释迦佛金铜像**一躯、幡盖若干、经论若干卷。”（第二册，p. 416）

【釈迦仏像/しゃかぶつのぞう】 四字 释迦佛像。《续日本纪》卷12《圣武纪》天平九年三月条：“三月丁丑，诏曰：‘每国令造**释迦佛像**一体，挟持菩萨二躯，兼写《大般若经》一部。’”（第二册，p. 312）唐阿地瞿多译《陀罗尼集经》卷5《毘俱知救病法坛品》：“若用白㲲，若于绢上，画作其像，画师先受，持八戒斋，画**释迦佛像**，左厢画金刚，右厢画观世音菩萨。”唐义净译《佛说一切功德庄严王经》卷1：“次令画师，受八戒斋，身衣净洁，而画其像，于其铺中，安**释迦佛像**，处师子座作说法仪，右边安观自在菩萨。以诸严具，而庄饰之。”唐靖迈撰《古今译经图纪》卷1：“帝敕郎中蔡愔中郎将秦景博士王遵等一十八人西寻佛法，愔等至印度国，请迦叶摩腾竺法兰共还，用白马驮经并将画**释迦佛像**，以永平十年岁次丁卯至于洛阳。”

【尺迦牟尼仏/しゃかむにぶつ】 佛名 释迦牟尼是梵语 śākya-muni 的译音。佛教始祖。又写作“释迦文尼”“奢迦夜牟尼”“释迦文”。略称“释迦”“释尊”。意译作“能仁”“能忍”“能寂”“能满”等。“释迦”为种族名，谓有力量者、能力之意。“牟尼”是尊称，“圣者、贤者”之意，译为“仁”“忍”。“佛”是梵语 buddha 的译音，意译为觉者（领悟真理者）。因此，释迦牟尼佛是指释迦族出身的圣者、领悟真理的人。《日本灵异记》中卷《恃己高德刑贱形沙弥以现得恶死缘第1》：“故《憍慢经》云：‘先生位上人，**尺迦牟尼佛**顶，佩履蹈人等罪。’云云。何况著袈裟之人打侮之者，其罪甚深矣。”（p. 146）又下卷《漂流大海敬称尺迦佛名得全命缘》：“二人各得一木，以乘漂流于海。二人无知，唯称诵：‘南无无量灾难令解脱**尺迦牟尼佛**。’哭叫不息。”（p. 325）失译人名今附后汉录《大方便佛报恩经》卷5《慈品》：“尔时五百人寻共发声，唱如是言：‘南无**释迦牟尼佛**。’”姚秦鸠摩罗什译《妙法莲华经》卷7《妙音菩萨品》：“尔时，**释迦牟尼佛**放大人相，肉髻光明，及放眉间，白毫相光，遍照东方，百八万亿，那由他恒河沙等，诸佛世界。”隋阇那崛多译《佛本行集经》卷3《发心供养品》：“此佛大威德，离欲得寂静，**释迦牟尼佛**，皆悉供养来。”

【釈迦牟尼仏尊像/しゃかむにぶつそんぞう】 多音 释迦牟尼佛尊像。《续日本纪》卷14《圣武纪》天平十三年三月条："顷者，年谷不丰，疫疠顿至。惭惧交集，唯劳罪己。是以，广为苍生，遍求景福。故前年，驰使增饰天下神宫。去岁，普令天下造**释迦牟尼佛尊像**，高一丈六尺者，各一铺，并写大般若经各一部。"（第二册，p. 388）

【尺迦如来/しゃかにょらい】 佛名 即释迦佛、释尊。《日本灵异记》下卷《漂流大海敬称尺迦佛名得全命缘第25》："海中虽多难，而全命存身，寔**尺迦如来**之威德，海中漂人之深信矣。现报犹如是，况后报也。"（p. 326）失译人名今附后汉录《大方便佛报恩经》卷2《对治品》："尔时**释迦如来**告一切大众言：'是七十大菩萨摩诃萨，久于过去无量百千万亿微尘数阿僧祇劫中，已曾供养无量百千万亿恒河沙世界微尘数诸佛，于诸佛所，常修梵行，供养诸佛，心不疲惓。'"姚秦鸠摩罗什译《妙法莲华经》卷4《提婆达多品》："智积菩萨言：'我见**释迦如来**，于无量劫，难行苦行，积功累德，求菩提道，未曾止息。观三千大千世界，乃至无有，如芥子许，非是菩萨，舍身命处，为众生故，然后乃得，成菩提道。不信此女，于须臾顷，便成正觉。'"隋阇那崛多译《佛本行集经》卷54《优波离因缘品》："我亦如是，当于彼时，**释迦如来**，法教之中，持律弟子，我最第一。"

【釈迦像/しゃかのぞう】 三字 （3例） 释迦牟尼佛像的略称。《续日本纪》卷9《元正纪》养老六年十二月条："十二月庚戌，敕奉为净御原宫御宇天皇，造弥勒像。藤原宫御宇太上天皇**释迦像**。其本愿缘记，写以金泥，安置佛殿焉。"（第二册，p. 124）又卷9《圣武纪》神龟三年八月条："八月癸丑，奉为太上天皇造写**释迦像**并《法华经》讫，仍于药师寺设斋焉。"（第二册，p. 170）梁宝亮撰《名僧传抄》卷1《建立精舍唯置一**释迦像**事》唐圆照撰《贞元新定释教目录》卷1："又秦景使还于月支国得**释迦像**，是优填王栴檀像师第四作也。"《南史》卷7《梁本纪中》："五月己卯，河南王遣使朝，献马及方物，求**释迦像**并经论十四条。敕付像并《制旨涅槃》《般若》《金光明讲疏》一百三卷。"

【尺迦丈六/しゃかじょうろく】 四字 （2例） 身长一丈六尺的释迦牟尼佛像。《日本灵异记》中卷《极穷女于**尺迦丈六佛**愿福分示奇表以现得大福缘第28》："谅知**尺迦丈六**不思议力，女人至信奇表之事矣。"又下卷《沙门积功作佛像临命终时示异表缘第30》："观规圣武天皇之代，发愿雕造**尺迦丈六**并胁士，以白壁天皇世宝龟十年己未，奉造既毕。"（p. 341）唐道宣撰《关中创立戒坛图经》卷1："依今北天竺东石戒坛，纵广二百步，高一丈许，此则随时不定；今且从**释迦丈六**为言，其下层从地起基，高佛一肘，则唐尺高三尺也。"颜娟英主编《比丘尼法藏等造像记》卷1："然比丘尼法藏，体道悟真，含灵自晓，化及天龙，教被人鬼。是以知财五家，谨割衣钵之余，敬造文石像一区，镌金镂彩，妙拟**释迦丈六**之容。远而望之，灼如等觉之现。"

【尺迦丈六仏/しゃかじょうろくぶつ】 多音 （2 例） 身长一丈六尺的释迦牟尼佛像。《日本灵异记》中卷《极穷女于**尺迦丈六佛**愿福分示奇表以现得大福缘第 28》："爰六宗之学头僧等，集会怪之，问女人曰：'汝为何行？'答曰：'无所为。唯依贫穷，存命无便，无归无怙。故我是寺**尺迦丈六佛**，献花香灯，愿福分耳。'"（p. 223）

【釈迦丈六仏像/しゃかじょうろくぶつのみかた】 多音 身长一丈六尺的释迦牟尼佛像。《唐大和上东征传》："振州别驾闻和上造寺，即遣诸奴，各令进一椽，三日内一时将来，即构佛殿、讲堂、砖塔。[椽] 木 [有] 余；又造**释迦丈六佛像**。"（p. 70）

【釈迦尊像/しゃかそんぞう】 四字 释迦牟尼佛尊像。《法隆寺金堂释迦三尊像光背铭》："癸未年三月中，如愿敬造**释迦尊像**并侠待及庄严具竟。"《全唐文》卷 174 张鷟《沧州弓高县实性寺释迦像碑》："于宝堂内敬画**释迦尊像**一铺，熔金范素，写丹雘图青，斫象浦之灵珠，瑑龙泉之羽璧。"又卷 203 陈集源《龙龛道场铭》："又檀越主善劳县令陈叔、陈叔珪（阙一字）陈叔垓，痛先君之肇建，悲像教之凌迟，敦劝门宗，更于道场之南造**释迦尊像**一座。"

【釈教/しゃくきょう】 偏正 （6 例） 释尊所说的教法。即佛教。相对于中国的儒教、道教，而称释教。《日本书纪》卷 22《推古纪》十四年五月条："又汝姨岛女，初出家，为诸尼导者，以修行**释教**。"（第二册，p. 552）又卷 25《孝德纪》大化元年八月条："别以惠妙法师为百济寺寺主。此十师等宜能教导众僧，修行**释教**，要使如法。"（第三册，p. 122）《续日本纪》卷 7《元正纪》灵龟二年五月条："方今，人情稍薄，**释教**陵迟。非独近江，余国亦尔。"（第二册，p. 14）又养老元年四月条："方今，小僧行基并弟子等，零叠街衢，妄说罪福，合构朋党，焚剥指臂，历门假说，强乞余物，诈称圣道，妖惑百姓。道俗扰乱，四民弃业，进违**释教**，退犯法令。"（第二册，p. 26）又卷 32《光仁纪》宝龟四年十二月条："乙未，敕：'增益福田，凭**释教**之弘济。光隆国祚，资大悲之神功。是以，比日之间，依《药师经》，屈请贤僧，设斋行道。'"（第四册，p. 416）又："癸丑，敕曰：'**释教**深远，传其道者，缁徒是也。天下安宁盖亦由其神力矣。'"（1）隋费长房撰《历代三宝纪》卷 4："诸州竟立报白马恩，长安旧城青门道左二百余步中兴寺右，即是白马寺之遗基。于即翻译四十二章经，缄置兰台石室阁内。自尔释教相继云兴。"（2）《梁书》卷 41《萧几传》："末年，专尚**释教**。为新安太守，郡多山水，特其所好，适性游履，遂为之记。"（p. 596）

【釈門/しゃくもん】 偏正 释尊的门下。指佛教、佛法整体。义同"释教""佛门"，亦谓"僧侣"。《续日本纪》卷 15《圣武纪》天平十六年十月条："是时，**释门**之秀者，唯法师及神睿法师二人而已。著述《愚志》一卷，论僧尼之事。"（第二册，p. 446）梁慧皎撰《高僧传》卷 7："帝悦曰：'**释门**有卿亦犹孔氏之有季路，所谓恶言不入于耳。'帝自是信心乃立。"唐道宣撰《续高僧传》卷 14："及屏志林泉，永绝人世，芳风令德，蹊径成规，莫不回旃造山，亲传香法。信法海之朝宗，释门之栋干矣。”又《释门章服仪》卷1：“既是释门常务，无时不经，义匪安存，事符真教。”

【釈像/しゃく のみかた】 偏正 释尊的像，即佛像。《法隆寺金堂释迦三尊像光背铭》：“时王后王子等及与诸臣，深怀愁毒，共相发愿：仰依三宝，当造**释像**，尺寸王身。蒙此愿力，转病延寿，安住世间。若是定业，以背世者，往登净土，早升妙果。”唐道世撰《法苑珠林》卷79：“又于后宫内掘地得一金像，皓乃秽之，阴处尤痛，嗷声难忍。太史卜曰：‘由犯大神故。’于是广祈名山，多赛祀庙，而屏苦尤重，内痛弥甚。有信宫人，屡设谏曰：‘陛下所痛，由犯**释像**。请祈佛者，容可止苦。’皓曰：‘佛为大神耶？试可求之。’一请便愈，欣庆易心。乃以车马，迎康僧会法师，请求洗忏，从受五戒，深加敬重也。”宋宗晓编《四明尊者教行录》卷7：“一者抚师之顶曰：‘汝有奇相，当为吾门之达者。’既去三愿有羡声，自后复授释书，拜**释像**，如无为人事者心。”按：《汉语大词典》例引《古今图书集成》卷82所载明乔宇《游摄山记》：“殿后有石浮图，数丈，极精巧，所镌**释像**于上，寸许者眉发皆具。”偏晚。

【釈衆/しゃくしゅ】 偏正（2例） 释尊的众弟子。《日本灵异记》下卷《杀生物命结怨作狐狗互相怨报缘第2》：“毗瑠璃王，报过去怨，而杀**释众**九千九百九十万人。以怨报怨，怨犹不灭，如车轮转。”（p.267）《续日本纪》卷31《光仁纪》宝龟元年十月条：“俗士巢许，犹尚嘉遁。况复出家**释众**，宁无闲居者乎？”（第四册，p.320）东晋瞿昙僧伽提婆译《增壹阿含经》卷15《高幢品》：“是时，真净王闻世尊已达迦毘罗卫城北萨卢园中。是时，真净王将诸**释众**，往诣世尊所。”梁僧佑撰《释迦谱》卷2：“时琉璃王，告群臣曰：‘今此**释众**，人民极多，非刀剑所能害尽，悉取埋脚地中，然后使暴象踏杀。’”隋阇那崛多译《佛本行集经》卷17《舍宫出家品》：“忉利天王，共诸**释众**，三十三天，眷属围绕，在于太子，左边而行。”

【釈子/ほうし】 偏正 释尊的弟子。依释尊教化而出生的人。与“佛子”“释家”“释氏”等同义。《日本灵异记》上卷《僧忆持〈心经〉得现报示奇事缘第14》：“赞曰：‘大哉！**释子**。多闻弘教，闭居诵经。心廓融达，所现玄寂。焉为动摇。室壁开通，光明显耀。’”（p.95）后汉昙果、康孟详合译《中本起经》卷2《度波斯匿王品》：“顷承**释子**，端坐六年，道成号佛。为实尔不？是世所美乎？”隋慧远撰《维摩义记》卷2《菩萨品》：“女为惑垢，名非法物。比丘息恶，故曰沙门。从佛释师，教化出生，故名**释子**。”

【誓畢/ちかひをはる】 完成 发完誓后。《奈良朝写经56・大般若经卷第50等》：“仰愿为神社安隐，雷电无骇，朝庭无事，人民宁之，敬欲奉写《大般若经》六百卷。如此**誓毕**，雷电辍响。”（p.358）曹魏康僧铠译《六度集经》卷4：“王奔入山，睹见神树，稽首辞曰：‘令余反国，贡神百王。’**誓毕**即行，伺诸王出突众取之，犹鹰鹞之撮燕雀，执九十九王。”元魏慧觉等译《贤愚经》卷9《善事太子入海品》：“王及夫人，内外一切，见太子意，不可回转，自**誓毕**死，伏身于地，皆共解喻，晓谢令起。”

【誓願/せいがん】 誓愿 （9 例） 立誓和发愿。《日本书纪》卷 29《天武纪下》九年十一月条：“癸未，皇后体不豫。则为皇后**誓愿**之，初兴药师寺，仍度一百僧。由是得安平。是日，赦罪。”（第三册，p. 402）又十年七月条：“闰七月戊戌朔壬子，皇后**誓愿**之大斋，以说经于京内诸寺。”（第三册，p. 410）又朱鸟元年六月条：“甲申，遣伊势王及官人等于飞鸟寺，敕众僧曰：‘近者朕身不和。愿赖三宝之威，以身体欲得安和。是以僧正僧都及众僧应**誓愿**，则奉珍宝于三宝。’”（第三册，p. 460）又朱鸟元年九月条：“九月戊戌朔辛丑，亲王以下逮于诸臣悉集川原寺，为天皇病**誓愿**，云云。”（第三册，p. 466）《藤氏家传》上卷《镰足传》：“帝临私第，亲问所患，请命上帝求效。翌日而**誓愿**无征，病患弥重。”（p. 228）又：“持此香炉，如汝**誓愿**，从观音菩萨之后，到兜率陀天之上，日日夜夜，听弥勒之妙说；朝朝暮暮，转真如之法轮。”（p. 243）《元兴寺伽蓝缘起并流记资财账》：“面奉弥勒，听闻正法，悟无生忍，速成正觉。十方诸佛及四天等，所以至诚心**誓愿**，所造二寺及二躯丈六，更不破不流不斫不烧，二寺所纳种种诸物，更不摄取不灭不犯不谬也。”又：“即发菩提心，**誓愿**十方诸佛，化度众生，国家大平，敬造立塔庙。”《续日本纪》卷 4《元正纪》和铜二年二月条：“二月戊子，诏曰：‘筑紫观世音寺，淡海大津宫御宇天皇奉为后冈本宫御宇天皇，**誓愿**所基也。虽累年代，迄今未了。宜大宰商量，充驱使丁五十许人，及逐闲月，差发人夫，专加检校，早令营作。’”（第一册，p. 146）曹魏白延译《佛说须赖经》卷 1：“时坐中五百长者居士，五百梵志五百小臣，闻王**誓愿**，如师子吼，皆发无上正真道意，一切舍欲，以家之信，离家为道，欲作沙门。除中三百人，其余佛悉以为沙门。”姚秦鸠摩罗什译《妙法莲华经》卷 1《方便品》：“舍利弗当知，我本立**誓愿**，欲令一切众，如我等无异。”北凉昙无谶译《金光明经》卷 2《功德天品》：“等行众生，及中善根，应当受持，读诵通利，七日七夜，受持八戒，朝暮净心，香华供养，十方诸佛，常为己身，及诸众生，回向具足，阿耨多罗三藐三菩提，作是**誓愿**：‘令我所求，皆得吉祥。’自于所居，房舍屋宅，净洁扫除。”→【便発誓願】【発大誓願】【発弘誓願】【発誓願】【発誓願言】【各立誓願】【共同発誓願】【故発誓願】

【誓願賜：“～”詔/せいがんしてのたまはく～とのたまふ】 自创 发出誓愿说：“……”。《法隆寺金堂药师佛光背铭》：“池边大宫治天下天皇，大御身劳赐时，岁次丙午年，召于大王天皇与太子而**誓愿**赐：‘我大御身病太平欲坐故，将造寺药师像作仕奉。’**诏**。”

【誓願曰：“～”/せいがんしていはく～】 誓愿 发誓许下诺言说：“……”。《日本书纪》卷 22《推古纪》二十九年二月条：“当是时，高丽僧慧慈闻上宫皇太子薨，以大悲之。为皇太子，请僧而设斋，仍亲说经之日，**誓愿曰**：‘……我以来年二月五日必死。因以遇上宫太子于净土，以共化众生。’”（p. 576）吴康僧会译《六度集经》卷 5：“术士自首至尾，以手捊之，其痛无量，亦无怨心，自咎宿行不朽，乃致斯祸。**誓愿曰**：'令吾得佛，拯济群生，都使安隐，莫如我今也。'"东晋瞿昙僧伽提婆译《增壹阿含经》卷49："时音响王，闻斯语已，即往至彼山中，遥见须菩提在山树下，结加趺坐。复自投于地：'我息昔日，自**誓愿曰**：'设我向二十，当出家学道。'今将不误。'"西晋竺法护译《持心梵天所问经》卷1《明网菩萨光品》："于时彼土万二千菩萨，俱**誓愿曰**：'吾当具足，清净志性，各共持卫，梵天大士，造觐能仁、如来、至真、等正觉。'"

【收置於～/～にをさめおく】 先例 收拾放置某处。《日本书纪》卷25《孝德纪》大化二年三月条："其介膳部臣百依所犯者，草代之物**收置于**家，复取国造之马，而换他马来。"（第三册，p. 142）（1）《太平广记》卷107《赵安》条："赵安，成都人。唐太和四年，常持《金刚经》，日十遍。会蛮寇退归，安于道中，见军器，辄**收置于**家，为仇者所告。吏捕至门，涕泣礼经而去。为狱吏所掠，遂自诬服罪。"（p. 729）（2）《旧唐书》卷35《天文志上》："铸成，命之曰水运浑天俯视图，置于武成殿前以示百僚。无几而铜铁渐涩，不能自转，遂**收置于**集贤院，不复行用。"（p. 1296）按：《孝德纪》中的文例早于中国两类文献。

【收捉/をさめとらふ】 并列 拘捕擒拿。《唐大和上东征传》："时淮南（道）采访使班景倩闻即大骇，便令人将如海于狱推问；又差官人于诸寺**收捉**贼徒。"（p. 44）（1）西晋竺法护译《生经》卷2："明监藏者，觉物减少，以启白王。王诏之曰：'勿广宣之令外人知。舅甥盗者，谓王多事不能觉察，至于后日，遂当慴忕必复重来。且严警守，以用待之，得者**收捉**无令放逸。'"东晋瞿昙僧伽提婆译《中阿含经》卷53《大品》："复次，彼愚痴人，又见王人，**收捉**罪人，种种苦治，谓截手截足，并截手足，截耳截鼻，并截耳鼻。"刘宋佛陀什、竺道生等合译《弥沙塞部和醯五分律》卷9："佛在舍卫城。尔时拘萨罗摩竭二国，互相抄掠，二国中间，道路断绝。王舍城比丘安居竟，作是念：'我今正当，与贼同伴，乃得自致，问讯世尊。设彼成逻，以共贼伴，**收捉**我者，波斯匿王信乐佛法，必不见罪。'便与贼俱到彼国界。果为所捉。"（2）《全唐文》卷104后唐庄宗《禁短陌敕》："买卖人所使见钱，旧有条流，每陌八十文。近访闻在京及诸道市肆人户，皆将短陌转换长钱。今后凡有买卖，并须使八十陌钱。如有辄将短钱兴贩，仰所在**收捉**禁治。"又卷125柴荣《毁私建寺院禁私度僧尼诏》："如有寺院辄容受者，基本人及师主三纲知事僧尼，邻房同住僧尼，并仰**收捉**禁勘，申奏取裁。"按：《汉语大词典》失收。

【手脚繚戾/てあしもとる】 四字 手脚弯曲。→**【軽咲】**

【手量/たはかり】 偏正 手臂伸展的宽度。《日本书纪》卷3《神武纪》即位前纪戊午年八月条："是谓来目歌。今乐府奏此歌者，犹有**手量**大小及音声巨细。此古之遗式也。"（第一册，p. 208）后秦弗若多罗译《十诵律》卷3："量者，佛言用我**手量**，长十二搩手，内广七搩手。"元魏瞿昙般若流支译《解脱戒经》卷1："若比丘与如来等量作衣，若过量作衣成者，波逸提。是中佛衣量者，长佛九手量，广六手量，是名佛衣量。”唐输波迦罗译《苏悉地羯罗经》卷2：“若欲成就，莲花法者，先以金作莲花，花作八叶，如两指一搩手量，或用银作，或熟铜作，或白檀作。”唐实叉难陀译《大方广如来不思议境界经》卷1：“往空闲处，端坐思惟，如佛现前，一手量许，心常系念，不令忘失。若暂忘失，复应往观。如是观时，生极尊重，恭敬之心，如佛真身，现在其前，了了明见，不复于彼，作形像解。”按：《汉语大词典》失收。

【手取持/てにとりもちて】 自创 （5例） 拿在手里，手持，手拿。《万叶集》卷2第230首：“梓弓　手取持而　大夫之　得物矢手挟”（第一册，p.152）。又卷3第380首：“木棉叠　手取持而　如此谷母　吾波乞尝　君尔不相鸭”（第一册，p.220）。又第408首：“石竹之　其花尔毛我　朝旦　手取持而　不恋日将无”（第一册，p.231）。又第420首：“无间贯垂　木棉手次　可比奈尔悬而　天有　左佐罗能小野之　七相菅　手取持而”（第一册，p.236）。又卷11第2633首：“真十镜　手取持手　朝旦　将见时禁屋　恋之将梵”（第三册，p.234）。又卷13第3286首：“玉手次　不悬时无　吾念有　君尔依者　倭文幣乎　手取持而”（第三册，p.432）。后秦弗若多罗译《十诵律》卷13：“粪扫食者，若巷中死人处粪扫中，有弃罗卜叶胡荽叶罗勒叶若臭糒，自手取持，至水上净洗，治已便食。是名粪扫食。”新罗璟兴撰《无量寿经连义述文赞》卷1：“未经多日，色相光悦，于尸林下，见有故破，粪扫之衣，自手取持，欲代苦行，弊坏衣服。”按：在佛典中，使用“手取持”时，前面会有表自己、自行之义的“自”字，意思是说亲自拿在手里。这是佛典表达与万叶表达的细微区别。→【取持】【取持来】【取持去】

【手誤/てあやまつ】 主谓 失手。《日本书纪》卷14《雄略纪》十三年九月条：“乃唤集采女，使脱衣裙而著犊鼻，露所相扑。于是真根暂停仰视而斫。不觉手误伤刃。”（第二册，p.194）（1）唐僧详撰《法华传记》卷7：“济州灵光寺，有一老僧失名。净修戒行，常持瓦钵，数十余年，未尝遣人执捉。后因遽务，令沙弥洗之。沙弥手误，坠破此钵，老僧闻之，惊呼失声，恨惜之甚，遂偃卧而死。”该传说在唐怀信述《释门自镜录》卷1中亦有辑录。（2）《全唐文》卷507权德舆《司徒兼侍中上柱国北平郡王赠太傅马公行状》：“九年十月，公以足疾，久阙朝请，因至中书，奉表起居，召对拜舞，手误至地。上惊，遽自起以接之。公惭惶竭蹶，感甚以泣。”按：《汉语大词典》失收。

【手執香炉/てづからこうろをとる】 四字 （3例） 手里拿着熏炉。《日本书纪》卷24《皇极纪》元年七月条：“庚辰，于大寺南庭，严佛菩萨像与四天王像，屈请众僧，读《大云经》等。于时苏我大臣手执香炉，烧香发愿。”（第三册，p.64）又卷27《天智纪》十年十月条：“大友皇子手执香炉，先起誓盟曰：‘六人同心，奉天皇诏。若有违者，必被天罚。’云云。于是左大臣苏我赤兄臣等手执香炉，随次而起，泣血誓盟曰：‘臣等五人随于殿下，奉天皇诏。若有违者，四天王打，天神地祇亦复诛罚，三十三天证知此事，子孙当绝家门必亡。’云云。”（第三册，p. 294）（1）唐义净译《金光明最胜王经》卷6《四天王护国品》：“应取诸香，所谓安息、栴檀、龙脑、苏合、多揭罗、熏陆，皆须等分，和合一处，**手执香炉**，烧香供养，清净澡浴，著鲜洁衣，于一静室，可诵神咒。”东晋瞿昙僧伽提婆译《增壹阿含经》卷22：“是时。长者女沐浴身体，**手执香炉**，上高楼上，叉手向如来，而作是说：‘唯愿世尊，当善观察，无能见顶者，然世尊无事不知，无事不察。女今在此困厄。唯愿世尊，当善观察。’”元魏慧觉等译《贤愚经》卷9《善事太子入海品》：“于时太子，香汤洗浴，竖立大幢，以珠著头，著新净衣，**手执香炉**，向四方礼，口自说言：‘若其实是，如意珠者，便当普雨，一切所须。’”（2）《梁书》卷51《陶弘景传》：“陶弘景，字通明，丹阳秣陵人也。初，母梦青龙自怀而出，并见两天人**手执香炉**来至其所，已而有娠，遂产弘景。”（p. 742）

【手捉/てにはとる】 偏正 （2例） 手执，手抓。《日本书纪》卷1《神代纪上》：“乃设大夫武备，躬带十握剑、九握剑、八握剑，又背上负靫，又臂著棱威高鞆，**手捉**弓箭，亲迎防御。”（第一册，p. 66）又卷2《神代纪下》：“于时，大伴连远祖天忍日命帅来目部远祖天槵津大来目，背负天盘靫，臂著棱威高鞆，**手捉**天梔弓、天羽羽矢，及副持八目鸣镝。”（第一册，p. 144）（1）吴支谦译《须摩提女经》卷1：“乾闼婆王**手捉**百亿鬼兵，当后军却逻，释天王作，外军都录，梵天王作，中军都录。文殊师利与如来作匡部大臣，都统内外，率齐众军，一心同起。密迹力士，**手捉**金刚杵，与如来作，护持左右。天魔波旬，手把琉璃琴，赞扬大法，毘沙门王**手捉**，七宝大盖，最在如来上。自余贤圣，皆在虚空之中，作唱伎乐。”梁宝唱等集《经律异相》卷15：“四者见有比丘，法衣不具，但结袈裟，**手捉**炬火，乐入邪径，处荆棘中，裂破衣裳。”北凉昙无谶译《大般涅槃经》卷31：“时提婆达多贪惜宝货，生大忧苦，发声啼哭。我时语言，提婆达多，不须啼哭。提婆达多，即语我言：‘谛听，谛听！譬如有人，贫穷困苦，至冢墓间，**手捉**死尸，而作是言：愿汝今者，施我死乐，我当施汝，贫穷寿命。’”（2）《搜神后记》卷7：“晋中兴后，谯郡周子文，家在晋陵。少时喜射猎，常入山，忽山岫间有一人，长五六丈，**手捉**弓矢，矢镝头广二尺许，白如霜雪，忽出声唤曰：‘阿鼠。’子文不觉应曰：‘喏。’此人便牵弓满镝向子文，子文便失魂厌伏。”《齐民要术》卷4《栽树》：“凡栽树讫，皆不用**手捉**，及六畜抵突。”按：《汉语大词典》失收。

【守護/まもる】 并列 （6例） 看守保护。《古事记》上卷《日子穗穗手见命与鹈葺草葺不合命》：“如此令惚苦之时，稽首白：‘仆者自今以后，为汝命之昼夜**守护**人而仕奉。’”（p. 134）《日本书纪》卷19《钦命纪》三十一年七月条：“则遣东汉坂上直子麻吕、锦部首大石以为**守护**，更飨高丽使者于相乐馆。”（第二册，p. 458）又卷21《用明纪》二年四月条：“由是，毗罗夫连手执弓箭皮楯，就槻曲家，不离昼夜**守护**大臣。”（第二册，p. 506）又卷27《天智纪》即位前纪条：“续此末云，别使大山下狭井连槟梛、小山下秦造田来津，**守护**百济。”（第三册，p. 250）又卷28《天武纪上》元年七月条：“吾者立皇御孙命之前后，以送奉于不破而还焉。今且立官军中而**守护**之。”（第三册，p. 340）又卷30《持统纪》三年八月条：“丙申，禁断渔猎于摄津国武库海一千步内、纪伊国阿提郡那耆野二万顷、伊贺国伊贺郡身野二万顷，置**守护**人，准河内国大鸟郡高脚海。”（第三册，p. 498）《日本灵异记》下卷《禅师将食鱼化作〈法华经〉覆俗诽缘第6》：“童子至于山寺，向师具陈于俗等事，禅师闻之，一怪一喜，知天**守护**。”（p. 276）（1）后汉竺大力、康孟详合译《修行本起经》卷1《现变品》：“能仁菩萨，承事锭光，至于泥曰。奉戒清净。**守护**正法，慈悲喜护，惠施仁爱，利人等利，救济不倦，寿终上生，兜术天上。”姚秦鸠摩罗什译《妙法莲华经》卷4《法师品》：“药王，此经是诸佛，秘要之藏，不可分布，妄授与人。诸佛世尊，之所**守护**，从昔已来，未曾显说，而此经者；如来现在，犹多怨嫉，况灭度后?”唐义净译《金光明最胜王经》卷5《依空满愿品》：“尔时大梵天王，与无量梵众、帝释四王，及诸药叉，俱从座起，偏袒右肩，右膝著地，合掌恭敬，而白佛言：‘世尊，我等皆愿，**守护**流通，是《金光明》，微妙经典，及说法师，若有诸难，我当除遣，令具众善，色力充足，辩才无碍，身意泰然，时会听者，皆受安乐。’”（2）《抱朴子・内篇・附录1》：“又令人**守护**博望宅舍，以冀骠骑之反，至于累世无居之者。”《艺文类聚》卷89所载《晋令》曰：“诸宫有秩栀子**守护**者，置吏一人。”《齐民要术》卷5《种榆白杨》：“能种一顷，岁收千匹。唯须一人**守护**、指挥、处分。”按：《汉语大词典》首引《晋书》卷56《孙绰传》：“所居斋前种一株松，恒自**守护**。”偏晚。→【昼夜守護（人）】

【守育如眼/まもりやしなふことまなこのごとし】 比喻 就像爱护眼睛一样守护和培养。《日本灵异记》中卷《女人大蛇所婚赖药力得全命缘第41》：“又如经说：‘昔有人儿。其身甚轻，疾走如飞鸟。父常重爱，守育**如眼**。’”（p. 251）（1）失译人名今在后汉录《大方便佛报恩经》卷2《对治品》：“天王有五百太子，悉皆端正，聪明智慧，人相具足。其父爱念，喻**如眼**目。”唐般若译《大乘本生心地观经》卷3《报恩品》：“譬如长者有一子，智慧端严世无比，父母恩爱**如眼**目，昼夜常生护念心。”（2）刘宋佛陀什、竺道生等合译《弥沙塞部和醯五分律》卷27：“持钵应如钵法，不得如上遇之，谨护应**如眼**。”唐跋驮木阿译《佛说施饿鬼甘露味大陀罗尼经》卷1：“其人诸佛菩萨、天仙、龙神护**如眼**精。”按：疑似自创搭配形式，在中国两类文献中未见。

【寿命延長/みいのちながし】 四字 （2例） 延年益寿。《日本书纪》卷6《垂仁纪》二十五年三月条：“（一云）是以今汝御孙尊悔先皇之不及，而慎祭，则汝尊**寿命延长**，复天下太平矣。”（第一册，p. 320）《续日本纪》卷17《圣武纪》天平胜宝元年闰五月条：“所冀太上天皇沙弥胜满，诸佛拥护，法药熏质，万病消除，**寿命延长**，一切所愿，皆使满足，令法久住，拔济群生，天下太平，兆民快乐，法界有情，共成佛道。”（第三册，p. 82）（1）西晋法炬译《顶生王故事经》卷1：“复有此三十三天，**寿**

命延长，颜色晖晔。有此善法讲堂，四园具足。”东晋法显译《大般涅槃经》卷3：“从尔已来，五十八万八千岁，虽复如此，**寿命延长**，会归于尽。我今已老，死时将至。”唐义净译《金光明最胜王经》卷2《分别三身品》：“一者国王，军众强盛，无诸怨敌，离于疾病，**寿命延长**，吉祥安乐，正法兴显。”《敦煌变文·佛说阿弥陀经讲经文》：“**寿命延长**千万岁，福同日月放神光。”（2）《全后周文》卷23释道安《教指通局》：“慈仁不杀，则**寿命延长**，残掠渔猎，则年算减夭，寻讨云云，难相符允。”《全唐文》卷324王维《贺古乐器表》：“每祈祭，但依方安置奏之，即五音自和，天仙百神，应声降福，所求必遂，**寿命延长**。”

【受報/むくひをうく】 述宾 （2例） 受到报应。《日本灵异记》上卷《邪见假名沙弥斫塔木得恶报缘第27》：“《涅槃经》云：‘若见有人修行善者，名见天人；修行恶者，名见地狱。何以故？定**受报**故。’者，其斯谓之矣。”（p.116）又中卷《非理夺他物为恶行受恶报示奇事缘第30》：“放生之者，生北方无量净土。一日斋食者，得十年之粮。乃至见造善恶所**受报**等出。”（p.126）后汉安世高译《太子慕魄经》卷1：“自识宿命，无数劫事，所更善恶，罪福**受报**，寿夭好丑；没此生彼，所从来生，皆悉知见。”姚秦鸠摩罗什译《妙法莲华经》卷1《序品》：“诸世界中，六道众生，生死所趣，善恶业缘，**受报**好丑，于此悉见。”北凉昙无谶译《金光明经》卷1《空品》：“心识二性，躁动不停，随业**受报**，人天诸趣，随所作业，而堕诸有。”

【受報業/むくひのわざをうく】 三字 因为有作业，就必须接受宿报。《元兴寺伽蓝缘起并流记资财账》：“百济国正明王上启云：‘万法之中，佛法最上也。’是以天皇并大臣闻食之宜：‘善哉！则受佛法，造立倭国，然天皇大臣等**受报业**尽。’”姚秦鸠摩罗什译《大智度论》卷24《序品》：“必**受报业**，不可得离，或待时、待人、待处受报。”又卷65《无作实相品》：“是事，上《功德地狱品》中已广说，所谓非必**受报业**，故无众患。”唐义净译《根本说一切有部毘奈耶杂事》卷8：“佛言：‘我亦知汝，有神通力，所作皆办。然由释种，前生业累，今应**受报，业**若成熟，如瀑水流，不可禁制。”按：《汉语大词典》失收。

【受持/うけたもつ】 并列 （4例） 梵语udgrahaṇa。指领受于心，忆而不忘。具体包括受持戒律、受持经典和受持三衣三个方面：《日本灵异记》中卷《赎蟹虾命放生得现报缘第8》：“大德住在生马山寺，而告之言：‘汝不得免，唯坚受戒。’乃全**受持**三归五戒，然还来。”（p.171）又《赎蟹虾命放生现报蟹所助缘第12》：“山背国纪伊郡部内，有一女人。姓名未详也。天年慈心赜，信因果。**受持**五戒十善，不杀生物。”（p.180）又下卷《诽奉写〈法华经〉女人过失以现口喎斜报缘第20》：“《法华经》云：‘谤**受持**此经者，诸根暗钝，矬陋挛躄，盲聋背伛。’又云：‘见**受持**是经者，出其过恶，若实若不实，此人现世得白癞病。’者，其斯谓也矣。”（p.310）姚秦鸠摩罗什译《妙法莲华经》卷2《譬喻品》：“谤斯经故，获罪如是。若得为人，诸根暗钝，矬陋挛躄，盲聋背伛。”又卷7《普贤菩萨劝发品》：“若复见受持是经者，出其过恶，若实，若不实，此人现世，得白癞病。”梁诸大法师集撰《慈悲道场忏法》卷10：“常劝人，归依三宝，受持五戒，十善六念，常赞诵经典，呗说诸善，常教人近善知识，远恶知识，愿口常说，十住佛地，无量功德。”唐慧琳撰《一切经音义》卷25：“优婆塞：此云近事男，受持三归五戒者也。”

【受持頂戴/うけたもち、もちいただく】四字　领受忆持，尊敬奉行。《奈良朝写经66·大般若经卷第176》：“**受持顶戴**，福利无边；读诵书写，胜业难测。”（p. 403）元魏吉迦夜、昙曜合译《付法藏因缘传》卷5：“涅槃时至，减度不远，以此法宝，持用付汝。汝可于后，**受持顶戴**，勤加守护，无令漏失，演法光明，照愚痴暗。”北凉昙无谶译《大般涅槃经》卷8《如来性品》：“善男子，我与无我，性相无二。汝应如是，**受持顶戴**。”隋灌顶撰《出生无边门陀罗尼经》卷1：“闻已悉**受持**，**顶戴**而奉行。若受持此经，于文字名句。”

【受持読誦/じゅじしどくじゅす】四字　领受忆持，朗读背诵。《法华经·法师品》所说的五种。谓受持、读、诵、解说、书写五种。亦称五种修行、五种顿修之妙行。受持是受持经文，读是边看经文边读，诵是背诵，解说是为化他而说法，书写是谓抄写经文的修行。此五种修行是正法、像法时代的修行方法。《续日本纪》卷21《淳仁纪》天平宝字二年八月条：“如闻摩诃般若波罗蜜多者，是诸佛之母也。四句偈等，**受持读诵**，得福德聚，不可思量。”（第三册，p. 280）失译人名今附西晋录《佛说玉耶女经》卷1：“佛言：‘此经名教化女人，名玉耶经。若女人得闻此经，**受持读诵**如法修行，舍是女身不得更受。’”姚秦鸠摩罗什译《妙法莲华经》卷4《法师品》：“若善男子、善女人，于《法华经》，乃至一句，**受持读诵**，解说书写，种种供养经卷：华、香、璎珞、末香、涂香、烧香、缯盖、幢幡、衣服、伎乐，合掌恭敬。”唐般若译《大乘理趣六波罗蜜多经》卷2《陀罗尼护持国界品》：“佛告曼殊室利菩萨摩诃萨：‘我今为汝，分别演说。若有善男子、善女人，能于此六波罗蜜多经，甚深理趣，大乘法宝，乃至一颂一句，**受持读诵**。书写解说，如说修行。而此功德，胜前功德。所以者何？此六波罗蜜多，大乘理趣，甚深法门，乃是一切，诸佛之母，一切如来，从此生故’”

【受勅而～/みことのりをうけて～】三字　接受朝廷的命令做某事。《日本书纪》卷1《神代纪上》：“月夜见尊受敕而降，已到于保食神许。保食神乃回首向国则自口出饭，又向海则鳍广鳍狭亦自口出，又向山则毛粗毛柔亦自口出。夫品物悉备，贮之百机而飨之。”（第一册，p. 58）（1）后汉昙果、康孟详合译《中本起经》卷2《本起该容品》：“即告度胜：‘试为我说。’度胜白曰：‘身贱口秽，不敢便宜，如来尊言。’乞行诣佛，受敕而还，便遣出宫。”该例在梁宝唱等集《经律异相》卷30中亦有辑录。刘宋佛陀什、竺道生等合译《弥沙塞部和醯五分律》卷25：“又语言：‘某处有五百贼断路，一切无敢，从中过者。汝可往破，以清其路，可有大功。’即与马车，一乘美女，一人并以，金钵箭五百发。于是弟子，乘车载女，执如意弓，带五百发箭，**受敕而**去。”圣德太子疏《胜鬘经疏义私钞》卷3：“（疏）第二胜鬘**受敕而**说，就第二胜鬘奉旨而说，即有二：第一先会能生；第二从世尊如阿耨达池以下会所生。就第一会能生中，亦有二第一正会。”（2）《魏书》卷56《崔巨伦传》：“巨伦曰：‘宁南死一寸，岂北生一尺也！’便欺贼曰：‘吾**受敕而**行。’贼不信，共爇火观敕。火未然，巨伦手刃贼帅，余人因与奋击，杀伤数十人，贼乃四溃，得马数匹而去。夜阴失道，惟看佛塔户而行。”（p. 1251）

【受地獄苦/じごくのくるしびをうく】 四字 遭受地狱的苦难。《日本灵异记》中卷《智者诽妒变化圣人而现至阎罗阙**受地狱苦**缘第7》（p. 167）后汉康孟详译《佛说兴起行经》卷1：“见此辟支佛，困辱被系缚，我起慈悲心，使令得解脱。以是因缘故，久**受地狱苦**。”吴支谦译《撰集百缘经》卷8《比丘尼品》：“汝今云何，欲令使我，同彼诸王，**受地狱苦**，而作妄语？”姚秦鸠摩罗什译《大庄严论经》卷2：“不见后苦患，贵富亦如是，终**受地狱苦**，地狱垣墙壁，屋地皆炽然，罪人在其中，火出自烧身，受苦无有量。”

【受悪報/あしきむくひをうく】 三字 （2例） 因造业而遭受恶报。《日本灵异记》上卷《非理夺他物为恶行**受恶报**示奇事缘第30》（p. 125）又下卷《假官势非理为政得恶报缘第35》：“用于狐借虎皮之势，非理为政，**受恶报**者。不睠因果之贱心，太甚也。非无因果也。”（p. 353）吴支谦译《菩萨本缘经》卷3《鹿品》：“不知恩者现世恶名流布于外，复为智者之所呵责，将来之世多**受恶报**。”姚秦鸠摩罗什译《摩诃般若波罗蜜经》卷19《魔愁品》：“是诸人心颠倒故，身、口、意业所作皆**受恶报**。”隋阇那崛多译《金光明经》卷1《忏悔品》：“所造恶业，应**受恶报**，今于佛前，诚心忏悔。”→【得悪報】

【受戒/かいをうく】 述宾 （23例） 亦作“授戒”。指通过一定的仪式，领受佛所制定之戒法。又作“纳戒”“禀戒”。即遵守教团规定（戒、罚则）之行为。戒为无上菩提之本，而佛教之根本精神即在于戒律之尊严。《元兴寺伽蓝缘起并流记资财账》：“时三尼等官白：‘传闻出家之人以戒为本。然无戒师，故度百济国欲**受戒**。’白。”又：“然不久之间，丁未年，百济客来。官问言：‘此三尼等欲度百济国**受戒**，是事应云何耶？’”又：“时蕃客答曰：‘尼等受戒法者，尼寺之内先请十尼师，受本戒已，即诣法师寺请十法师。先尼师十合二十师所受本戒也。然此国者，但有尼寺，无法师寺及僧。尼等若为如法者，设法师寺，请百济国之僧尼等可令**受戒**。’白。”又：“时三尼等官白：‘但六口僧耳来，不具二十师。故犹欲度百济国**受戒**。’白。”《日本灵异记》中卷《序》：“之中，胜宝应真圣武太上天皇，尤造大佛，长绍法种，剃头发，著袈裟，**受戒**修善，以正治民。”（p. 142）又《赎蟹虾命放生得现报缘第8》：“大德住在生马山寺，而告之言：‘汝不得免，唯坚**受戒**。’乃全受持三归五戒，然还来。”（p. 171）又：“明日见之，有一大蟹。而彼大蛇，条然段切。乃知赎放蟹报恩矣。并受戒之力也。”（p. 172）又《阎罗王使鬼得所召人之赂以免缘第24》：“盘岛参入大安寺南塔院，请沙弥仁耀法师，未受戒之时也。”（p. 212）又下卷《打法师以现得恶病而死缘第35》：“天皇剃除鬓发，受戒行道故，倘比法师，不杀谛镜。”（p. 241）又《怨病忽婴身因之受戒行善以现得愈病缘第34》（p. 350）《藤原家传》下卷《武智麻吕传》：“后就余闲，诣滋贺山寺。礼尊容而发愿，刻身心而忏罪。受戒长斋，令造神剑，附使进之。”（p. 344）《唐大和上东征传》：“其父先就扬州大云寺智满禅师受戒，学禅门。”（p. 34）又：“天宝三载，岁次甲申，越州龙兴寺众僧请大和上讲律受戒。事毕，更有杭州、湖州、宣州并来请。大和上依次巡游，开讲受戒，还至鄮山阿育王寺。”（p. 57）又：“端州太守迎引送至广州，卢都督率诸道俗出迎城外，恭敬承事，其事无量。引入大云寺，四事供养，登坛受戒。”（p. 73）又：“仆射钟绍京左［降］在此，请和上至宅，立坛受戒。”（p. 76）又：“昔光州道岸律师命世挺生，天下四百余州，以为受戒之主。”（p. 80）又：“淮南江左净持戒［律］者，唯大和上独秀无伦，道俗归心，仰为受戒之大师。”（p. 80）又：“自今以后，受戒传律，一任和上。’”（p. 92）又：“其年四月初，于卢遮那殿前立戒坛，天皇初登坛受菩萨戒，次皇后、皇太子亦登坛受戒。”（p. 92）又：“后于大佛殿西，别作戒坛院，即移天皇受戒坛土筑作之。”（p. 93）《续日本纪》卷17《圣武纪》天平十九年正月条：“癸卯，制令七道诸国沙弥尼等，于当国寺受戒，不须更入京。”（第三册，p. 40）又卷24《淳仁纪》天平宝字七年五月条：“又以诸药物令名真伪，和上一一以鼻别之，一无错失。圣武皇帝师之受戒焉。”（第三册，p. 432）后汉支娄迦谶译《阿閦佛国经》卷1《弟子学成品》：“其刹亦无有受戒事，譬如是刹正士，于我法中，剃除须发、少欲而受我戒。所以者何？其阿閦佛刹，诸弟子得，自在聚会，无有怨仇。”姚秦鸠摩罗什译《大智度论》卷3《序品》：“如佛说：‘有人能剃头著染衣，一心受戒，是人渐渐断结，离苦入涅槃。’”隋阇那崛多译《佛本行集经》卷35《耶输陀因缘品》：“尔时，世间当于是日，最初人中，三归受戒，先得成为，优婆夷者，所谓长老耶输陀母，并及长老，耶输陀妇，所有一切，诸眷属等。”按：《汉语大词典》首引唐姚合《赠卢沙弥小师》诗：“年小未受戒，会解如老师。”偏晚。

【受戒懺悔/じゅかいさんげ】 四字　领受戒法，悔谢罪过。《唐大和上东征传》：“荣睿师面色忽然怡悦，即说云：‘梦见［有］官人请我受戒忏悔。’”唐道宣撰《四分律删繁补阙行事钞》卷1：“一法不孤起必有所为，谓称量前事则有三种，即人法事也。人谓受戒忏悔等，法谓说戒自恣等，事谓地衣等。或具或单，乍离乍合，必先早陈，是非须定。”唐智升撰《开元释教录》卷20：“《最上乘教受戒忏悔文》一卷二纸。”高丽一然撰《三国遗事》卷4：“本国王染患，医治不损。请光入宫，别省安置。夜别二时为说深法，受戒忏悔，王大信奉。”

【受戒法/じゅかいのほう】 三字　授受戒律的方法。《日本书纪》卷21《崇峻纪》

即位前纪条："甲子，善信阿尼等谓大臣曰：'出家之途、以戒为本。愿向百济学**受戒法**。'"（第二册，p. 510）失译人名今附后汉录《大方便佛报恩经》卷6《优波离品》："凡**受戒法**，先与说法，引导开解，令于一切众生上起慈愍心。"西晋竺法护译《普曜经》卷8《优陀耶品》："王得道证，俱夷受戒，净修梵行，宫人大小，咸**受戒法**，月六斋岁三斋，奉持不懈。"姚秦鸠摩罗什译《大智度论》卷68《两不和合品》："又**受戒法**，尽寿著纳衣，乞食，树下住，弊弃药——于古四圣种中，头陀即是三事。"

【受戒師/じゅかいのし】 三字 传授戒法的律师。《唐大和上东征传》："岸律师迁化之后，其弟子［杭州］义威律师响振四远，德流八纮，诸州亦以为**受戒师**。"（p. 80）失译人名今附秦录《毘尼母经》卷7："复有十三种人，受戒不听。于十三种中，若受一人戒，知不应与受戒。而与受戒者，**受戒师**亦有所犯，是名重制。此三处决断所犯。"唐般剌蜜帝译《大佛顶如来密因修证了义诸菩萨万行首楞严经》卷7："阿难，若此比丘，本**受戒师**，及同会中，十比丘等，其中有一，不清净者，如是道场，多不成就。"唐慧沼撰《劝发菩提心集》卷3："次**受戒师**自称已名，请佛证明，起立手执香炉。若在高座，不须起立云。"

【受戒修道/かいをうけて、どうをおこなふ】 四字 领受戒法，修行佛道。《日本灵异记》下卷《用寺物复将写〈大般若〉建愿以现得善恶报缘第23》："忍胜为欲写《大般若经》，发愿集物，剃除鬓发，著袈裟，**受戒修道**，常住彼堂。"（p. 318）《大般涅槃经》卷38《迦叶菩萨品》："复次智者当观，因于饮食身得增长，我今出家**受戒修道**，为欲舍身，今贪此食云何当得舍此身耶？如是观已，虽复受食，犹如旷野食其子肉，其心厌恶都不甘乐。深观揣食有如是过。"日本常晓撰《常晓和尚请来目录》卷1："右菩提王者，大唐山神也。润州楼山，有一比丘，修练禅业，现感此神，现形表灵，**受戒修道**，故名菩提王。"

【受戒之法/じゅかいのほう】 四字 授受戒律的方法。《日本书纪》卷21《崇峻纪》元年是岁条："苏我马子宿祢请百济僧等，问**受戒之法**，以善信尼等付百济国使恩率首信等，发遣学问。"（第二册，p. 518）萧齐昙景译《佛说未曾有因缘经》卷1："**受戒之法**，先当忏悔，净身口意。何谓身业？杀盗邪淫；何谓口业？妄言两舌，恶口绮语；何谓意业？嫉妒瞋恚，憍慢邪见。"梁慧皎撰《高僧传》卷11："永明中，敕入吴试简五众，并宣讲十诵，更申**受戒之法**。"北凉昙无谶译《大般涅槃经》卷28《师子吼菩萨品》："尔时虽无，**受戒之法**，修持如本，无所毁犯。是名性自能持。"

【受劇苦/はげしきくるしびをうく】 三字 遭受剧烈的疼痛。《日本灵异记》下卷《不顾因果作恶受罪报缘第37》："时妻子等闻之，恳哀之言：'卒经七七日，为彼恩灵修善赠福既毕。何图堕恶道**受剧苦**之耶？'"（p. 358）刘宋僧伽跋摩译《分别业报略经》卷1："呼哉！大呼狱，见者身毛竖，于中**受剧苦**，寄付不还故。"新罗元晓述《金刚三昧经论》卷2《本觉利品》："贫者少有世间善故，穷者都无出世财故，困者或堕三途受剧苦故，苦者或生人天受轻苦故。”新罗太贤集《本愿药师经古迹》卷1：“复次，曼殊室利，若诸有情，悭贪嫉妬，自赞毁他，当堕三恶趣中，无量千岁，受诸剧苦。受剧苦已，从彼命终，来生人间，作牛马驼驴，恒被鞭挞，饥渴逼恼。”

【受苦如此/くるしびをうくることかくのごときなり】总括　遭受这么大的痛苦。《日本灵异记》上卷《邪见假名沙弥斫塔木得恶报缘第27》：“终到岛下郡味木里，忽得病，举声叫言：‘热乎，热乎！’豫离于地一二尺许。众集见，或问曰：‘何故如此叫？’答云：‘地狱之火，来烧我身。受苦如此也，不可故问。’”（p. 116）宋非浊集《三宝感应要略录》卷1：“夏侯均者，勇州人也。显庆二年，受重病经，四十余日，昏乱闷绝而死。自被配作牛身，祈云：‘尝三度于阴师处受戒，兼受持《药师经》，自造形像，自省无过。何遣作牛身，受苦如此？’均已被配磨坊，经二十四日苦使。后为勘受戒等，是实不虚，始得免罪。”

【受苦無量/くるしびをうくることむりょうなり】比较　承受的苦痛无以计量。《日本灵异记》下卷《漂流大海敬称尺迦佛名得全命缘第25》：“当土人等见之，问来由，状知愍养，申当国司。国司闻见之，悲赈给粮。小男叹曰：‘从杀生人，受苦无量。我亦还到，彼又驱使，犹聿不止杀生之业。’”（p. 326）东晋瞿昙僧伽提婆译《中阿含经》卷9《未曾有法品》：“长者答曰：‘尊者，或有不信，世尊语者，彼当长夜，不义不忍，生极恶处，受苦无量。’”元魏慧觉等译《贤愚经》卷13《顶生王品》：“佛见此已，为诸比丘，说贪利害：‘夫贪欲者，现损身命，终归三涂，受苦无量。所以然者？吾自忆念，过去世时，由于贪故，而便堕落，受诸苦恼。’”梁宝唱等集《经律异相》卷46：“或有先世恶口，好以粗言加他，众人憎恶见之如雠，以此罪故堕饿鬼中。如是罪报，受苦无量。”

【受牛身/うしのみをうく】三字（4例）　因前世作孽，后世转投牛身。《日本灵异记》上卷《偷用子物作牛役之示异表缘第10》：“吾者，此家长之父也。而吾先世为欲与人，不告子取稻十束。所以今受牛身，而偿先债。”（p. 87）又中卷《己作寺用其寺物作牛役缘第9》：“探之斑文，谓：‘赤麻吕者，檀于己所造寺，而随恣心借用寺物，未报纳之死亡焉。为偿此物，故受牛身者也。’”（p. 173）又《因供养显母作女牛之因缘第15》：“彼夜，讲师梦见赤牸来至，告言：‘我此家长公母也。是家牛中，有赤牝牛。其儿吾也。我昔先世偷用子物，所以今受牛身，以偿其债。’”（p. 188）又《贷用寺息利酒不偿死作牛役之偿债缘第32》：“吾先是寺药分之酒贷用二斗，未偿以死。所以今受牛身，而偿酒债，故役使耳。”（p. 232）隋阇那崛多译《佛本行集经》卷43《优波斯那品》：“复次大王，我于彼处，既舍身已，复生于彼，陀毘罗国，亦作羊身。彼处舍身，复受牛身，舍彼牛身，出山林中，受猕猴身。”唐义净译《根本说一切有部毘奈耶杂事》卷5：“时彼闻已，至心悔责。汝等知不？由彼往时，于阿罗汉，生粗恶言，所造之业。于五百世，常受牛身，乃至今日，残业未尽，尚作牛形，由彼勤作，习诵之事，于我法中，出家修行，断诸烦惑，证阿罗汉。”唐僧详撰《法华传记》卷7：“妾惊怖异，梦有一沙门，谓女言：‘牛是汝夫，以取他田粟故，**受牛身**，役属田主。’”

【受其供養/そのくようをうく】 四字 接受别人的供施。《日本灵异记》下卷《沙门诵持方广大乘沉海不溺缘第4》：“彼聟奥国而为陷舅，聊备斋食，供于三宝。舅僧展转乞食，偶值法事，有于自度之例。匿面而居，**受其供养**。”（p. 272）吴支谦译《撰集百缘经》卷1《菩萨授记品》：“佛告阿难：‘南方有国，名曰金地，彼有长者，字曰满贤，遥请于我，及比丘僧。吾当往彼**受其供养**，汝等各自，皆乘神通，往受彼请。’”北凉昙无谶译《大般涅槃经》卷10《一切大众所问品》：“尔时世尊，欲令一切，众望满足，于自身上，一一毛孔，化无量佛，一一诸佛，各有无量，诸比丘僧。是诸世尊，及无量众，悉皆示现，**受其供养**。”唐义净译《金光明最胜王经》卷8《大吉祥天女增长财物品》：“我于尔时，即便护念，观察是人，来入其室，就座而坐，**受其供养**。”

【受請/うけこふ・むかへをうく】 述宾（2例） 接受邀请。《元兴寺伽蓝缘起并流记资财账》：“时大臣又得病故，他田天皇大前白：‘又欲敬三宝。天皇但许大臣耳。’大臣**受请**三尼等，敬礼三宝。”《日本灵异记》中卷《阎罗王使鬼得所召人之赂以免缘第24》：“盘岛参入大安寺南塔院，请沙弥仁耀法师，未受戒之时也。语欲奉读《金刚般若经》百卷。仁耀**受请**，经二个日，读《金刚般若经》百卷讫。”（p. 212）（1）后汉安世高译《阿那邠邸化七子经》卷1：“时世尊默然受阿那邠邸请。时阿那邠邸已见世尊，默然**受请**，头面礼足，便退而去，还家即其日，施设甘露饮食。施设甘露饮食已，即敷坐具，为佛比丘僧故，而白时到，‘今正是时，愿世尊临顾。’”东晋竺昙无兰译《寂志果经》卷1：“时王阿阇世，叉手向佛：‘唯愿世尊，受我供施，及比丘众。’时佛默然，即已**受请**。王知**受请**，其心喜跃，绕佛三匝，稽首而退。”（2）《唐律疏议》卷2《名例》：“诸犯私罪，以官当徒者，私罪，谓私自犯及对制诈不以实、**受请**枉法之类。”又：“议曰：‘私罪’，谓不缘公事，私自犯者；虽缘公事，意涉阿曲，亦同私罪。对制诈不以实者，对制虽缘公事，方便不吐实情，心挟隐欺，故同私罪。**受请**枉法之类者，谓受人嘱请，屈法申情，纵不得财，亦为枉法。此例既多，故云‘之类’也。”按：《汉语大词典》失收。

【受師語/しのことばをうく】 说词 听了师傅的话以后。《日本灵异记》下卷《禅师将食鱼化作〈法华经〉覆俗诽缘第6》：“弟子**受师语**，至于纪伊国海边，买鳊八只，纳小柜而归上。”（p. 276）失译人名今附东晋录《沙弥十戒法并威仪》卷1：“沙弥事和上有十事：一者当早起；二者欲入户当先三弹指；三者具杨枝澡水；四者当授袈裟却授履；五者当扫地益澡水；六者当襞枕抚拭床席；七者师出未还不得舍房中去；师还当逆取袈裟内襞之；八者若有过和上阿阇梨教诫；九者当低头**受师语**去，当思念行之，十者出户当还牵户闭之。是为事和上法。”姚秦佛陀耶舍、竺佛念等合译《四分律》卷26："时诸比丘尼往白诸比丘，诸比丘往白世尊。世尊尔时以此因缘集比丘僧，呵责提舍难陀比丘尼：'汝所为非，非威仪、非沙门法、非净行、非随顺行，所不应为。云何**受师语**不审谛？'"唐法砺撰述《四分律疏》卷6《不审谛**受师语**语戒》。

【受施/ほどこしをうく】 述宾 接受供施，接受布施。《日本灵异记》下卷《沙门诵持方广大乘沉海不溺缘第4》："智椽自捧于布施，献于众僧。于是舍海中僧，申手**受施**。"（p.272）后汉昙果、康孟详合译《中本起经》卷2《佛食马麦品》："众星列空中，日月明为最。佛出于世间，**受施**为上最。"刘宋求那跋陀罗译《杂阿含经》卷42："障他人施惠，亦断**受施**者，如是恶士夫，从此至他世。"唐实叉难陀译《大方广佛华严经》卷30《佛不思议法品》："一切诸佛**受施**，常为众生，而作佛事；一切诸佛不**受施**，常为众生，而作佛事。"

【受是苦也/このくるしびをうく】 口语 为何遭受这样的痛苦呢。《日本灵异记》上卷《非理夺他物为恶行受报示奇事缘第30》："广国见之悲而言：'呜呼！何图之。**受是苦也**。'"（p.126）失译人名今附后汉录《大方便佛报恩经》卷1《孝养品》："天王释言：'汝大愚也。阿耨多罗三藐三菩提，久受勤苦，然后乃成。汝云何能，**受是苦也**？'"又卷3《论议品》："王及夫人，及诸臣民，无量大众，前后围绕。其母懊恼，投身死尸：'以我宿世，有诸过恶，今令子身，**受是苦也**。今我身者，何不碎末如尘，乃令我子，丧失身命。'"宋守遂注《沩山警策注》卷1："'禀父母之遗体，假众缘而共成'：由禀识妄想，故于父母赤白中受身，假乳哺洗濯饮食衣服众缘得存。佛云：'观身不净。观**受是苦也**。'"

【受学仏法/ぶっぽうをうけまなぶ】 四字 接受学习佛教的教理教义。《元兴寺伽蓝缘起并流记资财账》："时按师首达等女斯末卖年十七在。阿野师保斯女等已卖，锦师都瓶善女伊志卖，合三女等，就法明**受学佛法**在。"后秦弗若多罗译《十诵律》卷18："王闻是语，瞋心小息，便作是念：'佛法大力，令人心大得无畏力。我今何不令诸夫人，**受学佛法**，令得大心？'"唐义净译《根本说一切有部毘奈耶》卷5："时彼长者于日日中，与其童子璎珞严身，并诸侍从往给园中圣者目连处**受学佛法**。"唐道世撰《法苑珠林》卷23："若上聪明人能速受学得不动智，于日月中常以二分**受学佛法**一分外典，是名不犯。"

【受重病/おもきやまひをうく】 三字 得重病，患重疾。《日本灵异记》中卷《打法师以现得恶病而死缘第35》："时法师呼曰：'奚无护法欤？'王去不远，于其路中，儵**受重病**，高声叫呻，踊离于地二三尺许。"（p.241）唐实叉难陀译《地藏菩萨本愿经》卷2《见闻利益品》："是人若是业报合**受重病**者，承斯功德，寻即除愈，寿命增益。"宋非浊集《三宝感应要略录》卷1："夏侯均者，勇州人也。显庆二年，**受重病**经四十余日，昏乱闷绝而死，自被配作牛身。"→【得重病】【患重病】

【受罪報/つみのむくひをうく】 三字 遭受犯罪的果报。《日本灵异记》下卷《不顾因果作恶**受罪报**缘第37》（p.358）。姚秦鸠摩罗什译《大智度论》卷38《往生品》："复次，若佛不受是第八罪报，有诸天、神、仙、龙、鬼诸长寿者，见有此恶业而不**受罪报**，谓为无业报因缘；以是故，虽现在无恶业，亦**受罪报**。"北凉昙无谶译《大般涅槃经》卷16《梵行品》："何以故？是诸畜生有微善根，是故杀者具**受罪报**是名下杀。"唐道世撰《法苑珠林》卷55："慧欣然辞出导从而行行至诸城，城皆是地狱，人众巨忆悉**受罪报**。"

【授手～濡足～/てをさずく～あしをぬらす～】 对偶 "授手"，授以援手。谓救援。"濡足"，打湿了脚。谓施救。《日本灵异记》下卷《序》："注寄异事，示言提流。**授手**欲劝，**濡足**欲导。"（p.260）唐道宣撰《广弘明集》卷16："因斯大极，溥被翱翔。岂徒三界，宁止十方？**濡足**万古，**授手**百王。一念斯答，万寿无疆，如日之久，如天之长。"颜绢英主编《李清造报德像碑》卷1："**濡足**于尧年，阴六为灾；**授手**于汤日，覆载比两仪。"

【書写/かきうつす】 并列 （7例） 即抄写经典。书写行。《法华经·法师品》第10所说五种妙行（受持、读、诵、解说、书写）之一。《日本灵异记》下卷《如法奉写〈法华经〉火不烧缘第10》："发愿如法，清净奉写《法华经》一部。专自**书写**。每大小便利，洗浴净身，自就**书写**筵以还，径六个月，乃缮写毕。"（p.280）又《用寺物复将写大般若建愿以现得善恶报缘第15》："爰三僧出来，问忍胜言：'汝作何善?'答：'我不作善，唯欲写《大般若经》六百卷，故先发愿，而未**书写**。'"（p.319）《奈良朝写经39》《瑜伽师地论卷第21》："天平十七年岁次乙酉四月中旬愿主万瑜菩萨，**书写**法师信瑜菩萨。"（p.262）《奈良朝写经55·大般若经卷第50等》："奉为神风仙大神。愿主沙弥道行、**书写**山君萨比等。"（p.358）《奈良朝写经未收2·瑜伽师地论》："**书写**石津连大足，和泉监大鸟郡昌部乡天平二年岁次更午九月书写奉。"（p.464）姚秦鸠摩罗什译《妙法莲华经》卷4《法师品》："若复有人，受持读诵，解说**书写**，妙法华经，乃至一偈，于此经卷，敬视如佛，种种供养：华、香、璎珞、末香、涂香、烧香，缯盖、幢幡、衣服、伎乐，乃至合掌恭敬。药王，当知是诸人等，已曾供养，十万亿佛，于诸佛所，成就大愿，愍众生故，生此人间。"《奈良朝写经56·大般若经卷第50等》："**书写**优婆塞圆智。"（p.358）→【読誦書写】【敬書写】【奉写】【敬奉写】【敬写】【密写】【清浄奉写】

【書写奉竟/かきうつしたてまつりをはる】 自创 抄写完毕。《奈良朝写经37·妙法莲华经》："天平十六年岁次甲申五月二十日**书写奉竟**。"（p.251）

【書写師/しょしゃのし】 自创 （4例） 抄经者，抄经师。《奈良朝写经15·瑜伽师地论卷第8》："天平七年岁次乙亥八月十四日写了。**书写师**，慈氏弟子三宅连人成

［本名］。”（p. 121）《奈良朝写经16·瑜伽师地论卷第60》：“天平七年岁次乙亥八月十四日写了。**书写师**，慈氏弟子慈泰［本名建ア古町］。”（p. 123）《奈良朝写经34·大般若经卷第401》：“**书写师**见部君足国。”（p. 244）《奈良朝写经56·大般若经卷第50等》：“**书写师**沙弥闻曜、沙弥尼闻道、沙弥尼德铃、婆弥尼德绪、山国人山三宅麻吕、县主富继古、山泉古。”（p. 358）

【~姝無比/うるはしきことたぐひなし】 比较 ……无比漂亮。《日本灵异记》中卷《力女示强力缘第27》：“随夫柔俀，如练丝棉。织麻细叠而著夫大领。蘽**姝无比**。”（p. 220）后汉支娄迦谶译《佛说无量清净平等觉经》卷1：“无量清净佛所可教授讲堂、精舍，皆复自然七宝：金、银、水精、琉璃、白玉、虎珀、车璩，自共转相成也。甚姝明好，绝**姝无比**。”吴支谦译《佛说阿弥陀三耶三佛萨楼佛檀过度人道经》卷1：“皆以自共为地，旷荡甚大无极。皆自相参，转相入中，各自焜煌参明，极自软好，甚**姝无比**。”

【殊常/つねにことなり】 比较 （2例） 异常，不同寻常。《日本书纪》卷14《雄略纪》元年三月条：“天皇曰：‘见此者咸言如卿所噵。然朕与一宵而胀，产女**殊常**。由是生疑。’”（第二册，p. 150）《续日本纪》卷11《圣武纪》天平六年四月条：“戊申，诏曰：‘今月七日，地震**殊常**。恐动山陵。宜遣诸王、真人、副土师宿祢一人，检看讳所八处及有功王之墓。’”（第二册，p. 276）（1）东晋瞿昙僧伽提婆译《增壹阿含经》卷41：“是时，三十三天极为瞋恚：‘云何此鬼在我主床上坐乎？’是时，诸天适兴恚心，彼鬼遂转端正，颜貌**殊常**。”后秦佛陀耶舍、竺佛念等合译《长阿含经》卷3：“佛告阿难：‘有二因缘，如来光色，有殊于常：一者佛初得道，成无上正真觉时；二者临欲灭度，舍于性命般涅槃时。阿难，以此二缘，光色**殊常**。’”高丽一然撰《三国遗事》卷2：“所居北龟旨，有**殊常**声气呼唤。”（2）《宋书》卷51《建平宣简王宏传》：“（宏）少而闲素，笃好文籍，太祖宠爱**殊常**。”按：《汉语大词典》首引《晋书》卷55《张载传》：“处守平之世，而欲建**殊常**之勋。”偏晚。

【殊人/ひとことなり】 比较 有别于常人的人，特殊的人。《藤氏家传》下卷《武智麻吕传》：“尝年少时，穗积亲王遇宴会，顾谓群英曰：‘遍见藤氏之子，此儿怀奇**殊人**。吾闻虎豹之驹虽未成文，而有食羊之意。鸿鹤之雏虽未翼备，而有四海之心。此儿必至台鼎之位欤。’”（p. 301）（1）梁慧皎撰《高僧传》卷6：“什谓融曰：‘此外道聪明**殊人**，捔言必胜，使无上大道在吾徒而屈。良可悲矣。若使外道得志则法轮摧轴。岂可然乎？’”元魏慧觉等译《贤愚经》卷2《降六师品》：“太子长大，智慧**殊人**，父王葬薨。葬送毕讫，诸王臣集，劝令嗣位，太子固辞，云不能当。”唐道宣撰《续高僧传》卷18：“自少至长，志干**殊人**，行则安而徐动，坐则俨而加趺。”（2）《魏书》卷60《韩麒麟传》：“高祖曰：‘苟有**殊人**之伎，不患不知。然君子之门，假使无当世之用者，要自德行纯笃，朕是以用之。’”按：《汉语大词典》失收。

【殊勝/しゅしょう】 比较 （2例） 特别优异。《日本书纪》卷19《钦命纪》十三年十月条："别表赞流通礼拜功德云：'是法于诸法中最为**殊胜**。难解难入，周公、孔子，尚不能知。'"（第二册，p.416）《续日本纪》卷15《圣武纪》天平十五年正月条："别于大养德国金光明寺，奉设**殊胜**之会，欲为天下之模。"（第二册，p.416）后汉竺大力、康孟详合译《修行本起经》卷1《试艺品》："太子**殊胜**，椎钟击鼓，弹琴歌颂，骑乘还宫。"西晋竺法护译《正法华经》卷7《安行品》："**殊胜**差特，普当具足，诸四部众，亦复顺遇。"北凉昙无谶译《大般涅槃经》卷8《如来性品》："郁者于诸经中，最上最胜，增长上上，谓大涅槃。复次郁者，如来之性，声闻缘觉，所未曾闻，如一切处，北郁单越，最为**殊胜**。菩萨若能，听受是经，于一切众，最为**殊胜**。以是义故，是经得名，最上最胜。是故名郁。"唐义净译《金光明最胜王经》卷1《序品》："如是等声闻、菩萨、人天大众、龙神八部，既云集已，各各至心，合掌恭敬，瞻仰尊容，目未曾舍，愿乐欲闻，**殊胜**妙法。"

【殊無所獲/ことにとるところなし】 所字 完全没有收获，一无所获。《日本书纪》卷2《神代纪下》："时兄弟欲互易其幸。故兄持弟之幸弓，入山觅兽。终不见兽之干迹。弟持兄之幸钩，入海钓鱼，**殊无所获**，遂失其钩。"（第一册，p.162）（1）唐菩提流志译《佛心经》卷2："我昔凡夫时，往尼佉罗山，见诸咒仙，作种种法。我于彼时，近得此咒。才经七日，其诸咒仙，不识我身。为此恶人，作种种恶术，欲降伏于我，尽其神力，以经七日，**殊无所获**，唯自燋枯。我时怜念，即语诸仙：'当知如汝力者，纵尽大劫，不能害我。若害得者，无有是处。'"（2）唐彦悰纂录《集沙门不应拜俗等事》卷4："臣经难彼僧曰：'此之仆隶始落发披缁，**殊无所**识。即令君父致敬，大不近人情。'"唐湛然述《止观辅行传弘决》卷7："用释法华王舍之称，**殊无所**拟。既无分别，浅伪何疑。"宋绍德、慧询等译《菩萨本生鬘论》卷2："我先修习，婆罗门法，久受勤苦，**殊无所**益，譬如有人，信顺愚夫，钻冰求火，不可得也，愿投仁者，作归依处。"

【蔬食持戒/くさびらくらひ、かいをじす】 四字 粗茶淡饭，护持戒法。《日本书纪》卷30《持统纪》三年正月条："诏曰：'麻吕等少而闲雅寡欲，遂至于此，**蔬食持戒**。可随所请，出家修道。'"《梁书》卷50《任孝恭传》："孝恭少从萧寺云法师读经论，明佛理，至是**蔬食持戒**，信受甚笃。而性颇自伐，以才能尚人，于时辈中多有忽略，世以此少之。"（p.726）《南史》卷72《文学》亦见相同记载。宋志盘撰《佛祖统纪》卷28："孙忠，四明人。**蔬食持戒**，蚤慕西方。于郡城东筑庵，凿二池种白莲，临池建阁，月集道俗念佛。"

【倏忽/たちまち】 并列 （5例） 突然，忽然。《日本书纪》卷3《神武纪》即位前纪条："时椎根津彦计之曰：'今者宜先遣我女军，出自忍坂道。虏见之必尽锐而赴。吾则驱驰劲卒，直指墨坂，取菟田川水以灌其炭火。**倏忽**之间出其不意，则破之必也。’”（第一册，p. 220）又卷 13《安康纪》即位前纪条：“当是时，大泊濑皇子欲聘瑞齿别天皇之女等。于是皇女等皆对曰：‘君王恒暴强也。**儵忽**忿起，则朝见者夕被杀，夕见者朝被杀。’”（第二册，p. 132）又卷 19《钦明纪》十四年十月条：“俄而**儵忽**之际，闻鼓吹之声。余昌乃大惊，打鼓相应，通夜固守。”（第二册，p. 424）又卷 28《天武纪上》元年七月条：“先是，军金纲井之时，高市郡大领高市县主许梅**儵忽**口闭，而不能言也。”（第三册，p. 340）《日本灵异记》下卷《阎罗王示奇表劝人令修善缘第9》：“广足白言：‘我为此女，写《法华经》，讲读供养，救所受苦。’妻白言：‘实如白，**儵忽**免应还。’”（p. 284）唐慧琳撰《一切经音义》卷 47：“**儵忽**：《王注楚辞》：**儵**，忽疾也。《说文》：电貌也。古今正字，往来**儵忽**也。从黑，攸声。”梁慧皎撰《高僧传》卷 6：“邕以果先梦知是山神。乃为说法授戒。神嚫以外国匕筯，礼拜辞别。**儵忽**不见。”唐道宣撰《广弘明集》卷 29 梁高祖《孝思赋》：“念过隙之**儵忽**，悲逝川之不停。践霜露而凄怆，怀燧谷而涕零。”唐圆照撰《贞元新定释教目录》卷 2：“舟侣扬帆蟒复出身登山而望，众人举手，然后乃灭**儵忽**之顷，便达豫章。”按：《汉语大词典》失收。

【贖而放之/あかひてはなつ】 四字 （将正在出售的小动物）买下来放生。《日本灵异记》上卷《缔知识为四恩作绘佛像有验示奇表缘第 35》：“时见担篋之在树上。即闻种种生物之声，从篋中而出。疑是畜生类，**必赎而放之**，留待物主。”（p. 135）唐道宣撰《续高僧传》卷 29：“后因行汶中，路逢有人，缚豚在地。声作人语曰：‘愿上圣救我。’达即解衣，**赎而放之**。”该例亦见于《神僧传》卷 5。

【贖放/あかひはなつ】 后补 （3 例） 犹赎生。将小动物花钱买下后放生。《日本灵异记》中卷《赎蟹虾命放生得现报缘第 8》：“明日见之有一大蟹。而彼大蛇条然段切。乃知**赎放**蟹报恩矣。”（p. 172）又《赎蟹蝦命放生现报蟹所助缘第 12》：“明日见之，大蟹八集，彼蛇条然剪段切之。乃知**赎放**蟹报恩矣。”（p. 181）又《依不布施与放生而现得善恶报缘第 16》：“优婆塞睇净谚曰：‘斯汝家室将生之宫。养于耆妪。因此功德，为作是宫。汝知我耶？’答：‘不知也。’教曰：‘当知十人法师优婆塞者，汝**赎放**之蛎十贝也。’”（p. 192）元魏吉迦夜、昙曜合译《杂宝藏经》卷 2：“王时即唤，问其所以。答王言曰：‘向见屠儿，将五百头小牛而欲刑治，臣即**赎放**。以是因缘，身体得具，故不敢入。’王闻喜愕，深于佛法，生信敬心。”该例亦见于唐道世集《诸经要集》卷 13。唐义净译《根本说一切有部毘奈耶》卷 47：“此鸡无辜，缘我进献，几将被杀，此之恶业，愿勿受报。我复**赎放**，所有福业令我来世遭厄难时，得胜大师来相救济。”按：《汉语大词典》首引唐白居易《赎鸡》诗：“常慕古人道，仁信及鱼豚；见兹生恻隐，**赎放**双林园。”偏晚。

【熟瓜/ほぞち】 偏正 成熟的瓜果。《古事记》中卷《景行记》：“尔其熊曾建白：‘信然也。于西方，除吾二人无建强人。然于大倭国，益吾二人，而建男者坐祁理。

是以吾献御名。自今以后，应称倭建御子。’是事白讫，即如**熟瓜**振折，而杀也。”（p. 220）陈真谛译《佛说立世阿毘昙论》卷1：“彼中众生，傍行作向上想，犹如守宫，铁轮外边，恒作傍行。是其身量，如頞多大，因冷风触，其身圻破，譬如**熟瓜**。”该例亦见于唐道世撰《法苑珠林》卷7、《诸经要集》卷18。按：《汉语大词典》失收。佛典例与《景行记》的用法同为比喻，前者描摹壁虎被冷风吹得四分五裂的样子，后者比拟人头落地时干净利落的情景，且均有“振折”“圻破”一类表现结果的词语衬托，足以证明两者在表现手法上的借鉴关系。

【熟睡/うまいす】 偏正 酣睡。《日本书纪》卷14《雄略纪》即位前纪条：“既而穴穗天皇枕皇后膝，昼夜眠卧。于是眉轮王伺其**熟睡**，而刺弑之。”（第二册，p. 140）失译人名今附东晋录《佛说因缘僧护经》卷1：“迦叶佛时，是众僧上座，不能禅诵，不解戒律，饱食**熟睡**。但能论说，无益之语。精膳供养，在先饮食。以是因缘，入地狱中，作大肉瓨，火烧受苦，至今不息。”唐义净译《根本说一切有部毘奈耶》卷8：“时知事人，专心看守，中有一人，作如是念：‘我困且眠。彼十六人岂可不能守护？’时十六人，各生是念：‘我困且眠。其十六人，并皆**熟睡**，唯有一知事者，通夜检校，不得眠睡。’”唐法藏述《华严经探玄记》卷10：“《摄论》云：‘无分别智离五相，谓**熟睡**昏醉等。’”按：《汉语大词典》首引《法苑珠林》卷111：“众僧上座不能坐禅，不解戒律，饱食**熟睡**，但能论说无益之语。”偏晚。

【述於～/～をのぶ】 于字 叙述某事，讲述某事。《日本灵异记》下卷《女人滥嫁饥子乳故得现报缘第16》：“林自梦惊醒，独心怪思，巡彼里讯。于是有人答言：‘当余是也。’林**述于**梦状。”（p. 301）隋吉藏撰《法华义疏》卷9《五百弟子授记品》：“悔过自责下，第四发言，自叙领解，又开为四：一悔过自责；二**述于**昔迷；三叙今悟；四者解释。”

【樹善業/ぜんごうをたつ】 三字 为了将来（来世）从事善行。《藤氏家传》下卷《武智麻吕传》：“公以为：‘如来出世，演说诸法，教化众生，令**树善业**。’”（p. 330）唐段成式撰《金刚经鸠异》卷1：“又遇旧典段怡先与涉为义兄弟，逢涉云：‘先念金刚经莫废忘否？向来所见，未是极苦处。勉**树善业**，今得还，乃经之力。’因送至家。如梦。死已经宿，向所拓处，数日青肿。”

【樹梯/はしたて】 先例 竖起梯子。《日本书纪》卷6《垂仁纪》八十七年二月条：“故谚曰：‘神之神库隋**树梯**之，此其缘也。’”（第一册，p. 330）宋赞宁等撰《宋高僧传》卷17：“遂于东明观坛前架刀成梯，史华登蹑如常磴道焉。时缁伍互相顾望推排且无敢蹑者。惠闻之谒开府鱼朝恩，鱼奏请于章信寺庭**树梯**，横架锋刃若霜雪然。增高百尺，东明之梯极为低下。”

【数日之後/ひをへて】 时段（2例） 几天以后。《日本书纪》卷22《推古纪》

二十一年十二月条："辛未，皇太子遣使令视饥者。使者还来之曰：'饥者既死。'爰皇太子大悲之。则因以葬埋于当处，墓固封也。**数日之后**，皇太子召近习者，谓之曰：'先日卧于道饥者，其非凡人。必真人也。'"（第二册，p. 570）又卷 23《舒明纪》即位前纪条："于是，**数日之后**，山背大兄亦遣樱井臣，告大臣曰：'先日之事，陈闻耳。宁违叔父哉？'"（第三册，p. 30）（1）吴康僧会译《六度集经》卷 8："酒醒即寤，睹其陋室，贱衣如旧，百节皆痛，犹被杖楚。**数日之后**，王又就之。翁曰：'前饮尔酒，湎眩无知，今始寤耳。梦处王位，平省众官，国史记过，群僚切磋，内怀惶灼，百节之痛，被笞不踰也。梦尚若斯，况真为王乎？'"唐圆照撰《代宗朝赠司空大辨正广智三藏和上表制集》卷 4："初母氏遇相者曰：'尔汝必当生菩提萨埵也。'已便失。**数日之后**，果梦佛微笑眼光灌顶。既寐犹觉，室明如昼，因而孕焉。"（2）《搜神记》卷 7："晋太康四年，会稽郡蟛蜞及蟹，皆化为鼠，甚众覆野，大食稻为灾。始成，有毛肉而无骨，其行不能过田塍。**数日之后**，则皆为牝。"（p. 335）该例亦见于唐道世撰《法苑珠林》卷 32。《魏书》卷 57《崔挺传》："正光五年夏，秦州城人杀刺史李彦据州为逆。**数日之后**，游知必不安，谋欲出外，寻为城人韩祖香、孙褄攻于州馆。"（p. 1278）→【未経数日】【歷数日】

【漱口灑手/くちをすすき、てをあらふ】 四字 含清水等冲洗口腔和洗手。《日本灵异记》下卷《序》："比丘斋食讫后，嚼杨枝，**漱口洒手**，把砾而玩。乌居篱外。"（p. 260）唐慧琳撰《一切经音义》卷 15："**漱口**：霜救反。又音，桑奏反。并通。《韵英》云：以水洗荡口也。从水，欶声。欶音，苏侯反。"又卷 10："尝澡：遭老反。《字指》云：澡，盥也，洗也。《说文》：**洒手**也。从水，喿声也。"唐阿地瞿多译《陀罗尼集经》卷 10《乌枢沙摩金刚法印咒品》："行者日日洒浴，若不洒浴者，应当**洒手漱口**入道场。"又卷 1《1 释迦佛顶三昧陀罗尼品》："晨朝净**洒手**面**漱口**竟，正面向东，咒一掬水三遍，洒于头顶面身心上。如是三遍，一切众人见，者欢喜，所往之处，无有障碍。"

【率天/そつてん】 自创 "兜率陀天"的略称。《奈良朝写经 56・大般若经卷第 50 等》："次愿二亲眷属，万福日新，千庆月来。百年之后，辞世之夕，游神**率天**，升弥勒之香台；栖想极乐，践观音之花座。"（p. 358）

【率往於~/~にゐてゆく】 于字 相率而往，一同前去。①《日本灵异记》下卷《髑髅目穴笋揭脱以祈之示灵表缘第 27》："去年十二月下旬，为买正月元日物，我与弟公**率往于**市。所持之物，马布棉盐。路中日晚，宿于竹原，窃杀弟公，而擀彼物，到于深津市，马卖赞岐国人，自余物等，今出用之。"（p. 334）②《古事记》上卷《大国主神》："故此大国主神之兄弟八十神坐。然皆国者，避于大国主神。所以避者，其八十神各有欲婚稻羽之八上比卖之心。共行稻羽时，于大穴牟迟神负袋，为从者**率往**。"（p. 74）（1）东晋佛陀跋陀罗、法显合译《摩诃僧祇律》卷 1："王种种问已，夫人不答。王即出去，告余夫人、大臣太子、及余人等：‘卿等率往问夫人意。’诸人受教，各各问已。夫人犹故，默然不对。”梁宝唱撰《比丘尼传》卷1：“同行宾客三十许人坐始定，便下果糉并悉时珍。刺史刘悛，后尝率往，亦复如之。”古逸部《持诵金刚经灵验功德记》卷1：“侧近之人，知师入其，神庙止宿，恐同前者二僧被打杀。至旦诸人，共相率往，神所看迎，乃见平安。”（2）梁陶弘景撰《真诰》卷17：“玄山构沧浪，金房映灵轩。洛公挺奇尚，从容有无间。形沉北寒宇，三神栖九天。同寮相率往，推我高胜年。弱冠石庆安，未肯崇尊贤。嘲笑蓬莱公，呼此广休前。明公将何以，却此少年翰。”按：《汉语大词典》失收。“率往于～”的句式，在中国文献中未见，疑似自创搭配。

【双林/そうりん】 地名 即沙罗双树林。沙罗树二株成对生长，分布于喜马拉雅山麓至印度北部的阔叶树。以释尊于拘尸那城外的沙罗树林入于涅槃而知名。《续日本纪》卷27《称德纪》天平神护二年十月条：“孤园绝迹，久矣惊心，双林挽客，烂然满目。”（第四册，p. 140）梁慧皎撰《高僧传》卷13：“是以般遮弦歌于石室，请开甘露之初门。净居舞颂于双林，奉报一化之恩德。”隋吉藏撰《仁王般若经疏》卷1《序品》：“《菩萨处胎经》云：佛在双林，已入金棺，起授金手问阿难：‘自我前来为诸菩萨说大乘方等经，汝悉知不？’对曰：‘唯佛乃知。’”唐玄奘译《佛临涅槃记法住经》卷1：“一时薄伽梵，在拘尸城力士生地娑罗双林，与无量无数声闻、菩萨摩诃萨俱，并诸天、人、阿素洛等，一切大众前后围绕。时薄伽梵临般涅槃，愍众生故，以慈软音告阿难曰：‘吾今不久，当般涅槃，一切有为，无不悉舍，一切佛事，皆已究竟。’”

【双樹/そうじゅ】 地名 “娑罗双树”的略称。佛入灭的地方。《奈良朝写经56·大般若经卷第50等》：“道行忽蒙威力，才得本心。以为连河能仁，设波若之宝筏，双树正觉，开菩提之禅林。”（p. 358）失译人名今附东晋录《般泥洹经》卷2：“彼时，佛敕贤者阿难，汝于苏连双树间，施绳床令北首，我夜半当灭度。受教即施，还白已具。佛到双树，就绳床侧右胁而卧。”唐义净译《南海寄归内法传》卷1：“遂乃迹灭两河，人天掩望。影沦双树，龙鬼摧心。”

【水底/みなそこ】 后缀 （5例） 今义同。《古事记》上卷《伊耶那岐命与伊耶那美命》：“次于水底涤时所成神名，底津棉上棉见神，次底筒之男命。于中涤时，所成神名，中津绵津见神，次中筒之男命。于水上涤时，所成神名，上津绵津见神、次上筒之男命。”（p. 50）《日本书纪》卷2《神代下》：“时有丰玉姬侍者，持玉碗当汲井水，见人影在水底，酌取之不得。”（第一册，p. 182）又卷9《神功纪》摄政前纪条：“于是审神者曰：‘今不答而更后有言乎？’则对曰：‘于日向国橘小门之水底所居而水叶稚之出居神，名表筒男、中筒男、底筒男神之有也。’”（第一册，p. 418）《万叶集》卷16第3788～3790首歌题：“娘子叹息曰：‘一女之身易灭如露，三雄之志难平如石。’遂乃彷徨池上，沉没水底。”（第四册，p. 90）《怀风藻》第66首田中净足《晚秋于长王宅宴》："**水底**游鳞戏，岩前菊气芳。君侯爱客日，霞色泛鸾觞。"（p. 132）后汉支娄迦谶译《佛说无量清净平等觉经》卷 1："中复有二宝，共作一池者。其**水底**沙者，皆金银也。"吴支谦译《佛说义足经》卷 2："往按视之，见释摩男，在**水底**死，便还白王：'天子，宁知释摩男持发绕树根而死？'"梁宝唱等集《经律异相》卷 50："五十三曰铁杙，**水底**布铁杙，狱鬼驱人入水中刺身流血，生时嫉妒，布杙伤人。"（2）《搜神后记》卷 3："惊喜共视，忽如二寸火珠，流于**水底**，炯然明净，乃相谓曰：'此吉祥也，当谁应之。"（p. 451）《初学记》卷 3《岁时部》："山头望水云，**水底**看山树。舞余香尚在，歌尽声犹住。"（p. 47）按：《汉语大词典》失收。

【水瓶/みづかめ】偏正（4 例） 一种盛水的容器。一般口较小，颈细肚大。《日本灵异记》上卷《忆持〈法华经〉现报示奇表缘第 18》："猴亦语因而示之曰：'我先子号某，其子住堂读经及以持**水瓶**是也。'"（p. 101）又下卷《忆持〈法华经〉者舌著曝髑髅中不朽缘第 1》："所持之物，《法华经》一部，字细少书，减卷数成一卷持之。白铜**水瓶**一口，绳床一足也。"（p. 263）又："是禅师一日道所送，而以《法华经》并钵干饭粉等与优婆塞，自此令还，唯以麻绳二十寻**水瓶**一口而别去。"（p. 264）又："寻求见之，有一尸骨。以麻绳系二足，悬岩投身而死。骨侧有**水瓶**。乃知别去之禅师也。"（p. 364）（1）后汉西域沙门昙果、康孟详合译《中本起经》卷 1《化迦叶品》："即时师徒，俱共诣佛，稽首白言：'我等皆有信意，愿为弟子。'佛言：'善来！比丘。皆成沙门。迦叶裘褐**水瓶**杖屐，诸事火具，悉弃水中。'"梁慧皎撰《高僧传》卷 12："释弘明，本姓嬴。会稽山阴人。少出家贞，苦有戒节。止山阴云门寺，诵法华习禅定。精勤礼忏，六时不辍。每旦则**水瓶**自满。实诸天童子，以为给使也。"《敦煌变文·难陀出家缘起》："难陀送到寺，便拟却回。佛语难陀道：'我缘今日斋去，是汝且与我看院。有四个**水瓶**与添满。更有院中田地，并须扫却。待我到来，一任汝去。'"又《妙法莲华经讲经文（一）》："双双瑞鹤添香印，两两灵禽注**水瓶**。"（2）《史记》卷 8《高祖本纪》："地势便利，其以下兵于诸侯，譬犹居高屋之上建瓴水也。裴马因集解引如淳曰：'瓴，盛**水瓶**也。居高屋之上而幡瓴水，言其向下之势易也。建音蹇。'晋灼曰：'许慎曰瓴，瓮似瓶者。'"按：《汉语大词典》例引《宋史》卷 250《日本国传》："又金银莳绘砚一筥一合，纳金砚一、鹿毛笔、松烟墨、金铜水瓶、铁刀。"偏晚。

【水上如数書/みづのうへにかずのごとき】比喻 如同在水面上写字一样（虚幻缥缈、转眼即逝）。《万叶集》卷 11 第 2433 首："**水上　如数书**　吾命　妹相　受日鹤鸭"（第三册，p. 187）。后秦僧肇撰《注维摩诘经》卷 2《方便品》："是身无常，念念不住，犹如电光，暴水幻炎，亦**如画水**，随画随合。"失译人名今附秦录《佛入涅槃密迹金刚力士哀恋经》卷 1："一切诸行，犹如河岸，临峻之树；亦**如画水**，寻画寻灭；亦如泡沫；如条上露不得久停；如乾闼婆城，暂为眼对。"按：《新编日本古典文学全集》栏上的注释指出，北凉昙无谶译《大般涅槃经》卷 1《寿命品》："是身无常，念念不住。犹如电光，暴水幻炎。亦**如画水**，随画随合。”

【睡覚/すいかく】 主谓 （2例） 从睡眠状态中醒来，睡醒。《万叶集》卷18第4128～4131首《越前国掾大伴宿祢池主来赠戏歌》书简：“别白：可怜之意，不能默止。聊述四咏，准拟**睡觉**。”（第四册，p.280）《唐大和上东征传》：“次至吉州，僧祥彦于舟上端坐，问思托师云：‘大和上**睡觉**否？’思托答曰：‘睡未起。’”（p.76）姚秦鸠摩罗什译《大庄严论经》卷12：“时彼魁脍，所执持刀，犹如青莲，而语之言：‘此刀斩汝，虽有和上，何所能为？’求哀和上，举声大哭：‘我今归依和上。’即从**睡觉**惊怖，礼和上足：‘愿和上解我，违和上语。’言：‘我本愚痴，欲舍佛禁，听我出家，我不报怨，亦不用王。’”隋阇那崛多译《佛本行集经》卷26《向菩提树品》：“我见如是，不祥梦已，甚大恐怖，身心不安，以是生疑，忽然**睡觉**。我应不久，必失此处，恐畏更有，或大威德，福力之人，来生此处，替代于我。”唐实叉难陀译《大方广佛华严经》卷4《世主妙严品》：“众生盲暗入险道，佛哀愍彼舒光照，普使世间从**睡觉**，威光悟此心生喜。”《敦煌变文·八相变（一）》：“尔时太子悟身之而非久，了幻体之无常。其夜子时，感天人而唱道，唤云：‘太子！修行时至，何得端然？’太子忽从**睡觉**，报言空中：‘如此唤呼，是何人也？’”（p.512）按：《汉语大词典》该词条中未见此义项。

【睡未起/いねていまだおきず】 三字 正在睡觉，还未起床。《唐大和上东征传》：“次至吉州，僧祥彦于舟上端坐，问思托师云：‘大和上睡觉否？’思托答曰：‘**睡未起**。’彦云：‘今欲死别。’”（p.76）宋怀远录《楞严经义疏释要钞》卷3：“不寝者，因佛座下，不见那律，佛问：‘何在？’答云：‘**睡未起**。’因被诃云：‘咄咄！胡为寝蛳螺蚌蛤类，一睡一千年，不闻佛名字。’于是勤意修行，七日不睡。遂失双目。”→【蘇起】【寤起】【醒起】

【説法/みのりをとく】 述宾 （3例） 宣说教法。又称“说教”“说经”“演说”“法施”“法读”“谈义”“劝化”。与“唱导”同义。《日本灵异记》中卷《佛铜像盗人所捕示灵表显盗人缘第22》：“此人者，诽谤佛法僧，为众生不**说法**。无恩义故，杀无罪者也。”（p.207）又《行基大德放天眼视女人头涂猪油而呵啧缘第29》：“故京元兴寺之村，严备法会，奉请行基大德，七日**说法**。”（p.224）《行基大德携子女人视过去怨令投渊示异表缘缘第30》：“众人闻之，当头之曰：‘有慈圣人，以何因缘，而有是告？’娘依子慈不弃。犹抱持，闻**说法**。’”（p.226）姚秦鸠摩罗什译《妙法莲华经》卷2《譬喻品》：“若他反逆，抄劫窃盗，如是等罪，横罗其殃。如斯罪人，永不见佛，众圣之王，**说法**教化。”隋智顗说《妙法莲华经玄义》卷6：“‘**说法**妙者’：诸法不可示，言辞相寂灭，有因缘故亦可说。”

【説法化人/みのりをとき、ひとをおしふ】 四字 宣说教法，教化众生。《日本灵异记》中卷《行基大德携子女人视过去怨令投渊示异表缘第30》：“行基大德令堀开于难波之江而造船津，**说法化人**。”（p.226）东晋僧肇注《金刚经注》卷1：“‘须菩

提，汝勿谓如来作是念。我当有所说法，莫作是念。’道成应出。说法化人也。”梁僧伽婆罗译《阿育王经》卷9《优波笈多弟子因缘》：“于多闻五功德：一者阴方便；二者界方便；三者入方便；四者因缘方便；五者**说法化人**下待他教。我已教汝说三种法，乃至次第说法。说法竟得阿罗汉果，乃至取筹投石窟中。”隋阇那崛多译《佛本行集经》卷3《发心供养品》：“阿难，然灯菩萨从兜率下，降神之时，于日主宫月上夫人右胁，入胎端坐，出生成道，**说法化人**，皆得阿罗汉果。”

【説法堂/みのりをとくどう】 三字 讲经说法的厅堂。《日本灵异记》中卷《奉写〈法华经〉因供养显母作女牛之因缘第15》：“明日为我将说大乘之师故，贵而殷告知。欲知虚实，说法堂里，为我敷座，我当上居。”（p. 188）后秦弗若多罗、罗什译《十诵律》卷15：“时诸上座比丘，初夜大坐，至中夜时，各各入房。诸年少比丘及诸沙弥，在**说法堂**中宿，不一心卧，鼾眠寱语，大唤掉臂。诸贤者言：‘看是尊众，不一心眠卧。’”东晋法显译《高僧法显传》卷1：“佛在石室前东西经行，调达于山北险巇间横掷石伤佛足指处，石犹在，佛**说法堂**已毁坏，止有砖壁基在。”隋阇那崛多译《佛本行集经》卷50《说法仪式品》：“尔时，诸比丘起**说法堂**泥地已讫，在**说法堂**，诵习经行，以尘污足。”→【説法】

【説経於～/～にせっきょうす】 于字 （2例） 讲说经文及经文的意义。①《日本书纪》卷29《天武纪下》闰七月条：“闰七月戊戌朔壬子，皇后誓愿之大斋，以**说经于**京内诸寺。”（第三册，p. 410）②《日本书纪》卷22《推古纪》二十九年二月条：“是月，葬上宫太子于矶长陵。当于是时，高丽僧慧慈闻上宫皇太子薨，以大悲之，为皇太子请僧而设斋。仍亲**说经**之日，誓愿曰。”（第二册，p. 578）《续日本纪》卷19《孝谦纪》天平胜宝五年正月条：“三月庚午，于东大寺设百高座，讲《仁王经》。是日，飘风起，**说经**不竟。于后，以四月九日讲说，飘风亦发。”（第三册，p. 128）（1）失译人名今附东晋录《般泥洹经》卷1：“佛**说经于**天下，闻者皆乐，信学讽诵，端身口意，去邪入正，是二难有自然之法也。”（2）后汉安世高译《长阿含十报法经》卷2：“乐法乐行，数**说经**，是增行，不得慧便得慧。”姚秦鸠摩罗什译《妙法莲华经》卷6《如来神力品》：“于如来灭后，知佛所**说经**，因缘及次第，随义如实说，如日月光明，能除诸幽冥。”刘宋求那跋陀罗译《杂阿含经》卷2：“佛**说经**已，诸比丘闻佛所说，欢喜奉行。”

【説竟/ときをふ】 完成 说完，讲完。《日本书纪》卷22《推古纪》十四年七月条：“秋七月，天皇请皇太子，令讲《胜鬘经》。三日**说竟**之。”（第二册，p. 554）（1）《太平经》卷42：“行，子努力。所**说竟**，当去矣。”（p. 91）（2）后汉安世高译《长阿含十报法经》卷2：“舍利曰已**说竟**，诸受著心蒙恩。”失译人名今附东晋录《七佛八菩萨所说大陀罗尼神咒经》卷1：“此陀罗尼咒，七十七亿诸佛所说，我今**说竟**。”后秦弗若多罗译《十诵律》卷17：“佛在俱舍弥国。时阐那比丘，诸上座所说是法是律是佛教，不待说竟，中间作异语答难上座，无敬畏心。”唐实叉难陀译《大方广佛华严经》卷34《十地品》：“菩萨最胜道，利益诸群生。如是初地法，我今已说竟。”按：《汉语大词典》失收。→【未竟之間】

【丝竹之音/しちくのおと】 四字 音乐之声。“丝竹”，弦乐器与竹管乐器之总称。亦泛指音乐。《藤氏家传》上卷《镰足传》：“于时，空中有云，形如紫盖。丝竹之音，听于其上。大众闻见，叹未曾有也。”（p. 250）唐窥基撰《妙法莲华经玄赞》卷2《序品》：“乐中有二类：一非丝竹也，鼓磬之类；二是丝竹，萧筝之辈。”（1）元魏瞿昙般若流支译《正法念处经》卷26《观天品》：“于此林中，多有众蜂，白银为身，毘琉璃宝，以为两翅，其音美妙，胜于笙笛丝竹之音。”（2）宋志盘撰《佛祖统纪》卷27：“次日恩升座说止观指归，即座面西而化。众闻空中，丝竹之音，依俙西去。”又卷10：“二十五日，为众说止观指归，及观心大义，即端坐面西而逝。寺众文偃，闻空中丝竹，铃铎之音，久而渐远。荼毘得舍利无算。”又卷36：“是日太守孟颉，方晨起视事，忽见南方祥云，光射庭际，隐然金石，丝竹之音，访知普贤示化。”宋宗晓编《乐邦文类》卷3：“鸾乃西向，瞑目而终。一众同闻，管弦丝竹之声，由西而来，良久乃寂。”宋王日休撰《龙舒增广净土文》卷5：“一日告弟子云：‘地狱诸苦不可以不惧，九品净业不可以不修。’因令弟子高声念阿弥陀佛，向西闭目，叩头而亡。是时僧俗，同闻管弦、丝竹之声，从西而来，良久乃止。”宋赞宁等撰《宋高僧传》卷29：“大和二年六月七日，远闻道场之内，有鼓鞞丝竹之声。是夜二更，恬然化灭。”

【私度/しど】 偏正 （2例） 未经官许，私自剃发为僧、道者。据明律户律户役条载，寺观住持及受业师私度者，与之同罪，并令还俗。《续日本纪》卷17《圣武纪》天平胜宝元年闰五月条：“私度沙弥小田郡人丸子连宫麻吕授法名应宝，入师位。”（第三册，p. 80）又卷35《高绍纪》宝龟十年八月条：“望请重仰所由，令陈住处在不之状。然则官僧已明，私度自止。于是下知诸国，令取治部处分焉。”《魏书》卷114《释老志》：“其僧尼辄度他人奴婢者，亦移五百里外为僧。僧尼多养亲识及他人奴婢子，年大私度为弟子，自今断之。”（p. 3025）《旧唐书》卷80《上官仪传》：“大业末，弘为将军陈棱所杀，仪时幼，藏匿获免。因私度为沙门，游情释典，尤精《三论》，兼涉猎经史，善属文。”（p. 2743）

【私屏/かきまみ】 偏正 屏障之物；隐私。《日本书纪》卷2《神代纪下》：“天孙心怪其言，窃觇之。则化为八寻大鳄。而知天孙视其私屏，深怀惭恨。”（第一册，p. 178）。《诗经·小雅·桑扈》：“君子乐胥，万邦之屏。”毛传：“屏，蔽也。”《吕氏春秋·慎行论第2》：“屏王之耳目。”高诱注：“屏，蔽也。”《说文·尸部》：“屏，蔽也。”（1）后秦弗若多罗、罗什合译《十诵律》卷1：“时知识比丘，来相问讯，在一面坐，问须提那：‘汝先有威德，颜色和悦，乐修梵行。今何以故，愁忧色变，默然低头，迷闷不乐？汝身为病，为私屏处，作恶业耶？’须提那言：‘我身无病。私屏作恶业故，心有愁忧。’时诸比丘，渐渐急问，便自广说，如上因缘。诸比丘闻已，种种因缘，呵须提那言：‘汝应愁苦忧悔，乃作如是**私屏**恶业。汝所作事，非沙门法，不随顺道，无欲乐心，作不净行。出家之人，所不应作。’”北凉昙无谶译《大般涅槃经》卷28《师子吼菩萨品》：“善男子，譬如有人**私屏**骂王，经历年岁，王乃闻之。闻已即问，何故见骂？答言：‘大王，我不骂也。何以故？骂者已灭。’”（2）唐义净译《根本说一切有部毘奈耶》卷16：“时毘舍佉即诣笈多处，见与邬陀夷，压膝而坐。见已，生念：‘此非出家人之所应作。若有不信之人，见斯事者，定谓苾刍与女人于**私屏**处，共行非法，长众讥嫌。’”又卷20：“时彼夫妻，互相瞻视。邬波难陀，见而问曰：‘何故仁等，更互相看？’彼二答曰：‘圣者此是，我等**私屏**之言，谁当告知？岂复圣者，了他心耶？’”按：《汉语大词典》失收。

【思愛/うつくしとおもふ】 并列 （2例） 思念爱恋。《古事记》上卷《大国主神》：“于是其妻取牟久木实与赤土授其夫。故咋破其木实含赤土唾出者，其大神以为咋破吴公唾出，而于心**思爱**而寝。”（p. 82）又中卷《垂仁记》：“尔沙本毘古王谋曰：‘汝寔**思爱**我者，将吾与汝治天下。’而即作八盐折之纽小刀授其妹曰：‘以此小刀，刺杀天皇之寝。’”（p. 198）西晋竺法护译《光赞经》卷2：“有欲心无欲心，有欲想无欲想；瞋恚心瞋恚想，离瞋恚心离瞋恚想；愚痴心愚痴想，离愚痴心离愚痴想；有**思爱**心离**思爱**心。”唐道宣撰《广弘明集》卷29：“与**思爱**而长违，顾生死而永别。”唐法聪撰《释观无量寿佛经记》卷1：“夫人忧悴，备有六意：一与大王，生死永绝；二与眷眷，**思爱**情离；三厌斯秽境，乐闻乐土；四自指女质，专求胜报；五遥心请佛，恐圣不应；六自惟未修，玅因不登上果。具此诸事，故身心不乐。”按：《汉语大词典》失收。

【思愁/おもひうれふ】 并列 忧思愁苦。《日本灵异记》下卷《灾与善表相先现而后其灾善答被缘第38》：“每万物之无，而**思愁**之，我心不安。昼复饥寒，夜复饥寒。”（p. 369）后汉支娄迦谶译《佛说无量清净平等觉经》卷3：“若曹宿命从无数劫以来展转是五道中，死生呼嗟，更相哭泪，转相贪慕，忧**思愁**毒，痛苦不可言，至今世死生不绝。”吴支谦译《佛说阿弥陀三耶三佛萨楼佛檀过度人道经》卷2：“长生阿弥陀佛国，亦无有诸痛痒，亦无复有诸恶臭处，亦无复有勤苦，亦无淫泆、瞋怒、愚痴，亦无有忧**思愁**毒。”

【思煩/おもひわづらふ】 自创 因无法理性地做出判断而苦恼。“烦”，指知性方面的烦恼；此处指对偷盗而来的佛像，想来思去，觉得没有用处而抛弃。《日本灵异记》中卷《观音铜像及鹭形示奇表缘第17》：“道俗集言：‘铸钱盗人，取用无便，**思烦**而弃。’定知彼见鹭者，非现实鹭。观音变化，更莫疑也。”（p. 195）隋宝贵合《合部金光明经》卷3《陀罗尼最净地品》：“佛言：‘善男子，又有五法，菩萨摩诃萨成就般若波罗蜜。云何为五？一者一切诸佛菩萨，聪慧大智；供养亲近，心无厌足；二者诸佛如来，说甚深法，心常乐闻，无有厌足；三者真俗胜智；四者见**思烦**恼，如是胜智能分别断；五者于世间五明之法，皆悉通达。'"隋智顗说、灌顶记《金光明经文句》卷2《序品》："《通论》：'见**思烦**恼皆有愁忧恐怖。'《别论》：'愁忧属见烦恼，恐怖属爱烦恼。'"按："思烦"一词，从佛经中的"见思烦恼"拦腰截取而来。

【死毙/しにたふる】 并列 死亡，毙命。《万叶集》卷6第1028首歌注："但未经奏而小兽死毙。因此献歌停之。"（第二册，p.159）唐慧琳撰《一切经音义》卷76："**死毙**：毗袂反。或从兀，从毙，顿什也。"（1）失译人名今附秦录《无明罗刹集》卷1："手摩目视能为灾厉死亡，疾病皆由彼作，令诸众生**死毙**都尽。"（2）《南齐书》卷51《崔慧景传》："如以江夏心异先臣，受制臣力，则江夏同致**死毙**，听可昏政淫刑，见残无道。"（p.879）按：《汉语大词典》失收。

【死别/しにわかる】 偏正 （2例） 生死别离。《日本灵异记》中卷《女人大蛇所婚赖药力得全命缘第41》："爱心深入，**死别**之时，恋于夫妻及父母子，而作是言：'我死复世必复相也。'"（p.251）《唐大和上东征传》："次至吉州，僧祥彦于舟上端坐，问思托师云：'大和上睡觉否？'思托答曰：'睡未起。'彦云：'今欲**死别**。'"（p.76）（1）后汉支曜译《阿那律八念经》卷1："道意不贪生，亦无乐**死别**，吾以如空定，诸苦得待时。"西晋竺法护译《佛说鹿母经》卷1："鹿乃叩头，求哀自陈：'向生二子，尚小无知，始自蒙蒙，未晓东西。乞假须臾，暂还视子，将示水草，使得生活，并与二子，尽哀**死别**。'"姚秦佛陀耶舍、竺佛念等合译《四分律》卷17："父母报言：'我等唯有汝一子，心甚爱念。乃至不欲令**死别**，而况当生别。'"（2）《梁书》卷54《扶桑国传》："贵人有罪，国乃大会，坐罪人于坑，对之宴饮，分诀若**死别**焉。"《陈书》卷26《徐陵传》："自东南丑虏，抄贩饥民，台署郎官，俱馁墙壁，况吾生离**死别**，多历暄寒，孀室婴儿，何可言念。"按：《汉语大词典》失收。

【死堕/しにておちむ】 后补 死后堕入某处。通常指生前作孽、死后堕入地狱。《日本灵异记》中卷《常鸟卵煮食以现得恶死报缘第10》："《善恶因果经》：'今身烧煮鸡子，**死堕**灰河地狱。'"（p.176）后汉安世高译《七处三观经》卷1："佛告阿难：'为五恶。何等为五？一为自欺身，二者为亦欺他人，三为语时上下不可贤者意，四为十方不名闻，五为已**死堕**地狱。'"北凉昙无谶译《大般涅槃经》卷23《光明遍照高贵德王菩萨品》："我于往昔，以欺诳故，无量劫中，流转生**死，堕**三恶道。"唐道士撰《法苑珠林》卷38："又《十轮经》云：'若破寺杀害比丘，其人寿终，支节皆疼，多日不语，**死堕**阿鼻地狱。'"

【死経七日/しにてなぬかへて】 时段 死后经过七天。《日本灵异记》下卷《重斤取人物又写〈法华经〉以现得善恶报缘第22》："宝龟四年癸丑夏四月下旬，虾夷忽卒。而死妻子量言：'丙年之人，故不烧失。'点地作冢，殡以置之。**死经七日**，而苏告言。"（p.315）（1）高齐那连提耶舍译《月灯三昧经》卷8："尔时勇健王，七日之中，在于园苑，心无悦乐，都不喜戏，亦不娱乐。过七日已，从园而出，还来入城，于其王路，见此比丘，**死经七日**，弃之于道，七日之中，形色无变。”唐道宣撰《续高僧传》卷15：“及武德六年，当部瀍泽县李录事者，**死经七日**。隐身谓妻曰：‘吾是李录事也。’”唐道世撰《法苑珠林》卷33：“雍州高陵有一人，失其姓名。**死经七日**，背上已烂而苏。”（2）《太平广记》卷381《赵文若》条：“隋大业中，雍州长安县人赵文若，**死经七日**，家人大殓，将欲入棺，乃缩一脚。家人惧怕，不敢入棺，文若得活。”又《霍有邻》条：“时炎暑，有邻**死经七日**方活。心虽微暖，而形体多坏。以手中药作粉，摩所坏处，随药便愈，数日能起。”

【死訖/しにをはる】 完成　死后（释道两用）。《古事记》上卷《大国主神》：“于是，其妻须世理毘卖者持丧具而哭来。其父大神者，思已**死讫**，出立其野。”（p. 82）（1）《太平经》卷67：“子尚忽然，夫俗人怀冤结而死是也。诚穷乎遂无知，然而**死讫**觉悟。”（p. 241）《太平广记》卷134《李明府》条：“再寝，又梦前妇人曰：‘长官终不能相救，某已**死讫**。然亦偿债了。’”（p. 959）（2）唐窥基撰《成唯识论述记》卷5：“故应难云：‘勿由他解，成已无漏。如何有漏，由他漏成？此萨婆多等**死讫**。’”古逸部《胜鬘经记》卷1：“自死之后，未更受生，是名生死者。解生者，**死讫**故结之。生死者，欲明死者，更受后生，故先列也。”按：《汉语大词典》失收。

【死去之時/みまかりしときに】 时段　死的时候。《万叶集》卷15第3688～3690首歌题《到壹歧岛，雪连宅满忽遇鬼病，**死去之时**作歌一首并短歌》（第四册，p. 54）梁宝唱等集《经律异相》卷30：“宫人伎女，华色五欲，国财妻子，悉非我有，**死去之时**，无一随者。身尚自弃，何况余物？迷没五欲，回流生死，莫知出路。”

【死散/しにあらけす】 后补　死亡离散。《常陆国风土记·茨城郡》条：“此时，大臣族黑坂命，伺候出游之时，茨棘施穴内，即纵骑兵，急令逐迫。佐伯等如常走归土窟，尽系茨棘，冲害疾**死散**。”（p. 368）（1）失译人名今附后汉录《杂譬喻经》卷2：“于是国军更得整阵，并力进战即大得胜；彼军不如，**死散**略尽。”（2）《吴志》卷13《陆逊传》裴松之注引《机云别传》曰：“机屡战失利，**死散**过半。”《后汉书》卷16《邓寇传》：“三年春，与车骑将军邓弘击赤眉，遂为所败，众皆**死散**。”《梁书》卷32《陈庆之传》：“（陈）庆之马步数千，结阵东反，荣亲自来追，值嵩高山水洪溢，军人**死散**。”

【死生莫測/ししょうはかることなし】 四字　生死不明。《唐大和上东征传》：“我大师和上，发愿向日本国，登山涉海，数年艰苦，沧溟万里，**死生莫测**，可共告官，遮令留住。”（p. 60）（1）唐玄奘译《大唐西域记》卷11：“于是沿革前弊，表式贤良。乃下令曰：吾先商侣在罗刹国，**死生莫测**，善恶不分。今将救难，宜整兵甲，拯危恤患，国之福也；收珍藏宝，国之利也。”（2）《全唐文》卷470陆贽《兴元论续从贼中赴行在官等状》：“既杻出入，势同狴牢，解释无期，**死生莫测**，守护且峻，家私不通，一遭絷维，动历年岁，想其痛愤，何可胜言？由是归化渐稀，而上封殆绝矣。”

【死災/しのわざはひ】偏正　死亡的灾祸。《日本灵异记》上卷《得雷之憙令生子强力在缘第3》："时其寺钟堂童子，夜别死。彼童子见，白众僧言：'我止此**死灾**。'"（p.65）陈真谛译《广义法门经》卷1："长老，有二十二处，出家之人，应数数观察。何等二十二？……二十自念我今未离**死灾**，未度死法。"唐不空译《阿唎多罗陀罗尼阿噜力经》卷1："又于国内，忽然起**死灾**。于诸城门中，门门画我像，奉献水中所生诸花，即于半夜，取杉迷夜树叶（以拘杞代）搵酥护摩乃至十五日，一切**死灾**停息。"

【四大之極/しだいのきょく】自创　四大极其微妙。"四大"，指地大、水大、火大、风大。地以坚硬为性，水以潮湿为性，火以温暖为性，风以流动为性。世间的一切有形物质，都是由四大所造。《续日本纪》卷21《淳仁纪》天平宝字二年八月条："至于混群有而饶益，抚万物而曲成。独标十号之尊，式崇**四大之极**。故能徽猷历前古以不朽，妙迹流后叶而恒新。"（第三册，p.270）

【四恩/しおん】偏正（9例）指父母恩、众生恩、国王恩、三宝恩。《日本灵异记》上卷《缔知识为**四恩**作绘佛像有验示奇表缘第35》："率引知识，奉为**四恩**，敬画像，其中图六道。供养之后，安置其寺。"（p.135）又中卷《至诚心奉写〈法华经〉有验示异事缘第6》："为报**四恩**，奉写《法华经》，为纳大乘遣使四方，求白檀紫檀。"（p.161）《奈良朝写经30·大般若经卷第12》："天平十三年岁次辛巳七月十八日奉为**四恩**写。檀越下村主广麻吕。"（p.215）《奈良朝写经50·灌顶经卷第7》："殖栗乡秦禅卖，御为**四恩**，奉写《灌顶经》一部。天平胜宝六年润十月二十九日。"（p.305）《奈良朝写经52·大唐内典录卷第10》："是以，发弘誓愿，奉为**四恩**，率知识等，敬写一切经律论焉。"（p.312）《奈良朝写经66·大般若经卷第176》："奉翊圣朝，退报**四恩**，兼救群品。"（p.403）又："退愿笃蒙**四恩**，枕涅槃之山，坐普提之树，位成灌顶，力奋降魔，广及法界，六道有识，离苦得乐，齐登觉道。"（p.403）《奈良朝写经未收7-1·大般若经卷第421》："仰誓辱捧一豪之善，威报**四恩**之重。"（p.504）唐般若译《大乘本生心地观经》卷2《报恩品》："谛听，谛听！善思念之。我今为汝，分别演说，世出世间，有恩之处。善男子，汝等所言，未可正理。何以故？世出世恩有其四种：一父母恩，二众生恩，三国王恩，四三宝恩。如是**四恩**，一切众生，平等荷负。"

【四方求之/よもにもとむ】四字　四处寻找，多方寻觅。《日本书纪》卷6《垂仁纪》七年七月条："恒语众中曰：'于**四方求之**，岂有比我力者乎？何遇强力者而不期死生，顿得争力焉。'"（第一册，p.312）（1）失译人名今附后汉录《分别功德论》卷4："祇园精舍北，有一比丘，得病经六年不差。时优波离，往问比丘：'何所患苦？若所须者便道。'曰：'我所须者，不可说。'又问曰：'汝欲须何物？若此无者，当从**四方求之**。若世间无者，上天求之。'曰：'我所须者，舍卫城中有。以违佛教故，不可说耳。'曰：'但说无苦。'曰：'我唯思酒耳。得五升酒者病便愈。'"宋志盘撰《佛祖统纪》卷45："二年。初驾部郎中朱寿昌。七岁时不知母所在。乃刺血写佛经。行四方求之。五十年复弃官入秦。得母于同州。年已七十。"（2）《宋史》卷456《朱寿昌传》："知广德军。寿昌母刘氏，巽妾也。巽守京兆，刘氏方娠而出。寿昌生数岁始归父家，母子不相闻五十年。行**四方求之**不置，饮食罕御酒肉，言辄流涕。"

【四方~三界~/よも~さんがい~】 对偶 "四方"，指东南西北四个方向。亦指天下、各处。"三界"，指众生所居之欲界、色界、无色界。《续日本纪》卷10《圣武纪》神龟四年十二月条："十二月丁丑，敕曰：'僧正义渊法师，（俗姓市往氏也。）禅枝早茂，法梁惟隆，扇玄风于**四方**，照惠炬于**三界**。'"（第二册，p. 184）《敦煌变文·妙法莲华经讲经文（一）》："终日搥锺告**四方**，长时击鼓鸣**三界**。"《五灯会元》卷10："上堂：天人群生类，皆承此恩力。威权**三界**，德被**四方**。共禀灵光，咸称妙义。"

【四弘之願/しぐのねがひ】 誓愿 四弘誓愿，即众生无边誓愿度，烦恼无尽誓愿断，法门无量誓愿学，佛道无上誓愿成。《奈良朝写经未收7-1·大般若经卷第421》："是以，改造洪桥，花影禅师，**四弘之愿**，发于宝椅。一乘之行，继于般若。"（p. 504）唐湛然述《授菩萨戒仪》卷1："于一一行，悉须以愿，而加护之。常思满足，**四弘之愿**，六度四等，不离刹那。以妙观门，融通万境，事理具足。正助合修，圆顿十乘，超逾十境。"唐怀感撰《释净土群疑论》卷3："释迦既成正觉，何因不度斯人？即**四弘之愿**不周，四恩之意不尽，遗弃重病之子，何名遍怜者哉？"

【四七/よなぬか】 时段 指人死之后的第四个七天，即第二十八天斋日。《续日本纪》卷30《称德纪》宝龟元年八月条："己未，**四七**。于大安寺设斋焉。"（第四册，p. 302）方广锠整理《最妙胜定经》卷1："若有十方一切诸佛，皆悉变黑。若见此相，从禅定起，往至林中空闲之处，读方等经，忏悔先罪。或以七日、二七、三七、**四七**、五七、六七、七七日，众罪已除，便入禅定。"又《佛说水月光观音菩萨经》卷1："第**四七**斋，写《天请问经》一卷。"

【四蛇/よつのへみ】 比喻 四条蛇，比喻人体系由地、水、火、风四大和合而成，此四大交恶，能令众生远离诸善，害其慧命。《奈良朝写经75·大般若经卷第176》："［岂谓**四蛇**］侵命，二鼠催年。报运既穷，［奄从去世。］"（p. 442）北凉昙无谶译《大般涅槃经》卷23《光明遍照高贵德王菩萨品》："观身如箧，地、水、火、风如**四毒蛇**，见毒、触毒、气毒、啮毒，一切众生遇是四毒，故丧其命。众生四大，亦复如是。或见为恶，或触为恶，或气为恶，或啮为恶。以是因缘，远离众善。"唐义净译《金光明最胜王经》卷5《重显空性品》："于此**四种毒蛇**中，地水二蛇多沈下；风火二蛇性轻举，由此乖违众病生。"唐般若译《大方广佛华严经》卷11《入不思议解脱境界普贤行愿品》："又如**四蛇**，置之一箧，如是四大，和合为身。一大不调，百一病起；是故，智者应观此身，如养毒蛇，如持坏器。"

【四生/ししょう】 偏正 （4 例） 胎生、卵生、湿生、化生。胎生是在母胎内成体之后才出生的生命，如人类是；卵生是在卵壳内成体之后才出生的生命，如鸟类是；湿生是依靠湿气而受形的生命，如虫类是；化生是无所依托，只凭业力而忽然而生的生命，如诸天和地狱及劫初的人类是。《日本书纪》卷 22《推古纪》十二年四月条："二曰笃敬三宝。三宝者，佛、法、僧也，则**四生**之终归，万国之极宗。"（第二册，p. 542）《日本灵异记》上卷《无慈心而马负重驮以现得恶报缘第 21》："现报甚近，应信因果。虽见畜生，而我过去父母，六道**四生**我所生家，故不可无慈悲也。"（p. 106）《奈良朝写经 38 · 大般若经卷第 591》："悲云覆于三界，奖**四生**于火宅。"（p. 253）又："眷属经六道而不忘，历三大而弥茂，相续善心，修习福慧，遍施四生，俱登觉道。"（p. 253）唐玄奘译《阿毘达磨俱舍论》卷 8《分别世品》："云何卵生？谓有情类，生从卵壳，是名卵生。如鹅孔雀鹦鹉雁等。云何胎生？谓有情类，生从胎藏，是名胎生。如象马牛猪羊驴等。云何湿生？谓有情类，生从湿气，是名湿生。如虫飞蛾蚊蚰蜒等。云何化生？谓有情类，生无所托，是名化生。如那落迦天中有等，具根无缺，支分顿生。无而欻有，故名为化。"

【四事/よつのこと】 偏正 指僧侣修行所必需的物质基础，即饮食、衣服、卧具（或房舍）、汤药（医药）。《日本灵异记》中卷《埴神王腨放光示奇表得现报缘第 21》："誉彼行，供**四事**无乏。时世之人美赞其行，称金鹫菩萨矣。彼放光之执金刚神像，今东大寺于羂索堂北户而立也。"（p. 204）姚秦鸠摩罗什译《妙法莲华经》卷 5《安乐行品》："衣服卧具，饮食医药，而于其中，无所悕望。"唐慧沼撰《金光明最胜王经疏》卷 5《大吉祥天女品》："下之一品，明得之方，初分为四：一见弘经者，能供**四事**；二世尊下辨能供因，并为报德；三若复下劝应行学；四佛告下佛赞劝成。此即初也。"唐道宣撰《释迦方志》卷 2："隋炀帝：为文皇献后于长安造二禅定，并二木塔，并立别寺十所。官供**四事**。治故经六百一十二藏，二万九千一百七十二部，治故像一十万一千躯，造新像三千八百五十。度六千二百人。"

【四事供養/よつのことのくよう】 四字 （2 例） 谓供给资养佛、僧等日常生活所需之四事。《唐大和上东征传》："诸州道俗闻大和上还至，各办**四事供养**，竞来庆贺，递相抱手慰劳。"（p. 61）又："引入大云寺，**四事供养**，登坛受戒。"（p. 73）后汉康孟详译《佛说兴起行经》卷 2："王名盘头，与群臣庶民、清信士女，以**四事供养**毘婆叶如来及众，终已无乏。"吴支谦译《撰集百缘经》卷 2《报应受供养品》："闻佛来至，出城奉迎前礼佛足，请佛及僧：'临顾屈意，受我三月，**四事供养**。'佛即然可。"后秦鸠摩罗什译《妙法莲华经》卷 5《分别功德品》："阿逸多，是善男子、善女人，不须为我，复起塔寺，及作僧坊，以**四事供养**众僧。"

【四事無乏/よつのこととぼしきことなし】 典据 供养四事没有短缺的时候。《日本灵异记》中卷《埴神王腨放光示奇表得现报缘第 21》："誉彼行，**供四事无乏**。

时世之人美赞其行，称金鹫菩萨矣。”（p. 204）吴支谦译《撰集百缘经》卷10《诸缘品》：“大臣见已，心大欢喜，请供养之，甘膳饮食，**四事无乏**。”该例亦见于元魏慧觉等译《贤愚经》卷1《恒伽达品》。

【四天/してん】 神名 “四天王”的略称。即持国（东方）、增长（南方）、广目（西方）、多闻（北方）四天王。此四天王居须弥山四方之半腹，常守护佛法，护持四天下，令诸恶鬼神不得侵害众生，故称护世，又称护国。《元兴寺伽蓝缘起并流记资财账》：“面奉弥勒，听闻正法，悟无生忍，速成正觉。十方诸佛及**四天**等，所以至诚心誓愿，所造二寺及二躯丈六，更不破不流不斫不烧，二寺所纳种种诸物，更不摄取不灭不犯不谬也。”

【四天王寺/してんのうじ】 寺名 （8例） 四天王寺。位于日本大阪市天王寺区的和宗总本山。山号是荒陵山敬田院。又称荒陵寺、难波大寺、御津寺等。据说是公元587年（日本用明天皇二年），崇佛派的圣德太子、苏我马子联手攻打排佛派的物部守屋获胜，为报恩，由圣德太子所建立。593年（推古天皇元年），又由天皇亲建施药、疗病、悲田三院，救济贫民孤儿，力图佛教的兴隆。于宗派上，原为八宗兼学，后来变成延历寺的分院。现已独立，自称和宗。《续日本纪》卷11《圣武纪》天平六年三月条：“丙子，施入**四天王寺**食封二百户，限以三年。并施僧等絁布。”（第二册，p. 276）又卷28《称德纪》神护景云元年十月条：“辛丑，赐**四天王寺**家人及奴婢三十二人爵有差。”（第四册，p. 184）又神护景云元年十一月条：“十一月壬寅，**四天王寺**垦田二百五十五町。”（第四册，p. 184）又卷30《称德纪》神护景云三年七月条：“丁亥，周防国户五十烟入**四天王寺**。”（第四册，p. 246）又神护景云三年十月条：“是日，赐配智职寺今良二人，**四天王寺**奴婢十二人爵人三级爵人三级。”（第四册，p. 266）又卷32《光仁纪》宝龟四年二月条：“己未，先是播磨国言：‘饰摩郡草上驿驿户便田，今依官府，舍**四天王寺**，以比郡田遥授驿户。’”（第四册，p. 400）又卷38《桓武纪》延历三年五月条：“癸未，摄津职言：‘今月七日卯时，虾蟇二万许，长可四分，其色黑斑。从难波市南道，南行池列可三町，随道南行，入**四天王寺**内，至于午时，皆悉散去。’”又卷39《桓武纪》延历五年条：“**四天王寺**饰磨郡水田八十町，元是百姓口分也。”隋费长房撰《历代三宝纪》卷11：“右六经一十七卷。武帝世，摩伽陀国三藏禅师阇那耶舍。周言藏称，共二弟子耶舍崛多阇那崛多等，为大冢宰晋荡公宇文护，于长安旧城**四天王寺**译。”高丽一然撰《三国遗事》卷1：“后十余年文虎大王创**四天王寺**于王坟之下。佛经云：四天王天之上，有忉利天。乃知大王之灵圣也。”→【諸天王】

【四王/しおう】 神名 “四天王”的略称。义同“四天”。《日本书纪》卷21《崇峻纪》即位前纪条：“是时厩户皇子束发于额，而随军后，自忖度曰：‘将无见败，非愿难成。’乃斮取白胶木，疾作四天王像，置于顶发而发誓言：‘今若使我胜敌，必当奉为护世**四王**起立寺塔。’”（第二册，p. 512）《续日本纪》卷14《圣武纪》天平十三年三月条："案经云：'若有国土讲宣读诵，恭敬供养，流通此经王者，我等**四王**，常来拥护。一切灾障，皆使消殄。忧愁疾疫，亦令除差。所愿遂心，恒生欢喜者。'"（第二册，p. 388）姚秦鸠摩罗什译《妙法莲华经》卷1《方便品》："尔时诸梵王，及诸天帝释、护世**四天王**，及大自在天，并余诸天众，眷属百千万，恭敬合掌礼，请我转法轮。"唐实叉难陀译《大方广佛华严经》卷38《十地品》："菩萨成就，如是智慧，入佛境界，佛功德照，顺佛威仪，佛境现前，常为如来，之所护念，梵释**四王**，金刚力士，常随侍卫，恒不舍离，诸大三昧，能现无量，诸身差别，于一一身，有大势力，报得神通，三昧自在，随有可化，众生之处，示成正觉。"

【四王像/しおうのみかた】 三字　四天王像。《上宫圣德法王帝说》："时大臣军士，不克而退。故则上宫王，举**四王像**。建军士前誓云：'若得亡此大连，奉为四王造寺尊重供养者。'即军士得胜。取大连讫，依此即造难波四天王寺也。"元魏昙曜译《大吉义神咒经》卷4："若欲使，诸王大臣，沙门婆罗门，欢喜忆念，得自在者，应烧香供养，四大天王，当咒于油，以此油涂，**四王像**口，一切见者，皆生欢喜，而得自在。"

【四無量/しむりょう】 三字　梵语 catvāry apramāṇāni。又作"四无量心""四等心""四等""四心"。即佛菩萨为普度无量众生，令离苦得乐，所应具有之四种精神。《奈良朝写经6·瑜伽师地论卷第21》："团而六度轻舫，设于三会之津。**四无量**桅贯，而八第人觉为左右桅，取八正道，分为水手。"（p. 55）《大智度论》卷20《序品》："**四无量心**者，慈、悲、喜、舍。慈名爱念众生，常求安隐乐事以饶益之；悲名愍念众生受五道中种种身苦、心苦；喜名欲令众生从乐得欢喜；舍名舍三种心，但念众生，不憎不爱。"唐不空译《仁王护国般若波罗蜜多经》卷1《菩萨行品》："修**四无量**：慈无量心、悲无量心、喜无量心、舍无量心。"

【四遠～八紘～/しおん～はっこう～】 对偶　"四远"，四方边远之地。"八纮"，八方极远之地。《唐大和上东征传》："岸律师迁化之后，其弟子（杭州）义威律师响振**四远**，德流**八纮**，诸州亦以为受戒师。"（p. 80）唐义净撰《南海寄归内法传》卷4："此学士乃响振五天，德流八极，彻信三宝，谛想二空。希胜法而出家，恋缠染而便俗。斯之往复数有七焉。"（1）唐慧琳撰《一切经音义》卷45："边裔：余制反。《文字集略》云：裔，**四远**也。"梁慧皎撰《高僧传》卷4："道振三河，名流**四远**。"又卷8："**四远**从风，五众归伏。"唐道宣撰《续高僧传》卷17："振名**四远**，归宗殷满。"又卷21："瑗既蒙恩诏通诲国僧，**四远**被征万里相属。"高丽一然撰《三国遗事》卷5："**四远**钦风，户外之履满矣。"《晋书》卷95《鸠摩罗什传》："年二十，龟慈王迎之还国，广说诸经，**四远**学徒莫之能抗。"（p. 2499）（2）《淮南子·墬形训》："八殥之外，而有**八纮**，亦方千里。"高诱注："**纮**，维也。维落天地而为之表，故曰**纮**也。"唐慧琳撰《一切经音义》卷20："**八纮**：获萠反。许叔重注《淮南子》云：**纮**，维也。顾野王曰：八纮，谓八极也。《古今正字》：从纟，左声，左音同上。”唐神清撰、慧宝注《北山录》卷1：“八纮九围之大，其孰与多（八纮，四方四角也。）三皇五纪之尊，其孰与先也。”新罗崔致远《唐大荐福寺故寺主翻经大德法藏和尚传》卷1：“由是中宗睿宗皆请为菩萨戒师，崆峠之遗美是追。万乘归心，八纮延首。”

【四智/しち】 偏正 “四智心品”的略称，佛果之四智，为唯识宗所立。即将有漏的第八识、第七识、第六识，及前五识转变为四种无漏智，即“大圆镜智”“平等性智”“妙观察智”“成所作智”。《奈良朝写经5・大般若经卷第267》：“明矣因果，达焉罪福。六度因满，四智果圆。”（p. 32）唐不空译《都部陀罗尼目》卷1：“又四智谓大圆镜、平等性、妙观察、成所作为四智矣。”唐般若译《大乘本生心地观经》卷2《报恩品》：“是真报身，有始无终，寿命劫数，无有限量，初成正觉，穷未来际，诸根相好，遍周法界，四智圆满。”圣德太子疏《胜鬘经疏义私钞》卷4：“小乘四智满足，称有余涅槃。”

【四重五逆/しじゅうごぎゃく】 典据 指四重罪与五逆罪。四重罪即杀生、偷盗、邪淫、妄语。小乘所说的五逆罪为害母、害父、害阿罗汉、恶心出佛身血、破僧等弃坏恩田、福田的五种罪业；大乘所说的五逆罪是：一为破坏寺塔；二为毁谤声闻、缘觉与大乘法；三为妨害出家人修行或杀害之；四为犯小乘五逆之一；五为否定业报而行十不善业或教唆他人行十恶。《日本灵异记》上卷《僧用涌汤之分薪而与他作牛役之示奇表缘》：“所以《大方等经》云：‘**四重五逆，我亦能救。盗僧物者，我所不救**。’者，其斯谓之矣。”（p. 105）新罗太贤集《梵网经古迹记》卷2：“《方等经》云：‘**四重五逆，我亦能救。盗僧物者，我所不救**。’”

【寺宝/てらのたから】 偏正 寺院的珍宝。《奈良朝写经20・大般若经卷第232》：“敬写《大般若经》一部，置净土寺，永为寺宝。”（p. 148）

【寺幢/てらのはたほこ】 偏正 （2例） 寺院的幢幡。《日本灵异记》下卷《减塔阶仆寺幢得恶报缘第36》：“时病者托言：‘我永手也。我令仆乎法华寺幢，后西大寺八角塔成四角，七层减五层也。’”（p. 356）唐慧立本、彦悰笺《大唐大慈恩寺三藏法师传》卷7：“十二月戊辰，又敕太常卿江夏王道宗将九部乐，万年令宋行质、长安令裴方彦各率县内音声，及诸寺幢帐，并使豫极庄严。”

【寺家/じけ】 偏正 （18例） 寺院所属的房舍，亦称寺户，转指僧侣。《万叶集》卷16第3822首歌注：“右歌，椎野连长年脉曰：‘夫寺家之屋者，不有俗人寝处，亦称若冠女曰放发草矣，然则腰句已云放发草者，尾句不可重云著冠之辞哉。’”（第四册，p. 111）《日本书纪》卷25《孝德纪》大化元年八月条：“若寺家仕丁之子者，如良人法。若别人奴婢者，如奴婢法。今克见人为制之始。”（第三册，p. 120）《藤原家传》下卷《武智麻吕传》：“忽入一寺，寺内荒凉，堂宇颓落，房廊空静。顾问国人，国人答曰：‘寺檀越等统领**寺家**财物田园，不令僧尼勾当，不得自由。所以有此损坏。非独此寺，余亦皆然。’”（p. 330）又：“檀越子孙，不惧罪业。统领僧物，专养妻子。僧尼空载名于寺籍，分散糊口于村里。未曾修理**寺家**破坏。但能致有牛马踏损。”（p. 334）又：“明告国师众僧及檀越等，具条部内**寺家**便宜并财物，附使奏上，待后进止。从此已后，国人怕罪，不敢侵用**寺家**之物也。”（p. 337）《日本灵异记》中卷《贷用寺息利酒不偿死作牛役之偿债缘第32》：“时有斑犊。入药王寺，常伏塔基。寺人摈出，又犹还来而伏不避。怪之，问他曰：‘谁家犊？’一人而无言我犊者。**寺家**捉之，著绳系餧。径年长大，于寺产业所驱使。”（p. 231）《续日本纪》卷7《元正纪》灵龟二年五月条：“诸国**寺家**，多不如法，或草堂始辟，争求额题，幢幡仅施，即诉田亩。或房舍不修，马牛群聚。门庭荒废，荆棘弥生。遂使无上尊像，永蒙尘秽。甚深法藏，不免风雨。”（第二册，p. 12）又：“宜明告国师、众僧及檀越等，条录部内**寺家**可合并财物，附使奏闻。又闻诸国**寺家**，堂塔虽成，僧尼莫住，礼佛无闻。”（第二册，p. 12）又养老元年四月条：“凡僧尼，寂居**寺家**，受教传道。”（第二册，p. 26）又卷10《圣武纪》天平元年十一月条：“太政官奏：‘亲王及五位以上诸王臣等位田、功田、赐田并**寺家**、神家地者，不须改易。’”（第二册，p. 226）又卷16《圣武纪》天平十八年三月条：“戊辰，太政官处分：‘凡**寺家**买地，律令所禁。’”（第三册，p. 22）又卷23《淳仁纪》天平宝字四年七月条：“平城宫御宇后太上天皇、皇帝、皇太后，以去天平胜宝二年二月二十三日，专自参向于东大寺，永用件封入**寺家**讫。而造寺了后，种种用事，未宜分明。”（第三册，p. 358）又卷25《淳仁纪》天平宝字八年七月条：“蒙急，则臣处分，居住**寺家**，造工等食。后至庚寅编户之岁，三纲校数，名为奴婢。”（第四册，p. 10）又卷29《称德纪》神护景云二年九月条：“至是日奉敕，班给百姓见开田十二町四段舍入**寺家**，园地三十六町六段依旧为公地。”（第四册，p. 216）又卷38《桓武纪》延历三年十二月条：“如闻比来，或王臣家，及诸司**寺家**，包并山林，独专其利。是而不禁，百姓何济？宜加禁断。”又卷40《桓武纪》延历十年六月条：“甲寅。先是，去延历三年下敕，禁断王臣家及诸司**寺家**等专占山野之事。”（1）唐义净译《根本说一切有部毘奈耶》卷21：“苾刍不知欲觅何人。佛言：‘应求寺家人或邬波索迦。**寺家人**者，谓是净人，邬波索迦者，谓受三归五戒。’”唐道宣撰《四分律删繁补阙行事钞》卷1：“**寺家**库藏厨所多不结净，道俗通滥净秽混然。”唐怀信述《释门自镜录》卷2：“僧智瓌，不详其氏姓。出家住天台国清寺。次当直岁，乃将小布十端，贷始丰县丞李意及，毕竟不还。后瓌身死作**寺家**奴，名师立，背上有文，作智瓌之字，现在同见。其李意及死后作**寺家**奴，名士嵩，背上亦有李意及名字。”（2）《新唐书》卷126《韩休传》：“腴田鬻钱送户部，中下田给**寺家**奴婢丁壮者为两税户，人十亩。以僧尼既尽，两京悲田养病坊，给寺田十顷，诸州七顷，主以耆寿。”（p. 4435）按：《汉语大词典》失收。→【阿育王寺】【百济寺】【斑鸠寺】【坂田尼寺】【坂田寺】【禅林寺】【禅院寺】【崇福寺】【川原寺】【大安寺】【大法興寺】【大官大寺】【東大寺】【法華滅罪（之）寺】【法華寺】【法林寺】【法器山寺】【法興寺】【飛鳥寺】【豊浦寺】【蜂岡寺】【岡寺】【高宮寺】【観世音寺】【貴志寺】【教昊寺】【金剛寺】【金光明寺】【浄土寺】【龍淵寺】【弥勒寺】【奈良京薬師寺】【三谷寺】【三木寺】【山階寺】【山科寺】【山寺】【深長寺】【四天王寺】【西大寺】【狭屋寺】【下野薬師寺】【新薬師寺】【興福寺】【延興寺】【薬師寺】【薬王寺】【由義寺】【隅寺】【元興寺】【造下野国薬師寺】【造薬師寺司】【志我山寺】【智識寺】【中山寺】【紫郷山寺】

【寺木/てらのき】 自创 寺院的树木。《元兴寺伽蓝缘起并流记资财账》："时聪耳皇子、马古大臣二柱共起法师寺处，以戊申年假垣假僧房作，六口法师等令住。又樱井寺内作屋工等令住，为作二寺，令作**寺木**。"

【寺人/てらのひと】 偏正 （2 例） 寺院的人员。《日本灵异记》中卷《贷用寺息利酒不偿死作牛役之偿债缘第 32》："时有斑犊，入药王寺，常伏塔基。**寺人**摈出，又犹还来而伏不避。"（p. 231）又："**寺人**无慈，打于我背，而迫驱使。斯甚苦痛。自非檀越，无愍之人，故申愁状。"（p. 232）唐义净译《根本说一切有部毘奈耶》卷 39："诸听法俗人亦住于此，时知**寺人**将灭灯烛，俗人告言：'圣者勿去灯明，我助油烛。'"又《根本萨婆多部律摄》卷 14："如《广文》说，检校**寺人**数观厕处，见有不净即应扫拭涂治，或水洗令净。"唐道宣撰《中天竺舍卫国祇洹寺图经》卷 2："次西第四医方之院，诸天下中所有医方皆集。坊中有铜铃，状如麦角可受三斗，以金师子为鼻。比丘入院铃鸣门开，不劳**寺人**。音如琴音声，比丘闻之，自然开解，诸业通塞。"按：《汉语大词典》中该词条无此义项。

【寺塔/てら】 偏正 （6 例） 寺院内的塔堂，亦指代寺院本身。《日本书纪》卷 20《敏达纪》十四年六月条："物部弓削守屋大连、大三轮逆君、中臣盘余连俱谋灭佛法，欲烧**寺塔**并弃佛像。马子宿祢诤而不从。"（第二册，p. 494）又卷 21《崇峻纪》即位前纪条："是时厩户皇子束发于额，而随军后，自忖度曰：'将无见败，非愿难成。'乃斮取白胶木，疾作四天王像，置于顶发而发誓言：'今若使我胜敌，必当奉为护世四王起立**寺塔**。'"（第二册，p. 512）又："苏我马子大臣又发誓言：'凡诸天王、大神王等，助卫于我，使获利益，愿当奉为，诸天与大神王，起立**寺塔**，流通三宝。'誓已，严种种兵，而进讨伐。"（第二册，p. 512）又卷 29《天武纪下》十三年十月条："壬辰，逮于人定，大地震。举国男女叫唱，不知东西。则山崩河涌。诸国郡官舍及百姓仓屋、**寺塔**神社，破坏之类不可胜数。"（第三册，p. 438）《续日本纪》卷 33《光仁纪》宝龟六年八月条："癸未，伊势、尾张、美浓三国言：'九月日异常风雨，漂没百姓三百余人，马牛千余及坏国分并诸**寺塔**十九。其官私庐舍不可胜数。'"（第四册，p. 456）又卷 36《高绍纪》宝龟十一年正月条："庚辰，大雷，灾于京中数寺。其新药师寺西塔，葛城**寺塔**并金堂等，皆烧尽焉。"萧齐僧伽跋陀罗译《善见律毘婆沙》卷 1《阿育王品》："诸国起寺，来启答王，一日俱到，白统臣言：'造塔寺已成。'统臣入白王言：'八万四千国，起八万四千**寺塔**，皆悉已成。' 王答言：'善哉！' 王语一大臣：'可打鼓宣令，寺塔已成，七日之后当大供养布施，国中一切，内外人民，悉受八戒，身心清净。'" 陈月婆首那译《胜天王般若波罗蜜经》卷1《通达品》："菩萨摩诃萨学般若波罗蜜行供养檀波罗蜜——若见**寺塔**，则应香华灯油，扫洒供养。若见尊像毁坏，正法缺损，则应治葺。"→【塔寺】【起立寺塔】

【寺庭/てらのにわ】 偏正　寺庙的庭院。《日本灵异记》上卷《勤求学佛教弘法利物临命终时示异表缘第22》"即后夜，光自房出，施耀**寺庭**松树。良久，乃光指西飞行。"（p.108）唐义净译《南海寄归内法传》卷4："但西国诸寺。灌沐尊仪。每于禺中之时。授事便鸣健稚，**寺庭**张施宝盖。"唐迦才撰《净土论》卷3："食讫，相命觐法师去，庭前相待。未出**寺庭**之间，复闻音乐，远在空中，向西而去。尼僧等相与至彼，乃见无常。此依经论，定得生西方也。"按：《汉语大词典》未收。

【寺物/てらのもの】 偏正　（6例）寺院的公用之物。《日本灵异记》上卷《序》："或贪**寺物**，生犊偿债。或诽法僧，现身被灾。或殉道积行，而现得验。"（p.54）又中卷《已作寺用其**寺物**作牛役缘第9》："探之斑文，谓：'赤麻吕者，檀于己所造寺，而随恣心借用**寺物**，未报纳之死亡焉。为偿此物，故受牛身者也。'"（p.173）又："冀无惭愧者，览乎斯录，改心行善。宁饥苦所迫，随饮铜汤，而不食**寺物**。"（p.173）又下卷《用**寺物**复将写〈大般若〉建愿以现得善恶报缘》（p.318）《续日本纪》卷19《孝谦纪》天平胜宝八岁十二月条："日向等二十六国，国别颁下灌顶幡一具，道场幡四十九首，绯纲二条，以充周忌御斋庄饰。用了、收置金光明寺，永为**寺物**。"

【似電光/いなづまににる】 比喻　表示事情之急速，比喻人生无常。《奈良朝写经66·大般若经卷第176》："奉翊圣朝，退报四恩，兼救群品。然假体如浮云，草命**似电光**。未毕其事，含玉从化。"（p.403）后汉安世高译《尸迦罗越六方礼经》卷1："堕俗生世苦，命速如**电光**，老病死时至，对来无豪强。"姚秦鸠摩罗什译《大庄严论经》卷3："人身如**电光**，暂发不久停，虽复得人身，危脆不可保。"北凉昙无谶译《大般涅槃经》卷1《寿命品》："是身无常，念念不住，犹如**电光**，暴水幻炎，亦如画水，随画随合。"

【伺見/うかがひみる】 并列　（2例）窥伺；观察。《古事记》上卷《日子穗穗手见命与鹈茸草不合命》："尔丰玉毘卖命知其**伺见**之事，以为心耻，乃生置其御子而白：'妾恒通海道欲往来。然**伺见**吾形，是甚怍之。'即塞海坂而返入。"（p.134）唐慧琳撰《一切经音义》卷20："**伺**求：上司次反。《郑注周礼》云：同，犹察也。顾野王：**伺**，犹候也。《方言》：自江而北，谓相窃视为**伺**。《苍颉篇》：二人相候也。《古今正字》：从人，司声也。"失译人名今附秦录《萨婆多毘尼毘婆沙》卷3："迦留陀夷持户钩在门间立。此人淫欲偏多，**伺见**女人，共语笑抱捉，解释欲心。"梁宝唱等集《经律异相》卷21："时婆罗门，**伺见**野干，便作木罐，坚固难破，入易出难，持著井边，捉杖伺之。”按：《汉语大词典》失收。

【伺求/うかがひまぐ】 偏正 伺机寻求，寻机会找到。《出云国风土记·出云郡》条：“尔时，女神不肯逃隐之时，大神**伺求**给所，此则是乡。故云宇加。”（p. 212）唐慧琳撰《一切经音义》卷20：“**伺求**：上司次反。《郑注周礼》云：同。犹察也。顾野王：**伺**，犹候也。《方言》：自江而北，谓相窃视为**伺**。《苍颉篇》：二人相候也。《古今正字》：从人，司声也。”刘宋求那跋陀罗译《杂阿含经》卷7：“过去世时，有一猫狸，饥渴羸瘦，于孔穴中**伺求**鼠子。若鼠子出，当取食之。”（1）东晋瞿昙僧伽提婆译《中阿含经》卷20《长寿王品》：“如是若有沙门、梵志不正立念身、游行少心者，彼为魔波旬**伺求**其便，必能得也。”姚秦鸠摩罗什译《妙法莲华经》卷7《陀罗尼品》：“尔时勇施菩萨白佛言：‘世尊，我亦为拥护，读诵受持，法华经者，说陀罗尼。若此法师，得是陀罗尼，若夜叉、若罗刹、若富单那、若吉遮、若鸠盘荼、若饿鬼等，**伺求**其短，无能得便。’”北凉昙无谶译《大般涅槃经》卷23《光明遍照高贵德王菩萨品》：“云何恃怙，而生憍慢？犹如恶鬼，伺求人过，四大恶鬼，亦复如是，常来**伺求**，我之过失。”（2）《宋书》卷69《范晔传》：“甲奸险好利，负吾事深；乙凶愚不齿，扇长无赖；丙、丁趋走小子，唯知谄进，**伺求**长短，共造虚说，致令祸陷骨肉，诛戮无辜。”按：《汉语大词典》失收。

【伺人不~/ひとの~ぬをうかがふ】 三字 趁着别人没有……的时机。《日本书纪》卷14《雄略纪》三年四月条：“俄而皇女赍持神镜，诣于五十铃河上，**伺人不**行，埋镜经死。”（第二册，p. 156）（1）元魏慧觉等译《贤愚经》卷13：“尔时有诸估客，欲诣他国。其诸商人，共将一狗，至于中路。众贾顿息，**伺人不**看，闲静之时，狗便盗取，众贾人肉。于时众人，即怀瞋恚，便共打狗，而折其脚，弃置空野，舍之而去。”唐义净译《根本说一切有部毘奈耶》卷31：“老翁便**伺，人不**在时，独入厨中，摸诸釜器，便暗捉两釜，俱腹中有隔，遂即持釜，藏之屏处。诸子既至，持釜告曰：‘汝等当知，非我福尽，釜令福尽。’”新罗璟兴撰《无量寿经连义述文赞》卷3：“窃者私隐，趣者伺人不觉，以求他物，举之离本曰盗。”（2）《太平御览》卷883引《神异经》：“西方深山有人焉，长尺余，袒身，捕虾蟹。性不畏人，止宿喜依其火，以炙虾蟹，**伺人不**在而盗人盐以食蟹，名曰山臊，其音自叫。”

【肆行暴虐/ほしきままにおこなひてあらくさかしまわざす】 四字 恣意妄为地残害生命。《日本书纪》卷14《雄略纪》十三年三月条：“秋八月，播磨国御井隅人文石小麻吕，有力强心，**肆行暴虐**。又断商客艖舸，悉以夺取。兼违国法，不输租赋。”（第二册，p. 192）（1）唐道宣撰《广弘明集》卷18晋戴安《释疑论》：“又有束修履道，言行无伤。而天罚人楚，百罗备缨。任性恣情，**肆行暴虐**。生保荣贵，子孙繁炽。推此而论，积善之报，竟何在乎？”（2）《全唐文》卷2李渊《罢差科徭役诏》：“《诗》不云乎：‘民亦劳止，汔可小康。’自有隋失驭，政刑板荡，豺狼竞起，**肆行暴虐**，征

求无度，侵夺任己。下民困扰，各靡聊生，丧乱之余，百不存一。”《旧唐书》卷156《于頔传》：“頔顷拥节旄，**肆行暴虐**，人神共愤，法令不容。”

【嗣宝命/ほうみょうをつぎうく】 三字 →**【階縁宿殖】**

【送来/おくりく】 后补 （2例） 今义同。《万叶集》卷12第3216首：“草枕 羁行君乎 荒津左右 **送来** 饱不足社”（第三册，p. 380）《续日本纪》卷36《高绍纪》宝龟十一年正月条：“又搜求海上三狩等，随来使**送来**。此之勤劳，朕有嘉焉。”（1）吴支谦译《撰集百缘经》卷6《诸天来下供养品》：“愿语汝王，为我求索，八关斋文，**送来**与我。若其相违，吾覆汝国，用作大海。”西晋竺法护译《生经》卷2：“守者明朝具以启王，王诏微伺：‘伺不周密，若有烧者，收缚**送来**。’”姚秦鸠摩罗什译《大智度论》卷2《序品》：“是时，大迦叶与千人俱，到王舍城耆阇崛山中，告语阿阇世王：‘给我等食，日日**送来**，今我曹等结集经藏，不得他行。’”（2）《全晋文》卷27王献之《如省》：“信明还，东有还书，愿**送来**，已今分明至著都上。”《宋书》卷95《索虏传》：“取彼亦不须我兵刃，此有能祝婆罗门，使鬼缚彼**送来**也。”

【送上/おくりのる】 后补 送某人上船。《唐大和上东征传》：“登坛［授］戒、讲律，度人已毕，仍别大使去。仍差澄迈县令，（著）**送上**舟。”（p. 70）唐慧详撰《弘赞法华传》卷3：“海神将百侍从。迎入宫中。珠璧焜煌。映夺心目。因为讲《法华经》一遍。大施珍宝。还**送上**船。”

【送物如別/ものをおくることことくだりのごとし】 书简 →**【指宣往意】**

【送与/おくりあたふ】 并列 （位尊者）送与、赠送给（位卑者）。《万叶集》卷16第3803首歌题：“昔者有壮士与美女也，不告二亲，窃为交接。于是娘子之意，欲亲令知。因作歌咏，**送与**其夫歌曰。”（第四册，p. 99）（1）吴支谦译《撰集百缘经》卷2《报应受供养品》：“王闻佛语，敕放罪人，**送与**世尊，度令出家。精勤修习，未久之间，得阿罗汉果。”东晋瞿昙僧伽提婆译《增壹阿含经》卷26《等见品》：“时摩呵男沐浴此女，与著好衣，载宝羽车，**送与**波斯匿王，又白王言：‘此是我女，可共成亲。’”新罗元晓撰《弥勒上生经宗要》卷1：“于时辅相，怜哀其子，惧被其容。复作密计，密遣人乘，**送与**其舅，令彼长养，乃至广说。”（2）《魏志》卷10《荀彧传》：“太祖敕外厩急具精马三匹，并骑二人，谓融曰：‘祢衡竖子，乃敢尔！孤杀之无异于雀鼠，顾此人素有虚名，远近所闻，今日杀之，人将谓孤不能容。今**送与**刘表，视卒当何如？’”（p. 312）《南齐书》卷27《刘怀珍传》：“怀珍假还青州，上有白骢马，啮人，不可骑，**送与**怀珍别。”

【送置於~/~におくりおく】 于字 （2例） 送去放置在某处，送回去安置在某处。①《日本书纪》卷29《天武纪下》朱鸟元年六月条：“戊寅，卜天皇病，祟草薙剑。即日，**送置于**尾张国热田社。”（第三册，p. 460）②《日本书纪》卷30《持统纪》

八年五月条："癸巳，以《金光明经》一百部**送置**诸国。必取每年正月上玄读之。其布施以当国官物充之。"（第三册，p. 546）（1）唐义净译《根本说一切有部毘奈耶》卷17："云何有施主衣？谓有女男半择迦为其施主。云何无施主衣？谓无女男半择迦为其施主。云何往还衣？如有死人，眷属哀念，以衣**赠送，置于**尸上，送至烧处。既焚葬已，还持此衣，奉施僧众。"又《根本说一切有部苾刍尼毘奈耶》卷8中亦见相同内容的记载。《魏书》卷22《汝南王传》："衍遣其将军王辩**送置于**境上，以觊侵逼。"（p. 593）（2）东晋佛陀跋陀罗、法显译《摩诃僧祇律》卷9："此衣已浣染打讫，今故送还。优陀夷即咒愿，得乐无病，**送置**房里。"姚秦鸠摩罗什译《大庄严论经》卷15："尔时夫妇二人，竭力营造，至十三日，餐具悉备，**送置**寺上。"元魏瞿昙般若流支译《大萨遮尼乾子所说经》卷4《王论品》："或嫌塔寺，及诸形像，妨碍处所，破坏除灭，**送置**余处。"《抱朴子·内篇》卷11《仙药》："余又闻上党有赵瞿者，病癞历年，众治之不愈，垂死。或云不如及活流弃之，后子孙转相注易，其家乃赍粮将之，**送置**山穴中。"（p. 206）

【誦持/よみたもつ】 并列 （10例） 诵念并持守经文。《日本灵异记》上卷《忆持〈法华经〉现报示奇表缘第18》："年八岁以前**诵持**《法华经》，竟唯一字不得存。至于二十有余岁，犹难得持。因观音以悔过。"（p. 101）又中卷《奉写〈法华经〉因供养显母作女牛之因缘第15》："爰乞者问之：'所以者何？'答曰：'请令讲《法华经》。'乞者：'我无所学。唯**诵持**《般若陀罗尼》，乞食活命。'愿主犹请。"（p. 188）又《呰读〈法华经〉僧而现口喎斜得恶死报缘第18》："去天平年中，山背国相乐郡部内，有一白衣。姓名未详也。同郡高丽寺僧荣常，常**诵持**《法华经》。"（p. 196）又《忆持〈心经〉女现至阎罗王阙示奇表缘第19》："利苅优婆夷者，河内国人也。姓利苅村主，故以为字。天年澄情，信敬三宝，常**诵持**《心经》，以为业行。"（p. 199）又下卷《忆持〈法华经〉者舌著曝髑髅中不朽缘第1》："所持之物，《法华经》一部，字细少书，减卷数成一卷持之。白铜水瓶一口，绳床一足也。僧常**诵持**法华大乘，以之为宗。"（p. 263）又《沙门**诵持**方广大乘沉海不溺缘第4》："于是船人大怪问之：'汝谁？'答云：'我某。我遭贼盗，系缚陷海。'又问：'师何有要术，故沉水不死？'答：'我常**诵持**方广大乘，其威神力，何更疑之。'"（p. 272）又《拍于忆持千手咒者以现得恶死报缘第14》："于时有京户小野朝臣庭麿，为优婆塞，常**诵持**千手之咒为业。"（p. 296）又《刑罚贱沙弥乞食以现得顿恶死报缘第33》："有一自度，字曰伊势沙弥也。**诵持**《药师经》十二药叉神名，历里乞食。"（p. 347）又《怨病忽婴身因之受戒行善以现得愈病缘第34》："自谓：'宿业所招，非但现报。灭罪差病，不如行善。'剃发受戒，著袈裟，住其里于大谷堂。**诵持**《心经》，行道为宗。"（p. 350）后汉支娄迦谶译《般舟三昧经》卷1《譬喻品》："若复有一菩萨，闻是三昧已，书学**诵持**为他人说。须臾间，是菩萨功德，不可复计。佛言：'持是三昧者，书学**诵持**，为他人说，其福乃尔。何况守是，三昧悉具足者?'”唐实叉难陀译《大方广佛华严经》卷15《贤首品》:“十刹尘数如来所,悉皆承事尽一劫,若于此品能**诵持**,其福最胜过于彼。”唐义净译《金光明最胜王经》卷4《最净地陀罗尼品》:“若有**诵持**此陀罗尼咒者,得脱一切怖畏,所谓虎狼、师子、恶兽之类,一切恶鬼、人非人等,怨贼灾横,及诸苦恼,解脱五障,不忘念初地。”按:《汉语大词典》首引元宗宝编《六祖大师法宝坛经》卷1:“但留此偈,与人**诵持**。”偏晚。→【殷勤誦持】

【誦持位/ずじい】 三字 7世纪末至8世纪中叶,朝廷授予学识、品德优异的僧侣的阶位之一。《续日本纪》卷23《淳仁纪》天平宝字四年七月条:“敕报曰:‘省来表知具示。劝诫缁徒,实应利益,分置四级,恐致烦劳。故其修行位、**诵持位**,唯用一色,不为数名。若有诵经忘却,戒行过失者,待众人知,然后改正。但师位等级,宜如奏状。'”(第三册,p.358)

【誦経/ずきょう・じゅきょう】 述宾 (33例) 法华五种法师之一,背诵经文。①《日本书纪》卷29《天武纪下》十四年九月条:“丁卯,为天皇体不豫之,三日**诵经于**大官大寺、川原寺、飞鸟寺,因以稻纳三寺各有差。”(第三册,p.450)《续日本纪》卷35《高绍纪》宝龟九年三月条:“丙寅,**诵经于**东大西大西隆三寺。以皇太子寝膳乖和也。”②《日本书纪》卷30《持统纪》五年六月条:“六月,京师及郡国四十,雨水。戊子,诏曰:‘此夏阴雨过节,惧必伤稼。夕惕迄朝忧惧,思念厥愆。其令公卿百寮人等禁断酒宍,摄心悔过。京及畿内诸寺梵众亦当五日**诵经**。庶有补焉。'”(第三册,p.516)《日本灵异记》上卷《僧忆持〈心经〉得现报示奇事缘第14》:“赞曰:‘大哉!释子。多闻弘教,闭居**诵经**。心廓融达,所现玄寂。焉为动摇。室壁开通,光明显耀。'”(p.95)又《归信三宝钦仰众僧令**诵经**得现报缘第32》:“流闻大安寺丈六,能随人愿。仍便使人,诣寺**诵经**。”(p.130)又《依恶梦至诚心使**诵经**示奇表得全命缘第20》:“但妻之母,留土守家。儵为女梦见恶瑞相。即惊恐,念为女**诵经**,而依贫家,不得敢之。不胜心念,脱自著衣,洗净擎以为奉**诵经**。然凶梦相,复犹重现。母增心恐,复脱著裳,净洒以为如先**诵经**。”(p.201)又《贷用寺息利酒不偿死作牛役之偿债缘第32》:“于兹,知寺僧净达并檀越等,悟于因缘,垂哀愍心,为修**诵经**。”(p.232)又《因悭贪成大蛇缘第38》:“弟子知因,教化而开室户见之,钱三十贯隐藏也。取其钱以为**诵经**,修善赠福矣。”(p.244)又下卷《忆持〈法华经〉者舌著曝髑髅中不朽缘第1》:“谅知大乘不思议力,**诵经**积功验德也。”(p.264)《续日本纪》卷17《圣武纪》天平二十年四月条:“壬戌,于大安寺**诵经**。甲子,于山科寺**诵经**。丙寅,当初七,于飞鸟寺**诵经**。自是之后,每至七日,于京下寺**诵经**焉。”(第三册,p.56)又天平二十年五月条:“五月丁丑,敕:‘令天下诸国奉为太上天皇,每至七日,国司自亲洁斋,皆请诸寺尼僧,聚集于一寺,敬礼**诵经**。'”(第三册,p.56)又卷19《孝谦纪》天平胜宝八年二月条:“庚戌,道内舍人于六寺**诵经**。儭施有差。”(第三册,p.156)

又天平胜宝八年二月条："戊午，遣使摄津国诸寺**诵经**。儭施有差。"（第三册，p. 156）又天平胜宝八年五月条："丁巳，于七大寺**诵经**焉。"（第三册，p. 160）又天平胜宝八年五月条："辛酉，太上天皇初七。于七大寺**诵经**焉。"（第三册，p. 160）又天平胜宝八年五月条："戊辰，二七，于七大寺诵经焉。"（第三册，p. 156）又天平胜宝八年五月条："乙亥，三七。于左右京诸寺**诵经**焉。"（第三册，p. 160）又卷22《淳仁纪》天平宝字四年五月条："丁未，于京内六大寺**诵经**。"（第三册，p. 350）又卷23《淳仁纪》天平宝字四年七月条："若有**诵经**忘却，戒行过失者，待众人知，然后改正。"（第三册，p. 358）又卷30《称德纪》宝龟元年八月条："是日，自天皇崩，爰登一七。于东西大寺**诵经**。"（第四册，p. 296）又宝龟元年八月条："乙巳，二七。于药师寺**诵经**。"（第四册，p. 296）又宝龟元年八月条："壬子，三七。于元兴寺**诵经**。"（第四册，p. 300）又卷36《高绍纪》天应元年十二月条："癸丑，当太行天皇初七，于七大寺**诵经**。自是之后，每值七日，于京师诸寺**诵经**焉。又敕天下诸国，七七之日，令国分二寺见僧尼奉为设斋以追福焉。"又卷37《桓武纪》延历元年十二月条："壬子，敕太上天皇周忌御斋。当今月二十三日，宜令天下诸国国分二寺见僧尼奉为**诵经**焉。"又卷40《桓武纪》延历八年条："敕曰：'中宫七七御斋，当来年二月十六日。宜令天下诸国国分二寺见僧尼奉为**诵经**焉。又每七日，遣使诸寺诵经以追福焉。'"又延历九年九月条："九月丙寅，于京下七寺**诵经**。为皇太子寝膳乖适也。"（1）宋祖琇撰《隆兴编年通论》卷18："长老比丘释湛然**诵经于**灵塔之下，与润松俱老。痛先师名氏未经邦国焉。"（2）后汉竺大力、康孟详合译《修行本起经》卷1《菩萨降身品》："语声哀鸾音，**诵经**过梵天，是故说法时，身安意得定。"姚秦鸠摩罗什译《大智度论》卷8《序品》："又如迦叶佛时，有兄弟二人出家求道；一人持戒、**诵经**、坐禅；一人广求檀越，修诸福业。"新罗璟兴撰《三弥勒经疏》卷1："尔时梵志入山谷，满八千岁，乞食诵经。"《魏书》卷114《卫道传》："后有沙门常山卫道安性聪敏，日**诵经**万余言，研求幽旨。"《南齐书》卷40《萧子良传》："子良启进沙门于殿户前**诵经**，世祖为感梦见优昙钵华，子良按佛经宣旨使御府以铜为华，插御床四角。日夜在殿内，太孙闲日入参承。"→【唱誦】【称誦】【重誦】【読誦】【読誦書写】【端坐誦経】【講宣読誦】【精勤誦習】【誦持】【無間誦】【至心読誦】【坐禅誦経】

【誦経教化/ずきょうきょうけ】 四字 读诵经文，以善法教导他人。《日本灵异记》下卷《灾与善表相先现而后其灾善答被缘第38》："乞食者来于景戒之家，**诵经教化**云：'修上品善功德者，得一丈七尺之长身。修下品善功德者，得一丈之身。'"（p. 371）姚秦鸠摩罗什译《大智度论》卷33《序品》："劝导福处者，若比丘不能坐禅，不能**诵经**，**教化**劝导，修立福德；或有比丘，能坐禅、诵经，见诸比丘，衣食乏少，力能引致，亦行劝导。及诸菩萨，怜愍众生故，以福德因缘，劝化之。又出家人，若自求财，于戒有失，是故劝导，以为因缘。"失译人名今附北凉录《大方广十轮经》

卷4《刹利旃陀罗现智相品》："假设有人，以四天下，尽为四方众僧，建立房舍，卧具医药，悉皆给足，使百千亿，声闻弟子，及菩萨摩诃萨，修行种种，无量法门，坐禅**诵经，教化**诸善。如此之人，其福多不？于上千年，修行布施，供养功德，复倍于前。假设有人于，四天下，尽为建立，僧房堂阁，卧具医药，皆悉具足，满百千亿，声闻弟子，菩萨摩诃萨，修诸法门，一切诸善，坐禅**诵经，教化**功德，得几所福？"

【誦経竟/ずきょうしをはる】 完成　诵读完经文后。《日本灵异记》上卷《自幼时用网捕鱼而现得恶报缘第11》："诣浓于寺，于大众中，忏罪改心。施衣服等，令**诵经竟**。从此以后，不复行恶。"（p.89）隋智顗撰《法华三昧忏仪》卷1："行者行道**诵经竟**，当就坐处，入绳床中，齐整衣服，端身正坐，闭眼合口，调和气息，宽放身心。一一如坐禅，前方便中说，然后敛念正观，破坏罪业。"唐迦才撰《净土论》卷3："僧含每奖励，劝以莫怠。至十年二月十六日夜**诵经竟**，众僧已眠。四更中，忽自唱言：'歌诵，歌诵。'"唐僧详撰《法华传记》卷4："于山中诵《法华经》，有虎来蹲其前，**诵经竟**乃去。后每至讽咏，辄见左右。"

【誦経之功徳/ずきょうのくどく】 四字　读诵经文所带来的果报。《日本灵异记》上卷《归信三宝钦仰众僧令诵经得现报缘第32》："诚知丈六之威光，**诵经之功德**也。"（p.131）唐僧详撰《法华传记》卷6："慧曰：'谤者尚得不退，岂留不生天？'即应声不见。便还王所陈其事，觉悟自说此因缘。**诵经功德**，自他俱救，如斯而已。"宋宗晓编《乐邦遗稿》卷2："龙舒净土文曰：'闻鲁直前世是妇人。长诵《法华经》，以**诵经功德**故，今世聪敏有官职。此故随业随缘来者也。若生西方，岂但如是而已哉？'"

【誦経之力/ずきょうのちから】 四字　诵读经文而招徕的利益福德。《日本灵异记》中卷《依恶梦至诚心使诵经示奇表得全命缘第20》："女闻母传状，大怖通心，增信三宝。乃知**诵经之力**，三宝护念也。"（p.202）唐僧详撰《法华传记》卷6："时诸羌散走，幸得大平，将其小儿。还于本处。**诵经之力**，感观音应揭焉。"唐孟献忠撰《金刚般若经集验记》卷1："后有一鬼，走马来告：'向诵经人。'王教令放六日。陀当时昏迷，气将欲绝，闻鬼使约束道放，心遂醒悟，气还如本。因此更加精诚，诵《金刚般若》，昼夜不舍。六日已过，**诵经之力**，更不被追。"

【搜得/さぐりう】 后补（3例）　搜查得到。搜到，找到。《唐大和上东征传》："（遂）于既济寺**搜得**干粮，大明寺捉得日本僧普照，开元寺得玄朗、玄法。"（p.44）又："时山阴县尉遣人于王亟宅，**搜得**荣睿师，著枷递送（于）京，（还）至杭州。"（p.57）又："毕后，大使以下共议曰：'方今广陵郡又觉知和上向日本国，将欲搜舟，若被**搜得**，为使有（殃）；又（被风）漂还，著唐界，不免罪恶。'"（p.90）（1）具体义。唐道宣撰《续高僧传》卷19："隋开皇之始，创启玄宗，敕度七人，选穷翘楚，有司加访，**搜得**林焉。"（2）抽象义。唐湛然述《止观义例》卷1："若**搜得**宗源，则诸文可识，大纲既整，网日易存。"唐裴休问、宗密答《中华传心地禅门师资承袭图》卷

1：“性好勘会，一一曾参，各**搜得**旨趣如是。若将此语，问彼学人，即皆不招承。”按：《汉语大词典》失收。

【蘇曼/そまん】 人名 须达长者的女儿。《日本灵异记》下卷《产生肉团之作女子修善化人缘第19》：“昔佛在世时，舍卫城须达长者之女**苏曼**，所生卵十枚，开成十男，出家皆得罗汉果。”（p. 309）元魏慧觉等译《贤愚经》卷13《苏曼女十子品》：“一时佛在舍卫国祇树给孤独园。尔时须达长者，末下小女，字曰**苏曼**，面首端正，容貌最妙，其父怜爱，特于诸子，若游行时，每将共去……即达本土，便用为妇，后遂怀妊，生卵十枚。卵后开敷，有十男儿，形貌姝好，与人有异……佛便允然，听使为道。须发自落，法衣在身，便成沙门，精勤大业，尽得罗汉。斯十比丘，甚相钦敬，行则俱进，住在同处，国中人民，莫不宗戴。”→【須達長者】

【蘇起/よみがへりたつ】 连动 死而复生以后，坐起身来。《日本灵异记》中卷《常鸟卵煮食以现得恶死报缘第10》：“良久**苏起**，然病叫言：‘痛足矣。’云云。”（p. 176）（1）唐僧详撰《法华传记》卷3：“后遇疾而死。经三日，**苏起**曰：‘吾见炎魔天子问：道人有何功德？答：吾诵得《法华》，自开讲肆，劝化众生。’”又卷10：“更七年后，无病顿亡。家人怪异，不营殡葬。明日日西得活，悲泣躄地，闷绝**苏起**。”（2）失译人名今附西晋录《观世音菩萨往生净土本缘经》卷1：“尔时早离在枕侧，闷绝而卧。良久**苏起**，呼天唱言：‘我等如今者，幼稚无识，非生母者，谁示明操道？天地空旷，神心无据。一何舍告别离！’”。按：《汉语大词典》失收。

【蘇甦/よみがへる】 自创 苏醒过来，死而复生。《日本灵异记》下卷《阎罗王示奇表劝人令修善缘第9》：“亲属闻之，备丧殡物。经之三日，往见之，**苏甦**起居待。”（p. 280）

【俗塵/ぞくじん】 偏正（3例） 人间污浊的世界，俗世浑浊的人事。《怀风藻》第99首丹墀广成《游吉野川》：“放旷多出趣，超然少**俗尘**。栖心佳野域，寻问美稻津。”（p. 162）又第105首麻田阳春《和藤江守咏裨睿山先考之旧禅处柳树之作》：“近江惟帝里，裨睿寔神山。山静**俗尘**寂，谷间真理专。”（p. 169）《奈良朝写经56·大般若经卷第50等》：“天平胜宝九年六月三十日，沙弥道行，慕先哲之贞节，尊大圣之遗风，舍忘**俗尘**，贱于蝉脱，不爱身命，轻于鸿毛。”（p. 358）（1）北凉昙无谶译《佛所行赞》卷4：“增长彼善根，并为当来世。显其少欲迹，兼除**俗尘**谤。入贫里乞食，精粗任所得，巨细不择门，满钵归山林。”隋灌顶纂《国清百录》卷2《隋高祖文皇帝敕书》：“是为出家之业，若身从道服心染**俗尘**，非直含生之类无所归依，仰恐妙法之门更来谤讟。宜相劝励以同朕心。春日渐暄，道体如宜也。”《敦煌变文·维摩诘经讲经文（四）》：“有一童子，名号光严，相圆明而特异众人，心朗曜而回然高士。修行曩劫，磨练多生，烦恼多生，烦恼之海欲枯，智惠之山将就。随缘化物，爱处**俗尘**，如莲不染于淤泥，似桂无侵于霜雪。”（p. 860）又：“虽名菩萨，多处**俗尘**。在火宅而任运业生，习网罗而等闲恶长。而况维摩大士，莫测津涯，说万事如在掌中。”又《双恩记》：“伏利名，闭松院，长使俗尘生仰羡。”（2）张九龄《三月三日登龙山》：“衰颜忧更老，淑景望非春。禊饮岂吾事，聊将偶俗尘。”李峤《奉和幸韦嗣立山庄侍宴应制》：“石磴平黄陆，烟楼半紫虚。云霞仙路近，琴酒俗尘疏。”按：《汉语大词典》例引唐太宗《谒并州大兴国寺》：“对此留余想，超然离俗尘。”稍晚。→【厭俗塵】

【俗家/ぞくけ】 偏正 （2例） 同“在家俗众”。相对于僧道而谓平常人。又谓俗世间的家，或僧道等出家人称本生父母的家。“佛家”的对应词。《日本灵异记》上卷《女人好风声之行食仙草以现身飞天缘第13》：“如《精进女问经》云：‘居住俗家，端心扫庭，得五功德。’者，其斯谓之矣。”（p.93）又下卷《灾与善表相先现而后其灾善答被缘第38》：“居于俗家，而蓄妻子无养物，无菜食无盐。”（p.371）东晋佛驮跋陀罗译《大方广佛华严经》卷18《金刚幢菩萨十回向品》：“令一切众生，不乐俗家，常乐佛家。”元魏慧觉等译《贤愚经》卷13《顶生王品》：“时婆罗门子，适欲娶妇，手把大豆，当用散妇，是其曩世，俗家之礼。”唐实叉难陀译《大方广佛华严经》卷28《十回向品》：“愿一切众生，出世俗家，住如来家。”

【俗累/ぞくるい】 偏正 世俗琐事的牵累。《怀风藻》第104首释道慈《初春在竹溪山寺于于长王宅宴追致辞》：“结萝为垂幕，枕石卧岩中。抽身离俗累，涤心守真空。”（1）失译人名今附秦录《别译杂阿含经》卷13：“我今舍俗累，住于出家法，无明欲所逐，将失本善心。”姚秦竺佛念译《菩萨从兜术天降神母胎说广普经》卷6：“舍身去俗累，本无因缘法；其报如影响，如有亦不有。”北凉昙无谶译《大方等大集经》卷18：“乐著俗累，为利所覆。不乐正法，恃玩俗典。”（2）梁僧佑撰《弘明集》卷6：“脱桎梏于形表，超俗累于笼樊。”唐道宣撰《续高僧传》卷12：“具戒已后，历求善友，深厌俗累，绝心再往。”宋赞宁等撰《宋高僧传》卷4：“早祛俗累，夙解尘缨。”又卷13：“于时谢俗累以抚衣，出樊笼而矫翼。”按：《汉语大词典》首引南朝梁沈约《东武吟行》：“霄辔一永矣，俗累从此休。”偏晚。

【俗姓/ぞくせい】 偏正 （20例） 出家前的本姓。《怀风藻》第8首释智藏《小传》：“智藏师者，俗姓禾田氏。淡海帝世，遣学唐国。”（p.79）又第26首释辨正《小传》：“辨正法师者，俗姓秦氏。性滑稽，善谈论。少年出家，颇洪玄学。”（p.96）又第103首释道慈《小传》：“释道慈者，俗姓额田氏，添下人。少而出家，听敏好学。英材明悟，为众所欢。”（p.164）《日本灵异记》上卷《恃凭念观音菩萨得现报缘第6》：“老师行善者，俗姓坚部氏。”（p.78）又《邪见假名沙弥斫塔木得恶报缘第27》：“石川沙弥者，自度无名，其俗姓亦未详。”（p.116）又中卷《智者诽妒变化圣人而现至阎罗阙受地狱苦缘第7》：“释智光者，河内国人，其安宿郡锄田寺之沙门也。俗姓锄田连，后改姓上村主也。”（p.167）又：“时有沙弥行基，俗姓越史也。”（p.167）又《骂僧与邪淫得恶病而死缘第11》：“圣武天皇御世，纪伊国伊刀郡桑原之狭屋寺尼等发愿，于彼寺备法事，请奈良右京药师寺僧题惠禅师，字曰依网禅师。**俗姓**依网连，故以为字。”又《未作毕佛像而弃木示异灵表缘第26》：“禅师广达者，**俗姓**下毛野朝臣，上总国武射郡人。一云畔蒜郡人也。”（p. 217）又下卷《杀生物命结怨作狐狗互相怨报缘》：“禅师永兴者，诺乐左京兴福寺沙门矣。**俗姓**苇屋君氏，一云市往氏。”（p. 266）又《未作毕捻埴像生呻音示奇表缘第17》：“沙弥信行者，纪伊国那贺郡弥气里人。**俗姓**大伴连祖是也。”（p. 302）又《沙门积功作佛像临命终时示异表缘第30》：“老僧观规者，**俗姓**三间名干歧也。纪伊国名草郡人也。”（p. 341）又《智行并具禅师重得人身生国皇之子缘第39》：“尺善珠禅师者，**俗姓**迹连也。负母之姓而为迹氏也。”（p. 377）《唐大和上东征传》：“大和尚讳鉴真，扬州江阳县人也，**俗姓**淳于，齐（大夫）髡之后也。”（p. 32）《续日本纪》卷1《文武纪》文武四年三月条：“三月己未，道照和尚物化。天皇甚悼惜之，遣使吊赙之。和尚河内国丹比郡人也。**俗姓**船连，父惠释少锦下。”（第一册，p. 22）又卷2《圣武纪》神龟四年十二月条：“十二月丁丑，敕曰：‘僧正义渊法师，《**俗姓**市往氏也。》禅枝早茂，法梁惟隆，扇玄风于四方，照惠炬于三界。’”（第二册，p. 184）又卷15《圣武纪》天平十六年十月条：“法师，**俗姓**额田氏，添下郡人也。性聪悟，为众所推。”（第二册，p. 446）又卷16《圣武纪》天平十八年六月条：“已亥，僧玄昉死。玄昉，**俗姓**阿刀氏。”（第三册，p. 28）又卷17《圣武纪》天平胜宝元年二月条：“二月丁酉，大僧正行基和尚迁化。和尚药师寺僧，**俗姓**高志氏，和泉国人也。”（第三册，p. 60）又卷32《光仁纪》宝龟三年四月条：“道镜，**俗姓**弓削连，河内人也。”（第四册，p. 374）南朝刘义庆撰《世说新语・德行第1》“桓常侍闻人道深公者”南朝梁刘孝标注：“僧法深，不知其**俗姓**，盖衣冠之胤也。”（p. 18）隋费长房撰《历代三宝纪》卷4：“汉语译经人未剃落，魏朱士行，创首出家，服法为僧，犹称**俗姓**。吴晋相踵，弗革其风。逮自苻秦，有释道安，独拔当时，居然超悟。道俗钦仰，众若稻麻，云既剃除，绍继释种子，而异父岂曰相承？今者出家，宜悉称释。”新罗崔致远《唐大荐福寺故寺主翻经大德法藏和尚传》卷1：“法师**俗姓**康氏，讳法藏。累代相承为康居国丞相。”

【俗中/よのなか】 偏正　世俗，红尘。《万叶集》卷19第4160首歌题《悲世间无常歌一首》：“天地之　远始欲　**俗中**波　常无毛能等”（第四册，p. 303）。东晋佛陀跋陀罗、法显合译《摩诃僧祇律》卷36：“师言：‘怪哉！**俗中**犹如火坑。何由可乐？’”姚秦竺佛念译《出曜经》卷15《利养品》：“泥洹趣不同者，至泥洹终，其道不同，先学**俗中**妙法，次习贤圣道法，以次得须陀洹、斯陀含、阿那含、阿罗汉。是故说，泥洹趣不同也。”姚秦鸠摩罗什译《大智度论》卷26《序品》：“又贤圣人心，在世**俗中**，是时应当是凡夫。无过去、未来、现在道故。”按：《汉语大词典》失收。

【訴言/うるたへまをす】 说词　诉说，陈诉。《日本书纪》卷6《垂仁纪》五年十月条：“妾不能违兄王之志，亦不得背天皇之恩。告言则亡兄王，不言则倾社稷。是

以，一则以惧，一则以悲。俯仰喉咽，进退而血泣。日夜怀悒，无所**诉言**。”（第一册，p. 308）（1）失译人名今附后汉录《杂譬喻经》卷2：“食竟，洗手漱口，含一口水吐著舍利弗钵中言：‘持是去相施是。’舍利弗言：‘使汝长夜，受福无量。’即还去。长者惧恐行**诉言**，使人寻之。”失译人名今附西晋录《菩萨睒子经》卷2：“父母仰天号哭，自**诉言**：‘我子睒天下至孝，仁慈无有过者，践地常恐地痛。今有何罪，而王射杀之？’”（2）《后汉书》卷58《虞诩传》：“于是诩子颉与门生百余人，举幡候中常侍高梵车，叩头流血，**诉言**枉状。”《全唐文》卷228张说《赠太尉裴公神道碑》：“俄而衔璧辕门，释缚纳款，帝嘉其勋，命尚书崔知悌乘驿劳军，备礼献凯。策勋之日，程务挺、张虔勖者，行军之偏将也，**诉言**子营逼逐，方降大军，又属秉钧忌才，下上其手。”按：《汉语大词典》例引明海瑞《玄鹤篇》：“仰盼丹阙回，情眷玄鹤恫。玄鸟如**诉言**，感之恻余衷。”偏晚。

【素衆/そしゅ】 自创 犹言“白衣”。《续日本纪》卷9《元正纪》养老六年七月条：“其僧纲者，智德具足，真俗栋梁。理义该通，戒业精勤。缁侣以之推让，**素众**由是归仰。”（第二册，p. 120）。

【速成正覚/すみやかにしょう がくをなさむ】 四字 （2例） 早日成为真正的佛悟。“正觉”，梵语 saṃbuddha 的译名。音译为“三藐三菩提”。亦谓“正等觉”，或称“正尽觉”。谓正等而不偏颇，遍及一切的佛智能。《元兴寺伽蓝缘起并流记资财账》：“面奉弥勒，听闻正法，悟无生忍，**速成正觉**。十方诸佛及四天等，所以至诚心誓愿，所造二寺及二躯丈六，更不破不流不斫不烧，二寺所纳种种诸物，更不摄取不灭不犯不谬也。”又：“愿以兹福力，登遐诸皇遍及含识，有信心不绝，面奉诸佛，共登菩提之岸，**速成正觉**。”曹魏康僧铠译《佛说无量寿经》卷1：“法藏比丘说此颂已，而白佛言：‘唯然，世尊。我发无上，正觉之心，愿佛为我，广宣经法，我当修行，摄取佛国，清净庄严，无量妙土，令我于世，**速成正觉**，拔诸生死，勤苦之本。’”刘宋求那跋陀罗译《央掘魔罗经》卷1：“住在凡夫地，而能降伏魔。当**速成正觉**，普救诸世间。”又《过去现在因果经》卷1：“唯愿**速成，正觉**之道，转于法轮，广度众生。”

【速向/すむやけく みかふ】 偏正 赶紧去某处，迅速到某处去。《日本书纪》卷16《武烈纪》即位前纪条：“太子甫知鲔曾得影媛，悉觉父子无敬之状，赫然大怒。此夜**速向**大伴金村连宅，会兵计策。”（第二册，p. 272）姚秦鸠摩罗什译《大庄严论经》卷9：“汝今**速向**佛，敬礼莲花足。应向尊重处，尽力求哀请。当勤用功力，乃可得忏谢。”刘宋求那跋陀罗译《央掘魔罗经》卷2：“我不越一法，而汝越无量。**速向**天中天，悔除虚妄语。”唐义净译《根本说一切有部毘奈耶药事》卷15：“尔时母象，遥见猎师，即告夫曰：‘我等**速向**余处，今有人来，欲杀我等。’”按：《汉语大词典》失收。

【速詣/すむやけく まゐる】 偏正 快去某处，快到某处去。《日本书纪》卷6《垂仁纪》二年是岁条：“（一云）天皇诏阿罗斯等曰：‘汝不迷道，必**速诣**之，遇先皇

而仕欤。'"（第一册，p. 302）（1）西晋竺法护译《佛说如幻三昧经》卷1："正觉为若兹，为人讲说法。灭除众苦患，当**速诣**导师。"东晋佛驮跋陀罗译《大方广佛华严经》卷42《33离世间品》："尔时菩萨摩诃萨，放大音声，告诸天子：'今日菩萨摩诃萨出内眷属，若欲见者，应**速诣**此。'"北凉昙无谶译《大般涅槃经》卷1《寿命品》："尔时复有十恒河沙、诸鬼神王，毘沙门王，而为上首，各相谓言：'仁等，今者可**速诣**佛所，设供具倍于诸龙，持往佛所，稽首佛足绕百千匝，而白佛言：唯愿如来,哀受我等,最后供养。'"（2）《太平广记》卷72《许君》条："自是恍惚不安，暇日徐步庭砌，闻空中言曰：'许君，许君。**速诣**水官求救。不然，即有不测之衅。'许愕然异之，又闻其事，杳不复答。乃焚香虔祀，愿示求救之由。"按：《汉语大词典》失收。

【宿業/しゅくごう】 偏正 梵语 pūrva-karma。过去世所造之善恶业因。亦称"宿作业"。即指于现世感宿业之果报，而现世之行业又成为来世招果报者。一般多以宿业指恶业因，另以宿善指善业因。《藤氏家传》下卷《武智麻吕传》："我因**宿业**，为神固久。今欲归依佛道，修行福业，不得因缘。故来告之。"（p. 351）吴支谦译《菩萨本缘经》卷3《龙品》："尔时，龙王语金翅鸟：'汝金翅鸟，小复留神，听我所说。汝于我所，常生怨害，然我于汝，都无恶心，我以**宿业**，受是大身，禀得三毒，虽有是力，未曾于他，而生恶心。'"刘宋僧伽跋摩译《萨婆多部毘尼摩得勒伽》卷4："佛问：'汝受乐不？'答言：'不受乐。'展转身掉手、掉臂，不能得脱。佛言：'诸比丘当知，此是**宿业**报。报得女身，身根少分，展转者力捉，掉臂者力捉，力捉者不犯。'"隋阇那崛多译《东方最胜灯王陀罗尼经》卷1："若以此咒，结缕系枯树上，求哀救护，还生华果。何况人耶？惟除**宿业**，已定果报。"

【宿業所招/しゅくごうのまねくところなり】 所字 （3例） 前世造孽而招致的在后世受罪的报应。《日本灵异记》上卷《聋者归敬方广经典得现报开两耳缘第8》："小垦田宫御宇天皇代，有衣缝伴造义通者，忽得重病，两耳并聋，恶疮遍身，历年不愈。自谓：'**宿业所招**，非但现报。长生为人所厌，不如行善遄死。'"（p. 82）又下卷《二目盲女人归敬药师佛木像以现得明眼缘第11》："当帝姬阿倍天皇之代，其村有二目盲女。此生一女子年七岁也。寡而无夫。极穷无比，不得索食。将饥而死。自谓：'**宿业所招**，非唯现报。徒空饥死，不如行念善。'"（p. 288）又《怨病忽婴身因之受戒行善以现得愈病缘第34》："巨势呰女者，纪伊国名草郡埴生里之女也。以天平宝字五年辛丑，怨病婴身，颈生瘿肉疽，如大菰。痛苦如切，历年不愈。自谓：'**宿业所招**，非但现报。灭罪差病，不如行善。'"（p. 350）姚秦鸠摩罗什译《发菩提心经论》卷1《羼提波罗蜜品》："若横加恶，伤害于我，当自思惟：'我今无罪，当是过去，**宿业所招**，是亦应忍。'"梁宝亮等集《大般涅槃经集解》卷48《德王品》："夫苦恼之名，本是果报。而凡夫愚痴，不达**宿业所招**，便呼嗟非分，谓苦不可忍。"唐玄奘译《大般若波罗蜜多经》卷398《常啼菩萨品》："城外周匝，七重宝堑，八功德水，弥满其中，冷煖调和，清澄皎镜。水中处处，有七宝船，间饰庄严，众所喜见。彼有情类，**宿业所招**，时共乘之，泛漾游戏。”

【宿因深厚/しゅくいんじんこうなり】四字 宿世（过去世）所造下的业因极为严重。《唐大和上东征传》：“道俗二百余人，唯有大和上、学问僧普照、天台僧思托始终六度，经（逾）十二年，遂果本愿。来传圣戒；方知济物慈悲，**宿因深厚**，不惜身命，所度极多。”（p. 93）唐智云撰《妙经文句私志记》卷1：“所以然者，若非**宿因深厚**，及前诸力所资，岂能若此？斯极不易，所以最为难也。”宋祖照集、赵文焕、侯冲整理《楞严解冤释结道场仪》卷1：“若其自谓圆成，不加修建，安可得而成耶？故此解冤结菩萨，**宿因深厚**，愿力崇高。”

【宿於此村/このむらにやどる】于字（3例） 住在这个村庄。《播磨国风土记·饰磨郡》条：“所以号新良训者，昔新罗国人来朝之时，**宿于此村**，故号新良训。”（p. 38）又《揖保郡》条：“右所以名萩原者，息长带日卖命，韩国还上之时，御船**宿于此村**。一夜之间，生萩一根，高一丈许。仍名萩原。”（p. 68）又《宍禾郡》条：“天日枪命**宿于此村**，敕云：‘川音甚高。’故曰川音村。”（p. 84）唐慧立本、释彦悰笺《大唐大慈恩寺三藏法师传》卷5：“复经七日，至一高岭，岭下有村，可百余家。养羊畜，羊大如驴。其日**宿于此村**，至夜半发，仍令村人乘山驼引路。”

【宿債/むかしのもののかひ】偏正（2例） 前世没有偿还的债务。《日本灵异记》中卷《贷用寺息利酒不偿死作牛役之偿债缘第32》：“当知负债不偿，非无彼报。岂敢忘矣？所以《成实论》云：‘若人负债不偿，堕牛羊、麞鹿、驴马等中，偿其**宿债**。’者，其斯谓之矣。”（p. 232）唐道世撰《诸经要集》卷9：“又《成实论》云：‘若人负债不偿，堕牛羊、麞鹿、驴马等中，偿其**宿债**。’”

【宿殖/しゅくしょく】典据 指于宿世植积善根。亦作“宿植”。《续日本纪》卷15《圣武纪》天平十五年正月条：“癸丑，为读《金光明最胜王经》，请众生于金光明寺。其词曰：‘天皇敬咨四十九座诸大德等。弟子阶缘**宿殖**，嗣应宝命。思欲宣扬正法，导御蒸民。’”（第二册，p. 414）吴支谦译《撰集百缘经》卷2《报应受供养品》：“时诸比丘，见是诸天，所献供养，及以床榻，叹未曾有，而白佛言：‘不审如来，**宿殖**何福，乃使诸天，置斯供养？’”姚秦鸠摩罗什译《妙法莲华经》卷7《观世音菩萨普门品》：“若有女人，设欲求男，礼拜供养，观世音菩萨，便生福德，智慧之男；设欲求女，便生端正，有相之女，**宿殖**德本，众人爱敬。”元魏慧觉等译《贤愚经》卷2《波斯匿王女金刚品》：“不审此女，**宿殖**何福，乃生豪贵，富乐之家？”按：《汉语大词典》失收。→【阶縁宿殖，嗣応宝命】

【雖変~/かはるといへども】转折 虽然发生变化，但是……《怀风藻》第104首释道慈《初春在竹溪山寺于于长王宅宴追致辞》：“惊春柳**虽变**，余寒在单躬。僧既

方外士，何烦入宴宫。”（p. 168）（1）姚秦鸠摩罗什译《大智度论》卷38《往生品》：“譬如乳中著毒，乳变为酪，酪变为酥；乳非酪酥，酪酥非乳，奶酪**虽变**而皆有毒。”北凉昙无谶译《大般涅槃经》卷29《师子吼菩萨品》：“名字虽变，毒性不失，遍五味中，皆悉如是。”唐不空译《大乘密严经》卷下：“赖耶**虽变现**，体性恒甚深。”宋普济集《五灯会元》卷14：“形仪**虽变**道常存，混俗心源亦不昏。试读善财巡礼偈，当时岂例是沙门。”（2）《全唐文》卷303宇文融《大唐平阳郡龙角山庆唐观大圣祖元元皇帝宫金箓斋颂》：“迎不见前，随不见后。外物**虽变**，我法弥久。”（3）刘禹锡《同白二十二赠王山人》：“爱名之世忘名客，多事之时无事身。古老相传见来久，岁年**虽变**貌常新。”太白山玄士《画地吟》：“学得丹青数万年，人间几度变桑田。桑田**虽变**丹青在，谁向丹青合得仙。”

【雖仏滅後、法身常在/ほとけのめつごといへども、ほうしんつねにのこる】

典据　谓佛的肉身虽然已经入寂，但佛清净自性、成就一切功德之身，却不生不灭，无形而随处现形。《日本灵异记》中卷《观音铜像及鹭形示奇表缘第17》：“定知彼见鹭者，非现实鹭。观音变化，更莫疑也。如《涅槃经》说：‘**虽佛灭后**，**法身常在**。’者，其斯谓之矣。”（p. 195）唐若那跋陀罗译《大般涅槃经后分》卷1《遗教品》：“佛告阿难：‘如是二人，皆以深心供养，所得福德其福无异。何以故？**虽佛灭后**，**法身常存**，是以深心供养，其福正等。’”

【雖復～何能～/～といふとも、なにぞよく～や】 转折　纵使……又怎能……呢。“虽复”，表示假使的让步。“复”表强调的助字。《日本书纪》卷2《神代纪下》：“皇孙因而幸之，即一夜而有娠。皇孙未信之曰：‘**虽复**天神，**何能**一夜之间令人有娠乎？汝所怀者，必非我子欤。’”（第一册，p. 120）（1）西晋竺法护译《普曜经》卷3：“尔时父王，明旦即起，朝会诸释，以是告之：‘太子必出，舍国学道，当何施计？’诸释答曰：‘当勤将护。所以者何？诸释部党，众多无极。**虽复**力强，**何能**独出？’”（2）《全后周文》卷10庾信《为阎大将军乞致仕表》：“**虽复**廉颇强饭，马援据鞍，求欲报恩，**何能**为役？”按：《日本书纪》卷2《神代纪下》同一情景中，所使用的句式是“虽复～如何～”：“是后，神吾田鹿苇津姬见皇孙曰：‘妾孕天孙之子，不可私以生也。’皇孙曰：‘**虽复**天神之子，**如何**一夜使人娠乎？抑非吾之儿欤。’”（第一册，p. 142）

【雖経多年/ながきとしをふといへども】 转折　虽然经过了很多年。《续日本纪》卷8《元正纪》养老四年三月条：“比来出举多不依法。若临时征索，无稻可偿者，令其子侄易名重举。依此奸计，取利过本，积习成俗。深非道理。望请其稻，**虽经多年**，仍不过半倍。”（第二册，p. 68）吴支谦译《菩萨本缘经》卷3《兔品》：“我处此山，长发重担，**虽经多年**，无所利益；我愿从今，常相顶戴。愿汝功德，具足成就；令我来世，常为弟子。”隋慧远述《大般涅槃经义记》卷10《憍陈如品》：“如人被箭，医师为拔，**虽经多年**，忆之了了，终不忘失。”唐玄奘译《佛临涅槃记法住经》卷1：“于我正法，昆奈耶中，当有如斯，诸恶苾刍、苾刍尼等，不善修习，身戒心慧，更相忿争，谋毁诽谤，耽著妙好，种种衣钵，房舍敷具，由与诸恶，徒党集会，**虽经多年**，守护净戒，于须臾顷，悉皆毁犯，虽经多年，集诸善本，由多忧恚，悉皆退失。”

【雖求不得/もとむれどもえず】 转折 虽然想得到却没得到。《播磨国风土记·托贺郡》条：“铃掘山者，品太天皇，巡行之时，铃落于此山。**虽求不得**，乃掘土而求之。故曰铃掘山。”（p. 104）唐湛然述《法华文句记》卷6《释譬喻品》：“佛言：‘苦有三种，即三受是，**虽求不得**，不苦如前。’”

【雖然猶～/しかはあれど、なほ～】 转折 虽然……但仍然……《播磨国风土记·贺古郡》条：“度子，纪伊国人小玉，申曰：‘我为天皇赘人否?’尔时，敕云：‘朕公，**虽然犹**度。’度子对曰：‘遂欲度者，宜赐度赁。’”（p. 18）姚秦鸠摩罗什译《坐禅三昧经》卷1：“若人香华供养，以骨肉血髓，起塔供养。未若行人，以法供养，得至涅槃。**虽然犹**负佛恩，设当念佛，空无所获，犹应勤心，专念不忘，以报佛恩。”梁僧佑撰《弘明集》卷3何承天《何重答宗》：“果今中外宜同，余则陋矣。敢谢不敏，**虽然犹**有所怀。”隋阇那崛多译《佛本行集经》卷41《迦叶三兄弟品》：“尔时优娄频螺迦叶，心如是念：‘此大沙门，大有神通，大有威力。乃能于先，发遣我已，其身自到须弥山，取阎浮菓，来此火神堂，于前而坐。**虽然犹**不得阿罗汉，如我今也。’”唐澄观述《大方广佛华严经随疏演义钞》卷82：“故《智论》云：‘声闻智慧力弱，如小火烧木，**虽然犹**有炭在。缘觉智力强，如大火烧木，木然炭尽余有灰。’”

【随便～/たよりにしたがひて～】 随字 （8例） 随其所宜。《日本书纪》卷25《孝德纪》大化二年正月条：“若山谷阻险、地远人稀之处，**随便**量置。”（第三册，p. 132）《常陆国风土记·行方郡》条：“古老曰：倭武天皇，巡行过于此乡，有佐伯名曰鸟日子。缘其逆命，**随便**略杀。”（p. 384）《续日本纪》卷3《文武纪》庆云元年六月条：“六月丁巳，敕：‘诸国兵士，团别分为十番，每番十日，教习武艺，必使齐整。令条以外，不得杂使。其有关须守者，**随便**斟酌，令足守备。’”（第一册，p. 78）又卷7《元正纪》养老元年十一月条：“丝有精粗，赋无贵贱。不可以一概，强贵贱之理。布虽有端，稍有不便。宜**随便**用，更定端限。”（第二册，p. 36）又卷8《元正纪》养老五年五月条：“辛亥，令七道按察使及大宰府，巡省诸寺，**随便**并合。”（第二册，p. 94）又养老五年十二月条：“萨摩国人希地多。**随便**并合。”（第二册，p. 106）又卷29《称德纪》神护景云三年二月条：“如有情好农桑，就彼地利者，则任愿移徙，**随便**安置。”（第四册，p. 230）（1）后汉安世高译《长阿含十报法经》卷1：“或时不如，闻不如受，亦不计念，但从行取，一定相熟、受熟、念熟。行已受定相熟、受熟、念熟、行熟，**随便**如法，便如应解，便如法解。”隋阇那崛多译《佛本行集经》卷47《跋陀罗夫妇因缘品》：“时天帝释，见四天子，各各净竞，即敕言曰：‘仁者汝等，各竟欲取，此女为妻，汝等宜各，**随便**说偈，偈最胜者，即便相与。’”新罗元晓撰《游心安乐道》卷1：“若是业因熟者，愿**随便**生，非以人、天如难往，亦以净、秽如有碍。”（2）《齐民要术》卷4《园篱》：“若值巧人，**随便**采用，则无事不成，尤宜作机。”《魏书》卷10《孝庄纪》：“己未，诏前试守东郡太守唐景宣为持节、都督，于东郡召募侨居流民二千人，渡河**随便**为栅，准望台军。”

【随常/つねのまにまに】 随字 平常，一般性的。《日本书纪》卷22《推古纪》二十九年二月条：“时新罗国主遣八大夫启新罗国事于盘金，且启任那国事于仓下，因约曰：‘任那小国、天皇附庸。何新罗辄有之？**随常**定内管家，愿无烦矣。’”（第二册，p. 578）姚秦佛陀耶舍、竺佛念等合译《四分律》卷12：“说戒时上座应更问言：‘谁为教诫比丘尼？’若有者应差。若教诫比丘尼者多，应遣使语比丘尼僧：‘此多有教诫人，汝为请谁耶？’若彼尼言我请此人。若复报言：‘我随僧处分者，僧应**随常**，教授比丘尼者次第差。比丘尼僧应克时到，比丘尼亦克时往迎。’”失译人名《拔陂菩萨经》卷1：“佛便告菩萨拔陂言：‘常行一法，常作莫餍，奉行如上多益，作莫减如作车成便乘，便可**随常**所求。’”按：《汉语大词典》首引明代无名氏《英烈传》第18回：“后面又有一个山童，绾一个双丫髻，**随常**打扮。”偏晚。

【随勅/みことのりのまにまに】 随字（4例） 按照命令的那样去做。《日本书纪》卷1《神代纪上》：“素戋鸣尊敕曰：‘若然者，汝当以女奉吾耶？’对曰：‘**随敕**奉矣。’”（第一册，p. 90）又卷2《神代纪下》：“故天津彦火琼琼杵尊降到于日向槵日高千穗之峯，而膂宍胸副国自顿丘觅国行去，立于浮渚在平地，乃召国主事胜国胜长狭而访之。对曰：‘是有国也。取舍**随敕**。’”（p. 140）又：“时彼处有一神，名曰事胜国胜长狭。故天孙问其神曰：‘国在耶？’对曰：‘在也。’因曰：‘**随敕**奉矣。’”（第一册，p. 144）又卷25《孝德纪》大化元年七月条：“后遣三轮栗隈君东人，观察任那国堺。是故百济王**随敕**，悉示其界。”（第三册，p. 114）（1）陈惠思撰《南岳思大禅师立誓愿文》卷1：“是时国敕唤，国内一切禅师，入台供养。慧思自量：愚无道德！不肯**随敕**：方便舍避。渡淮南入山，至年三十九。”（2）《宋史》卷311《王随传》：“真宗因赐诗宠行，以羊酒束帛令过家为寿。迁淮南转运使，父忧，起复。时岁比饥，**随敕**属部出库钱，贷民市种粮，岁中约输绢以偿，流庸多复业。”按：《汉语大词典》失收。

【随次而～/つぎてのまにまにに～】 随字 按照先后次序做某事。《日本书纪》卷27《天智纪》十年十一月条：“大友皇子，手执香炉，先起誓盟曰：‘六人同心，奉天皇诏。若有违者，必被天罚。’云云。于是左大臣苏我赤兄臣等，**随次而**起，泣血誓盟曰：‘臣等五人随于殿下，奉天皇诏。若有违者，四天王打。’”（第三册，p. 294）吴支谦译《须摩提女经》卷1：“尔时长者即白：‘时到，饮食已具。’是时六千梵志，皆偏著衣裳，半身露见，入长者家。时长者见梵志来，膝行前迎，恭敬作礼。最大梵志，举手称善，前抱长者项，往诣坐所。余梵志者，各**随次而**坐。”姚秦佛陀耶舍、竺佛念等合译《四分律》卷52：“彼即如佛所教，**随次而**作即成。”梁宝唱等集《经律异相》

卷 50："刀轮地狱者，四面刀山，于众山间，积刀如轮，有八百万亿，极大刀轮，随次而下，犹如雨渧，以乐苦恼他、杀害众生。"唐玄奘译《阿毘达磨藏显宗论》卷 30："如是乐受，依心而生，净心为因，得解脱果。由是受等，随次而观。"唐菩提流志译《大宝积经》卷 85："凡所有法无非是幻，因缘和合之所幻故，汝今应以幻化饮食随次而行。"唐义净译《根本说一切有部毘奈耶》卷 43："说是语已须臾命终，彼婆罗门随次而终。"

【随犯/をかし のまにまに】随字　按照所犯的罪状予以相应的惩治。《日本书纪》卷 29《天武纪下》六年六月条："今当朕世，将责汝等不可之状，以随犯应罪。然顿不欲绝汉直之氏。故降大恩以原之。从今以后，若有犯者，必入不赦之例。"（第三册，p. 376）萧齐僧伽跋陀罗译《善见律毘婆沙》卷 5："问曰：'何谓为漏起？'答曰：'若漏于僧中已起者。'是时如来当为诸弟子结戒，指示波罗提木叉，譬如良医，应病设药，令得除愈，大获赏赐，又被赞叹。此好医王，善治我患。如来亦复如是，随犯而制，欢喜受持，无有怨言。"又卷 7："若死尸犹湿处，若于波罗夷处偷兰遮，偷兰遮处突吉罗。突吉罗处若有犯者，而随犯得罪。"唐玄奘译《大般若波罗蜜多经》卷 333："善现，譬如苾刍求声闻者，于四重罪若随犯一，便非沙门非释迦子。"唐义净译《根本说一切有部毘奈耶出家事》卷 4："又白佛言：'若复有人，先曾出家，于四波罗市迦法中，随犯其一，便即归俗。复于善法，心乐出家。应度以不？'佛言：'不应。若有人来，求出家者，苾刍应问：汝曾犯四重不？若不问者，得越法罪。'"按：《汉语大词典》失收。

【随奉/したがひたてまつる】随字　"跟随""追随"的谦辞。"奉"，故日语表谦己的助动词。《法隆寺金堂释迦三尊像光背铭》："癸未年三月中，如愿敬造释迦尊像并侠待及庄严具竟。乘斯微福，信道知识，现在安隐，出生入死，随奉三主，绍隆三宝，遂共彼岸。普遍六道，法界含识，得脱苦缘，同趣菩提。"刘宋沮渠京声译《弟子死复生经》卷 1："佛语阿难：'我般泥洹后，世人多不敬法，喜自贡高自大，轻蔑于人，薄贱正法，毁诸比丘，不与分卫，骂詈瓦石击之，无所拘畏。是曹辈人，皆从魔界中来，生为人故，复恶如是。其信乐佛法，则是上古先世时，佛上足弟子，能知真伪，随奉正法，受持经戒。'"唐窥基撰《说无垢称经疏》卷 6《法供养品》："随奉所须名供，育资身德曰养。此通财法，财为资身之什，法为长道之具。财为近世之须，顺当时而有益。法为远代之利，克圣道而为资。"唐道宣撰《续高僧传》卷 26："释智能李氏，怀州河内人。布意远尘，束怀律教，收听令誉，风被河右。开皇之始，观道渭阴，随奉资行，住转轮寺。"唐金刚智述《念诵结护法普通诸部》卷 1："供养菩萨印，随奉所尊者。愿速加持之，唵摩诃啰底。"按：《汉语大词典》失收。汉译佛经中的"随奉"，多用于抽象义，表示按照供养多少而获得相应的利益。

【随過轻重、考而罰之/とがのかろさおもさにしたがひてかむがへてつみせむ】

典据 根据过失的轻重酌情处罚。《日本书纪》卷 25《孝德纪》大化二年三月条："夫为君臣以牧民者，自率而正，孰敢不直。若君或臣不正心者，当受其罪。追悔何及？是以凡诸国司，**随过轻重**，**考而罚之**。"（第三册，p. 142）（1）隋慧远撰《观无量寿经义疏》卷 1："所谓下上下中下下，于彼大乘始学人中，**随过轻重**，分为三品。未有道位，难辨阶阶。人别如是，此一门竟。"唐玄奘译《瑜伽师地论》卷 61："谓有国王，诸群臣等，虽有大愆，有大违越，而不一切，削其封禄，夺其妻妾。不以重罚，而刑罚之，**随过轻重**而行黜罚。"（2）唐玄奘译《药师琉璃光如来本愿功德经》卷 1："复次阿难。彼琰魔王，主领世间，名籍之记。若诸有情，不孝五逆，破辱三宝，坏君臣法，毁于信戒。琰魔法王，**随罪轻重**，**考而罚之**。是故我今，劝诸有情，然灯造幡，放生修福，令度苦厄，不遭众难。"唐义净译《药师琉璃光七佛本愿功德经》卷 2："复次阿难。彼琰魔王，簿录世间，所有名藉。若诸有情，不孝五逆，毁辱三宝。坏君臣法，破于禁戒。琰魔法王，**随罪轻重**，**考而罚之**。是故我今，劝诸有情，然灯造幡，放生修福，令度苦厄，不遭众难。"

【随河而～/かはのまにまに～】 随字 顺河而……《古事记》下卷《仁德记》："于是大后大恨怒，载其御船之御纲柏者，悉投弃于海。故号其地谓御津前也。即不入坐宫，而引避其御船，泝于堀江，**随河而**上幸山代。"（p. 292）北魏瞿昙般若流支译《正法念处经》卷 25："于其河中，上味饮食，**随河而**流，种种色香，上味之饮，充满其中。"→【随水流出】【随水流下】

【随冀/ねがひにしたがふ】 自创 义同"随愿"。《日本灵异记》下卷《沙门诵持方广大乘沉海不溺缘第 4》："唯聟姓名，向他不显。'具我泊奥。'船人**随冀**，送之于奥。"（p. 272）

【随見随聞/みきかむまにまに】 随字 根据所见所闻而做某事。《日本书纪》卷 29《天武纪下》十一年八月条："凡纠弹犯法者，或禁省这中，或朝廷之中，其于过失发处，即**随见随闻**，无匿蔽而纠弹。"（第三册，p. 422）唐玄奘译《显扬圣教论》卷 18："问：'建立云何？'答：'依语因依处，建立随说因。何以故？由于欲界系法，色无色界系法，及不系法建立，名为先故想转，想为先故起语。由语故，**随见随闻**，随觉随知，起诸言说。是故依语依处，建立随说因。'"

【随見聞～/みきくにしたがひて～】 随字 根据所见所闻而做某事。《日本书纪》卷 29《天武纪下》八年十月条："冬十月戊申朔己酉，诏曰：'朕闻之，近日暴恶者多在巷里。是则王卿等之过也。或闻暴恶者也烦之忍而不治，或见恶人也倦之匿以不正。其**随见闻**以糺弹者，岂有暴恶乎？'"（第三册，p. 392）后魏菩提流支译《大萨遮尼乾子所说经》卷 7《如来无过功德品》："沙门瞿昙，住大悲心，善分别义，无有诤讼；**随见闻**说，舍诸不善；趣于道场，心无障碍。"北凉昙无谶译《大方等大集经》卷 29：

“是大士安住大悲深解法相，善分别义，无有诤讼，**随见闻**说，背不善法，趣向道场，心无障碍。”陈真谛译《佛说解节经》卷1《不可言无二品》：“是人若见若闻，随能随力，执著见闻，**随见闻**说：‘此是真实，异此非真。’是人应当，须重思量。”

【随教/をしへのまにまに】 随字 （3例） 按照告诉的去做。用作具体义。《古事记》上卷《日子穗穗手见命与鹈茸草茸不合命》：“故**随教**少行，备如其言，即登其香木以坐。”（p.126）《日本书纪》卷1《神代纪上》：“素戋鸣尊乃教之曰：‘汝可以众果酿酒八瓮。吾当为汝杀蛇。’二神**随教**设酒。”（第一册，p.94）又卷5《崇神纪》七年二月条：“时得神语，**随教**祭祀，然犹于事无验。”（第一册，p.270）萧齐求那毘地译《百喻经》：“昔摩罗国，有一刹利，得病极重，必知定死，诫敕二子：‘我死之后，善分财物。’二子**随教**，于其死后，分作二分，兄言弟分不平。”刘宋佛陀什、竺道生等合译《弥沙塞部和醯五分律》卷8：“佛便敕一比丘：‘汝呼彼二沙弥来。’即受教往语：‘大师呼汝。’二沙弥即**随教**来，顶礼佛足，却住一面。”北凉昙无谶译《大般涅槃经》卷25《光明遍照高贵德王菩萨品》：“是人至心，善受医教，**随教**合药，如法服之。服已病愈，身得安乐。”按：《汉语大词典》失收。在传世文献中，“随教”一词多用于抽象义，表示随着教化（而发生变化或采取相应的行为）。《魏志》卷3《明帝纪》：“四年春二月壬午，诏曰：‘世之质文，**随教**而变。兵乱以来，经学废绝，后生进趣，不由典谟。’”（p.97）同样，汉译佛经中亦可见这一用法。北凉昙无谶译《大般涅槃经》卷4《如来性品》：“乐法众生，**随教**修行，如是等众，乃能得见，如来法身。”

【随教而～/みをしへのまにまに～】 随字 按照所教的去做某事，用作具体义。《日本书纪》卷9《神功纪》摄政前纪条：“于是审神者曰：‘今不答而更后有言乎？’则对曰：‘于日向国橘小门之水底所居，而水叶稚之出居神，名表筒男、中筒男、底筒男神之有也。’问：‘亦有耶？’答曰：‘有无之不知焉。’遂不言且有神矣。时得神语，**随教而**祭。”（第一册，p.418）（1）失译人名今附后汉录《大方便佛报恩经》卷3：“尔时鹿女，为得火故，**随教而**去。其女去后，未久之间，波罗奈王，将诸大臣，百千万众，前后围绕，千乘万骑，入山游猎，驰逐群鹿。”后秦佛陀耶舍、竺佛念等合译《长阿含经》卷1：“如象善调，随意所之。大众如是，**随教而**还。”唐义净译《根本说一切有部毘奈耶》卷23：“大世主告门徒曰：‘诸妹，如来世尊，于三大劫，修诸苦行，无量百千，六波罗蜜多，悉皆圆满，证无上智，斯等皆为，饶益有情。如世尊说，若人能护他意，当生多福。诸妹，汝等亦应，诵无常经。’是时门徒，**随教而**作。”（2）随着教化而发生变化，用作抽象义。《魏志》卷3《明帝纪》：“四年春二月壬午，诏曰：‘世之质文，**随教而**变。兵乱以来，经学废绝，后生进趣，不由典谟。岂训导未洽，将进用者不以德显乎？其郎吏学通一经，才任牧民，博士课试，擢其高第者，亟用；其浮华不务道本者，皆罢退之。’”《晋书》卷82《虞溥传》：“稍迁公车司马令，除鄱阳内史。大修庠序，广诏学徒，移告属县曰：‘学所以定情理性而积众善者也。情定于内而行成于外，积善于心而名显于教，故中人之性**随教而**移，积善则习与性成。'”

【随絶/したがひてたう】 随字 随之断绝，随之消亡。《日本书纪》卷 17《继体纪》八年正月条："伏地之虫，为护卫子土中作窟，其护厚焉。乃至于人，岂得无虑，无嗣之恨，方钟太子。妾名**随绝**。"（第二册，p. 304）唐般若译《大方广佛华严经》卷 12《入不思议解脱境界普贤行愿品》："世间有四业：一智二珍财；三受五欲乐；四求于解脱。诸王多未具，没世人莫称。如风持韛囊，风息命**随绝**。"唐栖复集《法华经玄赞要集》卷 31："设有破坏小法罪，亦可转减。若毁大乘，能弘经人，法亦**随绝**。故罪重也。"按：《汉语大词典》失收。

【随堪/かんにしたがふ】 随字（2 例） 按照胜任的能力做相应的事情。《万叶集》卷 20 第 4493 首歌序："诸王卿等**随堪**任意作歌并赋诗"。（第四册，p. 451）《元兴寺伽蓝缘起并流记资财账》："**随堪**修行善捧营，愿引导后嗣，后嗣类蒙此法之赖，现在未来令得最胜安乐。"隋阇那崛多译《佛华严入如来德智不思议境界经》卷 2："以如是意，得大欢喜，净信心已，从座而起，合掌顶礼，**随堪**随力，摄取供养。"又《虚空孕菩萨经》卷 2："尔时虚空孕菩萨，以净天耳过于人耳，闻彼众生，此音声已，为彼众生，或现自身，在众生前，观察众生，心心所行，**随堪**可与。如是如是，为彼众生示现方便。"按：《汉语大词典》失收。

【随力所堪/ちからのたふるにしたがふ】 随字 力所能及。《续日本纪》卷 32《光仁纪》宝龟三年二月条："诏报：'省所上表，感念兼怀。宜**随力所堪**，如常仕奉。'"（第四册，p. 368）姚秦佛陀耶舍、竺佛念等译《四分律》卷 33："法将护者，劝令增戒、增心、增慧、学问诵经。衣食将护者，当供养衣食床褥，卧具医药，所须之物，**随力所堪**。"萧齐僧伽跋陀罗译《善见律毘婆沙》卷 1《阿育王品》："是时阿育王，即敷施床座，高下精粗，各各不同。王语诸外道：'**随力所堪**，各各当座而坐。'"北凉昙无谶译《大方等大集经》卷 56《法灭尽品》："一切夜叉、一切罗刹、一切鸠盘茶、一切乾闼婆、一切阿修罗、一切紧那罗、饿鬼、毘舍遮、富单那、迦咤富单那、人、非人等，彼等一切，**随力所堪**，作种种赞叹，乃至种种，供养世尊。"

【随命/みことのまにまに】 随字（7 例） 谓按照命令行事。《古事记》上卷《忍穗耳命与迩迩艺命》："故更且还来，问其大国主神：'汝子等事代主神、建御名方神二神者，**随**天神御子之**命**，勿违白讫。故汝心奈何？'尔答白之：'仆子等二神随白，仆之不违。此苇原中国者，**随命**既献也。'"（p. 110）又："是以随白之，科诏日子番能迩迩艺命：'此丰苇原水穗国者，汝将知国，言依赐。故**随命**以可天降。'"（p. 114）又中卷《仲哀记》："尔坐其地伊奢沙和气大神之命，见于夜梦云：'以吾名欲易御子之御名。'尔言祷白之：'恐，**随命**易奉。'"（p. 252）又下卷《履中记》："故即还下难波，欺所近习墨江中王之隼人，名曾婆加理云：'若汝从吾言者，吾为天皇，汝作大臣治天下，那何？'曾婆诃理答白：'**随命**。'"（p. 310）又《显宗记》："其伊吕兄意祁命奏言：‘破坏是御陵，不可遣他人。专仆自行，如天皇之御心破坏以参出。’尔天皇诏：‘然**随命**宜幸行。’”（p. 366）《日本书纪》卷16《武烈纪》即位前纪条：“由是，太子欲往期处，遣近侍舍人就平群大臣宅，奉太子命求索官马。大臣戏言阳进曰：‘官马为谁饲养？**随命**而已。’久之不进。”（第二册，p. 270）又卷21《用明纪》元年五月条：“‘又余观殡内，拒不听入，自呼开门七回，不应。愿欲斩之。’两大臣曰：‘**随命**。’”（第二册，p. 502）唐义净译《根本说一切有部毘奈耶破僧事》卷2：“师子颊王曰：‘我今年老，不任斗战。’彼诸人曰：‘请王太子净饭，往彼捕捉。’王即报曰：‘汝诸人等，若许太子，求一愿者，我便发遣。’众答王曰。‘唯然，**随命**。’”按：中土文献中，“随命”通常指寿命的长短由德行的好坏决定。《白虎通》卷8《寿命》曰：“命有三科，以记验。有寿命以保度，有遭命以遇暴，有**随命**以应行……**随命**者，随行为命，若言怠弃三正，天用勦绝其命矣。”汉译佛经中的多数情况也相同。西晋白法祖译《佛般泥洹经》卷1：“命随心，寿**随命**，三者相随。今我作佛，为天上天下所敬，皆心所为。”

【随其所教/そのをしふるところにしたがふ】 随字 按照所说的去做。《万叶集》卷5《沉痾自哀文》：“若实若妄，**随其所教**，奉币帛，无不祈祷。”（第二册，p. 76）元魏慧觉等译《贤愚经》卷9《善事太子入海品》：“导师语竟，气绝命终。对之悲恸，为之葬埋，**随其所教**，前进而去。”宋戒环解《法华经要解》卷6：“言随喜者，谓未能一心听读，如说修行，但随其所闻，喜为人说，**随其所教**，喜须臾闻，亦获胜福。故为暂持功德。”

【随其所乞/そのねがひのまにまに】 随字 满足其乞求，按照其乞求的那样去做。《日本书纪》卷2《神代纪下》：“彦火火出见尊已还宫，一遵海神之教。时兄火阑降命既被厄困，乃自伏罪曰：‘从今以后，吾将为汝俳优之民。请施恩活。’于是**随其所乞**，遂赦之。”（第一册，p. 160）姚秦鸠摩罗什译《大智度论》卷56《顾视品》：“菩萨从初发意来，于一切众生中，常行檀波罗蜜：应病与药，随病所须，拯济孤穷，**随其所乞**[①]，皆给与之，于一切众生中，悉皆平等，好心供养；亦行是般若波罗蜜。以是功德，故不横死。”宋昙应述《金刚经采微》卷1：“二无畏施者，以持戒故，除慳惜心，**随其所乞**，悉能施与，利益众生，无所怯畏。”

【随乞/こへるまにまに】 随字 （2例） 随顺愿望，满足心愿。《古语拾遗》：“天孙降临，果皆如期。天钿女命，**随乞**侍送焉。”（p. 129）《日本灵异记》中卷《忆持〈心经〉女现至阎罗王阙示奇表缘第19》：“优婆夷欲买彼经，遣使而还，开经见之，彼优婆夷，昔时奉写，《梵网经》二卷、《心经》一卷也。未供而失，径之多年，求咨不得。心内欢喜，知盗人，犹忍问：‘经直欲几何？’答：‘别卷直欲，钱五百文。’**随乞**

---

① “乞”，在石本中作“乏”。

而买。”（p. 199）后秦弗若多罗、罗什合译《十诵律》卷 43：“若比丘尼自为身乞金银者，尼萨耆波夜提。尼萨耆波夜提者，是金银应舍。波夜提罪应悔过，是中犯者。若比丘尼自为乞金银，得尼萨耆波夜提，**随乞**随得，尔所尼萨耆波夜提。”唐义净译《根本说一切有部苾刍尼毘奈耶》卷 9：“乞时恶作，得便舍堕。如是增数，乃至五十，迦利沙波拏等。**随乞**随得，罪之轻重，准上应知。”唐宝思惟译《大陀罗尼末法中一字心咒经》卷 1：“其持咒人取香汤水并花，出迎恭敬礼拜。金刚当即告曰：‘汝求何愿？**随乞**皆得，寿命一劫。’”按：《汉语大词典》失收。

【随去到～/したがひゆき～にいたる】 随字　跟随他人去到某处。《日本书纪》卷 21《用明纪》元年五月条：“马子宿祢即便**随去到**于盘于，而切谏之。”（第二册，p. 502）失译人名今附汉录《佛说阿鸠留经》卷 1：“阿鸠留即驰行，呼伴人，语之言：‘勿复忧也。已得饮食处，随我去来。’伴人大喜，便**随去到**树下。”失译人名今附西晋录《长寿王经》卷 1：“婆罗门言：‘我不忍杀大王。大王，若有弘慈之意，必欲殒命，以相惠施者，但当散手，相随去耳。’王即**随去，到**城门外，而令缚之，以白贪王。”姚秦佛陀耶舍、竺佛念等合译《四分律》卷 51：“时诸外道，闻世尊去，作如是言：‘沙门瞿昙，不能与我，共捔神力，过人法便去。王五百乘车，载饮食为我等不为彼，我当**随去，到**所至处，与共捔神力过人法。’彼即随世尊后而去。”后秦弗若多罗译《十诵律》卷 58：“长老毕陵伽婆蹉以天眼见，即入禅定，以神通力在船头立。小儿见以如常法接足作礼，各以两手捉一足。是长老即时飞去，小儿**随去到**舍。”

【随人願/ひとのねがひにしたがふ】 随字　能够满足人的愿望。《日本灵异记》上卷《归信三宝钦仰众僧令诵经得现报缘第 32》：“流闻大安寺丈六，能**随人愿**。仍便使人，诣寺诵经。”（p. 130）宋太宗赵炅撰《御制秘藏诠》卷 1：“住果**随人愿**：诸佛居果位，随众生心，应现身形，方便引接，随机利物，说法令修。”《大般若经》云：‘我住于果，随众生心，现身说法。’”宋尊式述《天竺别集》卷 2：“大悲观世音，无不**随人愿**。”

【随日月遠流～共天地長往～/ひつきにしたがひてとほくながれ、～あめつちとともにながくゆく】 典据　随日月源远流长，与天地地久天长。《日本书纪》卷 25《孝德纪》大化二年八月条：“凡王者之号将随日月远流，祖子之名可共天地长往。”（第三册，p. 160）梁僧佑撰《出三藏记集》卷 12“常愿一乘宝训**与天地**而弥新，四部盛业**随日月**而长照。”→【可共天地長往】

【随事而作/ことにしたがひてつくる】 随字　根据安排干自己的活儿。《日本书纪》卷 25《孝德纪》大化元年九月条：“进调赋时，其臣连伴造等先自收敛，然后分进。修治宫殿，筑造园陵，各率己民，**随事而作**。”（第三册，p. 126）唐善无畏译《苏悉地羯罗供养法》卷 3：“次则莲花，羯尼迦罗等花，随意护摩，随其本事，或寂静心，或欢喜心，或忿怒而护摩，其所著衣，或白或黄赤，随事应知。或面向东，或北或南，随事而作。”唐不空译《蕤呬耶经》卷3：“次说息灾增益，及降伏事，三种护摩，差别之法，依作彼曼荼罗，随事而作护摩。若作息灾护摩，面向北坐。若作增益护摩，面向东坐。若作降伏护摩，面向南坐。”唐一行记《大毘卢遮那成佛经疏》卷11：“真言行者，若得意时，随事而作。如是频以，大悲之水，而洗其心，渐令此菩提，心有大势。”

【随侍/みともにはべり】 随字 跟随侍奉。《日本书纪》卷24《皇极纪》四年六月条：“凡诸皇子、诸王、诸卿大夫、臣、连、伴造、国造，皆悉随侍。”（第三册，p. 102）（1）后汉安世高译《佛说处处经》卷1：“佛姑子名须那察多，随侍佛八年便生念：‘与我兄弟俱行，而独端正，有三十二相。’便恶意生，随佛后扫佛迹，不令人见佛相。复于人中，说佛无道，但言语中人意耳。”东晋佛驮跋陀罗译《大方广佛华严经》卷42《离世间品》：“时诸天子，咸作是念：‘今此菩萨摩诃萨，于兜率天将舍寿命。’时诸天子，疾办供具、香华、璎珞、涂香、末香、衣盖、幢幡，及诸音乐，诣菩萨所，恭敬供养，我等咸皆，随侍守护。”姚秦鸠摩罗什译《妙法莲华经》卷5《安乐行品》：“文殊师利，是菩萨摩诃萨，于如来灭后，有成就此，第四法者，说是法时，无有过失，常为比丘、比丘尼、优婆塞、优婆夷、国王、王子、大臣、人民、婆罗门、居士等，供养恭敬、尊重赞叹。虚空诸天，为听法故，亦常随侍。”宋天息灾译《佛说大乘庄严宝王经》卷2：“观自在菩萨摩诃萨，于是而去，彼诸药叉，罗刹悉皆，随侍而送。”（2）《蜀志》卷12《郤正传》：“景耀六年，后主从谯周之计，遣使请降于邓艾，其书，正所造也。明年正月，锺会作乱成都，后主东迁洛阳，时扰攘仓卒，蜀之大臣无翼从者，惟正及殿中督汝南张通，舍妻子单身随侍。”《魏书》卷93《侯刚传》：“朕属当监国，弗获随侍，而左右服事，唯藉忠勤。”按：《汉语大词典》首引晋庾亮《让中书监表》：“昔以中州多故，旧邦丧乱，随侍先臣，远庇有道。”略晚。

【随水流出/みづのまにまにながれいづ】 随字 伴随着流水被冲了出来。《出云国风土记·岛根郡》条：“所产生临时，弓箭亡坐。尔时，御祖神魂命之御子枳佐加比卖命愿：‘吾御子麻须罗神御子坐者，所亡弓箭出来。’愿坐。尔时，角弓箭随水流出。”（p. 180）（1）刘宋求那跋陀罗译《杂阿含经》卷47：“尔时世尊，告诸比丘：‘如铸金者，积聚沙土，置于槽中，然后以水灌之，粗上烦恼，刚石坚块，随水而去。犹有粗沙缠结，复以水灌粗沙，随水流出，然后生金，犹为细沙黑土，之所缠结。复以水灌、细沙黑土，随水流出，然后真金，纯净无杂，犹有似金微垢。’”（2）《唐文拾遗》卷50徐灵府《鱼龙洞记》：“岐府西陇州路七十里余，有鱼龙洞。中有石，或大或小，随水流出。”《新唐书》卷35《五行2》：“十二年，恒、定二州地大震，三日乃止，束鹿、宁晋地裂数丈，沙石随水流出平地，坏庐舍，压死者数百人。”（p. 908）→**【随河而～】【随水流下】**

【随水流下/みづのまにまにながれくだる】 随字 顺水往下流。《古事记》中卷《应神记》：“渡到河中之时，令倾其船，堕入水中。尔乃浮出，随水流下。”（p. 270）

姚秦佛陀耶舍、竺佛念等合译《四分律》卷55：“时有二比丘，往阿夷罗婆提河中浴，见贵价衣簏，**随水流下**。”隋阇那崛多译《佛本行集经》卷45《迦叶三兄弟品》：“尔时，伽耶螺髻迦叶，在河下流，忽见鹿皮，及祭祀火，器皿调度，**随水流下**。见已，心复生大恐怖。”唐义净译《根本说一切有部毘奈耶破僧事》卷16：“时有一人，因遭怨贼，截其手足，掷著河中，作苦恼声，随流而去。小枝因出，闻苦叫声，生悲愍心，寻声往觅。遂见一人，**随水流下**。”唐栖复集《法华经玄赞要集》卷9：“我兄今者，有何不意，事火之具，今**随水流下**。将非恶人，之所害也。”按：“随水流下”在汉代汉语中一般说成“随河流下”。由于古汉语中“河”为专属名词，特指黄河，与表示长江的“江”构成对义关系。为避免产生歧义，便出现了佛典中四字语句“随水流下”的说法。这一特殊语境的产物，自然也就在《应神记》中留下了印记。→【随河而～】

【随顺/ずいじゅん】 随字 依顺；依从。《奈良朝写经75·大般若经卷第176》：“然则，皈依者，谁不消灾纳福。**随顺**者，岂无断惑证真。”（p.442）吴支谦译《菩萨本缘经》卷1《毘罗摩品》：“我在久远来，**随顺**敬事汝，虽作如是事，不能令汝喜。汝今当安住，不动寂静中，我今所布施，悉为诸众生。”东晋瞿昙僧伽提婆译《中阿含经》卷29《大品》：“**随顺**不颠倒，正知而为说，善说则然可，自终不说恶。”姚秦鸠摩罗什译《妙法莲华经》卷1《序品》：“供养诸佛已，**随顺**行大道，相继得成佛，转次而授记。”按：《汉语大词典》首引唐韩愈《答陈生书》：“所谓顺乎在天者，贵贱穷通之来，平吾心而**随顺**之，不以累乎其初。”偏晚。

【随所請/まをすままに】 随字 按照希望的那样。《日本书纪》卷30《持统纪》三年正月条：“诏曰：‘麻吕等少而闲雅寡欲，遂至于此蔬食持戒。可**随所请**，出家修道。’”（第三册，p.488）东晋佛驮跋陀罗译《大方广佛华严经》卷10《明法品》：“随其所应，而化度之，已能不舍，诸波罗蜜，**随所请**众生，皆悉度脱，兴隆三宝，永使不绝，一切所为，善根境界，诸行方便，皆悉不虚？”唐义净译《根本说一切有部毘奈耶皮革事》卷1：“子便三请，复白父言：‘愿赐处分，放我入海。’其父不**随所请**。”

【随所聞/きくところにしたがひて】 随字 按照听到的那样。《日本灵异记》中卷《序》：“唯以是天皇代所录善恶表多数者，由圣皇德显世最多。漏事不顾，今**随所闻**，且载且覆。”（p.142）后汉支娄迦谶译《般舟三昧经》卷1《行品》：“立一念，信是法，**随所闻**；念其方，宜一念，断诸想。”东晋瞿昙僧伽提婆译《中阿含经》卷52《大品》：“王童子复问曰：‘贤者阿奇舍那！汝当**随所闻**。汝随所诵习者，尽向我说。如比丘，此法律中，不放逸，行精勤，得一心。’”姚秦鸠摩罗什译《大智度论》卷28《序品》：“如是等，字字**随所闻**皆入一切诸法实相中，是名‘字入门陀罗尼’，如《摩诃衍品》中说诸字门。”

【随所住処/すめるところにしたがひて】 随字 按照住地（相应地安排某事）。《续日本纪》卷27《称德纪》天平神护二年五月条：“又美作国守从五位上巨势朝臣净

成等解称：‘胜田郡盐田村百姓，远阔治郡，侧近他界，差科供承，极有艰辛。望请**随所住处**，便隶备前国藤野郡者。’奏可。”（第四册，p. 122）东晋佛陀跋陀罗、法显合译《摩诃僧祇律》卷 8：“佛告诸比丘，当知如来应供第一乐人，出家离第一乐，而**随所住处**，常三衣俱，持钵乞食。”姚秦鸠摩罗什译《佛说首楞严三昧经》卷 2：“阿难，我于何处，得阿耨多罗三藐三菩提？当知其处，即是金刚，过去未来，现在诸佛，皆于其中，得成佛道。**随所住处**，说首楞严三昧，等无差别，及有读诵，书写之处，亦复如是。”北凉昙无谶译《大般涅槃经》卷 12《圣行品》：“主人还入，问功德天：‘外有一女，云是汝妹，实为是不？’功德天言：‘实是我妹。我与此妹，行住共俱，未曾相离。**随所住处**，我常作好，彼常作恶，我常利益，彼常作衰。’”唐玄奘译《大般若波罗蜜多经》卷 103《摄受品》：“如是般若波罗蜜多大神咒王，**随所住处**，为此三千大千世界及余十方无量无数无边世界所有四大王众天乃至色究竟天并诸龙神、阿素洛等常来守护，恭敬供养、尊重赞叹，不令般若波罗蜜多，大神咒王，有留难故。”唐义净译《金光明最胜王经》卷 6《四天王护国品》：“若有人能听此经，身心踊跃生欢喜；常有百千药叉众，**随所住处**护斯人。”

【随王所須/こにきしのもちゐむままならむ】 随字 按照大王的需求提供服务。《日本书纪》卷 19《钦明纪》十四年六月条：“六月，遣内臣使于百济，仍赐良马二匹、同船二只、弓五十张、箭五十具。敕云：‘所请军者，**随王所须**。’”（第二册，p. 420）刘宋求那跋陀罗译《杂阿含经》卷 27：“云何为转轮圣王主藏臣宝现于世间？谓转轮圣王主藏大臣本行施故，生得天眼，能见伏藏，有主无主，若水若陆，若远若近，悉能见之。转轮圣王须珍宝，即便告敕：‘**随王所须**。’辄以奉上。”元魏瞿昙般若流支译《正法念处经》卷 2：“云何转轮王，得主兵宝？彼见闻知，或天眼见。彼主兵宝，有何功德？所谓轮王，忆念思惟，不待教敕，而知王意，**随王所须**，皆悉能办。”

【随聞/ききしときのまにまに】 随字 （4 例） 按照听到的（做记录）。《万叶集》卷 17 第 3915 首歌注：“右年月所处，未得详审。但**随闻**之时，记载于兹。”（第四册，p. 157）又第 3952 首歌题：“古歌一首，年月不审。但**随闻**时，记载兹焉。”（p. 170）又卷 19 第 4247 首歌注：“但年月次者，**随闻**之时，载于此焉。”（第四册，p. 343）《日本书纪》卷 29《天武纪下》十一年十一月条：“凡纠弹犯法者，或禁省这中，或朝庭之中，其于过失发处，即随见**随闻**，无匿弊而纠弹。”（第三册，p. 422）西秦圣坚译《佛说罗摩伽经》卷 3：“大愿海庄严，**随闻**度众生。我发大誓愿，未来作夜天。”姚秦鸠摩罗什译《佛说华手经》卷 6：“又舍利弗，菩萨若求，无量佛法，闻甚深法，而无惊畏，信受不逆，**随闻**深法，心净不动。是名第二，菩萨真心。”按：《汉语大词典》失收。→【随見随聞】

【随問而答/とひにしたがひてこたふ】 随字 问什么答什么，有问必答。《日本书纪》卷 25《孝德纪》白雉五年二月条：“留连数月，取新罗道泊于莱州，遂到于京奉

觐天子。于是东宫监门郭丈举，悉问日本国之地里及国初之神名。皆随问而答。”（第三册，p. 196）（1）萧齐僧伽跋陀罗译《善见律毘婆沙》卷4：“问曰：‘何谓为无上菩提？’答曰：‘若人在须陀洹道，问须陀洹果，即为说之；乃至在阿罗汉道，问阿罗汉果即为说之；如声闻辟支佛佛道，随问而答。故名无上菩提。’”北凉昙无谶于姑藏译《大方等大集经》卷7：“尔时，须菩提白佛言：‘世尊，是不眴菩萨，乐说无碍，不可思议，辩才利智，随问而答。’佛言须菩提：‘不眴菩萨得一切法，自在三昧。以是故能，随问而答。若有菩萨，得是三昧，一切世间，人天魔梵，不能障其，乐说无碍。’”唐玄奘译《大般若波罗蜜多经》卷556：“时舍利子，谓善现言：‘善哉，善哉！若诸菩萨，能作如是，随问而答，为由何等波罗蜜多威力所办？’善现报言：‘此是般若波罗蜜多威力所办。所以者何？说一切法，无所依止，要由般若波罗蜜多，达一切法无所依故。’”（2）《梁书》卷51《处士传》：“六岁诵《论语》《毛诗》，意所不解，便能问难。十一，读《庄子·逍遥篇》，曰：‘此可解耳。’客因问之，随问而答，皆有情理，家人每异之。”该内容在《南史》卷49中亦见辑录。

【随喜/したがひよろこぶ】 随字 （3例） 见到他人行善而生欢喜。《元兴寺伽蓝缘起并流记资财账》：“时聪耳皇子闻此语已具白天皇。尔时天皇赞告：‘善哉！我亦随喜。’告。”又：“高丽大兴王方睦大倭，尊重三宝，遥以随喜，黄金三百二十两助成大福，同心结缘。愿以兹福力，登遐诸皇遍及含识，有信心不绝，面奉诸佛，共登菩提之岸，速成正觉。”《日本灵异记》中卷《忆持〈心经〉女现至阎罗王阙示奇表缘》：“时王见之而起，立床敷蓐居之，语曰：‘传聆能诵《心经》。我欲听声。暂顷请耳。愿诵，闻之。’即诵。王闻随喜，从坐而起，长跪拜曰：‘贵哉！当如闻有。’”（p. 199）吴支谦译《撰集百缘经》卷9《声闻品》：“时有长者，见其竖栋，心生随喜，持一金钱，安置栋下，发愿而去。缘是功德，不堕恶趣，天上人中，常有金钱，申手而出。乃至今者，遭值于我，故有金钱，取以还有，出家得道。”姚秦鸠摩罗什译《妙法莲华经》卷2《譬喻品》：“未曾闻如是，深妙之上法。世尊说是法，我等皆随喜。”北凉法盛译《菩萨投身饴饿虎起塔因缘经》卷1：“太子答曰：‘吾本发意，誓度群生，行诸波罗蜜，志求菩提。’王曰：‘善哉！甚大随喜。’”按：《汉语大词典》首引南朝梁沈约《忏悔文》：“弱性蒙心，随喜赞悦。”偏晚。

【随心所願/こころのねがひのまにまに】 随字 犹言“随心所欲”。《日本书纪》卷20《敏达纪》十三年是岁条：“又投舍利于水，舍利随心所愿，浮沉于水。”（第二册，p. 490）后汉支娄迦谶译《佛说无量清净平等觉经》卷3：“皆当作佛，随心所愿在欲于何方佛国作佛，终不更泥犁、禽兽、薜荔。”唐玄奘译《大般若波罗蜜多经》卷127《校量功德品》：“由此因缘，诸善男子、善女人等，供养恭敬，尊重赞叹，佛设利罗，决定不复，堕三恶趣，常生天人，受诸快乐，富贵自在，随心所愿，乘三乘法，而趣涅槃。”唐义净译《金光明最胜王经》卷3《灭业障品》：“四者随心所愿，皆得满足。是名四种胜利。”又卷 6《四天王护国品》：“若人听受此经王，欲求尊贵及财利；国土丰乐无违诤，**随心所愿**悉皆从。”

【随性分~/しょうぶんにしたがひて~】 随字 按照诸法差别的自性而相应做某事。《续日本纪》卷 8《元正纪》养老二年十月条：“次根德有性分，业亦粗细，亦**随性分**，皆令就学。凡诸僧徒，勿使浮游。或讲论众理，学习诸义。或唱诵经文，修道禅行。”（第二册，p. 46）隋智者大师说《摩诃止观》卷 9：“譬如欲界四大色，造种种地；青黄赤白，高下不同，造种种，树木草果；甘苦辛酸，药毒香臭，造种种人；端丑聪钝，贫富善恶，造种种禽兽，毛角飞走。无边种类，差品不混，各**随性分**，任力所能。”唐一行记《大毘卢遮那成佛经疏》卷 12《转字轮漫荼罗行品》：“圆满者，随彼上中下行，各**随性分**，而得利益，皆当成就妙果也。”又《大日经义释》卷 7：“今从大悲力三昧中，兴大慈云，普降法雨，令**随性分**，咸得滋长。故名大慈生。”按：在传世文献中，“性分”，犹言“天性”“本性”。《后汉书》卷 83《逸民传序》：“然观其甘心畎亩之中，憔悴江海之上，岂必亲鱼鸟乐林草哉，亦云**性分**所至而已。”《全唐文》卷 432 张怀《评书药石论》：“何必钟王张索，而是规模，道本自然，谁其限约？亦犹大海，知者**随性分**而挹之。”

【随意/まにまに】 随字 （14 例） 梵语 pravāraṇa。音译“钵剌婆剌拏”“钵和罗”“钵和兰”。旧译“自恣”。亦作“随意事”。即满足、喜悦之义。谓于夏安居结束之日，令僧随他人之意发露忏悔所犯过误，而自生喜悦。传世文献中，表示“任情适意”“随便”的意思。《万叶集》卷 2 第 98 首：“梓弓　引者**随意**　依目友　后心乎　知胜奴鸭”（第一册，p. 86）。又卷 3 第 369 首：“物部乃　臣之壮士者　大王之　任乃**随意**　闻跡云物曽”（第一册，p. 216）。又第 412 首：“伊奈太吉尔　伎须卖流玉者　无二　此方彼方毛　君之**随意**”（第一册，p. 232）。又卷 4 第 543 首：“天皇之　行幸乃**随意**　物部乃　八十伴雄与　出去之　爱夫者”（第一册，p. 298）。又第 790 首：“春风之　声尔四出名者　有去而　不有今友　君之**随意**”（第一册，p. 375）。又卷 9 第 1789 首：“人迹成　事者难乎　和久良婆尔　成吾身者　死毛生毛　公之**随意**常”（第二册，p. 439）。又卷 10 第 1912 首：“灵寸春　吾山之于尔　立霞　虽立虽座　君之**随意**”（第三册，p. 52）。又卷 11 第 2537 首：“足千根乃　母尔不所知　吾持留　心者吉惠　君之**随意**”（第三册，p. 212）。又第 2691 首：“云云　物者不念　朝露之　吾身一者　君之**随意**”（第三册，p. 248）。又第 2830 首：“梓弓　弓束卷易　中见刺　更虽引　君之**随意**”（第三册，p. 283）。又卷 13 第 3284 首歌注：“今案：不可言之因妹者。应谓之缘君也。何则反歌云公之**随意**焉。”（第三册，p. 419）。又第 3285 首：“足千根乃　母尔毛不谓　有之　心者纵　公之**随意**”（第三册，p. 420）又卷 16 第 3802 首：“春之野乃　下草靡　我藻依　丹穗冰因将　友之**随意**”（第四册，p. 99）《唐大和上东征传》：“今欲还国，**随意**放还，宜［委］扬州，［依］例送遣。”（p. 46）（1）后汉安世高译《阿那邠邸化七子经》卷1："七岁七月七日中，随意所欲，担负多少，无所减少，然彼迦陵渠国，有所减少。"姚秦鸠摩罗什诏译《妙法莲华经》卷2《譬喻品》："汝等出来，吾为汝等，造作此车，随意所乐，可以游戏。"北凉昙无谶译《大般涅槃经》卷39《憍陈如品》："尔时阿阇世，王与诸外道，徒众眷属，往至佛所，头面作礼，右绕三匝。修敬已毕，却住一面，白佛言：'世尊，是诸外道欲，随意问难，唯愿如来，随意答之。'"（2）《博物志》卷4《戏术》："《神农本草》云：'鸡卵可作琥珀，其法取伏鷇黄白浑杂者煮，及尚软随意刻作物，以苦酒渍数宿，既坚，内著粉中，佳者乃乱真矣。此世所恒用，作无不成者。'"（p. 203）庾信《荡子赋》："游尘满床不用抚，细草横阶随意生。"按：《汉语大词典》首引《魏志·程晓传》："官无局业，职无分限，随意任情，唯心所适。"略晚。

【随意宝/ずいいのたから】 比喻　能随意取出无量财宝的宝珠，亦称"如意""如意宝""如意宝珠"。多喻指佛陀和经典的威德与伟大。《日本书纪》卷19《钦明纪》十三年十月条："譬如人怀随意宝，逐所须用，尽依情，此妙法宝亦复然。"（第二册，p. 416）东晋佛驮跋陀罗译《大方广佛华严经》卷48："诸大菩萨无尽，功德藏海，犹如虚空，以无量功德，熏修其心。如随意宝。满足一切，众生愿故。"又卷59《入法界品》："善男子，譬如有人，得随意珠，除灭一切，贫穷困苦。菩萨摩诃萨，亦复如是，得菩提心，随意宝珠，除灭一切，邪命贫苦。"姚竺佛念译《菩萨从兜术天降神母胎说广普经》卷5："入海采珍琦，珊瑚琥珀珠。明月随意宝，安隐还本国。"按：《新编日本古典文学全集》栏上的注释指出：一种灵妙的珠宝，可使事情如愿以偿。

【随意楽/ねがひにしたがはむ】 三字　随其愿望（而做某事）。《日本灵异记》上卷《殷勤归信观音愿福分以现得大福德缘》："于时，语其妖曰：'今吾垂死，有一冀意。若听许不也？'妖答曰：'随意乐。'"（p. 129）东晋佛驮跋陀罗译《大方广佛华严经》卷2《世间净眼品》："如来无量功德海，一一毛孔悉得见，能令一切随意乐，清净悦乐如是见。"唐地婆诃罗译《最胜佛顶陀罗尼净除业障咒经》卷1："或有风过，吹其塔等，而复吹人，少沾身分。即得生天，受胜妙乐。亦随意乐，往生净土。"唐不空译《阿閦如来念诵供养法》卷1："护身及五诲，应当如前作。礼佛随意乐，读诵方广乘。"

【随欲/したがひておもふ】 随字（3例）　随心所欲，按想法去做。《日本书纪》卷20《钦明纪》十二年是岁条："乃营馆于阿斗桑市，使住日罗，供给随欲。"（第二册，p. 482）又卷28《天武纪上》即位前纪条："故随欲修道者留之。"（第三册，p. 302）《万叶集》卷16第3796首："否藻诺藻　随欲可赦　貌所见哉　我藻将依三"（第四册，p. 97）后汉支娄迦谶译《佛说阿阇世王经》卷1："莲华具行劫菩萨言：'其有随欲者，不可度欲，不随欲者，是乃度欲。'"后秦弗若多罗译《十诵律》卷8："何等五恶？随欲行；随瞋行；随怖行；随痴行；不知行不行。"梁宝唱等集《经律异相》卷40："增念随欲，已有复愿。日盛为喜，从得自在。"按：《汉语大词典》失收。

【随欲駆使/ねがひのまにまにはせつかふ】随字 随心所欲地役使。《日本书纪》卷14《雄略纪》十五年条："十五年，秦民分散臣、连等，各**随欲驱使**，勿委秦造。"（第二册，p. 200）唐义净译《金光明最胜王经》卷6《四天王护国品》："亦复令此持《金光明最胜王经》流通之者，及持咒人，于百步内，光明照烛，我之所有，千药叉神，亦常侍卫，**随欲驱使**，无不遂心。我说实语，无有虚诳，惟佛证知。"

【随遇/あふにしたがふ】随字 顺应际遇。《日本灵异记》上卷《偷用子物作牛役之示异表缘第10》："告使人云：'应请一禅师。'其使人问曰：'请何寺师？'答日：'不择其寺，**随遇**而请。'其使随愿，请得路行，一僧归家。"（p. 87）苻秦鸠摩罗佛提等译《四阿鋡暮抄解》卷1："如坐好因缘得是当坐，若上座命是**随遇**。如是具足满五纳。"新罗璟兴撰《三弥勒经疏》卷1："见一天人者，**随遇**一有情，即应念弥勒所思。谓有苦令离，无乐令得，恶者令除，善者令摄等也。"唐怀感撰《释净土群疑论》卷5："**随遇**恶缘，退菩萨行，造众恶业，失菩提心。"按：《汉语大词典》例引清陈宗石《念奴娇·将之梁园舟中有感和大兄前韵》："行藏**随遇**，试看天上明月。"过晚。

【随願/ねがひにしたがふ】随字（6例） 随顺愿望，满足心愿。《日本书纪》卷29《天武纪下》六年六月条："是时，诏亲王诸王及群卿，每人赐出家一人。其出家者，不问男女长幼，皆**随愿**度之。"（第三册，p. 378）《日本灵异记》上卷《偷用子物作牛役之示异表缘第10》："告使人云：'应请一禅师。'其使人问曰：'请何寺师？'答日：'不择其寺，随遇而请。'其使**随愿**，请得路行一僧归家。"（p. 87）又《非理夺他物为恶行受恶报示奇事缘第30》："令读经者，住东方金宫后，**随愿**生天。"（p. 126）又《归信三宝钦仰众僧令诵经得现报缘第32》："众僧**随愿**鸣钟，转经门合得奉拜。"（p. 130）又中卷《奉写〈法华经〉因供养显母作女牛之因缘第15》："其使**随愿**出门，试往至于同郡御谷之里，见有乞者。"（p. 187）又："明朝，登讲座言：'我无所觉。**随愿**主心，故登此座。唯有梦悟。'具陈梦状。"（p. 188）（1）后汉安世高译《阴持入经》卷2："上禅已舍，彼爱欲盖，为何等？爱欲名为所为，五乐爱著，发往可求，**随愿**发不舍使发起，是名为爱欲盖。"东晋佛驮跋陀罗译《大方广佛华严经》卷5《菩萨明难品》："尔时，文殊师利菩萨问财首菩萨言：'佛子，一切众生、非众生，如来云何随众生时、随命、随身、随行、随欲乐、**随愿**、随意、随方便、随思惟、随筹量、随众生见而教化之？'"姚秦竺佛念译《菩萨璎珞经》卷6："心慧无尘染，**随愿**度无极。相相各有报，非有行有法。"按：《汉语大词典》失收。

【随願往生経/ずいがんおうじょうきょう】内典 具名《佛说灌顶随愿往生十方净土经》，亦称《普广菩萨经》，东晋帛尸梨蜜多罗译。《奈良朝写经19·灌顶随愿往生经》："爰为二郎，敬造自愿药师如来、侠侍观世音菩萨，追福日光遍照、月光遍照菩萨等像一铺，并写《**随愿往生经**》一卷。"（p. 129）隋费长房撰《开元释教录》卷2："《普广菩萨经》：即别行《**随愿往生经**》，是出《灌顶经》。"唐智升撰《开元释教录》卷

17：“《**随愿往生经**》一卷：亦名《灌顶随愿往生十方净土经》，亦云《普广菩萨经》。”

【随至何处/いたらむまにまに】 随字 无论到达何处，无论走到哪里。《日本书纪》卷14《雄略纪》四年八月条：“加须利君则以孕妇嫁与军君曰：‘我指孕妇既当产月。若于路产，冀载一船，**随至何处**速令送国。’”（第二册，p. 160）元魏菩提流支译《佛说法集经》卷6：“世尊，菩萨摩诃萨，亦复如是。乘大悲心，**随至何处**，彼诸佛法，随顺大悲，自然而去。”唐大觉撰《四分律行事钞批》卷10：“景云：‘此举一聚落多家，共设一供，而家别各敷侍比丘也。**随至何处**，皆是请处。故不犯也。’”后唐景霄纂《四分律行事钞简正记》卷12：“多敷坐具者，戒疏云：‘多家同会，处处待僧。**随至何处**，皆是请处，不嘱不犯。’”

【随助/～にしたがひたすく】 随字 根据需要随时提供帮助。《日本书纪》卷21《用明纪》二年四月条：“大连闻之即退于阿都集聚人焉。中臣胜海连于家集众，**随助**大连。”（第二册，p. 506）姚秦鸠摩罗什译《大智度论》卷39《往生品》：“复次，先菩萨持戒不牢固，布施**随助**。今说但持戒牢固，不舍十善，不堕三恶道。”唐玄奘译《大般若波罗蜜多经》卷460《巧便品》：“布施等五波罗蜜多，亦复如是，**随助**般若波罗蜜多，由彼势力，所引导故，疾能证得，一切智智。”唐李通玄撰《新华严经论》卷19：“大要言之，凡随智随行、随慈随悲、随波罗蜜、随观照、**随助**道法、随大愿，所有报境，因果相似。”按：《汉语大词典》失收。

【随恣心/ほしきままなるこころにしたがふ】 自创 随心所欲地做某事。《日本灵异记》中卷《己作寺用其寺物作牛役缘第9》：“探之斑文，谓：‘赤麻吕者，檀于己所造寺，而**随恣心**借用寺物，未报纳之死亡焉。为偿此物，故受牛身者也。’”（p. 173）唐法琳撰《一切经音义》卷45：“**恣心**：咨肆反。《说文》：**恣**，纵心也。从心，次声。”北凉昙无谶译《佛所行赞》卷2《合宫忧悲品》：“爱念自在伴，**随**欲**恣心**作，故使圣王子，一去不复归。”

【歳次大梁/ほしとりにやどる】 四字 “大梁”，星次名。在十二支中为酉，在二十八宿为胃、昴、毕三星。《古事记・序》：“**岁次大梁**，月踵夹钟，清原大宫，升即天位。”（p. 20）北凉昙无谶译《大般涅槃经》所引后秦道朗撰《大般涅槃经序》。该序文曰：“以玄始十年**岁次大梁**，十月二十三日，河西王劝请令译，谶手执梵文，口宣秦言。”该例在梁僧佑撰《出三藏记集》卷8《大涅槃经序》中亦有辑录。梁僧佑撰《出三藏记集》卷11《善见律毘婆沙记》：“以十一年**岁次大梁**四月十日，得律还都，顶礼执读，敬写流布，仰惟世尊，泥洹已来年载，至七月十五日受岁竟。”元魏毘目智仙译《业成就论・业成就论翻译之记》：“法行有时，寄必得人。兴和三年**岁次大梁**，七月辛未朔二十五日，骠骑大将军开府仪同三司御史中尉，渤海高仲密，众圣加持，法力资发，诚心敬请三藏法师乌苌国人毘目智仙，共天竺国婆罗门人瞿昙流支释昙林等，在邺城内金华寺译，四千八百七十二字。”唐澄观述《大方广佛华严经随疏演义钞》卷15：

"后熙平元年**岁次大梁**正月，内于清凉寺，敬造《华严论》，演义释文一百卷，穷微洞奥。"唐法藏集《华严经传记》卷1："时后魏熙平元年**岁次大梁**正月，起笔于清凉寺，敬造华严论，演义释文，穷微洞奥。"《全唐文附唐文拾遗唐文续拾》高宗武皇后《方广大庄严经序》："以垂拱元年**岁次大梁**，月旅夷则。汗青方就，装缥毕功。"（p. 1001）按：上引例句的共同特点是，它们都属于撰述中的史传部，即从佛典翻译史的角度记述译经完成的缘起。如此看来，"岁次大梁"，即太岁星出现在大梁（胃、昴、毕三星或酉年），在叙述译经缘起的序文中已经成为一种固定的祥瑞表征，象征着将要成就大事业。在太安万侣的序文中，"岁次大梁"既是天武天皇即位的表征，又暗示正因为天武天皇即位，才有了后来撰录《古事记》的宏伟规划。

【遂本願/ほんがんをとぐ】 誓愿 完成夙愿。《唐大和上东征传》："大和上曰：'不须愁。宜求方便，必**遂本愿**。'"（p. 47）失译人名今附后汉录《大方便佛报恩经》卷5《慈品》："憍昙弥闻是语已，心大欢喜，白阿难言：'善哉！阿难。乃能殷勤，劝请如来，得使母人，称**遂本愿**。'"梁宝亮撰《名僧传抄》卷1："问曰：'何不愿生西方，而专呼弥勒?'答曰：'吾等道安八人先发誓愿，愿生兜率，面见弥勒。道愿悉以先见，唯吾尚存，欲**遂本愿**。'语毕，即有光照于身，容颜更悦，俄而迁化，春秋七十。葬于道安墓右。"唐道宣撰《续高僧传》卷12："旁侍疾者曰：'向举目者，是其相矣。'真曰：'若即往彼，大**遂本愿**。"

【遂成夫婦/つひにいとせとなる】 四字 最终结为夫妻。《常陆国风土记·那贺郡》条："时妹在室，有人，不知姓名，常就求婚，夜来昼去。**遂成夫妇**，一夕怀妊。"（p. 404）（1）东晋佛陀跋陀罗、法显合译《摩诃僧祇律》卷2："尔时，众生复食彼自然粳米。食米渐久，便有男女形生，更相染著，淫欲转炽，**遂成夫妇**。"该例在唐大觉撰《四分律行事钞批》卷10中亦有辑录。后秦佛陀耶舍、竺佛念等合译《长阿含经》卷13："时母眷属，闻王教已，即诣雪山，南直树林中，到四子所。时诸母言：'我女与汝子，汝女与我子，即相配匹，**遂成夫妇**，后生男子，容貌端正。'"（2）《后汉书》卷87《西羌传》："羌人云爰剑初藏穴中，秦人焚之，有景象如虎，为其蔽火，得以不死。既出，又与劓女遇于野，**遂成夫妇**。"《幽明录》："妇曰：'我河南人，父为清和太守。临当见嫁，不知何由，忽然在此。'都具语其意，妇曰：'天应令我为君妻。'**遂成夫妇**，往诣其家，大喜，亦以为天相与也，遂与之。"

【遂得成~/つひに~をなすことをえたり】 完成 最终得以成为……《播磨国风土记·揖保郡》条："自此以后，家家静安，**遂得成**里，即号伊势。"（p. 540）（1）《太平经·丙部之十三》："'唯唯。今天师幸哀愚贱不达道之生，愿复闻上善之弟子行也。'然，上善之弟子也，受师道德之后，念缘师恩，**遂得成**人，乃得长与贤者相随，不失行伍。"（2）西晋竺法护译《渐备一切智德经》卷1《初发意悦豫住品》："时金刚藏为诸世尊，所见摩头，道德巍巍，**遂得成**就，威耀光光，如佛无异。"唐澄观述《大方广佛华严经随疏演义钞》卷41《偈赞品》："今有妄者，由不异故，得成不一，以妄无自体，故妄依真成，以妄成故，与真不一。如波依水，由不异水，遂得成波，以波成故，与湿不一。此上即以不异，成不一也。"唐窥基撰《瑜伽师地论略纂》卷11："此如俱舍论，佛既三僧祇修己，更百劫中修相好业，为七日七夜说偈，越超余佛九劫，于九十一劫，修相好业。遂得成佛。"

【損仏/そこなはれたるほとけ】自创　遭受损坏的佛像。《日本灵异记》中卷《佛铜像盗人所捕示灵表显盗人缘第22》："僧并檀越，闻之集来，卫于破佛，而号愁曰：'哀哉，悬哉！我大师，聊何有过失，蒙此贼难。尊像有寺，以像为师。今自灭后，以何为师矣？'众僧严轝，安置损佛，哭殡于寺。"（p. 206）西晋竺法护译《佛说文殊师利现宝藏经》卷1："又问：'文殊师利，是语何谓？'答曰：'不增尘垢，不损佛法。'"元魏瞿昙般若流支译《正法念处经》卷15《地狱品》："诸福田中，佛福田胜。损佛物故，如是受苦。"→【破仏】

【所愛楽也/あいげせらる】所字　是所喜欢的。《日本灵异记》中卷《忆持〈心经〉女现至阎罗王阙示奇表缘第19》："天年澄情，信敬三宝，常诵持《心经》，以为业行。诵《心经》之音甚微妙，为诸道俗所爱乐也。"（p. 199）吴支谦译《赖吒和罗经》卷1："饮食金银珍宝，不能令人得道，财富不能，救护人命，令不老死。人之所思念多端，人之所爱乐也。人志意数转，不能专一。"西晋竺法护译《佛说弘道广显三昧经》卷2《无欲行品》："譬如龙王，一切河流，归于大海，道法诸行，三十七品，悉归无欲。又若龙王，诸药草木，依因于地，诸善行法，皆由无欲。譬如龙王，转轮圣王，众生所乐，若此其有，无欲菩萨，乃为诸天龙鬼，世间人之，所爱乐也。"

【所犯之罪/をかせるつみ】所字　所犯的罪行。《古语拾遗》："国罪者，国中人民所犯之罪，其事具在中臣祓词。"（p. 134）（1）唐达摩流支译《佛说宝雨经》卷8："又复多时，数数悔过，于所作罪，追悔恶作，终不覆藏。复能了知，所犯之罪，有上中下，又能了知，所造恶业，招异熟果，时分长短。"唐阿地瞿多译《陀罗尼集经》卷8《金刚阿蜜哩多军荼利菩萨自在神力咒印品》："次作般若印，当心上著，口说三业，所犯之罪，发露忏悔，正坐莫动，数数礼佛，口赞叹云：'诸佛智慧，大勇精进，那罗延力，般若波罗蜜多等，功德之行。'"唐义净译《根本说一切有部毘奈耶》卷39："时诸苾刍后生懊悔，便自克责，所犯之罪。"（2）《唐律疏议》卷4《名例》："答曰：'但是教令作罪，皆以所犯之罪，坐所教令。'"又卷5《名例》："即事发逃亡：'虽不得首所犯之罪，得减逃亡之坐。'"

【所奉之物/たてまつるところのもの】所字　（2例）　由某人奉呈的东西。《元兴寺伽蓝缘起并流记资财账》："我现在父母六亲眷属，随愚痴邪见人三宝即破灭烧流，所奉之物反取灭也。"又："以此功德，我现在父母六亲眷属等为烧流佛法罪及所奉之物返取灭之罪，悉欲赎除灭。"唐宗密撰《圆觉经大疏释义钞》卷12："言七品者，上中下亲；不怨不亲；下中上怨等也……中亲下亲，如次降杀（师介反）所奉之物，不怨不亲，任运不能与物。”

【所化衆生/をしふるところのしゅじょう】 所字　所教化的世人。《日本灵异记》下卷《灾与善表相先现而后其灾善答被缘第38》：“何故乞食者，今应所愿，渐始福来也。子有多数者，所化众生也。”（p.372）西晋竺法护译《度世品经》卷5：“所化众生，如己解力，拔济四大，寂灭诸人。”东晋佛驮跋陀罗译《大方广佛华严经》卷51《入法界品》：“于一毛孔，皆悉睹见：所化众生，或有生天；或得声闻、缘觉，修菩萨行；种种方便，形色音声，诸语言法，所说正教，化度众生。”姚秦鸠摩罗什译《妙法莲华经》卷2《譬喻品》：“诸佛世尊，虽以方便；所化众生，皆是菩萨。”

【所将来～/もちきたる～】 所字　（3例）（前承表示人的名词）由某人带来。《日本书纪》卷19《钦明纪》十五年十二月条：“以十二月九日，遣攻斯罗。臣先遣东方领物部莫奇武连领其方军士攻函山城。有至臣所将来民筑斯物部莫奇委沙奇能射火箭。蒙天皇威灵，以月九日酉时，焚城拔之。故遣单使驰船奏闻。”（第二册，p.430）《续日本纪》卷1《文武纪》四年三月条：“又授一铛子曰：‘吾从西域自所将来，煎物养病，无不神验。’”（第一册，p.24）又：“此院多有经论，书迹楷好，并不错误。皆和尚之所将来者也。”（第一册，p.26）北凉昙无谶译《大方等大集经》卷11：“男子汝知，尔时净声比丘岂异人乎？即汝身是，男女眷属，即汝所将来，菩萨听法众是。”唐义净译《根本说一切有部毘奈耶药事》卷3：“尔时，彼王作如是念：‘若王藏库中，无牛头栴檀，岂是王耶？’即问大臣曰：‘汝所将来，栴檀之木，何处得耶？’大臣答曰：‘于圆满处得。’”唐道宣撰《集神州三宝感通录》卷1：“八洛都故都塔者，在城西一里，故白马寺南一里许古基。俗传为阿育王舍利塔，疑即迦叶摩腾所将来者。降邪通正，故立塔表以传真云云。”

【所去不知/されるところをしらず】 所字　不知道去了何处。《日本灵异记》中卷《恃己高德刑贱形沙弥以现得恶死缘第1》：“时有一沙弥。滥就餐供养之处，捧钵受饭。亲王见之，以牙册以罚沙弥头。头破流血。沙弥摩头扪血，悕哭而忽不觐。所去不知。”（p.146）西晋竺法护译《贤劫经》卷1《法师品》：“以慧正义刈斯四病悉消无余，致十种力四无所畏，譬如日出众冥消灭不知所去。”唐道宣撰《集神州三宝感通录》卷1：“乃梦人告曰：‘此有释迦真身，众圣来敬。尔何行恶，死堕地狱，出为尼婢何得不怖。’其人大惧，无几癞死。舍利屋地生荷八枚，六旬乃枯。岁余失之，不知所去。”唐湛然述《止观辅行传弘决》卷1：“佛告目连：‘汝到此者是释尊之力，若欲还彼假使卿身一劫不至能仁已灭。’目连曰：‘我今迷惑，不知所去。’彼佛曰：‘在东方。’”高丽觉训撰《海东高僧传》卷1：“王甚喜，酬赠尤厚。胡子出见毛礼，以所得物赠之，报其德焉。因语曰：‘吾有所归请辞。’俄而不知所去。”

【所生母/うめるはは】 所字　亲生母亲。《日本灵异记》上卷《凶女不孝养所生

母以现得恶死报缘第24》（p. 112）后汉竺大力、康孟详合译《修行本起经》卷1《现变品》："白净王者，是吾累世，所生之父。拘利刹帝有二女，时在后园，池中沐浴。菩萨举手指言：'是吾世世，所生母也，当往就生。'"东晋佛驮跋陀罗译《大方广佛华严经》卷42《离世间品》："菩萨摩诃萨，于兜率天，临命终时，天楼阁中，放大光明，名净庄严，一切宫殿。放斯光明，照所生母。照已，彼菩萨母，安隐快乐，具足成就，一切功德。其母身内，自然楼阁，七宝庄严。为欲安处，菩萨身故，是为第八，所示现事。"东晋瞿昙僧伽提婆译《增壹阿含经》卷31《力品》："又师语我言：'此是大祠，获大果报。能取千人杀，以指作鬘者，果其所愿；如此之人，命终之后，生善处天上。设取所生母及沙门瞿昙杀者，当生梵天上。'"

【所受罪/うくるところのつみ】 所字 所遭受的苦报。《日本灵异记》上卷《非理夺他物为恶行受恶报示奇事缘第30》："广国奉为其父，造佛写经，供养三宝，报父之恩，赎所受罪。自此以后，回邪趣正。"（p. 126）后汉支娄迦谶译《道行般若经》卷3《泥犁品》："是曹之人，诽谤法者，自在冥中。复持他人著冥中，其人自饮毒，杀身无异。断法之人所语，有信用其言者，其人所受罪，俱等无有异。"吴支谦译《弊魔试目连经》卷1："瞋魔所受罪，其地狱何类？拘楼秦佛时，化众及弟子。"

【所宿之处/やどれるところ】 所字 住宿的地方。《日本灵异记》下卷《髑髅目穴笋揭脱以祈之示灵表缘第27》："中路日晚，次苇田郡于苇田竹原。所宿之处，有呻音言：'痛目矣。'"（p. 333）宋陈田夫撰《南岳总胜集》卷3："老人曰：'蔡真人父子俱隐此山，昨夜所宿之处，即其子也。'"→【所行之处】【血流之处】

【所喜遍身/よろこぶることみにみつ】 自创 浑身充满喜悦。《日本书纪》卷19《钦明纪》即位前纪条："于是所喜遍身，叹未曾梦。"（第二册，p. 356）北凉昙无谶译《金光明经》卷3《善集品》："是转轮王，梦是事已，即寻觉寤，心喜遍身，即出宫殿，至僧坊所，供养恭敬，诸大圣众，问诸大德。"隋阇那崛多译《佛本行集经》卷9《相师占看品》："尔时，地居诸天诸仙，见此瑞已，欢喜遍身，不自胜持，扬声叫唤，发大语言：'今日阎浮，岚毘尼中，菩萨出生。为于一切，天人世间，作大安乐，为诸无明，黑暗众生，作大光照。'"唐菩提流志译《大宝积经》卷102："世尊，此何光明，而令我等，大喜遍身，心得清净。亦令众生，无复贪欲，瞋恚愚痴，烦恼众恶，一切不行。"宋赞宁等撰《宋高僧传》卷14："经于七宵，诘旦见地藏菩萨，手摇金锡，为表策发，教发戒缘，作受前方便。感斯瑞应，叹喜遍身，勇猛过前。"按：《新编日本古典文学全集》栏上的注释例引唐义净译《金光明最胜王经》卷9："王闻是已，心生欢喜，叹未曾有。"

【所心/おもひ】 所字 （11例） 犹言"所愿"，心愿之意。《万叶集》卷7第1375首歌注："又一首者，不有譬喻歌类也。但暗歌人所心之故，并作此歌。"（第二册，p. 266）又卷16第3788～3790首歌题："于时其壮士等，不胜哀颓之至，各陈所心，作歌三首。"（第四册，p.91）又卷17第3890～第3900首歌题："于是悲伤羁旅，各陈所心，作歌十首。"（第四册，p.149）又第3960～3961首歌注："爰守大伴宿祢家持寄情二眺，聊裁所心。"（第四册，p.175）又卷18第4008～4010首歌题："忽见入京述怀之作，生别悲兮，断肠万回，怨绪难禁。聊奉所心一首并二绝。"（第四册，p.210）又第4075首歌题："所心歌"（第四册，p.248）又第4078首歌题："答所心，即以古人之迹，代之今日之意。"（第四册，p.4078）又第4082～4084首歌题："越中守大伴宿弥家持报歌并所心三首。"（第四册，p.251）又第4084首歌题："别所心一首。"（第四册，p.251）又第4295～4297首歌题："八月十二日，二三大夫等各提壶酒登高元野，聊述所心作歌三首。"（第四册，p.374）又卷20第4473首歌注："奈杼麻吕被差朝集使，拟入京师，因此饯之日，各作歌，聊陈所心也。"（第四册，p.334）（1）《敦煌变文·伍子胥变文》："子胥启吴王曰：'臣今将兵讨楚，必称所心，愿陛下莫虑愁心远念。'"（2）曹魏康僧铠译《佛说无量寿经》卷2："佛告阿难：'生彼佛国，诸菩萨等，所可讲说，常宣正法，随顺智慧，无违无失。于其国土，所有万物，无我所心，无染著心，去来进止，情无所系，随意自在，无所适莫，无彼无我，无竟无讼。'"按：关于卷7第1375首歌注中的"所心"的意思和用法，《新编日本古典文学全集》栏上的注释认为："与'所思'同。此亦为和习表达。"《日本古典文学全集》说："疑似模仿'所思'等自创的词语"。山崎福之依据《日本古典文学全集》说，认为"所心"一词反映了《万叶集》编纂者在词语创新上所表现出的热情。我们认为，首先，"所心"在构词上不同于"所思""所感"等"所＋动词"的形式，而是"所＋名词"的结构，这是"所心"在构词上的特殊之处。其次，从语体特色来看，"所心"极有可能多出现在较为随意的口语当中，例如《伍子胥变文》。最后，从词形上看，《佛说无量寿经》中的"我所心"足以证明"所心"的存在，意思是说自己所抱有的心愿。因此，《万叶集》中的"所心"一词并非"和习"用法，它出自汉文佛经，具有口语性语体特征。

【所行之处/ゆくところ】 所字 所到之处。《续日本纪》卷17《圣武纪》天平胜宝元年二月条："初出家，读瑜伽唯实论，即了真意。既而周游都鄙，教化众生。道俗慕化追从者，动以千数。**所行之处**，闻和尚来，巷无居人。"（第三册，p.60）（1）失译人名今附后汉录《大方便佛报恩经》卷7《亲近品》："又共生者，如来所行，不可思议。常右胁卧，如师子王；若草若叶，无有动乱；旋蓝猛风，不动衣服；发足行步，如师子王、白鹅王等；若欲行时，先发右足；所行之处，高下皆平；食无完过，遗粒在口。是名共生，不可思议。"隋阇那崛多译《佛本行集经》卷35《耶输陀因缘品》："尔时，使者向波罗奈城四衢道，振铃而唱，如是告言：'若当有人，能向我道，见耶输陀，知耶输陀，所在之处，所行之处，令我得见，令我得闻。我乞彼人，百千价物。'"隋宝贵合《合部金光明经》卷8《赞佛品》："善哉！如来。诸根寂灭，而复游入，善寂大城，无垢清净，甚深三昧。入于诸佛，所行之处。"

（2）《周书》卷27《韩果传》："果性强记，兼有权略。**所行之处**，山川形势，备能记忆。兼善伺敌虚实，揣知情状，有潜匿溪谷欲为间侦者，果登高望之，所疑处，往必有获。"《全唐文》卷1李渊《改元大赦诏》："百官及庶人赐爵一级，义师**所行之处**给复三年，自余给复一年。"（p. 20）

【所以発是問者～也/このとひをおこししゆゑは～ぞ】 自创 之所以提出这样的问题，是因为……《古事记》中卷《应神记》："天皇**所以发是问者**，宇迟能和纪郎子有令治天下之心**也**。"（p. 258）后汉支娄迦谶译《道行般若经》卷3："释提桓因心念：'尊者舍利弗，**何因发是问**？'即时释提桓因，谓舍利弗：'何因尊者，乃作是问？'"吴支谦译《大明度经》卷3："释心念：'秋露子比丘，**何因发是问**？'"前秦昙摩蜱、竺佛念合译《摩诃般若钞经》卷3《地狱品》："释提桓因心念：'尊者舍利弗，**何因发是问**？'即时释提桓因谓舍利弗：'何因尊者，乃作是问？'"按：《古事记》的撰录者在积极吸收佛典句式的同时，还敷衍出许多貌异神似的新句式。从这一意义上说，此处"所以发是问者……也"的句式可以说是一个典型的例子。"何因发是问"是佛典中的固有说法，《应神记》却被换成了"所以发是问（者……也）"形式，在用法上也由疑问表达变成了自问自答的提示形式。

【所以者何/ゆゑはいかに】 口语 （2例）《日本灵异记》中卷《奉写〈法华经〉因供养显母作女牛之因缘第15》："愿主见之，信心敬礼，一日一夜，家内隐居，顿作法服，以之奉施。爰乞者问之：'**所以者何**？'答曰：'请令讲《法华经》。'"（p. 188）又下卷《重斤取人物又写〈法华经〉以现得善恶报缘第22》："于时，僧言：'校札之者，实如汝曰，敬写三部法华大乘也。虽写大乘，而作重罪。**所以者何**？汝用斤二，出举之时，用于轻斤，征纳之日，用于重斤，故召汝耳。今者忽还。'"（p. 315）后汉康孟详译《舍利弗摩诃目连游四衢经》卷1："佛言：'善哉，善哉！舍利弗，正当念此，蠲除恶念。**所以者何**？谁为比丘众，去诸重担？唯如来耳，无所不住，及舍利弗、摩诃目乾连。'"姚秦鸠摩罗什译《妙法莲华经》卷2《譬喻品》："尔时舍利弗，踊跃欢喜，即起合掌，瞻仰尊颜，而白佛言：'今从世尊，闻此法音，心怀勇跃，得未曾有。**所以者何**？我昔从佛，闻如是法，见诸菩萨，授记作佛，而我等不豫斯事，甚自感伤。失于如来，无量知见。'"唐义净译《金光明最胜王经》卷1《如来寿量品》："时彼贫人，为欲求财，广设方便，策勤无怠。**所以者何**？为舍贫穷，受安乐故。"

【所有財物/たもてるざいもつ】 所字 全部财产。《续日本纪》卷7《元正纪》灵龟二年五月条："自今以后，严加禁断。其**所有财物**、田园，并须国师、众僧及国司、檀越等，相对检校，分明案记，铳用之日，共判出付。不得依旧檀越等专制。"（第二册，p. 12）（1）吴支谦译《撰集百缘经》卷9《声闻品》："王大欢喜，即语比丘：'我今库藏，**所有财物**，随汝取用，终不悋惜。'"晋世法炬、法立合译《法句譬喻经》卷4《道利品》："尔时圣王，欻自念言：'人命短促，无常难保。但当作福，以求道真。念常布施，世间人民，**所有财物**，与民共之。已种福德，唯当出家，行作沙门，断绝贪欲，乃得灭苦。'"隋阇那崛多译《佛本行集经》卷35《耶输陀因缘品》："时其家内，**所有财物**，皆收内库，一切酒坊，一切屠舍，并皆除断。"（2）晋常璩《华阳国志》卷10下："郡召为中候，诏书除巫尉。以身佩印，尽让**所有财物**与三弟。复为郡掾。"《全梁文》卷31沈约《齐禅林寺尼净秀行状》："昔有外国普练道人，出于京师，往来梁舍，便受五戒。勤翘奉持，未尝违犯。日夜恒以礼拜读诵为业，更无余务。及手能书，常自写经，**所有财物**，唯充功德之用。"

【所祐/たすくるところ】所字（4例） 受到……的保佑、佑助。《日本灵异记》上卷《妻为死夫建愿图绘像有验不烧火示异表缘第33》："后盗人放火，其堂皆烧。唯妇佛独存。曾无损。此乃妇人，其诚**所佑**乎哉！"（p. 132）又："赞曰：'善哉！贞妇。追远报恩，迄秋设会。诚知其敦。炎火随列，尊像不焚。上天**所佑**，知复何论？'"（p. 132）《说文解字》卷1《示部》："［祐］助也。从示右声。"唐道宣撰《续高僧传》卷26："及帝诞日，无因而至，语太祖曰：'儿天佛**所佑**。勿忧也。'"唐良贲述《仁王护国般若波罗蜜多经疏》卷3《奉持品》："时稼增茂，年丰有斯，至诚之功，载深喜叹也。此实明主至道。大臣深信，五方菩萨，慈力**所佑**也。"宋志盘撰《佛祖统纪》卷39："文帝始生于寺，尼谓太祖曰：'此儿佛天**所佑**。'"按：《续日本纪》卷13《圣武纪》天平十一年三月条："又曰：'王者事百姓，德至丘陵，则沢出神马，实合大瑞者。斯乃宗庙**所佑**，社稷所贶。"（第二册，p. 350）又卷20《孝谦纪》："朕之住屋承尘帐里，现天下太平之字。灼然昭著，斯乃上天**所佑**，神明所标。"（第三册，p. 180）由此可知，"所佑"的用法，在传统文献当中亦是较为普遍的说法。

【所願/ねがふところ】所字（9例） 愿望。"所"是意味动作的对象，所愿指祈愿的事物，即愿望本身。《日本书纪》卷15《显宗纪》元年四月条："小楯谢曰：'山官宿**所愿**。'乃拜山官，改赐姓山部连氏，以吉备臣为副，以山守部为民，裒善显功，酬恩答厚，宠爱殊绝，富莫能俦。'"（第二册，p. 246）又卷30《持统纪》十一年四月条："辛卯，公卿百寮始造为天皇病**所愿**佛像。"（第三册，p. 560）《日本灵异记》上卷《序》："天随**所愿**，地敞宝藏。"（p. 54）又《信敬三宝得现报缘第5》："还上奏之："泊乎高脚滨。今屋栖。伏愿应造佛像焉。皇后诏：'宜依**所愿**也。'"（p. 75）又下卷《依妨修行人得猴身缘第24》："信彼陁我大神题名猴之语，同入知识，而读**所愿**六卷抄，并成大神**所愿**。"（p. 323）又《灾与善表相先现而后其灾善答被缘第38》："还来者，景戒**所愿**毕者，令得福德智惠也。"（p. 372）《续日本纪》卷16《圣武纪》天平十七年五月条："筑前、筑后、丰前、丰后、肥前、肥后、日向七国，无姓人等，赐**所愿**姓。"（第三册，p. 8）又卷17《圣武纪》天平十九年十月条："乙巳，敕曰：'春宫少属从八位上御方大野**所愿**之姓，思欲许赐。'"（p. 3046）→【当如所願】【随心所願】【一切所願】【応所願】【応於所願】【衆生所願】

【所願能与/ねがふところをよくあたふ】 自创 （2 例） 可以给予所希望的东西，能够满足心愿。《日本灵异记》中卷《孤娘女凭敬观音铜像示奇表得现报缘第 34》："闻观音菩萨者**所愿能与**，其铜像手系绳牵之，供花香灯，用愿福分曰。"（p. 238）又《药师佛木像流水埋沙示灵表缘第 39》："是佛像有验放光，**所愿能与**故，道俗归敬。"（p. 246）

【所願遂心/しょがんこころにとぐ】 所字 愿望得以实现，所想得以如愿。《续日本纪》卷 14《圣武纪》天平十三年三月条："案经云：'若有国土讲宣读诵，恭敬供养，流通此经王者，我等四王常来拥护。一切灾障，皆使消殄。忧愁疾疫，亦令除差。**所愿遂心**，恒生欢喜，宜令天下诸国各令敬造七重塔一区，并写《金光明最胜王经》《妙法莲花经》一部。'"（第二册，p. 388）（1）唐义净译《金光明最胜王经》卷 3《灭业障品》："是时无量，释梵四王，及药叉众，俱时同声，答世尊言：'如是，如是。若有国土，讲宣读诵，此妙经王，是诸国主，我等四王，常来拥护，行住共俱，其王若有，一切灾障，及诸怨敌，我等四王，皆使消殄。忧愁疾疫，亦令除差，增益寿命，感应祯祥，**所愿遂心**，恒生欢喜，我等亦能，令其国中，所有军兵，悉皆勇健。'"（2）唐慧沼撰《金光明最胜王经疏》卷 4《金胜陀罗尼品》："赞曰：'别示获益有六，一即供养佛是法供养故；二得佛授记；三得世福果；四**所愿遂心**；五常近善友；六佛菩萨等守护。'"

【所著衣服/きるえぶく】 所字 穿在身上的衣服。《续日本纪》卷 27《称德纪》天平神护二年十月条："壬寅，奉请隅寺毗沙门像所现舍利于法华寺。简点氏氏年壮有容貌者。五位以上二十三人，六位以下一百七十七人，捧持种种幡盖，行列前后。其**所著衣服**，金银、朱紫者，恣听之。诏百官主典以上，礼拜。"（第四册，p. 134）（1）吴支谦译《须摩提女经》卷 1："又梵志**所著衣服**，或被白氎，成被毳衣，然彼梵志之法，入国之时，以衣偏著右肩，半身露见。"西晋竺法护译《佛说四辈经》卷 1："佛言：'若有女人出家，除发为道，以去爱欲，当专精静处，不得与出家男子同庙止。若行师受，当有等类，不得独往禀受。常当晚出早还，不得妄出庙宿止。但得教授女人，不得教授男子。**所著衣服**，不得刻绘帛彩色苾芬。'"梁宝唱等集《经律异相》卷 27："王告诸臣：'今若见此儿在时**所著衣服**，宁识之不？'诸臣对曰：'虽自久远，臣故识之。'"（2）《搜神记》卷 2："吴孙峻杀朱主，埋于石子冈。归命即位，将欲改葬之。冢墓相亚，不可识别，而宫人颇识主亡时**所著衣服**。乃使两巫各住一处，以伺其灵，使察鉴之，不得相近。"《唐律疏议》卷 20《贼盗》："'即奴婢别赍财物者'：谓除奴婢身**所著衣服**外，剩有财物，自从强、窃法。"

T

【他児/あたしこ】 偏正　别人的儿子。《日本灵异记》中卷《常鸟卵煮食以现得恶死报缘第10》："诚知地狱现在，应信因果。不可如乌鸟慈己儿而食**他儿**。无慈悲者，虽人如鸟矣。"（p. 176）（1）姚秦佛陀耶舍、竺佛念等合译《四分律》卷56："时诸比丘闻中，有少欲知足行头陀乐学戒知惭愧者，嫌责毕陵伽婆蹉言：'云何贼偷**他儿**去，而夺来耶？'毕陵伽婆蹉闻已，疑往佛所，头面礼足，却坐一面，以此因缘，具白世尊。"梁宝唱等集《经律异相》卷47："有女置其婴儿，在于一处，狼担儿而走。时人捕蹑，而语之言：'汝今何故，担**他儿**去？'狼答之言：'此小儿母，是我怨家，五百世中，常食我儿，我亦五百世，常杀其子。'"唐义净译《根本说一切有部毘奈耶杂事》卷30："母曰：'寒穷物自言善学阴私书者，汝尚不知。岂有我为**他儿**，自打头破？我拟将湿紫矿棉，于头上按令赤汁流下。'"（2）《北史》卷68《敦子弼传》："有三太猛：嫉妒心太猛，自是非人心太猛，无上心太猛，昔在周朝，已教**他儿**子反，此心终不能改邪？"《旧唐书》卷166《白居易传》："乐天始未言，试指'之''无'字，能不误。始既言，读书勤敏，与**他儿**异。"按：《汉语大词典》失收。代词"他"在先秦主要指事物，也可指人，后又用作第三人称。"他妇"的"他"，已成为一个人称代词，表示"别的"，其指代对象是不确定的。→【己児】

【他婦/あたしをみな】 偏正　别人的媳妇，别人的女人。《日本书纪》卷2《神代纪下》："彦火火出见尊取妇人为乳母、汤母、及饭嚼、汤坐，凡诸部备行，以奉养焉。于时权用**他妇**，以乳养皇子焉。此世取乳母养儿之缘也。"（第一册，p. 178）东晋瞿昙僧伽提婆译《中阿含经》卷35《梵志品》："尊者阿难白曰：'世尊，我闻跋耆不以力势，而犯**他妇**、他童女也。'"姚秦鸠摩罗什译《大智度论》卷8《序品》："视**他妇**如母，见他财如火，一切如亲亲，如是名等见。"萧齐求那毘地译《百喻经》卷2："即截**他妇**，鼻持来归家，急唤其妇：'汝速出来，与汝好鼻。'其妇出来，即割其鼻，寻以他鼻，著妇面上，既不相著，复失其鼻，唐使其妇，受大苦痛。"按：《汉语大词典》失收。→【己婦】

【他界/ひとくに】 偏正　别的国家，别国，他国。《日本书纪》卷30《持统纪》

四年十月条："富杼等依博麻计，得通天朝。汝独淹滞他界，于今三十年矣。朕嘉厥尊朝爱国，卖己显忠。"（第三册，p. 508）（1）姚秦鸠摩罗什译《大智度论》卷98《萨陀波仑品》："譬如负债人，未欲远去，债主不遮；欲出他界，则不听去。"梁宝唱等集《经律异相》卷28："当来有国王，不乐己境界，便集四种兵，侵夺他界。"隋达摩笈多译《起世因本经》卷10《最胜品》："尔时，阿那毘罗大风，别于他界，转成住处，吹五种子，散此界中，散已复散，乃至大散，所谓根子、茎子、节子、合子、子子，此为五子。"（2）《宋书》卷91《孝义传》："'且晞张封筒远行，他界为劫，造衅自外，赃不还家，所寓村伍，容有不知，不合加罪。'勒县遣之，还复民伍。乃除恭义成令，协义招令。"《魏书》卷5《高宗纪》："有流徙者，谕还桑梓。欲市籴他界，为关傍郡，通其交易之路。若典司之官，分职不均，使上恩不达于下，下民不赡于时，加以重罪，无有攸纵。"按：《汉语大词典》失收。

【他馬/ひとのうま】 偏正　别人的马匹。《日本书纪》卷25《孝德纪》大化二年三月条："其介膳部臣百依所犯者，草代之物收置于家，复取国造之马而换他马来。"（第三册，p. 142）东晋佛陀跋陀罗、法显合译《摩诃僧祇律》卷3："若比丘盗心，若以盐若以草，诱他马将去，离见闻处波罗夷。"宋蕴闻编《大慧普觉禅师语录》卷19："他弓莫把，他马莫骑，他人之事莫知。此虽常言，亦可为入道之资粮。"

【他命/ひとのいのち】 偏正　他人的生命。《日本书纪》卷15《清宁纪》即位前纪条："惟河内三野县主小根慄然振怖，避火逃出，抱草香部吉士汉彦脚，因使祈生于大伴室屋大连曰：'奴县主小根事星川皇子者信。而无有背于皇太子。乞降洪恩，救赐他命。'"（第二册，p. 218）失译人名今附后汉录《大方便佛报恩经》卷4《恶友品》："尔时大王，闻是语已，心意惨然，寻发慈心：'鸟兽共相爱念，护惜他命，其事如是。'尔时大王，即断雁肉，誓不复捕。"东晋瞿昙僧伽提婆译《增壹阿含经》卷7《五戒品》："若生人中，受命极短，所以然者，以断他命故。是故当学莫杀生。"隋阇那崛多译《佛本行集经》卷24《劝受世利品》："假使人生在世间，杀害他命以得乐，智者称说此非善，况复来世求人天？"

【他女/ひとのめ】 偏正（3例）　亦称"他女人"。其他的女人，别的女子。《古事记》中卷《景行记》："于是天皇闻看定三野国造之祖大根王之女，名兄比卖，弟比卖二娘子。其容姿丽美，而遣其御子大碓命以唤上。故其所遣大碓命勿召上，而即己自婚其二娘子，更求他女人，诈名其娘女而贡上。于是天皇知其他女，恒令经长眼，亦勿婚而惚也。"（p. 214）《日本书纪》卷25《孝德纪》大化二年三月条："复有恃势之男，浪要他女，而未纳际，女自适人，其浪要者嗔求两家财物为己利者甚众。"（第三册，p. 154）《续日本纪》卷22《淳仁纪》天平宝字三年六月条："不爱己妻，喜犯他女为淫。"（第三册，p. 322）西晋竺法护译《佛说阿惟越致遮经》卷3《师子女品》："佛言：'女人若求，无上正真之道，欲学此经，观余女人。所以者何？若学此经，专精不乱，不效**他女**，贪于尘劳，犹是之缘，致女人身。'"元魏瞿昙般若流支译《正法念处经》卷14《地狱品》："若侵他妻，或犯**他女**，为彼所捉。捉已付王，若王王等，拔其人根。"唐义净译《曼殊室利菩萨咒藏中一字咒王经》卷1："若是石女，无产生法，欲求男女者，应取阿说健陀根，以酥熟煎捣之令碎，和黄牛乳咒二十五遍。待彼女人，身净之时，令饮其药，妻莫犯他男，夫莫犯**他女**。未久之间，即便有娠。"按：《汉语大词典》失收。

【他女人/あたしをみな】 三字　其他女人，别的女子。《古事记》中卷《景行记》："于是天皇闻看定三野国造之祖大根王之女，名兄比，弟比卖二娘子。其容姿丽美，而遣其御子大碓命以唤上。故其所遣大碓命勿召上，而即己自婚其二娘子，更求**他女人**，诈名其娘子而贡上。"（p. 214）西晋竺法护译《佛五百弟子自说本起经》卷1："身亦不犯触，亦不与合会。唯但执其臂，为娆**他女人**。"东晋佛驮跋陀罗译《大方广佛华严经》卷24《十地品》："离于邪淫，自足妻色，于**他女人**，不生一念。"梁宝唱等集《经律异相》卷46："曾有一女人，为饿鬼所持，即以咒术，而问鬼言：'何以恼**他女人**？'"按："他女人"，一般指配偶以外的女子。

【他妻奸犯/ひとのめををかす】 四字　性侵有婚之妇。《日本灵异记》上卷《非理夺他物为恶行受报示奇事缘第30》："或人物强夺取，或**他妻奸犯**。不孝养父母，不恭敬师长，不奴婢者骂慢。"（p. 126）吴支谦译《菩萨本缘经》卷2《月光王品》："当是时也，其国乃至，无有一人，瞋嫉，憍慢，贡高刚强，盗人财物，**奸犯他妻**，两舌恶口，贪恚邪见。"

【塔/とう】 单音（9例）　梵语stūpa的译音，略作"塔婆"。亦写作"率兜婆""率塔婆""率都婆""率堵婆""兜婆"。意译作"高显处""功德聚""庙""冢""坟陵"。最初是指将土、石堆高，以收藏遗骨之处，后来才渐谓安置佛舍利等而起造的建筑物。《日本书纪》卷20《敏达纪》十四年二月条："十四年春二月戊子朔壬寅，苏我大臣马子宿祢起塔于大野丘北，大会设斋。即以达等前所获舍利，藏**塔**柱头。"（第二册，p. 490）《日本书纪》卷23《舒明纪》十一年十二月条："是月，于百济川侧建九重**塔**。"（第三册，p. 50）又卷25《孝德纪》即位前纪条："辞讫，解所佩刀，投掷于地。亦命帐内，皆令解刀。即自诣于法兴寺佛殿与**塔**间，剔除髯发，披著袈裟。"（第三册，p. 110）又大化四年二月条："己未，阿倍大臣请四众于四天王寺迎佛像四躯，使坐于**塔**内，造灵鹫山像，累积鼓为之。"（第三册，p. 168）《出云国风土记·意宇郡》条："建立五层之**塔**也。"（p. 148）又："建立三层之**塔**也。"（p. 148）《日本灵异记》中卷《将建塔发愿时生女子卷舍利所产缘第31》："诸人众喜展转。国司郡卿悉喜，引率知识，建七重**塔**，安彼舍利以供养了。今盘田郡部内建立盘田寺之塔是也。"（p. 229）又下卷《减塔阶仆寺幢得恶报缘第36》："夫幢是招转轮王报之善因也。**塔**是收三世佛舍利之宝藏也。故依幢仆得罪，由**塔**高减被罪也。"（p. 356）《唐大和上东征传》："其［阿］育王**塔**者，是佛灭度后一百年，时有铁轮王，名［曰］阿育王，役使鬼神，建八万四千塔之一也。"（p. 55）又："州太守庐同宰及僧徒父老迎送，设供养，差人备粮送至白社村寺；修理坏**塔**，劝诸乡人造一佛殿，至台州宁海县白泉寺宿。"（p. 58）又："又阿育王塔样金铜**塔**一区。"（p. 88）又："禅院从今古，青松绕**塔**新。法留千载经，名记万年春。"（p. 102）《续日本纪》卷13《圣武》天平十二年六月条："甲戌，令天下诸国，每国写《法华经》十部，并建七重**塔**焉。"（第二册，p. 364）又卷14《圣武纪》天平十三年三月条："宜令天下诸国各令敬造七重**塔**一区。并写《金光明最胜王经》、《妙法莲华经》各一部。朕又别拟写金字《金光明最胜王经》，每**塔**各令置一部。"（第二册，p. 388）又天平十三年闰三月条："又令造三重**塔**一区。赛宿祷也。"（第二册，p. 392）又卷17《圣武纪》天平十九年十一月条："其金光明寺各造七重**塔**一区，并写金字《金光明经》一部，安置**塔**里。"（第三册，p. 48）又卷18《孝谦纪》天平胜宝二年五月条："辛亥，震中山寺。**塔**并步廊尽烧。京中骤雨。水潦泛溢。"（第三册，p. 104）又卷30《称德纪》宝龟元年四月条："戊午，初天皇八年乱平，乃发弘愿，令造三重小**塔**一百万基。"（第四册，p. 280）又卷34《高绍纪》宝龟八年七月条："癸亥，震但马国国分寺**塔**。"唐慧琳撰《一切经音义》卷27："**塔**：梵云窣堵波，此云高显。制多，此云灵庙。律云塔婆。无舍利云支提。今塔即窣堵，讹云**塔**。古书无**塔**字，葛洪《字苑》及《切韵》**塔**即佛堂，佛塔庙也。"→【阿育王塔】【八角塔】【宝塔】【金塔】【大安塔院】【構塔】【護塔菩薩】【建立塔】【建塔】【金塔】【累石为塔】【立塔】【廟塔】【七重塔】【起立寺塔】【起塔於~】【寺塔】【堂塔】【廠塔】【育王塔】【造仏廠塔】【造立塔廟】【造塔】

【塔本/とうのもと】 自创　犹言"塔基"。佛塔的根基。《日本灵异记》下卷《沙门积功作佛像临命终时示异表缘第30》："既而佛师多利麿，受遗言，造彼十一面观音像，因关白供养已讫。今居能应寺之**塔本**也矣。"（p. 341）唐道宣撰《道宣律师感通录》卷1："寺今见在，凡人不见，所闻钟声，即寺钟也。其**塔本**基，虽因刘曜，仍是穆王，立寺之处，又是迦叶如来，之古寺也。"该例又见于《律相感通传》卷1、唐道世撰《法苑珠林》卷14。

【塔基/とうのもと】 偏正　佛塔的根基。《日本灵异记》中卷《贷用寺息利酒不偿死作牛役之偿债缘第32》："时有斑犊，入药王寺，常伏**塔基**。寺人擯出，又犹还来而伏不避。"（p. 231）萧齐僧伽跋陀罗译《善见律毘婆沙》卷3《阿育王品》："王作基已，复白大德：'塔形云何？'摩哂陀答言：'犹如积稻聚。'王答：'善哉！'于**塔基**上，起一小塔。王作种种供养，欲下舍利，举国人民，华香妓乐，来观舍利。"梁慧皎撰《高僧传》卷13："初标**塔基**，是今塔之西，每夕标辄东移十余步，旦取还已复随徙。"唐道宣撰《续高僧传》卷11："**塔基**之左有滢，名曰龙渊，其水不流，深湛悬岸。"→【塔本】

【塔階/とうのこし】 偏正 佛塔的阶梯。《日本灵异记》下卷《减**塔阶**仆寺幢得恶报缘第36》（p. 356）唐般若译《佛说造塔延命功德经》卷1："第八次椎打竟，以手作**塔阶**时，用陀罗尼，加持一遍，安置**塔阶**。"

【塔靈/とうのみたま】 自造 （2例） 佛塔灵异的效验。《日本灵异记》下卷《弥勒丈六佛像其颈蚁所嚼示奇异表缘》："优婆塞初夜思疑行路之人得病参宿。起巡堂内，见堂无人。其时，有塔木。未造淹仆伏而朽。疑斯**塔灵**矣。彼病呻音，每夜不息。行者不得闻忍，故起窥看，犹无病人。然最后夜，倍于常音，响于大地，而大痛呻。犹疑**塔灵**也。"（p. 335）唐道宣撰《集神州三宝感通录》卷1："其**塔灵**异，往往不一，大略为瑞多现。圣僧绕塔行道，每夕然灯，于光影中现形，在壁旋转而行。"唐圆照撰《贞元新定释教目录》卷17："时复巡瞻，八**塔灵**迹。如是习学，一十八年。"宋志盘撰《佛祖统纪》卷53："懿宗。观察使杨严奏舍利宝**塔灵**异。敕度三十七僧，严奉香火。"

【塔木/とうのき】 先例 （2例） 佛塔四周的树木。《日本灵异记》上卷《邪见假名沙弥斫**塔木**得恶报缘第27》（p. 116）。又下卷《弥勒丈六佛像其颈蚁所嚼示奇异表缘》："优婆塞初夜思疑行路之人得病参宿。起巡堂内，见堂无人。其时，有**塔木**。未造淹仆伏而朽。疑斯塔灵矣。"（p. 335）太泉录《为霖道霈禅师餐香录》卷2："后三十年，公**塔木**已拱，始得其录读之。喟然叹曰：'此后学参禅榜样也。'"

【塔寺/とうじ】 偏正 （2例） 即寺院。《日本灵异记》下卷《拍于忆持千手咒者以现得恶死报缘》："《方广经》云：'诽谤贤人者，等于破坏八万四千国**塔寺**之人罪。'者，其斯谓之矣。"（p. 296）《续日本纪》卷23《淳仁纪》天平宝字四年七月条："因兹，今追议定营造修理**塔寺**精舍分一千户，供养三宝并常住僧分二千户，官家修行诸佛事分二千户。"（第三册，p. 358）唐慧琳撰《一切经音义》卷27："**塔寺**：梵云昆诃罗，云游行处，谓众游履行处，亦谓僧园。今以寺代之。《说文》：**寺**，廷也。有法度者。《广雅》：**寺**，治也。《释名》云：**寺**，嗣也。治事者，相嗣续于中。字从寸从，土声。"后汉安世高译《尸迦罗越六方礼经》卷1："佛尊过诸天，鬼神不能当，低头绕**塔寺**，叉手礼十方。"姚秦鸠摩罗什译《妙法莲华经》卷4《劝持品》："不知佛方便，随宜所说法。恶口而颦蹙，数数见摈出。远离于**塔寺**，如是等众恶。念佛告敕故，皆当忍是事。"→【寺塔】

【塔院/とういん】 偏正 （2例） 建有佛塔的院子。《日本灵异记》中卷《阎罗王使鬼得所召人之赂以免缘第24》："盘岛参入大安寺南**塔院**，请沙弥仁耀法师，未受戒之时也。"（p. 212）又："僧惠新于大安**塔院**讲件疏记，僧常巍于大安寺讲件疏记，僧真法于兴福寺讲件疏记。"（p. 95）东晋佛陀跋陀罗、法显合译《摩诃僧衹律》卷33："塔应在高显处作。不得在**塔院**中，浣染晒衣、著革屣、覆头、覆肩、涕唾地。"唐法藏撰《梵网经菩萨戒本疏》卷2："又于僧房院地内造佛堂塔，及于**塔院**地中取井水等俱重。”

【塔柱/とうのはしら】 偏正 佛塔的梁柱。《日本灵异记》上卷《邪见假名沙弥斫塔木得恶报缘第27》：“或住摄津国岛下郡春米寺，斫烧**塔柱**汙法。谁人莫过斯甚。”（p. 116）后秦弗若多罗、罗什合译《十诵律》卷48：“‘佛听我施柱作塔者善？’佛言：‘听作。’‘佛听我以彩色赭土白灰庄严**塔柱**者善？’佛言：‘听庄严柱。’‘佛听我画柱塔上者善？’佛言：‘除男女合像，余者听作。’”唐道宣撰《续高僧传》卷4：“周匝轮径，四十余里，中央高竦。即涅槃地。有一砖室，卧像北首，旁施**塔柱**，具书铭记，而诸说混淆，通列其上。”

【踏殺/ふみころす】 后补 踩死，踩踏致死。《日本书纪》卷14《雄略纪》五年二月条：“舍人性懦弱，缘树失色，五情无主。嗔猪直来，欲噬天皇。天皇用弓刺止，举脚**踏杀**。”（第二册，p. 162）（1）失译人名今附后汉录《大方便佛报恩经》卷4《恶友品》：“时提婆达多白阿阇世王言：‘佛诸大弟子等，今皆不在。如来单独一身。王可遣信，往请如来。若入宫城，即当以酒，饮五百大恶黑象，极令奔醉。佛若受请，来入城者，当放大醉象，而**踏杀**之。’”晋法炬、法立合译《法句譬喻经》卷3：“愿王明日，请佛入城，吾当饮五百大象令醉，佛来入城，驱使醉象，令**踏杀**之，尽断其种。”梁僧佑撰《释迦谱》卷2：“时琉璃王，告群臣曰：‘今此释众，人民极多，非刀剑所能害尽，悉取埋脚地中。然后使暴象**踏杀**。’尔时群臣，受王教敕，即以象**踏杀**之。”（2）《梁书》卷54《林邑传》：“国不设刑法，有罪者使象**踏杀**之。”（p. 784）《朝野佥载》卷1：“景龙中谣曰：可怜圣善寺，身著绿毛衣。牵来河里饮，**踏杀**鲤鱼儿。至景云中，谯王从均州入都作乱，败走，投洛川而死。”（p. 10）按：《汉语大词典》失收。

【踏損/ふみそこなふ】 后补 （2例） 踩坏，踩破。《藤氏家传》下卷《武智麻吕传》：“僧尼空载名于寺籍，分散糊口于村里。未尝修理，寺家破坏。但能致有牛马**踏损**。”（p. 334）又：“或房舍不修，牛马**踏损**，庭荒凉，荆棘旅生。”（p. 337）唐义净译《根本说一切有部毘奈耶》卷32：“妻见问曰：‘往商主处，得何财物？’夫曰：‘得此马驹。’妻曰：‘善哉！此物劳我作器，随成**蹋损**。’驹闻此语，便至妻所，舐其双足。其妻见已亦起爱心。”后唐景霄纂《四分律行事钞简正记》卷16：“错入王田，**踏损**胡麻。”按：《汉语大词典》例引宋史达祖《杏花天》词：“栖莺未觉花梢颤，**踏损**残红几片。”略晚。

【太好/はなはだよし】 口语 非常适合饮用。《常陆国风土记·香岛郡》条：“东南，松下出泉。可八九步，清渟**太好**。”（p. 394）苻秦僧伽跋澄等译《僧伽罗刹所集经》卷2：“此地**太好**，山林城郭，泉源浴池。种种泉源，皆有珍宝，满彼浴池。”唐冥详撰《大唐故三藏玄奘法师行状》卷1：“王曰：‘师论**太好**！在此诸师，并皆信伏。’”按：《汉语大词典》失收。意思上，《香岛郡》条中的“太好”指泉水甘甜怡人。佛典二例中，前一例与《香岛郡》条的意思相同，后一例指法师说道精彩。用法上，《香岛郡》条中的“太好”出现在叙述文里，而佛典则直接出现在说话中。这是两者在语体位相上的最大区别。

【太甚也/いとはなはだしきなり】 口语 太过分了，真是岂有此理。《日本灵异记》下卷《假官势非理为政得恶报缘第35》：“呜呼鄙哉！古丸。用于狐借虎皮之势，非理为政，受恶报者。不睠因果之贱心，**太甚也**。非无因果也。”（p. 353）唐道宣撰《续高僧传》卷8：“时梁储在坐素不识之，令问讲者何名。乃抗声曰：‘禹穴慧荣，江东独步。太子不识，何谓储君？’一坐掩耳，以为彭亨之**太甚也**。荣从容如旧，旁若无人。”唐慧琳撰《一切经音义》卷53：“耽乐：上荅含反。《孔注尚书》云：过乐谓之耽。《毛诗传》云：乐之**太甚也**。”唐慧苑述《续华严经略疏刊定记》卷3《世界成就品第4》：“总云名观察十方世界海演说合集品，今但名世界成就品者，译家存略，**太甚也**。”

【太辛苦/いたくたしなめらる】 口语 非常辛苦。《播磨国风土记·饰磨郡》条：“尔时，大汝神，谓妻弩都比卖曰：‘为遁恶子，返遇风波，被**太辛苦**哉。’”（p. 34）失译人名今附后汉录《大方便佛报恩经》卷4：“尔时，善友太子于月十五日朝，净自，澡浴著鲜净衣，烧妙宝香，高楼观上，手捉香炉，头面顶礼，摩尼宝珠，立誓愿言：‘我为阎浮提一切众生故，忍**太辛苦**，求是宝珠。’”唐义净译《根本说一切有部毘奈耶破僧事》卷18：“时匠念言：‘其人有大气力，若拓印时，脚跟踏我，必因兹致死。’便即语提婆达多言：‘可向房中出脚，我即印上。’答匠言好。时匠即烧轮形铁，如火色印其足下。其时受**太辛苦**。”新罗慧超、唐圆照等撰《游方记抄》卷1：“天宝二载十二月，举帆东下，到狼沟浦，被恶风漂，浪波击船破。波击舟破，人总上岸。潮来水至人腰。大和上在乌蓝草上，余人并在水中。冬寒风急。甚**太辛苦**。”

【貪財物/たからをむさぼる】 三字 贪爱财物。《日本灵异记》上卷《序》：“翘利养，**贪财物**，过磁石于举铁山以嘘铁。”（p. 54）东晋瞿昙僧伽提婆译《增壹阿含经》卷9《惭愧品》：“当念法施，勿思欲施，便得称誉，多闻四远，恭敬于法，不**贪财物**，此则无有羞耻。”失译人名今附秦录《大乘悲分陀利经》卷4《第九王子授记品》：“令我眷属，贵重于法，不**贪财物**，不重荣利，乐于无常，苦空无我，勤修精进，敬佛乐法，重比丘僧。”梁宝唱等集《经律异相》卷6：“自共于后，不修道德，寺庙空荒不复修理。转就毁坏。但**贪财物**。积聚不散。”

【貪嗔痴淫盗/たんしんちいんとう】 多音 贪婪、嗔怒、痴迷、淫乱、盗窃。《续日本纪》卷22《淳仁纪》天平宝字三年六月条：“若有修习仁义礼智信之善，戒慎**贪瞋痴**淫盗之恶，兼读前二色书者，举而察之，随品升进。”（第三册，p. 322）唐菩提流志译《大宝积经》卷30：“地水火风与体性，事物众生及以苦。蕴界世生声名谛，**贪瞋痴**慢爱覆憍。悭嫉谄诳并忿等，当知一一皆如是。若人于彼眼尽边，而常迷惑不能了。”唐实叉难陀译《大方广佛华严经》卷19《十行品》：“我当常为众生说法，令离一切恶，断贪瞋痴，憍慢覆藏，悭嫉，谄诳，令恒安住，忍辱柔和。”

【貪銭/ぜにをむさぼる】 述宾　贪图钱财。《日本灵异记》中卷《因悭贪成大蛇缘缘第38》：“诚知贪钱因隐，得大蛇身，返护其钱也。虽见须弥顶，不得见欲山顶者，其斯谓之矣。”（p. 244）唐道宣撰《续高僧传》卷28：“泰不胜欢喜，即以二千钱偿所漉人曰：‘法师悲号，剧丧父母，故为急觅，非是贪钱弟子。虽佣夫亦知福报，请以此钱充庄严之直。’言讫遁去。”按：《汉语大词典》失收。

【貪僧/たんそう】 偏正　贪婪的僧人。《续日本纪》卷22《淳仁纪》天平宝字三年六月条：“伏愿自今以后，停官布施，令彼贪僧无所希望。”（第三册，p. 324）

【談之言：“～”/かたりていはく～】 自创　对某人说道：“……”。《日本灵异记》上卷《圣德皇太子示异表缘第4》：“时有人言：‘是有愿觉师。’即优婆塞往而见，当实愿觉师也。逢于优婆塞而谈之言：‘比顷不谒，恋思无间。起居安不也？’”（p. 69）

【弾指/つまはじき】 时段（5例）　捻弹手指作声。原为印度风俗。用以表示欢喜、许诺、警告等含义。《日本灵异记》下卷《假官势非理为政得恶报缘第35》：“天皇闻之弹指，敕遣使于远江国，令访古丸之行事。方得问之，如解状。不异实。”（p. 353）又《灾与善表相先现而后其灾善答被缘第38》：“爰景戒发惭愧心，弹指而言：‘修上品下品善者，得身长如是有也。我先唯不修下品善功德，故我受身唯有五尺余矣。鄙哉！’弹指悔愁。”（p. 371）又：“弹指耻愁者，本有种子，加行智行者，远灭前罪，长得后善也。”（p. 372）又：“惭愧者，剃除鬓发，披著袈裟。弹指者，灭罪得福也。”（p. 372）姚秦鸠摩罗什译《妙法莲华经》卷6《如来神力品》：“一时謦欬，俱共弹指，是二音声，遍至十方，诸佛世界，地皆六种震动。”隋智顗撰《妙法莲华经文句》卷10《释如来神力品》：“弹指者，随喜也。”隋吉藏撰《法华义疏》卷11《如来神力品》：“弹指者，表觉悟众生，令修行者，得觉悟故。”《南史》卷35《王敬则传》：“顺帝泣而弹指：唯愿后身，生生世世，不复天王作因缘。”

【檀越/だんおつ】 音译（33例）　梵语 dāna-pati，音译“陀那钵底”“陀那婆”。与“檀那”同义，指从事布施的在家信徒，即施主之意。始见于西晋译经。《万叶集》卷16第3847首《法师报歌一首》：“檀越也　然勿言　五十户长我　课役征　汝毛半甘”（第四册，p. 122）《日本灵异记》上卷《赎龟命放生得现报龟所助缘第7》：“于时，贼等六人，其寺卖金丹。檀越先运量赎，禅师后出见之。贼等慌然，不知退进。禅师怜愍，不加刑罚。”（p. 80）又《偷用子物作牛役之示异表缘第10》：“檀越即起悲心，而就牛边，敷藁白言：‘实吾父者，就此座。’牛屈膝，而卧座上。”（p. 87）又《自幼时用网捕鱼而现得恶报缘第11》：“播磨国餝磨郡浓于寺、京元兴寺沙门慈应大德，因檀越请夏安居，讲《法华经》。”（p. 88）又中卷《至诚心奉写〈法华经〉有验示异事缘第6》：“檀越大悔，又访无由。故发誓愿，依经作法，屈请众僧，限三七日悔过。哭曰：‘亦令得。’未历二七日，请经试纳，函自少延，垂不得纳。**檀越**增加精进悔过，历三七日纳，乃得纳。”（p. 161）又《佛铜像盗人所捕示灵表显盗人缘第22》：“僧并**檀越**，闻之集来，卫于破佛，而号愁曰：‘哀哉，恳哉！我大师，聊何有过失，蒙此贼难。尊像有寺，以像为师，今自灭后，以何为师矣？’”（p. 206）又《贷用寺息利酒不偿死作牛役之偿债缘第32》：“岁经之五年，时寺之**檀越**冈田村主石人，梦见，其犊牛追于石人，以角棠仆，以足蹢之。石人愕叫。”（p. 231）又：“所役五年，未役三年。寺人无慈，打于我背，而迫驱使，斯甚苦痛。自非**檀越**，无愍之人，故申愁状。”（p. 232）又：“于兹，知寺僧净达并**檀越**等，悟于因缘，垂哀愍心，为修诵经。”（p. 231）又下卷《沙门凭愿十一面观世音像得现报缘》：“沙门辩宗者，大安寺之僧也。天年有辩。白堂为宗，多知**檀越**，高得众气。”（p. 268）又《禅师将食鱼化作〈法华经〉覆俗诽缘第6》：“时本知**檀越**三人，遭道而问之言：‘汝持物何物之也？’童子答言：‘此《法华经》也。’”（p. 276）又《二目盲女人归敬药师佛木像以现得明眼缘第11》：“**檀越**见矜，开户入里，向像之面，以令称礼。”（p. 288）又《未作毕捻埴像生呻音示奇表缘第17》：“未作毕有捻埴像二体。弥勒菩萨之胁士也。臂手折落，居于钟堂。**檀越**量曰：‘斯像隐藏乎山净处。’”（p. 304）又《用寺物复将写〈大般若〉建愿以现得善恶报缘第23》：“宝龟五年甲寅春三月，倏被人谗，堂**檀越**所打损而死。**檀越**者即忍胜之同属。眷属议曰：‘令断于杀人之罪。’故转不烧失，点地作冢，殡收而置。”（p. 318）又《依妨修行人得猴身缘第24》：“此僧念怪，随猕猴语，往告**檀越**，曰山阶寺满预大法师，陈猴詸语。其**檀越**师，不受而言：‘此猴语也。我者不信、不受、不听。’”（p. 322）又：“**檀越**曰僧，更作七间堂。信彼陁我大神题名猴之语，同入知识，而读所愿六卷抄，并成大神所愿。”（p. 323）又《弥勒丈六佛像其颈蚁所嚼示奇异表缘第28》：“明日早起，见堂内，其弥勒丈六佛像颈断落在土。大蚁千许集，嚼摧其颈。行者见之，告知**檀越**。**檀越**等怅，复奉造副，恭敬供养矣。”（p. 336）《藤氏家传》下卷《武智麻吕传》：“顾问国人，国人答曰：‘寺**檀越**等统领寺家财物田园，不令僧尼勾当，不得自由。所以有此损坏。非独此寺，余亦皆然。’”（p. 330）又：“仍奏曰：‘臣幸浴大化，奇守一国。因公事而巡民间，就余隙而礼精舍。部内人民，不知困果。**檀越**子孙，不惧罪业。’”（p. 334）又：“明告国师众僧及**檀越**等，具条部内寺家便宜并财物，附使奏上，待后进止。”（p. 337）《唐大和上东征传》：“彼官人取水与睿，水色如乳汁，取饮甚美。心既清凉，睿语彼官人曰：‘舟上三十余人，多日不饮水，甚大饥渴，请**檀越**早取水来。’”（p. 65）《续日本纪》卷7《元正纪》灵龟二年五月条：“宜明告国师、众僧及**檀越**等，条录部内寺家可合并财物，附使奏闻。又闻诸国寺家，堂塔虽成，僧尼莫住，礼佛无闻。**檀越**子孙，总摄田亩，专养妻子，不供众僧。因作诤讼，喧扰国郡。自今以后，严加禁断。其所有财物、田园，并须国师、众僧及国司、**檀越**等，相对检校，分明案记。充用之日，共判出付。不得依旧**檀越**等专制。”（第二册，p. 12）又卷27《称德纪》天平神护二年九月条：“己未，赐助官军近江国僧、沙弥及锦部、蒿园二寺**檀越**，诸寺奴等物，各有差。”（第四册，p. 132）又卷38《桓武纪》延历四年五月条：“己未，敕曰：‘出家之人，本事行道。今见众僧，多乖法旨。或私定**檀越**，出入闾巷。或诬称佛验，诖误愚民。非唯比丘之不慎教律，抑是所司之不勤捉搦也。’”《奈良朝写经15·瑜伽师地论卷第8》：“今受名慈氏弟子慈灵。**檀越**、慈氏弟子慈姓。”（p. 121）又《奈良朝写经16·瑜伽师地论卷第60》：“**檀越**，慈氏弟子慈姓（本名三神智万吕）。”（p. 123）唐义净译《南海寄归内法传》卷1：“梵云陀那钵底，译为施主。陀那是施，钵底是主。而云**檀越**者，本非正译。略去那字，取上陀音，转名为檀，更加越字。意道由行檀舍，自可越渡贫穷。妙释虽然，终乖正本。旧云达嚫者讹也。”宋法云编《翻译名义集》卷1：“又称**檀越**者，**檀**即施也。此人行施，越贫穷海。”后汉康孟详译《佛说兴起行经》卷1：“延如达以梵天为**檀越**，妇净音供养延如达，饮食、衣被、床卧、坐具、病瘦、医药。”梁宝唱等集《经律异相》卷32：“我非罗刹，众人何以故走？我本宿命，常好布施，我为一切人，之**檀越**。”按：“檀越”的“越”，有越度贫穷之义，因此“檀越”一词属于音意兼译词。→【白衣檀越】【大檀越】

【檀主/だんしゅ】 合成 （5例） 施主，亦称“檀家”。《日本灵异记》上卷《偷用子物作牛役之示异表缘第10》：“其夜，礼经已讫。僧将息时，**檀主**设以被覆之。僧即心念：‘明日得物，不如取被而出。’时有声而言：‘莫盗其被。’僧大惊疑，顾窥家中觅人，唯有一牛，立家仓下。”（p. 87）又中卷《奉写〈法华经〉因供养显母作女牛之因缘第15》：“**檀主**闻起，敷座唤牝，牝伏座。于是，**檀主**大哭言：‘实我母，我曾不知。今我奉免。’牛闻大息。法事讫后，其牛即死。”（p. 188）又《观音木像示神力缘第36》：“圣武太上天皇世，奈良京下毛野寺金堂东胁士观音之颈，无故断落也。**檀主**见之，明日将奉继。经一日一夜，而朝见，其颈自然如故继。加以放光。”（p. 242）《奈良朝写经22·道行般若波经卷第5》：“及**檀主**藤原夫人，常遇善缘，必成胜果，俱出尘劳，同登彼岸。”（p. 167）隋阇那崛多译《佛本行集经》卷43《优波斯那品》：“大王当知，我亦忆念往昔，在于俱睒弥城，曾作长者，能大舍施，作于**檀主**，所有资财，悉皆共他，分张而用。”唐道宣撰《广弘明集》卷15：“夫小乘志劣，事唯一己，大士意均，乃包六趣。今日**檀主**，信等明珠，无劳傍镜；质同珽玉，不待外光。”唐僧详撰《法华传记》卷8：“或时依私要，往诣仁寿寺僧道如所，在门外谓：‘如有私用，将贷钱三千文。’如曰：‘钱在寺库，不可惜之。但吾依**檀主**请，造《法华经》，至《方便品》初行终，尚未书一字，砚水既干。公为吾办水毕。’”

【嘆未曾夢/めづらしきいめなりとなげく】 自创 感叹没有做过的梦。《日本书纪》卷19《钦明纪》即位前纪条：“于是忻喜遍身，**叹未曾梦**。乃告之曰：‘汝有何事？’答云：‘无也。’”（第二册，p. 356）按：汉译佛经唯有“叹未曾有”的固有说法，“叹未曾梦”是该说法的变体形式，仅见于《日本书纪》。

【嘆未曾有/めづらしきこととなげく】 四字 （2例） 感叹过去未曾有过。指见所

未见、未曾有过。用于某种极高程度的赞叹。《日本书纪》卷20《钦明纪》十四年六月条："马子宿祢受而欢悦，**叹未曾有**，顶礼三尼。"（第二册，p.494）《藤氏家传》上卷《镰足传》："于时，空中有云，形如紫盖。丝竹之音，听于其上。大众闻见，**叹未曾有**也。"（p.250）后汉竺大力、康孟详合译《修行本起经》卷1《菩萨降身品》："当此之时，十六大国，莫不雅奇，**叹未曾有**。"后秦法师鸠摩罗什译《妙法莲华经》卷1《见宝塔品》："尔时四众等，见过去无量千万亿劫灭度佛说如是言，**叹未曾有**，以天宝华聚，散多宝佛，及释迦牟尼佛上。"唐义净译《金光明最胜王经》卷10《舍身品》："时诸苾刍，及诸大众，咸皆至心合掌，恭敬顶礼舍利，**叹未曾有**。"按：《新编日本古典文学全集》栏上的注释释例北凉昙无谶译《合部金光明经》卷8："时虚空中，有诸余天，见是事已，心生欢喜，**叹未曾有**。"→【未曾有見】【未曾有也】

【探抱/さぐりむだく】 并列 犹言"搂抱"。《万叶集》卷16第3857首歌注："于是当宿之夜，梦里相见，觉寤**探抱**，曾无触手。"（第四册，p.126）东晋瞿昙僧伽提婆译《增壹阿含经》卷49："复有蠰佉大藏在婆罗奈国，珍宝积聚，不可称计。设阎浮地，男女大小，各各**探抱**，四年四月四日。取伊罗钵藏者，终不灭少若阎浮地……男女大小，各各**探抱**，经四年四月四日，不知灭少。"按：《汉语大词典》失收。《新编日本古典文学全集》栏上的注释指出，此处描述出自《游仙窟》："惊觉揽之，忽然空手。"佛经中的"探抱"，是说四大藏的珍宝，即使阎浮地的男女老少，四年四个月四天都在往家里抱，可就是不见减少。

【唐僧/とうそう】 偏正 （4例） 唐代的僧人。《唐大和上东征传》："二月一日到难波，**唐僧**崇道等迎慰供养。"（p.91）《续日本纪》卷10《圣武纪》天平元年八月条："**唐僧**道荣，身生本乡，心向皇化，远涉沧波，作我法师。"（第二册，p.220）又卷12《圣武纪》天平八年十月条："冬十月戊申，施**唐僧**道璇、波罗门僧菩提等时服。"（第二册，p.302）又卷19《孝谦纪》天平胜宝六年正月条："入唐副使从四位上大伴宿祢古麻吕来归。**唐僧**鉴真、法进等八人随而归朝。"（第三册，p.138）唐义净撰《大唐西域求法高僧传》卷1："于时有**唐僧**，二十许人，从蜀川牂牁道而出（蜀川去此寺有五百余驿），向莫诃菩提礼拜。王见敬重，遂施此地，以充停息。给大村封二十四所。于后**唐僧**亡没，村乃割属余人。现有三村入鹿园寺矣。"又卷2："又见诃利鸡罗国僧，说有一**唐僧**，年余五十，得王敬重，秉权一寺，多赍经像，好行楚挞。即于此国，遇疾而瘗他乡矣。"

【堂塔/どうとう】 偏正 （4例） 堂宇（堂舍、殿堂）与塔庙。转而表示寺庙。《日本书纪》卷29《天武纪下》朱鸟元年五月条："是月，敕遣左右大舍人等扫清诸寺**堂塔**，则大赦天下，囚狱已空。"（第三册，p.460）《续日本纪》卷7《元正纪》灵龟二年五月条："又闻诸国寺家，**堂塔**虽成，僧尼莫住，礼佛无闻。"（第二册，p.12）又卷11《圣武纪》天平四年八月条："丁酉，大风雨。坏百姓庐舍及处处佛寺**堂塔**。"

（第二册，p. 260）又卷 16《圣武纪》天平十七年四月条："是日，通夜地震。三日三夜。美浓国櫓、馆、正仓，佛寺堂塔，百姓卢舍，触处崩坏。"（第三册，p. 8）梁慧皎撰《高僧传》卷 5："晋兴宁中，沙门慧力启乞为寺，止有堂塔而已。及汰居之，更拓房宇，修立众业。又起重门，以可地势。"唐菩提流志译《一字佛顶轮王经》卷 4《大法坛品》："诸佛居止，演说大法，转法轮处，可于此地，建立佛堂塔等，为最为上。"隋灌顶纂《国清百录》卷 2："彼地福尽，方成丘墟，所余堂塔，本不坏毁。"

【塘頭/つつみのほとり】 后缀 池塘口，池塘岸边。《续日本纪》卷 35《高绍纪》宝龟九年十月条："六月二十四日，到扬州。中使同欲进途，船难卒成。所由奏闻，便寄乘臣等船发遣。其第一第二船，并在扬子塘头，第四船在楚州盐城县。"宋颐藏主集《古尊宿语录》卷 37："师于三门前上堂，问僧：'有一人，从水塘头，来便转去。汝作么生？'学云：'和尚也须，许他始得。'"

【逃退/にげそく】 先例 逃跑退却。《古事记》下卷《仁德记》："尔，速总别王、女乌王共逃退，而腾于仓椅山。"（p. 300）宋宝云译《佛本行经》卷 3："魔王复放嫉嫌箭，名曰恶口化为龙。菩萨复放大悲箭，化为金鸟龙逃退。"按：《汉语大词典》失收。

【逃向於～/～ににげゆく】 于字 （3 例） 向某处逃亡。①《日本书纪》卷 25《孝德纪》大化五年三月条："天皇乃将兴军围大臣宅。大臣乃将二子，法师与赤猪自茅渟道逃向于倭国境。"（第三册，p. 172）②《日本书纪》卷 21《崇峻纪》二年四月条："物部守屋大连资人、捕鸟部万将一百人守难波宅，而闻大连灭，骑马夜逃向茅渟县有真香邑，仍过妇宅而遂匿山。"（第二册，p. 514）又卷 27《天智纪》七年是岁条："是岁，沙门道行盗草薙剑，逃向新罗。而中路风雨，芒迷而归。"（第三册，p. 278）唐义净译《根本说一切有部毘奈耶》卷 44："尊者大目连，即复本形，遮彼龙前，整容而住，问曰：'汝二龙王，欲何所作？'答曰：'有大德龙，来至住处，欲害我命，夺所居宫。有此难缘，逃向余处。'"又卷 22："猛光大王，既闻贼至，亦严四兵，出相拒战。猛光不如，兵众分离，遂骑单马，逃向余处。"又《根本萨婆多部律摄》卷 4："与阿湿薄迦补奈伐苏行污家者，作趋摈羯磨。其同罪者，半豆卢呬得迦等，中路闻已，遂便逃向，室罗伐城。"按：《汉语大词典》失收。汉译佛经文献中，亦未见"逃向"带"于"字的用例。

【討覈/たづねきはむ】 并列 讨究检核。《古事记·序》："朕闻诸家之所赍帝纪及本辞，既违正实，多加虚伪。当今之时，不改其失，未经几年，其旨欲灭。斯乃邦家之经纬，王化之鸿基焉。故惟撰录帝纪，讨核旧辞，削伪定实，欲流后叶。"（p. 20）梁慧皎撰《高僧传》卷 14《序录》："及夫讨核源流，商榷取舍，皆列诸赞论，备之后文。"梁陶弘景《冥通记》卷 1："今讨核缘由，如神灵所召，故其得来此山。"（p. 3）唐道世撰《续高僧传》卷 30："转革旧章，多弘新势，讨核原始，共委渔山。"按：考虑到《高僧传》中“讨核”一词同样处于序文之中，《古事记》序文中的“讨核”一词直接出自《高僧传》的可能性极大。

【特愛/ことにめづ】 偏正　特别钟爱，格外喜欢。《续日本纪》卷1《文武纪》四年三月条：“初孝德天皇白雉四年，随使入唐。适遇玄奘三藏，师受业焉。三藏**特爱**，令住同房，谓曰：‘吾昔往西域，在路饥乏，无村可乞。’”（第一册，p. 22）（1）梁宝唱等集《经律异相》卷48：“昔阎浮提有国，名波罗奈。中有一人，**特爱**黄金，苦身营觅，得七瓶金，埋内土中，终不衣食，遇疾而亡。”宋宗晓编《法华经显应录》卷2：“梁庾诜，字彦宝，新野人。幼听警，笃学经史，赋性夷简，**特爱**林泉。蔬食弊衣，不事产业。”高丽一然撰《三国遗事》卷2：“萱多妻妾，有子十余人。第四子金刚，身长而多智。萱**特爱**之，意欲传位。其兄神剑良剑龙剑知之忧懑。”（2）《北齐书》卷8《幼主传》：“**特爱**非时之物，取求火急，皆须朝征夕办，当势者因之，贷一而责十焉。”《梁书》卷51《处士传》：“永元初，更筑三层楼，弘景处其上，弟子居其中，宾客至其下，与物遂绝，唯一家僮得侍其旁。**特爱**松风，每闻其响，欣然为乐。”按：《汉语大词典》失收。→【生貪愛】【思愛】【異愛】

【特非～/ひとり～あらず】 否定　并非特别……《日本书纪》卷23《舒明纪》即位前纪条：“是群卿言也。**特非**臣心。”（第三册，p. 24）梁释慧皎撰《高僧传》卷7：“释道亮，不知何许人。住京师北多宝寺，神悟超绝，容止可观，而性刚忤物，遂显于众。元嘉之末，被徙南越。时人或讥其，不能保身。亮曰：‘业理所之，**特非**人事。’”唐道宣撰《中天竺舍卫国祇洹寺图经》卷1：“门外渠水，飞桥北跨，亦有五道。雕饰之异，**特非**人有。”唐怀素撰《四分律开宗记》卷3：“‘次先与他衣强夺戒’：先与他衣，规为行伴。彼既不去，索须和豫。忽以嗔心强夺，**特非**所宜，逼恼情深，故所以制。”按：《汉语大词典》失收。

【騰空而往/そらにあがりてゆく】 四字　向天空飞去。犹言“腾空而去”。《日本灵异记》下卷《拍于忆持千手咒者以现得恶死报缘第14》：“长至己家门，从马将下，坚不得下。忽与乘马，**腾空而往**，到捶行者之处，悬空径一日一夜。明日午时，自空落死。”（p. 296）梁僧佑撰《出三藏记集》卷1：“是比丘欢喜敬诺，受僧敕命，头面礼僧，右绕三匝，如金翅鸟，**腾空而往**。”隋阇那崛多译《大法炬陀罗尼经》卷4《四念处品》：“尔时复有，转轮圣王，名祭火光，前后导从，大众围绕，有八万首领，八万象乘，**腾空而往**放，光佛所。”唐善无畏译《慈氏菩萨略修瑜伽念诵法》卷2《大三昧耶像悉地品》：“或见像动眼精睛转，便把于像中画愈誐者处，即身**腾空而往**十方世界，三千大千世界。”

【騰蘭/とうらん】 人名　摩腾与竺法兰，早期将佛教传入中国的僧人。摩腾，又作迦叶摩腾，中天竺人，能解大小乘经，汉明帝遣蔡愔等往天竺求法，遇之，永平十年，与竺法兰至洛阳，译《四十二章经》，为印度高僧莅华传法之第一人。竺法兰，与摩腾结伴前来中国，居于洛阳白马寺，合译《四十二章经》。另译有《十地断结经》《佛本生经》《佛本行经》《法海藏》等。《唐大和上东征传》藤原刷雄《五言伤大和上》："哀哉归净土，悲哉赴泉场。寄语腾兰迹，洪慈万代光。"（p. 109）梁慧皎撰《高僧传》卷3："周星曜魄，汉梦通神。腾兰谶什，殉道来臻。"唐慧立本、彦悰笺《大唐大慈恩寺三藏法师传》卷8："自佛日西倾，余光东照，周感夜明之瑞，汉通宵梦之征。腾兰爇慧炬于前，澄什嗣传灯于后。"唐道宣撰《集古今佛道论衡》卷4："腾兰初至此地，大译诸经，其后支迦提之徒、康僧会之辈、昙摩提之属、鸠摩罗之流，翻译皆有年月。"

【剔除鬍髪、披著袈裟/ひげをそりけさをきる】自创　犹言"剔除须发"，指剃除须发出家当和尚。《日本书纪》卷25《孝德纪》即位前纪条："辞讫，解所佩刀，投掷于地。亦命帐内，皆令解刀。即自诣于法隆寺佛殿与塔间，剔除鬍发，披著袈裟。"（p. 110）唐慧琳撰《一切经音义》卷17："剔除：汀历反。《声类》云：剔，解也。又云剃发也。《文字典说》：从刀，易声也。"（1）姚秦竺佛念译《鼻奈耶》卷2："出家剔除须发，著袈裟，捐弃国土，入山行道。"失译人名今附北凉录《大方广十轮经》卷3："佛言：'善男子，若诸比丘，佛法出家，剃除须发，披著袈裟。一切天人，阿修罗，皆应供养。'"梁释僧佑撰《弘明集》卷1："沙门剔除须发，而比之于四人，不已远乎。"（2）《北魏诗》卷4《老君十六变词》："渐渐诱进说法轮，剔其鬍发作道人。"（p. 2254）→【披著袈裟】

【提奨/ていしょう】并列　提携奖掖。《奈良朝写经40·大般若经卷第57》："没想提奖之教，则顿绝无期，念慜育之言，则更何恃怙。"（p. 264）隋灌顶纂《国清百录》卷3："仰藉神通，俯厉精力，别询名僧，奉扬法味，普共含生，作大利益。斯则弗违提奖，同登彼岸。最胜最上，就此为尊。"唐般剌蜜帝译《大佛顶如来密因修证了义诸菩萨万行首楞严经》卷1："于时世尊，顶放百宝，无畏光明，光中出生，千叶宝莲，有佛化身，结跏趺坐，宣说神咒，敕文殊师利将咒往护，恶咒销灭，提奖阿难及摩登伽归来佛所。"唐义净撰《大唐西域求法高僧传》卷2："于时制旨，寺恭阇梨，每于讲席，亲自提奖，可谓恂恂善诱，弘济忘倦。"

【啼叫/さけぶ】并列　边哭泣边喊叫。《日本书纪》卷25《孝德纪》大化五年三月条："是夕，木臣麻吕、苏我臣日向、穗积臣啮以军围寺，唤物部二田造盐使斩大臣之头。于是，二田盐仍拔大刀，刺举其肉，叱咤啼叫，而始斩之。"（第三册，p. 176）（1）吴康僧会译《旧杂譬喻经》卷1："臣尝令相师相之，云：'当兵死。'常以兵自卫，已亦拔剑持之。夜极欲卧，以剑付妇持之。妇睡落剑，断其夫头，妇便啼叫言：'君死。'"姚秦鸠摩罗什译《大庄严论经》卷3："夜行禽狩，交横驰走，野狐群鸣鸦枭雊呼，恶声啼叫，甚可怖畏。"隋阇那崛多译《佛本行集经》卷10《私陀问瑞品》："顾视四方，目不曾瞬，不畏不惊，住于东面，不似孩童，呱然啼叫，言音周正，巧妙辞章。而说是言：‘一切世间，唯我独尊，唯我最胜。我今当断，生老死根。’”(2)《太平御览》卷361所载《风俗通》曰：“丞相黄霸出坐殿前，令卒抱儿，取两妇各十步，叱妇曰：‘自往取之。’长妇抱持甚急，儿大**啼叫**；弟妇恐伤害之，因乃放与而止，甚怆怆。长妇甚喜。霸曰：‘此弟子也。’责问乃伏。”《太平广记》卷403《犀导》条：“每夜，辄见一儿绕床头**啼叫**云：‘何为见屠割？必当相报，终不独受枉酷。’江夫人恶之。月余遂薨。”按：《汉语大词典》例引唐唐彦谦《柳》诗：“游客寂寥缄远恨，暮莺**啼叫**惜芳时。”“啼叫”表示鸟儿的鸣叫，这是后来产生的新用法。

【啼哭之声/ねなくこゑ】 四字 啼哭的声音。《日本书纪》卷1《神代纪上》：“是时，素戋鸣尊自天而降到于出云国簸之川上。时闻川上有**啼哭之声**，故寻声觅往者，有一老公与老婆，中间置一少女，抚而哭之。”（第一册，p.90）姚秦鸠摩罗什译《大智度论》卷36《习相应品》：“若无菩萨说善法者，世间无有，天道人道、阿修罗道，无有乐受、不苦不乐受，但有苦受，常有地狱，**啼哭之声**。”元魏瞿昙般若流支译《正法念处经》卷13《地狱品》：“去彼二万五千由旬，闻彼地狱，无量坚恶，**啼哭之声**。”唐义净译《根本说一切有部毘奈耶药事》卷14：“时有一人，闻城中人众，一时大哭，怪而问曰：‘是何**啼哭之声**？’”

【题著/しるす】 后补 题写在某处。《万叶集》卷18第4065首歌题：“射水郡驿馆之屋柱**题著**歌一首”（第四册，p.242）失译人名今附东晋录《菩萨本行经》卷1：“王闻偈已，欢喜踊跃，告诸群臣、夫人采女，皆悉受诵。即便疏偈，**题著**诸门，街陌里巷，敕诸人民，皆令讽诵。下阎浮提，诸王臣民，亦令讽诵。”按：《汉语大词典》失收。

【剃除鬓髪/ひげかみをそる】 四字（6例） 剪掉鬓角的头发，亦即落发为僧。《日本书纪》卷27《天智纪》十年十月条：“东宫起而再拜，便向于内里佛殿之南，踞坐胡床，**剃除鬓发**为沙门。”（第三册，p.292）《日本灵异记》中卷《打法师以现得恶病而死缘第35》：“天皇**剃除鬓发**，受戒行道故，倘比法师，不杀谛镜。”（p.241）又下卷《如法奉写〈法华经〉火不烧缘第10》：“牟娄沙弥者，榎本氏也。自度无名。纪伊国牟娄郡人，故字号牟娄沙弥者。居住安谛郡之荒田村，**剃除鬓发**，著袈裟，即俗收家，营造产业。”（p.286）又《未作毕捻埴像生呻音示奇表缘第17》：“沙弥信行者，纪伊国那贺郡弥气里人。俗姓大伴连祖是也。舍俗自度，**剃除鬓发**，著福田衣，求福行因。”（p.302）又《用寺物复将写〈大般若〉建愿以现得善恶报缘第23》：“忍胜为欲写《大般若经》，发愿集物，**剃除鬓发**，著袈裟，受戒修道，常住彼堂。”（p.318）又《灾与善表相先现而后其灾善答被缘第38》：“惭愧者**剃除鬓发**，披著袈裟。弹指者，灭罪得福也。”（p.372）梁菩提达摩述《达磨大师血脉论》卷1：“若见自心是佛，不在**剃除鬓发**，白衣亦是佛；若不见性，剃除须发，亦是外道。”唐义净译《根本说一切有部毘奈耶出家事》卷3：“于时慈母遂往诸处，寻求访觅不得。乃于王舍城门首立，东西顾望，伫立不久，乃见童子，**剃除鬓发**，与彼求寂。俱时瓶钵，相随而来。”唐一行述《大毘卢遮那成佛经疏》卷2《入真言门住心品》：“第五十五云何剃刀心，谓唯如是依止剃除法者，**剔**[①]**除鬓**[②]**发**是离俗出家相。”

【剃除頭髪/かみをそる】 四字　落发为僧。《日本灵异记》下卷《产生肉团之作女子修善化人缘第19》：“默然不逗，终乐出家，**剃除头发**，著袈裟，修善化人，无人不信。”（p. 308）东晋瞿昙僧伽提婆译《中阿含经》卷28《林品》：“世尊告曰：‘止，止！瞿昙弥，汝莫作是念：女人于此正法律中，至信，舍家，无家，学道。瞿昙弥，如是汝**剃除头发**，著袈裟衣，尽其形寿，净修梵行。’”

【剃髪/かみをそる】 述宾（2例）　落发出家。《日本灵异记》中卷《奉写〈法华经〉因供养显母作女牛之因缘第15》：“有伎戏人，**剃发**悬绳以为袈裟。虽为然，犹曾不觉知。”（p. 188）《续日本纪》卷9《元正纪》养老六年七月条：“内黩圣教，外亏皇猷。遂令人之妻子**剃发**刻肤，动称佛法，辄离室家。”（第二册，p. 122）吴竺律炎、支谦合译《摩登伽经》卷2《观灾祥品》：“月在井日，宜造瓶器，**剃发**受戒，移处异居。”东晋瞿昙僧伽提婆译《增壹阿含经》卷15《高幢品》：“是时，迦叶及五百弟子，所著衣裳，尽变作袈裟，头发自落，如似**剃发**，以经七日。”隋阇那崛多译《佛本行集经》卷15《耶输陀罗梦品》：“**剃发**剪髭，衣色纯赤，以树皮染，不同白衣，钵色绀光，犹如石黛。”

【剃髪鬢/かみひげをそる】 自创　剃除鬓发，落发出家。《日本灵异记》中卷《呰读〈法华经〉僧而现口喎斜得恶死报缘第18》：“《法华经》云：‘贤僧与愚僧，不得居同位。又长发比丘者，白衣不**剃发鬓**而贤也。同位同器而不得用。若强位者，铜炭上居铁丸吞，堕地狱。’者，其斯谓之矣。”（p. 196）按：《法华经》中未见这段文字。

【剃髪受戒/かみをそり、かいをうく】 四字　落发为僧，接受戒规。《日本灵异记》下卷《怨病忽婴身因之受戒行善以现得愈病缘第34》：“自谓：‘宿业所招，非但现报。灭罪差病，不如行善。’**剃发受戒**，著袈裟，住其里于大谷堂。诵持《心经》，行道为宗。”（p. 350）吴竺律炎、支谦合译《摩登伽经》卷2《观灾祥品》：“月在井日，宜造瓶器，**剃发受戒**，移处异居。不应进药。其日雨吉。若有生者，多欲少食，好为众事。”梁宝唱等集《经律异相》卷15：“大爱道问阿难：‘云何阿难，世尊许旃陀罗女为道耶？’阿难报瞿昙弥。然即与**剃发受戒**，得阿罗汉。”宋法天译《毘婆尸佛经》卷2：“时八万人俱发声言：‘如来、应、正等觉摄受我等，令得出家，受善逝戒。’佛即摄受，**剃发受戒**，复为彼众，现三神通，令发精进：一变化神通，二说法神通，三调伏神通。”

---

① “剔”，乙本中作“剃”。

② “鬓”，乙本中作“须”。

【剃須髪/ひげかみをそる】三字 剃除须发，成为僧侣。《日本灵异记》中卷《序》："之中，胜宝应真圣武太上天皇，尤造大佛，长绍法种，**剃须发**，著袈裟，受戒修善，以正治民。"（p. 142）西晋竺法护译《意经》卷1："彼独在静，处不乱志，寂静住已，谓族姓子，所为**剃须发**已，被著袈裟，信乐出家，弃家学道，彼无上行梵行，见法成神通作证住，生已尽，梵行已成，所作已办，名色已有，知如真。"东晋瞿昙僧伽提婆译《增壹阿含经》卷44《十不善品》："忍辱为第一，佛说无为最，不以**剃须发**，害他为沙门。"隋阇那崛多译《佛本行集经》卷21《王使往还品》："既**剃须发**，著袈裟衣，止住山林，修道学问。"

【天女/てんにょ】偏正（2例） 梵语 deva-kanyā，音译作"泥缚迦你"。指欲界天之女性。色界以上之诸天无淫欲，故亦无男女之相。《日本灵异记》中卷《生爱欲恋吉祥天女像感应示奇表缘第13》："睇之天女像，而生爱欲，系心恋之，每六时愿云：'如**天女**容好女赐我。'"（p. 182）又："行者视之，而慚愧言：'我愿似女，何忝**天女**专自交之？'媿，不语他人。"后汉竺大力、康孟详合译《修行本起经》卷1《试艺品》："其一夫人者，二万采女，三夫人者，凡有六万采女，端正妙好，**天女**无异。"姚秦鸠摩罗什译《妙法莲华经》卷7《普贤菩萨劝发品》："弥勒菩萨，有三十二相大菩萨众所共围绕，有百千万忆**天女**眷属，而于中生，有如是等，功德利益。"唐义净译《金光明最胜王经》卷9《善生王品》："诣彼大众法座所，合掌虔心而礼敬。天主天众及**天女**，悉皆共散曼陀花。"→【吉祥天女】

【天女像/てんにょのみかた】三字（2例） 天女的木像或塑像。《日本灵异记》中卷《生爱欲恋吉祥天女像感应示奇表缘第13》："睇之**天女像**，而生爱欲，系心恋之，每六时愿云：'如天女容，好女赐我。'优婆塞梦见婚**天女像**，明日瞻之，彼像裙腰，不净染污。"（p. 182）又《穷女王归敬吉祥天女像得现报缘第14》："不胜悦望，捧得衣裳，著之乳母，然后参堂，将拜尊像，著之乳母衣裳，被之其**天女像**。"（p. 185）吴支谦译《佛说维摩诘经》卷2《观人物品》："舍利弗以，**天女像**而答曰：'不识吾何以转成此女像也。'"唐阿地瞿多译《陀罗尼集经》卷5《毘俱知救病法坛品》："供养像时，其**天女像**即放光，入佛脚指中，见此相时悉果心愿。"

【天祀主/てんしす】三字 祭祀天帝的主宰。《日本灵异记》中卷《依汉神祟杀牛而祭又修放生善以现得善恶报缘第5》："如《鼻奈耶经》说：'迦留陀夷，昔作**天祀主**，由杀一羊，今随作罗汉，而后得怨报于婆罗门之妻所杀。'云云。"（p. 160）《说文解字》卷1《示部》："［祀］祭无巳也。从示巳声。"元魏吉迦夜、昙曜合译《杂宝藏经》卷9："**天祀主**缘。"唐道世撰《法苑珠林》卷62："又《杂宝藏经》云：昔日有一婆罗门，事庙室天昼夜奉事。天即问言：'汝求何等？'婆罗门言：'我今求作此**天祀主**。'"

【天台智者/てんだいちしゃ】 人名 （2例） 即天台大师，智者大师之别称。荆州华容（湖南华容）人，俗姓陈。字德安。名智顗。十八岁出家于湘州果愿寺。后入光州大苏山，从慧思习四安乐行。曾于金陵先后开讲法华经、大智度论，并宏阐禅法。后于太建七年（575）入天台山，缁白风从。开皇十一年（591），于扬州为晋王广（即后之隋炀帝）授菩萨戒，王赐予“智者”之号。开皇十七年十一月入寂，享年六十岁，世称天台大师。《日本灵异记》下卷《序》：“羊僧景戒，所学者未得**天台智者**之问术，所悟者未得神人辩者之答术，是犹以螺酌海、因管窥天者矣。”（p. 260）又下卷《灾与善表相先现而后其灾善答被缘第38》：“然景戒未推轩辕黄帝之阴阳术。未得**天台智者**之甚深解．故不知免灾之由，而受其灾。”（p. 373）新罗元晓撰《涅槃宗要》卷1：“又如随时**天台智者**问神人言：‘北立四宗会经意不？’神人答言：‘失多得少。’又问：‘成实论师立五教称佛意不？’神人答曰：‘小胜四宗犹多过失。’然天台智者禅惠俱通举世所重，凡圣难测。”唐神清撰、慧宝注《北山录》卷3：“使思顗暴（思大禅师也。**天台智者**禅师也。）彼必不为暴，仁自有余矣。”《新唐书》卷60《艺文志4》：“僧灌顶《私记**天台智者**词旨》一卷。”（p. 1615）

【天文地理/てんもんちり】 四字 （2例） ①“天文”，日月星辰等天体在宇宙间分布运行等现象。“地理”，土地、山川等的环境形势。②形容学问广博，无所不知。《上宫圣德法王帝说》：“且知经部萨婆多两家之办，亦知三玄五经之旨，并照**天文地理**之道。”（1）后汉安世高译《佛说温室洗浴众僧经》卷1：“少小好学，才艺过通；智达五经、**天文地理**。”晋世法炬、法立合译《法句譬喻经》卷1《多闻品》：“对曰：‘不审何谓四明法？’‘一者明于**天文地理**和调四时，二者明于星宿分别五行，三者明于治国绥化有方，四者明于将兵固而无失。卿为梵志，有此四明法以不？’”西晋竺法护译《佛说月光童子经》卷1：“长者有子，名曰月光，厥年十六，天姿挺特，仪容端正，博通群籍，贯综神摸，**天文地理**，靡不照焉。”刘宋求那跋陀罗译《过去现在因果经》卷1：“凡诸技艺典籍议论，**天文地理**，算数射御，太子皆悉，自然知之。”（2）《陈书》卷30《顾野王传》：“长而遍观经史，精记嘿识，**天文地理**、蓍龟占候、虫篆奇字，无所不通。”按：在传世文献中，很早就出现了四字格“天文地理”的固有说法。《说苑》卷18：“易曰：‘仰以观于天文，俯以察于地理’，是故知幽明之故。夫**天文地理**、人情之效存于心，则圣智之府。是故古者圣王既临天下，必变四时，定律历，考天文，揆时变，登灵台以望气氛，故尧曰：‘咨尔舜，天之历数在尔躬，允执其中，四海困穷。’书曰：‘在璇玑玉衡，以齐七政。’璇玑谓此辰勾陈枢星也。”《太平经・丙部之十六》：“‘**天文地理**正，则阴阳各得其所；阴阳各得其所，则神灵俱大喜；神灵喜，则佑人民，故帝王长安而民寿也，可不力勉乎哉矣？’”但是，与汉译佛经不同的是，这两例“天文地理”并非表示上知天文、下知地理的意思。

【天下太平・風雨順時・五穀成熟/てんげたいひょう・ふううときにしたがふ・ご

こくじょうじゅく】典据　天下太平，风调雨顺，五谷丰登。《续日本纪》卷28《称德纪》神护景云元年正月条："神护景云元年春正月己未，敕畿内七道诸国，一七日间，各于国分金光明寺，行吉祥天悔过之法。因此功德，**天下太平**，**风雨顺时**，**五谷成熟**，兆民快乐，十方有情，同沾此福。"（第四册，p. 148）后汉竺大力、康孟详合译《修行本起经》卷1《现变品》："尔时人民，寿八万四千岁，后宫采女，各八万四千，王有千子，仁慈勇武，一人当千，圣王治正，戒德十善，教授人民，**天下太平**，**风雨顺时**，**五谷熟成**，食之少病，味若甘露，气力丰盛。"

【天晓日明/そらあけ、ひあきらかなり】自创　天明，天亮；犹言天明。《常陆国风土记·香岛郡》条："俄而，鸡鸣狗吠，**天晓日明**。"（p. 400）（1）《搜神后记》卷3："宋时有一人，忘其姓氏，与妇同寝。**天晓**，妇起出。后其夫寻亦出外。"（p. 454）《宋书》卷77《柳元景传》："元景募精勇一千人，夜斫贼营，迷失道，**天晓**而反。"（p. 1986）（2）唐义净译《金光明最胜王经》卷2《梦见金鼓忏悔品》："至**天晓**已，与无量百千，大众围绕，将诸供具，出王舍城，诣鹫峰山。"北凉昙无谶译《大般涅槃经》卷9："譬如暗夜，诸所营作，一切皆息。若未讫者，要待**日明**。学大乘者，虽修契经一切诸定，要待大乘大涅槃日。"隋智顗说《摩诃止观》卷5："井中七宝，暗室瓶盆，要待**日明**。日既出已，皆得明了。"按：《日本书纪》卷17《继体纪》七年九月条："九月，勾大兄皇子亲聘春日皇女。于是，月夜清谈，不觉**天晓**。"（第二册，p. 300）又卷19《钦明纪》六年十一月条："行至百济滨，日晚停宿。小儿忽亡，不知所之。其夜大雪，**天晓**始求，有虎连迹。"（第二册，p. 404）

【天雨甘露/てんかんるをふらす】四字　天上洒落下不死之神药。《唐大和上东征传》："近天宝九载，有志恩律师于此坛上与授戒，又感**天雨甘露**。道俗见闻，叹同晋远。"（p. 77）唐惠英撰《大方广佛华严经感应传》卷1："则天与三藏大德等，于内遍空寺，亲御法筵，制序刊定。其夜则天，梦见**天雨甘露**。比至五更，果有微雨，香水之雨。"

【天知地知/てんしる、じしる】四字　天知道，地知道。指人人都知道。亦指只有天知道，地知道，没有别人知道。《日本灵异记》上卷《凶人不敬养奶房母以现得恶死报缘第23》："母出其奶房而悲泣之曰：'吾之育汝，日夜无憩。观他子之报恩，恃吾儿之如斯，而反见迫辱。愿心违谬矣。汝也征负稻，吾亦征乳值。母子之道绝于今日。**天知地知**，悲哉，痛哉！'"（p. 110）隋智顗说、灌顶录《金光明经玄义拾遗记会本》卷1："《东观汉记》：杨震为东莱守，道经昌邑。昌邑令王密，是震所举秀才，夜怀金上震曰：'无人知。'震曰：'**天知地知**，我知子知，已有四知。何谓无人？'遂不受。此盖贵乎不贪，即以不贪为金也。故知世金有名无实。"宋知礼述《金光明经玄义拾遗记》卷3亦有辑录。宋正受编《嘉泰普灯录》卷18："一日，浣衣次，忽有得，乃曰：'**天知地知**，你知我知，更莫漏泄天机。'往悟傍，将述所证。悟不顾，异日见之，诟曰：‘汝以学解自负，意气凌人。腊月三十日能自负否?’师惭汗俛首。”按：“天知地知”，出自《后汉书》卷54《杨震传》：“当之郡，道经昌邑，故所举荆州茂才王密为昌邑令，谒见，至夜怀金十斤以遗震。震曰：‘故人知君，君不知故人，何也?’密曰：‘暮夜无知者。’震曰：‘天知，神知，我知，子知。何谓无知！’密愧而出。”

【天子座金輪幢/てんしざのこんりんどう】自创　天子座金轮幢。“金轮幢”，金轮圣王的幢幡。《续日本纪》卷19《孝谦纪》天平胜宝八年五月条：“壬申，奉葬太上天皇于佐保山陵。御葬之仪，如奉佛。供具有师子座香炉、**天子座金轮幢**、大小宝幢、香幢、花缦、盖伞之类。”（第三册，p. 160）后秦佛陀耶舍、竺佛念等合译《长阿含经》卷22《世本缘品》：“日天子所止正殿，纯金所造，高十六由旬，殿有四门，周匝栏楯。日**天子座**纵广半由旬，七宝所成，清净柔软，犹如天衣。”

【田人/たひと】偏正（2例）　种田人，农民。《古事记》中卷《应神记》：“尔问其人曰：‘何汝饮食负牛入山谷？汝必杀食是牛。’即捕其人，将入狱囚。其人答曰：‘吾非杀牛。唯送**田人**之食耳。’”（p. 274）《古语拾遗》：“昔在神代，大地主神营田之日，以牛完食**田人**。”（p. 143）（1）东晋佛陀跋陀罗、法显合译《摩诃僧祇律》卷7：“阿难答言：‘世尊，六群比丘，躁性强暴。我若往者，譬如甘蔗，**田人**乘车，载甘蔗归，诸童子辈，逆出村外，捉甘蔗乱取就外噉食。彼六群比丘，亦复如是。’”唐道宣撰《续高僧传》卷27：“**田人**告曰：‘和久死矣。无由迎也。’”（2）《全唐文》卷736沈亚之《县丞厅壁记》：“说者以为汉孝武帝尝夜出射熊于是，而**田人**辄留执帝从者。”（p. 7600）按：《汉语大词典》例引宋梅尧臣《**田人**夜归》诗，偏晚。

【田頭/たのほとり】后缀　田边。《播磨国风土记·揖保郡》条：“尔妹神复到泉底之，川流夺而将流于西方桑原村。于是，美神遂不许之，而作密樋，流出于泉村之**田头**。由此，川水绝而不流。故号无水川。”（p. 72）（1）《东观汉记·王丹传》：“每岁农时，载酒肴，便于**田头**大树下饮食劝勉之。”《齐民要术·序》：“每岁时农收后，察其强力收多者，辄历载酒肴，从而劳之，便于**田头**树下饮食劝勉之，因留其余肴而去。”《梁诗》卷28《阿子歌》：“可怜双飞凫，飞集野**田头**。饥食野田草，渴饮清河流。”（2）元魏吉迦夜、昙曜合译《杂宝藏经》卷9：“昔有老公，其家巨富，而此老公，思得肉食，诡作方便，指**田头**树，语诸子言：‘今我家业，所以谐富，由此树神，恩福故尔。今日汝等，宜可群中，取羊以用祭祠。’”唐义净译《根本说一切有部毘奈耶》卷25：“时居士子，持其樵檐，来至耕处，**田头**树下，弃檐息肩，见彼长者，躬自耕作，就而问曰：‘阿舅何故衰年，自营辛苦?’”

【誂求/あとらひもとむ】并列　挑逗追求。《续日本纪》卷10《圣武纪》神龟五年四月条：“其**挑求**者，以违敕罪罪之。”（第二册，p. 194）《战国策》卷3《秦策1》：“楚人有两妻者，人挑其长者，长者詈之；挑其少者，少者许之。”鲍彪注：“**挑**，相呼诱也。”唐窥基撰《阿弥陀经通赞疏》卷3：“件书等（予）以嘉保二年孟冬下旬，西府郎会宋人柳裕传语高丽王子义天，**挑求**极乐要书弥陀行愿相应经典章疏等。”

【鉄釘/くろがねのくぎ】偏正 （3 例） 铁钉。《日本灵异记》上卷《非理夺他物为恶行受报示奇事缘第 30》：“即召一女。见之昔死妻。以**铁钉**打顶通尻。打额通项。”（p. 125）又：“往而见之，实有我父。抱甚热热铜柱而立。**铁钉**三十七于其身打立，以铁打。”（p. 126）又：“如是罪故，我身虽少而三十七**铁钉**立，每九百段铁鞭打迫之。痛哉，苦哉。何日免吾罪？何时得安身也？”（p. 126）（1）后汉安世高译《佛说罪业应报教化地狱经》卷 1：“复有众生，常为狱卒，热烧**铁钉**，钉人百节骨头。钉之已讫，自然火生，焚烧身体，悉皆焦烂。何罪所致？”东晋瞿昙僧伽提婆译《中阿含经》卷 30《大品》：“彼**铁钉**有百，一切各逆刺，地狱名无缺，恶魔昔在中。”唐道世集《诸经要集》卷 15：“复卧铁地，以热**铁钉**，钉其身首，经百千岁。”（2）《宋书》卷 33《五行 4》：“石虎末，洛阳城西北九里石牛在青石趺上，忽鸣唤，声闻四十里。虎遣人打落两耳及尾，**铁钉**钉四脚。”《南齐书》卷 18《志第 10》：“帝意不已，遣人于墓左右校猎，以大**铁钉**长五六尺钉墓四维，以为厌胜。”按：《汉语大词典》失收。

【鉄縄/くろがねのなわ】偏正 犹铁链。《日本灵异记》上卷《非理夺他物为恶行受报示奇事缘第 30》：“见之，昔死妻。以铁钉打顶通尻，打额通项。以**铁绳**缚四枝，八人悬举而将来。”（p. 125）（1）西晋竺法护译《修行地道经》卷 3《地狱品》：“罪人若堕，黑绳地狱，彼时狱鬼，取诸罪人，排著热铁之地，又持**铁绳**，及执铁锯，火自然出，拼直其体，以锯解之，从头至足，令百千段，譬如木工，解诸板材。”姚秦鸠摩罗什译《大智度论》卷 16《序品》：“见黑绳大地，狱中罪人，为恶罗刹、狱卒、鬼匠，常以黑热**铁绳**，拼度罪人。”唐道世集《诸经要集》卷 18：“第二黑绳大地狱，有十六小地狱，周匝围绕，各纵广五百由旬。何故名黑绳？其诸狱卒，捉彼罪人，扑热铁上，舒展其身，以热**铁绳**，拼之使直，热铁斧逐绳道，斫罪人作百千段；复次以**铁绳**，拼锯解之；复次悬热铁绳，交横无数，驱迫罪人使行，绳间恶风暴起，吹诸**铁绳**，历络其身，烧皮彻肉，樵骨沸髓。苦毒万端，余罪未毕，故使不死，故名黑绳。久受苦已，乃出黑绳。”（2）《全梁文》卷 13 简文帝《大法颂》：“兹寺者，我皇之所建立。改大理之署，成伽蓝之所，化**铁绳**为金沼，变铁网为香城，照神光于热沙，起清凉于炎火。”按：《汉语大词典》首引唐冯贽《云仙杂记·茶燋缚奴投火》：“鸿渐怒，以**铁绳**缚奴投火中。”偏晚。

【鉄丸吞/てつがんをのむ】三字 因现世所造恶业，转世在地狱遭受生吞滚烫的铁球的痛苦。《日本灵异记》中卷《呰读〈法华经〉僧而现口喎斜得恶死报缘第 18》：“《法华经》云：‘贤僧与愚僧，不得居同位。又长发比丘者，白衣不剃发鬓而贤也。同位同器而不得用。若强位者，铜炭上居**铁丸吞**，堕地狱。’者，其斯谓之矣。”（p. 196）后汉安世高译《佛说鬼问目连经》卷 1：“目连答言：‘汝为人时，作沙弥子，取净水作石蜜浆。石蜜坚大，盗打取少许；众僧未食，盗食一口故。以是因缘，果入地狱，汝将来世常**吞铁丸**。'" 吴支谦译《菩萨本缘经》卷2《善吉王品》："或有恶风，吹散其体，或被椎打，令如尘末。饥**吞铁丸**，渴饮洋铜。或入刀林，攀缘剑树。或在大镬，随汤上下，糜烂犹如熟豆。"隋阇那崛多译《佛本行集经》卷26《向菩提树品》："或身出血，更互相饮，饮已复吐，或吐白沫，或饮融铜，或**吞铁丸**。"

【聴聞正法/しょうほうをきく】 四字 （3例） 听讲释尊正确的教法。《元兴寺伽蓝缘起并流记资财账》："面奉弥勒，**听闻正法**，悟无生忍，速成正觉。十方诸佛及四天等，所以至诚心誓愿，所造二寺及二躯丈六，更不破不流不斫不烧，二寺所纳种种诸物，更不摄取不灭不犯不谬也。"《奈良朝写经5·大般若经卷第267》："以此善业，奉资登仙二尊神灵，各随本愿，往生上天，顶礼弥勒，游戏净域，面奉弥陀，并**听闻正法**，俱悟无生忍。"（p. 32）《奈良朝写经未收1·弥勒成佛经》："当愿必得往生睹史多天，奉事慈氏，**听闻正法**，登临觉路，遂契普提。"（p. 461）姚秦鸠摩罗什译《成实论》卷2《四法品》："又若闻佛法正论，则得大利，如经中说，四大利法，亲近善人，**听闻正法**，自正忆念，随顺法行。"唐玄奘译《大般若波罗蜜多经》卷3《学观品》："若菩萨摩诃萨欲于十方殑伽沙等诸佛世界，一一佛所**听闻正法**，常无懈废，随所闻法，乃至无上，正等菩提，终不忘失，应学般若波罗蜜多。"唐实叉难陀译《大方广佛华严经》卷19《十行品》："此菩萨成就如是，无量正念，于无量阿僧祇劫中，从诸佛、菩萨、善知识所，**听闻正法**。"

【聴衆/ちょうしゅ】 偏正 （4例） 听闻说法的人们。根据《法华文句》卷2下的说法，佛陀的说法会上，听众可分为发起众、当机众、影响众、结缘众四种。《日本书纪》卷25《孝德纪》白雉三年四月条："夏四月戊子朔壬寅，请沙门惠隐于内里，使讲《无量寿经》，以沙门惠资为论议者，以沙门一千为作**听众**。"（第三册，p. 190）《日本灵异记》中卷《行基大德放天眼视女人头涂猪油而呵啧缘第29》："于是，道俗皆集闻法。**听众**之中，有一女人。发涂猪油，居中闻法。"（p. 224）又《行基大德携子女人视过去怨令投渊示异表缘第30》："明日复来，携子闻法。子犹嚷哭，**听众**障嚣，不得闻法。"（p. 226）《续日本纪》卷12《圣武纪》天平九年十月条："丙寅，讲《金光明最胜王经》于大极殿。朝廷之仪，一同元日。请律师道慈为讲师，坚藏为读师。**听众**一百，沙弥一百。"（第二册，p. 330）失译人名今附后汉录《大方便佛报恩经》卷5《慈品》："时诸释女，闻是语已，心大欢喜，得法眼净。诸会**听众**，各发所愿，欢喜而去。"唐义净译《金光明最胜王经》卷4《最净地陀罗尼品》："世尊，若所在处，讲宣读诵，此《金光明最胜王经》，我等大众，皆悉往彼，为作**听众**，是说法师，令得利益，安乐无障，身意泰然。我等皆当，尽心供养，亦令**听众**安隐快乐，所住国土，无诸怨贼，恐怖厄难，饥馑之苦，人民炽盛。"→【為作聴衆】

【停時/ときをふ】 偏正 停歇、停止的工夫。一般前承否定辞，表示没有片刻的停歇。《日本书纪》卷19《钦明纪》五年二月条："又津守连等至臣蕃奉敕书问建任那。恭承来敕，不敢停时，为欲共谋。”（第二册，p. 388）姚秦鸠摩罗什等译《禅秘要法经》卷2：“谛观此眼，若心是我，风力所转，无暂停时。”刘宋昙无蜜多译《佛说观普贤菩萨行法经》卷1：“我从多劫，乃至今身，耳根因缘，闻声惑著，如胶著草，闻诸恶时，起烦恼毒，处处惑著，无暂停时。”《敦煌变文·张义潮变文》：“四百蕃人来跪伏，献驼纳马没停时。”（p. 182）按：《汉语大词典》失收。

【停宿/やどる】并列（5例） 留下住宿。《日本书纪》卷19《钦明纪》六年十一月条：“冬十一月，膳臣巴提便还自百济言：‘臣被遣使，妻子相逐去。行至百济滨，日晚停宿。小儿忽亡，不知所之。其夜大雪，天晓始求、有虎连迹。’”（第二册，p. 404）又二十二年是岁条：“工匠河内马饲首押胜欺给曰：‘遣问西方无礼使者之所停宿处也。’大舍还国，告其所言。”（第二册，p. 442）又卷30《持统纪》八年三月条：“己亥，诏曰：‘粤以七年岁次癸巳，醴泉漏于近江国益须郡都贺山。诸疾病人停宿益须寺，而疗差者众。’”（第三册，p. 544）《常陆国风土记·行方郡》条：“又有波耶武之野。倭武天皇，停宿此野，修理弓弭。因名也。”（p. 386）又《香岛郡》条：“或曰：倭武天皇，停宿此滨，奉羞御膳。时都无水。”（p. 402）（1）晋法炬、法立合译《法句譬喻经》卷3：“从此西行，四百余里，有大川，其中有城。此是诸天神，案行世间、停宿之城。”梁僧佑撰《出三藏记集》卷15：“众莫能止，乃遣两僧送之。显既至山中，日将曛夕，遂欲停宿。两僧危惧，舍之而还。”（2）《幽明录》：“晋朱黄祖奉亲至孝。母病笃，天汉开明。有一老翁将小儿持箱自通，即以两丸药赐母，服之，患顿消。因停宿。”（p. 62）按：《汉语大词典》失收。

【停住/とどまる】并列（5例） 停留；停止。《日本书纪》卷17《继体纪》九年四月条：“夏四月，物部连于带沙江停住六日，伴跛兴师往伐，逼脱衣裳，劫掠所赍，尽烧帷幕。”（第二册，p. 306）《唐大和上东征传》：“停住一月，得好风，发至署风山，停住一月。”（p. 62）《续日本纪》卷10《圣武纪》天平元年四月条：“如有停住山林，详道佛法，自作教化，传习授业，封印书符，合药造毒，万方作怪，违犯敕禁者，罪亦如此。”（第二册，p. 210）又卷15《高绍纪》宝龟十年五月条：“未经多日，还国之期，忽然云至。渡海有时，不可停住。今对分别，怅望而已。”（1）后汉昙果、康孟详合译《中本起经》卷1《度瓶沙王品》：“佛告瓶沙：‘王来已久，宫远早还，牛马人从，停住劳疲。比于后日，吾当诣城。’”梁慧皎撰《高僧传》卷2：“停住二年，广诵大乘经论洞其秘奥。龟兹王为造金师子座，以大秦锦褥铺之。令什升而说法。”北凉昙无谶译《大般涅槃经》卷10《一切大众所问品》：“诸佛难思议，法僧亦复然。是故今劝请，唯愿小停住”（2）《宋书》卷84《邓琬传》：“先是，废帝以邵陵王子元为冠军将军、湘州刺史，中兵参军沉仲玉为道路行事。至鹊头，闻寻阳兵起，停住，白太宗进止之宜。”《文选》卷40任昉《奏弹曹景宗》：“进责整婢采音，刘整兄寅第二息师利，去年十月十二日忽往整墅停住十二日，整就兄妻范求米六斗哺食。”按：《汉语大词典》

首引《魏志》卷14《刘晔传》："大驾**停住**积日，权果不至，帝乃旋师。"略晚。

【同登彼岸/ともにひがんにのぼらむ】 四字 共同到达觉悟的彼岸。《奈良朝写经22·道行般若波经卷第5》："及檀主藤原夫人，常遇善缘，必成胜果，俱出尘劳，**同登彼岸**。"（p.167）隋灌顶纂《国清百录》卷3："然后仰藉神通，俯厉精力，别询名僧，奉扬法味，普共含生，作大利益，斯则弗违提奖，**同登彼岸**。"唐大觉撰《四分律行事钞批》卷1："今初门通明制教意者，斯乃大圣降临，创开化本，将欲拔济诸有，**同登彼岸**。"宋太宗赵炅撰《御制莲华心轮回文偈颂》卷5："观空解相，理事齐融，运以群生，**同登彼岸**，平等要义，斯之谓欤。"

【同共出家/ともにいへをいづ】 四字 一起出家，相随出家。《日本灵异记》中卷《见乌邪淫厌世修善缘缘第2》："然大领之妻，恋于死子，**同共出家**，修习善法。"（p.149）刘宋佛陀什、竺道生等合译《弥沙塞部和酰五分律》卷7："比丘即在前渡，舡未到岸，比丘尼被剥赤肉。舡师见之，便讥呵言：'汝等**同共出家**，不能相护，况于余人？'"隋阇那崛多译《佛本行集经》卷58《婆提唎迦等因缘品》："当于彼时，诸释种等，复皆实语，是故请王，**同共出家**。"唐义净译《根本说一切有部毘奈耶出家事》卷1："尔时邬波底沙说伽他已，告曰：'仁来，**同共出家**。'答曰：'我问父母。'告言：'好去。'"

【同趣菩提/ともにぼだいにおもむかむ】 四字 共同断绝烦恼，成就无上正等正觉。《法隆寺金堂释迦三尊像光背铭》："癸未年三月中，如愿敬造释迦尊像并侠待及庄严具竟。乘斯微福，信道知识，现在安隐，出生入死，随奉三主，绍隆三宝，遂共彼岸。普遍六道，法界含识，得脱苦缘，**同趣菩提**。"陈惠思撰《受菩萨戒仪》卷1："若能如是受持，如说修行者，是名菩萨天人丈夫。用此功德，回向十方法界众生，**同趣菩提**，俱成佛道。"唐玄奘译《瑜伽师地论》卷45《菩提分品》："令余有情，于所**同趣，菩提**解脱，欣殊胜故。又证无上，正等觉已，未为有情，即说正法。待梵天王，躬来启请，为诸有情于正法所起尊敬故。"唐义净译《入定不定印经·大周新翻三藏圣教序》："所更译三藏所言，入定不定印经者，此明退不退之心，前二后三，虽有迟速，如来设教，**同趣菩提**。"

【同心白言："~"/こころをおなじくしてまをしていいしく~】 说词 齐心说道："……"。《元兴寺伽蓝缘起并流记资财账》："时中臣连物部连等而为上首，诸臣**同心白言**：'从今以后，三宝之法，更不破，更不烧流，更不凌轻，三宝之物不摄不犯。从今以后，左肩三宝坐，右肩我神坐，并为礼拜，尊重供养。'"元魏慧觉等译《贤愚经》卷2《降六师品》："油师心悔，粗还辞谢，夫妇**同心白**辟支佛：'若使须油，日日来取。'"又卷8《盖事因缘品》："王即合军，攻梵天国，共战一交，梵天军坏，乘背追蹑，经至城边，众人怖缩，更不敢出，诸臣相将，悉共集会，诣梵王所，咸皆**同心**，**白**大王**言**：'他国兵强，我国儜弱，惜一河水，今致此败。如是不久，惧恐失国。唯愿开意，以一河水与之，共为亲厚，足得安全。'"唐地婆诃罗译《大乘密严经》卷2《妙身生品》："密严土中，诸佛子众，并余佛国，来听法者，闻说密严，微妙功德，于法尊重，决定转依，恒居此土，不生余处。然皆愍念，未来众生，普欲为其，而作利益。遂共**同心，白**金刚藏菩萨摩诃萨言：'尊者，愿为我说，一切世间，若干色像，谁之所作？'"

【同沾此福/おなじくこのさきはひにうるほふ】 四字　共同受益这一福德。《续日本纪》卷28《称德纪》神护景云元年正月条："神护景云元年春正月己未，敕：'畿内七道诸国，一七日间，各于国分金光明寺，行吉祥天悔过之法。因此功德，天下太平，风雨顺时，五谷成熟，兆民快乐，十方有情，**同沾此福**。'"（第四册，p. 148）唐不空译《大乘瑜伽金刚性海曼殊室利千臂千钵大教王经》卷1："或我造他，造一切功德，及造菩萨，诸佛形像，令他布施，修立福佑，遍于法界，回向一切，诸佛菩提，令一切有情，**同沾此福**。"古逸部《惠远外传》卷1："座下善男善女，千灾雾卷，瘴逐云宵，灾害不侵，功德圆满，三涂地狱，悉苦停酸，法界众生，**同沾此福**。"

【同沾此願/おなじくこのねがひにうるほす】 自创　共同享受这一誓愿带来福德利益。《奈良朝写经52·大唐内典录卷第10》："愿合门眷属及知识等，龙天卫护，万善庆集，广暨含识，**同沾此愿**，俱出九居，早成佛果。"（p. 312）隋智顗说《维摩经文疏》卷18："如此之施，利益受者，非但七日，施之众同，获斯利一切众生，亦**同沾此**益也。"

【銅炭/どうだん】 自创　烧烫的铜板和木炭。《日本灵异记》中卷《呰读〈法华经〉僧而现口喎斜得恶死报缘第18》："《法华经》云：'贤僧与愚僧，不得居同位。又长发比丘者，白衣不剃发鬓而贤也。同位同器而不得用。若强位者，**铜炭**上居铁丸吞，堕地狱。'者，其斯谓之矣。"（p. 196）

【銅湯/あかがねのゆ】 偏正　（地狱中的）铜锅里煮沸的开水。《日本灵异记》中卷《已作寺用其寺物作牛役缘第9》："冀无惭愧者，览乎斯录，改心行善。宁饥苦所迫虽饮**铜汤**，而不食寺物。"（p. 173）宋常谨集《地藏菩萨像灵验记》卷1："问：'阿师修梵行，今何如此？'沙门答曰：'我等为名闻利养，而修梵行，内心外行，更以不相应故，昔所受卧具床座等，变为大苦具；衣服饮食等，变为铁衣**铜汤**。檀越当救我等。'曰：'阿师当念，地藏菩萨。'"宋智觉注《心性罪福因缘集》卷1："卧坐之时，当生卧坐，热铁大地，受深苦想；饮粥浆时，应生饮于，沸**铜汤**想；著内衣时，应生极热炎火铁衣著缠身想。如是思惟，不生一念，乐浴之心。"按：《汉语大词典》失收。

【銅像/あかがねのみかた】 偏正　（7例）　铜质佛菩萨像。《日本灵异记》中卷《观音**铜像**及鹭形示奇表缘第17》："圣武天皇世，彼**铜像**六体，盗人所取，寻求无得。"（p. 194）又《弥勒菩萨**铜像**盗人所捕示灵表显盗人缘第23》："打捉问之，答之白曰：'葛木尼寺**铜像**也。'此像置寺，然彼盗人送之于官，闭囚囹圄焉。"（p. 208）又《孤娘女凭敬观音**铜像**示奇表得现报缘第 34》："闻观音菩萨者所愿能与，其**铜像**手系绳牵之，供花香灯，用愿福分曰。"（p. 238）又："所啧归家，如常将礼，入堂而见，著使黑衣，被**铜像**。尔乃知之，观音所示。"（p. 239）→【仏銅像】【観世音菩萨銅像】【観音銅像】【盧舍那銅像】【弥勒菩萨銅像】【釈迦佛金銅像】【丈六銅像】

【童子/どうじ】 偏正 （19 例） 四岁或八岁以上，未满二十岁，且尚未剃发得度之男子，称为童子、童儿、童真；女子则称童女。《日本灵异记》上卷《得雷之憙令生子强力在缘第 3》："然后，少子作于元兴寺之**童子**。时其寺钟堂**童子**，夜别死。彼**童子**见，白众僧言：'我止此死灾。'众僧听许。**童子**钟堂之四角置四灯，储四人言教：'我捉鬼时，俱开灯覆盖。'然于钟堂户本居。大鬼半夜许来。伫**童子**，而视之退。鬼亦后夜时来入。即捉鬼头发而别引。鬼者外引，**童子**内引。彼储四人慌迷，灯盖不得开。**童子**四角别引鬼，而依开灯盖。"（p. 65）又："然后其**童子**，作优婆塞，犹住元兴寺。"（p. 65）又《赎龟命放生得现报龟所助缘第 7》："还到难波之津时，海边人卖大龟四口。禅师劝人买而放之。即借人舟，将**童子**二人，共乘度海。日晚夜深。舟人起欲，行到备前骨岛之边，取**童子**等，掷入海中。"（p. 80）又下卷《禅师将食鱼化作〈法华经〉覆俗诽缘第 6》："**童子**答言：'此《法华经》也。'从持小柜，垂鱼之汁，其臭如鱼。俗念非经。即至于大和国内市边，俗等俱息。俗人逼言：'汝之持物非经。此鱼也。'**童子**答言：'非鱼，当经也。'俗强令开。不得逆拒，开柜见，化《法华经》八卷也。俗等见之，恐奇而去。彼一俗念犹奇见遂，而窃窥往。**童子**至于山寺，向师具陈于俗等事，禅师闻之，一怪一喜，知天守护。"（p. 276）又《产生肉团之作女子修善化人缘第 19》："迦毘罗卫城长老之妻，怀妊生一肉团，到七日头，肉团开敷，有百**童子**。一时出家，而百人俱得阿罗汉果。"（p. 309）又《依妨修行人得猴身缘第 24》："即将读抄，为设之顷，堂**童子**优婆塞，匆匆走来言：'小白猴居堂上。才见九间大堂仆如征尘，皆悉折摧，佛像皆破，僧坊皆仆。'"（p. 323）又《村童戏克木佛像愚夫斫破以现得恶死报缘第 29》："如《法华经》说：'若**童子**戏木及笔，或以指爪甲，而画作佛像，皆成佛道。复举一手，小低头，以此供养佛像，成无上道。'是以慎信矣。"（p. 337）《续日本纪》卷 7《元正纪》养老元年五月条："又依令，僧尼取年十六以下不输庸调者，听为**童子**。而非经国郡，不得辄取。"（第二册，p. 28）又卷 16《圣武纪》天平十七年五月条："时，诸寺众僧率净人、**童子**等，争来会集。"（第三册，p. 10）又卷 29《称德纪》神护景云二年十二月条："十二月甲辰，先山阶寺僧基真，心性无常，好学左道。诈咒缚其**童子**，教说人之阴事。"（第四册，p. 224）唐慧琳撰《一切经音义》卷 27："幼童：徒红反。古童谓仆，今谓**童子**。古僮谓**童子**，今谓仆。《隶玉篇》：**童子**者，谓幼童未昏、未冠之称，无角牛谓之撞牛，今应为童。僮古字耳。"唐义净译《南海寄归内法传》卷 3："凡诸白衣，诣苾刍所，若专诵佛典，情希落发，毕愿缁衣，号为**童子**。"宋道诚集《释氏要览》卷 1："经中呼文殊、善财、宝积、月光等诸大菩萨为**童子**

者，即非稚齿。如《智论》云：'如文殊师利十力四无所畏等，悉具佛事，故住鸠摩罗伽地。'又云：'若菩萨从初发心断淫欲，乃至菩提，是名**童子**。'今就此方释之释名曰儿，年十五曰**童**，童，独也。自七岁止，十五皆称**童子**。谓太和未散故。"后汉竺大力、康孟详合译《修行本起经》卷1《现变品》："须臾佛到，知**童子**心，时有一女，持瓶盛花。佛放光明，彻照花瓶，变为琉璃，内外相见。"→【扶翼童子】

【痛酷/つうこく】 主谓 （4 例） 极其悲痛；惨痛。《日本书纪》卷19《钦明纪》二十三年六月条："世受前朝之德，身当后代之位。而不能沥胆抽肠，共诛奸逆，雪天地之**痛酷**，报君父之仇雠。则死有恨臣子之道不成。"（第二册，p. 446）《上宫圣德法王帝说》："于时多至波奈大女郎悲哀叹息白：'畏天（皇前曰敬）之虽恐怀心难止，使我大王与母王如期从游，**痛酷**无比。'"《续日本纪》卷9《元正纪》养老六年十一月条："何图一旦厌宰万方，白云在驭。玄猷遂远，瞻奉宝镜。**痛酷**之情缠怀，敬事衣冠，终身之忧永结。"（第二册，p. 124）又卷36《高绍纪》天应元年十二月条："诏曰：'朕精诚无感，奄及凶闵。**痛酷**之情缠怀，终身之忧永结。'"（1）后汉安世高译《太子慕魄经》卷1："慕魄曰：'不可，不可。我以畏厌，地狱勤苦，愁毒万端。吾昔曾更，作此国王，名曰须念，以正法治国，奉行诸善，二十五年，鞭杖不行，刀兵不设，牢狱无系者。惠施仁爱，恩流德布，救济穷乏，无所贪惜。虽有此行，犹犯微阙，终堕地狱，六万余岁；蒸煑剥裂，**痛酷**难忍，求死不得，欲生不得。'"吴支谦译《太子瑞应本起经》卷1："三恶道处，**痛酷**百端，欢乐暂有，忧畏延长。"东晋迦留陀伽译《佛说十二游经》卷1："是大瞿昙，于深山中，以天眼彻视见之，便以神足，飞来问之：'子有何罪，其**痛酷**乃尔乎？疮岂不伤，毒忍苦若斯？'"（2）《宋书》卷62《王微传》："方欲共营林泽，以送余年，念兹有何罪戾，见此夭酷，没于吾手，触事痛恨。吾素好医术，不使弟子得全，又寻思不精，致有枉过，念此一条，特复**痛酷**。**痛酷**奈何！吾罪奈何！"按：《汉语大词典》首引晋欧阳建《临终》诗："上负慈母恩，**痛酷**摧心肝。"略晚。

【痛呻/いたみによふ】 偏正 痛苦呻吟。《日本灵异记》下卷《弥勒丈六佛像其颈蚁所嚼示奇异表缘第28》："行者不得闻忍，故起窥看，犹无病人。然最后夜，倍于常音，响于大地，而大**痛呻**。犹疑塔灵也。"（p. 335）后晋可洪撰《新集藏经音义随函录》卷14："**痛呻**：音申，痛声。"后汉安世高译《佛说分别善恶所起经》卷1："迫胁从受取，证入无辜民，然后身长烧，唤呼独**痛呻**。"

【痛哉悲哉/いたましきかな、かなしきかな】 口语 痛惜悲伤。用于感叹。《藤原家传》上卷《镰足传》："如何苍天，歼我良人。**痛哉悲哉**！弃朕远逝。恠矣惜矣！乖朕永离。"（p. 234）元魏慧觉等译《贤愚经》卷7《梨耆弥七子品》："世尊去后，开函视之，三十二头，悉在函中。由爱断故，不生懊恼，但作是言：'**痛哉悲哉**[①]！人生

① "悲哉"，宋本、元本、明本中作"悲俟"。

有死，不得长久。驱驰五道，何若乃尔？'"

【痛哉苦哉/いたましきかな、くるしきかな】 口语 痛惜悲苦。用于感叹。《日本灵异记》上卷《非理夺他物为恶行受报示奇事缘第30》："**痛哉苦哉**！何日免吾罪？何日得安身也？"（p.126）北凉昙无谶译《大般涅槃经》卷1《寿命品》："是诸众生，见闻是已，心大忧愁，同时举声，悲啼号哭：'呜呼，慈父。**痛哉苦哉**！'举手拍头，搥胸叫唤，其中或有，身体战栗，涕泣哽咽。"梁曼陀罗仙、僧伽婆罗合译《大乘宝云经》卷4《陀罗尼品》："菩萨恒作是念：'一切世间，**痛哉苦哉**！八苦猛火，之所焚然，淫欲炎盛，烧其身首，瞋烟蓬勃，妄想乱起，无明痴暗，障蔽眼目。'"唐道世撰《法苑珠林》卷98："至于千岁，正法皆灭，诸恶比丘，满阎浮提，及余天下，不持禁戒，诸恶比丘尼，犹如淫女，不行八敬，将我应量之器，游行酒肆，或入淫舍，贮酒盛肉。**痛哉，苦哉**！法岂不灭也。"

【痛哉痛哉/いたきかな、いたきかな】 口语 （5例） 痛惜之甚。用于感叹。《日本灵异记》中卷《佛铜像盗人所捕示灵表显盗人缘第22》："时有路往人，从寺北路，乘马而往。闻之有声，而叫哭曰：'**痛哉痛哉**！'"（p.206）又《弥勒菩萨铜像盗人所捕示灵表显盗人缘第23》："圣武天皇御世，敕信巡夜。行于京中，其半夜时，其诸乐京葛木尼寺前南慕原，有哭叫音。言：'**痛哉痛哉**！'"（p.208）又下卷《未作毕捻埴像生呻音示奇表缘第17》："淹径数年，白壁天皇代宝龟二年辛亥秋七月中旬，从夜半有呻声言：'**痛哉痛哉**！'其音细小，如女人音，而长引呻。"（p.304）又《弥勒丈六佛像其颈蚁所嚼示奇异表缘第28》："白壁天皇代，有一优婆塞，而住其寺。于时，寺内音而呻言：'**痛哉痛哉**！'其音如老大人之呻。"（p.305）又《不顾因果作恶受罪报缘第37》："于时京中人，下于筑前，得病忽死，而至阎罗王阙。不见于目闻之，响大地而所打有人音。响言：'**痛哉痛哉**！'"（p.358）失译人名今后汉录《大方便佛报恩经》卷2《3对治品》："尔时饿人，闻是语已，举声大哭，忧恚断绝，报施主言：'不可言也。**痛哉痛哉**！怪哉怪哉！大施主，我今情实相语。我所担者，或言是父，或言是母，或言妻子，或言兄弟，宗亲骨肉。'"唐若那跋陀罗译《大般涅槃经后分》卷1《应尽还源品》："尔时无数，一切大众，闻是语已，一时昏迷，闷绝躄地，苦毒入心，阨声不出。其中或有，随佛灭者，或失心者，或身心战掉者，或互相执手，哽咽流泪者，或常搥胸，大叫者，或举手拍头，自拔发者，或有唱言：'**痛哉痛哉**！荼毒苦。'"

【偷殺/ひそかにころす】 偏正 （2例） 暗杀，偷袭杀害。《日本书纪》卷20《敏达纪》元年六月条："副使等自相谓之曰：'若吾等至国时，大使显噵吾过，是下祥事也。思欲**偷杀**而断其口。'"（第二册，p.468）又十二年是岁条："于是，恩率参官临罢国时，窃语德尔等言：'计吾过筑紫许，汝等**偷杀**日罗者，吾具白王，当赐高爵。'"（第二册，p.486）刘宋佛陀什、竺道生等合译《弥沙塞部和醯五分律》卷14："时有婆罗门，失羊觅之，到比丘尼巷，闻烧毛气，谓比丘尼，**偷杀**其羊，便至王所，以事白王。”隋智顗说《四念处》卷3：“此依正，**偷杀**妄语，危他自安，顺理行心名尸。”唐义净译《根本说一切有部尼陀那目得迦》卷7：“问言：‘我作何事?’答言：‘王厩上马，仁等**偷杀**。’报言：‘此非我杀，是贼偷来，杀而取肉。’”按：《汉语大词典》失收。

【偷用/ぬすみもちゐる】 偏正 （2例） 偷偷地使用，盗用不属于自己的东西。《日本灵异记》上卷《**偷用**子物作牛役之示异表缘第10》（p.86）又中卷《奉写〈法华经〉因供养显母作女牛之因缘第15》：“彼夜，讲师梦见，赤牸来至，告言：‘我此家长公母也。是家牛中，有赤牝牛。其儿吾也。我昔先世**偷用**子物，所以今受牛身，以偿其债。’”（p.188）（1）唐道世撰《法苑珠林》卷55：“如道经之内，本无优婆塞优婆夷檀越贤者达嚫之名，今诸道士并皆**偷用**，未知此名，为是汉语，为是梵音。若是汉语，何故诸史无文？若是梵音？未知此言翻表何义。庄老复非西人，故知**偷用**，真伪可测。”（2）《广异记》：“韦极声诃之曰：‘穷老魅，何不速行，敢此逗留耶?’狐云：‘独不念我钱物恩耶？我坐**偷用**天府中钱，今无可还，受此荼毒。君何无情至此!’”按：《汉语大词典》失收。

【頭辺/まくらへ】 后缀 头的旁边；前边。《日本书纪》卷1《神代纪上》：“于时伊奘诺尊恨之曰：‘唯以一儿，替我爱之妹者乎。’则匍匐**头边**，匍匐脚边，而哭泣流涕焉。”（第一册，p.42）又：“**头边**，此云摩苦罗陛。”（第一册，p.52）姚秦鸠摩罗什译《大庄严论经》卷6：“时王**头边**，有一器水，边复有灰，饥渴所逼，谓灰是麨，和水而饮，饮已饱满，乃知是灰。”北凉昙无谶译《金光明经》卷4《流水长者子品》：“是十千天子，以十千真珠，天妙璎珞，置其**头边**。复以十千，置其足边。复以十千，置右胁边。复以十千，置左胁边。”《敦煌变文·张义潮变文》：“弓硬力强箭又褐，**头边**虫鸟不能飞。”又《太子成道经》：“观看之次，忽见一人劣瘦，置其药碗，在于**头边**。”又《悉达太子修道因缘》：“其太子观看之次，忽见一人就中劣瘦，兼有粥碗，在于**头边**。”又《八相变（一）》：“两面人扶，千般疼痛，兼有药碗，在于**头边**，百味饮食将来，一般都不向口。”

【頭髻/たきふき】 偏正 发髻，在头顶或脑后盘成各种形状的头发。《日本书纪》卷7《景行纪》四十年七月条：“承恩则忘，见怨必报。是以箭藏**头髻**，刀佩衣中，或聚党类，而犯边界。或伺农桑，以略人民。”（第一册，p.370）唐慧琳撰《一切经音义》卷32：“肉**髻**：下鸡诣反。《郑注仪礼》云：**髻**，谓结发也。《汉书》云：**头髻**也。《说文》：从髟，吉声，髟音，必遥反。”（1）后汉竺大力、康孟详合译《修行本起经》卷2《出家品》：“太子问之：‘何故惊寤?’对曰：‘向者梦中见，须弥山崩，月明落地，珠光忽灭，**头髻**堕地，人夺我盖。是故惊觉。’”梁宝唱等集《经律异相》卷29：“昔者国王，有如意明珠，藏于**髻中**，夙夜珍爱。王后薨亡，国法先置田野，令肉消尽，乃收葬之。其王形坏，**头髻**解散，明珠出露。”（2）《文选》卷33宋玉《招魂》王逸

注："激楚之结，（结，头髻也。结，吉诣切。）独秀先些。"《太平御览》卷946载《幽明录》曰："夕有数蝙蝠大如鸡，集其上不得去，杀之乃绝。屋檐下已有数百人头髻。"《太平御览》卷960引《风土记》曰："茱萸，椒也。九月九日成熟，色赤可彩。世俗亦以此日折茱萸。费长房云：'以插头髻，可避恶。'"（p. 81）按：《汉语大词典》首引唐顾况《险竿歌》："翻身挂影恣腾蹋，反绾头髻盘旋风。"偏晚。

【頭破流血/かしらわれてちながす】四字　犹言头破血流。《日本灵异记》中卷《恃己高德刑贱形沙弥以现得恶死缘第1》："时有一沙弥。滥就餐供养之处，捧钵受饭。亲王见之，以牙册以罚沙弥头，头破流血。沙弥摩头扪血，悕哭而忽不觐。所去不知。"（p. 146）（1）唐义净译《根本说一切有部尼陀那目得迦》卷7："时晡喇拏，持其流血，诣室利笈多处。时彼见已，问言：'大德，何意头破流血若斯？'答曰：'被聚底色迦长者蹴顿于我。'"（2）西晋法炬译《佛说鸯崛髻经》卷1："时世尊遥见指髻来，头破血流污僧伽梨身体破，见已语言：'忍勿发恶意，此之行报，无数百千劫，当入地狱中，今所受报，亦不足言。'"东晋瞿昙僧伽提婆译《中阿含经》卷30《大品》："尔时，恶魔化作年少形，手执大杖，住在道边，击尊者音头破血流污面。"唐玄奘译《阿毘达磨大毘婆沙论》卷125："时魔度使化作少年，掷石遥打侍者，头破血流被面，随佛后行。"

【頭陀苦行/ずだくぎょう】四字　修练身心，摒除有关衣食住等一切贪欲的修行。"头陀"是梵语 dhūta 的译音，又写作"杜多""杜荼""投多""偷多""尘吼多"，或意译为"抖擞""抖拣""淘汰""修治""浣洗""纷弹""弃除"等。"抖擞"是震抚、震落之意。释尊十大弟子中，迦叶贯彻难行苦行，人称头陀第一。《上宫皇太子菩萨传》："常有五千僧，修道多并头陀苦行。"西晋竺法护译《佛说弥勒下生经》卷1："是时弥勒，申右手指示迦叶，告诸人民：'过去久远，释迦文佛弟子，名曰迦叶。今日现在，头陀，苦行，最为第一。'"刘宋求那跋陀罗译《杂阿含经》卷16："复有尊者，大迦叶，与众多比丘，于近处经行，一切皆是，少欲知足，头陀苦行，不畜遗余。"唐道宣撰《续高僧传》卷10："释法瓒，齐州人也。安心寂定，乐居岩穴，头陀苦行，是所缠怀。"

【投化於～/～にとうかす】于字（9例）　投顺归化。①《日本书纪》卷19《钦明纪》二十六年五月条："二十六年夏五月，高丽人头雾唎耶陛等投化于筑紫。"（第二册，p. 454）②《日本书纪》卷19《钦明纪》元年二月条："二月，百济人已知部投化。置倭国添上郡山村，今山村己知部之先也。"（第二册，p. 360）又元年八月条："召集秦人、汉人等诸蕃投化者，安置国郡，编贯户籍。"（第二册，p. 360）又卷30《持统纪》元年三月条："三月乙丑朔己卯，以投化高丽五十六人，居于常陆国，赋田受禀，使安生业。"（第三册，p. 478）又："丙戌，以投化新罗十四人，居于下毛野国，赋田受禀，使安生业。"（第三册，p. 478）又元年四月条："夏四月甲午朔癸卯，筑紫大宰献**投化**新罗僧尼及百姓男女二十二人，居于武藏国，赋田受禀，使安生业。”（第三册，p. 480）又三年四月条：“夏四月癸未朔庚寅，以**投化**新罗人居于下毛野。”（第三册，p. 492）《续日本纪》卷25《淳仁纪》天平宝字八年七月条：“比来彼国**投化**百姓言：‘本国发兵警备。’”（第四册，p. 16）又卷33《光仁纪》宝龟五年五月条：“乙卯，敕大宰府曰：‘比年新罗蕃人，频有来著。寻其缘由，多非**投化**。忽被风漂，无由引还，留为我民。’”（第四册，p. 433）（1）晋世法炬、法立合译《法句譬喻经》卷2：“吾有尊师，号曰如来，众佑度脱人类，近在祇洹，可共亲造即，皆敬诺恭肃。进前遥见如来，情喜难量，五体投地，退坐一面，皆共长跪，白世尊曰：‘本初发家，欲至三池，沐浴求仙，经由树神，所陈如此。是故**投化**，愿示极灵。’”唐道世撰《法苑珠林》卷65：“行人向王分疏云：‘小虫若于国有害，臣皆杀却。既无有怨，何故不听滤饮？’王闻放之，由行人慈善根力，及贼皆来**投化**。”唐不空译《大乘瑜伽金刚性海曼殊室利千臂千钵大教王经》卷5《演一切贤圣入法见道显教修持品》：“尔时，若有国王王子及诸后妃公主宫人采女等，能与建立，此清净大道场者，令国土安宁，王当长寿，妃后延年，万方**投化**。”（2）《魏书》卷27《穆亮传》：“计万户**投化**，岁食百万，若听其给也，则蓄储虚竭。”（p. 670）《北齐书》卷4《文宣帝纪》：“其信都从义及宣力霸朝者，及西来人并武定六年以来南来**投化**者，不在降限。”（p. 51）按：《汉语大词典》首引北魏杨衒之《洛阳伽蓝记·景宁寺》：“民闲号为吴人坊，南来**投化**者多居其内。”偏晚。从现存文献资料来看，“投化”一词最早出现在佛典中，指受到如来的教化皈依佛教。后逐渐用于中土文献，引申为慕德前来归化之义，成为对统治者德政的溢美之词。史书当中，如《魏书》《北齐书》所见，对来自藩属国的人口移动的情况，都喜用这一形而上的“投化”一词。与此相对，传世文献中，更早使用的是“归化”一词。《汉书》卷64《匈奴传下》：“而匈奴内乱，五单于争立，日逐呼韩邪携国**归化**，扶伏称臣。”（p. 3814）“归化”一词亦见于《日本书纪》卷30《持统纪》四年二月条：“壬寅，以**归化**新罗韩奈磨许满等十二人，居于五藏国。”（第三册，p. 502）

【投禍於～/わざはひを～にいたす】 于字　嫁祸于某人或某一方。《日本书纪》卷26《齐明纪》五年七月条：“（《日本世记》）新罗春秋智不得愿于内臣盖金。故亦使于唐，舍俗衣冠，请媚于天子，**投祸于**邻国，而构斯意行者也。”（第三册，p. 232）西晋竺法护译《渐备一切智德经》卷1：“众生一切，破坏诤讼，转相诽谤。常抱瞋恚，转相**投祸**。吾等当设，无上大哀，无极之慈，立坚固行，令无彼此。”

【投棄於～/～になげうつ】 于字　投弃在某处。①《播磨国风土记·饰磨郡》条：“尔时，此处石作连等为夺相斗，仍杀其人，即**投弃于**此川。故号长亩川。”（p. 36）②《日本书纪》卷2《神代下》：“言讫，以后手**投弃**与之，勿以向授。若兄起忿怒，有贼害之心者，则出潮溢琼，以漂溺之。”（第一册，p. 170）又卷19《钦明纪》十三年十月条：“物部大连尾舆、中臣连镰子同奏曰：‘昔日不须臣计，致斯病死。今不远而复，必当有庆。宜早**投弃**，勤求后福。'"（第二册，p. 418）（1）吴支谦译《撰集百缘经》卷5《饿鬼品》："辟支佛受已，寻知非是，**投弃于**地，空钵还归。"失译人名今附秦录《别译杂阿含经》卷1："以刀内鞘中，**投弃于**深坑，即便稽首礼，归命于世尊，信心甚猛利，发意求出家。"唐惠英撰、胡幽贞纂《大方广佛华严经感应传》卷1："小乘诸师，乃以经**投弃于**井。经于井中，放光赫如火聚。夜诸师睹之，疑谓金宝。至明集议，使人漉之。乃是前所弃《华严经》也。"《魏书》卷19中《景穆十二王》："顺日高方至，雍攘袂抚几而言曰：'身，天子之子，天子之弟，天子之叔，天子之相，四海之内，亲尊莫二，元顺何人，以身成命，**投弃于**地！'"（p. 484）《全唐文》卷585柳宗元《天对》："盗堙息壤，招帝震怒。赋刑在下，而**投弃于**羽。方陟元子，以胤功定地。胡离厥考，而鸱龟肆喙！"（2）《全汉文》卷52扬雄《逐贫赋》："汝在六极，**投弃**荒遐。好为庸卒，刑戮相加。"《文选》卷46任昉《王文宪集序一首》："初，宋明帝居蕃，与公母武康公主素不协。及即位，有诏废毁旧茔，**投弃**棺柩。"

【投入（之）於~/~になげいる】 于字　投进、扔进某处。①《日本书纪》卷1《神代纪上》："是后，稚日女尊坐于斋服殿而织神之御服也。素戋呜尊见之，则逆剥斑驹，**投入之于**殿内。"（第一册，p. 78）②《播磨国风土记·贺古郡》条："于是，即取为道行储弟缦，**投入**舟中，则缦光明，炳然满舟。度子得赁，乃度之。故云朕君济。"（p. 18）（1）《新序》卷3："明月之珠，夜光之璧，以暗**投入于**道路，众无不按剑相眄者。何则？无因至前也。"（p. 440）《洞玄子》："女当瑶津湛于丹穴，即以阳锋**投入于**子宫，快泄其精津液同流，上灌于神田，下灌于幽谷，使往来拚击，进退揩磨，女必求死求生乞性乞命，即以帛子干拭之后，乃以玉茎深投丹穴至阳台，崖崖然若巨石之拥深溪，乃行九浅一深之法。"刘宋沮渠京声译《佛说佛大僧大经》卷1："蛾贪火色，**投入于**灯，体见烧煮，将何克获？"该例亦辑录于梁宝唱等集《经律异相》卷17。唐菩提流志译《大乘金刚髻珠菩萨修行分》卷1："若以粪秽埋身，唯出其头，执为道者，生刀剑林，大地狱处。若**投入于**水，为解脱者，当生摩竭，大鱼腹中。"（2）东晋瞿昙僧伽提婆译《增壹阿含经》卷25《五王品》："世尊告曰：'我今告汝等，非沙门行，言是沙门，非梵行人，言是梵行；不闻正法，言我闻法。无清白法，如是之人，宁**投入**此火中，不与女人，共相交游。'"隋阇那崛多译《佛本行集经》卷16《舍宫出家品》："此处损害，愚痴之人，争竞**投入**，犹如飞蛾，奔赴灯烛。"唐勿提提犀译《佛说十力经》卷1："时首领商普告众曰：'谁将舍利异宝殊珍，不尔龙神，何斯拗怒？有即持出，**投入**海中，无令众人，受兹惶怖。'"

【投散/なげちらす】 并列　犹言投撒。《日本书纪》卷15《显宗纪》二年三月条："况吾立为天子，二年于今矣。愿坏其陵，摧骨**投散**。今以此报，不亦孝乎？"（第二册，p. 248）隋达磨笈多译《大方等大集经菩萨念佛三昧分》卷2："即从梵宫还佛所，具足供养人中尊。奉持微妙天华香，**投散**彼佛碎身地。"唐义净译《根本说一切有部尼陀那目得迦》卷6："时诸苾刍，随路而去，见有水浑，生疑不饮。佛言：'水中见面，应可饮用。若不见面，须人授饮，如极浑者，应取羯得迦果葡萄果，投中待清，或可以麨，而内水中。'诸苾刍便**投散**。"按：《汉语大词典》失收。

【投淵/ふちになげすつ】 格义 （2例） 投入深渊而死。《日本灵异记》中卷《行基大德携子女人视过去怨令**投渊**示异表缘第30》："大德啧言：'其子**投渊**。'尔母怪之，不得思忍，掷于深渊。"（p. 226）姚秦鸠摩罗什译《大庄严论经》卷5："**投渊**及赴火，自饿示断食，观其教旨意，欲令门断绝。斯诸婆罗门，乐为杀害事，是故我舍离，当入于佛法。"北凉昙无谶译《大般涅槃经》卷7《如来性品》："若有说言，佛听比丘，常翘一脚，寂默不言，**投渊**赴火，自坠高岩，不避险难，服毒断食，卧灰土上，自缚手足，杀害众生，方道咒术，旃陀罗子，无根二根，及不定根，身根不具。如是等辈，如来悉听出家为道，是名魔说。"按：传世文献中，"投渊"典自《庄子·让王》："舜以天下让其友北人无择，北人无择曰：'异哉后之为人也，居于畎亩之中而从尧之门！不若是而已，又欲以其辱行漫我，吾羞见之。'因自投清泠之渊。"后以"投渊"为洁身自好之典。桓温《荐谯元彦表》："臣闻太朴既亏，则高尚之标显；道丧时昏，则忠贞之义彰。故有洗耳**投渊**，以振玄邈之风。"

【投擲於～/～になげうつ】 于字 扔在某处，抛于某处。《日本书纪》卷25《孝德纪》即位前纪条："辞讫，解所佩刀**投掷于**地，亦命帐内，解令解刀。"（第三册，p. 110）《诗经·邶风·北门》："王事敦我"，郑玄笺："敦，犹**投掷**也。"唐慧琳撰《一切经音义》卷5："**投**趣：徒侯反。《考声》云：**投**，**掷**也，赴也，合也。《说文》云：遥击也。或作投，古字也。"（1）西晋竺法护译《诸佛要集经》卷2："于时文殊。举女**投掷**，遍于十方。不能令觉。还安故处。"姚秦竺佛念译《出曜经》卷4："毒蛇自念：'此人见恐，必欲害我。'毒蛇即举身**投掷**，螫坐禅比丘。"高丽一然撰《三国遗事》卷3："隔三日，夜中瑞龙家园墙里有**投掷**物声。以火捡看，乃佛牙函也。"（2）《搜神后记》卷2："高悝家有鬼怪，言词呵叱，**投掷**内外，不见人形。"（p. 448）

【図度/はかる】 并列 谋划，计议。《日本书纪》卷17《继体纪》二十三年九月条："于是两国**图度**便地，淹留弦晦，筑城而还，号曰久礼牟罗城。"（第二册，p. 326）唐慧琳续补《一切经音义》卷28："所图：《广雅》：**图**，**度**也，议也，图亦计也。"西晋竺法护译《大哀经》卷2《庄严法本品》："复有十事，定意庄严。何谓十？……七曰身心休息，**图度**计校；八曰度安诸法；九曰心得自在；十曰得贤圣性。是为十事，定意庄严。"姚秦佛陀耶舍、竺佛念等合译《长阿含经》卷18《转轮圣王品》："造此城已，金轮宝复，于其城中，**图度**封地，东西四由旬，南北二由旬。天神于中，夜造宫殿，宫墙七重，七宝所成，乃至无数众鸟，相和而鸣，亦复如是。"北凉昙无谶译《大方等无想经》卷2《大众健度》："世尊，如来正觉，不可思议，怜愍众生，亦不可思议。所说秘密，难可**图度**。"按：《汉语大词典》例引宋王安石《诉衷情·和俞秀老鹤》

词："茫然不肯住林间，有处即追攀，将他死语**图度**，怎得离真丹。"偏晚。

【図害/そこなはむことをはかる】 述宾 谋害。《日本书纪》卷4《绥靖纪》即位前纪条："然其王立操厝怀，本乖仁义。遂以谅暗之际，威福自由，苞藏祸心，**图害**二弟。"（第一册，p. 242）（1）西晋竺法护译《生经》卷5："昔维耶离国，有一长者。闻佛来化，即诣佛所，稽首礼足，白佛言：'意欲请佛，一时三月。'佛默可之。即摄衣持钵，就长者家。余人请者，不能复得。皆兴恚意，**图害**长者。"元魏慧觉等译《贤愚经》卷11："世人凶恶，好相斩戮。若我为王，倘见**图害**。今甚乐此。"唐道宣撰《广弘明集》卷7："齐又引涅槃，阇王害父耆婆叙状，佛以理除令其迷解，俗惟事结惑网逾深。故以阴界入中求父不得本，惟妄想谓父，实人横生**图害**，取其重位。"（2）《魏志》卷8《公孙度传》裴松之注引《吴书载渊表权》："今魏家不能采录忠善，褒功臣之后，乃令谗讹得行其志，听幽州刺史、东莱太守诳误之言，猥兴州兵，**图害**臣郡。"《旧唐书》卷116《肃宗代宗诸子》："倓于艰难时实得气力，无故为下人之所间，欲**图害**其兄，朕以社稷大计，割爱而为之所也。"按：《汉语大词典》例引元无名氏《争报恩》第二折："他将我这一双业种阴图害。"偏晚。

【徒無所用/いたづらにもちゐるところなし】 所字 浪费无用处，毫无使用价值。《续日本纪》卷19《孝谦纪》天平胜宝七年三月条："请取封一千四百户，田一百四十町，**徒无所用**，如舍山野。"（第三册，p. 152）唐道世撰《法苑珠林》卷30："又《摩诃衍大宝严经》云：'譬如医师，持药游行，而自身病，不能疗治。多闻之人，有烦恼病，亦复如是。虽有多闻，不制烦恼，不能自利，**徒无所用**。譬如死人，著金璎珞，多闻破戒，被服法衣。受他供养，亦复如是。'"

【徒衆甚多/としゅうにへさにして】 四字（2例） 弟子很多；喽啰众多。《日本书纪》卷7《景行纪》十二年九月条："爰有女人，曰神夏矶媛。其**徒众甚多**，一国之魁帅也。"（第一册，p. 348）《续日本纪》卷20《孝谦纪》天平宝字元年七月条："斐太都问云：'王臣者为谁等耶？'东人答云：'黄文王、安宿王、橘奈良麻吕、大伴古麻吕等，**徒众甚多**。'"（第三册，p. 198）（1）唐僧详撰《法华传记》卷5："贞观八年正月二十八日身患，至二月八日夜命终，遂被将向王前，阅过**徒众甚多**。通在后而立，其典唱名，王即问其，善恶之业，亦依次而配。末后始唱通过，具问生在，作何福业。"元祥迈撰《辩伪录》卷2："第三十化云：'胡王见太上**徒众甚多**，疑见鬼魅，遂积薪焚之。火起冲天，老君放身光明，火中为王，说《金光明经》。'"（2）《周书》卷25《李贤传》："四年，莫折后炽连结贼党，所在寇掠。贤率乡兵与行泾州事史宁讨之。后炽列阵以待。贤谓宁曰：'贼聚结岁久，**徒众甚多**，数州之人，皆为其用。'"

【涂画/ゑにぬる】 并列 描绘，上彩。亦作图画。《常陆国风土记・九慈郡》条："北山，所有白土，可**涂画**之。"（p. 412）（1）元魏菩提流支译《佛说佛名经》卷8："欲忏悔者，当净洗浴，著新净衣，不食荤辛，当在静处，修治室内，以诸幡华，庄严道场，香泥涂画，悬四十九枚幡，庄严佛座，安置佛像。”唐菩提流志译《五佛顶三昧陀罗尼经》卷1：“涂画色盏新净，彩色调和勿用皮胶水，用胶香调色画彩。”唐善无畏译《尊胜佛顶修瑜伽法轨仪》卷2《修瑜伽祈雨法品》：“五岳四渎，五方龙等，于曼荼罗最外更涂画围绕。图画讫，内外诸院，著种种饭食，一如大坛供养，食香华等同。”（2）《太平御览》卷215《总叙尚书郎》引《汉官仪》曰：“省中皆胡粉涂画古贤人、烈女。郎握兰含香。趣走丹墀奏事。黄门郎与对揖。天子五时赐服。若郎处曹二年。赐迁二千石刺史。”（p. 1026）按：《汉语大词典》失收。

【涂厳/ぬりかざる】 并列　描绘装饰。《日本灵异记》上卷《非理夺他物为恶行受报示奇事缘第30》：“伴副往程，二驿度许，路中有大河。度椅之以金涂严。”（p. 125）失译人名今附后汉录《佛说内身观章句经》卷1：“身之内与外，夫城骨与墙。肉血为涂严，为怨所破坏。恒为以内外，彼央若干百。以为贪其肉，其外亦灾害。”按：《汉语大词典》失收。

【土地豊沃/とちこえたり】 四字（2例）　土地肥沃。“丰沃”，犹言肥沃。《出云国风土记·岛根郡》条：“土地丰沃，西边松二株，以外茅、莎、荠头蒿、蕗等之类，生靡。去陆三里。”（p. 170）又《出云郡》条：“河之两边，或土地丰沃，五谷桑麻，稔欵枝，百姓之膏腴园也。或土体丰沃，草木丛生也。”（p. 218）（1）刘宋沮渠京声译《佛说末罗王经》卷1：“时有国王，号曰末罗。土地丰沃，士民壮勇。”梁宝唱等集《经律异相》卷27：“舍卫有王，号曰兰达。土地丰沃，人民淳信，君臣父子，相率以道。”（2）《后汉纪》卷3《光武帝纪》：“今蜀土丰沃，稼穑尝熟。”

【土地沃壤/くによくじょうなり】 四字　土地肥美。《日本书纪》卷7《景行纪》二十七年二月条：“二十七年春二月辛丑朔壬子，武内宿祢自东国还之奏言：‘东夷之中，有日高见国。其国人男女并椎结文身，为人勇悍。是总曰虾夷。亦土地沃壤而旷之，击可取也。’”（第一册，p. 364）唐玄奘撰《大唐西域记》卷1：“飒秣建国，周千六七百里，东西长南北狭。国大都城，周二十余里，极险固多居人，异方宝货多聚此国。土地沃壤，稼穑备植，林树蓊郁，花果滋茂。”又卷4：“屈露多国，周三千余里，山周四境。国大都城，周十四五里。土地沃壤，谷稼时播，华果茂盛卉木滋荣。”又卷7：“吠舍厘国，周五千余里。土地沃壤，花果茂盛，庵没罗果茂遮果，既多且贵。”又卷10：“达罗毘荼国，周六千余里。国大都城，号逮志补罗，周三十余里。土地沃壤，稼穑丰盛，多花果出宝物。”又卷11：“僧伽罗国，周七千余里。国大都城，周四十余里。土地沃壤，气序温暑，稼穑时播花果具繁。”又卷12：“呬摩呾罗国睹货逻国故地也。周三千余里。山川逦迤，土地沃壤，宜谷稼多宿麦，百卉滋茂，众果具繁。”按：《丰后国风土记·速见郡》条：“天野。此野广大，土地沃腴。开垦之便，无比此土。”（p. 302）晋常璩撰《华阳国志》卷4：“属县八，户六万，去洛六千九百里，宁州之极西南也。有闽濮、鸠獠、僄越、裸濮、身毒之民。土地沃腴，有黄金、光珠、虎魄、翡翠、孔雀、犀、象、蚕桑、棉、绢、采帛、文绣。”

【土体（豊沃）/とち（こえたり）】 自创 （3例） 由“土地丰沃”派生而来。《出云国风土记·岛根郡》条：“东边神社。以外悉皆，百姓之家。**土体丰沃**，草木扶疏，桑麻丰富。此则所谓岛里是矣。”（p.170）又《秋鹿郡》条：“足高野山。郡家正西一十里二十步。高一百八十丈，周六里。**土体丰沃**，百姓膏腴之园矣。”（p.190）又《出云郡》条：“河之两边，或土地丰沃，五谷桑麻，稔欵枝，百姓之膏腴园也。或**土体丰沃**，草木丛生也。”（p.218）按：“土体”，即土质，土地肥沃或贫瘠的程度。《出云国风土记·意宇郡》条：“黑田驿。郡家同处。郡家西北二里，有黑田村。**土体**色黑，故云黑田。”（p.146）隋吉藏撰《法华义疏》卷5《譬喻品》：“其土平正下：上标土名，今出**土体**。文又二：前总明**土体**，次别明地处庄严。总明土体中又二：前明土体，次辨人物。离高下故称平，非尖邪故名正，无秽恶名清净，有众宝为严饰也。”唐道世撰《法苑珠林》卷15：“四化净土，谓佛所变，七宝五尘，为化**土体**。故《涅槃经》云：‘以佛神力，地皆柔软，无有丘墟，土沙砾石，乃至犹如，西方无量寿佛，极乐世界等。’”

【退出/まかりづ】 后补 （3例） 离开某处，从某一场合离去。《万叶集》卷11第2568首：“凡 吾之念者 如是许 难御门乎 **退出**米也母”（第三册，p.219）《续日本纪》卷17《圣武纪》天平胜宝元年五月条：“是日，伊势斋王为遭二亲丧，自斋宫**退出**。”（第三册，p.80）又卷20《孝谦纪》天平宝字元年七月条：“诏讫，五人**退出**南门外，稽首谢恩。”（第三册，p.200）（1）西晋白法祖译《佛般泥洹经》卷2：“王及贤者，皆自**退出**。王去佛五里，所止屯住。”道宣撰《续高僧传》卷26：“乃为说归戒，鹿乃顿头香案，如有听受。因以缯帛系之，即舐人手。夜卧舆边，或往生房，经停两宿，自然**退出**，还归荒野。”（2）晋常璩撰《华阳国志》卷5：“统对曰：‘伐人之国，而以为欢，非仁者也。’刘主曰：‘武王伐纣，前歌后舞，岂非仁也？’统**退出**，刘主寻请还，谓曰：‘向者之谈，阿谁为失？’统曰：‘君臣俱失。’”《全宋文》卷56崔凯《吊哭》：“主人哭，吊者皆哭。**退出**。主人拜中门外如初。”按：《汉语大词典》首引《三国演义》第30回：“可速**退出**，今后不许相见。”偏晚。

【退悔/しりぞきくゆ】 并列 退缩后悔；退转后悔。《唐大和上东征传》：“荣睿、普照师等为求法故，前后被灾，艰辛不可言尽，然其坚固之志，曾无**退悔**。”（p.58）西晋竺法护译《贤劫经》卷4：“勤行精进，未曾**退悔**，尽其根元，如竭大海，所行如是，消淫怒痴，是曰精进。”陈真谛译《佛性论》卷2《事能品》：“二求者，为至得此法，心恒勤求，无有**退悔**，名之为求。”唐道宣撰《续高僧传》卷28：“尝有人欲害，夜往其房，见门内猛火，腾焰升帐，遂即**退悔**。性饮清泉，洁清故也。”按：《汉语大词典》首引南唐冯延巳《醉花间》词：“人心情绪自无端，莫思量，休**退悔**。”偏晚。

【退来/まかりきたる】后补 退出来到；退散而来。《播磨国风土记·揖保郡》条："所以名栗栖者，难波高津宫天皇敕赐刊栗子若倭部连池子。即将**退来**，殖生此村。故号栗栖。"（p. 48）元魏慧觉等译《贤愚经》卷2《降六师品》："后会边国，兴兵入界，五百王子，领兵往拒，始战军败，**退来**趣城。"元魏瞿昙般若流支译《正法念处经》卷21《畜生品》："罗睺阿修罗王，见是事已，作如是言：'此龙破坏，**退来**至此。汝等何故，舍之而住？'"又卷47《观天品》："夜摩天众，彼佛塔内，壁中而见，彼鬼叫唤，天处**退来**。"按：《汉语大词典》失收

【退走/しりぞきにぐ】连动 败退而逃。《日本书纪》卷1《神代纪上》："伊奘诺尊惊而走还。是时，雷等皆起追来。时道边有大桃树。故伊奘诺尊隐其树下，因采其实以掷雷者。雷等皆**退走**矣。此用桃避鬼之缘也。"（第一册，p. 54）（1）后汉迦叶摩腾、法兰合译《四十二章经》卷1："人为道，譬如一人，与万人战，被钾操兵，出门欲战，意怯胆弱，乃自**退走**。或半道还，或格斗而死，或得大胜，还国高迁。"姚秦鸠摩罗什译《大智度论》卷17《序品》："著铠持刀杖，见敌而**退走**；如是怯弱人，举世所轻笑。"唐玄奘译《大般若波罗蜜多经》卷101《摄受品》："如有妙药，名曰莫耆，是药威，势能销众毒，有大毒蛇，饥行求食，遇见生类，欲螫噉之，其生怖死，走投妙药，蛇闻药气，寻便**退走**。"（2）《穀梁传》庄公十八年条"不使戎迩于我也"晋范宁注："不使戎得逼近于我，故君入竟，望风**退走**。"按：《汉语大词典》首引《后汉书》卷70《荀彧传》："（曹操）遂以奇兵破绍，绍**退走**。"略晚。

【退坐/しりぞきます】并列 退后坐下，表示对佛菩萨的一种恭敬的行为。《古事记》下卷《允恭记》："如此歌参归白之：'我天皇之御子，于伊吕兄王，无及兵。若及兵者，必人咲。仆捕以贡进。'尔解兵，**退坐**。故大前小前宿祢捕其轻太子，率参出以贡进。"（p. 322）（1）后汉昙果、康孟详合译《中本起经》卷1《现变品》："父子相见，恩爱微薄，长者欢喜，**退坐**白佛：'今日心悦，情有二喜：一者遇佛解喜；二者离爱快喜。'"姚秦鸠摩罗什译《妙法莲华经》卷1《序品》："韦提希子阿阇世王，与若干百千眷属俱，各礼佛足，**退坐**一面。"刘宋求那跋陀罗译《过去现在因果经》卷2："时优陀夷，虽竭才辩，劝奖太子，不能令回，即便**退坐**，归于所止。"（2）《后汉书》卷94《礼仪上》："乘舆自东厢下，太常导出，西向拜，折旋升阼阶，拜神坐。**退坐**东厢，西向。"（p. 3103）按：《汉语大词典》失收。在汉译佛经当中，在举行法会或人们面谒佛陀时，"退坐（一面）"一词通常用来表示对佛菩萨的一种恭敬的行为，如同某种仪式一般。

【吞船/ふねをのむ】自创 海水吞没船只。《日本书纪》卷29《钦明纪》二年八月条："八月甲午朔丁未，送使难波，还来复命曰：'海里鲸鱼大有，遮啮船与楫櫂。难波等空鱼**吞船**，不得入海。'"（第二册，p. 470）唐慧琳撰《一切经音义》卷41："摩竭：摩竭者，梵语也。海中大鱼，吞啖一切诸水族类及**吞船**舶者是也。"《摩尼教下部赞》卷

1："我今恳切求哀诸，愿离肉身毒火海。腾波沸涌无暂停，魔竭出入吞船舫。"

【託生/しょうをよせむ】述宾　佛教认为人死后会投胎转生世间。《唐大和上东征传》："大和上答曰：'昔闻南岳思禅师迁化之后，托生倭国王子，兴隆佛法，济度众生。'"吴支谦译《太子瑞应本起经》卷1："期运之至，当下作佛，托生天竺，迦维罗卫国，父王名白净，聪睿仁贤。夫人曰妙，节义温良。"隋阇那崛多译《佛本行集经》卷5《上托兜率品》："菩萨不然，命欲终日，正心思惟，缘其前世，托生处所。有如是等，希奇之法。"唐道世撰《续高僧传》卷7："朗托生之始，母曰：'刘氏梦见，神人乘楼殿入怀，梦中如言，身与空等。'既而觉寤，四体轻虚，有异恒日，五辛杂味，因此悉断。"按：《汉语大词典》首引南朝齐王中《头陀寺碑文》："是以如来利见迦维，托生王室。"偏晚。

【脱離（座）/おしはなつ】格义　离开座位，离座。《日本书纪》卷2《神代纪上》："皇孙于是脱离天盘座，排分八重云，棱威道别道别，而天降之也。"（第一册，p. 132）西晋竺法护译《无极宝三昧经》下卷："须菩提白佛言：'若有念苦乐者，则不离于苦乐。是则为二法。菩萨者不中离，不上离，不脱离，不中无所离。'"西晋白法祖译《佛说菩萨修行经》卷1："是时威施，并诸长者，即白佛言：'吾等，世尊，集坐静处，竞有念言：佛世难值，人身由然。得脱离世，同亦甚难。'"陈月婆首那译《胜天王般若波罗蜜》卷3："自既求度，亦复度他，自求脱离，亦解他缚。以是因缘，即生精进，不堕懈怠，障道恶法，皆为断除。"按：《汉语大词典》失收。汉译佛经中的"脱离"一词，均用于抽象义，表示从某一思想或观念脱离出来。而《神代纪》中的"脱离"则用于具体义，表示离开某处，文例是说离开座位。

【脱落/ぬけおつ】后补　脱落，掉下。《日本书纪》卷24《皇极纪》三年正月条："偶预中大兄于法兴寺槻树之下打毱之侣，而候皮鞋随鞠脱落，取置掌中，前跪恭奉。中大兄对跪敬执。"（第三册，p. 86）（1）西晋竺法护译《修行地道经》卷3《劝意品》："火烧城时，诸蜂皆出，放毒啮人。观者得痛，惊怪驰走，男女大小，面色变恶，乱头衣解，宝饰脱落，为烟所熏，眼瞳泪出。遥见火光，心怀怖惧，不知所凑，展转相呼。"隋阇那崛多译《佛本行集经》卷14《出逢老人品》："太子见已，即问驭者：此是何人？身体皱赧，肉少皮宽，眼赤涕流，极大丑陋，独尔鄙恶，不似余人。兼其头颅，发稀脱落，如我所见。余人不然。"唐义净译《根本说一切有部毘奈耶皮革事》卷2："于中经行，经行多故，足下四指金毛，并已脱落，双足研破，血流于地，状若屠羊。"（2）《抱朴子》卷11《仙药》："如是二年许，身毛乃脱落，转老而死。向使不为人所得，便成仙人矣。"

【脱俗累/ぞくるいをはなる】三字　"俗累"，世俗事务的牵累。《怀风藻》释道融《小传》："遂脱俗累，落饰出家，精进苦行，留心戒律。"（1）宋元照作《芝园集》卷1《华亭超果照法师塔铭》："法师讳灵照，字了然，号希夷子。父卢氏，本东阳兰溪建邺里人。法师生而有异，不与群童戏剧。既失恃怙，志愿**脱俗累**，启于兄，兄欲止之。”（2）姚秦竺佛念译《菩萨从兜术天降神母胎说广普经》卷6：“舍身**去俗累**，本无因缘法；其报如影响，如有亦不有。”梁僧佑撰《弘明集》卷6：“**超俗累**于笼樊，邈世务而高蹈。”按：“脱俗累”的搭配形式新颖，在过去的诗文中未曾出现过。即便是在佛教文献当中，一般采用的都是“去俗累”或“超俗累”的说法。而且，《怀风藻》中“脱俗累”的说法在内典中也是出现最早的。

【脱所著衣/きたるころもをぬぐ】 所字 脱掉穿在身上的衣服。《日本灵异记》上卷《圣德皇太子示异表缘第4》：“太子见之，从辇下，俱语之问讯，**脱所著衣**，覆于病人，而幸行也。”（p. 69）失译人名今附后汉录《大方便佛报恩经》卷2《对治品》：“作是念已，驰犇往趣，往到井上，**脱所著衣**，举著一处。入井取水，而不得水，唯见毒蛇、守宫、蝮蝎百足之属，瓦砾荆棘，及诸草秽。”唐若那跋陀罗译《大般涅槃经后分》卷2：“尔时城内，复遣八大力士，至圣棺所，脱所著衣，共擎佛棺，皆尽其神力，都亦不得。拘尸城内，复遣十六，极大力士，来至棺所，**脱所著衣**，共举佛棺，亦不能胜。”

【脱王難/おうのわざはひをまぬかる】 三字 逃脱因国王的命令而遭受的灾难。“王难”，谓因国法而受的难、国家权力造成的迫害。《日本灵异记》下卷《被观音木像之助**脱王难**缘第7》（p. 278）东晋佛陀跋陀罗、法显合译《摩诃僧祇律》卷2：“是达腻伽比丘，本已蒙我袈裟，得脱金翅鸟难。今复蒙我袈裟，得**脱王难**。”唐道世撰《法苑珠林》卷35：“昔蒙袈裟得免鸟食，今复蒙我袈裟因缘，得**脱王难**，出家修道，获阿罗汉。是故当知，袈裟威力，不可思议。”

【脱衣裳/いしょうをぬぐ】 三字 （2例） 脱掉衣服。《日本书纪》卷17《继体纪》九年四月条：“夏四月，物部连于带沙江停住六日，伴跛兴师往伐，逼**脱衣裳**，劫掠所赍，尽烧帷幕。”（第二册，p. 306）又卷22《推古纪》二一年十二月条：“皇太子视之与饮食，即**脱衣裳**，覆饥者而言，安卧也。”（第二册，p. 568）（1）东晋瞿昙僧伽提婆译《增壹阿含经》卷31：“是时，女人即**脱衣裳**，前捉太子手，举著己胸上。即时惊觉，渐渐起欲想，以起欲心，便身就之。”梁宝唱等集《经律异相》卷6：“过去王子，名摩诃萨埵，出游林野，见虎新产七子，多日饥饿，命将欲绝。即**脱衣裳**，以竹刺颈，从高投下，卧于虎前，虎舐其血，渐就食尽。”《敦煌变文·舜子变》：“舜闻涛（淘）井，心里知之，便**脱衣裳**，井边跪拜，入井涛泥。”（p. 202）

【脱賊難/あたのわざはひをまぬかる】 三字 逃脱贼寇的灾难。《日本灵异记》下卷《被观音木像之助脱王难缘第7》：“回贼地之顷，彼妻为令**脱贼难**，作观音木像，殷勤敬供。夫无灾难，自贼地还来，发欢喜心，与妻相供。”（p. 278）刘宋求那跋陀罗译《杂阿含经》卷22：“若彼商人，喜我所问，时解说者，我当方便，令其安隐，得**脱贼难**；若不喜我，所问者，当放舍之，如余天神。”梁僧佑撰《出三藏记集》卷4：“《商人**脱贼难**经》一卷。”

【脱置/ぬきおく】 后补 脱掉放在某处。《日本书纪》卷26《齐明纪》六年三月条："俄而老翁更来，**脱置**换衫，并置提布，乘船而退。"（第三册，p. 230）（1）后汉昙果、康孟详合译《中本起经》卷1《现变品》："长者怖悸，即遣马骑，四出推索，父乘子车，父乘子车，速出而求。道过一水，水名波罗奈。渡水见子宝屐，**脱置**岸边，即寻足迹，径趣鹿园。"北凉昙无谶译《佛所行赞》卷2《车匿还品》："宝冠顶摩尼，光明照其身。即**脱置**掌中，如日曜须弥。"（2）《太平广记》卷45《丁约》条："子威窥之，俄见**脱置**桎梏，覆之以席。跃自窦出，与子威携手上旗亭，话阔别之恨，且叹子威之衰耄。"（p. 280）按：《汉语大词典》失收。

【陀羅尼/だらに】 音译 （3例） 陀罗尼。梵语 dhāraṇī 的译音。可将一切事物（特别是佛的教义）铭记在心而不忘，遮盖众多恶法不使滋生的能力。又译"能持""总持"。后与咒、真言曼怛罗（maṇḍala）混淆，渐指有能力守护口唱者，并给予功德的梵语章句。《日本灵异记》下卷《拍于忆持千手咒者以现得恶死报缘第14》："犹拒逆之，恳引譬言：'衣虱上于头而成黑，头虱下于衣而成白。如是有譬。顶载**陀罗尼**，负经之意，不遭俗难。何故持大乘之我令打辱。实有验德，今示威力。'"（p. 296）又《减塔阶仆寺幢得恶报缘第36》："手于置爝，烧香行道，读**陀罗尼**，而忽走转。"（p. 356）《续日本纪》卷30《称德纪》宝龟元年四月条："初天皇八年乱平，乃发弘愿，令造三重小塔一百万基，高各四寸五分，基径三寸五分。露盘之下，各置根本、慈心、相轮、六度等**陀罗尼**。"（第四册，p. 280）姚秦鸠摩罗什译《大智度论》卷5《序品》："已知次第义，何以故名**陀罗尼**？云何**陀罗尼**？答曰：'**陀罗尼**，秦言能持，或言能遮。能持者，集种种善法，能持令不散不失。譬如完器盛水，水不漏散。能遮者，恶不善根心生，能遮令不生；若欲作恶罪，持令不作。是名**陀罗尼**。'"按：印度自古有"陀罗尼"。人们以为这种圣咒，如果不能正确念诵，不但不能获福，反倒可能遭殃。因为梵文是诸天的语言，如果发音不正确，便会惹怒天神。这一想法后来也影响到佛教。→【般若陀羅尼】【金剛場陀羅尼経】【千手陀羅尼】

【唾出/はきいだす】 后补 （2例） 随唾沫流出，吐口水时带出某物。《古事记》上卷《大国主神》："故咋破其木实，含赤土**唾出**者，其大神以为咋破吴公**唾出**，而于心思爱而寝。"（p. 82）《说文・口部》："**唾**，口液也。"（1）后汉支娄迦谶译《杂譬喻经》卷1："便有一老翁，甚大丑恶，眼中眵出，鼻中洟出，口中**唾出**。"西晋竺法护译《身观经》卷1："从鼻中涕出，从口涎**唾出**，从腋下汗流出，从下孔处屎溺出。如是皆从身出。"（2）唐临撰《冥报记》卷2："是夜梦，已化为罗刹，爪齿各长数尺，捉生猪食之。既晓觉口腥**唾出**。"按：《汉语大词典》失收。

【唾入/はきいる】 自创 将唾沫吐进某物。"唾出"的对应词。《古事记》上卷《日子穗穗手见命与鹈葺草不合命》："而不饮水，解御颈之玙，含口**唾入**其玉器。"（p. 128）按：《汉语大词典》失收。"唾入"一词，在中土文献和汉译佛经中亦难见确例。

W

【外道/げどう】 偏正 （3 例） 梵语 tīrthaka 或 tīrthika。亦作“外教”“外法”“外学”。指佛教以外的所有宗教。与儒家所谓“的异端”一词相当。《日本灵异记》中卷《序》：“窃视历代，自宣化天皇以往，随**外道**凭卜者。自钦明天皇也后，敬三宝信正教。”（p. 142）又下卷《产生肉团之作女子修善化人缘第》：“时托磨郡之国分寺僧，又丰前国宇佐郡之矢羽田大神寺僧二人，嫌彼尼言：‘汝是**外道**。’”（p. 308）又《刑罚贱沙弥乞食以现得顿恶死报缘第 33》：“所以《十轮经》云：‘薝匐花随萎，犹胜诸花。破戒诸比丘，犹胜诸**外道**。’”（p. 348）隋慧远撰《维摩义记》卷 1《佛国品》：“法外妄计，斯称**外道**。”宋元照撰《四分律行事钞资持记》卷 1：“言**外道**者，不受佛化，别行邪法，多论贩卖。”

【外書～内典～/げしょ～ないてん～】 对偶 “外书”，外道的经书。亦称外典。指外道（婆罗门）、儒家、道家等的世俗书籍。“内典”，亦作“内经”“内教”。指佛教之经论书籍。《日本灵异记》上卷《序》：“轻岛丰明宫御宇誉田天皇代，**外书**来之。矶城金刺宫御宇钦明天皇代，**内典**来也。”→【内経～外書～】

【蜿転腹行/めぐりめぐり、はらばひゆく】 四字 “蜿”，亦作“宛”。爬行，伏地而行。《日本灵异记》中卷《赎蟹虾命放生现报蟹所助缘第 12》：“蛇绕屋**蜿转腹行**，以尾打壁，登于屋顶，咋草拔开，落于女前。”（p. 180）唐慧琳撰《一切经音义》卷 27：“**蜿转**：上，威远反，下，追远反。”按：蛇无足能行，**宛转**而进。故经自云，**宛转腹行**。”后汉安世高译《佛说罪业应报教化地狱经》卷 1：“第三，复有众生，身体长大，聋骏无足，**宛转腹行**，唯食泥土，以自活命，为诸小虫，之所唼食，常受此苦，不可堪处。何罪所致？”姚秦鸠摩罗什译《妙法莲华经》卷 2《譬喻品》：“于此死已，更受蟒身。其形长大，五百由旬，聋骏无足，**宛转腹行**，为诸小虫，之所唼食，昼夜受苦，无有休息。”唐义净译《根本说一切有部毘奈耶杂事》卷 34：“于一林中有毒蛇住，诸牧羊人，放火烧林，四面火来，蛇即惊怖**宛转腹行**，冲火而出，仅得存命。”

【晚頭/ばんとう】 后缀 （5 例） 晚上，夜晚。《万叶集》卷 6 第 1017 首歌题：“夏四月，大伴坂上郎女奉拜贺茂神社之时，便超相坂山，望见近江海，而**晚头**还来，作歌一首。"（第二册，p. 154）《续日本纪》卷 10《圣武纪》天平二年正月条："辛丑，天皇御大安殿，宴五位以上。**晚头**，移幸皇后宫。"（第二册，p. 228）又卷 13《圣武纪》天平十年七月条："秋七月癸酉，天皇御大藏省，览相扑。**晚头**，转御西池宫。"（第二册，p. 340）又天平十二年十二月条："丙辰，解骑兵司，令还入京。皇帝巡观国城。**晚头**，奏新罗乐、飞騨乐。"（第二册，p. 380）又卷 40《桓武纪》延历八年十月条："时与同辈，**晚头**往石上衢，游戏相扑，巧用其力，能胜其敌。遂闻内里，召令侍内竖所，自是著名。"唐大觉撰《四分律行事钞批》卷 13："相承云：'北地一僧，**晚头**吃食，令童子下食，童子令出生。'师答云：'非是时节，何处有众生来吃，不须出生。'童子言：'或有无惭愧畜生，**晚头**还食，师因改志，终身而不夜食也。'"按：《汉语大词典》失收。唐代以后出现的俗语表达。

【万病消除/まんびょうしょうじょす】 四字 （2 例） 各种各样的病患不复存在。《出云国风土记·仁多郡》条："川边有药汤，一浴则身体穆平，再濯则**万病消除**。男女老少，昼夜不息，骆绎往来，无不得验。"（p. 148）《续日本纪》卷 17《圣武纪》天平胜宝元年闰五月条："所冀太上天皇沙弥胜满，诸佛拥护，法药熏质，**万病消除**，寿命延长，一切所愿，皆使满足，令法久住，拔济群生，天下太平，兆民快乐，法界有情，共成佛道。"（第三册，p. 82）（1）吴支谦译《佛说持句神咒经》卷 1："是持句咒，于枯树令，生叶华实，何况为人结缕也。当使吉百**病消除**，自然安隐，辟除凶害。南无佛令咒，皆得从愿。"北齐万天懿译《尊胜菩萨所问一切诸法入无量门陀罗尼经》卷 1："是持句咒，咒于枯树，令生华叶，百**病消除**，自然安隐，辟除凶害。"（2）唐不空译《佛说金毘罗童子威德经》卷 1："又法欲他心智者，取药食药，一日之中，**万病消除**；若食二日，身上万罪消灭；若食三日，俱随并尽。"

【万德（之）因果/まんどくのいんが】 典据 "果地万德""因位万行"的对应词。谓因应于"因位"之万行，以达至佛果的地位，而无量妙德悉无不成。就因果之相对关系而言，相对于因地而有果地，相对于万行而有万德。故就因果相应相报之意义而言，佛果之无量功德，即相应于因位之万行而来，故称果地万德。"因位万行"，为因位所修行万行的总称。欲成佛果，须于因位广修万行，积集万善，由此万行万善方得证入佛果。《日本灵异记》下卷《灾与善表相先现而后其灾善答被缘第 38》："上品一丈七尺者，净土**万德之因果**也。一丈者为果数，圆满故。七尺者为因数，不满故。"（p. 372）隋吉藏撰《法华玄论》卷 7："佛与菩萨，万行**万德，因果**升降，宜开为两：五善则开大合小；五乘则开小合大。"

【万法之中/よろづのみのりのなか】 四字 一切诸法之中，森罗万象的方法当中。《元兴寺伽蓝缘起并流记资财账》："百济国正明王上启云：'**万法之中**，佛法最上也。'是以天皇并大臣闻食之宣：'善哉。则受佛法，造立倭国，然天皇大臣等受报业尽。'"唐栖复集《法华经玄赞要集》卷 8："名一切法，真如理是一法，此一法遍在有为无为，**万法之中**。”宋彦起撰《释门归敬仪护法记》卷1：“言本识者，即三界之内，独一心，**万法之中**，唯一识。含生本有，非适今也。梵云阿赖耶，此方翻为藏识。”

【万機之暇～/ばんきのいとまをもちて】 典据 在日理万机的闲暇之际。《奈良朝写经14·七知经（圣武天皇敕愿一切经）》：“朕以**万机之暇**，披览典籍，全身延命，安民存业者，经史之中，释教最上。由是，仰凭三宝，归依一乘，敬写一切经，卷轴已讫。读之者，以至诚心，上为国家，下及生类，乞索百年，祈祷万福。闻之者，无量劫间，不堕恶趣，远离此网，俱登彼岸。”（p.108）唐智严注《楞伽经诸》卷5：“朕以**万机之暇**，披览典籍，全身延命，安民存业者，经史之中，释教最上。由是，仰凭三宝归一乘，敬写一切经，卷轴已讫。读之者，以至诚心，上为国家，下及生类，乞索百年，祈祷万福。闻之者，无量劫间，不堕恶趣，远离此网，俱登彼岸。”

【万苦/よろづのくるしび】 偏正 （六道轮回所经受的）万般痛苦。“万”，虚数，极言所受折磨的次数之多。《日本灵异记》中卷《序》：“还三界，如车轮。生回六道，似萍移。此死彼生，具受**万苦**。”（p.141）吴康僧会译《六度集经》卷3：“所以然者？比丘护怀佛经，有戒、有定、有慧、解脱、度知见种，以斯五德，慈导众生，令远三界，**万苦**之祸矣。”唐道宣撰《广弘明集》卷29：“人生易尽，物理无常，朝歌暮哭，向在今亡，欣欢暂有，忧畏延长。且世间纷壤，竟无闲赏，**万苦**竟来，百忧争往。”唐道世撰《法苑珠林》卷7：“狱卒怒目，捉罪人足，倒投镬中。随汤涌沸，上下回旋，身坏烂熟，**万苦**并至，故令不死。”

【万善慶集/よろづのよきものはよろこびつどふ】 自创 众善吉祥地聚集在一起。《奈良朝写经52·大唐内典录卷第10》：“愿合门眷属及知识等，龙天卫护，**万善庆集**，广暨含识，同沾此愿，俱出九居，早成佛果。”（p.312）吴支谦译《梵摩渝经》卷1：“吾自无数劫来，行四等心，布施、持戒、忍辱、精进、禅定、智慧，拯济众生，犹自护身，断求念空，守无想定，心垢除尽，无复微曀，习斯行来，诸殃悉灭，**万善**积著，遂成佛身，相好光明，独步三界，永离五道之愚冥，获无上至尊之明。故号曰佛也。”元魏慧觉等译《贤愚经》卷13《顶生王品》：“王德至重，**万善**臻**集**，天雨七宝，遍诸国界。”

【往罰/ゆきてうつ】 连动 前往惩罚，惩罚。《日本书纪》卷14《雄略纪》七年是岁条：“天皇诏田狭臣子弟君与吉备海部直赤尾曰：‘汝宜**往罚**新罗。’”（第二册，p.170）东晋瞿昙僧伽提婆译《增壹阿含经》卷16：“尔时，梵摩达王，即便兴兵，**往罚**其国。”姚秦佛陀耶舍、竺佛念等合译《四分律》卷41：“先诸释种子骂王，王能忍耶？今可**往罚**。”唐义净译《根本说一切有部毘奈耶破僧事》卷1：“时后父王，闻斯语已，即令使者持书，告增长王：‘何因今者合违先立誓？若违先誓。我当兴兵，**往罚**汝国。汝当严兵，以待于我。’”按：《汉语大词典》失收。中土文献中，如《南史》卷37《沈攸之传》：“此吏尝为攸之所鞭，待攸之甚厚，不以**往罚**为怨，杀豘荐食。”

（p. 968）所示，“往罚”指从前的处罚。

【往古今来/いにしへよりこのかた】 时段 犹言“从古至今”。《日本灵异记》下卷《女人产生石以之为神而斋缘第31》：“因其女家内，立忌篱而斋。**往古今来**，未都见闻。”（p. 343）唐道宣撰《广弘明集》卷28陈文帝《虚空藏菩萨忏文》：“窃以，菩萨之于众生，是大依止、观察性相，随机济拔，一人未度，不证道果。**往古今来**，行愿如一，而虚空藏菩萨，最为胜上，为众中之幢王，为大明之尊主，具诸佛之智慧，得如来之秘密。”宋宗晓编《施食通览》卷1：“一心奉请，遍法界中，**往古今来**，一切官僚吏从众、皇王帝主、百辟千官，万类群分，各及眷属黎元，以君上为所依，官府以黎元为统摄，由来率土，尽属王民。”

【往唤/ゆきてよぶ】 并列 去喊、去叫某人。《日本灵异记》中卷《骂僧与邪淫得恶病而死缘第11》：“夫从外归家而见无妻，问家人，答曰：‘参往悔过。’闻之嗔怒。即**往唤**妻。”（p. 178）（1）吴支谦译《撰集百缘经》卷4《出生菩萨品》：“时如来，观此拔提，善根已熟，应受我化。告阿难言：‘汝**往唤**彼，拔提比丘，来到我所。寻即**往唤**。’”梁宝唱等集《经律异相》卷32：“时利师跋王女侍从入园，见此盲人，即往其所，问言：‘汝是何人?’答言：‘盲乞人耳。’王女心生爱念，不能舍离。王复遣使，**往唤**女归，女言不去，为我送食。”隋阇那崛多译《佛本行集经》卷8《从园还城品》：“臣奉王敕，白言大王：‘谨依教命。’星速**往唤**，彼释大臣摩诃那摩，勒令急疾，到于王所。”（2）《太平御览》卷889所载《异苑》曰：“公曰：‘我女仍居深房洞庭擲晷，非自**往唤**不可得也。请解我绳，当呼女也。’猎人犹不置。”《北齐书》卷39《祖珽传》：“淹遣田曹参军孙子宽**往唤**，珽受命，便尔私逃。”按：《汉语大词典》失收。

【往集/ゆきつどふ】 并列 去某处集合。《常陆国风土记・筑波郡》条：“是以，福慈岳常雪不得登临。其筑波岳，**往集**歌舞饮吃，至于今，不绝也。”（p. 360）（1）东晋瞿昙僧伽提婆译《中阿含经》卷29：“**往集**不与会，摈弃不共止。欺诈诳说多，非息称说息。”姚秦佛陀耶舍、竺佛念等合译《四分律》卷54：“唯王舍城房舍、饮食、卧具众多。我等今宜，可共**往集**，彼论法毘尼。”北凉昙无谶译《大般涅槃经》卷39：“是故一切，世间恶人，为利养故，**往集**其所。”（2）《全唐文》卷494张九龄《祭张燕公文》：“想德辉而不见，望仁里而徒泣。树所叹而犹存，人具瞻而永戢。尽繐帐之今感，哀乌衣之**往集**。”（p. 2974）按：《汉语大词典》失收。

【往来於～/～にかよふ】 于字 （6例） 今义同。①《播磨国风土记・揖保郡》条：“昔，土师弩美宿祢，**往来于**出云国，宿于日下部野，乃得病死。”（p. 52）②《日本书纪》卷1《神代纪下》：“又为汝**往来**游海之具，高桥、浮桥及天鸟船，亦将供造。”（第一册，p. 134）又卷19《钦明纪》五年三月条：“于是诏曰：‘的臣等**往来**新罗，非朕心也。曩者，印支弥未详与阿卤旱岐在时，为新罗所逼而不得耕种。百济路回，不能救急。由的臣等**往来**新罗，方得耕种，朕所曾闻。’”（第二册，p. 390）又：

"是以任那随序耕种，新罗不敢侵逼。而奏百济路回不能救急，由的臣等往来新罗，方得耕种，是上欺天朝，转成奸佞也。"（第二册，p. 394）又卷29《天武纪下》八年十月条："戊午，地震。庚申，敕制僧尼等威仪及法服之色并马从者往来巷间之状。"（第三册，p. 392）《续日本纪》卷6《元明纪》灵龟元年五月条："始今，诸国百姓，往来过所，用当国印焉。"（第一册，p. 226）（1）西晋竺法护译《渐备一切智德经》卷2《晖曜住品》："金刚藏复曰：'佛子复听。菩萨大士，已能清净，住第三地，便进入在，第四地住。辄得超越，入十明曜。何等为十？一曰游在众生之界……七曰周旋往来于色界中……'"后秦僧肇撰《注维摩诘经》卷1《佛国品水》："肇曰：'众生形往来于六趣，心驰骋于是非，悉知之也。'"唐道宣撰《续高僧传》卷4："宫之东北可，十五里，有姞栗陀罗矩咤山，即经所谓耆阇崛山者是也。唐言鹫峰之台，于诸山中，最高显映夺，接山之阳，佛多居住，从下至顶，编石为阶，广十余步，长六里许。佛常往来于斯道也。"（2）《魏书》卷77《高崇传》："道穆惧祸，乃携家趣济阴，变易姓名，往来于东平毕氏，以避时难。"（p. 1715）《全唐文》卷113李从珂《答卢损陈五事诏》："听政不坐，礼仪而合使先知；牧马趋朝，道路而宜令有异。况民家占侵于御路，固合条流；牛马往来于天津，宜须禁止。"（p. 1158）《全唐文》卷740李庚《右赋西都》："若蓬莱之真侣，瀛洲之列仙。鸾驾鹤车，往来于中天。"（p. 764）按："往来于～"最先出现在佛经中，且用于抽象义。唐代以后，该句式亦开始表示往返于具体的空间。

【往来之間/かよふあひだに】 先例　相互来往的时间，互相交往的过程。《日本书纪》卷6《垂仁纪》九十九年明年三月条："是以往来之间，自经十年。"（第一册，p. 336）《金史》卷96："秋杪将归，人已疲矣，马已弱矣，裹粮已空，褚衣已弊，犹且远幸松林，以从畋猎，行于不测之地，往来之间，动逾旬月，转输移徙之劳，更倍于前矣。"

【往路之人/みちゆく ひと】 自创　行人，路过的人。《日本灵异记》中卷《女人大蛇所婚赖药力得全命缘第41》："往路之人，见示于娘。娘见惊落。蛇亦副堕，缠之以婚，慌迷而卧。"（p. 250）吴康僧会译《六度集经》卷4："其国王崩，又无太子，群臣相让，适无立者。令梵志占，'行路之人，有应相者，立之为王。'"姚秦竺佛念译《最胜问菩萨十住除垢断结经》卷7《乘无相品》："行路之人，及牧牛人，担薪负草，径过其边，或以草枝，而刺其鼻，或刺耳门；菩萨寻觉，熟观彼已，还闭其目，寂然心意，意无乱念，亦无他想。"北凉昙无谶译《大般涅槃经》卷20《梵行品》："大王，譬如月光，能令一切，行路之人，心生欢喜。月爱三昧，亦复如是，能令修习，涅槃道者，心生欢喜，是故复名，月爱三昧。"

【往媒/ゆきてなかだち】 并列　去作媒，去做亲。《日本书纪》卷24《皇极纪》三年正月条："中臣镰子连自往媒要讫。而长女所期之夜，被偷于族。"（第三册，p. 86）西晋竺法护译《普曜经》卷3《王为太子求妃品》："时王使者，往诣王所，启是本末：'向者太子，意趣释女俱夷。'王闻是语，遣梵志往媒求此女。"姚秦竺佛念译《鼻奈耶》卷4："至某甲家，闻汝女端政，我儿亦复端政，可嫁卿女，为我子妇。门族种姓，亦不相灭，我雇君，君为我往。时此比丘，即随是语，即往媒嫁女人。"梁僧佑撰《释迦谱》卷1："菩萨欣笑，执持宝英以遗俱夷。俱夷报曰：'吾不贪宝，当以功德庄严。'王遣梵志，往媒此女。"按：《汉语大词典》失收。

【往生/おうじょう】 并列　意指众生之生命在命终之后由此土而生于他土。大多用在指称舍此秽土而往彼净土，有时也指称从净土到秽土。《上宫圣德法王帝说》："我大王所告：'世间虚假，唯佛是真。玩味其法，谓我大王：应生于天寿国之中，而彼国之形眼所叵看，悕因图像欲观大王往生之状。'"曹魏康僧铠译《佛说无量寿经》卷2："诸有众生，闻其名号，信心欢喜，乃至一念，至心回向，愿生彼国，即得往生，住不退转。"姚秦鸠摩罗什译《妙法莲华经》卷6《药王菩萨本事品》："于此命终，即往安乐世界，阿弥陀佛、大菩萨众，围绕住处，生莲华中，宝座之上。"唐般若译《大方广佛华严经》卷40《入不思议解脱境界普贤行愿品》："愿我临欲命终时，尽除一切诸障碍，面见彼佛阿弥陀，即得往生安乐刹。"

【往生安楽国/あんらくこくにおうじょうす】 典据　受生极乐世界。"安乐国"，西方极乐世界的别名。《奈良朝写经未收6・维摩诘经卷第下》："所以，生安养界同处，欲相愿共诸众生往生安乐国。"（p. 497）东晋佛驮跋陀罗译《文殊师利发愿经》卷1："愿我命终时，除灭诸障碍，面见阿弥陀，往生安乐国。"元魏菩提流志译《入楞伽经》卷9《总品》："为人说我法，大乘无上法；证得欢喜地，往生安乐国。"高齐那连提耶舍译《月灯三昧经》卷6："菩萨于此终，往生安乐国，弥陀为说法，逮得无生忍。"→【安楽国土】

【往生浄土/じょうどにおうじょうす】 四字（2例）　转世生于极乐世界。《日本灵异记》上卷《凶人不敬养奶房母以现得恶死报缘第23》："所以经云：'不孝众生，必堕地狱。孝养父母，往生净土。'是如来之所说，大乘之诚言矣。"（p. 110）《奈良朝写经1・金刚场陀罗尼经》："藉此善因，往生净土，终成正觉。"（p. 5）姚秦鸠摩罗什译《佛说阿弥陀经》卷1："无量寿佛说往生净土咒。"唐地婆诃罗译《最胜佛顶陀罗尼净除业障咒经》卷1："或有风过吹其塔等，而复吹人少沾身分，即得生天受胜妙乐，亦随意乐往生净土。"唐菩提流志译《不空罥索神变真言经》卷20《溥遍轮转轮王神通香品》："当寿终已，往生净土，莲华化生，脱众苦故，而说颂言。"

【往生上天/じょうてんにおうじょうす】 自创　往生天上的净土。"上天"，犹言天上。此处指兜率天，其内院为弥勒菩萨所居净土。《奈良朝写经5・大般若经卷第267》："以此善业，奉资登仙二尊神灵，各随本愿，往生上天，顶礼弥勒，游戏净域，面奉弥陀，并听闻正法，俱悟无生忍。"（p. 32）失译人名今附西晋录《佛说孝子经》卷1："于是二亲，处世常安，寿终魂灵，往生天上，诸佛共会，得闻法言，获道度世，长与苦别。”失译人名今附北凉录《优婆夷净行法门经》卷1《修学品》：“于此命终，**往生天上**，常受妙乐，如是展转，无量无边。”唐菩提流志译《大宝积经》卷3：“若于现在，及命终时，速得见佛。命终之后，**往生天上**，不久证得，阿耨多罗，三藐三菩提。”

【往生西方/にしにおうじょうす】 四字 转世生于西方极乐世界。《日本灵异记》中卷《见乌邪淫厌世修善缘第2》：“离妻子，舍官位，随行基大德，修善求道。名曰信严。但要语曰：‘与大德俱死，必当同**往生西方**。’”（p. 149）东晋帛尸梨蜜多罗译《佛说灌顶经》卷4：“若命终时，是八大菩萨，迎其精神，**往生西方**，自在随意。”隋达摩笈多译《佛说药师如来本愿经》卷1：“若欲**往生西方**，极乐世界，阿弥陀如来所者，由得闻彼，世尊药师琉璃光如来名号故，于命终时，有八菩萨，乘空而来，示其道径。即于彼界，种种异色，波头摩华中，自然化生。”唐迦才撰《净土论》卷2：“愿欲**往生西方**阿弥陀佛国者，忆念昼夜，若一日二日三日四日五日六日七日，或复中悔，闻我说是琉璃光佛本愿功德，尽其寿命，欲终之日，有八菩萨，文殊师利菩萨、观世音菩萨、大势至菩萨、宝檀华菩萨、无尽意菩萨、药王菩萨、药尚菩萨、弥勒菩萨，皆当飞往，迎其精神。”

【往適/ゆく】 并列 出嫁。《万叶集》卷16第3786～3787首：“于是娘子唏嘘曰：‘从古来今，未闻未见，一女之身**往适**二门矣。’”（第四册，p. 89）（1）姚秦竺佛念译《出曜经》卷23《泥洹品》：“其王告曰：‘我今处世，变易不停，兴者必衰，合会有离，宜可脱服，更改形容，如乞士法，磨何自退，**往适**深山，思惟道德，可以自娱。’”（2）元魏慧觉等译《贤愚经》卷5《长者无耳目舌品》：“尔时大女，**往适**他家，奉给夫主，谦卑恭谨，抚拭床褥，供设饮食，迎来送去，拜起问讯，譬如婢事大家。”该例在梁宝唱等集《经律异相》卷36中亦有辑录。按：《汉语大词典》失收。

【往昔過去/むかし かこ】 时段 过去，从前，很早以前。《日本灵异记》下卷《依妨修行人得猴身缘第24》：“**往昔过去**，罗作国王时，制一独觉，不令乞食。入境不得，七日顷饥。依此罪报，罗睺罗不生六年，在母胎中者，其斯谓也矣。”（p. 323）后汉支娄迦谶译《佛说无量清净平等觉经》卷3：“**往昔过去**，无央数劫已来，一劫、十劫、百劫、千劫、万劫、亿劫、万亿劫、亿万劫，劫中有佛。”姚秦鸠摩罗什译《大庄严论经》卷10：“王言：‘大德久近得此香。’比丘答曰：‘久已得之，王今善听。**往昔过去**有佛名，曰迦叶，我于彼时，精勤修集，而得此香。’”唐道世撰《法苑珠林》卷59：“佛告舍利弗：**往昔过去**，波罗奈城，有博戏人，名曰净眼。”

【妄説罪福/みだりにざいふくをとく】 四字 对罪咎与福德妄加评说。《续日本纪》卷7《元正纪》养老元年四月条：“方今，小僧行基并弟子等，零叠街衢，**妄说罪福**，合构朋党，焚剥指臂，历门假说，强乞余物，诈称圣道，妖惑百姓。”（第二册，p. 26）唐道宣撰《广弘明集》卷11《太史令朝散大夫臣傅奕上减省寺塔废僧尼事十有一条》："陛下定天门之开阖更新宝位，通万物之屯否再育黔黎，布李老无为之风而民自化，执孔丘爱敬之礼而天下孝慈。且佛之经教，**妄说罪福**，军民逃役，剃发隐中，不事二亲，专行十恶，岁月不除，奸伪逾甚。"→【罪福】

【妄推/みだりにおす】 偏正 虚妄推度，毫无根据地忖度。《日本书纪》卷24《皇极纪》三年六月条："丰浦大臣**妄推**曰：'是苏我臣将来之瑞也，即以金墨书，而献大法兴寺丈六佛。'"（第三册，p.92）唐玄奘译《阿毘达磨顺正理论》卷26："意说言：'彼若真实，善解取义，于我语取，亦应施设，能断少分，以于取义，不善了知。唯闻取名，**妄推**实义。故除第四，言唯断三。'"唐宗密述《圆觉经道场修证仪》卷15："我等今者，在佛法中，修行圣教。恐乖背正典，**妄推**心理，迷于自是，独见他非。"《敦煌变文·双恩记》："莫眠莫慢莫迟回，莫信因循莫**妄推**。"按：《汉语大词典》失收。

【威神力/かしこくたふときちから】 三字 （3例） 佛菩萨等所具足的神通力，凡夫之智无法测知或感到不可思议。《日本灵异记》中卷《观音木像不烧火难示**威神力**缘第37》（p.243）又下卷《沙门诵持方广大乘沉海不溺缘第4》："又问：'师何有要术，故沉水不死？'答：'我常诵持方广大乘。其**威神力**，何更疑之。'"（p.272）《续日本纪》卷29《称德纪》神护景云三年五月条："然〈母〉庐舍那如来、《最胜王经》、观世音菩萨、护法善神梵王、帝释、四大天王〈乃〉不可思议**威神力**、挂畏开辟已来御宇天皇御灵、天地〈乃〉神〈多知乃〉护助奉〈都流〉力〈尔〉依〈弖〉、其等〈我〉秽〈久〉谋〈弖〉为〈留〉厌魅事皆悉发觉〈奴〉。"（第四册，p.240）后汉支娄迦谶译《道行般若经》卷6《阿惟越致品》："如是菩萨，其福具足得之，是皆深般若波罗蜜**威神力**，使作是念。"姚秦鸠摩罗什译《妙法莲华经》卷7《观世音菩萨普门品》："无尽意，观世音菩萨，有如是等，大**威神力**，多所饶益，是故众生，常应心念。"隋阇那崛多译《佛本行集经》卷25《精进苦行品》："时彼所折，尼拘陀枝，因以菩萨**威神力**故，即从地生，更著枝柯叶花子等，皆悉具足。"

【威験/いげん】 偏正 具有威神力的灵验。《日本灵异记》下卷《沙门诵持方广大乘沉海不溺缘第4》："是沉海，水污不溺，毒鱼不吞，身命不亡。诚知，大乘**威验**，诸佛加护。"（p.273）唐善无畏、一行合译《大毘卢遮那成佛神变加持经》卷5《秘密漫荼罗品》："复次，秘密主谛听！彼密印、形相，敷置圣天之位，**威验**现前。"唐不空译《降三世忿怒明王念诵仪轨》卷1："行者，宜须护三业内外。此亦可辟除结界印身五处。作契仪，则可见金刚顶瑜伽教中，更不翻译。复不须作，诸契法印，但**威验**皆在此真言。亦无有别咒。"

【威儀/よそほひ】 格义 （6例） 梵语 īryā－patha 的意译，佛经中行、坐、住、卧为四威仪，亦泛指行为举止的种种律仪规范。《古事记》中卷《崇神记》："于是有神壮夫，其形姿**威仪**，于时无比，夜半之时，儵忽到来。"（p.184）《日本书纪》卷5

《崇神纪》十年九月条："是后，倭迹迹日百袭姬命，为大物主神之妻。然其神常昼不见而夜来矣。倭迹迹姬命语夫曰：'君常昼不见者，分明不得视其尊颜。愿暂留之，明旦仰欲覲美丽之**威仪**。'"（第一册，p. 282）又卷 13《允恭纪》八年二月条："皇后闻之，且大恨也。于是衣通郎姬奏言：'妾常近王宫，而昼夜相续欲视陛下之**威仪**。然皇后则妾之姊也。因妾以恒恨陛下，亦为妾苦。是以冀离王居而欲远居，若皇后嫉意少息欤。'"（第二册，p. 118）又《安康纪》即位前纪条："今妾等颜色不秀。加以，情性拙之。若**威仪**、言语，如毫毛不似王意，岂为亲乎。是以，不能奉命。"（第二册，p. 132）又卷 29《天武纪下》八年十月条："庚申，敕制僧尼等**威仪**及法服之色，并马、从者往来巷间之状。"（第三册，p. 392）《唐大和上东征传》："具修三学，博达［五］乘；外秉**威仪**，内求奥理。"（p. 80）按：《新潮日本古典集成》栏上的注释指出《崇神记》中的"威仪"一词出自汉文佛经。尽管上古经文中已有"礼仪三百，威仪三千。"（《礼记·中庸》）的例句，但将其敷衍成的"四威仪"则是新词义，属于佛典特有的用法。→【進止威儀】

【微妙之法/みみょうのみのり】 四字　凡智难以知晓的不可思议的佛法。"微妙"，巴利语 nipuṇa。精微深奥，美妙。《日本书纪》卷 19《钦明纪》十三年五月条："是日，天皇闻已，欢喜踊跃，诏使者云：'朕从昔来，未曾得闻，如是**微妙之法**。然朕不自决。'"（第二册，p. 416）姚秦竺佛念译《出曜经》卷 12《信品》："尔时世尊，渐与说**微妙之法**，讲论妙行。"隋阇那崛多译《佛本行集经》卷 1《发心供养品》："尔时，尊者大目揵连，于净居天，为彼天众，说无量种，**微妙之法**，显现无量，清净法义，宣通无量，深密法要，令诸天心各生欢喜。"唐义净译《金光明最胜王经》卷 10《付嘱品》："世尊，我等咸有，欣乐之心，于佛世尊，无量大劫，勤修苦行，所获甚深，**微妙之法**，菩提正因，恭敬护持，不惜身命。"→【甚微妙】【音甚微妙】

【微妙之力/みみょうのちから】 四字　深远而又细密的利益福德。《续日本纪》卷 15《圣武纪》天平十五年正月条："所冀屈彼高明，随兹延请，始畅慈悲之音，终谐**微妙之力**。"（第二册，p. 416）《唐文续拾》卷 12 阙名《观世间石像铭》："夫法王降迹，大开拯溺之权；梵帝居尊，广通**微妙之力**。至圣幽邈，其道难思。"宋惟悫疏《楞严经笺》卷 6："'后彰呈妙力'：笺云：'三昧则理，闻熏则慧，无作妙力，乃无为无造作。**微妙之力**，力者，难屈伏义。'"

【為当欲～為当欲～/はた～むとおもふや、はた～むとおもふや】 句式　选择疑问句。是想……呢，还是想……呢？是希望……呢，抑或是希望……呢？《日本书纪》卷 19《钦明纪》十六年二月条："于是许势臣问王子惠曰：'**为当欲**留此间。**为当欲**向本乡。'"（第二册，p. 436）（1）吴支谦译《须摩提女经》卷 1："邠池于是往问佛：'世尊，今须摩提女，为满富城中，满财长者，所求为婚。**为当**可与？**为当**不可与？'佛言：'若须摩提女，嫁适彼国，当大度人民，不可称计。'"《敦煌变文·庐山远公

话》："远公曰：'更有小事，合具上闻，将军**为当**要贫道身？**为当**要贫道业？'"又《秋胡变文》："正见慈母独坐空堂，不知儿来，遂叹言曰：'秋胡汝当游学，元期三周，可（何）为去今九载？为当命化零落？**为当**身化黄泉？命从风化，**为当**逐乐不归？'"（2）梁法云撰《法华经义记》卷2："复释此伏难言：'仁者欲令我下意者亦可微微唇心下意。正言我今不知如来现此瑞相。**为当欲**为大众说此释迦所得妙法？**为当欲**为大众受记将来妙果？微心下意，正自如此？'"《祖堂集》卷18："仰山谘和尚：'**为当欲**得记他见解，**为当欲**得行解？'沩山云：'汝云何说他见解，云何说他行解？'仰山云：'若欲记他见解，上来五人。向后受持和尚声教，为人善知识，说示一切人，如泻之一瓶不失一滴。为人师有余，此是见解。'"

【為動揺/うごきをなす】 三字　摇晃，晃动。"为"，在汉语中虚词化。《日本灵异记》上卷《僧忆持〈心经〉得现报示奇事缘第14》："大哉！释子。多闻弘教，闭居诵经。心廓融达，所现玄寂。焉**为动摇**，室壁开通，光明照耀。"（p.95）吴支谦译《佛说七女经》卷1："第七女言：'一身独居人，出去其舍，舍中空无有守者，今舍日坏败。'尔时，第二忉利天王，释提桓因坐，即**为动摇**。"刘宋求那跋陀罗译《杂阿含经》卷47："时尊者摩诃拘絺罗语尊者阐陀：'汝今当于大师，修习正念，如所说句：有所依者，则**为动摇**；动摇者，有所趣向；趣向者，为不休息；不休息者，则随趣往来；随趣往来者，则有未来生死；有未来生死故，有未来出没；有未来出没故，则有生老病死忧悲苦恼。如是纯一苦聚集。'"

【為害滋甚/がいをなすことしげくはなはだしけむ】 四字　为害极为严重，危害如此之大。《续日本纪》卷10《圣武纪》天平二年九月条："如此之徒，深违宪法。若更因循，**为害滋甚**。"（第二册，p.238）（1）吴支谦译《太子瑞应本起经》卷1："于是太子，攀树枝见耕者，垦壤出虫，乌随啄吞。感伤众生，鱼鳞相咀，其不仁者，**为害滋甚**，死堕恶道，求出良难。"北凉昙无谶译《大般涅槃经》卷16《梵行品》："复次，善男子，憍萨罗国，有诸群贼，其数五百，群党抄劫，**为害滋甚**。"唐玄奘撰《大唐西域记》卷10："详问土俗，可两月行，入蜀西南之境。然山川险阻，嶂气氛沴，毒蛇毒草，**为害滋甚**。"（2）《后汉书》卷48《霍谞传》："呼嗟紫宫之门，泣血两观之下，伤和致灾，**为害滋甚**。凡事更赦令，不应复案。"《晋书》卷12《苻生传》："自生立一年，兽杀七百余人，百姓苦之，皆聚而邑居。**为害滋甚**，遂废农桑，内外凶惧。"

【為穢行/けがらはしきおこなひをす】 三字　行为污秽的勾当。《日本灵异记》下卷《奉写〈法华经〉经师为邪淫以现得恶死报缘第18》："爱欲之火，虽燋身心，而由淫心，不**为秽行**。愚人所贪，如蛾投火。"（p.306）西晋竺法护译《度世品经》卷4："……其在生死，则以慧力，断**为秽行**，而开化之。讲一法杖，破怀一切，诸所依倚，一切智门，能为消去，诸反逆户。是为菩萨，所执十杖。"失译人名今附东晋录《般泥洹经》卷1："恣意所乐，依恃种姓，专**为秽行**，为众致议，不敬佛语，亦不畏罪，是辈沙门，为道作秽。”

【為将見殺/～のためにころされむとす】被动　将被某人杀害。《日本书纪》卷23《舒明纪》九年是岁条：“爰方名君妻叹曰：‘慷哉！**为**虾夷**将见杀**。’则谓夫曰：‘汝祖等渡苍海跨万里平水表政，以威武传于后叶。今汝顿屈先祖之名，必为后世见嗤。’”（p. 3045）《异苑》：“太原王玄谟字彦德，始**将见杀**，梦人告曰：‘诵《观世音》千遍则免’玄谟梦中曰：‘何可竟也。仍见授’既觉诵之，且得千遍。明日将刑，诵之不辍，忽传唱停刑。”该例亦见于《宋书》卷16《王玄谟传》。《北史》卷60《宇文恺传》：“及践阼，诛宇文氏，恺亦**将见杀**，以与周本别，又兄忻有功，故见赦。”宋志盘撰《佛祖统纪》卷42：“初帝为光王，武宗忌之，拘于后苑，**将见杀**。中官仇士良诈称光王坠马死，因脱身遁去。”

【為尽/つく】前缀　完，竭尽。“为”字作为本义的“做”已经虚化，只是单纯地为满足四字语句的需要而添加的。《古事记》中卷《崇神记》：“此天皇之御世，役病多起，人民**为尽**。”（p. 182）（1）后汉支娄迦谶译《佛说阿阇世王经》卷2：“阿阇世复白：‘其食悉遍无所缺灭则复如故。’文殊师利言：‘今**为尽**不？’则答言：‘不尽。’”该例亦见于《经律异相》卷26。西晋竺法护译《佛说幻士仁贤经》卷1：“其明悉蔽歇，**为尽**不复现。佛出光明时，悉照诸佛国。”（2）《列子》卷8《说符篇》：“晋国苦盗。有郄雍者，能视盗之貌，察其眉睫之间，而得其情。晋侯使视盗，千百无遗一焉。晋侯大喜，告赵文子曰：‘吾得一人，而一国盗**为尽**矣，奚用多为？’”（p. 247）

【為敬礼/きょうらいをなす】前缀　“敬礼”，梵语 vandana，音译“和南”等。恭敬礼拜之义。《日本灵异记》上卷《妻为死夫建愿图绘像有验不烧火示异表缘第33》：“画师矜之，共同发心，绘绚画毕。因设斋会。即安置金堂，恒**为敬礼**。”（p. 132）姚秦鸠摩罗什译《大庄严论经》卷10：“我等皆莫起，慎莫**为敬礼**，但当遥指授，语令彼处坐。”唐义净译《佛说能断金刚般若波罗蜜多经》卷1：“妙生，若国土中，有此法门，为他解说，乃至四句伽他。当知此地，即是制底，一切天人、阿苏罗等，皆应右绕而**为敬礼**。”

【為奴僕/やつことなる】三字　作为奴仆（而服侍）。《日本书纪》卷2《神代纪下》：“时彦火火出见尊受彼琼钩，归来本宫。一依海神之教，先以其钩与兄。兄怒不受。故弟出潮溢琼，则潮大溢，而兄自没溺。因请之曰：‘吾当事汝**为奴仆**。’”（第一册，p. 170）（1）姚秦鸠摩罗什译《妙法莲华经》卷4《提婆达多品》：“搥钟告四方，谁有大法者，若为我解说，身当**为奴仆**。”唐义净译《大宝积经》卷57：“世间之人，无知无信，常与诸根，而**为奴仆**，唯见掌中，不观大利，易事不修，难者恒作。”唐般若译《大方广佛华严经》卷15《入不思议解脱境界普贤行愿品》：“或有诸王，丧失国土，乃至兄弟，自相杀害，造恶趣因，现世贫穷，甘**为奴仆**，不顺师长，违背君亲。如是一切，皆由女人。”（2）《魏志》卷30《夫余传》：“国有君王，皆以六畜名官，有马加、牛加、猪加、狗加、大使、大使者、使者。邑落有豪民，名下户皆**为奴仆**。”《吴越春秋·勾践入臣外传》：“今越王无道，国已将亡，社稷坏崩，身死世绝，为天下笑。而子及主俱**为奴仆**，来归于吴，岂不鄙乎？”《文选》卷49干宝《晋纪总论》：“将相侯王，连头受戮，乞**为奴仆**而犹不获。”

【為橋/はしわたす】 述宾　作为桥梁，当作架桥。《日本书纪》卷11《仁德纪》十四年十一月条：“十四年冬十一月，**为桥**于猪甘津，即号其处曰小桥也。”（第二册，p.40）东晋佛驮跋陀罗译《大方广佛华严经》卷46《入法界品》：“菩萨为火，能烧众生，诸贪爱故；菩萨为云，雨甘露法故；菩萨为正见，悉能长养，诸妙根故；菩萨为方，显法海故；菩萨**为桥**，令诸众生，度生死海故。”梁僧佑撰《出三藏记集》卷15：“飞组絙**为桥**，乘虚而过，窥不见底，仰不见天，寒气惨酷，影战魂慄。”按：《汉语大词典》失收。

【為人聡明/ひととなりとくさとくす】 四字（2例）　做人智力强、天资高。《古事记·序》曰：“时有舍人，姓稗田，名阿礼。年是二十八，**为人聪明**，度目诵口，抚耳勒心。”（p.22）《日本书纪》卷29《天武纪下》二年闰六月条：“闰六月乙酉朔庚寅，大锦下百济沙宅昭明卒。**为人聪明**睿智，时称秀才。”（第三册，p.352）失译人名今附后汉录《分别功德论》卷4：“赖吒婆罗比丘，所以称豪贵者，是王者种，**为人聪明**博达，少好追学。”东晋瞿昙僧伽提婆译《增壹阿含经》卷48：“佛告阿难：‘大王子孙相绍，乃至八万四千岁转轮圣王位善种不断。最后圣王名荏，治以正法，**为人聪明**，审谛不忘。’”

【為竪寒毛/さむけをたつ】 自创　寒毛倒竖，形容极为恐惧的样态。“为”字虚化。《续日本纪》卷20《孝谦纪》天平宝字元年七月条：“今闻此事，**为竖寒毛**。凶痛已深，理宜追责。可除御母之名，夺宿祢之姓，依旧从山田史。”（第三册，p.218）后汉康孟详译《佛说兴起行经》卷2：“大众见此女，现身堕泥犁。阿阇世王便惊恐，衣**毛为竖**。即起叉手，长跪白言：‘此女所堕，今在何处？’”西晋聂道真译《异出菩萨本起经》卷1：“佛在水边树下，坐禅光景入水，彻照龙所居处。龙见佛光大惊，**毛甲为竖**。”刘宋求那跋陀罗译《杂阿含经》卷22：“尔时，给孤独长者，见城门开，而作是念：‘定是夜过，天晓门开。’乘明相出于城门。出城门已，明相即灭，辄还暗冥。给孤独长者，心即恐怖，**身毛为竖**，得无为人及非人，或奸狡人，恐怖我耶？即便欲还。”北凉昙无谶译《大般涅槃经》卷1《寿命品》：“时诸天人，及诸会众，阿修罗等，见佛光明，还从口入，皆大恐怖，**身毛为竖**。”按：“为”处于动词“竖”之前，属虚化用法，凑足四音节。《新编日本古典文学全集》栏上的注释将“为竖（寒毛）”读作“タメニサムケヲタツ”，虽然意义通顺，但仍似有误读之嫌。

【為欲殺～/～ころさむとおもほすがために】 三字　是因为想杀害……《日本书纪》卷14《雄略纪》即位前纪条：“天皇忿怒弥盛，乃复并**为欲杀**眉轮王，案劾所由。

眉轮王曰：'臣元不求天位，唯报父仇而已。'"（第二册，p. 142）后汉安世高译《佛说奈女祇域因缘经》卷 1："王闻大怒曰：'儿子何敢，求是五愿？促具解之。若不能解，今棒杀汝。汝何敢求我新衣，**为欲杀**我？便著我衣，诈作我身耶？'"北凉昙无谶译《大方等大集经》卷 21："瞿昙沙门，善知药法，是故其身，常有光明。得如是等，无量恶名，或有以石，土木刀毒，遥见打掷，**为欲杀**我。为杀我故，故放恶象毒蛇，于我住处，放大猛火，粪秽不净。造作种种，诸恶方便，欲坏我法。"隋阇那崛多译《大威德陀罗尼经》卷 1："舍婆大城，乃有六十众生，诸根缺坏，作无间业，**为欲杀**母，作非法事。"

【為作聴衆/さちょうじゅとす】 四字 为利益众人而作为听闻说法的人。《日本书纪》卷 25《孝德纪》白雉三年正月条："夏四月戊子朔壬寅，请沙门惠隐于内里，使讲《无量寿经》，以沙门惠资为论议者，以沙门一千**为作听众**。"（第三册，p. 190）唐义净译《金光明最胜王经》卷 4《最净地陀罗尼品》："尔时大众，俱从座起，顶礼佛足，而白佛言：'世尊，若所在处，讲宣读诵，此《金光明最胜王经》，我等大众，皆悉往彼，**为作听众**。是说法师，令得利益，安乐无障，身意泰然。'"该内容亦见于隋宝贵合，梁真谛译《合部金光明经》卷 3。唐慧沼撰《金光明最胜王经疏》卷 4："经：'而白佛言世尊若所在处讲宣读诵此金光明最胜王经我等大众皆悉往彼**为作听众**。'赞曰：第二明奉行，奉行中有五，一**为作听众**；二利益法师；三利益听众；四利益国土；五尊重说处。"按：按照《法华文句》卷 2 的说法，佛陀的筵会上，听众可分为发起众、当机众、影响众、结缘众四种。

【違思/おもひにたがふ】 述宾 违反众人的看法，违反常识。《日本灵异记》中卷《恶逆子爱妻将杀母谋现报被恶死缘第 3》："子拔横刀，将杀母。母即子前长跪而言：'殖木之志，为得彼果并隐其影。养子之志，为得子力并被子养。如恃树漏雨，何吾子**违思**今在异心耶？'"（p. 152）东晋佛驮跋陀罗译《大方广佛华严经》卷 19《金刚幢菩萨十回向品》："菩萨摩诃萨，如是善根，回向已，得一切清净，功德法门，以诸功德，而庄严之。菩萨摩诃萨，如是行回向，不违一切刹，刹不违众生；刹不违众生业，众生业不违刹；思不违心，心不**违思**；思不违心境界，心境界不**违思**；业缘不违报，报缘不违业；业不违业迹，业迹不违业。"宋太宗赵炅撰《御制秘藏诠》卷 16："'信缘心不逆'：信符大道，一志明真，心遇妄缘，岂能违信。《华严经》云：心不**违思**，思心不违境，自然入觉海。"按：《汉语大词典》失收。

【違孝/こうにたがふ】 述宾 违反孝道。《日本灵异记》上卷《凶人不敬养奶房母以现得恶死报缘第 23》："宾明语之曰：'善人何为**违孝**。或人奉为父母，建立塔，造佛写经，屈请众僧，令行安居。汝家饶财。贷稻多吉。何违学覆不孝亲母？'"（p. 110）失译人名今附后汉录《杂譬喻经》卷 2："白佛言：'我兄虽有恶念，**违孝**害我，因此得见佛，断生死苦，欲往报恩。'佛言：'善哉！宜知是时。'便以神足，飞往兄家。"失译人名今附西晋录《佛说孝子经》卷1："女情多欲，好色无倦，违孝杀亲，国政荒乱，万民流亡。"新罗太贤集《梵网经古迹记》卷2："问：'俗礼之中，君父之怨，不报非孝，何故今言，于害王亲，报之违孝？'答：'孝有二种，世间之孝，以怨报怨，如草灭火；胜义之孝，以慈报怨，如水灭火。'"宋本觉编集《释氏通鉴》卷2："又问曰：'不孝莫大无后。沙门弃妻子，捐财货。何违孝之行也。'子曰：'夫长左者必短右，大前者必狭后。妻子财物，世之余也。清躬无为，道之妙也。'"按：《汉语大词典》失收。

【唯除～/ただ～をのぞきて】 除字　唯独除去……以外。《日本书纪》卷29《天武纪下》二年八月条："天皇新平天下，初之即位。由是唯除贺使以外不召，则汝等亲所见。"（第三册，p. 354）（1）后汉康孟详译《佛说兴起行经》卷1："六通神足，大有名称，端正姝好，各有众相，不长不短，不白不黑，不肥不瘦，色犹红莲华，皆能伏心意。唯除一比丘，何者阿难是也。"东晋佛驮跋陀罗译《大方广佛华严经》卷9《初发心菩萨功德品》："帝释白言：'佛子，彼人功德，唯除诸佛，其余一切，悉不能知。'"姚秦鸠摩罗什译《妙法莲华经》卷6《药王菩萨本事品》："善男子，百千诸佛，以神通力，共守护汝，于一切世间，天人之中，无如汝者，唯除如来，其诸声闻、辟支佛、乃至菩萨，智慧禅定，无有与汝等者。"北凉昙无谶译《大般涅槃经》卷1《寿命品》："尔时复有，七恒河沙，诸王夫人，唯除阿阇世王夫人，为度众生，现受女身，常观身行。"（2）《旧唐书》卷165《柳仲郢传》："初，仲郢自拜谏议后，每迁官，群乌大集于升平里第庭树，戟架皆满，凡五日而散。诏下，不复集，家人以为候，唯除天平，乌不集。"（p. 4307）按：《汉语大词典》失收。

【唯愁/ただしうれふらくは】 偏正　（2例）　唯独担心。《日本书纪》卷7《景行纪》四十年是岁条："然天命忽至，隙驷难停。是以独卧旷野，无谁语之。岂悉身亡。唯愁不面。"（第一册，p. 354）又卷12《履中纪》即位前纪条："时瑞齿别皇子令谒曰：'仆无黑心，唯愁太子不在而参赴耳。'"（第二册，p. 82）（1）唐善导集记《观无量寿佛经疏》卷2："三明夫人奉教，禁在深宫，内官守当，水泄不通，旦夕之间，唯愁死路。"唐慧日集《略诸经论念佛法门往生净土集卷上》卷1："行在有中，以法训人即言：'万事皆空，及至自身。一切皆有，不能亡躯。徇道斋戒，一时日夜。资持唯愁不活此，乃行参尘俗。沙门之义远矣。'"《敦煌变文·伍子胥变文》："不虑东西抗天塞，唯愁渴乏渡荒州。"（2）武平一《夜宴安乐公主宅》："王孙帝女下仙台，金榜珠帘入夜开。遽惜琼筵欢正洽，唯愁银箭晓相催。"《太平广记》卷140《僧一行》条："两京童谣曰：'不怕上兰单，唯愁答辩难。无钱求案典，生死任都官。'"按：《汉语大词典》失收。

【唯然也/ただしかり】 口语　的确如此。《日本灵异记》下卷《灾与善表相先现而后其灾善答被缘第38》："景戒见之问：'斯是修上品与下品善功德人之身印耶？'答：

'**唯然也**。'"（p. 369）唐大乘基述《胜鬘经述记》卷1："述曰：'承佛威力，敬诸于故，故曰**唯然也**。'"宋宗镜述《销释金刚经科仪会要诸解》卷3："闻佛所答，如是发心，如是应住，如是降伏。即便领解，故应之**唯然也**。"

【維摩会/ゆいまえ】 三字 （2例） 讲说《维摩诘所说经》的法会。《续日本纪》卷20《孝谦纪》天平宝字元年闰八月条："今有山阶寺**维摩会**者，是内大臣之所起也……伏愿以此功田，永施其寺，助**维摩会**，弥令兴隆。"（第三册，p. 230）唐栖复集《法华经玄赞要集》卷10："是故此神，即事歌赞，不唯空歌《法华经》，**维摩会**下，歌不二法门，涅槃会下，歌佛性。"宋师明集《续古尊宿语要》卷3："**维摩会**上，三十二菩萨，各说不二法门。至文殊云：我于一切法，无言无说，无示无识，离诸问答。是为菩萨，入不二法门。及问维摩，维摩默然。文殊赞云：乃至无有，语言文字。是菩萨真入不二法门。"

【維那（僧）/いなの（ほうし）】 音译 （2例） 梵语 karmadāna，音译"羯磨陀那"。取梵汉的末一字而谓维那。意译"悦众""都维那""授事"等。僧职之一。职司僧众的杂事，又以负责指导僧事的职务称纲维。该词最早见于东晋译经。《日本灵异记》下卷《沙门凭愿十一面观世音像得现报缘第3》："**维那僧**等征钱而逼。偿债无便，故登于泊濑上山寺，参向十一面观音菩萨。"（p. 268）又："是**维那**等来，征之犹逼。"（p. 269）唐道宣撰《四分律删繁补阙行事钞》卷1："十诵中，时僧坊中，无人知时限，唱时至及打揵稚，又无人洒扫涂治讲堂食处，无人相续铺床及教人净果菜食中虫，饮食时无人行水，众乱语时无人弹指等，佛令立**维那**。声论翻为次第也，谓知事之次第，相传云悦众也。"

【偽濫/ぐゐらむ】 并列 （2例） 奸伪欺诈，虚妄不实。《唐大和上东征传》："兼预随驾，非是伪滥。今欲还国，随意放还，宜（委）扬州，（依）例送遣。"（p. 46）《续日本纪》卷22《淳仁纪》天平宝字四年三月条："顷者，私铸稍多，**伪滥**既半。顿将禁断，恐有骚扰。宜造新样与旧并行。"（第三册，p. 348）唐慧琳撰《一切经音义》卷63解释道："**伪滥**：上危赇反。《广雅》云：**为**，欺也。《郑注礼记》云：假也。《说文》云：诈也，从人为声……赇音匮。下蓝澹反。《考声》云：**滥**，假也。不谨濡上也。《毛诗》云：不僭，不滥也。顾野王云：泛滥于天下也。《说文》云：满渍也。从水，监声。"唐义净译《根本说一切有部毘奈耶》卷27："时有信敬婆罗门居士等，见而议曰：'世间有人，善别宝玉，观诸宝物，非**伪滥**者。'方收举之。"唐法琳撰《辩正论》卷2："云何今日乃用，道士醮祭？大乖礼教，深恐天神，不飨非礼，从汉末张陵以鬼道行化，遂有道士祭醮。爰及梁陈盛行于世，粗法易染，习俗生常，天下**伪滥**，莫过于此。"按：《汉语大词典》失收。

【委記/つまびらかにくわしくしるす】 偏正 详细记录。《元兴寺伽蓝缘起并流记资财账》："时，即召聪耳皇子告：'其事状细知，我治在时，凡佛法之起来相并元兴

寺建通寺等成来相及我发愿，皆细为**委记**。’告。”隋智者大师说《摩诃止观》卷6：“初品既尔，后八品亦然。破贪欲九品既尔，破瞋痴慢九品亦然。例自可解，不复**委记**。”唐湛然述《法华玄义释签》卷9：“次广释二十五相中，言其一至其四者，即向通释四意，次第对之，至下渐略，以广照之，或两字三字以示一意。寻之可见，故初注云，不**委记**也。”唐慧沼撰《金光明最胜王经疏》卷1：“大众闻深妙法，复闻苦行等因，大会靡不欢喜，故先他土菩萨赞扬，故有十方菩萨赞叹品。他土赞讫，此方菩萨，及天地神等，亦复同赞，故有妙幢菩萨等，三赞叹品。说赞事讫，**委记**令行，大众奉持，故有付嘱品。”《敦煌变文·角座文汇抄》：“更遗言，相**委记**，尽取阎王祯子跪。”按：《汉语大词典》失收。

【委屈知～/～つまびらかにしる】 自创 知道得非常详尽。“屈”通“曲”。《日本灵异记》中卷《依汉神崇杀牛而祭又修放生善以现得善恶报缘第5》：“千万余人亦白王曰：‘我等**委屈知**非此人咎，识鬼神咎。王自思维，理就多证。’”（p. 159）元魏吉迦夜、昙曜合译《杂宝藏经》卷4：“辅相即启，波罗奈王：‘王之所钦，某甲之子，今在门外，极为穷悴。’王寻有敕，令使将前，问其**委曲**，**知**是所钦。王即告言：‘好钦近我，慎莫远离。’”唐净觉集《楞伽师资记》卷1：“镜中无一物，当知人面不来入镜中，镜亦不往入人面。如此**委曲**，**知**镜之与面，从本已来，不出不入，不来不去。即是如来之义。”宋太宗赵炅撰《御制秘藏诠》卷9：“何能**委曲知**：终日勤劬，宁加佛用。契神即物，委曲幽通。《华严经》云：‘善知众生，种种根欲。’”

【煒燁/いよう】 并列 （2例） 美盛貌。《怀风藻》第1首大友皇子《小传》：“皇太子者，淡海帝之长子也。魁岸奇伟，风范弘深，眼中精耀，顾盼**炜烨**。唐使刘德高，见而异曰：‘此皇子，风骨不似世间人。实非此国之分。”（p. 69）《唐大和上东征传》：“时，诸州道俗闻和上归岭北来，四方奔集，日常三百以上；人物骈阗，供具**炜烨**。”（p. 77）《文选》张协《七命》：“斯人神之所歆羡，观听之所**炜烨**也。”郭璞注：“**炜晔**，盛貌。”唐慧琳撰《一切经音义》卷17：“**炜烨**：子鬼反，下为猎反。《说文》：**炜**，盛明貌也。《方言》：**烨**，盛也。经文作玮晔，非体也。”后汉支曜译《佛说成具光明定意经》卷1：“于是佛笑，皆见光从口出，五色**炜晔**，明接十方。其在痛者，一时得安。”曹魏康僧铠译《佛说无量寿经》卷1：“又众宝莲华周满世界，一一宝华，百千亿叶，其叶光明，无量种色，青色青光、白色白光、玄黄朱紫，光色亦然，**炜烨**焕烂，明曜日月。”东晋瞿昙僧伽提婆译《中阿含经》卷33《大品》：“若有诸天，有大福佑，色像巍巍，光耀**炜烨**，极有威力，安隐快乐，长住宫殿，生于最上，我生彼中。”

【衛繞於～/～をかくむ】 自创 （2例） 护卫簇拥。《日本灵异记》中卷《依汉神崇杀牛而祭又修放生善以现得善恶报缘第5》：“千万余人，**卫绕于**我左右前后，自王宫出。乘轝而荷，擎幡而导，赞叹以送，长跪礼拜。”（p. 159）又《观音铜像及鹭形示奇表缘第17》：“牛童男，告知诸人。诸人转闻，告知寺尼。尼等闻来见，实其像也。涂金褫落。尼众卫绕彼像，而悲哭云。”（p. 194）隋阇那崛多译《大法炬陀罗尼经》卷1《缘起品》：“此善威光天子，于往昔时，生一大婆罗门家，为彼婆罗门子，具足威德，家内富饶，恒为诸天，围绕卫护。”

【為我敷座/わがためにざをしく】 四字　为我准备好讲经说法的座位（讲席）。《日本灵异记》中卷《奉写〈法华经〉因供养显母作女牛之因缘缘第15》：“明日为我将说大乘之师故，贵而殷告知。欲知虚实，说法堂里，**为我敷座**，我当上居。”（p. 188）后秦弗若多罗、罗什合译《十诵律》卷36：“佛见无量众集已，告阿难言：‘汝**为我敷座**办水。’阿难受教。”刘宋僧伽跋摩译《萨婆多部毘尼摩得勒伽》卷8：“问若比丘言：‘某甲居士请众多比丘，敷种种众多褥。皆是须陀洹，乃至是阿罗汉，无凡夫。我亦受请，亦**为我敷座**。得何罪耶?’答：‘偷罗遮。’”唐义净译《金光明最胜王经》卷10《舍身品》：“佛告具寿阿难陀：‘汝可于此树下，**为我敷座**。’时阿难陀，受教敷已，白言：‘世尊，其座敷讫，唯圣知时。’”

【未曽得～/いまだかつて～をえず】 否定（2例）　不曾得到某物，不曾能够做到某事。《日本书纪》卷11《仁德纪》四十三年九月条：“四十三年秋九月庚子朔，依网屯仓阿弭古，捕异鸟献于天皇曰：‘臣每张网捕鸟，**未曾得**是鸟之类。故奇而献之。’”（第二册，p. 60）又卷19《钦明纪》十三年十月条：“是日，天皇闻已，欢喜踊跃，诏使者云：‘朕从昔来，**未曾得**闻如是微妙之法。然朕不自决。’”（第二册，p. 416）（1）吴支谦译《撰集百缘经》卷10《诸缘品》：“佛在舍卫国祇树给孤独园。时彼城中，有一婆罗门，其妇怀妊，足满十月，产一男儿，容貌弊恶，身体臭秽，饮母乳时，能使乳坏。若雇余者，亦皆败坏。唯以酥蜜，涂指令舐，得济躯命。因为立字号梨军支。年渐长大，遂复薄福，求索饮食，**未曾得**饱。”东晋竺昙无兰译《泥犁经》卷1：“或有十岁，未曾见水者，或时百岁，**未曾得**水者，或遥见流水，正清欲行，趣饮食水空竭。”唐义净译《金光明最胜王经》卷6《四天王护国品》：“尔时四天王，闻是颂已，欢喜踊跃，白佛言：‘世尊，我从昔来，**未曾得**闻，如是甚深，微妙之法。”（2）《世说新语·任诞第23》：“罗友作荆州从事，桓宣武为王车骑集别，友进，坐良久，辞出，宣武曰：‘卿向欲咨事，何以便去。’答曰：‘友闻白羊肉美，一生**未曾得**吃，故冒求前耳，无事可咨。今已饱，不复须驻。’了无惭色。”

【未曽见聞/むかしよりみきかず】 四字　不曾见到，听说。《常陆国风土记·行方郡》条：“郡西津济，所谓行方之海。生海松及烧盐之藻。凡在海杂鱼，不可胜载。但以鲸鲵，**未曾见闻**。”（p. 374）西晋竺法护译《普曜经》卷2：“王后洁妙，时晏然寐，忽然即觉，见白象王，光色如此，来处于胎，其身安和，从始至今，**未曾见闻**。”姚秦竺佛念译《菩萨璎珞经》卷1：“今所神感，**未曾见闻**。此何瑞应？乃至于斯。唯愿大圣，敷演其义，使诸会者永无狐疑。”北凉昙无谶译《大般涅槃经》卷9《如来性品》：“是诸众生，思惟是时，忽遇大乘，大涅槃风，随顺吹向，入于阿耨多罗，三藐三菩提。方知真实，生奇特想，叹言：快哉，我从昔来，**未曾见闻**，如是如来，微密之藏。尔乃于是，《大涅槃经》，生清净信。”

【未曾所聞/いまだむかしよりききしことあらず】 所字　不曾听说过。《肥前国风土记·总记》条：“天皇敕曰：‘所奉之事，**未曾所闻**。火下之国，可谓火国。’”（p. 310）西晋竺法护译《佛说海龙王经》卷1《无尽藏品》：“佛告龙王：‘佛兴于世间，**未曾所闻**，非常之苦，非我之寂。’”苻秦僧伽跋澄等译《僧伽罗刹所集经》卷1：“是时彼鬼，见王形貌，即便惊怖，有是实言。王颜色不变，除去瞋怒，无杀害意，便作是语：‘甚奇甚特！**未曾所闻**。’”姚秦竺佛念译《菩萨璎珞经》卷11《三世法相品》：“尔时众会，尽见十方，无量世界，奇特异变，叹未曾有，各各白佛言：‘世尊，甚奇甚特！未曾所见，**未曾所闻**。’”

【未曾相見/かつてあひまみえず】 相字　不曾谋面，没有见过面。《续日本纪》卷12《圣武纪》天平九年十二月条：“皇太夫人，为沉幽忧，久废人事，自诞天皇，**未曾相见**。”（第二册，p. 334）（1）吴支谦译《佛说蓱沙王五愿经》卷1：“蓱比沙王。与弗迦沙王，生**未曾相见**。遥相爱敬如兄弟，常书记往来，相问遗不绝。”西晋竺法护译《修行地道经》卷2《分别相品》：“何谓横瞋？**未曾相见**，见便恚之。”东晋佛陀跋陀罗、法显译《摩诃僧祇律》卷11：“织师尔时，便作是念：‘众人未集，我今可往，索织直。’故往祇洹到已，问诸比丘：‘难陀优波难陀，在何处住？’比丘语言：‘是处房中。’即入房中见已，礼足问讯，彼佯不识，如**未曾相见**。”（2）《全晋文》卷230荀纳《答蔡谟书》：“别示并曹主簿书，其中兄在南娶，丧亡已三年，其兄子该等**未曾相见**，应为服否？”

【未曾有見/いまだむかしよりみしことあらず】 四字　过去没有见到过，从来就没有见过。《丰后国风土记·总论》条：“菟名手，见之为异，欢喜云：‘化生之芋，**未曾有见**。实至德之盛，乾坤之瑞’”（p. 284）吴支谦译《佛说慧印三昧经》卷1：“所觉者已谛觉。已度于一切行。行所度无所度。亦非是。亦非不是。亦非长。亦非短。亦非园。亦非方。亦非身。亦非体。亦非人。亦无所人。亦非世。亦非世所有。亦**未曾有见**者。亦未曾有知者。”梁菩提达摩说《达磨大师悟性论》卷1：“夫真见者，无所不见，亦无所见，见满十方，**未曾有见**。”宋法天译《妙法圣念处经》卷7：“尔时有飞禽，名**未曾有见**，彼行不散乱，而说颂曰。”

【未曾有也/いまだかつてあらず】 口语　（2例）　不曾有过，从来没有出现过。用于赞叹的场合。《日本书纪》卷29《天武纪下》十三年十月条：“古老曰：‘若是地动，**未曾有也**。’”（第三册，p. 438）《藤原家传》上卷《镰足传》：“于时空中有云，形如紫盖。丝竹之音，听于其上。大众闻见，叹**未曾有也**。”（p. 250）后汉支娄迦谶译《杂譬喻经》卷1：“有一人，在罗阅祇国，亦作沙门，布草为蓐坐其上，自誓曰：‘不得道终不起。’而荫盖来但欲睡眠，使人作锥长八寸，睡来时便刺两髀，以疮痛不睡。一年之中，得应真道：‘天亦叹未曾有也。’”后秦佛陀耶舍、竺佛念等合译《长阿含经》卷3：“佛言：‘如是微妙，希有之法。阿难，甚奇甚特！未曾有也。唯有如来！能成此法。’”姚秦鸠摩罗什译《妙法莲华经》卷7《妙庄严王本事品》：“尔时妙庄严王，赞叹佛如是等无量百千万亿功德已，于如来前，一心合掌，复白佛言：‘世尊，未曾有也。如来之法，具足成就，不可思议，微妙功德，教诫所行，安隐快善，我从今日，不复自随心行，不生邪见、憍慢、瞋恚诸恶之心。’说是语已，礼佛而出。”

【未差/いまだいえず】 偏正 未痊愈，病没好。《日本书纪》卷12《履中纪》五年九月条：“秋九月乙酉朔壬寅，天皇狩于淡路岛。是日，河内饲部等从驾执辔。先是饲部之鲸皆未差。”（第二册，p. 90）（1）西晋白法祖译《佛般泥洹经》卷1：“阿难从一树下，起至佛所，问佛圣体：‘不和宁差不？’佛言：‘未差，大剧。欲般泥洹。’阿难言：‘且莫般泥洹。’”东晋法显译《佛说大般泥洹经》卷2：“譬如孤茕子，困病自婴身。虽遇良医治，其疾犹未差。”隋阇那崛多译《佛本行集经》卷58《婆提唎迦等因缘品》：“织师报言：‘如是大王！我当织时，著寒热病。大王复遣，使人催促，我于尔时，寒热未差[①]，畏王瞋故，急织而送，是故我织。不及精妙。’”（2）《全晋文》卷26王羲之《杂帖5》：“得书，知足下问。吾既不佳，贤内妹未差，延期。”又卷27王献之《如省》：“鄱阳归乡，承修东转有理，吾贤毕欲事，必俟胜欣。慰于怀耶？吾终权宜，至承今年饥馑，仰惟年支都乏绝，不谓乖又至于此耶？脚尚未差，极忧也。”《齐民要术》卷6《养牛马驴骡》：“马炙疮：未差，不用令汗。疮白痂时，慎风。得差后，从意骑耳。”

【未償其債/そのもののかひをつくのはず】 自创 尚未偿还其债务。《日本灵异记》下卷《髑髅目穴笋揭脱以祈之示灵表缘第27》：“时汝负他物，未偿其债。”（p. 333）刘宋求那跋陀罗译《杂阿含经》卷44：“时有毘梨耶婆罗豆婆遮婆罗门，晨朝买牛，未偿其价，即日失牛，六日不见。”

【未償以死・未償而死/つくのはずしてしにき】 自创（2例） 没有偿还债务就去世了。《日本灵异记》中卷《贷用寺息利酒不偿死作牛役之偿债缘第32》：“吾先是寺药分之酒贷用二斗，未偿以死。所以今受牛身，而偿酒债，故役使耳。”（p. 231）又：“独大怪之，往乎妹家，具陈上事。答：‘实如言。贷用酒二斗，未偿而死。’”（p. 231）后秦弗若多罗、罗什合译《十诵律》卷61：“有一比丘，赊酤酒未偿便死。酒主从诸比丘责酒价，诸比丘答：‘此比丘在时，何以不责？’”该例亦见于唐法砺撰述《四分律疏》卷8、唐大觉撰《四分律行事钞批》卷12。

【未発之間/いまだおこらざるひまに】 时段 没有启程的时候，在没有出发的这段时间里。《日本书纪》卷19《钦明纪》十四年八月条：“事若实者，国之败亡，可企

---

① “差”，宋本、元本、明本作中“瘥”。

踵而待。庶先日本兵**未发之间**，伐取安罗，绝日本路。”（第二册，p. 422）（1）梁僧佑撰《出三藏记集》卷5：“昔朱士行既袭真式，以大法为己任。于雒中讲中小品，亦往往不通，乃出流沙寻求大品。既至于填果得真本，即遣弟子十人，送至雒阳，出为晋音。**未发之间**，彼土小乘学者，乃以闻王：‘云汉地沙门’乃以婆罗门书，或乱真言。王为地主，若不折之，断绝大法。聋盲汉地，王之咎也。王即不听。”唐慧立本、彦悰《大唐大慈恩寺三藏法师传》卷1：“所乘之马又死，不知计出，沉默经月余。**未发之间**，凉州访牒又至云：‘有僧字玄奘，欲入西蕃，所在州县，宜严候捉。’”唐道宣撰《广弘明集》卷17：“四月七日巳时，欲遣使人，送放光等，四种瑞表。**未发之间**，司马张备共嶓县令郑乾意阌乡县丞赵怀坦大都督侯进当作人民侯谦等，至舍利塔基内石函所检校，同见函外东面石文乱起。”（2）《魏书》卷73《奚康生传》：“面敕曰：果者，果如朕心；枣者，早遂朕意。**未发之间**，郁州复叛。”（p. 1631）《太平广记》卷276《蒋济》条：“明日，母复梦之，言曰：‘我今来迎新君，止在庙下，**未发之间**，暂得归来。新君明日日中当发，临发多事，不得复归于此。愿重启之，何惜一试验也。’遂说阿形状，言甚备悉。”（p. 2177）

【未幾而～/いまだいくばくもあらずして～】 时段 没过多久就……《续日本纪》卷35《高绍纪》宝龟十年十二月条：“景云二年至从三位，宝龟初拜中纳言。寻兼皇太子傅敕旨卿。式部卿百川薨后，相继用事。**未几而**薨。时年五十一。”刘宋求那跋陀罗译《佛说罪福报应经》卷1：“杀害众生，无有慈心者，从豺狼狸鹰中来，生世短命胞胎，伤堕不全，生世**未几而**早命终，堕在三涂，数千万劫无得竟时，慎之慎之。”唐道宣撰《续高僧传》卷22：“自爰初开讲誓穷百遍，必得果心夕死可矣。始于漳表终至渭滨，随方陶诱恰穷本愿，庆本所念**未几而**终。”唐道世撰《法苑珠林》卷78：破虏奔走惊呼，不获已而服之。因此得病，**未几而**死。又卷79：“至龙朔元年举应诏人，躬赴雒阳，及升第归俗，颇有余言。**未几而**卒。”→【居未幾】

【～未幾何/～こといくばくもあらずして】 时段 ……没过多久。《藤氏家传》上卷《贞慧传》：“居**未几时**，寝疾纩微。”（p. 278）隋费长房撰《历代三宝纪》卷12：“开皇十年，降敕所部，追裕入京，至见阙庭，劳问殷重。方应攀龙鳞以布法云，使苍生蒙润；附凤翼以扬慧吹，令黔首获凉。到**未几何**，频辞请退。乃云：‘不习水土，屡觉病增。’”

【未幾時/いまだいくばくもあらずして】 时段 （2例） 没过多久。《日本书纪》卷5《崇神纪》十年九月条：“于是更留诸将军而议之。**未几时**，武埴安彦与妻吾田媛谋反逆，兴师忽至，各分道而夫从山背，妇从大坂，共入欲袭帝京。”（第一册，p. 280）又卷11《仁德纪》四十三年九月条：“酒君对言：‘此鸟之类，多在百济。得驯而能从人，亦捷飞之掠诸鸟。百济俗号此鸟曰俱知。’乃授酒君令养驯，**未几时**而得驯。”（第二册，p. 62）（1）元魏吉迦夜、昙曜合译《付法藏因缘传》卷3：“譬如百川，泉源各异，未有一流，不入大海。人亦如是，同趣死处，为业长短，受生修促，**未几时间**，会亦归灭。”后秦僧肇撰《注维摩诘经》卷8：“什曰：‘如佛泥洹后，六百年有一人，年六十出家。**未几时**，颂三藏都尽，次作三藏论议。’”（2）《宋书》卷21《乐3》：“为乐**未几时**，遭世险巇，逢此百离；伶丁荼毒，愁懑难支。遥望辰极，天晓月移。忧来阗心，谁当我知。（一解）”（p.620）按：《崇神纪》与佛典例用作连词，《宋书》中用作“v+未几时”的形式。→【未経幾時】【未有幾時】

【未経多日/いまだあまたのひもへずして】 时段　没过几天。《续日本纪》卷35《高绍纪》宝龟十年五月条：“乙丑，唐使孙兴进等辞见。中纳言从三位物部朝臣宅嗣宣敕曰：‘卿等到此，**未经多日**，还国之期，忽然云至。渡海有时，不可停住。今对分别，怅望而已。’”唐地婆诃罗译《方广大庄严经》卷7《往尼连河品》：“尔时诸女，既知菩萨，舍置苦行，即作种种，饮食奉献。**未经多日**，色相光悦。于是众人，复相谓言：‘沙门瞿昙，形貌威严，有大福德。’”唐菩提流志译《大宝积经》卷56：“尔时世尊，住逝多林。**未经多日**，为欲随缘，化众生故，与诸徒众，往占波国，住揭伽池边。”唐义净译《根本说一切有部毘奈耶》卷14：“时彼长者，心亲后妻。时彼前妇，见其亲密，心生嫉妒。**未经多日**，前妻有娠，白其夫曰：‘君之后妻，情有异念。’其夫告曰：‘贤首，汝生恶意。’妇便默然。”

【未経幾年/いまだいくだのとしもへぬるに】 时段（2例）　没过几年。《古事记》序：“于是，天皇诏之，朕闻，诸家之所赍帝纪及本辞，既违正实，多加虚伪。当今之时，不改其失，**未经几年**，其旨欲灭。斯乃邦家之经纬、王化之鸿基焉。”（p.20）《日本书纪》卷7《景行纪》四十年七月条：“于是日本武尊雄诰之曰：‘熊袭既平，**未经几年**，今更东夷叛之。何日逮于太平矣。’”（第一册，p.370）元魏慧觉等译《贤愚经》卷12《波婆离品》：“时阿泪咤妇，数数劝夫，其夫意，决急求分居；兄见意盛，与分家居。分异之后，阿泪咤夫妻，恣情放志，招合伴党，饮噉奢侈，不顺礼度。**未经几年**，家物耗尽，穷罄无计。诣兄匃之。兄复矜之，与钱十万。用尽更索。如是六返，前后凡与六十万钱。”

【未経幾日/いまだいくかをへずして】 时段　没过几天。《日本书纪》卷28《天武纪上》元年七月条：“又村屋神著祝曰：‘今自吾社中道，军众将至。故宜塞社中道。’故**未经几日**，庐井造鲸军，自中道至。时人曰：‘即神所教之辞是也。’”（第三册，p.340）东晋瞿昙僧伽提婆译《增壹阿含经》卷13《地主品》：“尔时，彼城名曰远照。善明王主第一夫人名日月光，不长、不短，不肥、不瘦，不白、不黑，颜貌端政，世之希有。口出优钵华香，身作栴檀香。**未经几日**，身便怀妊。”姚秦竺佛念译《出曜经》卷23《泥洹品》：“昔有二商客冒涉危崄他国治生，**未经几日**积财无数。”萧齐求那毘地译《百喻经》卷4：“**未经几日**，天降大雨，果得湿润还复如故，雄鸽见已方生悔恨：‘彼实不食，我妄杀他。’”梁宝唱等集《经律异相》卷40：“师念：‘我之所爱，设吾死者尚不能别，何况今日欲舍吾去？’作五百言，与之令诵，**未经几日**，悉皆流利。”

【未経幾時/いまだいくばくもへねば】 时段 （7例） 没过多久，含有在不长的时间内便出现了意想不到的结果的语气。《古事记》中卷《崇神记》：“故相感，共婚供住之间，**未经几时**，其美人妊身。”（p. 148）又《景行记》：“天皇既所以思吾死乎？何击遣西方之恶人等而返参上来之间，**未经几时**，不赐军众，今更平遣东方十二道之恶人等。因此思惟，犹所思看吾既死焉。”（p. 222）《日本书纪》卷7《景行纪》五十一年八月条：“时倭姬命曰：‘是虾夷等，不可近于神宫。’则进上于朝庭，仍令安置御诸山傍。**未经几时**，悉伐神山树，叫呼邻里而胁人民。”（第一册，p. 388）又卷11《仁德记》十年十月条：“十年冬十月，甫科课役，以构造宫室。于是，百姓之不领而扶老携幼，运材负篑，不问日夜，竭力竞作。是以**未经几时**而宫室悉成。故于今称圣帝也。”（第二册，p. 35）又卷13《允恭记》三年正月条：“三年春正月辛酉朔，遣使，求良医于新罗。秋八月，医至自新罗，则令治天皇病，**未经几时**病已差也。天皇欢之，厚赏医以归于国。”（第二册，p. 108）《万叶集》卷2第123～125首歌题：“三方沙弥娶园臣生羽之女，**未经几时**，卧病作歌三首。”（第一册，p. P96）又卷16第3804～3805首歌题：“昔者有壮士，新成婚礼也。**未经几时**，忽为驿使，被遣远境。”（第四册，p. 100）吴支谦译《撰集百缘经》卷3《授记辟支佛品》：“作是誓已，**未经几时**，果如其愿，安隐还家，甚怀欢喜。即造金银，璎珞环钏，将诸侍从，往诣天祠。”西晋竺法护译《佛说弥勒下生经》卷1：“尔时弥勒在家，**未经几时**，便当出家学道。”元魏慧觉等译《贤愚经》卷12《波婆离品》：“后复来求，兄复呵责，亡父敕诫，汝不承用。**未经几时**，求共分异，丧用无度，不可供给，前后与汝，六十万钱，汝不知足，复更来求。”梁宝唱等集《经律异相》卷3：“**未经几时**，王出田猎见有鹿走疾如风，王便逐之百官侍从无能及者。”按：最早关注《日本书纪》中“未经几～”这一表达形式的是太田善麿，太田根据该说法在《日本书纪》中的分布特征，提出了太安万侣可能参与了《日本书纪》卷1～13、卷22～23的撰录的假说。濑间正之承其师说，对上代文献中所存“未经几～”的句子进行了广泛的调查，指出《万叶集》卷2第123～125首歌题中三方沙弥的僧侣身份与佛典表现“未经几～”之间的必然联系，并强调在考虑《日本书纪》不同撰录者的问题时该表达值得关注。森博达亦将该表达视为区分《日本书纪》不同撰录者的参照系数之一。→【未有幾時】

【～未経時/いまだときもへざるに】 时段 没过多长时间。《日本书纪》卷19《钦明纪》二十三年六月条：“死**未经时**，急灾于殿。”（第二册，p. 446）（1）姚秦竺佛念译《出曜经》卷10《诽谤品》：“天即还宫。去**未经时**，释提桓因，复从后至，谓比丘曰：‘可发善心，于彼二贤。’比丘报释提桓因曰：‘且守汝天福，不豫汝事。’”梁僧祐撰《释迦谱》卷2：“难陀自念：‘我家王种，多饶财宝，设有漏失，即可偿之。今当窃随，小径还家，行大涂者，倘值如来。’即脱三法衣，更被余衣而去。行**未经时**，正值如来，奔趣大树，欲自隐身。”（2）《全唐文》卷635李翱《劝裴相不自出征书》：“阁下以舍人使魏博，六州之地归矣；自秉大政，兵诛蔡州，久而不克，奉命宣慰。**未经时**而吴元济生擒矣；使一布衣持书涉河，而王承宗恐惧委命，割地以献矣。”（p.6413）

【未経数日/すうじつをへずして】 时段　没过几天。《续日本纪》卷6《元正纪》灵龟元年六月条：“癸亥，设斋于弘福，法隆二寺。诏遣使奉币帛于诸社，祈雨于名山大川。于是，**未经数日**，注雨滂沱。时人以为圣德感通所致焉。因赐百官人禄各有差。”（第一册，p.230）（1）东晋瞿昙僧伽提婆译《增壹阿含经》卷16《高幢品》：“比丘当知，尔时，长生太子便学弹琴歌曲。时，长生太子素自聪明，**未经数日**，便能弹琴歌曲，无事不知。”姚秦竺佛念译《菩萨从兜术天降神母胎说广普经》卷7《破邪见品》：“尔时师即以秘要，一句五百言，使我讽诵。**未经数日**，诵习已讫，即前白师：‘见听下山乞求，欲报师恩。’”梁宝唱等集《经律异相》卷43：“其人向伴，具陈情状。众人报曰：‘今可去不？’答曰：‘须十五日至，马王当来，乃得去耳。’**未经数日**，马王便至。商客闻已，往马王所。”（2）《全晋文》卷27王献之《进书决表》：“乞食扬州市上，一老母姓沈字光姜，惠臣一餐。无以答其意，臣于匙面上作一夜字，令便市赁。近观者三，远观者二，**未经数日**，遂获千金。”

【未竟之間/いまだをはらぬあひだに】 时段　没有完结的这段时间。《古事记》中卷《仲哀记》：“故其政**未竟之间**，其怀妊临产。即为镇御腹，取石以缠御裳之腰，而渡筑紫国。其御子者阿礼坐。”（p.248）（1）后汉昙果、康孟详合译《中本起经》卷1《现变品》：“女舞**未竟**，忽然不见。众失所欢，惆怅屏营。”西晋法立、法炬合译《大楼炭经》卷1：“四方人来，悉共食之，食**未竟**亦不尽。”（2）唐法砺撰《四分律疏》卷1：“善心息时，身则成止，更无外缘，恶作相助，故非究竟。言无记心得戒，亦先以善心，乃至羯磨**未竟之间**，忽尔睡眠，亦得戒品。是名无记心得。”

【~未来間/~きたらざるあいだに】 时段　还没有来的时候。亦作“未来之间”。还表示时间，谓未来时刻。《元兴寺伽蓝缘起并流记资财账》：“时池边天皇告宣：‘将欲弘闻佛法，故欲法师等并造寺工人等。我有病，故急速宜送也。然使者**未来间**，天皇崩已。’”元魏瞿昙般若流支译《正法念处经》卷38《观天品》：“死**未来间**，勤行精进，作诸方便……大力死王，**未来之间**，汝等毕竟，莫行放逸。舍放逸故，必得安隐。”又卷44《观天品》：“夜摩天王牟修楼陀，如是为彼，山树具足，地处行天，毘婆尸佛，所作佛塔。见彼塔已，调伏天众，为作利益，示欲过患。为颠倒天四颠倒者，说于正法，死**未来间**，则示其死，与其怖畏，彼死畏处，无量苦处。”

【~未了/~をはらず】 完成　没有完毕；没有结束。《续日本纪》卷4《元明纪》和铜二年正月条：“筑紫观世音寺，淡海大津宫御宇天皇，奉为后冈本宫御宇天皇，誓愿所基也。虽累年代，迄今未了。”（第一册，p. 146）（1）失译人名今附后汉录《大方便佛报恩经》卷3《论议品》：“尔时弥勒菩萨，观察众心，咸皆有疑，自亦未了。即从座起，往到佛前，头面礼足，合掌向佛，而作是言：‘世尊，以何因缘，有此宝塔，从地踊出？’”西晋竺法护译《佛说海龙王经》卷1《无尽藏品》：“所以者何？行德未了。了行德已，从大殊曜，如来即得闻斯深妙之法，应时逮成柔顺法忍。”姚秦鸠摩罗什译《小品般若波罗蜜经》卷6《大如品》：“世尊，如我解佛所说义，若菩萨离般若波罗蜜，则于阿耨多罗三藐三菩提狐疑未了。”（2）《宋书》卷87《殷琰传》：“间者进军宛唐，计由刘顺，退众闭城，当时未了。”按：《汉语大词典》首引《乐府诗集·清商曲辞一·子夜四时歌秋歌》：“寒衣尚未了，郎唤侬底为？”偏晚。

【未喪斯文/いまだこのもんをそうさず】 四字　文章之道尚未丧失。《唐大和上东征传》淡海元开《初谒大和上二首并序》：“**未丧斯文**，必有命世；将弘兹道，实待明贤。”（p. 98）梁慧皎撰《高僧传》卷8：“后东适建邺依道场慧观为师，笃志大乘傍寻数论，外典坟素颇亦披览。后入庐山守静味禅，澄思五门游心三观。顷之，刺史庾登之请出山讲说，后文帝访觅述生公顿悟义者，乃敕下都，使顿悟之旨重申宋代。何尚之闻而叹曰：‘常谓生公殁后微言永绝，今日复闻象外之谈。可谓天**未丧斯文**也。’”唐道世撰《法苑珠林》卷32：“五酉者，五行之方，皆有其物。酉者，老也。故物老则为怪矣。杀之则已，夫何患焉？或者天之，**未丧斯文**，以是系予之命乎？不然何为，至于斯也。”宋善卿编正《祖庭事苑》卷4：“子畏于匡，曰：‘文王既没，文不在兹乎？天之将丧斯文也。后死者，不得与于斯文也。天之**未丧斯文**也。匡人其如予何？’”

【未審虚実/いまだにいつはりまことをつばひらかにせず】 四字　不知是否真实。《日本书纪》卷2《神代纪下》：“顷吾儿来语曰：‘天孙忧居海滨，**未审虚实**。’”（第一册，p. 172）北凉法盛译《菩萨投身饴饿虎起塔因缘经》卷1：“群臣万众，来集王侧，叩头谏曰：‘太子在山，**未审虚实**。何为哀恸，愿王小息。’”玄奘译《大般若波罗蜜多经》卷452：“复次，善现。若菩萨摩诃萨，觉时现见，大火卒起，烧诸城邑，或烧聚落，便作是念：‘我在梦中。或在觉位，曾见自有，不退转相，**未审虚实**。若我所见，是实有者，愿此大火。即时顿灭。变为清凉。’若此菩萨，作是誓愿，发诚谛言。尔时大火，即为顿灭。”

【未事/するのこと】 偏正　未来之事。《日本灵异记》上卷《序》：“或生而高辩兼委**未事**，一闻十颂，一言不漏。”（p. 54）宋宗晓编《乐邦遗稿》卷2：“僧乃探钵，囊出一枣子曰：‘此吾国所产者。食之能知过**未事**。’齐食讫，乃掬泉而饮，枕石而睡。觉而忽悟，前身如昨日。”按：《汉语大词典》失收。

【未聞未見/いまだきかずいまだみず】 四字　既未听说过，又未见到过。《万叶集》卷16第3786～3787首歌序：“于是娘子唏嘘曰：‘从古来今，**未闻未见**，一女之身往适二门矣。’”（第四册，p. 89）（1）东晋帛尸梨蜜多罗译《佛说灌顶经》卷1：“佛

又告阿难：'于后末世，若有比丘、比丘尼、清信士女，读持此经者，为人广说，解释中义，诸余沙门，及比丘尼，清信士女，**未闻未见**，若相诽谤，疾恶此经，闻有说者，不乐听闻，反信邪法。缘是罪故，当有数万比丘，堕鬼神道中。'"（2）《全唐文》卷751杜牧《与池州李使君书》："幸天下无事，人安谷熟，无兵期军须、逋负诤诉之勤，足以为学，自强自勉于**未闻未见**之间。"

【未詳所出（也）/いづるところをつばひらかにせず】四字 （这一说法）不知出自何处，不知有何依据。《日本书纪》卷20《钦明纪》六年五月条："王人奉命为使三韩，自称为宰。言宰于韩，盖古之典乎。如今言使也。余皆效此。大别王，**未详所出也**。"（第二册，p.476）（1）梁僧佑撰《出三藏记集》卷11："事事如之，无他异也。授戒立三尼师一持律比丘僧，授戒场四住屋。下此言十僧后授，不委曲，与授文反，**未详所出也**。"唐慧琳撰《一切经音义》卷2："或攫：归籰反，又音归碧反，亦通。《淮南子》曰：鸟窮则搏，兽窮则攫。《苍颉篇》：攫，搏也。《说文》：扟也。从手，矍声。经文作䣛，音同。，字书并无䣛字。**未详所出也**。"又卷22："躭味：躭，都含反。案《玉篇》《字林》等嗜色为媅，嗜酒为躭，耳垂为躭。《声类》：媅字作妉。今经本作躭字，时俗共行。**未详所出也**。"又卷52："恤民：又作恤，同须律反。《尔雅》：恤，忧也。亦收也。谓以财物与人曰赈恤之也。经中作恤。**未详所出也**。"（2）《史记》卷87《李斯传》："迎蹇叔于宋，（索隐《秦纪》又云：'百里奚谓穆公曰：'臣不如臣友蹇叔，蹇叔贤而代莫知。'穆公厚币迎之，以为上大夫。'今云'于宋'，**未详所出**。）来丕豹、公孙支于晋。"《通典》卷44《礼4》："今按凫鹥诗每云尸，据传天子诸侯祭社稷尸也。今祀灵星言公尸，**未详所出**。"（p.1240）按：该说法从佛典注释中学习而来。

【未有幾時/いまだいくだもあらねば】先例 没过多长时间。《万叶集》卷4第536首歌注："**未有几时**，即绝往来，累月之后，更起爱心。"（第一册，p.296）明阙名《绿牡丹》第44回："众人走至门外，看见强盗在里面食用，暗暗将挠勾伸进，照骆宏勋腿肚一句，用力一拧。可怜骆宏勋无意提防，连桌椅尽皆拉倒。又跑进十数人，按住身子，槐杖、铁尺雨点打来，**未有几时**，遍身皆伤。"→【未経幾時】

【未有若此～（者也）/いまだかく～はあらず】比较 （2例） 没有像这个样子……的了。《日本书纪》卷1《神代纪上》："此子光华明彩，照彻于六合之内。故二神喜曰：'吾息虽多，**未有若此**灵异之儿。不宜久留此国。自当早送于天而授以天上之事。'"（第一册，p.36）又："于时日神闻之曰：'顷者人虽多请，**未有若此**言之丽美**者也**。'乃细开盘户而窥之。"（第一册，p.84）（1）吴支谦译《佛说维摩诘经》卷2《法供养品》："于是，天帝释白佛言：'多福哉！世尊。得近如来、文殊师利者，虽百千闻，**未有若此**，纯法化**者也**。'"后秦僧肇撰《注维摩诘经》卷10《法供养品》："什曰：'维摩诘接妙喜世界，来入此境，及上来不思议事，皆昔来所见，**未有若此**之奇**也**。'"唐义净译《根本说一切有部毘奈耶破僧事》卷4："见是事已私，自念言：'我王舍城中，诸出家人，**未有若此**之**者**。’”（2）《吴志》卷3《三嗣主传》裴松之引孙盛言曰：“虽兵以义合，同盟戮力，然皆包藏祸心，阻兵怙乱，或师无谋律，丧威稔寇，忠规武节，**未有若此**其著**者也**。”（p. 1179）《宋书》卷2《武帝中》：“自篇籍所载，生民以来，勋德懋功，**未有若此**之盛**者也**。”（p. 37）

【謂為非祥/よきしるしにあらずとおもふ】 四字 以为不吉祥。→【生一肉团】

【慰諫/とどめいさむ】 并列 止息规劝。《元兴寺伽蓝缘起并流记资财账》：“尔时，聪耳皇子及诸臣等共闻天皇所愿，时聪耳皇子诸臣等告：‘传闻君行正法，即随行君行，邪法即**慰谏**。今我等天皇见闻所行愿，当此正行愿，天下之万姓悉皆应随行。’”《诗经·大雅·棉》：“乃**慰**乃止，乃左乃右，乃疆乃理，乃宣乃亩。”马瑞辰通释：“**慰**亦止也。”《广雅·释诂》：“**谏**，说也。”《广韵·谏韵》：“**谏**，直言以悟人也。”新罗憬兴撰《无量寿经连义述文赞》卷1：“魔有千子，五百在魔王右，归依菩萨，五百在魔王左，赞助魔王。魔王语诸子，以何方计，能摧伏彼？右面魔子，名曰有信，白波旬言：‘假使力碎三千界，如是大力满恒沙，不动菩萨之一毛，何足能伤智慧者？’左面魔子，名曰百臂，复白波旬言：‘我今身有百臂，一一皆能放百箭。大王但去不假忧，如此沙罗何足害？诸子**慰谏**，不可备引。’”按：《汉语大词典》失收。

【慰問/やすめとふ】 并列（9例） 安慰问候。《日本书纪》卷19《钦明纪》十六年二月条：“天皇闻而伤恨，乃遣使者迎津**慰问**。”（第二册，p. 436）又卷24《皇极纪》元年十月条：“丁酉，苏我大臣设虾夷于家，而躬**慰问**。”（第三册，p. 66）《唐大和上东征传》：“五日，唐道璇律师、婆罗门菩提僧正来**慰问**。宰相、右大臣、大纳言以下官人百余人来礼拜问讯。”（p. 92）《续日本纪》卷7《元正纪》养老元年十一月条：“鳏寡惸独，疾病之徒，不能自存者，量加赈恤。仍令长官亲自**慰问**。加给汤药。”（第二册，p. 36）又卷8《元正纪》养老二年十二月条：“其废疾之徒，不能自存，量加赈恤。仍令长官亲自**慰问**，兼给汤药。僧尼亦同。布告天下，知朕意焉。”（第二册，p. 50）又养老四年六月条：“时属盛热，岂无艰苦。使使**慰问**，宜念忠勤。”（第二册，p. 74）又养老四年八月条：“其废疾之徒，不能自存者，量加赈恤。因令长官亲自**慰问**，量给汤药。勤从宽优。僧尼亦同之。”（第二册，p. 76）又卷10《圣武纪》天平元年正月条：“壬子，诏：‘五位以上高年、不堪朝者，遣使就第**慰问**。”（第二册，p. 202）又卷13《圣武纪》天平十一年二月条：“其废疾之徒，不能自存者，量加赈恤。仍令长官亲自**慰问**量给汤药。僧尼亦同。”（第二册，p. 348）又卷21《淳仁纪》天平宝字二年十月条：“其每至三年，遣巡察使，推检政迹，**慰问**民忧。”（第三册，p. 292）又卷34《高绍纪》宝龟八年四月条：“辛卯，太政官遣使**慰问**史都蒙等。”（1）后汉支娄迦谶译《杂譬喻经》卷1：“时遂行作沙门，以蜜供养三尊，求一静处，思惟苦空非身，使其未半，意解无缚，得六通道，诸能一处不移成罗汉者，地为震动，帝释诸天，应来**慰问**。于是天帝，诸天人皆下作礼，助其欢喜。”姚秦鸠摩罗什译《妙法莲华经》卷4《提婆达多品》："修敬已毕，往智积所，共相**慰问**，却坐一面。"隋阇那崛多译《佛本行集经》卷21《问阿罗逻品》："菩萨前至，阿罗逻所，二人对面，相共问讯：'少病少恼，安隐已不？'相**慰问**讫，其阿罗逻，请菩萨坐，草铺之上。"（2）《魏书》卷48《高允传》："允散财竭产，以相赡赈，**慰问**周至。无不感其仁厚。"按：《汉语大词典》首引《后汉书》卷41《宋均传》："均自扶舆诣阙谢恩，帝使中黄门**慰问**，因留养疾。"略晚。

【慰問殷勤/いこへとふこ とねもころなり】 四字 （2例） 情意深厚地安慰问候。《日本书纪》卷17《继体纪》十年五月条："群臣各出衣裳、斧钺、帛布，诸加国物，积置朝廷，**慰问殷勤**，赏禄优节。"（第二册，p. 308）又卷19《钦明纪》元年九月条："于是，大伴大连金村居住吉宅，称疾不朝。天皇遣青海夫人勾子**慰问殷勤**。"（第二册，p. 362）（1）西晋无罗叉译《放光般若经》卷1《放光品》："见释迦文佛，稽首作礼，普明菩萨白释迦文佛言：'宝事如来，致问**殷勤，问讯**世尊：坐起轻利，气力如常不？今奉此华，供养世尊。'"北凉昙无谶译《大方等大集经》卷22《声闻品》："世尊，彼金刚光明功德如来，致敬**殷勤**，**问讯**世尊。"唐菩提流志译《大宝积经》卷32："或入聚落，诣白衣家。诈现**殷勤**，**问讯**安隐。说于世俗，王贼之事。"（2）隋阇那崛多译《佛本行集经》卷13《常饰纳妃品》："尔时檀荼波尼大臣，以女**殷勤**，**顾问**不已，第四乃报其女是言。"按：在中国的传世文献当中，"慰问殷勤"的文例，最早见于唐李复言《续玄怪录》卷3："崔司马年可五十余，衣绯，仪貌可爱。问窦之先及伯叔昆弟，诘其中外，自言其族，乃玉亲重表丈也。玉自幼亦尝闻此丈人，恨不知其官。**慰问殷勤**，情礼优重。"该例亦见于《太平广记》卷343。

【文殊師利菩薩/もんじゅしりぼさつ】 菩萨 （2例） 又作曼殊师利、妙吉祥。是大乘佛教中最以智慧著称的菩萨。与普贤菩萨并为释迦牟尼佛的两大胁侍。由于他在所有菩萨中，是辅佐释尊弘法的上首，因此也被称为文殊师利法王子。《日本灵异记》上卷《信敬三宝得现报缘第5》："妙德菩萨者，**文殊师利菩萨**也。"（p. 76）又："尔时并住行基大德者，**文殊师利菩萨**反化也。是奇异事矣。"（p. 76）后汉支娄迦谶译《道行般若经》卷1《道行品》："佛在罗阅祇耆阇崛山中，摩诃比丘僧不可计，诸弟子舍利弗、须菩提等；摩诃萨菩萨无央数，弥勒菩萨、**文殊师利菩萨**等。"姚秦鸠摩罗什译《妙法莲华经》卷5《安乐行品》："又**文殊师利菩萨**摩诃萨，于后末世，法欲灭时，受持，读诵，斯经典者，无怀嫉妒，諂诳之心，亦勿轻骂，学佛道者，求其长短。"东晋佛驮跋陀罗译《大方广佛华严经》卷57《入法界品》："起已，敬绕摩耶夫人，及诸眷属，恭敬合掌，于一面住，白言：'大圣，**文殊师利菩萨**，往昔教我发阿耨多罗三藐三菩提心，求善知识，亲近供养。"

【聞持/ききたもつ】 并列 （2例） 听闻佛的教法而忆持不忘，即陀罗尼。《日本灵异记》下卷《不顾因果作恶受罪报缘第37》："彼死人能**闻持**，才自黄泉还来见之，即苏而，后以黄泉之状，解大宰府。"（p. 358）《续日本纪》卷10《圣武纪》天平元年八月条："如是诏者、大命坐、皇朕御世当而者、皇〈止〉坐朕〈母〉闻持〈流〉事乏〈久〉、见持〈留〉行少〈美〉。"（第二册，p. 214）西晋竺法护译《正法华经》卷9《药王菩萨品》："若有闻持药王菩萨往古学品，受持思念之，其福过彼，众物供养，不可称载。"姚秦鸠摩罗什译《妙法莲华经》卷5《分别功德品》："复有千倍，菩萨摩诃萨，得闻持陀罗尼门。"唐玄奘译《大般若波罗蜜多经》卷549《不退相品》："诸有不退转菩萨摩诃萨，闻诸如来、应、正等觉，所说正法，无惑无疑。闻已，受持能不忘失，乃至无上正等菩提，已得闻持，陀罗尼故。"

【聞道/きくならく】述宾（4例）听说，据说。《元兴寺伽蓝缘起并流记资财账》："揖命渎边天皇之子名等与刀祢祢大王，及巷哥伊奈米大臣之子，名有明子大臣，闻道诸王子教缁素，而百济惠聪法师、高丽惠慈法师、巷哥有明子大臣，长子名善德为领，以建元兴寺。"《续日本纪》卷12《圣武纪》天平八年十一月条："闻道诸王等愿赐臣连姓，供奉朝廷。是故，召王等令问其状者。"（第二册，p. 304）又卷19《孝谦纪》天平胜宝八岁十二月条："闻道有菩萨戒，本《梵网经》。功德巍巍，能资逝者。"（第三册，p. 170）又卷23《淳仁纪》天平宝字五年十月条："闻道本国多有牛角。卿归国，为求使次相赠。故有此储焉。"（第三册，p. 390）后汉安世高译《七处三观经》卷1："比丘，如是为因缘，九人辈命未尽，当坐是尽。黠人当识是，当避是因缘，以避乃得两福，一者得长寿，二者以长寿，乃得闻道，好语善言，亦能为道。"吴支谦译《佛说慧印三昧经》卷1："是时佛刹中，亦无有魔事。其刹无爱欲，亦无三恶道。常以无央数，诸菩萨为僧。亦不闻道有，阿罗汉之名。"唐义净译《根本说一切有部毘奈耶杂事》卷22："至荒野外，见一耕人，名曰增长，躬自犁作。王观容色，有异余人，即问言：'汝是勇健壮儿，颇曾闻道有圆胜王与猛光王战。猛光大败，知此事不？'"按：《汉语大词典》首引唐杜甫《秋兴》诗之四："闻道长安似弈棋，百年世事不胜悲。"偏晚。

【聞法/みのりをきく】述宾（8例）听闻佛之教法。亦称听法、闻经。《日本灵异记》中卷《行基大德放天眼视女人头涂猪油而呵啧缘第29》："故京元兴寺之村，严备法会，奉请行基大德，七日说法。于是，道俗皆集闻法。听众之中，有一女人。发涂猪油，居中闻法。"（p. 224）又《行基大德携子女人视过去怨令投渊示异表缘第30》："行基大德令堀开于难波之江而造船津，说法化人。道俗贵贱，集会闻法。尔时，河内国若江郡川派里，有一女人，携子参往法会闻法。其子哭谴，不令闻法。"（p. 226）又："明日复来，携子闻法。子犹嚚哭，听众障嚣，不得闻法。"（p. 226）又："母怪之，更入会闻法。"（p. 226）曹魏康僧铠译《佛说无量寿经》卷1："设我得佛，国中菩萨，随其志愿，所欲闻法，自然得闻。"姚秦鸠摩罗什译《妙法莲华经》卷5《安乐行品》："佛为四众，说无上法，见身处中，合掌赞佛，闻法欢喜，而为供养，得陀罗尼，证不退智。"

【聞法悟道/みのりをきき、みちをさとる】 四字　听闻佛法，彻悟大道。《奈良朝写经 5·大般若经卷第 267》：“现在者，争荣于五岳，保寿于千龄；登仙者，生净国升天上，**闻法悟道**，修善成觉。”（p. 32）梁诸大法师集撰《慈悲道场忏法》卷 5：“常值诸佛，**闻法悟道**，发菩提心，行出世业，四等六度，深心修习，一切行愿，等阶十地，入金刚心，俱成正觉。”隋慧远撰《大乘义章》卷 10：“大乘法中，菩萨遍在，五趣之中，皆生皆成，此云何知？如《华严经》，诸龙鬼等，各于法门，而得自在，提谓经中，诸龙鬼等，**闻法悟道**，方等经中，地狱众生，遇佛光明，寻诸佛所，**闻法悟道**。故知五趣皆成。”

【聞歓/ききよろこぶ】 自创　（2 例）　听到后感到欢喜。《古事记》中卷《垂仁记》：“尔所遣御伴王等**闻欢**见喜，而御子者坐槟榔之长穗宫，而贡上驿使。”（p. 208）又下卷《雄略记》：“于是，其姨饭丰王**闻欢**，而令上于宫。”（p. 356）后汉支娄迦谶译《佛说无量清净平等觉经》卷 2：“众世界诸菩萨，到须阿提礼佛。**闻欢**喜广奉行，疾得至得净处。”吴支谦译《佛说义足经》卷 1：“佛语王言：‘却后七日，当作变化。’王**闻欢**喜，绕佛，三匝而去。”失译人名今附东晋录《菩萨本行经》卷 1：“时有一婆罗门，学问广博，智慧第一，来应王命。群臣白王：‘今有婆罗门，聪明博达，来在门外。’王**闻欢**喜，即出奉迎，头面作礼，施设宝座，供施甘馔，食讫澡漱。”姚秦鸠摩罗什译《妙法莲华经》卷 6《随喜功德品》：“若故诣僧坊，欲听法华经，须臾**闻欢**喜，今当说其福。”按：结合“闻惊”一词的构词法，“闻欢”似从佛典中“闻欢喜”的说法截取而来的。

【聞解/うけたまはりさとる】 后补　听懂，听明白。《日本书纪》卷 25《孝德纪》大化二年八月条：“国国可筑堤地，可穿沟所，可垦田间，均给使造。当**闻解**此所宣。”（第一册，p. 162）吴支谦译《佛说义足经》卷 1：“佛因是本演是卷，令我弟子悉**闻解**，广为后世作明，令我经道久住。”姚秦鸠摩罗什译《妙法莲华经》卷 4《法师品》：“菩萨亦复如是，若未闻未解，未能修习，是《法华经》者，当知是人，去阿耨多罗三藐三菩提尚远；若得**闻解**、思惟修习，必知得近，阿耨多罗三藐三菩提。”《敦煌变文·维摩诘经讲经文》：“我**闻解**了也，次第处唱将来。”（p. 757）按：《汉语大词典》失收。

【聞経/きょうをきく】 述宾　听闻讲经说法（获得无量无边的利业）。《日本灵异记》中卷《恶逆子爱妻将杀母谋现报被恶死缘第 3》：“母所欺念，将**闻经**发心，洗肠净身，俱至山中。”（p. 152）后汉支曜译《佛说马有八态譬人经》卷 1：“佛言：‘我说马八态，恶人亦有八恶态如是。’诸比丘**闻经**欢喜，作礼而去。”晋世法炬、法立合译《法句譬喻经》卷 1《惟念品》：“佛以神通，知弗加沙，明日食时，其命将终，故从远来，不得见佛，又不**闻经**，甚可怜愍。于是世尊，化作沙门，往至陶家，欲求寄宿。”唐义净译《金光明最胜王经》卷 1《善生王品》：“我昔**闻经**随喜善，所有福聚量难知；

由斯福故证菩提，获得法身真妙智。”按：《汉语大词典》失收。

【聞驚/ききおどろく】 连动 （5例） 听说后感到惊恐。《古事记》上卷《天照大御神与须佐之男命》：“尔天照大御神，**闻惊**而诏：‘我那势命之上来由者，必不善心。欲夺我国耳。’”（p. 54）又《大国主神》：“故其所寝大神，**闻惊**而引仆其室。然解结椽发之间远逃。”（p. 84）又中卷《应神记》：“尔大雀命闻其兄备兵，即遣使者，令告宇迟能和纪郎子。故**闻惊**，以兵伏河边。”（p. 268）又下卷《清宁记》：“尔即小楯连**闻惊**，而自床堕转，而追出其室人等，其二柱王子坐左右膝上泣悲，而集人民作假宫，坐置其假宫，而贡上驿使。”（p. 356）《日本书纪》卷14《雄略纪》十四年四月条：“天皇**闻惊**大怒，深责根使主。根使主对言：‘死罪死罪，实臣之愆。’”（第二册，p. 198）姚竺佛念等译《鼻奈耶》卷5：“时雁王堕罗网中，便作是念：‘若我说堕罗网者，诸雁惊不得食。’诸雁食足，便言：‘我堕罗网。’诸雁**闻惊**，各各飞散。”按：《汉语大词典》失收。佛典例中“闻惊”一词表示禽鸟听到动静后感到有危险而惊慌飞离；《天照大御神与须佐之男命》的传说是，天照大神得知其弟须佐之男命上天而来，揣度其不怀好意而惊慌失措。《应神记》是说听到地方企图杀害皇子后慌忙在河边设埋伏。《清宁记》表现的是小楯连得知二皇子的真实身份后的惶恐心情。

【聞名持卷/なをきき、まきをたもつ】 自创 听闻佛号，手持经书。“闻名”，谓闻佛之名号，特指闻阿弥陀佛名号而言。阿弥陀佛四十八愿中第四十七愿为闻名不退转。“持卷”，受持佛经。《奈良朝写经23·十轮经卷第3》：“乃至传灯无穷，流布天下，**闻名持卷**，获福消灾，一切迷方，会归觉路。”（p. 179）按：《上代写经识语注释》将“闻名”释作：“听闻承载佛之教诲的经典的名称”，可商。→【披卷聞名】

【聞言不聞/ききてきかずといふ】 四字→【不見言見】

【聞一知八/いちをきき、はちをしる】 自创 听到一件事，就能由此推论而知道八件事。形容善于类推。《上宫圣德法王帝说》：“王命幼少聪敏，有智。至长大之时，一时闻八人之白言而辨其理。又**闻一知八**，故号曰厩户丰聪八耳命。”（一）“闻一知二”。语出《论语·公冶长》，本与闻一知十对比，谓听到一事只能推及两事。后多用于形容聪明而善类推。（1）《艺文类聚》卷55《詹事徐府君集序曰》：“每摄齐函丈，左右属目，蓄以邻几之性，加以入神之资，**闻一知**二，师逸功倍。”《全唐文》卷166《南阳公集序》：“近日刘勰《文心》，钟嵘《诗评》，异议蜂起，高谈不息。人惭西氏，空论拾翠之容；质谢南金，徒辩荆蓬之妙。拔十得五，虽曰肩随；**闻一知**二，犹为臆说。佥曰未可，人称屡中。”《全唐文》卷407《对乐师教舞判》：“虽欲速于有知，终见陷于无度。傥**闻一知二**，亦何守于彝伦；必也非礼勿言，固可拘之年限。”（2）隋吉藏撰《法华义疏》卷5《譬喻品》：“问：‘未说寿量，云何以领真应耶？’答：‘据迹而言，身子利根**闻一知**二。’”宋文才述《肇论新疏游刃》卷1：“偏见之士，如言生解，闻东迷西，圆见之流，**闻一知**二。”（二）“闻一知十”（1）《新论·启寤》：“圣人天然之姿，所以绝人远者也。昔颜渊有高妙次圣人之才，**闻一知**十。"《全后汉文》卷104《童子逢盛碑》："至于垂髦，智惠聪哲。过庭受诫，退诵诗礼。心开意审，**闻一知**十。"《后汉书》卷61《左雄传》："雄诘之曰：'昔颜回闻一知十，孝廉**闻一知**几邪？'淑无以对，乃谴却郡。"（2）唐慧立本、释彦悰笺《大唐大慈恩寺三藏法师传》卷8："然以学无再请，尚曰传灯，**闻一知**十，方称殆庶。"唐道宣撰《续高僧传》卷21："大同之初，栖游京辇受业奉诚寺大律都沙门智文，十诵才经两遍，年逾未立。别肆开筵，数论毘昙，染神便悟。无繁工倍，**闻一知**十。"唐圆照集《代宗朝赠司空大办正广智三藏和上表制集》严郢文《大唐大广智三藏和上影赞（并序）》："和上童孺出家。聪明卓异。服勤精苦昼夜不息。经耳阅目咸诵无遗。**闻一知**十若有神告。"（三）"闻一知万"。后汉支娄迦谶译《般舟三昧经》卷1《问事品》："悉入诸陀怜尼门，于诸经中，**闻一知**万。诸佛所说经，悉能受持，侍诸佛悉。"（四）"闻一知几"。《后汉书》卷61《左雄传》："昔颜回闻一知十，孝廉**闻一知几**邪？波无以对，乃遣却郡。得诸佛力。"姚秦竺佛念译《出曜经》卷22《亲品》："智人所学，意志捷疾，**闻一知**万，豫达未然，随时之行，亦不错谬，悉能分别，亦无滞碍，犹舌尝味，甜酢咸淡，悉能知之。"

【聞之大悲/ききておほきにかなしぶ】 自创　听说某事后感到十分伤心。《日本灵异记》下卷《将写〈法华经〉建愿人断日暗穴赖愿力得全命缘第13》："国司问云：'汝作何善？'答曰如上。国司**闻之大**悲，引率知识，相助造《法华经》，供养已毕。"（p. 293）（1）西晋竺法护译《佛说琉璃王经》卷1："于是，琉璃太子闻父王薨，即在殿称制为王。异道太史，出带中书，证案本状，记恶之忌。**闻之大**怒，心意愤踊，召四种兵，伐迦维罗卫。"西秦圣坚译《太子须大拏经》卷1："诸臣白王言：'大王两孙，今为婆罗门，之所衒卖。'王**闻之大**惊，即呼婆罗门，使将儿入宫。"宋志盘撰《佛祖统纪》卷47："是夕也，有见鬼神，来会甚众，有梦战死者，咸忻然相庆，以为自此，得生善趣者。上**闻之大**说。"（2）《南史》卷73《孝义上》："绪便闻心中介介然，即利血，明日而死。睿明**闻之**，**大悲**恸，不食积日。"

【聞之歓喜/これをうけたまはりてかんぎす】 四字　听说以后非常高兴。《日本书纪》卷19《钦明纪》十五年正月条："方闻奉可畏天皇之诏，来诣筑紫，看送赐军。**闻之欢喜**，无能比者。"（第二册，p. 428）吴支谦译《龙王兄弟经》卷1："阿难邠坻**闻之欢喜**，即起白佛，明旦请佛，及比丘僧，降德到舍设粗食。佛默然。"西晋竺法护译《普曜经》卷2《欲生时三十二瑞品》："天帝释梵四王，皆共翼从，诸天散华，速行案行，宫殿屋宅，时还反意，眷属闻之，辄即受教，案行扫除，王后当来，国主当至，还报严净，**闻之欢喜**。"晋世法炬、法立合译《法句譬喻经》卷3《忿怒品》："阿阇贳王，**闻之欢喜**，即到佛所，稽首作礼，白佛言：'明日设薄施，愿屈世尊，及诸弟子，于宫内食。'"

【問何謂也/とひたまはく、なにのいひそととひたまふ】 口语　问道："是为什

么呢？”《日本书纪》卷9《神功纪》摄政元年二月条：“适是时也，昼暗如夜，已经多日。时人曰：‘常夜行之也。’皇后问纪直祖丰耳曰：‘是怪何由矣。’时有一老父曰：‘传闻如是怪谓阿豆那比之罪也。’**问何谓也**。对曰：‘二社祝者，共合葬欤。’”（第一册，p. 440）唐湛然述《止观辅行传弘决》卷4：“时佛共还逝多林。时难陀慕天宫修梵行。佛告众僧：‘一切不得与难陀同其法事，一切比丘皆不与同住坐起。’自念：‘阿难是我弟，应不嫌我。’即往共坐。阿难起去。问言：‘弟何弃兄？’阿难言：‘然仁行别故相违耳。’**问何谓也**。答：‘仁乐生天，我乐寂灭。’闻已，倍生忧恼。”唐神清撰、慧宝注《北山录》卷4：“孔子自卫将之晋至河，闻赵简子杀窦鸣犊及舜华。乃临河而叹曰：‘美哉水。洋洋乎。丘之不济此命也夫。’子贡**问何谓也**。窦犊舜华简子未得志须之，晋赵之贤大夫也。简子今杀之。刳胎焚林则麒麟不至，覆巢破卵则凤凰不翔云云。遂回车不渡也。”

【問其来意/そのいでませるみこころをとひたてまつる】 说词 询问对方来的目的。《日本书纪》卷2《神代纪下》：“海神于是铺设八重席荐，以延内之。坐定，因**问其来意**。时彦火火出见尊，对以情之委曲。”（第一册，p. 158）（1）元魏慧觉等译《贤愚经》卷8《大施抒海品》：“大施即前，蹑上而过。城中有龙，坐七宝殿，遥见菩萨，惊起自念：‘今我城外，七重堑中，皆有毒蛇、余龙夜叉，无敢妄越。斯是何人，能来至此？’即前迎问，作礼恭敬，请令就座，坐七宝床，种种美膳，以用供养。食已谈语，**问其来意**。”隋吉藏撰《维摩经义疏》卷3：“遂往佛所，诸释**问其来意**。波离具答所由，诸释大喜。”（2）《太平广记》卷89《释道安》条：“安惊起礼讯，**问其来意**。答云：‘特相为来。’安曰：‘自惟罪深，讵可度脱。’答云：‘甚可以度耳。’”（p. 585）又卷450《唐参军》条：“有赵门福及康三者投刺谒，唐未出见之，**问其来意**，门福曰：‘止求点心饭耳。’唐使门人辞，云不在。”（p. 3677）

【問求/とひもとむ】 说词（3例） 边打听边寻找。募集，招求。《日本灵异记》上卷《殷勤归信观音愿福分以现得大福德缘第31》：“粟田卿遣使八方，令**问求**禅师优婆塞，遇东人而，拜请令咒护。”（p. 128）又中卷《智者诽妒变化圣人而现至阎罗阙受地狱苦缘第7》：“学生**问求**，如遗言答：‘留供养也。’”（p. 167）《续日本纪》卷30《称德纪》神护景云三年九月条：“**问求**〈仁〉、朕所念〈之天〉在〈何〉如〈久〉、大神〈乃〉御命〈尔波〉不在〈止〉闻行定〈都〉。”（第四册，p. 252）唐惠琳撰《一切经音业》卷78：“即募：下摸布反。《苍颉篇》：‘募，**问求**也。’”西秦圣坚译《太子须大拏经》卷1：“于是婆罗门，径诣叶波国，至王宫门外，问守门者：‘太子须大拏，今为所在？’时守门者，即入白王：‘外有婆罗门，来**问求**太子。’”唐实叉难陀译《大方广佛华严经》卷62《入法界品》：“善哉，善哉！善男子，汝已能发，阿耨多罗三藐三菩提心，今复发心，**问求**佛法、一切智法、自然者法。”唐道世撰《法苑珠林》卷15：“木后与同等共礼无量寿佛，因伏地不起，咸谓得眠。蹴而问之，木竟不答，静称复独苦问求。”按：《汉语大词典》失收。

【問：“～”如此白訖～/とひしく～とかくまをしをはりぬ】 自创 （对位尊者）问：“……”说完……《古事记》上卷《忍穗耳命与迩迩艺命》：“故尔，问其大国主神：‘今汝子事代主神。’如此白讫。亦可白子乎。”（p. 108）唐定宾撰《四分比丘戒本疏》卷 1：“故今说戒之时问意云是谁尼寺遣尼来请教诫尼人。其受嘱者闻已，即起僧前，礼佛白大众云：‘大德僧听某寺比丘尼众和合等。’余词同前。白讫，巡行至二十夏以上。”按：“白讫”一词例句甚少，且唯见汉文佛经，《忍穗耳命与迩迩艺命》传说中的一例因而显得弥足珍贵。“V + 讫”是六朝以来的口语性表达形式。《古事记》中还有“平讫”（上卷《忍穗耳命与迩迩艺命》p. 112、中卷《垂仁记》p. 192、下卷《反正记》p. 314）、“崩讫”（同《仲哀记》p. 244）、“曙讫”（下卷《安康记》p. 335）、“舞讫”（同《清宁记》p. 356）等说法，古汉语中均未见对应的例句，是撰录者依据“讫”的语用功能自行创造的。→【白之：“～”如此白之間～】【曰：“～”白訖～】【曰：“～”是事白訖～】

【問言：“～”/とひていはく～】 说词 （9 例） 问道：“……”。《古事记》上卷《忍穗耳命与迩迩艺命》：“于是送猨田毘古神而还到，乃悉追聚鳍广物、鳍狭物以问言：‘汝者，天神御子仕奉耶？’之时，诸鱼皆仕奉。”（p. 118）《元兴寺伽蓝缘起并流记资财账》：“然不久之间，丁未年，百济客来。官问言：‘此三尼等欲度百济国受戒，是事应云何耶？’”《日本灵异记》上卷《得雷之憙令生子强力在缘第 3》：“其人问言：‘汝何报？’雷答之言：‘寄于汝，令胎子而报。故为我作楠船入水，泛竹叶而赐。’”（p. 64）又中卷《依汉神祟杀牛而祭又修放生善以现得善恶报缘第 5》：“王问言：‘斯是杀汝之仇。’答白：‘当是。’”（p. 159）又《常鸟卵煮食以现得恶死报缘第 10》：“山人问言：‘何故然也？’答曰：‘有一兵士，召我将来，押入爓火，烧足如煮。见四方者，皆卫火山。无间所出，故叫走回。’”（p. 176）又下卷《阎罗王使鬼受所召人之飨而报恩缘第 25》：“时王问言：‘有山田郡衣女之体耶？’答言：‘有之。’”（p. 215）又《行基大德携子女人视过去怨令投渊示异表缘第 30》：“大德问言：‘子掷舍耶？’时母答，具陈上事。大德告言：‘汝昔先世，负彼之物，不偿纳故，今成子形，征债而食。是昔物主。’”（p. 227）又《贷用寺息利酒不偿死作牛役之偿债缘第 32》：“于是，犊牛问言：‘汝知我也？’答：‘不觉也。’”（p. 231）又《依妨修行人得猴身缘第 24》：“僧问言：‘汝谁耶？’猴答言：‘我东天竺国大王也。’”（p. 322）（1）后汉竺大力、康孟详合译《修行本起经》卷 1《菩萨降身品》：“太子问言：‘此为何人？’臣言：‘是国教书师也。’”西晋竺法护译《正法华经》卷 1《光瑞品》：“一切众生，所立欢喜，各各问言：‘此何感变？’”唐义净译《金光明最胜王经》卷 6《四天王护国品》：“时有薛室啰末拏王子名禅腻师，现童子形，来至其所。问言：‘何故须唤我父？’”《敦煌变文·舜子变》：“瞽叟问言娘子：‘前后见我不归，得甚能欢能喜！’”（p. 201）（2）《全后汉文》卷15《新论·辨惑》："刘子骏信方士虚言，谓神仙可学。尝**问言**：'人诚能抑嗜欲，阖耳目可不衰竭乎？'"（p. 551）按：汉文佛经例句首见于后汉，与《新论》年代大致相同。与佛典例句不胜枚举相比，中土文献极少，散文仅见上引《新论》。但中唐以后，"问言"一词开始增多，且多半出现在诗歌中。李白《古朗月行》："仙人垂两足，桂树何团团。白兔捣药成，**问言**与谁餐。"（p. 585）韩愈《奉酬卢给事云夫四兄曲江荷花行见寄并呈上钱七兄阁老张十八助教》："我今官闲得婆娑，**问言**何处芙蓉多。"（p. 1806）→【復問言："～"】

【問之言："～"/とひてのたまはく～】 说词 （2例） 问道："……"。《日本灵异记》上卷《非理夺他物为恶行受报示奇事缘第30》："王**问之言**：'汝知是女耶？'广国白言：'实我之妻也。'"（p. 125）又中卷《力女角力试缘第4》："时狐来，彼蛤皆取令卖。然**问之言**：'自何来女？'蛤主不答。"（p. 154）吴支谦译《菩萨本缘经》卷2《善吉王品》："家人见已，即**问之言**：'君患何等乃如是乎？'是人闻已，默然无言。"唐道世撰《法苑珠林》卷22："佛见难陀将还精舍，而**问之言**：'汝念妇耶？'答言：'实尔。'即将难陀，向阿那波山上。"唐道世集《诸经要集》卷11："王见深怪，即便唤彼，依王活者，而**问之言**：'我使汝去，云何不去？'彼即向王，具白情事。"

【蓊鬱/おういくなり】 并列 草木繁盛、葱郁。《唐大和上东征传》："明日度岭，入（始丰）县，日暮至国清寺，松篁**蓊郁**，奇树璀璨；宝塔玉殿，玲珑赫奕，庄严华饰，不可言尽。"（p. 59）唐慧琳撰《一切经音义》卷11："**蓊郁**：上屋孔反。《古今正字》云：**蓊**，大也，英也……《桂苑珠藂》云：草盛貌。从草，翁声也。下威律反，俗用字也。"又卷14："**蓊郁**：上屋孔反，下蕴律反。俗字也。《考声》云：**蓊**，郁草木盛貌也。"又卷25："**蓊郁**：上乌孔反，下蕴律反。《玉篇》等并云：俱盛貌也，谓草木丛生也。"《文选》卷4张衡《京都中》："杳蔼**蓊郁**于谷底，森莱莱而刺天。（皆茂盛貌也。司马相如《吊二世》曰：众树之**蓊郁**兮。）"

【瓮酒/みかのさけ】 偏正 （2例） 装在坛子中的酒。《古事记》中卷《应神记》："其兄曰：'若汝有得此娘子者，避上下衣服，量身高而酿**瓮酒**，亦山河之物悉备设，为宇礼豆玖。'云尔。"（p. 278）《日本书纪》卷1《神代纪上》："素戋呜尊敕蛇曰：'汝是可畏之神，敢不飨乎？'乃以八**瓮酒**，每口沃入。"（第一册，p. 94）失译人名今附后汉录《杂譬喻经》卷2："道人曰：'吾当为汝，出瓮中人，取一大石，打坏**瓮酒**，尽了无所有。'"《敦煌变文·王昭君变文》："且有奔驼勃律，阿宝蕃人，膳主牦牛，兼能煞马。酝五百**瓮酒**，煞十万口羊，退犊㸌驼，饮食盈川，人伦若海。"（p. 159）按：《汉语大词典》失收。

【我不知也/われはしらず】 口语 我不知道呀，我的确不知道。《日本灵异记》中卷《孤娘女凭敬观音铜像示奇表得现报缘第34》："娘往彼富家，而述幸心，以庆贵之。邻家室曰：'痴娘子哉。若托鬼耶？**我不知也**。'彼使犹言：'我亦不知矣。'"

（p. 238）东晋瞿昙僧伽提婆译《中阿含经》卷 57《晡利多品》：“彼若有人，如是问者：‘君知国中，有女最妙。如是姓、如是名、如是生耶？为长短粗细，为白黑，为不白不黑？为刹利女，为梵志、居士、工师女？为东方、南方、西方、北方耶？’彼人答曰：‘**我不知也**。’”失译人名今附秦录《毘尼母经》卷 5：“有一净人守蒜园，沙弥尼问：‘蒜主何处去？’净人答言：‘入城市易。’沙弥尼从彼索蒜，净人答言：‘**我不知也**。但知守蒜。’”

【我都不知/われかつてしらず】 口语　我压根儿不知道。《日本灵异记》中卷《阎罗王使鬼得所召人之赂以免缘第 24》：“鬼言：‘我今汝物多得食。其恩幸故，今免汝者，我入重罪，持铁杖，应所打百段。若有与汝同年之人耶？’盘岛答言：‘**我都不知**。’”（p. 212）刘宋求那跋摩译《菩萨善戒经》卷 2《真实义品》：“咸作是言：‘**我都不知**，汝在何定，修集何定。若有染著，地相地名，当知是人，名不修空。若于色中，不著名相，是名修空。’”梁宝唱等集《经律异相》卷 44：“公闻大惊，乃语男曰：‘卿父在时，与我胎婚，我常相求不相知，处女未敢嫁。’男言：‘**我都不知**女。’”唐若那跋陀罗译《大般涅槃经后分》卷 2《圣躯廓润品》：“王言：‘佛入涅槃，**我都不知**，我于夜梦，见不祥事，以问诸臣，方知如来，入大涅槃。我欲入城，礼拜如来，金刚舍利，汝为通路。’”按：“都不……”，表全盘否定语气的口语句式，相当于现代语的“压根儿也不……”的意思。

【我欲共汝/われ、いましとともに】 口语　我希望与你一起做某事。《日本书纪》卷 30《持统纪》四年十月条：“于是博麻谓土师富杼等曰：‘**我欲共汝**，还向本朝，缘无衣粮，俱不能去。愿卖我身，以充衣食。’”（第三册，p. 508）（1）东晋佛陀跋陀罗、法显合译《摩诃僧祇律》卷 35：“佛住舍卫城。尔时，优波难陀语难陀共行弟子言：‘**我欲共汝**，入聚落乞食。我于彼若作，非威仪者，莫向人说，我是汝叔父。’”梁宝唱等译《经律异相》卷 46：“帝释现身，乃有千眼，执金刚杵，头出烟焰。须轮见之，众乃退败，即擒毘摩质多系缚将还。遥见帝释，便肆恶口，帝释答曰：‘**我欲共汝**，讲说道义耳。’”隋阇那崛多译《佛本行集经》卷 56《难陀出家因缘品》：“作是念已，即便告彼，长老难陀，作如是言：‘难陀汝来。**我欲共汝**入迦毘罗婆苏都城。’难陀白言：‘唯如尊教。’尔时，世尊与彼难陀入迦毘罗婆苏都城，入已渐至一卖鱼店。”（2）《隋书》卷 80《孝女王舜》：“乃密谓其二妹曰：‘我无兄弟，致使父仇不复。吾辈虽是女子，何用生为？**我欲共汝**报复，汝意如何？’”（p. 1805）

【卧病床/やまひのとこにふす】 三字　卧病在床。《日本灵异记》下卷《强非理以征债取多倍而现得恶死报缘第 26》：“广虫女，以宝龟七年六月一日，**卧病床**，而历数日，故至七月二十日，呼集其夫并八男子，语梦见状而言。”（p. 329）宋常谨集《地藏菩萨像灵验记》卷 1：“其妻，是奉佛家，问欢喜天，言可发愿。一日中造地藏菩萨病免，忽遂不可缓漫，安**卧病床**。”

【臥病於～/～にやみふす】于字（12 例） 病倒在某处，在某处患病不起。①《日本书纪》卷 25《孝德纪》白雉四年五月条："或本于五年七月云：僧旻法师卧病于阿昙寺。于是天皇幸而问之，仍执其手曰：'若法师今日亡者，朕从明日亡。'"（第三册，p. 192）②用于正文。《日本书纪》卷 7《景行纪》五十五年二月条："五十五年春二月戊子朔壬辰，以彦狭岛王拜东山道十五国都督，是丰城命之孙也。然到春日穴咋邑，卧病而薨之。"（第一册，p. 390）又卷 22《推古纪》十年六月条："是时，来目皇子卧病以不果征讨。"（第二册，p. 538）又二十二年八月条："秋八月，大臣卧病。为大臣而男女并一千人出家。"（第二册，p. 570）又三十六年二月条："三十六年春二月戊寅朔甲辰，天皇卧病。"（第二册，p. 590）又卷 23《舒明纪》即位前纪条："天皇卧病之日，诏田村皇子曰：'天下大任，本非辄言。尔田村皇子，慎以察之。不可缓。'"（第三册，p. 18）又："天皇卧病之日，诏田村皇子曰：'非轻辄言来之国政。'"（第三册，p. 24）又："吾闻天皇卧病而驰上之侍于门下。"（第三册，p. 26）又卷 24《皇极纪》三年九月条："天皇自皇祖母命卧病，及至发丧，不避床侧，视养无倦。"（第三册，p. 76）又卷 28《天武纪上》即位前纪条："四年冬十月庚辰，天皇卧病以痛之甚矣。"（第三册，p. 300）《日本灵异记》中卷《依汉神崇杀牛而祭又修放生善以现得善恶报缘第 5》："故自卧病年已来，每月不阙，六节受斋戒，修放生业，见他杀含生之类，不论而赎，又遣八方，访买生物而放。"（p. 159）又下卷《杀生物命结怨作狐狗互相怨报缘第 2》："一年之后，其死人卧室，禅师之弟子卧病。"（p. 267）《续日本纪》卷 24《淳仁纪》天平宝字六年十月条："我大使从五位下高丽朝臣大山，去日船上卧病，到佐利翼津卒。"（第三册，p. 414）唐善导集记《转经行道愿往生净土法事赞》卷 2："愿往生愿往生，上方诸佛如恒沙，还舒舌相为娑婆。十恶逆五多疑谤，信邪事鬼馁神魔，妄想求恩谓有福，灾障祸横转弥多，连年卧病于床枕，聋盲脚折手挛㰅。承事神明得此报，如何不舍念弥陀。"明福善、通炯录《憨山老人梦游集》卷 54："公延医力救之，及回郡，乃卧病于旅邸，将期年。"

【臥死於～/～にしぬ】先例（2 例） 死于某处，在某处死去。①《日本书纪》卷 25《孝德纪》大化二年三月条："复有被役边畔之民。事了还乡之日，忽然得疾，卧死路头。于是路头之家乃谓之曰：'何故使人死于余路?'因留死者友伴强使祓除。由是兄虽卧死于路，其弟不收者多。"（第三册，p. 154）②《日本书纪》卷 25《孝德纪》大化二年三月条："复有被役边畔民，事了还乡之日，忽然得疾，卧死路头。"（第三册，p. 154）（1）宋志盘撰《佛祖统纪》卷 46："尝有一虎为侍，师既亡，虎卧死于烬余之地。"《旧唐书》卷 92《魏元忠传》："伏愿降宽大之诏，使各言其志。无令汲黯直气，卧死于淮阳。仲舒大才，位屈于诸侯相。"（2）萧齐求那毗地译《百喻经》卷 4："昔有一人，骑一黑马，入阵击贼。以其怖故，不能战斗，便以血污，涂其面目，诈现死相，卧死人中。其所乘马，为他所夺，军众既去，便欲还家，即截他人，白马尾来。"

唐菩提流志译《不空罥索神变真言经》卷1："世尊复有八法，何名为八？一者临命终时，观世音菩萨自变现身，作沙门相，善权劝导，将诣佛刹；二者临命终时，体不疼痛，去住自在，如入禅定；三者临命终时，眼不谩顾，现恶相死；四者临命终时，手脚安隐，右胁**卧死**。"《隋书》卷64《麦铁杖传》："铁杖自以荷恩深重，每怀竭命之志。及辽东之役，请为前锋，顾谓医者吴景贤曰：大丈夫性命自有所在，岂能艾炷灸頞，瓜蒂喷鼻，治黄不差，而**卧死**儿女手中乎？"乔知之《苦寒行》："朔马饮寒冰，行子履胡霜。路有从役倦，**卧死**黄沙场。"按：《汉语大词典》失收。

【污垢/けがる】 并列 污浊秽恶。《古事记》上卷《伊耶那岐命与伊耶那美命》："此二神者，所到其秽繁国之时，因**污垢**而所成神之者也。"（p. 50）"垢"，"净"的反义词。后汉藏竺大力、康孟详合译《修行本起经》卷2《出家品》："中外俱净，表里无**垢**。"后汉支娄迦谶译《道行般若经》卷4《叹品》："十二无**垢**，波罗蜜用净故。"（1）吴支谦译《太子瑞应本起经》卷1："太子曰：'却汝有**污垢**，必污此氎。'妇不敢近。傍侧侍女，咸有疑意，谓不能男。"刘宋求那跋陀罗译《杂阿含经》卷44："下贱田舍儿，身体多**污垢**，以水洗尘秽，不能净其内。"（2）《吴志》卷2《孙权传》："且布衣韦带，相与交结，分成好合，尚**污垢**不异。"（p. 1142）按：《汉语大词典》失收。

【汙血/ちにけがる】 偏正 污血。"汙"，"污"的本字。《日本书纪》卷19《钦明纪》即位前纪条："但臣向伊势商价来还，山逢二狼相斗**污血**。"（第二册，p. 356）西晋竺法护译《佛说鸯掘摩经》卷1："时诸比丘，入城分卫，见诸告者，恐怖如是。分卫还出，饭食毕讫，往诣佛所，稽首足下，白世尊曰：'见国人众，诣王宫门，告大逆贼，名曰指鬘，手执利剑，多所危害。体掌**污血**，路无行人。'"唐道宣撰《释迦方志》卷2："龙文**污血**之骥，虽绝域而可追。明珠翠羽之珍，乃天涯而必举。"按：《汉语大词典》失收。

【屋裏/やのうち】 后缀（3例） 室内。《日本灵异记》上卷《人畜所履髑髅救收示灵表而现报缘第12》："辄将万侣，至于其家，从闭屋而入于**屋里**。"（p. 91）又《凶人不敬养奶房母以现得恶死报缘第23》："瞻保于是不言，而起入于**屋里**，拾出举，炎于其庭中，皆已烧灭。"（p. 110）又下卷《髑髅目穴笋揭脱以祈之示灵表缘第27》："父母为拜诸灵，入其**屋里**，见牧人而惊，问于入来之缘。"（p. 333）（1）西晋竺法护译《正法华经》卷3《药草品》："时有五通闲居仙人，洞视彻听身能飞行，心能知人所念，自知所从来生死本末，而具语曰：'卿莫矜高，自以为达，仁在**屋里**，自闭不出，不知外事。'"西晋安法钦译《阿育王传》卷5："时彼淫女，贪此贾客，五百金钱故，杀大长者子，埋著**屋里**。"元魏吉迦夜、昙曜合译《杂宝藏经》卷4："时卖薪人，即便截却，金人之头，头寻还生，却其手脚，手脚还生。须臾之间，金头金手，满其**屋里**，积为大积。邻比告官：'此贫穷人，**屋里**自然，有此金積。'王闻遣使，往覆捡之。即到**屋里**，纯见烂臭，死人手头。"（2）《搜神记》卷19："陈仲举微时，常宿黄申家。申妇方产，有扣申门者，家人咸不知。久久，方闻屋里有人言：‘宾堂下有人，不可进。’”《齐民要术》卷4《种栗》：“栗初熟出壳，即于屋里埋著湿土中。埋必须深，勿令冻彻。”按：《汉语大词典》例引北周庾信《春赋》，偏晚。

【無飽厭期/あくときなし】自创　贪得无厌，欲壑难填。《日本灵异记》下卷《奉写〈法华经〉经师为邪淫以现得恶死报缘第18》：“复《涅槃经》云：‘知五欲法，无有欢乐，不得暂停，如犬啮枯骨，无饱厌期。’者，其斯谓也矣。”（p. 306）隋吉藏撰《法华义疏》卷6《譬喻品》：“竞来搏撮者，悭心保悋，义同搏撮。又多得名利处，如骨肉狼籍，竞于名利，义同搏撮也。贪无饱厌如饥羸，惧不称意如慞惶。触境皆贪，四方引取，如处处求食也。”→【五欲法】

【無比無等/ならびなくたぐひなし】比较　无与伦比，没有同一等级。《日本灵异记》中卷《穷女王归敬吉祥天女像得现报缘第14》：“其饮食阑，美味氛馥，无比无等。无不具足物。设器皆碗，使荷之人三十人也。”（p. 184）姚秦鸠摩罗什译《十住毘婆沙论》卷6《分别功德品》：“是人得福多，譬如恒河沙等，三千大千世界中，众生皆成就十善道，菩萨回向，福德最上、最妙、最胜、无比无等、无等等。”梁曼陀罗仙、僧伽婆罗等译《大乘宝云经》卷3《平等品》：“……九者我当不共，一切世间，若天若人，无比无等等故，发增广心；十者以佛正法，我当教化，一切众生，非陋行故，非苦行故，非下劣行故，发增广心。”唐玄奘译《大般若波罗蜜多经》卷425《帝释品》：“何以故？以如来身，所现常光，炽燃赫奕。于诸光中，最尊最胜、最上最妙、无比无等、无上第一，蔽诸天光，皆令不现，犹如燋炷，对赡部金。”

【無辺無境/むへんむきょう】自创　无边无际，此处用作无法计数的意思。《奈良朝写经20·大般若经卷第232》：“又愿内外眷属、七代父母，无边无境，有形含识，并乘般若之舟，咸登正觉之路。”（p. 148）（1）吴支谦译《佛说阿弥陀三耶三佛萨楼佛檀过度人道经》卷1：“八方上下，无穷无极，无边无量，诸天下大海水，一人斗量之，尚可枯尽，得其底泥；佛智不如是。”（2）西晋竺法护译《佛说普门品经》卷1：“何谓菩萨，等游有为也？所有无有，一切从念。念者空念，计不可量，无量难计，无边无际，所起为想。”（3）东晋佛驮跋陀罗译《大方广佛华严经》卷11《功德华聚菩萨十行品》：“于念念中，有无量无边、无数众生，诣菩萨所。”（4）唐玄奘译《大般若波罗蜜多经》卷171《随喜回向品》：“如是福聚，无数无量，无边无限，算数譬喻，难可测量。”→【傍及無辺】【福利無辺】【広無辺無際之】【普被無辺】【無量無辺】

【無便/たよりなし】否定（12例）①因贫困养活不了儿女。《日本灵异记》上卷《女人好风声之行食仙草以现身飞天缘第13》：“七子产生。极穷无食，养子无便。无衣缀藤。日日沐浴洁身，著缀。”（p. 93）②因贫困无法生存下去。《日本灵异记》中卷《赎蟹虾命放生得现报缘第8》：“然还来道，不知老人，以大蟹而逢。问之：‘谁老？乞蟹免吾。’老答：‘我摄津国兔原郡人，画问迩麻吕。年七十八，而无子息，活命无便。往于难波，偶得此蟹。但有期人，故汝不免。'"（p. 171）又《极穷女于尺迦丈六佛愿福分示奇表以现得大福缘第 28》："爰六宗之学头僧等，集会怪之，问女人曰：'汝为何行?'答曰：'无所为。唯依贫穷，存命无便，无归无怙。故我是寺尺迦丈六佛，献花香灯，愿福分耳。'"（p. 223）又《孤娘女凭敬观音铜像示奇表得现报缘第 34》："我乃一子而无父母。孤唯独居。亡财贫家，存身无便。愿我施福。早贶，急施。"（p. 238）又下卷《弥勒菩萨应于所愿示奇形缘第 8》："家财渐衰，生活无便。离家舍妻子，修道求佑。"（p. 280）又《灾与善表相先现而后其灾善答被缘第 38》："同天皇御世延历六年丁卯秋九月朔四日甲寅酉时，僧景戒，发惭愧心，忧愁嗟言：'呜呼，耻哉愧哉！生世命活，存身无便。'"（p. 371）③因贫困不能备办丰盛的食物。《日本灵异记》中卷《穷女王归敬吉祥天女像得现报缘第 14》："备食无便，大耻贫报，至于诸乐左京服部堂，对面吉祥天女像而哭之曰：'我先世殖贫穷之因，今受穷报。我身为食人于宴会，徒噉人物，设食无便。愿我赐财。'"（p. 184）④做某事举手无措。《日本灵异记》中卷《观音铜像及鹭形示奇表缘第 17》："道俗集言：'铸钱盗人，取用无便，思烦而弃。'"（p. 195）《续日本纪》卷 36《高绍纪》宝龟十一年二月条："于是下敕曰：'海道渐远，来犯无便。山贼居近。伺隙来犯。遂不伐拔。'"⑤无法偿还债务。《日本灵异记》下卷《沙门凭愿十一面观世音像得现报缘第 3》："维那僧等征钱而逼。偿债无便，故登于泊濑上山寺，参向十一面观音菩萨。"（p. 268）又："观音菩萨之手绳系，引之而白言：'我用大安寺修多罗宗分钱，而偿无便。愿我施钱。'称名以愿求。"（p. 268）⑥无法救援。《日本灵异记》下卷《沙门诵持方广大乘沉海不溺缘第 4》："忽值荒浪，驿船沉海，大德溺流，救取无便。终漂沉亡。"（p. 272）⑦没有便利的条件。《续日本纪》卷 24《淳仁纪》天平宝字六年七月条："是月，送唐人使从五位下中臣朝臣鹰主等，风波无便，不得渡海。"（第三册，p. 410）吴维祇难等译《法句经》卷 2《38 道利品》："无便获利刃，自以克其身，愚学好妄说，行牵受幸戾。"西晋无罗叉译《放光般若经》卷 10《真知识品》："世尊，譬如母人怀妊，稍稍长大，坐起不安，行步无便，气力转微，食饮损少，卧起不宁，稍稍觉痛，厌本所习，皆受诸恼。"按：例中各义项中的搭配关系，均未见于传世文献和汉译佛经中，疑似《日本灵异记》特有的表达形式。

【無不除愈/のぞきいえずといふことなし】 否定 没有不痊愈的。《续日本纪》卷 7《元正纪》养老元年十一月条："亦洗痛处，无不除愈。在朕之躬，甚有其验。"（第二册，p. 34）西晋竺法护译《渐备一切智德经》卷 5《金刚藏问菩萨住品》："此经如是，成就菩萨，十住地道，乃使得佛。德过虚空，犹如日月，忽照四域，天下戴仰，菩萨行此，自致佛道，众生蒙恩，除生老病死，无量之难，悉升道堂。犹如医王，疗众人病，无不除愈。"唐玄奘译《大般若波罗蜜多经》卷 128《校量功德品》："诸有热病，或风或痰，或热风痰，合集为病，若有系此，神珠著身，如是诸病，无不除愈。"

唐道宣撰《续高僧传》卷4："城北渡河，即焚身地。方二里余，深三丈许，土尚黄黑，状同焦炭。诸国有病服其土者，**无不除愈**。"

【無不具物/そなはらぬものなくして】 自创 无所不包，统统都有。《日本灵异记》中卷《孤娘女凭敬观音铜像示奇表得现报缘第34》："出见有邻富家乳母，大柜具纳百味饮食，美味芬馥，**无不具物**。"（p. 238）（1）后汉支曜译《佛说成具光明定意经》卷1："此中有教诫，有谦诫，有忍诫，有礼节诫，有众善法诫，有空法诫，乃至灭度处，**无不具**有也。"刘宋佛陀什、竺道生等合译《弥沙塞部和醯五分律》卷24："长者还归，竟夜办种种美食，世间珍味，**无不具**有。"（2）西晋无罗叉译《放光般若经》卷16《当得真知识品》："菩萨摩诃萨，无不供养，诸如来者，**无不具**足，诸功德者，无不得真知识者。"（3）后秦佛陀耶舍、竺佛念等合译《长阿含经》卷15："彼王习种种技术，乘象、马车、刀牟、弓矢，战斗之法，**无不具**知。是为四法。"

【無不具足物/そなはらぬものなし】 自创 没有不具备的。《日本灵异记》中卷《穷女王归敬吉祥天女像得现报缘第14》："其饮食阑，美味氛馥，无比无等。**无不具足**物。设器皆碗，使荷之人三十人也。"（p. 184）西晋无罗叉译《放光般若经》卷16《当得真知识品》："佛告须菩提：'菩萨摩诃萨，无不供养，诸如来者，**无不具足**，诸功德者，无不得真知识者。'"唐义净译《金光明最胜王经》卷6《四天王护国品》："世尊，我等四王，无量天神，药叉之众，赡部洲内，所有天神，以是因缘，得服无上，甘露法味，获大威德，势力光明，**无不具足**，一切众生，皆得安隐。"唐般若译《大方广佛华严经》卷24《入不思议解脱境界普贤行愿品》："如汝所愿，悉当成就，如是功德，如是福力，如是饶益，**无不具足**。"

【無不尊敬/たふとびうやまはずといふことなし】 否定 无不受到尊崇敬重。《日本书纪》卷19《钦明纪》十三年十月条："此法能生无量无边福德果报，乃至成辩无上菩提。譬如人怀随意宝，逐所须用，尽依情，此妙法宝亦复然。祈愿依情，无所乏。且夫远自天竺，爰洎三韩，依教奉持，**无不尊敬**。"（第二册，p. 416）西晋竺法护译《生经》卷3："时阿脂王，有尊太后，端正殊好，**无不尊敬**，威神巍巍，殊德无量。"唐义净译《金光明最胜王经》卷6《四天王护国品》："世尊，若彼国王，见于四众，受持经者，恭敬守护，犹如父母，一切所须，悉皆供给，我等四王，常为守护，令诸有情，**无不尊敬**。"

【無慙愧者/ざんぎなきひと】 否定 不反省罪过并为此感到羞耻的人。《日本灵异记》中卷《己作寺用其寺物作牛役缘第9》："冀**无惭愧者**，览乎斯录，改心行善。宁饥苦所迫，虽饮铜汤，而不食寺物。"（p. 173）姚秦鸠摩罗什译《佛说华手经》卷8《逆顺品》："舍利弗，如来为惭愧者，师非**无惭愧者**，信受者师非无信者，顺法者师非坏法者，行进者师非懈怠者，摄念者师非乱念者，有智者师非愚痴者。"北凉昙无谶译《大般涅槃经》卷19《梵行品》："**无惭愧者**，不名为人，名为畜生。有惭愧故，则能恭敬，父母师长，有惭愧故，说有父母，兄弟姊妹。”唐玄奘译《大般若波罗蜜多经》卷566《通达品》：“**无惭愧者**，谓若独行，诸所经游，恒思欲境，心心相续，曾无暂舍，唯见妙好，不知过患，父母师尊，诃彼所欲，都无愧耻，不觉起争，如是名为，**无惭愧者**。此类命终，当堕恶趣。”

【無常/むじょう】 述宾 （3例） ①谓世间一切事物不能久住，都处于生灭变异之中。《万叶集》卷20第4468～4469首歌题《卧病悲**无常**，欲修道作歌二首》（第四册，p.441）《续日本纪》卷34《高绍纪》宝龟八年五月条：“又吊彼国王后丧曰：‘祸故**无常**，贤室殒逝，闻以恻怛。’”②人死的婉辞。《唐大和上东征传》：“岸律师迁化之后，其弟子［杭州］义威律师响振四远，德流八纮，诸州亦以为受戒师。义威律师**无常**之后，开元二十一年，时大和上年满四十六。”（p.80）（1）萧齐求那毘地译《百喻经》卷3：“世间果报，亦复如是，人中天上，虽受少乐，亦无有实，**无常**败灭，不得久住，如彼空乐。”梁僧佑撰《弘明集》卷1《牟子理惑》：“万物**无常**，有存当亡。今欲学道，度脱十方。”（2）东晋法显《高僧法显传》卷1：“共诸同志，游历诸国，而或有还者，或有**无常**者。”姚秦竺佛念译《出曜经》卷4《欲品》：“吾今患苦，必不济度，设我**无常**后，所有财宝，七珍之具，勿妄费耗，亦莫施与，沙门婆罗门，有乞匃者，莫持一钱施与。此诸财宝足，七世父母食噉。”→【世間無常】【心性無常】

【無処不～/ところとして～ざるはなし】 否定 没有地方不……到处都……《唐大和上东征传》石上宅嗣《五言伤大和上》：“生死悲含恨，真如欢岂穷。惟视常修者，**无处不**遗踪。”（p.100）（1）失译人名今附后汉录《分别功德论》卷2：“法虽微妙，无能知者，犹若地中，伏藏珍宝，**无处不**有。而人贫困，乏于资用，有神通人，指示处所，得以自供，济于穷乏。”姚秦鸠摩罗什译《妙法莲华经》卷2《信解品》：“出入息利，乃遍他国，商估贾人，**无处不**有。”唐实叉难陀译《大方广佛华严经》卷24《十回向品》：“愿此善根，功德之力，至一切处。譬如实际，**无处不**至，至一切物，至一切世间，至一切众生，至一切国土，至一切法，至一切虚空，至一切三世，至一切有为、无为，至一切语言、音声。”《敦煌变文·维摩诘经讲经文（三）》：“有情皆得果，**无处不**消灾。”（2）《全晋文》卷97陆机《与弟云书》：“天渊池南角有果，各作一株，**无处不**有；纵横成行，一果之间，辄作一堂。”《南史》卷62《鲍泉传》：“弟客卿，位南康太守。客卿三子——检、正、至，并才艺知名，俱为湘东王五佐。正好交游，无日不适人，人为之语曰：‘**无处不**逢乌噪，**无处不**逢鲍佐。’”（2）《艺文类聚》卷33陈阴铿《西游咸阳中诗》曰：“影里看飞毂，尘前听远珂，还家何意晚，**无处不**经过。”卷42：“陈刘删侯司空第山园咏妓诗曰：‘石家金谷妓，妆罢出兰闺，看花争欲笑，闻瑟似能啼，山边歌落日，池上舞前溪，持人当桃李，**无处不**成蹊。’”又卷81引梁刘缓《看美人摘蔷薇花诗》曰：“今新犹恨少，将故复嫌萎，钗边烂熳插，**无处不**相宜。”按：“佛教的思维方式跟我们一般的思维方式不同，是通过排斥而肯定，通过否定来呈现事物的

真相，通过不是这个，不是那个，然后就是那样来认识事物，与儒家注重现实的思维很不一样。”（方立天《佛学研究的人生体悟》）

【無慈悲/うつくしびなし】 否定 缺乏慈悲心。‘慈悲’，给予众生快乐称为慈；拔除众生苦恼称为悲。慈、悲与喜、舍，合称“四无量心”。《日本灵异记》上卷《无慈心而马负重驮以现得恶报缘第21》：“随见畜生，而我过去父母，六道四生我所生家，故不可**无慈悲**也。”（p. 106）东晋瞿昙僧伽提婆译《增壹阿含经》卷31《力品》：“国界有贼，名鸯掘魔，极为凶暴，杀害生类，不可称计，**无慈悲**于，一切众生，国界人民，无不厌患，日取人杀，以指为鬘，故名为指鬘。”北凉昙无谶译《大方等大集经》卷49《令魔得信乐品》：“尔时一切，诸来大众，于中所有，恶行恶心，于诸众生，**无慈悲**者，皆悉惊怖。”

【無慈悲者/うつくしびなきひと】 否定 没有慈爱和悲悯的人。《日本灵异记》中卷《常鸟卵煮食以现得恶死报缘第10》：“诚知地狱现在，应信因果。不可如乌之慈己儿而食他儿。**无慈悲者**，虽人如乌矣。”（p. 176）北凉昙无谶译《大方等大集经》卷49《令魔得信乐品》：“尔时一切，诸来大众，于中所有，恶行恶心，于诸众生，**无慈悲者**，皆悉惊怖。”唐义净译《金光明最胜王经》卷5《四天王观察人天品》：“世尊，我等四王，修行正法，常说正法，以法化世，我等令彼天、龙、药叉、健闼婆、阿苏罗、揭路荼、俱盘荼、紧那罗、莫呼罗伽，及诸人王，常以正法，而化于世，遮去诸恶，所有鬼神，吸人精气，**无慈悲者**，悉令远去。”

【無慈心/うつくしぶるこころなし】 否定 （3例） 没有给予众生快乐的心。“慈心”，四无量心之一。《日本灵异记》上卷《**无慈心**剥生兔皮而得现恶报缘第16》（p. 97）又《**无慈心**而马负重驮以现得恶报缘第21》（p. 106）又中卷《好于恶事者以现所诛利锐得恶死报缘第40》：“现报甚近。不**无慈心**。为无慈行，致无慈怨。”（p. 247）

【無慈行/うつくしびなきおこなひ】 否定 没有慈悲的行为。《日本灵异记》中卷《好于恶事者以现所诛利锐得恶死报缘第40》：“虽贱畜生，报怨有术。现报甚近。不无慈心。为**无慈行**，致无慈怨。”（p. 247）宋日称等译《福盖正行所集经》卷10：“时诸狱卒，咸共呵责：‘汝于昔时，多造诸恶，心**无慈行**，破犯禁戒。今受其报，自当知之。’”唐法藏撰《梵网经菩萨戒本疏》卷5：“内**无慈行**，外起酬怨，戒防此失，故以为名。”

【無慈之甚/うつくしびがはなはだしきこと】 否定 （2例） 过于缺乏慈悲心。《日本书纪》卷12《履中纪》即位前纪条：“于是木菟宿祢启于瑞齿别皇子曰：‘领巾为人杀己君。其为我虽有大功，于己君**无慈之甚**矣。岂得生乎。’乃杀刺领巾。”（第二册，p. 86）又卷24《皇极纪》元年五月条：“凡百济、新罗风俗，有死亡者，虽父母兄弟夫

妇姊妹，永不自看。以此而观，**无慈之甚**，岂别禽兽。”（第三册，p. 60）唐法砺撰述《四分律疏》卷5：“佛既不听，与未具人宿，驱出罗云，应是顺教。何以呵言，痴人无慈，不护我意？答：‘夫为弟子，有事之时，理须咨启。佛因事开，辄尔驱出。乖弟子之仪，**无慈之甚**。以佛呵痴人无慈亲，是佛子尚不慈念，岂况余人，宁有存愍?’”该例在唐智者撰《四分律疏》卷9中亦有辑录。

【無等心/ひとしきこころなし】 否定 没有视一切众生怨亲平等之心。“等心”，亦指对诸法平等修行的心。《元兴寺伽蓝缘起并流记资财账》：“时他田天皇告宣：‘犹今时臣，**无等心**故，若欲为，为事窃窃可行。’告。”东晋佛驮跋陀罗译《大方广佛华严经》卷15《金刚幢菩萨十回向品》：“观察境界心平等，安住一切三昧门，成就清净**无等心**，光明普照十方界。”唐菩提流志译《大宝积经》卷36《金毘罗天受记品》：“作如是等，大庄严已，自化其身，极令姝大，与诸官属，欢喜踊悦，倍生欣庆，发诸胜心。所谓畅适，心调善心，柔软心、清净心，离盖心、充美心，归依佛心、归依法心、归依众心，不动菩提心，不退转心，**无等心**，无等等心。”

【無二法門/むにのほうもん】 否定 犹言“不二法门”，指显示超越相对、差别之一切绝对、平等真理之教法。即在佛教八万四千法门之上，能直见圣道者。《维摩经·入不二法门品》载有三十三种之不二法门。《奈良朝写经38·大般若经卷第591》：“盖闻：**无二法门**，悬智镜而圆满；非一戒筏，扬慧炬以均照。权实神机，邈绝名言之域，方便秀术，颐翳有无之间。感而遂通，枳无不应。”（p. 253）姚秦鸠摩罗什译《大树紧那罗王所问经》卷2：“离于二故，入**无二法门**宝心。觉一道故，离一切行宝心。”后秦僧肇撰《注维摩诘经》卷8《入不二法门品》：“肇曰：‘自经始已来所明虽殊，然皆大乘无相之道。无相之道，即不可思议，解脱法门，即第一义，**无二法门**，此净名现，疾之所建。’”隋阇那崛多译《金刚场陀罗尼经》卷1：“时文殊师利白佛言：‘世尊，愿为我说，入**无二法门**。得入**无二法门**已，令诸菩萨摩诃萨于一切烦恼中，说一切诸佛法，亦不作二相念。’”

【無復風塵/またふうじんなし】 否定 再也没有战乱戎事，再也不用打仗了。《日本书纪》卷3《神武纪》即位前纪己未年三月条：“自我东征，于兹六年矣。赖以皇天之威，凶徒就戮。虽边土未清，余妖尚梗，而中洲之地，**无复风尘**。”（第一册，p. 230）唐道宣撰《广弘明集》卷28：“于是氛祲开荡，若和气之泮春冰。丑秽歼夷，似凉风之卷秋箨。六根超绝，不开亭障之虞三界寂寥。**无复风尘**之警，斯乃威光远被士众齐心，岂臣微劣所能致此。不胜庆快之至，谨遣厚德府别将臣隰重知奉露布，驰驿以闻。”

【無感不応/こたへずといふことなし】 否定 无论任何事，众生能感佛的应现，佛能应众生的机感。《日本灵异记》中卷《生爱欲恋吉祥天女像感应示奇表缘第13》：“谅委深信之者，**无感不应**也。是奇异事矣。”（p. 182）（1）梁宝亮等集《大般涅槃经

集解》卷1："然此三乃化道边要，复贯通于诸德，亦表异因中之色心，显佛果之胜用，**无感不应**。"隋吉藏撰《法华义疏》卷12《普贤菩萨劝发品》："不在方不离方，以离三界故不在方，**无感不应**故不离方。"新罗璟兴撰《无量寿经连义述文赞》卷1："经曰：'游步十方，行权方便者，述云此后，叹权德也。步者行也，身化无碍、**无感不应**，故云游步十方。化行善巧、无形不现，故云行权方便。'"（2）《全唐文》卷520梁肃《心印铭》："统万有于纤芥，视亿载于屈指。外而不入，内而不出。不阖不辟，不虚不实。**无感不应**。无应不神。"

【無更有～/また～あることなし】 否定　再也没有……《肥前国风土记・神埼郡》条："昔者，此郡有荒神，往来之人，多被杀害。缠向日代宫御宇天皇，巡狩之时，此神和平，自尔以来，**无更有**殃。因曰神埼郡。"（p. 322）姚秦鸠摩罗什译《大智度论》卷6《习相应品》："影色。像色，不应别说。何以故？眼光明，对清净镜故，反自照见。影亦如是，遮光故影现。**无更有**法。"陈真谛译《佛性论》卷1《破外道品》："初刹那声，但与第二刹那声相违。最后刹那声，但与因相违。**无更有**别果。"隋吉藏撰《净名玄论》卷1："故自二之外，**无更有**法。但唱不二，则教无不周。理无不足，缘无不尽，观无不净。"

【無帰無怙/よるところなく、たのむところなし】 否定　既无归属之地，又无依靠之人。《日本灵异记》中卷《极穷女于尺迦丈六佛愿福分示奇表以现得大福缘第28》："爰六宗之学头僧等，集会怪之，问女人曰：'汝为何行？'答曰：'无所为。唯依贫穷，存命无便，**无归无怙**。故我是寺尺迦丈六佛，献花香灯，愿福分耳。'"（p. 223）元魏瞿昙般若流支译《正法念处经》卷16《饿鬼品》："云何观于迦婆离镬身饿鬼，其身长大，过人两倍，无有面目，手足穿穴，犹如镬脚，热火满中，焚烧其身，如火烧林，饥渴恼热，时报所缚，无人能救，**无归无怙**，愁忧苦恼，无人救护。"唐达摩流支译《佛说宝雨经》卷1："善男子，云何菩萨成就慈愍施？所谓菩萨，见诸有情，受于苦恼、饥渴贫露，衣服垢弊，孤独无怙，无所依止，远离福业，无所趣向。由此菩萨作是思惟，起慈愍心：'我为利益，彼有情故，发阿耨多罗，三藐三菩提心，此诸有情，受于苦恼，**无归无怙**、无所依处，流转生死。我当何时，为诸有情，**为归为怙**、为所依处？'由是菩萨慈愍缠心，于常常时，于恒恒时，随所有物，施彼有情。"

【無過斯甚/このはなはだしきにすぎたるはなからむ】 比较　没有比这个再过分的了。《日本灵异记》中卷《好于恶事者以现所诛利锐得恶死报缘第40》："橘朝臣诸乐麻吕者，葛木王之子也。强窥非望，心系倾国。招集逆党，当头其便。画作僧形，以之立的，效射僧黑眼之术。好诸恶事，**无过斯甚**。"（p. 247）宋道亭述《华严一乘教义分齐章义苑疏》卷8："又无所依至无，亦即断也。释曰：断，过也。无依下约，无真俗断。又执下明，无真真断，亦一计而二谛双断。**无过斯甚**矣。"按：《日本灵异记》下卷《强非理以征债取多倍而现得恶死报缘第26》："多人方愁，弃家逃亡，跉跰他国，无逾此甚。"（p. 329）"无逾此甚"的说法，在中国文献中未见，疑似自创搭配。

【無計可～/～べきすべなし】 否定　没有办法做某事。《唐大和上东征传》："住一月，待好风发，欲到桑石山。风急浪高，舟（垂著石），无计可量；才离险岸。还落石上。"（p. 52）唐义净译《根本说一切有部毘奈耶药事》卷15："时拔陀母象，便生嫉妒，即自思念：'作何方计，便我当得，杀六牙象，王并彼母象。'正住思惟，心大嫉妒，无计可得。遂便发愿：'愿我生生之处，能害二人。'作是愿已，于山顶上，投身而下，便即命终。"又《根本说一切有部毘奈耶破僧事》卷16："众人重言：'长者是大富贵，亦知以金，拥塞弶伽。我等贫人，无计可得，要须慈愍我等。'"唐道宣撰《集古今佛道论衡》卷3："余曾问其疾苦，答云：'净尝疾甚，无计可投。承闻病是著因，固当舍著。'遂召五众一切都舍，夜觉有间，晚又重发。依前都舍，疾间亦然。今则七十有余，生事极矣。"唐栖复集《法华经玄赞要集》卷1："导师者，佛也。多诸方便者，身语意方便也。见他不肯修行，无计可为，不免别呈方便。"

【無間/まなし（の）】 偏正　梵语 niśchidra，没有间隙，毫无空隙。《古事记》上卷《日子穗穗手见命与鹈茸草茸不合命》："尔，盐椎神云：'我为汝命作善议。'即造无间胜见之小船，载其船以，教曰：'我押流其船者，差暂往。'"所谓"无间"小船，指的是密封严实不漏水的小船。东晋佛驮跋陀罗译《大方广佛华严经》卷17："安住此法，舍牙齿时，如是回向：以此善根，令一切众生，得白净利牙，成最胜塔，受天人供；令一切众生，得佛齐密，无间齿相。""无间齿"，指牙齿排列整齐均匀，没有缝隙。

【無間誦/まなくよむ】 三字　不停歇地读诵经文。《日本灵异记》下卷《怨病忽婴身因之受戒行善以现得愈病缘第34》："历十四年，奉读《药师经》二千五百卷，《金刚般若经》千卷，《观世音经》二百卷。唯《千手陀罗尼》，无间诵之也。"（p. 350）唐菩提流志译《不空罥索神变真言经》卷5《罥索成就品》："每日面东，烧焯香王，供养一切，衣法趺坐。时常无间，诵母陀罗尼真言、秘密心真言。"唐不空译《阿唎多罗陀罗尼阿噜力经》卷1："又先像前诵十六洛叉，即安像舍利塔中，以白氎覆，作无间诵。比像火然，得将千余人乘空。"宋法护译《佛说大悲空智金刚大教王仪轨经》卷1《拏吉尼炽盛威仪真言品》："于坛西北隅，开一小池，以阿难陀龙王，安彼池中，然后阿阇梨依法厉声，无间诵此，请雨真言曰。"

【無間所出/いづるところのまなし】 自创　（在地狱遭受报应）无处可逃。《日本灵异记》中卷《常鸟卵煮食以现得恶死报缘第10》："山人问言：'何故然也？'答曰：'有一兵士，召我将来，押入爓火，烧足如煮。见四方者，皆卫火山。无间所出，故叫走回。'"（p. 176）

【無量劫/むりょうこう】 三字　不可计量的劫。无从估计的长远时间。"劫"，梵

语 kalpa，音译词“劫波”的略称，谓极为久远的时节。《奈良朝写经 14·七知经》：“闻之者，**无量劫**间，不堕恶趣，远离此网，俱登彼岸。”（p. 106）西晋无罗叉译《放光般若经》卷 13《深品》：“持是具足之念，受无央数，善本功德，舍**无量劫**，生死之难，何况至意守行，与般若波罗蜜、与道相应者。”姚秦鸠摩罗什译《大庄严论经》卷 2：“塔为人中宝，愚痴輙盗窃，斯人**无量劫**，不得值三宝。”隋阇那崛多译《佛本行集经》卷 33《梵天劝请品》：“不闻正义**无量劫**，如羸瘦人得脂腴，如干土地得水浇，唯愿世尊降法雨。”→【過去無量劫】

【無量浄土/むりょうじょうど】 四字　多得不可计量的清净佛刹。《日本灵异记》上卷《非理夺他物为恶行受恶报示奇事缘第 30》：“造佛菩萨者，生西方无量寿净土。放生之者，生北方**无量净土**。一日斋食者，得十年之粮。”（p. 126）后秦僧肇撰《注维摩诘经》卷 1《佛国品水》：“‘无量佛土皆严净’：肇曰：‘群生无量所好不同，故修**无量净土**，以应彼殊好也。’”北凉昙无谶译《大方等大集经》卷 12：“善男子，十方世界，**无量净土**，无量菩萨，来诣如来，听大集经，成就妙色，具二十八，大人之相。”唐不空译《大乘瑜伽金刚性海曼殊室利千臂千钵大教王经》卷 4《诸佛出现证修金刚菩提殊胜品》：“五者若受得法，观自心地，照见心性，现佛世界，**无量净土**，诸佛如来，一切菩萨，及见自身，亦在其中，觉了分明，得入净土。”

【無量寿経/むりょうじゅきょう】 内典　（2 例）　2 卷。亦称《双观（卷）经》《大无量寿经》《两卷无量寿经》，内典或略称《大经》。北魏嘉平四年（252），即中国三国时代的康僧铠译。属于方等部的净土三部经之一。上卷开说阿弥陀立四十八愿，因行满足结果，在西方过十万亿土处，构安乐净土而住，并叙述其庄严相。下卷开说众生往生安乐净土的因果及其景象。《日本书纪》卷 23《舒明纪》十二年五月条：“五月丁酉朔辛丑，大设斋，因以请惠隐僧令说《**无量寿经**》。”（第三册，p. 50）又卷 25《孝德纪》白雉三年四月条：“夏四月戊子朔壬寅，请沙门惠隐于内里，使讲《**无量寿经**》，以沙门惠资为论议者，以沙门一千为作听众。”（第三册，p. 190）唐杜升撰《开元释教录》卷 2：“《**无量寿经**》二卷：一名《无量清净平等觉经》，永嘉二年正月二十一日出。第六译与汉世高支谶等所出本同文异见。竺道祖录及僧佑录。”《梁书》卷 47《江紑传》：“紑第三叔禄与草堂寺智者法师善，往访之。智者曰：‘《**无量寿经**》云：慧眼见真，能渡彼岸。’蒨乃因智者启舍同夏县界牛屯里舍为寺，乞赐嘉名。’”（p. 656）

【無量寿浄土/むりょうじゅじょうど】 地名　无量寿佛为阿弥陀佛的意译。无量寿净土，亦即阿弥陀佛西方净土。《日本灵异记》上卷《非理夺他物为恶行受恶报示奇事缘第 30》：“造佛菩萨者，生西方**无量寿净土**。放生之者，生北方无量净土。一日斋食者，得十年之粮。”（p. 126）隋吉藏撰《弥勒经游意》卷 1：“问：‘此经宗，净土因果为宗，是名物净土？’答：‘此国土秽土中净秽土，非是如**无量寿净土**等。’”唐法成译《大乘无量寿经》卷 1：“世尊复告曼殊室利：‘如是如来，一百八名，号有自昼，或使人书为经卷，受持读诵，如寿命尽，复满百年寿，终此身后，得往生无量福智世界、**无量寿净土**。'"

【**無量無辺/むりょうむへん**】比较　无边际、无法计量。"无量"是数量多到无法计量，"无边"是广大而无止境。《日本书纪》卷19《钦明纪》十三年十月条："是法于诸法中最为殊胜，难解难入，周公、孔子，尚不能知。此法能生**无量无边**福德果报，乃至成辩，无上菩提。"（第二册，p. 416）吴支谦译《撰集百缘经》卷6《诸天来下供养品》："今若劝化，贫穷下贱，减割针綖，而用布施，乃名为难，复得**无量，无边**功德。"姚秦鸠摩罗什译《妙法莲华经》卷2《譬喻品》："彼诸菩萨，**无量无边**，不可思议，算数譬喻，所不能及，非佛智力，无能知者。"唐义净译《金光明最胜王经》卷1《如来寿量品》："于诸经中，最为殊胜，难解难入，声闻独觉，所不能知；此经能生，**无量无边**，福德果报，乃至成办，无上菩提。我今为汝，略说其事。"

【**無量無数/むりょうむすう**】比较　《日本灵异记》下卷《不顾因果作恶受罪报缘第37》："问诸史言：'若此人在世时，作何功德善？'诸史答言：'唯奉写《法华经》一部。'王言：'以彼罪宛经卷。'虽宛卷，而罪数倍胜**无量无数**。亦宛经六万九千三百八十四文字，犹罪数倍无救之。"吴支谦译《大明度经》卷1《行品》："佛言：'菩萨束已自誓：吾当灭度无央数人，已度**无量无数**人民，皆得泥洹，知其无法，得灭度也。'"姚秦鸠摩罗什译《妙法莲华经》卷3《授记品》："菩萨声闻，断一切有，**无量无数**，庄严其国。"唐义净译《金光明最胜王经》卷1《如来寿量品》："说是如来，寿量品时，**无量无数**，无边众生，皆发无等等，阿耨多罗，三藐三菩提心。"

【**無量災難/むりょうさいなん**】比较　无法计量的灾祸造成的苦难。《日本灵异记》下卷《漂流大海敬称尺迦佛名得全命缘第25》："长男、小男二人，取木编桴，乘于同桴，拒逆而往。水甚荒，忽绝绳解栰，过潮入海。二人各得一木，以乘漂流于海。二人无知，唯称诵：'南无**无量灾难**令解脱尺迦牟尼佛。'哭叫不息。"（p. 325）隋达摩笈多译《佛说药师如来本愿经》卷1："第十大愿：愿我来世，得菩提时，若有众生，种种王法，系缚鞭挞、牢狱应死，**无量灾难**，悲忧煎迫，身心受苦，此等众生，以我福力，皆得解脱，一切苦恼。"唐玄奘译《药师琉璃光如来本愿功德经》卷1、新罗太贤撰《本愿药师经古迹》卷1中亦见类似表达。唐金刚智译《吽迦陀野仪轨》卷2："皆悉依此，十二印法，影向持法人所，昼夜无间，守护持法人，消灭**无量，灾难**病患，得无量福德自在及官位。"

【**無明～有漏～/むみょう～うろ～**】对偶　"无明"，梵语 avidyā 的译名。无法看清事物真貌的迷惑生命。不明真理之意。谓痴愚无智慧。"有漏"，梵语 sāsava 的译名。"无漏"的对应词。有烦恼的存在，有迷惑的状态。漏是漏泄之意，烦恼的异名。众生常自六根漏泄烦恼，因而住于生死之中，又在三界流转，故烦恼名为漏。又烦恼能漏失道心，故称为漏。《唐大和上东征传》淡海元开《初谒大和上二首并序》："我是**无明**

客，长迷有漏津。今朝蒙善诱，怀抱绝埃尘。”（p. 100）《唐文续拾》卷 9 苏允平《妙乐寺重修舍利塔碑（并序）》：“见贤无思齐之□，见恶无控汤之惧，多恚痴之所恼，复贪爱之所□，欺诳常行，煞害不已，无明所蔽，有漏相缘。”《敦煌变文·维摩诘经讲经文（一）》：“纵交有漏姿（恣）狂迷，斗骋无明夸拗硬，”→【有漏】

【無目之人/めなきひと】 比喻 盲人，眼睛看不见的人。比喻没有智慧、易生妄想的人。《日本灵异记》下卷《序》：“匪礴因果作罪，以比无目之人履亘失之兮虎尾；甘嗜名利杀生，疑托鬼之人抱毒蛇。”（p. 259）（1）用作比喻义。姚秦鸠摩罗什译《大智度论》卷 33《序品》：“愚痴人心，一切成败事，皆不能及，何况微妙深义。譬如无目之人，或坠沟坑，或入非道。无智之人，亦复如是。”（2）用作具体义。唐义净译《根本说一切有部毘奈耶破僧事》卷 15：“后时父王，既崩之后，其弟恶行，即绍王位。无目之人，渐次乞求，至妻国城。其妻年长，诸国王子皆从竟索。”

【無能比者/たぐひなし】 比较 （两者）无法进行比较，没有能与之相比的。《日本书纪》卷 19《钦明纪》十五年正月条：“方闻奉可畏天皇之诏，来诣筑紫，看送赐军。闻之欢喜，无能比者。此年之役，甚危于前。愿遣赐军，使逮正月。”（第二册，p. 428）唐义净译《金光明最胜王经》卷 3《灭业障品》：“是故当知，劝请一切世界，三世三宝；劝请满足，六波罗蜜；劝请转于，无上法轮；劝请住世，经无量劫，演说无量，甚深妙法。功德甚深，无能比者。”又《根本说一切有部毘奈耶》卷 47：“时无忧外道，来至佛所，观佛容仪，无能比者，遂作是念：‘今此丈夫，仪容殊特，得与我女，为婚对者。岂不乐哉？’”按：该说法为初唐僧人义净首创，系义净译语。

【無色無声/むしきむしょう】 四字 “无色”，梵语 ārūpya-dhātu 的译名，亦即“无色界”。谓没有色法的世界。即色蕴除外，由受、想、行、识四蕴而成，超越物质的纯粹精神世界。三界（欲界、色界、无色界）之一。指天界的最顶上。“无声”的“声”，五尘之一，四大种所造，属于色法，为耳根所对之境。《奈良朝写经 19·灌顶随愿往生经》：“盖闻，无色无声方广之功自远，常有常净圆朗之照不穷。”（p. 129）元魏昙摩流支译《如来庄严智慧光明入一切佛境界经》卷 1：“文殊师利，如彼空中大法鼓身，不可见不可观。元无实不可思议，无心无相无色无声，无物无二过眼境界，依本行业法鼓出声。”隋阇那崛多译《佛本行集经》卷 22《问阿罗逻品》：“菩萨报言：‘我意愿当证如是法，无地无水，无火无风，及无虚空，无色无声，无香无味，无触无相，无安无畏，无死无病，无老无生，无有非无有，无常非无常，非语言说，无有边际。’”

【無上大聖/むじょうのだいしょう】 四字 至高无上的佛菩萨。《藤氏家传》上卷《镰足传》：“但闻无上大圣，犹不得避。故慰痛悼，小得安稳。”（p. 239）西晋竺法护译《普曜经》卷 4《告车匿被马品》：“王念菩萨，不舍心怀，适欲请还，念：‘阿夷相之：在家为转轮圣王，七宝自然，主四天下，千子勇猛；若复出家学道，必成正觉，无上大圣，以七觉意宝，训化十方，三界愚冥，悟诸不觉。’”西晋竺法护译《贤劫经》

卷 8《千佛发意品》："时作御师，见佛世尊，供顺归命，**无上大圣**，以卑逊心，与佛谈言，以是之故，除三界难。"东晋佛驮跋陀罗译《大方广佛华严经》卷 1《世间净眼品》："**无上大圣**一妙身，应化周满一切世，悉现一切众生前，是名善光胜境界。"

【無上仏御法/かみなきほとけのみのり】 自创 至高无上的佛教教义。《续日本纪》卷 27《称德纪》天平神护二年十月条："今敕〈久〉。**无上**〈岐〉**佛**〈乃〉**御法**〈波〉、至诚心〈乎〉以〈天〉拜尊〈备〉献〈礼波〉、必异奇验〈乎〉阿良波〈之〉授赐物〈尔〉伊末〈志家利〉。"（第四册，p. 134）姚秦鸠摩罗什译《小品般若波罗蜜经》卷 10《萨陀波仑品》："我时语言：'善男子，汝莫如是，困苦其身，我当多与财物，供养昙无竭菩萨，我亦随汝，至昙无竭菩萨所，欲自供养，我亦欲得，**无上佛法**。'"北凉昙无谶译《大般涅槃经》卷 8《如来性品》："善男子，若有凡夫，能善说者，即是随顺，**无上佛法**。若有善能，分别随顺，宣说是者，当知即是，菩萨相貌。"唐实叉难陀译《大方广佛华严经》卷 28《十回向品》："愿一切众生，随顺佛道，心常乐观，**无上佛法**。"

【無上菩提/むじょうのぼだい】 四字 无出其上的菩提。即最高之悟，或指获得其悟。谓成佛的境地。"无上"是最上、最高之意。"菩提"是梵语 bodhi 的译音，旧译作"道"，新译为"觉"。"道"为到达开悟之因，"觉"是断除烦恼而得悟之意。《日本书纪》卷 19《钦明纪》："此法能生无量无边福德果报，乃至成辩**无上菩提**。"（第二册，p. 416）（1）唐义净译《金光明最胜王经》卷 1《如来寿量品》："是时童子，语婆罗门曰：'若欲愿生，三十三天，受胜报者，应当至心，听是《金光明最胜王经》。于诸经中，最为殊胜，难解难入，声闻独觉，所不能知。此经能生，无量无边，福德果报，乃至成办，**无上菩提**。我今为汝，略说其事。'"（2）唐菩提流志译《大宝积经》卷 28："常化诸众生，心不生疲倦。于**无上菩提**，坚固不退转。其心不可动，犹如妙山王。修行慈悲心，不求二乘道。"唐玄奘译《阿毘达磨俱舍论》卷 25《分别贤圣品》："随觉者别立三菩提：一声闻菩提；二独觉菩提；三**无上菩提**。"→【発菩提】

【無始積罪/むしよりのせきざい】 自创 "无始"，梵语 anādi - kālika。一切世间如众生、诸法等皆无有始，如今生乃从前世之因缘而有，前世亦从前世而有，如是辗转推究，众生及诸法之原始则皆不可得，故称。《奈良朝写经 10・法华经玄赞卷第 3》："仰慕因兹小瑞功德，剪从**无始积罪**，明镜流辉，幽冥微妙，哀愍摄受。"（p. 83）唐不空译《金刚顶一字顶轮王瑜伽一切时处念诵成佛仪轨》卷 1："乃至于一念，净心相应故。获无上正智，**无始积罪**障，顿灭无有余，十方诸如来，本尊皆现前，满所希求愿。"唐菩提流志译《不空罥索神变真言经》卷 5《罥索成就品》："善男子，汝于**无始积罪**，**积罪**业障，尽皆消灭。"

【~無数/~することかずなし】 自创 前承表感情、感受的形容词，表示"无比的……"的意思。《唐大和上东征传》："彦即一声唱佛，端坐，寂然无言。大和尚乃唤

彦，彦悲恸无数。”（p. 76）（1）西晋竺法护译《弥勒菩萨所问本愿经》卷1：“佛语贤者阿难：我本求佛道时勤苦无数，乃得无上正真之道，其事非一。”姚秦竺佛念译《出曜经》卷9《戒品》：“是时儒童菩萨，舍八万采女，捐王重位。夜非人时，舍国求道，自剃头发，复脱宝衣，所乘白马，尽付车匿。还国白王：‘生死苦恼，忧劳无数，子今学道，要求果证。若成所愿。还当度王。’”（2）《全唐文》卷234张楚金《楼下观绳伎赋》：“其格妙也，窈窕相过，蹁跹却步，寄两木以更蹑，有双童而并骛。还回不恒，踊跃无数，惊骇疑落，安然以住，虽保身于万龄，恃君恩于一顾。”→【無量無数】

【無所得罪/つみをうるところなし】 自创　不会获得罪责。《日本灵异记》上卷《圣德皇太子示异表缘第4》：“食五辛者，佛法中制，而圣人用食之者，无所得罪耳。”（p. 65）

【無所乏/ともしきところなし】 所字　供以修行的物资没有任何匮乏。《日本书纪》卷19《钦明纪》十三年十月条：“譬如人怀随意宝，逐所须用，尽依情，此妙法宝亦复然。祈愿依情，无所乏。”（第二册，p. 416）（1）东晋瞿昙僧伽提婆译《中阿含经》卷17：“佛洗足已，坐尊者释家子婆咎座。坐已，告曰：‘婆咎比丘，汝常安隐。无所乏耶？’”梁宝唱等集《经律异相》卷2：“师曰：‘山居道士，乞食自存，正无所乏。何用毁卖贵身，为供我也？’”唐义净译《金光明最胜王经》卷6《四天王护国品》：“如人室有妙宝箧，随所受用悉从心。最胜经王亦复然，福德随心无所乏。”又卷2《梦见金鼓忏悔品》：“贫穷众生获宝藏，仓库盈溢无所乏。皆令得受上妙乐，无一众生受苦恼。”（2）《世说新语·贤媛第19》：“卖得数斛米，斫诸屋柱，悉割半为薪，剉诸荐以为马草。日夕，遂设精食，从者无所乏。”→【令無所乏】

【無所帰/たのむところなし】 所字　没有归属之地。《日本灵异记》中卷《恃己高德刑贱形沙弥以现得恶死缘第1》：“福贵炽之时高名虽振华裔，而妖灾窘之日无所归。”（p. 146）西晋无罗叉译《放光般若经》卷14《问等学品》：“菩萨欲在众生之上，一切众生，为无所归，无所依怙。欲受其归，欲为作依怙者……当学深般若波罗蜜。”西晋竺法护译《渐备一切智德经》卷3《难胜住品》：“无善之想，去于自在，如是苦患，不可称计。永而无护，无所归，无救济，无利义，一己身，无辈伴。当以修行，如是像业，积功累德，每生自克。因能修慧，已能逮解，一切众生，究竟本净，乃成十力。”唐实叉难陀译《大方广佛华严经》卷77《入法界品》：“普见恶道群生类，受诸楚毒无所归，放大慈光悉除灭，此哀愍者之住处。”

【無所希望/ねがひのぞむところなし】 所字　不抱任何希望。《续日本纪》卷22《淳仁纪》天平宝字三年六月条：“伏愿自今以后，停官布施，令彼穷僧无所希望。”（第三册，p. 324）后汉支娄迦谶译《佛说伅真陀罗所问如来三昧经》卷2：“‘云何于禅而自知无所希望（十三）？’菩萨报言：‘其心不迷，故能备足。其心不谄，故如深入。用沤恕拘舍罗故能禅。以是故无所希望（十四）。’”东晋佛驮跋陀罗译《大方广佛华严经》卷19《金刚幢菩萨十回向品》："复次，菩萨摩诃萨悉舍一切，资生之具，心无贪著，不求果报；世间富乐，**无所希望**，舍离愚痴，深解诸法。"隋阇那崛多、笈多合译《添品妙法莲华经》卷5《安乐行品》："衣服卧具，饮食医药，而于其中，**无所希望**。"

【無退/やむことなく】 述宾 （3例） 无退转；不松懈、不怠慢。《古事记》中卷《仲哀记》："于是，其国王畏惶奏言：'自今以后，随天皇命，而为御马甘。每年双船，不干船腹，不干柁楫，共与天地，**无退**仕奉。'"（p.246）《日本书纪》卷23《舒明纪》即位前纪条："亦先王临没谓诸子等曰：'诸恶莫作，诸善奉行。余承斯言以为永戒。是以，虽有私情忍以无怨。复我不能违叔父。愿自今以后，勿惮改意，从群而**无退**。'"（第三册，p.34）又卷28《天武纪下》元年六月条："时栗隈王之二子三野王、武家王佩剑立于侧而**无退**。于是，男按剑欲进还恐见亡，故不能成事，而空还之。"（第三册，p.318）唐玄奘译《大般若波罗蜜多经》卷53："志欲**无退**，精进**无退**，念**无退**，慧**无退**，解脱**无退**。"唐菩提流志译《不空罥索神变真言经》卷14："守持净戒，常能依法，精进**无退**，昼夜六时。"按："无退"的反义词是"退转"，指致力修行，避免出现位次下降、功行减退、道心退缩等现象。《仲哀记》转用为绝不懈怠、忠心侍奉之意。以《仲哀记》中的"无退"一词为例，这是一个经过书录者悉心思考后而采用的佛教词。例言战败的新罗国王誓言，今后将派遣贡奉船队，年年岁岁，绵延不断，直至地老天荒。

【無問男女/をとこをみなをとふことなく】 四字 （2例） 不论男女，不管男女。《续日本纪》卷14《圣武纪》天平十四年正月条："宴讫赐禄有差。又赐家人大宫百姓二十人爵一级。入都内者，**无问男女**并赍物。"（第二册，p.402）又卷15《圣武纪》天平十六年七月条："戊辰，太上天皇幸仁歧河。陪从卫士以上，**无问男女**，赐禄各有差。"（第二册，p.440）（1）隋费长房撰《历代三宝纪》卷12："门徒悉行方等，结净头陀乞食，日止一飡在道路行，**无问男女**率皆礼拜。"唐慧琳撰《一切经音义》卷16："花鬘：马班反，假借字也，本音弥然反，今借为鬘。花鬘者，西方严身具也。以线贯穿草木时，花晕以五色，**无问男女**，加于身首，以为严饰，犹如绶带。"唐大觉撰《四分律行事钞批》卷7："应师云：'梵言摩罗，此译云鬘（音蛮）。'按：'西域结鬘师，多用摩那华，行列结之，以为条贯，**无问男女**贵贱，皆此庄严。经云天鬘，宝鬘、华鬘等并是也。'"（2）《大唐创业起居注》卷1："城外欲入城，人**无问男女**小大，并皆放入。"

【無物可償/もののつくのふべきものなし】 四字 没有可以用来抵偿债务的东西。《日本灵异记》上卷《凶人不敬养奶房母以现得恶死报缘第23》："母贷子稻，**无物可偿**。瞻宝忽怒，逼而征之。"（p.110）宋蕴闻编《大慧普觉禅师语录》卷21："常时一似欠了人万百贯钱，被人追索，**无物可偿**，生怕被人耻辱。无急得急，无忙得忙，无大得大底，一件事方有趣向分。”

【無相妙智/むそうのみょうち】 四字 “无相”，梵语 nirnimitta 的译名，不具形体之意。“有相”的对应词。相对于有相是表示生灭流转的无常事物，无相则是指超越差别之相，绝对平等的境涯。无相又被视为事象的真实状态，与“实相”同义。“妙智”，妙法的智能。觉知我身即妙法当体之悟。谓“佛智”。《日本灵异记》下卷《怨病忽婴身因之受戒行善以现得愈病缘第 34》：“无缘大悲，至感之者，播于异形。**无相妙智**，深信之者，呈于明色。”（p. 350）东晋佛驮跋陀罗译《大方广佛华严经》卷 22《金刚幢菩萨十回向品》：“**无相妙智**，观法真相，菩萨善法，而得安住。”唐昙旷撰《金刚般若经旨赞》卷 1：“一者实相，即是真如，无相妙理；二者观照，依真所起，**无相妙智**；三者文字，即能筌此，名句文等。”

【無心所著/むしんしょじゃく】 自创 基本含义是心灵未受尘世感染，引申为和歌创作的一种手法，即罗列数个名词入歌，表面上显得支离破碎，实际上却巧妙地融会贯通；内容粗俗猥亵，表达隐讳含蓄，多为宴席上的即兴吟咏。《万叶集》卷 16 第 3838 ~ 3839 首歌题《**无心所著**歌二首》。（第四册，p. 118）后汉支娄迦谶译《道行般若经》卷 1：“须菩提白佛言：‘请问摩诃萨者，何所字摩诃萨？设是菩萨心，无有与等者，无有能逮心者，诸阿罗汉、辟支佛所不能及心。佛心如是，**心无所著**，心无所出，无所入。”又《般舟三昧经》卷 3：“思佛世尊清净戒，**心无所著**不相求。不见吾我及所有，亦不起在诸色相。”吴支谦译《佛说菩萨本业经》卷 1：“若得五欲，当愿众生。皆入清净，**心无所著**。”西晋竺法护译《生经》卷 4：“汝等精勤，无得放逸，无得懈怠，断除六情，如救头燃。**心无所著**，当如飞鸟，游于虚空。佛说如是，莫不欢喜。”姚秦鸠摩罗什译《十住经》卷 4：“诸菩萨所行，乐于善寂灭。其**心无所著**，犹若如虚空。”按：散文与和歌融为一体，共同构成一个具有故事性的作品，这是唯有卷 16 才有的崭新体裁。所谓“无心所著歌”，第一，佛经中有“无所著”的说法，是佛的德号，因佛不执着尘染，故称。第二，如上引诸例所示，佛经中另有“心无所著”的固有表达，指出家人希望像佛一样通过不断的修行，来实现摆脱俗事染着的目标。第三，佛教词“心无所著”与歌题“无心所著”几近相同。据此，我们认为，《万叶集》的编撰者将佛教词“心无所著”置换成“无心所著”的可能性颇大。第四，“心无所著”就是要脱尘出世，是修佛的终极追求；“无心所著”则强调在题材和表达上不拘泥于常套，是作歌的极致境界。

【無性衆生/むしょうしゅじょう】 四字 亦称“无性有情”“无性种性”。法相宗之说。谓不具声闻、缘觉、菩萨三乘的种子，亦即不能成佛的有情。《日本书纪》卷 26《齐明纪》四年七月条：“是月，沙门智通、智达奉敕乘新罗船往大唐国，受**无性众生**义于玄奘法师所。”（第三册，p. 214）刘宋昙摩蜜多译《佛说转女身经》卷 1：“舍利弗问女言：‘汝今为已，成就几所众生。’女答言：‘如尊者舍利弗，所断烦恼。’舍利弗言：‘我所断烦恼，性无所有。’女言：‘众生之性，亦无所有。’舍利弗言：‘无性众生，何所成就。’女言：‘烦恼无性，复何所断。’舍利弗言：‘无分别故，是名为断。’女言：‘如尊者舍利弗所言，若不分别彼我，是亦名为，成就众生。’”北凉昙无谶译《大方等大集经》卷14：“虽知如是而现说，无性众生令悦豫。众心非心得此心，能知非心幻化心。”陈真谛译《佛性论》卷1《破小乘执品》：“复次，生不信心者，于二说中，各偏一执，故不相信。何者？若从分别部说，则不信有，无性众生；若萨婆多等部说，则不信皆，有佛性故。”按：《新编日本古典文学全集》栏上的注释：“‘无性’，没有佛性不能成佛。‘众生’，所有生物。玄奘以后译作‘有性’，指大乘法相宗建立的包括无性在内的‘五性各别’的法门。”

【無異事/けしきことなし】 三字　没有异常的情况（不值得大惊小怪）；没有什么特别的事情（专心致志做一件极为普通的事情）。《古事记》下卷《仁德记》：“尔大后见知其玉钏，不赐御酒柏，乃引退，召出其夫大楯连以诏之：‘其王等因无礼而退赐，是者，无异事耳。’”（p. 302）姚秦鸠摩罗什译《摩诃般若波罗蜜经》卷6《发趣品》：“若菩萨一心求诸波罗蜜无异事，是名勤求诸波罗蜜，是为菩萨摩诃萨住二地中满足八法。”北魏吉迦夜、昙曜合译《杂宝藏经》卷10：“尔时诸女，而问女言：‘尔作何缘，得此良匹？’时女答言：‘更无异事。由我扫楼，坌比丘头。由是之故，值遇好壻。’”唐义净译《根本说一切有部毘奈耶杂事》卷22：“于正殿坐，告大臣曰：‘诸阴阳师，识星历者，皆应唤集。’臣即总命。王问之曰：‘我于昨夜，其事如何？’答曰：‘王夜安隐，更无异事。’”按：“异事”一词是中土文献中习见的词语，但与“无”搭配使用，唯见佛典。

【無由得達/いたることうるによしなし】 四字　没有办法送达到。《续日本纪》卷5《元明纪》和铜五年十月条：“乙丑，诏曰：‘诸国役夫及运脚者，还乡之日，粮食乏少，无由得达。’”（第一册，p. 188）唐智俨述《大方广佛华严经搜玄分齐通智方轨》卷4《离世间品》：“自他行满已，将欲处缘摄化。若不舍无有生死，大果无由得达。”唐道宣撰《释迦方志》卷2：“父老云：‘天台山有圣寺。猷往寻之。石桥跨谷青滑难渡，横石断路无由得达。’”该例在唐道世撰《法苑珠林》卷19中亦有辑录。

【~無喻/~することたとへなし】 自创　（2例）《唐大和上东征传》：“时，大和上执普照（师）手，悲泣而曰：‘为传戒律，发愿过海，遂不至日本国，本愿不遂。’于是分手，感念无喻。”（p. 74）又：“大德和上，远涉沧波，来投此国，诚副朕意，喜慰无喻。”（p. 92）（1）吴支谦译《大明度经》卷6《普慈闿士品》：“闿士及诸女，遥见如斯，欣豫无喻。念曰：‘吾等义当下车，步行入城。’”西晋竺法护译《大哀经》卷8《往古品》：“其土清净，巍巍如是。世尊说法，严妙殊绝，卓然无喻。”又《文殊师利佛土严净经》卷2：“时佛告是，诸菩萨曰：‘若有得闻，百千亿佛，名号功称，利益众生，开化度人，不如文殊师利，一一劫中，化导众生，永安无患，何况得遇普现如来，其庆**无喻**，诚如所云。'"（2）《全晋文》卷25王羲之《杂帖》："仆近修小园子，殊佳，致果杂药，深可致怀也。傥因行往，希见，比二处动静，故之常患，驰情。散骑痈转利，庆慰。姊故诸恶，及侧永嘉至奉集，欣喜**无喻**，余可耳。"又卷27王献之《如省》："吾十一日发吴兴，违远兄姊，感恋**无喻**。"

【無縁大悲/むえんのだいひ】 否定 （2例）"无缘"，无所得，空性。"无缘大悲"，即空性大悲。《日本灵异记》下卷《怨病忽婴身因之受戒行善以现得愈病缘第34》："'**无缘大悲**，至感之者，播于异形。无相妙智，深信之者，呈于明色。'者，其斯谓之矣。"（p. 350）又《灾与善表相先现而后其灾善答被缘第38》："我往他处，乞食还来者，往他处乞食者，观音**无缘大悲**，驰法界救有情也。"（p. 372）姚秦竺佛念译《菩萨璎珞本业经》卷1《贤圣名字品》："灭计我心，**无缘大悲**，当愿众生，解假因生，灭见盗心，第一灭度。"姚秦鸠摩罗什译《大智度论》卷50《发趣品》："'一切众生中具足慈悲智'者，悲有三种：众生缘、法缘、无缘。此中说**无缘大悲**名具足。所谓法性空，乃至实相亦空，是名**无缘大悲**。菩萨深入实相，然后悲念众生；譬如人有一子，得好宝物，则深心爱念，欲以与之。"新罗元晓撰《金刚三昧经论》卷3《真性空品》："大悲如相相不住如者，**无缘大悲**不取人法差别之相，故曰如相。恒涉六道未曾停息，故言相不住如。"

【無願不果/ねがひてはたさずといふことなし】 誓愿 愿望没有不能实现的。《日本灵异记》下卷《未作毕捻埴像生呻音示奇表缘第17》："诚知愿无不得，**无愿不果**者，其斯谓之也。斯亦奇表之事也。"（p. 304）东晋瞿昙僧伽提婆译《增壹阿含经》卷38《马血天子问八政品》："时宝藏如来，立我名号，字释迦文。我今以此因缘故，说此八关斋法，当发誓愿，**无愿不果**。"姚秦竺佛念译《出曜经》卷27《乐品》："其有众生，施真人者，现身获报，钱财集聚，所愿从意，**无愿不果**，于诸结使，永无所染。"唐义净译《根本说一切有部苾刍尼毘奈耶》卷1："母曰：'且止勿忧，示汝方便。我见世间，无子息者，或自祈请，或令他求，发殷重心，**无愿不果**。'"→【願無不得】【願無不果】

【無願不遂/ねがひをとげざることなし】 誓愿 没有不能满足的愿望，所有的愿望都能满足。《奈良朝写经5・大般若经卷第267》："三界含识，六趣禀灵，**无愿不遂**，有心必获。"（p. 32）唐慧立本、彦悰笺《大唐大慈恩寺三藏法师传》卷4："又有四佛经行之迹。傍有精舍，中有观自在菩萨像，至诚祈请，**无愿不遂**。"

【無願不応/ねがひてこたへずといふことなし】 自创 没有实现不了的愿望，所有的愿望都会实现。《日本灵异记》下卷《沙门一目眼盲使读〈金刚般若经〉得明眼缘第21》："般若验力，其大高哉。深信发愿，**无愿不应**故也。"（p. 310）（1）失译人名今附后汉录《杂譬喻经》卷2："若奉圣教，捡身口意，譬如有货，**无愿不**果矣。"（2）东晋瞿昙僧伽提婆译《增壹阿含经》卷16《高幢品》："吾今成佛，由其持戒，五戒十善，

无愿不获。诸比丘，若欲成其道者，当作是学。”（3）姚秦竺佛念译《出曜经》卷 24《观品》：“诸有众生能自归此三宝者，无愿不成，为天人所供养，自致得道，亦复受永劫之福。”（4）姚秦鸠摩罗什译《众经撰杂譬喻》卷 1：“持戒之人，种种妙乐，无愿不得。若人毁戒，骄逸自恣，亦如彼人，破瓶失物。”

【無遮大会/むしゃだいえ】 四字 （3 例）“无遮”，兼容并蓄而无阻止。“无遮大会”是佛教举行的一种广结善缘，不分贵贱、僧俗、智愚、善恶，一律都平等对待的大斋会。《日本书纪》卷 30《持统纪》称制前纪条：“十二月丁卯朔乙酉，奉为天渟中原瀛真人天皇，设无遮大会于五寺大官、飞鸟、川原、小垦田丰浦、坂田。”（第三册，p. 476）《唐大和上东征传》：“缝［衲］袈裟千领，布袈裟二千余领，［供］送五台山僧，设无遮大会。”（p. 81）《续日本纪》卷 16《圣武纪》天平十七年八月条：“庚子，设无遮大会于大安殿焉。”（第三册，p. 12）唐义净译《根本说一切有部尼陀那目得迦》卷 5：“世尊，如佛所说，有五种时施，广如上说。由观菩萨，大会供养，四方人众，悉皆云集，行路辛苦。若佛听者我当设供。佛言：‘随意应作。’长者遂设无遮大会。”《梁书》卷 3《武帝纪下》：“癸巳，舆驾幸同泰寺，设四部无遮大会，因舍身，公卿以下，以钱一亿万奉赎。”（p. 73）按：唐玄奘撰《大唐西域记》谓古印度“五岁一设无遮大会”。中国的“无遮大会”始于梁武帝。

【無智有欲/ちなくよくあり】 四字 没有智慧却有欲望。《奈良朝写经 56・大般若经卷第 50 等》：“道行无智有欲，无德有贪。非赖善友之势，何成广大之功?”（p. 358）高齐那连提耶舍译《大悲经》卷 2《迦叶品》：“阿难，持净戒者、修梵行者、有智慧者所愿能成；非戒不净、不修梵行、无智有欲所能成也。”

【無種性衆生/むしゅしょうのしゅじょう】 多音 法相宗所立五性之一。无无漏之善种，毕竟不能出离生死者。又名无性有情。《日本灵异记》下卷《灾与善表相先现而后其灾善答被缘第 38》：“无养之物者，无种性众生，令成佛无因也。乞食养者，得人天种子也。”（p. 572）唐栖复集《法华经玄赞要集》卷 26：“若逢著无种性众生，不肯发心，谤佛谤经，堕大地狱。”

【無子婦女/こなきをみな】 否定 没有生育能力的妇女。《肥前国风土记・神埼郡》条：“又御船沉石头四颗，存其津边。此中一颗，一颗，无子妇女，就此二石，恭祷祈者，必得任产。”（p. 322）隋阇那掘多译《大威德陀罗尼经》卷 1：“彼人根中有五种虫，一名无子男，二无子丈夫，三无子妇女。”

【五乗～八正～/ごじょう～はっしょう～】 对偶 “五乘”，1. 人乘，人乘就是乘着五戒的教法而生到人间来；2. 天乘，天乘就是乘着十善的教法而生到天上去；3. 声闻乘，声闻乘就是乘着四谛的教法而证得阿罗汉果；4. 缘觉乘，缘觉乘就是乘着十二因缘的教法而证得辟支佛果；5. 菩萨乘，菩萨乘就是乘着六度的教法而证得至高无上之佛果。“八正”，又名八正（圣）道，即八条圣者的道法。1. 正见，即正确的知见。2. 正思维，即正确的思考。3. 正语，即正当的言语。4. 正业，即正当的行为。5. 正命，即正当的职业。6. 正精进，即正当的努力。7. 正念，即正确的观念。8. 正定，即正确的禅定。修此八正道，可证得阿罗汉果。《续日本纪》卷21《淳仁纪》天平宝字二年八月条：“皇太后游心**五乘**，栖襟**八正**；化侔应供，道双至真。发挥神化之丹青，抑扬陶甄之镕范。正虑独断，搜离明于舜浜；深仁幽覃，浮赤文于尧渚。故能远安近，至治美于成康；治定功成，无为盛于轩昊。固足以垂显号建嘉名，轶三五而飞英，超八九而腾茂者也。”（第三册，p. 270）《全唐文》卷903法琳《皇帝绣像颂》：“加以留心**八正**，笃意**五乘**。广运檀那，聿修净业。永言善逝，冥漠何追。”又《上秦王破邪论启》：“高座法师，能陈**八正**；浮图和尚，巧说**五乘**。”

【五分/ごぶん】 偏正　谓无着所着之五部大乘论。相对“十支论”之名，故称。即瑜伽师地论、分别瑜伽论、大乘庄严经论、辩中边论颂、金刚般若论。《奈良朝写经66・大般若经卷第176》：“是以，大法师讳行信，平生之日，至心发愿，敬写法华一乘之宗，金鼓灭罪之文，般若真空之教，瑜伽**五分**之法，合贰千七百卷经论。”（p. 403）

【五根/ごこん】 偏正　指眼等之五跟，眼根能生眼识，耳根能生耳识，鼻根能生鼻识，舌根能生舌识，身根能生身识。《奈良朝写经18・弥勒上生经》：“故得**五根**宣化，遥变响于和音；十念成功，远登神于补处。”（p. 141）

【五功德/いつつのくどく】 三字　端正己心与意念去打扫寺院，可以获得五种利益福德。《日本灵异记》上卷《女人好风声之行食仙草以现身飞天缘第13》：“诚知不修佛法，而好风流，仙药感应。如《精进女问经》云：‘居住俗家，端心扫庭，得**五功德**。’者，其斯谓之矣。”（p. 93）唐道世撰《诸经要集》卷3：“又《无垢清净女问经》云：‘扫地得**五功德**：一自心清净，他人见生净心；二为他爱；三天心欢喜；四集端正业；五命终生善道天中。’”

【五穀成熟経/ごこくじょうじゅくきょう】 内典　未详。俟考。《续日本纪》卷13《圣武纪》天平十一年七月条：“甲辰，诏曰：‘方今孟秋，苗子圣秀。欲令风雨调和，年谷成熟。宜令天下诸寺转读《**五谷成熟经**》，并悔过七日七夜焉。’”（第二册，p. 354）按：《新编日本古典文学大系》栏上的注释指出，《类聚国史佛道6》天长元年九月壬申条可见《调和风雨五谷成熟经》的经名。

【五家/いつつのいへ】 偏正式　指王、贼、火、水、恶子。《日本灵异记》下卷《刑罚贱沙弥乞食以现得顿恶死报缘第33》：“夫钱财者，**五家**共有。何**五家**者？一县官非理来向；二者盗贼犹来劫夺；三者忽为水漂流；四者忽然火起不免焚烧；五者恶子无理费用。其故菩萨欢喜布施也。”（p. 348）道略集《杂譬喻经》卷1：“财不足惜者，以财是**五家**之分，盗贼水火县官恶子，**五家**忽至，一旦便尽，故曰不足惜也。”

【五家共有/いつつのいへともにたもつ】四字 一般说“五家所共”。谓世间财物为王、贼、火、水、恶子五家所共有，以其不能独用，故无须强求。《日本灵异记》下卷《刑罚贱沙弥乞食以现得顿恶死报缘第33》：“夫钱财者，**五家共有**。何五家者?”（p.347）圣德太子疏《胜鬘经疏义私钞》卷2：“**五家共有**者，一水，二火，三怨家，四责主，五王难。”姚秦鸠摩罗什译《大庄严论经》卷5：“**五家共有**者，今悉在家中，我今所牒者，无有能侵夺。”

【五戒/ごかい】偏正→【三帰】

【五戒十善/ごかいじゅうぜん】四字 五戒与十善戒。五戒是在家男女须受持的小乘戒，谓不杀生戒、不偷盗戒、不邪淫戒，不妄语戒、不饮酒戒。十善戒是在家须受持的大乘戒，谓五戒中除去不饮酒戒的四戒，加上不绮语（不使用矫饰的言语）、不恶口、不两舌、不贪欲、不瞋恚、不愚痴（或不邪见）的六戒。《日本灵异记》中卷《赎蟹虾命放生现报蟹所助缘缘第12》：“山背国纪伊郡部内，有一女人。姓名未详也。天年慈心，赜信因果，受持**五戒十善**，不杀生物。”（p.180）后汉支娄迦谶译《杂譬喻经》卷1：“**五戒十善**生天之本，布施学问道慧之基。”晋世法立、法炬合译《法句譬喻经》卷2《明哲品》：“**五戒十善**、四等六度、四禅三解脱，此调身之法也。”姚秦鸠摩罗什译《大智度论》卷36《习相应品》：“以菩萨因缘故，世间有**五戒**、**十善**、八斋等；是法有上、中、下：上者得道，中者生天，下者为人，故有刹利大姓、婆罗门大姓、居士大家。”→【三帰帰五戒】

【五浄（之）天/ごじょうのてん】三字 指五净居天。在色界四禅之最高处，有五重天，为证得不还果的圣者所生之处，因无外道杂居，故名。这五重天是“无烦天”“无热天”“善现天”“善见天”“色究竟天”。《奈良朝写经19·灌顶随愿往生经》：“伏愿金花承步高升**五净之天**，玉叶籍仪远契三明之果。”（p.129）后汉安世高译《佛说分别善恶所起经》卷1：“无倚有微倚，恢廓行四业，念禅自清定，生**五净天**中。”刘宋僧伽跋摩译《分别业报略经》卷1：“世俗及无漏，修习诸熏禅，熏禅正受力，生**五净居天**。”

【五逆/ごぎゃく】典据（2例） 指五种极恶之行为。亦称“五逆罪”“五无间业”“五无间罪”或“五不救罪”。即杀父、杀母、杀阿罗汉、出佛身血、破和合僧。杀或作害。其中前四是身业，后一为口业。造此五罪必堕无间地狱受苦，故称。又因杀父、杀母是违逆恩田，其他三种为背逆福田，故称“五逆”或“五逆罪”。《日本灵异记》中卷《己作寺用其寺物作牛役缘第9》：“所以《大集经》云：‘**盗僧物者**，**罪过五逆**。’云云。”（p.173）又《僧用涌汤之分薪而与他作牛役之示奇表缘第20》：“所以《大方等经》云：‘**四重五逆**，**我亦能救**；**盗僧物者**，**我所不救**。’者，其斯谓之矣。”（p.105）新罗太贤集《梵网经古迹记》卷2《劫盗人物戒第2》：“何故《大集》**盗僧物**

者，罪过五逆？’《方等经》云：‘四重五逆，我亦能救；盗僧物者，我所不救。’”

【五七/ごしち】时段（2例） 人死后四十九日间，亲属每七日为其营斋作法。“五七”，即第五次追荐日。《续日本纪》卷19《孝谦纪》天平胜宝八年六月条：“丙戌，五七，于大安寺设斋焉。僧、沙弥合一千余人。”（第三册，p.164）又卷30《称德纪》宝龟元年九月条：“丙寅，五七，于药师寺设斋焉。”（第四册，p.304）方广锠整理《佛说水月光观音菩萨经》卷1：“第五七斋，写《阎罗经》一卷。”

【五趣因果/ごしゅのいんが】四字 “五趣”，指地狱、饿鬼、畜生、人、天，是迷惑的世界。与“五道”义同。“因果”，因者是能生，果者是所生，有因必有果，有果必有因。《日本灵异记》下卷《灾与善表相先现而后其灾善答被缘第38》：“我受身唯有五尺余者，五尺者五趣因果也。余者不定种性，回心向大也。何以故？非尺非丈，数不定故。又为五道因也。”（p.372）唐玄奘译《佛地经论》卷6：“五趣因者，谓中有身，以与五趣，为方便故，趣是所趣。中有能趣故，非趣摄。就生类别建立四生，是故中有亦生所摄。有义中有趣方便故，说在趣中。此言因者，业烦恼等。果即五趣。”

【（歴）五日乃~/いつか（へて）すなはち~】时段 经过第五天才……《日本灵异记》下卷《用寺物复将写大般若建愿以现得善恶报缘第23》：“然历五日乃苏，语亲属言。”（p.319）唐道宣撰《续高僧传》卷6：“时成都民，应始丰者，因病气绝，而心上温。五日方醒云：‘被摄至阎王所。’”又卷12：“语弟子曰：‘我当灭矣。’伸手五指，用表终期。气息绵微，属纩斯待。至五日夜，欻然而起，依常面西，礼竟加坐，至晓方逝。”唐慧详撰《弘赞法华传》卷6：“忽染疾暴亡，五日还活，自说见阎罗王。”又卷6：“法慧暴亡，经五日便苏，说云至阎罗王所。”辽非浊集《三宝感应要略录》卷2：“染患遂亡，至五日苏起，自说彼冥道。”

【五色幡/いついろのはた】三字 五种颜色的旗帜。“五色”，基本的五种色（青、黄、赤、白、黑）。亦称五正色、五大色。“幡”，表示佛的威德，用于供养、庄严佛以祈福的旗帜。佛具之一。以绢布或绢丝，及金属、玉石等装饰而成，垂挂在杆子等上面。《日本书纪》卷15《钦明纪》二十三年八月条：“以甲二领、金饰刀二口、铜镂钟三口、五色幡二竿、美女媛并其从女吾田子，送于苏我稻目宿祢大臣。”（第二册，p.454）梁僧佑撰《出三藏记集》卷12：“《七层灯五色幡放生记第14》：出《灌顶经》。”北凉昙无谶译《大般涅槃经》卷1《寿命品》：“诸木皆以，种种香途，郁金，沉水，及胶香等，散以诸花，而为庄严。优钵罗花、拘物头花、波头摩花、分陀利花，诸香木上，悬五色幡。”唐菩提流志译《广大宝楼阁善住秘密陀罗尼经》卷2《结坛场法品》：“于坛四边上插画三十二箭，其一一箭各画悬五色彩帛缠之，坛四面悬五色幡。”

【五色幡蓋/いつつのいろのばんがい】四字 “幡盖”，幡幢华盖之类。《日本书

纪》卷24《皇极纪》二年十一月条："于时**五色幡盖**，种种伎乐，照灼于空，临垂于寺。众人仰观称叹，遂指示于入鹿。其幡盖等，变为黑云。由是，入鹿不能得见。"（第三册，p. 82）东晋帛尸梨蜜多罗译《佛说灌顶经》卷1："佛语阿难：'若有比丘乐受是典，应悬**五色幡盖**，长四十九尺，散五方之华，各随方之色，烧梅檀香、安息婆胶等。'"唐阿地瞿多译《陀罗尼集经》卷6："竖幢竿子悬**五色幡盖**，又以种种时非时华，遍散坛中，烧沉水香、熏陆、梅檀香供养。"

【五色之雲/ごしきのくも】 四字 （3例） 五种色彩（青、黄、赤、白、黑）的云。亦称五彩叠云。祥瑞的一种。《日本灵异记》上卷《信敬三宝得现报缘第5》："径之三日，乃苏甦矣。语妻子曰：'有**五色云**，如霓度北。自而往其云道，芳如杂名香。观之道头，有黄金山。'"（p. 76）又《修持孔雀王咒法得异验力以现作仙飞天缘第28》："每庶挂**五色之云**，飞仲虚之外。携仙宫之宾，游忆载之庭。卧伏乎蘂盖之苑，吸噉于养性之气。"（p. 119）《续日本纪》卷28《称德纪》神护景云元年九月条："九月戊申朔，日上有**五色云**。"（第四册，p. 178）唐道宣撰《续高僧传》卷10："及入石函，三万许人并见天**云五色**，长十余丈，阔三四丈，四绕白云，状如罗绮。正当基上空中，自午及未方乃歇灭。灭后复降**五色云**，从四方来。状同前瑞。"又卷26："及将下瘗，天雨银花，放白色光，前后非一。正入塔时，感**五色云**下覆函上，重圆如盖，大鸟六头，旋绕云间。闭讫俱散。"高丽一然撰《三国遗事》卷3："古老传云：'昔高丽圣王按行国界次，至此城见**五色云**覆地，往寻云中，有僧执锡而立。既至便灭，远看还现。'"

【五体投地/ごたいをつちになぐ】 四字 （4例） 印度礼法之一，为佛教最郑重的礼拜法。即两膝、两肘及头顶着地的致敬法。又称"五轮投地""五轮着地""举身投地顶礼""接足礼"。《日本灵异记》下卷《禅师将食鱼化作〈法华经〉覆俗诽缘第6》："然食彼鱼时，窥往俗见，**五体投地**，白禅师言：'虽实鱼体，而就圣人之食物者，化《法华经》也。我愚痴邪见，不知因果，而犯逼恼乱。愿罪脱赐。自今已后，为我大师，恭敬供养。'"（p. 276）又《强非理以征债取多倍而现得恶死报缘第26》："大领及男女之，愧耻戚恸，**五体投地**，发愿无量。"（p. 329）《唐大和上东征传》："始安（郡）都督上党公冯古璞等步出城外，**五体投地**，接足而礼，引入开元寺。"（p. 72）又："和上之弟子僧灵佑承大和上来，远从栖霞寺迎来，见和上**五体投地**，进接大和上足，展转悲泣而叹曰：'我大和上远向海东，自谓一生不获再觐，今日亲礼，诚如盲龟开目见日；戒灯重明，昏衢再［朗］。'"（p. 80）后汉昙果、康孟详合译《中本起经》卷2《须达品》："恭肃尽虔，遥瞻如来，情喜内发，**五体投地**，退坐一面。"北凉昙无谶译《大般涅槃经》卷2《寿命品》："尔时纯陀，闻佛语已，举声啼哭，悲咽而言：'苦哉，苦哉！世间空虚。'复白大众：'我等今者，一切当共，**五体投地**，同声劝佛，莫般涅槃。'"隋宝贵合《合部金光明经》卷8《赞佛品》："尔时无量，百千万亿，诸菩萨众，从此世界，至金宝盖山王如来国土。到彼土已，五体投地，为佛作礼，却一面立，向佛合掌。”

【五通～十仙～/ごずう～じゅうせん～】 对偶 “五通”，即五通神，五种自在无碍的神通力。1. 天眼通，是自在观察众生的苦乐生死相及一切形色的能力；2. 天耳通，是自在闻得众生苦乐言语、一切音声等的能力；3. 他心通，是自在得知众生心中所思的能力；4. 宿命通，是自在得知自他三世宿命及行为等的能力；5. 如意身通，是大小出没、飞行潜伏等，随意自在变幻的能力；以上再加漏尽通，称为六通。“十仙”，出自《涅槃经》，指十位婆罗门：1. 阇那首那；2. 婆私咤；3. 先尼；4. 迦叶；5. 富那；6. 清净浮；7. 犊子；8. 纳衣；9. 弘广；10. 须婆陀。这十仙都先与佛论道，受佛教化，最终证阿罗汉果。《上宫皇太子菩萨传》：“五通仙府，十仙窟宅。儒生辐凑，玄侣云集。”（1）后汉安世高译《佛说婆罗门避死经》卷1：“一时，婆伽婆在舍卫城祇树给孤独园。尔时，世尊告诸比丘：‘昔有四婆罗门仙人，精进修善法五通，常恐畏死。’”唐义净译《金光明最胜王经》卷6《四天王护国品》：“世尊，如大梵天于诸有情常为宣说世出世论，帝释复说种种诸论，五通神仙亦说诸论。”（2）唐道宣撰《广弘明集》卷4隋彦琮《通极论》：“伏十仙之外道，制六群之比丘。”又卷29《破魔露布文》：“六万之众，解长围以从正；十仙之徒，弃大河以就祑。”唐法琳撰《辩正论》卷1：“事无不统，理无不穷，其言巧妙，其义深远，包十仙之奥行，总八藏之玄文。”

【五辛/ごしん】 偏正 五种带有辛味的蔬菜、即大蒜、茖葱、慈葱、兰葱、兴渠。学佛人要戒食五辛，因五辛中含有极充分的刺激性，熟吃能使人淫火焚身，生啖又易使人增高嗔恚，学佛人一有了欲念和嗔恚，便会蒙蔽智慧，增长愚痴，妄动无明，造诸恶业。《日本灵异记》上卷《圣德皇太子示异表缘第4》：“食五辛者，佛法中制，而圣人用食之者，无所得罪耳。”（p. 69）唐般剌蜜帝译《大佛顶如来密因修证了义诸菩萨万行首楞严经》卷8：“是诸众生求三摩提，当断世间五种辛菜。是五种辛，熟食发淫，生啖增恚。如是世界，食辛之人，纵能宣说，十二部经，十方天仙，嫌其臭秽，咸皆远离，诸饿鬼等。因彼食次，舐其唇吻，常与鬼住，福德日销，长无利益。”隋智𫖮说、灌顶记《菩萨戒义疏》卷2：“旧云：五辛谓蒜、葱、兴蕖、韭、薤，此文止兰葱足以为五，兼名苑分别五辛。大蒜是葫菱；茖葱是薤；慈葱是葱；兰葱是小蒜；兴蕖是葸蕵。生熟皆臭悉断。”

【五欲法/ごよくのことわり】 典据 五欲的法则。“五欲”，梵语 kāmaiḥ。指染着色、声、香、味、触五境所起之五种情欲。又指财欲、色欲、饮食欲、名欲、睡眠欲。《日本灵异记》下卷《奉写〈法华经〉经师为邪淫以现得恶死报缘第18》：“复《涅槃经》云：‘知五欲法，无有欢乐，不得暂停，如犬啮枯骨，无饱厌期。’者，其斯谓也矣。”（p. 306）北凉昙无谶译《大般涅槃经》卷22《光明遍照高贵德王菩萨品》：“善男子。菩萨摩诃萨，知五欲法，无有欢乐，不得暂停，如犬啮枯骨。”姚秦鸠摩罗什译

《大智度论》卷17《序品》："**五欲法**者，与畜生共，有智者识之，能自远离。"

【五種仏性/ごしゅぶっしょう】 四字 "佛性"，又作如来性、觉性。即佛陀之本性，或指成佛之可能性、因性、种子、佛之菩提之本来性质。为如来藏之异名。"五种佛性"，又作"五佛性"：1. 正因佛性；2. 了因佛性；3. 缘因佛性（此三者即三因佛性）；4. 果佛性，菩提之果也，正觉之智谓之菩提；5. 果果佛性，是大涅槃。以菩提之智，显涅槃之理，故云果之果。《上宫圣德法王帝说》："上宫王师，高丽慧慈法师。王命能悟涅槃常住，**五种佛性**之理，明开法华三车权实二智之趣，通达维摩不思议解脱之宗。"北凉昙无谶译《大般涅槃经》卷35《迦叶菩萨品》："善男子，是**五种佛性**、六种佛性、七种佛性，断善根人，必当得故。故得言有，是名分别答。"隋吉藏制《中观论疏》卷1《因缘品》："六者《大涅槃经》明**五种佛性**，盖是诸佛之秘藏，万流之宗极，蕴在因缘之内。所以然者，十二因缘，不生不灭，谓境界佛性，由十二因缘本无生灭发生正观即观智佛性。斯观明了即名菩提果佛性，正观既彰生死患累毕竟空永灭，即大涅槃果果佛性。"→【仏性】

【五宗/ごしゅう】 偏正 大乘佛教的五个宗派。谓天台宗、华严宗、法相宗、三论宗、律宗。《藤原家传》上卷《镰足传》："大臣性崇三宝，钦尚四弘。每年十月，庄严法筵，仰唯摩之景行，说不二之妙理。亦割取家财，入元兴寺，储置**五宗**学问之分。由是，贤僧不绝，圣道稍隆。盖斯之徵哉。"（p. 253）

【五宗~三蔵~/ごしゅう~さんぞう~】 对偶 "五宗"见上。"三藏"，经藏、律藏、论藏。《续日本纪》卷8《元正纪》养老二年十月条："**五宗**之学，**三藏**之教，论讨有异，辩谈不同。"（第二册，p. 46）→【三藏】

【勿復為~/また~ことなかれ】 否定 不必再……《日本书纪》卷5《崇神纪》七年二月条："是夜，梦有一贵人，对立殿户，自称大物主神曰：'天皇**勿复为**愁。国之不治，是吾意也。若以吾儿大田田根子令祭吾者，则立平矣。亦有海外之国，自当归伏。'"（第一册，p. 272）（1）后秦佛陀耶舍、竺佛念等合译《长阿含经》卷6："时王即出库物，以供给之，而告之曰：'汝以此物，供养父母，并恤亲族，自今已后，**勿复为**贼。'"又卷10："从今当精勤，**勿复为**人使。二人勤精进，思惟如来法。"宋施护译《佛说佛母出生三法藏般若波罗蜜多经》卷24《常啼菩萨品》："父母以是缘故，常啼菩萨摩诃萨，同我至此。是故父母，若欲令我，成就一切，无上功德法者，如我所欲，种种财宝，及侍女等，愿赐见听，**勿复为**碍。"（2）《世说新语·德行第1》："刘尹在郡，临终绵惙，闻阁下祠神鼓舞，正色曰：'莫得淫祀！'外请杀车中牛祭神，真长曰：'丘之祷久矣，**勿复为**烦！'"（p. 21）《宋书》卷16《志第6》："方望群后，思隆大化，以宁区夏，百姓获乂，与之休息，此朕日夜之望。无所复下诸府矣。**勿复为**烦。"（p. 438）

【勿令乏少/ぼうしょうならしむることなかるべし】 否定　不要使之缺少，禁止使之短缺。《续日本纪》卷5《元明纪》和铜五年八月条："太政官处分：'诸国之郡稻乏少，给用之日，有致废阙。有致废阙。宜准国大小，割取大税，以充郡稻，相通出举，所息之利，随即充用。事须取足，**勿令乏少**。'"（第一册，p. 184）后秦弗若多罗、罗什合译《十诵律》卷14："若佛来者，各自当日，办具小食，时食中后，含消浆饮，**勿令乏少**。莫使异人，间错其间。"隋那连提耶舍译《大方等大集经》卷34《护持正法品》："是故大王，汝等应好拥护，如法安置，供给所须，**勿令乏少**。"隋阇那崛多译《虚空孕菩萨经》卷2："我心所求者，**勿令乏少**耳。愿发怜愍心，慈悲称我愿。"→【令無乏少】【使無乏少】

【勿令更～/さらに～せしむことなかれ】 否定　不要让某人再做某事。《唐大和上东征传》："采访使处分，依旧令住本寺，约束三纲防护，曰：'**勿令更**向他国。'"（p. 61）（1）唐菩提流志译《大宝积经》卷27："释迦、如来、应供、正遍知，为宝上天子，说无上道记。又闻是音：'波旬，汝今往至众所，**勿令更**受记菩萨，来生汝宫。'"唐义净译《根本说一切有部毘奈耶出家事》卷3："世尊，然诸苾刍令病者出家受近圆。因此令王仓库，渐渐损减。我亦身劳，复于圣者，阙修善法。愿世尊制，**勿令更**度病者。佛即默然而许。"（2）《全唐文》卷102梁太祖《禁科配州县敕》："所在长吏，放杂差役，两税外不得妄有科配。自今后州县府镇，凡使命经过，若不执敕文券，并不得妄差人驴及取索一物以上，又今岁秋田，皆期大稔，仰所在切国条流，本分纳税及加耗外，**勿令更**有科索。"（p. 1040）按：《续日本纪》卷35《高绍纪》宝龟十年九月条："自今以后，**勿令更**然。"又宝龟十年十一月条："又不就筑紫，巧言求便宜。加勘当**勿令更**然。"例中"勿令更然"的说法，在中土文献和汉译佛经中均未见，疑似自创搭配。

【勿生彼我/それとわれとなすことなかれ】 否定　不要生分出他和我（彼此）的生疏感。《日本书纪》卷25《孝德纪》大化二年八月条："去年付于朝集之政者，随前处分，以收数田，均给于民。**勿生彼我**。"（第三册，p. 160）姚秦鸠摩罗什译《思益梵天所问经》卷1："'世尊，何谓菩萨能行舍心？'佛言：'不**生彼我**想。'"元魏菩提留支译《大萨遮尼乾子所说经》卷3："王复问言：'大师，云何自业果报，能护众生？'答言：'大王，有诸众生，自业增上，果报力故，而生胜处。而彼众生，于一切物，无悋护心，不**生彼我**，自他之心。一切所须，资生之物，不加功力，随念具足。'"后魏菩提流支等译《胜思惟梵天所问经论》卷3："菩萨依彼，不**生彼我**想，行于舍心；依见彼我想，此对治故，行于舍心。"

【勿使往来/かよはしめず】 否定　不让其互相来往；不让通过。《日本书纪》卷24《皇极纪》四年六月条："于是中大兄戒卫门府，一时具鏁十二通门，**勿使往来**。"（第三册，p. 98）刘宋求那跋陀罗译《杂阿含经》卷29："尔时世尊，告诸比丘：'我欲于此，一奢能伽罗林中，二月坐禅。汝诸比丘，勿使往来，唯除送食比丘，及布萨时。’”

【勿妄宣伝/みだりてのべつたふることなかれ】 否定 不要擅自四处张扬。《日本灵异记》上卷《勤求学佛教弘法利物临命终时示异表缘第22》：“临命终时，洗浴易衣，向西端坐。光明遍室。于时开目，召弟子知调：‘汝见光不。’答言：‘已见。’法师诫曰：‘勿妄宣传。’”（p. 108）后秦鸠摩罗什译《妙法莲华经》卷2《譬喻品》：“汝舍利弗，我此法印，为欲利益，世间故说，在所游方，勿妄宣传。”唐菩提流志译《佛心经》卷1：“善男子，当知此契，不可思议。若于愿持者，必须珍重，勿妄宣传，与诸非人。”唐湛然述《止观辅行传弘决》卷2：“佛告华聚：‘勿妄宣传，当以神明为证。何者？神明有十二梦王，见一王者，乃可为说，此陀罗尼。’”

【勿忘宣伝/みだりてのべつたふることなかれ】 否定 与“勿妄宣传”同，“忘”与“妄”相通。《日本灵异记》上卷《非理夺他物为恶行受报示奇事缘第30》：“王诏广国曰：‘汝无罪，可还于家。然慎以黄泉之事勿忘宣传。若欲见父，往于南方。’”（p. 125）唐窥基撰《妙法莲华经玄赞》卷8《法师品》：“赞曰：‘下勿忘宣传，妄授与人已上，诫之勿传。诸佛以下，释其所以。佛常自守，未曾显说，今方说之。佛在自说，声闻之中，犹有怨嫉，增上慢者，尚起避席。况佛灭后，诽谤不信？’”

【勿為放逸/あだめきわざすることなかれ】 否定 不要放纵，亦即要持守戒律。“放逸”，梵语 pramādita 的意译。心所（心的作用）之名，略称“逸”。即放纵欲望而不精勤修习诸善的精神状态，亦谓不守佛门规矩。《日本书纪》卷25《孝德纪》大化二年三月条：“自今以后，国司、郡司勉之勖之，勿为放逸。宜遣使者，诸国流人及狱中囚，一皆放舍。”（第三册，p. 146）姚秦鸠摩罗什译《佛说弥勒下生成佛经》卷1：“时街巷男女，皆効此语言：‘汝等勿为放逸，不行佛教。若起恶业，后必有悔。’”刘宋求那跋陀罗译《十二品生死经》卷1：“比丘当晓知是：当作是学，勿为放逸，勿起淫色，远离诸横，以清净心。”唐义净译《金光明最胜王经》卷1《如来寿量品》：“若供养者，于未来世，远离八难，逢值诸佛，遇善知识，不失善心，福报无边，速当出离，不为生死，之所缠缚，如是妙行，汝等勤修，勿为放逸。”

【悟道/みちをさとる】 述宾 了见心性，彻悟大道。《日本灵异记》中卷《见乌邪淫厌世修善缘第2》：“示乌鄙事，领发道心。先善方便，见苦悟道者，其斯谓之矣。”（p. 149）东晋法显译《大般涅槃经》卷2：“二者谓辟支佛，思惟诸法，自觉悟道，亦能福利，世间人民，应起兜婆。”姚秦鸠摩罗什译《大庄严论经》卷10：“汝先修苦行，犹不证菩提，汝没溺淤泥，云何得悟道？譬如弃大船，而负于山石，欲度河难者，云何而可得？”→【聞法悟道】【聞法悟道】

【悟人/ひとにさとらしむ】 述宾 使人觉悟。《日本书纪》卷19《钦明纪》二年

七月条："且夫妖祥所以戒行，灾异所以**悟人**。当是，明天告戒，先灵之征表者也。"（第二册，p. 374）隋吉藏撰《净名玄论》卷7："凡欲令物悟无常者，当因三衰，老病死也。老须年至不可卒来，死则意灭无以**悟人**，病可卒加而意不灭。"又《法华玄论》卷10："问：'叵有定义以不?'答：'如前云，唯以**悟人**故教则不定。'"唐窥基撰《大般若波罗蜜多经般若理趣分述赞》卷2："刊定可轨离邪分别名为正法，宣显未闻为初开智说彰旧理为久**悟人**。"《敦煌变文·太子成道经》："扇抚糟糠令避席，开是**悟人**说真宗。"（p. 441）按：《汉语大词典》失收。

【悟無生理/むしょうのことわりをさとる】 四字　领会涅槃的道理。"无生"，不生不灭的意思，即涅槃的道理。《奈良朝写经29·千手千眼陀罗尼经》："遂令圣法之盛，与天地而永流，拥护之恩，被幽明而恒满，上臻有顶，傍及无边，俱发菩提心，顿**悟无生理**。"（p. 200）唐慧能解义《金刚经解义》卷2："如来意者，欲令世人，离有所得之心。故说般若波罗蜜法，令一切人闻之，皆发菩提心，**悟无生理**，成无上道也。"庞蕴编集《庞居士语录》卷3："世间最上事，唯有修道强。若**悟无生理**，三界自消亡。"

【悟無生忍/むしょうにんをさとる】 四字 （2例）"无生忍"，把心安住在不生不灭的道理上。"忍"就是把心安住在道理上而不再动摇的意思。《元兴寺伽蓝缘起并流记资财账》："面奉弥勒，听闻正法，**悟无生忍**，速成正觉。"《奈良朝写经5·大般若经卷第267》："以此善业，奉资登仙二尊神灵，各随本愿，往生上天，顶礼弥勒，游戏净域，面奉弥陀，并听闻正法，俱**悟无生忍**。"（p. 32）东晋佛陀跋陀罗译《佛说观佛三昧海经》卷7《观四威仪品》："此相现时，一亿诸释，心无所著，**悟无生忍**。佛为授记，于未来世，过算数劫，当得作佛，号三昧胜幢如来、应供、正遍知，十号具足。"唐义净译《金光明最胜王经》卷1《序品》："发弘誓心，尽未来际，广于佛所，深种净因，于三世法，**悟无生忍**，逾于二乘，所行境界。"新罗璟兴撰《无量寿经连义述文赞》卷3："有说此言，住不退转，即初地以上，不退转位。观经所言，**悟无生忍**，得百法明，皆初地故，此亦非也。"

【寤起/さめおく】 后补 （2例）从睡眠中醒来。睡醒起来。《古事记》中卷《神武记》："此时，熊野之高仓下赍一横刀，到于天神御子，即**寤起**诏：'长寝乎?'故受取其横刀之时，其熊野山之荒神，自皆为切仆。尔其惑伏御军，悉**寤起**之。"（p. 144）西晋竺法护译《佛说阿惟越致遮经》卷1："于是贤者舍利弗，后夜**寤起**，自出其室，发心往诣，文殊师利。"姚秦鸠摩罗什译《坐禅三昧经》卷2："**寤起**轻利能行二施忍辱除邪，论议不自满言语尠少。"梁僧佑撰《释迦谱》卷1："悉达卧寝时，不敢妄呼觉。鼓琴发歌音，尔乃令**寤起**。"按：《汉语大词典》失收。

X

【西大寺/さいだいじ】 寺名（24 例） 为日本真言律宗总本山。位于奈良市西郊。乃南都七大寺之一。又称高野寺、四王院。天平神护。765 年，奉称德天皇之敕而建。在奈良时代，与东大寺并称大寺。《日本灵异记》下卷《灭塔阶仆寺幢得恶报缘第 36》："时病者托言：'我永手也。我令仆乎法华寺幢，后**西大寺**八角塔成四角，七层减五层也。由此罪，召我于阎罗王阙，令抱火柱，以挫钉打立我手于，而问打拍。'"（p. 356）《续日本纪》卷 27《称德纪》天平神护二年十二月条："癸巳，幸**西大寺**。"（第四册，p. 144）又卷 28《称德纪》神护景云元年二月条："从四位下佐伯宿祢今毛人为造**西大寺**长官。"（第四册，p. 154）又神护景云元年三月条："壬子，幸**西大寺**法院，令文士赋曲水。赐五位以上及文士禄。"（第四册，p. 154）又卷 28《称德纪》神护景云元年五月条："稻一万束，垦田十町，献于**西大寺**。"（第四册，p. 162）又神护景云元年六月条："稻二万束。牛六十头献于**西大寺**。"（第四册，p. 166）又神护景云元年七月条："丙寅，以正五位上右少辩造**西大寺**次官大伴宿祢伯麻吕为兼骏河守。"（第四册，p. 168）又神护景云元年八月条："丙午，从四位下佐伯宿祢今毛人为左大辩。造**西大寺**长官如故。"（第四册，p. 176）又神护景云元年九月条："己酉，幸**西大寺**岛院。"（第四册，p. 178）又卷 29《称德纪》神护景云二年二月条："外从五位下飞驒国造高市麻吕、橘部越麻吕，并为造**西大寺**大判官。"（第四册，p. 192）又神护景云二年闰六月条："是日，户百五十烟舍**西大寺**。"（第四册，p. 208）又神护景云二年七月条："正五位上大伴宿祢伯麻吕为远江守，右中辩、造**西大寺**次官如故。"（第四册，p. 208）又神护景云三年四月条："辛酉，幸**西大寺**。"（第四册，p. 236）又神护景云三年五月条："造**西大寺**次官如故。"（第四册，p. 236）又卷 30《称德纪》神护景云三年八月条："造**西大寺**次官如故。"（第四册，p. 248）又龟宝元年二月条："丙辰，破劫**西大寺**东塔心础。其石大方一丈余，厚九尺。"（第四册，p. 272）又宝龟元年九月条："癸酉，六七。于**西大寺**设斋焉。"（第四册，p. 304）又卷 31《光仁纪》宝龟二年八月条："丁巳，设高野天皇忌斋于**西大寺**。"（第四册，p. 348）又宝龟二年十月条："以构**西大寺**兜率天堂也。"（第四册，p. 352）又卷 32《光仁纪》宝龟三年四月条："己卯，震**西大寺**西塔。

卜之，采近江国滋贺郡小野社木构塔为祟。充当郡户二烟。”（第四册，p. 380）又宝龟三年十一月条：“从五位上粟田朝臣公足为造**西大寺**员外次官。”（第四册，p. 392）又宝龟四年五月条：“从四位下津连秋主为造**西大寺**次官。”（第四册，p. 406）有宝龟四年闰十一月条：“闰十一月乙卯，造**西大寺**次官从四位下勋六等津连秋主卒。”（第四册，p. 414）又卷 34《高绍纪》宝龟七年七月条：“甲辰，震**西大寺**西塔。”

【西方安楽国/にし のかたのあんらくこく】 地名　西方极乐世界的别名。《日本灵异记》下卷《智行并具禅师重得人身生国皇之子缘第 39》：“我从所闻选口传，侻善恶，录灵奇，愿以此福，施群迷，共生**西方安乐国**矣。”（p. 377）梁宝亮等集《大般涅槃经集解》卷 24《大众问品》：“时诸比丘，知是时故，（至）如**西方安乐国土**。”北凉昙无谶译《大般涅槃经》卷 10《一切大众所问品》：“尔时三千，大千世界，庄严微妙，犹如**西方，安乐国土**。”唐菩提流志译《不空罥索神变真言经》卷 17《根本莲华顶陀罗尼真言品》：“其光下照，十六地狱，尽皆变成，莲华之池。是中一切，受苦有情，皆得解脱，一时舍命，往于**西方，安乐国土**。”→【往生西方】

【西方極楽/にし のかたのごくらく】 地名　即阿弥陀如来所住的净土。亦称“极乐世界”“安乐世界”“安养净土”，或略称“西方净土”“极乐”。《日本灵异记》下卷《序》：“庶扫地共生**西方极乐**，倾巢同住天上宝堂者矣。”（p. 260）东晋法显译《佛说大般泥洹经》卷 1《大身菩萨品》：“尔时佛威神故，此三千大千世界，地皆柔软，无有丘墟沙砾，荆棘毒草，众宝庄严，犹如**西方，极乐**国土。”隋达摩笈多译《佛说药师如来本愿经》卷 1：“以此善根，随所憙乐，随所愿求，若欲往生，**西方极乐**世界阿弥陀如来所者，由得闻彼，世尊药师琉璃光如来名号故，于命终时，有八菩萨，乘空而来，示其道径，即于彼界，种种异色，波头摩华中，自然化生。”唐玄奘译《药师琉璃光如来本愿功德经》卷 1：“亦如**西方，极乐**世界，功德庄严，等无差别。”

【西方净土/にし のかたのじょうど】 地名　指西方极乐世界。亦称西方极乐净土。略称西方。即阿弥陀佛之极乐净土。《奈良朝写经未收 6·维摩诘经卷第下》：“故今，**西方净土**涅万行之黑土，基菩提之白盘。”（p. 497）姚秦鸠摩罗什译《佛说阿弥陀经》卷 1：“从是**西方**过十万亿佛土，有世界名曰极乐。其土有佛，号阿弥陀，今现在说法。”唐菩提流志译《不空罥索神变真言经》卷 8《清净无垢莲华王品》：“此中有情，皆得六波罗蜜，善根相应。若舍身后，**西方净土**，莲花受生，见阿弥陀佛，一切菩萨摩诃萨，识知过去，七百千劫，所受生事，得证清净，无垢莲花，光王菩萨摩诃萨三摩地，莲花安住莲花王真言明仙三摩地。”

【西頭/にし のほとり】 后缀　西首；西边。《续日本纪》卷 14《圣武纪》天平十四年八月条：“乙酉，宫城以南大路**西头**，与甕原宫以东之间，令造大桥。”（p. 404）（1）元魏杨衒之撰《洛阳伽蓝记》卷 1：“北面有二门。**西头**曰大夏门，汉曰夏门，魏晋曰大夏门。尝造三层楼，去地二十丈。”唐阿地瞿多译《陀罗尼集经》卷 12《佛说诸佛大陀罗尼都会道场印品》："凡奉请送，皆先从东面北头第一，乃至南头第一座位毕。东面竟，次从北面东头第一，乃至**西头**第一座位毕。北面竟，次从南面东头第一，乃至**西头**第一座位毕。南面竟，次从西面南头第一，乃至北头第一座位。一院既尔余院亦然。"（2）《世说新语·赏誉第8》："蔡司徒在洛，见陆机兄弟住参佐廨中，三间瓦屋，士龙住东头，士衡住**西头**。"《三辅黄图·都城十二门》："长安城北出**西头**第一门曰横门。"

【吸噉於~/~をすひくらふ】 于字 吃喝。《日本灵异记》上卷《修持孔雀王咒法得异验力以现作仙飞天缘第28》："每庶挂五色之云，飞仲虚之外，携仙宫之宾，游亿载之庭，卧伏乎蕊盖之苑，**吸噉于**养性之气。"（p.119）唐慧琳撰《一切经音义》卷39："**吸噉**：上歙及反。《广雅》云：**吸**，饮也。《说文》：从口及声也。下谈敢反。《广雅》云：**噉**，食也，古今正字，从口敢声。《声类》：或作啖也。"唐菩提流志译《不空罥索神变真言经》卷1《母陀罗尼真言序品》："世尊当知，是人现世，则得二十称叹功德胜利。何名二十？……十一者，不为世间，诸恶鬼神，**吸噉**精气，怨仇害死。"该例亦见于唐阿目佉译《佛说不空罥索陀罗尼仪轨经》卷1。

【希福/さきはひをねがふ】 述宾 希望得到福佑。《续日本纪》卷22《淳仁纪》天平宝字三年六月条："非分**希福**，断决是非，为贪。心无辩了，强逼恼人，为嗔。事不合理，好是自恩，为痴。"（第三册，p.320）东晋法显记《高僧法显传》卷1："安居后一月诸**希福**之家劝化供养，僧行非时浆，众僧大会说法。说法已，供养舍利弗塔。"后唐景霄纂《四分律行事钞简正记》卷16："履其金刚净刹，请法佛资神，行敬三尊，**希福**备体，即识其履也。"按：《汉语大词典》失收。

【希有之想/けうなるおもひ】 四字 生尊重不思议心。"希有"，亦作"稀有"。罕见、少有之意。《日本灵异记》上卷《僧忆持〈心经〉得现报示奇事缘第14》："时觉法师语弟子言：'吾一夕诵《心经》一百遍许。然后开目，观其室里，四壁穿通，庭中显见。吾于是生**希有之想**，从室而出回瞻院内，还来见室壁户皆闭。即外复诵《心经》，开通如前。'"（p.95）姚秦鸠摩罗什译《大庄严论经》卷1："尔时亲友，即语之言：'汝于是经，乃能深生，**希有之想**。我释种边，而得此经，将欲洗却其字，以用书彼，毘世师经。'"隋阇那崛多译《佛本行集经》卷44《布施竹园品》："尔时世尊，知诸大众，生于欢喜，**希有之想**，即为大众，次第说法。所谓教行，布施持戒，说于生天，因缘业报，说于厌离，五欲之事，说漏尽因，说尽烦恼，赞叹出家，护助解脱。"唐实叉难陀译《大方广佛华严经》卷22《升兜率天宫品》："一切世界，兜率天王，悉为于佛，如是敷座，如是庄严，如是仪则，如是信乐，如是心净，如是欣乐，如是喜悦，如是尊重，如是而生，**希有之想**，如是踊跃，如是渴仰，悉皆同等。"→【発希有想】【甚希有】

【昔時之人/むかしのひと】 时段 过去的人。《丰后国风土记·海部郡》条："**昔**

时之人，取此山沙，詸朱沙。因曰丹生乡海部郡。”（p. 296）苻秦僧伽跋澄等译《尊婆须蜜菩萨所集论》卷5：“**昔时之人**得音响辩才，便能知乎？复次不见，畜生知文字者，或闻欲音响者，鹦鹉鸳鸯，此便可解。”

【昔有一人/むかしひとりのひとあり】时段（2例） 从前有一个人。《日本书纪》卷6《垂仁纪》八十八年七月条：“**昔有一人**，乘艇泊于但马国。因问曰：‘汝何国人也。’对曰：‘新罗王子，名曰天日枪。’”（第一册，p. 334）又卷11《仁德纪》三十八年七月条：“俗曰：‘**昔有一人**，往菟饿，宿于野中。’”（第二册，p. 54）（1）吴康僧会译《旧杂譬喻经》卷2：“**昔有一人**，年少贫苦，行诣他国，得一甘果。”西晋竺法护译《生经》卷4：“**昔有一人**，幼少孤苦，独一身居，种作广田。益有犁牛，得收五谷，奶酪醍醐，众果菜茹，不可限量。供给远近，诸食之者，往来每与穷困。名德流布，普通十方。”梁宝唱等集《经律异相》卷30：“**昔有一人**，见浮图寺，意欲作之，而钱帛不足，发愿入海，益得金宝，我当作寺，国中第一。”（2）《搜神后记》卷3：“**昔有一人**，与奴同时得腹瘕病，治不能愈。奴既死，乃剖腹视之，得一白鳖，赤眼，甚鲜明。”（p. 452）《太平广记》卷313《锺离王祠》条：“遂州东岸唐村，云**昔有一人**，衣大袖，戴古冠帻，立于道左，语村人曰：‘我锺离王也。旧有庙在下流十余里，因水摧损。今像泝流而止，将至矣。汝可于此为我立庙。’”（p. 2478）

【息绝/いきたふ】格义　咽气，断气。《日本书纪》卷13《允恭纪》十四年九月条：“爰男狭矶抱大鳆而泛出之，乃**息绝**以死浪上。”（第二册，p. 124）（1）后汉竺大力、康孟详合译《修行本起经》卷2《游观品》：“太子问曰：‘此为何等？’仆言：‘死人。’‘何如为死？’答言：‘死者尽也，精神去矣。四大欲散，魂神不安。风去**息绝**，火灭身冷。风先火次，魂灵去矣。’”吴康僧会译《六度集经》卷7：“或睹众生，寿命终讫，**息绝**熅逝，神迁身冷，九族捐之，远著外野。”唐道世撰《法苑珠林》卷49：“王即叉手，向佛遥稽首：‘今日命绝，永赞神化。’唧咿鲠咽，斯须**息绝**。举国臣民，靡不躄踊。”（2）《太平御览》卷866《饮食部》所载《魏中臣奏》曰：“刘放奏云：‘今官贩苦酒，与百姓争锥刀之末，宜其**息绝**。’”《梁书》卷33《刘孝绰传》：“小人未识通方，絷马悬车，**息绝**朝觐。方愿灭影销声，遂移林谷。不悟天听罔已，造次必彰，不以距违见疵，复使引籍云陛。”按：《汉语大词典》失收。上述佛典三例中，“息绝”一词谓断气或咽气，即死亡的意思。相反，中土文献中，“息绝”则表示“停止”“拒绝”之义，用于抽象的含义。

【息利/いらしもの】偏正（7例） 犹言“利息”。收益，收入。《日本灵异记》中卷《贷用寺**息利**酒不偿死作牛役之偿债缘第32》：“圣武天皇世，纪伊国名草郡三上村人，为药王寺，率引知识，息晋药分，药王寺，今谓势多寺也。其药料物，寄乎冈田村主姑女之家，作酒**息利**。”（p. 231）又下卷《强非理以征债取多倍而现得恶死报缘第26》：“酒加水多，沽取多直。贷日与小升，偿日受大升。出举时用小斤，偿收大斤。

息利强征太甚。"（p. 329）《续日本纪》卷 8《元正纪》养老四年三月条："其稻既不**息利**，令当年纳足，不得延引数有逋悬。"（第二册，p. 68）又卷 9《圣武纪》神龟元年三月条："甲申，令七道诸国，依国大小，割取税稻四万以上二十万束以下，每年出举，取其**息利**，以充朝集使在京及非时差使。"（第二册，p. 148）又卷 15《圣武纪》天平十六年七月条："甲申，诏曰：'四畿内七道诸国，国别割取正税四万束，以入僧尼两寺，各二万束。每年出举。以其**息利**，永支造寺用。'"（第二册，p. 442）又卷 39《桓武纪》延历七年九月条："今年出举者不论正税公廨，一切减其**息利**。"失译人名今附后汉录《大方便佛报恩经》卷 2《对治品》："虽与众生，和光尘俗，出内财产，生业**息利**，终不为恶，利益众生。"姚秦鸠摩罗什译《妙法莲华经》卷 2《信解品》："象马车乘，牛羊无数。出入**息利**，乃遍他国，商估贾客，亦甚众多。"按：《汉语大词典》首引白居易《息游惰策》："当丰岁则钱粜半价，不足以充缗钱；遇凶年则**息利**倍称，不足以偿逋债。"偏晚。

【悕/うらめしむ】 单音　希望，期盼。《日本灵异记》上卷《非理夺他物为恶行受报示奇事缘第 30》："王问之言：'汝知是女耶？'广国白言：'实我之妻也。'复问：'汝知鞫罪耶？'答：'不知。'问女之答：'我实知之。摈吾而自家出遣故，**悕**恻厌媚。'"唐慧琳撰《一切经音义》卷 8："**希**冀：上香依反。《韵诠》：**希**，慕也。《考声》：罕也。《法言》云：**希**，冀也。经作**悕**，俗字也。"又卷 30："**睎**望：上欣衣反。《方言》云：**睎**，眄也。《广雅》云：**睎**，视也。《说文》：**睎**，亦望也。从目，希声。眄，音批戾反。经从心，作**悕**，非也。"又卷 51："**睎**望：喜衣反。《广雅》云：**睎**，视也。《说文》云：**睎**，望也。从目，希声也。论作**悕**，亦通用。"

【悋惜/をしむ】 并列　各啬顾惜。《日本书纪》卷 18《安闲纪》元年七月条："味张忽然**悋惜**，欺诳敕使曰：'此田者天旱难溉，水潦易浸。费功极多，收获甚少。'"（第二册，p. 336）唐慧琳撰《一切经音义》卷 37："**悋惜**：上力晋反。《切韵》：鄙，**悋**也。**惜**亦**悋**也。"（1）吴支谦译《撰集百缘经》卷 1："时彼商主，睹斯香烟，深于佛前而自悔责：'我今云何向佛世尊，**悋惜**此宝，而不施与。'"后秦佛陀耶舍、竺佛念等合译《长阿含经》卷 8："彼苦行者，有不净食，心不**悋惜**，若有净食，则不染著，能见己过，知出要法，是为苦行离垢法也。"刘宋求那跋陀罗译《过去现在因果经》卷 3："若人见彼，受此苦痛，宜应惠施，勿生**悋惜**。"（2）唐沉既济撰《任氏传》："是以崟爱之重之，无所**悋惜**；一食一饮，未尝忘焉。"按：《新编日本古典文学全集》栏上的注释注引《魏志 · 荀彧传》："公以至仁待人，推诚心不为虚美，行己谨俭，而与有功者无所**悋惜**，故天下忠正效实之士咸愿为用。"

【悉常/ことごとくつねに】 偏正　经常，总是。《古事记》上卷《天照大御神与须佐之男命》："彼目如赤加贺智，而身一有八头八尾，亦其身生萝及桧榲，其长度溪八谷峡八尾。见其腹者，**悉常**血烂也。"（p. 68）后汉支娄迦谶译《道行般若经》卷 7：

“佛言：‘复次，须菩提。梦中菩萨摩诃萨不入阿罗汉地，不入辟支佛地，不乐索其中，亦不教他人入其中，心亦不念般若中诸法，梦中视，不般若中为证，心悉常在佛。’”东晋佛驮跋陀罗译《大方广佛华严经》卷48《入法界品》：“城内一万大众，周匝围绕，颜容姝妙，天人无伦。成就菩萨直心，庄严众生。悉常随顺，甘露顶教。宿世同修，诸善根故。”唐不空译《仁王般若念诵法》卷1：“佛即赞言：‘若诵持此陀罗尼者，我及十方诸佛，悉常拥护。’”按：《汉语大词典》失收。

【悉当得~/ことごとくに~うべし】 三字　全都应当能够得到某物或做到某事。《日本书纪》卷13《允恭纪》十四年九月条：“赤石海底有真珠。其珠祠于我，则悉当得兽。”（第二册，p. 122）后汉支娄迦谶译《道行般若经》卷9《不可尽品》：“菩萨作是念：‘如诸佛悉得诸经法，我悉当得。’如是菩萨行般若波罗蜜时，作是思惟念：如两指相弹顷，若有菩萨布施具足，如恒边沙劫，不如是菩萨行般若波罗蜜，如弹两指顷。’”姚秦鸠摩罗什译《妙法莲华经》卷5《从地踊出品》：“尔乃教化之，令初发道心，今皆住不退，悉当得成佛。我今说实语，汝等一心信，我从久远来，教化是等众。”北凉昙无谶译《大般涅槃经》卷12：“善男子，如汝所言，菩萨二乘无差别者，我先于此，如来密藏，大涅槃中，已说其义，诸阿罗汉，无有善有。何以故？诸阿罗汉，悉当得是，大涅槃故，以是义故，大般涅槃有毕竟乐。是故名为，大般涅槃。”

【悉動/ことごとくとよむ】 偏正（2例）　全部震动，所有的东西都在震动。《古事记》上卷《天照大御神与须佐之男命》：“故于是，速须佐之男命言：‘然者，请天照大御神将罢。’乃参上天时，山川悉动，国土皆震。”（p. 54）《日本灵异记》下卷《灾与善表相先现而后其灾善答被缘第38》：“山部天皇代延历三年岁次甲子冬十一月八日乙巳日夜，自戌时至于寅时，天星悉动，缤纷而飞迁。”（p. 371）后汉支娄迦谶译《道行般若经》卷10：“其分散亦悉遍至，一佛界中地悉动，诸菩萨悉见，十方无央数佛。”吴支谦译《佛说义足经》卷1：“天人亦在空中，散花佛上，皆言：‘善哉！佛威神。悉动十方。’”萧齐僧伽跋陀罗译《善见律毘婆沙》卷2《阿育王品》：“大德帝须，即以神力，能使四方，四由旬外，悉大震动，界内不动；车马及人，外脚悉动，内脚不动。”按：《汉语大词典》失收。汉译佛经中，通常以山河皆为震动的形式表现佛陀或菩萨出现时的祥瑞；《天照大御神与须佐之男命》传说中以此烘托须佐之男命升天时的场景甚为妥帖；《日本灵异记》用于表现星象的变动。三例在用法上保持着不即不离的关系。

【悉愕/ことごとくにおづ】 自创　全都很惊愕。《日本书纪》卷28《天武纪上》元年六月条：“是时，近江朝闻大皇弟入冬国，其群臣悉愕，京内震动。或遁欲入东国，或退将匿山泽。”（第三册，p. 316）后秦佛陀耶舍、竺佛念等译《长阿含经》卷3：“诸比丘闻此语已，皆悉愕然，殒绝迷荒。”该例在梁僧佑撰《释迦谱》卷4中亦有辑录。宋法天译《大方广总持宝光明经》卷5：“或有耳尘三昧中，能现大声诸境界。入于一切语言音，天上人间悉愕然。”按：古汉语中，“愕”仅为字，并非词，通常以复音节词的形式出现。通过例文可知，“悉愕”疑似由“（皆）悉愕然”截取而来。

【悉奉/ことごとくにたてまつる】 偏正 （2 例） 全部奉献（给某人）。《古事记》中卷《仲哀记》：“今寔思求其国者，于天神地祇亦山神及河海之诸神悉奉币帛，我之御魂坐于船上，而真木灰纳瓠，亦箸及比罗传多作，皆皆散浮大海，以可度。”（p. 244）《日本书纪》卷 29《天武纪下》三年三月条：“凡银有倭国，初出于此时。故悉奉诸神祇，亦周赐小锦以上大夫等。”（第三册，p. 356）西晋竺法护译《正法华经》卷 1《光瑞品》：“时族姓子，得名闻定，以斯德本，从不可计亿百千佛，求愿得见，悉奉众圣。”东晋昙无兰译《新岁经》卷 1：“其在于山岩，坐于阴树下。若游于大海，而怀饥瞋恨。来坐立新岁，亿载众生集。供养悉奉佛，得成甘露门。”隋慧远撰《维摩义记》卷 2：“即往牛所。牛自开脚，任其构捋，牛语阿难：‘愿留一乳，以乞我儿，余悉奉佛。’犊子即言：‘尽奉如来，我食水草。’彼婆罗门，在傍具见，即自悔责：‘我不及牛，不识福田，生此恶心。’遂于佛所，深敬归信。”按：《汉语大词典》失收。

【悉集於～/ことごとくに～につどふ】 于字 （5 例） 全部聚集（在某处）。①《日本书纪》卷 10《应神纪》三十一年八月条：“群卿便被诏，以令有司取其船材为薪而烧盐。于是得五百笼盐，则施之周赐诸国，因令造船。是以诸国一时贡上五百船，悉集于武库水门。”（第一册，p. 492）②《日本书纪》卷 7《景行纪》二十七年十二月条：“时熊袭有魁帅者，名取石鹿文，亦曰川上枭帅，悉集亲族而欲宴。”（第一册，p. 366）又卷 23《舒明纪》即位前纪条：“适是时，苏我氏诸族等悉集，为岛大臣造墓，而次于墓所。”（第三册，p. 32）又卷 29《天武纪下》四年五月条：“即日，悉集朝庭赐宴。”（第三册，p. 366）又卷 29《天武纪下》朱鸟元年九月条：“九月戊戌朔辛丑，悉集川原寺，为天皇病誓愿云云。”（第三册，p. 466）（1）失译人名今附东晋录《菩萨本行经》卷 1：“王敕群臣，告下诸国大王：‘却后七日，为闻法故，当于身上，而燃千灯。诸欲来见王者，皆悉集于大国。’”北凉昙无谶译《大方等大集经》卷 49《切鬼神集会品》：“愿悉劝请，如来法尊，当使世尊，令诸天众，悉集于此，一切龙众，乃至一切，迦咤富单那等，亦悉来集。”唐义净译《根本说一切有部毘奈耶药事》卷 10：“时阿难陀，受佛教敕，所有依止驴药叉宫殿诸苾刍等，普告令集。至彼会处，诣世尊所，顶礼双足，而白佛言：‘世尊，所有苾刍，皆悉集于会堂，次第坐已，愿圣知时。’世尊往诣会堂。”《欧阳修集》卷 32《居士集》：“其施于为政，敏而有方。襄州中庐戍兵骄，前为守者患之，不能制。公至，因事召之，悉集于庭，告曰：‘某时为某事者，非某人邪？’取其一二人置于法，余悉不问，兵始知惧。”《资治通鉴》卷 286《后汉纪 1》：“契丹主召晋百官悉集于庭，问曰：‘吾国广大，方数万里，有君长二十七人。今中国之俗异于吾国，吾欲择一人君之，如何？’”（2）姚秦鸠摩罗什译《大庄严论经》卷 5：“痴乳牛奔走，挽绝无明靷，如向所见事，悉集我身中。”刘宋求那跋陀罗译《杂阿含经》卷 44：“时婆罗门长者，悉集堂上，遥见世尊，共相谓言：‘彼剃头沙门，竟知何法？'"隋阇那崛多译《佛本行集经》卷26《向菩提树品》："汝等悉集，听我处分。有一释迦，种姓之子，欲取菩提。我等相共，至于彼处，断其如此，勇猛之心，勿令取证。"《后汉文》卷89《南匈奴传》："臣国成败，要在今年。已敕诸部严兵马，讫九月龙祠，悉集河上。"《文选》卷42曹植《与杨德祖书》："吾王于是设天网以该之，顿八纮以掩之，今悉集兹国矣。"→【悉聚】【諸人悉聚】

【悉皆/ことごとくみな】并列（24例）　全部。《日本书纪》卷2《神代纪下》："故以天儿屋命、太玉命及诸部神等，悉皆相授。且服御之物，一依前授。"（第一册，p.138）又卷20《敏达纪》十二年是岁条："故今合议者仕奉朝列臣、连、二造、下及百姓，悉皆饶富，令无所乏。"（第二册，p.482）又卷24《皇极纪》四年六月条："中大兄即入法兴寺为城而备。凡诸皇子、诸王、诸卿大夫、臣、连、伴造、国造悉皆随侍。"（第三册，p.102）又卷25《孝德纪》大化二年八月条："粤以始于今之御寓天皇及臣、连等，所有品部，宜悉皆罢，为国家民。"（第三册，p.158）《播磨国风土记·贺毛郡》条："天皇敕：'追聚于此村，悉皆斩死。'故曰臭江。其血黑流，故号黑川。"（p.112）《丰后国风土记·大野郡》条："此郡所部，悉皆原野。因斯名曰大野郡。"（p.294）又《速见郡》条："是五人并为人强暴，众类亦多在。悉皆谣云：'不从皇明。若强唤者，兴并距焉。'"（p.300）又："其气炽热，不可向昵。缘边草木，悉皆枯萎。因曰慍汤井。"（p.300）《常陆国风土记·信太郡》条："即时，随身器仗及所执玉圭，悉皆脱履，留置兹地，即乘白云，还升苍天。"（p.364）《元兴寺伽蓝缘起并流记资财账》："尔时，聪耳皇子及诸臣等共闻天皇所愿。时聪耳皇子诸臣等告：'传闻君行正法，即随行君行，邪法即慰谏。今我等天皇见闻所行愿，当此正行愿，天下之万姓悉皆应随行。'"《藤原家传》上卷《镰足传》："时论以为，应天诛逆。而丰浦大臣犹在，狡贼未平。即入法兴寺为城，以备非常。公卿大夫悉皆随焉。"（p.176）《续日本纪》卷5《元明纪》和铜四年九月条："甲戌，诏曰：'凡卫士者，非常之设，不虞之备。必须勇健应堪为兵。而悉皆尪弱，亦不习武艺。徒有其名，而不能为益。'"（第一册，p.170）又卷13《圣武纪》天平十二年六月条："兼天平十一年以前公私所负之稻，悉皆原免。"（第二册，p.364）又卷14《圣武纪》天平十三年闰三月条："其见在平城者，限今日内，悉皆催发。自余散在他所者，亦宜急追。"（第二册，p.392）又卷17《圣武纪》天平十九年十一月条："造塔、金堂、僧坊，悉皆令了。"（第三册，p.48）又卷19《孝谦纪》天平胜宝六年九月条："由是，百姓渐劳，正仓颇空。宜令京及诸国田租，不论得不，悉皆全输，正税之利，举十取三。"（第三册，p.146）又卷25《淳仁纪》天平宝字八年九月条："又敕曰：'逆臣仲麻吕，奏右大臣藤原朝臣丰成不忠。故即左降。今既知谗诈，复其官位。宜先日所下敕书，官符等类悉皆烧却。'"（第四册，p.38）又天平宝字八年十月条："甲申，敕曰：'在京见禁囚徒，大辟以下，悉皆赦除。'"又天平宝字八年十月条："甲申，敕曰：'在京见禁囚徒，大辟以下，悉皆赦除。'"（第四册，p. 50）又卷35《高绍纪》宝龟十年八月条："丙辰，敕：'朕有所念，可赦天下。自宝龟十年八月十九日昧爽已前大辟以下，罪无轻重，已发觉，未发觉，已结正，未结正，系囚见徒。**悉皆**赦除。'"又卷36《高绍纪》宝龟十一年八月条："庚戌，敕：'今闻诸国甲胄稍经年序，**悉皆**涩绽，多不中用。'"又卷37《桓武纪》延历元年七月条："自天应二年七月二十五日昧爽已前大辟以下，罪无轻重，已发觉，未发觉，已结正，未结正，系囚见徒，**悉皆**赦除。"延历元年七月条："神祇官阴阳寮并言：'虽国家恒祀依例奠币，而天下缟素，吉凶混杂。因兹，伊势大神及诸神社，**悉皆**为祟。如不除凶就吉，恐致圣体不予欤。'"又延历二年七月条："宜去延历元年六月十四日所下诏敕官符等类，**悉皆**烧却焉。"后汉竺大力、康孟详合译《修行本起经》卷1《试艺品》："诸来决艺，**悉皆**受折，惭辱而去。"姚秦鸠摩罗什译《妙法莲华经》卷4《授学无学人记品》："是二千声闻，今于我前住，**悉皆**与授记，未来当成佛。"唐义净译《金光明最胜王经》卷5《莲华喻赞品》："净光明网无伦比，流耀遍满百千界；普照十方无障碍，一切冥谙**悉皆**除。"

【悉皆号哭/ことごとくみなおらびなく】 四字　所有人都号啕大哭。《日本灵异记》中卷《奉写〈法华经〉因供养显母作女牛之因缘第15》："法事讫后，其牛即死。法会之众，**悉皆号哭**，响于堂庭。"（p. 188）（1）唐义净译《根本说一切有部毘奈耶破僧事》卷4："尔时车匿，一手攀秋，一手执刀，菩萨诸天，威力感故，即腾虚空。宫中善神，既见是已，**悉皆号哭**，泪下如雨。车匿见之，白菩萨曰：'此是雨不？'菩萨报曰：'此不是雨，是宫中神，见我今去，泪下如此。'"（2）隋阇那崛多译《佛本行集经》卷26《向菩提树品》："见其所有，一切欲界，诸天主等，四镇天王、帝释、夜摩、兜率、化乐、他化自在，**皆悉号哭**，沥泪满面，走向菩萨，观菩萨面，立菩萨前。"按："悉皆"与"皆悉"词序有别，但意义相同。

【悉皆禁断/ことごとくみなきんだんす】 四字　全部禁止，所有禁绝。《续日本纪》卷12《圣武纪》天平九年九月条："朕甚愍焉。济民之道，岂合如此？自今以后，**悉皆禁断**。催课百姓，一赴产业，必使不失地宜。"（第二册，p. 326）后唐景霄纂《四分律行事钞简正记》卷4："八净贱者，谓田宅园林、种殖根栽、贮畜谷帛、畜诸僮仆、养系畜生、钱宝重物、像今饰床、及诸重物。《涅槃经》中，名八毒虵。十余处文，**悉皆禁断**。"

【悉聚/ことごとくにあつむ】 偏正　全部聚集起来，所有的都聚集在某处。《日本书纪》卷24《皇极纪》元年十二月条："又尽发举国之民、并百八十部曲，预造双墓于今来。一曰大陵，为大臣墓。一曰小陵，为入鹿臣墓。望死之后，勿使劳人。更**悉聚**上宫乳部之民，役使茔兆所。"（第三册，p. 70）（1）后汉安世高译《十支居士八城人经》卷1："鸡园中诸比丘僧、毘舍离诸比丘僧皆**悉聚**已，以净妙饮食，手自授与。"西晋竺法护译《修行地道经》卷1《五阴成败品》："譬如屠家，群中捕猪，牵欲杀之，余猪悉聚惊怖，侧耳听声，惶惧愕视。”刘宋求那跋陀罗译《过去现在因果经》卷2：“从人答言：‘提婆达多，手搏一象，蹴在城门，妨人行路；难陀次出，以足指挑，掷著于此。是故行人，悉聚看之。’”（2）《太平经·戊部之四》：“能人人为之，乃选取其中第一大功者悉聚之，大有功者署其位，小有功者赏赐之，天下人莫不欲为之，但恐大多，不可胜记，何患忧少哉？真人何其大愚暗且蒙也！”《魏志》卷13《华歆传》：“歆皆无所拒，密各题识，至临去，悉聚诸物，谓诸宾客曰：‘本无拒诸君之心，而所受遂多。念单车远行，将以怀璧为罪，愿宾客为之计。’众乃各留所赠，而服其德。”按：中土文献中的“悉聚”通常用作及物动词，汉译佛经则多表示人或物聚集在某处，两者在意思和用法上有所不同。→【悉集】

【悉覚/ことごとくにさとる】 偏正　洞悉，了如指掌。《日本书纪》卷16《武烈纪》即位前纪条：“太子甫知鲔曾得影媛，悉觉父子无敬之状，赫然大怒。此夜速向大伴金村连宅，会兵计策。”（第二册，p. 272）后汉支娄迦谶译《佛说伅真陀罗所问如来三昧经》卷2：“二十一者悉觉诸魔事，觉者当即远离，是为高明。”后汉昙果、康孟详合译《中本起经》卷1《转法轮品》：“六通悉觉，具八正行。是名取中，止宿泥洹。”东晋佛驮跋陀罗译《大方广佛华严经》卷44《入法界品》：“复与五百，大声闻俱，悉觉真谛，证如实际，深入法性，离生死海。”

【悉傷/ことごとくおふ】 偏正　（2例）　全部受伤。《古事记》上卷《大国主神》：“因此泣患者，先行八十神之命以诲告：‘浴海盐，当风伏。’故为如教者，我身悉伤。”（p. 76）又下卷《安康记》：“如此白，而亦取其兵，还入以战。尔力穷矢尽，白其王子：‘仆者，手悉伤，矢亦尽，今不得战。如何？’”（p. 332）西晋竺法护译《修行地道经》卷3：“狱王守鬼而挝刺，求哀欲脱鬼益怒。时诸刺贯身悉伤，敕使还上复如故。”北凉昙无谶译《佛所行赞》卷2：“大爱瞿昙弥，闻太子不还。竦身自投地，四体悉伤坏。”按：《汉语大词典》失收。佛典二例中，一例用于偈颂中，另一例的完整形式为“悉伤坏”。由此推之，“悉伤”的词形并不固定，具有某种程度的临时性。

【悉捨/ことごとくにすつ】 偏正　全部抛弃，放弃一切。《日本书纪》卷7《景行纪》四十年是岁条：“然遥视王船，豫怖其威势，而心里知之不可胜，悉舍弓矢。”（第一册，p. 376）（1）后汉安世高译《佛说宝积三昧文殊师利菩萨问法身经》卷1：“文殊言：‘罗汉尽故如是。何以故？’舍利弗言：‘悉舍诸法，无所得故。’”姚秦鸠摩罗什译《妙法莲华经》卷1《序品》：“是诸王子，闻父出家，得阿耨多罗，三藐三菩提，悉舍王位，亦随出家，发大乘意，常修梵行，皆为法师，已于千万佛，所殖诸善本。”隋阇那崛多译《佛本行集经》卷20《观诸异道品》：“又彼林中，所有虫兽，其等一切，悉舍水草，不食不饮，欢喜来向，于菩萨前。”（2）《通典》卷59《礼19》：“以纱縠幪女氏之首，而夫氏发之，因拜舅姑，便成妇道。六礼悉舍，合卺复乖，隳政教之大方，成容易之弊法。”《太平广记》卷108《何轸》条：“至唐大和四年冬，四十五矣。**悉舍**资装供僧，欲入岁，遍别亲故。”

【悉示/ことごとくにみす】 偏正　一一展示。《日本书纪》卷25《孝德纪》大化元年七月条：“后遣三轮栗隈君东人，观察任那国堺。是故，百济王随敕**悉示**其界。”（第三册，p. 114）后汉支娄迦谶译《佛说兜沙经》卷1：“佛所说法，悉皆使我曹见矣。现我等佛刹成败时，使我曹悉见矣。现我曹等诸佛起出时，现我等佛刹所有善恶，佛所有**悉示**我。”吴支谦译《佛说义足经》卷1：“王敕大臣：‘悉将是人，去示其象。’臣即将到象厩，一一示之，令捉象。有捉足者、尾者、尾本者、腹者、胁者、背者、耳者、头者、牙者、鼻者。**悉示**已，便将诣王所。”西晋竺法护译《顺权方便经》卷2：“或有众生，慕好诸天龙神揵沓惒阿须伦迦留罗真陀罗摩睺勒，我**悉示**之，斯位所乐。然后现变皆虚不实，劝化各使，发大道意。”

【悉剃其髪/ことごとくそのかみをそる】 四字　剃掉全部头发。《古事记》中卷《垂仁记》：“尔其后豫知其情，**悉剃其发**，以发覆其头，亦腐玉绪，三重缠手，且以酒腐御衣，如全衣服。”（p. 202）元魏吉迦夜、昙曜合译《付法藏因缘传》卷6：“提婆语言：‘我所修法，仁活万物，要不如者，当剃汝发，以为弟子。不斩头也。’立此要已，便共论义。诸外道中，情智浅者，适至一言，寻便屈滞。智慧胜者，远至二日。辞理俱匮，**悉剃其发**，度令出家。”

【悉喜/ことごとくよろこぶ】 偏正　大家全都感到高兴。《日本灵异记》中卷《将建塔发愿时生女子卷舍利所产缘第31》：“因瞻掌，有舍利二粒。欢喜异奇，告知诸人。诸人众喜，展转国司。郡卿**悉喜**，引率知识，建七重塔，安彼舍利以供养了。”（p. 229）吴支谦译《佛说义足经》卷2：“佛知猛观梵志所生疑，是时便作一佛，端正形类无比，见者**悉喜**，有三十二大人相，金色复有光，衣法大衣，亦如上说。”东晋帛尸梨蜜多罗译《佛说灌顶经》卷4：“是七神王，当以威神，佐助左右，治生卖买，常获倍利，不与怨家，盗贼恶伴，之所牵引，所在从行，见者**悉喜**，和悦相向，无瞋恼色，带持结缕，神王名故，现报如是。”

【悉欲除滅/ことごとくのぞきほろぼさむとほりす】 自创　希望全部消除。《元兴寺伽蓝缘起并流记资财账》：“以此功德，我现在父母六亲眷属等为烧流佛法罪及所奉之物返取灭之罪，**悉欲**赎**除灭**。”东晋佛驮跋陀罗译《大方广佛华严经》卷49《入法界品》：“大圣，我已先发，阿耨多罗，三藐三菩提心，向无上道，志求一切，诸佛智慧，欲满一切，诸佛大愿，欲净一切，诸佛色身，欲见一切，诸佛法身，欲知一切，诸佛智身，欲净满一切，菩萨诸行，欲照一切菩萨，诸三昧门，欲成就一切，菩萨诸陀罗尼，**欲悉除灭**，一切障碍，欲遍游一切诸佛世界，而未知菩萨云何学菩萨行、修菩萨道、生一切智？”

【悉振/ことごとくにふるふ】 自创　全部振（震）动。“振”与“震”音同义相

通。《日本书纪》卷9《神功纪》摄政前纪条："是言未讫之间，船师满海，旌旗耀日，鼓吹起声，山川悉振。"（第一册，p. 428）姚秦鸠摩罗什译《十住毘婆沙论》卷3《释愿品》："无量须弥山，皆悉动摇，无量大海，皆悉振荡，一切世界，出非时华，雨栴檀末香，及诸天名华，诸希有事。"梁宝唱等集《经律异相》卷46："时须弥山，及诸林树，皆悉振动，迦叶在座不能自安。"梁法云撰《法华经义记》卷1《序品》："普是有缘，感佛世界，以来皆悉振动，大地常安，而今忽动，此即奇事明义。"按：根据佛典用例研判，"悉振"一词的产生，与佛典中存在的"皆悉振荡""皆悉振动"等四字语句有关。

【悉知/ことごとくしる】偏正（7例） 知晓一切，对一切了如指掌。《日本书纪》卷15《显宗纪》即位前纪条："天皇久居边裔，悉知百姓忧苦，恒见枉屈，若纳四体沟隍。布德施惠，政令流行，邺贫养孀，天下亲附。"（第二册，p. 226）又卷17《继体纪》二十四年九月条："由是，悉知行迹，心生翻背。乃遣久礼斯己母使于新罗请兵，奴须久利使于百济请兵。"（第二册，p. 324）又卷19《钦明纪》二十三年十一月条："冬十一月，新罗遣使献并贡调赋。使人悉知国家愤新罗灭任那，不敢请罗。恐致刑戮，不归本土，例同百姓。今摄津国三岛郡埴庐新罗人之先祖也。"（第二册，p. 454）又卷23《舒明纪》即位前纪条："是乃近侍诸王及采女等悉知之，且大王所察。"（第三册，p. 24）又："乃当时侍之近习者，悉知焉。"（第三册，p. 28）《续日本纪》卷20《孝谦纪》天平宝字元年八月条："日月所临，咸看圣胤繁息。乾坤所载，悉知宝祚延长。"（第三册，p. 224）又卷37《桓武纪》延历二年四月条："今遣使存慰，开仓优给。悦而使之者，寔惟哲王之爱民乎。凡厥东土，悉知朕意焉。"后汉昙果、康孟详合译《中本起经》卷2《大迦叶始来品》："何等为六？一者四神足念；二者悉知，一切人意；三者耳彻听；四者见众生本；五者知众生所趣行；六者诸漏皆尽。"姚秦鸠摩罗什译《摩诃般若波罗蜜经》卷5《广乘品》："譬如田夫仓中，隔盛杂谷，种种充满，稻麻黍粟豆麦。明眼之人，开仓即知，是麻是黍是稻是粟是麦是豆，分别悉知。"唐义净译《金光明最胜王经》卷3《灭业障品》："如是众罪，佛以真实慧、真实眼、真实证明、真实平等，悉知悉见。"按：上例中，诏书中"悉知朕意"的说法，在日本天皇的诏书中未见。

【悉誅滅/ことごとにつみなひほろぼす】三字（2例） 全部屠戮除灭。《丰后国风土记・速见郡》条："于兹，天皇遣兵，遮其要害，悉诛灭。因斯名曰速津媛国。"（p. 300）《肥前国风土记・总记》条："朝庭敕遣肥君等祖健绪组伐之。于兹，健绪组奉敕，悉诛灭之。"（p. 310）（1）唐道世撰《法苑珠林》卷27："徽以兄子，系于郡狱，铁木竟体，钳梏甚严，须考毕情党，将悉诛灭。徽惶迫无计，待期而已。"（2）《晋书》卷55《夏侯湛传》："会甘卓怀疑不进，王师败绩，敦悉诛灭异己者，收承，欲杀之，承外兄王廙苦请得免。寻为散骑常侍。"

【悉助/ことごとくにたすく】 偏正 全部都在提供帮助。《日本书纪》卷9《神功纪》摄政前纪条："则大风顺吹，帆舶随波，不劳櫂楫，便到新罗。时随船潮浪远逮国中。即知天神地祇**悉助**欤。"（第一册，p. 426）（1）后汉支娄迦谶译《般舟三昧经》卷2："时佛言：'善哉，善哉！颰陀和所说者无有异。我助其欢喜，过去当来今现在佛**悉助**欢喜。'"梁慧皎撰《高僧传》卷9："朝会之日，和上升殿，常侍以下，**悉助**举舆，太子诸公，扶翼而上。主者唱大和上至，众坐皆起，以彰其尊。又敕伪司空李农，旦夕亲问，太子诸公，五日一朝，表朕敬焉。"唐不空译《佛说一切诸如来心光明加持普贤菩萨延命金刚最胜陀罗尼经》卷1："说是陀罗尼已，大地山河悉皆振动，地狱摧碎宫震动，病苦众生当时苏息。会中有无量执金刚神，异口同音亦共宣说。诸大菩萨摩诃萨众，**悉助**延命宣说，陀罗尼令获金刚寿命。"（2）《全唐文》卷498权德舆《唐故右神策护军中尉右街功德使开府仪同三司守右武卫大将军知内侍省事上柱国乐安县开国公内侍省少监致仕赠扬州大都督府孙公神道碑铭并序》："公曰：'有齿以焚，古人所诫；无胫而至，廉士不居。'外不易于人，中不易其操，泛然虚受，**悉助**军实。"按：《汉语大词典》失收。

【惜己物/おのがものををしむ】 三字 吝惜自己的东西。《日本灵异记》上卷《序》："欲他分**惜己物**，甚流头于粉粟粒以啖糠。"（p. 54）隋智顗说《摩诃止观》卷9："复次菩萨修胜处具众行者，若不达依正可起贪悭，此观若明。身尚欲舍，况**惜己物**而贪他财，是则名檀。"→【不敢愛惜】【不惜身命】【悔惜】【堅惜】【憐惜】【悋惜】【甚悼惜焉】

【錫杖/しゃくじょう】 偏正 （4例） 尖端呈塔婆形，嵌有大圆环，圆环中再嵌入数个小环，摇动作响的杖。大乘僧所持十八物之一。《日本灵异记》上卷《持戒比丘修净行而得现奇验力缘第26》："取杨枝上枝时，立**锡杖**于**锡杖**，而互用二物，物不仆，如凿而树之。"（p. 114）《唐大和上东征传》："以**锡杖**扣地，有二青龙寻**锡杖**上，水即飞涌，今尚其水涌出地上三尺焉，因名［曰］龙泉寺。"（p. 79）失译人名今附东晋录《得道梯橙**锡杖**经》卷1："汝等今当受持**锡杖**。所以者何？是**锡杖**者，名为智杖，亦名德杖。彰显圣智故，名智杖，行功德本故曰德杖。如是杖者，圣人之表式，贤士之明记，趣道法之正幢。"→【杖錫】

【洗浄/あらひきよむ】 后补 洗涤干净。《日本灵异记》中卷《依恶梦至诚心使诵经示奇表得全命缘第20》："不胜心念，脱自著衣，**洗净**擎以为奉诵经。"（p. 201）（1）西晋竺法护译《普曜经》卷2《降神处胎品》："天人获善利，见举足七步；释梵咸稽首，香水**洗净**意。"唐达摩流支译《佛说宝雨经》卷3："若**洗净**时，愿令有情，洗烦恼垢，一切过患；若洗手时，愿令有情，离秽浊业；若洗足时，愿令有情，离障尘垢。"（2）《齐民要术》卷6《养牛马驴骡》："又方：先以酸泔清**洗净**，然后烂煮猪蹄取汁，及热洗之，差。"《全唐文》卷166卢照邻《穷鱼赋（有序）》："有一巨鳞，东海波臣。洗净月浦，涵丹锦津。”

【洗手水/おほみてみづ】三字 今义同。《日本书纪》卷13《允恭纪》元年十二月条：“元年冬十有二月，妃忍坂大中姬命苦群臣之忧吟，而亲执洗手水，进于皇子前。”（第二册，p.102）东晋瞿昙僧伽提婆译《中阿含经》卷41：“饭食已讫，受洗手水，不高不下，不多不少。受澡钵水，不高不下，不多不少。彼洗手净已，其钵亦净。洗钵净已，其手亦净。”东晋佛陀跋陀罗、法显合译《摩诃僧祇律》卷29：“若车载石蜜被雨者即名为净，若船载水湔即名作净，若净人洗手水湔亦名为净，是名浆法。”唐惠英撰、胡幽贞纂《大方广佛华严经感应传》卷1：“有人转《华严经》，以洗手水，滴著一蚁子，其蚁命终，生忉利天。而况有人，能得受持？当知此童子，于后必当，广大饶益，能施群生，无生甘露。”

【洗漱/あらひすすく】并列 洗脸漱口。《日本书纪》卷19《钦明纪》即位前纪条：“乃下马洗漱口手，祈请曰：‘汝是贵神，而乐粗行。’”（第二册，p.356）唐慧琳撰《一切经音义》卷26：“欶乳：又作嗽，同。所角反。《三苍》云：欶吮也。《通俗文》：含吸曰嗽。经文作嗽，俗字也。”（1）东晋法显译《大般涅槃经》卷1：“尔时世尊，而与阿难，于晨朝时，著衣持钵，入城乞食。还归所止，食竟洗漱，收摄衣钵。”刘宋求那跋陀罗译《过去现在因果经》卷1：“尔时，摩耶夫人，生太子已，身安快乐，无有苦患，欢喜踊跃，止于树下。前后自然，忽生四井，其水香洁，具八功德。尔时，摩耶夫人，与其眷属，随所欲须，自恣洗漱。”梁慧皎撰《高僧传》卷11：“有玄绍者，秦州陇西人。学究诸禅，神力自在。手指出水，供高洗漱。其水香净，倍异于常。”（2）《云笈七签》卷23张君房《向日取嚏法》：“欲得延年，洗面精心至日更洗漱也。”又卷56：“真人云：‘夫修炼常须去鼻孔中毛，宜降五脏六腑谷滓秽浊，洗漱口齿，沐浴身体，诫过分酒，忌非适色。’”按：《汉语大词典》首引宋鲁应龙《闲窗括异志》：“海盐县 蒋十八居士、蒋念二孺人，日诵《大乘》，断除嗜欲，一日洗漱，更衣烧香，念佛书颂而终。”偏晚。

【喜集/ねもころにつどふ】偏正 愉快地召集、聚集在一起。《日本书纪》卷15《显宗纪》二年三月条：“二年春三月上巳，幸后苑曲水宴。是时喜集公卿大夫、臣、连、国造、伴造，为宴。群臣频称万岁。”（第二册，p.246）（1）东晋瞿昙僧伽提婆译《增壹阿含经》卷3：“喜集圣众，论说法味，所谓迦泪比丘是。”后秦弗若多罗译《十诵律》卷18：“女人性贪，喜集财物，以易得故，多取积聚，满宫房舍，窗向栏楯，诸楼阁间，及床榻下，诸瓮瓮器，皆悉盛满。”（2）新罗崔致远《谢弟柷再除绵州刺史状》：“恩资凤扆，喜集鸰原；形影光辉，精魂震越。”（p.10773）又《谢生料状》：“某启：某昨日伏蒙仁慈，再赐生料。恩垂望外，喜集愁中。安贫而已胆晨炊，感德而惟知宿饱。”按：《汉语大词典》失收。→【大喜之】【見喜】【随喜】【所喜遍身】【悉喜】【用喜】【憂喜交懐】

【喜懼交懐/よろこびかしこまることこころにみつ】书简 （2例） 喜悦与恐惧交集于心中，多用于尺牍。《日本书纪》卷18《安闲纪》元年闰十二月条："于是县主饭粒**喜惧交怀**，以其子鸟树献大连，为僮竖焉。"（第二册，p. 340）《续日本纪》卷16《圣武纪》天平十八年三月条："斯盖乾坤垂福，宗社降灵。河洛呈祥，幽明协度。祇对天贶，**喜惧交怀**。孤以薄德，何堪忝受?"（第三册，p. 20）（1）佚名《寺沙门玄奘上表记》卷1《谢许制大慈恩寺碑文及得宰相助译经表》："睿泽潜流，玄风载阐，祇奉慈诰，**喜惧交怀**。"（2）唐道宣撰《释迦氏谱》卷1："还宫白王，说奇特相。王严四兵，与亿释姓，导从入园，见相殊异，**喜惧交怀**。"该内容亦见于宋志盘撰《佛祖统纪》卷2。案：上述四例中，《圣武纪》的诏书、玄奘的上表属于尺牍体，用于第一人称，是正体用法；《安闲纪》和《释迦氏谱》的文例，出现在一般散文之中，用于第三人称，是变体用法。后者之间的影响关系不言自明。

【喜躍/よろこびをどる】后补 高兴得跳起来，欢欣踊跃。《藤氏家传》上卷《镰足传》："己酉，丰浦大臣虾夷，自尽于其第。气沴涤除，豺狼鼠伏。人人**喜跃**，皆称万岁。"（p. 183）（1）后汉竺大力、康孟详合译《修行本起经》卷1《菩萨降身品》："王闻太子生，心怀**喜跃**，即与大众、百官群臣、梵志、居士长者、相师，俱出往迎。"萧齐求那毘地译《百喻经》卷4："昔有贫人，在路而行，道中偶得，一囊金钱，心大**喜跃**，即便数之，数未能周，金主忽至，尽还夺钱，其人当时，悔不疾去，懊恼之情，甚为极苦。"唐玄奘译《大般若波罗蜜多经》卷332《善学品》："由此诸人，恭敬供养，尊重赞叹，彼于尔时，倍增**喜跃**，而自庆慰。"（2）《世说新语·假谲第27》："范玄平为人好用智数，而有时以多数失会。尝失官居东阳，桓大司马在南州，故往投之。桓时方欲招起屈滞，以倾朝廷，且玄平在京，素亦有誉。桓谓远来投己，**喜跃**非常。"按：《汉语大词典》首引《搜神记》卷7："休显见生于陈东之国，盖四海同心之瑞，不胜**喜跃**。"偏晚。

【喜展転~/よろこび、~につたふ】自创 伴随着欢喜的心情，紧接着移转到下一动作。《日本灵异记》中卷《将建塔发愿时生女子卷舍利所产缘第31》："至七岁，开手示母曰：'见是物。'因瞻掌，有舍利二粒。欢喜异奇，告知诸人。诸人众**喜**，**展转**国司。"（p. 229）唐玄奘译《显扬圣教论》卷6《摄净义品》："四为信圣教诸天之所爱乐，彼诸天等若见有受三归趣者，生大欢**喜**，**展转**相告。"唐法全集《大毘庐遮那成佛神变加持经莲华胎藏菩提幢标帜普通真言藏广大成就瑜伽》卷1："显形诸色，种种语言，心所思念，而为说法，令一切众，生皆得欢**喜**，**展转**加持已，还入法界宫中。"唐一行记《大毘庐遮那成佛经疏》卷6《入漫荼罗具缘真言品》："尔时地神，欢**喜展转**称说，乃至声及净居。"

【細思/くはしくかむがふ】偏正 犹言"细想"，仔细思量。《出云国风土记·总记》条："老，**细思**枝叶，裁定词源。亦山野滨浦之处，鸟兽之栖，鱼贝海菜之类，良

繁多，悉不陈。”（p. 130）后魏勒那摩提译《究竟一乘宝性论》卷4《身转清净成菩提品》：“使觉三昧触，令知深妙法。细思惟稠林，佛离虚空相。”隋慧远撰《大乘义章》卷2：“所谓觉观睡眠及悔，粗思名觉；细思称观；一切烦恼，睡着境界名睡；身心昏昧，略缘境界名眠；追变名悔。”唐智周撰《成唯识论演秘》卷2：“疏：若尔一切法皆不可言等者，问与次问答，何有别耶？答：前粗后微，故二别也，细思可悟。”按：《汉语大词典》失收。

【侠侍/きょうじ】 偏正 “侠”，通“挟”。“侠侍”，与“挟侍”同。“挟侍”，与“胁侍”同。《法隆寺金堂释迦三尊像光背铭》：“癸未年三月中，如愿敬造释迦尊像并侠侍及庄严具竟。”唐菩提流志译《大宝积经》卷62《阿修罗王授记品》：“一一座中，皆有化修罗子，在于座上，两女侠侍，持七宝扇。”唐波罗颇蜜多罗译《宝星陀罗尼经》卷5《相品》：“共一切菩萨，前后围绕，并声闻僧，侠侍于前，彼诸世尊，亦当往彼，释迦如来，大集会所。”唐道宣撰《续高僧传》卷26：“又于光内，见佛像形，长二尺余，坐莲花座，并有菩萨，侠侍严仪，从卯至酉，方始歇灭。”按：《汉语大词典》失收。→【挟侍】【脇侍】

【狭屋寺/さやでら】 寺名 位于葛城町佐野的寺院。《日本灵异记》中卷《骂僧与邪淫得恶病而死缘第11》：“圣武天皇御世，纪伊国伊刀郡桑原之狭屋寺尼等发愿，于彼寺备法事，请奈良右京药师寺僧题惠禅师，字曰依网禅师。”（p. 177）

【下到於~/~にくだりいたる】 于字 （2例）（人）下去到达某处。①《日本书纪》卷1《神代纪上》：“是时素戋鸣尊下到于安艺国可爱之川上。”（第一册，p. 4）②《古事记》中卷《景行纪》：“于是，坐倭后等及御子等诸下到，而作御陵，即匍匐回其地之那豆岐田，而哭为歌曰。”（p. 234）（1）刘宋求那跋陀罗译《因果本起经》卷1：“是时善惠，说此偈已，从空中下，到于佛前，五体投地，而白佛言：‘唯愿世尊，哀愍我故，听我出家。’”隋达摩笈多译《起世因本经》卷6《阿修罗品》：“诸比丘，其难陀那，园林之中，风散种种，微妙众华，下到于膝，有种种香，其香氛馥，遍满园林。”（2）吴支谦译《龙王兄弟经》卷1：“阿难邠低到精舍，索佛及比丘僧，了不见一人，便长跪白佛：‘饭具以严办，佛可自屈。’佛即下到，其舍饭已。”隋阇那崛多译《佛本行集经》卷6《上托兜率品》：“尔时，兜率天众之中，有一天子，名曰金团，往昔已来，数曾下到，阎浮提地。”

【下網捕魚/あみをおろしてうををとる】 自创 布网捕鱼。《日本灵异记》下卷《用网渔夫值海中难凭愿妙见菩萨得全命缘第32》：“延历二年甲子秋八月十九日之夜，到纪伊国海部郡内于伊波多岐岛与淡路国之间海，下网捕鱼。”（p. 344）→【結網捕魚】【引網捕魚】

【下姓/いやしきかばね】 偏正 地位卑微的姓氏。“下姓”的对应词是“高族”

或“高姓”。《万叶集》卷16第3821歌注：“右时有娘子，姓尺度氏也。此娘子不听高姓美人之所挑，应许**下姓**丑士之所挑也。”（第四册，p. 110）唐慧琳撰《一切经音义》卷25：“首陀：**下姓**，王役田夫之类也。”刘宋求那跋陀罗译《杂阿含经》卷23：“时王言：‘我是刹利灌顶王，汝是剃毛师。云何得爱念汝?’彼女白王言：‘我非是**下姓**生，乃是高族婆罗门之女。’”北凉昙无谶译《大般涅槃经》卷31《师子吼菩萨品》：“人作人受，婆罗门作婆罗门受。若如是者，则不应有，**下姓**下人，人应常人，婆罗门应常婆罗门。”唐玄奘译《大般若波罗蜜多经》卷54《辨大乘品》：“善现，若菩萨摩诃萨常怀谦敬，伏憍慢心。由此不生，**下姓**卑族，是为菩萨摩诃萨修治破憍慢业。”按：《汉语大词典》失收。古印度四种姓中，地位最高的是婆罗门，其次是刹帝力、吠舍，地位最低的是首陀，被称为“下姓”。首陀人主要从事担死人、除粪、饲养家禽、屠宰等卑贱的职业。歌注中的尺度氏拒绝大户人家求亲，反倒对出身卑微的人情有独钟，因而受到人们的嘲笑。从古至今，身分都是阶级社会最为敏感的话题之一，歌注中以“下姓”一词来表述身分高低，可以说这是佛教业已渗透到当下人们精神生活的一个典型的例子。→【高姓】

【下野薬師寺/しもつけののやくしじ】 寺名 （2例） 位于栃木县下野市。7世纪末，由当时统治该地区的下毛野古麻吕创建。《续日本纪》卷17《孝谦纪》天平胜宝元年七月条：“弘福、法隆、四天王、崇福、新药师、建兴、**下野药师寺**、筑紫观世音寺，寺别五百町。诸国法华寺，寺别四百町。自余定额寺，寺别一百町。”（第三册，p. 88）又卷19《孝谦纪》天平胜宝六年十一月条：“甲甲，药师寺僧行信，与八幡神宫主神大神多麻吕等，同意厌魅。下所司推勘，罪合远流。于是，遣中纳言多治比真人广足，就药师寺宣诏：‘以行信配**下野药师寺**。’”（第三册，p. 150）

【夏安居/げあんご】 三字 一夏九旬的安居。《日本灵异记》上卷《自幼时用网捕鱼而现得恶报缘第11》：“播磨国饰磨郡浓于寺、京元兴寺沙门慈应大德，因檀越请**夏安居**，讲《法华经》。”（p. 88）后秦佛陀耶舍、竺佛念等合译《长阿含经》卷2：“于后**夏安居**中，佛身疾生，举体皆痛，佛自念言：‘我今疾生，举身痛甚，而诸弟子，悉皆不在，若取涅槃，则非我宜，今当精勤自力，以留寿命。’”刘宋求那跋陀罗译《杂阿含经》卷17：“一时，佛住舍卫国祇树给孤独园，**夏安居**时。”

【仙府/せんぷ】 偏正 仙人所住的府第。《上宫皇太子菩萨传》：“五通**仙府**，十仙窟宅。儒生辐凑，玄侣云集。”《抱朴子》卷20《祛惑》：“其上神鸟神马，幽昌、鷦鹏、腾黄、吉光之辈，皆能人语而不死，真济济快**仙府**也，恨吾不得善周旋其上耳。”《隋诗》卷2李孝贞《奉和从叔光禄元日早朝诗》：“众灵凑**仙府**，百神朝帝台。叶令双凫至，梁王驷马来。”按：《汉语大词典》例引唐元结《引极·望**仙府**》诗：“中何有兮人不睹，远敲差兮閟**仙府**。”略晚。

【仙衆/ひじりたち】 偏正 犹言众仙，众多的仙人。《日本书纪》卷14《雄略

纪》二十二年七月条："秋七月，丹波国余社郡管川人瑞江浦岛子，乘舟而钓，遂得大龟，便化为女。于是浦岛子感以为妇，相逐入海，到蓬莱山，历睹**仙众**。"（第二册，p. 206）苻秦僧伽跋澄等译《僧伽罗刹所集经》卷3："大神**仙众**，所叹誉己，众成就。然我所行勤苦，为一切萌类，故今当说法。"元魏瞿昙，般若流支译《毘耶娑问经》卷1："时彼大仙，及诸**仙众**，闻是说已，心喜开眼，皆悉合掌，欲向佛所。"唐义净译《根本说一切有部毘奈耶破僧事》卷4："说此语已，菩萨即往，耆阇崛山傍仙人林下。既到彼已，随彼**仙众**，行住坐卧，见彼苦行。"按：《汉语大词典》失收。

【先命終/さきにいのちをはる】 时段　先死去，死在前面。《日本灵异记》中卷《见乌鸦淫厌世修善缘第2》："信严禅师，无幸少缘，自行基大德**先命终**也。"（p. 149）失译人名今附秦录《萨婆多毘尼毘婆沙》卷2："诸人已**先命终**。佛即言曰：'彼为长衰，甘露当开。汝何不闻，生死往来，何缘得息？'"刘宋僧伽跋摩译《萨婆多部毘尼摩得勒伽》卷4："俱萨罗国众僧分食有比丘病，看病比丘为病比丘请食。得食已，比丘命终。此食当云何？佛言：'若**先命终**后取食者，应还本处。若先取已后命终者，如余财物。'"梁宝唱等集《经律异相》卷23："诸子**先命终**，汝念生忧恼。昼夜不饮食，乃至发狂乱。今丧第七子，而独不生忧 。"

【先世/さきのよ】 时段　（7例）　即过去世。与"前世""前代"同。亦称先生、前生。①《日本灵异记》上卷《得雷之憙令生子强力在缘第3》："当是知，诚**先世**强修能缘所感之力也。是日本国奇事矣。"（p. 65）又《偷用子物作牛役之示异表缘第10》："吾者，此家长之父也。而吾**先世**为欲与人，不告子取稻十束。所以今受牛身，而偿先债。"（p. 87）又中卷《力女捔力试缘第4》："夫力人，持继世不绝。诚知，**先世**殖大力因，今得此力矣。"（p. 154）又《穷女王归敬吉祥天女像得现报缘第14》："我**先世**殖贫穷之因，今受穷报。我身为食入于宴会，徒噉人物，设食无便。愿我赐财。"（p. 184）又《力女示强力缘第27》："是以当知，**先世**作大枚饼，供养三宝众僧，得此强力矣。"（p. 220）又《女人大蛇所婚赖药力得全命缘第41》："佛告阿难：'是女先世产一男子。深结爱心，口啜其子屌。'"（p. 251）又下卷《灾与善表相先现而后其灾善答被缘第38》："我**先世**不修布施行。鄙哉我心，微哉我行。"（p. 371）②《日本灵异记》中卷《奉写〈法华经〉因供养显母作女牛之因缘缘第15》："我此家长公母也。是家牛中，有赤牸牛。其儿吾也。我昔**先世**偷用子物，所以今受牛身，以偿其债。"（p. 188）又《行基大德携子女人视过去怨令投渊示异表缘第30》："大德告言：'汝昔**先世**，负彼之物，不偿纳故，今成子形，征债而食。是昔物主。'"（p. 227）按：②中"昔先世"的搭配表达，汉译佛经唯见"往昔先世"的说法，可知其为自创形式。唐义净译《根本说一切有部毘奈耶破僧事》卷14："世尊告诸苾刍，其阿阇世王，非是今世无智亦供养无智人，往昔**先世**，亦乃如是。"唐不空译《大乘瑜伽金刚性海曼殊室利千臂千钵大教王经》卷7《演一切贤圣入法见道显教修持品》："毘庐遮那言：'于我同与五如来、一切诸佛及一切菩萨摩诃萨，从久远因地，往昔**先世**已来，为菩萨时，广行菩萨道，修入菩提佛果之根源。'"

【先所未有/さきよりいまだあらざるところなり】 所字　过去不曾有过。《日本书纪》卷9《神功纪》摄政五十一年三月条："玩好珍物，**先所未有**。不阙岁时，常来贡献。如朕存时，敦加恩惠。"（第一册，p.460）梁真谛译《决定藏论》卷1《心地品》："于现在因，**先所未有**，诸行起相，是名为生；不以先者，是行异相，即名为老；起而未灭，即名为住，是刹那生；诸行坏相，是名为灭。若此四法，是有为相。"唐玄奘译《瑜伽师地论》卷85："何等为三？谓先无而有故，先有而无故，起尽相应故。若未来行，**先所未有**，定非有者，是即应非，先无而有。如是应非，无常决定，由彼先时，施设非有。非有为先，后时方有。是故未来，诸行无常决定。"

【先以欲鈎牽、後令入仏道/まずよくをもちてひき、のちにぶつどうにいらしむ】 典据　先用利益加以引诱，再让其进入成佛的道法。《上宫皇太子菩萨传》："是知菩萨方便，善巧多方。经云：'**先以欲钩牵，后令入佛道**。'"姚秦鸠摩罗什译《维摩诘所说经》卷2《佛道品》："或现作淫女，引诸好色者，**先以欲钩牵，后令入佛道**。"

【先願/さきのねがひ】 誓愿　先前许下的誓愿，过去的愿望、夙愿。《奈良朝写经66・大般若经卷第176》："弟子孝仁等，不胜风树之伤，敬办**先愿**。"（p.403）元魏吉迦夜、昙曜合译《杂宝藏经》卷1："时小夫人，瞻视王病，小得瘳差，自恃如此。见于罗摩，绍其父位，心生嫉妬，寻启于王，求索**先愿**：'愿以我子为王，废于罗摩。'"

【先債/さきのはたり】 偏正　先世所欠的钱财。《日本灵异记》上卷《偷用子物作牛役之示异表缘第10》："僧进牛边语言：'吾者此家长之父也。而吾先世为欲与人，不告子取稻十束，所以今受牛身而偿**先债**。'"（p.87）唐般剌蜜帝译《大佛顶如来密因修证了义诸菩萨万行首楞严经》卷8："复次阿难，从是畜生，酬偿**先债**。若彼酬者，分越所酬。此等众生，还复为人，返征其剩。如彼有力，兼有福德。则于人中，不舍人身，酬还彼力。若无福者，还为畜生，偿彼余直。"唐大觉撰《四分律行事钞批》卷8："有人解云：'其儿既被，父母逐却，不属父母，但为其儿，先负余人之钱。今比丘盗此儿，望**先债**主，不关比丘事也。'"按：《汉语大词典》失收。

【賢劫/げんごう】 偏正　梵语 bhadra - kalpa。过去的大劫叫"庄严劫"，未来的大劫叫"星宿劫"，贤劫即现在的大劫。因在此贤劫中，有一千尊佛出世，故称为"贤劫"，又名"善劫"。《日本灵异记》下卷《序》："今探是**贤劫**尺迦一代教文，有三时：一正法五百年；二像法千年；三末法万年。"（p.259）高齐那连提耶舍译《大悲经》卷3《礼拜品》："阿难，何故名为**贤劫**？阿难，此三千大千世界，劫欲成时尽为一水。时净居天，以天眼观，见此世界，唯一大水，见有千枚，诸妙莲华，一一莲华，各有千叶，金色金光，大明普照，香气芬熏，甚可爱乐。彼净居天，因见此已，心生欢喜，踊跃无量，而赞叹言：‘奇哉奇哉，希有希有！如此劫中，当有千佛，出兴于世。’以是因缘，遂名此劫，号之为贤。阿难，我灭度后，此**贤劫**中，当有九百九十六佛，出兴于世，拘留孙如来为首，我为第四，次后弥勒，当补我处，乃至最后，庐遮如来。”

【賢僧/かしこきほうし】 偏正 （4 例） 充满智慧的僧人。《日本灵异记》中卷《呰读〈法华经〉僧而现口喎斜得恶死报缘第 18》：“《法华经》云：‘**贤僧**与愚僧，不得居同位。又长发比丘者，白衣不剃发鬓而贤也。同位同器而不得用。若强位者，铜炭上居铁丸吞，堕地狱。’者，其斯谓之矣。”（p. 196）《藤氏家传》上卷《镰足传》：“大臣性崇三宝，钦尚四弘。每年十月，庄严法筵，仰维摩之景行，说不二之妙理。亦割取家财，入元兴寺，储置五宗学问之分。由是，**贤僧**不绝，圣道稍降。盖斯之征哉。”（p. 253）《续日本纪》卷 18《孝谦纪》天平胜宝三年十月条：“壬申，诏曰：‘顷者，太上天皇枕席不稳。由是，七个日间，屈请四十九**贤僧**于新药师寺，依续命之法，设斋行道。’”（第三册，p. 114）又卷 32《光仁纪》宝龟四年十二月条：“乙未，敕：‘增益福田，凭释教之弘济。光隆国祚，资大悲之神功。是以，比日之间，依《药师经》，屈请**贤僧**，设斋行道。’”（第四册，p. 416）唐慧立本、释彦悰笺《大唐大慈恩寺三藏法师传》卷 8：“然皎日丽天，寔助上玄运用；**贤僧**阐法，实裨天师妙道。”唐道宣撰《广弘明集》卷 10：“**贤僧**国器，不弊姚民之兵。圣众归往，岂独龟兹之阵?”又卷 22：“然皎日丽天，寔助上玄运用。**贤僧**阐法，实裨天师妙道。”

【賢天菩薩/げんてんぼさつ】 菩萨 贤天菩萨。《日本灵异记》中卷《智者诽妒变化圣人而现至阎罗阙受地狱苦缘第 7》：“所以《不思议光菩萨经》云：‘饶财菩萨，说**贤天菩萨**过故，九十一劫，常堕淫女腹中生，生已弃之，为狐狼所食。’其斯谓之矣。”（p. 169）姚秦鸠摩罗什译《不思议光菩萨所说经》卷 1：“大王当知，尔时毘婆尸如来法中有二菩萨，一名**贤天**，二名饶财。**贤天菩萨**，于无上道，得不退转，得陀罗尼，及无碍辩，获无生忍。有福德威势，少欲少事。常乐独处，逮得神通。彼时饶财菩萨，习学头陀，为贤天菩萨，而作给使。彼人恒往，聚落城邑，多诸事务。是**贤天菩萨**，呵啧教诲：‘何故多造，是诸事务，而不断除。’数数教呵。彼便生瞋，忿心不喜，以忿恚故，毁败身心。败身心已，瞋恚骂言，轻贱淫女儿，私通所生，从他人得，不识其父，又不识母，况汝当有，戒闻定慧?彼瞋骂已，复不悔过，又不舍离，结使所缠，恒有忿心，瞋**贤天菩萨**。时**贤天菩萨**，即便舍弃，既舍弃已，倍生瞋恚，骂詈扬恶，以此不善，业行因缘，身坏命终，生淫女胎，为彼**贤天菩萨**所护，不生地狱。淫女生已，恒常弃之，为狐狼狗，之所噉食。大王，以是缘故，九十一劫，常如是死，生生常弃，为多人众，之所骂言。是淫女子，被弃空处，狐狼狗食。大王莫疑。何以故?彼时饶财，瞋骂菩萨，即是今此，不思议光菩萨是也。恶业行尽，以善业力，净于结心，悦可佛意。是人恶道，悉皆永尽。大王，此不思议光菩萨，已曾值遇，六十四亿佛，恭敬供养，尊重赞叹，是诸佛所常修梵行，勤进求法。此本善力，得如是事，及神通力。大王，如是黑白之业，终不败亡。是故智者，善护身口，及以意业，宁舍身命，不造恶业。尔时，波斯匿王白言：‘世尊，彼**贤天菩萨**，为已得成，于一切智。为故修集，菩萨行耶?’佛言大王，彼**贤天菩萨**。今者在彼，阿閦佛土，修菩萨行，名曰德藏。”唐法藏撰《梵网经菩萨戒本疏》卷3：“又如《不思议光菩萨经》中，饶财菩萨说**贤天菩萨**过故，九十一劫，常堕淫女腹中，生生已弃之，为狐狼所食。一言之失，苦恼如是，足为龟镜。”该例亦见于新罗太贤集《梵网经古迹记》卷2。

【顕面/おもてにあらはる】 后补 （喜怒哀乐）露在脸上。《万叶集》卷16第3807首歌注：“于时王意不悦，怒色**显面**。虽设饮馔，不肯宴乐。”（第四册，p.102）元魏毘目智仙译《宝髻经四法忧波提舍》卷1：“三十二相，所谓手足，皆有轮文，善安平住；手网缦指，手足柔软；七处平满，指长身宽；正直大身；项则如贝，身毛上靡；因尼鹿踹髀平臂平；阴马王藏；皮妙金色；一孔一毛；眉间则有，白毫**显面**。”唐道世撰《法苑珠林》卷25：“身如紫金山，正长丈六，圆光严**显面**各一寻。于圆光内有五百化佛，一一化佛有五化菩萨，以为侍者。”按：《汉语大词典》失收。

【現報/げんぽう】 偏正 （19例） 现在所作善恶之业所招致的应报。“后报”的对应词。《日本灵异记》上卷《序》：“故聊注侧闻，号曰《日本国**现报**善恶灵异记》。作上、中、下参卷，以流季叶。”又《聋者归敬方广经典得现报开两耳缘第8》：“宿业所招，非但**现报**。长生为人所厌，不如行善遄死。”（p.82）又《人畜所履髑髅救收示灵表而**现报**缘第11》（p.91）又《无慈心剥生兔皮而得现恶报缘第16》：“呜呼！**现报**甚近。怒己可仁，不无慈悲矣。”（p.97）又《忆持〈法华经〉**现报**示奇异表缘第18》（p.101）又《无慈心而马负重驮以现得恶报缘第21》：“**现报**甚近，应信因果。”（p.106）又《凶人不敬养奶房母以现得恶死报缘第23》：“瞻保无凭，饿寒而死，**现报**不远，岂不信乎?”（p.110）又中卷《恶逆子爱妻将杀母谋**现报**被恶死缘第3》（p.152）又《依汉神崇杀牛而祭又修放生善以现得善恶报缘第5》：“如《最胜王经》说：‘流水长者，放十千鱼。鱼生天上，以四十千珠，**现报**流水长者。’其斯谓之矣。”（p.160）又《赎蟹虾命放生**现报**蟹所助缘第12》（p.180）又《好于恶事者以现所诛利锐得恶死报缘第40》：“**现报**甚近。不无慈心。为无慈行，致无慈怨。然后不久，诸乐麻吕，天皇见嫌，利锐攸剔。”（p.247）又下卷《序》：“恶报遄来如水镜，向之即现。夺力飒被如谷响，唤之必应。**现报**若之，人不慎乎?”（p.260）又《二目盲女人归敬药师佛木像以现得明眼缘第11》：“宿业所招，非唯**现报**。徒空饥死，不如行念善。”（p.288）又《漂流大海敬称尺迦佛名得全命缘第25》：“**现报**犹如是，况后报也。”（p.326）又《强非理以征债取多倍而现得恶死报缘第26》：“不睠因果，非理无义。是以定知，非理**现报**，无义恶报矣。**现报**犹然，况亦后报乎?”（p.330）又《沙门积功作佛像临命终时示异表缘第30》：“寸心之愿，仅当所望，故后生大福，被于观规，**现报**功德，蒙于尊主。”（p.341）又《怨病忽婴身因之受戒行善以现得愈病缘第34》：“宿业所招，非但**现**

报。灭罪差病，不如行善。”（p. 350）又《减塔阶仆寺幢得恶报缘第36》：“塔是收三世佛舍利之宝藏也。故依幢仆得罪，由塔高减被罪也。不应不恐，是近**现报**也。”（p. 356）→【得現悪報】【得現報】【現得悪報】

【現得悪報/うつつにあしきむくひをう】 自创 （2例） 现世造恶业，现身受恶报。用于说话故事的小标题。《日本灵异记》上卷《自幼时用网捕鱼而**现得恶报**缘第11》（p. 88）又《恶人逼乞食僧而现得**现得恶报**缘第15》（p. 96）《无慈心而马负重驮以**现得恶报**缘》（p. 106）→【得現悪報】

【現得悪死/うつつにあしきしをう】 自创 现世造恶业，现身暴亡。用于说话故事的小标题。《日本灵异记》中卷《恃己高德刑贱形沙弥以**现得恶死**缘第1》（p. 146）

【現得悪死報/うつつにあしきしのむくひをう】 自创 （9例） 现世造恶业，现身受不得好死的报应。用于说话故事的小标题。《日本灵异记》上卷《凶人不敬养奶房母以**现得恶死报**缘第23》 （p. 110）又《凶女不孝养所生母以**现得恶死报**缘第24》（p. 112）又《邪见打破乞食沙弥钵以**现得恶死报**缘第29》（p. 121）又中卷《常鸟卵煮食以**现得恶死报**缘第10》（p. 121）又下卷《拍于忆持千手咒者以**现得恶死报**缘第14》（p. 296）又：《击沙弥乞食以**现得恶死报**缘第15》（p. 298）又：《强非理以征债取多倍而**现得恶死报**缘第26》（p. 329）又：《奉写〈法华经〉经师为邪淫以**现得恶死报**缘第18》（p. 305）又：《村童戏克木佛像愚夫斫破以**现得恶死报**缘第29》（p. 337）

【現人/うつつのひと】 偏正 现世的人；活生生的人。《日本灵异记》下卷《髑髅目穴笋揭脱以祈之示灵表缘第27》：“夫日曝髑髅，尚故如是。施食报福，与恩报恩。何况**现人**，岂忘恩乎？”（p. 334）西晋竺法护译《佛说琉璃王经》卷1：“五百梵志，其余**现人**，见国荒毁，伤残之痛，出家遵道，皆为沙门。”东晋竺昙无兰译《寂志果经》卷1：“唯，大王。一切**现人**，有所见者，所得罪福，皆是前世之事，因缘爱欲而生，因缘有老病。”唐实叉难陀译《大方广佛华严经》卷68《入法界品》：“若天见我，我为天女，形貌光明，殊胜无比；如是乃至，人非人等，而见我者，我即为**现人**、非人女，随其乐欲，皆令得见。”

【現身/うつつのみ】 偏正 （3例） 受身于现世之身。现在之身、生身。《日本灵异记》上卷《序》：“或贪寺物，生犊偿债。或诽法僧，**现身**被灾。或殉道积行，而现得验。”（p. 54）又《女人好风声之行食仙草以**现身**飞天缘第13》（p. 93）又中卷《极穷女于尺迦丈六佛愿福分示奇表以现得大福缘第28》：“我昔世不修福因，**现身**受取贫穷之报。故我施宝，令免穷愁。”（p. 223）后汉康孟详译《佛说兴起行经》卷2：“大众见此女**现身**堕泥犁，阿阇世王便惊恐，衣毛为竖，即起叉手，长跪白言：‘此女所堕，今在何处？’”吴支谦译《菩萨本缘经》卷3《龙品》：“如是诸人，今为我身，贪其赏货，当堕地狱，我宁自死，终不令彼，**现身**受苦。”元魏慧觉等译《贤愚经》卷3《19

差摩现报品》："然彼差摩，持斋无缺，罗刹见之，逆怀怖畏，饥饿所逼，**现身**从乞，所担之食，持少施我。"

【**現生/げんしょう**】偏正　现在世之生。梵语 prasūta-janman。谓于现世出生至死亡的期间。亦谓今生。"前生""后生"的对应词。"前生""现生"（今生）"后生"，称为"三生"。《日本灵异记》下卷《二目盲男敬称千手观音日摩尼手以现得明眼缘第12》："赞曰：'善哉！彼二目盲者。**现生**开眼，远通太方。舍杖空手，能见能行。'"（p. 290）唐菩提流志译《大宝积经》卷19《声闻众品》："斯陀含者，即于**现生**，能尽苦际，匪如此界，经一往来，名斯陀含。"唐不空译《大乐金刚不空真实三么耶经》卷1："若能受持，日日读诵，作意思惟，即于**现生**，证一切法平等、金刚三摩地，于一切法，皆得自在，受于无量，适悦欢喜，以十六大菩萨生，获得如来，及执金刚位。"→【現生開眼】

【**現世/げんぜ**】偏正（2例）　现在之世，此世。梵语 vartamāna。"三世"（"过去世""现在世""未来世"）之一。《日本灵异记》上卷《殷勤归信观音愿福分以现得大福德缘第31》："东人**现世**被大福德，是乃修行验力。观音威德，更不应哉?"（p. 129）又下卷《诽奉写〈法华经〉女人过失以现口喎斜报缘第20》："又云：'见受持是经者，出其过恶，若实若不实，此人**现世**得白癞病。'者，其斯谓也矣。"（p. 310）后汉竺大力、康孟详合译《修行本起经》卷2《出家品》："汝等修敬意，奉献于菩萨，**现世**获大福，后世受果报。"姚秦鸠摩罗什译《妙法莲华经》卷3《药草喻品》："是诸众生，闻是法已，**现世**安隐，后生善处，以道受乐，亦得闻法。"

【**現授/うつつにさづけまつる**】偏正　现在授予。《日本书纪》卷9《神功纪》摄政前纪仲哀天皇九年十二月条："（一云）是有神，托沙么县主祖内避高国避高松屋种，以诲天皇曰：'御孙尊也。若欲得宝国耶？将**现授**之。'"（第一册，p. 432）苻秦僧伽跋澄等译《尊婆须蜜菩萨所集论》卷5："世尊言声闻第一弟子，**现授**决义故，于彼解脱，现变化故。畜生语精进，上流住不移。凡夫人止住，施之所供养。黑白无戒人，此弟子第一。"不空译《金刚顶经大瑜伽秘密心地法门义诀》卷1："如来不空心，秘密神变相。亲承请教示，**现授**菩提钩。"高丽一然撰《三国遗事》卷3："晋孝武大元年末，赍经律数十部，往辽东宣化，**现授**三乘，立以归戒。盖高丽闻道之始也。"按：《汉语大词典》失收。

【**現在安穏/げんざいのあんのん**】四字　"安隐"，亦作"安稳"，即安乐而平稳无事之意，梵语kṣemaṇīyataraṃ… yāpanīyataram 的意译。若达到不为任何烦恼所惑之境地，而身安心稳，犹如涅槃般之寂静无为，五浊不障者，亦称为安稳。此外，善业又称安稳业，自利利他之道又称安稳道。《法隆寺金堂释迦三尊像光背铭》："癸未年三月中，如愿敬造释迦尊像并侠待及庄严具竟。乘斯微福，信道知识，**现在安隐**，出生入死，随奉三主，绍隆三宝，遂共彼岸。普遍六道，法界含识，得脱苦缘，同趣菩提。"

姚秦竺佛念译《出曜经》卷7《放逸品》："时，彼贾人以蜜酥酪奉上如来，即为嚫愿：'今所布施欲使食者得充气力，当令施家世世受福安快无病，终保年寿终受吉祥，两足安隐四足安隐，远来安隐**现在安隐**，夜安隐昼安隐日中安隐。'"唐玄奘译《说无垢称经》卷3《不思议品》："彼土如来，号山灯王，今正**现在，安隐**住持，其佛身长，八十四亿，踰膳那量，其师子座，高六十八亿，踰膳那量。"

【現在父母、六親眷属/げんざいのぶも、ろくしんけんぞく】 四字 （2例） 现世的父母，父、母、兄、弟、妻、子六种亲属家眷。《元兴寺伽蓝缘起并流记资财账》："我**现在父母**、**六亲眷属**，随愚痴邪见人三宝即破灭烧流，所奉之物反取灭也。"又："以此功德，我**现在父母**、**六亲眷属**等为烧流佛法罪及所奉之物返取灭之罪，悉欲赎除灭。"（1）萧齐昙景译《佛说未曾有因缘经》卷1："天帝问曰：'十善之功，果报云何？'野干答曰：'曾闻佛说，人行十善，十恶果报，生六欲天，七宝宫殿，五欲自然，百味饮食，寿命无量，**父母**妻子，**六亲眷属**，端政净洁，欢喜快乐。'"《唐文续拾》卷12阙名《观世间石像铭》："夫法王降迹，大开拯溺之权；梵帝居尊，广通微妙之力。至圣幽邈，其道难思。弟子中山郡王隆业奉为四哥娘**六亲眷属**，敬造观世音石像一铺。勤诚雕刻，月面光舒，净虑庄严，金容相满。以斯胜果，资奉四哥娘**六亲眷属**，伏愿寿比崇山，固同盘石，傍周庶品，俱润良缘。长安四月三月二十七日，中山郡王隆业造功毕。"（2）西晋竺法护译《佛说盂兰盆经》卷1："同一心，受钵和罗饭。具清净戒，圣众之道，其德汪洋，其有供养此等自恣僧者，**现在父母**、七世父母、**六**种**亲属**得出三途之苦，应时解脱，衣食自然。"刘宋求那跋陀罗译《胜鬘师子吼一乘大方便方广经·题记》："茨田宿祢安麻吕七世父母、**现在父母**、**六亲眷属**、一切无边法界众生誓愿仕奉"唐慧净撰《盂兰盆经赞述》卷1："经曰：'当为七世父母及**现在父母**厄难中者'。述曰：'明修意也。当为七世父母者，酬远恩也。则七生父母，现在者益近恩也，则**亲生父母**。'"

【現在未来/げんざいとみらい】 时段 现在与未来；现世与来世。《元兴寺伽蓝缘起并流记资财账》："随堪修行善捧营，愿引导后嗣。后嗣类蒙此法之赖，**现在未来**令得最胜安乐。"唐义净译《金光明最胜王经》卷5《莲华喻赞品》："大众闻是说，皆发菩提心；愿**现在未来**，常依此忏悔。"又卷10《十方菩萨赞叹品》："哀愍利益诸众生，**现在未来**能与乐；常为宣说第一义，令证涅槃真寂静。"

【現在之身/げんざいのからだ】 先例 现在的这个肉体。《奈良朝写经6·瑜伽师地论卷第21》："仰愿**现在之身**，停于千秋之林，心神凝于万春。团而六度轻舫，设于三会之津，四无量桅贯而。"（p. 55）宋宗晓编《乐邦文类》卷4："凡人临命终时，欲得往生净土者，须先准备，不得怕死贪生。常自思念：'我**现在之身**，多有众苦，不净恶业，种种交缠。若得舍此秽身，即得往生净土，受无量快乐。'"宋从译撰《四教仪集解》卷2："云何故**现在之身**，有五种不净？何等为五？"

【献置/たてまつりおく】后补 供奉在某处，献上放在某处。《古事记》中卷《垂仁记》："尔多迟摩毛理分缦四缦、矛四矛献于大后、以缦四缦、矛四矛**献置**天皇之御陵户，而擎其木实，叫哭以白：'常世国之登歧士玖能迦玖能木实，持参上侍。'遂叫哭死也。"（p. 210）唐菩提流志译《不空羂索神变真言经》卷20："可当坛上安白伞盖，以白栴檀香、郁金香、夜合花、白芥子、莲花须和为香水，满盛瓫中，内置七宝，上泛诸花，净帛盖口，置四门角，依法**献置**，百种花果三百饮食。"按：《汉语大词典》失收。"献置"是祈求神灵或祭奠亡魂时的一种献花仪式，而且花缦供奉摆放的位置多为四个角落，以此镇降妖魔或慰藉亡灵。

【相別/あひわかる】相字（3例） ①加以识别。汉语中无此用法。《日本书纪》卷15《显宗纪》元年二月条："爰有盘坂皇子之乳母，奏曰：'仲子者上齿堕落，以斯可别。'于是，虽由乳母**相别**髑髅，而竟难别四支诸骨。"（第二册，p. 244）②彼此分别。《万叶集》卷17第3990首歌注："右，守大伴宿祢家持以正税帐，须入京师。仍作此歌，聊陈**相别**之叹。"（第四册，p. 199）《唐大和上东征传》："十月十六日晨朝，大和上云：'昨夜，梦见三官人，一著绯，二著绿，于岸上拜别，知是国神**相别**也，疑是度必得渡海也。'"（p. 63）（1）后汉安世高译《四谛经》卷1："**相别**相离、不会、远离、不共居、不相会、不共更，是为苦。"唐义净译《根本说一切有部毘奈耶破僧事》卷3："仙白王曰：'王可还宫，我今辞去。'既**相别**已，阿私陀仙，渐次前行，至莘陀山，即登彼山，择其胜地，因以居住。"高丽一然撰《三国遗事》卷4："言讫，**相别**而来，还及至兹洞，忽有老僧，自称圆光，抱吊樻而出，授之而没。"（2）《南史》卷25《到洽传》："公事左降，犹居职。旧制中丞不得入尚书下舍，洽兄溉为左民尚书，洽引服亲不应有碍，刺省详决。左丞萧子云议许入溉省，亦以其兄弟素笃，不**相别**也。"（p. 681）

【相見問訊/あひみてとふ】相字 见面问候，互相打听消息。《日本书纪》卷26《齐明纪》五年七月条："（《伊吉连博德书》）三十日，天子**相见问讯**之：'日本国天皇，平安以不？'使人谨答：'天地合德，自得平安。'"（第三册，p. 224）唐慧琳撰《一切经音义》卷20："问讯：新进反。《毛诗传》云：**讯**，**问**也……《说文》云：**问**也，从言卂声也。"梁宝唱等集《经律异相》卷34："佛时在舍卫国。舍卫国有人，价作到波罗奈国。国王即请价人，与**相见问讯**。"宋颐藏主集《古尊宿语录》卷31："祇如你大小二事时，何不抚袖？吃粥吃饭时，何不抚袖？**相见问讯**时，何不抚袖？须要说佛法时，抚袖意在于何？"→【不須相見】【未曾相見】

【相随而去/あひしたがひてさる】相字 跟随着去，相伴而行。《续日本纪》卷22《淳仁纪》天平宝字三年二月条："癸丑，杨承庆等归蕃，高元度等亦**相随而去**。"（第三册，p. 306）（1）失译人名今附秦录《毘尼母经》卷6："尔时瓶沙王在楼上，见诸白衣皆**相随而去**。王问边人：'此等诸众，欲诣何处？'诸臣答曰：'外道有说法处，到彼听法。'”元魏瞿昙般若流支译《正法念处经》卷46《观天品》："尔时天主牟修楼陀，并天众等，**相随而去**。到佛塔已，其心清净，头面敬礼，如来之塔，心则清凉。”高丽一然撰《三国遗事》卷2："王后乃曰：'我与等素昧平生焉。敢轻忽**相随而去**。'”(2)《艺文类聚》卷79引《三齐略记》曰："始皇作石桥，欲过海观日出处。于时有神人，能驱石下海。城阳一山石，尽起立，嶷嶷东倾，状似**相随而去**。云石去不速，神人辄鞭之，尽流血。石莫不悉赤，至今犹尔。”(p.1347)《隋书》卷23《五行下》："开皇末，渭南有人寄宿他舍，夜中闻二豕对语。其一曰：'岁将尽，阿耶明日杀我供岁，何处避之？'一答曰：'可向水北姊家。'因**相随而去**。”(p.653)

【（楽）相随者/あひしたがはむ（とねがふ）もの】 相字 （愿意）跟随者，伴随者。《唐大和上东征传》："同行人僧祥彦、神仑、光演、顿悟、道祖、如高、德清、日悟、荣睿、普照、思托等道俗一十四人，及化得水手一十八人，又余乐**相随者**，合有三十五人。”(p.62)(1)西晋无罗叉译《放光般若经》卷6《如幻品》："是时阿难，语众弟子、诸菩萨言：'般若波罗蜜者，是深妙法，甚广难见，难解难了，不可思议。唯有阿惟越致菩萨摩诃萨、具足见谛阿罗汉，前世于无央数诸佛所，而作功德，与善知识**相随者**。善男子、善女人，有大智慧。如是辈人，闻深般若波罗蜜，乃能信乐，终不能遏绝。'”姚秦鸠摩萨什译《小品般若波罗蜜经》卷3《回向品》："如是回向法，应于阿毘跋致菩萨前说。若与善知识，**相随者**说。是人闻是，不惊不怖，不没不退。”(2)《宋书》卷68《南郡王义宣传》："义宣与质相失，各单舸迸走，东人士庶并归顺，西人与义宣**相随者**，船舸犹有百余。女先适臧质子，过寻阳，入城取女，载以西奔。”(p.1805)《陈书》卷35《周迪传》："世祖遣都督程灵洗击破之，迪又与十余人窜于山穴中。日月转久，**相随者**亦稍苦之。”(p.483)

【相続不絶/あへつぎてたえず】 相字 连绵不断，从不间断。《常陆国风土记・那贺郡》条："时母惊动，取盆投之，触子不得升。因留此峰。所盛瓮瓮，今存片冈之村。其子孙立社致祭，**相续不绝**。”(p.406)(1)姚秦鸠摩罗什译《妙法莲华经》卷2《譬喻品》："告喻诸子，说众患难，恶鬼毒虫，灾火蔓延，众苦次第，**相续不绝**。”后秦佛陀耶舍、竺佛念等合译《长阿含经》卷22："从善思已来有十族，转轮圣王**相续不绝**。”唐道宣撰《续高僧传》卷15："敏乃反俗，三年潜隐，还袭染衣，避难入越，住余姚梁安寺，领十沙弥讲《法华》《三论》，**相续不绝**。”(2)《全唐文》卷677白居易《代书》："庐山自陶谢洎十八贤已还，儒风绵绵，**相续不绝**。”(p.6920)

【相続善心/よきこころをあひつぐ】 相字 一直保持一颗行善的心。《奈良朝写经38・大般若经卷第591》："眷属经六道而不忘，历三大而弥茂，**相续善心**，修习福慧，遍施四生，俱登觉道。”(p.253)失译人名今附后汉录《大方便佛报恩经》卷6《优波离品》："先以善心，礼僧足已，受衣钵，求和上问，精进乞戒，胡跪合掌，白四羯磨已，**相续善心**，戒色成就。是谓善心中得戒。”失译人名今附秦录《萨婆多毘尼毘婆沙》卷1："胡跪合掌，白四羯磨已，**相续善心**，戒色成就，是谓善心中得戒。"唐玄奘译《阿毘达磨大毘婆沙论》卷97："世尊说彼，将命终时，**相续善心**，正见俱起。非正死位，有正见行。为遮彼执，显意识俱，一切善慧，皆见性摄。"

【相淫/あひたはく】 相字 彼此奸淫，相互淫乱。《日本书纪》卷10《应神纪》二十五年条："二十五年，百济直支王薨，即子久尔辛立为王。王年幼，木满致执国政，与王母**相淫**，多行无礼。"（第一册，p. 490）唐道世撰《法苑珠林》卷62："妻常冤诉府君曰：'汝夫妇违誓，大义不罪，二终罪一也。师咨义著在三，而奸之。是父子**相淫**，无以异也。付法局详形。'"该记载亦见于《太平广记》卷113《陈安居》条。按：《汉语大词典》失收。

【相語云："～"/かたりていひしく～】 相字 相互说道："……"。《播磨国风土记·揖保郡》条："于是，自我马野出牝鹿，过此阜入于海，泳渡于伊刀岛。尔时，翼人等望见，**相语云**：'鹿者，既到就于彼岛。'故名伊刀岛。'"（p. 46）（1）唐道宣撰《广弘明集》卷23沈约《南齐禅林寺尼净秀行状》："又亲于佛殿内坐禅。同集三人，忽闻空中有声，状如牛吼。二尼惊怖，迷闷战栗。上淡然自若，徐起下床，归房执烛，检声所在，旋至拘栏。二尼便闻，殿上有人，**相语云**：'各自避路，某甲师还。'"又《四分比丘尼钞》卷3："白已，广为说罪，**相语云**：'大姊今依婆论云，犯戒有三：一犯业道罪；二犯恶行罪；三犯戒罪。'"唐道世撰《法苑珠林》卷22："有见鬼者云，见西州太社间鬼**相语云**：'严公至当辟易。'此人未之解。俄而严至，聊问姓字，果称智严。默而识之，密加礼。"（2）《太平广记》卷432《松阳人》条："树不甚高，二虎迭跃之，终不能及。忽**相语云**：'若得朱都事应必捷。'留一虎守之，一虎乃去。"（p. 3504）《太平御览》卷860引《风俗通》曰："行道人见饵，怪问之。或人调云：'此石人有神，能治病。'病愈者以饵来谢之。转以**相语云**：'头痛者，磨石人头；腹痛者，磨石人腹。'遂千里来就，号曰贤君。如此数年。"（p. 3822）

【相逐入～/あひしたがひて～にいる】 相字 相互追逐进入某处，跟随某人进入某处。《日本书纪》卷14《雄略纪》二十二年七月条："秋七月，丹波国余社郡管川人瑞江浦岛子，乘舟而钓，遂得大龟，便化为女。于是浦岛子感以为妇，**相逐入**海，到蓬莱山，历睹仙众。"（第二册，p. 206）（1）唐义净译《根本说一切有部毘奈耶药事》卷13："白言：'仁者，是我父母，为来相救。我今免离父母，眷属之苦，仁可相随，向我宫中。'即共**相逐，入**龙子宫。"唐义净撰《大唐西域求法高僧传》卷1："大乘灯禅师者，爱州人也。梵名莫诃夜那钵地已波（唐云大乘灯也）。幼随父母，泛舶往社和罗钵底国，方始出家。后随唐使郯绪，**相逐入**京。"（2）张籍《哭丘长史》："丘公已殁故人稀，欲过街西更访谁。每到子城东路上，忆君**相逐入**朝时。"姚合《寄无可上人》："见世虑皆尽，来生事更修。终须执瓶钵，**相逐入**牛头。"

【香幢/こうどう】 偏正 用于庄严佛菩萨及道场的幢幡的美称。《续日本纪》卷19《孝

谦纪》天平胜宝八年五月条："壬申，奉葬太上天皇于佐保山陵。御葬之仪，如奉佛。供具有师子座香、天子座金轮幢、大小宝幢、**香幢**、花缦、盖伞之类。"（第三册，p. 160）→【宝幢】

【香風四起/こうふうしきす】 四字 四处刮着带有香气的风。经文中表示讲经说法时的一种祥瑞。《上宫皇太子菩萨传》："又讲件疏，**香风四起**，花雨依霏，御吻才彰，流耀泛焰。于是《法华经》创传日本。"后秦佛陀耶舍、竺佛念等合译《长阿含经》卷 18《阎浮提州品》："其七重墙，墙有四门，门有栏楯，七重墙上，皆有楼阁台观，周匝围绕，有园观浴池。生众宝华叶，宝树行列，花果繁茂，**香风四起**，悦可人心，凫雁鸳鸯，异类奇乌，无数千种，相和而鸣。"隋吉藏撰《弥勒经游意》卷 1："是七宝互为城门，楼阁台观，周匝围绕。园林浴地，宝华开。杂树行列，华果繁茂。**香风四起**，悦者天心异类寄青乌无数和呼也。"

【香菓/かくのみ】 并列 （2 例） 芬芳的水果。《日本书纪》卷 6《垂仁纪》九十年二月条："九十年春二月庚子朔，天皇命田道间守遣常世国，令求非时**香菓**，**香菓**，此云个俱能未。今谓桔是也。"（第一册，p. 334）又九十九年明年三月条："明年春三月辛未朔壬午，田道间守至自常世国。则赍物也，非时**香菓**八竿八缦焉。"（第一册，p. 336）唐输波迦罗译《苏悉地羯罗经》卷 1《涂香药品》："若欲成就，大悉地者，用前汁香，及以**香菓**；若中悉地，用坚木香，及以香花；若下悉地，根皮花菓，用为涂香，而供养之。"又卷 1《供养花品》："甘松香根、卷柏牛膝根及诸香药根**香菓**等，亦通供养。"唐法藏述《华严经探玄记》卷 14《十地品》："谓药能除病，名增损对治。**香菓**①资身，名长养事。"按：《汉语大词典》失收。

【香海/こうかい】 自创 围绕须弥山的内海，即"香水海"的缩略词。《奈良朝写经 71·十诵律卷第 17》："伏愿桥山之凤辂，向莲场而鸣銮；汾水之龙骖，泛**香海**而留影。"（p. 425）唐实叉难陀译《大方广佛华严经》卷 8《华藏世界品》："此**香水海**，有大莲华，名种种光，明蘂香幢。华藏庄严世界海，住在其中，四方均平，清净坚固；金刚轮山，周匝围绕；地海众树，各有区别。"

【香華音楽/こうげ、おんがく】 四字 香气、鲜花与声乐、器乐。《唐大和上东征传》："从此陆行至江州城，太守追集州内僧尼、道士、女官、州县官人、百姓，**香华音乐**来迎，请停三日供养。"（p. 79）西晋安法钦译《阿育王传》卷 4："说此偈已，即入涅槃。如是乃至，起八舍利塔，第九瓶塔，第十灰炭塔。乃至释提桓因，及四天王。以**香花音乐**，末香涂香，供养舍利。"唐阿地瞿多译《陀罗尼集经》卷 12《佛说诸佛大陀罗尼都会道场印品》："阿阇梨到已，香炉回引，于前立住，烛及**香花音乐**，皆各在于彼门两相行立次阿阇梨进到门侧。"唐慧详撰《弘赞法华传》卷 10："至后年三月，道俗数十，一宿行道。除旧屋立新基，使信士四人，齐洁沐浴，著新净衣。僧等以

① "菓"，圣本、甲本中作"果"。

香花音乐，尽诚供养。”

【香炉/こうろ】偏正（4 例） 又作火炉、薰炉。焚香之器皿，为大乘比丘十八物之一，亦为佛前与佛坛之三具足、五具足之一。《日本书纪》卷 30《持统纪》三年七月条：“秋七月壬子朔，付赐陆奥虾夷沙门自得所请金铜药师佛像、观世音菩萨像各一躯、钟、娑罗、宝帐、香炉、幡等物。”（第三册，p. 496）《藤氏家传》上卷《镰足传》：“赐纯金香炉，持此香炉，如汝誓愿，从观音菩萨之后，到兜率陀天之上，日日夜夜，听弥勒之妙说，朝朝暮暮，转真如之法轮。”（p. 243）《日本灵异记》下卷《沙门积功作佛像临命终时示异表缘第 30》：“乞汤洗身，易著袈裟，胡跪合掌，擎持香炉，烧香向西，便日申时，命终之矣。”（p. 341）→【手執香炉】

【香木/かつら】偏正（2 例） 散发着香气的树木，因芳香质坚而名贵，且神圣具有灵性。《古事记》上卷《日子穗穗手见命与鹈茸草不合命》：“到其神御门者，旁之井上有汤津香木。故坐其木上者，其海神之女，见相议者也。（训香木云加都良。木。）故随教少行，备如其言，即，登其香木以坐。”（p. 126）又：“尔见其玙，问婢曰：‘若人有门外哉。’答曰：‘有人坐我井上香木之上。甚丽壮夫也。’”（p. 128）吴支谦译《菩萨本缘经》卷 1：“是诸女人，各有一床，或金或银、琉璃、颇梨、象牙、香木。”梁宝唱等集《经律异相》卷 7：“佛言：‘往大海渚，取牛头栴檀，种种香木，如弹指顷，得诸香薪。’”北凉昙无谶译《佛所行赞》卷 5《叹涅槃品》：“积牛头栴檀，及诸名香木，置佛身于上，灌以众香油，以火烧其下，三烧而不燃。”按：《汉语大词典》首引《新唐书》卷 221 下《西域传下》：“（王宫）以瑟瑟为殿柱，水精、琉璃为棁，香木梁，黄金为地，象牙阖。”偏晚。

【香気/かぐはしきけ】偏正 芳香的气味。《续日本纪》卷 1《文武纪》四年三月条：“坐禅如故，或三日一起，或七日一起。倏忽香气从房出，诸弟子惊怪，就而谒和尚，端坐绳床，无有气息。时七十有二。”（第一册，p. 26）梁慧皎撰《高僧传》卷 3：“既终之后，即扶坐绳床，颜貌不异，似若入定。道俗赴者，千有余人，并闻香气芬烈。”唐道宣撰《续高僧传》卷 6：“临至终日，幡花幢盖，高映院宇，香气蓬勃音声繁闹。”又卷 25：“于时隆暑赫曦，而身体温暖，色貌敷愉光采鲜洁，香气充满，屈申如恒。观者发心，莫不惊叹。”又卷 28：“及终之时，感异香气充于村曲。”又卷 29：“春秋六十有六，停丧待满，香气犹存。”唐道宣撰《广弘明集》卷 19：“有异香气，空中磬声，因卒，年六十。”唐慧详撰《弘赞法华传》卷 8：“香气充满，达五更初。端坐而卒。”唐僧详传《法华传记》卷 6：“寺东北起塔，安置遗身。塔尚熏香，若摩触壁，三日以上，香气不竭。”宋志盘撰《佛祖统纪》卷 47：“沐浴冠服，就寝而化。将殓忽闻，莲华香气，自口鼻喷出。”→【沈水香】【花香灯】【花香油】【戒香】【净香】【以香華供養】【有異香】【雑名香】【栴檀香】

【香気満～/かぐはしきけ～にみつ】三字 芬芳的气味弥漫在某处。①《唐大和

上东征传》：“化后三日，顶上犹暖，由是久不殡殓；至于阇维，**香气满**山。”（p. 96）②《唐大和上东征传》：“初开佛殿，**香气满**城，城中僧徒（擎）幡、烧香、喝梵，云集寺中。”（p. 72）（1）唐道宣撰《续高僧传》卷20：“**香气满**室。坐处之地，涌三金钱。合众寻香，从瑜房而出。乃见加坐，手尚执炉。”宋志盘撰《佛祖统纪》卷27：“乃澡身易衣，端坐而化，**香气满**室。”又卷28：“忽众闻沉**香气满**室异常，顷之有光明，如云来迎，向西而去。”（2）梁曼陀罗仙译《宝云经》卷3：“犹如莲华水不能染，菩萨亦尔。不为少恶之所染著，如莲华生处，**香气满**中，菩萨亦尔。”隋阇那崛多等译《无所有菩萨经》卷3：“尔时，彼善男子，闻此偈已，生欢喜心，以佛神力，飞腾虚空，一多罗树，而说此偈，即自舍身，供养如来。于虚空中，自舍身已，有千数华，柔软香洁，未曾见闻。光明**香气**，**满**一由旬，犹如日光。”高丽一然撰《三国遗事》卷1：“常有五色云覆屋，**香气满**室，七日后忽然无踪，女因而有娠。”《乐府诗集》卷50唐阎朝隐《采莲女》：“薄暮敛容歌一曲，氛氲**香气满**汀洲。”《太平广记》卷66《卢眉娘》条：“眉娘不愿在禁中，遂度为道士，放归南海，仍赐号曰逍遥。及后神迁，**香气满**堂，弟子将葬，举棺觉轻，即撤其盖，惟见之旧履而已。”

【香山薬師/こうせんやくし】 寺名 亦称“新药师寺”。《续日本纪》卷16《圣武纪》天平胜宝元年五月条：“崇福、**香山药师**、建兴、法华四寺，各绝二百匹、布四百端、棉一千屯、稻一十万束、垦田地一百町。”（第三册，p. 82）

【香水澡浴/こうずいにかはあむ】 四字 用含有香气之净水洗澡。《日本灵异记》上卷《聋者归敬方广经典得现报开两耳缘第8》：“乃扫地餝堂，屈请义禅师。先洁其身，**香水澡浴**，依《方广经》。”元魏吉迦夜、昙曜合译《杂宝藏经》卷6：“即请如来，**香水澡浴**，分取世尊，洗浴之余，作八万四千宝瓶，分与八万四千诸国，仰造塔庙，供养作福。”元魏瞿昙般若流支译《正法念处经》卷27《观天品》：“如是众华，以为供养，**香水澡浴**，如来形像。如是供养已，教诸天众，当起信敬，离于悭嫉，离放逸心。”唐一行记《大毘卢遮那成佛经疏》卷15《秘密漫荼罗品》：“当先为受八戒，著新净衣，**香水澡浴**，使内外清净。”

【香台/こりのだい】 偏正 （2例） 烧香之台。佛殿的别称。《奈良朝写经52·大唐内典录卷第10》：“次愿背世尊灵，并怡神净域，享福**香台**末。”（p. 312）《奈良朝写经56·大般若经卷第50等》：“次愿二亲眷属，万福日新，千庆月来。百年之后，辞世之夕，游神率天，升弥勒之**香台**；栖想极乐，践观音之花座。”（p. 358）（1）唐义净译《根本说一切有部毘奈耶杂事》卷6：“诸病苾刍，若食蒜者，应住寺侧边房。不得用僧卧具，及大小行室；不得入众；亦不为俗人说法；不绕制底；不礼**香台**。”唐道宣撰《续高僧传》卷24：“开皇十七年，于杨州永福寺，建**香台**一所，庄饰金玉，绝世罕俦。”（2）唐卢照邻《游昌化山精舍》诗：“宝地乘峰出，**香台**接汉高。”

【香味/かとあぢはひ】 偏正 香味，香气。《肥前国风土记·高来郡》条：“池

里，纵横二十余町许。潮来之，常突入之。荷、菱多生。秋七八月，荷根甚甘。季秋九月，**香味**共变，不中用也。”（p. 348）吴支谦译《撰集百缘经》卷10《诸缘品》：“时此饭者，**香味**甘美，既食之已，时彼化人，忽然端政。”东晋瞿昙僧伽提婆译《增壹阿含经》卷23《增上品》：“然四园之内，有四浴池；极冷浴池、**香味**浴池、轻便浴池、清彻浴池。”隋阇那崛多译《佛本行集经》卷41《迦叶三兄弟品》：“彼阎浮菓，即此是也，颜色端正，**香味**微妙，食者甚美，汝今可取，此之甘菓，而噉食之。”按：《汉语大词典》例引唐杜甫《孟仓曹步趾领新酒酱二物满器见遗老夫》诗：“饭粝添**香味**，朋来有醉泥。”偏晚。

【降魔/ごうま】 述宾 降服恶魔。谓入于禅定时，对妨碍佛道修行的烦恼魔等，以智能力使其降伏。佛的八祖之一。修行中的释尊在菩提树下，正要开悟之时，欲界第六天（他化自在天）以恶魔的形象出现，又以甜言或以暴威施予种种妨碍，但释尊皆予以降伏。《奈良朝写经66·大般若经卷第176》：“退愿笃蒙四恩，枕涅槃之山，坐普提之树，位成灌顶，力奋**降魔**，广及法界，六道有识，离苦得乐，齐登觉道。”（p. 403）后汉昙果、康孟详合译《中本起经》卷1《转法轮品》：“一时佛在摩竭提界善胜道场元吉树下，德力**降魔**，觉慧神静，三达无碍，度二贾客，提谓波利，授三自归，然许五戒，为清信士已。”晋世法立、法炬合译《法句譬喻经》卷4《吉祥品》：“诸弟子曰：‘近闻释种，出家为道，端坐六年，**降魔**得佛，三达无碍，试共往问，所知博采何如大师？’”

【祥福/さち】 并列 吉祥幸福。《常陆国风土记·多珂郡》条：“猎渔已毕，奉羞御膳时，时敕陪从曰：‘今日之游，朕与家后，各就野海，同争**祥福**。野物虽不得，而海味尽饱吃者。’后代追迹，名饱田村。”（p. 416）《说文解字》卷1《示部》：“［祥］福也。从示羊声。一云善。”又：“［福］祐也。从示畐声。”唐慧琳撰《一切经音义》卷43：“蛊**祥**：下徐扬反。《字林》：**祥**，福也，善也。”（1）西晋竺法护译《佛说弘道广显三昧经》卷1：“应相**祥福**，演大智心，显持佛世，流化自由。”又卷2：“知足无贪而易养，**祥福**审谛圣道师。善行质信知众意，时节以至可屈尊。”（2）韩愈《汴州东西水门记并序》：“弗肃弗厉，薰为太和。神应**祥福**，五谷穰熟。”（p. 5633）按：《汉语大词典》失收。

【響振～德流～/ひびき～にふるひ、とく～にながふ】 典据 “响振”，名声响亮震撼。“德流”，德操令名远播。《唐大和上东征传》：“岸律师迁化之后，其弟子（杭州）义威律师**响振**四远，**德流**八纮，诸州亦以为受戒师。”（p. 80）唐义净撰《南海寄归内法传》卷4：“此学士乃**响振**五天，**德流**八极，彻信三宝，谛想二空。希胜法而出家，恋缠染而便俗。斯之往复，数有七焉。”

【向死/しにむかふ】 述宾 犹言“赴死、去死”。《万叶集》卷5《敬和为熊凝述其志歌》序：“哀哉！我父。痛哉！我母。不患一身**向死**之途，唯悲二亲在生之苦。”

（第二册，p. 66）失译人名今附秦录《别译杂阿含经》卷8：“老来侵壮色，无有救护者。恐怖畏**向死**，作福得趣乐。”姚秦竺佛念译《出曜经》卷2《无常品》：“佛告孤母：‘夫人处世，有四事因缘，不可久保。何谓为四？一者常必无常；二者富贵必贫贱；三者合会必别离；四者强健必当死。趣死**向死**，为死所牵，无免此患。’”梁僧伽婆罗译《解脱道论》卷7：“此毒树身反不知恩，向老、向病、**向死**。”按：《汉语大词典》失收。从例文可知，“向死”的类义词有“趣死”，“趣”与“向”为互文关系；“向死”的关联词有“向老”“向病”等。生老病死是无法回避的，它是佛教的中心命题之一。

【向外不在/ほかにゆきてはべらず】 自创 谓出门不在家。《日本书纪》卷19《钦明纪》三十二年四月条：“夏四月戊寅朔壬辰，天皇寝疾不豫。皇太子**向外不在**。驿马召到，引入卧内，执其手诏曰：‘朕疾甚，以后事属汝。’”（第二册，p. 460）唐义净译《根本说一切有部毘奈耶》卷20：“复更向一卖香童子处，告言贤首暂寄此钱，报言我之尊人**出外不在**。”又卷39：“有客苾刍来入寺中，见授事人已，觅停止处。其授事人见罗怙罗**出外不在**，即便令客，权止房中。”失译人名《现报当受经》卷1：“是时妾母，**出外不在**，而是大妻内计以定即用铁针二枚刺儿顋上。小儿啼哭，痛不可言，妾母抱儿，莫知痛处。”按：“向外不在”疑似由佛典“出外不在”的说法改写而来。

【向西端坐/にしにむかひてうずゐす】 四字 面朝西方，端正而坐。《日本灵异记》上卷《勤求学佛教弘法利物临命终时示异表缘第22》：“临命终时，洗浴易衣，**向西端坐**，光明遍室。”南宋思觉集《如来广孝十种报恩道场仪》卷4：“至临终时，精神爽利，倍于常日，合掌**向西**①**端坐**，于念佛中忽然坐灭。”按：《日本灵异记》下卷《沙门积功作佛像临命终时示异表缘第30》：“赞曰：‘嗟呼，庆哉！三间名干岐之氏大德。内密圣心，外现凡形。著俗触色，不染戒珠，**临没向西**，走神示异。’诚知是圣非凡矣。”（p. 342）例中“临没向西”，中国文献未见搭配用例，疑似自创。

【巷里/むらさと】 并列 （3例） 巷子里，里弄。《日本书纪》卷9《神功纪》摄政元年二月条：“因以问推问**巷里**，有一人曰：‘小竹祝与天野祝，共为善友，小竹祝逢病而死之。’”（第一册，p. 440）又卷11《仁德纪》十一年四月条：“聊逢霖雨，海潮逆上，而**巷里**乘船，道路亦泥。”（第二册，p. 36）又卷29《天武纪下》八年九月条：“朕闻之，近日暴恶者多在**巷里**。是则王卿等之过也。”（第三册，p. 392）（1）姚秦鸠摩罗什译《大智度论》卷36《习相应品》：“复次，诸法性空，但名字、因缘和合故有。如山、河、草、木、土、地、人民、州郡、城邑名之为国；**巷**、**里**、市陌、庐馆、宫殿名之为都。”元魏吉迦夜、共昙曜合译《付法藏因缘传》卷1：“如来灭度，感恋未息，迦叶涅槃，增我悲恼。宾钵罗窟，即便空旷，**巷里**穷酸，苦厄羸劣。贫露孤寒，彼

① “向西”甲本、乙本中作“西向”。

恒矜愍，今舍之去，谁当覆护?”隋阇那崛多译《佛本行集经》卷9《相师占看品》：“时阿私陀及其侍者那罗陀身，徒步共入，迦毘罗城，从小**巷里**，私窃欲向，净饭王所，到宫门前。”（2）《宋书》卷75《王僧达传》：“而臣假视**巷里**，借听民谣，黎氓□□，未缔其感，远近风议，不获稍进，臣所用夙宵疾首，寤寐疚心者也。”《魏书》卷2《太祖纪》：“有司懈怠，莫相督摄；百工偷劫，盗贼公行，**巷里**之间人为希少。”按：《汉语大词典》失收。

【巷無居人/ちまたにをるひとなし】 典据 家家户户的人都从巷里出来了。形容某人受到热烈追捧或某事轰动一时。《续日本纪》卷17《圣武纪》天平胜宝元年二月条：“所行之处，闻和尚来。**巷无居人**，争来礼拜。”（第三册，p.60）（1）《诗经·郑风·叔于田》：“叔于田，**巷无居人**。岂无居人，不如叔也，洵美且仁。”（2）宋赞宁等撰《宋高僧传》卷18：“降心延请住州寺，迎引倾郭，**巷无居人**。由是为人说法，随老不疲，行疾如风，质貌轻壮。”按：《叔于田》是说叔在野外打猎，里巷空旷不见人。不是真的没有人，而是他们都不如叔，叔确实俊美又仁厚。《宋高僧传》例中的“巷无居人”，与《圣武纪》一样，形容夹道欢迎的热烈场景。

【相貌端厳/そうぼうたんげんなり】 四字 容貌端庄严谨。“端严”，梵语prasādika，庄严，优雅。《日本书纪》卷19《钦明纪》十三年十月条：“是日，天皇闻已，欢喜踊跃，诏使者云：‘朕从昔来，未曾得闻如是微妙之法。然朕不自决。’乃历问群臣曰：‘西蕃献佛，**相貌端严**，全未曾看。可礼以不?’”（第二册，p.416）梁诸大法师集撰《慈悲道场忏法》卷2《赞佛咒愿》：“又愿（某甲）等出家在俗，信施檀越，善恶知识，各及眷属，从今日去，至于道场，解诸危厄，犹如救脱；**相貌端严**，犹如文殊；能舍业障，如弃阴盖。设最后供，等于纯陀。”唐义净译《根本说一切有部毘奈耶药事》卷8：“威德勇猛，**相貌端严**，摧伏他军，大地山河，尽无贼盗，不加刀杖，正法理人。”唐菩提流志译《文殊师利宝藏陀罗尼经》卷1：“能书写此咒，安于宅中，其家即得，大富贵，饶财常富，儿女聪明，利智辩才，巧计**相貌，端严**具好。”按：《新编日本古典文学全集》栏上的注释例引唐义净译《金光明最胜王经》卷2《梦见金鼓忏悔品》：“勿令众生闻恶响，亦复不见有相违。所受容**貌**悉**端严**，各各慈心相爱乐。”又卷10《妙幢菩萨赞叹品》：“佛如须弥功德具，示现能周于十方。如来金口妙**端严**，齿白齐密如珂雪。”不确。

【象徳～龍智～/ぞうとく～りゅうち～】 对偶 “象德”，将德行比作大象的说法，指佛祖之德。“龙智”，将知识出众比作龙的说法。《续日本纪》卷8《元正纪》养老二年十月条：“将须**象德**定水澜波，澄于法襟，**龙智**慧烛芳照，闻于朝听。”（第二册，p.48）（1）唐道恭《出赐玄奘衲袈裟应制》诗：“福田资**象德**，圣种理幽熏。”（2）比丘道略集、秦罗什译《杂譬喻经》卷1：“有龙能以一渧水，雨一国者或二或三，乃至雨一阎浮提者。龙心自念言：‘我欲藏此一渧水，使常在而不干，何处可得耶？’作是思惟：‘余处不得，唯当安著大海中，乃不干耳。’此喻少施而得大报无穷者，唯当安著佛道中也。此明水渧与**龙智**合故，所凭得处，而不干也。布施与般若合故，所置得处，而不竭也。”

【象牙/きさのき】 偏正 象牙在佛教中有着崇高而神圣的地位，一直都是辟邪圣物，而且还可以纳福、安神镇宅等。《日本书纪》卷27《天智纪》十年十月条：“是月，天皇遣使，奉袈裟、金钵、**象牙**、沉水香、栴檀香及诸珍财于法兴寺佛。”（第三册，p. 292）吴支谦译《菩萨本缘经》卷1《毘罗摩品》：“八万童女，形体端正，金宝璎珞，以自庄严，一一女人，有一侍女，供给使令，令皆净洁，是诸女人，各有一床，或金、或银、琉璃、颇梨、**象牙**、香木，种种茵蓐，以敷其上。”西晋法立、法炬合译《大楼炭经》卷3《龙鸟品》：“时王不现面，问众盲子言：‘象何等类？’得象鼻者言：‘象如曲车辕。’得**象牙**者言：‘象如杵。’得象耳者言：‘象如箕。’得象头者言：‘象如鼎。’”

【像法/ぞう ほう】 偏正（2例） 像法时、像法时代。正、像、末三时之一。“像”有相似之意，像法即“近似正法者”之意。次于正法的时代，谓有教（教义）、行（修行）二法，却不能得证（果）的时期。关于其年限，有千年说、五百年说，诸经各异。《日本灵异记》下卷《序》：“夫善恶因果者，著于内经。吉凶得失，载诸外典。今探是贤劫尺迦一代教文，有三时：一正法五百年；二**像法**千年；三末法万年。自佛涅槃以来，迄于延历六年岁次丁卯，而径一千七百二十二年。过正像二而入末法。”（p. 259）《续日本纪》卷15《圣武纪》天平十五年正月条：“同乘菩萨之乘，并坐如来之座。**像法**中兴，实在今日。”（第二册，p. 416）唐窥基撰《大乘法苑义林章》卷6：“佛灭度后，法有三时，谓正像末。具教、行、证三名为正法；但有教行，名为**像法**。有教无余，名为末法。”

【像法决疑经/ぞう ほう けつぎきょう】 内典 1卷。译者不详。以常施菩萨为对告众，叙述像法时代的情况，主要是讲应修布施行。天台家认为此经是《涅槃经》的结经，所以多加引用。但《大周刊定众经目录》将其视为伪经。《日本灵异记》下卷《刑罚贱沙弥乞食以现得顿恶死报缘第33》：“《**像法决疑经**》云：‘**未来世中**，**俗官**莫令使比丘输税。若**税夺**者，得罪无量。一切俗人，不得乘骑三宝牛马，不得挝打三宝奴碑及以六畜，**不得受其三宝奴稗礼拜**。若有犯者，皆得殃咎。’云云。”（p. 348）失译人名《**像法决疑经**》卷1：“善男子，**未来世中**，一切**俗官**不信罪福，**税夺**众僧物。或税畜生谷米乃至一毫之物，或驱使三宝奴婢，或乘三宝牛马。一切俗**官不得挝打三宝奴婢畜**生，乃至**不得受三宝奴婢礼拜**。**皆得殃咎**，何况驱策挝打。告诸俗官，若有禁防剥罗输税之处，慎莫令比丘输税。若欲税出家人者，得罪无量。”

【像（象）季/ぞうき】 偏正 指像法时代之末期。像法系为正、像、末三时之第二时，其教法运行状况类似于正法时代，故称。为有教、行二法而无证果之时代。依南岳思大禅师立誓愿文所载，正法住世五百年，像法住世一千年，末法住世一万年。《唐大和上东征传》："大和上诞生**象季**，亲为佛使；经云：'如来处处度人，汝等亦敩如来，广行度人。'"（p. 95）隋费长房撰《历代三宝纪》卷8："肇甚才慧，以为**像季**，去圣久远，文义舛杂，先旧所解，时有乖谬，及预详译，谘禀罗什，所悟更多。"唐道宣撰《续高僧传》卷22："又**像季**浇漓，多轻戒律，乃以身轨物，引诸法属，亲执经文，依时附听，乃经十遍，远嗣先尘。"唐不空译《佛母大孔雀明王经》卷1《佛母大孔雀明王经》："末代蠢蠢含灵，去圣远遥，运生**像季**，多逢留难，异种魔生。修行者被惑情迷，居家者众邪为患。妖祇裖怪，常现灾祥。若不此经，何威能制？"

【銷爛/けただる】 后补 犹言"腐烂"。《日本灵异记》中卷《智者诽妒变化圣人而现至阎罗阙受地狱苦缘第7》："往前极热铁柱立之。使曰：'抱柱！'光就抱柱，肉皆**销烂**，唯骨瓈存。"（p. 168）（1）吴支谦译《佛说四愿经》卷1："与天争命，皆当归死。骸骨**销烂**，下入于土；精神飞翔，展转五道。为善上天，为恶入渊。"梁僧佑撰《出三藏记集》卷5："至如彭城僧渊，诽谤涅槃，舌根**销烂**，现表厥殃。大乘难诬，亦可验也。"唐窥基撰《妙法莲华经玄赞》卷6《譬喻品》："一铦刃路，有利刃剑，仰刃为路。彼诸有情前出已，游行至此。下足之时，皮肉筋骨，悉皆**销烂**。举足之时，还复如故。"（2）《梁书》卷33《王僧孺传》："幸圣主留善贷之德，纡好生之施，解网祝禽，下车泣罪，愍兹奘诟，怜其觳觫，加肉朽胔，布叶枯株，辍薪止火，得不**销烂**。"按：《汉语大词典》例引《古今注》卷下《草木》："藸苴色紫，花生根中，花未散时可食，久置则**销烂**不为实矣。"略晚。→【爛銷】【瓈存】【瓈在】

【小低頭/すこしかうべをたる】 三字 略微低着头。《日本灵异记》下卷《村童戏克木佛像愚夫斫破以现得恶死报缘第29》："如《法华经》说：'若童子戏木及笔，或以指爪甲，而画作佛像，皆成佛道。复举一手，**小低头**，以此供养佛像，成无上道。'"（p. 337）

【小墾田豊浦/をはりたのとゆら】 寺名 "小垦田"和"丰浦"均为地名，位于奈良县高市郡明日香村。此处指丰浦寺。《日本书纪》卷30《持统纪》即位前纪条："十二月丁卯朔乙酉，奉为天渟中原瀛真人天皇，设无遮大会于五寺大官、飞鸟、川原、**小垦田丰浦**、坂田。"（第三册，p. 476）→【豊浦寺】

【小僧/しょうそう】 前缀 仍在修学途中的年轻僧侣。亦为僧侣的自谦词或蔑称词。《续日本纪》卷7《元正纪》条："方今，**小僧**行基并弟子等，零叠街衢，妄说罪福，合构朋党，焚剥指臂，历门假说，强乞余物，诈称圣道，妖惑百姓。"（第二册，p. 26）唐道宣撰《四分律删繁补阙行事钞》卷3："比时移情淡礼义云亡，鄙末之**小僧**妄参众首，眉寿之大德奄就下行；以武力为智能，指文华为英彦。如斯昌罔孰可言哉？"又《律相感通传》卷1："西土不尔，诸小乘人获大乘经，则投火中，**小僧**皆卖于北狄者者，夺其命根，不可言述。"隋灌顶纂《国清百录》卷3《天台山众谢启》："师在之日，常有诲云：‘今得寺基，为王创造，非尔**小僧**所办，别有大力势人，后当成就。恨吾不见寺成。’”

【小（少）僧都/しょうそうず】 三字 （23例）“僧都”，僧侣的官职名。谓僧纲之一，次于僧正的要职。据《日本书纪》记载，推古天皇三十二年（624），鞍部德积受封此职为其起始。其后分为大、权大、少、权少四级，逐级任命。《日本书纪》卷29《天武纪下》二年十二月条：“戊申，以义成僧为**小僧都**。是日，更加佐官二僧。其有四佐官，始起于此时也。”（第三册，p. 356）《藤原家传》下卷《武智麻吕》：“僧纲有**少僧都**神睿、律师道慈。并顺天休命，共补时政。”（p. 364）《续日本纪》卷1《文武纪》文武二年三月条：“壬午，诏：以惠施法师为僧正，智渊法师为**少僧都**，善往法师为律师。”（第一册，p. 8）又卷2《文武纪》大宝二年正月条：“癸巳，诏：‘以智渊法师为僧正，善往法师为大僧都，辩照法师为**少僧都**，僧照法师为律师。’”（第一册，p. 52）又卷5《元明纪》和铜五年九月条：“辛巳，观成法师为大僧都，辩通法师为**少僧都**，观智法师为律师。”（第一册，p. 186）又卷7《元正纪》养老元年七月条：“庚申，以沙门辩正为**少僧都**，神睿为律师。”（第二册，p. 30）又卷10《圣武纪》天平元年十月条：“甲子，以辩净法师为大僧都，神睿法师为**少僧都**，道慈法师为律师。”（第二册，p. 226）又卷13《圣武纪》天平十年闰七月条：“乙巳，以行达法师、荣辩法师为**少僧都**，行信法师为律师。”（第二册，p. 342）又天平十一年十月条：“丙子，**少僧都**行达为大僧都。”（第二册，p. 354）又卷18《孝谦纪》天平胜宝三年四月条：“甲戌，诏以菩提法师为僧正，良辩法师为**少僧都**，道璇法师、隆尊法师为律师。”（第三册，p. 112）又卷19《孝谦纪》天平胜宝八年五月条：“又和上鉴真、**小僧都**良辩、华严讲师慈训、大唐僧法进、法华寺镇庆俊，或学业优富，或戒律清净，堪圣代之镇护，为玄徒之领袖。”（第三册，p. 162）又：“宜和上、**小僧都**拜大僧都，华严讲师拜**小僧都**，法进、庆俊并任律师。”（第三册，p. 162）又卷22《淳仁纪》天平宝字三年六月条：“参议从三位出云守文室真人智努及**少僧都**慈训奏：‘伏见天下诸寺，每年正月悔过，稍乖圣愿，终非功德。’”（第三册，p. 322）又卷23《淳仁纪》天平宝字四年七月条：“庚戌，大僧都良辩、**少僧都**慈训、律师法进等奏曰。”（第三册，p. 356）又卷24《淳仁纪》天平宝字七年九月条：“癸卯，遣使于山阶寺，宣诏曰：‘**少僧都**慈训法师，行政乖理，不堪为纲。宜停其任。依众所议，以道镜法师为**少僧都**。”（第三册，p. 438）又卷30《称德纪》宝龟元年八月条：“乙卯，河内职复为河内国。以慈训法师、庆俊法师复为**少僧都**。”（第四册，p. 300）又卷35《高绍纪》宝龟九年正月条：“甲子，以大法师円兴为**少僧都**。”又宝龟十年十月条：“壬子，诏以**少僧都**弘耀法师为大僧都，惠忠法师为**少僧都**，又施高睿法师封三十户。优宿德也。”又卷38《桓武帝》延历三年六月条：“戊申，诏以贤憬法师为大僧都，行贺法师为**少僧都**，善上法师、玄怜法师并为律师。”又卷40《桓武纪》延历八年正月条：“丁巳，以律师玄怜法师为**少僧**

都。”→【大僧都】

【小欲知足/よくすくなく、たるをしる】 四字 欲望不大，稍有所得即已满足之意。这被视为僧侣的应有态度。《日本灵异记》上卷《忠臣**小欲知足**诸天见感得报示奇事缘第25》（p. 113）姚秦筏提摩多译《释摩诃衍论》卷1：“尔时世尊告文殊师利言：‘我念过去，无量劫海，于五百世，忍辱仙人，在山林中，专心修行，**小欲知足**，四圣众种，清净之法。于时，有一大蛇，从山顶下，来诣我所，闻我所诵。则投其体，礼拜忏悔。投体已讫，以头攒地，区区作文，而说偈言。”梁曼陀罗仙译《宝云经》卷5：“善男子，菩萨复有十法名为乞食。何等为十？为益众生，令得福故，是以乞食，次第乞食，好恶随时，不生悔恨，**小欲知足**。乞食得已，与人共同，于食好恶，不生增减，不生贪著，于食知量，趣向于善，修集善根，离诸取著。”唐定宾作《四分律疏饰宗业记》卷4：“迦叶名多，以大辨之：一大富贵长者所生故；二能舍大富贵高族出家故；三能行头陀**少欲知足**大法故；四国王帝王龙鬼神多知多识所供养故；五舍世间大利养**小欲知足**行乞故。如舍利弗、目连，成就大智慧神通故，以成就大功德故，名大迦叶。”

【孝養父母/ちちははにこうようす】 四字 （3例） 尽孝心奉养爹娘。《日本灵异记》上卷《凶人不敬养奶房母以现得恶死报缘第23》：“所以经云：‘不孝众生，必堕地狱。**孝养父母**，往生净土。’是如来之所说，大乘之诚言矣。”（p. 110）又《非理夺他物为恶行受恶报示奇事缘第30》：“我为养妻子故，或杀生物，或贷八两棉强倍十两征，或贷小斤稻而强大斤取，或人物强夺取，或他妻奸犯，不**孝养父母**，不恭敬师长，不奴婢者骂慢。”（p. 126）《续日本纪》卷6《元明纪》和铜七年十一月条：“果安**孝养父母**，友于兄弟。若有人病饥，自赍私粮，巡加看养。登美、箭田二乡百姓，咸感恩义，敬爱如亲。”（第一册，p. 218）西晋圣坚译《睒子经》卷1：“**孝养父母**，敬奉三尊，供侍师长，修诸功德，皆悉明见，五道分明。”晋世法立、法炬合译《法句譬喻经》卷4《泥洹品》：“越衹国人，**孝养父母**，逊悌师长，受诫教诲，以为国则，是谓为五。”隋阇那崛多译《佛本行集经》卷11《姨母养育品》：“城内人民，各各相尊，**孝养父母**，敬事师长，以是太子，威德力故。”

【邪見/じゃけん】 偏正 （9例） 梵语 mitnyā-dṛṣti 的意译，五见（萨迦耶见、边执见、邪见、见取见、戒禁取见）之一，“正见”的对应词。佛教指无视因果道理的谬论。泛指乖谬不合理的见解。《日本灵异记》上卷《**邪见**假名沙弥斫塔木得恶报缘第27》又《**邪见**打破乞食沙弥钵以现得恶死报缘第29》：“白发部豬麿者，备中国少田郡人也。天年**邪见**，不信三宝。”（p. 121）又中卷《常鸟卵煮食以现得恶死报缘第10》：“和泉国和泉郡下痛脚村，有一中男，姓名未详也。天年**邪见**，不信因果。”（p. 176）又中卷《骂僧与邪淫得恶病而死缘第11》：“时彼里有一凶人，姓文忌寸也，字云上田三郎矣。天骨**邪见**，不信三宝。”（p. 177）又《打法师以现得恶病而死缘第35》：“宇迟王者，天骨**邪见**，不信三宝。”（p. 240）又：“狂王宇迟，**邪见**太甚，护法加罚。护法非无，何不恐之也。”（p. 241）又《击沙弥乞食以现得恶死报缘第 15》：“犬养宿祢真老者，居住诺乐京活目陵北之佐岐村也。天骨**邪见**，厌恶乞者。”（p. 298）又：“谅知**邪见**切身之利剑，瞋心是招祸之疾鬼，悭贪受饿鬼之苦因。”（p. 298）唐玄奘译《入阿毘达磨论》卷 1：“若决定执无业、无业果、无解脱、无得解脱道，拨无实事，此染污慧名**邪见**。”又《成唯识论》卷 6：“**邪见**谓谤因、果、作用、实事，及非四见诸余邪执。”按：“天年邪见”“天骨邪见”的搭配形式，中国文献中未见文例，疑似自创搭配。→【一切悪行、邪見為因】【愚痴邪見】

【邪見人/じゃけんのひと】 三字　持有乖谬不合理见解的人。《日本灵异记》下卷《如法奉写〈法华经〉火不烧缘第 10》：“赞曰：‘贵哉！榎本氏。深信积功，写一乘经。护法神卫，火呈灵验。是不信人改心之能谈。**邪见人**辍恶之颖师矣。’”（p. 286）西晋竺法护译《德光太子经》卷 1：“佛告赖咤和罗：‘菩萨不当习四事法。何等为四？一者菩萨不当与诸**邪见人**相习；二者菩萨不当与诽谤正法之人相习行；三者菩萨不当与恶知识相习；四者菩萨不当与贪衣食人相习；是为四事法。’”姚秦鸠摩罗什译《妙法莲华经》卷 4《劝持品》：“常在大众中，欲毁我等故，向国王大臣，婆罗门居士，及余比丘众，诽谤说我恶，谓是**邪见人**，说外道论议。”

【邪淫/じゃいむ】 并列　（7 例）　巴利语 kāmesumicchācāra。亦作“欲邪行”。为十恶之一。指在家人不可为之恶行之一，以男性而言，指与妻子以外的女性行淫；又虽与妻子，但行于不适当之时间、场所、方法等，亦为邪淫。《日本灵异记》中卷《见乌**邪淫**厌世修善缘第 2》：“大领见之，使人登树见其巢，抱儿而死。大领见之，大悲愍心，视乌**邪淫**，厌世出家。”（p. 149）又：“赞曰：‘可哉！血沼县主氏。瞰乌**邪淫**，厌俗尘。背浮花假，趣常净。’”（p. 149）又《骂僧与**邪淫**得恶病而死缘第 11》：“随不加刑，而发恶心，滥骂令耻，不恐**邪淫**故，得现报也。”（p. 177）又下卷《女人滥嫁饥子乳故得现报缘第 16》：“我有越前国加贺郡大野乡亩田村之横江臣成人之母也我龄丁时，滥嫁**邪淫**，幼稚子弃，与壮夫俱寐。径之多日，而子乳饥。唯子之中，成人甚饥。先由幼子饥乳之罪，故今受乳胀病之报。”（p. 301）又《奉写〈法华经〉经师为**邪淫**以现得恶死报缘第 18》（p. 305）

【脇骨/かたはらほね】 偏正　肋骨。《日本书纪》卷 6《垂仁纪》七年七月条：“二人相对立，各举足相蹶。则蹶折当麻蹶速之**胁骨**，亦蹈折其腰而杀之。”（第一册，p. 312）唐慧琳撰《一切经音义》卷 5：“**胁骨**：上虚业反。或作胁，亦同。《说文》：云，肚两傍也，字从三力也。”失译人名今附后汉录《分别功德论》卷 4：“时鱼即半身出沙坛上，不饮不食，经二七日，命终生长者家作子，字昙摩留支。今方来得，与吾相见，是以称之久远耳。留支闻此本末，即向海边求故尸，见海边有大鱼，骨皮肉已尽，便行**胁骨**上，思惟言：‘此是我故尸。’即以华散故尸上，寻惟既往，忽然道成。以是因缘，称远游第一也。”东晋瞿昙僧伽提婆译《增壹阿含经》卷 5《壹人道品》：“复次，比丘。观死尸骨节分散，散在异处。或手骨、脚骨，各在一处。或膊骨，或腰骨，或尻骨，或臂骨，或肩骨，或**胁骨**，或脊骨，或顶骨，或髑髅。复以此身，与彼无异，吾不免此法，吾身亦当坏败。如是，比丘观身，而自娱乐。”按：《汉语大词典》失收。

【脇士/きょうじ】 偏正 （4 例） 又作“夹侍”“挟侍”“胁侍”“胁立”。指侍立于本尊两侧之侍圣。“士”，大士之意，为菩萨之异译。然胁侍一般不限于菩萨，童子与罗汉亦为常见的胁侍。较常见的胁侍，释迦佛有普贤、文殊二菩萨，或迦叶、阿难二罗汉。阿弥陀佛有观音、势至二菩萨。药师如来有日光、月光，或药王、药上二菩萨。不动明王有制咤迦、矜羯罗二童子。观音菩萨有善财、龙女，般若菩萨有梵天、帝释，或法涌、常啼二菩萨。傅大士有普建、普成二童子。《日本灵异记》中卷《观音木像示神力缘第 36》：“圣武太上天皇世，奈良京下毛野寺金堂东**胁士**观音之颈，无故断落也。”（p. 242）又下卷《未作毕捻埴像生呻音示奇表缘第 17》：“未作毕有捻埴像二体。弥勒菩萨之**胁士**也。臂手折落，居于钟堂。”（p. 304）又：“今安置弥气堂，以居乎弥勒**胁士**之菩萨是也。左大妙声菩萨，右法音轮菩萨。”（p. 304）又《沙门积功作佛像临命终时示异表缘第 30》：“观规圣武天皇之代，发愿雕造尺迦丈六并**胁士**，以白壁天皇世宝龟十年己未，奉造既毕。居能应寺之金堂，以设会供养。”（p. 341）宋常谨集《地藏菩萨像灵验记》卷 1：“大原尼智藏，特事地藏菩萨，欣求西方净土，舍钱二百文，画阿弥陀像、左右**胁士**，地藏观音二体，安置房舍，信心礼供。”

【挟侍/きょうじ】 偏正 （3 例） 与“胁士”义同。左右侍者护佛之意。《元兴寺伽蓝缘起并流记资财账》：“十三年，岁次乙丑四月八日戊辰，以铜二万三千斤，金七百五十九两，敬造尺迦丈六像　铜绣二躯并**挟侍**。”唐玄应撰《一切经音义》卷 1：“**挟持**：胡颊反。《尔雅》：**挟**，藏也。《方言》：**挟**，护也。”唐道世撰《法苑珠林》卷 16《感应缘》：“晋世有谯国戴逵字安道者，风清概远，肥遁旧吴，宅性居理，游心释教。且机思通赡，巧拟造化，思所以影响法相。尺尺应身，乃作无量寿，**挟侍**菩萨，研思致妙，精锐定制。潜于帷中，密听众论，所闻褒贬，辄加详改。核准度于毫芒，审光色于浓淡。其和墨点彩，刻形镂法，虽周人尽策之微，宋客象楮之妙，不能踰也。委心积虑，三年方成，振代迄今，所未曾有。”按：《汉语大词典》失收。→【侠侍】

【挟侍菩薩/きょうじのぼさつ】 菩萨 （3 例） “挟侍”，与“胁士”义同。左右侍者挟佛之意。“挟侍菩萨”，侍立在佛两旁，协助佛教化众生的菩萨。《日本书纪》卷 21《用明纪》二年四月条：“天皇之疮转盛，将欲终时，鞍部多须奈进而奏曰：‘臣奉为天皇出家修道。又奉造丈六佛像及寺。’天皇为之悲恸。今南渊坂田寺木丈六佛像，**挟侍菩萨**是也。”（第二册，p. 506）《续日本纪》卷 12《圣武纪》天平九年三月条：“三月丁丑，诏曰：‘每国令造释迦佛像一体，**挟侍菩萨**二躯。兼写《大般若经》一部。’”（第二册，p. 312）又卷 23《淳仁纪》天平宝字五年六月条：“六月庚申，设皇太后周忌斋于阿弥陀净土院。其院者在法华寺内西南隅。为设忌斋所造也。其天下诸

国，各于国分尼寺奉造阿弥陀丈六像一躯、**挟侍菩萨**像二躯。”（第三册，p. 380）

【**携瓶揭鉢/びんをたづさへてはちをひさぐ**】自创　《上宫皇太子菩萨传》：“坐禅诵经，或口宣三藏；心味四禅，或振锡衲衣；**携瓶揭钵**，或冬夏袒膊；跣足经行，或隐居岩穴；飡松噉栢，或常坐不卧。”唐慧琳撰《一切经音义》卷81：“**携瓶**：上惠珪反。顾野王云：**携**，持也。《说文》：提也，从手，巂声，巂音同上。传作携，俗字也。”又卷59：“**挟钵**：胡颊反。《说文》：挟，持也。《尔雅》：挟，藏也，亦怀挟也。”（1）唐义净撰《南海寄归内法传》卷2：“或有贪婪不为分数，自使奴婢躬捡营农，护戒苾刍不噉其食。意者以其僧自经理，邪命养身驱使佣人，非瞋不可坏种垦地。虫蚁多伤，日食不过一升。谁复能当百罪？是以耿介之士，疾其事繁，**携瓶挟钵**，弃之长骛。独坐静林之野，欢与乌鹿为俦。绝名利之喧嚣，修涅槃之寂灭。若为众家经求取利，是律所听。垦土害命教门不许，损虫妨业宁复过此。”（2）唐玄觉撰《禅宗永嘉集》卷1《发愿文第10》：“稽首清净诸贤圣，十方和合应真僧，执持禁戒无有违，振锡**携瓶**利含识。”宋志盘撰《佛祖统纪》卷10：“禅师玄觉，永嘉戴氏。出家遍探三藏，精天台止观圆妙法门，四威仪中常冥禅观。因左溪朗公谢厉，遂与东阳策禅师。同诣曹溪见六祖，振锡**携瓶**绕祖三匝。”

【**写畢/うつしをはる**】完成　缮写毕功。经文抄写完毕。《奈良朝写经62·瑜伽师地论释卷第1》：“天平宝字六年三月二十日**写毕**。近事。”（p. 388）（1）《全宋文》卷64阙名《摩得勒伽记》：“宋元嘉十二年岁在乙亥，扬州聚落丹阳郡秣陵县平乐寺三藏兴弟子共出此律，从正月起，至九月二十三日草成，二十五日**写毕**，白衣优婆塞张道孙敬信执写。”（2）《晋书》卷75《范汪传》：“及长，好学。外氏家贫，无以资给，汪乃庐于园中，布衣蔬食，然薪写书，**写毕**，诵读亦遍，遂博学多通，善谈名理。”《艺文类聚》卷99：“《龙鱼河图》曰：‘尧时，与群臣贤智到翠妫之川，大龟负图来投尧，尧敕臣下写取，告瑞应，**写毕**，龟还水中。’”

【**写経功徳/しゃきょうのくどく**】四字　抄写经文的德用。《奈良朝写经31·别译杂阿含经卷第10》：“奉为二亲魂路，敬写一切经一部。愿以兹**写经功德**，仰资二亲尊灵，归依净域，曳影于睹史之宫；游戏觉林，升魂于摩尼之殿。”（p. 232）方广锠整理《佛说水月光观音菩萨经》卷1：“右件**写经功德**，为过往马氏追福。奉请龙天八部、救苦观世音菩萨、地藏菩萨、四大天王、八大金刚以作证盟一一领受福田，往生乐处，遇善知识，一心供养。”史传部《金刚经感应传》卷1：“方到墓侧，忽见一老翁，言：‘吾是小神土地。汝妻承**写经功德**，昨日午时，准阎摩王敕，上升天界。地下不复见矣。’”

【**写竟/うつしをはる**】完成　犹言“写了”。《奈良朝写经10·法华经玄赞卷第3》：“天平三年八月朔丁丑八日甲申**写竟**。”（p. 83）唐澄观述《大方广佛华严经随疏演义钞》卷15：“爽有亲故暴死，经七日却苏，说冥中欲追爽。爽甚危惧，蒙彼使命令写华严。写竟，爽母坟侧，先种蜀葵，至冬已悴，一朝华发，璨然荣茂。乡间异之。”唐元康撰《肇论疏》卷1：“天平胜宝六年七月十九日写竟。”隋昙延撰《起信论义疏》卷1：“下卷终记云：天平十三年岁次（辛巳）十月二日。隅寺温室院写竟。沙弥行晓。”→【敬奉写竟】

【写了/うつしをはる】 完成 （3例） 抄写完毕。用于落款处。《奈良朝写经15・瑜伽师地论卷第8》：“天平七年岁次乙亥八月十四日写了。”（p. 121）又《瑜伽师地论卷第60》：“天平七年岁次乙亥八月十四日写了。”（p. 123）《奈良朝写经44・大乘阿毗达磨杂集论卷第16》：“天平胜宝四年十一月十八日写了。”唐道宣撰《大唐内典录》卷10：“于即清旦食讫入浴著净衣，受八戒入净室，口含檀香，烧香悬旛，寂然抄写，至暮方出。明又如初，曾不告倦。及经写了，如法嚫奉，相送出门，斯须不见。”唐僧详撰《法华传记》卷8：“贞观五年，有隆州巴西县令孤元轨者，信敬佛法，欲书写法华金刚般若涅槃等，无由自捡。凭彼上抗禅师捡挍，抗乃为在寺，如法洁净写了。”

【邂逅遇~/たまさかに~にあふ】 连言 邂逅，遭遇。《出云国风土记・意宇郡》条：“即北海有毘卖埼。飞鸟净御原宫御宇天皇御世，甲戌年七月十三日，语臣猪麻吕之女子，逍遥件埼，邂逅遇和尔，所贼不皈。”（p. 140）唐道宣撰《中天竺舍卫国祇洹寺图经》卷1：“当大宋之历虽律闻风勃兴此经既丧矣。我大智律师邂逅遇乎日域将至矣。方今汉地再有斯书，吾国之为也（余）偶虽得乎一本缮脱湮灭书误络绎。每披卷未尝不喟然而叹矣。”大内文雄、斋藤隆信整理《净度三昧经》卷2：“长者白王言：‘此囚亦好人君子，与我中外兄弟，或言婚亲士大夫。邂逅遇事耳。’”按：《常陆国风土记・香岛郡》条：“经月累日，嬥歌之会，邂逅相遇。”（p. 398）《诗经・郑风・野有蔓草》：“野有蔓草，零露溥兮。有美一人，清扬婉兮。邂逅相遇，适我愿兮。”此外，《日本灵异记》上卷《缔知识为四恩作绘佛像有验示奇表缘第35》：“尼等欢喜流泪，泣矜曰：‘吾先失斯像，日夜奉恋。今邂逅得遇，嗟呼庆哉！’”（p. 135）又中卷《观音铜像及鹭形示奇表缘第17》：“尼众卫绕彼像，而悲哭云：‘我失尊像，日夜奉恋，今邂逅而逢。我诸大师，何有罪过，蒙斯贼难。’”（p. 195）例中“邂逅得遇”“邂逅而逢”在传世文献中未见文例，疑似自创搭配形式。

【心般若/しんはんにゃ】 内典 《般若波罗蜜多心经》的略称。亦作《般若心经》。《日本灵异记》中卷《智者诽妒变化圣人而现至阎罗阙受地狱苦缘第7》：“天年聪明，智惠第一。制《盂兰瓫》《大般若》《心般若》等经疏，为诸学生，读传佛教。”（p. 167）

【心般若経/しんはんにゃきょう】 内典 （2例） 《般若心经》的别称。《日本灵异记》上卷《僧忆持〈心经〉得相报示奇事缘第14》：“法师身长七尺，广学佛教，念诵《心般若经》。”（p. 94）又：“时觉法师语弟子言：‘吾一夕诵《心经》一百遍许。然后开目，观其室里，四壁穿通，庭中显见。吾于是生希有之想，从室而出，回瞻院内，还来见室，壁户皆闭。即外复诵《心经》，开通如前。'即是《**心般若经**》不思议也。"（p. 95）按：石田茂作《奈良朝现在一切经疏目录》指出，正仓院文书中可见《心般若经》的略称。→【心経】【般若波羅蜜多心経】

【心府/しんふ】 偏正　心中，心。《藤氏家传》下卷《武智麻吕传》："每年夏三月，请十大德，听说法华，熏习**心府**。"（p. 296）唐慧琳撰《一切经音义》卷47："**心府**：趺宇反。《广雅》：**府**，聚也。《白虎通》曰：'有六府，谓大肠、小肠、旁光、胃、三焦、胆也。'"（1）梁僧佑撰《出三藏记集》卷5："但此法华所明，明其唯有佛乘无二无三不明一切众生皆当作佛，皆当作佛我未见之亦不抑言无也。若得闻此正言，真是会其**心府**。"南朝梁慧皎《高僧传》："迄至立年，方解英绝，内外经书，暗游**心府**。"（2）《隋书》卷2《高祖纪下》："王公卿士，每日阙庭，刺史以下，三时朝集，何尝不罄竭**心府**，诫敕殷勤。"

【心懐怖畏/こころにおぢかしこまることをうだく】 四字　心中感到恐怖畏惧。根据《六十华严经》卷34的说法，未悟解真理的众生有五种恐怖：1. 不活畏，生活不安，常积资财；2. 恶名畏，恐他人讥谤而名誉受损；3. 死畏，畏惧命之将终；4. 恶道畏，又作恶趣畏。恐惧堕入地狱、饿鬼等恶趣；5. 大众威德畏，又作怯众畏。无自信而怯于出现大众之前等。若远离此五怖畏，称为五离怖畏。《日本书纪》卷17《继体纪》二十三年四月条："久迟布礼、恩率弥滕利，**心怀怖畏**，各归召王。由是，新罗改遣其上臣伊叱夫礼智干岐率众三千，来请听敕。"（第二册，p. 318）姚秦鸠摩罗什译《大智度论》卷35："如释提桓因，命欲终时，**心怀怖畏**，求佛自救，遍不知处。"高齐那连提耶舍译《大悲经》卷4："时彼商人，**心怀怖畏**，极生忧恼。其中或有，得船板者，或有浮者，有命终者。"唐道世撰《法苑珠林》卷23："何等为五？一说法时，**心怀怖畏**，恐人难我；二内怀忧怖，而外为他说；三是凡夫，无有真智；四所说不净，但有言辞；五言无次第，处处抄撮。是故在众**心怀恐怖**。"

【心忌/こころにいむ】 主谓　心里忌讳。《藤氏家传》上卷《镰足传》："入鹿起立著履，履三回不著。入鹿**心忌**之，将还彷徨。舍人频唤，不得已而驰参。"（p. 164）唐慧琳撰《一切经音义》卷72："**心忌**：梁记反。**忌**，难也，亦畏也。《说文》：**忌**，憎恶也。"（1）后汉昙果、康孟详合译《中本起经》卷2《本起该容品》："照堂协恨，妒愤内发，数谮非一。王反辱曰：'汝辈妖蛊，言不及义，彼人操行，执节可贵。照堂**心忌**，犹欲害之。'"晋世法炬、法立合译《法句譬喻经》卷4《利养品》："此女得叙，每协嫉妒，妖蛊迷王，数谮大夫人，如是非一。王返辱曰：'卿等妖媚，言返不逊，彼人操行，可贵而返谮之。'此女**心忌**，犹欲害之，数谮不已。"（2）《魏志》卷6裴松之引《零陵先贤传》："太祖爱子仓舒，夙有才智，谓可与不疑为俦。及仓舒卒，太祖**心忌**不疑，欲除之。"《后汉书》卷14《齐武王縯传》："伯升部将宗人刘稷，数陷陈溃围，勇冠三军。时将兵击鲁阳，闻更始立，怒曰：'本起兵图大事者，伯升兄弟也，今更始何为者邪？更始君臣闻而**心忌**之，以稷为抗威将军，稷不肯拜。'"

【心経/しんきょう】 内典 （8例） 1卷。《摩诃般若波罗蜜多心经》的略称。亦称《般若心经》。唐玄奘译。一代五时中，于般若时所说的经典。内容是讲说五阴、六根、六境、十二因缘、四谛的一切诸法皆为空。《日本灵异记》上卷《僧忆持〈**心经**〉得现报示奇事缘第14》："时觉法师语弟子言：'吾一夕诵《**心经**》一百遍许。然后开目，观其室里，四壁穿通，庭中显见。吾于是生希有之想，从室而出，回瞻院内，还来见室，壁户皆闭。即外复诵《**心经**》，开通如前。'即是《心般若经》不思议也。"（p. 95）又中卷《忆持〈**心经**〉女现至阎罗王阙示奇表缘第19》："天年澄情，信敬三宝，常诵持《**心经**》，以为业行。诵《**心经**》之音甚微妙，为诸道俗所爱乐也。"（p. 199）又："优婆夷欲买彼经，遣使而还，开经见之，彼优婆夷昔时奉写《梵网经》二卷、《**心经**》一卷也。"（p. 199）又下卷《怨病忽婴身因之受戒行善以现得愈病缘第34》："剃发受戒，著袈裟，住其里于大谷堂。诵持《**心经**》，行道为宗。"（p. 350）

【心鏡/こころのかがみ】 比喻 清净之心。谓喻心净如明镜，能照亮万象。《古事记・序》："重加，智海浩汗，潭探上古，**心镜**炜煌，明睹先代。"（p. 20）（1）刘宋求那跋陀罗译《楞伽阿跋多罗宝经》卷3《一切佛语心品》："譬如镜中像，虽现而非有，于妄想**心镜**，愚夫见有二。"唐实叉难陀译《大乘入楞伽经》卷4《无常品》："譬如镜中像，虽现而非实；习气**心镜**中，凡愚见有二。"唐般若译《大方广佛华严经》卷21《入不思议解脱境界普贤行愿品》："我王**心镜**净，洞见于心源。左右无佞邪，耳目唯良善。"（2）《晋书》卷75："国宝检行无闻，坐升彼相，混暗识于**心镜**，开险路于情田。"（p. 1995）按：《汉语大词典》首引《圆觉经》卷上："慧目肃清，照曜**心镜**。"偏晚。

【心廓/こころほがらかなり】 主谓 心境开阔，心胸豁达。《日本灵异记》上卷《僧忆持〈心经〉得现报示奇事缘第14》："大哉！释子。多闻弘教，闭居诵经。**心廓**融达，所现玄寂。焉为动摇，室壁开通，光明照耀"（p. 95）东晋佛陀跋陀罗、法显合译《摩诃僧祇律》卷23："世尊在菩提树下，最后**心廓**然大悟，自觉妙证善具足。如线经中广说，是名自具足。"姚秦鸠摩罗什译《十住经》卷3《不动地》："菩萨住是地，心识无分别，如入灭尽定，无念想分别。犹如人梦中，遽欲行渡水，觉则**心廓**然，自知无所作。"高丽义夫集《圆宗文类》卷22："理圆诸相尽，**心廓**境还如。昨夜家家月，清光混太虚。"

【心滅/こころうす】 格义 死心，彻底地不再想对方。《常陆国风土记・香岛郡》条："古有年少童子。男称那贺寒田之郎子，女号海上安是之娘子。并形容端正，光华乡里。相闻名声，同存望念，自爱**心灭**。"（p. 398）唐义净译《金光明最胜王经》卷2《分别三身品》："起事**心灭**故，得现化身；依根本**心灭**故，得显应身；根本**心灭**故，得至法身。是故一切如来具足三身。"按：《汉语大词典》失收。此言佛具有三身，即化身、应身和法身。佛的三身是在分别斷除起事心、依根本心、根本心以后才具有的。原文“心灭”疑似出自佛典，但在用法上有别于佛典，它舍去了“～心灭”佛典中抽象义的用法，在此表示男女双方希望彻底忘记对方却难以做到，反衬出男女青年双方渴望与对方相见的迫切心情。

【心内歓喜/こころのうちによろこぶ】 四字　犹言“内心欢喜”。《日本灵异记》中卷《忆持〈心经〉女现至阎罗王阙示奇表缘第19》：“**心内欢喜**，知盗人，犹忍问：‘经直欲几何？’答：‘别卷直欲钱五百文。’随乞而买。”（p. 199）吴支谦译《佛说义足经》卷1：“佛在舍卫国祇树给孤独园。时有一梵志，祇树间有大稻田，已熟，在朝暮当收获。梵志晨起，往到田上，遥见禾穟，**心内欢喜**，自谓得愿，视禾不能舍去。”

【心念観音/こころにかんのんをおもふ】 四字　在心中不停地称念观音名号。《日本灵异记》上卷《恃凭念观音菩萨得现报缘第6》：“小治田宫御宇天皇之代，遣学高丽，遭其国破，流离而行。忽其河边椅坏，无船，过渡无由。居断桥上，**心念观音**。即时老翁乘舟迎来，同载共渡。渡竟之后，从舟下道。老公不见，其舟忽失。乃疑观音之应化也。”（p. 78）唐慧智译《赞观世音菩萨颂》卷1：“高山险谷悬岩里，奔流溅石众难处，若人堕中无救护，**心念观音**登彼岸。”唐道宣撰《续高僧传》卷25：“僧明为魁首，以绳急缠，从头至足，克期斩决。明大怖，一**心念观音**，至半夜觉缠小宽，私心欣幸，精到弥切。及晓索然都断，既因得脱，逃逸奔山。”宋知礼述《观音义疏记》卷4：“求脱苦难，**心念观音**，一切机缘，俱能感圣。”

【心清涼/こころしょうりょうなり】 三字　内心感到清净凉爽。“清凉”，梵语śītala，清净凉爽之义。《唐大和上东征传》：“彼官人取水与睿，水色如乳汁，取饮甚美。**心**既**清凉**，睿语彼官人曰：‘舟上三十余人，多日不饮水，甚大饥渴，请檀越早取水来。’”（p. 65）萧齐僧伽跋陀罗译《善见律毘婆沙》卷10《舍利弗品》：“譬如有人，登上高山，身心疲劳，气息粗大，又从山下，至平地下。有池水及大树，入池洗浴竟，还于树下酥息，或眠或坐，身**心清凉**，渐渐气息微细。比丘初入定，亦复如是。”元魏瞿昙般若流支译《正法念处经》卷23《观天品》：“八名如意林。于此林中，游戏受乐，眼视妙色，耳闻爱声，鼻闻妙香，舌得上味。如是离垢，其**心清凉**。”唐实叉难陀译《大方广佛华严经》卷63《入法界品》：“令除迷倒障，拔犹豫箭，截疑惑网，照心稠林，澣心垢浊，令心洁白，使**心清凉**，正心谄曲，绝心生死，止心不善，解心执着。”按：《唐大和上东征传》用作具体义，汉译佛经用作抽象义，即精神上清净，不感到烦扰。

【心曲/こころまがる】 主谓　心术不正，心理扭曲。“身曲”“口曲”的对应词。《日本灵异记》中卷《佛铜像盗人所捕示灵表显盗人缘第22》：“和泉国日根郡部内，有一盗人。住道路边，姓名未详也。天年**心曲**，杀盗为业，不信因果。”（p. 206）东晋佛陀跋陀罗、法显合译《摩诃僧祇律》卷25：“恶邪命者，身曲、口曲、**心曲**现亲爱希望供养，是名恶邪命。”姚秦鸠摩罗什译《大智度论》卷12《序品》：“又知恶人多怀瞋恚，**心曲**不端而行布施，当堕龙中，得七宝宫殿，妙食好色。”又《大智度论》卷73《阿毘跋致品》：“佛言：‘菩萨摩诃萨随其所得，增益善根，灭除**心曲**、心邪。须菩提，是名菩萨摩诃萨身清净、心清净。’”

【心味四禅/こころにしぜんをあぢはふ】 自创　用心去体味四禅。“四禅”，亦作“四禅天”。依修四禅定而生于色界的果报。1. 初禅天。无六识中的鼻、舌二识，只有基于眼、耳、身、意四识的喜受与乐受。喜受与意识相应，乐受与眼、耳、身的三识相应，且有觉、观的两种心智作用。此地有梵众天、梵辅天、大梵天的三天。2. 二禅天。二禅以上是不具眼、耳、身的三识，只有意识，与喜舍二受相应。此地有少光天、无量光天、光音天的三天。3. 三禅天。只在意识上与乐舍二受相应。此地有少净天、无量净天、遍净天的三天。4. 四禅天。只在意识上与舍受相应。此地有九天，即无云天、福生天、广果天、无想天、无烦天、无热天、善见天、善现天、色究竟天。《上宫皇太子菩萨传》：“坐禅诵经，或口宣三藏；**心味四禅**，或振锡衲衣；携瓶揭钵，或冬夏祖膊；跣足经行，或隐居岩穴；飡松噉栢，或常坐不卧。”（1）东晋佛驮跋陀罗译《达摩多罗禅经》卷1：“爱见慢增禅，于缘**心味**著，有此累念生，是说修行退。”（2）《晋书》卷61《成公简传》：“成公简，字宗舒，东郡人也。家世二千石。性朴素，不求荣利，潜**心味**道，罔有干其志者。”《全唐文》卷313孙逖《沧州刺史郑公墓志铭》：“自婴昼哭，遂契明因，忘**心味**禅，悟理根善。”

【心性無常/しんしょうつねなし】 四字　性情变化不定。《续日本纪》卷29《称德纪》神护景云二年十二月条：“十二月甲辰，先山阶寺僧基真，**心性无常**，好学左道。诈咒缚其童子，教说人之阴事。”（第四册，p. 224）姚秦筏提摩多译《释摩诃衍论》卷9：“已说通达对治行法门，次说别相所作业用门。就此门中，则有八门，云何为八？一者出现人相令信门；二者出现言说乱识门；三者得三世智惑人门；四者不离世间缚缠门；五者**心性无常**生乱门；六者令得邪定非真门；七者劝请行者离邪门；八者简择真伪令了门。是名为八。”又：“次说**心性无常**生乱门。所谓破坏坚固之信，而能令发无常之心，断修行之足，绝趣人之路，引入邪网及无性故。”唐玄奘译《阿毘达磨识身足论》卷3：“补特伽罗无有空，诸法和合各所作。了知由几俱生二，**心性无常**明爱缘。”

【心之所帰/こころのよるところ】 所字　犹言“人心所向”。《日本书纪》卷25《孝德纪》大化三年四月条：“又拙弱臣、连、伴造、国造，以彼为姓，神名、王名逐自**心之所归**，妄付前前处处。”（第三册，p. 162）西晋竺法护译《宝女所问经》卷3：“又复信知，当来诸佛，**心之所归**，光明威神，清净无数，无有隐盖。”梁僧佑撰《弘明集》卷11：“民今**心之所归**，辄归明公之一向道家戒善。故与佛家同耳。”

【心重大乗/こころにだいじょうをたふとぶ】 典据　内心崇重大乘佛教。《日本

灵异记》中卷《佛铜像盗人所捕示灵表显盗人缘第22》："《涅槃经》十二卷文，如佛说：'**心重大乘**。闻婆罗门诽谤方等，断其命根。以是因缘，从是以来，不堕地狱。'"（p. 206）北凉昙无谶译《大般涅槃经》卷12《圣行品》："善男子，我于尔时，**心重大乘**。闻婆罗门，诽谤方等。闻已，即时断其命根。善男子，以是因缘，从是已来，不堕地狱。"

【欣感/おもがしみす】 偏正 欣喜感激。《日本书纪》卷9《神功纪》摄政四十九年三月条："是以百济王父子及荒田别、木罗斤资等共会意流村。相见**欣感**，厚礼遣之。"（第一册，p. 456）（1）梁僧佑律师撰《弘明集》卷13："盖所以悟夫求己，然求己之方，非教莫悟。悟因乎教，则功由神道，**欣感**发中必形于事，亦由咏歌不足系以手舞。"元魏慧觉等译《贤愚经》卷9《善事太子入海品》："诸王臣民，见其如是，**欣感**之情，不可具说。"隋费长房撰《历代三宝纪》卷4："通人傅毅进奉对云：'臣闻西方有神名佛，陛下所见将必是乎？'帝以为然，**欣感**灵瑞，诏遣使者。"（2）《旧唐书》卷18上《武宗纪》："今已脱于豺狼，再见宫阙，上以摅宗庙之宿愤，次以慰太皇太后之深慈，永言归宁，良用**欣感**。"《全唐文》卷134陈子良《为王季卿与王仁寿书》："将军甥也，闻之岂不**欣感**？但季卿之与将军，忝是宗友，义同昆弟。"《太平广记》卷336《常夷》条："夷答曰：'仆以暗劣，不意冥灵所在尺尺，久阙承禀，幸蒙殊顾，**欣感**实多。'"

【欣仰/きんぎょうす】 偏正 欣喜仰慕。《日本书纪》卷15《显宗纪》元年八月条："大泊濑天皇，正统万机，临照天下。华夷**欣仰**，天皇之身也。"（第二册，p. 248）（1）西晋竺法护译《正法华经》卷6《劝说品》："诸族姓子，**欣仰**世尊，俯察己身，前世所行，平等之愿。"姚秦鸠摩罗什译《妙法莲华经》卷1《序品》："四众**欣仰**，瞻仁及我。世尊何故，放斯光明？"梁僧佑撰《弘明集》卷10："辱告：惠示敕答臣下审神灭论，伏奉**欣仰**喜不自支。"（2）《国清百录》卷4《导因寺惠岩等致书第98》："属以天清地肃，王道康夷，四众倾心，民庶**欣仰**。"（p. 4230）按：《汉语大词典》首引《魏书·崔僧渊传》："加以累叶重光，地兼四岳，士马强富，人神**欣仰**，道德仁义，民不能名。"（p. 632）偏晚。

【欣遊/うれしぶ】 偏正 欣喜地游玩。《日本书纪》卷24《皇极纪》三年三月条："倭国言：'顷者菟田郡人押坂直，将一童子**欣游**雪上。'"（第三册，p. 88）唐法照述《净土五会念佛略法事仪赞》卷2："往生心往生心，渐向法流，深沐浴如来功德海，**欣游**净土，乐四天王夜魔天，天宫近与人相连，共游天上唤不得。"按：《汉语大词典》失收。

【新熏種子/しんくんしゅじ】 四字 为两类种子之一。与"本有种子"对称。新熏种子，由现行的前七识，随所应的色心万差种种习气，悉皆落于第八识中，成为生果的功能，故称。又作"习所成种"。《日本灵异记》下卷《灾与善表相先现而后其灾善答被缘第 38》："授书者，**新熏种子**，加行人宗智也。"宋延寿集《宗镜录》卷 48："又问：'八识之中，既具本有新熏之义，何识是能熏因、所熏果？'答：'依经论正义，即是前七现行识，为能熏因缘之因，熏生新熏种子。第八识，是前七现行识所熏生因缘之果。'"（p. 369）唐遁伦集撰《瑜伽论记》卷 6："**新熏种子**亦名习种，今种姓地意明性种，后趣入地方明习种也。"→【本有種子】

【新薬師/しんやくし】 寺名 "新药师寺"的略称。《续日本纪》卷 17《孝谦纪》天平胜宝元年七月条："弘福、法隆、四天王、崇福、**新药师**、建兴、下野药师寺、筑紫观世音寺，寺别五百町。诸国法华寺，寺别四百町。自余定额寺，寺别一百町。"（第三册，p. 88）

【新薬師寺/しんやくしじ】 寺名 （2 例） 位于日本奈良高畑町。旧称香药师寺。属日本华严宗寺。为东大寺之别院。天平十九年（747），光明皇后为祈求圣武天皇眼疾痊愈，令行基创建本寺。寺内安置七尊药师佛。《续日本纪》卷 18《孝谦纪》天平胜宝三年十月条："壬申，诏曰：'顷者，太上天皇，枕席不稳。由是，七七日间，屈请四十九贤僧于**新药师寺**，依续命之法，设斋行道。仰愿。圣体平复。宝寿长久。'"（第三册，p. 114）又卷 36《高绍纪》宝龟十一年正月条："庚辰，大雷，灾于京中数寺。其**新药师寺**西塔，葛城寺塔并金堂等，皆烧尽焉。"

【信悲/うやまひかなしぶ】 自创 信仰和慈悲。《日本灵异记》下卷《假官势非理为政得恶报缘第 35》："天皇**信悲**，以延历十五年三月朔七日，始召经师四人，为古麿奉写《法华经》一部。"（p. 353）姚秦鸠摩罗什译《十住毘婆沙论》卷 9《四法品》："以**信悲**慈舍，堪受无疲厌。又能知义趣，引导众生心。"唐实叉难陀译《大方广佛华严经》卷 34《十地品》："佛子，菩萨如是，成就十种，净诸地法，所谓：**信悲**慈舍，无有疲厌，知诸经论，善解世法，惭愧坚固力，供养诸佛，依教修行。"

【信敬/しんけい】 并列 （2 例） 信奉崇敬，信任敬重。《日本书纪》卷 19《钦明纪》二年七月条："而新罗一不听命，亦卿所知。且夫**信敬**天皇，为立任那，岂若是乎。"（第二册，p. 378）《日本灵异记》上卷《遭兵灾**信敬**观音菩萨像得现报缘第 17》（p. 98）（1）吴支谦译《撰集百缘经》卷 1《菩萨授记品》："时婆罗门，闻彼亲友，叹佛功德，深生**信敬**。"姚秦鸠摩罗什译《妙法莲华经》卷 4《提婆达多品》："未来世中，若有善男子、善女人，闻妙法华经提婆达多品，净心**信敬**，不生疑惑者，不堕地狱、饿鬼、畜生，生十方佛前，所生之处，常闻此经。"唐义净译《金光明最胜王经》卷 3《灭业障品》："若有善男子、善女人，如是入于，微妙真理，生**信敬**心。是名无众生而有于本。以是义故，说于忏悔，灭除业障。"（2）《晋书》卷 106《石季龙传》："安定人侯子光，弱冠美姿仪，自称佛太子，从大秦国来，当王小秦国。易姓名为李子杨，游于鄠县爰赤眉家，颇见其妖状，事微有验。赤眉**信敬**之，妻以二女，转相扇惑。"（p. 2767）《宋书》卷 48《毛休之传》："初，修之在洛，敬事嵩高山寇道士，道士为焘所**信敬**，营护之，故得不死，迁于平城。”（p. 1429）按：《汉语大词典》首引《周书》卷45《儒林传》：“［卢光］性崇佛道，至诚**信敬**。”偏晚。

【信敬三宝/さんぼうをしんけいす】 四字 （2例） 信奉崇敬佛法僧。《日本灵异记》上卷《**信敬三宝**得现报缘第5》（p. 74）又中卷《忆持〈心经〉女现至阎罗王阙示奇表缘第19》：“天年澄情，**信敬三宝**，常诵持《心经》，以为业行。”（p. 199）西晋竺法护译《贤劫经》卷1《法师品》：“天人心开，乐于道法，五趣心解，**信敬三宝**，不贪世荣。”东晋佛驮跋陀罗译《大方广佛华严经》卷6《贤首菩萨品》：“深心净信不可坏，恭敬供养一切佛，尊重正法及圣僧，**信敬三宝**故发心。”元魏慧觉等译《贤愚经》卷1《海神难问船人品》：“世有智人，奉行诸善，身口意业，恒令清净，**信敬三宝**，随时供养，其人命终，生于天上，形貌皎洁，端政无双，殊胜于汝，数千万倍。”

【信敬尊重/うやまひたふとぶ】 四字 信奉崇敬，尊贵重视。《日本灵异记》上卷《遭兵灾信敬观音菩萨像得现报缘第17》：“傥得观音菩萨像，**信敬尊重**。八人同心，窃截松木，以为一舟。奉请其像，安置舟上。各立誓愿，念彼观音。”（p. 98）北凉昙无谶译《大般涅槃经》卷14《圣行品》：“尔时，佛赞迦叶菩萨：‘善哉，善哉！汝甚爱乐，大乘经典，贪大乘经，爱大乘经，味大乘经，**信敬尊重**，供养大乘。’”隋达摩笈多译《佛说药师如来本愿经》卷1：“阿难，人身难得，于三宝中，**信敬尊重**，亦难可得，闻彼如来名号，倍难于此。”唐玄奘译《药师琉璃光如来本愿功德经》卷1：“阿难，人身难得，于三宝中，**信敬尊重**，亦难可得；得闻世尊药师琉璃光如来名号，复难于是。”

【信恐/うやまひおそる】 自创 相信并害怕某事。《日本灵异记》上卷《序》：“愚痴之类，怀于迷执，匪信于罪福。深智之俦，觐于内外，**信恐**因果。”（p. 54）又：“何唯慎乎他国传录，弗**信恐**乎自土奇事？”（p. 54）按：《汉语大词典》失收。

【信力/うやまふちから】 偏正 信仰之力。《日本灵异记》下卷《用网渔夫值海中难凭愿妙见菩萨得全命缘第32》：“定知妙见大助，漂者**信力**也。”（p. 344）西晋无罗叉译《放光般若经》卷4《陀邻尼品》：“复有摩诃衍，谓五力是。何谓为五？**信力**、精进力、志力、定力、智慧力。”西晋竺法护译《正法华经》卷6《药王如来品》：“他方世界，现在如来，悉睹见之，在所存立，己身还闻，诸**信力**也，善本力，志愿力，在如来室，等顿一处。斯之伦党德如是也。”姚秦鸠摩罗什译《妙法莲华经》卷1《方便品》：“是法不可示，言辞相寂灭，诸余众生类，无有能得解，除诸菩萨众、**信力**坚固者。”

【信三宝/さんぼうをうやまふ】 三字 （5例） 相信佛法僧。《日本灵异记》上卷《邪见打破乞食沙弥钵以现得恶死报缘第29》：“白发部猪麿者，备中国少田郡人也。天年邪见，不**信三宝**。”（p. 121）又中卷《骂僧与邪淫得恶病而死缘第11》：“时彼里有

一凶人，姓文忌寸也，字云上田三郎矣。天骨邪见，不**信三宝**。”（p. 177）又《赎蟹虾命放生现报蟹所助缘第12》：“奉教归家，当期日之夜，闭屋坚身，种种发愿以**信三宝**。”（p. 180）又《依恶梦至诚心使诵经示奇表得全命缘第20》：“女闻母传状，大怖通心，增**信三宝**。乃知，诵经之力三宝护念也。”（p. 202）又《打法师以现得恶病而死缘35》：“宇迟王者，天骨邪见，不**信三宝**。”（p. 240）

【信受/うく】 并列 （3例） 相信并接受。《日本灵异记》中卷《骂僧与邪淫得恶病而死缘第11》：“导师见之，宣义教化。不**信受**曰：‘为无用语。汝婚吾妻，头可所罚破。斯下法师矣。’恶口多言，具不得述。”（p. 178）《续日本纪》卷25《淳仁纪》天平宝字八年七月条：“是以，从轻之状，报宣已讫。而纪朝臣等犹疑非敕，不肯**信受**。”（第四册，p. 14）《上宫圣德法王帝说》：“戊午年四月十五日，少治田天皇请上宫王令讲《胜鬘经》。其仪如僧也。诸王、公主及臣、连、公民，**信受**无不嘉也。三个日之内，讲说讫也。”（1）后汉支娄迦谶译《道行般若经》卷4《持品》：“舍利弗白佛言：‘菩萨摩诃萨**信受**深般若波罗蜜者，当视之如阿惟越致。’”后秦法师鸠摩罗什译《妙法莲华经》卷6《随喜功德品》：“唇舌牙齿，悉皆严好，鼻修高直，面貌圆满，眉高而长，额广平正，人相具足，世世所生，见佛闻法、**信受**教诲。”（2）《吴志》卷12《张温传》：“乃便到豫章，表讨宿恶，寡人**信受**其言，特以绕帐、帐下、解烦兵五千人付之。”《宋书》卷61《武三王传》：“古人言：‘君不密则失臣，臣不密则失身。’或相谗构，勿轻**信受**，每有此事，当善察之。”按：《汉语大词典》首引《梁书》卷50《文学传下》：“孝恭少从萧寺云法师读经论，明佛理，至是蔬食持戒，**信受**甚笃。”偏晚。→【不信受曰：“～”】

【信心/うやまふこころ】 偏正 （3例） 信仰的心。于佛法上，信被视为成佛的根本，唯有依信才能具备一切的智能而得悟。信心是配于别教所说五十二位的最初位、十信的第一，而被视为佛道修行的基点。《日本灵异记》中卷《至诚心奉写〈法华经〉有验示异事缘第6》：“诚知示于大乘不思议力，试于愿主至深**信心**。更不可疑也。”（p. 161）又《奉写〈法华经〉因供养显母作女牛之因缘第15》：“愿主见之，**信心**敬礼，一日一夜，家内隐居，顿作法服，以之奉施。”（p. 188）又下卷《诽奉写〈法华经〉女人过失以现口喎斜报缘第20》：“当慎**信心**。应赞彼德，不谤其缺。蒙大灾故矣。”（p. 310）刘宋求那跋陀罗译《杂阿含经》卷26：“何等为信根？谓圣弟子于如来所起**信心**，根本坚固，诸天、魔、梵、沙门、婆罗门及诸世间法，所不能坏，是名信根。”北魏昙鸾注解《无量寿经优婆提舍愿生偈注》卷2：“又有三种不相应：一者**信心**不淳，若存若亡故；二者**信心**不一，无决定故；三者**信心**不相续，余念间故。”→【発信心】【增発信心】

【信心不絶/うやまふこころたへず】 四字 （2例） 不放弃相信佛教的信念。《元兴寺伽蓝缘起并流记资财账》：“**信心不绝**，修行此法，永世无穷者，愿共一切含识有

形，普同此福，速令成正觉。”又：“高丽大兴王方睦大倭，尊重三宝，遥以随喜，黄金三百二十两助成大福，同心结缘。愿以兹福力，登遐诸皇遍及含识，有**信心不绝**，面奉诸佛，共登菩提之岸，速成正觉。”东晋瞿昙僧伽提婆译《增壹阿含经》卷34《七日品》：“佛告阿难：‘……**信心不绝**修行十念者，其福不可量，无有能量者。如是，阿难，当求方便，修行十念。如是，阿难，当作是学。’”后秦法师鸠摩罗什译《大智度论》卷2《序品》：“比丘亦如是，居士白衣给施衣食，当知节量，不令罄竭，则檀越欢喜，**信心不绝**，受者无乏。”

【信心至（之）/うやまふこころこれをいたす】 三字 《日本灵异记》上卷《遭兵灾信敬观音菩萨像得现报缘第17》：“自时迄乎今世，子孙相续归敬。盖是观音之力，**信心至**之。”（p. 98）姚秦竺佛念译《最胜问菩萨十住除垢断结经》卷5《勇猛品》：“我等**信心至**，故远来归命，欲闻定意法，愿时敷演之。”唐昙旷撰《大乘起信论略述》卷2：“论：如是**信心至**正因相应。”

【信重三宝/さんぼうをうやまひたふとぶ】 四字 信任看重佛法僧。《元兴寺伽蓝缘起并流记资财账》：“故佛法始建大倭，广庭天皇之子多知波奈土与比天皇在夷波礼渎边宫，任性广慈，**信重三宝**，损弃魔眼，绍兴佛法。”（1）东晋法显记《高僧法显传》卷1：“比丘为王说法，王得信解，即坏地狱悔前所作众恶。由是**信重三宝**，常至贝多树下，悔过自责，受八戒斋。”唐圆照集《大唐贞元续开元释教录》卷1：“既**信重三宝**，请译佛经，乃与大秦寺波斯僧景净，依胡本六波罗蜜译成七卷。”宋志盘撰《佛祖统纪》卷36：“七年，诃罗陀国入贡，其表曰：‘伏承圣上，**信重三宝**，兴立塔寺，周满世界。今故遣使，表此微心。’”（2）《梁书》卷54《诸夷传》：“丹丹国，中大通二年，其王遣使奉表曰：‘伏承圣主至德仁治，**信重三宝**，佛法兴显，众僧殷集，法事日盛，威严整肃。朝望国执，慈悯苍生，八方六合，莫不归服。’”（p. 794）

【興福寺/こうふくじ】 寺名 （5例） 位于日本奈良市法莲寺町。日本法相宗大本山。又称山阶寺、藤原寺、中臣寺、观世音寺。相对于元兴寺“南寺”之称而被称为“北寺”。本为藤原镰足草创于山城（京都府）山阶村陶原之私邸，然邸未成镰足即殁。由嫡室镜女王续建，此为山阶寺之起源。未久移至飞鸟地方，称为厩阪寺。和铜三年（710），于建设平城京之同时，藤原不比等即于现址大加营建，且易名为兴福寺。养老四年（720）制定“造兴福寺佛殿三司”，成为藤原氏之族寺。光明皇后亦于此设置施药院、悲田院。为奈良时期法相、俱舍教学之中心道场。《日本灵异记》上卷《恃凭念观音菩萨得现报缘第6》：“从日本国使，以养老二年，归向本朝。住**兴福寺**，供养其像，至卒不息。”（p. 78）又下卷《杀生物命结怨作狐狗互相怨报缘第2》：“禅师永兴者，诺乐左京**兴福寺**沙门矣。”（p. 266）《唐大和上东征传》：“僧真法于**兴福寺**讲件《疏记》。”（p. 95）《续日本纪》卷8《元正纪》养老四年十月条：“丙申，始置养民，造器及造**兴福寺**佛殿三司。”（第二册，p. 80）又卷19《孝谦纪》天平胜宝八年六月条：

"癸卯，七七。于**兴福寺**设斋焉。僧并沙弥一千一百余人。"（第三册，p. 164）

【興建仏事/ぶつじをおこしたつ】 四字 使佛德之事兴盛建立起来。《唐大和上东征传》："于是**兴建佛事**，济化群生，其事繁多，不可具载。"（p. 34）《全唐文》卷146欧阳询《西林寺碑》："慧达禅师太原王氏，廓六度以为津，构四禅以为室。世归至德，物仰高韵。为善终日，匪惮劬劳。自东徂西，兴建佛事。"

【興建伽藍/がらんをおこしたつ】 四字 动工建设寺院，创立寺院。《唐大和上东征传》："昔梁武帝崇信佛法，**兴建伽蓝**，今有江宁寺、弥勒寺、长庆寺、延祚寺等，其数甚多；庄严雕刻，已尽工巧。"《全唐文》卷876冯延巳《开先禅院碑记》："朕以此寺基，是朕当年思欲遁世之地，弃之草莽则可惜，构之栋宇则无名。不若**兴建伽蓝**，以居禅众，示人至理，亦造化之一端也。"宋延寿述《万善同归集》卷2："或造新修故，立像图真，**兴建伽蓝**，庄严福地。《法华经》云：'若人为佛故，建立诸形像，刻雕成众相，皆已成佛道。'"（p. 79）

【興隆仏法/ぶっぽうをこうりゅうす】 四字 使寺院的发展兴旺隆盛起来。《唐大和上东征传》："大和上答曰：'昔闻南岳思禅师迁化之后，托生倭国王子，**兴隆佛法**，济度众生。'"（p. 40）东晋佛驮跋陀罗译《大方广佛华严经》卷10《明法品》："不舍一切波罗蜜，诸所施为悉不虚，所请众生皆能度，**兴隆佛法**永不绝？"唐僧详撰《法华传记》卷1："北山有一阿罗汉，见而异之，谓其母曰：'常当守护，若至三十五，不破戒品者，当大**兴隆佛法**，度无数人。'"日本圆行撰《灵岩寺和尚请来法门道具等目录》卷1："以陛下**兴隆佛法**，没驮之舍利浸波远来。以陛下慈育海内，秘密之经法过海遥到也。"→【仏法興隆】

【興隆三宝/さんぼうをこうりゅうす】 四字（3例） 使佛法僧兴旺隆盛起来。《日本书纪》卷22《推古纪》二年二月条："二年春二月丙寅朔，诏皇太子及大臣令**兴隆三宝**。是时，诸臣连等各为君亲之恩竞造佛舍，即是谓寺焉。"（第二册，p. 522）《续日本纪》卷16《圣武纪》天平十八年三月条："丁卯，敕曰：'**兴隆三宝**，国家之福田；抚育万民，先王之茂典。'"（第三册，p. 22）《上宫圣德法王帝说》："小治田宫御宇天皇之世，上宫厩户丰聪耳命，岛大臣共辅天下政而**兴隆三宝**。"后汉支娄迦谶译《杂譬喻经》卷1："于是国王，闻石蜜主，勤行得道，即往稽首，叩头谢过，遂为国师。**兴隆三宝**，国致太平，得福得度，不可复计。"东晋佛驮跋陀罗译《大方广佛华严经》卷10《明法品》："随所请众生，皆悉度脱，**兴隆三宝**，永使不绝，一切所为，善根境界，诸行方便，皆悉不虚？"唐道宣撰《续高僧传》卷11："乃遗表于帝曰：'藏年高病积，德薄人微。曲蒙神散，寻得除愈。但风气暴增，命在旦夕。悲恋之至，遗表奉辞。伏愿久住世间，缉宁家国，慈济四生，**兴隆三宝**。'"

【行大小便/ゆばりくそをまる】 口语 犹言"拉屎拉尿"。《常陆国风土记·九慈

郡》条："本自天降，即坐松泽松树八俣之上。神祟甚严。有人向**行大小便**之时，令示灾致疾苦者。"（p. 41）西晋竺法护译《普曜经》卷 4："菩萨六年之中，结加趺坐，威仪礼节，未曾进退。常存露精，亦无覆盖，不避风雨，不障头首，尘土之患，不起左右，**行大小便**。"梁僧伽婆罗译《文殊师利问经》卷 2："复于九十日，修无我想，端坐专念，不杂思惟。除食及经**行，大小便**时，悉不得起。"唐阿地瞿多译《陀罗尼集经》卷 9《金刚乌枢沙摩法印咒品》："若欲出**行，大小便**时，勿著净衣上厕。食时亦尔。"

【行到/ゆきいたる】 后补 行至，走到。《日本书纪》卷 1《神代纪上》："初大已贵神之平国也，**行到**出云国五十狭狭之小汀，而且当饮食。"（第一册，p. 104）（1）后汉昙果、康孟详合译《中本起经》卷 2《瞿昙弥来作比丘尼品》："是时大爱道瞿昙弥，**行到**佛所，稽首作礼，却住一面，叉手白佛言：'我闻女人精进，可得沙门四道，愿得受佛法律。我以居家有信，欲出家为道。'"吴竺律炎译《佛说三摩竭经》卷 1："即更遣使者，**行到**他国，求索智士女。"隋阇那崛多译《佛本行集经》卷 40《教化兵将品》："尔时，世尊渐渐**行到**，恒河岸边。至于彼已，而恒河畔，有一船师，遥见世尊向已而来，从坐速起，急疾向前，迎接世尊。"（2）《吴志》卷 3《孙皓传》："绍**行到**濡须，召还杀之。"《后汉书》卷 79 上《儒林传》："平原礼震，年十七，闻狱当断，驰之京师，**行到**河内获嘉县，自系，上书求代歙死。"《抱朴子》卷 17《登涉》："未入山，当预止于家，先学作禁法，思日月及朱雀玄武青龙白虎，以卫其身，乃**行到**山林草木中，左取三口炁闭之，以吹山草中，意思令此炁赤色如云雾，弥满数十里中。"按：《汉语大词典》失收。

【行道/ぎょうどう】 述宾 （4 例） 绕行堂塔或本尊周围，以表示供养之敬意。亦称绕堂、绕塔、绕佛等。《日本灵异记》中卷《打法师以现得恶病而死缘第 35》："天皇剃除鬟发，受戒**行道**故，倘比法师，不杀谛镜。"（p. 141）又下卷《忆持〈法华经〉者舌著曝髑髅中不朽缘第 1》："又吉野金峰，有一禅师，往峰**行道**。禅师闻，往前有音，读于《法华经》《金刚般若经》。"（p. 264）又《怨病忽婴身因之受戒行善以现得愈病缘第 34》："剃发受戒，著袈裟，住其里于大谷堂。诵持《心经》，**行道**为宗。"（p. 350）《续日本纪》卷 38《桓武纪》延历四年五月条："己未，敕曰：'出家之人，本事**行道**。今见众僧，多乖法旨。或私定檀越，出入闾巷。或诬称佛验，诖误愚民。'"后汉安世高译《大比丘三千威仪》卷 1："绕塔有五事：一者低头视地；二者不得蹈虫；三者不得左右顾视；四者不得唾塔前地上；五者不得中住与人语。"唐佛陀波利译《佛顶尊胜陀罗尼经》卷 1："于四衢道，造窣堵波，安置陀罗尼，合掌恭敬，旋绕**行道**，归依礼拜。"唐义净译《南海寄归内法传》卷 3："诸经应云旋右三匝，若云佛边**行道**者非也。经云右绕三匝者，正顺其仪。"按：《日本书纪》卷 26《齐明纪》四年是岁条："又西海使小花下阿昙连颊垂自百济还言：'百济伐新罗还时，马自**行道于**寺金堂，昼夜勿息，唯食草时止。或本云：至庚申年为敌所灭之应也。'"（第三册，p. 220）→

【六時行道】【七日行道】【焼香行道】【設斎行道】【一日行道】【転経行道】

【行道懺悔/ぎょうどうさんげ】 四字 （2 例） 绕行堂塔或本尊周围，对自己的过错或罪恶进行反省并决心改正。《续日本纪》卷 18《孝谦纪》天平胜宝二年四月条："辛酉，敕：'比来之间，缘有所思，归药师经，**行道忏悔**。'"（第三册，p. 104）又卷 27《称德纪》天平神护二年四月条："丁未，比日之间，缘有所念，归依三宝，**行道忏悔**。泣罪解网，先圣仁迹。冀施恩恕，尽洗瑕秽。"（第四册，p. 118）失译人名今附东晋录《七佛八菩萨所说大陀罗尼神咒经》卷 1："三七二十一日护持禁戒犹如明珠，一日一夜六时**行道忏悔**十方，净洁洗浴著新净衣用七色华三种名香，供养奉散释迦牟尼佛，于舍利塔前五体投地悔过自责。"唐道宣撰《集神州三宝感通录》卷 1："宜请沙门三十人解法相堪宣导者，各将侍者散官分道，送舍利于诸州，起塔尽州，现僧为朕及皇后太子诸王官人民庶幽显生灵，七日**行道忏悔**打刹。"唐智升撰《集诸经礼忏仪》卷 1："愿以此礼佛，**行道忏悔**，发愿烧香，燃灯所修，一切善根，悉以回施，一切众生，愿令一切众生，永离一切，地狱饿鬼，畜生阎罗，王受苦处，常生人天中见，佛闻法，发菩提心，修菩萨行。"唐道世撰《法苑珠林》卷 71："恪大集僧尼，**行道忏悔**，精勤苦行，自说其事。至七日家人辞决，俄而命终。"

【行道之力/ぎょうどうのちから】 四字 绕行堂塔或本尊周围所产生的利益福德。《日本灵异记》下卷《序》："赖持一日不杀戒，于**行道之力**而不值末劫刀兵之怨害。"（p. 260）宋思坦集注《楞严经集注》卷 7："谷响云：'夫昔因不纯，今多枉横。假修心**行道之力**，藉秘咒冥加之功，枉横俱消，各尽天命。'"（p. 260）

【行道転経/ぎょうどうてんぎょう】 四字 绕行堂塔或本尊周围，读诵经典。《续日本纪》卷 30《称德纪》宝龟元年九月条："辛巳，七七，于山阶寺设斋焉。诸国者，每国屈请管内僧尼于金光、法华二寺，**行道转经**。"（第四册，p. 304）唐法琳撰《辩正论》卷 1："公子问曰：'奉佛能有益者，何故三方云挠四海鼎沸，**行道转经**而无福耶？'"唐道世撰《法苑珠林》卷 97："常寄江陵市西杨道产家行般舟，勤苦岁余，因尔遂颇有感变。或一日之中赴十余处斋，虽复终日竟夜，**行道转经**。而家家悉见，黄迁在焉，众稍敬异之，以为得道。"→【転経行道】

【行仏法/ぶっぽうをおこなふ】 三字 （2 例） 践行佛教的教理教义。《日本书纪》卷 20《钦明纪》十四年六月条："于是诏马子宿祢曰：'汝可独**行佛法**。'"（第二册，p. 492）《续日本纪》卷 15《圣武纪》天平十六年十月条："其略曰。今察日本素缁**行佛法**轨模、全异大唐道俗传圣教法则。"东晋瞿昙僧伽提婆译《增壹阿含经》卷 31："坚固听法句，坚固**行佛法**。坚固亲善友，便成灭尽处。"姚秦鸠摩罗什译《小品般若波罗蜜经》卷 10《萨陀波仑品》："若动色、受、想、行、识，则不**行佛法**，行于生死。如是之人，不能得般若波罗蜜。"唐菩提流志译《大宝积经》卷 110："发心出家故，应当**行佛法**。降伏魔军众，如象坏竹舍。若能行此法，谨慎放逸事。灭生死烦恼，当尽一切苦。”

【行基/ぎょうぎ】 人名 （6例） （668～749） 日本奈良时代僧。号行基菩萨。和泉（大阪府）人。十五岁至药师寺学唯识、瑜伽。后游化诸国，弘扬观想法门与净土之说，道俗从之者多达千人，常率弟子掘池筑堤，开辟道路，架设桥梁，因违反僧尼令而遭禁。日本圣武天皇崇其盛德而归依之，并协助其建立东大寺、国分寺。乃日本最早受封为大僧正（日本最高僧阶）者。天平感宝元年示寂，世寿八十二。世称其为文殊菩萨之化身。《日本灵异记》中卷《智者诽妒变化圣人而现至阎罗阙受地狱苦缘第7》：“时有沙弥**行基**，俗姓越史也。越后国颈城郡人也。母和泉国大鸟郡人，蜂田药师也。”（p. 167）又：“于是，智光法师发嫉妒之心，而非之曰：‘吾是智人，**行基**是沙弥。何故天皇不齿吾智，唯誉沙弥而用焉？’”（p. 167）又：“**行基**沙弥者，浅识之人，不受具戒。何故天皇，唯誉**行基**，舍智光也？”（p. 168）又：“**行基**闻之言：‘欢矣，贵哉。’”（p. 169）《续日本纪》卷7《元正纪》养老元年四月条：“方今，小僧**行基**并弟子等，零叠街衢，妄说罪福，合构朋党，焚剥指臂，历门假说，强乞余物，诈称圣道，妖惑百姓。道俗扰乱，四民弃业，进违释教，退犯法令。”（第二册，p. 26）

【行基大德/ぎょうぎだいとく】 人名 （10例） 日本平安时代初期的僧人。“大德”，梵语 bhadanta，音译“婆坛陀”。对佛菩萨或高僧的敬称。《日本灵异记》上卷《信敬三宝得现报缘第5》：“尔时并住，**行基大德**者，文殊师利，菩萨反化也。是奇异事矣。”（p. 76）又中卷《见乌邪淫厌世修善缘第2》：“离妻子，舍官位，随**行基大德**，修善求道。”（p. 149）又：“信严禅师，无幸少缘，自**行基大德**先命终也。”（p. 149）又《智者诽妒变化圣人而现至阎罗阙受地狱苦缘第7》：“**行基大德**，和颜嘿然。”（p. 169）又《赎蟹虾命放生得现报缘第8》：“置染臣鲷女者，奈良京富尼寺上座尼法迩之女也。道心纯熟，初淫不犯。常勤采菜，一日不阙。奉供侍于**行基大德**。”（p. 171）又《赎蟹虾命放生现报蟹所助缘第18》：“时**行基大德**，有纪伊郡深长寺。”（p. 180）又《**行基大德**放天眼视女人头途猪油而呵啧缘第29》：“故京元兴寺之村，严备法会，奉请**行基大德**，七日说法。”（p. 224）又《**行基大德**携子女人视过去怨令投渊示异表缘第30》：“**行基大德**令堀开于难波之江而造船津，说法化人。”（p. 226）

【行基法師/ぎょうぎほうし】 人名 “法师”，指通晓佛法又能引导众生修行的人。《续日本纪》卷11《圣武纪》天平三年八月条：“诏曰：‘比年，随逐**行基法师**优婆塞、优婆夷等，如法修行者，男年六十一以上，女年五十五以上，咸听入道。’”（第二册，p. 246）又卷15《圣武纪》天平十五年十月条：“乙酉，皇帝御紫香乐宫。为奉造庐舍那佛像，始开寺地。于是，**行基法师**率弟子等劝诱众庶。”（第二册，p. 432）又卷16《圣武纪》天平十七年正月条：“己卯，诏以**行基法师**为大僧正。”（第三册，p. 6）又卷32《光仁纪》宝龟四年十一月条：“十一月辛卯，敕：‘故大僧正**行基法师**，戒行具足，智德兼备。先代之所推仰，后生以为耳目。’”（第四册，p. 414）

【行基和尚/ぎょうぎわじょう】人名 “和尚”，梵语 upādhyāya。指德高望重之出家人。《续日本纪》卷 17《圣武纪》天平胜宝元年二月条：“二月丁酉，大僧正行基和尚迁化。和尚药师寺僧，俗姓高志氏，和泉国人也。”（第三册，p. 60）

【行基菩薩/ぎょうぎぼさつ】人名（6 例）“菩萨”，佛教指上求佛法、下化众生的圣者。在“三乘”中，菩萨高于罗汉而次于佛。菩萨标榜大慈大悲，普渡众生，是大乘精神的象征。《日本灵异记》中卷《智者诽妒变化圣人而相至阎罗阙受地狱苦缘第 7》：“见之前路，有金楼阁。问：‘是何宫?’答曰：‘于苇原国名闻智者，何故不知？当知行基菩萨将来生之宫。’”（p. 167）又：“在于宫门，二人告言：‘召师因缘，有苇原国诽谤行基菩萨。为灭其罪，故请召耳。彼菩萨化苇原国已，将生此宫。今垂来时，故待候也。”（p. 168）又：“时行基菩萨，有难波，令渡椅堀江造船津。”（p. 168）又：“时行基菩萨，有难波，令渡椅堀江造船津。光身渐息，往菩萨所。菩萨见之，即以神通知光所念。”（p. 168）又：“从此已来，智光法师，信行基菩萨，明知圣人。然菩萨感机尽缘，以天平二十一年己丑春二月二日丁酉时，法仪舍生马山，慈神迁彼金宫也。”（p. 169）《续日本纪》卷 17《圣武纪》天平胜宝元年二月条：“和尚灵异神验，触类而多。时人号曰行基菩萨。留止之处，皆建道场。”（第三册，p. 60）

【行覓/ゆきもとむ】偏正 四处寻觅。《日本书纪》卷 1《神代纪上》：“然后行觅将婚之处，遂到出云之清地焉。”（第一册，p. 92）（1）失译人名今附后汉录《分别功德论》卷 3：“王敕诸臣访觅恶人。臣即行觅，见有一人坐地织罽，旁有弓箭，兼有钓鱼钩。复以毒饭食雀，并织罽并钓鱼射鸟捕雀。臣还以状白王：‘恶人如是。’王曰：‘此人极恶。必能办地狱事。’”（2）刘宋求那跋陀罗译《杂阿含经》卷 43：“时有野干，饥行觅食，遥见龟虫，疾来捉取。”萧齐僧伽跋陀罗译《善见律毘婆沙》卷 13《舍利弗品》：“难处者，虎狼师子，下极蚁子，若蚁有窟，是中住不得作，若蚁子游行觅食，驱逐得作。”按：《汉语大词典》失收。

【行善/よきことをおこなふ】述宾（4 例）“止善”的对应词。积极修行善业，是为行善；消极制止恶业，是为止善。如不杀生，止杀生之恶，是为止善；行放生之善，则为行善。又如不偷盗、止偷盗之恶，是为止善；行布施之善，则为行善。《日本灵异记》上卷《聋者归敬方广经典得现报开两耳缘第 8》：“自谓：‘宿业所招，非但现报。长生为人所厌，不如行善遄死。’”（p. 82）又中卷《恶逆子爱妻将杀母谋现报被恶死缘第 3》：“母之自性，行善为心。”（p. 152）又下卷《怨病忽婴身因之受戒行善以现得愈病缘第 34》：“自谓：‘宿业所招，非但现报。灭罪差病，不如行善。’”（p. 350）→【改心行善】【修行善者】

【行願/おこなひねがひ】誓愿 利他的心愿及践行。《元兴寺伽蓝缘起并流记资财账》：“尔时，聪耳皇子及诸臣等共闻天皇所愿。时聪耳皇子诸臣等告：‘传闻君行正

法，即随行君行，邪法即慰谏。今我等天皇见闻所行愿，当此正行愿，天下之万姓悉皆应随行。'”后汉竺大力、康孟详合译《修行本起经》卷1《现变品》：“世尊言：‘此童子于无数劫，所学清净，降心弃命，舍欲守空，不起不灭，无倚之慈，积德行愿。今得之矣。'”吴支谦译《太子瑞应本起经》卷2：“佛所本行愿，精进百劫勤；四等大布施，十方受弘恩。”又卷1：“汝无数劫，所学清净，降心弃命，舍欲守空，不起不灭，无猗之慈，积德行愿，今得之矣。”刘宋求那跋陀罗译《过去现在因果经》卷2：“即便来下，到太子所，头面礼足，合掌白言：‘无量劫来，所修行愿，今者正是，成熟之时。'”按：《汉语大词典》例引唐白居易《东都十律大德长圣善寺钵塔院主智如和尚茶毗幢记》：“幢功德甚大，师行愿甚深。”偏晚。

【行者/ぎょうじゃ】 偏正 （13例） 梵语 yogin。泛指一般佛道之修行者。亦称行人、修行人。依所属宗派、信仰的经典，又称为法华经行者、念佛行者、真言行者等。《日本灵异记》上卷《自幼时用网捕鱼而现得恶报缘第11》：“播磨国餝磨郡浓于寺、京元兴寺沙门慈应大德，因檀越请夏安居，讲《法华经》……于时，其亲诣寺，请求行者。行者咒，时良久，乃免。”（p. 88）又中卷《生爱欲恋吉祥天女像感应示奇表缘第13》：“优婆塞梦见婚天女像，明日瞻之，彼像裙腰不净染污。行者视之，而惭愧言：‘我愿似女，何忝天女专自交之?'”（p. 182）又《埴神王腨放光示奇表得现报缘第21》：“未造大寺时，圣武天皇御世，金鹫以行者常住修道。其山寺居一执金刚神埴像矣。行者神王，腨系绳引之，愿昼夜不憩。”（p. 203）又：“信视遄还，以状奏之。召行者诏：‘欲求何事?’答曰：‘欲出家修学佛法。’敕许得度，金鹫为名。”（p. 204）又：“赞曰：‘善哉！金鹫行者。信燧攒东春，熟火炬西秋。腨光扶感火，人皇慎验瑞。'”（p. 204）又下卷《弥勒菩萨应于所愿示奇形缘第8》：“其山寺内，生立一柴。其柴枝皮上，忽然化生弥勒菩萨像。时彼行者，见之仰瞻，巡柴哀愿。”（p. 280）又《拍于忆持千手咒者以现得恶死报缘第14》：“神护景云三年岁次己酉，春三月二十七日午时，其长有其郡部内御马河里。遇行者曰：‘汝何国人?’答：‘我修行者，非俗人也。'”（p. 296）又：“至己家门，从马将下，坚不得下。忽与乘马，腾空而往，到捶行者之处，悬空径一日一夜。明日午时，自空落死。”（p. 296）又《弥勒丈六佛像其颈蚁所嚼示奇异表缘第28》：“白壁天皇代，有一优婆塞，而住其寺……彼病呻音，每夜不息。行者不得闻忍，故起窥看，犹无病人……行者见之，告知檀越。”（p. 335）又《怨病忽婴身因之受戒行善以现得愈病缘第34》：“径十五年，行者忠仙，来共住堂。”（p. 350）又：“实知大乘神咒奇异之力，病人行者积功之德。”（p. 350）宋道成集《释氏要览》卷1：“《善见律》云：有善男子，欲求出家，未得衣钵，欲依寺中住者名，畔头波罗沙（未见译语）今详。若此方行者也。经中多呼修行人为行者。行是所修二种行也。者即五蕴假者。是能修行之人也。凡十六岁以上，应呼行者。谓男生八岁毁齿，十六阳气全，以其有意乐信忍，修净梵行故。自晋时已有此人，如东林远大师下有辟蛇行者。”

【行至於～/ゆきて～にいたる】 于字 （16例） 行进到达某处。①《日本书纪》卷21《用明纪》元年五月条："马子宿祢即便随取到于盘于**行至于**池边也，而切谏之。"（第二册，p. 502）②《日本书纪》卷1《神代纪上》："其后，少彦名命**行至**熊野之御碕，遂适于常世乡矣。"（第一册，p. 102）又卷2《神代纪下》："于是，彦火火出见尊不知所求，但有忧吟。乃**行至**海边，彷徨嗟叹。"（第一册，p. 162）又卷3《神武纪》即位前纪甲寅年十月条："**行至**筑紫国菟狭。时有菟狭国造祖，号曰菟狭津彦、菟狭津媛，乃于菟狭川上，造一柱腾宫而奉飨焉。"（第一册，p. 196）又卷14《雄略纪》二十三年八月条："是时征新罗将军吉备臣尾代，**行至**吉备国过家。"（第二册，p. 210）又卷17《继体纪》元年正月条："甲申，天皇**行至**樟叶宫。"（第二册，p. 288）又卷19《钦明纪》六年十一月条："臣被遣使，妻子相逐去。**行至**百济滨，日晚停宿。小儿忽亡，不知所之。"（第二册，p. 404）《常陆国风土记·信太郡》条："古老曰：'倭武天皇，巡幸海边，**行至**乘滨。于时，滨浦之上，多干海苔。由是，名能理波麻之村。'"（p. 366）《日本灵异记》上卷《非理夺他物为恶行受恶报示奇事缘第30》："度椅之以金途严。自其椅，**行至**彼方，有甚慈国。"（p. 125）《续日本纪》卷2《天武纪》大宝二年十一月条："十一月丙子，**行至**尾张国。"（第一册，p. 60）又："庚辰，**行至**美浓国。"（第一册，p. 60）又："乙酉，**行至**伊势国。"（第一册，p. 60）又卷7《元正纪》养老元年九月条："戊申，**行至**近江国，观望淡海。"（第二册，p. 32）又卷9《圣武纪》神龟元年十月条："癸巳，**行至**纪伊国那贺郡玉垣勾顿宫。"（第二册，p. 154）又卷19《孝谦纪》天平胜宝八年二月条："是日，**行至**难波宫，御东南新宫。"（第三册，p. 156）又卷20《孝谦纪》天平宝字元年七月条："陆奥将军大伴古麻吕今向任所，**行至**美浓关，诈称病，请欲相见一二亲情。蒙官听许。"（第三册，p. 198）（1）元魏瞿昙般若流支译《正法念处经》卷16："此鬼势力，神通自在。若闻血气，于须臾顷，能**行至于**，百千由旬。"隋阇那崛多等译《起世经》卷2："其人将**行，至于**树下。所将之女，若是此人，母姨姊妹，亲戚类者。"唐义净译《根本说一切有部尼陀那目得迦》卷2："尔时家主送往尸林。为举衣钵，有诸苾刍，**行至于**此。长者见已，白言：'圣者。先有一尼，于我家死。彼之衣钵，咸在我边。仁应将去。'苾刍答曰：'亡尼之物，我不合得。'"（2）吴支谦译《佛开解梵志阿颰经》卷1："鸡鸣，师自**行至**，通姓名，佛请相见，作礼毕一面坐，叉手言。"西晋法立、法炬合译《大楼炭经》卷5《战斗品》："我威神乃尊，如是诸日月，及忉利天，于我上虚，空中住还，我欲取日月之光明，著耳中**行至**十方。"东晋瞿昙僧伽提婆译《中阿含经》卷3《业相应品》："羁舍子伽蓝人闻已，各与等类，眷属相随，从羁舍子出，北**行至**尸摄惒林，欲见世尊，礼事供养。"

【形容美麗/かたちうるはし】 四字 模样好看，长得漂亮。《万叶集》卷17第4011～4015首歌注："右射水郡古江村取获苍鹰。**形容美丽**，鸷雄秀群也。"（第四册，p. 216）唐窥基撰《妙法莲华经玄赞》卷1："此云持誉，耶输陀罗讹也。**形容美丽**，近远闻知，生育罗睺，天人赞咏。故名持誉，誉，美称也。”该例亦见于唐智云撰《妙经文句私志记》卷6。唐栖复集《法华经玄赞要集》卷9：“言**形容美丽**等者，有二因缘，故有声誉：一**形容美丽**；二生育罗睺。”按：与佛典用法有所不同的是，大伴家持歌注中的“形容美丽”用来描述苍鹰的形象。

【形色憔悴/かほかしく】 四字→**【弊垢】**

【醒起/さめておく】 后补　睡醒起床。《日本书纪》卷3《神武纪》即位前纪戊午年六月条：“于时，天皇适寐。忽然而寤之曰：‘予何长眠若此乎？’寻而中毒士卒悉复**醒起**。”（第一册，p. 204）（1）唐不空译《降三世忿怒明王念诵仪轨》卷1：“若欲济助，重病人者，对像前咒香水一百八遍，急撮入病者腹怀内，则**醒起**。”（2）李群玉《**醒起**独酌怀友》：“西风静夜吹莲塘，芙蓉破红金粉香。摘花把酒弄秋芳，吴云楚水愁茫茫。美人此夕不入梦，独宿高楼明月凉。”按：《汉语大词典》失收。

【幸勿以～/なみそこなはしそ】 先例　希望不要做某事。《日本书纪》卷2《神代纪下》：“逮临产时，请曰：‘妾产时，**幸勿以**看之。’”（第一册，p. 160）（1）宋王日休撰《龙舒增广净土文》卷1：“予遍览藏经，及诸传记，取其意而，为净土文，无一字无所本。**幸勿以**人微，而忽其说。欲人人共晓，故其言直而不文。予龙舒人也。世传净土文者不一，故以郡号别之。”宋净善重集《禅林宝训》卷4：“佛鉴曰：‘维那所言甚当。缘惠勤病乃尔。尝闻圣人言：以理通诸碍。所食既不优于众，遂不疑也。维那志气明远，他日当柱石宗门。**幸勿以**此芥蒂。’逮佛鉴迁智海，高庵过龙门。后为佛眼之嗣。”（2）《苏轼集》卷79：“深愿庆源了当后，千万一来，相从数月，少慰平生，**幸勿以**他事为辞。至恳，至恳！”

【幸願/こひねがはくは】 誓愿（2例）　希望。《日本灵异记》中卷《赎蟹蝦命放生现报蟹所助缘第12》：“是女见之，劝牧牛曰：‘**幸愿**此蟹免我。’童男辞不听，曰：‘犹烧噉。’”（p. 180）《续日本纪》卷22《淳仁纪》天平宝字七年五月条：“天宝二载，留学僧荣睿、业行等白和上曰：‘佛法东流，至于本国。虽有其教，无人传授。**幸愿**和上东游兴化。辞旨恳至，咨请不息。’”（第三册，p. 430）（1）后汉安世高译《佛说奈女祇域因缘经》卷1：“佛告祇域：‘汝本宿命已有弘誓，当成功德，何得中止；今应更往。汝已治其外病，我亦当治其内病。’祇域便随使者去。王见祇域，甚大欢喜，引与同坐，把持其臂曰：‘赖蒙仁者之恩，今得更生。当何以报？当分国土，以半相与。宫中采女，库藏宝物，悉当分半。**幸愿**仁者受之。’”北凉昙无谶译《大般涅槃经》卷11《圣行品》：“罗刹复言：‘汝若不能，全与我者，见惠其半。’是人犹故，不肯与之。罗刹复言：‘汝若不肯，惠我半者，**幸愿**与我，三分之一。’是人不肯。”唐义净译《金光明最胜王经》卷9《除病品》：“慈父当哀愍，我欲救众生；今请诸医方，**幸愿**为我说。”（2）《全齐文》卷26玄光《梦中作罪顽痴之极》：“夫人鬼虽别，生灭固同，恩爱之情，时复影响，群邪无状，不识逆顺，召食鬼吏兵，奏章断之，割截幽灵，单心谁照？**幸愿**未来，勿尚迷言，使天堂无辍食之思，冰河静灾念之声。”《隋书》卷50《庞晃传》：“高祖甚欢，晃因白高祖曰：‘公相貌非常，名在图箓。九五之日，**幸愿**不忘。’”按：《汉语大词典》例引唐皎然《哭吴县房耸明府》诗：“冥期傥可逢，生尽会无缘。**幸愿**示因业，代君运精专。”过晚。

【性崇三宝、欽尚四弘/ひととなりほとけをたふとび、うやまひたふとびてよもにひろむ】 典据 生性尊敬佛法僧，钦佩崇尚四弘誓愿。“四弘”，一切菩萨于因位时所应发起的四种广大之愿，故又称总愿。又作“四弘愿”“四弘行愿”“四弘愿行”“四弘誓”。即：1. 众生无边誓愿度，谓菩萨誓愿救度一切众生；2. 烦恼无尽誓愿断，谓菩萨誓愿断除一切烦恼；3. 法门无量誓愿学，谓菩萨誓愿学知一切佛法；4. 佛道无上誓愿成，谓菩萨誓愿证得最高菩提。此四弘誓愿可配于苦、集、灭、道四谛，前一誓愿为利他，后三誓愿为自利。《藤氏家传》上卷《镰足传》：“大臣**性崇三宝**，**钦尚四弘**。每年十月，庄严法筵，仰维摩之景行，说不二之妙理。亦割取家财，入元兴寺，储置五宗，学问之分。由是，贤僧不绝，圣道稍降。盖斯之征哉。”（p. 253）唐法琳撰《辩正论》卷4：“齐侍中尚书令元罗，才名之士。王元景邢子才等咸为宾客。然为性俭素，恂恂接物。**崇敬三宝**，**钦尚四弘**。于法喜寺兴建七层浮图砖塔，至于尽心，以匡圣主。修已以图永安，则上宁于君，下保于己。盖人伦之水镜，天下之楷模。”

【性命難存/いのちそんしかたし】 四字 生命难以保存。《唐大和上东征传》：“彼国太远，**性命难存**，沧海淼漫，百无一至。”（p. 40）宋悟明集《联灯会要》卷26：“本州岛岛岛人也。初游方，至鄂州黄龙，遂问：‘久响黄龙。到来只见赤斑蚍。’龙云：‘汝只见赤斑蚍，且不识黄龙。’师云：‘如何是黄龙？’龙云：‘滔滔地。’师云：‘忽遇金翅乌来。又作么生？’龙云：‘**性命难存**。’师云：‘恁么则被他吞却也。’龙云：‘谢子供养。’”宋正受编《嘉泰普灯录》卷20：“卓拄杖，召大众曰：‘这般曲调，岂属宫商？不是知音，徒劳侧耳。且庵今日待为诸人吹一曲，舞一拍。还有击节者么？若有，乾闼婆王**性命难存**。’”

【兄弟姉妹/あにおとあねいも】 四字 （4例） 兄弟姐妹。《续日本纪》卷31《光仁纪》宝龟元年十一月条：“又**兄弟姊妹**、诸王子等，悉作亲王，冠位上给治给。”（第四册，p. 322）《续日本纪》卷22《淳仁纪》天平宝字三年六月条：“故是以，自今以后，追皇舍人亲王，宜称崇道尽敬皇帝，当麻夫人称大夫人，**兄弟姊妹**悉称亲王〈止〉宣天皇御命，众闻食宣。”（第三册，p. 316）又卷31《光仁纪》宝龟元年十一月条：“又**兄弟姊妹**、诸王子等、悉作亲王〈弖〉、冠位上给治给。”（第四册，p. 322）又卷40《桓武纪》延历十年正月条：“少外记津连巨都雄等**兄弟姊妹**七人，因居赐中科宿祢。”（1）后汉支娄迦谶译《道行般若经》卷4《觉品》：“复次，须菩提。书般若波罗蜜时，意念乡里，若念异方，若念异国，若念王者，若念有贼，若念兵，若念斗，意念父母、**兄弟姊妹**亲属，复有余念。魔复益其念，乱菩萨摩诃萨意，为作留难。当觉知魔为。”北凉昙无谶译《金光明经》卷3《正论品》：“**兄弟姊妹**、眷属妻子，孤迸流离，身亦灭亡。”隋阇那崛多译《佛本行集经》卷17《舍宫出家品》：“仁者若欲，缚于我者，且先自缚，汝之所有，眷属妻儿、**兄弟姊妹**、姑姨舅氏，合皆禁缚。”（2）《全晋文》卷68夏侯湛《泰始四年举贤良方正对策》：“用缉和我七子，训谐我五妹。惟我**兄弟姊妹**束修慎行，用不辱于冠带，实母氏是凭。”《宋书》卷68《南郡王义宣》：“义宣举兵反，恢与**兄弟姊妹**一时逃亡。恢藏江宁民陈铣家，有告之者，录付廷尉。恢子善藏，与恢俱死。”

【胸乳/むなち】 偏正 （3例） 乳房。胸脯。《古事记》上卷《天照大神与须佐之男命》：“天儿屋命布刀诏户言祷白，而天手力男神隐立户掖，而天宇受买命，手次系天香山之天之日影，而为缦天之真拆，而手草结天香山之小竹叶，而于天之石屋户伏汙气蹈登杼吕许志为神悬，而掛出**胸乳**，裳绪忍垂于番登也。”（p.64）《日本书纪》卷2《神代纪下》：“天钿女乃露其**胸乳**，抑裳带于脐下，而咲噱向立。”（第一册，p.130）《古语拾遗》：“于是，天钿女命奉敕而往，乃露其**胸乳**，抑下裳带于脐下，而向立咲噱。”（p.129）唐菩提流志译《一字佛顶轮王经》卷1《序品》：“从三十二，大丈夫相；放大光明。所谓顶上眉毫、眼耳鼻鬓、颊唇口齿；龂腭牙颔、肩肘臂手；**，胸乳**心脐、胸上相字；髀膝胫踝、腕掌背指；如来千幅，转轮法印；如来如意印、如来槊印；如来锡杖印、如来心印；如来难胜奋怒顶轮王三摩地难胜印；如来大慈，如来大悲；如来三摩地，如来无畏。”按：《汉语大词典》失收。

【修持/おこなひたもつ】 偏正 修行受持。《日本灵异记》上卷《**修持**孔雀王咒法得异验力以现作仙飞天缘第28》（p.119）吴支谦译《菩萨本缘经》卷1《毘罗摩品》：“时毘罗摩，即奉王命，纂承先父，辅相之业，然后渐渐劝化，是王及八万四千小王，**修持**正法。”姚秦鸠摩罗什译《妙法莲华经》卷1《方便品》：“我记如是人，来世成佛道，以深心念佛，**修持**净戒故。”隋阇那崛多译《佛本行集经》卷2《发心供养品》：“时彼比丘，供养于佛，**修持**禁戒，梵行清净。出家如前，复发此心。”

【修道/しゅうどう】 述宾 （9例） 修行正道；菩萨于见道之后，再进一步，登入初地，渐进至十地，此时称为“修道”。《日本书纪》卷28《天武纪上》即位前纪条：“是时，聚诸舍人谓之曰：‘我今入道修行，故随欲**修道**者留之。若仕欲成名者，还仕于司。’”（第三册，p.302）《万叶集》卷20第4468～4469首歌题《卧病悲无常，欲**修道**作歌二首》（第四册，p.441）《日本灵异记》中卷《埴神王腨放光示奇表得现报缘第21》：“未造大寺时，圣武天皇御世，金鹫以行者常住**修道**。”（p.203）又下卷《弥勒菩萨应于所愿示奇形缘第8》：“家财渐衰，生活无便。离家舍妻子，**修道**求佑。犹睠愿果，常愁于怀。”（p.280）又《依妨修行人得猴身缘第24》：“彼国有修行僧从者数千所。农业怠。数千者千余数之数千也。因我制言：‘从者莫多。’其时我者，禁从众多，不妨**修道**。虽不禁**修道**，因妨从者，而成罪报。”（p.322）《续日本纪》卷9《元正纪》

养老六年七月条："初似**修道**，终挟奸乱。永言其弊，特须禁断。"（第二册，p. 122）《上宫皇太子菩萨传》："常有五千僧，**修道**多并头陀苦行。"又："至天宝八年，有住桧和上，久在彼山**修道**。"后汉竺大力、康孟详合译《修行本起经》卷2《游观品》："王闻大怒，举手自击，前敕**修道**，复令太子，辄见不祥，罪应刑戮。"姚秦鸠摩罗什译《妙法莲华经》卷7《妙庄严王本事品》："父王今已信解，堪任发阿耨多罗三藐三菩提心。我等为父，已作佛事，愿母见听，于彼佛所，出家**修道**。"北凉昙无谶译《大般涅槃经》卷37《迦叶菩萨品》："我若**修道**，当因是力，破坏诸苦。是人观已，贪欲瞋恚，愚痴微弱，既见贪欲，瞋痴轻已，其心欢喜。"→【出家修道】【精勤修道】【入道修道】【受戒修道】

【修道禅行/ぜんぎょうをしゅうどうす】 自创 修行佛道践行坐禅的方法。《续日本纪》卷8《元正纪》养老二年十月条："或讲论众理，学习诸义，或唱诵经文，**修道禅行**，各令分业，皆得其道，其崇表智德，显纪行能。"（第二册，p. 46）

【修多羅分銭/じゅうたらぶんのぜに】 多音 "修多罗"，梵语 sūtra 的译音，音译作"素多览"。意译为"经文""经典"。此处指寺院为举办转经、讲法向信众收取的分钱。《日本灵异记》中卷《阎罗王使鬼得所召人之赂以免缘第24》："圣武天皇世，借其大安寺**修多罗分钱**三十贯，以往于越前之都鲁鹿津，而交易以之运超，载船将来家之时，忽然得病。"（p. 211）→【（常）修多羅罗供銭】【（大）修多羅供銭】【修多羅宗分銭】

【（常）修多羅供銭/（じょう）じゅうたらくのぜに】 多音 "修多罗"同上。信众为寺院举办转经、讲法所进行的捐款。《极穷女于尺迦丈六佛愿福分示奇表以现得大福缘第28》："明日起，见乎庭中，有钱四贯。又短籍注谓：'大安寺**常修多罗供钱**。'"（p. 223）→【（大）修多羅分】

【（大）修多羅供銭/（だい）じゅうたらくのぜに】 多音（2例） 各寺院所安排的转经、讲法的信众的捐款。《日本灵异记》中卷《极穷女于尺迦丈六佛愿福分示奇表以现得大福缘第28》："如常愿福，献花香灯，罢家而寐，明日起见，于门椅所，有钱四贯。著之短籍，而注谓之：'大安寺**大修多罗供钱**。'"（p. 223）又下卷《沙门凭愿十一面观世音像得现报缘第3》："帝姬阿倍天皇代，辩宗受用于其寺**大修多罗供钱**三十贯，不得偿纳。"（p. 268）→【（常）修多羅分】

【修多羅宗分銭/じゅうたらしゅうぶんのぜに】 多音 义同"修多罗分"。《日本灵异记》下卷《沙门凭愿十一面观世音像得现报缘第3》："观音菩萨之手绳系，引之而白言：'我用大安寺**修多罗宗分钱**，而偿无便。愿我施钱。'称名以愿求。"（p. 268）→【修多羅分】

【修法/みのりをおこなふ】 述宾 密教所举行加持祈祷的作法、仪式。又作行

法、秘法、密法。密教用语。为祈愿得遂，设坛供奉本尊，献上供品，修护摩，诵真言，手指结印，于心中观想本尊。依祈愿目的及行法等，而有种种形式，可分类为增益、息灾、降伏、敬爱等。《日本灵异记》上卷《奉写〈法华经〉因供养显母作女牛之因缘第15》："严法会讫，将供明日，而诫使曰：'值第一以为我缘师。有**修法**状，不过必请。'"（p. 187）→【入山修法】

【修法放生/みのりをおこなひいきものをはなつ】 自创　修行密法，把捕获的小动物放掉。《日本灵异记》中卷《依汉神祟杀牛而祭又修放生善以现得善恶报缘第5》："归信三宝，己家立幢，成寺安佛，**修法放生**。"（p. 160）

【修法求道/みのりをおこなひみちをもとむ】 自创　举行加持祈祷的仪式，追求佛道。《日本灵异记》下卷《殷勤归信观音愿福分以现得大福德缘第31》："纪伊国名草郡能应里之人，寂林法师，离之国家，经之他国，**修法求道**，而至加贺郡亩田村，径年止住。"（p. 301）

【修法求福/みのりをおこなひさきはひをもとむ】 自创　修行秘法，求得福报。《日本灵异记》上卷《殷勤归信观音愿福分以现得大福德缘第31》："御手代东人者，诺乐宫御宇胜宝应真圣武太上天皇之代，入吉野山**修法求福**。"（p. 128）

【修福/さきはひをつくる】 述宾　行善积德，以求来世及子孙之福。《日本灵异记》上卷《婴儿抚所擒他国得逢父缘第9》："故为**修福**，经八个年，以难破长柄丰前宫御宇天皇之世，庚戌年秋八月下旬，抚擒子父，有缘事至于丹波后国加作郡部内，宿于他家。"（p. 84）吴维祇难等译《法句经》卷1："明哲品者，举智行者，**修福**进道，法为明镜。"东晋佛驮跋陀罗译《大方广佛华严经》卷55《入法界品》："夫人白王：'愿听太子，在外半月，布施**修福**，然后随王，如法苦治。'王即听许。"姚秦鸠摩罗什译《妙法莲华经》卷3《化城喻品》："欲乐及**修福**，宿命所行业。世尊悉知已，当转无上轮。"按：《汉语大词典》例引晋道恒《释驳论》："云会尽肴膳，寺极壮丽，此**修福**之家倾竭以储将来之资，殚尽自为身之大计耳。"略晚。

【修福供養/さきはひをつくりくようす】 四字　行善积德，供养佛法僧。《日本灵异记》中卷《阎罗王使鬼得所召人之赂以免缘第24》："历三个日，使鬼来云：'依大乘力，脱百段罪，自常食复倍饭一斗而赐。喜、贵。自今以后，每节为我**修福供养**。'"（p. 212）姚秦鸠摩罗什译《大庄严论经》卷15："我昔曾闻，罽宾国人，夫妇共在，草敷上卧，于天欲明，善思觉生，作是思惟：'此国中人，无量百千，皆悉**修福，供养**众僧，我等贫穷，值此宝渚，不持少宝，至后世者，我等衰苦，则为无穷，我今无福，将来苦长。'"宋法贤译《佛说大乘无量寿庄严经》卷3："佛言：'如是，如是。彼诸众生，虽复**修福，供养**三宝，虚妄分别，求人天果。得报之时，所居器界、宫殿、楼阁，衣服、卧具、饮食、汤药，一切所须，悉皆丰足，而未能出，三界狱中，常处轮回，而不自在。’”

【**修功德**/くどくををさむ】三字（2例） 修习善行以获得利益福德。《日本书纪》卷28《天武纪上》即位前纪条：“愿陛下举天下附皇后。仍立大友皇子宜为储君。臣今日出家，为陛下欲**修功德**。”（第三册，p.302）《续日本纪》卷32《光仁纪》宝龟三年八月条：“改葬废帝于淡路。乃曲当界众僧六十口，设斋行道。又度当处年少稍有净行者二人，常庐墓侧，令**修功德**。”（第四册，p.386）西晋竺法护译《佛五百弟子自说本起经》卷1：“意虑常念言，穷贱甚苦剧。本不**修功德**，是故令我贫。”东晋佛驮跋陀罗译《大方广佛华严经》卷2《卢舍那佛品》：“无量劫海**修功德**，供养十方一切佛。教化无边众生海，卢舍那佛成正觉。”姚秦鸠摩罗什译《妙法莲华经》卷5《如来寿量品》：“诸有**修功德**，柔和质直者，则皆见我身，在此而说法。”

【**修善**/よきことをおこなふ】述宾（15例） 修行善业，断恶行善。《日本灵异记》上卷《序》：“或深信**修善**，以生沾祐，善恶之报，如影随形。”（p.54）又中卷《序》：“之中，胜宝应真圣武太上天皇，尤造大佛，长绍法种，剃须发，著袈裟，受戒**修善**，以正治民。”（p.142）又《见乌邪淫厌世**修善**缘第2》（p.149）又：“离妻子，舍官位，随行基大德，**修善**求道。”（p.149）又《恶逆子爱妻将杀母谋现报被恶死缘第3》：“母慈深，深故于恶逆子垂哀愍心，为其**修善**。”（p.152）又《因悭贪成大蛇缘第38》：“弟子知因，教化而开室户见之，钱三十贯隐藏也。取其钱以为诵经，**修善**赠福矣。”（p.244）又下卷《序》：“观代**修善**之者，若石峰花。作恶之者，似土山毛。”（p.260）又：“唯资施众僧一搏食，于**修善**之福而不逢当来饥馑之灾苦，赖持一日不杀戒，于行道之力而不值末劫刀兵之怨害。”（p.260）又《阎罗王示奇表劝人令**修善**缘第9》（p.284）又《产生肉团之作女子**修善**化人缘第19》：“终乐出家，剃除头发，著袈裟，**修善**化人，无人不信。”（p.308）又《依妨修行人得猴身缘第24》：“夫妨**修善**道傥，得成猕猴报。”（p.323）又《不顾因果作恶受罪报缘第37》：“时妻子等闻之，恳哀之言：‘卒经七七日，为彼恩灵**修善**赠福既毕。何图堕恶道受剧苦之耶？’”（p.358）《续日本纪》卷15《圣武纪》天平十六年十月条：“若顺经典，能护国土。如违宪章，不利人民。一国佛法，万家**修善**，何用虚设。”（第四册，p.446）《奈良朝写经5·大般若经卷第267》：“现在者，争荣于五岳，保寿于千龄；登仙者，生净国升天上，闻法悟道，**修善**成觉。”（p.32）姚秦鸠摩罗什译《百论》卷1《舍罪福品》：“佛略说善法二种，止相行相，息一切恶，是名止相；**修**一切**善**，是名行相。何等为恶？身邪行、口邪行、意邪行。身杀盗淫、口妄言两舌恶口绮语、意贪瞋恼邪见。复有十不善道，所不摄鞭杖系闭等，及十不善道前后种种罪，是名为恶。何等为止？息恶不作，若心生、若口语、若受戒，从今日终不复作，是名为止。何等为善？身正行、口正行、意正行，身迎送合掌、礼敬等。口实语、和合语、柔软语、利益语、意慈悲正见等。如是种种，清净法，是名善法。何等为行？于是善法中，信受修习，是名为行。”

【修善道/よきみちをおこなふ】 三字　修习善业道，以便转生趋向天道、人道、阿修罗道三种善处。《日本灵异记》上卷《序》："叵示因果之报，何由改于恶心而**修善道**乎？"（p. 54）东晋昙无兰译《寂志果经》卷1："其心清净，志不狐疑，远离邪见，今世后世，信施得福，孝顺父母，尊敬贤圣，奉**修善道**，信人寿命，后当复生，得道六通，平等之行。"姚秦竺佛念译《出曜经》卷2《无常品》："恶行入地狱，修善则生天，若**修善道**者，无漏入泥洹。"刘宋求那跋陀罗译《杂阿含经》卷35："始年二十九，出家**修善道**，成道至于今，经五十余年，三昧明行具，常修于净戒，离斯少道分，此外无沙门。"

【修善法/よきみのりをおこなふ】 三字　修习合理益世的方法。"善法"，指合乎于"善"之一切道理，即指五戒、十善、三学、六度。"恶法"的对应词。《日本灵异记》下卷《灾与善表相先现而后其灾善答被缘第38》："授本垢者，过去时，本有善种子之菩堤，所覆久不现形，由**修善法**，后应得故也。"（p. 372）吴支谦译《菩萨本缘经》卷3《兔品》："如我先业，恶因缘故，受是兔身，唯食水草，恒多怖畏，是故汝等，应**修善法**，善法因缘，生天人中，虽人道中，有诸苦恼，剧于诸天，犹当发愿，愿生人中。"东晋瞿昙僧伽提婆译《增壹阿含经》卷21《苦乐品》："若复见沙门、婆罗门**修善法**者，便向忏悔，改往所作；若复所有之遗余，与人等分。彼身坏命，终生善处。"北凉昙无谶译《金光明经》卷3《正论品》："诸受宠禄，所任大臣，及诸群僚，专行非法，如是行恶，偏受恩遇，**修善法**者，日日衰灭。"

【修習福慧/ふくえををさむ】 四字　反复践行以获得福德和智慧。《奈良朝写经38·大般若经卷第591》："眷属经六道而不忘，历三大而弥茂，相续善心，**修习福慧**，遍施四生，俱登觉道。"（p. 253）东晋佛驮跋陀罗译《大方广佛华严经》卷25《十地品》："是菩萨得大愿力故，慈悲心不舍一切故，得念慧道力故，**修习福慧**不舍故，出生方便故。"姚秦鸠摩罗什译《大树紧那罗王所问经》卷2："诸波罗蜜，庄严佛土，无有满足，**修习福慧**，无有满足，集助菩提法，无有满足。"唐玄奘译《受持七佛名号所生功德经》卷1："有能建立，彼佛形像，供养恭敬，尊重赞叹，不失如前，所获功德，复于无量，俱胝大劫，随所生处，常值如来，辩才无碍，广宣妙法，渐次**修习，福慧**资粮，成天人尊，度无量众。"→【精勤誦習】【薰習】

【修習善法/よきみのりをおこなふ】 四字　义同"修善法"。《日本灵异记》中卷《见乌邪淫厌世修善缘第2》："母随子言，乳令饮病子。子饮而叹之言：'噫呼！舍母甜乳，而我死哉。'即命终焉。然大领之妻，恋于死子，同共出家，**修习善法**。"（p. 149）失译人名今附后汉录《撰集百缘经》卷4《出生菩萨品》："佛敕拔提：'汝可往诣，山林树间，**修习善法**。'寻受佛教，诣山林间，坐禅行道，未久之间，得阿罗汉果。"东晋佛驮跋陀罗译《大方广佛华严经》卷34《宝王如来性起品》："放逸诸天，闻此音声，生恐怖心，厌离五欲，各舍宫殿，诣正法堂，**修习善法**，爱乐正道。"姚秦鸠摩罗什译《妙法莲华经》卷5《安乐行品》："又见自身，在山林中，修习善法，证诸实相，深入禅定，见十方佛。"

【修行/おこなひをさむ】偏正（20例） 修炼身心而付诸实践。于佛法上是指实践佛的教示。《日本书纪》卷20《敏达纪》十三年是岁条："是岁，苏我马子宿祢请其佛像二躯，乃遣鞍部村主司马达等、池边直氷田，使于四方访觅修行者。"（第二册，p.488）又卷22《推古纪》十四年五月条："又汝姨岛女初出家，为诸尼导者，以修行释教。"（第二册，p.552）又卷25《孝谦纪》大化元年八月条："此十师等宜能教导众僧，修行释教，要使如法。"（第三册，p.122）《元兴寺伽蓝缘起并流记资财账》："太子像并灌佛之器一具，及说佛起书卷一筐度而言，当闻佛法既是世间无上之法 其国亦应修行也。"又："然后经三十余年，稻目大臣得病望危时，池边皇子与大大王二柱前后言白：'应修行佛法我白依而天皇修行赐也。'"《日本灵异记》上卷《殷勤归信观音愿福分以现得大福德缘第31》："东人现世被大福德，是乃修行验力。观音威德，更不应哉？"（p.129）又下卷《杀生物命结怨作狐狗互相怨报缘第2》："禅师永兴者，诺乐左京兴福寺沙门矣。俗姓苇屋君氏，一云市往氏。摄津国手岛郡人也。住于纪伊国牟娄郡熊野村而修行。"（p.266）又《拍于忆持千手咒者以现得恶死报缘第14》："于时有京户小野朝臣庭麿，为优婆塞，常诵持千手之咒为业。展转彼加贺郡部内之山而修行。"（p.296）又："遇行者曰：'汝何国人？'答：'我修行者，非俗人也。'"（p.296）又《依妨修行人得猴身缘第24》："暂顷修行时，梦人语言：'为我读经。'惊觉念怪。"（p.322）又《减塔阶仆寺幢得恶报缘第36》："时看病众中，有一禅师，发誓愿言：'凡凭佛法，修行大意，救他活命。今我寿施病者代身。佛法实有，病人命活。'"（p.356）又《智行并具禅师重得人身生国皇之子缘第39》："昔诺乐宫二十五年治天下胜宝应真圣武太上天皇之御世，又同宫九年治天下帝姬阿倍天皇御世，彼山有净行禅师而修行。"（p.378）《续日本纪》卷8《元正纪》养老五年六月条："戌，诏曰：'沙门行善，负笈游学，既经七代，备尝难行，解三五术，方归本乡。矜赏良深。如有修行天下诸寺，恭敬供养，一同僧纲之例。'"（第二册，p.98）又卷11《圣武纪》天平三年八月条："其有遇父母、夫丧。期年以内修行，勿论。"（第二册，p.248）又卷22《淳仁纪》天平宝字三年六月条："伏见天下诸寺，每年正月悔过，稍乖圣愿，终非功德。何者？修行护国，僧尼之道。"（第三册，p.322）又卷23《淳仁纪》天平宝字四年七月条："因兹，今追议定营造修理塔寺精舍分一千户，供养三宝并常住僧分二千户，官家修行诸佛事分二千户。"（第三册，p.358）又卷31《光仁纪》宝龟元年十月条："由是山林树下，长绝禅迹。伽蓝院中，永息梵响。俗士巢许。犹尚嘉遁。况复出家释众。宁无闲居者乎？伏乞，长往之徒，听其修行。"（第四册，p.320）又卷32《光仁纪》宝龟四年十一月条："故大僧正行基法师，戒行具足，智德兼备。先代之所推仰，后生以为耳目。其修行之院，惣四十余处。"（第四册，p.414）又卷37《桓武纪》延历二年三月条："十四年宥罪征还隐居蜷渊山中，不预时事，敦志释典，**修行**为务。"又卷38《桓武纪》延历四年七月条："择其**修行**、传灯无厌倦者，景迹齿名，具注申送。"后汉安世高译《尸迦罗越六方礼经》卷1："勉进以六度，**修行**致自然，是故稽首礼，归命天中天。"姚秦鸠摩罗什译《妙法莲华经》卷1《序品》："并见彼诸比丘、比丘尼、优婆塞、优婆夷，诸**修行**得道者。"唐义净译《金光明最胜王经》卷1《如来寿量品》："诸佛境难思，世间无与等；法身性常住，**修行**无差别。"→【入道修行】【如法修行】

【修行不懈/しゅぎょうすることおこたらず】 四字　出家学佛修行不松懈。《日本书纪》卷20《敏达纪》十三年是岁条："由是马子宿祢、池边冰田、马达等，保信佛法，**修行不懈**。"（第二册，p. 490）西晋竺法护译《佛五百弟子自说本起经》卷1："自从三昧起，**修行不懈怠**。"隋智顗说、灌顶记《观音玄义》卷2："烦恼调伏，名之为道。**修行不懈**，苦忍明发，子果俱断，证尽无生，名之为灭。"唐实叉难陀译《大方广佛华严经》卷77《入法界品》："以昔福因缘，文殊令发心，随顺无违逆，**修行不懈倦**。"

【修行得道/とくどうをしゅぎょうす】 四字　修行三学而成佛道。"得道"，谓修行戒定慧三学而发断惑证理之智为得道，然后可以成佛。《万叶集》卷5《令反或情歌》序云："未验**修行得道**之圣，盖是亡命山泽之民。"（第二册，p. 66）西晋竺法护译《贤劫经》卷1："不有人想，颁宣经典，不住颠倒，显示灭度，不永寂灭，**修行得道**，亦无所猗，如有所好，慕于内行，以弃有无。"姚秦鸠摩罗什译《妙法莲华经》卷1《序品》："于此世界，尽见彼土，六趣众生，又见彼土，现在诸佛，及闻诸佛，所说经法。并见彼诸比丘、比丘尼、优婆塞、优婆夷，诸**修行得道**者。"隋吉藏撰《法华义疏》卷2《序品》："**修行得道**者，虽有四众，不出因果，修三学之行为因，得四果之道为果也。"

【修行仏道/ぶつどうをおこなふ】 四字　修习佛法，断惑证理。《日本书纪》卷27《天智纪》十年十月条："壬午，东宫见天皇，请之吉野**修行佛道**。天皇许焉。"（第三册，p. 292）西晋竺法护译《大哀经》卷8："若**修行佛道**，是心道之本。佛神力如此，亦分别辩才。"东晋佛驮跋陀罗译《大方广佛华严经》卷11《功德华聚菩萨十行品》："此等众生，是我福田，是我善友，不请不求，自来教诲，发起我心，**修行佛道**。"姚秦鸠摩罗什译《佛说华手经》卷6《求法品》："以此无依心，常**修行佛道**。游行大众聚，而心无所著。"

【修行福業/ふくごうをしゅぎょうす】 四字　修习践行召感福报的业因。"福业"，能够招感人天福利果报的有漏善业。《藤氏家传》下卷《武智麻吕传》："我因宿业，为神固久。今欲归依佛道，**修行福业**，不得因缘，故来告之。"（p. 351）东晋帛尸梨蜜多罗译《佛说灌顶经》卷11："诸过命者**修行福业**，至心恳恻应代亡者，悔过众罪罪垢即灭。"元魏瞿昙般若流支译《正法念处经》卷54《观天品》："多财物故，有大威德。有威德故，则能布施，**修行福业**，能善持戒。”唐达摩流支译《佛说宝雨经》卷10：“若诸有情，曾于过去，供养诸佛，**修行福业**，积集善根，如是有情，今时方得，闻此法门，何况闻已，深生净信？”

【修行進守大禅師/しゅぎょうしんしゅだいぜんし】 多音 （3例） 僧位。“修行位”与传灯位、诵持位并列的僧位系列。“进守”一词，见于正仓院文书，称作“修学进守大法师”。《续日本纪》卷27《称德纪》天平神护二年九月条：“壬申，授从六位下息长真人净继外从五位下，**修行进守大禅师**基真正五位上。”（第四册，p. 132）又天平神护二年十月条：“乙巳，诏：‘法王月料准供御。法臣大僧都第一**修行进守大禅师**円兴准大纳言。’法参议大律师**修行进守大禅师**正四位上基真准参议。”（第四册，p. 140）

【修行人/おこなふひと】 三字 修习践行释尊教法的人。亦称行者。《日本灵异记》下卷《依妨**修行人**得猴身缘第24》（p. 322）姚秦竺佛念译《出曜经》卷3《无常品》：“时**修行人**，复自念曰：‘今此内物，悉皆孚乳。’知其万物，日滋日长，还入深山，静默自修。”后魏菩提流支译《入楞伽经》卷1《请佛品》：“夜叉此宝山，如实**修行人**；现见法行人，乃能住此处。”唐玄奘译《大般若波罗蜜多经》卷516《空相品》：“复次，善现。有菩萨摩诃萨，修行精进，波罗蜜多，见诸有情，懒惰懈怠，不勤精进，弃舍三乘，亦不**修行人**、天善业。”

【修行僧/しゅぎょうそう】 三字 修习践行释尊教法的僧人。《日本灵异记》下卷《依妨修行人得猴身缘第24》：“彼国有**修行僧**从者数千所。农业怠，数千者千余数之数千也。”（p. 322）宋王日休撰《龙舒增广净土文》卷6：“神告之曰：‘与汝同舟僧可来见我。’其僧往见之，神乃言曰：‘我是汝同**修行僧**，以多嗔故。堕于此为神。’其僧欲见神形，坚不肯。再三欲见，乃露一截蟒形。”宋正守编《嘉泰普灯录》卷23：“尝作发愿偈曰：‘我死愿作**修行僧**，出处常与善知识，生身永断尘中缘，世世践履菩萨道。’”

【修行善者・修行恶者/よきことをおこなはば・あしきことをおこなはば】 典据 （2例） 修习践行善行的人。《日本灵异记》上卷《邪见假名沙弥斫塔木得恶报缘第27》：“《涅槃经》云：‘若见有人**修行善者**，名见天人；修行恶者，名见地狱。何以故？定受报故。’者，其斯谓之矣。”（p. 116）又中卷《忆持〈心经〉女现至阎罗王阙示奇表缘第19》：“如《涅槃经》云：‘若见有人**修行善者**，名见天人。修行恶者，名见地狱。’者，其斯谓之矣。”（p. 200）北凉昙无谶译《大般涅槃经》卷27《师子吼菩萨品》：“若见有人，**修行善者**，名见天人；修行恶者，名见地狱。何以故？定受报故。”

【修行位/しゅぎょうい】 三字 7世纪末至8世纪中叶，朝廷授予学识品德优异的僧侣的阶位之一。《续日本纪》卷23《淳仁纪》天平宝字四年七月条：“故其**修行**

位、诵持位，唯用一色，不为数名。”（第三册，p. 358）

【修行者/しゅぎょうじゃ】 三字　受持教法而躬行实践的人。与“修行人”义同。《日本书纪》卷20《钦明纪》十三年是岁条：“是岁，苏我马子宿祢请其佛像二躯，乃遣鞍部村主司马达等、池边直氷田，使于四方访觅修行者。”（第二册，p. 488）西晋竺法护译《光赞经》卷2《行空品》：“佛说是智慧，度无极品时，三百比丘，悉修行者，皆以璎珞，奉散佛上，发无上正真之道心。”刘宋求那跋陀罗译《杂阿含经》卷16：“时，尊者二十亿耳与众多比丘于近处经行，一切皆是，勇猛精进，专勤修行者。”北凉昙无谶译《佛所行赞》卷3《阿罗蓝郁头蓝品》：“谦卑而师事，进止常不离，犹如修行者，诸根随心转。”

【修行之功/しゅぎょうのいさをし】 四字　修习践行释尊教法所招感的利益福德。《日本灵异记》上卷《持戒比丘修净行而得现奇验力缘第26》：“斯乃修行之功，远流芳名，慈悲之德，长存美誉也。”（p. 114）姚秦筏提摩多译《释摩诃衍论》卷5：“譬如虽木中火性，从本已来，有伏藏火，而不假方便，无以得火。如是虽无明藏中，如来之性，从本已来，有自性清净心，而不待修行之功，无以得佛故。”又：“譬如木中有火性，亦具方便，火炎出现，烧木无余。因缘具足者，亦复如是。内中有本觉之佛性，外中具修行之功能。圆百行之因，满万德之果，三智俱行，四德双开。”

【修学仏法/ほとけのみのりをおこなひまなぶ】 四字　修行学习释尊的教法。《日本灵异记》中卷《埴神王腨放光示奇表得现报缘第21》：“召行者诏：‘欲求何事？’答曰：‘欲出家修学佛法。’敕许得度，金鹫为名。”（p. 204）西晋竺法护译《等目菩萨所问三昧经》卷3《等目菩萨大权慧品》：“所兴大道，悉善修学，佛法大海，最大等愿，菩萨之行，显学权慧方便之明。”隋智顗说、灌顶记《金光明经文句》卷3《释忏悔品》：“诸大菩萨，修学佛法，而忏悔也。若识此法，而忏悔者，最妙最上，忏悔处也。”唐菩提流志译《大宝积经》卷47《毘利耶波罗蜜多品》：“舍利子，若有众生，欲随如来，修学佛法，我当为彼，如应显说。何以故？以诸众生，能随佛学，如来不违彼意，必现其前，而为说故。”

【朽爛/くちただる】 并列　腐烂，腐朽。《日本书纪》卷26《齐明纪》元年十月条：“冬十月丁酉朔己酉，于小垦田造起宫阙拟将瓦覆。又于深山广谷，拟造宫殿之材，朽烂者多。”（第三册，p. 204）（1）后汉支曜译《佛说成具光明定意经》卷1：“身行者，若见一切众生，蚑行蠕动，愍而哀伤，纵而活之，随其水陆，还而安之。若见众宝珍琦，柔软细滑，可意之物，虽身贫苦，内伏其心，不令贪取。及见细色，脂粉之饰，则内观朽烂，脓血之臭。斯身之三戒。”梁僧佑撰《弘明集》卷1：“魂神固不灭矣，但身自朽烂耳。”隋阇那崛多译《佛本行集经》卷14《空声劝厌品》：“老病瘦损诸人辈，如摩楼迦绕大树。衰老身力无精进，干枯犹如朽烂木。”（2）《西京杂记》卷6：“栾书冢，棺柩明器，朽烂无余。”《梁书》卷54《林邑国传》：“沉木者，土人斫断之，积以岁年，朽烂而心节独在，置水中则沉，故名曰沉香。次不沉不浮者，曰篯香也。”按：《汉语大词典》首引晋葛洪《抱朴子·外篇·博喻》：“必死之病，不下苦口之药；朽烂之材，不受雕镂之饰。”略晚。

【朽邁/きゅうまい】 并列 （2例） 年老衰落。《古语拾遗》：“愚臣广成，朽迈之龄，既逾八十，犬马之恋，旦暮弥切，忽然迁化，含恨地下。”（p. 145）《续日本纪》卷32《光仁纪》宝龟三年二月条：“矜老存疾，有国嘉猷。天鉴曲垂，暂慰朽迈。不任前路之至促，谨诣朝堂，奉表陈乞以闻。”（第四册，p. 366）唐慧琳撰《一切经音义》卷14：“朽迈：陌败反。迈，远也。”（1）吴支谦译《菩萨本缘经》卷2《一切持王子品》：“大仙当知，我年朽迈，身力羸损，家贫空乏，困于仆使，若欲满我，本所愿者，幸可惠施，二奴仆使。”姚秦鸠摩罗什译《妙法莲华经》卷2《信解品》：“又今我等，年已朽迈，于佛教化，菩萨阿耨多罗，三藐三菩提，不生一念，好乐之心。”北凉昙无谶译《佛所行赞》卷1《生品》：“我年已朽迈，出家修梵行，无令圣王子，舍世游山林。”（2）《魏志》卷7《曹爽传》：“臣虽朽迈，敢忘往言。”《周书》卷22《窦炽传》：“臣虽朽迈，请执干橹，首启戎行。”

【須達長者/すだちちょうじゃ】 人名 梵语 sūdra 的音译。意译为“善与”“善给”“善授”等。古印度拘萨罗国舍卫城富商，波斯匿王的大臣，释迦的有力施主之一，号称给孤独。后皈依佛陀。与祇陀太子共同施佛精舍，称“祇树给孤独园”。《日本灵异记》下卷《产生肉团之作女子修善化人缘第19》：“昔佛在世时，舍卫城须达长者之女苏曼，所生卵十枚，开成十男，出家皆得罗汉果。”（p. 309）

【須弥/すみ】 地名 （2例） 即须弥山。梵语 sumeru，意译“妙高山”。原为印度神话中的山名，在佛教的宇宙观中加以沿用，指其为耸立于一小世界中央之高山。以此山为中心，周围有八山、八海环绕，而形成一世界（须弥世界）。《日本灵异记》中卷《因悭贪成大蛇缘缘第38》：“诚知贪钱因隐，得大蛇身，返护其钱也。虽见须弥顶，不得见欲山顶者，其斯谓之矣。”（p. 244）《奈良朝写经75·大般若经卷第176》：“伏惟为孝子坂上忌寸氏成秋穗等，慈先考故出羽介从五位下熏四等坂上忌寸石楯大夫之厚恩，抚育之慈高逾须弥，眅护之悲深过大海。”（p. 442）

【須要/もちゐる】 并列 定要，需要。“须”“要”都是助动词，同义连用。《日本书纪》卷18《宣化纪》元年五月条：“倘如须要，难以备率。亦宜课诸郡分移聚建那津之口，以备非常，永为民命。”（第二册，p. 350）（1）姚秦鸠摩罗什译《大智度论》卷30：“问曰：‘若尔者，但应略说三种，饮食衣服庄严之具。’答曰：‘此诸物是，所须要者。’”唐轮波罗译《苏悉地羯罗经》卷1：“所谓自性香、筹丸香、尘末香、作丸香，亦须要知，应用之处。”新罗义寂述《菩萨戒本疏》卷2：“若先受菩萨戒法师前受戒时不须要见好相，是法师师师相授故不须好相。”（2）《齐民要术》卷3《杂说》：“须要晴时，于大屋下风凉处，不见日处。”（p. 286）《周书》卷15《李檙传》：“太祖初亦闻欂骁悍，未见其能，至是方嗟叹之。谓欂曰：但使胆决如此，何必须要八尺之躯也。”按：《汉语大词典》首引宋张载《经学理窟·义理》：“然大义大节须要知，若细微亦不必知也。”偏晚。→【要須】

【虚空/そら】偏正（10例） 梵语ākāśa，意译作“天空”“空中”。①《古事记》上卷《伊耶那岐命与伊耶那美命》：“次生大倭丰秋津岛，亦名谓天御虚空丰秋津根别。”（p.36）又《日子穗穗手见命与鹈茸草不合命》：“于是其弟泣患居海边之时，盐椎神来问曰：‘何虚空之日高之泣患所由？’”（p.126）又：“尔海神自出见云：‘此人者，天津日高之御子，虚空津日高矣。’”（p.128）又：“即悉召集和迩鱼问曰：‘今天津日高之御子虚空津日高，为将出幸上国。谁者几日送奉而覆奏。’”（p.132）又中卷《崇神纪》：“此王娶葛城之高额比卖，生子，息长带比卖命，次虚空津比卖命，次息长日子王。”（p.180）《日本书纪》卷2《神代纪下》：“若从天降者当有天垢，从地来者当有地垢。实是妙美之。虚空彦者欤。”（第一册，p.164）卷14《雄略纪》七年八月条：“八月，官者吉备弓削部虚空，取急归家。吉备下道臣前津屋留使虚空，经月不肯听上京都。天皇遣身毛君大夫召焉。虚空被召来言：‘前津屋以小女为天皇人，以大女为已人，竟令相斗，见幼女胜，即拔刀而杀。’”（第二册，p.168）②《日本书纪》卷3《神武纪》三十一年四月条：“复大己贵大神目之曰：‘玉墙内国。’及至饶速日命乘天盘船而翔行太虚也，睨是乡而降之，故因目之曰：‘虚空见日本国矣。’”（第一册，p.236）《肥前国风土记·总记》条：“其夜，虚空有火，自然而燎，稍稍降下，就此山燎之时，健绪组见而惊恠，参上朝庭，奏言：‘巨辱被圣命，远诛西戎，不沾刀刃，枭镜自灭。自非威灵，何得然之？’”（p.310）（1）元魏菩提流志译《佛说法集经》卷6：“尔时虚空菩萨白佛言：‘世尊，菩萨不作如是言，以何等言说，能生他人瞋心？菩萨不作如是言，以何等言说，能生他人恼心？’”刘宋求那跋陀罗译《杂阿含经》卷15：“地神唱已，闻虚空神天、四天王天、三十三天、炎魔天、兜率陀天、化乐天、他化自在天，展转传唱。须臾之间，闻于梵天身。”北凉昙无谶译《大方等无想经》卷1《大众健度》：“复有三万六千，夜叉神王，其名曰毘沙门鬼王、虚空鬼王、爱德鬼王、毕施鬼王、大瓔珞庄严鬼王、一向视鬼王、动大地鬼王、善毛鬼王、善爱家鬼王、摩尼跋陀鬼王、满城鬼王、莲花光鬼王、车轮台鬼王、大海胜鬼王。”（2）后汉安世高译《佛说阿难同学经》卷1：“彼比丘即从坐起，头面礼足，绕世尊三匝，便退而去，还诣己房。到已除去坐具，于露地布坐具，便升虚空。”姚秦鸠摩罗什译《妙法莲华经》卷2《譬喻品》：“释提桓因、梵天王等，与无数天子，亦以天妙衣、天曼陀罗华、摩诃曼陀罗华等，供养于佛，所散天衣，住虚空中，而自回转。”唐义净译《金光明最胜王经》卷6《四天王护国品》：“时彼香烟，于一念顷，上升虚空，即至我等，诸天宫殿，于虚空中变成香盖。”（2）《晋书》卷11《天文志上》：“日月众星，自然浮生，虚空之中，其行其止，皆须气焉。”（p.279）按：“虚空”一词，原义为空虚，表示天空的用法首见于汉文佛经中，然后开始用于中土文献，《古事记》的用法亦不例外，主要用于神名的表记。“虚空”一词在表记上具有相同点。

【虚中/そらのなか】 后缀 虚空之中。《日本书纪》卷1《神代纪上》：“天地初判，一物在于**虚中**。状貌难言。其中自有化生之神，号国常立尊，亦曰国底立尊。”(p.18) 姚秦鸠摩罗什译《杂譬喻经》卷1：“时有辟支佛，作沙门形，诣舍乞食，贫人欢喜即施，饭食讫已，行澡水毕，置钵**虚中**，飞行而去。”唐不空译《佛说一切诸如来心光明加持普贤菩萨延命金刚最胜陀罗尼经》卷1：“尔时，十方如来，加持一切，执金刚菩萨，异口同音，亦说延命陀罗尼曰：‘唵嚩日罗（二合）谕势吽吽尸弃娑嚩（二合）’贺如是说已，一切如来，十方执金刚菩萨，隐于**虚中**已不现。”高丽一然撰《三国遗事》卷4：“当终之时，寺东北**虚中**音乐满空，异香充院。”按：《汉语大词典》失收。

【嘘唏・啼泣/なげき、いさつ】 并列 抽噎哭泣。《日本书纪》卷14《雄略纪》十四年四月条：“皇后仰天**嘘唏**，**啼泣**伤哀。”（第二册，p.198）唐慧琳撰《一切经音义》卷24：“**歔欷**：上许居反，下欣既反。王逸注《楚辞》：**嘘唏**，啼貌也。何注《公羊传》：悲也。《苍颉篇》：**嘘唏**，泣余声也。”东晋法显译《大般涅槃经》卷3：“是时阿难，还白佛言：‘以世尊语，入城宣示，诸力士众，莫不惊绝，**啼泣嘘唏**，皆悉当来，瞻奉世尊。’”梁慧皎撰《高僧传》卷13：“五人见像，**嘘唏啼泣**，像即放光，照于堂内。”

【続命/ぞくみょう】 述宾 延续生命。《续日本纪》卷18《孝谦纪》天平胜宝三年十月条：“壬申，诏曰：‘顷者，太上天皇，枕席不稳。由是，七七日间，屈请四十九贤僧于新药师寺，依**续命**之法，设斋行道。’”（第三册，p.114）唐玄奘译《药师琉璃光如来本愿功德经》卷1：“尔时，阿难问救脱菩萨曰：‘善男子，应云何恭敬供养彼世尊药师琉璃光如来**续命**幡灯，复云何造？’救脱菩萨言：‘大德，若有病人，欲脱病苦，当为其人，七日七夜，受持八分斋戒。应以饮食，及余资具，随力所办，供养苾刍僧；昼夜六时，礼拜供养，彼世尊药师琉璃光如来；读诵此经，四十九遍；然四十九灯；造彼如来，形像七躯，一一像前，各置七灯，一一灯量，大如车轮，乃至四十九日，光明不绝；造五色彩幡，长四十九搩手，应放杂类众生，至四十九；可得过度，危厄之难，不为诸横，恶鬼所持。’”

【続命幡/ぞくみょうのはた】 三字 （祈愿）延长性命的旗帜。《续日本纪》卷19《孝谦纪》天平胜宝六年十一月条：“戊辰，敕：‘朕以至款奉为二尊御体平安，宝寿增长，一七之间，屈四十九僧，归依药师琉璃光佛，恭敬供养。其经云：悬**续命幡**，燃四十九灯，应放杂类众生。’”（第三册，p.150）东晋帛尸梨蜜多罗《佛说灌顶经》卷12：“**续命幡**灯，法则云何？救脱菩萨语阿难言：‘神幡五色，四十九尺，灯亦复尔。’”萧齐僧佑撰《释迦谱》卷5：“及《迦叶语阿难经》云：塔成造千二百织成幡及杂华，未得悬幡，王身有疾。伏枕慷慨曰：‘若威灵有感，愿察我至诚，诸塔并列于坐隅，俯临王前。’王手自系幡，以次而去，各还其所。王体羸弊，取幡不赡，有诸比丘，行助王取之，故今上幡，先令比丘将之也。由是病愈，增算十二，故因名为**续命幡**。”唐玄奘译《药师琉璃光如来本愿功德经》卷1：“尔时，阿难问救脱菩萨曰：‘善男子，应云何恭敬供养，彼世尊药师琉璃光如来**续命幡**灯，复云何造？’救脱菩萨言：‘大德，若有病人，欲脱病苦，当为其人，七日七夜，受持八分斋戒。应以饮食，及余资具，随力所办，供养苾刍僧；昼夜六时，礼拜供养，彼世尊药师琉璃光如来；读诵此经，四十九遍；然四十九灯；造彼如来，形像七躯，一一像前，各置七灯，一一灯量，大如车轮，乃至四十九日，光明不绝；造五色彩幡，长四十九搩手，应放杂类众生，至四十九；可得过度，危厄之难，不为诸横，恶鬼所持。’”

【蓄養妻子/めこをやしなふ】 先例　养育妻儿老小。《日本灵异记》下卷《沙门诵持方广大乘沉海不溺缘第4》：“诺乐京有一大僧。名未详也。僧常诵于方广经典，即俗贷钱，**蓄养妻子**。”（p. 272）元熙仲集《历朝释氏资鉴》卷6：“以为出家舍尘俗，离朋党。**蓄养妻子**，非无私度。是致人以毁道，非广道以求人。”

【宣揚正法/しょうほうをせんようす】 四字　广泛传布正确、彰显真理的法。《续日本纪》卷15《圣武纪》天平十五年正月条：“癸丑，为读《金光明最胜王经》，请众生于金光明寺。其词曰：‘天皇敬咨四十九座诸大德等，弟子阶缘宿殖，嗣应宝命，思欲**宣扬正法**，导御蒸民。’”（第二册，p. 414）唐玄奘译《大般若波罗蜜多经》卷576：“一时，薄伽梵在室罗筏住誓多林给孤独园，为诸大众，**宣扬正法**。”唐实叉难陀译《大方广佛华严经》卷33《十回向品》：“阿僧祇宝枝，种种众宝，庄严稠密，不思议鸟，翔集其中，常吐妙音，**宣扬正法**。”唐义净译《金光明最胜王经》卷1《如来寿量品》：“尔时，释迦牟尼如来、应、正等觉告彼侍者诸菩萨言：‘善哉，善哉！彼四如来乃能为诸众生饶益安乐，劝请于我**宣扬正法**。’”→【闡揚佛法】

【宣義教化/みのりをのべておしふ】 自创　宣扬教义，教化众生。《日本灵异记》中卷《骂僧与邪淫得恶病而死缘第11》：“导师见之，**宣义教化**。不信受曰：‘为无用语。汝婚吾妻，头可所罚破。斯下法师矣。’恶口多言，具不得述。”（p. 178）

【喧嘩/なりとよく】 并列　佛教梵语 saṃcagghati。笑；声音大而杂乱。《日本书纪》卷7《景行纪》五十一年八月条：“于是，所献神宫虾夷等昼夜**喧哗**，出入无礼。时倭姬命曰：‘是虾夷等不可近于神宫。’”（第一册，p. 388）唐慧琳撰《一切经音义》卷31：“**諠哗**：上虚元反，下呼瓜反。《声类》云：**諠哗**，并声也。《考声》云：语諠多也。”唐道宣撰《续高僧传》卷25：“蒲晋一川，化行之所，闻哀屯赴，如丧重亲，远验英言，不有损失。又感僧牛吼叫，声彻数里，流泪呜咽，不食水草。经于七日，将欲藏殓，道俗争之。佥曰：‘英不乐**喧哗**。’”宋契嵩撰《镡津文集》卷16：“君子矜而不争者。韩子与公垂，平生相善，始公垂举进士时，韩子乃以书称其才而荐诸陆员外者，及此正可推让以顾前好乃反争之，喧哗于朝廷。而韩子儒之行何有？故旧之道安在？使后学当何以取法？假令朝廷优于韩子。”按：《汉语大词典》失收。

【喧讙/とよく】并列 喧哗，吵闹《日本书纪》卷23《舒明纪》即位前纪条：“次诏山背大兄王曰：‘汝独莫喧讙。’”（第三册，p. 18）唐慧琳撰《一切经音义》卷89：“弃喧：下喧袁反。俗字也。《字书》云：从藿，作讙。郑玄注《礼记》云：讙，嚣之声也。《方言》云：讙，让也。《广雅》云：鸣也。古文从雨，口为吅字，犹惊也。义与喧讙并同。”按：《汉语大词典》例引清姚锡光《东方兵事纪略·衅始篇》：“处士朋兴，喧讙雷动。”偏晚。

【玄津/けんしん】偏正（2例） 指佛法。《唐大和上东征传》淡海元开《初谒大和上二首并序》：“禅林戒网密，慧苑觉华丰。欲识玄津路，缁门得妙工。”（p. 99）《奈良朝写经20·大般若经卷第232》：“托思玄津，庶福于安乐，归心实际，冀果于菩提。”（p. 148）《文选》卷59王简栖《头陀寺碑文》：“释网更维，玄津重栅。”张铣注：“释网、玄津，并佛法也。”姚秦鸠摩罗什译《十二门论》卷1：“奏希声于宇内，济溺丧于玄津。”唐慧立本、彦悰笺《大唐大慈恩寺三藏法师传》卷8：“迹穷智境，探赜至真，心罄玄津，研几秘术。”唐道世撰《法苑珠林》卷85：“含情普洽，机悟玄津，舒则利物，卷则收恩。”

【玄侣/けんりょ】偏正 犹言“僧侣”。《上宫皇太子菩萨传》：“五通仙府，十仙窟宅。儒生辐凑，玄侣云集。”唐神清撰、慧宝注《北山录》卷8：“率吁玄侣（玄侣，僧也）流闻畅乎八方。”又卷5：“宾曰：‘虐魏门诛于内信，昏周不类于玄侣。’”唐道宣撰《续高僧传》卷7：“朝省以名文翰可观元非玄侣而冥德没世，将征拔之，测其器宇有经国之量。”按：《汉语大词典》失收。

【玄宗～妙觉～/けんそう～みょうかく～】对偶 “玄宗”同上。“妙觉”，自觉觉他，觉行圆满，智德不可思议。为佛果的无上正觉，证得此觉的人，被称为“佛”。《续日本纪》卷21《淳仁纪》天平宝字二年八月条：“（光明子）既而游神慧苑，体三空之玄宗，降迹禅林，开一真之妙觉。”（第三册，p. 270）

【玄宗～微旨～/けんそう～びし～】对偶 “玄宗”，佛教的深奥旨意。“微旨”，精深微妙的意旨。《怀风藻》第103首释道慈《小传》：“太宝元年，遣学唐国，历访明哲，留连讲肆。妙通三藏之玄宗，广谈五明之微旨。”（p. 165）（1）晋僧肇《注〈维摩诘经〉序》：“而恨支竺所出，理滞于文，常惧玄宗，坠于译人。”唐王勃《广州宝庄严寺舍利塔碑》：“大弘缁侣法师，至诚幽感，独步玄宗。”唐不空译《佛母大孔雀明王经》卷1《佛母大金曜孔雀明王经序》：“佛母大孔雀明王经者，牟尼大仙之灵言也。总持真句悲救要门，绾悉地之玄宗。”（2）汉许慎《〈说文解字〉叙》：“究洞圣人之微恉。”《后汉书》卷44《徐防传》：“孔圣既远，微旨将绝，故立博士十有四家，设甲乙之科，以勉劝学者。”（p. 1500）唐李通玄撰《略释新华严经修行次第决疑论（又名华严经决疑论）》卷1唐照明《华严经决疑论序》：“幸会华严新译，义理圆备，遂考经八十卷。搜括微旨，开点义门，上下科节，成四十卷《华严新论》。”

【懸空/そらにかかる】 后补　悬挂在空中。《日本灵异记》下卷《拍于忆持千手咒者以现得恶死报缘第14》：“长至己家门，从马将下，坚不得下。忽与乘马，腾空而往，到捶行者之处，悬空径一日一夜。明日午时，自空落死。”（p. 296）（1）姚秦鸠摩罗什译《大庄严论经》卷4：“机关悉解落，筋脉粗相缀，在内诸藏等，悬空而露现。”新罗太贤集《菩萨戒本宗要》卷1：“已开圣典微密要，圆镜悬空照长霄。人身圣教难可再，有心欲出宜及时。”（2）《全北齐文》卷9阙名《比丘僧道略等造神碑尊像铭》：“玄冲眇邈，正教终归，三明自达，六职云飞。浮虚兜极，扬影紫微，悬空游息，三界徘徊。地居胜土，寺绕花莲，周回风观，遍带流渊。”《全唐文》卷182王勃《释迦如来成道记》：“类莲花而出水，赫焕无方；若桂月以悬空，光明洞彻。”按：《汉语大词典》首引唐薛曜《舞马篇》：“婉转盘姗殊未已，悬空步骤红尘起。”偏晚。

【懸棄/かけうつ】 偏正　抛起来扔掉。抛弃。《日本灵异记》上卷《非理夺他物为恶行受报示奇事缘第30》：“我饥七月七日成大蛇到汝家，将入屋房时，以杖悬弃。”（p. 126）唐义净译《根本说一切有部毘奈耶杂事》卷19：“时诸苾刍，以虱壁虱，及诸虫类，悬弃于地，彼便闷绝。苾刍白佛，佛言：‘凡是生命，不应悬弃，亦不应随处，辄为弃掷，虱安故帛。’”按：《汉语大词典》失收。

【懸殊/はるかにことなり】 偏正　差别很大。《藤氏家传》上卷《镰足传》：“大夫以牲求焉。虽复美名勿朽，忠贞弥芳，而今与行悬殊，岂可同日而语哉。”（p. 204）（1）后汉昙果、康孟详合译《中本起经》卷2《尼揵问疑品》：“于春和时，等力兴功，下种应节，耘除草秽。至秋获实，斗斛悬殊。”姚秦鸠摩罗什译《大智度论》卷45《断见品》：“如舍利弗智慧与佛悬殊，何以言‘我亦乐说？’”萧齐求那毘地译《百喻经》卷3：“其后天雨，二人顽嚣，尽以好氎，覆此皮上。氎尽烂坏，皮氎之价，理自悬殊，以愚痴故，以氎覆皮。”（2）《全三国文》卷25锺会《移蜀将吏士民檄》：“汤、武、高祖，虽俱受命，贤圣之分，所觉悬殊。”《晋书》卷84《殷仲堪传》：“苟可以畅其仁义，与夫伏节委质可荣可辱者，道迹悬殊，理势不同，君何疑之哉！”按：《汉语大词典》首引《隋书》卷71《杨善会传》：“前后七百余阵，未尝负败，每恨众寡悬殊，未能灭贼。”偏晚。

【懸樹/きにさがる】 述宾　在树上吊死，自杀吊死在树上。《万叶集》卷16第3786～3787首歌序：“方今壮士之意，有难和平。不如妾死相害永息。尔乃寻入林中，悬树经死。”（第四册，p. 89）吴康僧会译《六度集经》卷4：“鳖曰：‘吾妻思食尔肝。水中何乐之有乎？’猕猴心恧然曰：‘夫戒守善之常也，权济难之大矣。’曰：‘尔不早云？吾以肝悬彼树上。’鳖信而还。猕猴上岸曰：‘死鳖虫，岂有腹中肝而当悬树者乎？'"隋达摩笈多译《起世因本经》卷1《郁多罗究留洲品》："又诸器树，其树亦高，六拘卢舍，乃至五四三二一拘卢舍者，如是最小，半拘卢舍。亦有种种，叶华与果。其彼等果，随心而出，种种器形，**悬树**而住。"按：《汉语大词典》失收。歌序与佛典中的"悬树"虽然词形相同，但意义有别。歌序指在树上上吊自杀，而佛典例中是说某物悬挂在树上。《古事记》中卷《垂仁记》："于是，圆野比卖惭言：'同兄弟之中，以姿丑被还之事闻于邻里，是甚惭。'而到山代国之相乐时，取**悬树**枝而欲死，故号其地谓悬木，今云相乐。"（p. 210）例中"取悬树枝"，亦即"悬树"，谓吊死在树上。

【学取/まねびとる】 后补　学到，学着。《日本书纪》卷24《皇极纪》四年四月条："夏四月戊戌朔，高丽学问僧等言：'同学鞍作得志，以虎为友，**学取**其术，或使枯山变为青山，或使黄地变为白水，种种奇术不可殚究。'"（第三册，p. 96）吴维祇难等译《法句经》卷1："抑制情欲，绝乐无为。能自拯济，使意为慧。**学取**正智，意惟正道。一心受谛，不起为乐。漏尽习除，是得度世。"唐法照述《净土五会念佛略法事仪赞》卷1："愿同生极乐速成无上菩提，专心**学取**五会真声，传于未来广度群品。"按：《汉语大词典》首引唐元稹《六年春遣怀》诗之八："小于潘岳头先白，**学取**庄周泪莫多。"偏晚。→【拔取】【乞取】【斫取】【酌取】【捉取】

【学生/がくしょう】 格义　（5例）　从原本是外典修学者之意，现谓年少寄宿寺院学习外典者。亦称"学匠""学徒"。"师匠"的对应词，谓跟随师匠钻研学习者。《日本灵异记》上卷《人畜所履髑髅救收示灵表而现报缘第12》："高丽**学生**道登者，元兴寺沙门也。"（p. 91）又《凶人不敬养奶房母以现得恶死报缘第23》："和国添上郡，有一凶人也。其名未详。字曰瞻保。是难破宫御宇天皇之代，类**学生**之人也。"（p. 110）又中卷《智者诽妒变化圣人而现至阎罗阙受地狱苦缘第7》："制《盂兰瓫》《大般若》《心般若》等经疏，为诸**学生**，读传佛教。"（p. 167）又："诫弟子曰：'我死莫烧。九日间置而待。'**学生**问我，答之应曰：'有缘东西，而留供养。慎勿知他。'弟子受教，闭师室户，不令知他。而窃涕泣，昼夜护阙，唯待期日。**学生**问求，如遗言答：'留供养也。'"（p. 167）唐义净译《南海寄归内法传》卷3："凡诸白衣，诣苾刍所，若专诵佛典，情希落发，毕愿缁衣，号为童子。或求外典，无心出离，名曰**学生**。"

【学頭僧/がくずのほうし】 自创　六宗各派的首席学僧。"学头"，寺社所设置的职位，统领一宗有关学问事宜的僧职。日本比睿山延历寺、鹤冈八幡宫等皆设有此职。《日本灵异记》中卷《极穷女于尺迦丈六佛愿福分示奇表以现得大福缘第28》："爰六宗之**学头僧**等，集会怪之，问女人曰：'汝为何行？'答曰：'无所为。唯依贫穷，存命无便，无归无怙。故我是寺尺迦丈六佛，献花香灯，愿福分耳。'"（p. 223）

【学外～読内～/げをまなぶ～ないをよむ】 对偶　"学外"，研习佛教以外的典籍。"读内"，研读佛教典籍。《日本灵异记》上卷《序》："轻岛丰明宫御宇誉田天皇代，外书来之。矶城金刺宫御宇钦明天皇代，内典来也。然乃**学外**之者，诽于佛法。**读**

内之者，轻于外典。”

【学問尼/がくもんに】三字　渡海去中国或半岛学习佛教以及先进文化的尼姑。“学问僧”的对应词。《日本书纪》卷21《崇峻纪》三年三月条：“三年春三月，学问尼善信等自百济还，住樱井寺。”（第二册，p. 520）

【学問僧/がくもんそう】三字（25例）　渡海来中国学习佛教以及先进文化的僧侣。“学问尼”的对应词。《日本书纪》卷22《推古纪》十六年九月条：“是时，遣于唐国学生倭汉直福因、奈罗译语惠明、高向汉人玄理、新汉人大圀、学问僧新汉人日文、南渊汉人请安、志贺汉人慧隐、新汉人广济等并八人也。”（第二册，p. 560）又卷23《舒明纪》四年八月条：“四年秋八月，大唐遣高表仁送三田耜，共泊于对马。是时，学问僧灵云、僧旻、及胜鸟养、新罗送使等从之。”（第三册，p. 42）又十一年九月条：“秋九月，大唐学问僧惠隐、惠云从新罗送使，入京。”（第三册，p. 48）又十一年十月条：“冬十月乙丑朔乙亥，大唐学问僧清安、学生高向汉人玄理传新罗而至之。仍百济、新罗朝贡之使共从来之。则各赐爵一级。”（第三册，p. 50）又卷24《皇极纪》四年四月条：“夏四月戊戌朔，高丽学问僧等言：‘同学鞍作得志，以虎为友学取其术，或使枯山变为青山，或使黄地变为白水，种种奇术不可殚究。’”（第三册，p. 96）又卷25《孝德纪》大化四年二月条：“二月壬子朔，遣于三韩学问僧。”（第三册，p. 168）又四年九月条：“四年夏五月辛亥朔壬戌，发遣大唐大使小山上吉士长丹、副使小乙上吉士驹、学问僧道严、道通、道光、惠施、觉胜、辩正、惠照、僧忍、知聪、道昭、定惠、安达、道观、学生巨势臣药、氷连老人以学问僧知辩、义德、学生坂合部连盘积而增焉。并一百二十一人俱乘一船、以室原首御田为送使。又大使大山下高田首根麻吕、副使小乙上扫守连小麻吕、学问僧道福、义向并一百二十人俱乘一船，以土师连八手为送使。”（第三册，p. 192）又白雉五年二月条：“伊吉博得言：‘学问僧惠妙于唐死，知聪于海死，智国于海死。智宗以庚寅年付新罗船归，觉胜于唐死，义通于海死。定惠以乙丑年付刘德高等船归。妙位、法胜，学生氷连老人、高黄金并十二人。别倭种韩智兴、赵元宝，今年共使人归。’”（第三册，p. 196）卷29《天武纪下》十四年五月条：“辛未，高向朝臣麻吕、都努朝臣牛饲等至自新罗。乃学问僧观常、云观从至之。”（第三册，p. 446）又卷30《持统纪》元年八月条：“甲申，新罗遣王子金霜林、级飡金萨慕及级飡金仁述、大舍苏阳信等，奏请国政，且献调赋。学问僧智隆，附而至焉。”（第三册，p. 482）又三年四月条：“乙未，皇太子草壁皇子尊薨。壬寅，新罗遣级飡金道那等奉吊瀛真人天皇丧，并上送学问僧明聪、观智等。别献金铜阿弥陀像、金铜观世音菩萨像、大势至菩萨像各一躯、采帛锦绫。”（第三册，p. 492）又三年六月条：“辛丑，诏筑紫大宰粟田真人朝臣等，赐学问僧明聪、观智等为送新罗师友，棉各一百四十斤。”（第三册，p. 496）又四年九月条：“丁酉，大唐学问僧智宗、义德、净愿、军丁筑紫国上阳咩郡大伴部博麻，从新罗送使大奈末金高训等，还至筑紫。”（第三册，

p. 508）又四年十月条："癸丑，大唐学问僧智宗等至于京师。"（第三册，p. 508）又七年三月条："乙巳，赐拟遣新罗使直广肆息长真人老、勤大贰大伴宿祢子君等及学问僧辩通、神睿等，绝棉布各有差。"（第三册，p. 536）《唐大和上东征传》："道俗二百余人，唯有大和上、学问僧普照、天台僧思托始终六度，经［逾］十二年，遂果本愿，来传圣戒。"（p. 93）《续日本纪》卷3《文武纪》庆云四年五月条："乙丑，从五位下美努连净麻吕及学问僧义法、义基、惣集、慈定、净达等，至自新罗。"（第一册，p. 114）又卷8《元正纪》养老四年十二月条："从是始乎，宜依汉沙门道荣、学问僧胜晓等转经唱礼。余音并停之。"（第二册，p. 80）又卷12《圣武纪》天平八年二月条："二月丁巳，入唐学问僧玄昉法师，施封一百户、田一十町，扶翼童子八人。"（第二册，p. 298）又卷24《淳仁纪》天平宝字七年十月条："我学生高内弓，其妻高氏，及男广成，绿儿一人，乳母一人，并入唐学问僧戒融，优婆塞一人，转自渤海相随归朝。"（第三册，p. 440）又卷27《称德纪》天平神护二年二月条："甲午，授正六位上白猪与吕志女从五位下。入唐学问僧普照之母也。"（第四册，p. 110）（1）新罗慧超、唐圆照等撰《游方记抄》卷1《南天竺婆罗门僧正碑》："于时圣朝通好，发使唐国。使人丹治比真人广成、学问僧理镜，仰其芳誉，要请东归。僧正感其恳志，无所辞请。"（2）《旧唐书》卷198上《日本国传》："贞元二十年，遣使来朝，留学生橘逸势、学问僧空海。元和元年，日本国使判官高阶真人上言：'前件学生，艺业稍成，愿归本国，便请与臣同归。'从之。"

【学問者僧/ものならひひとのほうし】 自创　义同"学问僧"。《日本书纪》卷22《推古纪》三十一年七月条："是时，大唐学问者僧惠斋、惠光及医惠日、福因等并从智洗尔等来之。"（第二册，p. 578）

【血爛/ちあえただる】 主谓　脓血烂坏。《古事记》上卷《天照大御神与须佐之男命》："彼目如赤加贺智，而身一有八头八尾，亦其身生萝及桧榅，其长度溪八谷峡八尾。而见其腹者，悉常血烂也。"（p. 68）北魏瞿昙般若流支译《正法念处经》卷45《观天品》："又复观察，此身二髀，于胫为粗，多有筋肉，迭相缠缚，以肉涂上，以肉傅上，血烂为汁，汁脂内满，唯见外皮。"又卷66《身念处品》："若不调顺，牙齿疼痛，毁坏堕落，龈中血烂，唇口生疮，上腭生疮，鼻塞不通。"按：《汉语大词典》失收。

【血流溢/ちながれてはふる】 三字　血水流淌。《日本书纪》卷9《神功纪》摄政元年三月条："军众走之，及于狭狭浪栗林而多斩。于是血流溢栗林，故恶是事，至于今其栗林之菓不进御所也。"（第一册，p. 444）《说文·水部》："溢，器满也。"（1）后汉昙果、康孟详合译《中本起经》卷1《现变品》："宝称中夜欻觉，见诸妓女，皆如死状，脓血流溢，肢节断坏。屋室众具，皆似冢墓，惊走趣户，户辄自开，天地大冥。"姚秦竺佛念译《出曜经》卷19《华品》："尔时彼人在大众中，心念宿旧，五欲自娱，忆女颜貌，如现目前。阴便动起，心怀惭愧，即诣静处，以刀断之，**血流溢**出，迷闷不自觉知。”梁宝唱等集《经律异相》卷16：“见一饿鬼，形状丑陋，见者毛竖，莫不畏惧，身出炽炎，如大火聚，口出蛆虫，脓**血流溢**，臭气远彻，不可亲近。”（2）《水经注》卷22：“东郡太守翟义兴兵讨莽，莽遣奋威将军孙建，击之于圉北，义师大败，尸积万数，**血流溢**道，号其处为万人散，百姓哀而祠之。”

【血流之処/ちのながれしところ】 四字 血水流过的地方。《日本书纪》卷7《景行纪》十二年十月条：“故时人其作海石榴椎之处曰海石榴市，亦**血流之处**曰血田也。”（第一册，p. 352）姚秦鸠摩罗什译《大庄严论经》卷12：“尔时比丘娑罗那，以己身破，**血流之处**，指示尊者，即说偈言：‘如我无救护，单孑乞自活，自省无过患，轻欺故被打。巴树提自恣，豪贵土地主，起暴纵逸心，恶鞭如注火，用烧毁我身。我既无过恶，横来见打扑，伤害乃致是。’”

【血肉身/ちししのみ】 三字（2例） 血肉之躯，肉身。《日本灵异记》中卷《弥勒菩萨铜像盗人所捕示灵表显盗人缘第23》：“夫理法身佛，非**血肉身**。何有所痛？唯所以示常住不变也。是亦奇异之事也。”（p. 208）又下卷《忆持〈法华经〉者舌著曝髑髅中不朽缘第1》：“赞曰：‘贵哉！禅师。受**血肉身**，常诵《法华》，得大乘验。投身曝骨，而髑髅中，著舌不烂。是明圣也，不凡矣。’”（p. 264）梁僧伽婆罗译《文殊师利问经》卷1《不可思议品》：“如来法身，非是秽身，非**血肉身**，是金刚身，是不破身，不可破身，无譬喻身，而能示现，一切诸色。”唐义净译《金光明最胜王经》卷1《如来寿量品》：“佛非**血肉身**，云何有舍利？方便留身骨，为益诸众生。法身是正觉，法界即如来；此是佛真身，亦说如是法。”→【理法身】

【血著/ちつく】 主谓 血粘在某处。《古事记》上卷《忍穗耳命与迩迩艺命》：“故高木神，取其矢见者，**血著**其矢羽。”（p. 102）（1）后汉安世高译《地道经》卷1：“止处臭恶，露一切骨节，卷缩在革囊，在腹内**血著**身，在外处大便肥长。”姚秦鸠摩罗什译《大智度论》卷13《序品》：“天王言：‘仙人供养法，以烧香、甘果诸清净事。汝云何以肉，**血著**火中，如罪恶法？’”梁僧佑撰《释迦谱》卷1：“大瞿昙悲哀涕泣，下棺殓之，取土中余血，以泥团之，持著山中，还其精舍。左**血著**左器中，其右亦然。”（2）《晋书》卷69《刘隗传》：“谨按行督运令史淳于伯刑**血著**柱，遂逆上终极柱末二丈三尺，旋复下流四尺五寸。”（p. 1836）按：《汉语大词典》失收。

【熏满/かをりみつ】 后补 雾气、香气飘溢。《日本书纪》卷1《神代纪上》：“然后伊奘诺尊曰：‘我所生之国，唯有朝雾，而**熏满**之哉。’乃吹拨之气化为神，号曰级长户边命，亦曰级长津彦命，是风神也。”（第一册，p. 42）唐玄奘译《阿毘达磨大毘婆沙论》卷133：“舒叶开花，妙香芬馥，顺风**熏满**，百踰缮那。若逆风时，犹遍五十。”又《阿毘达磨顺正理论》卷31：“挺叶开花，妙香芬馥，顺风**熏满**，百踰缮那。若逆风时，犹遍五十。”按：《汉语大词典》失收。“熏”，用作“薰”。“薰”，香，发出香气。《文选》江淹《别赋》:“闺中风暖，陌上草薰。”李善注:“薰，香气也。”

【薰習/くんしゅうす】 并列 熏陶染习。于佛法上，指前七识的现行对第八识的一种刺激作用。这种薰习的作用，使第八识里的种子得以产生和增长。《藤氏家传》下卷《武智麻吕传》:“每年夏三月，请十大德，听说法华，**薰习**心府。”（p. 296）《说文》卷1《艸部》:“［**薰**］香艸也。从艸熏声。”元魏菩提留支译《入楞伽经》卷2《集一切佛法品》:“尔时，佛告圣者大慧菩萨摩诃萨言:‘大慧，有四因缘眼识生。何等为四？一者不觉自内身取境界故；二者无始世来虚妄分别色境界**薰习**执著戏论故；三者识自性体如是故；四者乐见种种色相故。’”隋阇那崛多译《佛本行集经》卷37《富楼那出家品》:“往昔已曾，见诸佛来，彼诸佛边，种诸善根，作多福业，**薰习**其心，志涅槃门，不乐烦恼。”隋智顗说《摩诃止观》卷8:“习者，无量劫来烦恼重积，种子成就**薰习**相续。”按：从佛法上来看，“熏习”，指人身口所作的善恶业，或者意所作的善恶思想，其气氛都留在真如或阿赖耶识里，叫作种子或习气，这种种子或习气在真如或阿赖耶识中存留其作用，即叫作熏习。

【薰修/くんじゅう】 并列 “薰”是“薰习”，“修”是“修行”，即以德熏身而修行的意思。《奈良朝写经31·别译杂阿含经卷第10》:“次愿七世父母、六亲眷属，契会真如，驰紫舆于极乐；**薰修**慧日，沐甘露于德池。”（p. 232）姚秦鸠摩罗什译《大智度论》卷59《校量舍利品》:“世尊，我于佛舍利，非不恭敬，非不尊重；以舍利从般若波罗蜜中生，般若波罗蜜**薰修**故，是舍利得，供养恭敬，尊重赞叹。”北凉昙无谶译《大般涅槃经》卷1《寿命品》:“尔时复有，七恒河沙，诸王夫人。唯除阿阇世王夫人。为度众生，现受女身，常观身行。以空无相，无愿之法，**薰修**其心。”新罗元晓撰《游心安乐道》卷1:“若一日一夜，持具足戒，威仪无缺。以此功德，回向愿求，生极乐国，戒香**薰修**。如此行者，临命终时，见阿弥陀佛，与诸眷属，放金色光，持七宝莲华，至行者前。”

【尋光至~/ひかりをたづねて~にいたる】 三字 循着亮光来到某处。《日本灵异记》中卷《埴神王腨放光示奇表得现报缘第21》:“时从腨放光，至于皇殿。天皇惊怪，遣使看之。敕信**寻光至**寺，见有一优婆塞，引于系彼神腨之绳，礼佛悔过。”（p. 203）失译人名今附后汉录《分别功德论》卷4:“二神迎接，问二神曰:‘今者委厄，谁能为救?’二神答曰:‘唯有世尊，善能救厄。’曰:‘今为所在?’答曰:‘近在祇洹。可从启请。’**寻光至**，佛头面礼足。”梁法云撰《法华经义记》卷7《化城喻品》:“……第四明诸梵等**寻光至**佛所；第五明诸梵既至佛所，故三业致敬；第六正明请佛转法轮；第七明大通智胜佛默然为许之。东南方诸梵七义亦尔。”隋智顗撰《四教义》卷7:“菩萨释迦菩萨**寻光至**弗沙佛所，于七日七夜一心观佛，目不暂眴。”

【尋跡/あとをとむ】 述宾 寻找踪迹，寻访。《日本书纪》卷6《垂仁纪》二年是岁条:“（一云）初都怒我阿罗斯等有国之时，黄牛负田器，将往田舍。黄牛忽失。

则**寻迹**觅之，迹留一郡家中。”（第一册，p. 302）（1）失译人名今附后汉录《杂譬喻经》卷1：“汝还去，诸象见汝即当害卿，教却行去，群象必当，**寻迹**追汝。”晋世法炬、法立合译《法句譬喻经》卷1《多闻品》：“夫即执弓带刀，**寻迹**往逐，张弓拔刀，奔走直前，欲斫道人。”唐义净译《根本说一切有部毘奈耶》卷31：“时彼溺人，吐水既尽，即便起立，四观方城。见有人踪，**寻迹**而行。至独觉处，致礼敬已，求依止住。”（2）《搜神记》卷16：“明日，使人**寻迹**之。至一大冢，木中有好妇人，形体如生人。”《搜神后记》卷2：“道人**寻迹**咒誓，呼诸鬼王。须臾，即驴、物如故。”（p. 448）按：《汉语大词典》首引宋吴淑《江淮异人录·建康异人》：“巡使以白上，上令**寻迹**其出处，而问其所欲。”偏晚。

【尋路而往/みちのまにまにいづ】 先例　沿着路往前走。《日本书纪》卷2《神代纪下》：“忽有可怜御路。故**寻路而往**，自至海神之宫。”（第一册，p. 174）宋子璇录《金刚经纂要刊定记》卷2：“时须达多，一心念佛。忽然天明，其光炽盛，犹如白日。即寻光处，至城门下。佛神力故，门自开辟，**寻路而往**。”

【尋往/とめゆく】 并列　找去，边找边往前走。《肥前国风土记·松浦郡》条：“妇抱其怪，不得忍默，盗用续麻，系其人襴，随麻**寻往**，到此峰头之沼边。”（p. 330）吴支谦译《撰集百缘经》卷5《饿鬼品》：“尔时目连，**寻往**佛所，欲问如来，所造业行，受如是苦。”姚秦竺佛念译《出曜经》卷26：“王见此人，学道志苦，**寻往**佛所，白世尊言：‘向行游观，见二梵志，苦形学道，至为难及，亦无俦匹。’”北凉昙无谶译《悲华经》卷9《檀波罗蜜品》：“善男子，我于尔时，以净天耳，闻其音声，**寻往**其所，以柔软音，而慰抚之：莫生怖畏，当示汝道，令汝安隐，还阎浮提。”

【尋追求/とめておひまぐ】 连言　寻求，追寻。《日本书纪》卷6《垂仁纪》二年是岁条：“（一云）于是阿罗斯等大欢之欲合。然阿罗斯等去他处之间，童女忽失也。阿罗斯等大惊之，问己妇曰：‘童女何处去矣？’对曰：‘向东方。’则**寻追求**，遂远浮海以入日本国。”（第一册，p. 304）秦竺佛念译《菩萨璎珞经》卷12《清净品》：“诸法不可觉知，亦无有人，能寻迹者，是谓为净。见有形迹，可**寻追求**者，是谓不净。”按：“**寻追求**”三字，“寻”“追”“求”各字均包含寻求、追求、求索的意味，故称为“三字连言”。

Y

【**押入**/おしいる】后补（2例） 推人，推进。《日本灵异记》中卷《常鸟卵煮食以现得恶死报缘第10》："见士兵腰，负四尺札，即副共往，才至郡内于山直里，**押入**麦畠。"又："良久苏起，然病叫言：'痛足矣。'云云。山人问言：'何故然也。'答曰：'有一士兵，召我将来，**押入**烛火，烧足如煮。'"（p. 175）宋延寿述《三时系念仪范》卷1："平生作善者，送归天道，僊道人道；在日造恶者，**押入**汤涂，火涂刀涂。"宋慧洪撰《禅林僧宝传》卷17："大观元年冬，移住天宁，差中使**押入**，不许辞免。"按：《汉语大词典》失收。

【**牙歯疏缺**/きはおろそかにかく】四字 牙齿稀松缺少。

【**崖傍**/きしのほとり】后缀 悬崖边。《日本书纪》卷7《景行纪》十八年四月条："适是时，岛中无水，不知所为。则仰之祈于天神地祇，忽寒泉从**崖傍**涌出，乃酌以献焉。故号其岛曰水岛也，其泉犹今在水岛崖也。"（第一册，p. 358）（1）失译人名今附秦录《辟支佛因缘论》卷2："极作劬劳业，返获其苦殃。如彼高山巅，**崖傍**有蜜蜂。愚人贪少味，不觉堕坠苦。如是自思惟，即得辟支佛。"唐道宣撰《续高僧传》卷29："初积受请之夕，寝梦**崖傍**见二师子，于大像侧，连吐明珠，相续不绝。既觉惟曰：'狩王自在，则表法流无滞。宝珠自涌，又喻财施不穷。冥运潜开，功成斯在。'即命工匠，图梦所见，于弥勒大像前。今犹存焉。"（2）《水经注》卷2："故《秦州记》曰：'河峡**崖傍**有二窟，一曰唐述窟，高四十丈。'"按：《汉语大词典》失收。

【**睚眦嗥吠**/いのごひにらみはにかみほゆ】四字 原文"眥"，为"眦"的异构字。"睚眦"，瞋目怒视；瞪眼看人。"嗥吠"，狗大叫。《日本灵异记》上卷《狐为妻令生子缘第2》："彼犬之子每向家室，而期克**睚眦嗥吠**。"（p. 60）（1）唐慧琳撰《一切经音义》卷34："**睚眦**：五卖反，下助卖反。《广雅》：**睚**，裂也。《说文》：以为**眦**，目匡也。《淮南子》云：瞋目裂眦即其义也。"又卷55："**睚眦**：《说文》曰：'崖也，谓裂眦瞋目之貌也。'《汉书》：'素无**眦睚**。'《史记》：'**睚眦**之怨，必报是也。'"后晋可洪撰《新集藏经音义随函录》卷8："啀喍：上五街反，下助街反。大怒也。经音义作睚眦，非。"唐神清撰、慧宝注《北山录》卷10："郁干眦睚（**眦睚**，怒也）致使愚则輾而抃。”隋阇那崛多等译《起世经》卷3《地狱品》：“复次，诸比丘。又此灰河两岸之上，所有诸狗其身烟黑，垢污可畏，**睚眦嗥吠**，出大恶声，瞰彼地狱众生身分，举体支节，所有肌肉，段段啮食，不令遗余。”（2）唐湛然述《法华文句记》卷6《释譬喻品》：“**嚾喋**者，喋字亦作齜，聚唇露齿也。**嗥吠**者，出声大吼也。”后晋可洪撰《新集藏经音义随函录》卷8：“**啀喋**：上五街反，下助街反。大怒也。经音义作睚眦，非。”失译人名今附后汉录《受十善戒经》卷1《十施报品》：“偷盗果报，有十种恶：一者、盗报必定，当堕肉山地狱，肉山罪人，项如大山。有百千头，于一一头，颊生肉埠，百千铁狗，从铁山出，**嚾喋嗥吠**，争取食之。”姚秦鸠摩罗什译《妙法莲华经》卷2《譬喻品》：“斗诤揸掣，**嚾喋嗥吠**，其舍恐怖，变状如是。”（3）隋吉藏撰《法华统略》卷2：“绮语两舌，如**啀齜**。恶口妄语，如**嗥吠**。”按：《日本灵异记》中卷《依汉神祟杀牛而祭又修放生善以现得善恶报缘第5》：“唯历九日，还苏而语：‘有七人非人，牛头人身。我发系绳，捉之卫往。见之前路，有楼阁宫。问：是何宫？非人恶眼**睚眦**而逼之言：急往。’”（p. 159）

【唖不能語/おふしにしてものいふことあたはず】 说词 哑巴不会说话。《日本书纪》卷27《天智纪》七年二月条：“其一曰大田皇女。其二曰鸬野皇女，及有天下居于飞鸟净御原宫，后移宫于藤原。其三曰建皇子。**哑不能语**。”（第三册，p. 274）（1）后汉安世高译《太子慕魄经》卷1：“慕魄独于车上，深自思惟，心与口语：今王以下及人民，皆共谓我，为审聋痴，**哑不能语**也。吾所以不语者，正欲舍世缘安身避恼济神离苦耳。”（2）《太平御览》卷740所载《续搜神记》曰：“沛国一士人，姓周，生三儿，向应可语便哑，皆七八岁。有一人经门过来，乞问主人此是何声，云：‘是仆儿，频生三子，皆**哑不能语**。’”

【延福寿/ながきふくじゅ】 三字 增加福气和延长寿命。《奈良朝写经3·舍利弗阿毗昙卷第12》：“奉为圣朝恒**延福寿**，敬写一切经论及律，庄严既了。”（p. 15）唐窥基撰《成唯识论掌中枢要》卷2：“二依胜闻。思生得善心，转**延福寿**杂资所起唯在欲界。”宋祖照集《楞严解冤释结道场仪》卷5：“南方世界增长天王，受佛嘱授，永镇南方，统领眷属，保佑檀那。与我檀那，增**延福寿**。”宋王日休撰《龙舒增广净土文》卷8：“由此推之。足以见念阿弥陀佛。诚可荐拔亡者。可增**延福寿**。不特身后生西方而已。”

【延興寺/えんごうじ】 寺名 未详。俟考。《日本灵异记》上卷《僧用涌汤之分薪而与他作牛役之示奇表缘第20》：“释惠胜者，**延兴寺**之沙门也。法师平生时，涌汤分薪诎一束，与他而死。”（p. 104）

【厳備法会/ほうえをかざりまく】 自创 庄严地布置供佛、施僧、说法等宗教集会。《日本灵异记》中卷《行基大德放天眼视女人头涂猪油而呵啧缘第29》：“故京元兴寺之村，**严备法会**，奉请行基大德，七日说法。”（p. 224）宋杨亿等编《大中祥符法

宝录》卷7：“又敕目连，令化父王，灭我见想。帝释严设法会，四王守门。尔时世尊，演说正法，化其父王，得证初果。”→【備大法会】

【厳餝/かざる】 偏正 （3例） 庄严修饰，装饰美盛。佛教指用善美之物盛饰国土、佛像等。《古事记》中卷《应神记》：“于是父答曰：‘是者天皇坐那理。恐之，我子仕奉。’云而，**严饬**其家，候待者，明日入坐。”（p. 260）又：“于是，其兄王隐伏兵士，衣中服铠，到于河边，将乘船时，望其**严饬**之处，都不知执楫而立船。”（p. 270）《常陆国风土记·行方郡》条：“**严饬**海渚，连舟编筏，飞云盖，张虹旌。”（p. 382）后晋可洪撰《新集藏经音义随函录》卷15：“**严饬**：同上，正作饰，又音敕，慎。”隋吉藏撰《维摩经义疏》卷5：“此室一切诸天**严饬**宫殿诸佛净土皆于中现。是为八未曾有难得之法。”按：《汉语大词典》首引前蜀杜光庭《杨神湍谢土地醮词》：“我蜀王迥开神鉴，瞩此玄关，遽命澄清，俾其**严饬**。”略晚。汉文佛经中另有“严饰”一词，与“严饬”构成类义词。“饰”与“饬”在日语中为同训异字，读作“カザル”。两相比较，“严饰”的使用范围更广，除盛饰寺院等场所之外，还表示服饰上的盛装。此外，《古事记》中卷《应神记》：“更为其兄王渡河之时，**具饬**。”（p. 270）例中“具饬”，谓备办，做充分的准备。《礼记·月令》：“乃命司服，**具饬**衣裳，文绣有恒，制有小大，度有长短。衣服有量，必循其故，冠带有常。”（p. 1373）“严饬”与“具饬”在语体上的差异，即前者出自汉文佛经，后者源自上古经文。该组同义词是体现《古事记》文字表达多样性的一个范例。“严饬”“严饰”的类义词还有“庄饰”“庄严”，同训作“カザル”。例如，《日本书纪》卷9《神功纪》摄政六十二年条：“新罗人**庄饰**美女二人迎诱于津。沙至比跪受其美女，反伐加罗国。”（第一册，p. 462）又《雄略纪》二年七月条：“（《百济新撰》）百济**庄严**慕尼夫人女，曰适稽女郎，贡献于天皇。”（第二册，p. 152）这两例中的“庄严”，谓装饰端正，中土文献和佛典都在使用。前者例如汉荀悦《汉纪·武帝纪5》：“王太后皆**庄严**，将入朝。”后者例如吴支谦译《赖吒和罗经》卷1：“母即到诸美人妓女所教令悉沐浴。**庄严**著珠环饰服。”→【厳飾】【装飾】

【厳麗/いつくしくうるはし】 偏正 庄严华丽。《藤氏家传》下卷《武智麻吕传》：“公将工匠等，案行宫内，仍旧改作。由是宫室**严丽**，人知帝尊。”（p. 359）唐慧琳撰《一切经音义》卷21：“**严丽**：王逸注《楚辞》曰：严，庄也。《小雅》曰：丽，著也。”（1）后汉昙果、康孟详合译《中本起经》卷1《还至父国品》：“佛告比丘：‘见彼车马，五色**严丽**，正似天帝，出游观时。’”梁僧佑撰《释迦谱》卷1：“今于竹园，起诸堂舍，种种庄饰，极令**严丽**。”北凉昙无谶译《大般涅槃经》卷24《光明遍照高贵德王菩萨品》：“其土所有**严丽**之，事皆悉平等，无有差别。犹如西方，安乐世界，亦如东方，满月世界。”（2）《宋书》卷99《二凶传》：“年六岁，拜为皇太子，中庶子二率入直永福省。更筑宫，制度**严丽**。”按：《汉语大词典》首引《后汉书》卷82下《费长房传》：“长房旦日复诣翁，翁乃与俱入壶中。唯见玉堂**严丽**，旨酒甘肴，盈衍其中，共饮毕而出。”略晚。

【厳飾/げんしょく】 偏正 装饰美盛；盛饰。《续日本纪》卷14《圣武纪》天平十三年三月条：“其造塔之寺，兼为国华，必择好处，实可长久。近人则不欲薰臭所及，远人则不欲劳众归集。国司等各宜务存**严饰**，兼尽洁清。”（第二册，p. 388）失译人名今附后汉录《大方便佛报恩经》卷5《慈品》：“我等先世福，光明甚**严饰**，众妙供养具，利益于一切。”吴康僧会译《六度集经》卷1：“即复前行，睹黄金城，**严饰**踰银。又有毒蛇，围城十四匝，巨躯倍前，举首数丈。”姚秦鸠摩罗什译《妙法莲华经·序品》：“文殊师利，诸佛子等，为供舍利，**严饰**塔庙，国界自然，殊特妙好，如天树王，其华开敷。”按：《汉语大词典》首引晋法显撰《佛国记》：“其城门上张大帏幕，事事**严饰**，王及妇人采女皆住其中。”略晚。→【厳飭】【装飾】

【厳塔/とうをかざる】 述宾 庄严塔庙。《日本灵异记》上卷《赎龟命放生得现报龟所助缘第7》：“造佛**严塔**，供养已了。后住海边，化往来人，春秋八十有余而卒。”（p. 80）唐慧苑述《续华严经略疏刊定记》卷4《贤首品第12》：“辨令得宝藏供佛等用：一无尽宝藏；二香严益物；三宝幢等多种名杂；四令地平**严塔**等；五兴香云雨香水洒塔等；六施严身具；七施珍馔；八无尽财施三宝及贫乏。”

【厳堂/げんどう】 自创 （5例） 庄严的佛堂。《出云国风土记·意宇郡》条：“山代乡中，郡家西北四里二百步。建立**严堂**也。”（p. 148）又《楯缝郡》条：“新造院一所。在沼田乡中。建立**严堂**也。”（p. 200）又《出云郡》条：“新造院一所。有河内乡中。建立**严堂**中。”（p. 214）又《神门郡》条：“建立**严堂**也。神门臣等之所造也。”（p. 232）又：“新造院一所。有古志乡中。郡家东南一里。刑部臣等之所造也。建立**严堂**。”（p. 232）姚秦佛陀耶舍、竺佛念等合译《四分律》卷42：“时婆罗门，自庄**严堂**舍敷床座，佛及比丘僧当在此座。”刘宋求那跋陀罗译《杂阿含经》卷22：“夜见长者告其妻子、仆使、作人言：‘汝等皆起，破樵然火，炊饭作饼，调和众味，庄**严堂**舍。’”元魏瞿昙般若流支译《正法念处经》卷40《观天品》：“复向彼山，名游戏林，普毘琉璃，以为栒栏，庄**严堂**舍。”按：《汉语大词典》失收。

【厳整/げんせい】 偏正 指（队伍）严明整齐。《唐大和上东征传》：“从此以来，日本律仪，渐渐**严整**；师（师）相传，遍于环宇。”（p. 96）唐慧琳撰《一切经音义》卷12：“**严整**：征领反。《考声》云：**整**，齐也，正也，理也，从敕。敕，古敕字也，正声也。”（1）后汉竺大力、康孟详合译《修行本起经》卷1《现变品》：“顾视之间，兵即已办，行阵**严整**，是故名为，典兵臣也。”又《中本起经》卷2《大迦叶始来品》：“尔时，世尊在舍卫国祇树给孤独园为众说法，天龙鬼神、四辈弟子，**严整**具足。”吴支谦译《佛说阿弥陀三耶三佛萨楼佛檀过度人道经》卷2：“虽求道，外若迟缓，内独急疾，容容虚空，适得其中。中表相应，自然**严整**。”（2）《魏志》卷9《曹仁传》：“仁少时不修行检，及长为将，**严整**奉法令，常置科于左右，案以从事。”按：

《汉语大词典》首引晋袁宏《后汉纪·光武帝纪》："（冯异）与诸将相逢，引车避之，士卒不得争功，进止皆有旗帜，号为**严整**。"略晚。

【言畢/いひをはる】 完成 （3 例） 说完，讲完。《日本书纪》卷 24《皇极纪》四年六月条："于是高向臣国押谓汉直等曰：'吾等由君大郎应当被戮。大臣亦于今日明日立俟其诛决矣。然则为谁空战、尽被刑乎？'**言毕**竟解剑投弓，舍此而去。贼徒亦随散走。"（第三册，p. 102）又卷 25《孝德纪》大化五年三月条："'今我见谗身刺而恐横诛，聊望黄泉尚怀忠退。所以来寺，使易终时。'**言毕**，开佛殿之户，仰而发誓曰：'愿我生生世世不怨君王。'誓讫，自经而死。妻子殉死者八。"（第三册，p. 174）《藤氏家传》上卷《镰足传》："贼党高向国押谓汉直等曰：'吾君大郎，已被诛戮。大臣徒然待其诛决耳。为谁空战，尽被刑乎？'**言毕**奔走，贼徒亦散。"（p. 179）《续日本纪》卷 20《孝谦纪》天平宝字元年七月条："古麻吕曰：'右大臣、大纳言，是两个人乘势握权。汝虽立君，人岂合从？愿勿言之。'"（第三册，p. 210）又："全成曰：'此事无道。实虽事成，岂得明名？'**言毕**归去。"（第三册，p. 210）（1）吴康僧会译《六度集经》卷 1："即答亲曰：'吾为上圣之所化，怀普明之自然，非彼众妖，慎无疑矣。'**言毕**即默。"梁慧皎撰《高僧传》卷 5："弟子智生侍疾，问何不愿生安养。诫曰：'吾与和上等八人同愿生兜率，和上及道愿等皆已往生。吾未得去，是故有愿耳。'**言毕**即有光照于身，容貌更悦。遂奄尔迁化。"唐义净译《根本说一切有部毘奈耶》卷 5："世罗报曰：'善哉！童子，愿汝无病。'**言毕**而去。"（2）《艺文类聚》卷 20 引《东观汉记》曰："赵咨至孝，躬率子孙，耕农为养，盗尝夜往劫之，咨恐母惊惧，乃先至门迎盗，因请为设食，谢曰：'老母八十，疾病须养，居贫，乞置衣粮，妻子余物无所惜。'诸盗皆惭叹，跪曰：'所犯无状，干暴贤者。'**言毕**奔走。'"《后汉书》卷 68《黄允传》："于是大集宾客三百余人，妇中坐，攘袂数允隐匿秽恶十五事，**言毕**，登车而去。允以此废于时。"《搜神记》卷 11："雍胸中语曰：'战不利，为贼所伤。诸君视有头佳乎无头佳乎？'吏涕泣曰：'有头佳。'雍曰：'不然，无头亦佳。'**言毕**遂死。"按：《汉语大词典》失收。→【言竟】【言了】

【言畢而死/いひをはりてみうす】 完成 话一说完便断了气。《日本书纪》卷 20《敏达纪》十二年是岁条："日罗更苏生曰：'此是我驱使奴等所为，非新罗也。'**言毕而死**。"（第二册，p. 484）唐玄奘译《大唐西域记》卷 2："如意虽欲释难，无听览者，耻见众辱，龉断其舌。乃书诫告，门人世亲曰：'党援之众，无竞大义。群迷之中，无辩正论。'**言毕而死**。"

【言："～"告。/まをしく～つげたまひき】 自创 说道："……"。《元兴寺伽蓝缘起并流记资财账》："时二柱皇子等**言**：'此殿者不佛神宫，借坐在耳。此大大王之后宫。'**告**。不令烧切也。"

【言竟之後/いひをはりしのちに】 自创 说完之后。《古事记》上卷《初发诸

神》："各**言竟之后**，告其妹曰：'女人先言，不良。'虽然久美度迩兴而生子，水蛭子，此子者入苇船而流去。"（p. 32）

【言了/いひをはる】 完成　说完。《常陆国风土记·行方郡》条："于是，麿举声大言：'令修此池，要盟活民。何神谁祇，不从风化？'即令役民云：'目见杂物，鱼虫之类，无所惮惧，随尽打杀。'**言了**应时，神蛇避隐。"（p. 378）《敦煌变文·维摩诘经讲经文》："见宝积逐乐追欢，方便发言呵责，令厌奢华，交（教）归三宝。居士向宅中作念，**言了**便行。"（p. 810）又："维摩**言了**出宫庭，梨（藜）杖将来拍手擎。"（p. 811）又《维摩诘经讲经文（四）》："领吾**言了**便须行，更莫推辞问疾去。"（p. 862）按：《汉语大词典》失收。此处三例"言了"均表示说完话以后紧接着进入下一个动作的意思，与《行方郡》条的用法相同。

【言訖、忽然不見/まをすことをはりて、たちまちにみえず】 典据　说完人突然不见了。《日本书纪》卷1《神代纪上》："伊奘诺尊欲见其妹，乃到殡敛之处。是时，伊弉冉尊犹如生平，出迎共语。已而谓伊奘诺尊曰：'吾夫君尊，请勿视吾矣。'**言讫，忽然不见**。"（第一册，p. 54）梁慧皎撰《高僧传》卷10："行数里便别去，谓僧归曰：'我有姊，在江陵作尼名惠绪，住三层寺。君可为我相闻，道寻欲往。'**言讫，忽然不见**。"唐法崇述《佛顶尊胜陀罗尼经教迹义记》卷1："老人曰：'大德可却还西国取此经来，广利群品开天堂门济地狱苦，后会相见必示文殊，纵今得见未必能识。'**言讫，忽然不见**。"

【～言窮～慮絶/～ことときはまる～はかりたゆ】 对偶　"言穷"，无言以对。"虑绝"，无法思考。《万叶集》卷5《沉痾自哀文》云："欲言**言穷**，何以言之，欲虑**虑绝**，何由虑之。"（第二册，p. 77）隋吉藏撰《法华玄论》卷10："妙法者，是即法身，未曾常与无常，**言穷虑绝**，且为众生故，长短适缘，虽示长短，而不动法身，虽不动法身而长短化物。是以经云：'善哉！世尊，不动真际为诸法立处。'"又《法华游意》卷1："然则**言穷虑绝**，何实何权？本性寂然，孰开孰覆。故理超言外强称为妙，为物作轨则目之为法，道玄像表假喻莲花。所言经者，妙显无言寂灭，古今莫改。"

【言："～"如此言竟～/いはく～といひき。かくいひをはりて～】 自创　说："……"说完之后……《古事记》上卷《伊耶那岐命与伊耶那美命》："于是伊耶那歧命先**言**：'阿那迩夜志爱袁登卖袁。'后妹伊耶那美命言：'阿那迩夜志爱袁登古袁。'**如此言竟**而御合生子，淡道之穗之狭别岛。"（p. 34）吴康僧会译《六度集经》卷7："常悲菩萨仰曰：'敬诺，终始戢之。'天人重**曰**：'精进存之。'**言竟**，忽然不现。"失译人名今附东晋录《菩萨本行经》卷1："时辟支佛，即答王**言**：'当如所愿。'**言竟**，即便飞去。"梁宝唱等集《经律异相》卷34："天帝释**言**：'诸女修斋戒，吾亦奉于佛，当为法兄弟。快乎妙愿。'**言竟**不现。"

【言：“～”如此言者～/いはく～といひき。かくいひしかば～】 说词 说：“……”，这样一说就……。《古事记》上卷《大国主神》：“故欺海和迩**言**：‘吾与汝竞，欲计族之多小。故汝者，随其族在悉率来，自此岛至于气多前，皆列伏度。尔吾蹈其上，走乍读度。于是知与吾族孰多。’**如此言者**，见欺而列伏之时，吾蹈其上读度来。”（p.76）（1）后秦佛陀耶舍、竺佛念等合译《长阿含经》卷17：“或有**言**：‘无有是处，有大鬼神，彼持想来，彼持想去，持来则想生，持去则想灭。’**如此言者**，皆有过咎。所以者何？梵志，有因缘而想生，有因缘而想灭。”（2）唐道世撰《法苑珠林》卷90：“长者**白**佛：‘我从今日，改往修来，奉受三归及五戒法，持月六斋奉三长斋，烧香散华悬杂幡盖供事三宝。从今已去，不敢复犯，破归戒法。’佛**言**：‘**如此言者**，是为大善。汝今受是，三归五戒，莫复如前，受戒法也。’”按：佛典二例中，前一例引言“言”前的动作主体与“如此言者”的相同，后一例前后动作主体不同。“大国主神”传说的句式与前一例更为接近。

【言如此者/かくのりたまはば～】 自创 如此说来，如果这么说的话。《日本书纪》卷1《神代纪上》：“时伊奘冉尊曰：‘爱也，吾夫君。**言如此者**，吾当缢杀汝所治国民，日将千头。’伊奘诺尊乃报之曰：‘爱也吾妹。**言如此者**，吾则当产日将千五百头。’”（第一册，p.46）后秦佛陀耶舍、竺佛念等合译《长阿含经》卷17：“或有言：‘无有是处，有大鬼神，彼持想来，彼持想去。持来则想生，持去则想灭。’**如此言者**，皆有过咎。所以者何？梵志，有因缘而想生，有因缘而想灭。”唐道世撰《法苑珠林》卷90：“长者白佛：‘我从今日，改往修来，奉三归及五戒法，持自六斋奉三长斋，烧香散华悬幡盖供事三宝。从今以去，不敢复犯，破归戒法。’佛言：‘**如此言者**，是为大善。汝今受是，三归五戒，莫复如前，受戒法也。’”

【言未訖之間/こといまだをはらざるあひだに】 自创 话没说完。《日本书纪》卷9《神功纪》摄政前纪条：“新罗王于是战战栗栗厝身无所，则集诸人曰：‘新罗之建国以来，未尝闻海水凌国。若天运尽之，国为海乎。’是**言未讫之间**，船师满海，旌旗耀日，鼓吹起声，山川悉振。”（第一册，p.426）（1）姚秦鸠摩罗什译《维摩诘所说经》卷1：“我言：‘憍尸迦，无以此非法之物要我沙门释子，此非我宜。’所**言未讫**，时维摩诘来谓我言：‘非帝释也，是为魔来娆固汝耳。’”唐道宣撰《续高僧传》卷14：“**言未讫**，外有大声告曰：‘法师早起烧香。’使人即到。度曰：‘何人？’答曰：‘阎罗王使迎。’”唐孟献忠撰《金刚般若经集验记》卷1：“王闻此言，恭敬合掌。赞云：‘善哉，善哉！法师受持读诵金刚般若，当得生天。何因将师来此？’王**言未讫**，诸天香华，迎师将去。”《敦煌变文·秋胡变文》：“行至数步，心衷叹言：‘我闻贞夫烈妇，自古至今耳闻，今时目前交见。谁家妇堪上史记，万代传名。’说**言未讫**，行至家中。”（2）《梁书》卷22《太祖五王传》：“革曰：‘建安王当知，必为营理。’**言未讫**而伟使至，给其丧事，得周济焉。”→【言已訖】

【（皆）言："~"言/（みな）いいしく ~といいき】 自创 （大家都）说："……"。《元兴寺伽蓝缘起并流记资财账》："时病者自**皆言**：'我烧，我斫，我切。'**言**。"

【言已訖/ことすでにをはりぬ】 自创 话已说完。《日本书纪》卷6《垂仁纪》二十五年三月条："（一云）是时倭大神著穗积臣远祖大水口宿祢，而诲之曰：'天照大神悉治天原。皇御孙尊专治苇原中国之八十魂神。我亲治大地官者。'**言已讫**焉。然先皇御见城天皇虽祭祀神祇，微细未探其源根，以粗留于枝叶。故其天皇短命也。"（第一册，p. 320）（1）失译人名今附秦录《毘尼母经》卷1："世尊告曰：'听汝于我法中，善修梵行，尽诸苦际。'佛**言已讫**，头发自落，法服应器，忽然在身，威仪庠序，如久服法者，是故名为：'善来！受具。'"元魏慧觉等译《贤愚经》卷2《羼提波梨品》："仙人答曰：'我若实忍，至诚不虚，血当为乳，身当还复。'其**言已讫**，血寻成乳，平完如故。"又卷9《善事太子入海品》："手捉其珠，便从求愿：'若实当是。如意珠者，令我父母，所坐之处，有七宝座，顶上当有，七宝大盖。'其**言已讫**，如语而成。"《敦煌变文・秋胡变文》："'远学三二年间，若不乘轩佩即，誓亦不还故乡。不依此□□□□□作粪土。'是**言已讫**，整顿容仪，行至堂前，叉手启娘曰：'儿闻古者司马相如，未学于□□（梓潼）山封达名而显。'"又《降魔变文》："舍利弗忽于众里化出风神，叉手向前，启言和尚：'三千大千世界，须臾吹却不难；况此小树纤毫，敢能当我风道！'出**言已讫**，解袋即吹。"按：《垂仁纪》中的"言已讫"，与汉文佛经等的用法不同，并非用于连接上下句，仅表示"话说完了"的意思。

【岩窟/いはや】 偏正 山洞。《日本灵异记》上卷《修持孔雀王咒法得异验力以现作仙飞天缘第28》："所以晚年以四十余岁，更居**岩窟**，被葛饵之松，沐清水之泉，濯欲界之垢，修习孔雀之咒法，证得奇异之验术。驱使鬼神，得之自在。"（p. 119）唐慧琳撰《一切经音义》卷10："**岩窟**：上雅缄反，山崖也。下苦骨反，石穴也。从穴，屈声者也。"（1）西晋竺法护译《生经》卷4："仙人报曰：'吾有四大，当慎将护。今冬寒至，果蓏已尽，山水氷冻，又无**岩窟**，可以居止，适欲舍去依处人间，分卫求食。顿止精舍，过冬寒已，当复相就，勿以悒悒。'"（2）《旧唐书》卷193《列女传》："永泰中，草贼数千人，持兵刃入其村落行剽劫，闻二女有容色，姊年十九，妹年十六，藏于**岩窟**间。"

【炎耀/かがやく】 并列 明亮炫耀。《古事记》中卷《仲哀记》："于是，太后归神，言教觉诏者：'西方有国，金银为本，目之**炎耀**。种种珍宝，多在其国。吾今归赐其国。'"（p. 242）（1）曹魏康僧铠译《佛说无量寿经》卷1："光颜巍巍，威神无极。如是炎明，无与等者。日月摩尼，珠光**炎耀**。"（2）《宋书》卷22《乐4》："观兵扬**炎耀**，厉锋整封疆。整封疆，阐扬威武容。"（p. 658）按：《汉语大词典》失收。《仲哀记》中"炎耀"一词描写金银闪闪发光、令人目眩的样子；佛典例中形容释尊的姿容熠熠生辉，光彩夺目。《宋书》此处“炎耀”，谓火势炽烈，喻军容威武。由此可知中土文献中“炎耀”一词在词义用法上与佛典及《古事记》不同。

【研磨/とぎみがく】 并列 研究琢磨；细磨使粉碎或光滑。《唐大和上东征传》：“僧思托便受于大安唐院，为忍基等讲，四、五年中，**研磨**数遍。”（p. 95）（1）刘宋求那跋陀罗译《杂阿含经》卷 25：“时彼上座作是念言：‘云何令此半阿摩勒，一切众僧得其分食?’即教令**研磨**，著石榴羹中。行已，众僧一切皆得周遍。”元魏瞿昙般若流支译《正法念处经》卷 19《畜生品》：“诸天欲行，宫殿随身。其行速疾，二殿并驰。互相**研磨**，令火炽焰。光明腾赫，从上而下。”隋智顗说《释禅波罗蜜次第法门》卷 3：“第二明以法验知邪正者，自有邪禅。其相微细难别，与正禅相似，非则相之所能别。应以三法验知，一定心**研磨**，二用本法修治，三智慧破析。”（2）《梁书》卷 40《到荩传》：“因赐溉《连珠》曰：‘**研磨**墨以腾文，笔飞毫以书信。如飞蛾之赴火，岂焚身之可吝。必耄年其已及，可假之于少荩。’其见知赏如此。”按：《汉语大词典》首引唐贾岛《送僧归天台》诗：“妙宇**研磨**讲，应齐智者踪。”偏晚。

【塩醤/まさなること】 先例 面粉之类制成的酱。《日本灵异记》上卷《女人好风声之行食仙草以现身飞天缘第 13》：“天年风声为行，自悟**盐酱**存心。”（p. 93）（1）刘宋佛陀什、竺道生等译《弥沙塞部和醯五分律》卷 27：“若住处先有生熟菜、苦酒、**盐酱**，应豫受著一处，洗盛长食器。量食有长，应先减著中。”唐阿地瞿多译《陀罗尼集经》卷 5《佛说跋折啰功能法相品》：“七日之中，初作法时，惟得食乳糜酥酪白饼粳米饭，不得食**盐酱**菜，最后一日勿食。十五日夜空腹。”唐湛然述《止观辅行传弘决》卷 8：“当知失意之人，行于无碍，非但失于，诸法中味，亦乃伤于，常住之口，如贪**盐酱**，失味殒身。”（2）《全唐文》卷 786 温庭筠《上吏部韩郎中启》：“倘蒙一话姓名，试令区处。分铁官之琐吏，厕**盐酱**之常僚。”按：《汉语大词典》例引《儿女英雄传》第 21 回：“姑奶奶你可不要白费事呀！我不吃。别说锅渣面筋，我连**盐酱**都不动，我许的是吃白斋。”

【閻羅/えんら】 音译 梵语 yama，音译作“阎魔”“焰魔罗”。“阎魔罗”的略称，即阎魔王。地狱的统治者；阎罗王宫殿。《日本灵异记》中卷《智者诽妒变化圣人而现至阎罗阙受地狱苦缘第 7》：“苏唤弟子。弟子闻音，集会哭喜。智光大叹，向弟子具述**阎罗**状。”（p. 168）

【閻羅闕/えんらのみかど】 合成 （2 例）“阎罗王阙”的略称。阎罗王的宫阙。《日本灵异记》中卷《依汉神祟杀牛而祭又修放生善以现得善恶报缘第 5》：“自**阎罗阙**还苏，增发誓愿。从此已后，效不祀神。归信三宝，己家立幢，成寺安佛，修法放生。”（p. 160）又《智者诽妒变化圣人而现至**阎罗阙**受地狱苦缘第 7》（p. 167）

【閻羅王/えんらおう】 合成 （20 例） 即“阎魔王”。“阎魔罗阇”的略称，亦称

"阎罗"。佛教地狱主之称。《日本灵异记》中卷《依汉神崇杀牛而祭又修放生善以现得善恶报缘第5》："有七人非人，牛头人身。我发系绳，捉之卫往。见之前路，有楼阁宫。问：'是何宫？'非人恶眼睚眦而逼之言：'急往。'入于宫门而白：'召之。'吾自知之，**阎罗王**也。"（p. 159）又："爰余居中而七非人与千万余人，每日诉诤如水火。**阎罗王**判断之，不定是非。"又："**阎罗王**即告之言：'大分理判，由多数证。故就多数。'"（p. 159）又中卷《智者诽妒变化圣人而现至阎罗阙受地狱苦缘第7》："时**阎罗王**使二人，来召于光师，向西而往，见之前路，有金楼阁。"（p. 167）又："由口业罪，**阎罗王**，召我令抱于铁铜柱。"（p. 168）又《忆持〈心经〉女现至**阎罗王**阙示奇表缘第19》："圣武天皇御世，是优婆夷，夜寝，不病卒尔而死。到**阎罗王**所。"（p. 199）又：《**阎罗王**使鬼得所召人之赂以免缘第24》："大唐德玄，被般若力，脱**阎罗王**使所召之难。日本盘岛，受寺商钱，脱**阎罗王**使鬼追召之难也。"（p. 212）又《**阎罗王**使鬼受所召人之饷而报恩缘第25》："**阎罗王**使鬼，来召衣女。其鬼走疲，见祭食，腼就而受之。"（p. 214）又："时**阎罗王**，待校之言：'此非召衣女，误召之也。然暂此留。捷往召山田郡衣女。'鬼不得慝，荐召山田郡衣女，而将来也。**阎罗王**待见而言：'当是召衣女也。'往彼鹈垂郡衣女者，归家经三日顷，烧失鹈垂郡衣女之身矣。更还愁于**阎罗王**白：'失体，无依。'"（p. 215）又："其父母言：'汝非我子。我子烧灭。'于此衣女，具陈**阎罗王**诏状。"又下卷《减塔阶仆寺幢得恶报缘第36》："即**阎罗王**，免我摈返晛。然我体灭，无所寄宿，故道中漂。"（p. 356）《唐大和上东征传》："至晋泰始元年，［并州］西［河］离石人刘萨诃者，死至阎罗王界，**阎罗王**教令掘出。"（p. 55）唐慧琳撰《一切经音义》卷7："**琰魔王**：梵语，冥司鬼王名也。旧云**阎罗王**。经文作剡（尸染反）魔，皆讹略不正也。正梵音云琰（阎奄反）摩，古人译为平等。"按：《日本灵异记》下卷《**阎罗王**示奇表劝人令修善缘第9》："爰告：'欲知我，我**阎罗王**。汝国称地藏菩萨是也。'"（p. 284）该例中阎罗王与地藏菩萨的关联，是一个值得关注的问题。

【閻羅王宮/えんらおうぐう】 地名 （2例） 阎罗王的宫殿。《日本灵异记》下卷《重斤取人物又写〈法华经〉以现得善恶报缘第22》："还来，如前多人以帚扫道，作椅言：'奉写《法华经》之人，从**阎罗王宫**还来之。'"（p. 316）又《减塔阶仆寺幢得恶报缘第36》："时病者托言：'我永手也。我令仆乎法华寺幢，后西大寺八角塔成四角，七层减五层也。由此罪，召我于阎罗王阙，令抱火柱，以挫钉打立我手于，而问打拍。今**阎罗王宫**内烟满。'"（p. 356）东晋佛驮跋陀罗译《大方广佛华严经》卷45《入法界品》："或现梵宫，或现人宫，或现**阎罗王宫**，或现地狱、饿鬼、畜生处。"后秦佛陀耶舍、竺佛念等合译《长阿含经》卷19《地狱品》："阎浮提南大金刚山内，有**阎罗王宫**，王所治处，纵广六千由旬，其城七重，七重栏楯、七重罗网、七重行树。乃至无数众鸟，相和悲鸣，亦复如是。"梁僧佑撰《释迦谱》卷1："魔复更念：'此众或不能降伏瞿昙。’复脱宝冠拟地，当阎罗王宫上，告敕诸鬼：‘汝等狱卒，及阎罗王，阿鼻地狱刀轮剑戟，火车炉炭，一切都举向阎浮提。’”

【閻羅王界/えんらおう かい】 地名　阎罗王的界域，即地狱。《唐大和上东征传》：“至晋泰始元年，［并州］西［河］离石人刘萨诃者，死至**阎罗王界**，阎罗王教令掘出。”（p. 55）东晋佛驮跋陀罗译《大方广佛华严经》卷4《庐舍那佛品》：“**阎罗王界**中，饥渴苦常逼，登上大火山，长受无量苦。”唐地婆诃罗译《方广大庄严经》卷8《诣菩提场品》：“又由定力，能令地狱、饿鬼、畜生，**阎罗王界**，及诸人天，皆见菩萨，坐菩提座。”唐菩提流志译《大宝积经》卷95：“尔时菩萨，以无染眼观彼诸女，告之言曰：‘地狱畜生，**阎罗王界**，诸狂乱者，不正心者，耽昏臭秽，脓血不净，爱恶罗刹是汝亲友，非诸天人，清净眷属。’”

【閻羅王闕/えんらおう のみかど】 自创　（5 例）　阎罗王的宫殿，亦代指阎罗王本身。《日本灵异记》中卷《阎罗王使鬼得所召人之赂以免缘第24》：“盘岛问之：‘何往人耶？’答言曰：‘**阎罗王阙**召于楢盘岛之往使也。’”（p. 211）又下卷《强非理以征债取多倍而现得恶死报缘第26》：“**阎罗王阙**所召，而示三种之罪。一者三宝物多用不报之罪；二者沽酒加多水取多直之罪；三者斗升斤两种用之，与他时用七目，乞征时用十二目而收。”（p. 329）又《减塔阶仆寺幢得恶报缘第36》：“时病者托言：‘我永手也。我令仆乎法华寺幢，后西大寺八角塔成四角，七层减五层也。由此罪，召我于**阎罗王阙**，令抱火柱，以挫钉打立我手于，而问打拍。今阎罗王宫内烟满。’”（p. 356）又《不顾因果作恶受罪报缘第37》：“于时京中人，下于筑前，得病忽死，而至**阎罗王阙**。”（p. 358）又：“彼人依便，乘船上京，还来京中，而伊太知卿之役**阎罗王阙**，而陈于受苦之状。”

【顏容姝妙/がんようしゅみょう】 四字　容貌美丽。《日本书纪》卷17《继体纪》即位前纪条：“天皇闻振媛**颜容姝妙**，甚有媺色，自近江国高岛郡三尾之别业，遣使聘于三国坂中井，纳以为妃，遂产天皇。”（第二册，p. 284）唐慧琳撰《一切经音义》卷48：“**姝妙**：充朱反。《说文》：**姝**，好，色美也。’《方言》：‘赵魏燕代之间，谓好为**姝**。’”失译人名今附后汉录《分别功德论》卷4：“昔占波国，有大长者，生一子，端正**姝妙**。足下生毛长四寸，未曾蹑地。”东晋佛驮跋陀罗译《大方广佛华严经》卷16《金刚幢菩萨十回向品》：“百千采女，列侍其内，人相具足，**颜容姝妙**。或复施与栴檀香车。种种宝轮，以为庄严。宝师子座，以敷其上。”又卷48《入法界品》：“于城都聚落、村邑市里，仙人住处、山林旷野，周遍推求，善现比丘。见彼比丘，在林经行，形貌端严，**颜容姝妙**。”刘宋佛陀什、竺道生等合译《弥沙塞部和醯五分律》卷18：“尔时有王，名优陀延，善知相法。有一夫人名月光，**颜容姝妙**，音妓兼人。”唐义净译《根本说一切有部苾刍尼毘奈耶》卷2：“彼长者妻，即妙贤是。由端正故，能使帝释，及诸天臣，并聚落人，心迷意乱。今复端严，**颜容姝妙**。甚可爱乐，见者耽著。”按：

《新编日本古典文学全集》栏上的注释指出，《金光明最胜王经·舍身品》“容颜端正”、同经《灭业障品》“端正姝妙”，不确。《日本灵异记》下卷《女人滥嫁饥子乳故得现报缘第6》：“问姊之时，答：‘实如语。我等母公，面姿姝妙，为男爱欲，滥嫁，惜乳不赐子乳。’”（p. 301）→【身体姝妙】

【顔色壮年/がんしょくさかりにして】 自创　“颜色”，面容，面色。“壮年”，壮盛之年。《万叶集》卷5《沉痾自哀文》：“**颜色壮年**，为病横困者乎。在世大患，孰甚于此。”（第二册，p. 76）《说文解字》卷1《士部》：“［**壮**］大也，从士爿声。”（1）失译人名今附后汉录《大方便佛报恩经》卷3《论议品》：“**壮年**美**色**，不可久保；物成有败，人生有死；少壮不久，会当有老；饭食不节，会得有病；百年寿命，会当有死。”东晋佛驮跋陀罗译《大方广佛华严经》卷65《入法界品》：“见在林中，经行往返，**壮年**美貌，端正可喜。”（2）失译人名今附秦录《别译杂阿含经》卷4：“老山能坏，**壮年**盛**色**，病山能坏，一切强健，死山能坏，一切寿命，衰耗之山，能坏一切，荣华富贵，妻子丧没，眷属分离，钱财亡失。”该句中“壮年”“盛色”为同义连言。北凉昙无谶译《大般涅槃经》卷2：“夫盛必有衰，合会有别离。**壮年**不久停，盛色病所侵。”该句中“壮年”“盛色”为同义对句。又卷12：“复次迦叶，犹如秋月，所有莲花，皆为一切，之所乐见，及其萎黄，人所恶贱。善男子，盛年壮色，亦复如是，悉为一切，之所爱乐，及其老至，众所恶贱。复次迦叶，譬如甘蔗，既被压已，滓无复味。善男子，**壮年**盛**色**，亦复如是。”按：如此看来，山上忆良“颜色壮年”的说法改自佛典成句，将“壮年美貌”“壮年美色”“壮年盛色”“盛年壮色”诸词组搭配重新糅合而成，因而获得了独自的表达形式。

【奄従去世/たちまちよをさるにしたがふ】 自创　忽然去世。《奈良朝写经75·大般若经卷第176》：“［岂谓四蛇］侵命，二鼠催年。报运既穷，［**奄从去世**。］”（p. 442）《文选》卷60任昉《齐竟陵文宣王行状》：“天不慭遗，**奄**见薨落。”李善注引《方言》：“**奄**，遽也。”（1）唐元照撰《贞元新定释教目录》卷14：“时因病疹，渐染缠绵。药石无征，**奄从**迁化。”（2）宋志盘撰《佛祖统纪》卷14：“一旦语其徒曰：‘夜梦佛金身丈六。’此往生之兆也。请僧七日，以助念佛，屈指作印，**奄从**坐化。”（3）宋志盘撰《佛祖统纪》卷36：“二年，竺潜法师亡。诏曰：‘潜法师捐，宰相之荣，袭缁衣之行。方赖宣道，以济苍生。**奄从**迁谢，用痛于怀。可赐钱五十万，助建茔塔。’”

【奄尔/たちまちに】 后缀　犹言奄然。突然。《续日本纪》卷1《文武纪》三年五月条：“壬申年军役，不顾一生，赴社稷之急，出于万死，冒国家之难。而未加显秩，**奄尔**陨殂。”（第一册，p. 16）（1）吴支谦译《菩萨本缘经》卷1《毘罗摩品》：“是时，辅相年已衰迈，遇病未久，**奄尔**即亡。”梁慧皎撰《高僧传》卷5：“烈宗孝武诏曰：‘汰法师道播八方，泽流后裔。**奄尔**丧逝，痛贯于怀。可赙钱十万，丧事所须，随由备办。'" 唐道宣撰《续高僧传》卷2："忽一旦告弟子曰：'吾年老力，微不久去世，及今明了诫尔门徒，佛法难逢宜勤修学，人身难获慎勿空过。'言讫就枕，**奄尔**而化。"（2）《汉魏南北朝墓志汇·魏故张府君墓志铭》："其功未酬，**奄尔**倾背。"《魏书》卷50《尉元传》："天不遗老，**奄尔**薨逝。念功惟善，抽怛于怀。"按：《汉语大词典》失收。

【奄然/たちまちに】 后缀 （2例） 忽然。《日本书纪》卷17《继体纪》元年正月条："丙寅，遣臣连等持节以备法驾，奉迎三国。夹卫兵仗，肃整容仪，警跸前驱，**奄然**而至。"（第二册，p.288）《日本灵异记》中卷《呰读〈法华经〉僧而现口喎斜得恶死报缘第18》："爰**奄然**白衣口喎斜。恐以手押颐，出寺而去。去程不远，举身辟地，顿命终矣。"（p.196）（1）后汉昙果、康孟详合译《中本起经》卷1《现变品》："时有一女，端正非凡，于会中舞，众咸喜悦，意甚无量。女舞未竟，忽然不见，众失所欢，惆怅屏营。乃复于彼，百步现形，大众驰趣，女引诣佛，**奄然**隐焉。"东晋瞿昙僧伽提婆译《增壹阿含经》卷44《十不善品》："尔时，阿难。弥勒如来当取迦叶僧伽梨著之。是时，迦叶身体，**奄然**星散。"（2）《后汉书》卷26《侯霸传》："朕以军师暴露，功臣未封，缘忠臣之义，不欲相逾，未及爵命，**奄然**而终。"《搜神记》卷2："久时，二人俱白见一女人，年可三十余，上著青锦束头，紫白袷裳，丹绨丝履，从石子冈上半冈，而以手抑膝长太息，小住须臾，更进一冢上，便止，徘徊良久，**奄然**不见。"

【奄然不現/たちまちにあらわれず】 四字 忽然消失。《日本灵异记》下卷《弥勒菩萨应于所愿示奇形缘第8》："或献俵稻，或献钱衣及以供上一切财物，奉缮写《瑜伽论》百卷，因设斋会，既而其像**奄然不现**。"（p.280）宋宝云译《佛本行经》卷1《如来生品》："光明普照，遍满十方；明珠火焰，**奄然不现**。日所不照，幽隐冥处；霍然大明，耀三恶趣。"

【奄然遷化/たちまちにせんげす】 四字 突然死亡。"迁化"，指人死。《唐大和上东征传》："荣睿师**奄然迁化**，大和上哀恸悲切，送丧而去。"（p.73）梁慧皎撰《高僧传》卷4："烈宗孝武诏曰：'深法师理悟虚远，风鉴清贞。弃宰相之荣，袭染衣之素。山居人外笃勤匪懈，方赖宣道以济苍生。**奄然迁化**，用痛于怀。可赙钱十万，星驰驿送。'"该例亦见于唐神清撰、慧宝注《北山录》卷3。宋志盘撰《佛祖统纪》卷28："法藏居金陵，勤志念佛，夜间见佛菩萨求慰问光明照寺，**奄然迁化**。"→【従遷化】【遷化】

【掩襲/おそひころす】 偏正 突然袭击。《日本书纪》卷3《神武纪》即位前纪己未年二月条："又高尾张邑，有土蜘蛛，其为人也。身短而手足长，与侏儒相类，皇军结葛网而**掩袭**杀之，因改号其邑曰葛城。"（第一册，p.228）唐慧琳撰《一切经音义》卷42："**掩袭**：《左传》：凡师轻曰**袭**。注云：掩其不备也。又云夜战曰**袭**也。"《文选》卷44陈琳《为袁绍檄豫州》："操因其未破，阴交书命，外助王师，内相**掩**

袭。”李善注：“《左氏传》曰：‘凡师轻曰袭。’杜预曰：‘掩其不备也。’”（1）东晋佛陀跋陀罗、法显合译《摩诃僧衹律》卷19：“将士念言：‘王教严重，事应宜速，即集兵众，寻纵掩袭。’”隋阇那崛多等译《大法炬陀罗尼经》卷6：“毘舍佉，若使是驹，毛骨渐成，齿岁具足，身雄气猛，耳目明利，令人骑乘，负重致远，轻行掩袭，临敌决战。不虑惊败，直入无前，乃至震鼓吹蠡，挥刀奋稍，亦无惊恐。”（2）《吴志》卷1裴松之引《英雄记》：“城中守备甚设，不可掩袭。”《后汉书》卷74上《袁绍传》：“若分遣轻军，星行掩袭，许拔则操成禽。”《宋书》卷1《武帝纪上》：“以此思归死士，掩袭何、刘之徒，如反掌耳。”

【眼暗/めくらき】主谓　眼睛昏暗看不清。《日本灵异记》下卷《二目盲男敬称千手观音日摩尼手以现得明眼缘第12》：“奈良京药师寺东边里，有盲人，二眼精盲。归敬观音，称念日摩尼手，明眼暗。”（p. 290）（1）元魏吉迦夜、昙曜合译《杂宝藏经》卷10：“枭便于夜，知乌眼暗，复啄群乌，开穿其肠，亦复噉食。”东晋佛驮跋陀罗译《佛说观佛三昧海经》卷3《观相品》：“复更合掌，向佛作礼，白言世尊：‘为佛弟子，已经多时，惟有今日，见妙莲华，见诸化佛，犹如墨涂。宿有何罪，眼暗乃尔？’”（2）《隋书》卷47《韦世康传》：“眼暗更剧，不见细书，足疾弥增，非可趋走。”《全唐文》卷324王维《责躬荐弟表》：“臣维稽首言：臣年老力衰，心昏眼暗，自料涯分，其能几何？久窃天官，每惭尸素。”

【眼涙/なみだ】偏正　泪液的通称。《日本书纪》卷6《垂仁纪》五年十月条：“锦色小蛇则授妾匕首也，大雨忽发则妾眼泪也。”（第一册，p. 310）（1）后汉竺大力、康孟详合译《修行本起经》卷2《游观品》：“难提和罗，化作老人，踞于道傍，头白齿落，皮缓面皱，肉消脊膢，支节萎曲，眼泪鼻涕，涎出相属，上气肩息，身色黧黑，头手肬掉，躯体战慑，恶露自出，坐卧其上。”隋阇那崛多译《佛本行集经》卷19《车匿等还品》：“谁知一朝，忽成孤寡，以无主故，眼泪昼夜，恒如水流，啼哭呼号，常无断绝。”唐菩提流志译《不空罥索神变真言经》卷5《罥索成就品》：“龙女眼泪，当出流下，取泪饮之，即得证于，广大真言，明仙三昧耶。”《敦煌变文・八相变（一）》：“仙人见太子出来，流泪满目，手拭眼泪，口赞希嗟。”（2）《全后汉文》卷68戴良《失父零丁》：“请复重陈其面目，鸱头鹄颈獦狗啄，眼泪鼻涕相追逐，吻中含纳无齿牙，食不能嚼左右蹉，□似西域□骆驼。”按：《汉语大词典》首引《水浒传》第35回：“张社长见了宋江容颜不悦，眼泪暗流。”→【哀啼流涙】【悲涙盈目】【堕涙】【歓喜流涙】【涙堕】【両目出涙】【流涙白言：“～”】

【眼涙流/なみだながる】三字　眼泪流出。《日本书纪》卷6《垂仁纪》五年十月条：“于是皇后既无成事，而空思之：‘兄王所谋，适是时也。’即眼泪流之落帝面。”（第一册，p. 308）（1）隋阇那崛多译《佛本行集经》卷19《车匿等还品》：“我今不忍眼泪流，合掌低头更咨白。妃实不合呵责马，并及我边不得瞋。”又：“如是苦恼逼切彼，采女及妃耶输陀。各各相观**眼泪流**，犹如盛夏降大雨。”（2）《全唐五代词》卷7宋元人依托唐五代人物《沁园春》：“火宅牵缠，夜去明来，早晚无忧。奈今日不知明事，波波劫劫，有甚来由。人世风灯，草头珠露，我见伤心**眼泪流**。不坚久，似石中迸火，水上浮沤。”

【眼盲/めしふ】 主谓　眼瞎，失明。《日本灵异记》下卷《沙门一目**眼盲**使读〈金刚般若经〉得明眼缘第21》（p. 310）吴陈慧译《阴持入经诸》卷1：“又处在五阴，重以五盖自覆，令其**眼盲**慧怀，知尽没于四渊，流于诸海，转轮三界，不获度世，无为之道。”元魏吉迦夜、昙曜合译《杂宝藏经》卷2：“王问象言：‘汝何故不食？’象答言：‘我有父母，年老**眼盲**，无与水草者。父母不食，我云何食？’”梁宝唱等集《经律异相》卷37：“父母言：‘我本至心，求愿得汝，汝入海得死消息，愁忧故**眼盲**。”

【眼目角睐/めすがめならむ】 四字　缺少一只眼，独眼龙。

【眼所叵～/めに～ざるところなり】 自创　眼睛所看不见的。《上宫圣德法王帝说》：“我大王所告：‘世间虚假，唯佛是真。玩味其法，谓我大王，应生于天寿国之中，而彼国之形**眼所叵**看，悕因图像欲观大王往生之状。’”（1）西秦圣坚译《佛说罗摩伽经》卷1：“此园庄严，犹如帝释，照明宝林，欢喜之园，普皆严净，视之无厌，出过三界，人天果报，大梵善净，庄严讲堂，不得为比，无量梵王，清净报明，**眼所不能**见。”姚秦鸠摩罗什译《小品般若波罗蜜经》卷5《小如品》：“复次，须菩提。如来因般若波罗蜜，众生不现心，如实知不现心。云何如来，众生不现心，如实知不现心，是心五**眼所不见**。”陈月婆首那译《胜天王般若波罗蜜经》卷2《念处品》：“如来又有，清净天眼，一切世界，无量众生，一一众生，一一世界，如是一切，世界中事，如来悉见，如观掌中，阿摩勒果，诸天人**眼，所不能**见。”（2）西晋竺法护译《佛说无言童子经》卷2：“菩萨大士，则以天眼，皆悉见之，无有遗脱，而不遍者，一切缘觉，虽有天**眼，所不能**睹，何况声闻，而能及见乎？”元魏慧觉等译《贤愚经》卷7《梨耆弥七子品》：“水底隐匿，**眼所不**睹，倘有棘刺，及诸毒虫，伤害人脚，是以不脱。”

【眼涕/なみだ】 自创　犹言眼泪。《日本书纪》卷6《垂仁纪》五年十月条：“于是，妾一思矣。若有狂妇，成兄志者，适遇是时。不劳以成功乎。兹意未竟，**眼涕**自流。”（第一册，p. 310）西晋竺法护译《佛说方等般泥洹经》卷1《哀泣品》：“或有却行，右膝著地，呼嗟拉**眼，涕**泣交横，悲哀叹佛，皆言毒痛。”西晋安法钦译《阿育王传》卷3：“王闻其语，闷绝躄地，以水洒面，还复苏息。抱驹那罗，著于膝上，手摩扪**眼，涕**泣而言：‘汝眼本似，驹那罗。’故遂以为字。”按：《汉语大词典》失收。从上引两例佛典可知，“眼涕”一词似从“拉眼涕泣”“扪眼涕泣”之类的四字语句中截取而来。

【琰魔国/えんまこく】 地名　梵语yama，琰魔王之世界，在此大洲地下五百由旬

之处，纵广亦五百由旬。《日本灵异记》下卷《假官势非理为政得恶报缘第35》：“白壁天皇之世，筑紫肥前国松浦郡人，火君之氏，忽然死而至**琰魔国**。”（p. 353）唐玄奘译《阿毗达磨俱舍论》卷11《分别世品》：“诸鬼本处，**琰魔王国**，于此赡部洲下，过五百踰缮那，有**琰魔王国**，纵广量亦尔。从此展转，散居余处。或有端严，具大威德，受诸富乐，自在如天。或有饥羸，颜貌丑陋，如是等类，广说如经。”姚秦佛陀耶舍、竺佛念等合译《长阿含经》卷19《地狱品》：“阎浮提南，大金刚山内，有**阎罗王宫**，王所治处，纵广六千由旬，其城七重，七重栏楯、七重罗网、七重行树。乃至无数众鸟，相和悲鸣，亦复如是。”按：“魔”，梵语 māra 的略音，从其词根 mr（死）变化而来，指破坏者，亦指死者。汉语里本无此字，译经借用“磨”字。《正字通》〈鬼不〉引译经论云：“古从石，作磨。”佛经中的魔与人们想象中力大无比、变化莫测的鬼神相似，梁武帝改为“魔”，从鬼，尽显其本意，表意功能具足。

【演暢/のぶ】［并列］ 阐述所说之法的真意。“演”是演述，“畅”是声音通达无阻之意。《日本灵异记》上卷《勤求学佛教弘法利物临命终时示异表缘第22》：“遂住禅院，为诸弟子，**演畅**所请众经要义。”（p. 108）（1）曹魏康僧铠译《佛说无量寿经》卷2：“佛语阿难：‘无量寿佛，为诸声闻、菩萨大众，颁宣法时，都悉集会，七宝讲堂，广宣道教，**演畅**妙法，莫不欢喜，心解得道。’”姚秦鸠摩罗什译《妙法莲华经》卷2《譬喻品》：“我堕疑网故，谓是魔所为，闻佛柔软音，深远甚微妙，**演畅**清净法。我心大欢喜，疑悔永已尽，安住实智中。”又卷4《提婆达多品》：“**演畅**实相义，开阐一乘法，广导诸众生，令速成菩提。”（2）《旧唐书》卷188《孝友传》：“永徽初，累转陈王师。高宗令弘智于百福殿讲《孝经》，召中书门下三品及弘文馆学士、太学儒者，并预讲筵。弘智**演畅**微言，备陈五孝。”按：《汉语大词典》首引晋葛洪《抱朴子》卷8《释滞》：“古人质朴……解之又不深远，不足以**演畅**微言，开示愤悱，劝进有志，教戒始学，令知玄妙之涂径，祸福之源流也。”略晚。

【演说諸法、教化衆生/しょほうをえんせつし、しゅじょうをきょうけす】［典据］ 演绎讲说万法，以善法教导大众。《藤氏家传》下卷《武智麻吕传》：“公以为如来出世，**演说诸法**，**教化众生**，令树善业。”（p. 330）唐实叉难陀译《大方广佛华严经》卷36《十地品》：“佛子，菩萨摩诃萨如是勤修行时，以布施教化众生，以爱语、利行、同事教化众生，示现色身，教化众生，**演说诸法**，**教化众生**，开示菩萨行，教化众生，显示如来大威力，教化众生，示生死过患，教化众生，称赞如来，智慧利益，教化众生，现大神通力，教化众生，以种种方便行，教化众生。”宋施护译《佛说给孤长者女得度因缘经》卷3：“大王当知，是未来世中人寿百岁时，有佛出世，名释迦牟尼，十号具足，彼佛住世，**演说诸法**，**教化众生**，如其所应，作佛事已，而入涅槃，入涅槃后，于遗法中，苾刍弟子，诸所作事，王今此梦，是彼前相，我今为王，次第而说。”

【厭媚/いとひねものる】［并列］ 亦作“厌魅”。谓用迷信方法祈祷鬼神以迷惑或

伤害别人。《日本灵异记》上卷《非理夺他物为恶行受报示奇事缘第30》："王问之言：'汝知是女耶?'广国白言：'实我之妻也。'复问：'汝知鞫罪耶?'答：'不知。'问女之。答：'我实知之。摈吾而自家出遣故，悕恻**厌媚**。'"（p. 125）（1）唐玄奘译《药师琉璃光如来本愿功德经》卷1："**厌媚**蛊道，咒起尸鬼，令断彼命，及坏其身。是诸有情，若得闻此药师琉璃光如来名号，彼诸恶事，悉不能害。"唐法藏述《华严经探玄记》卷2："第二十一鸠盘荼，依《正法华经》名**厌媚**鬼，噉人精气等，亦名冬瓜鬼。"（2）《陈书》卷7《皇后传》："又好**厌魅**之术，假鬼道以惑后主。"唐张鷟《朝野佥载》卷3："韦庶人之全盛日……专行**厌魅**，平王诛之。"按：《汉语大词典》失收。

【厭世/よをいとふ】 述宾 （2例） 厌恶世间而求出离。《日本灵异记》中卷《见乌邪淫**厌世**修善缘第2》（p. 149）又下卷《漂流大海敬称尺迦佛名得全命缘第25》："马养发心**厌世**，入山修法。见闻之者，无不奇矣。"（p. 326）吴支谦译《菩萨本缘经》卷3《6兔品》："尔时，有一婆罗门种，**厌世**出家，修学仙法，不恼众生，离欲去爱。"姚秦鸠摩罗什译《大智度论》卷11《序品》："少长缱绻，结要终始。后俱**厌世**，出家学道，作梵志弟子。"隋智顗说《摩诃止观》卷5："设**厌世**者，玩下劣乘。攀附枝叶，狗狎作务。敬猕猴为帝释，宗瓦砾是明珠。此黑暗人，岂可论道。"

【厭世出家/よをいとひいへをいづ】 四字 厌恶尘世，入于佛门。《日本灵异记》中卷《见乌邪淫厌世修善缘第2》："大领见之，大悲愍心，视乌邪淫，**厌世出家**。离妻子，舍官位，随行基大德，修善求道。名曰信严。"（p. 149）吴支谦译《菩萨本缘经》卷3《兔品》："尔时，有一婆罗门种，**厌世出家**，修学仙法，不恼众生，离欲去爱。"姚秦鸠摩罗什译《大智度论》卷29《序品》："末后身生时，须蔓在耳，香满一室，故字为须蔓耳。后**厌世出家**，得阿罗汉道。"梁宝唱等集《经律异相》卷3："复次往古世时，此国有王名婆薮，**厌世出家**，学作仙人。"

【厭俗塵/ぞくじんをいどふ】 三字 厌离俗世。《日本灵异记》中卷《见乌鸦淫厌世修善缘第2》："赞曰：'可哉！血沼县主氏。瞰乌邪淫，**厌俗尘**。'"（p. 149）唐窥基撰《阿弥陀经通赞疏》卷1："拣余卑姓故复云大采菽氏，与鹙子少为亲友，深**厌俗尘**未有归。"唐道宣撰《续高僧传》卷13："天怀颖发廓然物表，年才小学便就外傅，教以书计典籍，粗知大略。然以宿植德本，情**厌俗尘**。父母留恋抑夺不许。"宋赞宁等撰《宋高僧传》卷18："释玄光者，海东熊州人也。少而颖悟，顿**厌俗尘**，决求名师，专修梵行。"

【厭惡/いとひにくむ】 并列 讨厌，憎恶。《日本灵异记》下卷《击沙弥乞食以现得恶死报缘第15》："犬养宿祢真老者，居住诸乐京活目陵北之佐歧村也。天骨邪见，**厌恶**乞者。"（p. 298）（1）吴支谦译《撰集百缘经》卷6《诸天来下供养品》："由见佛故，生信敬心，**厌恶**蛇身，得来生此，受天快乐。"隋阇那崛多译《佛本行集经》卷22《问阿罗逻品》："如诸论中，智所知见，贪欲瞋恚，愚痴过咎，见已远离，**厌恶**诸欲，受最快乐，调伏诸根，入于禅定。”（2）《全三国文》卷48稽叔夜《答难养生论》：“又饥飧者，于将获所欲，则悦情注心。饱满之后，释然疏之，或有**厌恶**。”《全梁文》卷7梁武帝《断酒肉文》：“今已能蔬食者，**厌恶**血腥，其于不能蔬食者，**厌恶**菜茹，事等如此，宜应自力，回不善惑，以为善惑，就善惑中，重为方便，食菜子想，以如是心，便得决定。”按：《汉语大词典》首引宋梅尧臣《和王仲仪咏瘿》诗：“**厌恶**虽自知，部割且谁肯。”偏晚。

【宴嘿/ひそかなり】 并列 （2例） 安居静穆；安然而沉默。《日本灵异记》上卷《僧用涌汤薪而与他作牛役之示奇缘第20》：“**宴嘿**居于净室，召请绘师言：‘如彼法师之容，不误绘之持来。’”（p.105）又《令盗绢衣归愿妙现菩萨修得其绢衣缘第34》：“买人转闻，乃知盗衣，当头匪求。**宴嘿**弗动也。”（p.133）（1）姚秦鸠摩罗什译《妙法莲华经》卷1《序品》：“又见菩萨，寂然**宴默**，天龙恭敬，不以为喜。”隋吉藏撰《法华统略》卷1：“又见菩萨寂然**宴嘿**者，前是言益，此明嘿利。又上如行而说，此如说而行。”唐清素、澄净述《瑜伽师地论义演》卷40：“演曰：二列文中分二，一正列语，二兼释嘿，此初也。论应如是，嘿至应当**宴嘿**。”（2）《全唐文》卷989阙名《大龙泉寺碑》：“唯此伽蓝，嶷然不动，清梵夜响，和铃旦扬，行人**宴嘿**，风尘无警。”按：《汉语大词典》失收。

【験力/げんりき】 述宾 （6例） 灵验的神力。《日本灵异记》上卷《忆持〈法华经〉现报示奇表缘第18》：“赞曰：‘现孝二父，美名传后，是圣非凡。诚知法华威神，观音**验力**。’”（p.101）又《持戒比丘修净行而得奇**验力**缘第26》（p.114）《修持孔雀王咒法得异**验力**以现作仙飞天缘第28》：“天皇敕之遣使捉，犹因**验力**辄不所捕故。”（p.119）又《殷勤归信观音愿福分以现得大福德缘第31》：“东人现世被大福德，是乃修行**验力**，观音威德，更不应哉。”（p.129）又下卷《沙门一目眼盲使读〈金刚般若经〉得明眼缘第21》：“般若**验力**，其大高哉。深信发愿，无愿不应故也。”（p.310）唐输波迦罗译《苏悉地羯罗经》卷1《7持戒品》：“诸余真言，亦不应作，所有随用一切真言，皆不应频频而作，亦不与人互诤**验力**，若欲求悉地。”唐金刚智译《五大虚空藏菩萨速疾大神验秘密式经》卷1：“若布施不至恭敬，受道修行不感应。欲显此法大**验力**，先当建立秘密盘。”宋智觉注《心性罪福因缘集》卷3：“身如电光暂住不久，命似草露夜置朝零。威德**验力**财宝盛年，皆不随身亦不常住。”按：《汉语大词典》失收。

【燕石～楚璞～/えんせき～そはく～】 自创 “燕石”，燕山所产的一种类似玉的石头。“楚璞”，生造词，即和氏璧。亦借指美玉。《续日本纪》卷8《元正纪》养老二年十月条：“所以**燕石**、**楚璞**各分明辉，虞韶、郑音不杂声曲。”（第二册，p.46）《山海经·北山经》：“北百二十里，曰燕山，多婴石。”晋郭璞注：“言石似玉，有符彩婴带，所谓燕石者。”（1）梁僧佑撰《出三藏记集》卷1：“庶行潦无杂于醇乳，燕石不乱于楚玉。但井识管窥多惭博练，如有未备请寄明哲。”隋费长房撰《历代三宝纪》卷

11："庶行潦无杂于醇乳，**燕石**不乱于楚玉矣。其法苑等并皆有序，著述指订不复具抄焉"该例亦见于唐圆照集《大唐内典录》卷4。(2) 唐彦琮撰《唐护法沙门法琳别传》卷3："和璞捐于山泽兮，**燕石**为珍。西施屡而不幸兮，嫫母见亲。"(3) 新罗元晓撰《游心安乐道》卷1："但以克舟之学徒，守株之行者，疑乎覆千界之舌相诚言，信乎愚一心之井虾说。岂非藏遗**燕石**，疑虑隋珠？悲复哀哉！"

【殃罪/つみ】并列　祸患和罪责。《日本灵异记》下卷《女人滥嫁饥子乳故得现报缘第16》："诚知母两甘乳，寔虽恩深，惜不哺育，返成**殃罪**。"(p. 301) 后汉安玄译《法镜经》卷1："当复造三想。何谓三？若在喜乐为求后世在苦；若在饮食为求在**殃罪**；若在乐者为求在苦。"姚秦竺佛念译《出曜经》卷10《诽谤品》："虽得为人，诸根不具，聋盲瘖哑，为人所轻；或在边地佛后，皆由口过，身受**殃罪**。"刘宋慧简译《阎罗王五天使者经》卷1："王曰：'汝自用心，作不忠正，非是父母君天、沙门道人过也。今是**殃罪**，要当自受，岂得以不乐故止耶？'"按：《汉语大词典》失收。

【揚声叫~/こゑをあげ、さけび~】说词　大声叫……《日本灵异记》上卷《自幼时用网捕鱼而现得恶报缘第11》："后时匍匐家内桑林之中，**扬声叫**号曰：'炎火迫身。'亲属欲救，其人唱言：'莫近我。我顿欲烧！'"(p. 88) 吴支谦译《撰集百缘经》卷5《饿鬼品》："见一饿鬼，身如燋柱，腹如大山，咽如细针，又复生盲，为诸乌鹫，鵄枭所啄，宛转自扑，**扬声叫**唤，无有休息。"隋阇那崛多译《佛本行集经》卷9《相师占看品》："尔时，地居诸天诸仙，见此瑞已，欢喜遍身，不自胜持，**扬声叫**唤，发大语言。"唐玄奘译《摄大乘论释》卷9："又诸如来，无卒暴音，如阿罗汉：或于一时，游行林野，迷失道路；或入空宅，**扬声叫**唤，发大暴音；或因不染，习气过失；聚唇露齿，而现大笑。如是等类，诸阿罗汉，卒暴音声，诸佛皆无。"

【羊僧/ようそう】比喻　亦作"哑羊僧"。指愚痴之僧。四种僧之一。"哑羊"，譬喻至愚之人。《日本灵异记》下卷《序》："**羊僧**景戒，所学者未得天台智者之问术，所悟者未得神人辩者之答术，是犹以螺酌海因管窥天者矣。"(p. 260) 姚秦鸠摩罗什译《大智度论》卷3《序品》："云何名哑**羊僧**？虽不破戒，钝根无慧，不别好丑，不知轻重，不知有罪无罪；若有僧事，二人共诤，不能断决，默然无言。譬如白羊，乃至人杀，不能作声，是名哑**羊僧**。"

【楊枝/ようじ】偏正　梵语 danta-kāṣha，意译"齿木"。取杨柳等之小枝，将枝头咬成细条，用以刷牙，故又称"杨枝"。《日本灵异记》上卷《持戒比丘修净行而得现奇验力缘第26》："取**杨枝**上枝时，立锡杖于锡杖，而互用二物，物不仆，如凿而树之。"(p. 114) 后汉支娄迦谶译《佛说内藏百宝经》卷1："佛口中本净洁，譬如郁金之香，佛反以**杨枝**漱口，随世间习俗而入，示现如是。"姚秦鸠摩罗什译《梵网经》卷2："若佛子常应二时头陀，冬夏坐禅，结夏安居。常用**杨枝**、澡豆、三衣、瓶、钵、坐具、锡杖、香炉、漉水囊、手巾、刀子、火燧、镊子、绳床、经、律、佛像、菩萨形像。而菩萨行头陀时及游方时，行来百里千里，此十八种物，常随其身。头陀者，从正月十五日至三月十五日，八月十五日至十月十五日，是二时中，此十八种物常随其身，如鸟二翼。”唐般若译《大方广佛华严经》卷11《入不思议解脱境界普贤行愿品》：“初嚼**杨枝**具十德者：一销宿食，二除痰癃，三解众毒，四去齿垢，五发口香，六能明目，七泽润咽喉，八唇无皴裂，九增益声气，十食不爽味。晨朝食后，皆嚼杨枝。诸苦辛物，以为齿木，细心用之，具如是德。”→【嚼楊枝】

【仰敬/ぎょうきょうす】 偏正 犹言“敬仰”。渴仰敬重。《日本灵异记》上卷《信敬三宝得现报缘第5》：“大臣亦喜，请池边直冰田雕佛，造菩萨三躯像，居于丰浦堂，以诸人**仰敬**。”（p.75）（1）唐澄观别行疏、宗密随疏抄《华严经行愿品疏钞》卷4：“其王有弟，名毗多输（此云除忧）。深著邪见，见诸外道梵志，于山林中，修诸苦行，五热炙身等，便生**仰敬**。”唐李通玄撰《新华严经论》卷3：“开佛日之明灯，不可是非加其名，但知**仰敬**其高旨，只如思智二德。”唐一行记《大毗卢遮那成佛经疏》卷11：“此诸善士，虽于所入法门，得善通达，以**仰敬**如来，生惭愧故，不敢陈说。当知即是，善士之相，故言善哉善哉也。”唐道暹述《涅槃经疏私记》卷8：“是七宝食，其菓者美踰甘露，香气四塞。闻者情悦，香风来吹，更相棠触枝叶，皆出和雅之音，一切人民睹兹树，变**仰敬**之心。”（2）《全唐文》卷354敬括《花萼楼赋（以花萼楼赋一首并序为韵）》：“皇帝乃被法服，登兹楼；罗彩仗，驻鸣驺；开绣户之银锁，卷珠帘之玉钩。冠盖穆然而**仰敬**，睟容端拱而倚旒；将欲居北辰而观万国，响南面而朝诸侯。”按：《汉语大词典》失收。→【奉仰】【帰仰】【貴仰】【傾仰】【欣仰】

【仰憑三宝/さんぼうをあふぎたのむ】 四字 仰仗佛法僧。《奈良朝写经14·七知经（圣武天皇敕愿一切经）》：“由是，**仰凭三宝**，归依一乘，敬写一切经，卷轴已讫。”（p.108）梁慧皎撰《高僧传》卷3：“跋陀曰：‘**仰凭三宝**，陛下天威，冀必隆泽。如其不获，不复重见。’即往北湖钓台，烧香祈请，不复饮食，默而诵经，密加秘咒。”该例亦见于梁僧佑撰《出三藏记集》卷14、梁宝唱撰《名僧传抄》卷1、唐圆照撰《贞元新定释教目录》卷7。唐道世撰《法苑珠林》卷63：“所以**仰凭三宝**，敷演一乘，转读微言，树兹大福，愿法教始开，慈云遐布。”

【仰天伏地/てんをあふぎつちにふ】 先例 仰望天空，俯伏在地上。多表示抒发抑郁或激动心情时的状态。《奈良朝写经75·大般若经卷第176》：“报运既穷，［奄从去世。］孝诚有阙，慈颜无感。泉路转［深，终隔亲见。**仰天**］**伏地**，而虽悲叹，都无［一益，空］沾领袖。”（p.442）宋智觉注《心性罪福因缘集》卷1：“汝等大众，可救我身，我无依怙，法财尽故，我有怖畏，具怨贼故。流泪叩头，**仰天伏地**，叹悲无极。见闻大小，莫不怀悲。”

【仰天哭願：“～”/てんをあふぎてなきてねがはく～】 自创 仰天大哭，请愿道：“……”。《日本灵异记》中卷《恶逆子爱妻将杀母谋现报被恶死缘第3》：“逆子步

前，将杀母项之，裂地而陷，母即起前，抱陷子发，**仰天哭愿**：‘吾子者，托物为事，非实现心，愿免罪贶。’”（p. 152）《北史》卷85《节义传》：“至刺史泉仙城守力穷，城将陷，乃**仰天哭曰**：‘天乎。天乎。何由纵此长蛇，而不助顺也。’”（p. 2849）

【仰信/あふぎう やまふ】 偏正 犹言信仰。敬仰信奉。《元兴寺伽蓝缘起并流记资财账》：“若有**仰信**尊供养恭敬修治丰养者，被三宝之赖，身命长安乐，得种种之福，万事事如意，不绝于万世也。”姚秦筏提摩多译《释摩诃衍论》卷10：“其有众生，于此论中，毁谤不信，所获罪报，经无量劫，受大苦恼。是故众生，但应**仰信**，不应诽谤，以深自害，亦害他人，断绝一切，三宝之种。”元魏菩提流支译《佛说不增不减经》卷1：“舍利弗，一切声闻缘觉，所有智慧，于此义中，唯可**仰信**，不能如实，知见观察。”隋阇那崛多译《大法炬陀罗尼经》卷19《信解品》：“世尊，我等亦尔，如彼愚人，不能随顺，**仰信**如来，欲以自心，测量佛智。”按：《汉语大词典》失收。

【仰信三宝/さんぼうをあふぎう やまふ】 四字 敬仰信奉佛法僧。《日本灵异记》上卷《修持孔雀王咒法得异验力以现作仙飞天缘第28》：“生知博学得一。**仰信三宝**，以之为业。”（p. 119）隋达多罗、阇那崛多译《三厨经》卷1：“先当**仰信三宝**，恭敬三宝，恒须礼拜三宝，晨夜殷勤，常念不绝，孝养师僧，父母亲族，能学六波罗蜜，不惜身命。然后得传，此三厨法。”

【仰欲/あふぎて～むとおもふ】 自创 怀着敬仰的心情希望见到某人。《日本书纪》卷5《崇神纪》十年九月条：“倭迹迹姬命语夫曰：‘君常昼不见者，分明不得视其尊颜。愿暂留之，明旦**仰欲**觐美丽之威仪。’”（第一册，p. 282）（1）吴支谦译《太子瑞应本起经》卷2：“上帝神妙来，叹**仰欲**见尊；梵释赍敬意，稽首欲受闻。”失译人名今附西晋录《长寿王经》卷1：“光彻照七天，德香殊栴檀，上帝神妙来，叹**仰欲**见尊。”（2）东晋法显译《大般涅槃经》卷2：“今者既往，园林游观，诸人民众，充塞路侧，皆悉瞻**仰**，**欲**见大王。”（3）姚秦竺佛念译《菩萨璎珞经》卷4《心品》：“尔时座上，诸欲天人，诸色天人，天龙鬼神乾沓惒阿须伦迦留罗旃陀罗摩休勒，闻如来至真等正觉说此甚深之法，皆有渴**仰欲**得见如来正心定意。”刘宋沮渠京声译《佛说净饭王般涅槃经》卷1：“尔时，世尊在灵鹫山，天耳遥闻，迦维罗卫大城之中，父王悒迟，及诸王言，即以天眼，遥见父王，病卧著床，羸困憔悴，命欲向终，知父渴**仰**，**欲**见诸子。”隋阇那崛多译《佛本行集经》卷18《车匿等还品》：“彼等采女心苦切，渴**仰欲**见太子还，忽睹车匿马空回，泪下满面叫唤哭。”（4）西晋竺法护译《等目菩萨所问三昧经》卷3《分别身行大慧空品》：“晓了一切法界，以除一切法想，见诸佛而无厌，依**仰欲**睹诸佛，解达诸定，分别权行，一切诸法本清净，而无所著。”按：《汉语大词典》失收。从例文可知，“仰欲～”是从佛经中习见的“叹仰欲见”“瞻仰欲见”“渴仰欲见”等表达形式中截取而来的。

【仰願～/あおぎねがはくは～】 誓愿 （6例） 出于敬仰的心情希望做到某事。

《日本书纪》卷13《允恭纪》："十年春正月幸茅淳。于是皇后奏言：'妾如毫毛，非嫉弟姬。然恐陛下屡幸于茅淳，是百姓之苦欤。**仰愿**宜除车驾之数也。'"（第二册，p. 120）又卷22《推古纪》三十二年四月条："故当今时，以僧尼未习法律，辄犯恶逆。是以，诸僧尼惶惧，以不知所如。**仰愿**其除恶逆者以外僧尼，悉赦而勿罪。是大功德也。"（第二册，p. 586）《元兴寺伽蓝缘起并流记资财账》："即发愿白言：'**仰愿**蒙三宝赖，皇帝陛下共与乾坤四海安乐，正法增益，圣化无穷。'白。"又："**仰愿**以此善愿功德，皇帝陛下共与日月天下安乐，后嗣蒙赖，虽世时异，得益无异。"《续日本纪》卷15《圣武纪》天平十五年正月条："**仰愿**梵宇增威，皇家累庆。国土严净，人民康乐，广及群方，绵该广类。同乘菩萨之乘，并坐如来之座。"（第二册，p. 416）又卷18《孝谦纪》天平胜宝三年十月条："**仰愿**圣体平复，宝寿长久。"（第三册，p. 114）（1）失译人名今附东晋录《舍利弗问经》卷1："**仰愿**诸佛，加我威神，令我罪灭，得见得戒之相。"梁宝唱等集《经律异相》卷13："时女见法，既得法已，唯愿听许，为优婆夷，即受五戒，为佛弟子。**仰愿**尊者，受我供养，默然受之。施设种种，甘膳食竟，说法令心欢喜。"梁诸大法师集撰《慈悲道场忏法》卷1："**仰愿**幽显，凡圣大众，同加覆护，同加摄受。"（2）《全梁文》卷52王僧孺《礼佛唱导发愿文》："**仰愿**皇帝陛下，至道与四时并运，玄风与八埏共广，反淳源于三古，舍浇波于九代，至治已睹于今日，太道复属于此时。"（P. 3251）《魏书》卷19中《景穆十二王传》："李冲曰：'任城王可谓忠于社稷，愿陛下深察其言。臣等在外，皆惮征行，唯贵与贱，不谋同辞。**仰愿**圣心裁其可否。'"按：《汉语大词典》失收。

【養飼/かふ】 并列 （2例） 犹言饲养。《日本书纪》卷25《孝德纪》大化二年三月条："复有百姓，临向京日。恐所乘马疲瘦不行，以布二寻、麻二束，送参河、尾张两国之人，雇令**养饲**，乃入于京。于还乡日，送锹一口。而参河人等不能**养饲**，翻令瘦死。"（第三册，p. 156）唐慧应撰《一切经音义》卷24："**养飤**：囚恣反。《广雅》：萎，飤也。《苍颉篇》：飤，饱也。谓以饮食设供于人曰**飤**，故字从人。萎，音于伪反，或作**饲**，俗字也。"唐慧琳撰《一切经音义》卷58："**养飤**：今作餧，同。辞恣反。《说文》：**飤**，粮也。《广雅》云：餧，**飤**也。谓以食供设人曰飤。字从食，从人。律文作**饲**，近字也。"（1）东晋法显译《佛说大般泥洹经》卷2："譬如长者，有一乳牛，付牧牛者，令其**养饲**，别放旷野，无毒草处，不与群牛，共系一厩，爱护饲养，欲得好酥，以给眷属。如是不久，其人命终，彼牧牛者，寻后复死。"隋阇那崛多译《佛本行集经》卷56《罗睺罗因缘品》："时梵德王，身自**养饲**。但于彼象，所堪食者，悉皆与之。"唐义净译《根本说一切有部毘奈耶破僧事》卷16："种种饮食，用为**养饲**，渐渐长大，如莲在水。"（2）《魏志》卷7裴松之注引《献帝春秋》曰："庄周之称郊祭牺牛，**养饲**经年，衣以文绣，宰执鸾刀，以入庙门，当此之时，求为孤犊不可得也。"按：《汉语大词典》例引《北齐书》卷40《白建传》："贼退后，敕建就彼检校，续使人诣建间领马，送定州付民养饲。”略晚。

【遙付嘱/はるかにゆだぬ】 三字　隔着遥望的地方嘱咐（借助通信手段吩咐）。《日本书纪》卷12《雄略纪》即位前纪条：“冬十月癸未朔，天皇恨穴穗天皇曾欲望以市边押磐皇子，传国而**遥付嘱**后事，乃使人于市边押盘皇子，阳期狡猎。”（第二册，p. 146）史传部《历代法宝记》卷1：“后至宝应元年五月十五日，忽忆白崖山无住禅师：‘吾有疾计，此合来看吾。数度无住禅师何为不来？吾将年迈。’使工人薰璿将吾信衣及余衣一十七事，密送与无住禅师：‘善自保爱，未是出山时，更待三五年，闻太平即出。’**遥付嘱**讫，至五月十九日，命弟子：‘与吾取新净衣，吾欲沐浴。’至夜半子时，俨然坐化。”

【遥撃/はるかにうつ】 偏正　从远处投掷东西给予打击。《日本书纪》卷17《继体纪》二十三年四月条：“伊叱夫礼智所将士卒等于聚落乞食，相过毛野臣傔人河内马饲首御狩。御狩人隐它门，待乞者过，卷手**遥击**。”（第二册，p. 320）（1）唐慧琳撰《一切经音义》卷3：“投趣：上徒侯反。《左传》：挝也，掷也。王注《楚辞》云：合也，掩也。《说文》：作［**投**］，古投字也，**遥击**也。从手，从殳。”又卷5、卷11、卷60中亦各有一例。（2）《唐五代笔记小说大观》《朝野佥载·补辑》：“（来）俊臣尝以三月三日萃其党于龙门，竖石题朝士姓名以卜之，令投石**遥击**，倒者则先令告。至暮，投李昭德不中。”（p. 170）按：《汉语大词典》失收。

【遥請/はるかにこふ】 偏正　从很远的地方请求某事。《日本书纪》卷2《神代纪下》：“兄则溺苦，无由可生，便**遥请**弟曰：‘汝久居海原，必有善术。愿以救之。’”（第一册，p. 184）失译人名令附后汉录《分别功德论》卷4：“昔阿难邠坻女，外适尼揵国，问佛：‘可尔不？’佛言：‘宜知是时，往必有益。’女既到**遥请**世尊，佛知其意，即默然受请。”西晋竺法护译《佛说文殊师利净律经》卷1《真谛义品》：“佛言：‘无央数亿，百千菩萨，会彼佛土，释梵持世，及四部众，皆共倾望，文殊师利，欲得奉覲，咨讲经法，悉俱白佛，奋斯光明，**遥请**文殊。’”唐道世集《诸经要集》卷2：“昔佛涅槃，一百年后，有阿育王，信敬三宝，常作般遮于瑟大会。王至会日，香汤洗浴，著新净衣。上高楼上，四方顶礼，**遥请**众僧。圣众飞来，凡二十万。”按：《汉语大词典》失收。

【薬師/やくし】 后缀　（11例）①药工、医师之古称。《日本灵异记》中卷《女人大蛇所婚赖药力得全命缘第41》：“父母见之，请召**药师**，娘与蛇俱载于同床，归家置庭。”（p. 250）②药师佛。《奈良朝写经10·法华经玄赞卷第3》：“祇图写**药师**、弥勒菩萨合一铺［七躯］。”（p. 83）③药师寺的略称。《续日本纪》卷2《文武纪》大宝元年七月条：“戊戌，太政官处分：‘造宫官准职。造大安、**药师**二寺官准寮。造塔、丈六二官准司焉。’”（第一册，p. 42）又卷3《文武纪》大宝三年正月条：“丁卯，奉为太上天皇，设斋于大安、**药师**、元兴、弘福四寺。”（第一册，p. 64）又卷12《圣武纪》天平七年五月条："己卯，于宫中及大安、**药师**、元兴、兴福四寺，转读《大般若经》。为消除灾害，安宁国家也。"（第二册，p. 290）又卷16《圣武纪》天平十七年五月条："乙丑，地震。于大安、**药师**、元兴、兴福四寺，限三七日，令读《大集经》。"（第三册，p. 10）又卷16《圣武纪》天平胜宝元年五月条："癸丑，诏：'舍大安、**药师**、元兴、兴福、东大五寺，各絁五百匹、棉一千屯、布一千端、稻一十万束、垦田地一百町。'"（第三册，p. 80）又卷17《孝谦纪》天平胜宝元年七月条："乙巳，定诸寺垦田地限。大安、**药师**、兴福、大倭国法华寺、诸国分金光明寺，寺别一千町。"（第三册，p. 88）又卷31《光仁纪》宝龟二年八月条："己卯，初令所司铸僧纲及大安、**药师**、东大、兴福、新药、元兴、法隆、弘福、四天王、崇福、法华、西隆等寺印，各颁本寺。"（第四册，p. 348）③如来药师的略称。《续日本纪》卷15《圣武纪》：天平十六年十二月条："壬辰，令天下诸国，**药师**悔过七日。"（第二册，p. 450）又卷16《圣武纪》天平十七年九月条："又令京师、畿内诸寺及诸名山，净处行**药师**悔过之法。"（第三册，p. 16）按："药师悔过"，又作药师忏。以药师如来为本尊而行忏悔罪障之修法。悔过，意为忏悔罪过；即于佛前忏悔自己身、口、意所造之罪过，以求得福利之行事。悔过法依所修之本尊不同而有多种，其中以药师如来为本尊而修法者，称为药师悔过。

【薬師仏木像/やくしぶつのきのみかた】 多音 （3例） 药师佛木雕像。《日本灵异记》中卷《**药师佛木像**流水埋沙示灵表缘第39》："沙底有音。思埋死人之苏还也。堀见有**药师佛木像**，高六尺五寸，左右耳缺。"（p. 245）又下卷《二目盲女人归敬**药师佛木像**以现得明眼缘第11》（p. 288）

【薬師仏像/やくしぶつのみかた】 四字 （3例） 药师佛像。《日本书纪》卷30《持统纪》："秋七月壬子朔，付赐陆奥虾夷沙门自得所请金铜**药师佛像**，观世音菩萨像各一躯，钟、娑罗、宝帐、香炉、幡等物。"（第三册，p. 496）《日本灵异记》下卷《二目盲女人归敬药师佛木像以现得明眼缘第11》："使子控手，迄于其堂，向**药师佛像**，顾眼而曰：'非惜我命，一惜我子命。一旦亡二人之命也。愿我赐眼。'"（p. 288）《续日本纪》卷16《圣武纪》天平十七年九月条："甲戌，令播磨守正五位上阿倍朝臣虫麻吕奉币帛于八幡神社。令京师及诸国写大般若经合一百部，又造**药师佛像**七躯，高六尺三寸。"（第三册，p. 16）唐阿地瞿多译《陀罗尼集经》卷2《释迦佛顶三昧陀罗尼品》："是法印咒，若有人等，多诸罪障，及诸妇女，难月产厄，愿欲转祸求福，并患鬼神，病难差者，以五色线，而作咒索，用系病人，项及手足、腰腹等处，仍教令作，**药师佛像**一躯，写药师经一卷，造幡一口，以五色成，四十九尺。又复教然，四十九灯，灯作七层，形如车轮，安置像前。"

【薬師経/やくしきょう】 内典 （7例） 《药师琉璃光如来本愿功德经》的略称。《日本书纪》卷29《天武纪》朱鸟元年五月条："癸亥，天皇始体不安，因以于川原寺

说《药师经》，安居于宫中。”（第三册，p. 460）《日本灵异记》下卷《刑罚贱沙弥乞食以现得顿恶死报缘第33》：“有一自度，字曰伊势沙弥也。诵持《药师经》十二药叉神名，历里乞食。”（p. 347）又《怨病忽婴身因之受戒行善以现得愈病缘第34》：“忠仙见之此病相惆，看病咒护，发愿言：‘为愈是病，奉读《药师经》《金刚般若经》各三千卷，《观世音经》一万卷，《观音三昧经》一百卷也。’历十四年，奉读《药师经》二千五首卷，《金刚般若经》千卷，《观世音经》二百卷。唯《千手陀罗尼》，无间诵之也。”（p. 350）《续日本纪》卷8《元正纪》养老四年八月条：“壬午，令都下四十八寺一日一夜读《药师经》。免官户十一人为良，除奴婢一十人从官户。为救右大臣病也。”（第二册，p. 76）又卷18《孝谦纪》天平胜宝二年四月条：“辛酉，敕‘比来之间，缘有所思，归《药师经》，行道忏悔。’”（第三册，p. 104）又卷32《光仁纪》宝龟四年十一月条：“是以，比日之间，依《药师经》，屈请贤僧，设斋行道。”（第四册，p. 416）唐道宣撰《续高僧传》卷30：“依《药师经》七日行法，至于三夕觉游光照身。自尔志性非恒，言辄诣达。岂非垂天托人寄范弘释者也。”《北史》卷84《张元传》：“及（张）元年十六，其祖丧明三年。元恒忧泣，昼夜读佛经，礼拜以祈福佑。后读《药师经》，见‘盲者得视’之言。遂请七僧，然七灯，七日七夜转《药师经》行道。每言：‘天人师乎！元为孙不孝，使祖丧明。今以灯光普施法界，愿祖目见明，元求代暗。’如此经七日，其夜梦见一老翁，以金鎞疗其祖目，于梦中喜跃，遂即惊觉。乃遍告家人。三日，祖目果明。”（p. 2834）辽非浊集《三宝感应要略录》卷2：“唐谢敷姓张氏，顿得重病。其妻妾请众僧，七日七夜，读诵《药师经》。满夜敷梦，有众僧以经卷覆身上，觉后平复如故。自谓经功力矣。”按：据《佛教哲学大词典》所说，译本有四种。1. 东晋帛尸梨蜜多罗译《佛说灌顶拔除过罪生死得度经》1卷；2. 隋达磨笈多译《药师如来本愿经》1卷；3. 唐玄奘译《药师琉璃光如来本愿功德经》1卷；4. 唐义净译《药师琉璃光七佛本愿功德经》2卷。通常，《药师经》是指玄奘所译，是佛对文殊菩萨讲说药师如来功德的一部经。首先讲说东方世界有药师琉璃光如来，以前行菩萨道时，起十二大愿，利益众生，然后说供养药师如来可免七难，国家得以安泰。

【薬師瑠璃光仏/やくしるりこうぶつ】 佛名 简称药师佛，是东方净琉璃国的教主。此佛在行菩萨道时，曾发十二大愿，其中第七愿，愿成佛时，若诸有情，众病逼切，无救无归，无医无药，无亲无家，贫穷多苦，一闻其名号，众病悉除，身心安乐，家属资具，悉皆丰足乃至成佛，故名“药师”。又第二愿，愿成佛时，身如琉璃，内外明彻，净无瑕秽，光明广大，过于日月，故名“琉璃光”。《续日本纪》卷19《孝谦纪》天平胜宝六年十一月条：“戊辰，敕：‘朕以至款奉为二尊御体平安，宝寿增长，一七之间，屈四十九僧，归依**药师琉璃光佛**，恭敬供养。’”（第三册，p. 150）

【薬師如来/やくしにょらい】 佛名 即“药师琉璃光如来”。亦称“大医王佛”“医王善逝”，东方净琉璃世界的教主，于修行菩萨道时，欲治一切众生的病源、病根，

而发十二大愿的佛。说于《药师经》。《奈良朝写经 19 · 灌顶随愿往生经》：“爰为二郎，敬造自愿**药师如来**、侠侍观世音菩萨，追福日光遍照、月光遍照菩萨等像一铺，并写《随愿往生经》一卷。”（p. 129）唐窥基撰《药师琉璃光如来本愿功德经》卷 1：“若是女人，得闻世尊**药师如来**名号，至心受持，于后不复更受女身。”唐道宣撰《广弘明集》卷 28：“游甚深之法性，入无等之正觉，行愿圆满如**药师如来**。”

【薬師如来木像/やくしにょらいのきのみかた】 多音　药师如来木像。《日本灵异记》下卷《二目盲女人归敬药师佛木像以现得明眼缘第 11》：“诺乐京越田池南蓼原里中蓼原堂，在**药师如来木像**。”（p. 288）

【薬師寺/やくしじ】 寺名 （19 例）　药师寺。《日本书纪》卷 29《天武纪下》九年十一月条：“癸未，皇后体不豫。则为皇后誓愿之，初兴**药师寺**。仍度一百僧。由是得安平。”（第三册，p. 402）又卷 30《持统纪》元年正月条：“二年春正月庚申朔，皇太子率公卿百寮人等适殡宫而恸哭焉。辛酉，梵众发哀于殡宫。丁卯，设无遮大会于**药师寺**。”（第三册，p. 484）又十一年七月条：“癸亥，公卿百寮设开佛眼会于**药师寺**。”（第三册，p. 560）《日本灵异记》中卷《骂僧与邪淫得恶病而死缘第 11》：“圣武天皇御世，纪伊国伊刀郡桑原之狭屋寺尼等发愿，于彼寺备法事，请奈良右京**药师寺**僧题惠禅师，字曰依网禅师。”（p. 177）又下卷《二目盲男敬称千手观音日摩尼手以现得明眼缘第 12》：“昼坐**药师寺**于正东之门，披敷布巾，称礼日摩尼手之名。”（p. 290）《续日本纪》卷 1《文武纪》二年十月条：“冬十月庚寅，以**药师寺**构作略了，诏众僧令住其寺。”（第一册，p. 12）又卷 9《元正纪》养老六年七月条：“然以居处非一，法务不备，杂事荐臻，终违令条。宜以**药师寺**常为住居。’”（第二册，p. 120）又卷 9《圣武纪》神龟三年八月条：“八月癸丑，奉为太上天皇，造写释迦像并《法华经》讫。仍于**药师寺**设斋焉。”（第二册，p. 170）又卷 16《圣武纪》天平十七年五月条：“辛酉，地震。遣大膳大夫四位下栗栖王于平城**药师寺**，请集四大寺众僧，问以何处为京。”（第三册，p. 8）又卷 17《圣武纪》天平胜宝元年二月条：“二月丁酉，大僧正行基和尚迁化。和尚，**药师寺**僧。”（第三册，p. 60）又卷 19《孝谦纪》天平胜宝六年十一月条：“甲申，**药师寺**僧行信，与八幡神宫主神大神朝臣多麻吕等，同意厌魅。下所司推勘，罪合远流。于是，遣中纳言多治比真人广足，就**药师寺**宣诏，以行信配下野药师寺。”（第三册，p. 150）又天平胜宝八年六月条：“丙甲，六七，于**药师寺**设斋焉。”（第三册，p. 164）又天平胜宝八年十二月条：“中纳言从三位朝臣麻路、少纳言从五位上石川朝臣名人于**药师寺**。”（第三册，p. 170）又卷 23《淳仁纪》天平宝字四年十二月条：“戊寅，**药师寺**僧华达，俗名山村臣伎波都。与同寺僧范曜，博戏争道，遂杀范曜。还俗配陆奥国桃生栅户。”（第三册，p. 368）又天平宝字五年八月条：“甲子，高野天皇及帝幸**药师寺**礼佛，奏吴乐于庭，施棉一千屯。”（第三册，p. 386）又卷 28《称德纪》神护景云元年三月条：“癸亥，幸**药师寺**，舍调棉一万屯，商布一千段。”（第四册，

p. 156）又卷 30《称德纪》宝龟元年八月条："乙巳，二七。于药师寺诵经。"（第四册，p. 296）又宝龟元年九月条："丙寅，五七，于药师寺设斋焉。"（第四册，p. 304）又卷 31《光仁纪》宝龟二年五月条："戊申，近卫勋六等药师寺奴百足赐姓三岛部。"（第四册，p. 344）

【薬師寺宮/やくしじ のみや】 地名 （2 例） 圣武天皇的临时御所，设在药师寺院内。《续日本纪》卷 17《圣武纪》天平胜宝元年闰五月条："丙辰，天皇迁御药师寺宫，为御在所。"（第三册，p. 82）又卷 18《孝谦纪》天平胜宝二年正月条："戊辰，天皇从大郡宫移御药师寺宫。"（第三册，p. 102）

【薬師像/やくし のみかた】 三字 药师像。《法隆寺金堂药师佛光背铭》："池边大宫治天下天皇，大御身劳赐时，岁次丙午年，召于大王天皇与太子而誓愿赐：'我大御身病太平欲坐故，将造寺药师像作仕奉。'诏。"唐不空译《药师如来念诵仪轨》卷 1："是法印咒，能灭一切苦恼。若有人等，多诸罪障，及诸妇女，愿欲转祸，依教作药师像一躯，写《药师经》一卷，造幡四十九灯作七层形如车轮，安置像前，五色作索，以印柱之，四十九结系彼人身。又转《药师经》四十九卷。所有罪障皆得解脱，寿命延长不遇横苦即得安稳，鬼神之病，并即除愈。"辽非浊集《三宝感应要略录》卷 1《第 24 贫人以一文铜钱供养药师像得富贵感应（出冥志记）》："唐边州有贫人，孤独自活。家内唯有，一文铜钱。女人思惟：'此钱不可为，一生资粮，当供佛像。'即往伽蓝，供养药师灵像。经七日住邻县有富家，其妇顿死，更求他女。良久不得随情。更祈请同寺像，梦所感以彼孤女为妇，共得福寿，生三男二女。皆谓佛力矣。"

【薬王寺/やく おうじ】 寺名 （3 例） 位于和歌山市药胜寺。《日本灵异记》中卷《贷用寺息利酒不偿死作牛役之偿债缘第 32》："圣武天皇世，纪伊国名草郡三上村人，为药王寺，率引知识，息晋药分，药王寺，今谓势多寺也。其药料物，寄乎冈田村主姑女之家，作酒息利。时有斑犊，入药王寺，常伏塔基。寺人摈出，又犹还来而伏不避。"（p. 231）

【薬院～悲田～/やく いん～ひでん～】 对偶 古代日本佛教施药救济贫穷病人之设施。乃依《像法决疑经》之四福田（敬田、施药、疗病、悲田）思想而建立的四院之一。相传此院系圣德太子始创于四天王寺内。奈良时代之天平二年（730），光明皇后亦曾设置施药院。平安时代，在左京也设有此院。《续日本纪》卷 21《淳仁纪》天平宝字二年八月条："大慈至深，建药院而普济，弘愿潜运，设悲田而广救。"（第三册，p. 270）唐徐灵府撰《天台山记》卷 1："东北连丹霞洞，洞有葛仙公练丹之初所也。宅中多植灵苑翠柽修篁，其卉曲池环沼。药院丹炉，斯亦炼化之奇景也。"宋志盘撰《佛祖统纪》卷 28："李秉，绍兴中官也，领御药院。"→【施薬】【施薬院】

【要訖/むすびをはる】 完成 约好。商量完。《日本书纪》卷 24《皇极纪》三年

正月条："中臣镰子连自往媒要讫。而长女所期之夜，被偷于族。"（第三册，p. 86）姚秦鸠摩罗什译《众经撰杂譬喻》卷2："众人要讫，乘风入海到宝渚，各行采宝。"按：《汉语大词典》失收。

【要須/かならず】 并列 （7例） 必须，需要。"要""须"都是助动词，同义连用。《日本书纪》卷18《安闲纪》元年十月条："夫我国家之王天下者，不论有嗣无嗣，要须因物为名。请为皇后次妃建立屯仓之地，使留后代令显前迹。"（第二册，p. 336）又卷19《钦明纪》十八年八月条："要须道理分明应教，纵使能用耆老之言，岂至于此。请悛前过，无劳出俗。"（第二册，p. 440）又卷20《钦明纪》十二年是岁条："复遣阿倍目臣、物部贽子连、大伴糠手子连而问国政于日罗。日罗对言：'天皇所以治天下政，要须护养黎民。何遽兴兵，翻将失灭？'"（第二册，p. 482）又卷25《孝谦纪》大化二年三月条："夫君于天地之间而宰万民者，不可独制，要须臣翼。由是代代之我皇祖等，共卿祖考俱治。"（第三册，p. 138）又卷30《持统纪》二年二月条："乙巳，诏曰：'自今以后每取国忌日要须斋也。'"（第三册，p. 484）《续日本纪》卷10《圣武纪》天平元年十一月条："纵有听许，为民要须者，先给贫家。"（第二册，p. 226）又卷21《淳仁纪》天平宝字二年八月条："刑部省，穷鞫定罪，要须用义。故改为义部省。"（第三册，p. 286）（1）失译人名今附后汉录《分别功德论》卷5："阿难教此弟子：'汝至师子渚国，兴显佛法。彼国人与罗刹通，要须文字，然后交接。'"东晋瞿昙僧伽提婆译《增壹阿含经》卷22："是时，世尊告曰：'若有朽故之衣，要须浣之乃净。极盛欲心，要当观不净之想，然后乃除。'"隋阇那崛多译《佛本行集经》卷6《上托兜率品》："护明菩萨报金团言：'实如汝语，然汝要须，为我选觅，一刹帝力，清净之家，堪我生处。'"（2）《魏志》卷14《蒋济传》："天下未宁，要须良臣以镇边境。"（p. 451）《齐民要术》卷7《造神曲并酒》："满二石米以外，任意斟裁。然要须米微多，米少酒则不佳。"（p. 645）

【～耶以不/～やいなや】 自创 （3例） （问道：）"是否……呢？"《日本书纪》卷2《神代纪下》："其地有一人，自号事胜国胜长狭。皇孙问曰：'国在耶以不？'对曰：'此焉有国，请任意游之。'故皇孙就而留住。"（第一册，p. 120）又："时二神降到出云，便问大己贵神曰：'汝将此国，奉天神耶以不？'对曰：'吾儿事代主，射鸟遨游在三津之碕。今当问以报之。'"（第一册，p. 128）又："既而二神降到出云五十田狭之小汀，而问大己贵神曰：'汝将以此国，奉天神耶以不？'对曰：'疑汝二神，非是吾处来者。故不须许也。'"（p. 134）按："耶以不"为"以不"的变体形式，是"和习"表达。→【～以不】

【業報所招/ごうほうのをくところなり】 所字 业因与果报所导致。《万叶集》卷5《沉疴自哀文》："其寿夭者业报所招，随其修短而为半也。"（第二册，p. 77）唐李通玄撰《新华严经论》卷35："皮肤金色者，智净心安，素白无垢，慈悲利物，业报所招。"

→【宿業】【宿業所招】

【業尽/ごう つく】 主谓 善恶行为的造作所招感的报应都已经完结。《元兴寺伽蓝缘起并流记资财账》:“百济国正明王上启云:‘万法之中佛法最上也。’是以天皇并大臣闻食之宣:‘善哉!’则受佛法,造立倭国。然天皇大臣等受报**业尽**。”东晋瞿昙僧伽提婆译《中阿含经》卷39《梵志品》:“婆私咤,有时此世,还复成时,若有众生,生晃昱天,寿尽**业尽**,福尽命终,生此为人,生此间已,妙色意生,一切支节,诸根具足,以喜为食,自身光明,升于虚空,净色久住。”刘宋求那跋陀罗译《杂阿含经》卷35:“若人有所知觉,彼一切本所作因,修诸苦行,令过去**业尽**,更不造新业,断于因缘,于未来世,无复诸漏。诸漏尽故**业尽**,**业尽**故苦尽,苦尽者究竟苦边。”隋瞿昙法智译《佛为首迦长者说业报差别经》卷1:“‘复有业能令众生**业尽**而命不尽’:若有众生,乐尽受苦,苦尽受乐等,是名**业尽**,而命不尽。”按:《汉语大词典》失收。

【業因缘/ごう のいんねん】 三字 善恶业缘。《日本灵异记》中卷《女人大蛇所婚赖药力得全命缘第41》:“其神议者,**从业因缘**。或生蛇马牛犬鸟等,先由恶契,为蛇爱婚,或为怪畜生。爱欲非一。”(p.251)姚秦鸠摩罗什译《大庄严论经》卷1:“一切受生,识为种子,入母胎田,爱水润渍,身树得生,如胡桃子,随类而生,此阴造业,能感后阴,然此前阴,不生后阴,以**业因缘**故,便受后阴,生灭虽异,相续不断。”又《摩诃般若波罗蜜经》卷2《往生品》:“是菩萨以天眼见众生死时生时、端正丑陋、恶处好处、若大若小。知众生**随业因缘**,是诸众生,身恶业成就、口恶业成就、意恶业成就故,谤毁贤圣人,受邪见因缘故,身坏堕恶道,生地狱中。”北凉昙无谶译《大般涅槃经》卷3《寿命品》:“复入地狱、饿鬼、畜生、阿修罗等一切诸趣,拔济是中,苦恼众生,脱未脱者,度未度者,未涅槃者,令得涅槃,安慰一切,诸恐怖者。以如是等,**业因缘**故,菩萨则得,寿命长远,于诸智慧,而得自在,随所寿终,生于天上。”

【夜半之時/よなかのときに】 时段 (2例) 深更半夜的时候。《古事记》中卷《崇神记》:“于是有神壮夫,其形姿威仪,于时无比。**夜半之时**,儵忽到来。”(p.184)《日本书纪》卷26《齐明纪》五年七月条:“(《伊吉连博德书》)十六日**夜半之时**,吉祥连船,行到越州会稽县须岸山。”(第三册,p.224)(1)西晋竺法护译《正法华经》卷1:“即寻于此,**夜半之时**,便取灭度。”隋阇那崛多译《佛本行集经》卷15《净饭王梦品》:“我于昨夕,**夜半之时**,见如是等,七种梦相。”唐实叉难陀译《大方广入如来智德不思议经》卷1:“文殊师利,如满月轮,**夜半之时**,阎浮提中,一切众生,各见月轮,在其前现。是月未曾,作念分别:‘令诸众生,各睹我现。’”(2)《旧唐书》卷33《历2》:“太极上元,岁次乙巳,十一月甲子朔旦冬至之日,黄钟之始,**夜半之时**,斗衡之末建于子中,日月如合璧,五星若连珠,俱起于星纪牵牛之初踪。”(p.1219)《全唐文》卷899邱光庭《论气水相周日月行运》:“若日夜入于水,则星月无由明矣。故知日居元气之内，光常周遍于天。虽当**夜半之时**，天中亦不昏黑。”（p. 9385）按：《崇神记》中的上引段落由较为纯正的汉文写成，这里出现较为规范的四字语句亦属自然。→【半夜時】【每夜半】【是日夜半】

【夜別/よごとに】 后缀 每夜，每天晚上。《日本灵异记》上卷《得雷之憙令生子强力在缘第3》：“然后，少子作于元兴寺之童子。时其寺钟堂童子，**夜别**死。”（p. 65）唐阿地瞿多译《陀罗尼集经》卷2《佛说作数珠法相品》：“又著一两盘饼果供养。又复**夜别**各然七灯，作是相珠一百八颗。”唐道宣撰《续高僧传》卷9：“及至塔寺，**夜别**放光。乃照一寺，与昼无别。”唐不空译《圣迦柅忿怒金刚童子菩萨成就仪轨经》卷2：“以熏陆香，护摩七夜，**夜别**诵真言，一千八遍，一遍一掷火中，即得伏藏。”→【竟夜不寝】【寐夜】【一夜之間】

【夜来昼去/よるきたりてひるかへる】 时段 晚间来到白天离开。《常陆国风土记・那贺郡》条：“时妹在室。有人，不知姓名，常就求婚，**夜来昼去**，遂成夫妇，一夕怀妊。至可产月，终生小蛇。”（p. 404）唐义净译《根本说一切有部毘奈耶杂事》卷29：“王复念曰：‘宫女非贞，已亏盟誓。若令住此，必行非法。’后因金翅鸟来，王即具告其事：‘弟宜昼日，将我妇去，安海洲上，夜可持来。’答言：‘善好！’遂便以妇，付与金翅。如其言契，**昼去夜来**。”

【夜裏/よのうち】 后缀（4例） 从天黑到天亮的一段时间。《万叶集》卷17第3978～3982首歌注：“右三月二十日**夜里**，忽兮起恋情作。”（第四册，p. 195）又第3988首歌题：“四月十六日**夜里**，遥闻霍公鸟喧，述怀歌一首”（第四册，p. 198）又卷19第4146～4147首歌题：“**夜里**闻千鸟喧歌二首”（第四册，p. 297）《肥前国风土记・神埼郡》条：“天皇敕曰：‘**夜里**御寐，甚有安稳。此村可谓天皇御寐安村。’因名御寐，今改寐字为根。”（p. 322）（1）隋阇那崛多译《佛本行集经》卷44《布施竹园品》：“此之竹园，近于城隍，还往稳便，来去不疲。平坦易行，众人所乐，欲求利益，易得不难。兼少蚊虻，毒虵蝮蝎，昼日寂静，无人去来，**夜里**少声，兰若亦得，欲近城池，来去无碍，堪为善人，修道之处。”唐不空译《末利支提婆华鬘经》卷1：“又若畜生，遇时气病者，于城正中央，然谷树火，以牛乳火烧，并咒即差。**夜里**应作此法。其明日午时，还烧谷树火，取白芥子油与白芥子相和，火烧一千八遍，并咒即差。”唐义净译《成唯识宝生论》卷2：“若眠于**夜里**，见日北方生。参差梦时处，如何有定心。”《敦煌变文・维摩诘经讲经文（二）》：“不引家童，行李乃宛然依旧。含风白发，窣地长衫，抬头如半**夜里**（里）行，动足似仙株老桧。”（2）《校编全唐诗》刘宪《奉和七夕宴两仪殿应制》：“殿上呼方朔，人间失武丁。天文兹**夜里**，光映紫微庭。”（p. 271）按：《汉语大词典》例引《儒林外史》第16回：“太公**夜里**要出恭，从前没人服侍，就要忍到天亮。”偏晚。如上引诸例所示，“夜里”是隋唐以后产生的口语词。

【一把土/いちわのひぢ】 口语 今义同。“把”，用作量词。《续日本纪》卷15

《圣武纪》天平十五年十月条："如更有人，情愿持一枝草**一把土**助造像者，恣听之。"（第二册，p. 432）失译人名今附后汉录《分别功德论》卷 3："道人曰：'汝本作童子时，以**一把土**上佛。佛受咒愿言：'汝后当王阎浮提，作铁轮王，名阿育。一日之中，当起八万四千佛图。'"刘宋求那跋陀罗译《杂阿含经》卷 21："若能息有觉有观者，亦能以绳系缚于风；若能息有觉有观者，亦可以**一把土**断恒水流。我于行、住、坐、卧智见常生。"唐菩提流志译《大宝积经》卷 73《界差别品》："大王，譬如大猛风轮起，以**一把土**，随风散之，乃至微尘，亦不可见。"

【一摶食/ひとまろかしのくひもの】 自创　一把食物。形容量少。《日本灵异记》下卷《序》："既入末劫，何弗仂矣。喃泛言恻，那免劫灾？唯资施众僧**一摶食**，于修善之福而不逢当来饥馑之灾苦。"（p. 260）后晋可洪撰《新集藏经音义随函录》卷 10："**一摶**：徒官反。丸也。物在手也。"

【一闡提/いっせんだい】 典据　梵语 icchantika 的译音，"一阐提迦"的简称。极难成佛的意思，有两种：起大邪见，断一切善根者，名断善阐提；大悲菩萨，发愿众生度尽，方成佛道，而众生至多，故亦成佛无期者，名大悲阐提。《日本灵异记》中卷《佛铜像盗人所捕示灵表显盗人缘第 22》："又彼经三十三卷云：'**一阐提**辈，永断灭故，以是义故，杀害蚁子，犹得杀罪。杀**一阐提**，无有杀罪。'者，其斯谓之矣。"（p. 207）北凉昙无谶译《大般涅槃经》卷 33《迦叶菩萨品》："而**一阐提**辈，永断灭故，以是义故，杀害蚁子，犹得杀罪。杀一阐提，无有杀罪。"

【一乘/いちじょう】 偏正　（2 例）　唯一能令人成佛的教法。乘是车乘，以喻佛的教法，教法能乘载人至涅槃的彼岸，所以叫作乘。《奈良朝写经 14・七知经》："由是，仰凭三宝，归依**一乘**，敬写一切经，卷轴已讫。"（p. 108）《奈良朝写经 52・大唐内典录卷第 10》："原夫，**一乘**发轫，驰鹿苑之微言；六宗分镳，振龙宫之秘册。"（p. 312）东晋法显译《普曜经》卷 1《论降神品》："舍众殃蠹弃众邪见，一切诸释渴仰**一乘**。"姚秦鸠摩罗什译《妙法莲华经》卷 1《方便品》："十方佛土中，唯有**一乘**法，无二亦无三。除佛方便说。"北凉昙无谶译《佛所行赞》卷 5《离车辞别品》："于此四境界，思惟正观察，此则**一乘**道，众苦悉皆减。"

【一乘经/いちじょうきょう】 内典　指《法华经》。该经以阐明一乘教法为旨，故称。《日本灵异记》下卷《如法奉写〈法华经〉火不烧缘第 10》："赞曰：'贵哉！榎本氏。深信积功，写**一乘经**。护法神卫，火呈灵验。是不信人改心之能谈。邪见人辍恶之颖师矣。'"（p. 286）后魏勒那摩提译《妙法莲华经论优波提舍》卷 1《序品》："十四名说**一乘经**者，此法门显示如来阿耨多罗三藐三菩提究竟之体，二乘非究竟故。"该例亦见于后魏菩提留支、昙林等译《妙法莲华经忧波提舍》卷 1《序品》、隋吉藏撰《法华玄论》卷 2 等。

【一乘之行/いちじょうのおこなひ】 四字　菩萨的行为。《奈良朝写经未收 7－1・大般若经卷第 421》："是以，改造洪桥，花影禅师，四弘之愿，发于宝椅。**一乘之行**，继于般若。"（p. 504）北凉昙无谶译《大方等无想经》卷 5《增长健度》："智聚光佛，寿十五中劫，为诸弟子，开三乘教。虽开三乘，多说菩萨，**一乘之行**。"唐栖复集《法华经玄赞要集》卷 1："华者美谓之华，华好菩萨所修**一乘之行**独胜故，名之曰华。"又卷 24："言故说三车（至）行者，令知羊鹿，二车为权，牛车是实，合识三中，牛车是**一乘之行**。"

【一乘之宗/いちじょうのむね】 四字　佛乘的宗旨。《奈良朝写经 66・大般若经卷第 176》："是以，大法师讳行信，平生之日，至心发愿，敬写法华**一乘之宗**，金鼓灭罪之文，般若真空之教，瑜伽五分之法，合贰千七百卷经论。"（p. 403）唐慧立本、彦悰笺《大唐大慈恩寺三藏法师传》卷 6："沙门玄奘言：'窃闻八正之旨，实出苦海之津梁，**一乘之宗**，诚升涅槃之梯蹬。'"该例亦见于唐冥详撰《大唐故三藏玄奘法师行状》卷 1。

【一代教文/いちだいのみをしへのふみ】 四字　（释尊）一生讲经说法的内容。《日本灵异记》下卷《序》："今探是贤劫尺迦**一代教文**，有三时：一正法五百年；二像法千年；三末法万年。"（p. 259）唐湛然述《法华文句记》卷 3《释序品》："鹿苑初闻，一向唯小，五等尚昧，般若犹生。虽楞伽方等有记小之言，楞伽乃密对菩萨，方等为斥夺声闻，故**一代教文**彰灼唯此。"宋知礼撰《四明十义书》卷 2："荆溪云：'使**一代教文**融通入妙，偏小之法，尚皆融妙。因何十种，圆教三法，却不以法性融之？'"

【一灯燃百千灯、瞑者皆明明不絶/いちとうをひゃくせんとうにともすがごとし。くらきものはみなめいめいとしてたへず】 典据　就像点燃一根蜡烛，就能点燃百千万根蜡烛。在它们所触及的范围，黑暗能变成光明，这种光明不会有穷尽的时候。《唐大和上东征传》："如佛所言，我诸弟子展转行之，即为如来常在不灭；亦**如一灯燃百千灯，瞑者皆明明不绝**。"（p. 95）吴支谦译《佛说维摩诘经》卷 1《菩萨品》："维摩诘言：'诸姊，有天名曰无尽，常开法门，当从彼受。何谓无尽，开法门者？譬**如一灯燃百千灯，冥者皆明，明终不尽**。如是，诸姊，夫一菩萨，以道开导，百千菩萨，其道意者，终不尽耗，而复增益。于是功德不以导彼彼故而有尽耗，是故名曰无尽常开法门。'"该例亦见于姚秦鸠摩罗什译《维摩诘所说经》卷 1《菩萨品》。

【一家云/あるひといへらく】 三字（3 例）　一种说法认为，一种观点认为。《播磨国风土记・贺古郡》条："**一家云**：所以号印南者，穴门丰浦宫御宇天皇，与皇后，俱欲平筑紫久麻曾国。下行之时，御舟宿于印南浦。此时，沧海甚平，风波和净。故名曰入浪。"（p. 24）又《神前郡》条："**一家云**：品太天皇，巡行之时，造宫于此冈，敕云：'此土为埴耳。'故曰埴冈。"（p. 94）又《托贺郡》条："**一家云**：昔丹波与播磨界国之时，大瓮掘埋于此土，以为国境。故曰瓮坂。”（p. 106）（1）晋慧连撰《肇论疏》卷1：“今此一文，二家诤之。一家执此文云：不遵佛尽法性，故知金刚尽也。一家云：尽法性者，唯佛是也。”隋吉藏撰《金刚般若疏》卷4：“一家云：此经在大品初说以此文为证，既云未曾闻般若，故知在前。”唐法藏述《华严经探玄记》卷18：“初叙古中诸说极多，难以备举，且叙一二。一家云：此中知识有四十五人，后文殊不立，只有四十四人。”（2）梁宝亮等集《大般涅槃经集解》卷52：“第一家云：六识初造缘，当于心位。然贪瞋用起，要在行阴前识心之时，既未有贪，云何言系下？便引八事来，证成心无系义。第二家执言：贪亦是有，明贪瞋乃至解脱，悉一时并有，事如束竹，但用有前后，故不作二种譬来证也。第三家执：从譬如钻火下去，明众缘中，各有少注贪，如五缘生眼识，一一缘中。尽有识性用，要聚合共生贪也。第四家执言：心亦不定贪与解脱，为自性，悉不从因缘。”隋吉藏撰《大品经游意》卷1：“般若义，释论出八家：第一家云，无漏为般若。成论主所用也；第二家云，有漏为般若，数家所用。何者？见有得道故也；第三家云，有漏无漏，合为般若；第四家云，因中智慧，是般若故。经在因名般若，果萨般若也；第五家云，无漏无为不可见无对般若；第六家云，离有无四句，为般若；第七家云，前六并是也；第八家云，前六中，唯第六家所说解是也。龙树菩萨唯出八家而已，不复简是非也。”

【一覚/いっかく】 偏正　即一悟，一次性觉察到自己已经成佛。《唐大和上东征传》淡海元开《初谒大和上二首并序》：“弟子浪迹嚣尘，驰心真际，奉三归之有地，欣一觉之非遥。欲赞芳猷，聊奋弱管云尔。”（p. 98）北凉失译人名《金刚三昧经》：“诸佛如来，常以一觉，而转诸识，入庵摩罗。”梁真谛译《大乘起信论》卷1：“以无念等故，而实无有，始觉之异，以四相俱时，而有皆无自立，本来平等，同一觉故。”

【一両年間/ひとふたとせのあひだに】 时段　一两年时间之内。《续日本纪》卷8《元正纪》养老二年四月条：“始者老少窃怨骂之。及收其实，莫不悦服。一两年间，国中化之。”（第二册，p. 42）（1）唐义净撰《梵语千字文》卷1《梵语千字文并序》：“为欲向西国人，作学语样，仍各注中，梵音下题汉字；其无字者，以音正之，并是当途要字。但学得此，则余语皆通，不同旧千字文。若兼悉昙、章读梵本，一两年间，即堪翻译矣。”（2）《旧唐书》卷2《本纪第2》：“太宗独曰：‘霍去病，汉廷之将帅耳，犹且志灭匈奴。臣忝备藩维，尚使胡尘不息，遂令陛下议欲迁都，此臣之责也。幸乞听臣一申微效，取彼颉利。若一两年间不系其颈，徐建移都之策，臣当不敢复言。’”（p. 29）

【一七/いちしち】 时段（2例）“一七日”的略称。指人死之后的第一个七天，即第七天斋日。《续日本纪》卷9《圣武纪》神龟二年九月条：“宜令所司，三千人出家入道，并左右京及大倭国部内诸寺，始今月二十三日一七转经。凭此冥福，冀除灾异焉。”（第二册，p. 162）卷30《称德纪》宝龟元年八月条：“是日，自天皇崩，爰登一七，于东西大寺诵经。”（第四册，p. 296）方广锠整理《佛说水月光观音菩萨经》卷1：“第一七斋，写《无常经》一卷。”

【一七箇日/ひとなぬか】 自创 义同“一七”。日语独特的表记法。《续日本纪》卷40《桓武纪》延历八年十二月条：“又敕：‘顷者中宫不予，稍经旬日。虽勤医疗，未有应验。思归至道，令复安稳。宜令畿内七道诸寺，一七个日读诵《大般若经》焉。’”

【一七日/いちしちにち】 时段 （2例） 义同“一七”。《续日本纪》卷16《圣武纪》天平十七年五月条：“己未，地震。令京师诸寺，限一七日，转读《最胜王经》。”（第三册，p. 8）又卷33《光仁纪》宝龟五年二月条：“二月壬申，一七日读经于天下诸国。攘疫气也。”（第四册，p. 420）

【一七日間/いちしちにちのあひだ】 时段 （2例） 从第一日到第七日之间。《续日本纪》卷23《淳仁纪》天平宝字五年六月条：“又舍田十町，于法华寺，每年始自忌日，一七日间，请僧十人，礼拜阿弥陀佛。”（第三册，p. 380）又卷28《称德纪》天平景云元年正月条：“神护景云元年春正月己未，敕：‘畿内七道诸国，一七日间，各于国分金光明寺，行吉祥天悔过之法。’”（第四册，p. 148）

【一七日之間/いちしちにちのあひだに】 时段 与“一七日间”义同。《续日本纪》卷32《光仁纪》宝龟三年十一月条：“丙戌，诏曰：‘顷者，风雨不调，频年饥荒。欲救此祸，唯凭冥助。宜于天下诸国国分寺，每年正月一七日之间，行吉祥悔过，以为恒例。’”（第四册，p. 392）

【一七之間/いちしちのあひだ】 时段 与“一七日间”义同。《续日本纪》卷19《孝谦纪》天平胜宝六年十一月条：“戊辰，敕：‘朕以至款，奉为二尊御体平安，宝寿增长。一七之间，屈四十九僧，归依药师琉璃光佛，恭敬供养。’”（第三册，p. 150）

【一切財物/もろもろのたからもの】 四字 所有的金钱和物品。《日本灵异记》下卷《弥勒菩萨应于所愿示奇形缘第8》：“或献俵稻，或献钱衣及以供上一切财物，奉缮写《瑜伽论》百卷，因设斋会，既而其像奄然不现。”（p. 280）东晋瞿昙僧伽提婆译《中阿含经》卷9《未曾有法品》：“若我如是舍与，如是惠施，一切财物，皆悉竭尽，但使我愿满，如转轮王愿。”姚秦鸠摩罗什译《妙法莲华经》卷2《信解品》：“此实我子，我实其父。今我所有，一切财物，皆是子有，先所出内，是子所知。”

【一切悪行、邪見為因/もろもろのあしきおこなひはじゃけんをもちていんとす】 典据 所有的不善之行，都是因为否定因果道理的不正见解。《日本灵异记》上卷《邪见假名沙弥斫塔木得恶报缘第27》：“如《涅槃经》云：‘一切恶行，邪见为因。’者，其斯谓之矣。”（p. 121）

【一切含（合）霊/いっさいのごんりょう】 四字 （2例） 一切生物。“含灵”，

人及一切具有性情者，即指能从事精神活动的有情者。亦指“众生”。《万叶集》卷5《沉痾自哀文》云：“圣人贤者，**一切含灵**，谁免此道乎？”（第二册，p. 76）《奈良朝写经56・大般若经卷第50等》：“**一切合灵**，亦犹如是。傍及千界，共登波若。”（p. 358）唐玄奘译《大宝积经》卷38：“**一切含灵**于五趣，当得成诸苦乐因。若能转因所转苦，明照善逝如实知。”唐道宣撰《广弘明集》卷27：“敬礼一切禅师律师读诵经典诸行人等，愿**一切含灵**入如是法门，常能总持，广说教化，通达无碍。”高丽一然撰《三国遗事》卷5：“每春秋二季之十日，丛会善男善女，广为**一切含灵**，设占察法会，以为恒规。”按：《万叶集全注》卷5例引《大宝积经》：“三界诸含灵”（p. 224）。不确。

【一切含識有形/いっさいのがんじきとうけい】多音 “含识”，指含有心识之有情众生。“有形”，有形状的、感官能感觉到的。《元兴寺伽蓝缘起并流记资财账》：“信心不绝，修行此法，永世无穷者，愿共**一切含识有形**，普同此福，速令成正觉。”（1）隋那连提耶舍译《大云轮请雨经》卷2：“其诵咒者，于诸众生，恒起慈心，勿生恶念，又愿以此，礼佛念诵，及诸功德，回施**一切**，诸天龙王，并及**含识**，**有形**之类。”唐道世撰《法苑珠林》卷33：“次请三界天众，四海龙王，八部鬼神，**一切含识**，**有形**之类，蠕动之流，并入温室浴。”（2）《全隋文》卷29阙名《邓州舍利塔下铭》：“以此功德，愿四方上下，虚空法界，**一切含识**，幽显生灵，俱免盖缠，咸登妙果。”《唐文续拾》卷11阙名《叶师祖妻造像记》：“愿亡者灵化净境，断除三障，又愿及**一切含识**，俱登正觉。”又阙名《河内摩崖造像记》：“往来三☐，途经佛☐斜连☐义之☐对压丹河之派☐七迹棋☐灵像，爰开粹容，永资礼谒，**一切含识**，同跻觉路。”

【一切経/いっさいきょう】内典（3例） 佛教经典的总称，即“大藏经”，简称“藏经”。《奈良朝写经14・七知经》：“由是，仰凭三宝，归依一乘，敬写**一切经**，卷轴已讫。”（p. 108）《奈良朝写经31・别译杂阿含经卷第10》：“奉为二亲魂路，敬写**一切经**一部。”（p. 232）《奈良朝写经71・十诵律卷第17》：“维神护景云二年，岁在戊申五月十三日景申，弟子谨奉为先圣，敬写**一切经**一部，工夫之庄严竟矣。”（p. 425）

【一切経論及律/いっさいのきょうろんまたりつ】自创 指一切经、论、律。《奈良朝写经3・舍利弗阿毗昙卷第12》：“奉为圣朝恒延福寿，敬写**一切经论及律**，庄严既了。”（p. 15）《奈良朝写经23・十轮经卷第3》：“皇后藤原氏光明子，奉为尊考赠正一位太政太臣府君、尊妣赠从一位橘氏太夫人，敬写**一切经论及律**，庄严既了。”

【一切経律論/いっさいのきょうりつろん】多音（2例） 指一切经、律、论。《奈良朝写经22・道行般若波经卷第5》：“维天平十二年岁次庚辰三月十五日，正三位藤原夫人，奉为亡考赠左大臣府君及见在内亲王郡主发愿，敬写**一切经律论**各一部，庄严已讫。”（p. 167）《奈良朝写经52・大唐内典录卷第10》：“是以，发弘誓愿，奉为四恩，率知识等，敬写**一切经律论**焉。”（p. 312）唐智俨集《华严五十要问答》卷2：

“四者**一切经律论**常说纯说颠倒，但使一切经文内唯说颠倒众生是恶不说是善，故名**一切经律论**常说纯说颠倒。”

【一切経律疏集伝/いっさいのきょうりつそしゅうでん】 多音　指一切经、律、论、注疏、高僧大德集传。《奈良朝写经68·大毘庐遮那成佛神变加持经卷第7》：“天平神护二年十月八日，正四位下吉备朝臣由利奉为天朝奉写**一切经律疏集传**等一部。”（p. 420）

【一切所願、皆使満足/いっさいのしょがん、みなまんじくせしむ】 典据　实现所有愿望使之得以满足。《续日本纪》卷17《圣武纪》天平胜宝元年闰五月条：“所冀太上天皇沙弥胜满，诸佛拥护，法药熏质，万病消除，寿命延长，**一切所愿**，**皆使满足**，令法久住，拔济群生，天下太平，兆民快乐，法界有情，共成佛道。”（第三册，p. 82）唐宝思惟译《观世音菩萨如意摩尼陀罗尼经》卷1：“白檀香、稻谷花（烧稻谷取花）、白芥子（本无白字）酪蜜酥相和，咒一千八遍烧之，以香木然火，才作此已，一切罪障无间皆自消灭，寿命一千岁。一七日烧得寿命二千岁，身得清净永离盖缠。二七日作法，一切男女，无不随伏。三七日作法，三十三天，诸有眷属，并日天等，皆来随伏。**一切所愿**，**皆令满足**。”

【一切有情/いっさいうじょう】 四字　梵语 sarva-sattva 或 sarva-bhūta。指具有生命之一切众生。又作“一切含识”“一切众生”。包括地狱、饿鬼、畜生、修罗、人类、天道等。《奈良朝写经6·瑜伽师地论卷第21》：“天平二年岁次庚午二月十日，飞鸟寺僧贤证，为七世父母、六亲眷属及广无边无际之、与**一切有情**共成佛道，贡敬《瑜伽论》七卷。”（p. 55）唐玄奘译《大般若波罗蜜多经》卷10《赞胜德品》：“自正修行一切智、道相智、一切相智，亦教他修行。是故由此修行般若波罗蜜多诸菩萨摩诃萨，**一切有情**，皆得殊胜，利益安乐。”唐义净译《金光明最胜王经》卷1《如来寿量品》：“诸佛如来，善能了知，**一切有情**非有情，一切诸法皆无性，不正分别，永除灭故，名为涅槃。”

【一切災障/いっさいのさいしょう】 四字　所有的灾祸障害。《续日本纪》卷14《圣武纪》天平十三年三月条：“案经云：‘若有国土讲宣读诵，恭敬供养，流通此经王者，我等四王，常来拥护。**一切灾障**，皆使消殄。忧愁疾疫，亦令除差。所愿遂心，恒生欢喜者。’宜令天下诸国各令敬造七重塔一区，并写《金光明最胜王经》《妙法莲华经》各一部。’”（第二册，p. 388）唐义净译《金光明最胜王经》卷3《灭业障品》：“若有国土，讲宣读诵，此妙经王，是诸国主，我等四王，常来拥护，行住共俱，其王若有，**一切灾障**，及诸怨敌，我等四王，皆使消殄，忧愁疾疫，亦令除差，增益寿命，感应祯祥，所愿遂心，恒生欢喜。我等亦能，令其国中，所有军兵，悉皆勇健。”北周阇那耶舍译《大方等大云经请雨品》卷1：“一切诸天，实行力故，能速灭除，**一切灾障**苦恼，莎波呵。”唐阿地瞿多译《陀罗尼集经》卷10《乌枢沙摩金刚法印咒品》：

"又法为除家内**一切灾障**，每月八日十五日，炭灰二物和酪，咒之一百八遍散宅四方，当宅中立诵咒一千八遍，一切恶鬼，不敢前进。"

【一切衆生/いっさいのしゅじょう】 四字 （2例） 梵语 sarva-sattva 或 sarva-bhūta 译语，指一切生物，即一切有情。"有情"与"众生"同义，"有情"是新译，"众生"是旧译。《日本灵异记》下卷《产生肉团之作女子修善化人缘第19》："尼答之言：'佛平等大悲，故为**一切众生**，流布正教。何故别制我?'因举偈问之，讲师不得偈通。"（p.309）《奈良朝写经1·金刚场陀罗尼经》："岁次丙戌年五月，川内国志贵评内知识，为七世父母及**一切众生**，敬造《金刚场陀罗尼经》一部。"（p.5）后汉康孟详译《佛说兴起行经》卷1："世尊无事不见，无事不闻，无事不知。世尊无双比，众恶灭尽，诸善普备。诸天龙神、帝王、臣民、**一切众生**，皆欲度之。"姚秦鸠摩罗什译《妙法莲华经》卷1："善男子、善女人，**一切众生**，能秉心至诚，持诵佩服，顶礼供养，即离一切苦恼，除一切业障，解一切生死之厄。"唐义净译《金光明最胜王经》卷8《大辩才天女品》："尔时，佛告辩才天女：'善哉，善哉！善女天，汝能流布，是妙经王，拥护所有，受持经者，及能利益，**一切众生**，令得安乐，说如是法，施与辩才，不可思议，得福无量，诸发心者，速趣菩提。'"

【一切衆生、皆蒙解脱/いっさいのしゅじょう、みなげだつをかがふらむ】 典据 一切生物全部都从烦恼束缚中获得解救，超脱迷苦之境地。愿文的套语。《日本书纪》卷19《钦明纪》六年九月条："是月，百济造丈六佛像，制愿文曰：'盖闻造丈六佛功德甚大。今敬造。以此功德，愿天皇获胜善之德，天皇所用弥移居国，俱蒙福佑。又愿普天之下**一切众生**，**皆蒙解脱**。故造之矣。'"（第二册，p.404）隋阇那崛多译《佛本行集经》卷10《相师占看品》："而彼法宝，初中后善，乃至说于，清净梵行。若于是边，听受法已，应生众生，即断生法；应老众生，即断老法；应病断病，应死断死。忧悲苦恼，**一切众生**，**皆蒙解脱**。"按：《新编日本古典文学全集》栏上的注释例引《金光明最胜王经》卷10："常于生死大海中，解脱一切众生苦。"不确。→【皆蒙解脱】

【一切諸仏/いっさいしょぶつ】 四字 （2例） 所有十方三世一切之佛。《奈良朝写经19·灌顶随愿往生经》："维天平九年岁次丁丑十二月庚子朔八日丁未，出云国守从五位下勋十二等石川朝臣年足，稽首和南**一切诸佛**、诸大菩萨并贤圣等。"（p.129）《奈良朝写经20·大般若经卷第232》："维天平十一年岁次己卯七月辛卯朔十日庚子，佛弟子出云国守从五位下勋十二等石川朝臣年足，稽首和南**一切诸佛**、诸大菩萨并贤圣等。"（p.148）失译人名今附后汉录《大方便佛报恩经》卷6《优波离品》："**一切诸佛**，有三事等：一积行等；二法身等；三度众生等。**一切诸佛**，尽三阿僧祇劫，修菩萨行，尽具足五分法身、十力、四无所畏、十八不共法；尽度无数，阿僧祇众生，入于泥洹。"西晋竺法护译《生经》卷3："又弃捐家，而乐出外，心常欣悦。坐佛树下，积累一切，诸佛之法。"唐善无畏、一行译《大毗卢遮那成佛神变加持经》卷3《转字轮漫荼罗行品》："彼阿阇梨，先住阿字，一切智门，持修多罗，稽首**一切诸佛**，东方申之旋转而南，以及西方，周于北方。"

【一人当千/ひとりひとちなみ】 四字 一人能够抵挡一千人。形容骁勇善战。《日本书纪》卷24《皇极纪》二年十一月条："于是，奴三成与数十舍人出而拒战。土师娑婆连中箭而死。军众恐退。军中之人相谓之曰：'**一人当千**，谓三成欤。'"（第三册，p. 78）（1）后汉竺大力、康孟详合译《修行本起经》卷1《现变品》："尔时人民，寿八万四千岁。后宫采女，各八万四千。王有千子，仁慈勇武，**一人当千**。"西晋竺法护译《贤劫经》卷1《法供养品》："时转轮王，遣其千子，勇猛杰异，**一人当千**，而卫护之。"隋阇那崛多译《佛本行集经》卷7《树下诞生品》："复有二万，劲勇力士，**一人当千**，威猛捷健，端政绝殊，能破强怨，身著铠甲，手执弓箭，刀杖斗轮，及诸戟矟，种种战具，随夫人后。"（2）《北齐书》卷40《唐邕传》："唐邕强干，**一人当千**。"按：《新编日本古典文学全集》栏上的注释注引《汉书》卷31《项籍传》："楚战士无不一当十，呼声动天地。"《文选》卷41李陵《答苏武书》："一以当千"。不确。

【一日不阙/ひとひかけず】 四字 一天也不缺少。《日本灵异记》中卷《赎蟹虾命放生得现报缘第8》："道心纯熟，初淫不犯。常勤采菜，**一日不阙**，奉供侍于行基大德。"（p. 171）唐僧详撰《法华传记》卷5："王问：'一生作何福业？'策即分疏：'一生已来，唯诵持《金刚般若》《法华》八部，《般若》昼夜转读。又持斋戒，**一日不阙**。'王闻此言，合掌恭敬叹言：'功德甚深。'付主司细捡文簿，不错将来。其典执案咨王，未合身死。王即放还。"又："闻者欣悦，心意泰然，以此诵经，斋戒功德，劝化一切，各各发心，读诵**一日不阙**，更加精进，又得长年矣。"唐孟献忠撰《金刚般若经集验记》卷1中亦见该辑录。

【一日行道/ひとひぎょうどうす】 四字 一整天绕佛礼拜。《续日本纪》卷10《圣武纪》神龟五年八月条："甲申，敕：'皇太子寝病，经日不愈。自非三宝威力，何能解脱患苦？因兹，敬造观世音菩萨像一百七十七躯并经一百七十七卷，礼佛转经，**一日行道**。缘此功德，欲得平复。'"（第二册，p. 198）东晋瞿昙僧伽提婆译《中阿含经》卷16《王相应品》："彼答我曰：'饥俭道中，天适大雨，极有新水，乃饶樵草。诸贤，汝等可舍，故水樵草，莫令乘乏。汝等不久，当得新水，及好樵草。诸商人，我等未可，舍故水樵草，若得新水樵草，然后当弃。彼不舍故水樵草，**一日行道**，不得新水樵草，二日三日，乃至七日行道，犹故不得，新水樵草。'"→【七日行道】

【一如/いちにょ】 并列 表面上虽是不同，其实却是平等不二。亦称真如。一是不二之意，如是不异、平等、无差别之意。《奈良朝写经75·大般若经卷第176》："早登摩尼之宝殿，［永觉三界之蔓，长息**一如**之床，广及有识，共出迷滨，到涅槃岸。］"（p. 442）隋智顗说《摩和止观》卷8："知魔界如、佛界如，**一如**无二如，平等一相。"

【一身独去/みひとつのひとりゆく】 四字 只身离开。《常陆国风土记·那贺郡》条："时子哀泣，拭面答云：'谨承母命，无敢所辞。然**一身独去**，无人共右。望请矜副一小子。'"（p. 404）姚秦鸠摩罗什译《大智度论》卷 98："问曰：'萨陀波仑，是大菩萨，能见十方佛，又得诸深三昧，何以贫穷？'答曰：'有人言此人，舍家求佛道，虽生富家，道里悬远，**一身独去**，不赍财物。'"

【一時/もろともに·いちじに】 时段 （9 例） ①同时，一齐。《日本书纪》卷 3《神武纪》即位前纪戊午年十月条："阴期之曰：'酒酣之后，吾则起歌。汝等闻吾歌声，则**一时**刺虏。'"（第一册，p. 216）又卷 10《应神纪》三十一年八月条："是以诸国**一时**贡上五百船，悉集于武库水门。"（第一册，p. 492）又卷 24《皇极纪》二年十一月条："于是山背大兄王使三轮文屋君谓军将等曰：'吾起兵伐入鹿者，其胜定之。然由一身之故，不欲伤残百姓。是以吾之一身赐于入鹿。'终与子弟妃妾**一时**自经俱死也。"（第三册，p. 82）《常陆国风土记·行方郡》条："建借间命，令骑士闭堡，自后袭击，尽囚种属，**一时**焚灭。"（p. 384）《日本灵异记》上卷《圣德皇太子示异表缘第 4》："天年生知，十人**一时**讼白之状，一言不漏能闻之别，故曰丰聪耳。"（p. 69）又《凶人不敬养奶房母以现得恶死报缘第 23》："三日之后，忽然火起，内外屋仓，**一时**皆焚。"（p. 110）《续日本纪》又延历八年七月条：又卷 40《桓武纪》"真枚墨绳等遣裨将于河东，则败军而逃还，溺死之军一千余人，而云**一时**凌渡。"②即时，立刻。《日本书纪》卷 14《雄略纪》二十三年八月条："今年踰若干，不复称夭。筋力精神，**一时**劳竭。如此之事，本非为身，止欲安养百姓。所以致此。"（第二册，p. 208）《续日本纪》卷 24《淳仁纪》天平宝字六年三月条："甲辰，保良宫诸殿及屋垣，分配诸国，**一时**就功。"（第三册，p. 404）③一次，一个时辰。《万叶集》卷 16 第 3824 首歌注："右一首，传云：'**一时**众集宴饮也。'"（第四册，p. 112）又卷 17 第 3914 首歌注："右，传云：**一时**交游集宴。"（第四册，p. 157）按：《日本书纪》卷 28《天武纪下》元年六月条："是以马来田先从天皇。唯吹负留谓：'立名于**一时**，欲宁艰难。'即招一二族及诸豪杰，仅得数十人。"（第三册，p. 318）《续日本纪》卷 15《圣武纪》天平十五年正月条："别于大养德国金光明寺，奉设殊胜之会，欲为天下之摸。诸德等或**一时**名辈，或万里嘉宾，佥曰人师，咸称国宝。所冀屈彼高明，随兹延请。始畅慈悲之音。终谐微妙之力。"（第二册，p. 416）又卷 20《孝谦纪》天平宝字二年正月条："安国免徒，重纡青组，咸能洗心励节，输款尽忠，事美**一时**，誉流千载。"（第三册，p. 244）

【一時出家/もろともにしゅっけす】 四字 同时出离家庭生活，专心修沙门之净行。《日本灵异记》下卷《产生肉团之作女子修善化人缘第 19》："迦毘罗卫城长老之妻，怀妊生一肉团，到七日头，肉团开敷，有百童子。**一时出家**，而百人俱得阿罗汉果。"（p. 309）唐菩提流志译《大宝积经》卷 78《具善根品》："尔时八万四千人俱，随逐国王，及王夫人，**一时出家**。出家之后，皆号陀摩尸利，语诸比丘众。"唐道世撰

《释迦氏谱》卷1："时年九岁，佛令阿难剃发，并五十人，一时出家。"宋普济集《五灯会元》卷1："其余仙众，始生我慢。尊者示大神通，于是俱发菩提心，一时出家。"

【一時打殺/もろともにうちころす】 先例 一齐打死。《古事记》中卷《神武记》："如此歌，而拔刀一时打杀也。"（p. 154）宋惟白集《建中靖国续灯录》卷5："师云：'衣中至宝，何假披沙？各自持来，复将何用？交光牙人，不隐不彰。达磨九年，不敢动着。恐屈儿孙，报本不惜眉毛。普示大众，拈起拄杖。大众拟议，一时打杀。'"

【一時～尔～/あるときに～しかくして～】 时段 一次……当时……《古事记》下卷《雄略记》："又一时天皇登幸葛城之山上。尔大猪出，即天皇以鸣镝射其猪之时，其猪怒而宇多歧依来。"（p. 346）（1）后汉安世高译《漏分布经》卷1："一时，佛在拘留国行治处名为法。时，拘留国人会在。"（2）后汉安世高译《人本欲生经》卷1："一时，佛在拘类国，行拘类国法治处。是时，贤者阿难独闲处倾猗念，如是意生。"（3）后汉康孟详译《舍利弗摩诃目连游四衢经》卷1："一时，释氏舍夷阿摩勒药树园。尔时，贤者舍利弗、摩诃目乾连比丘，游行诸国，经历一年。与大比丘众俱，比丘五百，还至药树，欲见世尊。"（4）后汉安世高译《婆罗门子命终爱念不离经》卷1："一时，婆伽婆在舍卫城祇树给孤独园。彼时有异婆罗门，有一子命终，爱念不离。"按：该句式与"一时～之时～"的用法和意思相近，但句子连接形式及语气停顿有所不同，即"一时～之时～"在时间上与后续内容之间没有停顿，强调的是"一次"；"一时～尔～"用指代词"尔"重新提示具体的时刻，凸显的是"当时"。

【一時焚～/もろともにやき～】 三字 立刻焚烧（消灭）。《常陆国风土记·行方郡》条："建借间命，令骑士闭堡，自后袭击，尽囚种属，一时焚灭。"（p. 384）唐道宣撰《律相感通传》卷1："又发恶愿：'彼害我者，及未成圣，我当害之。若不加害，恶业便尽，我无以报。'共吐大火，焚烧寺舍，及彼聚落。一时焚荡，纵盗得活。又以木水，漂溺杀之，无一孑遗。"又《续高僧传》卷9："夜梦异人，来谓己曰：'如请东安讲，则所见必当无忧。'既而觉悟，欢喜踊跃。罝罦矰缴，一时焚烬，仍屈两夏。于府讲说。因此忏悔，承持二经，受不杀戒，故灵迹寔繁，未陈万一。"唐李通玄造论《华严经合论》卷29《净行品》："勤苦累劫，生人天中；一念贪瞋，一时焚尽。"

【一時共～/もろともに～】 三字（2例） 同时，一齐。《古事记》中卷《神武记》："于是宛八十建，设八十膳夫，每人佩刀，诲其膳夫等曰：'闻歌之者，一时共斩。'"（p. 152）又《应神记》："于是伏隐河边之兵彼厢此厢，一时共兴，矢刺而流。故到诃和罗之前而沉入。"（p. 272）后汉安世高译《佛说长者子懊恼三处经》卷1："三处一时共啼哭，为是谁子？"后秦法师鸠摩罗什译《妙法莲华经》卷7："于是妙庄严王与群臣眷属俱，净德夫人与后宫采女眷属俱，其王二子与四万二千人俱，一时共诣佛所。"梁宝唱等集《经律异相》卷42："昔王舍城，有一织师，织师有妇，又有一儿。

儿又有妇，有一奴一婢，**一时共**食。”按：“一时”是副词，与同为副词的“共”一起修饰后续动词，用于最大限度地强调动作的一致性。→【一時俱～】

【一時将来/もろともにもちく】 四字 一起带来，同时拿来。《唐大和上东征传》：“振州别驾闻和上造寺，即遣诸奴，各令进一椽，三日内**一时将来**。即构佛殿、讲堂、砖塔。”（p.70）隋阇那崛多等合译《起世经》卷10《最胜品》：“有余众生，唤彼人言：‘食时方至，可共相随，收粳米也。’彼人报言：‘我已顿取，日初后分，**一时将来**。汝欲去者，可自知时。’”宗杲集著《正法眼藏》卷3：“尽乾坤**一时将来**，著你眼睫上。你诸人闻恁么道？不敢望你出来性懆把老僧打一掴。且缓缓子细看，是有是无，是个甚麽道理?”

【一時俱～/もろともにともに～】 三字（2例） 一齐，共同。《日本书纪》卷24《皇极纪》四年四月条：“于是中大兄戒卫门府，**一时俱**镬十二通门，勿使往来。召聚卫门府于一所，将给禄。”（第三册，p.98）《藤氏家传》上卷《镰足传》：“于是中大兄命卫门府，**一时俱**闭十二通门。”（p.167）（1）后汉支娄迦谶译《佛说无量清净平等觉经》卷4：“第十二佛名无上华，其国有诸菩萨无央数，不可复计。皆阿惟越致，皆智慧勇猛。各供养无央数诸佛，以**一时俱**心愿欲往生，皆当生无量清净佛国。”姚秦鸠摩罗什译《妙法莲华经》卷2《譬喻品》：“诸天伎乐，百千万种，于虚空中，**一时俱**作，雨众天华。”梁宝唱等集《经律异相》卷33：“昔卑先匿王，有二夫人，第一夫人子名流离，第二夫人子名祇。祇初生之日，四方奉宝，**一时俱**至。”（2）《搜神记》卷20：“是夜，方四十里，与城**一时俱**陷为湖。”（p.434）《搜神后记》卷10：“天暴雨水，三蛟**一时俱**去，遂失所在。”（p.484）《魏志》卷21《陈琳传》：“文帝书与元城令吴质曰：‘昔年疾疫，亲故多离其灾，徐、陈、应、刘，**一时俱**逝。’”（p.602）→【一時共～】

【一時散去/もろともにちりゆく】 四字 立刻逃散而去，一哄而散。《续日本纪》卷36《高绍纪》宝龟十一年三月条：“掾石川净足潜出后门而走，百姓遂无所据，**一时散去**。后数日，贼徒乃至，争取府库之物，尽重而去。其所遗者放火而烧焉。”唐怀信述《释门自镜录》卷2：“昨山中一方外僧病已笃。是晚外正施食，谓看病者言：‘有鬼挈我，同出就食，辞不往。’俄复来云：‘法师不诚。吾辈空返，必有以报之。’于是牵我臂偕行。众持挠钩套索云：‘欲拽此法师下地。’我大怖，失声呼救。**一时散去**。”宋道原纂《景德传灯录》卷21：“时有僧出曰：‘大众**一时散去**，还称师意也无。’师曰：‘好与拄杖。’僧礼拜。师曰：‘虽有盲龟之意，且无晓月之程。’僧曰：‘如何是晓月之程。’师曰：‘此是盲龟之意。’”宋悟明集《联灯会要》卷26：“大众**一时散去**。时法灯作维那。乃鸣钟集众僧堂前。勘二师。众既集。法灯问。”

【一時殺～/もろともに～をころす】 三字 一齐杀死。《日本书纪》卷3《神武纪》即位前纪戊午年十月条：“时我卒歌，俱拔其头椎剑，**一时**杀虏。虏无复噍类者。

皇军大悦，仰天而咲。”（第一册，p. 216）（1）东晋佛陀跋陀罗、法显合译《摩诃僧祇律》卷19：“佛告阿难：‘汝往语王：汝是人王，当慈民如子。云何**一时杀**五百人？’阿难受教，即诣王所，具说佛语。”唐圆测撰《仁王经疏》卷2：“又《乐庄严经》中说：‘性地菩萨，若**一时杀**阎浮提众生，虽有此罪，犹不堕地狱。若杀四天下，乃至大千世界众生，亦不堕地狱。’”（2）《后汉书》卷34《梁统传》：“冀二弟尝私遣人出猎上党，冀闻而捕其宾客，**一时杀**三十余人，无生还者。”（p. 1182）《南史》卷37《沈庆之传》：“庆之诡为置酒大会，**一时杀**之，于是合境肃清，人皆喜悦。”（p. 959）《太平广记》卷268《酷吏》条：“万国俊按岭南，流人三百余人，拥于水次，**一时杀**之。”（p. 2106）

【一時～之時～/あるときに～ときに～】 时段 （4例） 一次……的时候……。“一时”，从前某一个时候，无法确指。《古事记》中卷《应神记》：“**一时**天皇越幸近淡海国**之时**，御立宇迟野上，望葛野歌曰。”（p. 260）又下卷《仁德记》：“亦**一时**天皇为将丰乐，而幸行日女岛**之时**，于其岛雁生卵。”（p. 302）又《雄略记》：“亦**一时**，天皇游行到于美和河**之时**，河边有洗衣童女，其容姿甚丽。”（p. 340）又：“又**一时**天皇登幸葛城山**之时**，百官人等悉给著红纽之青折衣服。”（p. 346）（1）失译人名今附东晋录《菩萨本行经》卷3：“**一时**佛在舍卫国祇树给孤独园。佛与千二百五十沙门俱，欲入城分卫。其佛欲入城**之时**，五百天人，先放香风，吹于道路，及诸里巷，悉令清净。不净瑕秽，粪除臭处，自然入地，悉令道路净洁。”（2）刘宋求那跋陀罗译《杂阿含经》卷40：“**时**帝释御者见阿修罗王，身被五缚，在于门侧。帝释出入**之时**，辄瞋恚骂詈。”（3）东晋瞿昙僧伽提婆译《增壹阿含经》卷44《十不善品》：“**尔时**二会圣众初会**之时**，七万圣众，皆是阿罗汉。”姚秦佛陀耶舍、竺佛念等合译《长阿含经》卷5：“**尔时**，执乐天般遮翼子，于夜静寂，无人**之时**，放大光明，照耆阇崛山，来至佛所，头面礼佛足已，在一面立。”（4）东晋瞿昙僧伽提婆译《增壹阿含经》卷9《惭愧品》：“**是时**，尊者大迦叶悉为梵志妇说**之时**，梵志妇即于座上，诸尘垢尽，得法眼净。”按：通过上引（1）～（4）的句式，可知“**一时～之时～/アルト キニ ～ト キニ ～**”的句式源自汉译佛经。“一时”与时间名词“（之）时”等联动呼应，表示过去时段上的某一具体时间，是汉文佛经讲述故事原委的固有格式。

【一死女/ひとりのみょうせぬるをみな】 三字 一个死去的女人。《播磨国风土记・饰磨郡》条：“所以称继潮者，昔此国有**一死女**。尔时，筑紫国火君等祖到来，复生。仍取之。故号继潮。”（p. 42）唐义净译《根本说一切有部毘奈耶药事》卷16：“昔为隐士居兰若，为乞食故入村中。见**一死女**在道傍，青泡脓流并粪尿。我即如理善观察，对此跏趺正忆念。于时我观不净行，一心想念不散乱。”

【一味/あぢをひとつにす】 偏正 乃指实相一味之法。谓佛之说法虽随众生根机之差异而有二乘、三乘与五乘之分，然实质上为同一相、同一味，故称“一相一味”。

典自《法华经》。《奈良朝写经 38・大般若经卷第 591》："寔知圣教广被，训尘沙而一味；法慧高照，运大千而分影。"（p. 253）姚秦鸠摩罗什译《妙法莲华经》卷 3《药草喻品》："其云所出，一味之水，草木丛林，随分受润。一切诸树，上中下等，称其大小，各得生长，根茎枝叶，华菓光色，一雨所及，皆得鲜泽。如其体相，性分大小，所润是一，而各滋茂。佛亦如是，出现于世，譬如大云，普覆一切。"

【一心念仏/ひたすらにねんぶつす】 四字 专心称念佛号或念诵经文。《续日本纪》卷 24《淳仁纪》天平宝字七年五月条："而中途风漂，船被打破。和上**一心念佛**，人皆赖之免死。"（第三册，p. 430）吴康僧会译《六度集经》卷 6："鱼王愍曰：'慎无恐矣。**一心念佛**，愿众生安，普慈弘誓，天佑犹响，疾来相寻。吾济尔等。'"姚秦鸠摩罗什译《妙法莲华经》卷 5《安乐行品》："亦复不近，五种不男之人，以为亲厚，不独入他家，若有因缘，须独入时，但**一心念佛**。"后秦佛陀耶舍、竺佛念等合译《长阿含经》卷 5："阇尼沙言：'非余处也。我本为人王，于如来法中，为优婆塞，**一心念佛**，而取命终。故得生为，毘沙门天王太子。'"

【一宿之間/ひとよのあひだに】 时段 一夜之间，一夜工夫。《日本书纪》卷 27《天智纪》三年十二月条："栗太郡人盘城村主殷之新妇床席头端，**一宿之间**，稻生而穗。其旦垂颖而熟，明日之夜更生一穗。"（第三册，p. 264）（1）吴支谦译《太子瑞应本起经》卷 2："迦叶曰：'有何敕使?'佛言：'欲报一事，倘不瞋恚，烦借火室，**一宿之间**。'"西晋竺法护译《普曜经》卷 8《十八变品》中亦有同文记载。另外，唐道世撰《法苑珠林》卷 46："其夜出南宫，病遂渐增。明旦早还，患腰不得乘马。御车而入，所杀女子处有黑晕如人形。时谓是血随扫刷之，旋复如故，如此再三。有司掘除旧地以新土埋之，**一宿之间**，亦还如本。因此七八日举身疮烂而崩。（右此一验出《冥祥记》）。"（2）《魏书》卷 58《杨侃传》："民遂转相告报，未实降者，亦诈举烽，**一宿之间**，火光遍数百里内。"（p. 1282）《陈书》卷 21《孔奂传》："时累岁兵荒，户口流散，勍敌忽至，征求无所，高祖克日决战，乃令奂多营麦饭，以荷叶裹之，**一宿之间**，得数万裹，军人旦食讫，弃其余，因而决战，遂大破贼。"（p. 284）

【一夜之間/ひとよのほどに】 时段（6 例） 一夜之间。极言时间之短。《日本书纪》卷 2《神代纪下》："皇孙未信之曰：'虽复天神，虽复天神，何能**一夜之间**令人有娠乎？汝所怀者，必非我子欤。'"（第一册，p. 122）又："天孙曰：'心疑之矣，故嘲之。何则虽复天神之子，岂能一夜之间使人有身者哉？固非我子矣。'"（第一册，p. 146）又卷 14《雄略纪》二十一年三月条："爰有赞岐田虫别进而奏曰：'菟代宿祢怯也。二日**一夜之间**，不能擒执朝日郎，而物部目连率筑紫闻物部大斧手，获斩朝日郎矣。'"（第二册，p. 202）《播磨国风土记・揖保郡》条："所以名萩原者，息长带日卖命，韩国还上之时，御船宿于此村。**一夜之间**，生萩一根，高一丈许。仍名萩原。"（p. 68）又："所以云赞容者，大神妹妖二柱，各竞占国之时，妹玉津日女命，捕卧生鹿，割其腹而种稻其血。仍**一夜之间**，生苗。即令取殖。”（p. 74）《常陆国风土记·那贺郡》条：“于是，母伯惊奇，心挟神子。即盛净杯，设坛安置。**一夜之间**，已满杯中。更易瓮而置之，亦满瓮内。”（p. 404）唐道宣撰《续高僧传》卷11：“处既高敞，而恨水少，僧众汲难。本有一泉，乃是僧粲禅师，烧香求水，因即奔注。至粲亡后，泉涸积年。及将拟置，**一夜之间**，枯泉还涌。道俗欣庆。”

【一一教示/つばひらかにをしへしめす】 四字 逐一指教。《日本书纪》卷19《钦明纪》十一年二月条：“十一年春二月辛巳朔庚寅，遣使诏于百济曰：‘朕依施德久贵、固德马进文等所上表意，**一一教示**，如视掌中。思欲具情，冀将尽抱。’”（第二册，p. 412）唐般若译《诸佛境界摄真实经》卷3：“是时金刚阿阇梨，**一一教示**，道场中事。”按：《钦明纪》中，“一一教示”的行为主体是天皇，用于对话体中；佛典例中的行为主体是金刚阿阇梨，用于叙述文中。两者语体色彩迥然有别。

【一枝草/ひとえのくさ】 三字 一根草。《续日本纪》卷15《圣武纪》天平十五年十月条：“如更有人，情愿持**一枝草**、一把土助造像者，恣听之。”（第二册，p. 432）唐道世撰《法苑珠林》卷88：“若受不盗者，下至**一枝草**、一粒谷等，皆不得取。”该例亦见于唐玄恽纂《毗尼讨要》卷3。宋颐藏主集《古尊宿语录》卷13：“老僧把**一枝草**作丈六金身用，把丈六金身作**一枝草**用。佛即是烦恼，烦恼即是佛。”又卷43：“须信禅家道莫穷，信手拈来**一枝草**，临机生杀任西东。”

【衣食乏短/いしょくほうたんなり】 四字 既无穿的又无吃的，缺衣短食。《续日本纪》卷8《元正纪》养老五年三月条：“顷者旱涝不调，农桑有损，遂使**衣食乏短**，致有饥寒。”（第二册，p. 90）元魏慧觉等译《贤愚经》卷12《波婆离品》：“其妻瞋恚，嫌责夫言：‘须臾之劳，当得钱十万，以供家中，**衣食乏短**；但听沙门，浮美之谈，亡失尔许钱财之利。’夫闻其言，情怀悔恨。”

【医薬療治/くすし·くすりのりょうじ】 四字（2例） 通过医术与药物进行治疗。《续日本纪》卷17《圣武纪》天平十九年十二月条：“乙卯，敕：‘顷者，天上天皇，枕席不安，稍经玄朔。**医药疗治**，未见效验。宜大赦天下。’”（第三册，p. 50）又卷19《孝谦纪》天平胜宝五年正月条：“夏四月丙戌，诏曰：‘顷者，皇大后寝膳不安，稍延旬月。虽**医药疗治**，而犹未平复。’”（第三册，p. 130）西晋竺法护译《生经》卷1：“又瞋猕猴诱訹我夫，数令出入。当图杀之，吾夫乃休。因便佯病，困劣著床。其智瞻劳，**医药疗治**，竟不肯差，谓其夫言：‘何须劳意损其医药？吾病甚重，当得卿所亲亲猕猴之肝，吾乃活耳！’”姚秦竺佛念译《最胜问菩萨十住除垢断结经》卷5《勇猛品》：“云何为四？求宝给穷乏，**医药疗治**病，求义无厌，忍一切苦，是谓四法。”梁僧伽婆罗译《阿育王经》卷3《供养菩提树因缘品》：“时长老毘多输柯，往至边地，至已得病，以病重故，头皆发疮。时王闻之，即遣给事，**医药疗治**。”

【依本願/ほんがんのまにまに】 誓愿 根据夙愿，依据根本的誓愿。《日本书纪》卷21《崇峻纪》即位前纪条："苏我大臣亦**依本愿**，于飞鸟地起法兴寺。"（第二册，p. 514）元魏昙摩流支译《如来庄严智慧光明入一切佛境界经》卷1："文殊师利，彼大梵天，**依本愿**善根，住持力故，依彼诸天善根，住持力故，于彼一切，诸宫殿中，暂时现身。"隋菩提灯译《占察善恶业报经》卷1："佛告坚净信：'汝莫生高下想。此善男子发心已来，过无量无边不可思议阿僧祇劫，久已能度萨婆若海，功德满足。但**依本愿**自在力故，权巧现化，影应十方。虽复普游一切刹土常起功业，而于五浊恶世化益偏厚，亦**依本愿**力所熏习故，及因众生应受化业故也。'"

【依勅而～/みことのりによりて～】 三字 按照告诫的去做某事。《日本书纪》卷13《允恭纪》十一年三月条："室屋连**依敕而**奏可。则科诸国造等，为衣通郎姬定藤原部。"（第二册，p. 122）萧齐僧伽跋陀罗译《善见律毘婆沙》卷8："罪比丘受教已，**依敕而**去，逢见物主，将至律师所。律师即问物主比丘：'长老，此是汝衣不？'答言：'是。''大德，问何处失？'比丘依事答。"隋阇那崛多译《佛本行集经》卷10《私陀问瑞品》："次有人来，乃至将于，五百白盖，五百金瓶。粟散诸王，送来奉献。并复遣人，咨白我言：'我等皆待，大王教命，**依敕而**行。'"唐道宣撰《广弘明集》卷29："先帝鼎湖之日，顾命殷勤，专令文德以来不许战争。而致幕府受诏之初，**依敕而**行，略设六奇断截而已。"

【依此為定/これによりてさだめとなす】 四字 以这个为规定；根据这个来决定。《唐大和上东征传》："和上言：'大好！'即宝字三年八月一日，私立唐律招提名，后请官额，**依此为定**；还以此日请善俊师讲件疏记等。所立［寺］者，今唐招提寺是。"（p. 94）（1）新罗太贤集《梵网经古迹记》卷2："今依大唐三藏译，云雨安居，谓雨时安居故。然西方立时不同，或立四时，谓从正月十六日室四月十五日为春时，从四月十六日至七月十五日为夏时。如此秋冬并各三月，至正月十五日总为一岁，或总一年分为三时。谓即佛法**依此为定**。"（2）《旧唐书》卷32《志13》："晨初见：乃退，日一度半，十日退十五度。而留，九日。乃顺迟，差行。先迟，日益疾八分，四十日行三十度。若此迟入大雪已后，毕于小满，即**依此为定**而求行分。"

【依而行之/よりておこなふ】 四字 按照所说的去做。《日本书纪》卷2《神代纪下》："时彦火火出见尊已归来，一遵神教，**依而行之**。"（第一册，p. 176）隋吉藏撰《法华统略》卷3："二欲令诸菩萨，述弘经之方便，弘道者**依而行之**。"唐玄嶷撰《甄正论》卷2："一曰慈，二曰俭，三曰不敢为天下先。此意慈者，慈悲愍念之理。俭者，廉恕不贪之义。不敢为天下先者，谦退卑敬之行。若此三者，**依而行之**，诚亦有益于行。"唐智升撰《开元释教录》卷18："右一经，新旧诸录，并未曾载。然寻文理，亦涉人谋，**依而行之**，获验非一。复须详审，且附疑科。"该例亦见于唐圆照撰《贞元新定释教目录》卷28。

【依教奉持/をしへにしたがひうけたもつ】 四字　根据教义奉受护持佛经。《日本书纪》卷 19《钦明纪》十三年十月条："此法能生，无量无边，福德果报，乃至成辩，无上菩提。譬如人怀随意宝，逐所须用，尽依情，此妙法宝亦复然。祈愿依情，无所乏。且夫远自天竺，爰洎三韩，**依教奉持**，无不尊敬。"（第二册，p. 416）唐义净译《金光明最胜王经》卷 6《四天王护国品》："汝等天主及天众，应当供养此经王；若能**依教奉持**经，智慧威神皆具足。"又《根本说一切有部毘奈耶杂事》卷 36："复次若有展转，听闻法者，皆亦渐渐，**依教奉持**。此是如来、应正、等觉，出现世间，第四希有。"

【依願/ねがひによる】 誓愿（2 例）　依照愿望，根据誓愿。《日本书纪》卷 19《钦明纪》十年六月条："十年夏六月乙酉朔辛卯，将德久贵、固德马次文等请罢归。因诏曰：'延那斯、麻都阴私遣使高丽者，朕当遣问虚实。所乞军者，**依愿**停之。'"（第二册，p. 412）《续日本纪》卷 35《高绍纪》宝龟十年八月条："太政官处分：'智行具足，情愿借住。宜**依愿**听，以外悉还焉。'"梁曼陀罗仙、僧伽婆罗合译《大乘宝云经》卷 4："所以者何？菩萨远离，一切诸愿，以无所愿遍行世间。善男子，菩萨摩诃萨具是十法，远离一切**依愿**。"唐实叉难陀译《大方广佛华严经》卷 17《初发心功德品》："普发无边功德愿，悉与一切众生乐，尽未来际**依愿**行，常勤修习度众生。"又《地藏菩萨本愿经》卷 1《如来赞叹品》："此经有三名：一名地藏本愿，亦名地藏本行，亦名地藏本誓力经。缘此菩萨，久远劫来，发大重愿，利益众生，是故汝等，**依愿**流布。"按：《汉语大词典》失收。

【怡悦/いえつ】 并列　快乐喜悦。《唐大和上东征传》："人（总）渴水，临欲死；荣睿师面色忽然**怡悦**，即说云。"（p. 64）唐慧琳撰《一切经音义》卷 20："**怡悦**：上以之反。《毛诗传》云：**怡**，悦也。《尔雅》云：**怡**，乐也。《说文》：从心，台声。"又 25："**怡悦**：上与之反。《尔雅》云：**怡**，乐也，喜也。又熈，同。"（1）吴支谦译《撰集百缘经》卷 10《诸缘品》："尔时目连见舍利弗，颜色怡悦，而问之言：'我昔与汝，先有要誓，若有先得，甘露法味，要当相语。我今观汝，以有所得，颜色**怡悦**。'"晋世法炬、法立合译《法句譬喻经》卷 3《安宁品》："各持束薪，就往烧之，火然薪尽。佛从坐起，现道神化，光明照曜，感动十方。现变毕讫，还坐树下，容体静安，**怡悦**如故。"刘宋求那跋陀罗译《过去现在因果经》卷 4："时目揵罗夜那，善根已熟，见舍利弗，诸根寂定，威仪庠序，颜容**怡悦**，异于常日。"（2）《文选》卷 17 傅毅《舞赋并序》："迁延微笑，退复次列。观者称丽，莫不**怡悦**。"→【慶悦無限】

【貽患於傷手/うれひをてをそこなふにいたらむ】 典据　使手受伤。《日本灵异记》上卷《序》："能巧所雕，浅工加力。恐寒心，**贻患于伤手**。此亦昆山之一砾。"（p. 55）唐玄译《大般若波罗蜜多经》卷 1《大般若经初会序》："或谓权之方土，理宜裁译，窃应之曰：'一言可蔽而雅颂之作联章，二字可题而涅槃之音积轴，优柔阐缓，

其慈诲乎！若译而可削，恐贻患于伤手；今传而必本，庶无讥于溢言。况搦扎之辰，慨念增损，而魂交之夕，炯戒昭彰。终始感贻，具如别录。其有大心茂器，久闻历奉者，自致不惊不怖，爰咨爰度矣。'”

【移到於～/うつりて～にいたる】 于字 迁移到某处，搬到某处。《播磨国风土记·揖保郡》条："其后分来，移到于摄津国三岛贺美郡大田村，其又迁来于揖保郡大田村。是本纪伊国大田以为名也。"（p.62）（1）后秦竺佛念译《中阴经》卷2《无生灭品》："尔时，妙觉如来，将欲移到，诸佛刹土，告三聚众生，发心趣，向求泥洹道：'今我现在，与汝说法。若有所疑，即来问我。泥洹有生，有灭不耶？'"姚秦鸠摩罗什译《成实论》卷5《多心品》："又如草火，不移到薪，如是眼识，不到耳中。故知多心。"慧立本、释彦悰笺《大唐大慈恩寺三藏法师传》卷5："相传云：昔佛在世，憍赏弥国邬陀衍那王所作。佛灭度后，自彼飞来，至此国北，曷劳落迦城，后复自移到此。"（2）白居易《戏问山石榴》："小树山榴近砌栽，半含红萼带花来。争知司马夫人妒，移到庭前便不开。"施肩吾《寒夜》："三复招隐吟，不知寒夜深。看看西来月，移到青天心。"按：中国两类文献当中，未见"移到"带介词"于"字的文例。

【移向於～/うつりて～にゆく】 于字 迁往某处，搬到某处。《日本书纪》卷24《皇极纪》二年十一月条："三轮文屋君进而劝曰：'请移向于深草屯仓，从兹乘马诣东国，以乳部为本，兴师还战，其胜必矣。'"（第三册，p.80）唐菩提流志译《大宝积经》卷109："此识自生身已，还自造业，犹如蚕虫，出丝缠绕，即自灭身，移向于彼。譬如莲花，生于水中，即有妙色香味，而彼花内，无水正体，而可得见。彼花灭已，所有地方，置子于中，则有色香所住。"

【遺言而言："～"/のちことしていはく～】 自创 留下遗言："……"。《日本灵异记》中卷《恶逆子爱妻将杀母谋现报被恶死缘第3》："时母侘傺，著身脱衣，置于三处，子前长跪，遗言而言：……"（p.152）

【頤邃/いすいたり】 先例 广阔深邃。《奈良朝写经10·法华经玄赞卷第3》："窃以法海颐邃，不设船楫，奚以度矣？彼岸峻险，不攀杖梯，岂敢登哉？"（p.83）明真贵述《仁王经科疏悬谈》卷1唐代宗皇帝制《仁王护国般若波罗蜜多经叙》："翰林学士常衮等，于大明宫南桃园，详译护国般若毕，并更写定密严等经。握椠含毫，研精颐邃。"

【已経多年/すでにあまたのとしをへぬ】 时段（2句） 已经经过很多年。"以"与"已"相通。《古事记》下卷《雄略记》："故其赤猪子仰待天皇之命，既经八十岁。于是赤猪子以为，望命之间，已经多年。姿体瘦萎，更无所恃。"（p.340）《日本书纪》卷11《仁德纪》十六年七月条："十六年秋七月戊寅朔，天皇以宫人桑田玖贺媛示近习舍人等曰：'朕欲爱是妇女，苦皇后之妒，不能合，以经多年。何徒妨其盛年乎。'"

（第二册，p. 40）唐慧净撰《盂兰盆经赞述》卷1："述曰：往救也，母既皮骨连立，绝食已经多年。子即感结良染，遂将食往救也。"

【已経多日/すでにあまたのひをへぬ】 时段　已经经过好多日子。《日本书纪》卷9《神功纪》摄政元年二月条："适是时也，昼暗如夜，已经多日。时人曰：'常夜行之也。'"（第一册，p. 440）吴支谦译《菩萨本缘经》卷3《兔品》："婆罗门言：'我空饮水，已经多日。恐命不全，是故置宜，欲相舍离。'"梁宝唱等集《经律异相》卷8："大婆罗门，汝今不应，问我是义。何以故？我不食来，已经多日，处处求索，了不能得，饥渴苦恼，心乱谬语，非我本心，之所知也。"隋达摩笈多译《起世因本经》卷10："时有壮夫，远行疲极，热恼渴乏，不饮食来，已经多日。至彼池所，饮已澡浴，除断一切，渴乏热恼。出于池外，身意怡悦，受于无量，快乐欢喜。"

【已経三年/すでにみとせをへぬ】 时段（2例）　已经过了三年。《日本书纪》卷2《神代纪下》："已而彦火火出见尊因娶海神女丰玉姬，仍留住海宫，已经三年。"（第一册，p. 158）又："彦火火出见尊具申事之本末，因留息焉。海神则以其子丰玉姬妻之。遂缠绵笃爱，已经三年。"（第一册，p. 174）隋智顗述《净土十疑论》卷1："后世亲无常，临终之时，无著语云：'汝见弥勒，即来相报。'世亲去已，三年始来。无著问曰：'何意如许，多时始来？'世亲报云：'至彼天中，听弥勒菩萨，一坐说法，旋绕即来相报。为彼天日长故，此处已经三年。'"句道兴《搜神记》："文榆父母，见凭不还，欲聘与刘元祥为妻。其女先与王凭志重，不肯改嫁。父母忆逼，遂适与刘元祥为妻。已经三年，女郎恚死。"

【已経三日/すでにみかをへぬ】 时段　已经过了三天。《唐大和上东征传》："和上留连此地，已经三日，即向浔阳龙泉寺。"（p. 78）（1）南朝宋刘敬叔《异苑》卷6："云出门，回望向处，止是一家，云始谓俄顷已经三日，乃大怪怅。"（2）梁宝唱等集《经律异相》卷2："昔比摩国从陀山有一野干，为师子所逐，堕一丘野井，已经三日，开心分死。"唐道世撰《法苑珠林》卷23："宋邢怀明，河间人，宋大将军参军。尝随南郡太守朱循之北伐，俱见陷没。于是伺候间隙，俱得道归，夜行昼伏，已经三日，犹惧追捕。"

【已経三載/すでにみとせをへぬ】 时段　已经过了三年。《日本书纪》卷2《神代纪下》："时海神迎拜延入，殷勤奉慰，因以女丰玉姬妻之。故留住海宫，已经三载。"（第一册，p. 164）古遗部《大目乾连冥间救母变文并图》卷1："时业官启言：'大王，青提夫人已经三载，配罪案总在天曹。'录事司太山都尉一本王唤善恶二童子，向太山检青提夫人在何地狱。"唐遇荣集《仁王经疏法衡钞》卷1："后于祖师处，求新瑜伽五部三密。已经三载，不遂所求。为求法故，欲归天竺。师感灵应，知是法器，所持法藏，尽总付之。"

【～已訖/すでに～をはりぬ】完成（18 例） 某事已经做完。用作后补动词。《日本书纪》卷 1《神代纪上》："今则奉覲已讫。当随众神之意，自此永归根国矣。"（第一册，p. 88）又卷 25《孝谦纪》白雉三年九月条："秋九月，造宫已讫。其宫殿之状，不可殚论。"（第三册，p. 192）《出云国风土记·意宇郡》条："尔时，举鉾而刃中央一和尔杀捕已讫。然后，百余和尔解散。"（p. 142）《日本灵异记》上卷《偷用子物作牛役之示异表缘》："其夜，礼经已讫。僧将息时，檀主设以被覆之。"（p. 87）又中卷《依汉神祟杀牛而祭又修放生善以现得善恶报缘》："阎罗王即告之言：'大分理判，由多数证。故就多数。'判许已讫，七牛闻之，尝舌饮唾，切脍为效，噉宍为效，慷慨捧刀而建。"（p. 159）又中卷《穷女王归敬吉祥天女像得现报缘第 14》："圣武天皇御世，王宗二十三人结同心，次第为食设备宴乐。有一穷女王，入宴众列。二十二王以次第设宴乐已讫，但此女王，独未设食。"（p. 185）又下卷《将写〈法华经〉建愿人断内暗穴赖愿力得全命缘第 13》："妻子哭愁，图绘观音像，写经追赠福分，而径七日已讫。"（p. 293）又《沙门积功作佛像临命终时示异表缘第 30》："既而佛师多利麿，受遗言，造彼十一面观音像，因关白供养已讫。今居能应寺之塔本也矣。"（p. 341）又《灾与善表相先现而后其灾善答被缘第 38》："时仲丸誓白之：'若我后世，违敕诏之者，天神地祇，恶嗔而被太灾，破身灭命。'如是令誓，酒令饮，祷已讫。然而后天皇崩之后，如彼遗敕语，以道祖亲王为储君。"（p. 369）《续日本纪》卷 9《元正纪》养老六年四月条："庚寅，诏曰：'周防国前守从五位上山田史御方，监临犯盗，理合除免。先经恩降，赦罪已讫。然依法备赃，家无尺布。'"（第二册，p. 112）又卷 10《圣武纪》天平元年五月条："自今以后，补任已讫，具注交名，申送辩官，更造符乃下诸国。"（第二册，p. 212）又卷 11《圣武纪》天平五年四月条："因兹，去天平三年，告知朝集使等已讫。然国司宽纵，不肯遵行。"（第二册，p. 268）又卷 13《圣武纪》天平十二年十一月条："戊子，大将军东人等言：'以今月一日，于肥前国松浦郡，斩广嗣、纲手已讫。菅成以下从人以上，及僧二人者，禁正身，置大宰府。'"（第二册，p. 376）又卷 25《淳仁纪》天平宝字八年七月条："是以，从轻之状，报宣已讫。而纪朝臣等犹疑非敕，不肯信受。是以，从轻之状，报宣已讫。而纪朝臣等犹疑非敕，不肯信受。"（第四册，p. 14）又卷 29《称德纪》神护景云二年八月条："下总国言：'天平宝字二年，本道问民苦使正六位下藤原朝臣净辩等具注应掘防毛野川之状申官，听许已讫。其后已经七年。'"（第四册，p. 212）又神护景云三年正月条："己亥，陆奥国言：'他国镇兵，今见在戍者三千余人，就中二千五百人被官符。解却已讫，其所遗五百余人。'"（第四册，p. 228）后汉安世高译《佛说罪业应报教化地狱经》卷 1："世尊，今有受罪众生，为诸狱卒，剉碓斩身，从头至足，乃至其顶；斩之已讫，巧风吹活，而复斩之。何罪所致？"后汉康孟详译《佛说兴起行经》卷 1："世尊食已讫，诸比丘故食。当于饭食时，地为大震动。"北凉昙无谶译《大般涅槃经》卷 29《师子吼菩萨品》："所设已讫，即执香炉，向王舍城，遥作是言：所设已办，惟愿如来，慈哀怜愍，为诸众生，受是住处。”《魏志》卷2《文帝纪》：“朕惟汉家世逾二十，年过四百，运周数终，行祚已讫，天心已移，兆民望绝，天之所废，有自来矣。”《后汉书》卷25《刘宽传》：“夫人欲试宽令恚，伺当朝会，装严已讫，使侍婢奉肉羹，翻污朝衣。”《南齐书》卷3《武帝纪》：“其缘淮及青、冀新附侨民，复除已讫，更申五年。”按：《日本书纪》卷26《齐明纪》六年是岁条：“是岁，欲为百济将伐新罗，乃敕骏河国造船。已讫，挽至绩麻郊之时，其船夜中无故舻舳相反。众知终败。”（第三册，p. 238）例中《新编日本古典文学全集》的标点，“已讫”当紧随在“造船”之后。因为“已讫”并无连词用法。→【供養已訖】【言已訖】【荘厳已訖】

【已訖後/すでにをはりてのちに】完成　结束以后。《日本灵异记》下卷《女人滥嫁饥子乳故得现报缘第16》：“爰诸子悲言：‘我不思怨。何慈母君，受是苦罪。’造佛写经，赎母之罪。法事已讫后，悟梦曰：‘今我罪免之矣。’”（p. 301）陈真谛译《大宗地玄文本论》卷20：“尔时有中中化马，皆悉先前作礼拜，余诸马皆随礼拜。作如是事已讫后，化马责小咎皆杀，诸马更皆伏从化。常信所愿悉成就，都无所忧怪之心。”

【以～白於～曰：“～”/～をもちて～にまをしていはく～】自创　以韵文的形式或某事对某人说道：“……”。《古事记》中卷《神武记》：“于是七媛女游行于高佐士野佐士二字以音，伊须气余理比卖在其中。尔大久米命见其伊须气余理比卖，而以歌白于天皇曰。”隋阇那崛多译《佛本行集经》卷44《布施竹园品》：“既到彼已，住于虚空，以偈白于，善意王言……”唐地婆诃罗译《方广大庄严经》卷6《出家品》：“王遇光已，寻便觉悟，谓侍者曰：‘此为何光？夜分未尽，岂日光乎？’侍者答曰：‘非日光也。’重以偈颂，而白于王。”宋施护译《轮王七宝经》卷1：“是时臣寮，见是事已，即驭王所，具以其事，而白于王。”→【以（持）～語白：“～”】

【～以不/～いなや】口语（6例）　亦作“以否”，犹言“与否”。表疑问之词，其作用相当于现代汉语中的“吗”。“不”，同“否”。《日本书纪》卷19《钦明纪》十三年十月条：“乃历问群臣曰：‘西蕃献佛相貌端严全未曾看。可礼以不？’”（第二册，p. 418）又卷26《齐明纪》五年七月条：“（《伊吉连博德书》）三十日，天子相见问讯之：‘日本国天皇平安以不？’使人谨答：‘天地合德，自得平安。’天子问曰：‘执事卿等好在以不？’使人谨答：‘天皇怜重，亦得好在。’”（第三册，p. 224）又卷27《天智纪》二年六月条：“百济王丰璋嫌福信有谋反心，以革穿掌而缚。时难自决，不知所为。乃问诸臣曰：‘福信之罪既如此焉，可斩以不？’”（第三册，p. 256）《续日本纪》卷35《高绍纪》宝龟十年五月条：“丁巳，飨唐使于朝堂。中纳言从三位物部朝臣宅嗣宣敕曰：‘唐朝天子及公卿，国内百姓，平安以不？又海路难险，一二使人，或漂没海中，或被掠耽罗。朕闻之凄怆于怀。又客等来朝道次，国宰祗供，如法以不？’”失译人名今附后汉录《分别功德论》卷4：“目连心念：‘此地下故有曩日地肥在中，今人民大饥，意欲反此地，取下地肥，以供民命。’念已白佛：‘今欲以四神足，反地取下地肥，以济民命，不审可尔**以不**？’”东晋帛尸梨蜜多罗译《佛说灌顶经》卷3：“今自思惟欲罢，不能事佛可尔**以不**？何以故佛法尊重非凡类所及？”刘宋求那跋陀罗译《佛说树提伽经》卷1：“小复前进至内阁，有一童女，颜容端正，肉色丰悦，甚复可爱。王语树提伽：‘卿家女妇**以不**？’答言：‘臣不敢欺王，是臣之家，守阁之婢。’”梁曼陀罗仙共僧伽婆罗译《大乘宝云经》卷4：“‘善男子，于汝意云何？是人为热所苦，渴乏逼恼，但闻水名，唯思是水，除渴乏不？即证此水，凉冷**以不**？’对曰：‘不也。’”按：《汉语大词典》首引《魏书》卷36《李顺传》：“卿往积岁，洞鉴废兴，若朕此年行师，当克**以不**？”（p. 832）偏晚。《新编日本古典文学全集》栏上的注释指出：“以不”是唐代的俗语。在以韵散文体交替叙述故事的敦煌变文中亦见文例。相当于是否的意思，亦作“以否”。→【～耶以不】

【以償其債/そのもののかひをつくのふ】 先例　偿还那笔债务。《日本灵异记》中卷《奉写〈法华经〉因供养显母作女牛之因缘缘第15》：“我此家长公母也。是家牛中，有赤牝牛。其儿吾也。我昔先世偷用子物，所以今受牛身，**以偿其债**。”（p. 188）明通润述《楞严经合辙》卷4：“恶业俱生者，谓有此恶业故，世世俱生，一处相值，**以偿其债**也。”明乘旹讲录《楞严经讲录》卷4：“且凡有此恶者，世世俱生，一处相值，**以偿其债**，穷未来际，无有休歇者，皆以盗贪为本，由杀盗二贪故。”

【以充衣食/きものをしものにあつ】 四字　以某物充当衣服和食物（基本生活资料）。《日本书纪》卷30《持统纪》四年十月条：“于是博麻谓土师富杼等曰：‘我欲共汝，还向本朝，缘无衣粮，俱不能去。愿卖我身，**以充衣食**。’”（第三册，p. 508）唐义净译《根本说一切有部毘奈耶》卷23：“于时，商主告老苾刍曰：‘阿遮利耶，此物拟供六十苾刍，于此安居**以充衣食**直。此是月八日直，此是十四十五日直，此是供病医药直。此是衣利，有好苾刍，招携住此。我至夏末，当更重来，一百苾刍，随力供养。’作是语已，礼拜而去。”

【以此功徳/このくどくをもちて】 四字（4例）　凭借这一利益福德获得某一利益。愿文的格式套语。《日本书纪》卷19《钦明纪》六年九月条：“是月，百济造丈六佛像，制愿文曰：‘盖闻造丈六佛功德甚大。今敬造。**以此功德**，愿天皇获胜善之德，天皇所用弥移居国，俱蒙福佑。’”（第二册，p. 404）《续日本纪》卷12《圣武纪》天平九年三月条：“伏愿护寺镇国，平安圣朝，**以此功德**，永为恒例。”（第二册，p. 312）《奈良朝写经20・大般若经卷第232》：“**以此功德**，庆善日新，命绪将劫石俱延，寿算与恒沙共远。”（p. 148）《奈良朝写经75・大般若经卷第176》：“［仰愿**以此功德**，先同］奉资先考之神［路，般若知船，净于苦］海。”（p. 442）吴支谦译《佛说须摩提长者经》卷1：“国城妻子，头目布施。**以此功德**，为求佛道。”东晋瞿昙僧伽提婆译《增壹阿含经》卷13《地主品》：“我于尔时，**以此功德**，求在生死，获此福佑，不求解脱。”姚秦鸠摩罗什译《妙法莲华经》卷3《化城喻品》：“愿**以此功德**，普及于一切，我等与众生，皆共成佛道。”北凉昙无谶译《大般涅槃经》卷20《梵行品》：“我今得见佛，所得三业善。愿**以此功德**，回向无上道。我今所供养，佛法及众僧。愿**以此功德**，三宝常在世。”唐义净译《金光明最胜王经》卷10《菩提树神赞叹品》：“汝能于我，真实无妄，清净法身，自利利他，宣扬妙相，**以此功德**，令汝速证，最上菩提，一切有情，同所修习，若得闻者，皆入甘露，无生法门。”→【籍此功德】【因此功德】【縁此功德】

【以此供養/これをもちてくようせば】 典据 通过这个来供施。《日本灵异记》下卷《村童戏克木佛像愚夫斫破以现得恶死报缘第29》：“如《法华经》说：‘若童子戏木及笔，或以指爪甲，而画作佛像，皆成佛道。复举一手，小低头，**以此供养**佛像，成无上道。’是以慎信矣。”（p. 337）姚秦鸠摩罗什译《妙法莲华经》卷1《方便品》：“乃至童子戏，若草木及笔，或以指爪甲，而画作佛像，如是诸人等，渐渐积功德，具足大悲心，皆已成佛道……或有人礼拜，或复但合掌，乃至举一手，或复小低头，**以此供养**像，渐见无量佛。”

【以此善根/このぜんこんをもちて】 四字 凭借这一好的根性。《奈良朝写经5·大般若经卷第267》：“又**以此善根**，仰资现御寓天皇并开辟以来代代帝皇，三宝覆护，百灵影卫。”（p. 32）东晋佛驮跋陀罗译《大方广佛华严经》卷18《金刚幢菩萨十回向品》：“菩萨摩诃萨安住此法，自身普覆一切诸佛，**以此善根**回向众生。”刘宋求那跋陀罗译《杂阿含经》卷23：“时阇耶**以此善根**，当得为王，王阎浮提，乃至得成，无上正觉。故世尊发微笑。”北凉昙无谶译《大般涅槃经》卷24《光明遍照高贵德王菩萨品》：“**以此善根**，愿与一切众生共之，愿诸众生，得寿命长，有大势力，获大神通。”

【以此善業/このぜんごうをもちて】 四字 凭借这一招致善果的业报。“善业”，指善之作业，为“恶业”“不善业”的对称。即能招感善果的身口意业。《奈良朝写经5·大般若经卷第267》：“**以此善业**，奉资登仙二尊神灵，各随本愿，往生上天，顶礼弥勒，游戏净域，面奉弥陀，并听闻正法，俱悟无生忍。”（p. 32）姚秦鸠摩罗什译《不思议光菩萨所说经》卷1：“汝**以此善业**，不生诸难趣。供多亿佛已，当得成为佛。”元魏瞿昙般若流支译《正法念处经》卷23《观天品》：“**以此善业**，毕至涅槃。其善不尽，是人命终，生迦留足天。”隋瞿昙法智译《佛为首迦长者说业报差别经》卷1：“复有业能令众生得决定报者：若人于佛、法、僧及持戒人所，以增上心施，**以此善业**发愿回向，即得往生。是名决定报业。”

【以此思量/これをもちてしりょうするに】 四字 由此看来，从这一点来考虑。《唐大和上东征传》：“其袈裟（缘）上绣著四句曰：山川异域，风月同天，寄诸佛子，共结来缘。**以此思量**。诚是佛法兴隆，有缘之国也。”（p. 40）（1）业露华整理《佛性问答》卷1：“既不生边地，复不堕三涂，**以此思量**，何虑不生净土？”《敦煌变文·园

因由记》："至舍卫城南，乃见祇陀之园，不近不远，方堪置寺，余并不堪。须达独自入城，道行作计，王之园也，谁肯出事，须诳其太子。**以此思量**，入城往于太子之宫。"又《佛说观弥勒菩萨上生兜》："**以此思量**这丈夫，何必将心生爱恋。"（2）唐封演撰《封氏闻见记》卷6："太宗常御安福门，谓侍臣曰：'闻西蕃大好为打球，比令亦习，曾一度观之。昨升仙楼有群胡街里打球，欲令朕见此胡，疑朕爱此，骋为之。**以此思量**，帝王举动岂宜容易。朕已焚此球以自戒。'"

【以酬恩徳/もちておんどくをむくゆ】 四字　用以报答恩惠。《奈良朝写经40·大般若经卷第57》："今纵粉身碎骨，**以酬恩德**，无过磬用私财依凭般若，故今缮写奉翊幽灵。"（p.264）唐义净译《根本说一切有部毘奈耶》卷32："时王大喜，告诸臣曰：'卿等知不，若有能于灌顶刹利大王救其命者，彼欲如何，**以酬恩德**？'诸臣白言：'合与半国。'"

【以歌答曰："~"/うたをもちてこたへていはく~】 自创　以和歌（韵文）的形式回答道："……"。《古事记》中卷《神武记》："尔伊须气余理比卖者，立其媛女等之前。乃天皇见其媛女等，而御心知伊须气余理比卖立于最前，**以歌答曰**。"（p.158）西晋竺法护译《生经》卷3："仙人**以偈答曰**：'樗树臭下极，一切鸟所恶，众鹿所依因，弃死黄门身。'"后秦佛陀耶舍、竺佛念等合译《长阿含经》卷3："尔时，世尊**以偈答曰**……"刘宋法贤译《频婆娑罗王经》卷1："尊者迦叶**以偈答曰**：'我于最上寂静句，由不了故生退屈，唯耽五欲非如理，是故事火无间断。'"

【以何為師/なにをもちてかしとせむ】 口语　以什么作为人生的导师呢？《日本灵异记》中卷《佛铜像盗人所捕示灵表显盗人缘第22》："哀哉，恳哉！我大师，聊何有过失，蒙此贼难。尊像有寺，以像为师。今自灭后，**以何为师**矣？"隋慧远撰《无量寿经义疏》卷1："一问世尊灭后，诸比丘等**以何为师**；二问世尊灭后，诸比丘等依何而住；三问恶性比丘，云何共居；四问一切经首，当置何字。阿难被教，心少惺悟，遂依请佛，佛随答之：'诸比丘等，以**何为师者**？当依波罗提木叉为师。'"唐若那跋陀罗译《大般涅槃经后分》卷1《遗教品》："如来在世，以佛为师，世尊灭后，**以何为师**？若佛在世，依佛而住，如来既灭，依何而住？"

【以何因縁/なにのいんねんをもちてか】 口语　（问句）因为什么缘故。《日本灵异记》中卷《女人大蛇所婚赖药力得全命缘第41》："夫恋，母啼，妻咏，姨泣。佛闻妻哭，出音而叹。阿难白言：'**以何因缘**，如来叹之？'"（p.251）吴支谦译《菩萨本缘经》卷1《毘罗摩品》："诸臣奉命，即遣使者，召毘罗摩，将诣王所。到已就坐，敛容而踞，说如是言：'大王，今日以何因缘，而见顾命？'"北凉昙无谶译《大般涅槃经》卷3《寿命品》："云何得长寿，金刚不坏身；复**以何因缘**，得大坚固力？"

【以何因縁而~/なにのいんねんをもちてか~】 口语　（3例）　因为什么原因

而……《日本灵异记》中卷《行基大德携子女人视过去怨令投渊示异表缘第30》："大德告曰：'咄！彼娘人，其汝之子持出舍渊。'众人闻之，当头之曰：'有慈圣人，**以何因缘**，**而**有是告？'娘依子慈不弃。"（p. 226）又《女人大蛇所婚赖药力得全命缘第41》："佛闻妻哭，出音而叹。阿难白言：'**以何因缘**，如来叹之？'"（p. 251）又下卷《沙门凭愿十一面观世音像得现报缘第3》："亲王闻之，问弟子言：'**以何因缘**，今斯禅师如是白耶？'弟子答之，如上具述。"（p. 269）吴支谦译《菩萨本缘经》卷1《毘罗摩品》："诸臣奉命，即遣使者，召毘罗摩，将诣王所。到已就坐，敛容而踞，说如是言：'大王，今日**以何因缘而**见顾命？'"东晋瞿昙僧伽提婆译《增壹阿含经》卷48《礼三宝品》："比丘当知，我知地狱之趣，**以何因缘而**说斯言乎？"姚秦鸠摩罗什译《妙法莲华经》卷1《序品》："尔时弥勒菩萨作是念：'今者世尊，现神变相，**以何因缘**，**而**有此瑞？今佛世尊，入于三昧，是不可思议，现希有事。当以问谁？谁能答者？'"

【以誨之曰："～"/をしへていはく～】 自创　教诲道："……"。《日本书纪》卷9《神功纪》摄政前纪条："于是神托皇后**以诲之曰**：'今御孙尊所望之国譬如鹿角，以无实国也。其今御孙尊所御之船及穴户直践立所贡之水田，名大田为币，能祭我者，则如美女之睩而金、银多之眼炎国以授御孙尊。'"（第一册，p. 432）→【而誨之曰："～"】【誨之曰："～"】【因誨之曰："～"】

【以火著～/ひをもちて～につく】 三字（2例）　用火点燃某物，点火燃烧某物。"著"字用作本义，"依附"的意思。《古事记》上卷《忍穗耳命与迩迩艺命》："即作无户八寻殿，入其殿内，以土涂塞，而方产时，**以火著**其殿而产也。"（p. 122）又下卷《履中纪》："本坐难波宫之时，坐大尝而为丰明之时，于大御酒宇良宜而大御寝也。尔其弟墨江中王欲取天皇，**以火著**大殿。"（p. 306）西晋竺法护译《佛说申日经》卷1："今我兄所侍之师，我当请之，掘门里地，令入五丈，**以火著**中，薄覆其上。设众饭食皆，内毒药。"姚秦佛陀耶舍、竺佛念等合译《四分律》卷12："若**以火著**，生草木上，波逸提。若断多分生草木，波逸提。断半干半生草木，突吉罗。"

【以戒為本/かいをもちてもととす】 四字（2例）　以戒律为根源，以戒律为指南，来指导修行生活。《日本书纪》卷21《崇峻纪》即位前纪条："甲子，善信阿尼等请大臣曰：'出家之途，**以戒为本**。'"（第二册，p. 510）《元兴寺伽蓝缘起并流记资财账》："时三尼等官白：'传闻出家之人，**以戒为本**。然无戒师，故度百济国欲受戒。'白。"失译人名今附后汉录《分别功德论》卷3："**以戒为本**，兼行三十七品及诸三昧定，断七使九结，进成涅槃。"晋法炬、法立合译《法句譬喻经》卷1："夫为道者，**以戒为本**，摄心为行。"新罗元晓撰《菩萨戒本疏》卷1："《本业经》云：'入三宝海，以信为本；住在佛家，**以戒为本**。'"

【以経日夜/すでにひるよるをふ】 时段　已经过了好多年。"以"与"已"相通。《日本书纪》卷11《仁德纪》三十年十月条："时口持臣沾雪雨，**以经日夜**，伏于皇后

殿前不避开。”（第二册，p. 48）姚秦竺佛念译《菩萨从兜术天降神母胎说广普经》卷7《八贤圣斋品》：“金翅鸟以翅，斫水取龙，水未合顷，衔龙飞出。金翅鸟法，欲食龙时，先从尾而吞。到须弥山北，有大缘铁树，高十六万里。衔龙至彼，欲得食噉，求龙尾不知处，**以经日夜**。明日龙出尾，语金翅鸟：‘化生龙者，我身是也。我不持八关斋法者，汝即灰灭我。’金翅鸟闻之，悔过自责。”该例亦见于唐道世撰《法苑珠林》卷6。

【以螺酌海～因管窥天/かいひをもちてうみをくむ～くだによりててんをみる】 比喻 用海螺来舀取海水，通过竹管子的孔来观望天空。比喻见闻狭隘或看事片面。《日本灵异记》下卷《序》：“羊僧景戒，所学者未得天台智者之问术，所悟者未得神人辩者之答术，是犹**以螺酌海**、**因管窥天**者矣。”（p. 260）新罗元晓撰《涅槃宗要》卷1：“又如随时天台智者，问神人言：‘北立四宗，会经意不？’神人答言：‘失多得少。’又问：‘成实论师立五教，称佛意不？’神人答曰：‘小胜四宗，犹多过失。’然天台智者，禅惠俱通，举世所重，凡圣难测。是知佛意，深远无限，而欲以四宗，科于经旨，亦以五时，限于佛意。是犹**以螺酌海**、**用管窥天**者耳。”

【以擬/もちて～にあつ】 前缀 （2例） 打算，准备。“以”，虚词，无实义。《肥前国风土记·彼杵郡》条：“又有拔木，本者著地，末者沉海。海藻早生，**以拟**贡上。”（p. 346）《续日本纪》卷13《圣武纪》天平十二年十二月条：“戊午，从不破发，至坂田郡横川顿宫。是日，右大臣橘宿祢诸兄在前而发，经略山背国相乐郡恭仁乡，**以拟**迁都故也。”（第二册，p. 380）萧齐求那毘地译《百喻经》卷1：“昔有愚人，将会宾客，欲集牛乳**以拟**供设，而作是念。”梁慧皎撰《高僧传》卷13：“寺有般若台，饶常绕台梵转，**以拟**供养。行路闻者，莫不息驾踟蹰，弹指称佛。”隋阇那崛多译《佛本行集经》卷14《常饰纳妃品》：“时净饭王，为其太子，立三等宫，**以拟**安置，于太子故，第一宫内，所有采女，当于初夜，侍卫太子。”

【以是義故/このこころをもちてのゆゑに】 典据 从佛教这一义理来看（的缘故）。《日本灵异记》中卷《佛铜像盗人所捕示灵表显盗人缘第22》：“又彼经三十三卷云：‘一阐提辈，永断灭故，**以是义故**，杀害蚁子，犹得杀罪。杀一阐提，无有杀罪。’者，其斯谓之矣。”（p. 207）北凉昙无谶译《大般涅槃经》卷33《迦叶菩萨品》：“而一阐提辈，永断灭故。**以是义故**，杀害蚁子，犹得杀罪。杀一阐提，无有杀罪。”

【以是因縁/このいんねんをもちて】 典据 因为这样一种缘故。《日本灵异记》中卷《佛铜像盗人所捕示灵表显盗人缘第22》：“《涅槃经》十二卷文，如佛说：‘心重大乘。闻婆罗门诽谤方等，断其命根。**以是因缘**，从是以来，不堕地狱。’”（p. 206）北凉昙无谶译《大般涅槃经》卷12《圣行品》：“善男子，我于尔时，心重大乘，闻婆罗门，诽谤方等。闻已，即时断其命根。善男子，**以是因缘**，从是已来，不堕地狱。”

【以贖其罪/そのつみをあかはしむ】四字　用钱物赎免罪行。《日本书纪》卷1《神代纪上》："然后诸神归罪过于素戋呜尊而科之以千座置户，遂促征矣。至使拔发，**以赎其罪**。亦曰：'拔其手足之爪赎之。'已而竟逐降焉。"（第一册，p. 78）曹魏白延译《佛说须赖经》卷1："于是须赖，与大众人民俱，到王宫门。时王波斯匿在正殿，适收五百余长者，皆当有罪。王欲使多出财宝，**以赎其罪**。"

【以網為業/あみをもちてなりはひとす】自创　靠打鱼为生。《日本灵异记》上卷《自幼时用网捕鱼而现得恶报缘第11》："时寺边有渔夫，自幼迄长，**以网为业**。"（p. 88）梁僧伽婆罗译《阿育王经》卷1《1生因缘》："其人可畏，能行不仁，恒骂父母，家中男女，悉皆打拍。乃至一切众生，无不杀害。常**以网捕为业**，以其杀害多故，人复谓之旃陀耆利柯（翻可畏山）。"按：《日本灵异记》上卷《自幼时用网捕鱼而现得恶报缘第11》："如《颜氏家训》云：'昔江陵刘氏，**以卖鳝羹为业**。后生一儿，头具是鳝。自颈以下，方为人身。'者，其斯之谓矣。"（p. 89）在传统文献当中，"捕鱼为业"的说法更为普遍。陶潜《陶渊明集》："晋太元中，武陵人**捕鱼为业**。缘溪行，忘路之远近。忽逢桃花林，夹岸数百步，中无杂树，芳草鲜美，落英缤纷。渔人甚异之。复前行，欲穷其林。"《日本灵异记》下卷《用网渔夫值海中难凭愿妙见菩萨得全命缘》："吴原忌寸名妹丸者，大和国高市郡波多里人也。自幼作网，**捕鱼为业**。"（p. 344）→【以漁为業】

【以為常業/これをもちてつねのわざとす】四字　以此为生；日常生活中所做的事情。《日本灵异记》上卷《圣德皇太子示异表缘第4》："时有一法师而住北坊，名号愿觉也。其师常明旦出行里，夕以来入于坊居，**以为常业**。"（p. 69）晋世法立、法炬合译《法句譬喻经》卷2《罗汉品》："昔有一国，名曰那梨。近南海边，其中人民，采真珠栴檀，**以为常业**。"西晋竺法护译《佛说分别经》卷1："当来比丘，不持正法，挟妻养子，无有惭愧心，耕田种殖，**以为常业**。"唐道宣撰《续高僧传》卷11："父后出家，名为道谅，精勤自拔，苦节少伦，乞食听法，**以为常业**。"唐道世撰《法苑珠林》卷55："唐益州福寿寺释宝琼，俗姓马氏，绵竹县人。小年出家，清卓俭素，读诵大品，两日一遍，**以为常业**。"

【以為業行/これをもちてわざとす】自创（2例）　以此作为日常生活中的恒常性的行为。"业"，与"行"义同。"业行"，犹言行业。行业，指身口意所造作的善恶行为。《日本灵异记》中卷《忆持〈心经〉女现至阎罗王阙示奇表缘第19》："利苅优婆夷者，河内国人也。姓利苅村主，故以为字。天年澄情，信敬三宝，常诵持《心经》，**以为业行**。"（p. 199）又下卷《智行并具禅师重得人身生国皇之子缘第39》："得度精勤修学，智行双有。皇臣见敬，道俗所贵。弘法导人，**以为行业**。"（p. 377）宋宗晓编《释门正统》卷2："平生诵《法华》、《涅槃》，大小戒本，**以为行业**。终时，咸闻空中，奏天乐声。"又《法华经显应录》卷1："齐朝僧法匮，俗阮氏。少依枳园寺出家，

秉性恭默，诵《法华经》**以为行业**。”→【以之为業】

【以問之曰：“~”/とひていはく~】 说词 问道：“……”，问（对方）道：“……”。《日本书纪》卷22《推古纪》十七年四月条：“是时遣难波吉士德摩吕、船史龙**以问之曰**：‘何来也？’对曰：‘百济王命以遣于吴国，其国有乱不得入。更返于本乡，忽逢暴风，漂荡海中。’”（第二册，p. 560）（1）唐法成译《释迦牟尼如来像法灭尽之记》卷1：“龙王思惟：‘我所住处，何故腾波？’以天眼观知，释迦牟尼如来，圣教像法，近灭末后，见僧之期，自变其身，为一老人，从海而出，礼彼众僧，**以问之曰**：‘如是众僧，从于何来，往至何所？’众僧答曰：‘我等本居，赤面国界。施主无信，毁灭常住，及精舍，故我等往至，大乾陀罗国。’”（2）《太平广记》卷452《任氏》条：“郑子指宿所**以问之曰**：‘自此东转，有门者，谁氏之宅？’主人曰：‘此隤墉弃地，无第宅也。’”（p. 3677）

【以香華供養/こうげをもちてくようす】 多音 《唐大和上东征传》：“中有一鳗鱼，长一尺九寸，世传云护塔菩萨。有人**以香华供养**，有福者即见，无福者经年求不见。”（p. 57）西晋安法钦译《阿育王传》卷2：“宿大哆于是合掌白王言：‘大王，我今当归依三宝。’阿恕伽王，即抱弟颈，而作是言：‘我欲使汝，信敬佛法。故作是方便，不必杀汝。’宿大哆即**以香花**，**供养**佛塔，而听说法，供养众僧。”元魏吉迦夜、昙曜合译《杂宝藏经》卷5：“有一宫人，名舍利弗摩提，以僧自恣日，忆本所习，即**以香花**，**供养**此塔。”唐地婆诃罗译《方广大庄严经》卷4《现艺品》：“时输檀王，心甚欢喜，报菩萨言：‘先王有弓，在于天庙，常**以香花供养**。其弓劲强，无人能张。’”

【以因縁故/いんねんをもちてのゆゑに】 四字（2例） 因为这样一个缘份。《日本灵异记》中卷《将建塔发愿时生女子卷舍利所产缘第31》：“父母愁曰：‘姬非时产子，根不具。斯为大耻。**以因缘故**，汝生我子。’乃不嫌弃，而慈哺育。”（p. 229）又下卷《忆持〈法华经〉者舌著曝髑髅中不朽缘第1》：“禅师取收净处，语髑髅言：‘**以因缘故**，汝值于我。’便以草葺覆于其上，共住读经，六时行道。”（p. 264）吴支谦译《佛说维摩诘经》卷1《佛国品》：“说名不有亦不无，**以因缘故**诸法生，非我不造彼不知，如佛清净无恶形。”姚秦鸠摩罗什译《大智度论》卷87《次第学品》：“怨亲无定，**以因缘故**，亲或为怨，怨或为亲。”

【以漁為業/すなどりをなりはひとす】 四字 以捕鱼为生计。《续日本纪》卷18《孝谦纪》天平胜宝四年正月条：“辛巳，禁断始从正月三日迄于十二月晦日，天下杀生。但缘海百姓，**以渔为业**，不得生存者，随其人数，日别给籾二升。”（第三册，p. 116）宋善卿编《祖庭事苑》卷5：“师讳义怀，温州乐清陈氏子。世**以渔为业**。”宋慧洪撰《禅林僧宝传》卷11：“禅师名义怀，生陈氏，温州乐清人也。世**以渔为业**。”→【以網為業】

【以～語白："～"／～をもちてかたりまをさく～】 自创 （位卑者以韵文的形式对位尊者）说道："……"。《古事记》下卷《仁德记》："于是，建内宿祢**以歌语白**。"（p. 304）吴支谦译《佛说义足经》卷2："愿烦威神到佛所，为人故礼佛足，**以我人语白**佛：'阎浮利四辈，饥渴欲见尊。'"刘宋求那跋陀罗译《杂阿含经》卷36："时尊者婆耆舍语尊者富邻尼言：'汝往诣世尊所，**持我语白**世尊言：尊者婆耆舍稽首世尊足，问讯世尊，少病少恼？起居轻利？得自安乐住不？'"又卷37："时彼士夫，复**以**摩那提那**长者语白**尊者阿那律：'我是俗人，多有王家事，不得躬自奉迎。唯愿尊者，通身四人，明日日中，哀受我请，怜愍故。'"按：汉译佛经例文中，该句式表示，以（位卑者）某人的话告诉（位尊者）另一人。《仁德记》以歌谣形式来"语白"，是一个创新，具有原创性。→【以～白於～曰："～"】

【以怨報怨／うらみをもちてうらみをむくゆ】 四字 以仇视、怨怒对待仇视、怨怒。冤冤相报何时了。《日本灵异记》下卷《杀生物命结怨作狐狗互相怨报缘第2》："毗瑠璃王，报过去怨，而杀释众九千九百九十万人。**以怨报怨**，怨犹不灭，如车轮转。"（p. 267）后秦佛陀耶舍、竺佛念等合译《四分律》卷43："时王长生，顾见其子，作如是言：'怨无轻重，皆不足报。**以怨报怨**，怨终不除。唯有无怨，而除怨耳。'"刘宋佛陀什、竺道生等合译《弥沙塞部和醯五分律》卷24："母遥见之，知其必怀，报怨之念，便如狂人，高声独语：'汝莫见长，亦莫见短，以怨报怨，怨无由息，报怨以德，其怨乃已。'"→【怨報】

【以杖刺地／つゑをもちてつちをさす】 典据 以手杖戳地（使之冒出水来）。典出晋僧慧能传说。但"以杖刺地"的四字格，出自汉译佛经。《播磨国风土记・揖保郡》条："又**以杖刺地**，即从杖处，寒泉涌出。"（p. 70）（1）萧齐僧伽跋陀罗译《善见律毘婆沙》卷4《阿育王品》："尔时佛在瞻婆国，于迦罗池边，为瞻婆人说法。是时池中有一蛤，闻佛说法声欢喜，即从池出，入草根下。是时有一牧牛人，见大众围绕，听佛说法，即往到佛所。欲闻法故，**以杖刺地**，误著蛤头。蛤即命终，生忉利天，为忉利天王。"该例亦见于梁宝唱等集《经律异相》卷48、唐道世撰《法苑珠林》卷17、《诸经要集》卷2、宋延寿集《宗镜录》卷26。（2）唐楼颖录《善慧大士语录》卷4："法师西至金华县界南山下曰：'此亦可以置寺。'又**以杖刺地**曰：'此可以穿井矣。'尔后竟以此地，置龙盘寺。以杖刺处凿井，井不甚深，虽亢阳，不竭。"宋陈舜俞撰《庐山记》卷1："初远法师至于庐山，爱此间旷，欲结庵焉。地无流泉，师**以杖刺地**，应时泉涌浸为溪流。既而寻阳岁旱，远师诵龙王经。于池上，俄有龙起而上天，雨乃大足。故号龙泉。"

【以之供養／これをもちてくようす】 四字 （2例） 以此用来供施。《日本灵异记》中卷《孤娘女凭敬观音铜像示奇表得现报缘第34》："父母有时，多饶留财，数作屋仓，奉铸观世音菩萨铜像一体，高二尺五寸。隔家成佛殿，安彼像**以之供养**。"

（p. 238）又《药师佛木像流水埋沙示灵表缘第39》："引率知识，劝请佛师，令造佛耳，鹈田里造堂，居尊像以之供养。"（p. 246）北凉昙无谶译《大方等大集经》卷23《净目品》："淤泥之中生芙蓉，亦复生于种种华。众生以之供养佛，并及一切诸天神。"唐宗密译《佛说盂兰盆经疏》卷2："初复有五：一定胜时；二发胜意；三设胜供；四赞胜田；五获胜益。谓自恣日为胜时，如春阳之月，孝心为胜意；如精新种子百味五果，等为胜供；如好牛犁，以之供养；如能耕垦，贤圣为胜田。"

【以之為忍/これをもちてにんとす】 四字 以这个作为忍辱的对象。《日本灵异记》下卷《杀生物命结怨作狐狗互相怨报缘第2》："若有人，能发忍辱时见怨人者，为我恩师。不报彼怨，以之为忍。是故怨者即忍之师。"（p. 267）唐定宾作《四分律疏饰宗义记》卷7："恷法师云：'十住为暖，十行为顶，第九回向以之为忍，第十回向为第一。'"

【以之為業/これをもちてわざとす】 四字 以此作为日常生活中的恒常性的行为。《日本灵异记》上卷《修持孔雀王咒法得异验力以现作仙飞天缘第28》："役优婆塞者，贺茂役公，今高贺茂朝臣者也。大和国葛木上郡茅原村人也。生知博学得一。仰信三宝，以之为业。"（p. 119）失译人名今附秦录《别译杂阿含经》卷11："佛告尸卜：'云何自己所作？常拔须发，或举手立，不在床坐。或复蹲坐，以之为业。或复坐卧，于棘刺之上，或边椽坐卧，或坐卧灰土，或牛屎涂地，于其中坐卧。'"唐道世撰《法苑珠林》卷64："唐曹州城武人方山开，少善弓矢，尤好畋猎，以之为业，所杀无数。"该例《冥报记》卷2中亦有辑录。→【以為業行】

【以之為宗/これをもちてむねとす】 四字 以它作为宗旨，把它视作行为的指南。《日本灵异记》下卷《忆持〈法华经〉者舌著曝髑髅中不朽缘第1》："僧常诵持法华大乘，以之为宗。"（p. 263）隋慧远撰《大乘义章》卷10："若就摄善，以之为宗，则摄善戒，亦总亦别，余二唯别，统收三聚，莫不皆善。故名为总。"唐定宾作《四分比丘戒本疏》卷1："第四宗体不同者，先宗后体，且明宗者此经全收律藏为宗，不同法华涅槃等经一藏之中曲别分宗，是故此以善说毘奈耶以之为宗。"唐文轨撰《广百论疏卷第一》卷1："问：'佛法义中，不立隐性，何故论主，以之为宗？'答：'此之三德，本是佛法。三毒三受，种子伏在，阿赖耶识中，生灭相续。外道不了，谓为隐性，体是其常。论主取此，以之为宗，故无过也。'"

【以至誠心/しじょうのこころをもちて】 四字（3例） 以极为真挚诚恳的心意对待某事。《元兴寺伽蓝缘起并流记资财账》："面奉弥勒，听闻正法，悟无生忍，速成正觉。十方诸佛及四天等，所以至诚心誓愿，所造二寺及二躯丈六，更不破不流不斫不烧，二寺所纳种种诸物，更不摄取不灭不犯不谬也。"《续日本纪》卷27《称德纪》天平神护二年十月条："今敕〈久〉、无上〈岐〉佛〈乃〉御法〈波〉、至诚心〈乎〉以〈天〉拜尊〈备〉献〈礼波〉、必异奇验〈乎〉阿良波〈之〉授赐物〈尔〉伊末〈志家利〉。”（第四册，p.134）《奈良朝写经14·七知经》：“读之者，**以至诚心**，上为国家，下及生类，乞索百年，祈祷万福。”（p.108）曹魏康僧铠译《佛说无量寿经》卷2：“若闻深法，欢喜信乐，不生疑惑，乃至一念，念于彼佛，**以至诚心**，愿生其国。此人临终，梦见彼佛，亦得往生，功德智慧，次如中辈者也。”唐义净译《金光明最胜王经》卷7《大辩才天女品》：“于善恶人皆拥护，慈悲愍念常现前。是故我**以至诚心**，稽首归依大天女。”唐实叉难陀译《大方广佛华严经》卷64《入法界品》：“善男子，此婆罗门五热炙身时，其火光明，普照一切，诸龙宫殿，令诸龙众，离热沙怖，金翅鸟怖，灭除瞋恚，身得清凉，心无垢浊，闻法信解，厌恶龙趣，**以至诚心**，悔除业障，乃至发阿耨多罗，三藐三菩提意，住一切智。”→【至誠心】

【以置其上/もちてそのうへにおく】 四字　将某物放置在另一物的上面。《日本书纪》卷11《仁德纪》六十二年五月条：“曰：‘掘土丈余，一草盖其上。敦敷茅、荻，取冰**以置其上**。’”（第二册，p.68）元魏慧觉等译《贤愚经》卷8《盖事因缘品》：“于是圣友，极怀欢喜，复从空下，重受其供经，于数时乃入涅槃。萨薄悲悼，追念无量，阇维其身，收取舍利，盛以宝瓶，用起鍮婆，香花伎乐，种种妙物，持用供养，所捉大盖，**以置其上**，尽其形寿，供养此塔。”

【以兹功徳/このくどくをもちて】 自创　以此功能德用。《奈良朝写经19·灌顶随愿往生经》：“**以兹功德**，资益亡灵。伏愿金花承步高升五净之天，玉叶籍仪远契三明之果，傍该动植，普洎尘劳，并出盖缠，俱登彼岸。”（p.129）（1）东晋瞿昙僧伽提婆译《增壹阿含经》卷13《地主品》：“我于尔时，**以此功德**，求在生死，获此福佑，不求解脱。”姚秦鸠摩罗什译《妙法莲华经》卷3《化城喻品》：“愿**以此功德**，普及于一切，我等与众生，皆共成佛道。”（2）唐菩提流志译《大宝积经》卷67《兜率陀天授记品》：“我等赞佛所得福，唯佛世尊能了知。**以斯功德**施群生，愿皆成佛具众相。”

【義淵法師/ぎえんほうし】 人名（4例）　义渊法师（？~728），日本法相宗僧。大和（奈良县）人。初随元兴寺智凤学唯识。学德高深，天智天皇赐以冈本宫，遂建立龙盖寺（冈寺），并任僧正之职。门人极众，以玄昉、行基、宣教、良敏、行达、降尊、良辨等七人称七上足，奈良佛教隆盛之基础乃由师所奠定。神龟五年示寂，世寿不详。《续日本纪》卷1文武三年十一月条：“己卯，施**义渊法师**稻一万束，褒学行也。”（第一册，p.20）又卷3《文武纪》大宝三年三月条：“乙酉，以**义渊法师**为僧正。”（第一册，p.66）又卷10《圣武纪》神龟四年十二月条：“十二月丁丑，敕曰：‘僧正**义渊法师**，《俗姓市往氏也。》禅枝早茂，法梁惟隆，扇玄风于四方，照惠炬于三界。加以，自先帝御世，迄于朕代，供奉内里，无一咎愆。念斯若人，年德共隆。宜改市往氏，赐冈连姓，传其兄弟。’”（第二册，p.184）又神龟五年十月条：“冬十月壬午，僧正**义渊法师**卒。遣治部官人监护丧事。又诏赙絁一百匹，丝二百絇，棉三百屯，布二百端。”（第二册，p.200）

【憶持/おぼえたもつ】 并列 （5例） 指于法记忆受持而不忘失。用于说话故事的小标题。《日本灵异记》上卷《僧忆持〈心经〉得现报示奇事缘第14》（p.94）又《忆持〈法华经〉现报示奇异表缘第18》（p.101）又中卷《忆持〈心经〉女现至阎罗王阙示奇表缘第19》 （p.199）又下卷《忆持〈法华经〉者舌著曝髑髅中不朽缘第1》（p.263）又《拍于忆持千手咒者以现得恶死报缘第14》（p.296）吴支谦译《菩萨本缘经》卷3《龙品》："龙王答言：'我先与汝，俱受佛语，我常忆持，抱在心怀，而汝忘失，了不忆念。'"东晋法显译《大般涅槃经》卷2："比丘当知，今此阿难，智慧深妙，聪明利根，我从昔来，所说法藏，阿难皆悉，忆持不忘。"隋阇那崛多译《佛本行集经》卷2《发心供养品》："世尊，我曾闻佛，金口所说，闻已系心，忆持不忘，所谓诸佛智，无有碍，无等等，无障碍。"

【亦復然/またしかなり】 三字 其他情况同样如此。《日本书纪》卷19《钦明纪》十三年十月条："譬如人怀随意宝，逐所须用尽依情。此妙法宝亦复然，祈愿依情无所乏。"（第二册，p.416）（1）唐义净译《金光明最胜王经》卷6《四天王护国品》："如人室有妙宝箧，随所受用悉从心。最胜经王亦复然，福德随心无所乏。"（2）吴支谦译《菩萨本缘经》卷1《一切施品》："我身四大成，王身亦复然。今若见瞋者，是则为自瞋。"姚秦鸠摩罗什译《妙法莲华经》卷3《化城喻品》："度脱于我等，及诸众生类，为分别显示，令得是智慧。若我等得佛，众生亦复然。"唐实叉难陀译《大方广佛华严经》卷7《世界成就品》："一切刹土入我身，所住诸佛亦复然。汝应观我诸毛孔，我今示汝佛境界。"按："亦"，类同副词，"复"作音节成分，无实际意义。"亦复然"在汉译佛经中，时常以复沓的手法，来例举多项相同的事例，给听众或读者难以忘怀的印象。

【亦復如是/またかくのごとくあらむ】 四字 同样也是这样。《日本书纪》卷19《钦明纪》十四年八月条："所遣军众，来到臣国，衣粮之费，臣当充给。来到任那，亦复如是。"（第二册，p.424）后汉安世高译《佛说罪业应报教化地狱经》卷1："世尊，今有地狱饿鬼畜生奴婢，贫富贵贱，种类若干。唯愿世尊，具演说法。若有众生，闻佛说法，如孩子得母，如病得医，如羸得食，如暗得灯。世尊说法利益众生，亦复如是。"后汉支娄迦谶译《道行般若经》卷8："佛复言：'今我刹界中菩萨行般若波罗蜜，十方诸佛，今亦赞叹，说行般若波罗蜜菩萨，亦复如是。'"姚秦鸠摩罗什译《妙法莲华经》卷1《序品》："诸善男子，我于过去诸佛，曾见此瑞，放斯光已，即说大法。是故当知，今佛现光，亦复如是，欲令众生，咸得闻知，一切世间，难信之法，故现斯瑞。"北凉昙无谶译《大般涅槃经》卷1《寿命品》："尔时世尊，于晨朝时，从其面门，放种种光。其明杂色，青黄赤白、颇梨马瑙光，遍照此三千大千佛之世界，乃至十方，亦复如是。"

【亦更不見/またさらにみえず】 四字 从此再也见不到；此外再也见不到别的什

么。《日本灵异记》中卷《贷用寺息利酒不偿死作牛役之偿债缘第32》："遂八年已，不知所去，**亦更不见**。"（p. 232）北凉昙无谶译《大般涅槃经》卷14《圣行品》："尔时**亦更不见**余人，唯见罗刹，即说是言：'诸开如是，解脱之门，谁能雷震，诸佛音声，谁于生死，睡眠之中，而独觉寤？'"

【亦令除差/またじょさせしめむ】 典据　同样也使之病愈，除去疾病。《续日本纪》卷14《圣武纪》天平十三年三月条："案经云：若有国土讲宣读诵，恭敬供养，流通此经王者，我等四王，常来拥护。一切灾障，皆使消殄。忧愁疾疫，**亦令除差**。所愿遂心，恒生欢喜，宜令天下诸国各令敬造七重塔一区，并写《金光明最胜王经》、《妙法莲花经》一部。"（第二册，p. 388）唐义净译《金光明最胜王经》卷3《灭业障品》："若有国土，讲宣读诵，此妙经王，是诸国主，我等四王，常来拥护，行住共俱。其王若有，一切灾障，及诸怨敌，我等四王，皆使消殄，忧愁疾疫，**亦令除差**，增益寿命，感应祯祥，所愿遂心，恒生欢喜。我等亦能，令其国中，所有军兵，悉皆勇健。"→【除差】

【亦名/またのな】 偏正　（63例）　更名，又名。《古事记》上卷《伊耶那岐命与伊耶那美命》："次生隐伎之三子岛，**亦名**天之忍许吕别。"（p. 34）又："次建御雷之男神，**亦名**建布都神，**亦名**丰布都神。"（p. 42）《日本书纪》卷1《神代纪上》："次生海，次生川，次生山，次生木祖句句乃驰，次生草祖草野姬，**亦名**野槌。"（第一册，p. 34）又卷7《景行纪》二年三月条："是小碓尊，**亦名**日本童男。"（第一册，p. 342）（1）吴支谦译《佛说长者音悦经》卷1："时有国王，**亦名**音悦。复有一鸟，名曰鹦鹉，在王宫上，鸣声和好。"隋阇那崛多译《佛本行集经》卷5《贤劫王种品》："彼相师言：'此童子者，既是日炙，熟甘蔗开，而出生故，一名善生；又以其从，甘蔗出故，第二复名甘蔗生；又以日炙，甘蔗出故，**亦名**日种。彼女因缘，一种无异故，名善贤，复名水波。'"（2）《搜神记》卷2："扶南王范寻养虎于山，有犯罪者投于虎，不噬，乃宥之。故山名大虫，**亦名**大灵。"（p. 291）

【亦如前答/またさきのごとくにこたふ】 四字　也像前面的回答一样。《日本书纪》卷25《孝德纪》大化五年三月条："天皇更遣三国麻吕公穗积啮臣审其反状，麻吕大臣**亦如前答**。"（第三册，p. 172）唐玄奘译《阿毘达磨大毘婆沙论》卷182："王倍瞋忿语言：'汝是未离欲人，云何恣情，观我诸女？复言我是，修忍辱人，可伸一臂，试能忍不？'尔时仙人，便伸一臂，王以利剑，斩之如断藕根，堕于地上。王复责问：'汝是何人？'答言：'我是修忍辱人。'时王复令，伸余一臂，即复斩之，如前责问，仙人**亦如前答**：'我是修忍辱人。'"该例在唐道世撰《法苑珠林》卷82、《诸经要集》卷10中亦有辑录。唐波罗颇蜜多罗译《般若灯论释》卷8："若汝分别，有众生流转者，**亦如前答**，为此众生，常而流转，为无常流转。"唐大觉撰《四分律行事钞批》卷12："有人畜三妇，一最怜爱，次一可可。一最轻薄，其人临终，语所爱者：'我常爱汝，今欲相随。'彼报夫言：'不能随去，汝死之后，须我者多。'次问可可者：'汝能去不？' 亦如前答。"

【亦随而～/またしたがひて～】 随字 因前项动作，也随着出现后项动作或状态。《日本书纪》卷14《雄略纪》九年三月条："有顷，遣众自退，官军亦随而却。"（第二册，p. 182）《续日本纪》卷8《元正纪》养老二年十二月条："甲戌，进节刀。此度使人，略无阙亡，前年大使从五位上坂合部宿祢大分，亦随而来归。"（第二册，p. 50）（1）姚秦佛陀耶舍、竺佛念等合译《四分律》卷31："时弥却摩纳，取此五百金钱已，从坐起而去。时苏罗婆提女，亦随而去。"姚秦鸠摩罗什译《十住毘婆沙论》卷12："种种谘请问，亦随而分别。经法智慧中，未曾有悋惜。"唐窥基撰《说无垢称经疏》卷5《菩提分品》："如世愿言，无病长寿，菩萨亦随，而咒愿之。意符出世，为世桥梁。"（2）《晋书》卷34《杜预传》："今每岁一考，则积优以成陟，累劣以取黜。以士君子之心相处，未有官故六年六黜清能，六进否劣者也。监司将亦随而弹之。"《宣室志·李回》条："其首俯于筵上，食之且尽，乃就饮其酒，俄顷，其貌赪然，若有醉色，遂飞去。群鬼亦随而失。后数日，回疾愈。"

【亦猶如是/またなおかくのごとく】 四字 也同样像这样。《奈良朝写经56·大般若经卷第50等》："一切合灵，亦犹如是。傍及千界，共登波若。"（p. 358）西晋竺法护译《修行地道经》卷4《行空品》："譬如大水，高山流下，其震动畅，逸行者闻之；亦如深山之向，呼者即应；人舌有言，本从心起，亦犹如是。"

【亦自/（も）みづから】 后缀 "亦自"，类同副词。"亦"译自梵文 api，用于表示类同，相当于"也"；"自"是音节成分，起凑足双音节的作用。《日本书纪》卷1《神代纪上》："伊奘诺尊又投汤津爪栉，此即化成笋，丑女亦以拔噉之，噉了则更追。后则伊奘冉尊亦自来追。"（第一册，p. 46）后汉支娄迦谶译《道行般若经》卷10《昙无竭菩萨品》："佛皆使人得安隐，佛亦自行佛事。"姚秦鸠摩罗什译《妙法莲华经》卷6《如来神力品》："所以者何？我等亦自欲得是，真净大法，受持读诵，解说书写，而供养之。"元魏慧觉等译《贤愚经》卷4《出家功德尸利苾提品》："又我和上，神通玄鉴，我纵妄语，亦自知之。"

【異愛/ことにめぐし】 偏正 （2例） 格外地喜爱，特别地疼爱。《日本书纪》卷7《景行纪》二十八年正月条："天皇于是美日本武之功而异爱。"（第一册，p. 368）又卷13《允恭纪》十一年三月条："先是，衣通郎姬居于藤原宫。时天皇诏大伴室屋连曰：'朕顷得美丽娘子，是皇后母弟也。朕心异爱之。冀其名欲传欲传于后叶。'"（第二册，p. 122）魏慧觉等译《贤愚经》卷9《善事太子入海品》："因其卧寐，阴杀其兄，取其珠宝，归语父王言：'其兄没海。于是乃当，异[①]爱念我。'作是念已，密自怀计。"宋子璇集《首楞严义疏注经》卷7："故卵生居首，情爱后起。次有胎生，异爱不

① "异"，冀本中作"宋"。

同。”宋仁岳述《楞严经熏闻记》卷4：“情爱后起，即欲颠倒也。**异爱**不同，即趣假二类。”按：《汉语大词典》失收。

【異聞～妙機～/いぶん～みょうき～】 对偶 “异闻”，奇闻轶事。“妙机”，可以受到微妙感应的根机。《续日本纪》卷8《元正纪》养老三年十一月条：“道慈法师，远涉沧波，核**异闻**于绝境，遐游赤县，研**妙机**于秘记。参迹象龙，振英秦汉。并以戒珠如怀满月，慧水若写沧溟。倘使天下桑门智行如此者，岂不殖善根之福田，渡苦海之宝筏。”（第二册，p. 62）智顗说《妙法莲华经玄义》卷6：“妙机召究竟妙应，**妙机**亦有生熟。妙应亦有浅深，如慈童女，在于地狱。代人受罪，即得生天。此乃妙机浅熟，近在乎天耳。”唐道宣撰《续高僧传》卷17：“福履攸臻，**妙机**顷悟，耻崎岖于小径，希优游于大乘，笑息止于化城。”

【詣到/まゐいたる】 并列 造访；前往，《日本书纪》卷3《神武纪》即位前纪戊午年十一月条：“因以随鸟**诣到**而告之曰：‘吾兄兄矶城闻天神子来，则聚八十枭帅，具兵甲，将与决战。’”（第一册，p. 220）唐慧琳撰《一切经音义》卷40：“**诣**世尊所：上倪计反。顾野王云：**诣**，到也。《苍颉篇》云：至也。《说文》云：候至也。从言，旨声。”隋阇那崛多译《佛本行集经》卷50《说法仪式品》：“尔时，慈者伺彼诸女睡眠著时，徐徐缓起，下殿而去，出城东门，巡绕彼城，**诣到**城南，见一道路。见已，遂复乘彼而去。须臾遥见。有一铁城，其城四面，皆各有门。”又《观察诸法行经》卷4《授记品》：“彼大象王**诣到**已，宝光法王彼已见，增踊跃心第一爱，礼其足已坐于前。”隋笈多译《金刚能断般若波罗蜜经》卷1：“尔时，多比丘若世尊彼**诣到**已，世尊两足顶礼，世尊边三右绕作已，一边坐。”按：《汉语大词典》失收。→【奉詣於～】【還詣】【速詣】【遊詣】【自詣於～】

【詣寺/てらにまうづ】 述宾 （2例） 去寺院，到寺庙。《日本灵异记》上卷《自幼时用网捕鱼而现得恶报缘第11》：“于时，其亲**诣寺**，请求行者。行者咒，时良久，乃免。”（p. 88）又《归信三宝钦仰众僧令诵经得现报缘第32》：“流闻大安寺丈六，能随人愿。仍便使人，**诣寺**诵经。”（p. 130）后秦佛陀耶舍、竺佛念等合译《四分律》卷24：“诸居士**诣寺**观看，见已讥嫌言：‘此比丘尼，受取无厌，外自称言：我知正法。如是何有正法？多畜好色钵。故钵狼藉在地，与瓦肆无异。’”姚秦鸠摩罗什译《大庄严论经》卷15：“我昔曾闻，有一国名释伽罗，其王名庐头陀摩，彼王数数，**诣寺**听法。”隋费长房撰《历代三宝纪》卷5：“皓叩头谢，系念于枕，自陈罪状。有顷痛间，遣使**诣寺**，问讯沙门，请会说法。会即随入。”

【詣至/まゐける】 后补 造访到达。前往抵达。《日本书纪》卷3《神武纪》即位前纪条：“时兄猾不来，弟猾即**诣至**。因拜军门而告之曰：‘臣兄兄猾之为逆状也。闻天孙且到，即起兵将袭。望见皇师之威，惧不敢敌，乃潜伏其兵，权作新宫而殿内施机，欲因请飨以作难。愿知此诈，善为之备。’”（第一册，p. 206）西晋竺法护译《佛说如幻三昧经》卷1："时诸菩萨各白佛言：我等欲**诣，至**于忍界，奉见能仁如来至真，稽首请问，咨受所闻，亦欲亲觐文殊师利及余菩萨。"隋阇那崛多译《佛本行集经》卷36《耶输陀宿缘品》："善哉！长老。汝等今者若当知时，世尊欲见汝等长老，汝等今者若当善知，可速往**诣至**世尊所。"唐般剌蜜帝译《大佛顶如来密因修证了义诸菩萨万行首楞严经》卷9："好言他方往还无滞，或经万里瞬息再来，皆于彼方取得其物，或于一处在一宅中，数步之间令其从东**诣至**西壁，是人急行累年不到，因此心信疑佛现前。"按：《汉语大词典》失收。

【疫疾流行/えやみあまねくおこる】 四字 流行性的传染病广泛传播。《日本书纪》卷20《敏达纪》十四年三月条："自考天皇及于陛下，**疫疾流行**，国民可绝。"（第二册，p.490）（1）唐义净译《金光明最胜王经》卷6《四天王护国品》："世尊，以是经王，威神力故，是时邻敌，更有异怨，而来侵扰，于其境界，多诸灾变，**疫病流行**。"（2）元魏瞿昙般若流支译《正法念处经》卷16："若见世间**疫病流行**死亡者众，心则喜悦。"唐智通译《千眼千臂观世音菩萨陀罗尼神咒经》卷1："昔有罽宾国，**疫疾流行**，人得病者，不过一二日并死。"唐道世撰《法苑珠林》卷34："时有难国王，名波瑠璃。白佛言：'我国边小，频岁寇贼，五谷涌贵，**疫疾流行**，人民困苦。我常不安，法藏深广，不得修行，唯愿垂矜，赐我法要。'"唐善导集记《观念阿弥陀佛相海三昧功德法门》卷1亦有辑录。

【益歓於～/ますますよろこぶ】 于字 倍益欢心。《日本书纪》卷5《崇神纪》七年八月条："天皇得梦辞，**益欢于**心，求大田田根子，即于茅渟县陶邑得大田田根子而贡之。"（第一册，p.272）（1）元魏慧觉等译《贤愚经》卷13《婆世踬品》："其妇怀妊，月满生男，形容严妙，世之少双。父母喜庆，深用自幸，便请相师，令占吉凶。相师占已，语其二亲：'斯子福德，荣焕宗族。'长者**益欢**，情在无量，因复劝请，便为立字。"宋集成编《宏智禅师广录》卷1："余复访之于山中，语累日**益欢**。"（2）《隋书》卷56《张衡传》："帝**益欢**，赐其宅傍田三十顷，良马一匹，金带，缣彩六百段，衣一袭，御食器一具。"按：《汉语大词典》失收。

【意裏/こころのうち】 后缀 （2例） 心里，感觉上。《日本书纪》卷13《允恭纪》二年二月条："时皇后结之**意里**，乘马者辞无礼，即谓曰：'首也，余不忘矣。'"（第二册，p.108）又卷17《继体纪》元年正月条："然天皇**意里**尚疑，久而不就。"（p.288）（1）《敦煌变文·妙法莲华经讲经文（四）》："他家**意里**多疑惧，闻了身心乱改张。"（2）《校编全唐诗》杨巨源《与李文仲秀才同赋泛酒花诗》："若道春无赖，飞花合逐风。巧知人**意里**，解入酒杯中。"（p.1534）按：《汉语大词典》失收。→【家裏】

【意内/いない】 偏正 心里，内心。《万叶集》卷5第868～870首歌序："**意内**多端，口外难出。谨以三首之鄙歌，欲写五藏之郁结。其歌曰。"（第二册，p.60）失译人名今附东晋录《佛说萨罗国经》卷1："王后转开**意内**欢然：'如来降神，在吾国界，众生蒙度。'非但己身，一切群从，并余众辈，皆悉出城，欣喜踊跃。"姚秦竺佛念译《出曜经》卷10《学品》："常能慎言者，若被骂詈，粗言恶语，计皆空寂，音响无形，犹如贤圣，终无恚怒。设有所为，斯皆权化，非实恚怒。或**意内**自念，不发于口，设发于口，寻怀惭愧。是故说曰：'常能慎言，是处不死，所适无患也。'"唐菩提流志译《大宝积经》卷118："诸天住空中，**意内**怀悦豫。地上诸人民，叉手而自归。"《敦煌变文·秋胡变文》："不可交（教）新妇孤眠独宿，长守空房。任从改嫁他人，阿婆终不敢留住。未审新妇**意内**如何？"（p. 233）按：《汉语大词典》例引杜甫《端午日赐衣》："**意内**称长短，终身荷圣情。"偏晚。《敦煌变文·父母恩重经讲经文》："心中不醉长如醉，**意内**无忧恰似忧。""意内"与"心中"对举，其意显明。

【意謂是~/おもふに、こは~】 三字　以为是……认为是……"谓"与"为"音同相通。《日本书纪》卷19《钦明纪》十四年八月条："**意谓是**乞军兵，伐我国欤。"（第二册，p. 422）吴支谦译《佛说维摩诘经》卷1："我**意谓是**天帝释，赞言善来拘翼。虽福应有不当自恣，一切欲乐当观非常，无强多失当修德本。"东晋佛陀跋陀罗、法显合译《摩诃僧祇律》卷5："僧伽婆尸沙，**意谓是**女而是黄门，捉发乃至推拍得偷兰罪。"姚秦佛陀耶舍、竺佛念等合译《四分律》卷27："时彼居士，先出行不在，后行还至家内，卒见偷罗难陀。**意谓是**己妇，即便就卧。"唐菩提流志译《大宝积经》卷110："地狱众生，食无少乐，惶惧驰走，遥见镕铜赤汁，**意谓是**血众奔趣之。"

【因此而言："~"/これによりていへば~】 说词　因此说道："……"。《日本书纪》卷23《舒明纪》即位前纪条："阿部臣则问曰：'何谓也？开其意。'对曰：'天皇曷思欤？'诏田村皇子曰：'天下大任也，不可缓。**因此而言**，皇位既定。谁人异言？'"（第三册，p. 20）（1）梁僧佑撰《弘明集》卷13："《维摩诘》云；'一切诸法，从意生形，然则兆动于始，事应乎末；念起而有，虑息则无；意之所安，则触遇而夷；情之所阂，则无往不滞。**因此而言**，滞之所由，在我而不在物也。'"（2）《文选》卷54陆机《五等论》："殷帝自翦，千里来云。若使善恶无征，未洽斯义。（**因此而言**，则害盈辅德，其由影响，若以善恶犹命，故未洽乎斯义。）"（p. 747）《南史》卷22《僧虔传》："又宋世光禄大夫刘镇之年三十许，病笃，已办凶具。既而疾愈，因畜棺以为寿，九十余乃亡，此器方用。**因此而言**，天道未易知也。"（p. 508）《全唐文》卷569柳宗元《愈膏肓疾赋》："**因此而言**曰：'予今变祸为福，易曲成直。宁关天命，在我人力。以忠孝为干橹，以信义为封殖，拯厥兆庶，绥乎社稷。'"（p. 5758）

【因此功德/このくどくによりて】 四字　（2例）　凭借这一利益福德。《日本灵异记》中卷《依不布施与放生而现得善恶报缘第16》："**因此功德**，为作是宫。汝知我耶？"（p. 192）。《续日本纪》卷28《称德纪》神护景云元年正月条："神护景云元年春正月己未，敕：'畿内七道诸国，一七日间，各于国分金光明寺，行吉祥天悔过之法。

因此功德，天下太平，风雨顺时，五谷成熟，兆民快乐，十方有情，同沾此福。'"（第四册，p. 148）失译人名今附东晋录《菩萨本行经》卷1："佛告王曰：'尔时，迦那迦跋弥者，我身是也。而我尔时，直以一食，施辟支佛。现世获福，功德如是。**因此功德**，自致成佛，一切众生，诸有饥渴，苦恼之者，令获道证，安隐快乐，使至无为。'"元魏吉迦夜译《佛说称扬诸佛功德经》卷2："其有得闻，光明尊如来名者，欢喜信乐，持讽诵念，若天若人，阅叉鬼神，斯众生**因此功德**，会得成就，正觉之道，却三十劫，生死之罪。"隋阇那崛多译《四童子三昧经》卷2："以是义故，阿难，汝应可合掌向无攀缘菩萨边，汝应当得，大利安乐，大福德聚。**因此功德**，汝速当得，发于神通。"→【籍此功德】【以此功德】【缘此功德】

【因此善業/このぜんごうによりて】 四字　凭借招感善果的身口意业。《续日本纪》卷20《孝谦纪》天平宝字元年十二月条："复愿**因此善业**，朕与众生，三檀福田穷于来际，十身药树荫于尘区。"（第三册，p. 238）唐义净译《根本说一切有部毘奈耶药事》卷18："由斯作善品，流转所生处。善根不断绝，复续诸妙因。于彼胜福田，净心而奉盖。**因此善业**故，不堕于恶趣。"唐如理撰《成唯识论演秘释》卷1："何以故？**因此善业**，而得乐故，如下断意，取此名乐所发业，不取相应，思所发业，名乐所发业也。"

【因此勝因/このしょういんによりて】 自创　因为这一殊胜的因缘。《奈良朝写经40·大般若经卷第57》："今纵粉身碎骨，以酬恩德，无过磬用私财依凭般若，故今缮写奉翊幽灵。**因此胜因**，果成妙果。"（p. 264）刘宋昙无蜜多译《佛说观普贤菩萨行法经》卷1："佛告阿难：'我与贤劫，诸菩萨及，十方诸佛，因思大乘，真实义故，除却百万亿亿劫，阿僧祇数，生死之罪；**因此胜**妙，忏悔法故，今于十方，各得为佛。'"梁真谛译《佛说无上依经》卷1《菩提品》："是四种人，有四种惑，为除此惑，说四圣道，**因此胜**道，治四颠倒，能证如来，无上最妙，法身四德，波罗蜜果。"

【因此思惟/これによりておもふに】 四字　梵语 cetanā，译作"思惟"，即"思维"，作"思量"解。按照佛法的解释，"思惟"，即思考推度。思考真实之道理，称为"正思惟"，系八正道之一；反之，则称"邪思惟"，八邪之一。《古事记》中卷《景行记》："故受命罢行之时，参入伊势大御神宫，拜神朝廷，即白其姨倭比卖命者：'天皇既所以思吾死乎？何击遣西方之恶人等而返参上来之间，未经几时，不赐军众，今更平遣东方十二道之恶人等。**因此思惟**，犹所思看吾既死焉。'"（p. 222）梁宝唱撰《比丘尼传》卷4："法惠酒醒，自知犯戒，追大惭愧，自搥其身，悔责所行，欲自害命。**因此思惟**，得第三果。"陈真谛译《中边分别论》卷2："所执虚妄作显现，**因此思惟**言语名，句味两法所生故，为二法作依处，离此思惟，无倒境故，何者不动无倒？"按：与传统的方法不同，我们此处不单纯关注词语层面的"思惟"，更留意体现句子关系的"因此思惟"。该连接形式属于较为罕见的特殊句法，唯见于汉文佛经，表示正因为有了上文内容的思量，才有了下文必然的结果，带有强烈的思辨色彩。

【因発（御）願曰："～"/よりてごがんをほっしてのたまはく～】 自创 因此天皇发起誓愿道："……"。《续日本纪》卷17《圣武纪》天平胜宝元年闰五月条："**因发御愿曰**：'以《华严经》为本，一切大乘小乘经律论抄疏章等，必为转读讲说，悉令尽竟。'"（第三册，p. 82）元魏吉迦夜、昙曜合译《付法藏因缘传》卷4："长者子闻，寻更修治如前严饰，造彼佛像相好姝妙，**因发愿曰**：'使我来世，如彼世尊，得胜解脱。由斯业故，生尊贵家，得净妙果，阿恕伽王，眷属如是，皆舍重担，咸离生死。'"唐道宣撰《续高僧传》卷27："**因发愿曰**：'女人穷业，久自种得，竭贫行施，用希来报。辄以十余黄米，投饭甑中，必若至诚贫业尽者，当愿所炊之饭变成黄色。如无所感。命也奈何？'作此誓已掩泪而返，于是甑中五石米饭，并成黄色。大众惊嗟，未知所以。"该例在唐法藏集《华严经传记》卷4、唐道世撰《法苑珠林》卷28、《神僧传》卷5中亦有辑录。

【因果/いんが】 并列（13例） 佛教用以说明一切事物联系、影响和生灭变化的基本理论之一。佛教认为，一切事物均从因缘而生，有因必有果。《日本灵异记》上卷《序》："愚痴之类，怀于迷执，匪信于罪福。深智之俦，覯于内外，信恐**因果**。"（p. 54）又《恶人逼乞食僧而现得恶报缘第15》："昔故京时，有一愚人，不信**因果**，见僧乞食，忿而欲击。"（p. 96）又《无慈心而马负重驮以现得恶报缘第21》："现报甚近，应信**因果**。"（p. 106）又中卷《常鸟卵煮食以现得恶死报缘第10》："和泉国和泉郡下痛脚村，有一中男，姓名未详也。天年邪见，不信**因果**。"（p. 176）又："诚知地狱现在。应信**因果**，不可如乌之慈己儿而食他儿。"（p. 176）又《赎蟹虾命放生现报蟹所助缘第12》："山背国纪伊郡部内，有一女人。姓名未详也。天年慈心赜，信**因果**。"（p. 180）又《忆持〈心经〉女现至阎罗王阙示奇表缘第19》："设会讲读，增信**因果**，殷勤诵持，昼夜不息。"（p. 200）又《佛铜像盗人所捕示灵表显盗人缘第22》："和泉国日根郡部内，有一盗人。住道路边，姓名未详也。天年心曲，杀盗为业，不信**因果**。"（p. 206）又《孤娘女凭敬观音铜像示奇表得现报缘第34》："尔乃知之，观音所示。因信**因果**，增加殷勤，恭敬彼像。"（p. 239）又下卷《序》："匪礚**因果**作罪，以比无目之人履巨失之兮虎尾。"又《强非理以征债取多倍而现得恶死报缘第26》："不睠**因果**，非理无义．是以定知，非理现报，无义恶报矣。"（p. 330）又《刑罚贱沙弥乞食以现得顿恶死报缘第33》："纪直吉足者，纪伊国日高郡别里椅家长公也。天骨恶性，不信**因果**。"（p. 347）又《假官势非理为政得恶报缘第35》："不睠**因果**之贱心，太甚也。"（p. 353）《奈良朝写经5・大般若经卷第267》："明矣**因果**，达焉罪福。六度因满，四智果圆。"（p. 32）→【不顧因果】【不知因果】【非無因果】【善悪因果】【万德（之）因果】【五趣因果】【罪福（之）因果】

【因果之報/いんがのむくひ】 四字 因果报应。《日本灵异记》上卷《序》："匪

呈善恶之状，何以直于曲执而定是非？叵示**因果之报**，何由改于恶心而修善道乎？”（p. 54）唐道世撰《法苑珠林》卷72：“夫行善感乐，近趣人天，远成佛果；作恶招苦，近获三涂，远乖圣道。愚人不信，智者能知。故有四生躯别，六趣形分，明暗异途，升沉殊路。业缘之理皎然，**因果之报**恒式也。”该例亦见于《诸经要集》卷12。

【因果之理/いんがのことわり】 四字　因果律的道理。《日本灵异记》上卷《偷用子物作牛役之示异表缘第10》：“即日申时命终。然后，以覆被及财物，而施其师，更为其父，广修功德。**因果之理**，岂不信哉？”（p. 87）梁法云撰《法华经义记》卷6《信解品》：“形色憔悴者，以理来名教，若用大乘教，诠大乘理，名形色晖华，今二乘教，不能诠大乘**因果之理**。故言憔悴也。”梁宝亮等集《大般涅槃经集解》卷19《如来性品》：“宝亮曰：‘**因果之理**，不出于身外，而明五阴之中，即有者也。’”

【因誨之曰：“～”/よりてをしへてのたまはく～】 自创　因此教诲道：“……”。《日本书纪》卷2《神代纪下》：“海神乃延彦火火出见尊，从容语曰：‘天孙若欲还乡者，吾当奉送。便授所得钓钩，**因诲之曰**：以此钩与汝兄时，则阴呼此钩曰贫钩，然后与之。’”（第一册，p. 158）→【而誨之曰：“～”】【以誨之曰：“～”】

【因满～果円～/いんまん～かえん～】 对偶　“因”，因位。“果”的对应词。因位，与因地同义。指修行佛因之位，亦即未至佛果以前之修行位。“满”，圆满，完满无缺。法相宗所立四种如来的智慧，即成所作智、妙观察智、平等性智、大圆镜智。“果”，由道力而证悟的果位。“圆”，圆满，完满无缺。《奈良朝写经5·大般若经卷第267》：“明矣因果，达焉罪福。六度**因满**，四智**果圆**。”（p. 32）唐栖复集《法华经玄赞要集》卷1：“莲者况果，表三身之**果圆**。华即喻因，彰万善之**因满**。”新罗元晓撰《璎珞本业经疏》卷2：“次六无减者，如阿罗汉依所知障净，由未得退，退失念欲，乃至知见。如是退法，如来永无，故言念无减等。此中前四取所知鄣能对治道，后二无减彼所得果。如来于此**因满果圆**故无减也。”

【因是得免/これによりてまぬかるることえたまふ】 四字　因此得以幸免。《日本书纪》卷7《景行纪》四十年是岁条：“（一云）王所佩剑藂云自抽之，薙攘王之傍草，**因是得免**。故号其剑曰草薙也。”（第一册，p. 374）萧齐昙景译《佛说未曾有因缘经》卷2：“有智之人，自知食过身体重嚬呻欠呿，恐致苦患，即诣明医，谦虚下意，叩头求救，请除苦患。良医即赐，摩檀提药，令其服之。其人即吐，腹中宿食。吐宿食已，令近暖火，禁节消息。其人**因是，得免**祸患，终保年寿，安隐快乐。”

【因問消息/よりてあるかたちをとふに】 说词　于是打听消息、寻问音信。。《日本书纪》卷11《仁德纪》五十三年五月条：“时新罗军卒一人，有放于营外。则掠俘之，**因问消息**，对曰：‘有强力者，曰百冲，轻捷猛干。每为军右前锋，伺之击左则败也。’”（第二册，p. 64）元魏慧觉等译《贤愚经》卷6《月光王头施品》：“道中有人，

因问消息，知毘摩羡王，已复命终，失于所望，懊恼愦愦，心裂七分，吐血而死。"

【因問之曰："～"/よりてとひてのたまはく～】 说词 于是便问道："……"。《日本书纪》卷2《神代纪下》："天孙**因问之曰**：'此谁国欤？'对曰：'是长狭所住之国也。然今乃奉上天孙矣。'"（第一册，p. 152）（1）吴支谦译《佛说戒消灾经》卷1："主人还归，坐自思惟：'吾舍之中，无有异人，正有此人耳。'即出语言，恭设所有，极相娱乐，饮食已竟，**因问之曰**：'卿有何功德于世？有此吾所事神畏子而走？'"该例在梁宝唱等集《经律异相》卷43、唐道世撰《法苑珠林》卷90中亦有辑录。宋宝云译《佛本行经》卷6《现乳哺品》："佛**因问之曰**：'诸壮士何故，聚会在此也？'"（2）《魏志》卷18《孙宾硕传》："宾硕时年二十余，乘犊车，将骑入市。观见岐，疑其非常人也。**因问之曰**：'自有饼邪，贩之邪？'岐曰：'贩之。'"《抱朴子·内篇》卷17《登涉》："于是二人顾视镜中，乃是鹿也。**因问之曰**：'汝是山中老鹿，何敢诈为人形？'言未绝，而来人即成鹿而走去。"按："问之曰：'～'"和"而问之曰：'～'"是源自传世文献的固有说法。《日本书纪》卷1《神代纪上》："故伊奘诺尊**问之曰**：'汝何故恒啼如此耶？'对曰：'吾欲从母于根国，只为泣耳。'"（第一册，p. 50）又卷2《神代纪下》："已而召集鳄鱼**问之曰**：'天神之孙，今当还去。你等几日之内，将作以奉致？"（第一册，p. 176）又卷3《神武纪》即位前纪甲寅年十月条："天皇招之，因问曰：'汝谁也？'对曰：'臣是国神，名曰珍彦。钓鱼于曲浦，闻天神子来，故即奉迎。'又："**问之曰**：'汝能为我导耶？'对曰：'导之矣。'"（第一册，p. 196）又即位前纪条："天皇**问之曰**：'汝何人？'对曰：'臣是国神，名为井光。'此则吉野首部始祖也。更少进，亦有尾而披盘石而出者。天皇**问之曰**：'汝何人？'对曰：'臣是盘排别之子。'"（第一册，p. 208）又即位前纪条："天皇乃会诸将，**问之曰**：'今兄矶城果有逆贼之意，召亦不来。为之奈何？'"（第一册，p. 220）又卷8《垂仁纪》二年是岁条："御间城天皇之世，额有角人乘一船，泊于越国笥饭浦，故号其处曰角鹿也。**问之曰**：'何国人也？'对曰：'意富加罗国王之子，名都怒我阿罗斯等，亦名曰于斯岐阿利叱智于岐。传闻日本国有圣皇，以归化之。'"（第一册，p. 300）又卷7《垂仁纪》："爰天皇**问之曰**：'是何树也？'有一老夫曰：'是树者历木也。尝未僵之先，当朝日晖则隐杵岛山，当夕日晖亦覆阿苏山也。'"（第一册，p. 362）又卷11《仁德纪》六十二年是岁条："因唤斗鸡稻置大山主**问之曰**：'有其野中者，何窨矣？'启之曰：'冰室也。'"（第二册，p. 68）又卷12《履中纪》即位前纪条："则急驰之自大坂向倭，至于飞鸟山，遇少女于山口，**问之曰**：'此山有人乎？'对曰：'执兵者多满山中。宜回自当摩径踰之。'"（第二册，p. 80）又卷22《推古条》："盘金**问之曰**：'是船者何国迎船？'对曰：'新罗船也。'"（第二册，p. 584）又卷23《舒明纪》即位前纪条："于是大兄王且令**问之曰**：'是遗诏也。专谁人聆焉？'答曰：'臣等不知其密。'"（第三册，p. 24）《续日本纪》卷30《称德纪》神护景云三年十月条："天皇**问之曰**：'卿年几？'长冈避席言曰：'今日方登八十。'天皇嘉叹者久之。"（第四册，p. 266）又卷2《神代纪下》："故高皇产灵尊召集八十诸神**而问之曰**：'吾欲令拔平苇原中国之邪鬼。当遣谁者宜也？'"（第一册，p. 110）又卷8《仲哀纪》元年闰十一月条："时芦发蒲见别王视其白鸟，**而问之曰**：'何处将去白鸟也？'越人答曰：'天皇恋父王，而将养狎。故贡之。'"（第一册，p. 402）又卷10《应神纪》四十年正月条："时芦发蒲见别王视其白鸟，**而问之曰**：'何处将去白鸟也？'越人答曰：'天皇恋父王，而将养狎。故贡之。'"（第一册，p. 494）《楚辞·渔父》："屈原既放，游于江潭，行吟泽畔，颜色憔悴，形容枯槁。渔父见**而问之曰**。"又卷12《履中纪》六年二月条："天皇闻其叹**而问之曰**：'汝何叹息也？'对曰：'妾兄鹫住王为人强力轻捷。由是独驰越八寻屋而游行。既经多日，不得面言。故叹耳。'"（第二册，p. 92）

【因物為名/ものによりてなをなす】 四字　因为物品而得名。《日本书纪》卷18《安闲纪》元年十月条："夫我国家之王天下者，不论有嗣无嗣，要须**因物为名**。"（第二册，p. 336）（1）唐窥基撰《阿弥陀经疏》卷1："摩诃言大，《文殊问经》云：'大目犍连，此云萝茯根，其父好噉，**因物为名**。'"（2）《云笈七签》卷57："大道无形，**因物为名**，乾坤万品，秀气乃成。既受新质，惟人抱灵，五行三才，秋杀春生。"

【因以請～/よりて～をます】 三字　因此邀请某人。《日本书纪》卷23《舒明纪》十二年五月条："五月丁酉朔辛丑，大设斋，**因以请**惠隐僧令说《无量寿经》。"（第三册，p. 50）失译人名今附西晋录《长寿王经》卷1："大臣因呼长生，见之问言：'卿颇能作饮食不耶？'对曰：'能作。'使作饮食甚甘美，**因以请**王。'"

【音甚微妙/こゑはなはだみみょうなり】 四字　（诵读经文）的声音不可思议，凡智难以理解。《日本灵异记》中卷《忆持〈心经〉女现至阎罗王阙示奇表缘第19》："诵《心经》之**音甚微妙**，为诸道俗所爱乐也。"（p. 199）宋法天译《七佛经》卷1："言**音甚微妙**，如迦尾罗声，众人得闻之，爱乐无厌足。"宋法贤译《佛说圣多罗菩萨经》卷1："梵**音甚微妙**，三世最上音。微妙一响声，如虚空大藏。"

【殷勤固請/ねもころにかたくこふ】 四字　恭敬地一再请求。"殷勤"，礼敬、恭敬的意思。《续日本纪》卷20《孝谦纪》天平宝字元年六月条："既而敕召越前守从五位下佐伯宿祢美浓麻吕，问：'识此语耶？'美浓麻吕言曰：'臣未曾闻。但虑佐伯全成应知。'于是，将勘问全成，大后**殷勤固请**。由是，事遂寝焉。"（第三册，p. 194）唐玄奘译《大般若波罗蜜多经》卷575："如是当来诸善男子、善女人等，闻妙吉祥所说般若波罗蜜多，欢喜乐闻，尝无厌足，**殷勤固请**，重说深义，闻已赞叹，倍生欢喜。当知此等，皆由往昔，已曾亲近，曼殊室利，供养恭敬，听受斯法。故于今时，能成是事。"唐法藏集《华严经传记》卷1："永淳二年，有至相寺沙门，释通贤及居士玄爽房玄德寺，并业此经，留心赞仰。遂结志同游，诣清凉山，祈礼文殊圣者，因至并州童子寺。见此论本，乃**殷勤固请**，方蒙传授，持至京师。帝辇髦彦，莫不惊抃。遂缮写流通

焉。”→【誡勅殷勤】【慰問殷勤】

【殷勤帰信/ねもころによりうやまふ】自创　真心实意地归依信奉（佛教）。《日本灵异记》上卷《**殷勤归信**观音愿福分以现得大福德缘第31》。（p. 128）

【殷勤如此/かくねもころなり】总括　如此地热情周到；谆谆诱导，热情开示。《日本书纪》卷2《神代纪下》："于是大己贵神报曰：'天神敕教，**殷勤如此**，敢不从命乎？吾所治显露事者，皇孙当治。吾将退治幽事。'"（第一册，p. 134）（1）梁诸大法师集撰《慈悲道场忏法》卷8："今日道场，同业大众，诸佛大圣，慈恩开诱。**殷勤如此**，令知恩报恩。我等今日，既仰赖国王，于末世中，兴显佛法，种种供养，不惜财宝，率土臣民，望风归附。"印度撰述《大梵天王问佛决疑经》卷1："梵王言：'唯然，世尊。诚不世尊者。何人**殷勤如此**□□□□不知□□□而□□□知耶？□□□□□解说世尊末世四部众。若为众生说法。必可有真伪，云何分晓焉'。佛言：'善哉！略为汝等说。'"高丽一然撰《三国遗事》卷3："门外有一郎，依纤不爽，盼倩而迎，引入小门，邀致宾轩。慈且升且揖曰：'郎君素昧平昔，何见待**殷勤如此**？'"（2）《全唐文》卷776李商隐《与陶进士书》："尝自咒，愿得时人曰：'此物不识字，此物不知书。'是吾生获忠肃之谥也。而吾子反**殷勤如此**者，岂不知耶？岂有意耶？不知则可，有意则已虚矣。"（p. 8093）

【殷勤誦持/ねもころにつとめてよみたもつ】自创　真心实意地读诵受持（经文）。《日本灵异记》中卷《忆持〈心经〉女现至阎罗王阙示奇表缘第19》："于是乃知，逢期三人者，今即是经三卷也。设会讲读，增信因果，**殷勤诵持**，昼夜不息。"（p. 200）唐阿地瞿多译《陀罗尼集经》卷4《佛说跋折啰功能法相品》："当知此法，有如是神力，亦能利益，无量众生。是故当知，若善男子、善女人等，有能昼夜，**殷勤读诵**，勿令忘失。"

【淫精/いんせい】偏正　因淫欲流出的精液。《日本灵异记》中卷《生爱欲恋吉祥天女像感应示奇表缘第13》："后其弟子，于师无礼故，啧摈去。所摈出里，讪师程事。里人闻之，往问虚实，并瞻彼像，**淫精**染秽。"（p. 182）隋慧远述《大般涅槃经义记》卷8《师子吼菩萨品》："男人受生，于母生爱，见母是已，交会女人，所以生爱。于父生瞋，见父是其，所竟男子，所以生瞋。父精出时，谓是已许畅已，**淫精**是以欢喜。此谓已有是见。"按：《汉语大词典》失收。

【淫沃/たはしくす】并列　淫荡放纵。《日本灵异记》下卷《女人滥嫁饥子乳故得现报缘第16》："横江臣成刀自女，越前国加贺郡人也。天骨**淫沃**，滥嫁为宗。"（p. 301）《说文・女部》："淫，厶逸也。"段玉裁注："婬之字今多以淫代之。"唐一行慧觉依经录《华严经海印道场忏仪》卷30："奴为比丘，婢为比丘尼，无有道德，**淫沃**浊乱，男女不别，令道薄淡，皆由斯辈。"

【引導/ひきゐる】 并列 （4 例） 带领，使跟随。《日本书纪》卷 17《继体纪》十年五月条："十年夏五月，百济遣前部木刕不麻甲背，迎劳物部连等于己汶，而**引导**入国。"（第二册，p. 308）《元兴寺伽蓝缘起并流记资财账》："随堪修行善捧营，愿**引导**后嗣，后嗣类蒙此法之赖，现在未来令得最胜安乐。"《续日本纪》卷 15《圣武纪》天平十六年三月条："丁丑，运金光明寺《大般若经》，致紫香乐宫。比至朱雀门，杂乐迎奏，官人迎礼，**引导**入宫中，奉置大安殿。请僧二百，转读一日。"（第二册，p. 438）又卷 20《孝谦纪》天平宝字元年闰八月条："则以每年冬十月十日，始辟胜筵，至于内大臣忌辰，终为讲了。此是奉翼皇宗，住持佛法，**引导**尊灵，催劝学徒者也。"（第三册，p. 230）（1）东晋佛驮跋陀罗译《大方广佛华严经》卷 51《入法界品》："时彼夜天，复于中夜，来诣我家，显现妙色，赞叹如来。又劝导我，诣彼如来，放大光明在前**引导**。我于尔时，与父母俱，及其眷属，往诣须弥寂静眼如来所，供养恭敬，听佛说法，得菩萨三昧。"后秦佛陀耶舍、竺佛念等合译《长阿含经》卷 3："时善见王，即将四兵，随其后行，金轮宝前，有四神**引导**，轮所住处，王即止驾。"姚秦鸠摩罗什译《妙法莲华经》卷 6《方便品》："吾从成佛已来，种种因缘，种种譬喻，广演言教，无数方便，**引导**众生，令离诸著。"（2）《南史》卷 63《王僧辩传》："有群鱼跃水飞空**引导**，贼望官军上有五色云，双龙挟舰，行甚迅疾。"按：《汉语大词典》首引南朝宋刘敬叔《异苑》卷 3："傅承为江夏守，有一双鹅失之三年，忽**引导**得三十余头来向承家。"

【引道而去/みちをひきてさる】 四字 带领着离开。"道"与"导"相通。《唐大和上东征传》："凡在海中经十四日，方得著岸。遣人求浦，乃有四经纪人便**引道而去**。"（p. 66）后汉支娄迦谶译《道行般若经》卷 9《萨陀波伦菩萨品》："是时萨陀波伦菩萨与五百女人辈，稍**引导**[①]**而去**。"姚秦鸠摩罗什译《大树紧那罗王所问经》卷 4："八万四千，诸紧那罗，作于八万，四千伎乐，在如来前，**引导**[②]**而去**。"后秦佛陀耶舍、竺佛念等译《四分律》卷 46："薄福果报，风破其船，五百贾人，没海而死。恶行王子，得一船板，风吹至岸，彼于海边，乞食自活。善行自念：'我今宁可，前至海龙王宫，乞如意珠。'即便**引道，而去**到罗刹渚。"元魏慧觉等译《贤愚经》卷 11《无恼指鬘品》："时婆罗门，即敕无恼：'我今赴彼，檀越之请，后事总多，须人料理。卿著才能，为吾营后。'无恼受教，即住不行，师及徒众，**引导**[③]**而去**。"

【引構/ゐあはす】 并列→**【略無噍類】**

【引还於～/～にひきてかへる】 于字 （2 例） 折返，返回。①《续日本纪》卷

---

① "导"，圣本中作"道"。

② "导"，宋本、元本、明本、宫本中作"道"。

③ "导"，宋本、元本、明本中作"道"。

34《高绍纪》宝龟七年闰八月条："先是，遣唐使船到肥前国松浦郡合蚕田浦。积月余日，不得信风。既入秋节，弥违水候。乃引还于博德大津。"②《唐大和上东征传》："即引还栖霞寺，住三日。却下摄山，归杨府。"（p. 80）《续日本纪》卷33《光仁纪》宝龟五年五月条："乙卯，敕大宰府曰：'比年新罗蕃人，频有来著。寻其缘由，多非投化。忽被风漂，无由引还，留为我民。'"（第四册，p. 433）吴支谦译《佛说维摩诘经》卷1《不思议品》："又舍利弗，于是三千世界，如佛所断，以右掌排置，恒沙佛国，而人不知，谁安我往？又引还复故处，都不使人，有往来想，因而现仪。"唐义净译《根本说一切有部毘奈耶》卷23："时诸妇女，礼尼众已，各并归舍。既至舍已洒扫家庭，以新牛粪，净涂拭讫，威仪庠序，寂止而居。后于异时，夫主回军，各在途中，而作是念：'我家中妇，共何男子，行非法耶？'时彼诸妇，闻婿归还，皆共出迎。既相见已，报言：'善来，善来！圣子辛苦。'即各引还，至其居宅。"按：在传世文献中，"引还"表示率军退回。《日本书纪》卷28《天武纪上》元年七月条："于是，果安追至八口，佥而视京每衔竖楯，疑有伏兵乃稍引还之。"（第三册，p. 328）旧题汉李陵《答苏武书》："单于谓陵不可复得，便欲引还。"《后汉书》卷18《盖延传》："与中郎将来歙攻河池，未克，以病引还。"

【引譬言："～"/たとへをひきてまうさく～】说词 打比喻说道："……"。"譬"，亦称"喻"，为使人易于理解教说之意义内容，而使用实例或寓言等加以说明。《日本灵异记》下卷《拍于忆持千手咒者以现得恶死报缘第14》："长瞋啧言：'汝浮浪人，何不输调。'缚打驱傜。犹拒逆之，恳引譬言：'衣虱上于头而成黑，头虱下于衣而成白。如是有譬。顶载陀罗尼，负经之意，不遭俗难。何故持大乘之我令打辱？实有验德，今示威力。'"（p. 296）西晋竺法护译《修行地道经》卷6《观品》："其修行者，所观如是，自察其身，则是毒蛇。假引譬言：若城失火，中有富者，为众导师，见舍烧坏，甚大愁愦，心自念言：'作何方计，出中要物？'则退思之：'吾有一箧，中有众宝，在某屋藏，好明月珠，上妙珍物而皆盛满，价数无极，其余无计。'心怀恐惧，适欲前行，畏火见烧，贪于宝物不顾身命，突前入火至宝藏箧，边有蚖箧。尔时，导师既畏盛火烟熏其目，心中愦愦，不自觉知，不谛省察，误取蚖箧挟之走出。贼随其后，追欲夺之。"

【引率/ひきゐる】并列（8例） 引导率领，带领，率领。《常陆国风土记·茨城郡》条："或曰：山之佐伯、野之佐伯，自为贼长，引率徒众，横行中国，大为劫杀。"（p. 368）又《行方郡》条："此时，夜刀神相群引率，悉尽到来，左右防障，勿令耕佃。"（p. 378）又："古老曰：新贵瑞垣宫大八洲所驭天皇之世，为平东垂之荒贼，遣建借间命。引率军士，行略凶滑。"（p. 382）又："寸津毘卖，引率姊妹，信竭心力，不避风雨，朝夕供奉。"（p. 386）《日本灵异记》中卷《将建塔发愿时生女子卷舍利所产缘第32》："欢喜异奇，告知诸人。诸人众喜，展转国司。郡卿悉喜，引率知识，建七重塔，安彼舍利以供养了。”（p. 228）又《药师佛木像流水埋沙示灵表缘第39》：“敬礼哭言：‘我大师哉！何有过失，遇是水难。有缘偶值。愿我修理。’引率知识，劝请佛师，令造佛耳。”（p. 246）又下卷《将写〈法华经〉建愿人断日暗穴赖愿力得全命缘第13》：“国司闻之大悲，引率知识，相助造《法华经》，供养已毕。”（p. 293）又《沙门积功作佛像临命终时示异表缘第30》：“于是，请智武藏村主多利丸，居床飨食，对面共食，既毕之，即从坐起，引率明规并诸亲属，长跪礼于多利丸言。”（p. 341）晋法炬、法立合译《法句譬喻经》卷2：“尔时见敕：‘若我为王，便启此事。’今时已到，兵马兴盛，宜当报怨。即敕严驾，引率兵马，往伐舍夷国。佛有第二弟子名摩诃目揵连，见琉璃王，引率兵士，伐舍夷国，以报宿怨，今当伐杀，四辈弟子。念其可怜，便往到佛所，白佛言。”宋智觉注《心性罪福因缘集》卷1：“上座和尚引率诸僧，威仪具足来至温室。”按：《汉语大词典》失收。

【引網捕魚/あみをひきてうををとる】 自创　拉网打鱼。《日本灵异记》下卷《漂流大海敬称尺迦佛名得全命缘第25》：“马养、祖父丸二人，佣赁而受年价，从万侣朝臣，昼夜不论，苦行驱使，**引网捕鱼**。”（p. 325）姚秦鸠摩罗什译《众经撰杂譬喻》卷2：“昔捕鸟师，张罗网于泽上，以鸟所食物著其中，众鸟命侣竞来食之，鸟师引网，众鸟尽堕网中。”唐道宣撰《续高僧传》卷16：“又于汉水，渔人牵网。如前三告，引网不得，方复归心，空网而返。”→【結網捕魚】

【引之而去/これをひきてされり】 四字　拖走，拽走。《日本灵异记》下卷《拍于忆持千手咒者以现得恶死报缘第14》：“犹拒逆之，恳引譬言：‘衣虱上于头而成黑，头虱下于衣而成白。如是有譬。顶载陀罗尼，负经之意，不遭俗难。何故持大乘之我令打辱？实有验德，今示威力。’以绳系《千手经》，从地**引之而去**。”（p. 296）唐窥基撰《金刚般若经集验记》卷1：“京兆韦利克勤，常念诵《金刚般若经》。因征辽东，遂没高丽。数年之后，逢官军度辽伐罪。乘夜欲投官军，出城之外，并是高丽村落。正逢月暗，行之莫知所出。遂见一明如灯，引之而去。不逾少选，遂至官军营幕。克勤仕至中郎，遍向亲知说此征验，嗟叹般若之力不思议。”

【引至~/ひきて~にいたる】 后补　引到某处，带领至某地。《唐大和上东征传》：“**引至**州城，别驾来迎，乃云：‘弟子早知和上来，昨夜梦有僧姓丰田，当是债舅。’”（p. 67）（1）东晋佛驮跋陀罗译《大方广佛华严经》卷43《离世间品》：“菩萨大导师，见彼迷冥者，开示其正道，引至安隐处。”萧齐求那毗地译《百喻经》卷1：“昔有贾客，欲入大海，入大海之法，要须导师，然后可去，即共求觅，得一导师。既得之已，相将发引，至旷野中。”唐义净译《根本说一切有部毗奈耶杂事》卷27：“王子即便，以事具答，近臣知已，引至王所，白言大王：‘此是善生，王子名足饮食，其父立少，废长出奔于此。’”（2）《南齐书》卷52《文学传》：“颍川庾铣，善属文，见赏豫章王，引至大司马记室参军，卒。”《魏书》卷61《毕众敬传》：“太和中，高祖宾礼旧老，众敬与咸阳公高允引至方山，虽文武奢俭，好尚不同，然亦与允甚相爱敬，接膝谈款，有若平生。”《隋书》卷 24《志 19》：“又命黄门侍郎王弘、上仪同于士澄，往江南诸州采大木，引至东都。”按：《汉语大词典》失收。

【引舟/ふねをひく】述宾（2 例） 拖船，牵引轮船。《唐大和上东征传》：“明旦近岸，有四白鱼来引舟，直至泊舟浦。”（p. 66）又：“四人口云：‘大和尚大果报，遇于弟子，不然合死。此间人物吃人，火急去来！’便引舟去。”（p. 66）《太平御览》卷 771 引《释名》：“引舟者曰筰。筰，作也，起舟使动作也。”（1）吴康僧会译《六度集经》卷 2：“时他国有犯罪者，国政杌其手足，截其鼻耳，败舡流之。罪人呼天相属。道士闻之怆然，悲楚曰：‘彼何人哉？厥困尤甚。夫弘慈恕己危命，济群生之厄者，斯大士之业矣。’投身于水，荡波截流，引舟著岸，负之还居，勤心养护，疮愈命全。积年有四，慈育无倦。”（2）《旧唐书》卷 41《志第 21》：“龙游：汉南安县地，属犍为郡。后周置平羌县。隋初，为峨眉县，又改为青衣县。隋伐陈时，龙见于江中引舟，乃改为龙游县也，州临大江为名。”《宋史》卷 462《方伎下》：“普净院施浴，夜漏初尽，门扉未启，方迎佛而浴室有人声，往视，则言在焉。有具斋荐鲙者，并食之，临流而吐，化为小鲜，群泳而去。海客遇风且没，见僧操絙引舶而济。客至都下遇言，忽谓之曰：‘非我，汝奈何？’客记其貌，真引舟者也。”（p. 13518）按：《汉语大词典》失收。

【飲喫/さけのみものくらふ】口语（5 例） 犹言“饮食”，“吃喝”。《日本书纪》卷 15《显宗纪》即位前纪条：“出云者新垦，新垦之十握稻之穗，于浅瓮酿酒，美饮吃哉（美饮吃哉，此云于魔罗你乌野罗甫屡柯倭。）吾子等。”（第二册，p. 232）《常陆国风土记・筑波郡》条：“是以福慈岳，常雪不得登临。其筑波岳，往集歌舞饮吃，至于今不绝也。”（p. 360）又：“郡东十里，桑原岳。昔倭武天皇，停留岳上，进奉御膳。时令水部新掘清井，出泉净香，饮吃尤好。”（p. 370）《肥前国风土记・基肆郡》条：“孟春正月，反而清冷，人始饮吃。因曰酒井泉，后人改曰酒殿泉。”（p. 314）（1）唐菩提流志译《不空罥索神变真言经》卷 13《溥遍心印真言世间品》：“复持种种，妙庄严具，奉真言者，如此池泉，真言者心，若不除者，则常住世，是水常为，一切人民，饮吃无尽。”唐不空译《药师如来念诵仪轨》卷 1：“若咒饮吃者，一切诸毒，不能为损。”唐栖复集《法华经玄赞要集》卷 13：“如有美食，未曾暂尝，况饮吃也。”《敦煌变文・齖齗新妇文》：“翁婆骂我：作奴作婢之相，只是担眠夜睡，莫与饮吃，饿急自起。”（p. 1216）（2）《太平广记》卷 153《李宗回》条：“欲就店终餐，其仆者已归。结束先发，已行数里。二人大笑，相与登途。竟不得饮吃。”（p. 1216）按：《汉语大词典》例引元无名氏《朱砂担》第二折：“那厮他入门来便紧瞅了咱这小本的装，则被我买下了些新槽的酒，连珠儿灌到有五六碗，他承兴饮吃到有两三瓯，尽醉方休。”偏晚。以上诸例说明，“饮吃”一词是在唐代以后出现的，多用于口语。→【喫飲】

【飲於～/～をのむ】于字 喝，吃喝。《日本灵异记》中卷《赎蟹蝦命放生现报

蟹所助缘第12》："然后入山见之，大蛇**饮于**大椵。"（p.180）吴支谦译《菩萨本缘经》卷2《月光王品》："闻是语已，因往本习，即生恶念。犹如猛火，投之膏油，膏油既至，倍复炽然；亦如毒药，投生血中，其力则盛；譬如渴人，**饮于**咸水；如秋增热，春多涕唾。"元魏瞿昙般若流支译《正法念处经》卷24《观天品》："于美林中，众果具足，与诸天女，**饮于**美味，受五欲乐。"唐道宣撰《广弘明集》卷26梁高祖撰《断酒肉文》："若饮酒放逸，起诸淫欲，欺诳妄语，啖食众生，乃至**饮于**乳蜜，及以苏酪，愿一切有，大力鬼神，先当苦治萧衍身，然后将付地狱阎罗王，与种种苦。"按：《汉语大词典》失收。

【飲浴/のみあむる】 并列 饮用沐浴。《续日本纪》卷7《元正纪》养老元年十一月条："又就而**饮浴**之者，或白发反黑，或颓发更生，或暗目如明。"（第三册，p.34）失译人名今附秦录《别译杂阿含经》卷5："虽于孙陀利、竭阇等诸河，此皆是世水，饮之及洗浴，不能除垢污，并祛诸恶业，**饮浴**何用为？实语而调顺，舍瞋不害物，此是真净水。"梁曼陀罗仙、僧伽婆罗合译《大乘宝云经》卷4《陀罗尼品》："是丛林中有三池水，清净香美，柔软轻冷，八德具足。善男子，于汝意云何？是人为热所苦，渴乏逼恼，但闻水名，唯思是水，除渴乏不？即证此水，凉冷以不？对曰：'不也，世尊。如渴乏者，要须至彼，清冷水处。得**饮浴**已，渴乏乃除，方自证知。'"北凉昙无谶译《佛所行赞》卷1《生品》："世界诸火光，无薪自炎炽，净水清凉井，前后自然生。中宫采女众，怪叹未曾有，竟赴而**饮浴**，皆起安乐想。"按：《汉语大词典》失收。

【隠蔵/かくしをさむ】 格义（4例）①躲避；躲藏。《续日本纪》卷4和铜二年十月条："宜令晓示所部检括，十一月三十日使尽，仍即申报。符到五日内，无问逃亡、**隐藏**，并令自首。"（第一册，p.154）又卷7《元正纪》灵龟二年五月条："丙申，敕大宰府佰姓家有藏白镴，先加禁断。然不遵奉，**隐藏**卖买。"（第二册，p.14）②藏起来不拿出来。《元兴寺伽蓝缘起并流记资财账》："时承如是命已，壬寅年，大后大大王与池边皇子二柱同心，牟久原殿樱井迁；癸卯，始作樱井道场，灌佛之器**隐藏**。"又："此大大王之后宫告：不令烧切也。但不得坚惜，太子像出，灌佛之器者**隐藏**不出。"（1）《楚辞》东方朔《七谏·沉江》："怀计谋而不见用兮，岩穴处而**隐藏**。"王逸注："士曰**隐**，宝曰**藏**。"汉王充《论衡·知实》："虞舜大圣，**隐藏**骨肉之过。"（2）高齐那连提耶舍译《月灯三昧经》卷10："云何名解脱舍？所谓随所有财不**隐藏**、不悭嫉故。"隋阇那崛多译《佛本行集经》卷60《阿难因缘品》："尔时，彼诸婆罗门辈，阿难去后，取百数叶，**隐藏**一边。阿难回已，诸婆罗门于是复问：'仁者阿难，汝复来也。乞更观此，尸奢波树，有几多叶？'"隋那连提耶舍译《大方等大集经》卷44《三归济龙品》："尔时，世尊告憍陈如：'汝观此等，诸恶众生自诳其心，或以怖畏，贫穷因缘，或于恶道，生于恐畏修行善法，或作比丘所得种种资生之具，皆是信心檀越所施。

而是众生或自食噉，或与他人，或共众人，盗窃**隐藏**，私处自用，如是业故堕三恶道久受勤苦。'"按：传世文献中，"隐藏"一般用作抽象义，表示"躲避；躲藏"或"掩盖，掩饰"。

【隐去/かくる】 后补 （2例） 隐匿而去。《日本书纪》卷2《神代纪下》："乃以平国时所杖之广矛授二神曰：'吾以此矛卒有治功。天孙若用此矛治国者，必当平安。今我当于百不足八十隅，将**隐去**矣。'"（第一册，p. 118）《古语拾遗》："于是，大己贵神及其子事代主神，并皆奉避。仍以平国矛授二神曰：'吾以此矛，率有治功。天孙，若用此矛治国者，必当平安。今我将**隐去**矣。'辞讫遂隐。"（p. 127）（1）姚秦鸠摩罗什译《集一切福德三昧经》卷2："善男子，时魔天子，见最胜仙，恭敬为法。见已愁悴，即便**隐去**。"隋智顗说《摩诃止观》卷8："释迦往昔在恶世，世无佛，求法精进了不能得。魔变化作婆罗门诡言：'有佛一偈，汝能皮为纸骨为笔血为墨当以与汝。'菩萨乐法，即自剥皮曝令干拟书偈。魔即**隐去**。"唐湛然述《止观辅行传弘决》卷8："华乃下道隐，闻草中有鬼，而相问言：'弟何不**隐去**？'答：'我住其膏肓针灸不至，何须**隐去**？但惧其用八毒丸耳。'"（2）《晋书》卷94《隐逸传》："年二十余，夜忽窗中有声呼曰：祈孔宾，祈孔宾！**隐去**来，**隐去**来！修饰人世，甚苦不可谐。所得未毛铢，所丧如山崖。"《宣室志・道严》条："道严一见，背汗如沃。其神即**隐去**。于是具以神状告画工，命图于西轩之壁。"按：《汉语大词典》失收。

【隐入/こもりいる】 后补 藏进，躲入。《古事记》上卷《大国主神》："如此言故，故蹈其处者，落**隐入**之间，火者烧过。"（p. 82）姚秦鸠摩罗什译《大庄严论经》卷6："毁犯于戒行，贪嗜著五欲。如蛇**隐入**穴，还出则螫人。"唐菩提流志译《不空羂索神变真言经》卷6："取心噉食，即得腾空。又取肝血，涂点额上。即得**隐入**，大地地下。"高丽觉训撰《海东高僧传》卷1："然杂华恒常之说，**隐入**于虬宫。邪宗蚖肆，异部蛙鸣。"按：《汉语大词典》失收。

【隐身/みをかくす】 格义 （圣者以凡人的姿态）混迹于众生之中。《日本灵异记》中卷《行基大德放天眼视女人头涂猪油而呵啧缘第29》"凡夫肉眼是油色，圣人明眼见视宍血。于日本国，是化身圣也。**隐身**之圣矣。"（p. 224）（1）不露身份。荀悦《汉纪・高帝纪1》："初，耳余为刎颈交，俱**隐身**为里监门，余常父事耳。"（2）（天人等）隐匿身形。失译人名今附秦录《别译杂阿含经》卷2："尔时，魔王作是念言：'沙门瞿昙，知我所念。'忧愁苦恼，即便**隐身**，还于天宫。"按：《日本灵异记》中"隐身之圣"的说法，在传世文献和汉译佛经当中未见文例，疑似自创搭配形式。

【隐顯不同/かくりたるとあらはれたるとおなじくあらず】 四字 隐没与显现有所区别。《藤氏家传》下卷《武智麻吕传》："公疑是气比神，欲答不能而觉也。仍祈曰：'人神道别，**隐显不同**。未知昨夜梦中奇人是谁者。神若示验，必为树寺。'"（p. 351）隋杜顺说《华严五教止观》卷1："夫事理两门，圆融一际者，复有二门：一

者心真如门；二者心生灭门。心真如门者是理，心生灭者是事，即谓空有二见，自在圆融，隐显不同，竟无障碍。”唐澄观述《大方广佛华严经随疏演义钞》卷4：“如十住为门，带十行等，同遍法界时，但名十住遍，不名十行遍。若十行等为门亦然，则有力能摄者为主，无力被摄者为伴。前相即门中，正十住遍时，不妨余遍，但隐显不同耳。”唐志鸿撰述《四分律搜玄录》卷1：“隐显者，结牒前语，亦不异前。若欲释者，不无少异。前则显其释文，而隐其问法；后则显其问法，而隐其释文。更互隐显不同，则是互出之义也。”

【迎入/むかへいる】 后补 （4例） 迎接使之进入。《日本书纪》卷2《神代纪下》：“时父神闻而奇之，乃设八重席迎入、坐定，因问来意。对以情之委曲。”（第一册，p.168）又卷20《钦明纪》十四年六月条：“马子宿祢受而欢悦，叹未曾有顶礼三尼。新营精舍，迎入供养。”（第二册，p.494）《唐大和上东征传》：“债曰：‘此间虽无姓丰田人，而今大和上即将当弟子之舅。’即迎入宅内，设［斋］供养。”（p.68）《续日本纪》卷22《淳仁纪》天平宝字三年正月条：“丁酉，授正六位上高元度外从五位下，为迎入唐大使使。”（第三册，p.304）（1）失译人名今附后汉录《分别功德论》卷4：“时婢淘米，将欲弃泔，舒钵索饮。婢举头视，知是大家，便入白曰，郎君在外。父母欣悦，审是儿者，放汝为良人，即出迎入，为设肴膳。”东晋佛陀跋陀罗、法显合译《摩诃僧祇律》卷32：“时放牧者，及取薪草人，见已先还，语其家言：‘某甲来归。’家人闻已，即大欢喜，出迎入家。”隋阇那崛多译《佛本行集经》卷13《常饰纳妃品》：“是时悉达，称意所有，珍宝资财，众杂广营，种种礼事，莫不办具，复以种种，妙好璎珞，庄严显饰，瞿多弥身，即遣使将，五百采女，围绕迎入宫内，为妃娱乐，受于五欲之乐。”（2）《后汉书》卷8《孝灵纪》：“建宁元年春正月壬午，城门校尉窦武为大将军。己亥，帝到夏门亭，使窦武持节，以王青盖车迎入殿中。”《宋书》卷41《后妃传》：“尉见其容质甚美，即以白世祖，于是迎入宫。”按：《汉语大词典》失收。

【迎入宫中/みやのうちにむかへいる】 四字 （2例） 迎接进入宫殿里。《日本书纪》卷15《清宁纪》三年正月条：“三年春正月丙辰朔，小楯等奉亿计、弘计到摄津国，使臣连持节，以王青盖车，迎入宫中。”（第二册，p.222）又卷15《显宗纪》即位前纪条：“白发天皇三年春正月，天皇随亿计王到摄津国，使臣连持节，以王青盖车，迎入宫中。”（第二册，p.236）（1）唐惠详撰《弘赞法华传》卷3：“于是，举众同下，行数步，但见通衢平直，香花遍道。海神将百侍从，迎入宫中，珠璧焜煌。映夺心目。因为讲《法华经》一遍，大施珍宝，还送上船。光达至本乡，每弘兹典，法门大启，实有功焉。”（2）《旧唐书》卷62《李迥秀传》：“长安初，历天官、夏官二侍郎，俄同凤阁鸾台平章事。则天令宫人参问其母，又尝迎入宫中，待之甚优。”

【迎送礼拜/むかへおくり、らいはいす】 四字 迎接送别，合掌叩头。《唐大和上东征传》：“三日三夜，便达雷州。罗州、辨州、象州、白州、佣州、藤州、梧州、

桂州等官人、僧、道父老。迎送礼拜，供养承事，其事无量，不可言记。”（p. 71）姚秦鸠摩罗什译《佛藏经》卷2《净戒品》：“舍利弗，如是罪恶比丘，为是诸天，所知恶贼，白衣无异，而受供养，迎送礼拜，合掌恭敬。弊人愚痴，犹如死尸，所著衣服，皆是偷得。钵中所食，皆是盗取，无人与者，乃至少水，亦是盗得。”元魏菩提留支译《大萨遮尼乾子所说经》卷4《王论品》：“若彼来者，王应迎送，礼拜问讯，尽恭敬心，尽尊重心，问沙门言：‘何等善行？何等恶行？行何等法，能有利益？行何等法，无有利益？我心暗钝，无有智慧，愿为我说。’”唐道世撰《法苑珠林》卷49：“见上座和尚阿阇梨大同学同见同行者，而菩萨反生憍心痴心慢心，不起迎送礼拜，一一不如法。”

【迎慰/むかへねぎらふ】 并列 （3例） 迎接犒劳。《唐大和上东征传》：“二月一日到难波，唐僧崇道等迎慰供养。三日，至河内国，大纳言正二位藤原朝臣仲麻吕遣使迎慰，复有道璇律师，遣弟子僧善谈等迎劳。”（p. 91）又：“四日，入京，敕遣正四位下安宿王于罗城门外迎慰、拜劳，引入东大寺安置。”（p. 92）唐玄奘译《大唐西域记》卷5：“王闻仙至，躬迎慰曰：‘大仙栖情物外，何能轻举？’”唐慧立本、释彦悰笺《大唐大慈恩寺三藏法师传》卷6：“壬辰，法师谒文武圣皇帝于洛阳宫。二月己亥，见于仪鸾殿，帝迎慰甚厚。”唐道世撰《法苑珠林》卷25：“即乘船入浦寻村，见猎者二人。显问：‘此是何地耶？’猎人曰：‘此是青州长广郡牢山南岸。’猎人还以告太守李嶷，嶷素信敬。忽闻沙门远至，躬自迎慰。’”按：《汉语大词典》失收。《日本书纪》卷19《钦明纪》十五年十二月条：“其父明王忧虑，余昌长苦行阵久废眠食，父慈多阙子孝希成，乃自往迎慰劳。”（第二册，p. 432）

【迎引/みちびく】 并列 （2例） 牵引；迎接引导。《古语拾遗》：“大和氏远祖椎根津彦者，迎引皇舟，表绩香山之巅。”（p. 130）《唐大和上东征传》：“端州太守迎引送至广州，庐都督率诸道俗出迎城外，恭敬承事，其事无量。”（p. 73）（1）唐阿地瞿多译《陀罗尼集经》卷12《佛说诸佛大陀罗尼都会道场印品》：“至日没后，阿阇梨入道场中，请佛般若菩萨金刚及诸天等，入坛安置。佛座中心，观世音等于北方座，金刚藏等于南方座。而以种种，上妙香华，五盘饮食，然十六灯。而作供养法事已，竟次阿阇梨出道场，迎引弟子等，至于道场。”唐慧立本、彦悰笺《大唐大慈恩寺三藏法师传》卷1：“后日，王别张大帐开讲，帐可坐三百余人，太妃以下，王及统师大臣等，各部别而听。每到讲时，王躬执香炉，自来迎引。”唐道宣撰《续高僧传》卷10：“陈宣帝远挹德音，承风迎引，令侍中袁宪至京口城礼接登岸。”《敦煌变文・维摩诘经讲经文（七）》：“迎引仙童千万队，相随菩萨数河沙。”（2）《魏书》卷103《李彪传》：“今高昌内附，遣使迎引，蠕蠕往来路绝，奸势。”

【迎引入～/むかへ、ひきて～にいる】 三字 迎接引导进入某处。《唐大和上东征传》：“韶州官人又迎引入法泉寺，乃是则天为慧能禅师造寺也，禅师影像今现在。”

（p. 74）（1）唐道宣撰《续高僧传》卷 4：“明日食后，僧二百余，俗人千余，擎舆幢盖，香花来迎，引入都会。”该例在唐冥详撰《大唐故三藏玄奘法师行状》卷 1 中亦见辑录。宋普济集《五灯会元》卷 13：“塔毕，师入府庭辞尚父，嘱以护法，克期顺寂。尚父悲悼，遣僧正集在城宿德，迎引入塔。”（2）《旧五代史》卷 80《高祖纪》：“己亥，至邺，左右金吾六军仪仗排列如仪，迎引入内。”

【迎誘於～/～にむかへをこつる】 自创 迎候诱骗。《日本书纪》卷 9《神功纪》摄政六十二年条：“（《百济记》）壬午年，新罗不奉贵国。贵国遣沙至比跪令讨之。新罗人庄饰美女二人迎诱于津。沙至比跪受其美女，反伐加罗国。”（第一册，p. 462）唐玄奘译《大唐西域记》卷 11：“时铁城上，凶幢遂动，诸罗刹女，睹而惶怖，便纵妖媚，出迎诱诳。”唐慧立本、释彦悰笺《大唐大慈恩寺三藏法师传》卷 7：“复数有诸王卿相，来过礼忏，逢迎诱导，并皆发心，莫不舍其骄华，肃敬称叹。”按：疑似从佛典中的“出（逢）迎诱诳（导）”截取而来。

【営造/つくる】 并列 （11 例） 建造。《日本书纪》卷 25《孝德纪》大化五年三月条：“大臣长子兴志先是在倭，营造其寺。今忽闻父逃来之事，迎于今来大槻，近就前行入寺。”（第三册，p. 172）又白雉元年二月条：“道登法师曰：‘昔高丽，欲营伽篮，无地不览。便于一所，白鹿徐行。遂于此地，营造伽篮，名白鹿园寺，住持佛法。’”（第三册，p. 180）《续日本纪》卷 1《文武纪》文武三年十月条：“冬十月甲午，诏：‘赦天下有罪者，但十恶、强窃二盗不在赦限。为欲营造越智、山科二山陵也。’”（第一册，p. 18）又卷 2《文武纪》大宝元年八月条：“又遣使于河内、摄津、纪伊等国，营造行宫，兼造御船三十八艘。予备水行也。”（第一册，p. 48）又大宝二年九月条：“癸未，遣使于伊贺、伊势、美浓、尾张、三河五国，营造行宫。”（第一册，p. 58）又卷 6《元正纪》灵龟元年五月条：“今六道诸国，营造器仗，不甚牢固。临事何用？自今以后，每年贡样，巡察使出日，细为校勘焉。”（第一册，p. 228）又卷 12《圣武纪》天平九年四月条：“天时如此。已违元意。其唯营造城郭，一朝可成。而守城以人，存人以食。”（第二册，p. 318）又卷 19《孝谦纪》天平胜宝八岁六月条：“敕明年国忌御斋，应设东大寺。其大佛殿步廊者，宜令六道诸国营造，必会忌日。不可怠缓。”（第三册，p. 166）又卷 22《淳仁纪》天平宝字三年九月条：“并逐闲月营造，三年之内成功。为征新罗也。”（第三册，p. 328）又卷 23《淳仁纪》天平宝字四年七月条：“因兹，今追议定营造修理塔寺精舍分一千户，供养三宝并常住僧分二千户，官家修行诸佛事分二千户。”（第三册，p. 358）又卷 29《称德纪》神护景云三年二月条：“陆奥国桃生、伊治二城，营造已毕。厥土沃壤，其毛丰饶。”（第四册，p. 230）（1）西晋安法钦译《阿育王传》卷 6：“尊者观察，此比丘者，必应现身，尽漏得道。修福未足，又复观察，以何事缘，可得成道，知彼事要，营造塔寺，然后得道。遂便语言：‘能随我敕，当教授汝。’答言：‘受教。’”梁释慧皎撰《高僧传》卷 7：“乘舆至客省，猛随有所获，皆赈施贫乏，**营造**寺庙。”（2）《宋书》卷33《五行4》：“初，帝即位，自邺迁洛，**营造**宫室，而不起宗庙，太祖神主犹在邺。”《艺文类聚》卷38引《东观汉记》曰：“元年**营造**明堂辟雍灵台，以即明三事不同也，前黄图云，同一物也。”按：《汉语大词典》首引《晋书》卷27《五行志上》：“清扫所灾之处，不敢于此有所**营造**。”偏晚。

【頴抜/えいはつ】 并列 脱颖拔萃，秀逸劲拔。《藤氏家传》上卷《镰足传》：“百济人小紫沙咤昭明，才思**颖拔**，文章冠世。”（p.253）（1）唐道宣撰《续高僧传》卷9：“一时朗公，知其**颖拔**，令论义。应命构击，问领如向。”唐法琳撰《辩正论》卷4：“聪明神粹，器局淹弘。纳比吞流，照同悬镜。英俊天挺，**颖拔**自然。”（2）唐苏颋《授沉佺期太子少詹事制》：“才标**颖拔**，思诣精微。”

【影衛/えいえい】 偏正 像影子一样，形影不离地进行保卫。《奈良朝写经5·大般若经卷第267》：“又以此善根，仰资现御寓天皇并开辟以来代代帝皇，三宝覆护，百灵**影卫**。”（p.32）唐善无畏译《转经行道愿往生净土法事赞》卷2：“从今已去，天神**影卫**，万善扶持，福命休强，离诸忧恼。”唐惠英撰、胡幽贞纂《大方广佛华严经感应传》卷1：“帝喜曰：‘每被修罗见扰，故屈师来。师受持华严，诸天护持，善神**影卫**。请为诵经，以禳彼敌。’”

【応供～至真～/おうく～ししん～】 对偶 “应供”，应受人天供养的人，是如来十号之一，又是阿罗汉的义译。“至真”，如来离一切之虚伪，故名。《续日本纪》卷21《淳仁纪》天平宝字二年八月条：“皇太后、游心五乘，栖襟八正。化侔**应供**，道双**至真**。”（第三册，p.270）后秦竺佛念译《中阴经》卷1《身品》：“尔时，定化王菩萨白佛言：‘上诸法观，一一悉知，唯愿如来、**至真**、**应供**、正遍知、明行足、善逝、世间解、无上士、调御丈夫、天人师、佛、世尊，说三微妙法。’”北周阇那耶舍译《大乘同性经》卷1：“佛告海龙王言：‘龙王，往昔过无量阿僧祇劫数时，彼有佛号大悲所生智、相幢如来、**至真**等正觉、**应供**、正遍知、明行足、善逝、世间解、无上士、调御丈夫、天人师、佛、世尊，而彼如来，亦还生此，娑婆世界，五浊世中，而彼如来、**至真**、等正觉，于众生中，演说分别三乘之法。’”按：《日本灵异记》下卷《依妨修行人得猴身缘第24》：“时猕猴答曰：‘无本**应供**物。’僧言：‘此村籾多有。此乎充我供养料，令读经。’”例中“应供”一词，当为佛号之一“应供”最为基本的意思与用法。

【応化/おうげ】 并列 佛菩萨为救度迷惑的众生，随应时与众生机根，变化种种姿态而出现。应同化现、应现变化之意。《日本灵异记》上卷《恃凭念观音菩萨得现报缘第6》：“即时老翁乘舟迎来，同载共渡。渡竟之后，从舟下道。老公不见，其舟忽失。乃疑观音之**应化**也。”（p.78）元魏菩提流志译《无量寿经优波提舍》卷1：“于一佛土，身不动摇，而遍十方。种种**应化**，如实修行，常作佛事。”唐玄奘译《大唐西域记》卷7：“时天帝释，欲验修菩萨行者，降灵**应化**，为一老夫。”

【（了）応時～/～おはるすなはち】完成（某事结束之后）当即做另一件事或出现另一种情况。《常陆国风土记·行方郡》条："于是，麻吕举声大言：'令修此池，要盟活民。何神谁祇，不从风化？'即令役民云：'目见杂物，鱼虫之类，无所惮惧，随尽打杀。'言**了应时**，神蛇避隐。"（p. 378）（1）唐菩提流志译《大宝积经》卷117："道品法者，游于大慈，晓**了应时**，慧之所入。"（2）西晋无罗叉译《放光般若经》卷9《无作品》："诸四天王，释梵诸尊天，适作是念已，**应时**十方面，各千佛，应时悉现，皆说般若波罗蜜品。"隋阇那崛多译《佛本行集经》卷18《剃发染衣品》："时净居天，知太子心，如是念已，**应时**化作，猎师之形，身著袈裟，染色之衣，手执弓箭，渐渐来至，太子之前，相去不远，默然而住。"

【応死之人/しすべきひと】四字　将死之人，快要死了的人。《日本灵异记》上卷《持戒比丘修净行而得奇验力缘第26》："勤修净行看病第一。**应死之人**蒙验更苏。"（p. 114）东晋瞿昙僧伽提婆译《增壹阿含经》卷19《等趣四谛品》："复次，菩萨若惠施之时，头、目、髓、脑，国、财、妻、子，欢喜惠施，不生著想。由如**应死之人**，临时还活，欢喜踊跃，不能自胜。尔时，菩萨发心喜悦，亦复如是。布施誓愿，不生想著。"姚秦竺佛念译《出曜经》卷6《无放逸品》："弟白王曰：'**应死之人**，虽未命绝与死无异，岂当有情著于五乐，游意服饰间耶？'"姚秦鸠摩罗什译《大智度论》卷19《序品》："是身实苦，以止大苦故，以小苦为乐。譬如**应死之人**，得刑罚代命，甚大欢喜；罚实为苦，以代死故，谓之为乐。"

【応所願/ねがふところにこたふ】自创（2例）　满足心愿。《日本灵异记》下卷《灾与善表相先现而后其灾善答被缘第38》："乞者咒愿而受者，观音**应所愿**也。"（p. 372）又："何故乞食者，今**应所愿**，渐始福来也？"（p. 372）→【応於所願】

【応以比丘身得度者、即現比丘身而為説法/まさにびくのみをもちてすくふことをうべきものには、すなはちびくのみをあらはしてためにみのりをとくなり】典据　如果是应该以比丘的身份超脱生死而得涅槃的人，佛菩萨便以比丘的身份为其讲经说法。《元兴寺伽蓝缘起并流记资财账》："佛法最初时，后宫不令破，樱井迁作道场。尔时三女出家。时即大喜，喜令住其道场，而生佛法牙。故名元兴寺。其三尼等者，经云：'**应以比丘身得度者**，**即现比丘身而为说法**。'其斯之谓矣。"隋阇那崛多译《虚空孕菩萨经》卷2："时彼虚空孕菩萨摩诃萨，随其根业，以菩萨身相，即在现前：**应以比丘身得度者**，**即现比丘身相**；应以婆罗门身度者，即现婆罗门身相；应以童男童女身度者，即现童男童女身相。"

【応於所願/ねがふところにこたふ】自创　满足心愿。《日本灵异记》下卷《弥勒菩萨**应于所愿**示奇形缘第8》（p. 280）→【応所願】

【永保安寧/とこしへにあんねいをたもつ】四字　永远保持天下太平。《日本书

纪》卷19《钦明纪》十六年二月条："圣王妙达天道地理，名流四表八方，意谓永保安宁，统领海西蕃国，千年万岁，奉事天皇。"（第二册，p. 436）唐义净译《金光明最胜王经》卷8《王法正论品》："惟愿世尊，慈悲哀愍，当为我说，王法正论，治国之要，令诸人王，得闻法已，如说修行，正化于世，能令胜位，永保安宁，国内人民，咸蒙利益。"唐宗密述《圆觉经道场修证仪》卷2："皆忻圆顿教门，人民永保安宁。咸修觉照之道，师僧父母，福庆洋洋。"

【永免/ながくゆるす】 偏正 （2例） 永远免除。《万叶集》卷16第3857首歌注："因王闻之哀恸，永免侍宿也。"（第四册，p. 126）《续日本纪》卷17《圣武纪》天平胜宝元年五月条："陆奥国者，免三年调庸。小田郡者永免。其年限者，待后敕。"（第三册，p. 78）姚秦佛陀耶舍译《虚空藏菩萨经》卷1："速疾舍离臭结烦恼，永免三涂八难之苦。"唐菩提流志译《如意轮陀罗尼经》卷1《法印品》："出道场时，复献香水，作是思惟：'我当以何方便，令诸有情，永免生死，证入菩提。'"陈真谛译《随相论（解十六谛义）》卷1："王答言：'世尊，火烧我头及衣，我若灭火，乃是暂时得免苦，非是永免；若修八分圣道，则永离苦。'"按：《汉语大词典》失收。

【永為亀鏡/とこしへにききょうとなす】 四字 作为永远的榜样或借鉴。《奈良朝写经未收5·如意轮陀罗尼经》："亦即以印蹋此记上者，见印下西家之字，应拟西宅之书。故作别验，永为龟镜。"（p. 485）唐道宣撰《四分律删繁补阙行事钞》卷2："俄而师子国尼、铁索罗等三人至京，定前十数，便请众铁为师，于坛上为尼重受。出高僧名僧、僧史僧录及晋宋杂录。故略出缘起，永为龟镜。"唐智升撰《开元释教录》卷6："谨详览此传，义例甄著，文词婉约，实可以传之不朽，永为龟镜矣。"唐大觉撰《四分律行事钞批》卷7："永为龟镜者，其龟能知三世事，镜照现前也。"

【勇健/いさをしくたけし】 并列 （7例） 勇敢强健。《日本书纪》卷26《齐明纪》四年七月条："仍授栅养虾夷二人位一阶，渟代郡大领沙尼具那小乙下，少领宇婆左建武，勇健者二人位一阶。"（第三册，p. 212）又："授津轻郡大领马武大乙上、少领青蒜小乙下、勇健者二人位一阶。"（第三册，p. 212）《续日本纪》卷5《元正纪》和铜四年九月条："甲戌，诏曰：'凡卫士者，非常之设，不虞之备。必须勇健应堪为兵。'"（第一册，p. 170）又卷9《圣武纪》神龟元年五月条："五月癸亥，天皇御重阁中门，观猎骑。一品以下至无位，豪富家及左右京、五畿内、近江等国郡司并子弟、兵士，庶民勇健堪装饰者，悉令奉猎骑事。兵士以上普赐禄有差。"（第二册，p. 150）又卷12《圣武纪》天平九年四月条："仍抽勇健一百九十六人，委将军东人。"（第二册，p. 314）又卷20《孝谦纪》天平宝字元年正月条："其军毅者，省选六卫府中器量辩了，身才勇健者拟任之。"（第三册，p. 174）又卷27《称德纪》天平神护元年四月条："人非勇健，防守难济。望请东国防人，依旧配戍。"（第四册，p. 116）（1）吴支谦译《菩萨本缘经》卷1《一切施品》："王即答言：'咄哉！卿等。吾已久知，卿等于吾，生大爱护，尊重恭敬；亦知卿等勇健、难胜、雄猛、武略、策谋第一。'" 西晋法立、法炬合译《大楼炭经》卷3《高善士品》："王有持兵导道圣臣者，何等类？高才勇健，无所不知。" 姚秦鸠摩罗什译《妙法莲华经》卷5《安乐行品》："如有勇健，能为难事，王解髻中，明珠赐之。"（2）《后汉书》卷16《邓寇传》："先是，小月氏胡分居塞内，胜兵者二三千骑，皆勇健富强，每与羌战，常以少制多。" 按：《汉语大词典》首引《魏志》卷30《轲比能传》："轲比能本小种鲜卑，以勇健，断法平端，不贪财物，众推以为大人。" 略晚。

【踊践於～/～をくゑふむ】 于字 跳起来一脚踩在某物上面。《日本灵异记》上卷《捉雷缘第1》："此雷恶怨而鸣落，踊践于碑文柱。彼柱之析间，雷构所捕。"（p.57）西晋竺法护译《大哀经》卷5《十八不共法品》："郡国州城大邦县邑聚落，足不蹈地，千辐相文，自然轮现，柔软殊妙，香洁莲华，而现乎地。如来之足，践于其上，其有虫蚁，含血之类，遇如来足，昼夜七日，而得安隐。寿终之后，复生天上。" 刘宋求那跋陀罗译《杂阿含经》卷23："我今当演说，足践于地时，大地六种动，光耀倍于日，遍照三千界，而趣菩提树。" 新罗璟兴撰《三弥勒经疏》卷1："《大成佛经》曰：'到崛山已登狼迹山顶，举足大指践于山根。'"

【踊躍歓喜/ようやくかんぎす】 四字（2例） 高兴得跳了起来，雀跃欢欣。《日本书纪》卷23《舒明纪》即位前纪条："故我蒙是大恩，而以则以惧，一则以悲，踊跃欢喜，不知所如。"（第三册，p.28）《续日本纪》卷20《孝谦纪》天平宝字元年八月条："其文云：'五月八日开下帝释标知天皇命百年息。国内，顶戴兹祥，踊跃欢喜，不知进退。'"（第三册，p.222）《说文·足部》："踊，跳也。"《说文》《足部》："踊，迅也。""跃"本义为"迅"，引申为"跳"。《山海经·北山经》："见人则跃"，郭璞注："跃，跳也。" 后汉康孟详译《佛说兴起行经》卷2："火鬘童子具足见佛三十二相，无一缺减，踊跃欢喜，不能自胜。" 东晋瞿昙僧伽提婆译《增壹阿含经》卷49："时王闻已，踊跃欢喜，不能自胜。" 姚秦鸠摩罗什译《妙法莲华经》卷2《譬喻品》："尔时舍利弗踊跃欢喜，即起合掌，瞻仰尊颜而白佛言。" 按：《新编日本古典文学全集》栏上的注释例引唐义净译《金光明最胜王经》卷5《依空满愿品》："尔时世尊，作是语已，时善女天，踊跃欢喜，即从座起，偏袒右肩，右膝著地，合掌恭敬，一心顶礼，而白佛言。""踊跃欢喜"的后续表达具有一定的特点：或者表示不知如何是好的"不知所如""不知进退"，或者是表示喜悦之情难以自已的"不能自胜"，或者表示感激的一些言行举动。此外，"踊跃"一词本身，早见于传统经文，表欢欣鼓舞的样子。《诗经·邶风·击鼓》："击鼓其镗，踊跃用兵。" →【歓喜踊跃】

【用療/もちゐていやす】 前缀 治疗，医治。"用"，词义虚化。《丰后国风土记·大分郡》条："酒水：此水之源，出郡西柏野之盘中，指南下流。其色如水，味小酸焉。用疗痂癣。"（p.296）东晋法显译《佛说大般泥洹经》卷2《哀叹品》："彼后医知时已至，复白王言：‘欲有所请，当随我意。’王答言：‘尔。’医言：‘大王，先医乳药，毒害危险，不复可服，应舍此法。’王即从教，普下国内，自今已后，服乳药者，当重罚之。尔时后医，以五种药，甘酢醎苦辛等五味，**用疗**一切。”失译人名附东晋录《卢至长者因缘经》卷1：“所可食者，杂谷稗莠，藜藿草菜，以充其饥；酢浆空水，**用疗**其渴。”元魏吉迦夜、昙曜合译《付法藏因缘传》卷3：“尊者尔时，醉酒而卧，心自念言：‘我既贫乏，当何以施？吾今正有，一呵梨勒，众僧若有，病患之者，可以施之，**用疗**其疾。’即便鸣椎白言施药。”

【用喜/もちてよろこぶ】 前缀 欢喜，高兴。“用”，词义虚化。《日本书纪》卷9《神功纪》摄政五十一年三月条：“玩好珍物，先所未有。不阙岁时，常来贡献，朕省此款，每**用喜**焉。如朕存时，敦加恩惠。”（第一册，p. 460）后汉支娄迦谶译《道行般若经》卷6：“如是阿惟越致，有来供养者，不受**用喜**，一切无悭贪。”姚秦竺佛念译《出曜经》卷3《无常品》：“弟报兄曰：‘舍家作道，不虑官私，不念父兄妻子，亦复不念，居业财宝。若被毁辱，不怀忧戚，若遇欢乐，不乎**用喜**。’”又卷18《杂品》：“有来供养者，不存**用喜**，不供养者，亦不忧戚。”按：《汉语大词典》失收。

【用願/もちてねがふ】 前缀 祈愿，誓愿。《日本灵异记》中卷《孤娘女凭敬观音铜像示奇表得现报缘第34》：“闻观音菩萨者所愿能与，其铜像手系绳牵之，供花香灯，**用愿**福分曰：‘我乃一子而无父母，孤唯独居。亡财贫家，存身无便。愿我施福。早贶，急施！’”（p. 238）（1）后汉支娄迦谶译《阿閦佛国经》卷1《发意受慧品》：“如是，舍利弗。其比丘白大目如来言：‘天中天，我从今以往，发无上正真道意，以意劝助，而不离之，**用愿**无上，正真道也，当令无谀谄，所语至诚，所言无异。’”唐李通玄撰《新华严经论》卷13《华藏世界品》：“由诸福行，本从愿生，还将本因，以持诸果。以此**用愿**波罗蜜，能成一切，诸波罗蜜。”（2）《唐文拾遗》卷44崔致远《有唐新罗国故知异山双溪寺教谥真鉴禅师碑铭（并序）》：“洎开成三年，愍哀大王骤登宝位，深托玄慈，降玺书，馈斋费，而别求见愿。禅师曰：‘在勤修善政，何**用愿**为。使复于王，闻之愧悟。’”

【優婆塞/うばそく】 音译（45例） 梵语upāsaka的译音，意译为“清信士”“善宿男”等。指在家亲近奉侍三宝和受持五戒的男居士，为四众或七众之一。“优婆夷”的对应词。《日本书纪》卷29《天武纪下》十四年十月条：“庚辰，遣百济僧法藏、**优婆塞**益田直金钟于美浓，令煎白朮。因以赐絁棉布。”（第四册，p. 450）《日本灵异记》上卷《得雷之憙令生子强力在缘第3》：“然后其童子，作**优婆塞**，犹住元兴寺。其寺作田引水，诸王等妨不入水。田烧之时，**优婆塞**言：‘吾引田水。’众僧听之。故十余人可荷作锄柄，使持之也。**优婆塞**持彼锄柄，撞杖而往，立水门水口居。诸王等，锄柄引弃，塞水门口而不入寺田。**优婆塞**亦取百余引石，塞于水门，入于寺田。王等恐乎**优婆塞**之力，而终不犯。”（p. 65）又《圣德皇太子示异表缘第4》：“时圆势师之弟子之**优**

婆塞见之白师。师言：‘莫言，默然。’优婆塞窃穿坊壁而窥之者，其室内放光照炫。优婆塞见之，复白师。师答之言：‘然有故。我谏汝莫言。’然后，愿觉忽然命终。时圆势师告弟子优婆塞言：‘葬烧收。’即奉师告，而烧收讫。然后，复其优婆塞住于近江。时有人言：‘是有愿觉师。’即优婆塞往而见，当实愿觉师也。逢于优婆塞而谈之言：‘比顷不谒恋思无间，起居安不也。’”（p. 69）又《修持孔雀王咒法得异验力以现作仙飞天缘第28》：“役优婆塞者，贺茂役公，今高贺茂朝臣者也。”（p. 119）又：“藤原宫御宇天皇之世，葛木峰一语主大神，托谗之曰：‘役优婆塞，谋将倾天皇。’天皇敕之，遣使捉之，犹因验力，辄不所捕。故捉其母，优婆塞令免母故，出来见捕。”（p. 119）又：“于时虎众之中，有人以倭语举问也。法师问：‘谁？’答：‘役优婆塞。’法师思之：‘我国圣人。’”（p. 119）又《殷勤归信观音愿福分以现得大福德缘第31》：“粟田卿遣使八方，令问求禅师优婆塞。”（p. 128）又中卷《生爱欲恋吉祥天女像感应示奇表缘第13》：“和泉国泉郡血渟山寺，有吉祥天女像。圣武天皇御世，信浓国优婆塞，来住于其山寺。睇之天女像，而生爱欲，系心恋之，每六时愿云：‘如天女容好女赐我。’优婆塞梦见婚天女像，明日瞻之，彼像裙腰不净染污……优婆塞不得隐事，而具陈语。”（p. 182）又卷中《依不布施与放生而现得善恶报缘第16》：“七日乃苏，语妻子言：法师五人，有前而行，优婆塞五人，有后而行。行路广平，直如墨绳。其路左右，立列宝幡，前有金宫。问之：‘何宫？’优婆塞睇诤谚曰：‘斯汝家室将生之宫。养于耆妪。因此功德，为作是宫。’‘汝知我耶？’答：‘不知也。’教曰：‘当知十人法师优婆塞者，汝赎放之蛎十贝也。’宫门左右，有额生一角之人，捧大刀，为杀于吾颈。法师优婆塞，谏之不令戮。门左右备兰西稀馔，诸人乐食。吾居于中，七日饥渴，自口出焰。然言：‘汝不施饥耆妪，而厌罪报也。’法师优婆塞，将吾而还，才见乃苏。”（p. 192）又《埴神王腨放光示奇表得现报缘第21》：“诸乐京东山，有一寺。号曰金鹫。金鹫优婆塞，住斯山寺。”（p. 203）又：“天皇惊怪，遣使看之。敕信寻光至寺，见有一优婆塞，引于系彼神腨之绳，礼佛悔过。”（p. 204）又下卷《忆持〈法华经〉者舌著曝髑髅中不朽缘第1》：“禅师闻之，糯干饭舂蒒二斗，以之施师，优婆塞二人副，共遣使见送。是禅师一日道所送，而以《法华经》并钵干饭粉等与优婆塞，自此令还，唯以麻绳二十寻水瓶一口而别去。”（p. 264）又《拍于忆持千手咒者以现得恶死报缘第14》：“于时有京户小野朝臣庭麿，为优婆塞，常诵持千手之咒为业。”（p. 296）又《依妨修行人得猴身缘第24》：“即将读抄，为设之顷，堂童子优婆塞，匆匆走来言：‘小白猴居堂上。才见九间大堂仆如征尘，皆悉折摧，佛像皆破，僧坊皆仆。’”（p. 323）又《强非理以征债取多倍而现得恶死报缘第26》：“传语梦状，即日死亡。径于七日，不烧而置，请集禅师优婆塞三十二人，九日之顷，发愿修福。”（p. 329）又《弥勒丈六佛像其颈蚁所嚼示奇异表缘第28》：“白壁天皇代，有一优婆塞，而住其寺。于时，寺内音而呻言：‘痛哉，痛哉！’其音如老大人之呻。优婆塞初夜思疑行路之人得病参宿。起巡堂内，见堂无人。”（p. 335）又《减塔阶仆寺幢得恶报缘第36》：“时子家依，得久病故，请召禅师**优婆塞**，而令咒护，犹不愈差。”（p. 356）《藤原家传》下卷《武智麻吕传》：“于是神取**优婆塞**久米胜足置高木末，因称其验。公乃知实，遂树一寺。今在越前国神宫寺是也。”（p. 351）《唐大和上东征传》：“……杨州**优婆塞**潘仙童，胡国人安如宝，昆仑国人军法力，［瞻］波国人善听，都二十四人。”（p. 85）《续日本纪》卷11《圣武纪》天平三年八月条：“诏曰：‘比年，随逐行基法师**优婆塞**、优婆夷等，如法修行者，男年六十一以上，女年五十五以上，咸听入道。自余持钵行路者，仰所由司，严加捉搦。’”（第二册，p. 246）又卷14《圣武纪》天平十三年十月条：“癸巳，贺世山东河造桥。始自七月至今月乃成。召畿内及诸国**优婆塞**等役之。随成令得度。惣七百五人。”（第二册，p. 398）又卷18《孝谦纪》天平胜宝二年正月条：“丙辰，从四位上背奈王福信等六人赐高丽朝臣姓。造东大寺官人以下、**优婆塞**以上，一等三十三人叙位三阶。”（第三册，p. 102）又卷24《淳仁纪》又天平宝字七年十月条：“事毕归日，我学生高内弓，其妻高氏，及男广成，绿儿一人，乳母一人，并入唐学问僧戒融，**优婆塞**一人，转自渤海相随归朝。”（第三册，p. 440）又：“于时镰束议曰：‘异方妇女今在船上。又此**优婆塞**异于众人。一食数粒，经日不饥。风漂之灾，未必不由此也。乃使水手撮内弓妻并绿儿、乳母、**优婆塞**四人，举而掷海。风势犹猛，漂流十余日，著隐岐国。’”（第三册，p. 440）《奈良朝写经56·大般若经卷第50等》：“书写**优婆塞**圆智。”（p. 358）唐玄应撰《一切经音义》卷21：“邬波索迦：或言优波娑迦，近事也。旧言优婆塞者，讹也。此云近善男，亦云近宿男，谓近三宝，而住宿也。或言清信士、善宿男者，义译也。”

【優婆夷/うばい】 并列 （7例） 梵语 upāsikā 的音译。意译为“清信女”“近宿女”“信女”等。指亲近三宝和受持三归五戒的女众，为四众或七众之一。“优婆塞”的对应词。《日本灵异记》中卷《忆持〈心经〉女现至阎罗王阙示奇表缘第19》：“利苅**优婆夷**者，河内国人也……圣武天皇御世，是**优婆夷**，夜寝，不病卒尔而死……值**优婆夷**而欢喜曰：‘唯瞥所覩。比顷不瞵，故吾恋思。’……**优婆夷**前遮历而过，从市西门而出往也。**优婆夷**欲买彼经，遣使而还，开经见之，彼**优婆夷**昔时奉写《梵网经》二卷、《心经》一卷也。”《续日本纪》卷11《圣武纪》天平三年八月条：“诏曰：‘比年，随逐行基法师优婆塞、**优婆夷**等，如法修行者，男年六十一以上，女年五十五以上，咸听入道。自余持钵行路者，仰所由司，严加捉搦。’”（第二册，p. 246）唐玄应撰《一切经音义》卷21：“邬波斯迦：或云优波赐迦，此云近善女。言优**婆夷者**，讹也。”

【優填/うでん】 人名 梵名 udayana，意译作“日子王”“出爱王”。为佛世时憍赏弥国之王。因王后笃信佛法，遂成为佛陀之大外护。《日本灵异记》中卷《因悭贪成大蛇缘缘第38》：“传闻**优填**檀像，起致礼敬；丁兰木母，动示生形者，其斯谓之矣。”（p. 246）唐玄奘译《大唐西域记》卷5：“城内故宫中有大精舍，高六十余尺，有刻檀佛像，上悬石盖，邬陀衍那王（唐言出爱。旧云**优填**王，讹也）之所作也。灵相间起，神光时照。诸国君王恃力欲举，虽多人众，莫能转移。遂图供养，俱言得真，语其源迹，即此像也。初，如来成正觉已，上升天宫，为母说法，三月不还。其王思慕，愿图形像。乃请尊者没特伽罗子，以神通力，接工人上天宫，亲观妙相，雕刻栴檀。如来自天宫还也，刻檀之像，起迎世尊，世尊慰曰：'教化劳耶？开导末世，寔此为冀。'"

【優曇鉢華/うどんはつげ】 比喻　梵语 udumbara-puṣpa，音译作"优昙"，亦作"乌昙钵罗花""忧昙波花""邬昙钵罗花"等，略称"昙花"。意译作"灵瑞花""空起花""起空花"。属于桑科中之隐花植物。据称，两千年开花一次，开时仅一现，故人们对于难见易灭的事情，称为昙花一现。《唐大和上东征传》："大使以下，至于典正，作番供养众僧。大使自手行食，将**优昙钵树**叶以充生菜，复将**优昙钵**子供养众僧。乃云：'大和上知否，此是**优昙钵树**子。此树有子（无）华，弟子得遇和上，如**优昙钵华**，甚难值遇。'"（p. 70）后晋可洪撰《新集藏经音义随函录》卷5释《灵洋》："《妙法华经》云：'如**优昙钵花**，是也。**优昙钵树**，名也。'此树佛若不出世，则但结子而无花。诸佛出世，方有花耳。"后汉支娄迦谶译《佛说无量清净平等觉经》卷1："佛语阿难：'如世间有**优昙钵树**，但有实、无有华，天下有佛，乃有华出耳。世间有佛，甚难得值，今我作佛，出于天下。若有大德，聪明善心，豫知佛意，若不忘在佛边侍佛也。若今所问，善听谛听。'"西晋白法祖译《佛般泥洹经》卷2："诸比丘，尔等熟视佛颜色，佛不可复得起，却后十五亿七千六十万岁，乃复有佛耳。佛世难值，经法难闻，众僧难值，唯佛难见也。阎浮提内，有尊树王，名**优昙钵**，有实无华，优昙钵树，有金华者，世乃有佛。吾正于今，当般泥洹，尔曹于经，有疑结者，及佛在时，当决所疑，今不释结，后莫转争曼，我在时急质所疑。"

【憂不自勝/うれふることおのづからたへざりき】 四字　忧伤的情绪难以克制。《藤氏家传》上卷《镰足传》："父丰浦大臣愠曰：'桉作如尔痴人，何处有哉？吾宗将灭，**忧不自胜**。'"（p. 145）唐义净译《金光明最胜王经》卷10《舍身品》："王闻如是语，怀**忧不自胜**；因命诸群臣，寻求所爱子。皆共出城外，各随处追觅；涕泣问诸人：'王子今何在？今者为存亡，谁知所去处？云何令我见，解我忧悲心？'"→【而憂之曰："～"】【恐怖憂愁】【願勿為憂】

【憂愁疾疫/ゆうしゅう・しつやく】 典据　忧伤愁苦，疾病瘟疫。《续日本纪》卷14《圣武纪》天平十三年三月条："案经云：'若有国土讲宣读诵，恭敬供养，流通此经王者，我等四王，常来拥护。一切灾障，皆使消殄。**忧愁疾疫**，亦令除差。所愿遂心，恒生欢喜，宜令天下诸国各令敬造七重塔一区，并写《金光明最胜王经》《妙法莲花经》一部。'"（第二册，p. 388）唐义净译《金光明最胜王经》卷3《灭业障品》："是时无量，释梵四王，及药叉众，俱时同声，答世尊言：'如是，如是。若有国土，讲宣读诵，此妙经王，是诸国主，我等四王，常来拥护，行住共俱，其王若有，一切灾障，及诸怨敌，我等四王，皆使消殄，**忧愁疾疫**，亦令除差，增益寿命，感应祯祥，所愿遂心，恒生欢喜，我等亦能，令其国中，所有军兵，悉皆勇健。’”

【憂慮/ゆうりょす】 并列 （2 例） 忧愁思虑，忧愁担心。《日本书纪》卷 18《安闲纪》条：“冬十月庚戌朔甲子，天皇敕大伴大连金村曰：‘朕纳四妻，至今无嗣，万岁之后朕名绝矣。大伴伯父，今作何计？每念于兹，**忧虑**何已。’”（第二册，p. 336）又卷 19《钦明纪》十五年十二月条：“其父明王**忧虑**，余昌常苦行陈，久废眠食。”（第二册，p. 432）（1）后汉安世高译《太子慕魄经》卷 1：“父王**忧虑**，甚用患苦，深耻邻国，恐见陵嗤，因呼国中，诸婆罗门，问之：‘此子何故，不能言语乎？’婆罗门相视言：‘此子恶人也。’”后秦法师鸠摩罗什译《妙法莲华经》卷 2《信解品》：“是以殷勤，每忆其子，复作是念：‘我若得子，委付财物，坦然快乐，无复**忧虑**。’”唐菩提流志译《大宝积经》卷 64《乾闼婆授记品》：“离诸秽浊无**忧虑**，世眼现在故欣喜。为除一切心疑惑，愿大悲说笑因缘。”（2）《蜀志》卷 12《杜微传》：“猥以空虚，统领贵州，德薄任重，惨惨**忧虑**。”按：《汉语大词典》首引《后汉书》卷 42《东海恭王强传》：“身既夭命孤弱，复为皇太后、陛下**忧虑**，诚悲诚惭。”

【憂喜交懐/ゆうきこもごもむだく】 四字 忧愁和喜悦交集于心。《续日本纪》卷 25《淳仁纪》天平宝字八年九月条：“窃思此事，**忧喜交怀**，一喜功遂身退能守善道，一忧气衰力弱返就田家。”（第四册，p. 18）唐善导集记《观无量寿佛经疏》卷 2：“当其日夜，夫人即觉有身，王闻欢喜。天明即唤相师，以观夫人，是男是女？相师观已，而报王言：‘是儿非女，此儿于王有损。’王曰：‘我之国土，皆舍属之，纵有所损，吾亦无畏。’王闻此语，**忧喜交怀**。”

【由此而起/これによりておこる】 四字 （2 例） 因为这一原因，才有了这一说法。《日本书纪》卷 3《神武纪》即位前纪条：“又于女坂置女军，男坂置男军，黑坂置焃炭。其女坂、男坂、黑坂之号**由此而起**也。”（第一册，p. 210）又卷 7《景行纪》十八年七月条：“时水沼县主猨大海奏言：‘有女神，名曰八女津媛，常居山中。’故八女国之名**由此而起**也。”（第一册，p. 362）姚秦竺佛念译《出曜经》卷 23《泥洹品》：“衰者甚难制者，斯由众行淫欲瞋恚愚痴憍慢嫉妒恚痴，为老病所使，**由此而起**，是故说曰，衰者甚难制也。”唐玄奘译《阿毘达磨品类足论》卷 1：“尽智云何？谓自遍知，我已知苦，我已断集，我已证灭，我已修道，**由此而起**。智见明觉，解慧光观，皆名尽智。无生智云何？谓自遍知，我已知苦，不复当知，我已断集，不复当断，我已证灭，不复当证，我已修道，不复当修，**由此而起**。智见明觉，解慧光观，皆名无生智，诸所有见者，且诸智亦名见，有见非智。”

【由此而言/これによりていへば】 说词 （2 例） 根据这一点来说，从这一点来看。《日本书纪》卷 17《继体纪》二十五年十二月条：“（《百济本纪》）**由此而言**，辛亥之岁，当二十五年矣。后勘校者，知之也。”（第二册，p. 328）（1）梁僧佑撰《弘明

集》卷13："《维摩诘》云：'一切诸法，从意生形，然则兆动于始，事应乎末；念起而有，虑息则无；意之所安，则触遇而夷；情之所阂，则无往不滞。**因此而言**，滞之所由，在我而不在物也。'"（2）《南史》卷22《僧虔传》："又宋世光禄大夫刘镇之年三十许，病笃，已办凶具。既而疾愈，因畜棺以为寿，九十余乃亡，此器方用。**因此而言**，天道未易知也。"《文选》卷54刘孝标《辩命论》："若使善恶无征，未洽斯义。"李善注："**因此而言**，则害盈辅德，其由影响，若以善恶犹命，故未洽乎斯义。毛苌《诗传》曰：'洽，合也。'"

【由義寺/ゆぎでら】 寺名 即弓削寺。疑似道镜出身的弓削连氏的氏寺。《续日本纪》卷30《称德纪》宝龟元年四月条："丁酉，诏：'造**由义寺**塔诸司人杂工等九十五人，随劳轻重，加赐位阶。'"（第四册，p. 278）

【猶不能忍/なほししのぶることあたはず】 四字 仍然难以忍受。《日本书纪》卷2《神代纪下》："后丰玉姬果如前期，将其女弟玉依姬，直冒风波，来到海边。逮临产时，请曰：'妾产时，幸勿以看之。'天孙**犹不能忍**，窃往觇之。"（第二册，p. 160）（1）姚秦鸠摩罗什译《大庄严论经》卷12："尔时娑罗那默然而听，和上所说法要，同梵行者，咸生欢喜，各相谓言：'彼听和上，所说法要，必不罢道。'娑罗那心怀不忍，高声而言：'无心之人，**犹不能忍**，如斯之事，况我有心，而能堪任？'"（2）《太平御览》卷391引《蜀记》曰："谯周字允南，巴西人。体貌素朴，无造次辩论之才。诸葛亮领益州牧，命周为劝学从事。初见，左右皆笑，既出，有司请推笑者。亮曰：'孤**犹不能忍**，况左右乎？'"

【猶見如～/なほ～がごとくみゆ】 比喻 仍然看起来就像……一样。《肥前国风土记·松浦郡》条："于兹，天皇垂恩赦放，更敕云：'此岛虽远，**犹见如**近。可谓近岛。'因曰值嘉。"（p. 336）隋吉藏造《净名玄论》卷1："问：'佛入空观，**犹见如**外有佛，佛外有如不？'答：'若如佛为二，犹为二观。何名不二？既不见二，亦不见一。'"唐道世撰《法苑珠林》卷83："永初中得病，见一鬼形甚长壮，牛头人身，手执铁叉，昼夜守之，忧怖屏营。使道家作，章符印录，备诸禳绝，而**犹见如**故。"该例在唐临撰《冥报记》卷1中亦见辑录。

【猶如往日/なほしむかしのごとくならむ】 比喻 就像过去的日子那样。《日本书纪》卷19《钦明纪》二年七月条："谨承诏敕，悚惧填胸，誓效丹诚，冀隆任那，永事天皇，**犹如往日**。"（第二册，p. 376）唐义净译《根本说一切有部毘奈耶》卷23："时彼诸人，各作是念：'希有今日，礼节威仪。'皆问妇曰：'何意今者，供给异常？'妇答夫曰：'圣子知不？我蒙圣者，法与苾刍尼，为说妙法。能令我等，于生死中，虽复流转，极重烦恼，不复现行，**犹如往日**。'"

【遊猟於～/～にみかりしたまふ】 于字 （2例） 在某处游猎。《日本书纪》卷13

《允恭纪》八年二月条："天皇则更兴造宫室于河内茅渟而衣通郎姬令居。因此以屡**游猎于**日根野。"（第二册，p. 120）《续日本纪》卷13《圣武纪》天平十二年十一月条："丁亥，**游猎于**和迟野，免当国今年税。"（第二册，p. 376）（1）失译人名今附东晋录《菩萨本行经》卷3："波罗奈国王名婆摩达多，而出游猎。象兵、马兵、车兵，导从前后，**游猎于**山，得一白象，身白如雪，光泽可爱，而有六牙。王得此象，大用欢喜，即付象师，令使调之。"姚秦鸠摩罗什译《大智度论》卷16："波罗柰国梵摩达王，**游猎于**野林中，见二鹿群。群各有主，一主有五百群鹿，一主身七宝色，是释迦牟尼菩萨，一主是提婆达多。"梁宝唱等集《经律异相》卷46："迦夷国王，名梵摩达，时出**游猎，于**旷野，见有一屋，即往趣之。"（2）《水经注》卷17："昔秦文公感伯阳之言，**游猎于**陈仓，遇之于北坂，得若石焉，其色如肝，归而宝祠之，故曰陈宝。"（p. 448）《唐文拾遗》卷69高丽国王王建："平壤古都，荒废虽久，基址尚存，而荆棘滋茂。蕃人**游猎于**其间，因而侵掠边邑，为害大矣。宜徙民实之，以固藩屏，为百世之利。"

【遊心～栖襟～/こころを～にあそばしめ～えりを～にすましむ】对偶　"游心"，潜心钻研。"栖襟"，同"栖心"，寄心之义。《续日本纪》卷21《淳仁纪》天平宝字二年八月条："皇太后，**游心**五乘，**栖襟**八正。化侔应供，道双至真。"（第三册，p. 272）唐玄奘译《大唐西域记》卷12："尊者，呾叉始罗国人也，幼而颖悟，早离俗尘，**游心**典籍，**栖**神玄旨，日诵三万二千言，兼书三万二千字。"按：《怀风藻·序》："余以薄官余闲，**游心**文囿。阅古人之遗跡，想风月之旧游。"（p. 81）

【遊行～到～/～にいでまして～にいたる】三字　巡行到某处。《日本书纪》卷11《仁德纪》三十年九月条："三十年秋九月乙卯朔乙丑，皇后**游行**纪国，**到**熊野岬，即取其处之御纲叶而还。"（第二册，p. 44）姚秦鸠摩罗什译《佛说华手经》卷6："时出宝光佛，与七十亿阿罗汉众，恭敬围绕，**游行**诸国，**到**安隐城。上坚德王，闻佛大众，俱游诸国，来到此城，心大欢喜，往诣佛所，头面礼足，于一面坐。"失译人名今附秦录《别译杂阿含经》卷1："如是我闻，一时佛在，舍卫国祇树给孤独园。尔时长老僧钳从骄萨罗国，**游行**至舍卫国，**到**祇树给孤独园。"北凉昙无谶译《悲华经》卷2："如是利益，诸天人已，与百千亿那由他、声闻大众，恭敬围绕，次第**游行**，城邑聚落，渐**到**一城，名安周罗，即是圣王，所治之处。"

【遊行到於～/あそびありき～にいたる】于字　巡行到达某处。《古事记》下卷《雄略记》："亦一时，天皇**游行到于**美和河之时，河边有洗衣童女，其容姿甚丽。"（p. 340）姚秦鸠摩罗什译《妙法莲华经》卷4《五百弟子受记品》："世尊，譬如有人，至亲友家，醉酒而卧。是时亲友，官事当行，以无价宝珠，系其衣里，与之而去。其人醉卧，都不觉知。起已**游行**，**到于**他国。"元魏瞿昙般若流支译《正法念处经》卷56《观天品》："如是游戏，种种受乐，次第**游行**，**到于**广池。其池纵广，一百由旬。有一莲华，其花柔软，七宝间错，毘琉璃茎，金刚为须，其花开敷，遍覆大池。"宋施护译

《佛说施一切无畏陀罗尼经》卷1："如是我闻，一时世尊，**游行到于**，摩伽陀国、庵没罗林，住韦提呬山、帝释岩中。"

【遊行於~/~にあそびにありく・いでます】 于字 （10例） 梵语 prakrānta。巡行，游览，漫游；遍历修行。巡行各地参禅闻法，或说法教化。亦称"行脚"。①《古事记》中卷《神武记》："于是，七媛女**游行于**高佐上野，伊须气余理比卖在其中。"（p.158）《日本书纪》卷22《推古纪》二十一年十二月条："十二月庚午朔，皇太子**游行于**片冈。"（第二册，p.566）②《古事记》中卷《景行记》："于是，言动为御室乐，设备食物。故**游行**其傍，待其乐日。"（p.218）《日本书纪》卷2《神代纪下》："是时其子事代主神**游行**，在于出云国三穗之埼，以钓鱼为乐。"（第一册，p.116）又："既而皇孙**游行**之状也者，则自槵日二上天浮桥，立于浮渚在平处。"（第一册，p.120）又："又带头槌剑，而立天孙之前，**游行**降来，到于日向袭之高千穗槵日二上峰天浮桥。"（第一册，p.144）又："于时降到之处者，呼曰日向袭之高千穗添山峯矣。及其**游行**之时也，云云。"（第一册，p.150）又："于是，弃笼**游行**，忽至海神之宫。"（第一册，p.156）又卷12《履中纪》六年二月条："天皇闻其叹而问之曰：'汝何叹息也？'对曰：'妾兄鹫住王为人强力轻捷。由是独驰越八寻屋而**游行**。既经多日，不得面言。故叹耳。'"（第二册，p.92）《怀风藻》第8首释智藏《小传》："密写三藏要义，盛以木筒，著漆秘封，负担**游行**。同伴轻蔑，以为鬼狂，遂不为害所以。"（p.79）（1）西晋竺法护译《顺权方便经》卷2："所以者何？以一切智，不可限量，亦假号耳。各各**游行，于**诸佛国，又无本末。须菩提问：'何谓族姓子，一切智不可限量，而假号耳？'"姚秦鸠摩罗什译《大树紧那罗王所问经》卷2："世医**游行于**十方，不能治世烦恼病。"隋阇那崛多译《佛本行集经》卷50《尸弃佛本生地品》："次第**游行，于**彼之时，有一猎师，张设木弶，羂彼鹿王。"（2）后汉康孟详译《舍利弗摩诃目连游四衢经》卷1："尔时，贤者舍利弗、摩诃目乾连比丘，**游行**诸国经历一年，与大比丘众俱，比丘五百，还至药树，欲见世尊。"姚秦鸠摩罗什译《妙法莲华经》卷4《五百弟子受记品》："其人醉卧，都不觉知。起已**游行**，到于他国。为衣食故，勤力求索，甚大艰难。"《梁书》卷54《扶南国传》："因此出家，名慧达。**游行**礼塔，次至丹阳，未知塔处，乃登越城四望，见长千里有异气色，因就礼拜，果是阿育王塔所，屡放光明。"（p.788）按：中土文献中，"游行"一词未见后续介词"于"的用法。佛典中的"游行"，可带"于"字也可不带。→【出遊行】

【遊詣/いでます・まゐく】 并列 （2例） 漫游，拜访。《日本书纪》卷7《景行纪》十八年六月条："时有二神，曰阿苏都彦，阿苏都媛。忽化人以**游诣**之曰：'吾二人在，何无人耶？'故号其国曰阿苏。"（第一册，p.360）又卷14《雄略纪》十三年九月条："天皇**游诣**其所，而怪问曰：'恒不误中石耶？'真根答曰：'竟不误矣。'"（第二册，p.194）（1）后汉竺大力、康孟详合译《修行本起经》卷1《现变品》："当还提和卫国，度脱种姓，及国臣民，与诸大众，**游诣**本国。”西晋竺法护译《佛说普门品经》卷1：“时有菩萨，名离垢藏，与九万二千菩萨，从普华如来国——其世界名净行——**游诣**忍界灵鹫山。”又《佛说如来兴显经》卷3：“则复以此，四大之慧，求如来藏，入道府库，不与众生，而同尘垢，在于世间，逮开士慧，令诸菩萨，**游诣**四方，所可玩习，无上正真，而令坚住，立不退转，是为第四。”（2）《南齐书》卷39《刘瓛传》：“**游诣**故人，唯一门生持胡床随后，主人未通，便坐问答。”（p. 678）《北齐书》卷43《源彪传》：“然好**游诣**贵要之门，故时论以为善于附会。”（p. 578）按：《汉语大词典》失收。

【有大幸/おほきなるさちあり】 三字　幸亏有很大的福气。《日本书纪》卷22《推古纪》十七年四月条：“忽逢暴风，漂荡海中。然**有大幸**，而泊于圣帝之边境，以欢喜。”（第二册，p. 560）姚秦竺佛念译《出曜经》卷23《泥洹品》：“其王告曰：‘我今处世，变易不停。兴者必衰，合会有离，宜可脱服，更改形容，如乞士法，磨何自退，往适深山，思惟道德，可以自娱。设此暴王，欲获我身，擒杀形体者，不辞其愆。所以然者？亡国失土，皆由一人，我今受死，万民无患，岂不于我，**有大幸**乎？’”

【有頂/うちょう】 述宾（2例）　梵语 bhava - agra，天名，色界之第四重，本名色究竟天，因处于有形世界的最高顶，故称。《奈良朝写经18·弥勒上生经》：“伏愿契道能仁，升游正觉，菩提枝下闻妙法之圆音，兜率天中得上真之胜业，通该**有顶**，普被无边，并泛慈航，同离爱网。”（p. 141）《奈良朝写经31·别译杂阿含经卷第10》：“次愿七世父母、六亲眷属，契会真如，驰紫舆于极乐；熏修慧日，沐甘露于德池。通该**有顶**，普被无边，并出尘区，俱登彼岸。”（p. 232）隋吉藏撰《法华义疏》卷2《序品》：“长行云阿迦尼咤，今称有顶者。《楼炭经》云：‘阿迦尼咤，在有色之顶也。’”姚秦鸠摩罗什译《妙法莲华经》卷1《序品》：“眉间光明，照于东方，万八千土，皆如金色，从阿鼻狱，上至**有顶**。”按：“通该**有顶**”的说法，在现存汉译佛经中未见类例，疑似自创搭配。→【上臻有頂】

【有福者·無福者/さきほひあるもの·さきほひなきもの】 三字　有福分的人；没有福分的人。“福”，指能够获得世间、出世间幸福的行为。《唐大和上东征传》：“中有一鳗鱼，长一尺九寸，世传云护塔菩萨。有人以香华供养，**有福者**即见，**无福者**经年求不见。”（p. 57）唐玄奘译《阿毘达磨大毘婆沙论》卷70：“谓**有福者**，歆饷清净，华果食等，轻妙香气，以自存活；若**无福者**，歆饷粪秽，臭烂食等，轻细香气，以自存活。”宋法天译《妙臂菩萨所问经》卷4：“若欲获得八法、种种成就者，当须修福，以为资持。若**有福者**，求人天快乐，及一切爱乐，延长寿命，威力特尊，端正聪明，法皆成就。”

【有感必通/かんあればかならずつうす】 四字　有感应必定会相通。《续日本纪》卷27《称德纪》天平神护二年十月条：“未见全身舍利，如是显形。**有感必通**，良有以

也。"（第四册，p. 140）隋吉藏撰《金光明经疏》卷 1："法身幽寂，寿无长短，至人绝虑，**有感必通**。"唐道宣撰《集古今佛道论衡》卷 4："静泰云：'如来出现，彼处为天中；我皇御宇，此间为地正。佛法有嘱，委以皇王，**有感必通**，何论彼此。'"唐道世撰《法苑珠林》卷 63："仰惟慧炬潜曜，无幽不烛，神功叵测，**有感必通**。"

【有何事耶/なにごとありつるや】 口语 （2 例） 有什么事吗？《日本书纪》卷 24《皇极纪》四年六月条："天皇大惊，诏中大兄曰：'不知所作，**有何事耶**？'"（第三册，p. 100）《藤氏家传》上卷《镰足传》："天皇大惊，诏中大兄曰：'不知所作，**有何事耶**？'"（p. 173）唐玄奘译《阿毗达磨大毗婆沙论》卷 34："王言：'梵志，从何所来？'婆罗门言：'从大海外。'王言：'海外**有何事耶**？'答言：'我见有一国土，安隐丰乐，多诸人众，奇珍异宝，充满其国。'"宋惟净等译《金色童子因缘经》卷 3："尔时勇戾大臣，职当掌法，与诸法官，共会一处，遥见彼诸，巡警官来，渐至其前，即发问言：'汝等诸官，斯来何为，**有何事耶**？'诸官答言：'今此女人，于日照商主园中，不知何人，杀害其命。我等审谛，于三伺察，于其园内，唯见金色童子，余无事状。'我等即时，询童子言：'今此女人，谁致杀耶？'童子答言：'诸官明察。我于是事，虽睹其状，而实不知，何人所杀。我等今时，监领至此，愿赐明辩。'"

【有何～耶/なにの～かある】 口语 （2 例） 有什么……吗？《日本书纪》卷 1《神代纪上》："阳神先唱曰：'憙哉！遇可美少女焉。'因问阴神曰：'汝身**有何**成**耶**？'"（第一册，p. 26）又："阳神问阴神曰：'汝身有何成耶？'对曰：'吾身具成而有称阴元者一处。'"（第一册，p. 28）（1）失译人名今附后汉录《分别功德论》卷 1："佛为阿难，说十二因缘，甚深微妙。阿难云：'此之因缘，**有何**深妙**耶**？'佛语阿难：'勿言不深妙。汝乃前世时，亦言不深。'"东晋瞿昙僧伽提婆译《中阿含经》卷 13《王相应品》："时彼獭兽，与此梵志，共论是已，便舍而去。吾说此喻，**有何**义**耶**？"隋阇那崛多译《起世经》卷 4《地狱品》："诸比丘，如是地狱，**有何**因缘，名阿毘至**耶**？"（2）《玄怪录》卷 1《袁洪儿夸郎》条："因以诗示二童子，童子怒曰：'吾以君质性冲寂，引至吾国，鄙俗余态果乃未去，卿**有何**自忆**耶**！'"《广异记·王乙》条："乙云：'本不相识，幸相见招，今叙平生，义即至重，**有何**不畅**耶**？'"

【有後而行/しりへにありてあるく】 自创 走在后面，跟在后面走。《日本灵异记》中卷《依不布施与放生而现得善恶报缘第 16》："法师五人，有前而行，优婆塞五人，**有后而行**。行路广平，直如墨绳。其路左右，立列宝幡，前有金宫。"（p. 192）唐义净译《根本说一切有部毘奈耶》卷 26："时有牸牛，新生犊子，为护子故，**在后而行**。时彼师子，便杀牸牛，牵往险林。是时犊子，为贪乳故，逐死。母行到其住处。"又《根本说一切有部毘奈耶杂事》卷 5："于时商人，在一处食，苾刍亦食。然少器物，不敢同处，待竟方食。致延时节，不及伴徒，**在后而行**，便被贼夺。"按：日语训读中，"在"与"有"不分，均读作"アリ"。→【有前而行】

【有誨曰：“～”/をしふることありてのたまはく～】 自创　训诫道：“……”。《日本书纪》卷9《神功纪》摄政前纪条：“既而神**有诲曰**：‘和魂服王身而守寿命，荒魂为先锋而导师船。’即得神教而拜礼之，因以依网吾彦男垂见为祭神主。”（第一册，p. 426）→【誨曰：“～”】【誨曰之：“～”云而】

【有尽之身·無窮之命/つくることあるみ·きはみなきいのち】 四字　“有尽之身”，有限的生命。“无穷之命”，无穷的寿命。《万叶集》卷5《沉痾自哀文》云：“若夫群生品类，莫不皆以**有尽之身**，并求**无穷之命**。”（第二册，p. 78）（1）唐神清撰、慧宝注《北山录》卷2：“使人以悃悃之诚，知罪福所归，厌有涯之形，尚灭心之理（汉明与二三臣，初道开佛教，使迷倒之俗悟，解罪福厌**有尽之身**，达证无生之理）。”（2）后秦僧肇撰《注维摩诘经》卷4：“若忘身命，弃财宝，去封累而修道者，必获无极之身，**无穷之命**，无尽之财也。”

【有漏/うろ】 述宾　梵语 bhava-āstava，指世间一切有烦恼的事物。“漏”，即是烦恼。《唐大和上东征传》淡海元开《初谒大和上二首并序》：“我是无明客，长迷**有漏**津。今朝蒙善诱，怀抱绝埃尘。”（p. 100）姚秦鸠摩罗什译《妙法莲华经》卷6《随喜功德品》：“即集此众生，宣布法化，示教利喜，一时皆得须陀洹道、斯陀含道、阿那含道、阿罗汉道，尽诸**有漏**，于深禅定，皆得自在，具八解脱。于汝意云何，是大施主，所得功德，宁为多不?”萧齐求那毘地译《百喻经·毗舍阇鬼喻》：“诸魔外道诤箧者，喻于有漏中强求果报，空无所得。”唐玄奘译《大唐西域记》卷6《蓝摩国》：“今兹远遁，非苟违离，欲断无常，绝诸**有漏**。”→【無明～有漏～】

【有漏之苦果/うろのくか】 四字　依烦恼的果报而遭受的痛苦。《日本灵异记》下卷《灾与善表相先现而后其灾善答被缘第38》：“下品一丈者，人天**有漏之苦果**也。发惭愧心，弹指耻愁者，本有种子，加行智行者，远灭前罪，长得后善也。”（p. 372）唐普光述《俱舍论记》卷1《分别界品》：“亦名为苦违圣心故者，此有漏法亦名为苦，**有漏苦果**流转无常。凡夫不觉，圣者厌之。是故但说违于圣心。”唐窥基撰《成唯识论述记》卷10：“述曰：‘**有漏苦果**，所依永尽，由烦恼尽，果亦不生，名得涅槃，亦就实出体，通三乘释。’”唐栖复集《法华经玄赞要集》卷29：“言由此故者，即指**有漏苦果**，性逼迫故。”

【有前而行/まへにありてあるく】 自创　走在前面。《日本灵异记》中卷《依不布施与放生而现得善恶报缘第16》：“法师五人，**有前而行**，优婆塞五人，有后而行。行路广平，直如墨绳。其路左右，立列宝幡，前有金宫。”（p. 192）姚秦鸠摩罗什译《灯指因缘经》卷1：“既至日暮，即以小儿，置于象上，**在前而行**。王将群臣，共入园中。”隋达摩笈多译《起世因本经》卷10《最胜品》：“诸比丘，其月宫殿，复有无量，诸天宫殿，**在前而行**，无量百千万数诸天，**在前而行**；其行之时，受于无量，种种快乐。”隋阇那崛多译《佛本行集经》卷55《罗睺罗因缘品》：“尔时，世尊日在东方，著衣持钵，诸比丘僧，左右围绕，**在前而行**，相随往诣，输头檀王宫。到已，即于先所铺座，次第而坐。”按：日语训读中，“在”与“有”不分，均读作“アリ”。→【有後而行】

【有情/うじょう】 述宾　梵语 sattva 的新译，旧译作“众生”。泛称具有感情、意识的一切生类。“非情”的对应词。《日本灵异记》下卷《灾与善表相先现而后其灾善答被缘第38》：“我往他处，乞食还来者，往他处乞食者，观音无缘大悲，驰法界救**有情**也。”（p. 372）唐窥基撰《成唯识论述记》卷1：“梵云萨埵，此言**有情**。有情识故……又情者性也，有此性故。又情者爱也，能有爱生故……言众生者，不善理也，卉木众生。”唐慧琳撰《一切经音义》卷47：“**有情**：梵言萨埵。萨者，此云有埵，此言情。故言**有情**，言众生者。”→【法界有情】【饒益有情】【十方有情】【一切有情】

【有人答言：“～”/あるひと、こたへていはく～】 说词（2例）有人回答道：“……”。《日本灵异记》下卷《女人滥嫁饥子乳故得现报缘第16》：“林自梦惊醒，独心怪思，巡彼里讯。于是**有人答言**：‘当余是也。’”（p. 301）又《灾与善表相先现而后其灾善答被缘第38》：“爱景戒言：‘斯沙弥，常非乞食之人。何故乞食耶？’**有人答言**：‘子数多有。无养之物，乞食养也。’”（p. 372）西晋安法钦译《阿育王传》卷5：“贾客主问人言：‘此城中谁是，最第一淫女？’**有人答言**：‘有婆须达多淫女，为最第一，得五百金钱，与人一宿。’”东晋佛陀跋陀罗、法显合译《摩诃僧祇律》卷17：“王相师见之，即问言：‘此谁家女？’**有人答言**：‘某甲居士女。’”元魏慧觉等译《贤愚经》卷12《波婆离品》：“时弥勒等，进趣王舍，近到鹫头山，见佛足迹，千辐轮相，明然如画。即问人言：‘此是谁迹？’**有人答言**：‘斯是佛迹。’”→【答言：“～”】

【有神徳/あやしきとくあり】 三字　具备不可思议的德行。《日本书纪》卷2《神代纪下》：“弟还出涸琼，则潮自息。于是兄知弟**有神德**，遂以伏事其弟。”（第一册，p. 172）（1）吴康僧会译《六度集经》卷8：“女**有神德**，惑菩萨心，纳之无几。即自觉曰：‘吾睹诸佛明化，以色为火，人为飞蛾。蛾贪火色，身见烧煮。斯翁以色，火烧吾躬，财饵钓吾口，家秽丧吾德矣。’”梁宝唱等集《经律异相》卷14：“是时二鬼，从彼虚空而过，遥见舍利弗，结加趺坐，系念在前，意寂然定，伽罗鬼谓彼鬼言：‘我今堪任，以拳打此沙门头。’优婆伽罗鬼语第二鬼曰：‘汝勿兴此意，打沙门头。’所以然者？此沙门极**有神德**，有大威力，世尊弟子中，聪明智慧，最为第一。”失译人名今附秦录《毘尼母经》卷5：“尔时王舍城中，有大长者，大得栴檀、香木、雇匠，作栴檀钵，用宝作络，庭中立高幢，挂络幢头，唱言：‘若王舍城中，沙门婆罗门，**有神德**者，能飞取申手取，取者得之。’”（2）《全晋文》卷137刘孝标注引《竹林七贤论》云：“秀为此义，读之者无不超然，若已出尘埃而窥绝冥，始了视听之表，**有神德**玄哲，能遗天下外万物，虽复使动竞之人，顾观所徇，皆怅然自有振拔之情矣。”

【有聖智/さとりあり】三字 “圣智”，梵语 samyag-jñāna，圣明的智慧。圣是正的意思；正确知晓真理的智慧；佛智。《日本书纪》卷22《推古纪》元年四月条：“生而能言，有圣智。及壮，一闻十人诉，以勿失能辨，兼知未然。”（第二册，p. 530）梁宝唱等集《经律异相》卷45：“王命贤臣，娉迎还宫，怀妊月满，乃生百卵。后妃逮妾，靡不嫉焉。以囊盛卵，密覆其口，投江流中。天帝释下，以印封口，诸天翼卫，从流停止，由柱植地，下流之国。其王于台，遥睹水中，有囊流下，辉晃光耀，似有乾灵，取而观焉。睹帝释印，发百卵怀育温暖，时满体成，产为百男。生有圣智，不启自明，相好希有，力势兼百。王具白象百头，以供圣嗣，征伐邻国，莫不降伏。”

【有識/うしき】述宾 巴利语 paṭibuddha，犹言“有情”，众生。《奈良朝写经75・大般若经卷第176》：“早登摩尼之宝殿，［永觉三界之蔓，长息一如之床，广及有识，共出迷滨，到涅槃岸。］”（p. 442）→【六道有識】

【有所不通/かよはざるところあり】典据 有未能通晓之处。《上宫圣德法王帝说》：“太子所问之义，师有所不通。太子夜梦见金人，来教不解之义。太子寤后，即解之，乃以传于师，师亦领解。”唐惠英撰、胡幽贞刊纂《大方广佛华严经感应传》卷1：“是大乘三果人，即当第三地菩萨。将华严梵本三万六千余偈来，若于经中有所不通，即升兜率，请问弥勒世尊。”又：“天亲于是入山，受持华严，后造十地论，有所不通，来问无著。无著未通，升知足天，请诀慈氏。”

【有無之間/うむのあひだ】四字 “有无”，指有见与无见。执着于这两者，即非中道，为邪见。反之，取两者之间，即是中道，为正见。《奈良朝写经38・大般若经卷第591》：“权实神机，邈绝名言之域；方便秀术，颐翳有无之间。感而遂通，枳无不应。”（p. 253）西晋竺法护译《等目菩萨所问三昧经》卷3《分别身行大慧空品》：“以一时心正受而觉悟，现已极长，不堕所入行、不著一切诸行，以离于有无之间，为一切故，现佛土所兴耳。”后秦僧肇撰《肇论》卷1：“夫至虚无生者，盖是般若玄鉴之妙趣，有物之宗极者也。自非圣明特达，何能契神于有无之间哉？”唐神清撰、慧宝注《北山录》卷2：“譬诸水月缘会则见，孰得谓之空也？形虚无在，孰得谓之有也？故圣人妙体有无之间，能成有无之用，是谓至矣（是以圣人方了其体用）。”→【不久之間】【往来之間】【未発之間】【未竟之間】【言未訖之間】【一七日之間】【一七之間】【一夜之間】【（将・且）~之間】

【有一愚人/ひとりのおろかひとあり】四字（从前某时）有一个愚蠢的人。通常出现在故事的开头。《日本灵异记》上卷《恶人逼乞食僧而现得恶报缘第15》：“昔故京时，有一愚人，不信因果，见僧乞食，忿而欲击。”（p. 96）吴支谦译《撰集百缘经》卷2《报应受供养品》：“时彼城中，有一愚人，名曰如愿，好喜杀生偷盗邪淫，为人纠告，王敕收捕，系缚送市，顺行唱令：‘送至杀处。’”又卷3《授记辟支佛品》：“时彼城中，有一愚人，名曰恶奴。心常好乐，处处藏窜，劫夺人物，用自存活。”又卷8《比丘尼品》：“时彼城中，有一愚人。心常憘乐，偷盗为业，以自存活。其土人民，咸皆闻知。”

【有異香/あやしきかあり】 三字　有一股非同寻常的香味。佛教灵验故事中，僧尼往生时可见的情景描写。《日本灵异记》上卷《信敬三宝得现报缘第5》：“三十三年乙酉冬十二月八日，连公居住难波而忽卒之。尸有异香而纷馥矣。”（p.76）梁慧皎撰《高僧传》卷10：“度云暂出，至冥不反，合境闻有异香。疑之为怪，处处觅度，乃见在北岩下，铺败袈裟于地，卧之而死。头前脚后，皆生莲华，华极鲜香。”唐迦才撰《净土论》卷3：“隋开皇十二年内，于本寺寿终。时举众闻有异香。上路之日，西方香云来迎，遍一聚落，墎下人闻。莫问老少，男女以上，普送林所。既有此相，必得往生净土也。”唐慧详撰《弘赞法华传》卷3：“初薄示轻疾，无论药疗，而室有异香。临终命弟子曰：‘《弥勒经》说：佛入灭日，香烟若云。汝多烧香，吾将去矣。’”

【有因有果/いんありかあり】 四字　既有因又有果，因果不爽。指原因与结果，深信因果是佛教徒的基本信念。佛教认为，一切事物均从因缘而生，有因必有果。《续日本纪》卷25《淳仁纪》天平宝字八年七月条：“正名者，为贱为良，有因有果，浮沉任理，其报必应。”（第四册，p.12）后秦法师鸠摩罗什译《大智度论》卷6《序品》：“不应言变化事空。何以故？变化心亦从修定得，从此心作，种种变化，若人若法；是化有因有果。云何空？”萧齐僧伽跋陀罗译《善见律毘婆沙》卷7《舍利弗品》：“法慧者，有因有果，业为因，报为果，以慧而知是名慧。”北凉昙无谶译《大般涅槃经》卷12《圣行品》：“复次善男子，有漏法者有二种，有因有果。无漏法者亦有二种，有因有果。有漏果者，是则名苦，有漏因者，则名为集，无漏果者，则名为灭，无漏因者，则名为道。”

【有縁事/よしあり】 三字　（2例）　因为有事。“缘事”，事，事情。佛家以事皆因缘生，故名。《日本书纪》卷17《继体纪》八年十二月条：“大兄皇子前有缘事，不闻赐国，晚知宣敕，惊悔欲改令曰：‘自胎中之帝置官家之国，轻随蕃乞，辄尔赐乎。’”（第二册，p.298）《日本灵异记》上卷《婴儿鹫所擒他国得逢父缘第9》：“庚戌年秋八月下旬，鹫擒子父，有缘事，至于丹波国加佐郡部内，宿于他家。”（p.84）（1）东晋帛尸梨蜜多罗译《佛说灌顶经》卷11：“长者有缘，行至他方，晨朝澡洗，著衣结束已毕，跪拜父母，叉手白言：‘今有缘事，往至他方，有少财物，分为三分，一分供养，供给父母；一分珍宝，施诸沙门，及贫之者；余有一分，自欲持行。’”刘宋佛陀什、竺道生等合译《弥沙塞部和酰五分律》卷9：“有诸比丘，有缘事须非时入聚落，而不敢入，以是白佛。佛以是事集比丘僧，告诸比丘：‘今听有缘事，非时入聚落。’”唐义净译《根本说一切有部毘奈耶》卷43：“时邬波难陀，即于晨朝，至长者宅，报长者曰：‘我有缘事，暂至余家，我若不来，不须行食。’作是语已，舍之而去。”（2）《全梁文》卷31沈约《齐禅林寺尼净秀行状》："又以一时坐禅，同伴一尼，**有小缘事**，暂欲下床，见有一人抵掌止之曰：'莫挠某甲师。'于是闭气徐出，叹未曾有。如此之事，比类甚繁，既不即记，悉多漏忘。不得具载。"

【有縁之国/えんあるくに】 四字　有缘分的国度。《唐大和上东征传》："以此思量，诚是佛法兴隆，**有缘之国**也。"（p. 40）隋智顗说、湛然略《维摩经略疏》卷3《方便品》："譬如一灯，燃百千灯，冥者皆明，明终不绝，是为四众，帝王长者，住檀无尽灯法门摄众生也；是诸所摄，于未来世，还为眷属，同生净土，值佛闻经，正慧开发；是诸施主，得无生忍，于**有缘之国**，示成正觉。"

【有智/うち】 述宾　有智能者。"无智"的对应词。通达明了佛法，不迷于出离生死的人，称为由智之人。《日本灵异记》下卷《沙门积功作佛像临命终时示异表缘第30》："自性天年，雕巧为宗，**有智**得业，并统众才。著俗营农，畜养妻子。"（p. 341）东晋瞿昙僧伽提婆译《中阿含经》卷43《根本分别品》："世尊闻已，叹曰：'善哉，善哉！我弟子中有眼、**有智**、有法、有义。所以者何？谓师为弟子，略说此教，不广分别，彼弟子以此句，以此文而广说之，如大迦旃延比丘所说，汝等应当，如是受持。'"姚秦佛陀耶舍、竺佛念等合译《长阿含经》卷9："云何七增法？谓七正法：于是，比丘有信、有惭、有愧、多闻、不懈堕、强记、**有智**。"刘宋求那跋陀罗译《杂阿含经》卷25："阿育大王，**有智**之人，觉世无常，身命难保，五家财物，亦如幻化。"

【有子無華/たねあれどもはななし】 四字　植物结果但不开花。喻指千载难逢的机会。《唐大和上东征传》："乃云：大和上知否，此是优昙钵树子。此树**有子**（**无**）**华**，弟子得遇和上，如优昙钵华，甚难值遇。"（p. 70）唐遁伦集撰《瑜伽论记》卷11《供养亲品》："邬昙妙华者，此间无名可翻。西方大有，此树无华，但在叶间，有子而出。轮王出时，方生华也。如青莲华，有华无子，与邬昙钵树，**有子无华**，正相违也。"

【幼而聡穎/ようにしてそうえい】 四字　年幼却聪明特出，僧尼传记中人物品评的专门术语。《日本书纪》卷15《仁贤纪》即位前纪条："亿计天皇，讳大脚，字岛郎，弘计天皇同母兄也。**幼而聪颖**，才敏多识。壮而仁惠，谦恕温慈。"（第二册，p. 254）梁宝唱撰《比丘尼传》卷3："净珪，本姓周，晋陵人也。寓居建康县三世矣。珪**幼而聪颖**，一闻多悟，性不狎俗，早愿出家。"唐道宣撰《续高僧传》卷7："禀**幼而聪颖**，独悟不群。十三偏艰，孝知远近，断水骨立，闻者涕零。"又卷16："释智远，姓王族，本太原，寓居陕服，**幼而聪颖**，早悟非常。"又卷21："释法超，姓孟氏，晋陵无锡人也。十一出家，住灵根寺。**幼而聪颖**，笃学无倦。"按：《新编日本古典文学全集》栏上的注释例引《东观汉记·章帝纪》："**幼而聪达**才敏……"不确。

【誘誨/ゆうけ】 并列　诱导教诲。《续日本纪》卷22《淳仁纪》天平宝字三年六月条："窃见内外官人景迹，曾无廉耻，志在贪盗。是宰相训导之怠，非为人皆禀愚性。

宜加**诱诲**，各立令名”（第三册，p. 320）“诱”，诱导，教诲。《尚书·大诰》：“肆予大化，**诱**我友邦君”孔传：“故大化天下，道我友国诸侯。”唐慧琳撰《一切经音义》卷21：“**诱诲**：《说文》曰：**诱**，教也。刘瓛注《易》曰：**诲**，示也。”宋希麟集《续一切经音义》卷2：“**诱诲**：上与之反。《考声》云：引也，导也。《论语》曰：夫子循循善诱人。《说文》云：教也。从言，秀声。下荒外反。教也，亦训也。《论语》云：诲人不倦，何有于我哉。《说文》云：从言，每声也。”（1）西晋竺法护译《正法华经》卷4《往古品》：“导师聪明，为方便父，谆谆宣喻，**诱诲**委曲，矜怜暗塞，欲弃宝退，坏败本计，中路规还。”东晋佛驮跋陀罗译《大方广佛华严经》卷57《入法界品》：“遂往天宫，见彼童女，礼足围绕，合掌前住，白言：‘圣者，我已先发，阿耨多罗，三藐三菩提心，而未知菩萨，云何学菩萨行、修菩萨道？我闻圣者，善能**诱诲**，愿为我说。’”唐菩提流志译《文殊师利所说不思议佛境界经》卷1：“尔时善胜天子白文殊师利菩萨言：‘大士，汝常于此，阎浮提中，为众说法。今兜率天上，有诸天子，曾于过去，值无量佛，供养恭敬，种诸善根。然生在天中，耽著境界，不能来此法会而有听受。昔种善根，今将退失，若蒙**诱诲**，必更增长。’”（2）《南史》卷71《何佟之传》：“仕齐，初为国子助教，为诸王讲《丧服》，结草为绖，屈手巾为冠，诸生有未晓者，委曲**诱诲**，都下称其醇儒。”按：《汉语大词典》失收。

【於大衆中/だいしゅのうちにして】 四字　在大庭广众之下，当着大家的面。《日本灵异记》上卷《自幼时用网捕鱼而现得恶报缘第11》：“渔夫悚栗，诣浓于寺，**于大众中**，忏罪改心。”（p. 89）吴支谦译《菩萨本缘经》卷2《月光王品》：“汝无巧智，不知时宜，**于大众中**，求索我头。何故不于，僻静之处，而求索耶？”姚秦鸠摩罗什译《妙法莲华经》卷3《药草喻品》：“**于大众中**，而唱是言：‘我是如来、应供、正遍知、明行足、善逝、世间解、无上士、调御丈夫、天人师、佛、世尊，未度者令度，未解者令解，未安者令安，未涅槃者，令得涅槃，今世后世，如实知之。’”隋阇那崛多译《佛本行集经》卷50《说法仪式品》：“我今已许，**于大众中**，敷设高座，应请法师，升座说法，令众悉闻。”

【於今不絶/いまにたえず】 时段（2例）　犹言“至今不绝”。《日本书纪》卷9《神功纪》摄政前纪条：“是以其国女人每当四月上旬，以钩投河中，捕年鱼，**于今不绝**。唯男夫虽钓，以不能获鱼。”（第一册，p. 420）《续日本纪》卷15《圣武纪》天平十六年十月条：“弟子传业者，**于今不绝**。”（第二册，p. 448）（1）后汉迦叶摩腾、法兰合译《四十二章经》卷1：“含识之类，蒙恩受赖，**于今不绝**也。”唐玄奘译《大唐西域记》卷1：“其王于是，更修伽蓝，建窣堵波，候望云气，**于今不绝**。”唐道宣撰《律相感通传》卷1：“又见有一小堂子，周回有塑像，云此地已属，三宝便止。自昔金陵王气**于今不绝**，固当经三百年矣。”《敦煌变文·目连缘起》：“慈悲教法流传，直至**于今不绝**。”（p. 1014）（2）《陈书》卷27《江总传》：“总笃行义，宽和温裕。好学，能属文，于五言七言尤善；然伤于浮艳，故为后主所爱幸。多有侧篇，好事者相传讽玩，**于今不绝**。”（p. 347）按：《常陆国风土记·行方郡》条：“即还，发耕田一十町余，麻多智子孙，相承致祭，**至今不绝**。”（p. 378）例中“至今不绝”是传统的表达形式。《汉书》卷 89《循吏传》：“及死，其子葬之桐乡西郭外，民果共为邑起冢立祠，岁时祠祭，**至今不绝**。”

【於今猶在/いまになほあり】 时段 现在仍然存在。《播磨国风土记·饰磨郡》条：“所以称砥堀者，品太天皇之世，神前郡与饰磨郡之堺，造大川岸道。是时砥堀出，故号砥堀。**于今犹在**。”（p. 38）（1）陈真谛译《婆薮盘豆法师传》卷 1：“所以有此愿者，其先从其师龙王乞恩，愿我身未坏之前，我所著僧佉论，亦不坏灭。故此论**于今犹在**。”宋延一编《广清凉传》卷 1：“今五台山中台之东南二十里，见有大孚灵鹫寺，两堂隔涧，**于今犹在**。南有花园，可三顷许，四时发彩，人莫究其所始。”（2）《魏书》卷 114《释老志》：“释迦虽般涅槃，而留影迹爪齿于天竺，**于今犹在**。中土来往，并称见之。”（p. 3025）《太平广记》卷 61《李真多》条：“丹成试之，抹于崖石上，顽石化玉，光彩莹润。试药处**于今犹在**，人或凿崖取之，即风雷为变。”（p. 328）

【於今者/いまには】 时段（3 例） 如今，现在。“者”为助词，增添强调的语气。《古事记》上卷《大国主神》：“此稻羽之素菟者也。**于今者**谓菟神也。”（p. 78）又：“故显白其少名昆古那神，所谓久延昆古者，**于今者**山田之曾富腾者也。此神者，足虽不行，尽知天下之事神也。”（p. 94）又中卷《神武记》：“此时，登美能那贺须泥昆古兴军待向以战，尔取所入御船之楯而下立。故号其地谓楯津，**于今者**云日下之蓼津也。”（p. 142）（1）吴支谦译《撰集百缘经》卷 1《菩萨授记品》：“**我于今者**，复不布施，于将来世，遂贫转剧。”姚秦鸠摩罗什译《大庄严论经》卷 3：“**我等于今者**，为护圣戒故，分舍是微命，必获大利益。”（2）元魏吉迦夜、昙曜合译《杂宝藏经》卷 10：“悉达菩萨，久已出家，而**于今者**，卒生此子，甚为耻辱。”唐玄奘译《大唐西域记》卷 3：“我是睹逻国雪山下王也。怒此贱种，公行虐政，故**于今者**，诛其有罪。”按：《古事记》中的“于今者”，主要用于新旧地名的对比，强调现在地名的不同说法。

【於其路中/そのみちなかに】 四字 在路上，在路途中。《日本灵异记》中卷《打法师以现得恶病而死缘第 35》：“时法师呼曰：‘奚无护法欤？’王去不远，**于其路中**，儵受重病，高声叫呻，踊离于地二三尺许。”（p. 241）姚秦鸠摩罗什译《大庄严论经》卷 4：“**于其路中**，香气四塞，鼓乐弦歌，往至寺所，处一空室，待众集会。”元魏吉迦夜、昙曜合译《杂宝藏经》卷 10：“离舍既远，**于其路中**，见一婆罗门，便共为伴，于其日暮，一处共宿，至明清旦，复共前行。”唐义净译《根本说一切有部毘奈耶》卷 40：“时彼狱官，即将其人，欲往刑戮，**于其路中**，作如是语。”

【盂蘭盆/うらぼん】 音译（2 例） “盆”亦作“瓫”。梵语 avalambana 的俗语体 ullambana 的译音，意译作“倒悬”，谓倒吊之苦，表示饿鬼道的苦痛。为拯救饿鬼道之苦而举行的仪式称为盂兰盆。盂兰盆会的缘起，指释尊十大弟子之一的目连尊者，欲以神通力，救其因悭贪之罪而堕入饿鬼道的母亲青提女，未能如愿。正在叹息之际，释尊告诉他：母罪深重，终非目连一人之力可及。可于夏安居最后一日的七月十五日，调理百味饮食，召集十方圣僧供养。如此方可救母。目连遵照释尊所言去做，圣僧为目连祈祷其母成佛。这就是盂兰盆会的起源。《日本灵异记》中卷《智者诽妒变化圣人而现至阎罗阙受地狱苦缘第7》："天年聪明，智惠第一。制《盂兰瓫》《大般若》《心般若》等经疏，为诸学生，读传佛教。"（p. 167）《续日本纪》卷11《圣武纪》天平五年七月条："庚午，始令大膳职备盂兰盆供养。"（第二册，p. 270）《旧唐书》卷15《宪宗纪下》："（元和十五年）秋七月辛丑朔……是日，上幸安国寺观盂兰盆……盛饰安国、慈恩、千福、开业、章敬等寺，纵吐蕃使者观之。"（p. 479）又卷118《王缙传》："代宗七月望日于内道场造盂兰盆，饰以金翠，所费百万。"（p. 3416）

【盂蘭盆経/うらぼんきょう】 内典 《佛说盂兰盆经》的略称。1卷。西晋竺法护译。该经讲述的是目连尊者欲救堕入饿鬼道的母亲，却无能为力，于是释尊教他召集十方圣僧，以百味饮食供养，并说及盂兰盆会的起源及修行方法。一说系中国所造的经。《日本书纪》卷26《齐明纪》五年七月条："庚寅，诏群臣于京内诸寺劝讲《盂兰盆经》，使报七世父母。"（第三册，p. 228）唐道宣撰《续高僧传》卷15："四月八日夜，山神告曰：'法师疾作，房宇不久，当生西方。'至七月十四日讲《盂兰盆经》竟，敛手曰：'生常信施，今须通散，一毫以上，舍入十方众僧及穷独乞人并诸异道。'言已而终于法座矣。"又《大唐内典录》卷7："《盂兰盆经》：一纸。又别本五纸。云《净土盂兰盆经》，未知所出。"唐法琳撰《辩正论》卷8："《盂兰盆经》云：'七月十五日僧自恣时，献盆供者，能救七世，父母之苦。'"

【盂蘭瓮会/うらぼんえ】 四字 即盂兰盆供会、盂兰盆供。佛教行事之一。《日本书纪》卷26《齐明纪》三年七月条："辛丑，作须弥山像于飞鸟寺西，且设盂兰瓮会，暮飨睹货逻人。"（第三册，p. 208）唐宗密述《佛说盂兰盆经疏》卷1："一孝顺非设供，如董黯、王祥等。二设供非孝顺，为己求福而修斋等。三俱是，即盂兰盆会。四俱非，谓逆而悭也。"宋志盘撰《佛祖统纪》卷41："七月诏建盂兰盆会。设高祖下七庙神座，自太庙迎入内道场，具幡华鼓吹迎行衢道，百僚迎拜，岁以为常。翌日产灵芝于太庙二室。"又卷45："八年七月，公卿朝士建盂兰盆会于开宝寺，自月五日始至十五日毕。主客扬杰为之记。"

【隅寺/すみでら】 寺名 即海龙王寺。位于奈良县奈良市法华寺北町的真言律宗的寺院，因其建于光明皇后的宫殿（藤原不比等邸宅遗址），故有"隅寺"的别称。《续日本纪》卷27《称德纪》天平神护二年十月条："壬寅，奉请隅寺毗沙门像所现舍利于法华寺。"（第四册，p. 134）

【瑜伽論/ゆがろん】 内典 （3例）《瑜伽师地论》的略称，亦称《十七地论》。

100卷。玄奘译。系大乘佛教瑜伽行唯识学派及中国法相宗的根本论书。瑜伽师地，意即瑜伽师修行所要经历的境界（十七地），故亦称《十七地论》。相传为弥勒菩萨口述，无著记录。《日本灵异记》中卷《弥勒菩萨应于所愿示奇形缘第8》："近江国坂田郡远江里，有一富人。姓名未详也。将写《**瑜伽论**》，发愿未写而淹历年。"（p. 280）又："时彼行者，见之仰瞻，巡柴哀愿，诸人传闻，来见彼像。或献俵稻，或献钱衣及以供上一切财物，奉缮写《**瑜伽论**》百卷，因设斋会，既而其像奄然不现。"（p. 280）《奈良朝写经6・瑜伽师地论卷第21》："天平二年岁次庚午二月十日，飞鸟寺僧贤证，为七世父母、六亲眷属及广无边无际之、与一切有情共成佛道，贡敬《**瑜伽论**》七卷。"（p. 55）

【瑜伽・唯識論/ゆが・ゆいしきろん】 内典 《瑜伽》，《瑜伽师地论》的略称。《唯实论》《成唯实论》的略称。《续日本纪》卷17《圣武纪》天平胜宝元年二月条："二月丁酉，大僧正行基和尚迁化。和尚药师寺僧，俗姓高志氏，和泉国人也。和尚真粹天挺，德范夙彰。初出家，读《**瑜伽**》《**唯实论**》，即了真意。"（第三册，p. 60）《奈良朝写经66・大般若经卷第176》："是以，大法师讳行信，平生之日，至心发愿，敬写法华一乘之宗，金鼓灭罪之文，般若真空之教，《**瑜伽**》五分之法，合贰千七百卷经论。"（p. 403）

【愚痴/ぐち】 并列 （3例） 梵语 moha 或 mūḍha。亦作"痴""无明"。即无智无明，暗愚迷惑，对事物不能下一适当判断。为六种根本烦恼之一，亦为"三毒"（贪嗔痴）之一。《日本书纪》卷22《推古纪》三十二年十月条："然今朕之世，顿失是县。后君曰：'**愚痴**妇人临天下以顿亡其县。'岂独朕不贤耶？大臣亦不忠。是后叶之恶名。"（第二册，p. 588）《日本灵异记》下卷《村童戏克木佛像愚夫斫破以现得恶死报缘第29》："纪伊国海部郡仁嗜之滨中村，有一**愚痴**夫。姓名未详也。"（p. 337）《续日本纪》卷26《称德纪》天平神护元年八月条："**愚痴**〈仁〉在奴〈方〉思和久事〈毛〉无〈之天〉、人〈乃〉不当无礼〈止〉见咎〈牟流乎毛〉不知〈之天〉、恶友〈尔〉所引率〈流〉物在。"（第四册，p. 88）后汉昙果、康孟详合译《中本起经》卷2《自爱品》："凡人为恶，不能自觉，愚痴快意，后受热毒。"唐义净译《金光明最胜王经》卷1《如来寿量品》："九者无生是实，生是虚妄，**愚痴**之人，漂溺生死，如来体实，无有虚妄，名为涅槃。"按：《新编日本古典文学全集》栏上的注释指出："愚痴"，佛教用语。三毒（贪嗔痴）之一，六种根本烦恼之一。《法华经玄赞》卷5《比喻品》："**愚痴**暗蔽，三毒之火，合诸方灾起。"→【極甚愚痴】【自性愚痴】

【愚痴邪見/ぐちじゃけん】 四字 （2例） 无智无明和不正见解。"愚痴"，"狡黠"的反义词。"邪见"，"正见"的对应词。《日本灵异记》下卷《禅师将食鱼化作〈法华经〉覆俗诽缘第6》："我**愚痴邪见**，不知因果，而犯逼恼乱。愿罪脱赐。自今以后，为我大师，恭敬供养。"（p. 276）《元兴寺伽蓝缘起并流记资财账》："我现在父母六亲眷属，随**愚痴邪见**人三宝即破灭烧流，所奉之物反取灭也。”西晋法立、法炬合译《大楼炭经》卷5《三小劫品》：“时人多非法，**愚痴邪见**，行十恶事。用人行是恶事故，诸所有美味，酥麻油蜜石蜜，诸所有皆灭。”失译人名今附秦录《别译杂阿含经》卷8：“念如是等，诸禁戒时，即得离于，贪欲瞋恚、**愚痴邪见**。离诸恶故，得法得义，得亲近戒，心生欢喜。以心喜故，乃得快乐。”元魏瞿昙般若流支译《正法念处经》卷5《生死品》：“树烂孔者，皆空无物。一切不坚，痴人往者。所谓**愚痴，邪见**人也。”

【愚痴之類/ぐちのともがら】 四字 暗愚迷惑的一类人。《日本灵异记》上卷《序》：“然乃学外之者，诽于佛法。读内之者，轻于外典。**愚痴之类**，怀于迷执，匪信于罪福。深智之俦，覯于内外，信恐因果。”（p. 54）唐义净译《根本说一切有部毘奈耶破僧事》卷18：“中有一人，夜在房中，遂失大便，不净污地，夜总即去。其声闻缘觉，若不观察，不预知其事。辟支佛夜止宿，拟于明日，平旦乞食。主人入房，乃见房中，粪污不净。然而异生，**愚痴之类**，不识善恶。便发恶念，报辟支曰：‘汝出家人，脚不被刺，何因不出房外大便，在此房内，而放不净？’”

【愚人所貪、如蛾投火/おろかひとのむさぼるところは、ひひるのひにおもむくがごとし】 典据 蠢货的贪婪像蛾子扑火一样。比喻自找死路、自取灭亡。《日本灵异记》下卷《奉写〈法华经〉经师为邪淫以现得恶死报缘第18》：“爱欲之火，虽燋身心，而由淫心，不为秽行。**愚人所贪**，**如蛾投火**。”（p. 306）新罗太贤集《梵网经古迹记》卷2：“如《菩萨藏经》第十云：‘习近欲时，无恶不造，受彼果时，无苦不受，爱河欲海，漂溺无岸，死生之波，长流莫绝，一切怨害，皆从欲生，**愚人所贪**，**如蛾投火**。’”按：出典依据《考证》说。

【愚僧/おろかなるほうし】 偏正 愚痴无明的僧人。《日本灵异记》中卷《呰读〈法华经〉僧而现口喎斜得恶死报缘第18》：“《法华经》云：‘贤僧与**愚僧**，不得居同位。又长发比丘者，白衣不剃发鬓而贤也。同位同器而不得用。若强位者，铜炭上居铁丸吞，堕地狱。’者，其斯谓之矣。”（p. 196）唐彦琮撰《唐护法沙门法琳别传》卷1：“今忽因**愚僧**之过，欲毁尊像之形，进退商量理为未可。”唐圆测撰《代宗朝赠司空大辨正广智三藏和上表制集》卷5：“此则陛下超天下之恩，参承至道为用，岂**愚僧**日用而知者哉。”

【与毒/あしきものをあたふ】 述宾 投毒，下毒。《日本书纪》卷24《皇极纪》四年四月条：“于后，虎折其柱取针走去。高丽国知得志欲归之欲，**与毒**杀之。”（第三册，p. 98）《说文解字》卷1《屮部》：“［**毒**］厚也。害人之艸，往往而生。从屮从毒。”姚秦鸠摩罗什译《大庄严论经》卷13：“我今但略说，我本欲**与毒**，而获甘露食。斗诤应失财，反得于大利。”又《大智度论》卷57《宝塔校量品》：“若以毒药熏，若以蛊道、若以火坑、若以深水、若欲刀杀、若**与毒**，如是众恶，皆不能伤。”按：《汉语大词典》失收。

【与凡無別/ただとわきためなし】 四字　与常人的长相没有差别；与一般的情况没有不同。《上宫皇太子菩萨传》："此形貌**与凡无别**，亦无栖泊处。若有恶人即现，无恶人不现，时共目为大梓濶。"唐法宝撰《俱舍论疏》卷24《分别贤圣品》："论：趣是行义，至余即不然，第一答也。趣是行义，不还之人，唯行善故，名善士趣。前二向、果虽行善业，兼有不善，**与凡无别**，由此不得，善趣之名。"

【与~俱被~/~とともに~れぬ】 被动　与某人一起被……《日本书纪》卷14《雄略纪》即位前纪条："天皇不许，纵火燔宅。于是，大臣**与**黑彦皇子眉轮王**俱被**燔死。"（第二册，p. 144）梁慧皎撰《高僧传》卷11："至伪太平五年九月，高**与**崇公**俱被**幽挚。"唐玄奘译《阿毘达磨大毘婆沙论》卷84："时所乘象，见雌象群，欲心炽盛，即便奔逐。象师尽术，制不能回，王**与**象师**俱被**伤损。"

【雨大雨/ひさめふる】 三字（2例）　雨量较大的雨，下大雨。《元兴寺伽蓝缘起并流记资财账》："大旱不雨，又从天**雨大雨**。后终大宫神火出烧。"又："如是誓已，即大地动摇，震雷卒**雨大雨**，悉净国内。"东晋法显译《佛说大般泥洹经》卷3《四法品》："又善男子，譬如夏时，兴云雷电，必**雨大雨**，百谷草木，悉蒙润泽。如来今日，亦复如是。兴大泥洹，微密法云，震大法音，必雨甘露法雨，安乐众生。"姚秦鸠摩罗什译《思益梵天所问经》卷4《授不退转天子记品》："佛言：'迦叶，如汝所说，诸大龙王，所以不雨，阎浮提者，非有悋也，但以其地，不堪受故。所以者何？大龙所雨，澍如车轴。若其雨者，是阎浮提，及城邑、聚落、山林、陂池，悉皆漂流，如漂枣叶。是故大龙，不**雨大雨**，于阎浮提。'"唐达摩流支译《佛说宝雨经》卷4："善男子，云何菩萨，能得起于，大法云雨？善男子，譬如风力，周遍四方，发起大云；其云如轮，有种种色，雷音远震，如海中声，美妙明朗，甚深柔软；又出种种，音乐歌声，能令悦意，电光为鬘，庄严晃耀，昼夜恒常，而**雨大雨**。"

【雨漏/あめもる】 主谓（2例）　犹言"漏雨"。《古事记》下卷《仁德记》："是以，大殿破坏，悉虽**雨漏**，都勿修理，以椷受其漏雨，迁避于不漏处。"（p. 286）《日本灵异记》上卷《序》："唯代代天皇或登高山顶起悲，住**雨漏**殿，抚于庶民。"（p. 54）（1）姚秦佛陀耶舍、竺佛念等译《四分律》卷34："若有大众，集房舍少，若天**雨漏**，听二人三人，一时作羯磨。"刘宋求那跋陀罗译《佛说十二头陀经》卷1："彼树下如是等生漏故，至露地住，作是思惟：'树下有种种过，一者**雨漏**湿冷；二者鸟屎污身，毒虫所住。'"（2）《全唐文》卷234李峤《为秋官员外郎李敬仁贺圣躬新牙更生表》："臣敬仁言：昨因奏事，蒙恩人封，伏见陛下所御湛露殿三间，两间**雨漏**，无所修葺。"（p. 2461）

【雨落/ふる】 主谓（5例）　下雨。《万叶集》卷10第2160首："庭草尔　村**雨落**而　蟋蟀之　鸣音闻者　秋付尔家里"（第三册，p. 114）。又第2169首："暮立之

雨落每　一云　打零者　春日野之　尾花之上乃　白雾所念”（第三册，p. 116）。又卷11 第 2169 首：“暮立之　**雨落**每　春日野之　尾花之上乃　白露所念”（第三册，p. 116）。又第 2681 首：“吾背子之　使乎待迹　笠毛不著　出乍其见之　**雨落**久尔”（p. 246）。《肥前国风土记 · 神埼郡》条：“亢旱之时，就此二石，雩并祈者，必为**雨落**。”（p. 322）（1）吴支谦译《撰集百缘经》卷 9《声闻品》：“于是小儿，闻阿难语，寻申两手，金钱**雨落**，须臾积聚。”姚秦鸠摩罗伏译《海八德经》卷 1：“观彼巨海，有八美德……五河万流，淋雨终时，立天地来，**雨落**河注，海水如故，盖无增减，斯六德也。”唐阿地瞿多译《陀罗尼集经》卷 1《释迦佛顶三昧陀罗尼品》：“或无云而有雷声，或无云**雨落**，勿生惊怖。当知行者，一切罪障，皆悉消灭，得三昧陀罗尼力。”（2）《齐民要术》卷 6《养羊》：“既至冬寒，多饶风霜，或春初**雨落**，青草未生时，则须饲不宜出放。”（p. 554）《魏书》卷 91《术艺传》：“雷电霹雳，**雨落**云征。征，行也。雷电六星在营室南，霹雳五星在上公西南，云雨四星在霹雳南。”

【語告宣：“～”告/かたりつげてのらさく ～とつげたまひき】 自创　告谕说：“……”。《元兴寺伽蓝缘起并流记资财账》：“时池边天皇，以命大大王与马屋门皇子二柱**语告宣**：‘法师寺可作处见定。’**告**。”→【告：‘～’告】【告宣：‘～’告】【告宣：‘～’告宣】

【語話/ものがたりす】 口语　（2 例）　与某人谈话，与某人交谈。《日本书纪》卷 24《皇极纪》元年四月条：“乙未，苏我大臣于亩傍家唤百姓翘岐等，亲对**语话**。”（第三册，p. 60）《续日本纪》卷 20《孝谦纪》天平宝字元年七月条：“是时，奈良麻吕云：‘愿与汝欲相见古麻吕，共至辩官曹司，相见**语话**。’”（p. 208）东晋佛陀跋陀罗、法显合译《摩诃僧祇律》35：“佛言：‘从今以后，不得闭门**语话**，亦不得踰墙而入。’”唐道宣述《教诫新学比丘行护律仪》卷 1：“二十三，不得共女人**语话**。”唐义净译《说罪要行法》卷 1：“又每旦及大食后不嚼木；或向塔嚼齿木等；用讫不洗而弃；在僧净地中洟唾；或弃蚤虱等不依处所；或食时饮啜作声；或食时含食**语话**。”《敦煌变文 · 茶酒论（并序）》：“茶为酒曰：‘我之茗草，万木之心。或白如玉，或似黄金。名僧大德，幽隐禅林。饮之**语话**，能去昏沉。’”（p. 423）又《维摩诘经讲经文》：“唇骞耳返，齿黑爪青，身生紫黡，**语话**非常，见鬼见神，乍寒乍热。”（p. 833）按：《汉语大词典》首引唐张鷟《游仙窟》：“十娘共少府**语话**。”偏晚。

【語言：“～”/かたりていはく ～といふ】 说词　（5 例）　说道：“……”。“语言”，说。及物动词。《日本书纪》卷 20《敏达纪》十二年是岁条：“俄而有家里来韩妇，用韩**语言**：‘以汝之根，入我根内。’即入家去。”（第二册，p. 480）《日本灵异记》上卷《狐为妻令生子缘第 2》：“壮亦**语言**：‘成我妻也。’妻：‘听。’答言，即将于家交通相住。”（p. 60）又《偷用子物作牛役之示异表缘第 10》：“僧进牛边**语言**：‘吾者此家长之父也。’”（p. 87）又下卷《二目盲男敬称千手观音日摩尼手以现得明眼缘第

12》："左右各治了，**语言**：'我径二日，必来是处。慎待不忘。'"（p. 290）又《依妨修行人得猴身缘第24》："暂顷修行时，梦人**语言**：'为我读经。'惊觉念怪。"（p. 322）后汉支娄迦谶译《杂譬喻经》卷1："便自还归家疲极卧，梦有人**语言**：'汝欲见文殊师利，见之不识。近前高座上老翁，正是文殊师利。汝便牵著地，如是前后七反，见之不识。当那得见文，殊师利？'"吴支谦译《九色鹿经》卷1："王闻鹿言，甚大惭愧，责数其民，**语言**：'汝受人重恩，云何反欲杀之？'"姚秦佛陀耶舍、竺佛念等合译《长阿含经》卷3："时大善见王，即召四兵，向金轮宝，偏露右臂，右膝著地，以右手摩拉金轮，**语言**：'汝向东方，如法而转，勿违常则。'"按：《古事记》下卷《仁德记》："尔其仓人女闻此**语言**，即追近御船，白之状，具如仕丁之言。"（p. 292）《续日本纪》卷20天平宝字元年七月条："款云：去六月二十九日黄昏，黄文来云：'奈良麻吕欲得**语言**。'云尔。"（第三册，p. 202）例中"语言"指说话的内容。

【玉瓶/たまつるべ】 偏正 瓷瓶的美称。《日本书纪》卷2《神代纪下》："丰玉姬之侍者，以**玉瓶**汲水，终不能满。俯视井中，则倒映人咲之颜。"（第一册，p. 164）东晋佛陀跋陀罗译《佛说观佛三昧海经》卷9："作是念已，当自观身，使诸不净，变为白玉，自见已身，如白**玉瓶**，内外俱空。"唐道宣撰《广弘明集》卷30东晋支道林《四月八日赞佛诗》："芙蕖育绅葩，倾柯献朝荣。芳津雾四境，甘露凝**玉瓶**。"刘宋沮渠京声译《治禅病秘要法》卷1："绿色童子，手捉**玉瓶**，从于粪门，灌绿色药，遍大小肠，五藏诸脉，还从粪门，流出此水，杂秽诸虫，随水而流。"按：《汉语大词典》首引唐李白《广陵赠别》诗："**玉瓶**沽美酒，数里送君还。"偏晚。

【育王塔/いく おうとう】 塔名 阿育王塔的略称。阿育王是古印度摩竭陀国的国王，意译为无忧王。公元前270年间，统一全印度。初奉婆罗门教，肆其暴行，杀戮兄弟、大臣及无数人民。后来改信佛教，成为大护法，于国内建八万四千大寺及八万四千宝塔，派遣宣教师，到四方传法，使佛教远播于国外。《唐大和上东征传》："和上率诸门徒祥彦、荣睿、普照、思托等三十余人，辞礼**育王塔**，巡礼佛迹，供养圣［井］，护塔鱼菩萨，寻山直出。"（p. 58）→【阿育王塔】

【~欲半/~なかばならむとするに】 偏正 做事将做到一半的时候，某一状态呈现到一半的时候。《藤氏家传》下卷《武智麻吕传》："登**欲半**，为神所害，变为白鸟，飞空而去也。"（p. 340）（1）东晋帛尸梨蜜多罗译《佛说灌顶经》卷7："若人久为，邪鬼所病，当行此印咒。又持五谷，洒散诸方，行咒**欲半**，取少饮食，著一器中，使一人捐，置三道口。复使一人于户边伺来还者，以神咒水，而灌前人。师当一心，并诵灌顶，无相章句，一气呼诵，一章句也。四十九章，皆亦如是。"唐义净译《根本说一切有部尼陀那目得迦》卷4："复有苾刍，洗足**欲半**，六众后来，告言：'我大汝应相避。'佛言：'不应如是。'"（2）《宋书》卷14《礼1》："填坎**欲半**，博士仰白：'事毕。'帝出。自魏以来，多使三公行事，乘舆罕出矣。"《初学记》卷3南齐王俭《春诗》："兰生已匝苑，萍开**欲半**池；轻风摇杂花，细雨乱丛枝。”

【**欲得為～/えて～とせむとおもほす**】三字　希望得到某人使之成为……《日本书纪》卷7《景行纪》四年二月条：“四年春二月甲寅朔甲子，天皇幸美浓。左右奏言之：‘兹国有佳人，曰弟媛，容姿端正。八坂入彦皇子之女也。’天皇**欲得为**妃，幸弟媛之家。”（第一册，p. 342）吴竺律炎、支谦合译《摩登伽经》卷1：“时此女人，持水还家，诣其母所，而作是言：‘阿难比丘，是佛弟子，我甚爱乐，**欲得为**夫。如母力者，能办斯事，唯愿哀愍。’”元魏慧觉等译《贤愚经》卷13《苏曼女十子品》：“于时持叉尸利国王，遣其一儿，使到舍卫。初适他土，广行观看，渐渐展转，复至精舍。见苏曼女，在中磨香，爱其姿容，**欲得为**妻。即往入城，启波斯匿王：‘云有此女，可适我意。愿王见赐，勿违我志。’”唐道世撰《法苑珠林》卷38：“妇言：‘近我。’夫则答言：‘人身臭秽，不复可近。汝复**欲得，为**我妻者，勤供佛僧，修扫塔寺，愿生我天。若得生天，我必当还，以汝为妻。’妇用夫语，作诸功德，发愿生天。其后命终，得生天上，还为夫妇。”

【**欲海/よくかい**】比喻　大海一样的欲望。比喻众生爱欲炽盛深广，难以脱出。《奈良朝写经19·灌顶随愿往生经》：“引四海于法镜，则**欲海**澄氛。导六识于禅门，则邪云卷翳。”（p. 129）东晋佛驮跋陀罗译《大方广佛华严经》卷6《贤首菩萨品》：“又放光明名济度，彼光觉悟一切众，当发无上菩提心，度脱**欲海**诸群生。”唐法藏撰《梵网经菩萨戒本疏》卷3：“由贪染淫荡生死轮回，**欲海**爱河漂溺无岸。”唐法琳撰《破邪论》卷2：“但以四趣茫茫漂沦**欲海**，三界蠢蠢颠坠邪山。诸子迷以自焚，凡夫溺而不出。”

【**欲界/よくかい**】偏正（2例）　三界（欲界、色界、无色界）之一，即有色欲与食欲的众生所住的世界，上自六欲天，中至人界的四大部洲，下至八大地狱等，都属于欲界的范围。《日本灵异记》上卷《修持孔雀王咒法得异验力以现作仙飞天缘第28》：“所以晚年以四十余岁，更居岩窟，被葛饵之松，沐清水之泉，濯**欲界**之垢，修习孔雀之咒法，证得奇异之验术。”（p. 119）又中卷《见乌邪淫厌世修善缘第2》：“**欲界**杂类，鄙行如是，厌者背之，愚者贪之。”（p. 149）唐玄奘译《阿毘达磨俱舍论》卷8《分别世品》：“地狱等四，及六欲天，并器世间，是名**欲界**。”又：“欲所属界，说名**欲界**。色所属界，说名色界。”唐普光述《俱舍论记》卷3《分别根品》：“**欲界**欲胜，故但言欲。色界色胜，故但言色。”

【**欲求何事/なにごとをかもとめむとする**】口语　希望得到什么？有什么愿望？《日本灵异记》中卷《埴神王腨放光示其表得现报缘21》：“召行者诏：‘**欲求何事**？’答曰：‘欲出家修学佛法。’敕许得度，金鹫为名。”（p. 204）元魏吉迦夜、昙曜合译《杂宝藏经》卷2：“国王得已，促问国中：‘谁解此者？若有解者，**欲求何事**，皆满所愿。’长者子取此文书，解其义言：信为第一财，正法最为乐，实语第一味，智慧命第一。解此义已，还著王门头。天神见已，心大欢喜，王亦大欢喜。”隋阇那崛多译《佛本行集经》卷21《问阿罗逻品》：“时阿罗逻白菩萨言：‘仁者发心，**欲求何事**？欲辨何道？乃能发心，来于此处。’菩萨报言：‘尊者大师，我以见此，世间众生，以为生老、病死缠缚，不能自出，今发如是，精勤之心。’”唐义净译《根本说一切有部毘奈耶出家事》卷1：“有人报曰：某甲梵志，彼既闻已，即诣梵志处，白言：‘尊者。我欲事仁为师，愿哀纳受。’彼师即问言：‘**欲求何事**？’答曰：‘欲学无后世论。’”又《根本说一切有部毘奈耶破僧事》卷2：“既安置已，善言问讯：‘今者大仙，何缘远来，**欲求何事**？’”《敦煌变文·庐山远公话》：“老人渐近前来，启而言曰：‘弟子未委和尚，从何方而来，得至此间，**欲求何事**？伏愿慈悲，乞垂一说。’远公曰：‘但贫道从雁门而来，时投此山，住持修道。’”（p. 253）

【欲自見～/みづからみたまはむとおもほす～】 三字 希望亲眼见到……《日本书纪》卷14《雄略纪》十四年四月条：“于是天皇**欲自见**，命臣、连装如飨之时，引见殿前。”（第二册，p. 198）后汉支娄迦谶译《般舟三昧经》卷1：“譬如人年少端正，著好衣服，**欲自见**其形。若以持镜，若麻油，若净水水精，于中照自见之。”西秦圣坚译《佛说罗摩伽经》卷2：“尔时安住地神，告善财言：‘善来！善男子。汝**欲自见**，往昔曾于，此处所种，善根福报果不？’”刘宋佛陀什、竺道生等合译《弥沙塞部和醯五分律》卷21：“王问言：‘汝足下实生毛不？’答言：‘实尔，大王。’王言：‘我欲见之。’答言：‘愿使可信人看。’王言：‘我**欲自见**。’答言：‘愿听舒脚。’王言：‘可尔。’即舒脚示王。果如所闻。”

【遇逢/あふ】 并列 （2例） 偶然见到，碰见。《古事记》中卷《应神记》：“故耕人等之饮食，负一牛而，入山谷之中，**遇逢**其国主之子天之日矛。”（p. 274）《日本书纪》28《天武纪上》元年七月条：“逮于墨坂，**遇逢**菟军至，更还屯金纲井，而招聚散卒。”（第三册，p. 336）（1）刘宋求那跋陀罗译《杂阿含经》卷23：“时修师摩王子出外游戏，又复**遇逢**一大臣。”隋费长房撰《历代三宝纪》卷8：“时年十三，曾于一时，随师远行，忽于旷野，**遇逢**一虎。”唐道宣撰《续高僧传》卷12：“忽值云奔月隐，乘暗度栈，**遇逢**游兵，特蒙释放。”《敦煌变文·悉达太子修道因缘》：“其仙人答曰：‘大王乞不怪怒，缘此孩子先证无上菩提之时，我不**遇逢**，所以悲泣。’”（p. 470）（2）《梁诗》卷20简文帝《茱萸女》：“茱萸生狭斜，结子复衔花。遇逢纤手摘，滥得映铅华。”（p. 1909）《北史》卷11《隋本纪上》：“**遇逢**扶老携幼者，辄引马避之，慰勉而去。”（p. 420）按：《汉语大词典》例引《敦煌变文集·张义潮变文》：“行至雪山南畔，**遇逢**背逆回鹘一千余骑。”偏晚。

【遇於～/～にあふ】 于字 遇到。碰上。《日本灵异记》上卷《狐为妻令生子缘第2》：“御世，三乃国大乃郡人应为妻，觅好娘乘路而行。时旷野中，**遇于**姝女。其女媚壮，驯之壮睇之。”（p. 60）《唐大和上东征传》：“四人口云：大和上大果报，**遇于**弟子，不然合死。此间人物吃人，火急去来！便引舟去。”（p. 66）（1）姚秦鸠摩罗什等译《禅秘要法经》卷 2：“诵三藏故，天上命终，生阎浮提，得值佛世。因前贡高，虽**遇于**佛，不解法相。”唐僧详撰《法华传记》卷 7：“梁时沮渠蒙逊国王，依先业而**遇于**重病，困苦不息，以诸药而涂终不愈，祈天神地祇，犹不治差。”（2）《全唐文》卷 323 萧颖士《赠韦司业书》：“仆**遇于**足下，岂徒伯喈、王粲之嘉会、子产、延陵之吻合耶？”（p. 3278）

【喩環不息/たまきのやまぬがごとし】 自创 往复循环，永不停止。《万叶集》卷 5 第 794 ~ 799 首《日本挽歌》歌序：“盖闻：四生起灭，方梦皆空，三界漂流，**喻环不息**。”（第二册，p. 22）隋那连提耶舍译《力庄严三昧经》卷 3：“愚痴之人于当来世苦恼增广，如是去来**循环不息**。”唐玄奘译《阿毘达磨顺正理论》卷 67：“世尊已转，正法轮故，如何见道，说名为轮？以速行等，似世轮故，如圣王轮，**旋环不息**，速行舍取，能伏未伏，镇压已伏，上下回转，见道亦尔，故名法轮。”唐大乘光撰《大乘百法明门论疏》卷 1：“寻夫三界有情五趣漂溺，**循环不息**。”按：《万叶集全注卷 5》（p. 17）例引《身观经》：“循环三界内，犹如汲井轮。”不确。山上忆良在此将佛典中“循环不息”“旋环不息”的说法改作“喻环不息”，是为了在词性及用法上与上文“方梦皆空”保持一致，即“方”和“喻”同为喻词，为结构相同的比喻表达。

【御袈裟/みけさ】 自创 “袈裟”的郑重说法。《续日本纪》卷 25《淳仁纪》天平宝字八年九月条：“然朕〈方〉发〈乎〉曾利〈天〉佛〈乃〉**御袈裟**〈乎〉服〈天〉在〈止毛〉、国家〈乃〉政〈乎〉不行〈阿流己止〉不得。佛〈毛〉经〈仁〉敕〈久〉、国王〈伊〉、王位〈仁〉坐时〈方〉菩萨〈乃〉净戒〈乎〉受〈与止〉敕〈天〉在。此〈仁〉依〈天〉念〈倍方〉出家〈天毛〉政〈乎〉行〈仁〉岂障〈倍岐〉物〈仁方〉不在。”（第二册，p. 32）

【御斎/おほみをがみ】 自创 为皇室举办的供斋祈福的法事。《续日本纪》卷 19《孝谦纪》天平胜宝八年十二月条：“国别颁下灌顶幡一具，道场幡四十九首，绯纲二条，以充周忌**御斋**庄严。”（第三册，p. 168）

【淵頭/ふちのほとり】 自创 深潭口，深潭边。《日本书纪》卷 5《崇神纪》六十年七月条：“先是，兄窃作木刀，形似真刀。当时自佩之，弟佩真刀，共到**渊头**。兄谓弟曰：‘渊水清冷，愿欲共游沐。’弟从兄言，各解佩刀，置**渊边**，沐于水中。”（第一册，p. 290）

【元興/がんごう】 寺名 （5 例） 元兴寺的略称。《续日本纪》卷 2《文武纪》大宝三年正月条：“丁卯，奉为太上天皇，设斋于大安、药师、**元兴**、弘福四寺。”（第一册，p. 64）又卷 12《圣武纪》天平七年五月条：“己卯，于宫中及大安、药师、**元兴**、兴福四寺，转读《大般若经》。为消除灾害，安宁国家也。”（第二册，p. 290）又卷 16

《圣武纪》天平十七年五月条：“乙丑，地震。于大安、药师、元兴、兴福四寺，限三七日，令读《大集经》。”（第三册，p. 10）又卷 17《圣武纪》天平胜宝元年五月条：“癸丑，诏：‘舍大安、药师、元兴、兴福、东大五寺，各絁五百匹、棉一千屯、布一千端、稻一十万束、恳田地一百町。’”（第三册，p. 80）又卷 31《光仁纪》宝龟二年八月条：“己卯，初令所司铸僧纲及大安、药师、东大、兴福、新药、元兴、法隆、弘福、四天王、崇福、法华、西隆等寺印，各颁本寺。”（第四册，p. 348）

【元興寺/がんごうじ】 寺名 （20 例） 日本南都七大寺之一。596 年（日本推古天皇四年），由苏我马子于大和国（今之奈良县）高市郡飞鸟村飞鸟地方兴建的寺院。竣工时是“三间四面”的多层建筑，马子的儿子、善德担任寺司，令归化僧慧慈、慧聪二人住于寺内，称为法兴寺，后来改称元兴寺。《日本书纪》卷 22《推古纪》十四年四月条：“十四年夏四月乙酉朔壬辰，铜、绣丈六佛像并造竟。是日也，丈六铜像坐于元兴寺金堂。时佛像高于金堂户，以不得纳堂。”（第二册，p. 552）又十七年五月条：“至于对马，以道人等十一皆请之欲留，乃上表而留之。因令住元兴寺。”（第二册，p. 562）《日本灵异记》上卷《得雷之憙令生子强力在缘第 3》：“然后，少子作于元兴寺之童子。”（p. 65）又：“彼鬼头发者，今收元兴寺，为财也。然后其童子，作优婆塞，犹住元兴寺。”（p. 65）又：“后世人传谓：‘元兴寺道场法师，强力多有。’是也。”（p. 65）又《自幼时用网捕鱼而现得恶报缘第 11》：“播磨国饰磨郡浓于寺、京元兴寺沙门慈应大德，因坛越请夏安居，讲《法华经》。”（p. 88）又《人畜所履髑髅救收示灵表而现报缘第 12》：“高丽学生道登者，元兴寺沙门也。”（p. 91）又中卷《恃己高德刑贱形沙弥以现得恶死缘第 1》：“诺乐宫御宇大八岛国胜宝应真圣武太上天皇，发大誓愿，以天平元年己巳春二月八日，于左京元兴寺备大法会，供养三宝。”（p. 146）又《力女捔力试缘第 4》：“时尾张国爱智郡片轮里，有一力女，为人少也。是昔有元兴寺道场法师之孙也。”（p. 154）又《力女示强力缘第 27》：“久玖利之妻，有同国爱知郡片蕝里之女人。是昔，有元兴寺道场法师之孙也。”（p. 220）又《行基大德放天眼视女人头途猪油而呵啧缘第 19》：“故京元兴寺之村，严备法会，奉请行基大德，七日说法。”（p. 224）又下卷《未作毕捻埴像生呻音示奇表缘第 17》：“时左京元兴寺沙门丰庆，常住其堂。”（p. 304）《藤原家传》上卷《镰足传》：“大臣性崇三宝，钦尚四弘。每年十月，庄严法筵，仰唯摩之景行，说不二之妙理。亦割取家财，入元兴寺，储置五宗学问之分。”（p. 253）《续日本纪》卷 1《文武纪》文武四年三月条：“于元兴寺东南隅，别建禅院而住焉。”（第一册，p. 24）又卷 7《元正纪》灵龟二年五月条：“始徙建元兴寺于左京六条四坊。”（第二册，p. 14）又卷 17《孝谦纪》天平胜宝元年七月条：“大倭国国分金光明寺四千町。元兴寺二千町。”（第三册，p. 88）又卷 19《孝谦纪》天平胜宝八年十二月条：“大宰帅从三位石川朝臣年足、弹正尹从四位上池田王于元兴寺。”（第三册，p. 170）又卷 28《称德纪》神护景云元年三月条：“辛亥，幸元兴寺，舍棉八千屯，商布一千段。赐奴婢爵有差。”（第四册，p. 154）又卷30《称德纪》宝龟元年八月条：“壬子，三七。于**元兴寺**诵经。”（第四册，p. 300）

【垣边/かきへ】 后缀 墙垣旁边，墙边。《日本书纪》卷2《神代纪下》：“若活我者，吾生儿八十连属，不离汝之**垣边**，当为俳优之民也。”（第一册，p. 184）《法苑珠林》卷26：“晋羊太傅祜，字叔子，泰山人也。西晋名臣，声冠区夏。年五岁时，尝令乳母取先所弄指环。乳母曰：‘汝本无此，于何取耶？’祜曰：‘昔于东**垣边**弄之，落桑树中。’乳母曰：‘汝可自觅。’佑曰：‘此非先宅，儿不知处。’后因出门游，望迳而东行，乳母随之，至李氏家，乃入至东垣树下，探得小环。李家惊怅曰：‘吾子昔有此环，常爱弄之。’”按：《汉语大词典》失收。

【原夫/たづねみればそれ】 述宾 （3例） 从本原上来看。《日本书纪》卷19《钦明纪》十六年二月条：“**原夫**，建邦神者，天地割判之代，草木言语之时，自天降来造立国家之神也。”（第二册，p. 438）又卷25《孝德纪》大化二年八月条：“**原夫**，天地阴阳，不使四时相乱。”（第三册，p. 158）《日本灵异记》上卷《序》：“**原夫**，内经外书传于日本而兴始代，凡有二时，皆，自百济国浮来之。”（p. 54）唐玄奘译《瑜伽师地论》卷1许敬宗《后序》：“**原夫**，三才成位，爰彰开辟之端。六羽为君，犹昧尊卑之序。”唐窥基撰《观弥勒上生兜率天经赞》卷1《观弥勒菩萨上兜率天经题序》：“**原夫**，性质杳冥超蹄象而含总，觉体玄眇绝视听而融贯。”唐道宣集《四分律删补随机羯磨》卷1：《昙无德部四分律删补随机羯磨序》：“**原夫**，大雄御寓，意惟拯拔一人，大教膺期，总归为显一理。”按：《汉语大词典》失收。

【圆空/えんくう】 偏正 对“偏空”而言，谓一无所著。执着于空叫作“偏空”，连空亦空，更无所执着，叫作“圆空”，亦名“第一义空”。《唐大和上东征传》法进《七言伤大和上》：“大师慈育契**圆空**，远迈传灯照海东。度物草筹盈石室，散流佛戒绍遗踪。”（p. 101）隋智顗说《妙法莲华经文句》卷2《序品》：“约教者，自有灭色空智生，体色空智生，从有智生空智，从空智生俗智，从俗智生中智，空生即有智，是**圆空**智生。而今是**圆空**智生也。”唐湛然述《法华文句记》卷9《释安乐行品》：“能空秖是一大空耳，大无大相即**圆空**也。”

【圆朗/えんろう】 并列 明亮的夜月。《奈良朝写经19·灌顶随愿往生经》：“盖闻：无色无声方广之功自远，常有常净**圆朗**之照不穷。”（p. 129）唐提云般若译《大方广佛华严经不思议佛境界分》卷1：“或见光明照曜，如日初出，或见如满月，**圆朗**空中，随其业行，种种见异。”唐窥基撰《观弥勒上生兜率天经赞》卷1：“当此会中化生，权起他受用佛。应十地所宜，变化佛身，随地前所现。虽复此处彰化体，而影显余佛。见者自成机别，现者身亦说殊，非实佛身，有其异体。如月出云际，**圆朗**彻空，影现水中，水月圆明，任器器成万别。”按：《汉语大词典》失收。

【圆满/まろし】 并列 佛事完毕；完满无缺。《奈良朝写经 38·大般若经卷第591》："盖闻无二法门，悬智镜而**圆满**；非一戒筏，扬慧炬以均照。权实神机，邈绝名言之域，方便秀术，颐翳有无之间。感而遂通，枳无不应。"（p. 253）东晋佛驮跋陀罗译《大方广佛华严经》卷 55《入法界品》："尔时，如来知诸众生应受化者，而为演说**圆满**因缘修多罗。"唐窥基撰《妙法莲华经玄赞》卷 1《序品》："论说序品有七种成就，成就者具足**圆满**之义。"

【圆满（之）妙身/えんまんのみょうしん】 四字 完满无缺而又奇妙的身躯。《续日本纪》卷 20《孝谦纪》天平宝字元年十二月条："复愿因此善业，朕与众生，三檀福田穷于来际，十身药树荫于尘区，永灭病苦之忧，共保延寿之乐，遂契真妙之深理，自证**圆满之妙身**。"（第三册，p. 238）唐金刚智译《金刚顶瑜伽青颈大悲王观自在念诵仪轨》卷 1："千手千眼广大**圆满妙身**大悲宝幢陀罗尼。"

【圆音/えんおん】 偏正 圆妙之声音，指佛语。亦作"一音"。《奈良朝写经18·弥勒上生经》："伏愿契道能仁，升游正觉，菩提枝下闻妙法之**圆音**，兜率天中得上真之胜业，通该有顶，普被无边，并泛慈航，同离爱网。"（p. 141）唐般剌蜜帝译《大佛顶如来密因修证了义诸菩萨万行首楞严经》卷 2："阿难承佛，悲救深诲，垂泣叉手，而白佛言：'我虽承佛，如是妙音，悟妙明心，元所圆满，常住心地；而我悟佛，现说法音，现以缘心，允所瞻仰，徒获此心，未敢认为，本元心地。愿佛哀愍，宣示**圆音**，拔我疑根，归无上道。'"唐湛然述《止观辅行传弘决》卷 1："**圆音**教风，息化归寂。寂理无碍，犹如太虚。"

【缘此功德/このくどくによりて】 四字 因为这一利益福德。《续日本纪》卷 10《圣武纪》神龟五年八月条："因兹，敬造观世音菩萨像一百七十七躯并经一百七十七卷，礼佛转经，一日行道。**缘此功德**，欲得平复。"（第二册，p. 198）西晋法立、法炬合译《佛说诸德福田经》卷 1："**缘此功德**，命终生天，为天帝释，下生世间，为转轮圣王，各三十六反，典领天人，足下生毛，蹑虚而游，九十一劫，食福自然。"东晋瞿昙僧伽提婆译《增壹阿含经》25《五王品》："**缘此功德**，今尸婆罗比丘，得生富贵家，端正无双，今遭值我，即得阿罗汉。"唐道世撰《法苑珠林》卷 36："**缘此功德**，于未来世，一百劫中，不堕恶道，天上人中，最受快乐，过百劫后，成辟支佛。"→【籍此功德】【以此功德】【因此功德】

【缘何而起/なにによりてかおこせし】 四字 因为什么原因而发生的呢？《续日本纪》卷 20《孝谦纪》天平宝字元年七月条："敕使又问奈良麻吕云，逆谋**缘何而起**。"（第三册，p. 204）隋慧远撰《大乘义章》卷 5："第四明其倒起所因，此之八倒，因何而生？**缘何而起**？"

【缘起/えんぎ】 并列 众缘和合而生起，即各种条件和合而生的意思，一切有为法都是由众缘和合而生起的；事情起始的缘由。《万叶集》卷19第4292首歌注："但此卷中不称作者名字，徒录年月所处缘起者，皆大伴宿祢家持裁作歌词也。"（第四册，p. 364）

【縁樹/きにのぼる】 述宾 （3例） 爬树，上树。《日本书纪》卷2《神代纪下》："兄缘高树，则潮亦没树。"（第一册，p. 172）又卷14《雄略纪》五年二月条："猎徒缘树大惧。天皇诏舍人曰：'猛兽逢人则止。宜逆射而且刺。'舍人性懦弱，缘树失色，五情五主。"（第二册，p. 162）（1）东晋瞿昙僧伽提婆译《中阿含经》卷55："复有一人来，饥饿羸乏，欲得食果，持极利斧，彼作是念：'此树常多，有好美果，然此树下，无自落果，可得饱食，及持归去，我不能缘树，我今宁可，斫倒此树耶？'即便斫倒。"梁宝唱等集《经律异相》卷24："时王欲试，此居士宝，即敕严船，于水游戏，告居士曰：'我须金宝，汝速与我。'居士报曰：'大王，小待！须我至岸。'王乃逼言：'我今须用居士宝。'以右手内著水中，水中宝瓶，随手而出，如虫缘树。"（2）《宋书》卷77《沈庆之传》："法系堑外树悉伐之令倒，贼劭来攻，缘树以进，彭栅多开隙，选善射手，的发无不中，死者交横。"《梁书》卷22《太祖五王传》："郢州在南岸，数百家见水长惊走，登屋缘树，憍募人救之，一口赏一万，估客数十人应募救焉，州民乃以免。"（p. 354）

【遠邁/おんまい】 并列 远行。《唐大和上东征传》法进《七言伤大和上》："大师慈育契圆空，远迈传灯照海东。度物草筹盈石室，散流佛戒绍遗踪。"（p. 101）唐慧琳撰《一切经音义》卷1："远迈：埋拜反。《广雅》云：迈，远行也。从万，从辵。辵音，丑略反。"（1）东晋竺昙无兰译《佛说自爱经》卷1："晨有商人，车五百乘，轹杀之焉。伴求而见，其然曰：'吾衰矣。还国见，疑取物去，为不义。'遂轻身委财而逝，展转远迈，去舍卫数万里。"该例在梁宝唱等集《经律异相》卷28中亦见辑录。唐慧立本、释彦悰笺《大唐大慈恩寺三藏法师传》卷8："遐征月路，影对宵而暂双，远迈危峯，形临朝而永只。"按：《汉语大词典》首引唐太宗《大唐三藏圣教序》："是以翘心净土，往游西域，乘危远迈，杖策孤征。"偏晚。

【遠涉滄波/とほくそうはをわたる】 四字 （6例） 长途跋涉，越洋过海。远渡重洋。《续日本纪》卷8《元正纪》养老三年十一月条："道慈法师，远涉沧波，核异文于绝境，遐游赤县，研妙机于秘记。"（第二册，p. 62）又卷10《圣武纪》天平元年八月条："又敕：'唐僧道荣，身生本乡，心向皇化，远涉沧波，作我法师。加以，训导子虫，令献大瑞。'"（第二册，p. 220）又卷21《淳仁纪》天平宝字二年八月条："其大僧都鉴真和上，戒行转洁，白头不变。远涉沧波，归我圣朝。号曰大和上，恭敬供养，政事躁烦，不敢劳老。宜停僧纲之任。集诸寺僧尼，欲学戒律者，皆属令习。"（第三册，p. 276）又卷35《高绍纪》宝龟十年十月条："冬十月乙巳，敕大宰府：'新罗使金兰孙等，远涉沧波，贺正贡调。其诸蕃入朝，国有恒例。虽有通状，更宜反复。’”又宝龟十年十一月条：“太政官处分：‘渤海通事从五位下高说昌，**远涉沧波**，数回入朝。言思忠勤，授以高班。’”《唐大和上东征传》：“大德和上，**远涉沧波**，来投此国，诚副朕意，喜慰无喻。”（p. 92）唐圆照集《大唐贞元续开元释教录》卷1：“论曰：‘自佛法东流，高僧继踵，共推翻译，初业最高。其次义解参玄，传扬疏记，今般若三藏，即其人焉。所谓寻师印度，学究五明，**远涉沧波**，流通三藏。’”史传部《曹溪大师别传》卷1：“三藏博识多闻，善学经论，星象之学，志弘大乘，巡历诸国，**远涉沧波**，泛舶至韶州曹溪口村。”

【遠涉滄海/とほくそうかいをわたる】自创　犹言“远涉沧波”。《续日本纪》卷22《淳仁纪》天平宝字三年二月条：“二月戊戌朔，赐高丽王书曰：天皇敬问高丽国王。使杨承庆等**远涉沧海**，来吊国忧。”（第三册，p. 304）

【怨報/うらみのむくひ】偏正（4例）　怨恨的报应。以怨报怨。《日本灵异记》中卷《依汉神祟杀牛而祭又修放生善以现得善恶报缘第5》：“如《鼻奈耶经》说：‘迦留陀夷，昔作天祀主，由杀一羊，今随作罗汉，而后得**怨报**于婆罗门之妻所杀。’云云。”（p. 160）又下卷《序》：“无记作罪，无记报怨。何况乎发恶心杀，无彼**怨报**欤？”（p. 260）又《杀生物命结怨作狐狗互相**怨报**缘第2》：“断委毙人还报彼怨。呜呼惟也！**怨报**不朽。”（p. 266）唐玄奘译《大般若波罗蜜多经》卷49《大乘铠品》：“善现，如巧幻师，或彼弟子，于四衢道，在大众前，幻作种种，诸有情类，各各执持，刀杖块等，加害幻师，或彼弟子，时幻师等，于幻有情，都不起心，欲为**怨报**，而劝彼住，如是安忍。”唐道世撰《诸经要集》卷17：“又有女人，五百世断鬼命根，鬼亦五百世断其命根，故知经历六道备受**怨报**。”→【以怨報怨】

【怨病/あしきやまひ】偏正（2例）　病因不明的疾病。《日本灵异记》下卷《**怨病**忽婴身因之受戒行善以现得愈病缘第34》：“巨势呰女者，纪伊国名草郡埴生里之女也。以天平宝字五年辛丑，**怨病**婴身，颈生瘿肉疽，如大苽。”（p. 350）唐善无畏译《七俱胝独部法》卷1：“佛言此陀罗尼，有大势力，移须弥山，及大海水，咒干枯木，能生华菓。若常诵持，水不能溺，火不能烧，毒药、力兵、**怨病**，皆不能害。”

【怨瞋/うらみいかる】并列　怨恨瞋恚。《播磨国风土记·贺毛郡》条：“花浪神之妻，为追己夫，到于此处，遂**怨瞋**，妾以刀辟腹，没于此沼。故号腹辟沼。”（p. 118）北凉昙无谶译《优婆塞戒经》卷4《杂品》：“善男子，有智之人为二事故能行布施：一者调伏自心；二者坏**怨瞋**心。如来因是，名无上尊。”陈真谛译《佛说立世阿毘昙论》卷8《地狱品》：“指端利剑爪，由业自然生。随昔**怨瞋**心，更互相斩斫。”唐菩提流志译《大宝积经》卷18：“复次，阿难。彼极乐界，诸菩萨众，所说语言，与一切智相应，于所受用，皆无摄取，遍游佛刹，无爱无厌，亦无希求。不希求想，无自想，无烦恼想，无我想，无斗诤相违，**怨瞋**之想。”

【怨仇心/あたのこころ】三字 怨怼和仇恨的念头。《日本灵异记》中卷《呰读〈法华经〉僧而现口喎斜得恶死报缘第18》："见闻人云：'虽不加刑，呰心效言，口喎斜，忽然而死。何况发**怨仇心**，加刑罚矣。'"（p. 196）姚秦竺佛念译《出曜经》卷27《乐品》："若人娆乱彼，自求安乐世者，世多有人，执迷惑意，**怨仇心**深，触娆于人，自望快乐，宗族蒙庆。如种苦栽，冀望甘菓，唐丧功夫，无益于时。"高齐那连提耶舍译《大悲经》卷1《商主品》："商主，汝于弥勒佛所，禀受法教，摄彼弥勒，无上法王，国土人民，常以慈心、无恶心、无**怨仇心**、愍心乐心、普覆心护持养育。以此善根，于魔宫殿，次补魔处，具大富贵、为自在主。"北凉昙无谶译《大方等大集经》卷51《诸恶鬼神得敬信品》："诸仁者，于彼何者，世间戒智器平等？诸仁者，若于一切众生，具哀愍心，观后世畏，常住慈心、柔软心、利益心、无**怨仇心**、无嫉妬心、无粗穬心、无两舌心、无憍逸心，安住慈心，诸仁者，是名世间，戒智器平等。"

【願垂~/ねがはくは~をたまへ】誓愿 希望，期望。"垂"，用作敬词，多用于上对下的动作。《日本书纪》卷2《神代纪下》："因请之曰：'吾当事汝为奴仆。**愿垂**救活。'"（第一册，p. 170）（1）后汉昙果、康孟详合译《中本起经》卷1《度瓶沙王品》："伏惟世尊，兴利康宁，**愿垂**覆育，照临鄙国，饥渴圣化，虚心踊逸，哀矜群庶，令得解脱。"姚秦鸠摩罗什译《妙法莲华经》卷3《化城喻品》："华供养已，各以宫殿，奉上彼佛，而作是言：'唯见哀愍，饶益我等。所献宫殿，**愿垂**纳受。'"隋阇那崛多译《佛本行集经》卷57《难陀出家因缘品》："善哉！大王。当知我等，欲于迦叶多他伽多、阿罗诃、三藐三佛陀，舍利塔上，各各奉施，一大伞盖，以覆其塔。善哉！大王。**愿垂**听许。"（2）《吴志》卷2《吴主传》裴松之注引《魏略》曰："权之赤心，不敢有他，**愿垂**明恕，保权所执。谨遣浩周、东里衮，至情至实，皆周等所具。"（p. 1127）《抱朴子·内篇》卷6《微旨》："或曰：窃闻求生之道，当知二山，不审此山，为何所在，**愿垂**告悟，以祛其惑。"《宋书》卷75《王僧达传》："白水皎日，不足为譬，**愿垂**矜鉴，哀申此请。"

【願力/ねがひのちから】誓愿 指本愿力之力用。亦作"本愿力""大愿业力""宿愿力"。谓菩萨在"因位"所发本愿之力用至果位而显其功。《日本灵异记》下卷《将写〈法华经〉建愿人断日暗穴赖**愿力**得全命缘第13》（p. 293）姚秦鸠摩罗什译《大智度论》卷7《序品》："复次，庄严佛世界事大，独行功德，不能成故，要须**愿力**。譬如牛力，虽能挽车，要须御者，能有所至。净世界愿，亦复如是，福德如牛，愿如御者。"北魏昙鸾注解《无量寿经优婆提舍愿生偈诸》卷2："依本法藏菩萨四十八愿，今日阿弥陀如来自在神力，**愿**以成**力**，力以就愿，**愿**不徒然，**力**不虚设。力愿相符，毕竟不差，故曰成就。"

【願祈/ねがひいのる】誓愿 发愿祈请。《日本灵异记》中卷《极穷女于尺迦丈六佛愿福分示奇表以现得大福缘第28》："买花香油，而以参往于丈六佛前，奉白之言：

‘我昔世不修福因，现身受取贫穷之报。故我施宝，令免穷愁。’累日经月，**愿祈**不息。”（p. 223）唐道宣撰《释门归敬仪》卷2：“不作恶，即名为善，今谓不然。先须**愿祈**，不造众恶。依愿起行，有可承准。若不预作，辄然起善，内无轨辖。后遇罪缘，便造不止。”唐圆照集《代宗朝赠司空大辨正广智三藏和上表制集》卷3：“**愿祈**嘉礼，保佑琼华，使瘵疾永除，庆善滋长。岂云殊渥？烦此谢恩。”按：《汉语大词典》失收。

【願寿/いのちながけむことをねがふ】 誓愿 祝寿，祈愿长寿。《万叶集》卷20第4470首歌题《**愿寿**作歌一首》：“美都烦奈须　可礼流身曾等波　之礼礼杼母　奈保之祢我比都　知等世能伊乃知乎”（第四册，p. 441）（1）梁僧伽婆罗译《孔雀王咒经》卷1：“愿作救济，摄受守护，寂乐安隐，除诸罚毒，结界结地，**愿寿**百岁，见于百春。”隋阇那崛多等译《起世经》卷9《劫住品》：“又为父母，之所怜爱，愿其十岁，以为上寿，亦如今人，**愿寿**百岁。”新罗崔致远《唐大荐福寺故寺主翻经大德法藏和尚传》卷1：“乘兹令日用表单心，故奉法衣兼长命索饼。既荐四禅之味，爰助三衣之资，**愿寿**等恒沙。”（2）《魏书》卷51《吕罗汉传》：“民颂之曰：‘时惟府君，克己清明。缉我荒土，民胥乐生。**愿寿**无疆，以享长龄。’”

【願為我～/ねがはくはわがためにへ～】 口语 （2例） 希望为我做某事。《日本书纪》卷6《垂仁纪》四年九月条：“夫以色事人，色衰宠缓。今天下多佳人，各递进求宠、岂永得恃色乎？是以冀吾登鸿祚，必与汝照临天下。则高枕而永终百年，亦不快乎。**愿为我**弑天皇。”（第一册，p. 306）《日本灵异记》下卷《假官势非理为政得恶报缘第35》：“如是三遍，于四之遍言：‘我是远江国榛原郡人，物部古丸也。我存世时，白米纲丁而经数年，佰姓之物，非理打征。由其罪报，今受此苦。**愿为我**奉写《法华经》者，脱我之罪。’”（p. 353）（1）后汉安世高译《佛说长者子制经》卷1：“制复白言：‘今佛是天上、天下人师，当哀度脱我曹，**愿为我**受之，当令我得福。’”后秦鸠摩罗什译《妙法莲华经》卷7《妙音菩萨品》：“文殊师利白佛言：‘世尊，是菩萨种何善本？修何功德？而能有是，大神通力？行何三昧？**愿为我**等，说是三昧名字，我等亦欲，勤修行之，行此三昧，乃能见是，菩萨色相大小，威仪进止。’”北凉昙无谶译《大般涅槃经》卷40《憍陈如品》：“犊子言：‘瞿昙，世有善耶？如是梵志，有不善耶？如是梵志，瞿昙，**愿为我**说，令我得知，善不善法。’”（2）《全三国文》卷75葛玄《道德经序》：“世衰，大道不行，西游天下，关令尹喜曰：‘大道将隐乎？**愿为我**著书。’于是作《道》《德》二篇，五千文上下经焉。”

【願無不得/ねがはばえずといふことなし】 誓愿 （3例） 许下的愿望无一不会实现。愿望没有不能实现的。《日本灵异记》中卷《埴神王腨放光示奇表得现报缘第21》：“诚知**愿无不得**者，其斯谓矣。”（p. 204）又《将建塔发愿时生女子卷舍利所产缘第31》：“闾知**愿无不得**，愿无不果者，其斯谓之矣。”（p. 229）又下卷《未作毕捻埴像生呻音示奇表缘第17》：“诚知**愿无不得**，无愿不果者，其斯谓之也。斯亦奇表之事也。”

(p. 304) 吴支谦译《六度集经》卷 3：“惠以好物，四等敬奉，手自斟酌，存意三尊，誓令众生，逢佛升天，苦毒消灭，后世所生，**愿无不得**，值佛生天，必如志愿也。”按：原口裕认为，“愿无不得”出自姚秦鸠摩罗什译《大智度论》卷 30《序品》：“若人随方便精进，**无愿不得**。”可商。→【無願不果】

【願無不果/ねがはばはたさずといふことなし】 自创 愿望没有不能实现的。《日本灵异记》中卷《将建塔发愿时生女子卷舍利所产缘第 31》：“闾知愿无不得，**愿无不果**者，其斯谓之矣。”(p. 229) 东晋帛尸梨蜜多罗译《佛说灌顶经》卷 10：“发**愿无不果**，所求真应速。若欲远治生，求觅诸财宝。莫行不慈心，中路见不好。专心念于佛，疾得无上道。”唐伽梵达摩译《千手千眼观世音菩萨广大圆满无碍大悲心陀罗尼经》卷 1：“其利根有慧，观方便者，十地果位，克获不难，何况世间，小小福报？所有求**愿**，**无不果**遂者也。”宋法护等译《大乘集菩萨学论》卷 21《恭敬作礼品》：“后生于天中，所**愿无不果**。珍宝众缨络，随念于掌生。”→【願無不得】【無願不果】

【願勿為憂/ねがはくはなうへたまひそ】 誓愿 希望不要担心。《日本书纪》卷 24《皇极纪》三年正月条：“少女怪父忧惶，就而问曰：‘忧惶何也?’父陈所由。少女曰：‘**愿勿为忧**。’”(第三册，p. 88) 唐玄奘译《大乘大集地藏十轮经》卷 4：“有人犯过，罪应合死。王性仁慈，不欲断命。有一大臣，多诸智策，前白王曰：‘**愿勿为忧**，终不令王，得杀生罪。’”

【願以此福/このさきほひをもちて】 誓愿 希望以此福德。《日本灵异记》下卷《智行并具禅师重得人身生国皇之子缘第 39》：“我从所闻选口传，侻善恶，录灵奇。**愿以此福**，施群迷，共生西方安乐国矣。”(p. 378) 唐玄奘译《大般若波罗蜜多经》卷 571《证劝品》：“长跪擎捧，供养如来，舍四大洲，皆以奉佛，**愿以此福**，常修梵行，学深般若波罗蜜多，以决定心，为有情类，趣向无上，正等菩提。”唐义净译《金光明最胜王经》卷 10《大辩才天女赞叹品》：“我今随力，称赞如来，少分功德，犹如蚊子，饮大海水。**愿以此福**，广及有情，永离生死，成无上道。”

【願欲知~/ねがはくは~をしらむ】 誓愿 (2 例) 希望知道某事，希望告知某事。《日本书纪》卷 9《神功纪》摄政前纪条：“因以千绘高绘置琴头尾，而请曰：‘先日教天皇者谁神也。**愿欲知**其名。’”(第一册，p. 418) 又：“(一云) 时天皇对神曰：‘其虽神何谩语耶？何处将有国？且朕所乘船，既奉于神，朕乘曷船？然未知谁神。**愿欲知**其名。’”(第一册，p. 432) 后汉安世高译《佛说佛印三昧经》卷 1：“舍利弗等，复长跪叉手，问文殊师利菩萨：‘我等一心，推索佛身神，无能知处者。**愿欲知**其说。’”西晋无罗叉译《放光般若经》卷 20《萨陀波伦品》：“今日大师，为我解说，是诸如来，所从来往，**愿欲知之**。我等闻已，常见诸佛，不离世尊。”姚秦佛陀耶舍、竺佛念等合译《四分律》卷 52：“世尊，不以无因缘而笑，向者以何故而笑？**愿欲知**之。”姚秦鸠摩罗什译《大智度论》卷 17《序品》：“‘愿智’者，**愿欲知**三世事，随所愿则知。”

【願主/がんしゅ】 誓愿（16 例） 又作“本愿主”“发愿主”“本愿”。指发愿兴隆三宝者，或造立寺院、经像，或悬绘、燃灯，或散花、烧香，或设斋供僧等；依此功德，借以回向往生极乐国土。《日本灵异记》中卷《至诚心奉写〈法华经〉有验示异事缘第6》：“诚知示于大乘不思议力，试于**愿主**至深信心。更不可疑也。”（p. 161）又《奉写〈法华经〉因供养显母作女牛之因缘第15》：“**愿主**见之，信心敬礼，一日一夜，家内隐居，顿作法服，以之奉施。爰乞者问之：‘所以者何？’答曰：‘请令讲《法华经》。’乞者：‘我无所学。唯诵持《般若陀罗尼》，乞食活命。’**愿主**犹请。”又：“明朝，登讲座言：‘我无所觉。随**愿主**心，故登此座，唯有梦悟。’具陈梦状。”又：“谅知**愿主**顾母恩，至深之信，乞者诵神咒，积功之验也。”（p. 188）又下卷《弥勒菩萨应于所愿示奇形缘第8》：“**愿主**下在苦缚凡地，深信招佑。何更疑之也。”《续日本纪》卷20《孝谦纪》天平宝字元年闰八月条：“**愿主**垂化，三十年间，无人绍兴，此会中废。乃至藤原朝廷，胤子太政大臣，伤构堂之将坠，叹为山之未成。”（第三册，p. 230）《奈良朝写经39・瑜伽师地论卷第21》：“天平十七年岁次乙酉四月中旬**愿主**万瑜菩萨。书写法师信瑜菩萨。”《奈良朝写经42・瑜伽师地论卷75》：“天平二十年岁次戊子十一月誓愿仕奉。**愿主**中岛连千岛。中岛连足人。”（p. 287）《奈良朝写经53・梵网经》：“天平胜宝九岁三月二十五日。知识**愿主**僧灵春。”（p. 345）《奈良朝写经55・大般若经卷第50等》：“奉为神风仙大神。**愿主**沙弥道行。书写山君萨比等。”（p. 356）《奈良朝写经56・大般若经卷第50等》：“天平宝字二年岁次戊戌十一月。奉为伊势大神。**愿主**沙弥道行。书写优婆塞圆智。**愿主**沙弥道行。”（p. 357）《奈良朝写经63・瑜伽师地论释卷第53》：“天平宝字六年岁次壬寅四月八日。**愿主**僧光觉师。巫部刀美古。”（p. 389）《奈良朝写经74・瑜伽师地论卷第2》：“宝龟拾年岁次己未三月二十五日**愿主**穴太乙麻吕。”（p. 437）《奈良朝写经76・瑜伽师地论卷第44》：“宝龟十一年岁次庚申四月二十五日**愿主**大宅月足。养子夜目刀自古。”（p. 457）

【曰：“～”白訖～/まをししく～とまをしき。～をまをしをはるに～】 自创（对位尊者）说：“……”，说完之后……《古事记》中卷《景行记》：“尔其熊曾建**曰**：‘信然也。于西方，除吾二人无建强人。然于大倭国，益吾二人，而建男者坐祁理。是以吾献御名。自今以后，应称倭建御子。’是事**白讫**，即如熟瓜振折而杀也。”（p. 220）→【問：“～”白訖～】【曰：“～”是事白訖～】

【月六斎/つきごとのろくさい】 时段 谓每月清净持戒之六日。即白月八日、十四日、十五日，黑月二十三日、二十九日、三十日。僧众每月于此六日须集会一处，布萨说戒。在家二众于此六日受持一日一夜八关斋戒。印度自古传说鬼神每于此六日伺机害人，故至此等日中，遂盛行沐浴断食之风，其后佛教沿用此一行事，并谓于此六日，四天王必下降世间，探查人间之善恶。《日本书纪》卷30《持统纪》五年二月条：“二月壬寅朔，天皇诏公卿等曰：'卿等于天皇世作佛殿、经藏，行**月六斋**。天皇时时遣大舍人问讯。朕世亦如之，故当勤心，奉佛法也。'”（p. 514）吴支谦译《斋经》卷1："佛法斋者，道弟子**月六斋**之日受八戒。”梁宝唱等集《经律异相》卷19：“昔有清信士，名优多罗。尊佛乐法，亲贤圣众，**月六斋**奉八戒，绝殃行仁。”隋阇那崛多译《佛本行集经》卷43《优波斯那品》：“复次大王，我于彼处，舍身之后，以昔护持，**月六斋**戒，得清净故，今日来生，大王之家，资财巨富，无所乏少。”→【六斋日】

【云尔之時/しかいふときに】 时段 正在说着这个时候；说的就是那个时候。《播磨国风土记·贺毛郡》条：“右，号云润者，丹津日子神：'法太之川底，欲越云润之方。'**云尔之时**，在于彼村太水神，辞云：'吾以宍血佃。故不欲河水。'”（p. 116）窥基撰《成唯识论述记》卷1：“畅翳理于玄津，荡疑氛于缛思。颖标三藏殚驾一人，擢秀五天陵掩千古。讵与夫家依骧誉，空擅美于声明，童寿流芳，徒见称于中观？**云尔之时**矣。”

【云何～乎/いかにぞ～や】 口语 为什么……呢？《日本书纪》卷1《神代纪上》：“是时天照大神闻之而曰：'吾比闭居石窟，谓当丰苇原中国必为长夜。**云何**天钿女嚎乐如此者**乎**？'乃以御手细开盘户窥之。”（第一册，p. 76）吴支谦译《佛说维摩诘经》卷1《弟子品》：“维摩诘言：'唯须菩提，取钵勿惧，**云何**贤者，如来以想，而言说**乎**？'”西晋竺法护译《生经》卷2：“是故，阿难，从今日往，自修身行，已求归依，以法为证，归命经典，勿求余归。**云何**比丘作是行**乎**？”北凉昙无谶译《大般涅槃经》卷3《金刚身品》：“迦叶，如来真身，功德如是，**云何**复得，诸疾患苦，危脆不坚，如坏器**乎**？”又卷10《一切大众所问品》：“尔时迦叶菩萨白佛言：'世尊，何等名为无余义耶？**云何**复名，一切义**乎**？'”唐玄奘译《说无垢称经》卷2《声闻品》：“自身有病，尚不能救，**云何**能救，诸有疾**乎**？”《敦煌变文·维摩诘经讲经文（四）》：“况生住异灭，念念迁移，**云何**弥勒得授记**乎**？”

【云：“～”如此言故～/いはく～と、かくいひき。かれ～】 自创 某人说：“……”这样说来……《古事记》上卷《大国主神》：“于是不知所出之间，鼠来**云**：'内者富良富良，外者须夫须夫。'**如此言故**，蹈其处者，落隐入之间，火者烧过。”（p. 82）后秦佛陀耶舍、竺佛念等合译《长阿含经》卷17：“或有**言**：'无有是处，有大鬼神，彼持想来，彼持想去，持来则想生，持去则想灭。'**如此言者**，皆有过咎。”萧齐僧伽跋陀罗译《善见律毘婆沙》卷15《舍利弗品》：“若居士不解语，但言施池，比丘答言：'出家人法，不听受池，若布施，净水当受。'居士**答言**：'善哉！大德。本施水。'**如此言**得受。”

【運手/てをめぐらす】 述宾 动手，挥手。《日本书纪》卷24《皇极纪》四年六月条：“子麻吕**运手**挥剑，伤其一脚。”（第三册，p. 100）失译人名今附秦录《别译杂阿含经》卷6：“尔时世尊，于虚空中，而自**运手**，告诸比丘：'今我此手，不著于空，不缚于空，无有嫌隙，亦无瞋恚。此手宁有，缚著增灭已不？’诸比丘即白佛言：‘世尊，此空中手，无缚无著，无有增灭。’佛告比丘：‘如是，如是。若有比丘，心无缚著，如空**运手**，乃可出入，往返诸家，不生增灭，不生懊恼，亦不嫉妒。见他利养，心生欢喜。见他布施，不与于己，亦不忿恨。见修福者，普皆随喜，乃至心无高下。’佛告比丘：‘迦叶比丘，亦复如是。往返人间，心无缚著，乃至心无高下。’佛复空中，第二**运手**，告诸比丘：‘如上所说，乃至迦叶比丘，亦复如是。’”唐义净译《金光明最胜王经》卷2《分别三身品》：“譬如有人，于睡梦中，见大河水漂泛其身，**运手**动足，截流而渡，得至彼岸。由彼身心，不懈退故，从梦觉已，不见有水，彼此岸别，非谓无心。”按：《汉语大词典》首引《南史》卷78《扶南国传》：“其图诸经变，并吴人张繇**运手**。繇丹青之工，一时冠绝。”偏晚。

【愠之曰：“～”/いかりていはく～】 先例　生气地说道：“……”。《日本书纪》卷2《神代纪下》：“故吾田鹿苇津姬乃**愠之曰**：‘何为嘲妾乎？’天孙曰：‘心疑之矣，故嘲之。何则，虽复天神之子，岂能一夜之间，使人有身者哉？固非我子矣。’”（第一册，p. 146）宋昙秀集《人天宝鉴》卷1：“长灵卓禅师命无示立僧，法席严肃不事堂厨，唯安禅以当佳供。夜参以当药石，其间衲子有不任者。无示告卓曰：‘人以食为先。若是则众将安乎？’卓**愠之曰**：‘表率安可为此？’无示云：‘某不争堂厨。教谁争邪？’”

Z

【雑畜/ぞうちく】 偏正 混在一起喂养。《续日本纪》卷9《圣武纪》神龟二年七月条："今闻诸国神只社内，多有秽臭，及放**杂畜**。"（第二册，p. 160）（1）后汉支娄迦谶译《道行般若经》卷8《守行品》："般若波罗蜜无有形故。譬如工匠黠师克作机关木人，若作**杂畜**木人，不能自起居，因对而摇，木人不作是念言：'我当动摇，屈伸低仰，令观者欢欣。'"吴康僧会译《六度集经》卷8："梵志获宝归，快相娱乐，宝尽议曰：'令王取童男童女，光华踰众者，各百人，象马**杂畜**，事各百头，先饭吾等，却杀人畜，以其骨肉，为陛升天。'"唐义净译《根本说一切有部毘奈耶》卷44："诸君当知，善与长者，现有财货，无遮总施，奴婢**杂畜**，并放随缘。若有须者，随意来取。"（2）《魏志》卷6《董卓传》："董卓字仲颖，陇西临洮人也。少好侠，尝游羌中，尽与诸豪帅相结。后归耕于野，而豪帅有来从之者，卓与俱还，杀耕牛与相宴乐。诸豪帅感其意，归相敛，得**杂畜**千余头以赠卓。"《魏书》卷2《太祖纪》："夏四月，幸东赤城。五月癸亥，北征库莫奚。六月，大破之，获其四部杂畜十余万，渡弱落水。班赏将士各有差。"按：《汉语大词典》失收。

【雑類/くさぐさのともがら】 偏正 （2例） 混杂的种类；非纯正的种类。亦指各种类别。《日本灵异记》中卷《见乌鸦淫厌世修善缘第2》："欲界**杂类**，鄙行如是。厌者背之，愚者贪之。"（p. 147）《续日本纪》卷32《光仁纪》宝龟四年十二月条："朕以**杂类**之中，人最为贵。至于放生。理必所急。"（第四册，p. 416）（1）后汉昙果、康孟详合译《中本起经》卷1《化迦叶品》："日照天下，其德有三：一曰光耀除冥，无不分明；二曰五色**杂类**，宣叙其形；三曰开发萌芽，万物精荣。"刘宋求那跋陀罗译《杂阿含经》卷22："如世尊在阎浮提，种种**杂类**，四众围绕，而为说法。彼诸四众，闻佛所说，皆悉奉行。"隋阇那崛多译《佛本行集经》卷6《上托兜率品》："护明菩萨，报金团言：'此理虽然，但般纽王，种姓清净，为彼**杂类**，之所扰乱。'"（2）《魏书》卷83《刘卫辰传》："坚后以卫辰为西单于，督摄河西**杂类**，屯代来城。"按：《汉语大词典》首引《搜神记》卷12："蛊有怪物若鬼，其妖形变化，**杂类**殊种，或为狗豕，或为虫蛇。"略晚。

【雑類衆生/ぞうるいのしゅじょう】四字（3 例） 一切有情众生。《续日本纪》卷 18《孝谦纪》天平胜宝三年十月条：“仰愿圣体平复，宝寿长久。经云：‘救济受苦**杂类众生**者，免病延年。是以，依教大赦天下。’”（第三册，p. 114）又卷 19《孝谦纪》天平胜宝六年十一月条：“戊辰，敕：‘朕以至款奉为二尊御体平安，宝寿增长，一七之间，屈四十九僧，归依药师琉璃光佛，恭敬供养。其经云：悬续命幡，燃四十九灯，应放**杂类众生**。’”（第三册，p. 150）又卷 32《光仁纪》宝龟四年十二月条：“经云：‘应放**杂类众生**。朕以杂类之中，人最为贵。至于放生。理必所急。’”（第四册，p. 416）西秦圣坚译《佛说罗摩伽经》卷 2：“如是种种，诸不善业，**杂类众生**，众苦逼身，心怀愁恼，失本智心，不知法利，狂惑愚痴，不识正路，于无量劫，常被诽谤，邪见迷惑，不识诸方者，为如是等非法非律，深生慈悲，令得覆护。”东晋帛尸梨蜜多罗译《佛说灌顶经》卷 12：“若遭厄难，闭在牢狱，枷锁著身，亦应造立，五色神幡，然四十九灯，应放**杂类众生**，至四十九，可得过度，危厄之难，不为诸横，恶鬼所持。”唐玄奘译《药师琉璃光如来本愿功德经》卷 1：“造五色彩幡，长四十九搩手，应放**杂类众生**至四十九。”

【雑名香/みょうごうをまじふ】三字 叫法各异的名香。《日本灵异记》上卷《信敬三宝得现报缘第 5》：“语妻子曰：‘有五色云，如霓度北。自而往其云道，芳如**杂名香**。观之道头有黄金山。’”（p. 76）后汉支娄迦谶译《道行般若经》卷 9：“是菩萨用般若波罗蜜故，作是台，其中有七宝之函，以紫磨黄金为素，书般若波罗蜜在其中，匣中有若干百种**杂名香**。”西晋竺法护译《普曜经》卷 5《迦林龙品》：“时龙后喜，诣度世所，投身作礼，叉手前住。于是大悦，供养华香，众**杂名香**鼓乐，而嗟叹曰。”东晋帛尸梨蜜多罗《佛说灌顶经》卷 5：“佛告普观菩萨摩诃萨：‘若后末世，遭灾祸者，为诸魔魅，之所伤犯，当净身口意，不啾杂食，五辛之属，斋戒一心，礼敬十方，三世诸佛，然十方灯，烧**杂名香**，胶香、婆香、安息香等。’”梁僧佑撰《释迦谱》卷 1：“天帝释梵，雨**杂名香**，九龙在上，而下香水，洗浴菩萨。”

【雑物/くさぐさのもの】偏正（21 例） 什物，东西。《日本书纪》卷 11《仁德纪》十七年九月条：“十七年，新罗不朝贡。秋九月，遣的臣祖砥田宿祢、小泊濑造祖祖贤遗臣而问阙贡之事。于是，新罗人惧之乃贡献。调绢一千四百六十匹及种种**杂物**，并八十艘。”（第二册，p. 42）《出云国风土记·岛根郡》条：“凡南入海所在**杂物**，入鹿，和尔，鲻、须受枳、近志吕、镇仁、白鱼、海鼠、缟虾、海松等之类，至多不可尽名。”（p. 172）又：“凡北海所捕**杂物**，志毗、朝鲐、沙鱼、乌贼、蜛蝫、鲍鱼、螺、蛤贝、棘甲蠃、甲蠃、蓼螺子、螺蛎子、石华、白贝、海藻、海松、紫菜、凝海菜等之类，至繁，不可尽称也。”（p. 184）《秋鹿郡》条：“凡北海所在**杂物**，鲐、沙鱼、佐波、乌贼、鲍鱼、螺、贻贝、蚌、甲蠃、螺子、石华、蛎子、海藻、海松、紫菜、凝海菜。”（p. 196）《楯缝郡》条：“南入海，**杂物**等者，如秋鹿郡说。”（p. 204）又：“凡北海所在**杂物**，如秋鹿郡说。”p.（206）《出云郡》条：“东入海所在**杂物**，如秋鹿郡说。”（p.220）又：“凡北海所在**杂物**，如楯缝郡说。”（p.224）《常陆国风土记·行方郡》条：“目见**杂物**，鱼虫之类，无所惮惧，随尽打杀。”（p.378）《唐大和上东征传》：“其所造舟没官，其**杂物**还僧。其诬告僧如海与反坐，还俗，决杖六十，［还］送本贯。”（p.45）《续日本纪》卷4《元明纪》和铜二年三月条：“甲申，制：凡交关**杂物**，其物价银钱四文以上，即用银钱。其价三文以下，皆用铜钱。”（第一册，p.148）又卷8《元正纪》养老四年三月条：“据案：唯言运送庸调脚直，自余**杂物**送京，未有处分。但百姓运物入京，事了即令早还。”（第二册，p.70）又卷17《圣武纪》天平十九年五月条：“戊寅，太政官奏曰：‘封户人数，缘有多少，所输**杂物**，其数不等。是以官位同等，所给殊差。’”（第三册，p.42）又卷19《孝谦纪》天平胜宝六年十一月条：“因更择他人，补神宫祢宜、祝。其封户、位田并**杂物**一事以上，令大宰检知焉。”（第三册，p.150）又卷20《孝谦纪》天平宝字元年五月条：“是以，新令之外，别置紫微内相一人，令掌内外诸兵事。其官位、禄赐、职分、**杂物**者，皆准大臣。”（第三册，p.186）又卷25《淳仁纪》天平宝字八年九月条：“敕曰：‘太师正一位藤原惠美朝臣押胜并子孙，起兵作逆。仍解免官位，并除藤原姓字已毕。其职分、功封等**杂物**，宜悉收之。’”（第四册，p.20）又：“又敕：‘前大纳言文室真人净三，先缘致仕，职分等**杂物**减半者，宜改先敕，依旧全赐之。’”（第四册，p.22）卷31《光仁纪》宝龟二年三月条：“壬申，敕：‘内臣职掌、官位、禄赐、职分**杂物**者，宜皆同大纳言。但食封者赐一千户。’”（第四册，p.336）又卷39《桓武纪》延历五年四月条：“于是，太政官商量，奏其条例。抚育有方户口增益，劝课农桑积实仓库，贡进**杂物**依限送纳，肃清所部盗贼不起，剖断合理狱讼无冤。”又卷40《桓武纪》延历八年六月条：“物烧亡贼居，十四村，宅八百许烟，器械**杂物**如别。”后汉支娄迦谶译《杂譬喻经》卷1：“去此国东，四百八十里，有一国王，供养五百婆罗门，亦尽世之美，作百种幢幡，装校缯彩，棉洁金宝**杂物**，一幢直五百两金，以此伎乐，而娱乐之。”东晋佛陀跋陀罗、法显合译《摩诃僧祇律》卷28：“**杂物**者，钵钵、支移、腰带、刀子、针筒、革屣、盛油、革囊、军持、澡瓶，如是比杂物施，现前僧应得，是名**杂物**。”按：《汉语大词典》首引唐韩愈《论变盐法事宜状》：“多用**杂物**及米谷博易，盐商利归于己，无物不取。”偏晚。

【灾苦/わざはひのくるしび】 偏正 灾害造成的苦难。《日本灵异记》下卷《序》：“唯资施众僧一抟食，于修善之福而不逢当来饥馑之**灾苦**。”（p.260）（1）梁宝唱等集《经律异相》卷6：“菩提树故，国土安隐，无有**灾苦**。”唐义净译《根本说一切有部毘奈耶杂事》卷31：“汝等宜可，往世尊处，所有**灾苦**，佛当调伏。”唐法藏撰《梵网经菩萨戒本疏》卷6：“初制意者，制诸菩提，以法救生，令免现未，所有**灾苦**故。”（2）《玄怪录》卷1：“王欢转盼，为王歌舞。愿得君欢，常无**灾苦**。”《全唐文》卷916景净《景教流行中国碑》：“真道宣明，式封法主，人有乐康，物无**灾苦**。”

【在母胎中/ははのはらのうちにあり】 自创 在娘胎中。《日本灵异记》下卷《依妨修行人得猴身缘第24》："往昔过去，罗作国王时，制一独觉，不令乞食。入境不得，七日顷饥。依此罪报，罗睺罗不生六年，**在母胎中**者，其斯谓也矣。"（p. 323）唐玄应撰《一切经音义》卷21："又言：覆障六年在胎，为胎所覆也。又七年**在母腹中**，一由徃业，二由现在。徃业者，昔曾作国王，制断独觉，不听入境。独觉在山，七日不得乞食，因堕地狱。余报犹七年，**在母腹中**。"

【在於此処[1]/ここにいます】 于字（3例） 在这里。《播磨国风土记·饰磨郡》条："英贺里：土，中上。右，称英贺者，伊和大神之子阿贺比古、阿贺比卖二神，**在于此处**。故因神名，以为里名。"（p. 32）又："所以号丰国者，筑紫丰国之神，**在于此处**，故号丰国村。"（p. 278）又："因达里：土，中中。右，称因达者，息长带比卖命，欲平韩国渡坐之时，御于船前伊太代之神，**在于此处**。故因神名，以为里名。"（p. 42）隋阇那崛多译《佛本行集经》卷25《精进苦行品》："我今不见子悉达故，**在于此处**，诸采女中，左右围绕，虽复昼夜，作诸音声，箜篌琵琶、琴瑟鼓吹，种种音乐，我今受此，上妙五欲，我子云何，独自在彼，山林旷野，无人众内，为于种种，野兽围绕，虎狼师子，及白象等，一切诸兽，或复诸兽各以爪牙，自相残害，噉而食。"又卷35《耶输陀因缘品》："我今可出，变化神通，若作神通，变化之事，而耶输陀善男子父，**在于此处**，唯得以眼见，耶输陀善男子面，即便停住，勿令相触。"唐义净译《根本说一切有部毘奈耶破僧事》卷3："菩萨重问：'此象中路，谁人拽来，**在于此处**？'诸人答曰：'难陀王子，一手执尾，拽其大象，置于此地。"

【暫不～/しましくも～ず】 否定（2例） 一刻也不……，一会儿也不……。《日本书纪》卷25《孝德纪》大化二年八月条："是以圣主天皇，则天御宇，思人获所，**暂不**废胸。"（第三册，p. 158）《万叶集》卷11第2397首："**暂　不**见恋　吾妹　日日来　事繁"（第三册，p. 178）（1）西晋安法钦译《阿育王传》卷6："摩突罗国，有族姓子，诣尊者所，而求出家。出家已，尊者教观，不净诸使，**暂不**现前。自谓已得圣道，更不求上胜。"苻秦僧伽提婆、竺佛念合译《阿毘昙八犍度论》卷2："云何厌？答曰：'行臭处不净，意常避之，**暂**[2]**不**喜见，是谓厌。'"隋阇那崛多译《佛本行集经》卷45《大迦叶因缘品》："时毕钵罗耶那童子，而其父母，唯此一儿，爱重之心，**暂不**听离，若不见时，父母心中，即便不乐。"（2）《旧唐书》卷14《马周传》："太宗尝曰：'我于马周，**暂不**见则便思之。'"周太祖《谕金州屯戍兵士敕》："所有汝等家口。并在兖州城内。属此背违。想皆忧念。在朕诚意。**暂不**弭忘。"按：《汉语大词典》失收。

【暫還/しばらくかえりまかる】 偏正（2例） 暂时返回，短暂回到某处。《日本

---

① 此处依据《日本古典文学大系》。

② "暂"，宋本、元本、明本、宫本中作"慚"。

书纪》卷9《神功纪》摄政五年三月条："冀暂还本土，知虚实而请焉。"（第一册，p.446）又卷10《应神纪》二十二年三月条："于是天皇问兄媛曰：'何尔叹之甚也。'对曰：'近日妾有恋父母之情。便因西望而自叹矣。冀暂还之得省亲欤。'"（第一册，p.488）（1）吴康僧会译《六度集经》卷8："如借人物，会当还主，今斯天座，非吾常居。暂还世间，教吾子孙，以佛明法，正心治国。令孝顺相承，戒具行高，放舍人身，上生天上。"梁宝唱等集《经律异相》卷19："舍卫城有二摩诃罗，并舍妻儿，出家为道，久游人间，俱还舍卫，共住一房，各自思惟：'欲暂还家，看其妇儿。'即到本家。"唐道世撰《法苑珠林》卷6："胡亦大见，众鬼纷闹，若村外，俄然叔辞去曰：'吾来年七月七日当复暂还，欲将汝行，游历幽途，使知罪福之报也。'"（2）《魏志》卷29《方技传》："佗久远家思归，因曰：'当得家书，方欲暂还耳。'"《世说新语·崇礼第22》："卞范之为丹阳尹。羊孚南州暂还，往卞许，云：'下官疾动，不堪坐。'卞便开帐抚褥，羊径上大床，入被须枕。"

【暫間/しばらく】 时段 （3例） 暂短的时间，一会儿工夫。《日本灵异记》上卷《邪见打破乞食沙弥钵以现得恶死报缘第29》："然后即往他乡道中，遭风雨。暂间寄他仓下，覆而压之。诚知现报甚近，宁不慎欤也？"（p.121）又中卷《呰读〈法华经〉僧而现口喎斜得恶死报缘第18》："彼白衣，与僧居其寺，暂间作碁。"（p.196）又下卷《智行并具禅师重得人身生国皇之子缘第39》："向问饭占时，大德亲王之灵，托卜者言：'我是善珠法师也。暂间生国王之子耳。为吾烧香供养。'者矣。"（p.378）《续日本纪》卷36《高绍纪》天应元年四月条："此位〈波〉避〈天〉暂间〈毛〉御体欲养〈止奈毛〉所念〈须〉。"隋达摩笈多译《起世因本经》卷9《住世品》："诸比丘，譬如五段轮，除其轴却，转无暂住，无暂间时，略说如是如是。又如夏雨，其渧粗大，相续下注，无有休间。如是东方，南西北方，成住坏转，无有停住时，亦复如是。"隋慧远述《大般涅槃经义记》卷6《梵行品》："泛解无间，有四种义：一趣报无间，人中舍寿，即入阿鼻，间无住处；二身形无间，阿鼻大城，八万由旬，一人入中，身亦遍满，一切人入，身亦如是，间无空处；三寿命无间，一生其中，寿命一劫，间无断绝；四受苦无间，一生其中，苦苦相续，无乐暂间，故曰无间。"

【暫停/しばしやむ】 偏正 （3例）暂时停止，短时停顿。《日本书纪》卷14《雄略纪》十三年九月条："于是真根暂停仰视而斫。"（第二册，p.194）又卷19《钦明纪》九年四月条："伏愿可畏天皇西蕃皆称日本天皇为可畏天皇先为勘当，暂停所乞救兵，待臣遣报。"（第二册，p.410）《日本灵异记》下卷《奉写〈法华经〉经师为邪淫以现得恶死报缘》："复《涅槃经》云：'知五欲法，无有欢乐。不得暂停。如犬啮枯骨，无饱厌期。'者，其斯谓也矣。"（p.305）（1）吴支谦译《菩萨本缘经》卷3《龙品》："龙王答言：'欲处诸欲，心无暂停，见诸妙色，则发过去，爱欲之心。譬如湿地，雨易成泥，见诸妙色，发过去欲心，亦复如是。若住深山，则不见色，若不见色，则欲心不发。'"东晋佛驮跋陀罗译《大方广佛华严经》卷3《菩萨明难品》："亦如明灯焰，焰焰不**暂停**。二俱不相知，诸法亦如是。"唐义净译《金光明最胜王经》卷5《重显空性品》："心遍驰求随处转，托根缘境了诸事。常爱色声香味触，于法寻思无**暂停**。"按：《汉语大词典》首引晋袁宏《三国名臣序赞》："亹亹通韵，迹不**暂停**。"略晚。

【讃称/たたへていふ】 并列 犹言"称赞"。《日本灵异记》中卷《穷女王归敬吉祥天女像得现报缘第14》："王众皆来，受飨以喜。其食倍先王众，**赞称**富王。"（p. 185）唐慧琳撰《一切经音义》卷89："序**赞**：下左汉反。郭注《方言》云：**赞**颂，所以解释物理也。《释名》云：'**赞**，称人之美者也。'顾野王云：**赞**须，所以佐助导引褒扬其德也。古今正字，从言，赞声。**赞**，音同上。传文作**赞**，俗字。"隋达磨笈多译《大方等大集经菩萨念佛三昧分》卷10《诸菩萨本行品》："多亿那由诸菩萨，咸受佛记人中尊。以不思议诸佛智，如是**赞称**大法王。"唐义净撰《南海寄归内法传》卷4："又复详观往哲侧听前规，自白马停辔之初，青象挂鞍之后，腾兰启曜，作神州之日月；会显垂则，为天府之津梁。安远则虎踞于江汉之南，休励乃鹰扬于河济之北。法徒绍继，慧潋犹清，俗士**赞称**，芳尘靡歇。曾未闻遣行烧指，亦不见令使焚身。规镜目前，智者详悉。"按：《汉语大词典》失收。→【称讃浄土経】

【讃嘆/ほむ】 并列 赞扬称叹，即以偈颂等赞扬歌叹佛菩萨之威德神力。《日本灵异记》中卷《依汉神祟杀牛而祭又修放生善以现得善恶报缘第5》："千万余人，卫绕于我左右前后，自王宫出。乘輂而荷，擎幡而导，**赞叹**以送，长跪礼拜。"（p. 159）姚秦鸠摩罗什译《大智度论》卷30《序品》："'**赞叹**'者，美其功德为'**赞**'；赞之不足，又称扬之，故言'**叹**'。"后汉支娄迦谶译《道行般若经》卷8《强弱品》："佛复言：'今我刹界中菩萨行般若波罗蜜，十方诸佛今亦**赞叹**说行般若波罗蜜菩萨，亦复如是。'"姚秦鸠摩罗什译《妙法莲华经》卷4《授学无学人记品》："阿难，是山海慧自在通王佛，为十方无量千万亿恒河沙等诸佛如来，所共**赞叹**，称其功德。"唐义净译《金光明最胜王经》卷2《梦见金鼓忏悔品》："若有男子及女人，婆罗门等诸胜族；合掌一心**赞叹**佛，生生常忆宿世事。"《敦煌变文·维摩诘经讲经文》："千般**赞叹**，何以胜当，百种谈论，实斯悚惕。"按：《汉语大词典》首引萧齐求那毘地译《百喻经》卷3《五百欢喜丸喻》："尔时远人欢喜踊跃，来白于王，王倍宠遇，时彼国人卒尔敬服咸皆**赞叹**。"偏晚。→【敬讃】【礼拝讃嘆】【美讃】【（讃赞）告："～"告】

【讃嘆供養/さんたんくよう】 四字 赞扬称叹，敬献奉养。《续日本纪》卷16《圣武纪》天平十八年十月条："甲寅，天皇、太上天皇、皇后，行幸金钟寺，燃灯供养卢舍那佛。佛前后灯一万五千七百余坏。夜至一更，使数千僧，令擎脂烛**赞叹供养**，绕佛三匝。至三更而还宫。"（第三册，p. 34）失译人名今附西晋录《观世音菩萨往生净土本缘经》卷1："百千大菩萨众，俱共来诣鹫山顶，头面礼佛，**赞叹供养**已，退坐一面。"东晋佛驮跋陀罗译《大方广佛华严经》卷28《十明品》："闻已，悉能往诣，彼诸佛所，恭敬礼拜，赞叹供养，深知如来，清净佛刹，种种庄严，种种功德，无量功德，皆悉充满。”北凉昙无谶译《大般涅槃经》卷7《如来性品》：“何以故？前人自生，欢喜之心，赞叹供养故，如是比丘，当有何罪？若有说言，是人得罪，当知是经，是魔所说。”

【葬埋於~/~にをさめうづむ】 于字　葬于某处。在某处埋葬。《日本书纪》卷22《推古纪》二十一年十二月条：“爰皇太子大悲之。则因以葬埋于当处，墓固封也。”（第二册，p. 570）唐慧琳撰《一切经音义》卷91：“窀穸：上追伦反，下音夕。杜注《左传》云：窀，厚也，穸，夜也，谓葬埋于地下长夜也。《说文》：窀穸，并从穴，形声字也。”（1）唐道宣撰《续高僧传》卷27：“火葬焚以蒸新，水葬沉于深淀。土葬埋于岸旁，林葬弃之中野。”（2）《周礼・地官・族师》：“以役国事，以相葬埋。”按：《续日本纪》卷35《高绍纪》宝龟九年四月条：“丙午，先是，宝龟七年。高丽使辈三十人，溺死漂著越前国江沼加贺二郡。至是，仰当国令加葬埋焉。”

【遭風雨/かぜあめにあふ】 三字　遭遇到刮风下雨。《日本灵异记》上卷《邪见打破乞食沙弥钵以现得恶死报缘第29》：“时有一僧来而乞食。豬麿不施所乞，反加逼恼，亦破其钵而逐去之。然后即往即往他乡道中遭风雨。暂间，寄他仓下，覆而压之。”（p. 121）（1）姚秦鸠摩罗什译《大智度论》卷5《序品》：“如遭风雨，则入舍持盖；如地有刺，则著热鞋；大寒燃火，热时求水；如是诸患，但求遮法而不瞋之。骂詈诸恶，亦复如是，但以慈悲，息此诸恶，不生瞋心。”唐业净译《根本说一切有部毘奈耶》卷28：“时诸苾刍，露地而坐，被日光所迫。佛言应幕覆上。时遭风雨，弃之而去，遂便损坏。”新罗表员集《华严经文义要决问答》卷4：“又《智论》云：‘若彼毁害，俱思对治法，不应起瞋。如遭风雨，但求遮法，而不瞋之。’”（2）白居易《和微之诗二十三首・和雨中花》：“人生不得似龟鹤，少去老来同旦暝。何异花开旦暝间，未落仍遭风雨横。”《全唐诗》卷569李群玉《人日梅花病中作》：“已被儿童苦攀折，更遭风雨损馨香。洛阳桃李渐撩乱，回首行宫春景长。”

【遭賊盜/ぬすびとにあふ】 三字　遭遇强盗。《日本灵异记》下卷《沙门诵持方广大乘沉海不溺缘第4》：“于是船人大怪问之：‘汝谁？’答云：‘我某。我遭贼盗，系缚陷海。’”（p. 272）后秦佛陀耶舍、竺佛念等合译《长阿含经》卷13：“又如人多持财宝，经大旷野，不遭贼盗，安隐得过，彼自念言：‘我持财宝，过此险难，无复忧畏，发大欢喜，其心安乐。’”唐义净译《根本说一切有部毘奈耶》卷35：“时诸商人，报苾刍曰：‘我欲令人，相逐往至，城中更觅路粮。仁当看买，回还之日，幸给援人，勿使中途，致遭贼盗。’”

【早差/はやくいゆ】 偏正　早日治愈，很快痊愈。《常陆国风土记・香岛郡》条：“其社南，郡家。北沼尾池。古老曰：‘神世，自天流来水沼。所生莲根，气味太异，甘绝他所之。有病者，食此沼莲，早差验之。’”（p. 394）（1）唐义净译《根本说一切有部毘奈耶》卷 8："此之病人，由斯药故，令得**早差**者，无犯。"（2）《唐文续拾》卷 11 阙名《孔思义造像记》："愿长离苦者愿令离苦，未得乐者愿令得乐，病患者愿得**早差**，业道受苦及恐家请主，悉愿布施欢喜，速得神生净土，又具足者并愿具足，众生普愿安乐，同发菩提，一时作佛。"按：《汉语大词典》失收。

【早成仏果/はやく ぶっかをなさむ】 四字 早日到达佛果之位。《奈良朝写经 52・大唐内典录卷第 10》："愿合门眷属及知识等，龙天卫护，万善庆集，广暨含识，同沾此愿，俱出九居，**早成佛果**。"（p. 312）唐宗密撰《圆觉经大疏释义钞》卷 11："五比闻佛果胜妙，爱慕情深，勤修求证，谁能度他，即堕智增务，断惑种，**早成佛果**。"

【早得出離/すむやけくしゅつりするをう】 四字 早日出离生死而证涅槃。"出离"，梵语 naiṣkramya。超出脱离之意。即离迷界、出生死轮回之苦而成佛道，以达到解脱之境，亦即出离三界之牢狱，了脱惑业之系缚，故有"出离三界""出离生死""出离得道"的惯用语说法。《奈良朝写经 29・千手千眼陀罗尼经》："又愿沦回于地狱热烦苦、饿鬼饥饿苦、畜生逼迫苦等众生，**早得出离**，同受安宁。"（p. 200）唐若那跋陀罗译《大般涅槃经后分》卷 1《遗教品》："尔时，世尊知诸四众，无复余疑，叹言：'善哉，善哉！汝等四众，已能通达，三宝四谛，无有疑也。犹如净水，洗荡身垢；汝等当勤精进，**早得出离**，莫生愁恼，迷闷乱心。'"

【早還/はやかへる】 偏正 （3） 早些回来，快点返回。《万叶集》卷 12 第 3217 首："荒津海　吾币奉　将斋　**早还**座　面变不为"（第三册，p. 381）《续日本纪》卷 8《元正纪》养老四年三月条："据案唯言运送庸调脚直。自余杂物送京，未有处分。但百姓运物入京，事了即令**早还**。为无归国程粮，在路极难艰辛。望请在京贮备官物，每因公事送物还，准程给粮。庶免饥弊，**早还**本土。"（第二册，p. 70）（1）后汉昙果、康孟详合译《中本起经》卷 1《度瓶沙王品》："佛告瓶沙：'王来已久，宫远**早还**，牛马人从，停住劳疲，比于后日，吾当诣城。'"吴支谦译《佛说义足经》卷 2："舍卫国王大恐怖，顾问左右：'汝曹宁知，诸释已出，城迎斗死，我曹终不得其胜，不如**早还**。'"唐临《冥报记》卷 2："可月余日，过见其伯父于路，责之曰：'汝未合死，何不**早还**？'宝曰：'不愿还也。'"（2）《晋书》卷 98《王敦传》："愿出臣表，谘之朝臣，介石之几，不俟终日，令诸军**早还**，不至虚扰。"《魏书》卷 56《郑羲传》："明年春，又引军东讨汝阴。刘彧汝阴太守张超城守不下，石率精锐攻之，不克，遂退至陈项，议欲还军长社，待秋击之。诸将心乐**早还**，咸称善计。"按：《古事记》下卷《显宗记》："尔天皇异其**早还上**而诏：'如何破坏？'答白：'少掘其陵之傍土。'"例中"早还上"的说法，在中土文献中未见，疑似自创搭配。

【早速/そうそくに】 并列 （2 例） 即刻，迅速。《万叶集》卷 18 第 4128～4131 首《越前国掾大伴宿祢池主来赠戏歌》书简："今勒风云，发遣征使。**早速**返报，不须延回。”（第四册，p. 279）《续日本纪》卷33《光仁纪》宝龟五年三月条：“以昔准今，殊无礼数。宜给渡海料，早速放还。”（第四册，p. 422）隋阇那崛多译《佛本行集经》卷28《魔怖菩萨品》：“汝之比丘，未觉未知，我作神通。是故汝坐，彼师子座，作师子吼。汝释比丘，但早速起，何须今日，口自虚唱，作师子吼?”宋普庵印肃《普庵印肃禅师语录》卷2：“及在此中道友，且一一耐劳顺善，慈悲打供，助发本光，都料众心，早速成就。”按：《汉语大词典》失收。

【造畢/つくりをはる】 完成 （6例） 修建完毕，制作完成。《古语拾遗》：“凡奉造神殿者，皆须依神代之职。斋部官，率御木、粗香二乡斋部，伐以斋斧，堀以斋鉏，然后工夫下首。造毕之后，斋部殿祭及门祭讫，乃可御座。”（p. 141）《肥前国风土记·神埼郡》条：“造毕之时，等冈宴赏，兴阑之后，竖其御琴，琴化为樟。”（p. 324）《日本灵异记》下卷《未作毕捻埴像生呻音示奇表缘第17》：“于兹，丰庆与信行，大怪大悲。率引知识，奉捻造毕。设会供养。”（p. 304）《唐大和上东征传》：“又开元寺有胡人造白檀《华严经》九会，率工匠六十人，三十年造毕，用物三十万贯钱，欲［将往］天竺。”（p. 73）《续日本纪》卷19《孝谦纪》天平胜宝八岁六月条：“壬辰，诏曰：‘顷者，分遣使工，检催诸国佛像。宜来年忌日必令造了。其佛殿兼使造备。如有佛像并殿已造毕者，亦造塔令会忌日。”（第三册，p. 164）《上宫皇太子菩萨传》：“至天宝八年，有住桧和上，久在彼山修道。其年造大讲堂，急催造毕，即都会山中僧，设大斋庆堂。”唐慧详撰《弘赞法华传》卷10：“府君具问：‘相见何说?’师：‘述须建齐，造经之事。’府君云：‘冥道大须功德。’师：‘可急营造毕。’”唐澄观述《大方广佛华严经随疏演义钞》卷15：“至二年初，徙居悬瓮山嵩岩寺造毕，余具如传。”按：《汉语大词典》失收。

【造池/いけをつくる】 述宾 修建池塘。《常陆国风土记·香岛郡》条：“摘石造池，为其筑堤，徒积日月，筑之坏之，不得作成。”（p. 400）吴竺律炎、支谦合译《摩登伽经》卷2：“其日有雨，秋稼成熟。月在轸宿，一切皆吉。宜调象马，授官造池。”元魏瞿昙般若流支译《正法念处经》卷32：“若僧住处，旷野无水，渴乏苦恼，如是善人，或为作井，或为造池。”唐道宣撰《续高僧传》卷26：“初至塔寺，堂中佛像，素无灵异，忽放大光，通烛院宇。舍利上踊金瓶之表，又放光明，绕瓶旋转。既属炎热，将入塔时，感云承日，覆讫方灭。又于塔侧，造池供养，因获古井，水深且清，轻软甜美。”按：《汉语大词典》失收。《续日本纪》卷24《淳仁纪》天平宝字六年三月条：“壬午，于宫西南，新造池亭，设曲水之宴。赐五位以上禄有差。”又卷38《桓武纪》延历四年七月条：“八年被充造池使，往近江国修造陂池。”

【造大安寺司/ぞうだいあんじし】 多音 造大安寺司。《续日本纪》卷2《文武纪》又大宝二年七月条：“己亥，以正五位上高桥朝臣笠间为造大安寺司。”（第一册，p. 58）

【造悪業/あくぎょうをつくる】三字　依现世所造的善恶之业，而于未来招受种种的苦乐果报。《续日本纪》卷30《称德纪》神护景云三年十月条："若造善恶业，今于现在中，诸天共护持，示其善恶报。国人**造恶业**，王者不禁制。此非顺正理。"（第四册，p. 262）东晋佛驮跋陀罗译《大方广佛华严经》卷56《入法界品》："菩萨若见众生**造恶业**缘烦恼结故，入三恶道，受无量苦，见如是已，痛心悲念，亦复如是。"刘宋求那跋陀罗译《杂阿含经》卷38："人前**造恶业**，正善能令灭，于世恩爱流，正念能超出。"隋阇那崛多译《佛本行集经》卷8《树下诞生品》："菩萨初生时，此大地具十八相，六种震动，一切众生，皆受快乐。当于彼时，无一众生，而生欲心，无复瞋恚，及以愚痴，无慢无怖，无一众生，**造恶业**者。"

【造仏/ほとけをつくる】述宾（3例）　造像，制作佛像。《日本灵异记》中卷《未作毕佛像而弃木示异灵表缘第26》："广达有缘出里，度彼椅往，椅下有音曰：'呜呼，莫痛蹢耶。'禅师闻之，怪见无人。良久徘徊，不得忍过。就椅起看，未**造佛**了，而弃木也。"（p. 217）又《药师佛木像流水埋沙示灵表缘》："引率知识，劝请佛师，令**造佛**耳。鹈田里造堂，居尊像以之供养。"（p. 246）又下卷《灾与善表相先现而后其灾善答被缘第38》："擎白米献乞者，为得大白牛车，发愿**造佛**，写改大乘，勤修善因也。"（p. 372）梁宝唱等集《经律异相》卷44："昔有富人，王令条物，其即疏：'某年用若干千万**造佛**；用若干作斋会经书；又以若干供恤贫老；今现有八十九千万，以疏呈王。'"唐道世撰《法苑珠林》卷14："北齐末，晋州灵石寺沙门僧护，守道直心，不求慧业，愿造丈八石像。众僧咸怪其言大。后于寺北，谷中见有卧石，可长丈八，乃雇匠就而**造佛**。"又《诸经要集》卷8："经像主莫论道，雇经像之匠，莫云客作。**造佛**布施，二人获福，不可度量。欲说其福，穷劫不尽。"

【造仏工/ぞうぶつこう】自创（2例）　制作佛像的工匠。《日本书纪》卷20《敏达纪》五年十一月条："冬十一月庚午朔，百济国王付还使大别王等献经论若干卷、并律师、禅师、比丘尼、咒禁师、**造佛工**、造寺工、六人。遂安置于难波大别王寺。"（第二册，p. 476）又卷22《推古纪》十三年四月条："十三年夏四月辛酉朔，天皇诏皇太子大臣及诸王诸臣，共同发誓愿，以始造铜、绣丈六佛像各一躯。乃命鞍作鸟为**造佛之工**。"（第二册，p. 550）→【造寺工】

【造仏像司/ぞうぶつぞうし】四字　造佛像司。《续日本纪》卷12《圣武纪》天平九年八月条："甲子，正五位下巨势朝臣奈弖麻吕为**造佛像司**长官。"（第二册，p. 326）

【造仏写経/ほとけをつくり、きょうをうつす】自创　《日本灵异记》上卷《凶人不敬养奶房母以现得恶死报缘第23》："宾明语之曰：'善人何为违孝？或人奉为父母，建立塔，**造佛写经**，屈请众僧，令行安居。汝家饶财，贷稻多吉。何违学覆，不孝亲母？'"（p. 110）又《非理夺他物为恶行受恶报示奇事缘第30》："汝忽为我**造佛写**

经，赎罪苦。慎慎莫忘矣。”（p. 126）又：“广国奉为其父，**造佛写经**，供养三宝，报父之恩，赎所受罪。”（p. 127）又下卷《女人滥嫁饥子乳故得现报缘第 16》：“爰诸子悲言：‘我不思怨。何慈母君，受是苦罪？’**造佛写经**，赎母之罪。’”（p. 301）

【造仏厳塔/ほとけをつくり、とうをかざる】 自创　制作佛像，庄饰佛塔。《日本灵异记》上卷《赎龟命放生得现报龟所助缘第 7》：“禅师怜愍，不加刑罚。**造佛严塔**，供养已了。后住海边，化往来人，春秋八十有余而卒。”（p. 80）

【造高市大寺司/たけちのおおでらつくるつかさ】 多音　造高市大寺司。《日本书纪》卷 29《天武纪下》二年十二月条：“戊戌，以小紫美浓王、小锦下纪臣诃多麻吕，拜**造高市大寺司**。今大官大寺是。”（第三册，p. 354）

【造函/はこをつくる】 述宾　制作存放经卷等的匣子。《日本灵异记》中卷《至诚心奉写〈法华经〉有验示异事缘第 6》：“为报四恩，奉写《法华经》，为纳大乘遣使四方，求白檀紫檀。乃得诸乐京，以钱百贯而买。唤工巧人，规令**造函**，以奉纳经，经长函短，纳经不得。”（p. 161）唐道宣撰《续高僧传》卷 2：“又觅石**造函**，遍求不获。乃于竟陵县界，感得一石。磨治既了，忽变为玉，五色光润，内彻照见旁人。又于石中，现众色象，引石向塔。”又《广弘明集》卷 17：“歧州于凤泉寺起塔，将**造函**，寺东北二十里，忽见文石四段，光润如玉，小大平整，因取之以作重函。”《全隋文》卷 21 王劭《舍利感应记》：“泾州于大兴国寺起塔，将**造函**，三家各献旧磨好石，非界内所有，因而用之，恰然相称。”按：《汉语大词典》失收。

【造立伽藍/がらんをつくりたつ】 四字（2 例）　修建寺院。《日本灵异记》上卷《赎龟命放生得现报龟所助缘第 7》：“禅师弘济者，百济国人也。当百济乱时，备后国三谷郡大领之先祖，为救百济遣军旅。时发誓愿言：‘若平还来，为诸神祇**造立伽蓝**。’遂免灾难。即请禅师，相共还来。造三谷寺。其禅师所**造立伽蓝**多。诸寺道俗观之，共为钦敬。”（p. 80）陈月婆首那译《胜天王般若波罗蜜经》卷 3《法性品》：“师僧和上，尽心承奉，同学法人，合掌恭敬。**造立伽蓝**，布施田园。时时随有，舍与众僧，下使隶役，如法料理。”宋道通述《华严经吞海集》卷 3《三十九入法界品流通无尽经》：“二天王光，有净庄严，**造立伽蓝**，得清净念。”→【立伽藍】

【造立寺舍/じしゃをつくりたつ】 四字　修建寺院的僧舍。《唐大和上东征传》：“讲授之间，**造立寺舍**，供养十方（众）僧，造佛菩萨像，其数无量。”（p. 80）隋费长房撰《历代三宝纪》卷 8：“四事供养，衣钵卧具，满三间屋，不以关心，兴为货之，**造立寺舍**。”隋那连提耶舍译《大方等大集经》卷 40《护持品》：“我等亦如富伽罗，护此福德人，并其施主，**造立寺舍**、房室、树林、园菀，浴池衣钵，饮食卧具，倚床汤药，一切所须，如是檀越，我等亦护。”唐义净译《根本说一切有部毗奈耶》卷 46：“复次准陀，若有净信，男子女人，于此园中，**造立寺舍**，施四方僧。此是第二，有事福业，获大果利，光显无穷，福常增长，相续不绝。”

【造立塔廟/とうみょうをつくりたつ】 四字　修建佛塔。《元兴寺伽蓝缘起并流记资财账》：“即发菩提心，誓愿十方诸佛，化度众生，国家大平，敬**造立塔庙**。”东晋佛驮跋陀罗译《大方广佛华严经》卷60《入法界品》：“或为法师，赞叹佛法，禅思诵念，兴诸福业，**造立塔庙**，诸妙形像，以香华鬘，恭敬供养。”后秦佛陀耶舍、竺佛念等合译《长阿含经》卷18《郁单曰品》：“又**造立塔庙**，灯烛供养，其人身坏命终，生郁单曰，寿命千岁，不增不减。”唐菩提流志译《大宝积经》卷63《本事品》：“应受供养大威势，多于恒河沙数等。**造立塔庙**而供养，由度功德彼岸故。”

【造了/つくりおはる】 完成（3例）　修建完成。《唐大和上东征传》：“其寺佛殿坏废，众僧各舍衣物造佛殿，住一年**造了**。”（p. 68）《续日本纪》卷19《孝谦纪》天平胜宝八岁六月条：“壬辰，诏曰：‘顷者，分遣使工，检催诸国佛像。宜来年忌日必令**造了**。其佛殿兼使造备。如有佛像并殿已造毕者，亦造塔令会忌日。’”（第三册，p. 164）又卷21《淳仁纪》天平宝字二年八月条：“昔者，先帝敬发洪誓，奉造庐舍那金铜大像。若有朕时不得**造了**，愿于来世，改身犹作。”（第三册，p. 278）唐善无畏《尊胜佛顶修瑜伽法轨仪》卷1《修瑜伽画像品》：“画师须清净，不吃熏辛，从黑月一日起首，画像满七日，即须**造了**。”唐一行记《大毗庐遮那成佛经疏》卷13《转字轮漫荼罗行品》：“即云造了者，亦是上下互现也。**造了**时，阿阇梨先在门外坐，住法界兼菩提心。”

【造善悪/ぜんあくをつくる】 三字　造下善恶的业因。依现世所造的善恶之业，而于未来招受种种的苦乐果报。《日本灵异记》上卷《非理夺他物为恶行受恶报示奇事缘第30》：“放生之者，生北方无量净土。一日斋食者，得十年之粮。乃至见**造善恶**所受报等出。”（p. 126）东晋瞿昙僧伽提婆译《增壹阿含经》卷8《安般品》：“周利盘特曰：‘犹如不见今世后世，生者灭者，善色恶色，若好若丑，众生所**造，善恶**之行，如实而不知，永无所睹，故称之为盲。’”刘宋求那跋陀罗译《过去现在因果经》卷4：“一切**造善恶**，皆从心想生，是故真出家，皆以心为本。”隋阇那崛多译《佛本行集经》卷55《罗睺罗因缘品》：“诸比丘，所有诸业，非是虚受，随**造善恶**，还自受之。”→【造恶业】

【造善悪業/ぜんあくのごうをつくる】 四字　义同“造善恶”。《续日本纪》卷30《称德纪》神护景云三年十月条：“若**造善恶业**，今于现在中，诸天共护持，示其善恶报。国人造恶业，王者不禁制。此非顺正理。”（第四册，p. 262）吴支谦译《撰集百缘经》卷5《饿鬼品》：“宿**造善恶业**，百劫而不朽，罪业因缘故，今获如是报。”北凉昙无谶译《大般涅槃经》卷31《师子吼菩萨品》：“世尊，经中复说，若人重心，**造善恶业**，必得果报，若现世受，若次生受，若后世受。”隋阇那崛多译《佛本行集经》卷50《说法仪式品》：“汝诸比丘、因业报应，非虚空受，但是众生，**造善恶业**，随业因缘，而受是报。”唐义净译《根本说一切有部毘奈耶药事》卷 11：“大王、世间各各，自食业果，勿为忧恼。自有有情，造诸善业；自有有情，作诸恶业；自有有情，造善恶业。”→【造悪業】【造善悪】

【造寺工/ぞうじこう】自创　修建寺院的工匠。《日本书纪》卷 20《敏达纪》五年十一月条：“冬十一月庚午朔，百济国王付还使大别王等献经论若干卷、并律师、禅师、比丘尼、咒禁师、造佛工、造寺工、六人。遂安置于难波大别王寺。”（第二册，p. 476）

【造塔/ぞうとう】述宾（7 例）修建佛塔。建立大小佛塔的功德广大，命终后当生梵世或五净居天。《日本灵异记》上卷《邪见假名沙弥斫塔木得恶报缘第 27》：“或诈称造塔，乞敛人之财物，退与其妇，买杂物而噉之。”（p. 116）《唐大和上东征传》：“自晋、宋、齐、梁至于唐代，时时造塔、造堂，其事甚多。”（p. 55）《续日本纪》卷 2《文武纪》大宝元年七月条：“戊戌，太政官处分，造宫官准职，造大安、药师二寺官准寮，造塔、丈六二官准司马。”（第一册，p. 42）又天平十三年三月条：“其造塔之寺，兼为国华，必择好处，实可长久。”（第二册，p. 388）又卷 16《圣武纪》天平十九年十一月条：“限来三年以前，造塔、金堂、僧坊，悉皆令了。若能契敕，如理修造之，子孙无绝，任郡领司。”（第三册，p. 48）又卷 17《圣武纪》天平十九年十二月条：“敕：‘天下诸国，或有百姓情愿造塔者，悉听之。其造地者，必立伽兰院内。不得滥作山野路边。若备储毕，先申其状。’”（第三册，p. 50）又卷 19《孝谦纪》天平胜宝八年六月条：“壬辰，诏曰：‘顷者，分遣使工，检催诸国佛像。宜来年忌日必令造了。其佛殿兼使造备。如有佛像并殿已造毕者，亦造塔令会忌日。’”（第一册，p. 164）吴支谦译《撰集百缘经》卷 2《报应受供养品》：“即造八万四千宝瓶，盛佛浴水，赐阎浮提八万四千诸城各与一瓶，敕令造塔而供养之。”元魏吉迦夜、昙曜合译《杂宝藏经》卷 5：“长者见王造塔亦复造塔获报生天缘。”隋阇那崛多译《佛本行集经》卷 57《难陀出家因缘品》：“既造塔已，心作是愿：‘愿我来世，恒常值遇，如是世尊，彼所说法，愿我领解，悉得证知，莫背彼法，生生世世，不入恶道。’”

【造下野国薬師寺別当/ぞうしもつけののくにのやくしじのべつどう】多音（2 例）负责修建下野国药师寺事务的人。“别当”，日本佛寺内的职位名称。为掌管一山寺务的长官。系自奈良朝以来所设的职官，以天平胜宝四年良辨担任东大寺别当为始。《续日本纪》卷 30《称德纪》宝龟元年八月条：“今顾先圣厚恩，不得依法入刑。故任造下野国药师寺别当发遣。”（第四册，p. 298）又卷 32《光仁纪》宝龟三年四月条：“以先帝所宠，不忍致法。因为造下野国药师寺别当递送之。死以庶人葬之。”（第四册，p. 376）

【造像/みかたをつくる】述宾（2 例）古时为生人、亡人或己身祈福，于僧寺或崖壁间镌石成佛像，亦有以金属铸造佛像者，称之为造像。《日本灵异记》上卷《恃凭

念观音菩萨得现报缘第6》："便发誓愿，**造像**恭敬。遂至大唐，即造其像，日夜归敬。"（p. 78）《续日本纪》卷15《圣武纪》天平十五年十月条："是故，预知识者，恳发至诚，各招介福，宜每日三拜庐舍那佛。自当存念各造庐舍那佛也。如更有人、情愿持一枝草、一把土助**造像**者。恣听之。"（第二册，p. 432）宋道成集《释氏要览》卷2："佛在《金棺敬福经》云：'造经像主，莫论雇匠，匠人不得，饮酒食肉，不依圣教，随造经像，其福甚少。若匠人**造像**，不具相好者，五百万世，诸根不具。'"

【造薬師寺別当/ぞう やくしじ のべつどう】 多音 "造下野国药师寺别当"的略称。《续日本纪》卷32《光仁纪》宝龟三年四月条："丁巳，下野国言：'**造药师寺别当**道镜死。'"（第四册，p. 374）

【造薬師寺大夫/ぞう やくしじ だいぶ】 多音 造药师寺司长官。指为在平城京药师寺而设置的官司。依据大宝元年七月戊戌太政官令，该司行政级别相同于寮。《续日本纪》卷11《圣武纪》天平四年十月条："正五位上粟田朝臣人上为**造药师寺大夫**。"（第二册，p. 264）

【造薬師寺司/ぞう やくしじ のつかさ】 多音 （2例） 造药师寺司。《续日本纪》卷2《文武纪》大宝元年六月条："壬子，以正五位上波多朝臣牟胡闭、从五位上许曾倍朝臣阳麻吕，任**造药师寺司**。"（第一册，p. 40）又卷8《元正纪》养老三年三月条："三月辛卯，始置**造药师寺司**史生二人。"（第二册，p. 52）

【造宅/いへをつくる】 述宾 （3例） 盖建住宅。《播磨国风土记・饰磨郡》条："右，称多志野者，品太天皇巡行之时，以鞭指此野，敕云：'彼野者，宜**造宅**及垦田。'故号佐志野。今改号多志野。"（p. 42）《丰后国风土记・日田郡》条："其邑阿自，就于此村，**造宅**居之。因斯名曰靫负村。后人改曰靫编乡。"（p. 288）又《松浦郡》条："自尔以来，白水郎等就于此岛，**造宅**居之。因曰大家乡。"（p. 334）（1）失译人名今附后汉录《佛说安宅神咒经》卷1："**造宅**立堂宇，安育诸群生。园林并池沼，门墙及与圃。起心兴舍室，动静应圣灵。稽首归命佛，众魔莫能倾。"唐窥基撰《妙法莲华经玄赞》卷7《信解品》："**造宅**者起慈悲心，立舍者显空胜义。或造者，起也，宅即舍，谓慈悲心。"唐道世撰《法苑珠林》卷68："夫妇相将，往至故舍，周历案行，随其行处，伏藏自出，即以珍宝，雇人**造宅**月宫宅，未盈一悉成。"（2）《魏书》卷14《神元平文诸帝子孙传》："时文明太后为王睿**造宅**，故亦为丕造甲第。"《梁书》卷27《明山宾传》："后刺史检州曹，失簿书，以山宾为耗阙，有司追责，籍其宅入官，山宾默不自理，更市地**造宅**。"按：《汉语大词典》失收。

【造諸悪/しょあくをいたす】 三字 做各种坏事。"诸恶"，巴利语kilesa，诸多恶事、烦恼。《日本书纪》卷16《武烈纪》即位前纪条："长好刑理，法令分明，日晏坐朝，幽枉必达，断狱得情。又频**造诸恶**，不修一善。凡诸酷刑，无不亲览。国内居人，咸皆震怖。”（第二册，p. 268）东晋佛驮跋陀罗译《大方广佛华严经》卷56《入法界品》：“种种生邪见，幻诳诸谄伪，如是**造诸恶**，流转于世间。”唐义净译《金光明最胜王经》卷2《梦见金鼓忏悔品》：“今对十力前，至心皆忏悔。我不信诸佛，亦不敬尊亲。不务修众善，常**造诸恶**业。或自恃尊高，种姓及财位。盛年行放逸，常**造诸恶**业。心恒起邪念，口陈于恶言。不见于过罪，常**造诸恶**业。恒作愚夫行，无明暗覆心。随顺不善友，常**造诸恶**业。或因诸戏乐，或复怀忧恼。为贪瞋所缠，故我**造诸恶**。亲近不善人，及由悭嫉意。贫穷行谄诳，故我**造诸恶**。虽不乐众过，由有怖畏故。及不得自在，故我**造诸恶**。或为躁动心，或因瞋恚恨。及以饥渴恼，故我**造诸恶**。由饮食衣服，及贪爱女人。烦恼火所烧，故我**造诸恶**。”

【則天御宇/てんにのとりあめのしたしらしめす】 四字　→**【光啓大猷】**

【増病/ますますやむ】 述宾　病情加重。《日本灵异记》中卷《依汉神祟杀牛而祭又修放生善以现得善恶报缘第5》：“又径七年间，医药方疗犹不愈。唤集卜者而祓祈祷，亦弥**增病**。”（p. 159）东晋佛陀跋陀罗、法显合译《摩诃僧祇律》卷7：“时有一狗问驱者言：‘何故驱我？’驱者答言：‘王病小差，眠中闻狗吠生，惊觉**增病**，是故驱汝。’”后秦弗若多罗译《十诵律》卷26：“一比丘病，服下药须肉，不能得。若不得肉，或当**增病**。如是思惟已，捉利刀入室，自割髀肉持与婢。”姚秦鸠摩罗什译《杂譬喻经》卷1：“其余诸法不易用也，用之者宜必得其师，善用者则病损，不善用者则**增病**也。”按：《汉语大词典》失收。

【増発/ますますおこす】 述宾　更加生起，进一步生发；增派兵士。《日本灵异记》中卷《依汉神祟杀牛而祭又修放生善以现得善恶报缘第5》：“自阎罗阙还苏，**增发**誓愿。从此已后，效不祭神。”（p. 160）（1）后汉安世高译《一切流摄守因经》卷1：“是闻比丘行者，发精进行令断恶法，受清净法行，**增发**胆力，坚精进方便，不舍清净法。”唐菩提流志译《不空罥索神变真言经》卷21《无垢光神通解脱坛三昧耶像品》：“像置莲台，前置阏伽散诸香华，烧沉水香白栴檀香。持真言者，常净洁浴，著新净衣，以大慈悲，**增发**种种，菩提胜行。”唐善无畏、一行合译《大毘卢遮那成佛神变加持经》卷1《入漫荼罗具缘真言品》：“如是受弟子，远离诸尘垢。**增发**信心故，当随顺说法。”（2）《文选》卷53陆机《辩亡论下》：“（权曰：五万兵难卒合，已选三万人，船载粮具俱办。卿与子敬便在前发，孤当**增发**人众，多载资粮，为军后援也。）”《魏书》卷67《崔光传》：“恭敬拜跽，悉在下级。远存瞩眺，周见山河，因其所眄，**增发**嬉笑。”按：《汉语大词典》失收。

【増発信心/ますますうやまふこころをおこす】 四字　愈发增强远离怀疑的清净心。《日本灵异记》下卷《重斤取人物又写〈法华经〉以现得善恶报缘第22》：“还来，如前多人以帚扫道，作椅言：‘奉写《法华经》之人，从阎罗王宫还来之。’度彼椅毕，才见苏还。然而后戴所写之经，**增发信心**，讲读供养。”（p. 316）唐善无畏、一行合译

《大毘庐遮那成佛神变加持经》卷 1《入漫荼罗具缘真言品》："如是受弟子，远离诸尘垢，**增发信心**故，当随顺说法，慰喻坚其意，告如是偈言，汝获无等利，位同于大我。"→【增信】

【增福/さきほひをおくる】 述宾 （2 例）（通过追善的法事，为死者）追送福德。《日本灵异记》中卷《因慳贪成大蛇缘第 38》："取其钱以为诵经，修善**增福**矣。"（p. 244）又下卷《不顾因果作恶受罪报缘第 37》："时妻子等闻之，恳哀之言：'卒经七七日，为彼恩灵修善**增福**既毕。何图堕恶道受剧苦之耶？'"（p. 358）宋宗镜述、侯冲整理《销释金刚经科仪》卷 1："不受不贪，知足常足，无罪亦无福。随缘过日，且忌分诉。千家一钵，衲子活路。虽无一物，与众生**增**[①]**福**。"→【追增福聚】【追增福力】

【增加精進/ますますしょうじんをくわふ】 四字 愈加不懈怠地努力上进，勇猛修行善法而断恶法。《日本灵异记》中卷《至诚心奉写〈法华经〉有验示异事缘第 6》："未历二七日，请经试纳，函自少延，垂不得纳。檀越**增加精进**悔过，历三七日纳，乃得纳。"（p. 161）刘宋求那跋陀罗译《杂阿含经》卷 6："所以族姓子剃除续发，身著染衣，正信非家，出家学道，**增加精进**，修诸梵行，见法自知作证：'我生已尽，梵行已立，所作已作，自知不受后有。'"唐菩提流志译《大宝积经》卷 16："复次金刚摧，菩萨若梦中，见菩萨踰宫出，此菩萨初地，六地处处见，**增加精进**，得不退转，在菩提记界，疾近无上道。"唐道世撰《诸经要集》卷 3："时夫比丘，见此事已，从是以后，**增加精进**，修补塔庙，积功转胜，应生第四，兜率天上。"按：《日本灵异记》中卷《孤娘女凭敬观音铜像示奇表得现报缘第 34》："因信因果，**增加**殷勤，恭敬彼像。"（p. 239）例中"增加"用作副词，训读为"マスマス"，修饰后续形容词"殷勤"。这一用法有别于汉语的一般用法。

【增苦/ますくるしび】 述宾 增加痛苦。《万叶集》卷 5《沉痾自哀文》："若实若虚，随其所教，奉币帛，无不祈祷。然而弥有**增苦**，曾无减差。"（第二册，p. 76）姚秦竺佛念译《出曜经》卷 18："有缘则增苦者，前有因缘，后生**增苦**。前无因缘，苦何由生？犹如泉源，出水成江河，此亦如是。因前有缘，则有苦际，渐渐增长，至四百四患，是故说有缘，则**增苦**也。"北凉昙无谶译《菩萨戒本》卷 1："若彼发狂若**增苦**，受诸大士，已说众多，突吉罗法。"唐玄奘译《阿毘达磨大毘婆沙论》卷 50："所以者何？若起后，有一刹那者，则为**增苦**，苦者，即是非爱果摄。"按：《汉语大词典》失收。

【增上縁/ぞうじょうえん】 三字 梵语 adhipati-pratyaya。为四缘之一。乃一切有为法生起或结果之间接原因，凡有强胜之势用，能成为他法生起、结果之助力者，皆称

① "赠"，甲本中作"增"。

为增上缘。《日本灵异记》中卷《极穷女于尺迦丈六佛愿福分示奇表以现得大福缘第28》："女得钱四贯，为**增上缘**，大富饶财，保身存命。"（p. 223）隋慧远撰《大乘义章》卷3："**增上缘**者，起法功强，故曰增上。以此增上为法缘，故名**增上缘**。"唐善导撰《安乐集》卷1："众生亦尔，在此起心，立行愿，生净土，此是自力；临命终时，阿弥陀如来，光台迎接，遂得往生，即为他力。故《大经》云：'十方人天，欲生我国者，莫不皆以，阿弥陀如来，大愿业力，为**增上缘**也。'"

【増信/ますますうべなふ】偏正　增强信仰佛教的信念。《日本灵异记》中卷《忆持〈心经〉女现至阎罗王阙示奇表缘第19》："设会讲读，**增信**因果，殷勤诵持，昼夜不息。"（p. 200）东晋佛陀跋陀罗、法显合译《摩诃僧祇律》卷7："时诸优婆塞，来诣比丘，欲礼拜听法。见如是事，心生不喜，便作是言：'阿阇梨，沙门之法，所为善行，当令不信者信，信者**增信**。而今所为，悉皆非法，更令不信增长，信者心坏。'"刘宋求那跋陀罗译《杂阿含经》卷1："慧者所道德言如法行便得信，从得信，听事著意不舍离，所教合聚，便得**增信**、增戒、增闻、增施、增慧增高。"隋阇那崛多译《大法炬陀罗尼经》卷2《授魔记品》："彼魔如是，现大神通，化诸居士，优婆塞等，**增信**欢喜，然后说法，教令发心。"→【増発信心】

【憎捨/にくみすつ】并列（3例）　因憎恶而弃舍。《元兴寺伽蓝缘起并流记资财账》："时召池边皇子与大大王二柱告：'佛神者恐物。大父后言莫忘，慎慎！佛神不可**憎舍**。"又："第十一年辛丑年他田天皇大前大后大大王白：'先己丑年大父祖大臣后言：'佛法莫**憎**莫**舍**。'' 如是后言受在。然庚寅年依佛法谏止故哩侍。又辛卯年父天皇后言承在也，池边皇子与我二人召告宣：'佛法不可**憎舍**也。'"姚秦鸠摩罗什译《大智度论》卷59《校量舍利品》："有为善法是行处，无为法是依止处；余无记、不善法，以舍离故不说。此是新发意菩萨所学。若得般若波罗蜜方便力，应无生忍，则不爱行法，不**憎舍**法，不离有为法而有无为法，是故不依止涅槃。"

【斎供/さいく】偏正　斋的敬称。本来是谓斋戒，即谨慎饮食动作，使心保持清净。日本转指在信徒家中的忌日应邀前往诵经以得食维生的僧侣，或称佛事时的饮食。《续日本纪》卷9《元正纪》养老六年十一月条："即从十二月七日，于京并畿内诸寺，便屈请僧尼二千六百三十八人，设斋供也。"（第二册，p. 126）《说文》卷1《示部》："［斋］戒，洁也。从示，斋省声。"（1）梁慧皎撰《高僧传》卷3："宋彭城王义康，崇其戒范，广设**斋供**，四众殷盛，倾于京邑。"唐义净译《根本说一切有部毘奈耶杂事》卷16："若作**斋供**，书经造像，不洗净者，由轻慢故，得福寡薄。"唐道宣撰《四分律删繁补阙行事钞》卷3："若以财物，令人造像，施僧**斋供**，使我眼见，因即命终者成。"（2）《颜氏家训·终制第20》："杀生为之，翻增罪累。若报罔极之德，霜露之悲，有时**斋供**，及七月半盂兰盆，望于汝也。"《魏书》卷58《杨播传》："及其家祸，尒朱仲远遣使于州害之，时年三十二。吏人如丧亲戚，城邑村落，为营**斋供**，一月之中，所在不绝。”

【斋会/さいえ】 偏正 （2例） 集合僧侣供养斋食的法会。斋食是指佛事之际，供养僧侣的斋食。印度、中国自古以来都举行该仪式。《日本灵异记》下卷《弥勒菩萨应于所愿示奇形缘第8》：“诸人传闻，来见彼像。或献俵稻，或献钱衣及以供上一切财物，奉缮写《瑜伽论》百卷，因设**斋会**，既而其像奄然不现。”（p. 280）《续日本纪》卷18《孝谦纪》天平胜宝四年四月条：“所作奇伟，不可胜计。佛法东归，**斋会**之仪，未曾有如此之盛也。”（第三册，p. 116）（1）西晋竺法护译《般泥洹后灌腊经》卷1：“若供养师，施与贫穷，可设**斋会**。”梁慧皎撰《高僧传》卷13：“学业优深，苦行精峻，每赴**斋会**，常为大众说法。”（2）《魏书》卷77《羊深传》：“灵太后曾幸邙山，集僧尼**斋会**，公卿尽在座。会事将终，太后引见（羊）深，欣然劳问之。”（p. 1703）按：《续日本纪》卷32《光仁纪》宝龟四年七月条：“庚子，赐供奉周忌御**斋会**尼及女孺二百六十九人，杂色人一千四十九人物各有差。”（第四册，p. 410）例中“御斋会”，“斋会”的敬语说法，在中土文献未见，疑似自创搭配表达。

【斋戒/いむこと】 格义 广义指清净身心，而慎防身心之懈怠；狭义指八关斋戒，或特指过午不食之戒法。《日本灵异记》中卷《依汉神祟杀牛而祭又修放生善以现得善恶报缘第5》：“故自卧病年已来，每月不阙，六节受**斋戒**，修放生业，见他杀含生之类，不论而赎，又遣八方，访买生物而放。”（p. 159）后汉安世高译《阿难问事佛吉凶经》卷1：“净施所安，不违道禁，斋戒不厌，心中欣欣。”隋慧远撰《大乘义章》卷12：“防禁故名为**戒**，洁清曰**斋**。”按：《日本书纪》卷3《神武纪》即位前纪己未年二月条：“天皇以前年秋九月，潜取天香山之埴土，以造八十平瓮，躬自**斋戒**祭诸神，遂得安定区宇，故号取土之处曰埴安。”（第一册，p. 228）又卷5《崇神纪》七年二月条：“时得神语随教祭祀，然犹于事无验。天皇乃沐浴**斋戒**，洁净殿内而祈之曰：‘朕礼神尚未尽耶？何不享之甚也。冀亦梦里教之，以毕神恩。’”（第一册，p. 270）又卷14《雄略纪》七年七月条：“天皇不**斋戒**。其雷虺虺，目精赫赫。天皇畏，蔽目不见，却入殿中，使放于岳。仍改赐名为雷。”《续日本纪》卷2《文武纪》大宝二年三月条：“己卯，镇大安殿大祓。天皇御新宫正殿**斋戒**。惣颁币帛于畿内及七道诸社。”（第一册，p. 54）又卷12《圣武纪》天平七年八月条：“又其长门以还诸国守，若介，专**斋戒**，道飨祭祀。”（第二册，p. 292）上引例中“斋戒”，是汉语固有用法，谓古人在祭祀前沐浴更衣，整洁身心，以示虔诚。

【斋讫/いはひをはる】 完成 斋供结束。《续日本纪》卷12《圣武纪》天平七年十月条：“冬十月丁亥，诏：‘亲王薨者，每七日供斋，以僧一百人为限。七七日**斋讫**者，停之。自今以后，为例行之。’”（第二册，p. 294）唐慧立本、释彦悰笺《大唐大慈恩寺三藏法师传》卷7：“每日**斋讫**，黄昏二时，讲新经论，及诸州听学僧等恒来决疑请义。”唐道宣撰《续高僧传》卷8：“登又下敕：‘于终南焚地，设三千僧斋，**斋讫**

焚之。天色清朗无云，而降细雨，若阇毘如来之状也。'”唐道世撰《法苑珠林》卷55：“十五日斋讫，道士等以柴荻和沉檀香为炬，绕经泣泪，启白天尊乞验。”

【斎日/さいにち】 偏正　在家信徒谨慎身心，以保清净的特定之日。当天修行八斋戒法，忏悔既往的罪过，只行善事。有六斋日（每月八日、十四日、十五日、二十三日、二十九日、三十日）、十斋日（每月十日）、八王日（立春、春分、立夏、夏至、立秋、秋分、立冬、冬至）、三长斋（正月、五月、九月）四种。又谓祖先、父母等的祥月忌辰。《日本灵异记》上卷《凶女不孝养所生母以现得恶死报缘第24》：“故京有一凶妇，姓名未详也。曾无孝心，不爱其母。母当斋日不炊饭，思念斋食，便就女边而乞饭。”（p. 112）姚秦鸠摩罗什译《摩诃般若波罗蜜经》卷12《无作品》：“六斋日——月八日、二十三日、十四日、二十九日、十五日、三十日，诸天众会善男子、善女人为法师者在所说般若波罗蜜处皆悉来集。”刘宋求那跋陀罗译《杂阿含经》卷41：“尔时，世尊告诸释氏：‘汝等诸瞿昙，于法斋日及神足月受持斋戒，修功德不?’”→【八斎戒】【百七斎】【百日斎】【長斎】【大会設斎】【大設斎】【大斎】【大斎会】【大斎（之）悔過】【奉斎】【供斎】【国忌斎】【忌斎】【潔斎】【設斎】【御斎】【月六斎】【周忌御斎】【作斎】

【斎食/さいじき】 偏正（11例）　僧尼或佛教徒吃的素食。《日本书纪》卷20《钦明纪》十三年是岁条：“屈请三尼，大会设斋。此时达等得佛舍利于斋食上。”（第二册，p. 488）《日本灵异记》上卷《凶女不孝养所生母以现得恶死报缘第24》：“故京有一凶妇，姓名未详也。曾无孝心，不爱其母。母当斋日不炊饭，思念斋食，便就女边而乞饭。其女曰：‘今家长与我，亦将斋食。除此以外，无余供母。’”（p. 112）又《非理夺他物为恶行受恶报示奇事缘第30》：“一日斋食者，得十年之粮。”（p. 126）又中卷《女人恶鬼见点攸食噉缘第33》：“韩筥入头，初七日朝，置三宝前以为斋食。”（p. 234）又下卷《序》：“昔有一比丘，住山坐禅。每斋食时，拆饮施乌，乌常啄效，每日来候。比丘斋食讫后，嚼杨枝，嗽口洒手，把砾而玩。乌居篱外。时彼比丘，不瞪居乌，投砾中乌。乌头破飞即死，死生猪，猪住其山。彼猪至于比丘室上，颓石求食，径下中比丘而死。”（p. 260）又《沙门诵持方广大乘沉海不溺缘第4》：“彼智奥国而为陷舅，聊备斋食，供于三宝。舅僧展转乞食，偶值法事，有于自度之例。匿面而居，受其供养。”又《漂流大海敬称尺迦佛名得全命缘第25》：“妻子见之，面目漂青。惊怪之言：‘入海溺死，径七七日，而为斋食，报恩既毕。不思之外，何活还来？若是梦矣。若是魂矣。’”（p. 326）《续日本纪》卷29《称德纪》神护景云二年二月条：“对马岛上县郡人高桥连波自米女，夫亡之后，誓不改志。其父寻亦死。结庐墓侧，每日斋食。孝义之至，有感行路。表其门闾，复租终身。”（第四册，p. 190）又卷32《光仁纪》宝龟三年十二月条：“十二月壬子，武藏国入间郡人矢田部黑麻吕，事父母至孝，生尽色养，死极哀毁，斋食十六月，终始不阙。免其户徭，以旌孝行。”（第四册，p. 394）（1）失译人名今附西晋录《佛说玉耶女经》卷1：“给孤独家议曰：‘其妇憍慢，当以何法，而教训之？若以杖捶，非善法也。若无训教，其罪日增长者。唯佛大圣，善能教训。办供设**斋食**，明日请佛，佛即受请。’”失译人名今附东晋录《佛说护净经》卷1：“自今已后，欲得福者，如法作**斋食**，可得福德。”梁宝唱等集《经律异相》卷50：“犹食**斋食**不持斋，后生八百世常作罗刹。”（2）《颜氏家训·风操》：“世人或端坐奥室，不妨言笑，盛营甘美，厚供**斋食**，迫有急卒，密戚至交，尽无相见之理，盖不知礼意乎？”

【沾雨/あめにぬる】 述宾　被雨打湿。《日本书纪》卷11《仁德纪》三十年十月条：“于是，口持臣之妹国依媛仕于皇后。适是时，侍皇后之侧，见其兄**沾雨**，而流涕之歌曰。”（第二册，p.48）（1）唐澄观述、宋净源重刊《华严经疏科》卷13《二**沾雨**灭惑》《三**沾雨**生善》。《敦煌变文·八相押座文》“一沾两沾三**沾雨**，灭却衢中多少尘。”（2）《太平御览》卷870引《神仙传》曰：“王遥字伯辽，夜大雨晦冥，遥出行不**沾雨**，有炬火常在于前。”（p.3858）按：《汉语大词典》失收。

【栴檀香/せんだんこう】 三字　梵语 candana-gandha。为檀香料檀香属之常绿乔木。以产自印度的老山檀为上乘之品。《日本书纪》卷27《天智纪》十年十月条：“是月，天皇遣使，奉袈裟、金钵、象牙、沉水香、**栴檀香**及诸珍财于法兴寺佛。”（第三册，p.292）唐慧琳撰《一切经音义》卷3：“**栴檀香**：梵语，白檀香名也。上之然反，下唐兰反。此香出南海，有赤白二种，赤者为上。”后汉竺大力、康孟详合译《修行本起经》卷1《现变品》：“玉女宝者，其身冬则温暖，夏则清凉，口中青莲花香，身**栴檀香**，食自消化，无大小便利之患，亦无女人恶露不净，发与身等，不长不短，不白不黑，不肥不瘦，是以名为，玉女宝也。”姚秦鸠摩罗什译《妙法莲华经》卷6《法师功德品》：“以是清净鼻根，闻于三千，大千世界，上下内外，种种诸香：须曼那华香、阇提华香、末利华香、瞻卜华香、波罗罗华香，赤莲华香、青莲华香、白莲华香，华树香、菓树香，**栴檀香**、沉水香、多摩罗跋香、多伽罗香，及千万种和香，若末、若丸、若途香，持是经者，于此间住，悉能分别。”

【薝（占）匐花/せんぷく のはな】 三字　即栀子花。《日本灵异记》下卷《刑罚贱沙弥乞食以现得顿恶死报缘第33》：“《十轮经》云：‘**薝匐花**虽萎，犹胜诸花。破戒诸比丘，犹胜诸外道。’”（p.347）→【十輪経】

【展転乞食/めぐりてく ひものをこふ】 四字　四处流浪，乞讨为生。《日本灵异记》下卷《沙门诵持方广大乘沉海不溺缘第4》：“彼聟奥国而为陷舅，聊备斋食，供于三宝。舅僧**展转乞食**，偶值法事，有于自度之例。匿面而居，受其供养。”（p.272）西晋安法钦译《阿育王传》卷1：“于是子海，便出家学道，**展转乞食**，至华氏城，不识村落，入爱乐狱中，而作是言：‘外相可爱，内如地狱。’便欲出去，耆梨不听。”→【喜展転~】

【展転行之、常在不滅/てんてんしてこれをぎょうぜば、じょうざいふめつ】 典据 一直坚持持戒，并使之像灯火一样永远不灭。《唐大和上东征传》："如佛所言：'我诸弟子**展转行之**，即为如来**常在不灭**；亦如一灯燃百千灯，瞑者皆明明不绝。'"（p. 96）姚秦鸠摩罗什译《佛垂般涅槃略说教诫经》卷1："自今已后，我诸弟子，**展转行之**，则是如来，法身**常在**，而**不灭**也。是故当知，世皆无常，会必有离，勿怀忧也。"唐道世撰《法苑珠林》卷34："若能持戒，**展转行之**，即是如来，法身**常在**，而**不灭**也。夫戒有三种：一是俗戒；二是道戒；三是定戒。五八十具戒，等为俗戒，无漏四谛，为道戒，三昧禅思，为定戒。以慧御戒，使成无漏，乃合道戒。"

【張説羅網/らもうをはりまうく】 四字 张网，结网。《万叶集》卷17第4011～4015首歌注："于是，**张设罗网**，窥乎非常，奉币神祇，恃乎不虞也。"（第四册，p. 217）元魏慧觉译《贤愚经》卷8："次复前行，见捕鱼师，**张设罗网**，所得甚多。积著陆地地，趣能动摇。复问其故，咄何以尔？各前答言：'祖父已来，无余生业，唯仰捕鱼，卖供衣食。'"元魏瞿昙般若流支译《正法念处经》卷29："复有异人，以恶方便，作诸绢弶，**张设罗网**。捕猎鸟兽，种种杀具，网漉众生，令其断命。"

【張網捕鳥/あみをはりてとりをとらふ】 自创 设网捕捉飞禽。《日本书纪》卷11《仁德纪》四十三年九月条："臣每张**张网捕鸟**，未曾得是鸟之类。故奇而献之。"（第二册，p. 60）（1）姚秦竺佛念译《出曜经》卷5《爱品》："网覆者，犹如世人，以罗**网捕鸟**，以罝弶捕鹿，以深穽捕虎。其有鸟兽，遭此难者，无有出期。此众生类，亦复如是，以欲网所覆，不见善恶，意常甘乐妙色香味细滑法，为爱所缠，不能去离。其有众生，堕于爱网者，必败正道，不至究竟，是故说爱网覆也。"北凉昙无谶译《大般涅槃经》卷15："何等名为尼陀那经？如诸经偈，所因根本，为他演说。如舍卫国，有一丈夫，罗**网捕鸟**，得已笼系，随与水谷，而复还放。世尊知其，本末因缘，而说偈言。"元魏瞿昙般若流支译《正法念处经》卷29《观天品》："云何不杀？若诸猎师，罗**网捕鸟**，若人捕鱼，其人见之，以物赎命，还令得脱。"（2）晋世法炬、法立合译《法句譬喻经》卷3《忿怒品》："昔有国王，喜食雁肉，常遣猎师，**张网捕**雁，日送一雁以供王食。"刘宋求那跋陀罗译《杂阿含经》卷50："时有猎师，名曰尺只，去十力迦叶不远，**张网捕**鹿。"元魏慧觉等译《贤愚经》卷9《善事太子入海品》："太子闻此，深叹舍去。到河池边，见捕鱼师，**张网捕**鱼，狼藉在地，跳踉申缩，死者无数。"按：在汉译佛经当中，关于拉网捕捉飞鸟的说法，有（1）"～网捕鸟"和（2）"张网捕～"两种形式，《仁德纪》的撰录者据此自创了"张网捕鸟"的说法。而且，这一说法还舍弃了佛教所宣扬的不杀生的形而上的含义。

【長大之後/ひととなりてのちに】 时段 成人以后。《日本灵异记》上卷《僧用涌汤薪而与他作牛役之示奇缘第20》："其寺有一犉而生犊子。**长大之后**，驾车载薪，无憩所驱，控车入寺。"（p. 104）（1）隋吉藏撰《金光明经疏》卷1："于中初二行明

在胎内为天所护故曰天子，次一行明胎外为天所养故名天子，后一行明长大之后天德分与故名天子，后半行结为天神力所加故，得自在名为天也。”宋延寿集《宗镜录》卷88：“问：‘真如寂灭，本无次第之殊。法界虚玄，岂有阶降之别？云何一真体上，而分五位十地之名？’答：‘若以唯识真性，则性融一切，尚不指一，何况分多？以解行证入之门，不无深浅，如太虚空，本无差异。婴孩之时，观唯不远；长大之后，见则无边。非彼空之有短长，乃是眼之自明昧。’”（2）《旧唐书》卷74《马周传》：“又言赖诸王年少，傅相制之；长大之后，必生祸乱。历代以来，皆以谊言为是。”（p. 2617）

【長者/ちょうじゃ】 格义 （4例） 梵语 gṛha-pati，为“家主”“居士”之意。一般则通称富豪或年高德劭者。《日本灵异记》中卷《依汉神祟杀牛而祭又修放生善以现得善恶报缘第5》：“如《最胜王经》说：‘流水长者，放十千鱼。鱼生天上，以四十千珠，现报流水长者。’其斯谓之矣。”（p. 160）又下卷《产生肉团之作女子修善化人缘第19》：“昔佛在世时，舍卫城须达长者之女苏曼，所生卵十枚，开成十男，出家皆得罗汉果。迦毘罗卫城长者之妻，怀妊生一肉团，到七日头，肉团开敷，有百童子。一时出家，而百人俱得阿罗汉果。”（p. 309）隋智顗说《妙法莲华经文句》卷5《释譬喻品》：“出世长者，佛从三世真如实际中生，功成道著，十号无极，法财万德，悉皆具满。”唐窥基撰《妙法莲华经玄赞》卷10《观世音普门品》：“心平性直，语实行敦，齿迈财盈，名为长者。”→【流水長者】【須達長者】

【丈夫論/じょうぶろん】 内典 即《大丈夫论》。2卷。北凉道泰译。共有39品，广说悲心行施之情景及功德。《日本灵异记》下卷《击沙弥乞食以现得恶死报缘第15》：“所以《丈夫论》云：‘悭心多者，虽是泥土，重于金玉；悲心多者，虽施金玉，轻于草木。见乞人时，不忍言无，悲泣堕泪。’云云。”（p. 298）又下卷《刑罚贱沙弥乞食以现得顿恶死报缘第33》：“又如经论说：‘悭心多者，虽是泥土，重于金玉。吝贪之人，闻乞粪土，犹怀吝惜。惜财不布施，藏积恐人知。舍身空手去，饿鬼中受饥寒心。’”（p. 347）（1）北凉道泰等译《大丈夫论》卷1《施悭品》：“悭心多者，虽施泥土，重于金玉；悲心多者，虽施金玉，轻于草木。”（2）唐道世撰《法苑珠林》卷81《随喜部》：“又《大丈夫论》云：‘若悭心多者，虽复泥土，重于金玉；若悲心多者，虽施金玉，轻于草木……见人乞时，不忍言无，悲苦堕泪。’”该例亦见于《诸经要集》卷10《相对缘》。（3）唐法崇述《佛顶尊胜陀罗尼经教迹义记》卷1：“又《萨遮尼乾子经》云：‘惜财不布施，藏积恐人知。舍身空手去，饿鬼中受苦还受饥。’又《丈夫论》说：‘悭心多者，虽是泥土，重于金玉；悲心多者，虽是金玉类，轻于草木。’又云。‘悭贪之人，粪土尚惜，何况财物？’”

【丈六/じょうろく】 佛名 （12例） 即一丈六尺（的身躯），通常是化身佛的身量。《日本灵异记》上卷《归信三宝钦仰众僧令诵经得现报缘第32》：“但谓：‘自非三宝神力，孰肯掾其重忧。’流闻大安寺丈六，能随人愿。仍便使人，诣寺诵经。”

（p. 130）又："诚知**丈六**之威光，诵经之功德也。"（p. 131）又中卷《极穷女于尺迦丈六佛愿福分示奇表以现得大福缘第28》："女又参向于**丈六**前，献花香灯，罢家而寝。"（p. 223）又："女如先参往**丈六**前，愿白福分，罢家而寝。明日开户见之，阈前有钱四贯。"（p. 223）《续日本纪》卷2《文武纪》大宝元年七月条："戊戌，太政官处分，造宫官准职，造大安、药师二寺官准寮，造塔、**丈六**二官准司马。"（第一册，p. 42）《元兴寺伽蓝缘起并流记资财账》："又敬造法师寺，田园封户奴婢等纳奉。又敬造**丈六**二躯，又修自余种种善根。"又："面奉弥勒，听闻正法，悟无生忍，速成正觉。十方诸佛及四天等，所以至诚心誓愿，所造二寺及二躯**丈六**，更不破不流不斫不烧，二寺所纳种种诸物，更不摄取不灭不犯不谬也。"又："面奉弥勒，听闻正法，悟无生忍，速成正觉。十方诸佛及四天等，所以至诚心誓愿，所造二寺及二躯**丈六**，更不破不流不斫不烧，二寺所纳种种诸物，更不摄取不灭不犯不谬也。若我正身，若我后嗣子孙等，若疎他人等，若有此二寺及二躯**丈六**凌轻斫烧流，若有此二躯丈六所纳之物返逼取，谬有如是事者，必当受种种大灾大羞。"又："又告：'刹柱立在处及二躯**丈六**作奉处者，莫秽污事，又莫人住污。又有此谬谏犯法者，同于前愿，受大灾羞之。'"又："所谓刹柱立处者，宝栏之东佛门之处。所谓二躯**丈六**作处者，物见冈之北方乎。地东有十一丈大殿，铜**丈六**作奉。西有八角圆殿者，绣作佛像奉。"后汉昙果、康孟详合译《中本起经》卷1《化迦叶品》："方身立**丈六**，姿好八十章，顶光烛幽昧，何驶忽无常。"晋世法炬、法立合译《法句譬喻经》卷3《爱欲品》："化沙门，即现相好，**丈六**金色光明，普照感动一山，飞鸟走兽，寻光而来，皆识宿命，心内悔过。"高丽一然撰《三国遗事》卷3："西竺阿育王，聚黄铁五万七千斤，黄金三万分，将铸释迦三尊像。未就，载舡泛海而祝曰：'愿到有缘国土，成**丈六**尊容，并载模样一佛二菩萨像。'"→【阿弥陀丈六像】【弥勒丈六仏像】【尺迦丈六】【尺迦丈六仏】【释迦丈六仏像】

【丈六仏/じょうろく のほとけ】 佛名 （5例） 一丈六尺的化身佛。普通人身高八尺，佛超出普通人，故称。佛像雕刻以此为标准。《日本书纪》卷19《钦明纪》六年九月条："盖闻造**丈六佛**功德甚大。今敬造，以此功德，愿天皇获胜善之德，天皇所用弥移居国，俱蒙福佑。又愿普天之下一切众生，皆蒙解脱。故造之矣。"（第二册，p. 404）又卷22《推古纪》十四年五月条："今朕为造**丈六佛**，以求好佛像。"（p. 552）又卷24《皇极纪》三年六月条："丰浦大臣妄推曰：'是苏我臣将来之瑞也。'即以金墨书，而献大法兴寺**丈六佛**。"（第三册，p. 92）《日本灵异记》中卷《极穷女于尺迦丈六佛愿福分示奇表以现得大福缘第28》："圣武天皇世，奈罗京大安寺之西里，有一女人。极穷，命活无由而饥。流闻大安寺**丈六佛**，众生所愿，急能施赐。买花香油，而以参往于**丈六佛**前，奉白之言：'我昔世不修福因，现身受取贫穷之报。故我施宝，令免穷愁。'"（p. 223）姚秦鸠摩罗什等译《禅秘要法经》卷1："得此观时，当自然于日光中，见一**丈六佛**，圆光一寻，左右上下，亦各一寻，躯体金色，举身光明，炎赤端严。"

隋智顗说《妙法莲华经文句》卷2《序品》："若**丈六佛**放光者，三藏义也。若尊特佛，与**丈六佛**，共放光者，通义也。若尊特佛，独放光者，别义也。若**丈六佛**，即毘卢遮那，法身放光者，圆义也。"唐僧详撰《法华传记》卷5："到七宝地，宫殿相并，天人满中，顾视己身，羽翼顿成，大宝莲华台，一一文字，变作**丈六佛**身。"→【迟迦丈六仏】

【丈六仏像/じょうろくのぶつぞう】 四字 （9例） 一丈六尺的化身佛的佛像。《日本书纪》卷19《钦明纪》六年九月条："是月，百济造**丈六佛像**，制愿文曰：'造丈六佛功德甚大。'"（第二册，p.404）《日本书纪》卷21《用明纪》二年四月条："又奉造**丈六佛像**及寺。天皇未之悲恸。今南渊坂田寺木**丈六佛像**，挟侍菩萨是也。"（第二册，p.506）又卷22《推古纪》十三年四月条："……共同发誓愿，以始造铜、绣**丈六佛像**，各一躯。"（p.550）又十四年四月条："十四年夏四月乙酉朔壬辰，铜、绣**丈六佛像**并造竟。"（第二册，p.550）《续日本纪》卷14《圣武纪》天平十三年正月条："丁酉，故太政大臣藤原朝臣家返上食封五千户，二千户依旧返赐其家，三千户施入诸国国分寺，以充造**丈六佛像**之料。"（第二册，p.384）又卷19《孝谦纪》天平胜宝八年六月条："六月乙酉，敕：'遣使于七道诸国，催检所造国分**丈六佛像**。'"（第三册，p.164）又卷27《称德纪》天平神护二年七月条："丙子，遣使，造**丈六佛像**于伊势大神宫寺。"（第四册，p.128）《上宫圣德法王帝说》："其内有青□□瓶，其内纳舍利八粒。丙子年四月八日上露盘。戊寅年十二月四日铸**丈六佛像**。"姚秦鸠摩罗什等译《禅秘要法经》卷1："易观法者，先观佛像。于诸火光端，各作一**丈六佛像**想。此想成时，火渐渐歇，变成莲华，众多火山，如真金聚。"新罗慧超、唐圆照等撰《游方记抄》卷1："振州别驾闻大和上造寺，即遣诸奴各令进一椽，三日内一时将来，即构佛殿讲堂砖塔，椽木余又造释迦文**丈六佛像**。"→【仏像】

【丈六銅像/じょうろくのあかがねのみかた】 四字 （2例） 一丈六尺的化身佛铜像。《日本书纪》卷22《推古纪》十四年四月条："十四年夏四月乙酉朔壬辰，铜、绣丈六佛像并造竟。是日也，**丈六铜像**坐于元兴寺金堂。"（第二册，p.550）又卷25《孝德纪》大化元年八月条："马子宿祢奉为天皇，造丈六绣像、**丈六铜像**，显扬佛教，恭敬僧尼。"（第三册，p.122）《宋书》卷93《隐逸传》："宋世子铸**丈六铜像**于瓦官寺，既成，面恨瘦，工人不能治，乃迎颙看之。颙曰：'非面瘦，乃臂胛肥耳。'既错减臂胛，瘦患即除，无不叹服焉。"（p.2277）唐道宣撰《广弘明集》卷15："隋时蒋州兴皇寺佛殿被焚，中**丈六铜像**正当栋下。及火发栋坠，像自移南五六尺许，形得安全。四面瓦土灰炭，去像五六尺，曾不尘坫。今在白马寺鸟雀所不侵凌。"

【丈六繍像/じょうろくのぬいもののみかた】 自创 （3例） 一丈六尺的化身佛刺绣像。《日本书纪》卷25《孝德纪》大化元年八月条："马子宿祢奉为天皇，造**丈六绣像**、丈六铜像，显扬佛教恭敬僧尼。"（第三册，p.122）又《孝德纪》白雉元年十月条："是月，始造**丈六绣像**、侠侍、八部等四十六像。"（第三册，p.186）又白雉二年

三月条："二年春三月甲午朔丁未，**丈六绣像**等成。"（第三册，p. 186）元魏瞿昙般若流支译《正法念处经》卷43《观天品》："又舍恶贪言恶贪者，谓出家人或白象牙所作佛像，或刺**绣像**，或氍等上画作佛像，或刻木像，或铜等像。卖如是像，彼是恶贪。"唐法琳撰《辩正论》卷3："宫内常造刺**绣**织成**像**及画像，五色珠旛，五彩画旛等，不可称计。"

【杖錫/じょうしゃく】 偏正 亦作"锡杖"。拄着锡杖。谓僧人出行。锡，锡杖，云游僧所持法器。《唐大和上东征传》："景龙元年**杖锡**东都，因入长安。"（p. 34）晋庐山诸道人《游石门诗》序："释法师以隆安四年仲春之月，因咏山水，遂**杖锡**而游。"隋费长房撰《历代三宝纪》卷5："于时三吴先有支谦宣译经典，既初染大法风化未全，僧会欲使道振江淮兴立图寺，乃**杖锡**东游。"唐道宣撰《续高僧传》卷3："俄而发轫东夏，**杖锡**西秦，至于讲肆法筵，聆嘉声而响赴。剖疑析滞，服高义而景从。明镜屡照而不疲，鸿钟待扣而斯应。穷涯盈量，虚往实归。诚佛法之栋梁，实僧徒之领袖者也。"

【脹大/はれておおきにす】 并列 发胀，膨胀。《日本灵异记》下卷《女人滥嫁饥子乳故得现报缘第16》："林伫看之，于草中有，大快肥女，裸衣而踞，两乳**胀大**，如灶户垂。"（p. 301）刘宋沮渠京声译《治禅病秘要法》卷2："仙人持花，咒水出龙，吸诸风尽，龙身**胀大**，在地眠卧，终不能起。"元魏吉迦夜、昙曜合译《杂宝藏经》卷3："膖颔肿口气粗出，瞋怒心盛身**胀大**，出是恶声而谤言，幻惑谄伪见侵逼。"

【脹満/はる】 后补 胀得满满的，肿胀得高高的。《日本书纪》卷1《神代纪上》："于时暗也。伊奘诺尊乃举一片之火而视之。时伊奘冉尊**胀满**太高，上有八色雷公。"（第一册，p. 54）东晋瞿昙僧伽提婆译《三法度论》卷3《依品》："问：'云何不叫唤？'答：'不叫唤者，拘牟陀须、揵缇伽分、陀梨伽、波昙摩，此四是不叫唤，而极寒风，吹身**胀满**，使身如拘牟陀须、揵缇伽分、陀梨伽、波昙摩。'"姚秦佛陀耶舍、竺佛念等合译《四分律》卷35："时龙王身，**胀满**房中，窗户向孔中，身皆凸出。"唐菩提流志译《大宝积经》卷55："复有一风，名为普门，吹其胎身，悉令**胀满**，犹如浮囊。"按：《汉语大词典》释作"中医病名"。其根据是《素问·脉要精微论》："胃脉实则**胀**"唐王冰注："脉实者，气有余，故**胀满**。"

【障仏道/ほとけのみちをさまたぐ】 三字 阻碍成佛之道。《日本灵异记》下卷《刑罚贱沙弥乞食以现得顿恶死报缘第33》："今此义解云：'出血不能**障佛道**。说僧过时，破坏多人信，生彼烦恼，障圣道。是故菩萨，乐求彼德，不乐求彼失。'"（p. 348）姚秦鸠摩罗什译《大智度论》卷49《发趣品》："若菩萨摩诃萨，不念声闻、辟支佛心，及诸破戒，**障佛道**法，是名戒清净。"新罗元晓撰《涅槃宗要》卷1："第二句者，劝请意说，既除梦恶，劝修众善，举手低头，皆成佛道故，既除绝望心，识离诸恶，恶为祸本，能**障佛道**故。"唐般若译《大乘本生心地观经》卷6《离世间品》："或有菩萨，以忿恨等，而为恐怖，能损自佗，互为怨结，于多劫中，**障佛道**故。"

【招罪/つみをまねく】述宾　因恶业招感罪责。《日本灵异记》下卷《用寺物复将写〈大般若〉建愿以现得善恶报缘第23》："斯乃发愿之力。用物之灾，是我**招罪**。非地狱咎矣。"（p. 315）西晋竺法护译《佛说鹿母经》卷1："行恶自**招罪**，今受畜兽形，若蒙须臾命，终不违信盟。"唐义净译《根本说一切有部毘奈耶》卷42："时众无知辄为轻忽，无故**招罪**自害其躯，今我宜应发起善来殊胜之德。"唐善无畏译《观无量寿佛经疏》卷4："若论杀业，不简四生，皆能**招罪**，障生净土。但于一切生命，起于慈心者，即是施一切众生寿命安乐，亦是最上胜妙戒也。"

【朝朝暮暮/あさなゆふな】时段　早早晚晚，白天黑夜，每天每夜，无时无刻。《藤氏家传》上卷《镰足传》："赐纯金香炉，持此香炉，如汝誓愿，从观音菩萨之后，到兜率陀天之上，日日夜夜，听弥勒之妙说；**朝朝暮暮**，转真如之法轮。"（p. 243）唐法照撰《净土五会念佛诵经观行仪》："五会响扬出云霞，清音寥亮满恒沙。**朝朝暮暮**常能念，世世生生在佛家。"→【日日夜夜】

【沼边/ぬまのへ】后缀　沼泽旁边。《肥前国风土记・松浦郡》条："妇抱其怪，不得忍默，盗用绩麻，系其人襴，随麻寻往，到此峰头之**沼边**。有寝蛇，身人而沉沼底，头蛇而卧沼唇。"（p. 330）周宇文、阇那耶舍合译《大乘同性经》卷1："一时，婆伽婆住在大摩罗耶精妙山顶摩诃园林华池**沼边**大持咒神所居止处，人不能行，最得道者所居之处，共大比丘千二百五十人俱。"又："时毘毘萨那楞伽王闻，佛今住大摩罗耶精妙山顶摩诃园林华池**沼边**大持咒神所居之处，人不能行，最得道处，与千二百五十比丘现说梵行。"

【召告："～"告/めしてつげたまひしく～とつげたまひき】自创　告谕道："……"。《元兴寺伽蓝缘起并流记资财账》："然大大王天皇命等由良宫治天下时癸丑年，聪耳皇子**召告**：'此樱井寺者，我汝不得忌舍。牟都牟都斯于夜座弥与二，佛法初寺在。'又重后言大命：'受在寺在也。我等在，弖须良夜　此寺将荒灭。汝命以至心奉为斯归岛宫治天下天皇勤作奉也。然我者此等由良宫者寺成念。故宫门迁入急速作也。今不知，我子急速可仕俸。为我者小治田宫作。'**告**。"

【召将来/めしてゐきたる】三字　召唤带来，命令带来。《日本灵异记》下卷《阎罗王示奇表劝人令修善缘第9》："前道之头，有重楼阁，炫耀放晃，四方悬珠帘，其中居人，不觌面貌。一使走入而白之言：'**召将来**也。'告之：'召入。'奉诏召入。"（p. 284）元魏慧觉等译《贤愚经》卷6《月光王头施品》："正语左右：'可挑我眼。'左右诸臣，咸各言曰：'宁破我身，犹如芥子，不能举手，向大王眼。'王语诸臣：'汝等推觅，其色正黑，谛下视者，便**召将来**。'诸臣求得，将来与王。王即授刀，敕语令剜。"

【召将去/めしゐてさりぬ】自创　召唤带去，命令带去。《日本灵异记》中卷

《阎罗王使鬼受所召人之饷而报恩缘》："鬼率衣女，往于鹈垂郡衣女之家而对面，即从绯囊，出一尺凿，而打立额，即**召将去**。"（p. 215）

【召於~/~をめす】 于字 （2 例） 召唤，召见。《日本灵异记》中卷《智者诽妒变化圣人而现至阎罗阙受地狱苦缘第 7》："时阎罗王使二人，来**召于**光师。"（p. 167）又《阎罗王使鬼得所召人之赂以免缘第 24》："盘岛问之：'何往人耶？'答言曰：'阎罗王阙**召于**楢盘岛之往使也。'"（p. 211）唐不空译《金刚顶经多罗菩萨念诵法》卷 1："次结真实加持印，以此能**召于**一切。准前灌顶宝冠印，唯以精进度去来。"唐菩提仙译《大圣妙吉祥菩萨秘密八字陀罗尼修行曼荼罗次第仪轨法》卷 1："由此真言力，及结契相应。能**召于**本尊，并及余眷属。"唐金刚智译《佛说无量寿佛化身大忿迅俱摩罗金刚念诵瑜伽仪轨法》卷 1："请**召于**金刚，令得坚固身。不坏于三界，能护于行者。"

【照不窮/てることはきはまることあらず】 先例 照耀得无止境。《奈良朝写经 19 · 灌顶随愿往生经》："盖闻，无色无声方广之功自远，常有常净圆朗之**照不穷**。"（p. 129）明钱谦益钞《楞严经疏解蒙钞》卷 10："拄柱飞来一阵风，烛光触灭暗尘通。谁知别有通天路，一道神光**照不穷**。"明德清阅《紫柏尊者全集》卷 29："僧如此，孰不敬？敬僧檀那心亦正，僧俗心光**照不穷**。"

【照出/てりいづ】 后补 （太阳、月亮等）照耀出来，照射出来。《万叶集》卷 11 第 2462 首："我妹　吾矣念者　真镜　**照出**月　影所见来"（第三册，p. 193）（1）梁僧佑撰《弘明集》卷 11："博约纷纶，精晖**照出**。"唐法照撰《净土五会念佛诵经观行仪卷下》："帝青珠网紫金光，**照出**恒沙七宝堂。一一花生诸佛国，声声赞叹彼西方。"唐法照撰《净土五会念佛诵经观行仪》卷 3："帝青珠网紫金光，**照出**恒沙七宝堂。一一花生诸佛国，声声赞叹彼西方。"（2）《全唐文》卷 722 赵蕃《月中桂树赋》："讶姮娥之绘成，文逾靃靡；并秦镜之**照出**，势自萧疏。"又卷 960 阙名《登天坛山望海日初出赋》："涌上扶桑，谓蟠桃之有蕊；**照出**仙岛，疑烛龙之映山。"（p. 9971）

【照処/てらすところ】 偏正 阳光照耀之处。《常陆国风土记 · 香岛郡》条："于时，玉露杪候，金风丁节，皎皎桂月**照处**，唳鹤之西洲。飒飒松飔吟处，度雁之东岵。"（p. 398）后秦佛陀耶舍、竺佛念等合译《长阿含经》卷 4："当于尔时，地大震动，诸天世人，皆大惊怖。诸有幽冥，日月光明，所不**照处**，皆蒙大明。"苻秦僧伽跋澄等译《僧伽罗刹所集经》卷 2："志性甚牢固，放光悉彻照，日轮所**照处**，普度众生类。"唐地婆诃罗译《方广大庄严经》卷 8《诣菩提场品》："八难皆闭塞，三恶悉空静，光明所**照处**，咸受微妙乐。"《敦煌变文 · 佛说观弥勒菩萨上生兜率天经讲经文》："说弥勒菩萨，当在内宫，所现形后，甚生端正……白毫**照处**，一轮之秋月当天，绀发旋时，数片之春云在岳。相好巍巍看不尽，十由旬更六由旬。"（p. 962）按：《汉语大词典》失收。《香岛郡》条是说皎洁的秋月照在沙洲上，夜空中仙鹤鸣叫着飞过。敦煌文例是有关弥勒菩萨瑞相的描写，说是在一轮明月的照耀下，眉毛之间闪闪发光。两例均表示秋季明月的照耀之处。

【遮断/しゃだんす】 先例 阻断，截断。《日本书纪》卷19《钦明纪》五年十一月条："犹于南韩置郡令、城主者，岂欲违背天皇，**遮断**贡调之路？"（第二册，p. 400）后汉安世高译《地道经》卷1："或时鸟棁吞足亦蹈，或时尘坌头，或时虎**遮断**，亦狗猴亦驴。"姚秦鸠摩罗什译《大庄严论经》卷7："如雹害禾谷，有人能**遮断**。田主甚欢喜，报之以财帛。"唐玄奘译《大般若波罗蜜多经》卷126《校量功德品》："时有无量，诸天子等，敬重法故，皆来集会。以天威力，令说法者，辩才无滞，设有障难，不能**遮断**。"按：《汉语大词典》首引《中国近代思想史参考资料简编·驳革命可召瓜分说》："**遮断**外国之交通，杜绝外来之势力。"过晚。

【遮令/さききりて～せしむ】 偏正 阻止使得。《唐大和上东征传》："我大师和上，发愿向日本国，登山涉海，数年艰苦，沧溟万里，死生莫测，可共告官，**遮令**留住。"（p. 60）姚秦鸠摩罗什译《大智度论》卷89《善达品》："如长者有子，盲而饮毒，长者知其必死，起种种方便，**遮令**不饮；菩萨亦如是，见是众生，颠倒无明盲故，饮三毒，则生大悲心，于无量阿僧祇劫，修六波罗蜜，净佛国土，教化众生。"北凉昙无谶译《金光明经》卷3《正论品》："力所加，故得自在；远离恶法，**遮令**不起；安住善法，修令增广；能令众生，多生天上。"又《大般涅槃经》卷32《师子吼菩萨品》："何以故？以佛性故。世尊，譬如日月，无有能**遮，令**不得至頞多山边，四大河水不至大海，一阐提等不至地狱。一切众生，亦复如是。无有能遮，令不得至，阿耨多罗，三藐三菩提。"

【遮於～/～にさききる】 于字 （2例） 阻拦在某处。《日本书纪》卷5《崇神纪》十年九月条："时天皇遣五十狭芹彦命击吾田媛之师，即**遮于**大坂，皆大破之。杀吾田媛，悉斩其军卒。"（第一册，p. 280）又卷6《垂仁纪》二年是岁条："然新罗人**遮**之**于**道而夺焉。"（p. 300）（1）北凉昙无谶译《大方等大集经》卷3："若有比丘，起恶思惟，以是因缘，不知有为，多诸过咎；以不知故，生颠倒心；颠倒因缘，增长五盖；五盖增故，令诸烦恼，遮障善法；烦恼因缘，身口意业，造作诸恶。如来如实，知如是法，能**遮于**道。"隋阇那崛多译《佛本行集经》卷30《成无上道品》："尔时，菩萨得断，如是五种心已，烦恼渐薄。所以者何？此等五法，能为智慧，作覆障故，能为智慧，作不佐助，**遮于**涅槃，微妙善路。"（2）《太平广记》卷200《卢渥》条："诏书叠至，士族荣之。及赴任陕郊，洛城自居守分司朝臣已下，互设祖筵，**遮于**行路，洛城为之一空。都人观者架肩望击毂，盛于清明洒扫之日。自临都驿以至于行，凡五十里，连翩不绝。"（p. 1501）按：从例文可知，"遮于～"的句式源自汉译佛经，但多用于抽象义，而《日本书纪》和中土文献则用于具体义。此外，《垂仁纪》的"遮之于～"疑似自创搭配形式。

【折落/をれおちる】 后补 （2例） 折断掉落。《常陆国风土记·香岛郡》条：

"以南所有平原，谓角折滨。谓古有大蛇，欲通东海，掘滨作穴，蛇角**折落**。因名。"（p. 400）《日本灵异记》下卷《未作毕捻埴像生呻音示奇表缘第 17》："弥勒菩萨之胁士也。臂手**折落**，居于钟堂。"（p. 304）（1）失译人名今附秦录《萨婆多毘尼毘婆沙》卷 3："大树者，飞鸟所集有诸音声，多所恼乱兼屎尿不净，并枝**折落**有所伤破。"高丽一然撰《三国遗事》卷 4："忽有青衣童，手捧而置石上。师更发志愿，约三七日，日夜勤修，扣石忏悔，至三日手臂**折落**。"（2）《魏书》卷 95《姚兴传》："兴还长安。有雀数万头，斗于兴庙，毛羽**折落**，多有死者，月余乃止。"（p. 2084）按：《汉语大词典》失收。如下例所示，汉文佛经中的"折落"还用于抽象意义，表示烦恼消除。隋吉藏撰《金刚般若疏》卷 2："二云消瘦衣，入道之人身被此服则烦恼**折落**。"《姚兴传》谓数万只鸟雀互相撕咬，羽毛折断纷纷飘落。

【折取/をる】 后补 （3 例） 犹言"摘取"。"取"，用作后缀。《日本书纪》卷 24《皇极纪》二年二月条："国内巫觋等**折取**枝叶，悬挂木棉。"（第三册，p. 72）又三年六月条："是月，国内巫觋等**折取**枝叶，悬挂木棉。"（第三册，p. 92）《万叶集》卷 2 第 113 歌题《从吉野**折取**萝生松柯遣时，额田王奉入歌一首》。（第一册，p. 92）（1）西晋竺法护译《修行地道经》卷 1："或见丛树，独乐其中，欣欣大笑，**折取**枯枝，束负持行。"梁宝唱等集《经律异相》卷 41："山下有诸畜养妻子婆罗门数百家，大小相共，采薪上树，**折取**枯枝树根。"姚秦鸠摩罗什译《众经撰杂譬喻》卷 2："**折取**宝树枝者，谓自修励。"唐义净译《金光明最胜王经》卷 9《长者子流水品》："时长者子，见是事已，驰趣四方，欲觅于水，竟不能得。复望一边，见有大树，即便升上，**折取**枝叶，为作荫凉。"（2）《齐民要术》卷 4《种桃柰》："藏蒲萄法：极熟时，全房**折取**。"（p. 343）按：《汉语大词典》失收。较之佛典，中土文献中用作"摘取"之意的文例出现较晚。

【辄尔/たやすし】 后缀 动辄，轻率地，轻易地。《日本书纪》卷 17《继体纪》八年十二月条："大兄皇子前有缘事，不闻赐国，晚知宣敕，惊悔欲改令曰，自胎中之帝置官家之国，轻随蕃乞，**辄尔**阳乎？"（第二册，p. 298）（1）东晋佛陀跋陀罗、法显合译《摩诃僧祇律》卷 19："女人出时，比丘应起，起时不得**辄尔**起，恐彼女疑，谓呼比丘有异想。"《佛本行集经》卷 58《婆提唎迦等因缘品》："尔时长老，优波离波，多作是思惟：'世尊今者，既不听许，彼人出家，我若**辄尔**放出家者，是我不善。'"唐菩提流志译《大宝积经》卷 56："难陀见已，告彼人曰：'汝今知不？我当不久，作转轮王。汝若**辄尔**，剃我发者，当截汝腕。'"（2）《魏书》卷 58《杨播传》："及二圣间言语，终不敢**辄尔**传通。"《北史》卷 19《献文六王传》："诏曰：'论考之事，理在不轻，问绩之方，应关朕听。**辄尔**轻发，殊为躁也。今始维夏，且待至秋。'"按：《汉语大词典》首引《敦煌变文集·张义潮变文》："何期今岁兴残害，**辄尔**依前起逆心。"偏晚。→【忽尔】【轻尔】

【輙許/たやすくゆるす】偏正 轻易地允许。《日本书纪》卷5《崇神纪》六十年七月条："数日当待，何恐之乎？**辄许**神宝。"（第二册，p.290）（1）唐义净译《根本说一切有部百一羯磨》卷2："噉食之仪，曾不**辄许**，露出胸髆。尼在寺时，法皆如是，僧亦同此。"（2）《全唐文》卷173张鷟《秦新安谷水社旧是苑内地近被百姓并吞将作数请收入苑百姓不伏（苑总监二条）》："都人接畛，桑枣成林；逆旅分区，闾阎扑地。虽其原是苑内，不合**辄许**人居。"《唐会要》卷77《贡举下》："太和七年八月九日敕：'宏文、崇文两馆生，今后并依式，试经毕日，仍差都省郎官两人覆试，须责保任，不得**辄许**替代。'"按：《汉语大词典》失收。

【~者、訛也/~は、よこなまれるなり】三字（7例） 某说法是一种讹误的说法。《日本书纪》卷7《景行纪》十八年八月条："八月，到的邑而进食。是日，膳夫等遗盏，故时人号其忘盏处曰浮羽。今谓的**者**，**讹也**。"（第一册，p.362）又卷8《仲哀纪》八年正月条："故时人号五十迹手之本土曰伊苏国。今谓伊睹**者**，**讹也**。"（第一册，p.408）《丰后国风土记·日田郡》条："有神，名曰久津媛。化而为人参迎，辩申国消息。因斯曰久津媛之郡。今谓日田郡**者**，**讹也**。"（p.286）又《直入郡》条："于兹，天皇敕云：'必将有臭。莫令汲用。'因斯名曰臭泉，因为村名。今谓球覃乡**者**，**讹也**。"（p.292）又《大野郡》条："天皇敕云：'大器。谓阿那美须。'因斯曰大器野。今谓网矶野**者**，**讹也**。"（p.296）又《海部郡》条："此郡旧名酒井。今谓佐尉乡**者**，**讹者**。"（p.296）又："即敕曰：'取最胜海藻。谓保都米'便令以进御。因曰最胜海藻门。今谓穗门**者**，**讹也**。"（p.296）唐义净译《根本说一切有部尼陀那目得迦》卷7："是时聚底色迦（旧云树提伽**者**，**讹也**）长者即于其前，说伽他曰。"唐法宝撰《俱舍论疏》卷14《分别业品》："勤策女，同旧名沙弥尼，是女声，讹也。梵云邬波索迦，唐言近事，旧名优婆塞**者**，**讹也**。"唐道世撰《法苑珠林》卷2："池南面金象口，流出信度河（旧曰辛头河**者**，**讹也**），绕池一匝，入西南海。"

【貞浄/ただしくきよし】并列 忠贞纯洁。《日本书纪》卷25《孝德纪》大化五年三月条："使者还申所收之状。皇太子始知大臣心犹**贞净**，追生悔耻，哀叹难休。"（第三册，p.176）《续日本纪》卷26《称德纪》天平神护元年三月条："又诏：'王臣之中，执心**贞净**者。私家之内，不可贮兵器。其所有者，皆以进官。'"（第四册，p.76）吴康僧会译《六度集经》卷4："佛告诸比丘：'兄者即吾身是也。常执**贞净**，终不犯淫乱。'"又卷6："昔者菩萨，为清信士，归命三尊，慈弘仁普，恕济群生，守清不盗，布施等至，**贞净**不妷。"刘宋沮渠京声译《佛说佛大僧大经》卷1："戒行清白，难污如空。树心圣范，难动如地。**贞净**行高，难揆如天。"按：《汉语大词典》失收。

【珍財/めづらしきもの】偏正 珍宝和财产。《日本书纪》卷27《天智纪》十年十月条："是月，天皇遣使，奉袈裟、金钵、象牙、沉水香、栴檀香及诸**珍财**于法兴寺佛。"（第三册，p.292）隋阇那崛多译《大方等大集经贤护分》卷3《戒行具足品》：

“不当耽著众妇妾，勿爱儿女及**珍财**。住优婆塞行羞惭，但当忆持此三昧。”唐义净译《金光明最胜王经》卷1：“亲友怀瞋恨，眷属悉分离。彼此共乖违，**珍财**皆散失。”又卷8：“丛林果树并滋荣，所有苗稼咸成就。欲求**珍财**皆满愿，随所念者遂其心。”按：《汉语大词典》失收。→【捨珍財】

【珍異之物/めづらしきもの】 四字 珍贵奇特的食物或用品。《日本书纪》卷30《持统纪》二年二月条：“二月庚寅朔辛卯，大宰献新罗调赋，金、银、绢、布、皮、铜、铁之类十余物，并别所献佛像、种种彩绢、鸟马之类十余种及霜林所献金银彩色，种种**珍异之物**，并八十余物。”（第三册，p. 484）唐提云般若译《佛说大乘造像功德经》卷1：“尔时阎浮提内，国王、大臣并四部众，皆以所持种种供具供养于佛。时优陀延王顶戴佛像，并诸上供**珍异之物**，至如来所而以奉献。”

【真粋天挺/しんすいてんじょう】 典据 品行高超，天生卓越超拔。《续日本纪》卷17《圣武纪》天平胜宝元年二月条：“二月丁酉，大僧正行基和尚迁化。和尚，药师寺僧。俗姓高志氏，和泉国人也。和尚，**真粹天挺**，德范夙彰。”（第三册，p. 60）唐道宣撰《广弘明集》卷23：“法师本谯邦右族，寓于炖煌。幼禀端明，仁和之性，长树弘懿，冲闲之德，**真粹天挺**，夙鉴道胜，乃遗摈俗缠，超出尘碍。濯景玄津，栖习法道，率由仪律之绝。精学体微之妙，潜仁晦名之行。散畜忘相之施，无德而称者，日夜而茂焉。”

【真仏子/しんぶつす】 三字 真正的佛子、佛弟子。《奈良朝写经67・华严八会刚目章》：“此书学者，重内疑［证］，不久当成**真佛子**。”（p. 417）姚秦鸠摩罗什译《妙法莲华经》卷4《见宝塔品》：“能于来世，读持此经，是**真佛子**，住淳善地。佛灭度后，能解其义，是诸天人，世间之眼。”

【真際/しんさい】 偏正 “真如实际”的略称。真理的境地，绝对的境地。断绝相对差别之相，呈现平等一如的真如法性的理体。《唐大和上东征传》淡海元开《初谒大和上二首并序》：“弟子浪迹嚣尘，驰心**真际**，奉三归之有地，欣一觉之非遥。欲赞芳猷，聊奋弱管云尔。”（p. 98）《文选》王简栖《头陀寺碑文》：“荫法云于真际，则火宅晨凉。”李善注：“《维摩经》曰：‘同**真际**，等法性，不可量。’僧肇曰：‘**真际**，实际也。’”西晋无罗叉译《放光般若经》卷1《放光品》：“欲知一切诸法**真际**者，当学般若波罗蜜。”东晋佛驮跋陀罗译《大方广佛华严经》卷45《入法界品》：“觉了无尽智真实际，安住**真际**，修行决定无相三昧。”唐义净译《金光明最胜王经》卷10《菩提树神赞叹品》：“惟愿如来哀愍我，常令睹见大悲身；三业无倦奉慈尊，速出生死归**真际**。”

【真教/しんきょう】 偏正 真实之教，即释尊的教法；净土宗的教法。《唐大和上东征传》淡海元开《初谒大和上二首并序》：“闻夫佛法东流，摩腾入于伊洛；**真教**

南被，僧会游于吴都。”（p. 98）西晋竺法护译《慧上菩萨问大善权经》卷 2：“其五亲友，信外异学，不从**真教**，修外道经，不习佛法，自谓有道，为彼师长，其身自号，吾等是佛。五百弟子，亦复如是。”又《贤劫经》卷 3《神通品》：“若有所施，至于重财，不以贪悋，奉于而受**真教**，是曰布施。”北魏杨衒之《洛阳伽蓝记》〈融觉寺〉：“虽石室之写金言，草堂之传**真教**，不能过也。”《敦煌变文·妙法莲花经变文》：“至心启告十万尊，谁解宣扬微妙法，若能为我谈**真教**，身为奴仆不为难。”

【真空/しんくう】 偏正 （2 例） 梵语 ātman，指超出一切色相意识的境界，亦即小乘的涅槃；非空之空，叫作“真空”，这是大乘至极的真空。《怀风藻》第 104 首释道慈《初春在竹溪山寺于长王宅宴追致辞并序》：“结萝为垂幕，枕石卧岩中。抽身离俗累，涤心守**真空**。”（p. 168）《奈良朝写经 66·大般若经卷第 176》：“是以，大法师讳行信，平生之日，至心发愿，敬写法华一乘之宗，金鼓灭罪之文，般若**真空**之教，瑜伽五分之法，合贰千七百卷经论。”（p. 403）唐玄奘译《大般若波罗蜜多经》卷 567《4 法界品》：“天王，是名实相般若波罗蜜多、真如、实际、无分别相、不思议界，亦名**真空**、及一切智、一切相智、不二法界。”

【真妙/しんみょう】 并列 真实而又微妙。《续日本纪》卷 20《孝谦纪》天平宝字元年十二月条：“复愿因此善业，朕与众生，三檀福田穷于来际，十身药树荫于尘区，永灭病苦之忧，共保延寿之乐，遂契**真妙**之深理，自证圆满之妙身。”（第三册，p. 238）晋世法炬、法立合译《法句譬喻经》卷 1《惟念品》：“弗加沙王，得经读之，寻省反复亘然信解，喟然叹曰：‘道化**真妙**，精义安神，国荣五欲，忧恼之元，累劫习迷，始今乃寤，顾视流俗，无可贪乐。’”刘宋求那跋陀罗译《杂阿含经》卷 38：“久乃见牟尼，故随路而逐，今闻**真妙**说，当舍久远恶。”唐义净译《金光明最胜王经》卷 2《梦见金鼓忏悔品》：“愿我以斯诸善业，奉事无边最胜尊；远离一切不善因，恒得修行**真妙**法。”

【真如/しんにょ】 并列 （5 例） 梵语 tathā-bhāva 的译词。“真”是真实不虚，“如”是如常不变，故名。《藤原家传》上卷《镰足传》：“持此香炉，如汝誓愿，从观音菩萨之后，到兜率陀天之上，日日夜夜，听弥勒之妙说，朝朝暮暮，转**真如**之法轮。”（p. 243）《唐大和上东征传》石上宅嗣《五言伤大和上》：“生死悲含恨，**真如**欢岂穷。惟视常修者，无处不遗踪。”（p. 100）又：“上方传佛教，名僧号鉴真。怀藏通邻国，**真如**转付民。”（p. 102）《续日本纪》卷 20《孝谦纪》天平宝字元年十一月条：“伏愿先帝陛下薰此芳因，恒荫禅林之定影。翼兹妙福，速乘智海之慧舟，终生莲华之宝刹，自契等觉之**真如**。”（第三册，p. 236）《奈良朝写经 19·灌顶随愿往生经》：“盖闻：无色无声方广之功自远，常有常净圆朗之照不穷。崇慧业以致**真如**，积芳因而成圣果。”（p. 129）后汉支娄迦谶译《道行般若经》卷 1：“据**真如**，游法性，冥然无名者，智度之奥室也。”陈慧思说《大乘止观法门》卷 1：“此心即是自性清净心，又名**真如**，亦名佛性，复名法身，又称如来藏，亦号法界，复名法性。”唐玄奘译《成唯识论》卷9：“真谓真实，显非虚妄，如谓如常，表无变易，谓此真实于一切位常如其性故曰**真如**。”→【等觉（之）真如】

【枕辺/まくらのあたり】 口语 枕头旁边，枕头边。《万叶集》卷1第72首：“玉藻刈　奥敝波不榜　敷妙乃　**枕之边**人　忘可祢津藻”（第一册，p. 63）（1）姚秦佛陀耶舍、竺佛念等译《四分律》卷55：“在髆中曲脚间，胁边乳间，腋下耳鼻中，疮孔中，绳床木床间，大小褥间，**枕边**，在地泥抟间，君持口中，若道想若疑，一切偷兰遮。”唐道世撰《法苑珠林》卷32：“时夕结阴室无灯烛，有顷见**枕边**如荧火者，冏然明照流飞而去，俄而一室尽明。”（2）《南史》卷75《顾欢传》：“又有病邪者问欢，欢曰：‘家有何书？’答曰：‘唯有《孝经》而已。’欢曰：‘可取《仲尼居》置病人**枕边**恭敬之，自差也。’而后病者果愈。后人问其故，答曰：‘善禳恶，正胜邪，此病者所以差也。’”（p. 1875）→【床当（辺）】

【疹疾/しんしつ】 并列（6例） 疾病。《续日本纪》卷8《元正纪》养老四年八月条：“诏曰：‘右大臣正二位藤原朝臣**疹疾**渐留，寝膳不安。朕见疲劳，恻隐于心。思其平复，计无所出。宜大赦天下，以救所患。’”（第二册，p. 76）又卷9《圣武纪》神龟三年七月条：“癸巳，诏曰：‘太上天皇不豫，稍经二序。宜大赦天下，**疹疾**之徒量给汤药。’”（第二册，p. 168）又卷10《圣武纪》天平元年八月条：“又天下百姓高年八十以上及孝子顺孙、义夫节妇、鳏寡惸独、**疹疾**不能自存者，依和铜元年格。”（第二册，p. 218）又卷16《圣武纪》天平十七年九月条：“其年八十以上，及鳏寡惸独并**疹疾**之徒，不能自存者，量加赈恤。”（第三册，p. 14）又卷19《孝谦纪》天平胜宝八年四月条：“壬子，遣医师、禅师、官人各一人于左右京四畿内，救疗**疹疾**之徒。”（第三册，p. 158）又卷40《桓武纪》延历九年闰三月条：“又左右京五畿内高年鳏寡孤独**疹疾**，不能自存者，普加赈恤。并为皇后不予也。是日皇后崩。”《文选》卷15张衡《思玄赋》：“毋绵挛以幸己兮，思百忧以自疹。”李善注：“**疹**，**疾**也。”（1）西晋竺法护译《正法华经》卷9《药王菩萨品》：“佛告宿王华菩萨：‘斯经典者，度脱一切众苦之患，拔断诸垢三毒**疹疾**，救济生死诸系牢狱。’”苻秦僧伽跋澄等译《僧伽罗刹所集经》卷2：“犹如有人常畏，险难之处，彼有种种，苦恼**疹疾**。彼若见一，浴池清净，无有尘垢，挟池两边，有清凉风起，鱼龙游戏，视水见底，虚空清净，亦无云曀，优钵拘文陀华，悉满其中，枝叶华实，皆悉在水中生，有是种种微妙，树生其中，若有见者，皆怀欢喜心。”（2）《艺文类聚》卷89所载晋孙楚《茱萸赋》：“应神农之《本草》，疗生民之**疹疾**。”《周书》卷26《裴宽传》：“至于**疹疾**弥年，亦未尝释卷。”

【振錫衲衣/しんしゃくのうえ】 自创 “振锡”，谓僧人持锡出行。“锡”，锡杖。杖头饰环，拄杖行则振动有声。“衲衣”，亦作纳衣、粪扫衣等。即以世人所弃之朽坏破碎衣片修补缝缀所制成之法衣。比丘少欲知足，远离世间之荣显，故着此衣。《上宫皇太子菩萨传》：“坐禅诵经，或口宣三藏；心味四禅，或**振锡衲衣**；携瓶揭钵，或冬夏祖膊；跣足经行，或隐居岩穴；飡松噉栢，或常坐不卧。”南朝宋谢灵运《山居赋》：“建招提于幽峯，冀**振锡**之息肩。”《南齐书》卷51《张欣泰传》：“欣泰通涉雅俗，交结多是名素。下直辄游园池，著鹿皮冠，**衲衣锡**杖。”

【震殺/ふりころす】 偏正　雷霆震怒杀人，因愤怒而杀人。《常陆国风土记·那贺郡》条：“临决别时，不胜怒怨，**震杀**伯父而升天。”（p.406）（1）宋戒环解《法华经要解》卷7：“此偈所以敕咒使严警也。阿梨树枝堕地自成七片。弑父母破僧为三逆。压油多杀虫命。弄斗蹑秤或为雷霆**震杀**。皆重罪也。”（2）《太平御览》卷876所载〈古今五行记〉曰：“夏桀末年，雷**震杀**人。其年汤放之。”

【鎮坐於～/～にすう】 于字　（4例）镇守；坐镇；置放。①附带介词“于”。《日本书纪》卷5《崇神纪》十年九月条：“爰以忌瓮，**镇坐于**和珥武鐰坂上，则率精兵，进登那罗山而军之。”（第一册，p.280）又《日本书纪》卷6《垂仁纪》二十五年三月条：“（一云）天皇以倭姬命为御杖，贡奉于天照大神。是以，倭姬命以天照大神**镇坐于**矶城严橿之本而祠之。”（第一册，p.318）②不附带介词“于”。《日本书纪》卷6《垂仁纪》二十五年三月条：“爰倭姬命求**镇坐**大神之处，而诣菟田筱幡，更还之入近江国，东回美浓，到伊势国。”（第一册，p.318）又卷9《神功纪》摄政元年二月条：“于是随神教以**镇坐**焉，则平得度海。”（第一册，p.438）唐道宣撰《广弘明集》卷19萧子显《御讲金字摩诃般若波罗蜜经序》：“自皇太子王侯，以下侍中司空袁昂等，六百九十八人，其僧正慧令等义学僧**镇座**一千人，昼则同心听受，夜则更述制义。”唐善无畏译《慈氏菩萨略修瑜伽念诵法》卷2：“五色采帛，五方**镇坐**，傃施物等，中心五方，外院各四方四角安置之。”古逸部《布萨文等》卷1《行军转经文》：“伏愿才智日新，福同山积，寿命遐远，**镇坐**台阶，诸将仕等，三宝抚护，万善庄严。”按：《汉语大词典》失收。

【争作/きほひつくる】 偏正　争先恐后地做某事。《日本书纪》卷11《仁德纪》十年十月条：“于是百姓之不领，而扶老携幼，运材负篑，不问日夜，竭力**争作**。”（第二册，p.34）（1）梁僧伽婆罗译《阿育王经》卷3《供养菩提树因缘品》：“时大王瞋语成护大臣：‘我修功德，谁今与我而欲诤？大不识世法。’成护见大王瞋，礼大王足：‘谁敢与王**争作**功德？’而说偈言。”隋阇那崛多译《佛本行集经》卷23《劝受世利品》：“又复大王，如诸论说，乃往昔时寐梯罗城，于彼城内有一瞽王。其王名曰提头赖咤，王虽无目，多育诸子，满一百人，并有才智。王弟别复有子五人，伯叔弟兄，足一百五。其父各没，**争作**国王，以欲报缘，相杀害尽。”（2）《隋书》卷20《志第15》：“又曰，旬始照，其下必有灭亡。五奸**争作**，暴骨积骸，以子续食。见则臣乱兵作，诸侯为虐。”

【正法/しょうほう】 偏正　（4例）①正确彰显真理的法。“邪法”的对应词。亦

称“白法”“净法”“妙法”等。《藤原家传》下卷《武智麻吕传》：“此非所以国家度僧尼、演佛化也。若非糺举，恐灭**正法**。伏请明裁。”（p. 334）《续日本纪》卷 36《高绍传》宝龟十一年正月条：“如斯等类，不可更然，宜修护国之**正法**，以弘转祸之胜缘。凡厥梵众，知朕意焉。”《奈良朝写经 71·十诵律卷第 17》：“非有能仁，谁明**正法**。惟朕仰止，给修慧业。”（p. 425）②正法时代的略称。正、像、末三时之一。正法年间是谓释尊所说的教法、依教法而立的行法，及依教行而证得的果德三者具备，众生有人成佛的时期。《日本灵异记》下卷《序》：“夫善恶因果者，著于内经。吉凶得失，载诸外典。今探是贤劫尺迦一代教文，有三时：一**正法**五百年；二像法千年；三末法万年。自佛涅槃以来，迄于延历六年岁次丁卯，而径一千七百二十二年。过正像二而入末法。”（p. 259）→【聴聞正法】【宣揚正法】

【正法増益/しょう ほう ぞう やく す】 四字 使彰显真理的佛法发扬光大。《元兴寺伽蓝缘起并流记资财账》：“即发愿白言：‘仰愿蒙三宝赖，皇帝陛下共与乾坤四海安乐，**正法增益**，圣化无穷。’白。”唐大觉撰《四分律行事钞批》卷 5：“能令正法便得久住等者，以有尊重，方令**正法增益**广大，反此法即灭也。”

【正観自在菩薩木像/しょう かんじ ざい ぼ さ つの き のみかた】 多音 正观世音菩萨（正观音）木像。与“千手观音”“十一面观音”“如意轮观音”的木像相对称。正观音为大悲的总体，千手为大悲的别用。《日本灵异记》中卷《观音木像不烧火难示威神力缘第 37》：“圣武天皇世，泉国泉郡部内珍努上山寺，居于**正观自在菩萨木像**，而敬供之。时失火，烧其佛殿。彼菩萨木像自所烧殿，出二丈许，而伏无损。诚知三宝之非色非心，虽不见目，而非无威力。此不思议第一也。”（p. 243）

【正己/おのれをただしくす】【正人/ひとをただす】【自正/みづからただしくあり】 典据 端正自己（他人）的思想、言行。《日本书纪》卷 25《孝德纪》大化二年三月条：“凡将治者，若君如臣，先当**正己**而后正他。如不**自正**，何能**正人**。是以，不自正者，不择君臣，乃可受殃。岂不慎矣。汝率而正，孰敢不正。今随前敕而处断之。”（第三册，p. 140）（1）姚秦竺佛念译《出曜经》卷 21《我品》：“‘先自**正己**，然后**正人**，夫**自正**者，乃谓为上。’先**自正**己，然后**正人**者，夫人修习自守为上，昼则教诫夜则经行，孜孜汲汲终日匪懈，然后训诲众生安处大道。如佛契经所说，佛告均头：‘如人己自没在深泥，复欲权宜拔挽彼溺者，此事不然。犹人无戒欲得教诫前人者，亦无此事。广说如契经。’如器完具所盛不漏，人神淡泊堪受深法，亦能教化一切众生，其闻法者莫不信乐，是故说曰：‘先自**正己**，然后**正人**，夫**自正**者，乃谓为也。’”按：传世文献中，亦见“正己”一词。《礼记·中庸第 31》：“**正己**而不求于人，则无怨。”→【正人】【自正】

【正教/ただしきみのり】 偏正（3 例） 契合佛理的教法。《日本书纪》卷 25《孝德纪》大化元年八月条：“朕更复思崇**正教**，光启大猷。故以沙门狛大法师、福亮、惠

云、常安、灵云、惠至、寺主僧旻、道登、惠邻、惠妙，而为十师。别以惠妙法师为百济寺寺主。此十师等宜能教导众僧，修行释教，要使如法。”（第三册，p. 122）《日本灵异记》中卷《序》：“窃视历代，自宣化天皇以往，随外道凭卜者。自钦明天皇也后，敬三宝信**正教**。”（p. 142）又下卷《产生肉团之作女子修善化人缘第19》：“讲师见之，呵啧之言：‘何尼滥交?’尼答之言：‘佛平等大悲，故为一切众生，流布**正教**。何故别制我?’”（p. 308）唐义净译《金光明最胜王经》卷6《四天王护国品》：“世尊！若有人王，欲护国土，常受快乐，欲令众生，咸蒙安隐，欲得摧伏，一切外敌，于自国境永得昌盛，欲令**正教**，流布世间，苦恼恶法，皆除灭者。”

【正覚/しょうがく】 偏正 （3例） 真正的佛悟。梵语 saṃbuddha，音译作“三藐三菩提”，意译作“正等觉”或称“正尽觉”。谓正等而不偏颇，遍及一切的佛智能。《日本灵异记》下卷《灾与善表相先现而后其灾善答被缘第38》：“何以故？未受具戒，名为沙弥。观音亦尔。随成**正觉**，饶益有情故，居因位。”（p. 378）《奈良朝写经18·弥勒上生经》：“伏愿契道能仁，升游**正觉**，菩提枝下闻妙法之圆音，兜率天中得上真之胜业，通该有顶，普被无边，并泛慈航，同离爱网。”（p. 141）《奈良朝写经56·大般若经卷第50等》：“以为连河能仁，设波若之宝筏，双树**正觉**，开普提之禅林。”（p. 158）唐窥基撰《妙法莲华经玄赞》卷2《序品》：“故阿云无，耨多罗云上，三云正，藐云等。又三云**正**，菩提云**觉**，即是无上正等**正觉**。”西晋竺法护译《正法华经》卷10《嘱累品》：“尔时能仁**正觉**一切发遣，十方世界诸来世尊，各随便宜从其所安。”→【令成正觉】【速成正觉】

【正覚之路/しょうがくのみちにのぼらむ】 先例 走上证悟无上正等正觉的道路。《奈良朝写经20·大般若经卷第232》：“又愿内外眷属、七代父母，无边无境，有形含识，并乘般若之舟，咸登**正觉之路**。”（p. 148）宋尊式述《金园集》卷1：“汝已忏净三业，善法无障。宜自正心，受正戒法。应先为汝受翻邪三归依，翻汝无始邪信之心，令汝永归，**正觉之路**。当随我口言，胡跪合掌：‘我某甲尽形寿，归依佛、归依法、归依僧（三说）。我某甲尽形寿归依佛竟，归依法竟，归依僧竟。’”

【正門/せいもん】 格义 正道之门。用作抽象义。《唐大和上东征传》：“唐国诸寺三藏、大德，皆以戒律为入道之**正门**；若有不持戒者，不齿于僧中。于是方知本国无传戒人。”（p. 38）姚秦鸠摩罗什译《梵网经》卷1：“若佛子，不坏心者，入圣地智，近解脱位，得道**正门**，明菩提心。”新罗元晓撰《起信论疏》卷1：“对治邪执。发趣道相者。是明离邪，就**正门**也。”按：传世文献中，“正门”，指建筑物正中的主要的门。《诗经·大雅·緜》：“乃立应门，**应门**将将”《毛传》：“王之**正门**曰应门。”《孔子家语·观乡射第28》：“主人亲速宾，及介而众宾从之，至于**正门**之外。”《续日本纪》卷2《文武纪》大宝元年正月条：“大宝元年春正月乙亥朔，天皇御大极殿受朝。其仪于**正门**树乌形幢。”（第一册，p. 32）

【正人/ひとをただす】述宾　→【正己】【自正】

【正像/しょうぞう】并列　“正法像法”的缩略形式。《日本灵异记》下卷《序》:“自佛涅槃以来，迄于延历六年岁次丁卯，而径一千七百二十二年。过**正像**二而入末法。”（p. 259）

【証得/あかしう】后补（2 例）梵语 adhigama 的译语，亦作“现证”。为证悟体得之意，即由修道而证悟真理，并体达果位、智慧、解脱及功德等。通过严格的修行证明得到。《日本灵异记》上卷《修持孔雀王咒法得异验力以现作仙飞天缘第 28》:“所以晚年以四十余岁，更居岩窟，被葛饵之松，沐清水之泉，濯欲界之垢，修习孔雀之咒法，**证得**奇异之验术。”（p. 119）又:“诚知佛法验术广大者，皈依之人，必**证得**之矣。”（p. 120）西晋竺法护译《生经》卷 5:“即便出家为道，作比丘尼，昼夜精进行道，未久**证得**罗汉。”隋阇那崛多译《佛本行集经》卷 10《私陀问瑞品》:“今此太子，既生王宫，不久必当，行于圣行，**证得**圣道，犹如尊者大阿私陀仙人授记。”唐义净译《金光明最胜王经》卷 2《梦见金鼓忏悔品》:“由此金鼓出妙声，普令闻者获梵响，**证得**无上菩提果，常转清净妙法轮。”按:《汉语大词典》失收。

【証覚/しょうかく】述宾　“证”是证得妙道，“觉”是觉悟真理。《续日本纪》卷 30《称德纪》宝龟元年七月条:“因此，智慧之力忽坏邪岭，慈悲之云永覆普天，既往幽魂通上下以**证觉**，来今显识及尊卑而同荣。”（第四册，p. 288）西晋白法祖译《佛说大爱道般泥洹经》卷 1:“我自知**证觉**者，若四意止、若四意断、若四神足、若五根、若五力、七觉意、若八慧道行，汝恐摩诃卑耶和题俱昙弥，持是法去耶?”唐菩提流志译《大宝积经》卷 40《如来不思议性品》:“以是如来，随所**证觉**，亦为众生，说如斯法，令彼**证觉**，如是法故。”新罗太贤集《梵网经古迹记》卷 1:“言宗趣者，语之所表曰宗，宗之所归曰趣。此经正以心行为宗，**证觉**利生以为其趣。”

【証真/しょうしん】述宾　证悟宇宙人生的真理。《续日本纪》卷 23《淳仁纪》天平宝字四年七月条:“良知非酬勋庸，无用**证真**之识;不差行住，讵劝流宕之徒?”（第三册，p. 356）秦僧肇著《宝藏论》卷 1《离微体净品》:“是以圣人，不断妄，不**证真**，可谓万用，而自然矣。”唐玄奘译《本事经》卷 7《三法品》:“又我弟子，诸漏永尽，**证真**无漏，心善解脱，慧善解脱。”

【（将・且）～之間/～むとするあひだに】自创（10 例）（将要做某事）的一段时间。《古事记》上卷《忍穗耳命与迩迩艺命》:“尔其太子正胜吾胜胜速日天忍穗耳命答白:‘仆者**将**降装束**之间**，子生出。名天迩岐志国迩岐志天津日高日子番能迩迩艺命。此子应降也。’”（p. 112）又中卷《神武记》:“故天皇崩后，其庶兄当艺志美美命娶其嫡后伊须气余理比卖之时，**将**杀其三弟而谋**之间**，其御祖伊须气余理比卖患苦，而以歌令知其御子等。歌曰。”（p. 160）又《应神记》:“于是天之日矛闻其妻遁，乃追渡来。

将到难波**之间**，其渡之神，塞以不入。”（p. 276）又下卷《仁德记》：“自此后时，大后**为将**丰乐，而于采御纲柏、幸行木国**之间**，天皇婚八田若郎女。”（p. 290）又《清宁记》：“故**将**治天下**之间**，平群臣之祖名志毘臣立于歌垣，取其袁祁命将婚之美人手。”（p. 356）《日本书纪》卷1《神代纪上》：“次生火神轲遇突智。时伊奘冉尊，为轲遇突智，所焦而终矣。其**且**终**之间**，卧生土神埴山姬及水神罔象女。”（第一册，p. 38）又：“泉津日狭女**将**渡其水**之间**，伊奘诺尊已至泉津平坂。”（第一册，p. 46）又卷2《神代纪下》：“已而**且**降**之间**，先驱者还白：‘有一神，居天八达之衢。’”（第一册，p. 130）《出云国风土记·岛根郡》条：“户江划。郡家正东二十里一百八十步。非岛，陆地滨耳。伯耆国郡内夜见岛**将**相向**之间**也。”（p. 170）《古语拾遗》：“既而**且**降**之间**，先驱还白：‘有一神，居天八达之衢。’”（p. 128）按：中国两类文献未见“（为）将·且＋V＋之间”的句式。《日本书纪》卷1《神代纪上》：“又回首顾盼**之间**，则有化神。是谓素戋呜尊。”（第一册，p. 38）“顾盼之间”的说法，见于传世和佛经两类文献。《北齐书》卷4《文宣传》：“以富有之资，运英特之气，顾盼**之间**，无思不服。”（p. 49）唐道世撰《法苑珠林》卷76：“于市廛内，从人乞苽。其主弗与，便从索子，掘地而种。顾盼**之间**，苽生俄而，蔓延生华，俄而成实。百姓咸瞩目焉。”从表达史的角度看，先秦已见“～之间”的句式，表示在“某个动作过程之中”的意思，含有时段的意味。

【之者/ひと·もの】 后缀 （16例） 即“者”，通常与其他的词组成名词性结构。《古事记》上卷《伊耶那岐命与伊耶那美命》：“此二神者，所到其秽繁国之时，因污垢而所成神**之者**也。”（p. 51）又《忍穗耳命与迩迩艺命》：“此者在美浓国蓝见河之河上丧山**之者**也。”（p. 104）又中卷《神武记》：“于是宛八十建，设八十膳夫，每人佩刀，诲其膳夫等曰：‘闻歌**之者**，一时共斩。’”（p. 152）《日本书纪》卷2《神代纪下》：“是时衢神问曰：‘天钿女，汝为之何故耶？’对曰：‘天照大神之子所幸道路，有如此居**之者**谁也？敢问之。’”（第一册，p. 130）《日本灵异记》上卷《序》：“然乃学外**之者**，诽于佛法。读内**之者**，轻于外典。愚痴之类，怀于迷执，匪信于罪福。深智之俦，觏于内外，信恐因果。”（p. 54）又：“见闻**之者**，甫惊怪，忘一卓之间。渐愧**之者**，倏悸惕，忿起避之顷。”（p. 54）又上卷《非理夺他物为恶行受恶报示奇事缘第30》：“造佛菩萨**者**，生西方无量寿净土。放生**之者**，生北方无量净土。”（p. 126）又中卷《依不布施与放生而现得善恶报缘第16》：“常恶之人，谗长公曰：‘缺使人分，育耆妪故，噉饭尠少。饥疲**之者**，不能营农，令懈产业。’”（p. 192）又下卷《序》：“观代修善**之者**，若石峰花。作恶**之者**，似土山毛。”（p. 260）又下卷《漂流大海敬称尺迦佛名得全命缘第25》：“于是妻子闻之，相悲相喜。马养发心厌世，入山修法。见闻**之者**，无不奇矣。”（p. 326）又《怨病忽婴身因之受戒行善以现得愈病缘第34》：“‘无缘大悲，至感**之者**，播于异形。无相妙智，深信**之者**，呈于明色。’者，其斯谓之矣。”（p. 350）吴支谦译《撰集百缘经》卷4《出生菩萨品》：“仙人闻已，作是念言：‘彼兔王者，或能值见，飞鸟走兽，命尽**之者**，为我作食。'" 苻秦僧伽跋澄等译《僧伽罗刹所集经》卷1："善本不断，贫穷**之者**，施以金银珍宝，除去诸秽。"后秦鸠摩罗什译《大庄严论经》卷10："时彼五人，见佛即起，皆共往迎。有为佛捉钵敷坐，取水**之者**，又为佛洗足者。"按：上述文例中，与"之者"搭配的有述宾式、偏正式、并列式等。但下面一例是与代名词词组的组合，极为少见。《古事记》上卷《忍穗耳命与迩迩艺命》："时诏之：'汝行问天若日子状者，汝所以使苇原中国者，言趣和其国之荒振神等**之者**也，何至于八年不复奏？'"（p. 100）

【知此意不/このこころをしるやいなや】 口语 知道这是什么意思吗？《日本灵异记》下卷《重斤取人物又写〈法华经〉以现得善恶报缘第22》："三僧问虾夷言：'汝**知此意不**也？'答：'不知也。'僧复问言：'汝作何善？'答：'我奉写《法华经》三部。唯一部未供养之也。'"（p. 315）后秦弗若多罗、罗什合译《十诵律》卷5："优波斯那言：'世尊，旧比丘**知此意不**？'佛言：'何以不知？'佛言：'我从今听阿练儿著粪扫衣头陀比丘，若送食不送食，若布萨不布萨，随意来至我所。'旧比丘闻长老优波斯那非送食非布萨欲见佛故便到佛所。"又卷5："我言：'世尊，彼旧比丘**知此意不**？'佛言：'何以不知？'佛言：'我从今听阿练儿著纳衣头陀比丘，若一送食非送食，若布萨非布萨，随意来至我所。'尔时诸比丘作是念：'我等何不舍居士衣著纳衣耶？'即时诸比丘舍居士衣，皆著粪扫衣（三事竟）。"

【知道者/みちをしるひと】 格义 认路的人，向导；导师。《日本书纪》卷10《应神纪》三十七年二月条："乞**知道者**于高丽。高丽王乃副久礼波、久礼志二人为导者。"（第一册，p. 494）晋世法炬、法立合译《法句譬喻经》卷4："有一端正，年少女子，独守此园，人欲往者，遥唤示道，乃得入园，不**知道者**必为发箭所杀。"唐义净译《根本说一切有部毘奈耶杂事》卷12："佛言：'善哉，善哉！难陀。如来所说，必无差异，如来是真语者，实语者，如语者，不异语者，不诳语者。欲令世间，长夜安乐，获大胜利，是**知道者**是识道者，是说道者，是开道者，是大导师。'"按：早期的中土文献中，"知道者"的文例可见《庄子·外篇·秋水》："北海若曰：'**知道者**，必达于理，达于理者，必明于权，明于权者，不以物害己。'"（p. 588）《孙膑兵法·八阵》："唯**知道者**，上知天之道，下知地之理，内得其民之心，外知适（敌）之请（情），陈则知八陈之经。"（p. 65）《韩诗外传》："问者曰：'古之谓**知道者**曰先生，何也？''犹言先醒也。不闻道术之人，则冥于得失，不知乱之所由。'"（p. 213）如例文所示，例中"知道者"多用于抽象义，谓通晓天地之道，深明人世之理的人；但在汉译佛经中，除继承中土文献的传统用法外，更多用于具体义，指熟知道路的人。→【不知道路】

【知力/ちりょく】 偏正 智慧的功力。与"智力"同。《奈良朝写经71·十诵律卷第17》："非有能仁，谁明正法。惟朕仰止，给修慧业。权门利广兮拔苦，**知力**用妙兮登岸。"（p. 425）曹魏康僧铠译《佛说无量寿经》卷1："魔率官属，而来逼试，制以**智力**，皆令降伏，得微妙法，成最正觉。"元魏菩提留支译《大萨遮尼乾子所说经》卷8《如来无过功德品》："过去无量生，种种**知**[①]**力**见，自身及他身，智者如实知。"

【知（智）識/ちしき】 并列 （31例） 与佛教结缘的人。亦指为佛教团体提供财产或劳动力以促进发展的宗教行为。《日本灵异记》上卷《缔**知识**为四恩作绘佛像有验示奇表缘第35》："河内国若江郡游宜村中，有练行沙弥尼。其姓名未详。住于平群山寺。率引**知识**，奉为四恩，敬画像，其中图六道。"（p. 135）又："更停**知识**，念欲放生，行乎难破，徘徊市归。"（p. 135）又中卷《将建塔发愿时生女子卷舍利所产缘将建塔发愿时生女子卷舍利所产缘第31》："诸人众喜展转。国司郡卿悉喜，引率**知识**，建七重塔，安彼舍利以供养了。"（p. 229）又《贷用寺息利酒不偿死作牛役之偿债缘第32》："圣武天皇世，纪伊国名草郡三上村人，为药王寺，率引**知识**，息晋药分。药王寺，今谓势多寺也。"又《女人恶鬼见点攸食噉缘第33》："奈礼乎曾与咩尔保师登多礼　阿牟知能古牟智能余能吕豆能古　南无々々耶　仙佐加文佐加母　持酒々利　法万字师　夜方能**知识**　阿万志尔阿万志尔"（p. 234）又《药师佛木像流水埋沙示灵表缘第39》："敬礼哭言：'我大师哉，何有过失，遇是水难？有缘偶值。愿我修理。'引率**知识**，劝请佛师，令造佛耳。"（p. 246）又下卷《将写〈法华经〉建愿人断日暗穴赖愿力得全命缘》："国司闻之大悲，引率**知识**，相助造《法华经》，供养已毕。"又《未作毕捻埴像生呻音示奇表缘第17》："于兹，丰庆与信行，大怪大悲。率引**知识**，奉捻造毕。设会供养。"（p. 304）又《依妨修行人得猴身缘第24》："僧言：'无供养者，何为奉读经？'猕猴答言：'然者浅井郡有诸比丘，将读六卷抄故，我入其**知识**。'"（p. 322）又："信彼陁我大神题名猴之语，同入**知识**，而读所愿六卷抄，并成大神所愿。"（p. 232）又《假官势非理为政得恶报缘第35》："宛经六万九千三百八十四文字，劝率**知识**，举皇太子、大臣、百官皆悉加入其**知识**也。"（p. 353）《续日本纪》卷15《圣武纪》天平十五年十月条："尽国铜而镕象，削大山以构堂，广及法界，为朕**知识**。遂使同蒙利益共致菩提。"（第二册，p. 430）又："是故，预**知识**者，恳发至诚，各招介福，宜每日三拜卢舍那佛。"（第二册，p. 432）又卷17《圣武纪》天平十九年九月条："九月乙亥，河内国人大初位下河俣连人麻吕钱一千贯，越中国人无位砺波臣志留志米三千硕，奉卢舍那佛**知识**。并授外从五位下。"（第三册，p. 46）又天平胜宝元年五月条："伊予国宇和郡人外大初位下凡直镰足等，各献当国国分寺**知识**物。并授外从五位下。"（第三册，p. 78）又天平胜宝元年五月条："上野国势多郡小领外从七位下上毛野朝臣足人，各献当国国分寺**智识**物。并授外从五位下。"（第三册，p. 82）《奈良朝写经1·金刚场陀罗尼经》："岁次丙戌年五月，川内国志贵评内**知识**，为七世父母及一切众生，

① "知"，宫本、圣本中作"智"。

敬造《金刚场陀罗尼经》一部。”（p. 5）《奈良朝写经 11 · 大通方广经卷下》：“**知识**数二十七人。下村主水通势麻吕造奉。”（p. 98）《奈良朝写经 38 · 大般若经卷第 591》：“**智识**之中，存亡父母、六亲神识等，生安乐国土值菩提。”（p. 253）《奈良朝写经 52 · 大唐内典录卷第 10》：“是以，发弘誓愿，奉为四恩，率**知识**等，敬写一切经律论焉。”（p. 312）《奈良朝写经 52 · 大唐内典录卷第 10》：“次愿背世尊灵，并怡神净域，享福香台末，愿合门眷属及**知识**等，龙天卫护，万善庆集，广暨含识，同沾此愿，俱出九居，早成佛果。”（p. 312）《奈良朝写经 53 · 梵网经》：“天平胜宝九岁三月二十五日 **知识**愿主僧灵春”（p. 345）《奈良朝写经 56 · 大般若经卷第 50 等》：“是以，普诱**知识**、**知识**人等，共和善哉，敬奉写也。”（p. 358）《奈良朝写经未收 2 · 瑜伽师地论》：“总**知识**七百九人［男二百七十六/女四百三十三］。”（p. 464）《奈良朝写经未收 7 - 1 · 大般若经卷第 421》：“奉仕**知识**伯太造叠卖　天平胜宝六年九月二十九日”（p. 504）《奈良朝写经未收 7 - 2 · 大般若经卷第 425》：“奉仕**知识**牧田忌寸玉足卖　天平胜宝六年九月二十九日”（p. 504）《奈良朝写经未收 7 - 3 · 大般若经卷第 426》：“奉仕**知识**家原里私若子刀自　天平胜宝六年九月二十九日”（p. 505）《奈良朝写经未收 7 - 4 · 大般若经卷第 429》：“奉仕**知识**家原里牟文史广人”（p. 505）姚秦鸠摩罗什译《妙法莲华经》卷 7《妙庄严王本事品》：“大王，当知善**知识**者，是大因缘，所谓化导，令得见佛，发阿耨多罗，三藐三菩提心。”唐义净译《根本说一切有部毘奈耶杂事》卷 38：“佛言：‘阿难陀勿作是语。善**知识**者，是半梵行。何以故？善**知识**者，是全梵行，由此便能，离恶**知识**，不造诸恶，常修众善，纯一清白，具足圆满，梵行之相。由是因缘，若得善伴，与其同住，乃至涅槃，事无不办，故名全梵行。’”唐湛然述《止观辅行传弘决》卷 4：“《法华疏》云：‘闻名为**知**，见形为**识**。是人益我，菩提之道，名善**知识**。’”

【知識縁/ちしきのえん】 三字　众生远离恶法、修行善法的人的助缘。《日本灵异记》下卷：“帝姬阿倍天皇代，**知识缘**依例，献于燃灯菩萨，并室主施于钱财物。”（p. 274）隋智顗说《方等三昧行法》卷 1：“二者善**知识缘**，有其三种：一者外护善知识，所谓能荷负众事，供给所须，将护行人，加以善事。犹如慈母，养护婴儿，勿令行人，心有所念；二者同行善知识，谓是旧行道人，同行一道，互相劝发，离彼我人。若见同行者有情念过生，即应当起，悲愍之心，如法教导。如人被火，烧头烧衣，救令速灭火。若未灭心不得安，亦如自身，为毒所害，更无余念，但为利益，安乐行人，资长法身，策勤修进，善和诤讼，如水乳合，如同一船，得失共之。行者亦尔，劝发未闻，同得甘露，乘方便船，至萨婆若海；三教授善知识者，谓行道日久，亲行分明，胜人所印，解内外律相，识遮障知通塞。”

【織仏像/おりもののぶつぞう】 三字　布料缝制的佛像。《日本书纪》卷 27《天智纪》十年十一月条：“丙辰，大友皇子在于内里西殿**织佛像**前，左大臣苏我赤兄臣、右大臣中臣金连、苏我果安臣、巨势人臣、纪大人臣侍焉。大友皇子手执香炉，先起誓

盟曰：‘六人同心奉天皇诏、若有违者必被天罚。’云云。”（第三册，p. 294）→【仏像】【丈六仏像】

【執金剛神/しゅうこんごうじん】神名（2例） 亦称“执金刚夜叉”“金刚手”“金刚力士”，是手持金刚杖守护帝释天宫门阙的夜叉。遇佛出世，即降于阎浮提，卫护世尊，防守道场。《日本灵异记》中卷《埴神王腨放光示奇表得现报缘第21》：“未造大寺时，圣武天皇御世，金鹫以行者常住修道。其山寺居一**执金刚神**埴像矣。”（p. 203）又：“彼放光之**执金刚神**像，今东大寺于羂索堂北户而立也。”（p. 204）

【値於我/われにあふ】口语（你）碰见我。《日本灵异记》下卷《忆持〈法华经〉者舌著曝髑髅中不朽缘第1》：“禅师取收净处，语髑髅言：‘以因缘故，汝**值于我**。’便以草葺覆于其上，共住读经，六时行道。”（p. 263）隋阇那崛多译《佛本行集经》卷40《教化兵将品》：“其于彼时，受此三归，护持五戒，为优婆塞，命终乞愿，愿**值于我**，以是因缘，今得值我。”又《佛本行集经》卷59《婆提唎迦等因缘品》：“因彼业报，今**值于我**，而得出家，受具足戒，得罗汉果。”唐道世撰《法苑珠林》卷38：“缘是功德，九十一劫，不堕地狱、畜生、饿鬼，天上人中，受乐无极，常为天人，所见敬仰，乃至今**值于我**，为诸人所见敬仰，出家得道。”

【止而不作/やめてつくらず】四字 “止”，止恶，不行恶事。《日本书纪》卷27《天智纪》八年八月条：“秋八月丁未朔己酉，天皇登高安岭，议欲修城。仍恤民疲，**止而不作**。”（第三册，p. 280）元魏瞿昙般若流支译《正法念处经》卷60：“心念地狱，饿鬼畜生，怖畏苦果。念已畏于，三不善道，舍十恶业，**止而不作**。”按：诸家注释未见解说。其实，《天智纪》撰录者使用出自汉译佛经的“止而不作”的说法，可谓寓意深刻。不体恤百姓，大兴土木，劳民伤财，无异于作恶，将来一定会遭受报应。

【止宿処/とどまりやどるところ】三字 住宿的地方。《日本灵异记》上卷《偷用子物作牛役之示异表缘第10》：“僧进牛边，语言：‘吾者，此家长之父也。而吾先世为欲与人，不告子取稻十束。所以今受牛身，而偿先债。汝是出家，何辄盗被乎？欲知其事虚实，为我设人座。我当上居。应知其父。’于是僧即大愧，还**止宿处**。”（p. 87）东晋瞿昙僧伽提婆译《中阿含经》卷44《根本分别品》：“白狗即从，床上来下，往至前世，所**止宿处**，以口及足，掊床四脚下。鹦摩纳便从彼处，大得宝物。”姚秦鸠摩罗什译《大智度论》卷54《天主品》：“若有二法，可有回向，譬如乘车西行，南有**止宿处**，故回车趣向。车与回向处异故，可有回向，不得但有车而言回向，无异故。”梁宝唱等集《经律异相》卷38：“僧去已后，即办所用，往至佛所。观诸众僧，所**止宿处**，见一病僧，卧草窟中。”

【止住/すまふ】并列（4例） 居住。住在。《日本书纪》卷26《齐明纪》五年七月条：“（《伊吉连博德书》）子问曰：‘国有屋舍？’使人谨答：‘无之。深山之中，止住树本。'"（第三册，p. 226）《日本灵异记》上卷《勤求学佛教弘法利物临命终时示异表缘第22》："业成之后，到此土，造禅院寺，而止住焉。"（p. 108）又下卷《弥勒菩萨应于所愿示奇形缘第8》："帝姬阿倍天皇御世，天平神护二年丙午秋九月，至一山寺，累日止住。"（p. 280）又《女人滥嫁饥子乳故得现报缘第16》："纪伊国名草郡能应里之人，寂林法师，离之国家，经之他国，修法求道，而至加贺郡亩田村，径年止住。"（p. 301）（1）后汉昙果、康孟详合译《中本起经》卷2《度奈女品》："是时城中，有长者子，五百同辈，闻佛来垂训，止住奈园，即皆俱行，诣佛听法。"后秦法师鸠摩罗什译《妙法莲华经》卷2《譬喻品》："舍利弗，若国邑聚落，有大长者，其年衰迈，财富无量，多有田宅，及诸僮仆。其家广大，唯有一门，多诸人众，一百二百，乃至五百人，止住其中。"隋阇那崛多译《佛本行集经》卷21《王使往还品》："既剃须发，著袈裟衣，止住山林，修道学问。"（2）《吴志》卷3《孙休传》："己卯，休至，望便殿止住，使孙楷先见恩。楷还，休乘辇进，群臣再拜称臣。"（p. 1155）《博物志》卷7："汉末发范明友冢，奴犹活。朋友，霍光女聟，说光家事，废立之际，多与《汉书》相似。此奴常游走于民间，无止住处，不知所在。"（p. 215）按：《汉语大词典》失收。

【指示於～/～にさししめす】 于字 用手指点表示；犹指点，指引。《日本书纪》卷24《皇极纪》二年十一月条："众人仰观称叹，遂指示于入鹿。"（第三册，p. 82）（1）唐波罗颇蜜多罗译《般若灯论释》卷14："若有无瓶绢处不可说，青黄等色亦不可指示于人，无依止处故。"唐慧然集《镇州临济慧照禅师语录》卷1："到翠峯，峯问：'甚处来？'师云：'黄蘗来。'峯云：'黄蘗有何言句指示于人？'师云：'黄蘗无言句。'峯云：'为什么无？'师云：'设有亦无举处。'峯云：'但举看。'师云：'一箭过西天。'"唐裴休集《黄檗山断际禅师传心法要》卷1："问：'向来如许多言说皆是抵敌语，都未曾有实法指示于人。'师云：'实法无颠倒，汝今问处自生颠倒，觅甚么实法？'"（2）《旧唐书》卷119《崔佑甫传》："又衮方哭于钩陈之前，而衮从吏或扶之，佑甫指示于众曰：'臣哭于君前，有扶礼乎？'"（p. 3439）

【指宣往意、送物如别/おういをしめしのび、ものをおくることことくだりのごとし】 典据 （3例） 宣说到访的意趣，并另外馈赠物品。《日本书纪》卷22《推古纪》十六年六月条："丹款之美，朕甚嘉焉。稍喧。比如常也。故遣鸿胪寺掌客裴世清等，指宣往意，并送物如别。"（第二册，p. 558）《续日本纪》卷3《文武纪》庆云三年正月条："使人今还，指意往宣，并寄土物如别。"（第一册，p. 94）又卷19《孝谦纪》天平胜宝五年六月条："使人今还，指宣往意，并赐物如别。"（第三册，p. 132）隋灌顶纂《国清百录》卷2《文皇帝敕给荆州玉泉寺额书》："皇帝敬问：'修禅寺智顗禅师，省书具至。意孟秋余热，道体何如？熏修禅悦，有以怡慰，所须寺名额，今依来请。智邃师还指宣往意。'"唐道宣撰《续高僧传》卷17："开皇十年下诏曰：'皇帝敬

问赵州房子界嶂洪山南谷旧禅房寺智舜禅师，冬日极寒，禅师道体清胜，教导苍生，使早成就。朕甚嘉焉。朕统在兆民之上，弘护正法，夙夜无怠。今遣上开府卢元寿，**指宣往意**，**并**送香**物如别**。’”→【送物如别】

【至誠発願/しじょう ほつがんす】 誓愿　真诚地许下誓言。《奈良朝写经5·大般若经卷第267》：“神龟五年岁次戊辰五月十五日，佛弟子长王**至诚发愿**，奉写《大般若经》一部六百卷。”（p. 32）北凉昙无谶译《金光明经》卷2《功德天品》：“亦当三称，金光明经，**至诚发愿**，别以香华，种种美味，供施于我，散洒诸方，尔时当说，如是章句。”唐义净译《根本说一切有部毘奈耶》卷43：“贫女问曰：‘其因者何?’答曰：‘于胜福田，施以饮食，**至诚发愿**，必获其果。’”唐般若译《诸佛境界摄真实经》卷3《建立道场发愿品》：“应当**至诚发愿**：我今随力，所建道场，或有见者，或有闻者，或有觉者，或有知者，皆令获得，殊胜妙果，一切所愿，无不随心。”→【発至诚】【以至誠心】【致至誠】

【至誠心/しじょうしん】 誓愿（3例）　极其真挚诚恳的心意。《日本灵异记》中卷《**至诚心**奉写〈法华经〉有验示异事缘第6》（p. 161）又《依恶梦**至诚心**使诵经示奇表得全命缘第20》、《续日本纪》卷27《称德纪》天平神护二年十月条：“今敕〈久〉、无上〈歧〉佛〈乃〉御法〈波〉、**至诚心**〈乎〉以〈天〉拜尊〈备〉献〈礼波〉、必异奇验〈乎〉阿良波〈之〉授赐物〈尔〉伊末〈志家利〉。”（第四册，p. 134）（1）《太平经》（2）吴康僧会译《佛说无量寿经》卷2：“若闻深法，欢喜信乐，不生疑惑，乃至一念，念于彼佛，以**至诚心**，愿生其国。”唐义净译《金光明最胜王经》卷6《四天王护国品》：“时禅你师，闻是语已，即还父所，白其父言：‘今有善人，发**至诚心**，供养三宝，少乏财物，为斯请召。’”唐菩提流志译《大宝积经》卷44《尸波罗蜜品》：“佛为群生真实尊，显扬无上微妙法。我今发起**至诚心**，为获最胜菩提故。”→【以至誠心】

【至今猶有[①]/いまにいたるまでなほあり】 时段　犹言“至今犹存”。《出云国风土记·意宇郡》条：“其形为石，无异猪犬，**至今犹有**。故云宍道。”（p. 108）（1）唐澄观述《大方广佛华严经随疏演义钞》卷76《住处品》：“传云：‘北齐高帝笃崇大教，置二百余寺于兹山，割八州租税而供山众衣药之资，**至今犹有**，五道场庄。’”唐一行记《大毘庐遮那成佛经疏》卷15《秘密漫荼罗品》：“昔琉璃王，害释女时，大迦叶于阿耨达池，取此花裹八功德水洒之。诸女身心得安乐，命终生天。因是投花于池，遂成种，**至今犹有**之。花大可爱，径一尺余，尤可爱也。”（2）张籍《无题》：“桃溪柳陌好经过，灯下妆成月下歌。为是襄王故宫地，**至今犹有**细腰多。”按：《新编日本古典文学全集》栏上的注释“至今犹有”作“至今犹在”（p. 142），《洛阳伽蓝记》卷5：“昔尸毘王仓库为火所烧，其中粳米燋然，**至今犹在**。”唐实叉难陀译《大方广佛华严经》

---

① 此处依据“古典大系本”。

卷 59《离世间品》："菩萨观见，过去世中，同共集会，诸天人等，**至今犹在**，凡夫之地，不能舍离，亦不疲厌。"

【至甚/いたりてはなはだし】 偏正 犹言"至极""极甚"。《万叶集》卷 5《沉疴自哀文》云："今吾为病见恼，不得坐卧。向东向西，莫知所为。无福**至甚**，总集于我。"（第二册，p. 78）失译人名今附东晋录《菩萨本行经》卷 1："今我国土人民饥饿，危困**至甚**命在旦夕。"唐义净译《根本说一切有部毘奈耶破僧事》卷 9："摩纳婆，闻王语已，作如是念：'必知王今，遇热**至甚**，要须凉话。'"唐湛然述《止观辅行传弘决》卷 5："鲠者谓鱼骨鲠喉，如是伤痛，**至甚**之相也。"按：《汉语大词典》失收。"至甚"，用作程度副词，前承形容词或动词，表示极端消极的样态。

【至心読誦/こころをいたしてどくじゅす】 四字（3 例） 一心不乱地朗读、背诵经文或称念佛号。《日本灵异记》下卷《沙门诵持方广大乘沉海不溺缘第 4》："僧沉海，**至心读诵**《方广经》，海水凹开，踞底不溺。"（p. 272）元魏昙曜译《大吉义神咒经》卷 1："是故天帝，应当受持，是结咒法，**至心读诵**，不得忘失。"唐义净译《金光明最胜王经》卷 8《大吉祥天女品》："若复有人，**至心读诵**是《金光明最胜王经》，亦当日日，烧众名香，及诸妙花，为我供养，彼琉璃金山宝花，光照吉祥，功德海如来、应、正等觉。复当每日，于三时中，称念我名，别以香花，及诸美食，供养于我，亦常听受，此妙经王，得如是福。"唐僧详撰《法华传记》卷 6："于是此人，心自悲痛，宿因钝根，乃**至心读诵**，昼夜匪懈，谙得略半。"按："至"，有"诚""诚挚"的意思。"至心"，即"诚心""专心"之意。

【至心発願/ししんにねがひをおこす】 誓愿（3 例） 真心实意地许下誓愿。《日本灵异记》下卷《二目盲女人归敬药师佛木像以现得明眼缘第 11》："定知**至心发愿**，愿者无不得之也。是奇异之事矣。"（p. 288）《续日本纪》卷 17《圣武纪》天平十九年十一月条："己卯，诏曰：'朕以去天平十三年二月十四日，**至心发愿**，欲使国家永固，圣法恒修，遍诏天下诸国，国别令造金光明寺、法华寺。'"（第三册，p. 48）《奈良朝写经 66 · 大般若经卷第 176》："是以，大法师讳行信，平生之日，**至心发愿**，敬写法华一乘之宗，金鼓灭罪之文，般若真空之教，瑜伽五分之法，合贰千七百卷经论。"（p. 403）曹魏康僧铠译《佛说无量寿经》卷 1："设我得佛，十方众生，发菩提心，修诸功德，**至心发愿**，欲生我国，临寿终时，假令不与，大众围绕，现其人前者，不取正觉。"元魏吉迦夜、昙曜合译《杂宝藏经》卷 9："去舍五里，当还家时，步步欢喜，既到其门，向劝化处，**至心发愿**，然后入舍。"隋那连提耶舍译《大方等大集经》卷 44《三归济龙品》："诵此陀罗尼，一千八遍，以咒此药，用涂眼上。舍诸缘事，七七日中，念佛造像，**至心发愿**，时彼众生，恶业消尽，得清净眼。"→**【発願】**

【至心奉為～/こころをいたして～のためにたてまつる】 四字 以至诚之心为某人做事。《元兴寺伽蓝缘起并流记资财账》："汝命以**至心奉为**斯归岛宫治天下天皇勤

作奉也。”唐道宣撰《广弘明集》卷27《礼舍利宝塔门》：“是以今各归心，于此像塔，呜咽涕零，惭颜哽恸，**至心奉为**至尊皇后、皇太子、七庙圣灵，今日信施，龙神八部，广及一切，剧苦众生。敬礼十方，三世一切，诸刹土中，所有如来，形像灵庙。”

【至心帰於～/こころをいたして～による】 于字 真心实意地归皈依……《日本灵异记》下卷《用网渔夫值海中难凭愿妙见菩萨得全命缘第32》：“忽大风吹，破彼三舟，八人溺死。时名妹丸，漂之于海，**至心归于**妙见菩萨。”（p. 344）失译人名今附后汉录《大方便佛报恩经》卷5《慈品》：“尔时五百人中，有一人，是佛弟子，告诸大众：‘我等今者，命不云远，何不**至心，归命于**佛？’”失译人名今附秦录《别译杂阿含经》卷6：“何等为五？恭敬世尊、尊重于佛、供养于佛、常能**至心，归依于**佛。”

【至信/ししん】 格义 毫不怀疑，一心深信。《日本灵异记》中卷《极穷女于尺迦丈六佛愿福分示奇表以现得大福缘第28》：“谅知尺迦丈六不思议力，女人**至信**奇表之事矣。”（p. 223）后汉支娄迦谶译《杂譬喻经》卷1：“有能敬佛三尊，监通三世，明天堂之福，审太山之罪，**至信**三宝，以塞三涂，强智慧之力以消三界痴冥，修六净神水以荡六患之秽，故能轻财，损身口分，行等之施，以树来世之本。”西晋竺法护译《贤劫经》卷4《三十七品》：“以怀**至信**，得欢喜悦，无有瞋恚，是曰忍辱。”按：在传世文献当中，“至信”，谓最大的诚信。《庄子·杂篇·庚桑楚第23》：“至仁无亲，**至信**辟金。”《淮南子·修务训》：“皋陶马喙，是谓**至信**。”高诱注：“喙若马口，出言皆不虚，故曰**至信**。”

【至信心/ししんのこころ】 三字 坚信不疑的信念。《奈良朝写经38·大般若经卷第591》：“以天平十六年岁次甲申六月，发**至信心**，敬奉写《大般若经》六百卷、《大智度论》一百卷。”北魏昙鸾撰《略论安乐净土义》卷1：“一往言十念相续，似若不难。然凡夫心犹野马，识剧猿猴，驰骋六尘，不暂停息。宜**至信心**，预自克念，便积习成性，善根坚固也。”唐金刚智译《吽迦陀野仪轨》卷1《吽迦陀野摩诃主布解梵字品》：“行者**至信心**作法印，又说摩诃多闻王心中大极密语，行者当可此偈句持，即偈曰。”（p. 253）

【至於此間/ここにいたれり】 于字 到了这里，来到此地。《日本书纪》卷6《垂仁纪》二年是岁条：“（一云）然臣究见其为人，必知非王也，即更还之。不知道路，留连岛浦，自北海回之，经出云国，**至于此间**也。”（第一册，p. 300）隋阇那崛多译《佛本行集经》卷43《优波斯那品》：“如是见已，而彼最长商主告于余二商主及众商言：‘汝诸人辈，若知我等不惜身命，为求财故，入彼大海。而今彼处，得利回还，**至于此间**。我等今者，亦可共作，来世利益，善业因缘，如旧智人，所说偈言。’”按：“至于”，复音介词，与“至”义同。

【至於今不絶/いまにいたるまでたえず】 自创 犹言“至今不绝”。《古事记》中

卷《仲哀记》："故四月上旬之时，女人拔裳系，以粒为饵，钓年鱼，至于今不绝也。"（p. 248）（1）后汉迦叶摩腾、法兰合译《四十二章经》卷1："含识之类。蒙恩受赖。于今不绝也。"《敦煌变文·目连缘起》："慈悲教法流传，直至于今不绝。"（p. 1014）（2）《陈书》卷27《江总传》："多有侧篇，好事者相传讽玩，于今不绝。"（p. 347）《日本书纪》卷9《神功纪》摄政前纪条："是以其国女人每当四月上旬，以钩投河中，捕年鱼，于今不绝。"（第一册，p. 422）

【志我山寺/しがさんじ】 寺名　亦称崇福寺、紫乡山寺。天智七年（669）创建。《续日本纪》卷2《文武纪》大宝元年八月条："甲辰，太政官处分：'近江国志我山寺封，起庚子年计满三十岁，观世音寺、筑紫尼寺封，起大宝元年计满五岁，并停止之。皆准封施物。'"（第一册，p. 44）→【崇福寺】

【治差/をさめいやす】 后补　治愈，治好。《古事记》下卷《允恭记》："此时，新良国主贡进御调八十一艘。尔御调之大使，名云金波镇汉纪武。此人深知药方，故治差帝皇之御病。"（p. 318）（1）后汉支娄迦谶译《杂譬喻经》卷1："昔有一病人。众医不能治差，径来投国王。王名萨和檀。以身归大王，慈愿治我病。王即付诸师，敕令为治病。"后秦弗若多罗、罗什合译《十诵律》卷48："又问：'佛先说不得，食生肉血，若病余药，不能治者，得食不？'佛言：'得食。若余药能治差者，不得食。食者，得偷兰遮。'"刘宋佛陀什、竺道生等合译《弥沙塞部和酰五分律》卷7："尔时舍利，弗得风病，目连往问：'汝在家时，曾有此病不？'答云：'有。何方治差？'答言：'食藕。'于是目连，到阿耨达池，取藕与之。"（2）《梁书》卷27《明山宾传》："山宾性笃实，家中尝乏用，货所乘牛。既售受钱，乃谓买主曰：'此牛经患漏蹄，治差已久，恐后脱发，无容不相语。'买主遽追取钱。处士阮孝绪闻之，叹曰：'此言足使还淳反朴，激薄停浇矣。'"《北齐书》卷49《方伎传》："从驾往晋阳，至辽阳山中，数处见榜，云有人家女病，若有能治差者，购钱十万。诸名医多寻榜至，问病状，不敢下手。唯嗣明独治之。"

【治井/ゐをほる】 述宾（3例）　掘井，挖井。《播磨国风土记·赞容郡》条："邑宝里。弥麻都比古命，治井飡粮，即云：'吾占多国。'故曰大村。治井处，号御井村。"（p. 76）《常陆国风土记·新治郡》条："此人罢到，即穿新井，其水净流。仍以治井，因著郡号。自尔至今，其名不改。"（p. 356）（1）吴竺律炎、支谦合译《摩登伽经》卷2："月在参日，宜应责敛，治井河渠，买于牸牛，压脂造酒。及笮甘蔗，甚忌凶事。"（2）李商隐《井泥四十韵》："皇都依仁里，西北有高斋。昨日主人氏，治井堂西陲。"按：《汉语大词典》失收。

【致至誠/まことをいたす】 三字　致以至极之心。《日本书纪》卷9《神功纪》摄政五十年五月条："久氐等奏曰：'天朝鸿泽远及弊邑，吾王欢喜踊跃，不任于心。故因还使以致至诚。'"（第一册，p. 458）西晋竺法护译《宝女所问经》卷3："如来一切，所演音声，则合于议，不违法理，至诚柔顺，观因缘法，除诸瑕秽，而离爱欲。寂定游已，必当获**致至诚**之报，乃至灭度。”

【擲打/いしなげうつ】 偏正　投掷石头予以打架。《日本灵异记》中卷《观音铜像及鹭形示奇表缘第17》：“夏六月，彼边有牧牛童男等，见之池中有聊木头。头上居鹭。牧牛见彼居鹭，拾集砾块，以之**掷打**，不避犹居。”（p. 194）萧齐僧伽跋陀罗译《善见律毘婆沙》卷11《舍利弗品》：“石句中者，比丘不得拼石，不但石乃至草木土。若起塔寺，垒石**掷打**破亦得，乃至料理，房舍亦得。若中食后，掷饭虚空，与众鸟亦得。若有恶兽来逼，用石土掷惊，勿取著亦得。”唐输波迦罗译《苏悉地羯罗经》卷3《补阙少法品》：“若有极大，猛害邪来，应自用彼诸印，以**掷打**之。或以前来，持诵有功真言，诵白芥子，散击邪者。”唐不空译《七俱胝佛母所说准提陀罗尼经》卷1：“又法取一明镜，置于坛中，先诵真言，加持花一百八遍已，然后又诵真言，一遍一**掷打**镜面。于镜面上，即有文字现，说善恶事。”按：《汉语大词典》失收。

【擲海/うみになげすつ】 后补　（2例）（把人）扔进海里。《日本灵异记》中卷《恃己高德刑贱形沙弥以现得恶死缘第1》：“天皇敕舍彼尸骸于城之外，而烧末散河**掷海**。唯亲王骨，流于土左国。”（p. 146）《续日本纪》卷24《淳仁纪》天平宝字七年十月条：“乃使水手撮内弓妻并绿儿、乳母、优婆塞四人，举而**掷海**。风势犹猛，漂流十余日，著隐歧国。”（第三册，p. 440）东晋瞿昙僧伽提婆译《增壹阿含经》卷14《高幢品》：“世尊告曰：‘恶鬼当知，我自观察，无天及人民、沙门、婆罗门、若人、非人，能持我两脚，**掷海**南者。但今欲问义者，便可问之。’”又卷38《马血天子问八政品》：“我今集兵众，瞻彼沙门颜，设不用我计，执脚**掷海**表。”隋阇那崛多译《佛本行集经》卷27《魔怖菩萨品》：“我指能执持日月，虚空星宿及诸辰，捉搦彼等一切天，四海水入手掌内，况此沙门一释子，即今捻**掷海**外边，但速遣此诸军兵，疾向于彼沙门所。”

【擲入於～/～になげいる】 于字　（2例）投入，扔进。①《日本书纪》卷20《钦明纪》二年七月条：“俱时发船至数里许，送使难波。乃恐畏波浪，执高丽二人，**掷入于**海。”（第二册，p. 470）②《日本灵异记》上卷《赎龟命放生得现报龟所助缘第7》：“舟人起欲，行到备前骨岛之边，取童子等，**掷入**海中。”（p. 80）（1）唐道宣撰述《四分律删繁补阙行事钞》卷2：“若散落者，得以砖瓦**掷入**。”唐大觉撰《四分律行事钞批》卷9：“‘散落者得以砖瓦**掷入**者’：谓旋净人，令下钱时，钱有散落者，比丘手不得触，亦许将瓦石打其钱，令转堕人坑中也。”（2）唐张鷟《游仙窟》：“未必由诗得，将诗故表怜。闻渠**掷入**火，定是欲相燃。”→【投擲於～】

【智德具足/ちとくぐそく】 四字　“智德”，佛生命所具三德（法身、般若、解脱）中的般若德，般若（prajna）意译作“智能”，故曰。“智”是谓了悟真理的能力，“德”是养心而得于身的品性。“具足”，犹言“具备”。《续日本纪》卷9《元正纪》养老六年七月条："其僧纲者，**智德具足**，真俗栋梁。"（第二册，p. 120）隋智顗说《妙法莲华经玄义》卷 8："又定慧调适，故名停心。若无定慧，若单定慧，若不均调定慧，皆不名贤人。如世间贤人，**智德具足**，智则靡所不闲，德则美行无缺，许由巢父乃可称贤。若多智寡德名狂人，多德寡智名痴人，狂痴皆非贤也。贤名贤能，亦名贤善，善故有德，能故有智，**智德具足**。故称贤人。"该例亦见于隋智顗说、唐湛然释《妙法莲华经玄义释签》卷 32。按：《续日本纪》卷 35《高绍纪》宝龟十年八月条："太政官处分：'**智行具足**，情愿借住。宜依愿听，以外悉还焉。'"中国文献中，未见该搭配的先例。

【智海/さとりのうみ】 比喻 （2 例） 谓智慧广大，如同大海一样。《古事记·序》："重加，**智海**浩汗，潭探上古，心镜炜煌，明睹先代。"（p. 20）《续日本纪》卷 20《孝谦纪》天平宝字元年十一月条："伏愿先帝陛下薰此芳因，恒荫禅林之定影。翼兹妙福，速乘**智海**之慧舟，终生莲华之宝刹，自契等觉之真如。"（第三册，p. 236）（1）西晋竺法护译《佛说弘道广显三昧经》卷 1："大士亦如是，习道如所行。法身而不动，能满于**智海**。"唐实叉难陀译《大方广佛华严经》卷 22《升兜率天宫品》："善能开演，种种文句，真实之义，能悉深入，无边**智海**。"（2）《全唐文》卷 172 张鷟《祠部郎中孙佺状称往年度人多用财贿递相嘱请元无经业望更铨试不任者退还本邑》："指法场之门户，豁尔天开。导**智海**之波澜，涣然冰释。"（p. 1757）又卷 272 徐坚《唐故右骁卫大将军上柱国金河郡开国公裴公墓志铭》："乃辞朝廷，退归私里，想百行之善，叙三乐之欢，猎秘教于情田，访真流于**智海**。"→【禅林～智海～】

【智惠第一/ちえだいいち】 比较 《日本灵异记》中卷《智者诽妒变化圣人而现至阎罗阙受地狱苦缘第 7》："释智光者，河内国人，其安宿郡锄田寺之沙门也。俗姓锄田连，后改姓上村主也。母氏飞鸟部造也。天年聪明，**智惠第一**。"（p. 167）西晋竺法护译《生经》卷 4："众比丘尼，**智慧第一**，名曰差摩。"姚秦鸠摩罗什译《大智度论》卷 53《无生品》："五百阿罗汉，佛各说其第一：如舍利弗**智慧第一**，目揵连神足第一，摩诃迦叶行头陀中第一，须菩提得无诤三昧第一，摩诃迦旃延分别修多罗第一，富楼那说法人中第一。"隋阇那崛多译《佛本行集经》卷 1《发心供养品》："（佛）**智慧第一**，名称远闻，随受利养，而心无染，犹如莲华，不著于水。"→【得智惠眼】【福德智惠】

【智惠（慧）之力/ちえのちから】 四字 "智慧"，智与慧，明白一切事相叫作智，了解一切事理叫作"慧"。《续日本纪》卷 30《称德纪》宝龟元年七月条："因此，**智慧之力**忽坏邪岭，慈悲之云永覆普天，既往幽魂通上下以证觉，来今显识及尊卑而同荣。"（第四册，p. 288）后汉支娄迦谶译《杂譬喻经》卷 1："有能敬佛三尊，监通三世，明天堂之福，审太山之罪，至信三宝以塞三涂，强**智慧之力**以消三界痴冥，修六净神水以荡六患之秽。故能轻财，损身口分，行等之施，以树来世之本。"姚秦鸠摩罗什译《妙法莲华经》卷 6《药王菩萨本事品》："宿王华，此菩萨成就，如是功德，**智慧**

之力。若有人闻，是药王菩萨本事品，能随喜赞善者，是人现世，口中常出，青莲华香，身毛孔中，常出牛头，栴檀之香，所得功德，如上所说。”又卷 7《妙音菩萨品》：“华德，妙音菩萨摩诃萨，成就大神通，**智慧之力**，其事如是。”

【智鏡/さとりのかがみ】 比喻 镜子一样的智慧。比喻智慧的明净。《奈良朝写经 38・大般若经卷第 591》：“盖闻无二法门，悬**智镜**而圆满；非一戒筏，扬慧炬以均照。权实神机，邈绝名言之域，方便秀术，颐翳有无之间。感而遂通，枳无不应。”（p. 253）唐玄奘译《佛说佛地经》卷 1：“复次，妙生。大圆镜智者，如依圆镜，众像影现。如是依止，如来**智镜**，诸处境识，众像影现。唯以圆镜，为譬喻者，当知圆镜，如来**智镜**，平等平等，是故**智镜**，名圆镜智。”唐窥基撰《成唯识论述记》卷 10：“《佛地经》云：如依圆镜，众像影现，依佛**智镜**，诸处、境、识众像影现平等平等，故以为喻。”

【智人/さかしきひと】 格义 有智能者，聪明的人。“愚人”的对应词。于佛法上是指明辨因果道理、通晓佛法、不迷于出离生死的人。又指佛。《日本灵异记》中卷《智者诽妒变化圣人而现至阎罗阙受地狱苦缘第 7》：“于是，智光法师发嫉妒之心，而非之曰：‘吾是**智人**，行基是沙弥。何故天皇不齿吾智，唯誉沙弥而用焉？’”（p. 167）东晋佛驮跋陀罗译《大方广佛华严经》卷 54《入法界品》：“王是**智人**，天下第一；功德须弥，功德明净，犹如满月。”姚秦鸠摩罗什译《大智度论》卷 12《序品》：“菩萨语言：‘我今此行，不自为身，普为一切，求如意宝珠，欲给足众生，令身无乏；次以道法因缘，而教化之。汝是**智人**，何得辞耶？我愿得成，岂非汝力！’”元魏吉迦夜、昙曜合译《付法藏因缘传》卷 5：“过是已后，忽便问之：‘斯是何人，在我前行？’寻便召命，而问其意，答言大王：‘我①是**智人**，善能谈论。欲于王前，求一试验。’”

【智識/ちしき】 寺名 “智识寺”的略称。《续日本纪》卷 19《孝谦纪》天平胜宝八岁二月条：“己酉，天皇幸**智识**、山下、大里、三宅、家原、鸟坂等六寺礼佛。”（第三册，p. 156）

【智識寺/ちしきじ】 寺名（6 例） 因善知识的协助而修建的寺院，故名。位于河内国大县郡。《续日本纪》卷 17《孝谦纪》天平胜宝元年十月条：“冬十月庚午，行幸河内国**智识寺**。以外从五位下茨田宿祢弓束女之宅，为行宫。”（第三册，p. 92）又天平胜宝元年十二月条：“去辰年、河内国大县郡〈乃〉**智识寺**〈尔〉坐庐舍那佛〈远〉礼奉〈天〉则朕〈毛〉欲奉造〈止〉思〈登毛〉、得不为〈之〉间〈尔〉、丰前国宇佐郡〈尔〉坐广幡〈乃〉八幡大神〈尔〉申赐〈闭〉敕〈久〉。”（第三册，p. 96）又卷 19《孝谦纪》天平胜宝八岁二月条：“戊申，行幸难波。是日，河内国，御**智识寺**南行宫。”（第三册，p. 156）又天平胜宝八岁四月条：“戊戌，车驾取涩河路，还至**智识寺**

① “我”，宫本中作“吾”。

行宫。"（第三册，p. 158）又卷 26《称德纪》天平神护元年闰十月条："闰十月己丑朔，舍弓削寺食封二百户，**智识寺**五十户。"（第四册，p. 96）又卷 30《称德纪》神护景云三年十月条："是日，赐配**智识寺**今良二人，四天王寺奴婢十二人爵人三级。"（第四册，p. 266）

【智行/ちぎょう】 偏正 （5 例） 智慧与修行。《日本灵异记》下卷《灾与善表相先现而后其灾善答被缘第 38》："发惭愧心，弹指耻愁者，本有种子，加行**智行**者，远灭前罪，长得后善也。" （p. 372）又《**智行**并具禅师重得人身生国皇之子缘第 39》："得度精勤修学，**智行**双有。皇臣见敬，道俗所贵。弘法导人，以为行业。" （p. 377）《续日本纪》卷 8《元正纪》养老三年十一月条："道慈法师，远涉沧波。核异闻于绝境，遐游赤县；研妙机于秘记，参迹象龙；振英秦汉，并以戒珠如怀满月，慧水若写沧溟。倘使天下桑门**智行**如此者，岂不殖善根之福田，渡苦海之宝筏。"（第二册，p. 62）又卷 35《高绍纪》宝龟十年八月条："太政官处分：'**智行**具足，情愿借住。宜依愿听，以外悉还焉。'"西晋圣坚译《佛说罗摩伽经》卷 3："智波罗蜜，无著无护，一切智集，诸无著，助菩提分，智慧明了，具胜进地，深入甚深，**智行**境界，是名智波罗蜜。"东晋佛驮跋陀罗译《大方广佛华严经》卷 22《金刚幢菩萨十回向品》："令一切众生，悉得平等具足，深入一切**智行**。"刘宋求那跋陀罗译《佛说菩萨行方便境界神通变化经》卷 3："一切身业，以智为首，随于**智行**，一切口业，以智为首，随于**智行**，一切意业，以智为首，随于**智行**。"按：《汉语大词典》失收。

【智行僧/ちぎょうのほうし】 自创 智慧出众的僧人。《续日本纪》卷 10《圣武纪》神龟五年十一月条："庚申，择**智行僧**九人，令住山房焉。"（第二册，p. 202）

【智燭/さとりのともしび】 比喻 智慧的蜡烛。将智慧比作蜡烛，可以照亮心中的无明。《日本灵异记》上卷《序》："秉**智烛**以照昏歧，运**慈舟**而济溺类，难行苦行名流远国。"（p. 54）高丽义天集《圆宗文类》卷 22 崔致远《故修南山俨和尚报恩社会愿文》："大德贤俊等，高焦**智烛**，继照慧灯，山玉海珠。"宋宗镜述、侯冲整理《销释金刚经科仪会要注解》卷 7："**智烛**普照者，既具福智二法，即同佛用，教化众生。如**智烛**之明，能除黑暗，似月当天，高低普照。此是平等之义，即平等性智也。"按：在传世文献中，"智烛"谓智慧能明察一切，如烛照物。汉扬雄《法言·修身》："仁，宅也；义，路也；礼，服也；**智**，**烛**也；信，符也。"李轨注："**智**如灯**烛**，可以照察。"

【置手於～/てを～におく】 于字 把手放在某处。《日本书纪》卷 2《神代纪下》："时则走回，至腰时则扪腰，至腋时则**置手于**胸，至颈时则举手飘掌。至尔及今，曾无废绝。"（第一册，p. 186）（1）元魏瞿昙般若流支译《奋迅王问经》卷 1："若有众生，信解日月，入法律者，以神通力，三千大千，诸世界中，所有日月，**置手**掌中，掷过无量，无边世界。一切众生，所应度者，皆见日月，空中而去，然其日月，本处不动。"唐义净译《根本说一切有部毘奈耶》卷 23："时小男女，来入寺中，若是男者，时法与尼，以油置手，令自摩头，以其残饼，而授与之。若是女者，时法与尼，自持香油，涂其顶上，皆以残饼，与之令食。”（2）《唐会要》卷99《康国》条：“生子必以蜜食口中，以胶置手内，欲其成长口尝甘言，持钱如胶之粘物。”《太平广记》卷327《房玄龄》条：“房玄龄、杜如晦微时，尝自周偕之秦，宿敷水店。适有酒肉，夜深对食。忽见两黑毛手出于灯下，若有所请，乃各以一炙置手中。”（p. 2598）

【置中/なかにおく】 后补 （3例） 放在中间。《古事记》上卷《伊耶那岐命与伊耶那美命》：“最后，其妹伊邪那美命身自追来焉。尔千引石引塞其黄泉比良坂，其石置中各对立。”（p. 48）又《天照大御神与须佐之男命》：“此时箸从其河流下，于是须佐之男命以为人有其河上，寻觅上往者，于是，老夫与老女，二人在而，童女置中而泣。”（p. 68）《日本灵异记》下卷《阎罗王示奇表劝人令修善缘第9》：“先见一人，后见二，使之中立我，追匆走往。往前道，中断有深河。水色黑黛不流。冲寂。以楉置中，彼方此方二端不及。”（p. 284）（1）吴康僧会译《六度集经》卷3：“中心怆然，求以安之，正有兽骨，徐以置中矣。”姚秦佛陀耶舍、竺佛念等译《四分律》卷54：“复持五百张，叠次而缠之，作铁棺盛满香油，安舍利置中，以盖覆上。”（2）《齐民要术》卷4《插梨》：“藏梨法：初霜后，即收。霜多，即不得经夏也。于屋下掘作深荫坑，底无令润湿。收梨置中，不须覆盖，便得经夏。”（364）按：《汉语大词典》失收。

【稚女/をとめ】 偏正 幼女；少女。《古事记》上卷《天照大御神与须佐之男命》：“亦问：‘汝哭由者何？’答白言：‘我之女者，自本在八稚女，是高志之八俣远吕知，每年来吃。今其可来时，故泣。’”（p. 68）（1）刘宋佛陀什、竺道生等合译《弥沙塞部和酰五分律》卷2：“寡妇答言：‘汝岂不知，由此沙门，使我稚女，致此苦剧？’”唐玄奘译《大唐西域记》卷4：“幼日王，承慈母之命，愍失国之君，娉以稚女，待以殊礼，总其遗兵，更加卫从，未出海岛。”又卷5：“既至仙庐，谢仙人曰：‘大仙俯方外之情，垂世间之顾，敢奉稚女，以供洒扫。’”（2）《艺文类聚》卷69所载江淹《扇上采画赋》：“临淄之稚女，宋郑之妙工。织素丽于日月，传画明于彩虹。”（p. 1214）按：《汉语大词典》首引南朝梁武帝《采菱曲》：“河南稚女珠腕绳，金翠摇首红颜兴。”略晚。

【中国難生/ちゅうごくにうまれかたし】 四字 →【人身難得】

【中律師/ちゅうりっし】 三字 （2例） 天平宝字四年七月制定的僧侣阶位的第二位。《续日本纪》卷27《称德纪》天平神护元年七月条：“秋七月乙丑，以中律师円兴为大僧都。”（第四册，p. 128）又卷32《光仁纪》条：“庚辰，以僧永严为大律师，善荣为中律师。”（第四册，p. 392）→【大律師】

【中山寺/ちゅうさんじ】 寺名 中山寺。位于东大寺寺院内。《续日本纪》卷18《孝谦纪》天平胜宝二年五月条：“辛亥，震中山寺。塔并步廊尽烧。”（第三册，

p. 104）

【終不得矣/つひにえざりき】口语　最终没有得到啊。《日本灵异记》上卷《缔知识为四恩作绘佛像有验示奇表缘第35》："时其尊像，为人所盗。悲泣求之，**终不得矣**。"（p. 135）唐临撰《冥报记》卷1："宝志迎谓曰：'君为不得县令来问耶？**终不得矣**。但受虚恩耳。过去，帝为斋主，君其疏许施钱五百，而竟不与。是故今日但蒙许官，**终不得矣**。'此人闻之终去，帝亦更不求之。"

【終成正覚/つひにしょうがくをなさむ】四字　谓证悟一切诸法之真正觉智，即如来之实智，故成佛又称"成正觉"。《奈良朝写经1·金刚场陀罗尼经》："岁次丙戌年五月，川内国志贵评内知识，为七世父母及一切众生，敬造《金刚场陀罗尼经》一部。藉此善因，往生净土，**终成正觉**。"（p. 5）姚秦鸠摩罗什译《发菩提心经论》卷1《发心品》："一者思惟，十方过去、未来现在诸佛，初始发心，具烦恼性，亦如我今，**终成正觉**，为无上尊。以此缘故，发菩提心。"梁宝亮等集《大般涅槃经集解》卷11《四相品》："人能于经教之中，生圆足之解，自行兼人，**终成正觉**。"

【終復不来/つひにまたきたらざりき】自创　终于没有再来（再出现）。《日本灵异记》下卷《二目盲男敬称千手观音日摩尼手以现得明眼缘第12》："至帝姬阿倍天皇之代，不知二人来云：'汝矜，故我二人治汝盲目。'左右各治了，语言：'我径二日，必来是处。慎待不忘。'其后不久，倏二眼明，平复如故。当期日待，**终复不来**。"（p. 290）后汉支娄迦谶译《道行般若经》卷6《阿惟越致品》："若前从我，所闻受者，今悉弃舍，是皆不可用也。若自悔过，受疾悔之。随我言者，我日来问讯汝，不用我言者，**终不复来**视汝。"吴支谦译《大明度经》卷4《不退转品》："若前从我闻，所受悉弃之，皆不可用。若疾悔之，随我言者，我日来问讯。不用我言，**终不复来**。"按：正格汉语的表达习惯为"终不复来"，汉文佛经亦然。

【終無病/つひにやむことなし】三字　无疾而终。佛教认为这是修行精进的结果。《日本灵异记》中卷《依汉神崇杀牛而祭又修放生善以现得善恶报缘第5》："归信三宝，己家立幢，成寺安佛，修法放生。从此已后，号曰那天堂矣。**终无病**，春秋九十余岁而死也。"（p. 160）刘宋先公译《佛说月灯三昧经》卷1："佛告童子：'菩萨精进有十事。何等为十？一者有威神；二者为诸佛所护；三者非人，悉亦护之；四者闻法，终不转忘；五者所未闻法而得闻；六者得高明智慧；七者得种种三昧；八者**终无病**时；九者饭食得安隐；十者得柔软，如优钵不刚。童子，是为精进行菩萨十事。'"唐善导集记《转经行道愿往生净土法事赞》卷2："又愿临**终无病**，正念坚强，圣众来迎，华台普集，弥陀光照，菩萨扶身。"

【終無所成/つひになるところなけむ】所字　最终没有成功，最终一无所获。《日本书纪》卷3《神武纪》即位前纪戊午年九月条："又祈之曰：'吾今当以严瓮，沉

于丹生之川。如鱼无大小悉醉而流，譬犹被叶之浮流者，吾必能定此国。如其不尔，**终无所成**。'"（第一册，p.214）西晋无罗叉译《放光般若经》卷8《劝助品》："倚想求三耶三佛，是则譬如杂毒之食，有倚想者**终无所成**。何以故？有倚有想，而有形貌，有杂毒求，为谤如来，亦不受如来教，亦不受法。"唐玄奘译《大乘大集地藏十轮经》卷6《有依行品》："如是众生，于二乘法，惰慢懈怠，不乐勤修，贪求五欲，曾无厌倦，虽于彼身，殖大乘种，精进勤苦，**终无所成**。"唐道宣撰《续高僧传》卷2："有一尊者，深识人机，见语舍云：'若能静修，应获圣果。恐汝游涉，**终无所成**。'"

【**種種兵/くさぐさのつはもの**】典据　各种各样的兵器。《日本书纪》卷21《崇峻纪》即位前纪条："苏我马子大臣又发誓言：'凡诸天王、大神王等，助卫于我使获利益，愿当奉为诸天与大神王，起立寺塔，流通三宝。'誓已严**种种兵**，而进讨伐。"（第二册，p.512）姚秦鸠摩罗什译《妙法莲华经》卷5《安乐行品》："文殊师利，譬如强力，转轮圣王，欲以威势，降伏诸国，而诸小王，不顺其命，时转轮王，起**种种兵**，而往讨罚。"唐窥基撰《妙法莲华经玄赞》卷9《安乐行品》："赞曰：'圣者伏除喻也。象马车步，四名**种种兵**，喻声闻缘觉、各有有学、凡圣，令其伏断，名往讨伐。'"

【**種種兵器/くさぐさのつはもの**】总括（2例）　各种各样的武器。《日本书纪》卷25《孝德纪》大化元年九月条："从六月至九月，遣使者于四方国，集**种种兵器**。"（第三册，p.124）又卷28《天武纪上》元年七月条："先是军金纲井之时，高市郡大领高市县主许梅儵忽口闭，而不能言也。三日之后，方著神以言：'吾者高市社所居名事代主神。又身狭社所居名生灵神者也。'乃显之曰：'于神日本盘余彦天皇之陵奉马及**种种兵器**。'"（p.340）姚秦鸠摩罗什译《佛说华手经》卷2："凡夫于此，无所有法，生渴爱心。是法散坏，便生忧恼，是人深著，失所著故，转增痴惑，重起黑业。若以瓦石，杖楚刀稍，**种种兵器**，共相加害。"唐义净译《根本说一切有部毘奈耶》卷37："云何二俱？若苾刍手执刀杖，打击前人，及余**种种，兵器**之类，乃至帚莛树叶，随所著处，皆得堕罪，是谓二俱。"

【**種種財物/くさぐさのざいぶつ**】总括　各种各样的金钱物资。《续日本纪》卷11天平四年五月条："庚申，金长孙等拜朝，进**种种财物**。并鹦鹉一口、鸲鹆一口、蜀狗一口、猎狗一口、驴二头、骡二头。仍奏请来朝年期。"（第二册，p.256）吴月支谦译《撰集百缘经》卷4《出生菩萨品》："尔时世尊，与诸比丘，默然而住，不能前进。乃至上闻，国主瓶沙，及波斯匿王、毘舍呿释种及福楼那等，各赍珍宝，**种种财物**，与婆罗门，然不肯受。"东晋瞿昙僧伽提婆译《中阿含经》卷30《大品》："诸信梵志居士，见精进沙门，敬心扶抱，将入于内，持种种财物，与精进沙门，作如是说：'受是用是，可持是去，随意所用。'"姚秦鸠摩罗什译《大庄严论经》卷4："即白国王：'多赍宝物，施设供具，诣昼暗山，供养众僧，宝珠璎珞，**种种财物**，持用奉施。'"→

【合家財物】【所有財物】【一切財物】

【種種彩絹/くさぐさのしみのきぬ】 自创　各种各样的彩色的生丝织物。《日本书纪》卷30《持统纪》二年二月条："庚寅朔辛卯，大宰献新罗调赋，金、银、绢、布、皮、铜、铁之类十余物，并别所献佛像，**种种彩绢**，鸟、马之类十余种，及霜林所献金银彩色、种种珍异之物，并八十余物。"按：《魏书》卷42《尧暄传》："赏赐衣服二十具、**彩绢**十匹、细织千余段、奴婢十口，赐爵平阳伯。"

【種種発願/くさぐさねがひをおこす】 总括　许下各种誓愿。《日本灵异记》中卷《赎蟹蝦命放生现报蟹所助缘第12》："奉教归家，当期日之夜，闭屋坚身，**种种发愿**，以信三宝。"（p. 180）唐阿地瞿多译《陀罗尼集经》卷9《金刚乌枢沙摩法印咒品》："尔时咒神，下来现形，或梦中见，其咒神形。正见神时，咒师莫怖，身毛不动，安然定想，随心任意，**种种发愿**。"→【発願】

【種種法中/くさぐさののりのなか】 总括　各种各样的佛法当中。《续日本纪》卷17《圣武纪》天平胜宝元年四月条："此〈远〉所念〈波〉、**种种法中**〈尔波〉、佛大御言〈之〉国家护〈我〉多仁〈波〉胜在〈止〉闻召。"（第三册，p. 66）姚秦鸠摩罗什译《大智度论》卷15《序品》："复次，菩萨思惟：'凡夫人以，无明毒故，于一切诸法中作转相：非常作常想、苦作乐想、无我有我想、空谓有实、非有为有、有为非有，如是等**种种法中**作转相。得圣实智慧，破无明毒，知诸法实相。'"

【種種幡蓋/くさぐさのはたほこ・きぬがさ】 总括　颜色各异的旗帜与伞盖。《续日本纪》卷27《称德纪》天平神护二年十月条："壬寅，奉请隅寺毗沙门像所现舍利于法华寺。简点氏氏年壮有容貌者。五位以上二十三人，六位以下一百七十七人，捧持**种种幡盖**，行列前后。"（第四册，p. 134）吴支谦译《撰集百缘经》卷2《报应受供养品》："又诸龙王，各各执持，**种种幡盖**，盖诸比丘。"姚秦鸠摩罗什译《摩诃般若波罗蜜经》卷27《常啼品》："以黄金牒书般若波罗蜜置小床上，**种种幡盖**庄严垂覆其上。"隋阇那崛多译《佛本行集经》卷1《发心供养品》："复持**种种，幡**[①]**盖**幢铃，香花灯烛，以用供养。"

【種種歌舞/くさぐさのうたまひ】 总括　五花八门的歌舞（表演）。《日本书纪》卷29《天武纪下》朱鸟元年九月条："是日，百济王良虞代百济王善光而诔之。次国国造等随参赴各诔之。仍奏**种种歌舞**。"（第三册，p. 468）刘宋求那跋陀罗译《杂阿含经》卷24："佛告比丘：'若世间美色，世间美色者，又能**种种，歌舞**伎乐，复极令多，众聚集看不？'"元魏菩提流支译《大萨遮尼乾子所说经》卷9《诣如来品》："打八千种，诸妙声鼓，**种种歌舞**，与大萨遮尼乾子、大臣王子，与王大力夫人、宫人及诸小

① "幡"，明本中作"旛"。

王、长者、居士乃至守门、守宫人等九万八千万人，前后围绕，俱往园中，诣如来所。”北凉昙无谶译《大般涅槃经》卷1《寿命品》：“复有**种种，歌舞**伎乐，筝笛箜篌，萧瑟鼓吹，是乐音中，复出是言：‘苦哉，苦哉！世间空虚。’”

【種種功徳/くさぐさのくどく】 总括　各种各样的利益福德。《日本书纪》卷19《钦明纪》十六年八月条：“臣下遂用相议，为度百人，多造幡盖，**种种功德**。”（第二册，p. 440）后汉支娄迦谶译《般舟三昧经》卷1《问事品》：“于经中常悲，承事于诸佛无有厌，所行**种种，功德**悉逮及。所行常至，所信常政，无有能乱者。所行常净洁，临事能决无有难。清净于智慧悉明，得所乐行，尽于五盖。”姚秦鸠摩罗什译《妙法莲华经》卷4《五百弟子受记品》：“尔时佛告诸比丘：‘汝等见是富楼那弥多罗尼子不？我常称其，于说法人中，最为第一，亦常叹其，**种种功德**，精勤护持，助宣我法，能于四众，示教利喜，具足解释，佛之正法，而大饶益，同梵行者。’”唐义净译《金光明最胜王经》卷3《灭业障品》：“若有国土，宣说是经，一切人民，皆得丰乐，无诸疾疫，商估往还，多获宝货，具足胜福，是名**种种，功德**利益。”

【種種海物/くさぐさのうみつもの】 自创　各种各样的海产品。《日本书纪》卷29《天武纪下》十年八月条：“其国去京五千余里，居筑紫南海中。切发发草裳，粳稻常丰，一殖两收。土毛支子、莞子及**种种海物**等多。”按：（1）《肥前国风土记·藤津郡》条：“托罗乡。在郡南，临海。同天皇行幸之时，到于此乡御览，**海物**丰多，敕曰：‘地势虽少，食物丰足，可谓丰足村。’”（2）《文选》卷28陆机《齐讴行》：“**海物**错万类，陆产尚千名。”李善注引《尚书》曰：“海岱惟青州。禹贡，**海物**惟错。”（p. 397）

【種種海藻/くさぐさのめ】 自创　各种各样的海藻品。《常陆国风土记·多珂郡》条：“所谓常陆国所有碁子，唯是浜耳。昔倭武天皇乘舟泛海，御览岛矶，**种种海藻**，多生茂荣。因名。今亦然。”（p. 418）按：《出云国风土记·岛根郡》条：“白贝、**海藻**、海松、紫菜、凝海菜等之类，至繁不可尽称也。”（p. 184）《丰后国风土记·海部郡》条：“昔者，缠向日代宫御宇天皇，御船泊于此门，海底多生海藻而长美。即敕曰：‘取最胜**海藻**。’便令以进御。因曰最胜**海藻**门。”（p. 296）《肥前国风土记·松浦郡》条：“自尔以来，白水郎等，就于此岛，白水郎，渔民也。造宅居之，因曰大家乡。乡南有窟，有钟乳及木兰。回缘之海，蚫、螺、鲷、杂鱼及**海藻**、海松多之。”（p. 334）

【種種伎楽/くさぐさのぎがく】 总括　丰富多彩的音乐舞蹈。《日本书纪》卷24《皇极纪》二年十一月条：“于时五色幡盖，**种种伎乐**，照灼于空，临垂于寺。”（第三册，p. 82）姚秦鸠摩罗什译《妙法莲华经》卷7《妙音菩萨品》：“尔时妙音菩萨摩诃萨供养释迦牟尼佛及多宝佛塔已，还归本土，所经诸国，六种震动，雨宝莲华，作百千万亿**种种伎乐**。”北凉昙无谶译《大般涅槃经》卷1：“其帐四边，悬诸金铃，种种香花，宝幢幡盖，上妙甘膳，**种种伎乐**，敷师子座。”隋宝贵合《合部金光明经》卷7：“**种种伎乐**，于虚空中，不鼓自鸣。”

【**種種凌侮/くさぐさあなづる**】自创　百般欺凌和侮辱。《古语拾遗》：“其后，素戋呜神奉为日神，行甚无状，**种种凌侮**。”（p. 120）

【**種種奇術/くさぐさのきじゅつ**】自创　各种奇异的招数。《日本书纪》卷24《皇极纪》四年四月条：“夏四月戊戌朔，高丽学问僧等言：‘同学鞍作得志，以虎为友，学取其术。或使枯山变为青山，或使黄地变为白水。**种种奇术**不可殚究。’”按：《文选》卷31江淹《刘太尉伤乱》：“伊余荷宠灵，感激殉驰骛。虽无六**奇术**，冀与张韩遇。”李善注引《汉书》曰：“陈平自初从至天下定后，常以护军中尉从击臧荼、陈豨、凡六出奇计，辄益邑封。奇计或颇秘，世莫得闻也。”（p. 448）

【**種種奇物/くさぐさのめづらしきもの**】自创　各种奇异的东西。《日本书纪》卷7《景行纪》十二年九月条：“于是武诸木等先诱麻剥之徒，仍赐赤衣、裈及**种种奇物**，兼令扮不服之三人。乃率己众而参来。悉捕诛之。”（第一册，p. 350）按：《汉书》卷61《张骞传》：“天子既闻大宛及大夏、安息之属皆大国，多**奇物**，土著，颇与中国同俗，而兵弱，贵汉财物。”（p. 2690）

【**種種器物/くさぐさのきぶつ**】总括　各种器具和货物。《续日本纪》卷36《高绍纪》宝龟十一年三月条：“戊辰，出云国言：‘金铜铸像一龛，白铜香炉一口，并**种种器物**漂著海浜。’”吴支谦译《菩萨本缘经》卷1《一切持王子品》：“所施之物，谓金银、瑠璃、颇梨、真珠、车璩、马瑙、珊瑚、璧玉，**种种器物**，及诸衣服、床卧、敷具、车乘、舍宅、田地、谷米、奴婢、仆使、象马、牛羊，随有所须，悉能与足。”北凉昙无谶译《大般涅槃经》卷10《一切大众所问品》：“尔时世尊，从其面门，放种种色，青黄赤白，红紫光明，照纯陀身，纯陀遇已，与诸眷属，持诸肴膳，疾往佛所，欲奉如来，及比丘僧，最后供养，**种种器物**，充满具足，持至佛前。”唐地婆诃罗译《方广大庄严经》卷2《处胎品》：“由斯福报，感大梵王每持甘露之味，而以奉献，于宝殿内，上妙衣服，诸庄严具，**种种器物**，菩萨本愿力故，随意能现。”

【**種種求～/くさぐさに～をもとむ**】总括　想尽各种办法寻求某物。《古事记》中卷《仲哀记》：“尔惊惧，而坐殡宫、更取国之大奴佐，而**种种求**生剥、逆剥、阿离、沟埋、屎户、上通下通婚、马婚、牛婚、鸡婚、犬婚之罪类，为国之大祓，而亦建内宿祢居于沙庭，请神之命。”（p. 244）东晋佛陀跋陀罗、法显合译《摩诃僧祇律》卷7：“身邪命者，作水瓶木器，卖作盛酥，革囊绳索，结网缝衣，学作饼卖，学卖医药，为人传信。如是**种种求**食，是名身邪命。”刘宋求那跋陀罗译《杂阿含经》卷2：“尔时，世尊告诸比丘，世人为卑下业，**种种求**财活命，而得巨富，世人皆知。如世人之所知，我亦如是说。所以者何？莫令我异于世人。”

【種種神宝/くさぐさのかんだから】 自创　各种神圣的宝物。《古语拾遗》："又令天富命率斋部诸氏，作**种种神宝**，镜、玉、矛、盾、木棉、麻等。栉明玉命之孙，造御祈玉。"（p. 131）

【種種事/くさぐさのこと】 总括　各种各样的事情。《元兴寺伽蓝缘起并流记资财账》："时聪耳皇子大大王大前白：'昔百济国乞遣法师等及工人奉上。是事为云何？'时大后大大王告宣：'以先**种种事**今帝大前白。'告。"西晋竺法护译《等目菩萨所问三昧经》卷2《等目菩萨兴显品》："于彼众会之场，现诸佛种种所见、现诸佛种种身相、现诸佛种种之时、现诸佛种种之处、现诸佛种种变化、现诸佛种种之感动、现诸佛种种庄严、现诸佛种种威仪、现诸佛种种色像、现诸佛**种种事**。"姚秦鸠摩罗什译《妙法莲华经》卷5《分别功德品》："如是**种种事**，昔所未曾有，闻佛寿无量，一切皆欢喜。佛名闻十方，广饶益众生，一切具善根，以助无上心。"隋阇那崛多译《佛本行集经》卷29《菩萨降魔品》："尔时，菩萨作是思惟：'此魔波旬，不受他谏，造**种种事**，而不自知，我今可以，如法语言，断其一切，诸恶法行。'"

【種種聴用/くさぐさにもちゐむことをゆるす】 自创（2例）　允许各种享用。《日本书纪》卷30《持统纪》四年四月条："别净广弍以上，一畐一部之绫罗等，**种种听用**。净大参以下，直广肆以上，一畐二部之绫罗等，**种种听用**。"（第三册，p. 504）

【種種玩好/くさぐさのもてあそびもの】 自创　各种供玩赏的奇珍异宝。《续日本纪》卷36《高绍纪》天应元年十一月条："丁卯，御太政官院，行大尝之事。以越前国为由机，备前国为须机。两国献**种种玩好**之物，奏土风歌舞于庭。"又卷40《桓武纪》延历八年三月条："三月癸卯朔，造宫使献酒食并**种种玩好**之物。"《说文》卷1《玉部》："［**玩**］弄也。从玉元声。"《文选》卷33宋玉《招魂一首》："室中之观，多珍怪些。（金玉为珍，诡异为怪。言从观房室之中，四方珍琦**玩好**怪物，无不毕具。）"（p. 574）

【種種物/くさぐさのもの】 总括（2例）　各种各样的东西。《日本书纪》卷29《天武纪下》十四年五月条："新罗王献物，马二匹、犬三头、鹦鹉二只、鹊二只及**种种物**。"（第三册，p. 446）《古语拾遗》："当大尝之年，贡木棉、麻布及**种种物**。所以，郡名为麻殖之缘也。"（p. 131）晋佛驮跋陀罗译《大方广佛华严经》卷5《菩萨明难品》："佛子乃能问，甚深微妙义。智者若知此，常乐求功德。犹如地性一，能持**种种物**。不分别一异，诸佛法如是。"梁宝唱等集《经律异相》卷16："商主从北天竺来，将五百匹马及**种种物**，至摩偷罗国。"北凉昙无谶译《大般涅槃经》卷10："尔时大众，以**种种物**，供养如来，供养佛已，即发阿耨多罗，三藐三菩提心，无量无边恒河沙等，诸菩萨辈，得住初地。"

【種種物形/くさぐさのもののかたち】 自创　各种东西的形状。《日本书纪》卷6

《垂仁纪》三十二年七月条："于是，野见宿祢进曰：'夫君王陵墓埋立生人，是不良也。岂得传后叶乎？愿今将议便事而奏之。'则遣使者唤上出云国之土部壹佰人，自领土部等，取埴以造作人，马及**种种物形**，献于天皇曰：'自今以后，以是土物更易生人，树于陵墓，为后叶之法则。'"（第一册，p. 326）按：《太平御览》卷 918 所引《博物志》："《神农本草经》曰：鸡卵可以作虎魄。法取伏苓，鸡蛋卵黄白混杂者，熟煮之。及尚软，随意刻作**物形**。以苦酒渍数宿，既坚，内著粉中。假者乃乱真。"（p. 4073）

【種種献物/くさぐさのたてまつりもの】 自创 各种贡献的东西。《续日本纪》卷 14《圣武纪》天平十四年五月条："庚申，遣内藏头外从五位下路真人宫守等，赍**种种献物**奉山陵。"（第二册，p. 404）

【種種薬物/くさぐさのくすり】 总括 各种能防治疾病、病虫害等的物品。《日本书纪》卷 19《钦明纪》十四年六月条："今上件色人正当相代年月。宜付还使相代。又卜书、历书、**种种药物**，可付送。"（第二册，p. 422）唐玄奘译《显扬圣教论》卷 18《摄胜决择品》："非常言论者，当知四种因。谓破坏故，不破坏故，加行故，转变故。破坏故者，如瓶坏已，瓶言舍，瓦等言生。不破坏故者，如**种种药物**，共和合已，或丸或散，种种药言舍，药物丸散等言生。"唐一行记《大毘卢遮那成佛经疏》卷 10："若成世行者入持诵者，若成世间说者，即是初一月持诵。次一月于世间法中而得成就，谓**种种药物**以法成之，能得闻持一闻不忘，乃至力通明行皆得善成，于大空而得自在。"宋法贤译《佛说妙吉祥瑜伽大教金刚陪啰嚩轮观想成就仪轨经》卷 1："复次如前用**种种药物**合和，于尸衣上书设咄噜名，复加三十二字大明，围名书之。"

【種種音楽/くさぐさのおんがく】 总括（2 例） 各种各样的音乐。《万叶集》卷 8 第 1594 歌注："终日供养大唐高丽等**种种音乐**，尔乃唱此歌词。"（第二册，p. 353）《续日本纪》卷 18《孝谦纪》天平胜宝四年四月条："夏四月乙酉，卢舍那大佛像成，始开眼。是日，行幸东大寺。天皇亲率文武百官，设斋大会。其仪一同元日。五位以上者，著礼服。六位以下者当色。请僧一万。既而雅乐寮及诸寺**种种音乐**，并咸来集。"（第三册，p. 116）吴支谦译《撰集百缘经》卷 7《现化品》："时彼城中，有一长者。财宝无量，不可称计，选择高门，娉以为妇，**种种音乐**，以娱乐之。"西晋法立、法炬合译《大楼炭经》卷 2："有器树生华实，破中有**种种器**。有妓乐树生华实，破中有**种种音乐**。"西秦圣坚译《睒子经》卷 1："栴檀杂香，树木丰盛，香气倍常。飞鸟常集，奇妙异类，皆作**种种，音乐**之声。"按：歌注中的"种种音乐"本身就是用于表现讲诵《维摩经》的法会上演奏的各种音乐。"种种……"的句式，用以总括或提示，是佛典中常见的表现手法之一。

【種種用事/くさぐさのようじ】 自创 各种事情，种种情况。《续日本纪》卷 23《淳仁纪》天平宝字四年七月条："平城宫御宇后太上天皇、皇帝、皇太后，以去天平胜宝二年二月二十三日，专自参向于东大寺，永用件封入寺家讫。而造寺了后，**种种用**

事，未宜分明。”（第三册，p. 358）

【種種御調/くさぐさのみつぎ】自创 各种各样的贡品。《续日本纪》卷18《孝谦纪》天平胜宝四年六月条：“是以，遣王子韩阿飡泰廉，代王为首，率使下三百七十余人入朝，兼令贡种种御调。”

【種種楽/くさぐさのうたまひ】总括（4例） 各种各样的音乐。“种种音乐”的缩略形式。《日本书纪》卷29《天武纪下》二年九月条：“九月癸丑朔庚辰，餉金承元等于难波，奏种种乐。”（第三册，p. 354）又十年九月条：“庚戌，餉多祢岛人等于飞鸟寺西河边，奏种种乐。”（第三册，p. 412）又十一年七月条：“戊午，餉隼人等于飞鸟寺之西，发种种乐，仍赐禄各有差。”（第三册，p. 420）《续日本纪》卷15《圣武纪》天平十六年十一月条：“十一月壬申，甲贺寺始建卢舍那佛像体骨柱。天皇亲临手引其绳，于时，种种乐共作。四大寺众僧会集。傑施各有差。”（第二册，p. 448）元魏瞿昙般若流支译《毘耶娑问经》卷2：“庄严殿门，门上金幢，有种种乐，迭相打触，出美好声，能令心喜。”隋阇那崛多译《起世经》卷1《郁单越洲品》：“彼人于树，各随所须，取众乐器，其形殊妙，其音和雅，取已抱持，东西游戏，欲弹则弹，欲舞则舞，欲歌则歌，随情所乐，受种种乐。”

【種種楽器/くさぐさのうたまひのうつわもの】总括 义同“种种乐”，各种各样的音乐或乐器。《日本书纪》卷13《允恭纪》四十二年正月条：“泊于难波津，则皆素服之，悉捧御调，且张种种乐器。”（第二册，p. 126）东晋佛驮跋陀罗译《大方广佛华严经》卷47《入法界品》：“复有一万，紧那罗王，在虚空中，作如是言：‘善男子，此婆罗门，五热炙身时，于我宝多罗树中，金铃网中，宝璎珞中，诸宝树中，种种乐器中，自然演出，微妙音声，佛声法声，比丘僧声，不退转诸菩萨声，菩提心声。’”后秦佛陀耶舍、竺佛念等合译《长阿含经》卷18《郁单曰品》：“复有乐器树，高七十里，花果繁茂。其果熟时，皮壳自裂，出种种乐器。其树或高六十里、五十、四十，极小高五里，皆花果繁茂，出种种乐器。”姚秦鸠摩罗什译《佛说千佛因缘经》卷1：“时千圣王，持摩尼珠，置高幢上，发大誓愿：‘我等福德，受善果报，真实不虚，令如意珠，普雨天乐，供给一切，应念即雨，种种乐器。’时诸乐器，住虚空中，不鼓自鸣。”

【種種楽人/くさぐさのうたまひひと】自创 很多演奏不同乐器的人。《日本书纪》卷13《允恭纪》四十二年正月条：“于是新罗王闻天皇既崩，惊愁之，贡上调船八十艘及种种乐人八十。是泊对马而大哭。到筑紫亦大哭。泊于难波津，则皆素服之，悉捧御调，且张种种乐器。”（第二册，p. 126）

【種種雜色/くさぐさのぞうしき】总括 各种不同类型的什物。《日本书纪》卷29《天武纪》十年四月条：“辛丑，立禁式九十二条。因以诏之曰：‘亲王以下，至于庶民，诸所服用，金、银、珠、玉、紫、锦、绣、绫及毡褥、冠、带并种种杂色之类。

服用各有差。'"（第三册，p. 406）西晋法立、法炬合译《大楼炭经》卷1《阎浮利品》："摩那摩池中，有青莲华、黄莲华、白莲华、赤莲华，中有红色者、金色者、青色者、黄色者、赤色者、白色者，**种种杂色**者。"隋阇那崛多译《佛本行集经》卷13《常饰纳妃品》："尔时，释氏女瞿多弥，六日已过，至第七日，于晨朝时，澡浴清净，将好种种，微妙之香，用途其身，著于**种种，杂色**衣服，种种璎珞，庄严其身。复著种种，香华之鬘，多将侍从，左右围绕。"

【種種雑物/くさぐさのもの】 总括 各种各样的什物。《日本书纪》卷11《仁德纪》十七年九月条："十七年，新罗不朝贡。秋九月，遣的臣祖砥田宿祢、小泊濑造祖贤遗臣，而问阙贡之事。于是新罗人惧之乃贡献。调绢一千四百六十匹及**种种杂物**，并八十艘。"吴支谦译《撰集百缘经》卷8《比丘尼品》："时梵摩王子，年始七岁，赍持珍宝，**种种杂物**，送与波斯匿王，求欲纳娶。"东晋瞿昙僧伽提婆译《中阿含经》卷13《王相应品》："诸贤，我因施彼，一钵食福，弃舍百千，姟金钱王，出家学道。况复其余，**种种杂物**？"按：《出云国风土记·岛根郡》条："凡南入海所在**杂物**……白鱼、海鼠、缟虾、海松等之类，至多不可尽名。"又《松浦郡》条："凡北海所捕**杂物**……白贝、海藻、海松、紫菜、凝海菜等之类，至繁不可尽称也。"《续日本后纪》卷11承和九年正月条："是日，前筑前国守丈室朝臣宫田麻吕取李忠等所赍**杂物**。其词云：'宝高存日，为买唐国货物，以絁付赠，可报获物，其数不尠。'"又卷14承和十一年四月条："如今比国皆有讲读师之职，修正月安居等事。而件国岛既无讲读之职，还失镇护之助。加以国分二寺**杂物**，触类伙多。既无纲维，令谁检领。望请准诸国之例，置讲读师者。"又卷19嘉祥二年十一月条："横饭四十合、折樻食八十合、酒八十缶、鱼菜各四十缶、水陆**杂物**数百捧。既而天皇御紫震殿，音乐递奏，欢乐终日，赐诸大夫禄。"

【種種珍宝/くさぐさのめづらしきたから】 总括 各种各样的珠玉宝石。《古事记》中卷《仲哀记》："于是，大后归神，言教觉诏者，西方有国，金银为本，目之炎耀，**种种珍宝**，多在其国。吾今归赐其国。"（p. 242）吴支谦译《菩萨本缘经》卷1《毘罗摩品》："我今当舍己身、妻子、奴婢、仆使、珍宝、舍宅，唯求解脱，不求生死。我今所施，柔软女人，愿诸众生，于未来世，悉得断除，所有贪欲；今我所施，五种牛味，愿诸众生，于未来世，常能惠施，他人法味；今我所施，如是敷具，愿诸众生，于未来世，悉得如来，金刚坐处；我今所施，**种种珍宝**，愿诸众生，于未来世，悉得如来，七菩提宝。"姚秦鸠摩罗什《妙法莲华经》卷5《安乐行品》："或与**种种珍宝**：金、银、琉璃、车璩、玛瑙、珊瑚、虎珀，象马车乘，奴婢人民。"唐义净译《金光明最胜王经》卷1《如来寿量品》："于其四面，各有上妙，师子之座，四宝所成，以天宝衣，而敷其上。复于此座，有妙莲花，**种种珍宝**，以为严饰，量等如来，自然显现。"又卷2《分别三身品》："譬如依如意宝珠，无量无边，**种种珍宝**，悉皆得现。"按：《金光明最胜王经》卷1例中的"种种珍宝"具体指四宝（东面黄金、西面白银、南面琉璃、北面玛瑙）、天宝衣和莲花。卷2中的“种种珍宝”前的修饰语“无量无边”极言珠玉宝石不可胜计。

【種種珍異（之物）/くさぐさのめづらしきもの】 总括 各种珍贵奇异的东西。《日本书纪》卷30《持统纪》二年二月条：“二月庚寅朔辛卯，大宰献新罗调赋，金银绢布、皮铜铁之类十余物，并别所献佛像、种种彩绢、鸟马之类十余种，及霜林所献金银彩色、**种种珍异**之物，并八十余物。”（第三册，p. 484）姚秦鸠摩罗什译《妙法莲华经》卷3《化城喻品》：“诸子各有，**种种珍异**，玩好之具，闻父得成，阿耨多罗，三藐三菩提，皆舍所珍，往诣佛所。”梁宝唱等集《经律异相》卷45：“小复前行，七宝宫舍，妓女百千，**种种珍异**，问此何物，答言天宫。”隋宝贵合《合部金光明经》卷7《善集品》：“愿于今日，此阎浮提，悉雨无量，**种种珍异**，瓌琦七宝，及妙璎珞，以是因缘，悉令无量，一切众生，皆受快乐。”

【種種～之声/くさぐさの～のこえ】 总括 各种各样的声音。《日本灵异记》上卷《缔知识为四恩作绘佛像有验示奇表缘第35》：“时见担箧之在树上，即闻**种种**，生物**之声**，从箧中而出。疑是畜生类，必赎而放之，留待物主。”（p. 135）刘宋佛陀什、竺道生等合译《弥沙塞部和醯五分律》卷3：“与女人同床坐，共盘食，饮酒啖肉，歌舞伎乐，作诸鸟兽，**种种之声**。”隋阇那崛多译《佛本行集经》卷49《五百比丘因缘品》：“或复唱言：‘呜呼！妙地阎浮境界。’作如是等，悲号啼哭，**种种之声**。”

【種種之楽/くさぐさのうたまひ】 总括 各种各样的音乐。《续日本纪》卷39《桓武纪》延历六年十月条：“己亥，主人率百济王等奏**种种之乐**，授从五位上百济王玄镜。”元魏瞿昙般若流支译《正法念处经》卷5《观天品》：“尔时天子，共诸天女，心生欢喜，入于枝叶，荫覆宫室，阒然而住。共众天女，游戏受于，**种种之乐**，如鱼处水，不知厌足。”

【種種之珍味/くさぐさのうましもの】 自创 各种珍奇贵重的食物。《古事记》中卷《应神记》：“故赦其贱夫，将来其玉，置于床边，即化美丽娘子。仍婚，为嫡妻。常设**种种之珍味**，恒食其夫。”（p. 276）按：唐李冗撰《独异志》卷中：“何邵字敬祖。日供口食，计二万钱，而兼四方**珍味**，虽三日帝厨之膳，不及之也。”《太平广记》卷309《蒋琛》条：“于是朱弦雅张，清管徐奏，酌瑶觥，飞玉觞。陆海**珍味**，靡不臻极。”（p. 2446）

【種種重宝/くさぐさのたから】 自创 各种贵重的宝物。《日本书纪》卷9《神功纪》五十二年九月条：“丁卯朔丙子，久氐等从千熊长彦诣之。则献七枝刀一口、七子镜一面及**种种重宝**。”（第一册，p. 460）按：《说苑》卷20《反质》：“今陛下奢侈失本，淫泆趋末，宫室台阁，连属增累，珠玉**重宝**，积袭成山。”（p. 517）

【種種諸物/くさぐさのもろもろのもの】 总括 各种东西。《元兴寺伽蓝缘起并

流记资财账》："面奉弥勒，听闻正法，悟无生忍，速成正觉。十方诸佛，及四天等，所以至诚心誓愿，所造二寺，及二躯丈六，更不破不流，不斫不烧。二寺所纳，**种种诸物**，更不摄取不灭，不犯不谬也。"东晋佛驮跋陀罗译《大方广佛华严经》卷60《入法界品》："又见弥勒，于过去世，修菩萨行。布施头目髓脑、手足肢节，一切身分、国城妻子。**种种诸物**，随其所须，尽给施之。"姚秦鸠摩罗什译《妙法莲华经》卷6《药王菩萨本事品》："若以华、香、璎珞、烧香、末香、涂香、天缯、幡盖及海此岸栴檀之香，如是等**种种诸物**供养，所不能及；假使国城、妻子布施，亦所不及。"隋宝贵合《合部金光明经》卷6《功德天品》："以是因缘，增长地味，地神诸天，悉得欢喜，所种谷米，牙茎枝叶，果实滋茂，树神欢喜，出生无量，**种种诸物**。"

【種種作物//くさぐさのつくりもの】 自创　各种农作物。《续日本纪》卷20《孝谦纪》天平宝字元年四月条："其僧纲及京内僧尼复位以上，施物有差。内供奉竖子，授刀舍人，及预周忌御斋**种种作物**而奉造诸司男女等，夙夜不怠，各竭乃诚，宜令加位二级并赐棉帛。"（第三册，p. 182）

【衆道俗/もろもろのどうぞく】 三字　众多的出家人和在家人。《日本灵异记》中卷《恃己高德刑贱形沙弥以现得恶死缘第1》："时有一沙弥，滥就餐供养之处，捧钵受饭。亲王见之，以牙册以罚沙弥之头。头破流血，沙弥摩头扪血，悕哭而忽不觐。所去不知。时法会**众道俗**，偷谚之言：'凶之，不善矣。'"（p. 146）梁慧皎撰《高僧传》卷3："于山寺之外，别立禅室，室去寺数里，磬音不闻。每至鸣椎，跋摩已至，或冒雨不沾，或履泥不湿。时**众道俗**，莫不肃然增敬。"该例亦见于唐智升撰《开元释教录》卷5。→【諸道俗】

【衆皆嗤笑/ひとみなあざける】 自创　众人都讥笑。《怀风藻》第8首释智藏《小传》："太后天皇世，师向本朝。同伴登陆，曝凉经书。法师开襟对风曰：我亦曝凉经典之奥义。**众皆嗤笑**，以为妖言。"（p. 79）唐慧琳撰《一切经音义》卷78："**嗤笑**：上齿之反。《毛诗》：**嗤嗤**，戏笑貌也。《韩诗》云：志意和悦之貌。《文字典说》：从口，蚩声。蚩音，同上。"（1）萧齐求那毘地译《百喻经》卷1《煮黑石蜜浆喻》："时此愚人，便作是念：'我今当取，黑石蜜浆，与此富人。'即著少水，用置火中，即于火上，以扇扇之，望得使冷。傍人语言：'下不止火，扇之不已，云何得冷？'尔时人众，悉皆**嗤笑**。"姚秦鸠摩罗什译《大庄严论经》卷1："向塔中路，有诸婆罗门，见优婆塞，礼拜佛塔，皆共**嗤笑**。"姚秦佛陀耶舍、竺佛念等译《四分律》卷27："诸居士见已，皆共**嗤笑**言：'如我妇营理家业，舂磨炊饭，乃至受人使令。此六群比丘尼，亦复如是。'"（2）《魏书》卷83下《外戚下》："延昌初，迁司徒。虽贵登台鼎，犹以去要怏怏形乎辞色。众咸**嗤笑**之。"（p. 1830）

【衆侶/ともがら】 偏正　众多的僧侣。《续日本纪》卷6《元明纪》和铜六年十一月条："丙子，诏：'正七位上桉作磨心，能工异才，独越**众侣**。'"（第一册，p. 204）

（1）东晋佛驮跋陀罗译《大方广佛华严经》卷7《贤首菩萨品》："天阿修罗共斗时，诸天**众侣**，大恐怖。诸天功德势力故，空中出声言勿惧。"元魏瞿昙般若流支译《正法念处经》卷19《畜生品》："陀摩睺阿修罗，之所住处，多诸**众侣**，以自业力，皆受富乐，悉满其中。"唐道宣撰《续高僧传》卷10："后为远公去世，**众侣**无依。"（2）《太平御览》卷69所载《异苑》曰："永嘉郡有百簿濑，郡人断水捕鱼，宰生祷祭，以祈多获，逾时了无所得，**众侣**忿怨，弃业将罢。"《全唐文》卷911道宣《出净厨浩》："余以乾封二年二月八日，创筑戒坛，四方岳渎沙门，寻声远集者二十余人。至于夏初，**众侣**更集，载受具戒，多是远人，京寺同学，咸来观化。"按：《汉语大词典》失收。

【衆僧/もろもろのほうし】 偏正 （36例） 许多的僧侣。《日本书纪》卷24《皇极纪》元年七月条："庚辰，于大寺南庭，严佛菩萨像与四天王像，屈请**众僧**，读《大云经》等。于时，苏我大臣手执香炉，烧香发愿。"（第三册，p.64）又卷25《孝德纪》大化二年八月条："朕更复思崇正教光启大猷。故以沙门狛大法师、福亮、惠云、常安、灵云、惠至、寺主僧旻、道登、惠邻、惠妙，而为十师。别以惠妙法师为百济寺寺主。此十师等宜能教导**众僧**，修行释教，要使如法。"（第三册，p.122）又大化五年三月条："己巳，大臣谓长子兴志曰：'汝爱身乎？'兴志对曰：'不爱也。'大臣仍陈说于山田寺**众僧**及长子兴志，与数十人曰：'夫为人臣者安构逆于君，何失孝于父？凡此伽蓝者，元非自身故造，奉为天皇誓作。'"（第三册，p.172）又卷29《天武纪下》十四年八月条："丙戌，幸于川原寺，施稻于**众僧**。"（第三册，p.448）又朱鸟元年六月条："甲申，遣伊势王及官人等于飞鸟寺，敕**众僧**曰：'近者朕身不和。愿赖三宝之威，以身体欲得安和。是以，僧正僧都及**众僧**应誓愿。'则奉珍宝于三宝。"（第三册，p.460）《日本灵异记》上卷《得雷之憙令生子强力在缘第3》："时其寺钟堂童子，夜别死。彼童子见，白**众僧**言：'我止此死灾。'**众僧**听许。"（p.65）又："田烧之时，优婆塞言：'吾引田水。'**众僧**听之。"（p.65）又："故寺**众僧**，听令得度出家，名号道场法师。"（p.65）又《归信三宝钦仰**众僧**令诵经得现报缘第32》："**众僧**随愿鸣钟，转经门合得奉拜。"（p.130）又中卷《恃己高德刑贱形沙弥以现得恶死缘第1》："敕太政大臣正二位长屋亲王，而任于供**众僧**之司。"（p.146）又《至诚心奉写〈法华经〉有验示异事缘第6》："故发誓愿，依经作法，屈请**众僧**，限三七日悔过。"（p.144）又《佛铜像盗人所捕示灵表显盗人缘第22》："僧并檀越，闻之集来，卫于破佛，而号愁曰：'哀哉，恳哉！我大师，聊何有过失，蒙此贼难。尊像有寺，以像为师。今自灭后，以何为师矣？'**众僧**严畢，安置损佛，哭殡于寺。"（p.206）又《力女示强力缘第27》："是以当知，先世作大枚饼，供养三宝**众僧**，得此强力矣。"（p.220）又《极穷女于尺迦丈六佛愿福分示奇表以现得大福缘第28》："**众僧**闻之，而商量言：'是佛赐钱，故我不藏。'返赐女人。女得钱四贯，为增上缘，大富饶财，保身存命。"（p.223）又下卷《序》："唯资施**众僧**一搏食，于修善之福而不逢当来饥馑之灾。"（p.260）又《沙门诵持方广大乘沉海不溺缘第4》："舅僧展转乞食，偶值法事，有于自度之例。匿面而居，受其供养。智椽，自捧于布施，献于**众僧**。"（p. 272）又《二目盲男敬称千手观音日摩尼手以现得明眼缘第12》："日中之时，闻打钟之音，参入其寺，而就**众僧**乞饭，命活而经数年。"（p. 290）又《沙门一目眼盲使读〈金刚般若经〉得明眼缘第21》："宝龟三年之间，长义眼暗盲，径五月许。屈请**众僧**，三日三夜，读诵《金刚般若经》。便目开明，如本平也。"（p. 310）《唐大和上东征传》："讲授之［闲］，造立寺舍，供养十方［**众**］**僧**，造佛菩萨像，其数无量。"（p. 80）又："由是，**众僧**总下舟，留。"（p. 90）又："十一月十日丁未夜，大伴副使窃招和上及**众僧**纳己舟，总不令知。"（p. 90）《续日本纪》卷1《文武纪》文武二年十月条："冬十月庚寅，以药师寺构作略了，诏**众僧**令住其寺。"（第一册，p. 12）又卷7《元正纪》灵龟二年五月条："宜明告国师、**众僧**及檀越等，条录部内寺家可合并财物，附使奏闻……檀越子孙，总摄田亩，专养妻子，不供**众僧**。因作诤讼，喧扰国郡。自今以后，严加禁断。其所有财物、田园，并须国师、**众僧**及国司、檀越等，相对检校，分明案记。"（第二册，p. 12）又卷15《圣武纪》天平十五年正月条："癸丑，为读《金光明最胜王经》，请**众僧**于金光明寺。"（第二册，p. 414）又天平十五年三月条："三月癸卯，金光明寺读经竟。诏遣右大臣橘宿祢诸兄等就寺慰劳**众僧**。"（第二册，p. 416）又天平十六年十一月条："十一月壬申，甲贺寺始建卢舍那佛像体骨柱。天皇亲临。手引其绳。于时，种种乐共作。四大寺**众僧**会集。衬施各有差。"（第二册，p. 448）又卷16《圣武纪》天平十七年五月条："辛酉，地震。遣大膳大夫正四位下栗栖王于平城药师寺。请集四大寺**众僧**，问以何处为京。佥曰：'可以平城为都。'"（第三册，p. 8）又："时诸寺**众僧**率净人、童子等，争来会集。百姓亦尽出，里无居人。"（第三册，p. 10）有卷20《孝谦纪》天平宝字元年十一月条："壬寅，敕：'以备前国垦田一百町。永施东大寺唐禅院十方**众僧**供养料。'"（第三册，p. 236）又卷32《光仁纪》条："改葬废帝于淡路。乃屈当界**众僧**六十口，设斋行道。又度当处年少稍有净行者二人，常庐墓侧，令修功德。"（第四册，p. 386）又卷38《桓武纪》延历四年五月条："出家之人，本事行道。今见**众僧**，多乖法旨。"→【供養衆僧】【教導衆僧】【屈請衆僧】【十方衆僧】

【衆生/しゅじょう】 偏正 （6例） 梵语萨埵sattva，旧译曰"众生"，新译"有情"。集众缘所生，名为"众生"；又历众多生死，名为"众生"。十法界中，除佛之外，九界有情，皆名众生。《日本灵异记》中卷《佛铜像盗人所捕示灵表显盗人缘第22》："此人者，诽谤佛法僧，为**众生**不说法。无恩义故，杀无罪者也。"（p. 207）又《观音木像示神力缘第36》："诚知理智法身，常住非无。为令知于不信**众生**所示也。"（p. 242）《藤氏家传》下卷《武智麻吕传》："不供法侣，损坏精舍，此非所以益国家之福田，损**众生**之恶业也。"（p. 330）《续日本纪》卷20《孝谦纪》天平宝字元年十二月条："伏愿因此善业，朕与**众生**，三檀福田穷于来际，十身药树荫于尘区。"（第三册，

p. 238）《奈良朝写经 9·根本说一切有部毗奈耶杂事卷第 21》："天平二年庚午六月七日，为上酬慈荫、下救**众生**，谨书写毕。"（p. 80）《奈良朝写经 29·千手千眼陀罗尼经》："又愿沦回于地狱热烦苦、饿鬼饥饿苦、畜生逼迫苦等**众生**，早得出离，同受安宁。"（p. 200）刘宋求那跋陀罗译《杂阿含经》卷 6："佛告罗陀：'于色染著缠绵，名曰**众生**；于受、想、行、识染著缠绵，名曰**众生**。'"隋慧远撰《大乘义章》卷 7："多生相续，名曰**众生**。"北周宇文周、阇那耶舍译《大乘同性经》卷 1："**众生**者，众缘和合，名曰**众生**。所谓地、水、火、风、空、识、名色、六入因缘生。"→【不孝衆生】【共化衆生】【共諸衆生】【化度衆生】【済度衆生】【開化衆生】【教化衆生】【世間衆生】【所化衆生】【無衆生】【無種性衆生】【一切衆生】【一切衆生、皆蒙解脱】【雜類衆生】

【衆生所願/しゅじょうのねがふところ】 所字 众人所希望的，大家的心愿。《日本灵异记》中卷《极穷女于尺迦丈六佛愿福分示奇表以现得大福缘第 28》："圣武天皇世，奈罗京大安寺之西里，有一女人。极穷，命活无由而饥。流闻：'大安寺丈六佛，**众生所愿**，急能施赐！'"（p. 223）西晋无罗叉译《放光般若经》卷 18《超越法相品》："若诸法有如，毛厘之相者，菩萨行般若波罗蜜终不逮空、无相、无愿之法，不能随**众生所愿**，而建立之，不能令得空、无相、无愿漏尽之法。"东晋佛驮跋陀罗译《大方广佛华严经》卷 12《菩萨十无尽藏品》："菩萨即作是念：'富贵无常，必归贫贱，若在贫贱，无所饶益，不能满遂，**众生所愿**；是故，我今宜时舍位，称悦其意。'"姚秦鸠摩罗什译《摩诃般若波罗蜜经》卷 1《序品》："欲满一切**众生所愿**，饮食、衣服、卧具、涂香、车乘、房舍、床榻、灯烛等，当学般若波罗蜜。"

【衆願/もろもろのねがひ】 誓愿 （2 例） 众人的誓愿，众生的心愿。《日本书纪》卷 17《继体纪》元年二月条："臣等为宗庙社稷，计不敢忽。幸藉**众愿**，乞垂听纳。"（第二册，p. 290）《续日本纪》卷 21《淳仁纪》天平宝字二年八月条："诏报曰：'朕览卿等所请，鸿业良峻，祇畏允深。忝以寡薄，何当休名？而上天降佑，帐字开平，厚地荐祥，蚕文表德。窃惟此事，天意难违。俯从**众愿**，敬膺典礼。号曰宝字称德孝谦皇帝。'"（第三册，p. 274）（1）后汉竺大力、康孟详合译《修行本起经》卷 2《出家品》："作福之报快，**众愿**皆得成。速疾人众寂，皆得至泥洹。"姚秦鸠摩罗什译《佛说千佛因缘经》卷 1："时千圣王满**众愿**已，即舍国土出家学道。"《敦煌变文·温室经讲唱押座文》："四智三身随**众愿**，慈悲丈六释迦文。"（p. 1152）（2）《北齐书》卷 1《神武帝纪》："众曰：'唯有反耳。'神武曰：'反是急计，须推一人为主。**众愿**奉神武。'"（p. 7）《旧唐书》卷 54《王世充传》："至尊重违**众愿**，有斯吊伐。若转祸来降，则富贵可保，如欲相抗，无假多言。"（p. 2233）按：《汉语大词典》失收。

【衆諸/もろひと·もろもろ】 偏正 （17 例） 犹言"众人"；众多，各种各样的。《万叶集》卷 6 第 962 歌注："此日会集**众诸**，相诱驿使葛井连广成，言须作歌词。登时

广成应声，即吟此歌。”（第二册，p. 130）又第1018歌注：“元兴寺之僧，独觉多智。未有显闻，**众诸**狎侮。”（p. 155）又卷16第3808首歌注：“是会集之中有鄙人夫妇。其妇容姿端正，秀于**众诸**。”（第四册，p. 103）又第3824首歌注：“尔乃**众诸**诱奥麻吕曰：‘关此馔具杂器狐声河桥等物但作歌者。’即应声作此歌也。”（p. 112）《续日本纪》卷23《淳仁纪》天平宝字五年八月条：“若有悔过自新，必加褒赏。迷途不返，永须贬黜。普告遐迩，教喻**众诸**。”（第三册，p. 384）又卷28《称德纪》神护景云元年正月条：“己巳，御东院。诏曰：‘今见诸王，年老者众。其中或勤劳可优，或朕情所怜。故随其状，并赐爵级。宜告**众诸**，令知此意焉。’”（第四册，p. 148）又神护景云元年八月条：“日本国〈尔〉坐〈天〉大八洲国照给〈比〉治给〈布〉倭根子天皇〈我〉御命〈良麻止〉敕〈布〉御命〈乎〉、**众诸**闻食〈止〉宣。”（第四册，p. 170）又卷30《称德纪》神护景云三年九月条：“故是以、法〈乃麻尔麻〉退给〈止〉诏〈布〉御命〈乎〉、**众诸**闻食〈止〉宣。”（第四册，p. 252）又：“是以、人人己〈何〉心〈乎〉明〈尔〉清〈久〉贞〈尔〉谨〈天〉奉侍〈止〉诏〈布〉御命〈乎〉、**众诸**闻食〈止〉宣。”（第四册，p. 252）又：“如是状悟〈天〉先〈尔〉清麻吕等〈止〉同心〈之天〉一二〈乃〉事〈毛〉相谋〈家牟〉人等〈波〉心改〈天〉明〈仁〉贞〈尔〉在心〈乎〉以〈天〉奉侍〈止〉诏〈布〉御命〈乎〉、**众诸**闻食〈止〉宣。”（第四册，p. 252）又：“今〈波〉秽奴〈止之弖〉退给〈尔〉依〈奈毛〉、赐〈币利之〉姓〈方〉取〈弖〉别部〈止〉成给〈弖〉、其〈我〉名〈波〉秽麻吕〈止〉给〈比〉、法均〈我〉名〈毛〉广虫卖〈止〉还给〈止〉诏〈布〉御命〈乎〉、**众诸**闻食〈止〉宣。”（第四册，p. 254）又：“复明基〈波〉广虫卖〈止〉身〈波〉二〈尔〉在〈止毛〉、心〈波〉一〈尔〉在〈止〉所知〈弖奈毛〉、其〈我〉名〈毛〉取给〈弖〉同〈久〉退给〈等〉诏〈布〉御命〈乎〉、**众诸**闻食〈止〉宣。”（第四册，p. 254）又神护景云三年十月条“许已知〈天〉谨〈麻利〉净心〈乎〉以〈天〉奉侍〈止〉将命〈止奈毛〉召〈都流止〉敕〈比〉于保世给〈布〉御命〈乎〉、**众诸**闻食〈止〉宣。”（第四册，p. 256）又：“故是以、今朕〈我〉汝等〈乎〉教给〈牟〉御命〈乎〉、**众诸**闻食〈止〉宣。”（第四册，p. 260）又：“今世〈尔方〉世间〈乃〉荣福〈乎〉蒙〈利〉忠净名〈乎〉显〈之〉。后世〈尔方〉人天〈乃〉胜乐〈乎〉受〈天〉终〈尔〉佛〈止〉成〈止〉所念〈天奈毛〉诸〈尔〉是事〈乎〉教给〈布止〉诏〈布〉御命〈乎〉、**众诸**闻食〈止〉宣。”（第四册，p. 262）又：“复诏〈久〉。此赐〈布〉带〈乎〉多麻波〈利弖〉、汝等〈乃〉心〈乎〉等等能〈倍〉直〈之〉朕〈我〉教事〈尔〉不违〈之天〉束〈祢〉治〈牟〉表〈止奈毛〉此带〈乎〉赐〈八久止〉诏〈布〉御命〈乎〉、**众诸**闻食〈止〉宣。”（第四册，p. 262）又卷36〈高绍纪〉天应元年四月条：“曾毛曾毛百足之虫〈乃〉至死不颠事〈波〉辅〈乎〉多〈美止奈毛〉闻食。**众诸**如此〈乃〉状悟〈弖〉清直心〈乎毛知〉此王〈乎〉辅导〈天〉天下百姓〈乎〉可令抚育〈止〉宣。”（1）吴康僧会译《六度集经》卷1：“王曰：‘诚哉！斯言也。’即遣之去，退入斋房，靖心精思。即醒寤曰：‘身尚不保，岂况国土妻子众诸可得久长乎？’”西晋竺法护译《生经》卷3：“今舍善师，反随恶友，于是违远至尊和上，及阿夷梨，众诸等类，修梵行者，四辈弟子、比丘、比丘尼、清信士、清信女。”隋阇那崛多译《佛本行集经》卷41《迦叶三兄弟品》：“尔时，彼处一切人民，见如是众诸天龙等，心生恐怖，身毛皆竖。”（2）《艺文类聚》卷51《亲戚封》：“（吴胡综《请立诸王表》曰：）光武中兴，四海扰攘，众诸制度未遍，而九子受国。明章即位，男则封王，女为公主。”（p. 920）《梁书》卷33《刘孝绰传》：“至此已来，众诸屑役。小生之诋，恐取辱于庐江；遮道之奸，虑兴谋于从事。”（p. 481）按：《汉语大词典》失收。佛典例中，“众诸”指代众人，表称谓；传世文献中，《艺文类聚》的“众诸”，谓各种各样的，修饰后续的“制度”。《梁书》中的“众诸”，作定语，修饰“屑役”，指许多繁杂琐碎的公务。由此可知，《万叶集》歌注中“众诸”的用法源自佛典。→【～人衆】【徒衆甚多】【諸人衆】

【重荷/おもきに】 偏正 （2例） 沉重的负荷。《日本灵异记》上卷《无慈心而马负重驮以现得恶报缘第21》：“昔河内国有瓜贩之人，名曰石别也。过马之力，而负重荷。马不得往时，瞋恚捶驱。负重荷劳之，两目出泪。”（1）刘宋昙无蜜多译《佛说象腋经》卷1：“忧妄覆凡夫，不知法如幻，重荷担虚空，非智慧者痴。”梁僧佑撰《出三藏记集》卷14：“孝武即时引见，顾问委曲，曰：‘企望日久，今始相遇’跋陀对曰：‘既染亹戾，分为灰粉。今得接见，重荷生造。’”唐道宣撰《广弘明集》梁萧纲《谢敕赉纳袈裟启》卷28：“明恩每重荷泽难胜，不任铭戴之至，谨奉启事谢。谨启。”（2）《南齐书》卷46〈顾宪之传〉：“愚谓此条，宜委县简保，举其纲领，略其毛目，乃囊漏，不出贮中，庶婴疾沈痼者，重荷生造之恩也。”《魏书》卷46《李欣传》：“臣今重荷荣遇，显任方岳，思阐帝猷，光宣于外。”《梁书》卷1《武帝上》：“悯悯搢绅，重荷戴天之庆；哀哀黔首，复蒙履地之恩。”按：《汉语大词典》例引巴金《沉默集·丹东的悲哀》：“充满了活力的巨大身躯，居然负载了这样的重荷。”偏晚。

【重信/たふとびうやまふ】 并列 崇敬信仰。《日本灵异记》中卷《智者诽妒变化圣人而现至阎罗阙受地狱苦缘第7》：“器宇聪敏，自然生知。内密菩萨仪，外现声闻形。圣武天皇，感于威德故，重信之。时人钦贵，美称菩萨。”（p. 167）吴支谦译《佛说未生冤经》卷1：“王意恬然，照之宿殃。心无恐惧，重信佛言。”高齐那连提耶舍译《月灯三昧经》卷6：“我今劝进汝童子，汝于我言生重信。善逝终无不实说，大悲实语佛最胜。”隋阇那崛多译《佛本行集经》卷9《相师占看品》：“阿私陀仙从彼三十三天闻已，心生重信，即于彼天，隐身来下，现增长林。”唐菩提流志译《大乘金刚髻珠菩萨修行分》卷1：“佛子若有人，闻如是福非福果，于此法门，深生重信，所有善根，积集资粮。定为最胜，不得其边。”按：《汉语大词典》失收。

【重於金玉/こがねたまよりおもみす】 于字 较之金银、玉石更为珍贵。→【軽

于草木】

【重尊三宝/さんぼうをおもみしたふとぶ】 自创 重视尊敬佛法僧。“重尊”，犹言尊重。《日本灵异记》上卷《信敬三宝得现报缘第5》：“大花位大部屋栖野古连公者，纪伊国名草郡宇治大伴连等先祖也。天年澄情，**重尊三宝**。”（p.74）北凉昙无谶译《大般涅槃经》卷28《师子吼菩萨品》：“复有二法，退菩提心。何等为二？一者贪乐五欲，二者不能恭敬，**尊重三宝**。以如是等，众因缘故，退菩提心。”隋智顗说《释禅波罗蜜次第法门》卷3：“四行者若于坐中，忽见诸塔寺，尊仪形像，经书供养，庄严清净，僧众云集法会。见如是等事，或复于净心中发信敬，**尊重三宝**，心乐供养，精勤勇猛，常无懈倦。当知此是，过去今生，信敬三宝，精勤供养习报，二种善根发相也。”唐般若译《大乘本生心地观经》卷1《序品》：“如是等阿修罗王，广大妙辩阿修罗王，而为上首，善能修习，离诸我慢，受持大乘，**尊重三宝**。”

【舟頭/ふなのへ】 后缀 船头。《唐大和上东征传》：“中夜时，舟人言：‘莫怖！有四神王，著甲把杖，二在**舟头**，二在樯舳边。’众人闻之，心里稍安。”（p.64）后晋可洪撰《新集藏经音义随函录》卷28：“画鹢：五历反。水鸟也。亦作艗，刻鹢安**舟头**。艗能厌水神，故画舩头也。”→【船頭】

【周告/あまねくつぐ】 偏正 广泛地告知。《日本灵异记》上卷《僧忆持〈心经〉得现报示奇事缘第14》：“僧以惊悚，明日悔过，**周告**大众。”（p.95）《周礼·地官·大司徒》：“以天下土地之图，周知九州岛之地域广轮之数。”郑玄注：“**周**，犹偏也。”（1）西晋竺法护译《大哀经》卷8《智积菩萨品》：“其佛辩才，以方等经，为诸菩萨，兴百亿难，歌颂悉**周，告**诸菩萨：‘汝等正士，谁能堪任，受百亿难？’”唐道宣撰《续高僧传》卷14：“日延主客，资给法财，皆委僧储，通济成轨。或有所匮者，便课力经，始**周告**有缘。”唐道世撰《法苑珠林》卷96：“深厌形器，俱欲舍身，节约衣食，钦崇苦行，服诸香油，渐断粒食。后顿绝米，唯食香蜜，精力所被，神志鲜爽，**周告**道俗，克日烧身。”（2）《全唐文》卷739周墀《国学官事书》：“好饮流水，茹野蔬与松柏之英，不苟味膳，又乐饮酒。人有见者，必置酒于前。始饮，即**周告**四座曰：‘酒以和神熙性，节之则经，纵之则挠。固不可为俗主酌挹授之礼。’”按：《汉语大词典》失收。

【周公・孔子/しゅうこう・こうし】 自创 “周公”，人名。生殁年不详。中国周代的政治家。文王（西伯）之子。助其兄武王，消灭殷纣王。武王殁后，因武王之子?成王年幼，故代摄政治，又于殷的残党在东方作乱时，亲自挥军远征。周公的政治特色是以遵循社会道德的“礼”为基础，其深受后世、孔子等儒家的尊崇。“孔子”是中国春秋时代的思想家，儒家始祖。孔子的学说是以发扬创始周制的周公之道为目标，撷取先贤遗训，强调其人本主义和理性主义精神。又沿袭周公政教合一的神权政治形式，主张理性主义与道德的和谐，故其启蒙主义具有极大的规范作用。孔子最重视“仁”德，仁是指有人性、有品德、爱人之意。仁即是身为此种社会一分子的自觉，而此种社会自觉又是在现实与历史的规范中予以实现。所以，“仁”首先是在家庭生活中表现为“孝”德。《日本书纪》卷19《钦明纪》十三年十月条：“是法于诸法中，最为殊胜。难解难人。周公、孔子，尚不能知。此法能生，无量无边，福德果报，乃至成辩，无上菩提。”（第二册，p.416）→【周孔糟粕】

【周忌御斋/しゅうきのをがみ】 自创 （6例）“周忌御斋会”的略称。《续日本纪》卷19《孝谦纪》天平胜宝八岁十二月条：“国别颁下灌顶幡一具，道场幡四十九首，绯纲二条，以充周忌御斋庄饰。”（第三册，p.168）又卷20《孝谦纪》天平宝字元年四月条：“内供奉竖子，授刀舍人，及预周忌御斋种种作物而奉造诸司男女等，夙夜不怠，各竭乃诚，宜令加位二级并赐棉帛。”（第三册，p.182）又卷23《淳仁纪》天平宝字五年六月条：“从七位上大鹿臣子虫外从五位下。以供奉皇太后周忌御斋也。”（第三册，p.382）又卷37《桓武纪》延历元年十二月条：“壬子，敕太上天皇周忌御斋。当今月二十三日，宜令天下诸国国分二寺见僧尼奉为诵经焉。”又卷40《桓武纪》延历九年正月条：“从五位下文室真人八岛，为周忌御斋曾司。”又延历十年五月条：“丁亥，供奉中宫周忌斋会杂色人九十六人。”又延历十年六月条：“壬辰，供奉皇后宫周忌斋会杂色人等二百六十七人。”

【周忌御斋会/しゅうきのをがみ】 自创 周忌御斋会。指上皇或皇太后死后满一年而举办的追荐法会，为法会上诵经的僧侣提供斋食称作斋。《续日本纪》卷32《光仁纪》宝龟四年七月条：“庚子，赐供奉周忌御斋会尼及女孺二百六十九人，杂色人一千四十九人物各有差。”（第四册，p.410）

【周忌斋·忌斋/しゅうきのをがみ·きのをがみ】 三字 （周）忌斋，指一周忌的法会，供给僧尼斋食称作斋。《续日本纪》卷23《淳仁纪》天平宝字五年六月条：“六月庚申，设皇太后周忌斋于阿弥陀净土院。其院者在法华寺内西南隅。为设忌斋所造也。”（第三册，p.380）隋灌顶纂《国清百录》卷4：“先师忌斋使乎集僧，跪开石室唯见空床、虚帐，薜苔蛛网。”唐圆照撰《贞元新定释教目录》卷14：“敕赐茶一百一十串，充大和上远忌斋用，修表谢闻，沙门不空言。伏奉。”

【周孔糟粕/しゅうこうのそうはく】 自创 周公、孔子都是粗劣无用者。释家为贬低儒家的一种极端的说法。《怀风藻》第109首释道融《小传》：“我久贫苦，未见宝珠之在衣中。周孔糟粕，安足以留意。”唐慧琳撰《一切经音义》卷92：“糟粕：上音遭，下普莫反。《古今正字》：糟粕二字，酒之余滓也。并从米，曹白声也。”唐神清撰、慧宝注《北山录》卷1：“虽圣人之末，皆得于糟粕（糟，酒滓；粕，油滓。皆圣人之残末也）。”（1）梁慧皎撰《高僧传》卷6：“（慧远）后闻安讲《波若经》，豁然而悟，乃叹曰：‘儒道九流皆糠秕耳。’便与弟慧持，投簪落彩，委命受业。”该例在隋费长房撰《历代三宝纪》卷7中亦见辑录。唐道宣撰《续高僧传》卷20：“（法融）喟然叹曰：‘儒道俗文，信同糠粃，般若止观，实可舟航。’遂入茅山。”唐彦琮撰《唐护法沙门法琳别传》卷2：“俗以内典，类之虚无，僧以外书，譬之糠粃。”（2）唐道宣撰《唐护法沙门法琳别传》卷3：“宋光禄大夫颜之推云：‘佛家三世之事，信而有征，万行归空，千门入善。岂徒九经，百氏之博哉？明非尧舜、周孔、老庄所及也。’又《牟子论》曰：‘尧舜、周孔、老氏之化，比之于佛，犹白鹿之与麒麟。’”→【周公·孔子】

【呪縛乎～/～をじゅばくす】［自创］ 诅咒某人，对某人念咒语。《日本灵异记》下卷《刑罚贱沙弥乞食以现得顿恶死报缘第33》：“凶人逐捕，更将己门，举持大石，当沙弥头而迫之曰：‘读其十二药叉神名，**咒缚乎**我？’沙弥犹辞之。”（p. 347）唐阿地瞿多译《陀罗尼集经》卷4《佛说跋折啰功能法相品》：“先屈左小指无名指，以大指押甲上作孔。次以右大指从下入孔中，以余四指把卷，以大指头押四指甲上，左头指中指并直竖。用上大**咒，缚**鬼治病。”唐不空译《末利支提婆华鬘经》卷1：“若咒师或俗人，行此咒法时，官府知之捉得者，被枷锁缚时，数数诵此**咒缚**永不得。”唐义净译《根本说一切有部毘奈耶药事》卷13：“必须先遣解咒，然后杀之。不尔，我常被**咒缚**，至死不脱。”

【呪護/じゅごす】［并列］（3例） 真言神咒加持护卫。《日本灵异记》上卷《殷勤归信观音愿福分以现得大福德缘第31》：“粟田卿遣使八方，令问求禅师优婆塞。遇东人而拜请令**咒护**，卿之女被咒力病愈。”（p. 120）又下卷《怨病忽婴身因之受戒行善以现得愈病缘第34》：“忠仙见之此病相惆，看病**咒护**，发愿言：‘为愈是病，奉读《药师经》《金刚般若经》各三千卷，《观世音经》一万卷，《观音三昧经》一百卷也。’”（p. 350）又《减塔阶仆寺幢得恶报缘第36》：“时子家依，得久病故，请召禅师、优婆塞，而令**咒护**，犹不愈差。”（p. 356）东晋帛尸梨蜜多罗译《佛说灌顶经》卷5：“汝可往为迦罗那，说辟鬼神，**咒护**迦罗那。目连受教，便承佛威神，即为迦罗那，召五方诸善神，以卫护迦罗那，门户左右，悉获安隐，辟除邪恶，往来鬼神。为汝作害者，从今以去，远汝村舍，不使为害。”北凉昙无谶译《大方等大集经》卷21《陀罗尼品》：“我今欲说陀罗尼**咒护**，说法者及听法者，亦令释迦如来灭后，无有能于是说法者，生起恶事。”唐般若译《大乘理趣六波罗蜜多经》卷6《安忍波罗蜜多品》：“复次，慈氏。犹如有人，为护子故，造作咒术，令诸恶鬼，不得侵害。菩萨亦尔，用安忍**咒护**诸众生，瞋等怨贼，无能损害。”

【呪禁師/じゅごんし】［自创］（2例） “咒禁”，犹言禁咒。指以真气或符咒等治病邪、克异物、禳灾害的一种法术。亦谓施行禁咒之术。“咒禁师”，以施行该法术为职业的人。《日本书纪》卷20《敏达纪》五年十一月条：“冬十一月庚午朔，百济国王付还使大别王等，献经论若干卷，并律师、禅师、比丘尼、**咒禁师**、造佛工、造寺工、六人。遂安置于难波大别王寺。”（第二册，p. 476）《续日本纪》卷28《称德纪》神护景云元年八月条："员外允正六位上日下部连虫麻吕、大属百济公秋麻吕、天文博士国见连今虫、咒禁师末使主望足，并外从五位下。"（第四册，p. 176）（1）后魏佛陀扇多译《摄大乘论》卷2："除灭诸烦恼，如咒禁毒药。烦恼到及尽，诸佛一切智。"隋阇那崛多译《佛本行集经》卷29《魔怖菩萨品》："或复来有，在菩萨前，口吐诸蛇，令螫菩萨，彼等诸蛇，至地痴住，如被咒禁，不能摇动。"（2）吴支谦译《佛说维摩诘经》卷2《如来种品》："如有禁咒语，险谷若干辈，皆为到彼度，菩萨无所畏。"《魏书》卷114《释老志》："有罽宾沙门昙摩谶，习诸经论……又晓术数禁咒，历言他国安危，多所中验。"

【咒願/じゅがん】 誓愿 （3例） 向神佛祷祝，希望顺遂心愿，念咒祝愿。《万叶集》卷3第327首歌题："或娘子等赠裹干鳆，戏请通观僧之咒愿时通观作歌一首"（第一册，p. 203）《日本灵异记》中卷《依不布施与放生而现得善恶报缘第16》："如乞而赎，劝请法师，令咒愿放之于海。"（p. 192）又下卷《灾与善表相先现而后其灾善答被缘第38》："即景戒将炊白米擎半升许，施彼乞者．彼乞者咒愿受之，立出书卷，授景戒言：'此书写取。度人胜书。'"（p. 372）（1）后汉竺大力、康孟详合译《修行本起经》卷2《出家品》："得色气力充，咒愿福无量，令女归三尊。"东晋瞿昙僧伽提婆译《中阿含经》卷14《王相应品》："食竟收器，行澡水讫，受咒愿已，发遣令还。"隋阇那崛多译《佛本行集经》卷9《相师占看品》："是时仙人，口即咒愿，净饭王言：'唯愿大王，常得安乐。'"（2）《搜神后记》卷2："昙游道人，清苦沙门也。剡县有一家事蛊，人啖其食饮，无不吐血死。游尝诣之。主人下食，游依常咒愿。双蜈蚣，长尺余，便于盘中跳走。游便饱食而归，安然无他。"（p. 448）《南齐书》卷58《东南夷传》："女嫁者，迦蓝衣横幅合缝如井阑，首戴花宝。婆罗门牵婿与妇握手相付，咒愿吉利。"（p. 1014）按：《汉语大词典》失收。《新编日本古典文学全集》栏上的注释指出"咒愿"为佛教词，但未见释例。

【咒願而～/じゅがんして～】 誓愿 （2例） 念咒祈愿后便……《日本灵异记》中卷《赎蟹虾命放生得现报缘第8》："女脱衣赎，犹不免可。复脱裳赎，老乃免之。然蟹持更返，劝请大德，咒愿而放。"（p. 171）又下卷《灾与善表相先现而后其灾善答被缘第38》："乞者咒愿而受者，观音应所愿也。"（p. 372）后汉昙果、康孟详合译《中本起经》卷2《佛食马麦品》："佛受其施，便为咒愿，而作颂曰。"西晋法炬译《阿阇世王授决经》卷1："王闻授决，便生惭怖，肃然毛竖，即起作礼，长跪忏悔。佛至宫，饭食已讫，咒愿而去。"元魏吉迦夜、昙曜合译《杂宝藏经》卷6："饭食已讫，长者行水，在尊者前，敷小床座。舍利弗咒愿而言：'今日良时得好报，财利乐事一切集，踊跃欢喜心悦乐，信心踊发念十力，如似今日后常然。'"唐地婆诃罗译《方广大庄严经》卷12《转法轮品》："佛时咒愿，而为受之，恒与圣众，游处其内。"新罗璟兴撰《无量寿经连义述文赞》卷1："如来受已，钵掷空中，梵王接还自宫，起塔供养，佛自咒愿而，授记莂。"

【（有所）咒著/かしりつく】后补 诅咒附着在某人或某物上。《日本书纪》卷3《神武纪》即位前纪戊午年九月条："则与彼菟田川之朝原，譬如水沫，而有所**咒著**也。"（第一册，p.212）吴支谦译《梵网六十二见经》卷1："有异道人，受人信施食，以畜生业自给活，呼人言使东西行，咒令共斗诤讼，相揬捶人，堕人著地，咒女人使伤胎，以苇**咒著**人臂；佛皆离是事。"唐慧沼撰《十一面神咒心经义疏》卷1："问：'若以此咒，咒彼水衣时，是**咒著**水衣耶？'答：'水衣无心，咒亦无相，而咒物时，一切随咒，此是圣密术耳。'"按：《汉语大词典》失收。

【昼夜不分/ひるよるわきためなし】时段 不分白天黑夜。《古语拾遗》："于时，天照大神赫怒，入于大石窟，闭盘户而幽居焉。尔乃六合常暗，**昼夜不分**。群神愁迷，手足罔措。"（p.122）（1）陈真谛译《佛说立世阿毘昙论》卷10《大三灾品》："是时日月，未出于世，星宿未有，**昼夜不分**，未辩年岁，及四时八节。无男女异，亦无父母、兄弟姊妹、夫妻儿息，无奴无主，一向受用，自在欢乐，未有姓字，并号众生。"唐神清撰、慧宝注《北山录》卷1："上界诸天，死者下生，体有飞光，足若御云，不饮不食，年期无数（是时日月，未出于世，星宿未有，**昼夜不分**，未辨年岁，无男女、父母、姓字等事）。"（2）唐李通玄撰《新华严经论》卷11《世主妙严品》："夜摩天者，此云时分天也。为此天无日月天光自相照**不分昼夜**，但莲华开合知其昼夜时分故。"→【不離昼夜】

【昼夜不論/ひるとよるとをあげつらわず】时段 不论白天黑夜。《日本灵异记》下卷《漂流大海敬称尺迦佛名得全命缘第25》："马养、祖父丸二人，佣赁而受年价，从万侣朝臣，**昼夜不论**，苦行驱使，引网捕鱼。"（p.325）唐道宣撰《毗尼作持续释》卷14："若有食无法者，则与发心、志欲相背，当须具仪忏谢，别往更觅有法者师之。若法食皆无者，依居徒尔，似僧同俗，**不论昼夜**，速应舍去。"唐不空译《宝悉地成佛陀罗尼经》卷1："如是有情，得佛设利，乃至一粒，分散一分，及与设利，所置之物，带于身上。**不论昼夜**，若净若不净，若触若不触，不离其身，常可带之。所获功德，无有所计比量。"

【昼夜不息/ひるもよるもやまず】时段 白天黑夜都不停息。《出云国风土记·仁多郡》条："川边有药汤，一浴则身体穆平。再濯则万病消除。男女老少，**昼夜不息**，骆绎往来，无不得验。故俗人号云药汤。"（p.258）（1）《太平经·丁部之四》："故圣人力思，君子力学，**昼夜不息**也，犹乐欲象天，转运而不止，百川流聚，乃成江海。"晋世法炬、法立合译《法句譬喻经》卷3《忿怒品》："时有一雁，连翻追随，不避弓矢，悲鸣吐血，**昼夜不息**。"东晋佛陀跋陀罗译《佛说观佛三昧海经》卷2《观相品》："若有众生犯五逆者，身满其中受如此苦，昼夜不息间无空缺。"梁宝唱等集《经律异相》卷7："罗云奉教作礼而去，住九十日，惭愧自悔，**昼夜不息**。"（2）《吴志》

卷19《孙綝传》："帝于宫中，作小船三百余艘，成以金银。师工**昼夜不息**。"《后汉书》卷83《逸民传》："高凤字文通，南阳叶人也。少为书生，家以农亩为业，而专精诵读，**昼夜不息**。"按：《日本灵异记》中卷《埴神王腨放光示奇表得现报缘第21》："行者神王，腨系绳引之，愿**昼夜不憩**。时从腨放光，至于皇殿。"（p. 203）例中"昼夜不憩"，在中国传世文献和汉译佛经中均未见文例，疑似自创搭配。

【昼夜守護（人）/ひるよるのまもり（びと）】 四字 日夜看守保护。《古事记》上卷《日子穗穗手见命与鹈茸草不合命》："如此令惚苦之时，稽首白：'仆者，自今以后，为汝命之**昼夜守护**人而仕奉。'"（p. 134）《日本书纪》卷21《用明纪》二年四月条："由是，毗罗夫连手执弓箭皮楯，就槻曲家，不离**昼夜守护**大臣。"（第二册，p. 506）齐昙摩伽陀耶舍译《无量义经》卷1《十功德品》："汝等当于此经，应深起敬心，如法修行，广化一切，勤心流布。常当殷勤，**昼夜守护**，普令众生，各获法利。"元魏瞿昙般若流支译《正法念处经》卷63《观天品》："是故诸天，**昼夜守护**，常随其后，随其所作，一切成就。"隋阇那崛多等译《起世经》卷6《三十三天品》："如是诸门，门门皆有，五百夜叉，为三十三天，**昼夜守护**。"按：如例句所示，"昼夜守护"为汉文佛经中习见的四字语句，日夜守护的对象多为佛经或佛本身。《日子穗穗手见命与鹈茸草不合命》传说中则转用于对统治者的绝对服从。《用明纪》的用法亦然。同样用法可见《续日本纪》卷25《淳仁纪》天平宝字八年九月条："此禅师〈乃〉**昼夜**朝庭〈乎〉**护**仕奉〈乎〉见〈流仁〉、先祖〈之〉大臣〈止之天〉仕奉〈之〉位名〈乎〉继〈止〉念〈天〉在人〈奈利止〉云〈天〉退赐〈止〉奏〈之可止毛〉"。（第四册，p. 32）

【昼夜辛苦/ひるもよるもたしなむ】 四字（2例） 白天黑夜辛酸悲苦。《出云国风土记·意宇郡》条："尔时，父猪麻吕，所贼女子，敛置滨上，大发苦愤，号天踊地，行吟居叹，**昼夜辛苦**，无避敛所。"（p. 142）《续日本纪》卷9《圣武纪》神龟三年六月条："庚申，诏曰：'夫百姓或染沉痼疾，经年未愈，或亦得重病，**昼夜辛苦**。'"（第二册，p. 168）元魏瞿昙般若流支译《正法念处经》卷58《观天品》："复为说法，以业下劣，无布施业，人所轻毁，**昼夜辛苦**，为人所使。无施因缘，常受苦恼，手足破裂，贫穷无食，衣服垢坏，饥渴所恼，寒热辛苦。如是无量苦恼，不可堪忍，昼夜使役，不断不绝。"

【諸大菩薩/しょだいぼさつ】 四字（2例） 诸多深行之菩萨。《奈良朝写经31·别译杂阿含经卷第10》："维天平十五年岁次癸未五月十一日，佛弟子藤三女，稽首和南十方诸佛、**诸大菩萨**、诸圣贤众。"（p. 232）《奈良朝写经19·灌顶随愿往生经》："维天平九年岁次丁丑十二月庚子朔八日丁未，出云国守从五位下勋十二等石川朝臣年足，稽首和南一切佛、**诸大菩萨**并贤圣等。"（p. 129）刘宋昙无蜜多译《佛说观普贤菩萨行法经》卷1："佛告阿难：'如是行者，名为忏悔。此忏悔者，十方诸佛、**诸大菩萨**

所忏悔法。'"唐般若译《大乘本生心地观经》卷4《厌舍品》："南无十方诸佛，南无十方诸佛，**诸大菩萨**摩诃萨众，四向四果一切贤圣，有天眼者、有天耳者、知佗心者、众自在者，我为众生运大悲心，弃舍身命济诸苦难。"唐不空译《受菩提心戒仪》卷1："弟子某甲等，今对一切佛，**诸大菩萨**众，自从过去世，无始流转中，乃至于今日，愚迷真如性，起虚妄分别。"

【諸道俗/もろもろのどうぞく】 三字 （2例） 众多的出家人和在家人。《日本灵异记》中卷《忆持〈心经〉女现至阎罗王阙示奇表缘第19》："诵《心经》之音甚微妙，为**诸道俗**所爱乐也。"（p. 199）《唐大和上东征传》："端州太守迎引送至广州，卢都督率**诸道俗**出迎城外，恭敬承事，其事无量。"（p. 73）梁慧皎撰《高僧传》卷3："佛驮先见其禅思有绪，特深器异。彼**诸道俗**闻而叹曰：'秦地乃有求道沙门矣。始不轻秦类敬接远人。'"唐玄奘译《阿毘达磨藏显宗论》卷1《1序品》："诸如是等差别净论，各述所执数越多千，师弟相承度百千众，为**诸道俗**解说称扬。"唐道宣撰《续高僧传》卷20："劝令出家，父母受娉。及婿家不许，**诸道俗**官人为出财赎之。因有度次姊与宽身俱时出家。"又《广弘明集》卷17："又复须臾复闻行声，即走告：'寺主来共开阁门上验看。唯有佛像。自外都无所见。'又下舍利讫日，申时有法师净范投陀僧净滔，于舍利塔后，临水岩边，为**诸道俗**受菩萨戒。"→【衆道俗】

【諸徳/しょとく】 偏正 各位大德。《续日本纪》卷15《圣武纪》天平十五年正月条："**诸德**等，或一时名辈，或万里嘉宾，佥曰人师，咸称国宝。"（第二册，p. 416）西晋竺法护译《佛说海龙王经》卷3《12燕居阿须伦受决品》："于是燕居无善神白世尊曰：'何谓菩萨超**诸德**上？'"东晋瞿昙僧伽提婆译《增壹阿含经》卷45《十不善品》："如来叹择施，与此**诸德**士，施此获福多，如良田生苗。"隋阇那崛多译《佛本行集经》卷53《优陀夷因缘品》："时彼**诸德**，以苦行故，身无精光，勤体疲劳，形容羸瘦，色不光泽，气力尠少，唯有筋皮缠裹其形。"

【諸悪莫作、諸善奉行/もろもろのあしきことなせそ、もろもろのよきわざおこなへ】 典据 （2例） 谓不造作一切恶行，多行善事。《日本书纪》卷23《舒明纪》即位前纪条："亦先王临没，谓诸子等曰：'**诸恶莫作，诸善奉行**。'余承斯言，以为永戒。"（第三册，p. 34）《日本灵异记》上卷《序》："祈览奇记者，却邪入正。**诸恶莫作，诸善奉行**。"（p. 54）失译人名附后汉录《分别功德论》卷2："**诸恶莫作，诸善奉行**，自净其意，是诸佛教法也。言此法能成三乘，断三恶趣，具诸果实，二世受报。以才有优劣故，设诱进之。"按：《新编日本古典文学全集》栏上的注释例引《增壹阿含经》卷1《序品》："'**诸恶莫作，诸善奉行**。自净其意，是诸佛教。'所以然者，**诸恶莫作**，是诸法本，便出生一切善法；以生善法，心意清净。是故，迦叶，诸佛世尊，身口意行，常修清净。"吴维祇难等译《法句经》卷2亦有相同的语句。→【莫作諸悪】【造諸悪】

【諸悪事/もろもろのあしきこと】 三字 各种坏事。《日本灵异记》中卷《好于

恶事者以现所诛利锐得恶死报缘第40》："强窥非望，心系倾国。招集逆党，当头其便。画作僧形，以之立的，效射僧黑眼之术。好**诸恶事**，无过斯甚。"（p. 247）后汉支娄迦谶译《佛说无量清净平等觉经》卷4："世间人民不肯为善，欲作众恶，敢有犯此**诸恶事**者皆悉自然，当更具历入恶道中。"北凉昙无谶译《大般涅槃经》卷4《如来性品》："种种果蓏，学诸伎艺，画师泥作，造书教学，种植根栽，蛊道咒幻，和合诸药，作倡伎乐，香花治身，樗蒱围碁，学诸工巧。若有比丘，能离如是，**诸恶事**者，当说是人，真我弟子。"

【諸法/しょほう・もろもろのみのり】 偏正　反复生住异灭，变转不已的各个事物、现象。亦称万法、一切法。"法"有支撑者、维持者之意，由此而指事物、存在、现象。诸法是森罗万象之意。《奈良朝写经23・十轮经卷第3》："又光明子自发誓言：弘济沉沦，勤除烦障，妙穷**诸法**，早契菩提。"（p. 178）吴支谦译《诸法本经》卷1："如是，诸比丘。欲为**诸法**本，更为**诸法**习，痛为**诸法**同趣，念为**诸法**致有，思惟为**诸法**明道，三昧为**诸法**第一，智慧为**诸法**最上，解脱为**诸法**牢固，泥洹为**诸法**毕竟。"西晋法炬译《顶生王故事经》卷1："**诸法**悉无常，生者必坏败，生生悉归尽，彼减第一乐。"→【演説諸法】

【諸仏加護/もろもろのほとけのかご】 四字　十方三世一切之佛加力守护。《日本灵异记》下卷《沙门诵持方广大乘沉海不溺缘第4》："是沉海，水污不溺，毒鱼不吞，身命不亡。诚知大乘威验，**诸佛加护**。"元魏菩提留支译《大萨遮尼乾子所说经》卷1《一乘品》："十者，以得**诸佛加护**，为离一切，诸魔加故，发菩提心。"唐实叉难陀译《大方广佛华严经》卷27《十回向品》："愿一切众生，得佛摄受身，常为一切，**诸佛加护**。"

【諸仏擁護/しょぶつおうご】 四字　十方三世一切之佛拥戴爱护。《续日本纪》卷17《圣武纪》天平胜宝元年闰五月条："所冀太上天皇沙弥胜满，**诸佛拥护**，法药熏质，万病消除，寿命延长，一切所愿，皆使满足，令法久住，拔济群生，天下太平，兆民快乐，法界有情，共成佛道。"（第三册，p. 82）姚秦鸠摩罗什译《思益梵天所问经》卷4《称叹品》："若是经所在之处，当知此处，则为**诸佛，拥护**受用。若闻是经处，当知此处，转于法轮。"又《大智度论》卷50《发趣品》："尔时，有种种因缘，及十方**诸佛拥护**，还生心欲度众生。"元魏吉迦夜译《佛说称扬诸佛功德经》卷1："是故，舍利弗，常当兴立，大敬信心，于诸如来。如是**诸佛，拥护**其人，使得功德，不可计量。"→【常来擁護】

【諸仏之母/しょぶつのはは】 典据（2例）　十方三世一切之佛的母亲。《续日本纪》卷21《淳仁纪》天平宝字二年八月条："如闻，摩诃般若波罗蜜多者，是**诸佛之母**也。四句偈等，受持读诵，得福德聚集，不可思量。"（第三册，p. 280）又卷33《光仁纪》宝龟五年四月条："其摩诃般若波罗蜜者，**诸佛之母**也。天子念之，则兵革灾害，不入国中。庶人念之，则疾疫厉鬼，不入家内。”（第四册，p. 430）（1）西晋无罗叉译《放光般若经》卷 11《问相品》：“复次，须菩提、如来、无所著、等正觉行般若波罗蜜故，逮诸善法，而无所逮；是故般若波罗蜜者，是**诸佛之母**，为世间之大明导。”又：“是故，须菩提，般若波罗蜜者，是**诸佛之母**，世间明导。”唐般若译《大乘理趣六波罗蜜多经》卷 2《陀罗尼护持国界品》：“所以者何？此六波罗蜜多大乘理趣，甚深法门，乃是一切，**诸佛之母**，一切如来，从此生故。”（2）姚秦鸠摩罗什译《摩诃般若波罗蜜经》卷 14《问相品》：“尔时，佛告须菩提：‘般若波罗蜜，是**诸佛母**，般若波罗蜜，能示世间相。是故佛依止是法行，供养恭敬，尊重赞叹是法。’”又《大智度论》卷 34《序品》：“复次，般若波罗蜜是**诸佛母**，父母之中，母功最重。是故佛以，般若为母，般舟三昧为父。”

【諸根暗鈍/もろもろのこんくらくにぶし】[典据] 一切善根愚拙。“诸根”，指眼、耳、鼻、舌、身五根，或信、勤、念、定、慧五根。亦泛言一切善根。《日本灵异记》下卷《诽奉写〈法华经〉女人过失以现口喎斜报缘第 20》：“《法华经》云：‘谤受持此经者，**诸根暗钝**，矬陋挛躄，盲聋背伛。’”（p. 310）唐法琳撰《一切经音义》卷 31：“**暗钝**：下屯顿反。《苍颉篇》云：**钝**，顽也。《说文》：不利也。从金，屯声也。”姚秦鸠摩罗什译《妙法莲华经》卷 2《譬喻品》：“谤斯经故，获罪如是。若得为人，**诸根暗钝**，矬陋挛躄，盲聋背伛。”

【諸骨/もろもろのみかばね】[偏正] 身体各处的骨头。《日本书纪》卷 15《显宗纪》元年二月条：“爰有盘坂皇子之乳母，奏曰：‘仲子者上齿堕落，以斯可别。’于是虽由乳母，相别髑髅，而竟难别四支、**诸骨**。”（第二册，p. 244）东晋佛驮跋陀罗译《大方广佛华严经》卷 17《金刚幢菩萨十回向品》：“令一切众生，得生佛家身，永离世间，生死秽身。是为菩萨摩诃萨，施肢节**诸骨**，善根回向，令一切众生，皆悉清净，得萨婆若。”唐玄奘译《大般若波罗蜜多经》卷 414《念住等品》：“复次，善现。若菩萨摩诃萨修行般若，波罗蜜多时，以无所得，而为方便，往澹泊路，观所弃尸，**诸骨**分离，各在异处。”按：《汉语大词典》失收。

【諸疾病人/もろもろのやまひのひと】[四字] 众多患有疾病的人。《日本书纪》卷 30《持统纪》八年三月条：“己亥，诏曰：‘粤以七年岁次癸巳，醴泉漏于近江国益须郡都贺山。**诸疾病人**停宿益须寺，而疗差者众。’”（第三册，p. 544）唐知周撰《梵网经菩萨戒本疏》卷 4：“又**诸疾病人**爱惜性命，恐死堕落。佛子慈忍，供给可须，说法安慰，爱养令差。”

【諸人悉聚/もろひとことごとくにつどふ】[四字] 众人全部聚集在一起。《日本书纪》卷 13《允恭纪》五年七月条：“时**诸人悉聚**无阙。唯玉田宿祢无之也。”（第二册，p. 112）（1）北凉昙无谶译《大方等大集经》卷 25：“尔时**诸人，悉**来聚集，随其所能，而共作之。有一画师，以缘事故，竟不得来。诸人画已，持共上王。‘善男子，

可言**诸人，悉聚**作不？’‘不也。’”该例在后魏勒那摩提译《究竟一乘宝性论》卷3《一切众生有如来藏品》中亦见辑录。(2) 元魏慧觉译《贤愚经》卷8《大施抒海品》：“于时大施，不欲上船，**诸人悉集**，问其意故。大施答言：‘我欲前进，至龙王宫，求如意珠，尽我身命，不得不还。’”

【諸人衆/もろびとたち】 三字 许许多多的人。《日本灵异记》中卷《将建塔发愿时生女子卷舍利所产缘第31》：“年至七岁，开手示母曰：‘见是物。’因瞻掌，有舍利二粒。欢喜异奇，告知诸人。**诸人众**喜，展转国司。”（p. 229）吴支谦译《撰集百缘经》卷7《相化品》：“妇怀妊，足满十月，生一男儿，端政殊妙，与众超绝。初生之日，虚空中有大幡盖，遍覆城上。时**诸人众**，因为立字，名波多迦。”姚秦鸠摩罗什译《妙法莲华经》卷2《譬喻品》：“其家广大，唯有一门，多**诸人众**，一百二百，乃至五百人，止住其中。”唐义净译《金光明最胜王经》卷8《坚牢地神品》：“时彼诸人，各还本处，为**诸人众**，说是经王。若一喻、一品、一昔因缘、一如来名、一菩萨名、一四句颂、或复一句，为诸众生，说是经典，乃至首题名字。”

【諸僧徒/もろもろのそうと】 三字 众多的僧侣。《续日本纪》卷8《元正纪》养老二年十月条：“凡**诸僧徒**，勿使浮游。或讲论众理，学习诸义。或唱诵经文，修道禅行。”（第二册，p. 46）唐玄奘译《大唐西域记》卷1：“故此境已南，滥波已北，其国风土，并多温疾。而**诸僧徒**以十二月十六日入安居，三月十五日解安居。斯乃据其多雨，亦是设教随时也。”唐道宣撰《续高僧传》卷24：“时有滥僧，染朝宪者，事以闻上。帝大怒，召**诸僧徒**，并列御前。峙然抗礼。”

【諸聖賢衆/しょしょうげんじゅ】 四字 诸多的圣人、贤人。《奈良朝写经31·别译杂阿含经卷第10》：“维天平十五年岁次癸未五月十一日，佛弟子藤三女，稽首和南十方诸佛、诸大菩萨、**诸圣贤众**。”（p. 232）唐玄奘译《大般若波罗蜜多经》卷469《众德相品》：“若当发起，分别异心：‘此应施与，此不应施。’便为如来、应、正等觉及诸菩萨、独觉、声闻、世间天、人、阿素洛等，**诸圣贤众**，共所呵责：‘谁要请汝，发菩提心，誓普利乐，诸有情类，无归依者，为作归依，无舍宅者，为作舍宅，无洲渚者，为作洲渚，无救护者，为作救护，不安乐者，令其安乐，而今简别有施、不施？’”

【諸天王/しょてんのう】 神名 诸天的各天王。《日本书纪》卷21《崇峻纪》二年四月条：“乃斫取白月胶木，疾作四天王像，置于顶发而发誓言：‘今若使我胜敌，必当奉为护世四王，起立寺塔。’苏我马子大臣又发誓言：‘凡**诸天王**，大神王等，助卫于我，使获利益，愿当奉为，诸天与大神王，起立寺塔，流通三宝。’”（第二册，p. 512）(1) 后汉支曜译《佛说成具光明定意经》卷1：“善明则前礼明士及**诸天王**，敬意辞谢言：‘劳屈上人，今已办二千人具。大众当来，惧是小舍，其将奈何？’”西晋法立、法炬合译《大楼炭经》卷3《四天王品》：“尔时，毘沙门天王，著衣被冠帻，严驾，与**诸天王**，无央数百千诸鬼神，俱往至迦比延山。”唐义净译《金光明最胜王经》卷8《王法正论品》："彼**诸天王**众，共作如是言：'此王作非法，恶党相亲附。'"（2）隋智顗说、灌顶录《金光明经文句》卷6："三十三天，各生瞋恨，是天不护，不护故非天子。是**诸天王**，各相谓言：是天不分德，不分德故，不得名天。舍远善法，增长恶法，则无天因。"唐良贲述《仁王护国般若波罗蜜多经疏》卷2："三十三天，居妙高顶，谓彼天处，三十三部，诸天所居……彼**诸天王**，皆来诣会，释提桓因等者，三十三天主也。"按：《新编日本古典文学全集》栏上注释指出："佛法守护神"。北凉昙无谶译《金光明经》卷1《序品第一》："持是经者，大辩天神。尼连河神，鬼子母神。地神坚牢，大梵尊天。三十三天，大神龙王。"

【諸邪悪・諸善行/もろもろのじゃあく・もろもろのぜんこう】 三字　种种奸邪凶恶、善良行为。《续日本纪》卷22《淳仁纪》天平宝字三年六月条："断**诸邪恶**，修**诸善行**，为义。"（第三册，p.320）（1）东晋帛尸梨蜜多罗译《佛说灌顶经》卷4："我法既灭，末世之中，鬼魔乱起，行**诸邪恶**，娆恼人民。"唐孟献忠撰《金刚般若经集验记》卷2："萧璃《金刚般若经灵验记》曰：'梁时有一婆罗门师，名法藏，能持经咒，辟**诸邪恶**。'"（2）姚秦鸠摩罗什译《佛说华手经》卷6《求法品》："名称常不减，好行**诸善行**。终不乐非法，常修行佛道。"刘宋求那跋摩译《菩萨善戒经》卷8《生菩提地品》："至心受持，过一切行，得阿耨多罗三藐三菩提，能度众生，于生死海，能教众生，行**诸善行**。"

【逐行/おひゆく】 并列　追赶，追逐。《日本书纪》卷16《武烈纪》即位前纪条："是时影媛**逐行**戮处，见是戮已，惊惶失所，悲泪盈目。"（第二册，p.272）后汉康孟详译《佛说兴起行经》卷1："于时，净眼在破墙中藏，闻众人云云声，便于墙中，倾顾盗视，见乐无为反缚驴驮，众人**逐行**。"西晋竺法护译《舍头谏太子二十八宿经》卷1："时众比丘，明旦著衣持钵，入城分卫。阿难亦然。女遥见，心怀喜踊，即随**逐行**。阿难适住，效之便立，适进**逐行**。"唐金刚智译《佛说七俱胝佛母准提大明陀罗尼经》卷1："其舍利盛，一琉璃瓶中，以五色彩囊，盛之头戴，即无量俱胝佛，常**逐行**者，诸鬼神等，自然降伏。"按：《汉语大词典》失收。

【煮粥/かゆをにる】 述宾　煮稀饭。《续日本纪》卷1《文武纪》四年三月条："及至登州，使人多病。和尚出铛子，暖水**煮粥**，遍与病徒。"（第一册，p.24）（1）东晋佛陀跋陀罗、法显合译《摩诃僧祇律》卷31："若净人病，应使他净人**煮粥**与。"姚秦佛陀耶舍、竺佛念等合译《四分律》卷16："尔时诸比丘，欲为诸病比丘，**煮粥**若羹饭。"唐玄奘译《大唐西域记》卷6："婆罗门驰往迎逆，问所从至，请入僧坊，备诸供养，旦以淳乳，**煮粥**进焉。"（2）《魏书》卷58《杨播传》："逸既出粟之后，其老小残疾不能自存活者，又于州门**煮粥**饭之，将死而得济者以万数。"《周书》卷18《王罴传》："城中粮尽，罴**煮粥**，与将士均分而食之。"按：《汉语大词典》失收。

【佇待/ただずみまつ】 偏正（2例）伫立期待，翘首期待。《日本书纪》卷7

《景行纪》四十年是岁条："然东夷骚动勿使讨者，忍爱以入贼境，一日之无不顾。是以，朝夕进退，伫待还日。"（第一册，p. 384）《续日本纪》卷36《高绍纪》宝龟十一年六月条："且备兵粮，且伺贼机。方以今月下旬进入国府，然后候机乘变，恭行天诛者。既经二月，计日准程，伫待献俘。"唐玄奘译《大唐西域记》卷9："此时将入，王舍大城，马胜比丘，亦方乞食。时舍利子，遥见马胜，谓门生曰：'彼来者甚庠序，不证圣果，岂斯调寂？宜少伫待，观其进趣。'"唐义净译《根本说一切有部毘奈耶》卷1："时有五百商人，闻此告令，各备财货，伫待行期。"方广锠整理《佛说孝顺子修行成佛经》卷1："卿急手打煞，劈取心肝，白纸重裹，送来门底。我在门边伫待卿。"按：《汉语大词典》失收。

【助加/いくはふ】 并列　帮助加强。《日本书纪》卷17《继体纪》十年五月条："群臣各出衣裳、斧铁、帛布，**助加**国物，积置朝廷，慰问殷勤，赏禄优节。"（第二册，p. 308）（1）东晋瞿昙僧伽提婆译《中阿含经》卷32："此是百难佛，本未曾思惟。优婆离所说，诸天来至彼。善**助加**诸辩，如法如其人。尼揵亲子问，佛十力弟子。"北周法上撰《十地论义疏》："就初经文中有三分：第一至同名金刚藏明出经者意，是诸佛已下，明诸佛赞劝。第三是卢舍那佛以下，明诸佛**助加**之义。"（2）《魏书》卷103《蠕蠕传》："肃宗诏之曰：'北镇群狄，为逆不息，蠕蠕主为国立忠，**助加**诛讨，言念诚心，无忘寝食。'"《北齐书》卷18《司马子如传》："葛荣之乱，相州孤危，荣遣子如间行入邺，**助加**防守。"按：《汉语大词典》失收。→【济助】【冥助】【随助】【悉助】

【助身/みをたすく】 述宾　有助于自身行为的功业。《日本灵异记》下卷《禅师将食鱼化作〈法华经〉覆俗诽缘第6》："当知为法**助身**。于食物者，虽食杂毒而成甘露，虽食鱼宍而非犯罪。"（p. 276）后汉安世高译《佛说大安般守意经》卷1："不杀、盗淫、两舌、恶口、妄言、绮语，是为**助身**。不嫉瞋恚痴，是为助意也。"姚秦鸠摩罗什译《大智度论》卷96《萨陀波仑品》："休息饮食等，皆是**助身**法。是事虽来，不为乱心，知皆虚诳无常、无实，如怨、如贼，但为身乐故，何足存念。莫为饥渴、疲极等故，而舍佛道。"

【助衛於～/～をまもる】 于字　（2例）　辅助守卫。①《日本书纪》卷21《崇峻纪》二年四月条："苏我马子大臣又发誓言：'凡诸天王、大神王等，**助卫于**我使获利益，愿当奉为诸天与大神王，起立寺塔，流通三宝。'"（第二册，p. 512）②又卷24《皇极纪》四年六月条："时中大兄即自执长枪，隐于殿侧。中臣镰子连持弓矢而为**助卫**。"（第三册，p. 98）西晋竺法护译《贤劫经》卷8："佛言：善哉！天帝。吾代尔喜，乃欲**助卫**，无上大道。"唐义净译《金光明最胜王经》卷6《四天王护国品》："作是殊胜，供养佛已，白佛言：'世尊，我等四王，各有五百，药叉眷属，常当处处，拥护是经，及说法师，以智光明，而为**助卫**。'"唐输波迦罗译《苏悉地羯罗经》卷2《满足真言法品》："先礼部尊主，次礼部母，次礼诸佛，作如是启：'唯愿诸佛，及诸众圣，而加**助卫**。’”

【住持/じゅうじ】 并列 原为久住护持佛法之意，后指掌管一寺之主僧。亦作“住持职”，略称“住职”。本称“维那”“寺主”，宋代以后之禅林广用“住持”之职名。安住而受持佛法。引申为主司一寺的僧侣。《续日本纪》卷17《圣武纪》天平胜宝元年二月：“弟子相继，皆守遗法。至今**住持**焉。薨时年八十。”（第三册，p. 62）又卷32《光仁纪》宝龟四年十一月条：“由兹法藏湮废，无复**住持**之徒。精舍荒凉，空余坐禅之迹。”（第四册，p. 414）按：“住”，持、奉持、执持。

【住持仏法/ぶっぽうをたもつ】 四字（2例） 久住护持佛法。《日本书纪》卷25《孝德纪》白雉元年二月条：“道登法师曰：‘昔高丽欲营伽篮，无地不览。便于一所，白鹿徐行。遂于此地，营造伽篮，名白鹿园寺，**住持佛法**。’”（第三册，p. 180）《续日本纪》卷20《孝谦纪》天平宝字元年闰八月条：“此是奉翼皇宗，**住持佛法**，引导尊灵，催劝学徒者也。”（第三册，p. 230）元魏昙摩流支译《信力入印法门经》卷4：“转于法轮，示大涅槃，**住持佛法**，示诸法灭。”唐道宣撰述《四分律删繁补阙行事钞》卷1：“戒德难思，冠超众象，为五乘之轨导，寔三宝之舟航。依教建修定慧之功莫等，**住持佛法**群籍于兹息唱。”唐道世撰《法苑珠林》卷14：“今终南山、太白、太华、五岳名山，皆有圣人，为**住持佛法**，令法久住，有人设供，感讣征应。”

【住心供養/こころをとどめてくようす】 四字 以安住于道的心供施。《日本灵异记》上卷《偷用子物作牛役之示异表缘第10》：“其使随愿，请得路行一僧归家。家主**住心供养**。”（p. 87）宋施护译《佛说一切如来金刚三业最上秘密大教王经》卷1：“若住身供养，于身相无碍；若**住心供养**，了心性平等。”

【注法華経/ちゅうほけきょう】 内典 凡7卷。齐刘础注释。《东域传灯目录》上卷载有《注法华经》，但现已不存。《奈良朝写经10・法华经玄赞卷第3》：“乃为慈父，祇图写药师、弥勒菩萨合一铺［七躯］、《**注法华经**》［七卷］、疏［十卷］、音训［二卷］、《净饭王经》［一卷］、《摩诃摩耶经》［一卷］、《佛顶经》［一卷］。”（p. 83）

【注雨/あめをそそぐ】 述宾 犹大雨；暴雨。《唐大和上东征传》：“明日，未时，西南空中云起来，覆舟上，**注雨**；人人把碗承（水）饮。”（p. 66）吴竺律炎、支谦合译《摩登伽经》卷2《观灾祥品》：“夏月在七星，**注雨**九寸，秋多苗实，胎者伤夭，死亡者众。”隋阇那崛多译《佛本行集经》卷31《二商奉食品》：“时彼七日，虚空之中，兴云**注雨**，起大冷风。于七日内，雨不暂停，遂成寒冻。”唐菩提流志译《大宝积经》卷61《序品》：“如兴云荫覆枯池，**注雨**充足原隰满。如是大王仙圣子，兴建法雨润人天。”按：《汉语大词典》例引北魏贾思勰《齐民要术・大小麦》引《氾胜之书》：“到榆荚时，**注雨**止，候土白背复锄。”偏晚。

【著被/つく】 并列 穿上，披上。《常陆国风土记・行方郡》条：“于是，麻多智大起怒情，**著被**甲铠之，自身执仗，打杀驱逐。”（p. 376）西晋竺法护译《佛说普门品经》卷1：“因**著被**服，乃有所猗，达士睹之，觉无所有。是为菩萨等，观游于细滑。”东晋佛陀跋陀罗、法显合译《摩诃僧祇律》卷17：“尔时尊者难提金毘鲁跋提在塔山安居竟，至舍卫城，礼观世尊，**著被**雨衣，染色脱坏。佛知而故问：‘比丘，何故**著被**雨衣？’答言：‘世尊，制戒不得然火。是故不得，煮染更染。’”梁宝唱等集《经律异相》卷44：“于是画师，复作方便，即于壁上，画作己像，所**著被**服，与身不异。”按：《汉语大词典》失收。

【著火/ひをつく】 后补　点燃某物；放在火里烧。《古事记》下卷《雄略记》：“布摯白犬，著铃，而己族名谓腰佩人，令取犬绳以献上。故令止其**著火**。”（p. 338）（1）吴支谦译《佛说义足经》卷1：“佛时现大变神足，即从师子座飞起，往东方虚空中步行，亦箕坐猗右胁，便**著火**定神足。”后汉支娄迦谶译《般舟三昧经》卷2《无著品》：“是菩萨守是三昧，当作是见佛，不当著佛。何以故？设有所著为自烧，譬如大叚铁，**著火**中烧正赤，有智者不当以手持。何以故？烧人手。”又《文殊师利问菩萨署经》卷1：“复有婆罗门，名牟梨师利，白佛：‘我适提賂，欲**著火**中，欲令之炽盛，便见怛萨阿竭，身有三十二相诸种好。’即时其佛言：‘用是火为事，有怛萨阿竭署，何以不学？’”（2）《搜神记》卷16：“伯**著火**炙之，腹背俱焦坼。”（p. 401）按：《汉语大词典》失收。→【火著】

【著火烧/ひをつけてやく】 三字　放火焚烧，点火燃烧。《古事记》中卷《景行记》：“于是先以其御刀苅拨草，以其火打而打出火，著向火而烧退。还出，皆切灭其国造等，即**著火烧**。故于今谓烧津也。”（p. 116）西晋竺法护译《修行地道经》卷4：“若持**著火，烧**其发时，身便当亡，发从四生。”失译人名今附梁录《牟梨曼陀罗咒经》卷1：“……第十相者，先令**著火，烧**地使热。又汝当知，若应如是，十种相者，当知所行之法，皆悉成验。”按：《古事记》中另有双音词“著火”“火著”等说法，与“以火著”“著火烧”一样，它们均出自汉文佛经。

【著枷/くびかしをはく】 述宾（2例）　戴上枷锁。《日本书纪》卷25《孝德纪》大化五年三月条：“庚午，山田大臣之妻子及随身者，自经死者众。穗积臣啮捉聚大臣伴党田口臣筑紫等，**著枷**反缚。”（第三册，p. 176）《唐大和上东征传》：“时山阴县尉遣人于王亟宅。搜得荣睿师。**著枷**递送［于］京，［还］至杭州。”（p. 57）（1）姚秦鸠摩罗什译《孔雀王咒经》卷1：“东方薄鸠深山沙罗佉收汝百鬼项**著枷**。南方薄鸠深山沙罗佉收汝百鬼项**著枷**。西方薄鸠深山沙罗佉收汝百鬼项**著枷**。北方薄鸠深山沙罗佉收汝百鬼项**著枷**。”隋阇那崛多译《佛本行集经》卷16《舍宫出家品》：“此处缠绵，愚痴之，人被其系缚，如犬**著枷**，不得自在。”高丽一然撰《三国遗事》卷2：“伊飡金周元初为上宰，王为角乾居二宰，梦脱幞头著素笠，把十二弦琴入于天官寺井中。觉而使人占之，曰：‘脱幞头者，失职之兆；把琴者，**著枷**之兆，入井入狱之兆。’”（2）

《朝野佥载·补辑》："初令项上著锁，后却锁上**著枷**。文案既周，且决六十，杖下气绝，无敢言者。"（p. 159）按：《汉语大词典》失收。

【著袈裟/けさをきる】三字（7例） 穿上袈裟。《日本灵异记》中卷《序》："之中，胜宝应真圣武太上天皇，尤造大佛，长绍法种，剃头发，**著袈裟**，受戒修善，以正治民。"（p. 142）又《恃己高德刑贱形沙弥以相得恶死缘第1》："**著袈裟**之类，虽贱形不应不恐。隐身圣人交其中。故《憍慢经》云：'先生位上人，尺迦牟尼佛顶，佩履踟人等罪云云。'何况**著袈裟**之人打侮之者，其罪甚深矣。"（p. 146）又下卷《如法奉写〈法华经〉火不烧缘第10》："牟娄沙弥者，榎本氏也。自度无名。纪伊国牟娄郡人，故字号牟娄沙弥者。居住安谛郡之荒田村，剃除鬓发，**著袈裟**，即俗收家，营造产业。"（p. 286）又《产生肉团之作女子修善化人缘第19》："终乐出家，剃除头发，**著袈裟**，修善化人，无人不信。"（p. 308）又《用寺物复将写〈大般若〉建愿以相得善恶报缘第23》："忍胜为欲写《大般若经》，发愿集物，剃除鬓发，**著袈裟**，受戒修道，常住彼堂。"（p. 318）又《怨病忽婴身因之受戒行善以相得愈病缘第34》："剃发受戒，**著袈裟**，住其里于大谷堂。诵持《心经》，行道为宗。"（p. 350）西晋法炬译《佛说鸯崛髻经》卷1："诸佛世尊常法，如诸佛世尊作是言：'善来！比丘。'即时须发自堕，犹如剃头。经七日中，若彼所**著袈裟**，极妙细滑，若施布劫贝育越衣，则化成袈裟。"东晋瞿昙僧伽提婆译《增壹阿含经》卷27《35邪聚品》："汝今默然住，剃头著袈裟，为欲求何等，因由何故来?"元魏慧觉等译《贤愚经》卷13《坚誓师子品》："是时猎师，剃头**著袈裟**，内佩弓箭，行于泽中，见有师子，甚怀欢喜，而心念言：'我今大利，得见此兽，可杀取皮，以用上王，足得脱贫。'"

【著履/くつをはく】述宾 穿鞋。《藤氏家传》上卷《镰足传》："使舍人急唤入鹿，入鹿起立**著履**，履三回不著。"（p. 164）（1）后汉安世高译《佛说处处经》卷1："佛不**著履**，有三因缘：一者使行者少欲；二者现足下轮；三者令人见之欢喜。"梁慧皎撰《高僧传》卷10："俄而有人，从郫县来，过进云：'昨见硕公，在市中，一脚**著履**。漫语云：小子！无宜适失，我履一只。'进惊而检问沙弥，沙弥答云：'近送尸出时，怖惧右脚，一履不得好系，遂失之。'其迹诡异，莫可测也。"梁宝唱等集《经律异相》卷25："婆罗门言：'汝当随我，皆悉跣跣，不得**著履**，如奴婢之法。皆言唯诺，从大家教。便将奴婢，涉道而去。'"（2）《魏志》卷24《孔礼传》："辄束带**著履**，驾车待放。爽见礼奏，大怒。劾礼怨望，结刑五岁。"《宋书》卷92《阮长之传》："在中书省直，夜往邻省，误**著履**出阁，依事自列门下；门下以暗夜人不知，不受列。"

【著裳/きたるも】偏正 身上穿的衣裳。《日本灵异记》中卷《依恶梦至诚心使诵经示奇表得全命缘第20》："不胜心念，脱自著衣，洗净擎以为奉诵经。然凶梦相，复犹重现。母增心恐，复脱**著裳**，净洒以为如先诵经。"（p. 201）吴支谦译《佛说菩萨本业经》卷1《愿行品》："**著裳**当愿，一切众生，常知惭愧，摄意守道。结带当愿，一切众生，束带修善，志无解已。”苻秦僧伽跋澄等译《尊婆须蜜菩萨所集论》卷9：“或有不著裳，亦不乐挍饰；或有持戒香，语直不卒暴。”唐不空译《法华曼荼罗威仪形色法经》卷1：“微妙宝天衣，采绫以腰中，著裳赤光色，严饰上妙身。”

【著身衣/みにけるころも】三字 穿在身上的衣服。《万叶集》卷8第1626首歌题：“又报脱著身衣赠家持歌一首”（第二册，p. 365）后汉支娄迦谶译《道行般若经》卷10《昙无竭菩萨品》：“萨陀波伦菩萨，及五百女人，共到说经处。至已，特为昙无竭菩萨施高座。时五百女人，各各自取，著身衣布著座上。”吴支谦译《太子瑞应本起经》卷1：“太子曰：‘汝可径归，上白大王，及谢舍妻，今求无为大道，勿以我为忧。’即脱宝冠，及著身衣，悉付车匿。”唐菩提流志译《大宝积经》卷82：“复次长者，出家菩萨，以十功德，持著身衣。何等十？为惭耻故；为覆形故；为蚊虻故；为风暴故；不为软触，不为好故；为于沙门，表戒相故；此染色衣，令诸人天，阿修罗等，生塔想故，而受持之；解脱而染，非欲染衣，寂静所宜，非结所宜；著此染衣，不起诸恶，修诸善业，不为好故，著染服衣；知圣道已，我如是作，于一念顷，不持染结。长者，是名出家菩萨，十事功德，持著身衣。”

【著頭/かざしにす】后补 插戴在头上。《日本书纪》卷22《推古纪》十六年八月条：“是时皇子、诸王、诸臣悉以金髻华著头，亦衣服皆用锦、紫、绣、织及五色绫罗。”（第二册，p. 556）（1）失译人名今附后汉录《杂譬喻经》卷1：“后王池中，生一金色，千叶莲花。小象见之，取持上王。王得以与，大夫人使著头上。”东晋瞿昙僧伽提婆译《增壹阿含经》卷17：“复加以优钵华，持用奉上。彼人得已，即著头上，欢喜踊跃，不能自胜。”后秦佛陀耶舍、竺佛念等合译《长阿含经》卷18：“次到鬘树，树为曲躬。其人手取，种种杂鬘，以著头上。”元魏慧觉等译《贤愚经》卷9《善事太子入海品》：“于时太子，香汤洗浴，竖立大幢，以珠著头，著新净衣，手执香炉，向四方礼，口自说言：‘若其实是，如意珠者，便当普雨，一切所须。’”（2）《艺文类聚》卷94引《搜神记》曰：“南阳宗定伯夜行，忽逢一鬼，鬼问伯为谁，伯欺之曰：‘我亦鬼也。’遂为侣，向宛行倦，因相担，问鬼曰：‘鬼何畏？’曰：‘鬼唯不喜唾耳。’欲至宛，便担鬼著头上，诣宛市，鬼化为羊。伯恐其变，遂唾之。因卖得钱千五百。”《太平御览》卷951引《抱朴子》曰：“今头虱着身，皆稍变而白。身虱著头，皆渐化而黑。则玄素果无定质，移易在乎所渐也。”按：《汉语大词典》失收。

【著於床/とこにつく】于字 （某人）躺在床上；（某物）放在床上。《法隆寺金堂释迦三尊像光背铭》：“法兴元三十一年岁次辛巳十二月，鬼前大后崩。明年正月二十二日，上宫法皇枕病弗悆。干食王后仍以劳疾并著于床。”（1）西晋竺法护译《普曜经》卷3《四出观品》：“太子乘驾，出西城门，见一死人，著于床上，家室围绕，举之出城，涕泪悲哭，椎胸呼嗟，头面尘垢，泪下如雨：‘何为弃我，独逝而去？’”东晋瞿昙僧伽提婆译《增壹阿含经》卷50《大爱道般涅槃品》：“是时，彼人如彼教敕，即入开门，复敕五百人，各举舍利，著于床上。”梁宝唱等集《经律异相》卷40：“使到祇树，掘出女尸，著于床上。遍巷称怨言：‘沙门瞿昙，常称戒德，弘普无上，如何私与，女人通情，复杀藏之。有何法戒？’”（2）《太平广记》卷99《李大安》条：“唐陇西李大安，工部尚书大亮之兄也。武德中，大亮任越州总管，大安自京往省之。大亮遣奴婢数人从兄归，至谷州鹿桥，宿于逆旅。其奴有谋杀大安者，候大安眠熟，夜已过半，奴以小剑刺大安项，洞之，刃著于床。”（p. 664）

【専行暴悪/もはらあしきわざをおこなふ】四字　专做残暴凶恶的事。《日本书纪》卷24《皇极纪》二年十一月条：“苏我大臣虾夷闻山背大兄王等总被亡于入鹿，而嗔骂曰：‘噫！入鹿极甚愚痴，专行暴恶，尔之身命，不亦殆乎？’”（第三册，p. 82）北凉昙无谶译《大般涅槃经》卷3：“譬如有王，专行暴恶，会遇重病。有邻国王，闻其名声，兴兵而来，规欲殄灭。”

【専自/ひとり】后缀（2例）专门，一味。《日本灵异记》中卷《生爱欲恋吉祥天女像感应示奇表缘第13》：“行者视之，而惭愧言：‘我愿似女，何忝天女专自交之？’媿，不语他人。”（p. 182）又下卷《阎罗王示奇表劝人令修善缘第9》：“发愿如法，清净奉写《法华经》一部。专自书写。”（p. 286）（1）失译人名今附后汉录《分别功德论》卷2：“谛观女身，三十六物，惨然毛竖，专自惟察，即解身空，得须陀洹道。”西晋无罗叉译《放光般若经》卷14《释提桓因品》：“复次，阿难。若有菩萨，自怙智慧，自怙种姓，自怙其善，自怙知识，便起贡高，下于他人，亦无阿惟越致，相行像貌，专自贡高，轻贱他人，便语人言：‘汝亦不在，菩萨种姓之中现，汝亦不在，摩和衍中。’”西晋竺法护译《修行地道经》卷7《缘觉品》：“其从缘觉，而不自了，既发无上正真道，不与善友，而受真法，专自反行。”（2）《蜀志》卷5《诸葛亮传》：“寻冲所述亮答，专自有其能，有违人臣自处之宜。”《后汉书》卷74上《袁绍传》：“建安元年，曹操迎天子都许，乃下诏书于绍，责以地广兵多而专自树党，不闻勤王之师而但擅相讨伐。”《宋书》卷13《律历志下》：“冬至日度在斗二十二，则火星之中，当在大暑之前，岂邻建申之限。此专自攻纠，非谓矫失。”

【転病/やまひをてんぜしむ】格义　使病转好。《法隆寺金堂释迦三尊像光背铭》：“时王后王子等及与诸臣，深怀愁毒，共相发愿：‘仰依三宝，当造释像尺寸王身。蒙此愿力，转病延寿，安住世间。若是定业，以背世者，往登净土，早升妙果。’”姚秦佛陀耶舍、竺佛念等译《四分律》卷35：“或虫病，或水病，或内病，或外病，或内外病，或有癣病，常卧不转病，或有常老极，或有干痟病，或有失威仪行下极一切污辱众僧，如此人不得度受具足戒。”按：在传世文献中，“转病”一词，古代迷信指人死后会转给别人或动物的一种狂病。《淮南子·俶真训》：“昔公牛哀转病，七日化为虎；其兄掩户而入觇之，则虎搏而杀之。”杨树达证闻：“转病又名注病……《素问·诸病源候总论》：‘注病，注者，住也。言其连滞停住，死又注易旁人也。’按公牛哀化为虎，与《释名》《素问》言注易旁人者有人兽之不同，其为转注则一也。”

【転読/てんどく】 并列 （21例） 诵读佛经。《日本书纪》卷24《皇极纪》元年七月条：“戊寅，群臣相语之曰：‘随村村祝部所教，或杀牛马祭诸社神，或频移市，或祷河伯，既无所效。’苏我大臣报曰：‘可与寺寺**转读**大乘经典。悔过如佛所说，敬而祈雨。’”（第三册，p. 62）《日本灵异记》下卷《产生肉团之作女子修善化人缘第19》：“七岁以前，**转读**《法华》《八十华严》。”（p. 308）《续日本纪》卷10《圣武纪》神龟四年二月条：“辛酉，请僧六百，尼三百于中宫，令**转读**《金刚般若经》。为销灾异也。”（第二册，p. 178）又卷10《圣武纪》神龟五年十二月条：“十二月己丑，《金光明经》六十四帙六百四十卷颁于诸国。国别十卷。先是，诸国所有《金光明经》，或国八卷，或国四卷。至是，写备颁下。随经到日，即令**转读**。为令国家平安也。”（第二册，p. 202）又卷12《圣武纪》天平七年五月条：“己卯，于宫中及大安、药师、元兴、兴福四寺，**转读**《大般若经》。为消除灾害，安宁国家也。”（第二册，p. 290）又卷13《圣武纪》天平十年四月条：“夏四月乙卯，诏：‘为令国家隆平，宜令京畿内七道诸国，三日内，**转读**《最胜王经》。’”（第二册，p. 338）又天平十一年七月条：“甲辰，诏曰：‘方今孟秋，苗子盛秀。欲令风雨调和，年谷成熟。宜令天下诸寺**转读**《五谷成熟经》。并悔过七日七夜焉。’”（第二册，p. 354）又卷14《圣武纪》天平十三年三月条：“其僧尼每月八日，必应**转读**《最胜王经》。每至月半，诵戒羯磨。每月六斋日，公私不得渔猎杀生。”（第二册，p. 390）又卷15《圣武纪》天平十五年正月条：“故以今年正月十四日，劝请海内出家之众于所住处，限七七日**转读**大乘《金光明最胜王经》。”（第二册，p. 414）又天平十六年三月条：“丁丑，运金光明寺《大般若经》，致紫香乐宫。比至朱雀门，杂乐迎奏，官人迎礼。引导入宫中，奉置安殿。请僧二百，**转读**一日。”（第二册，p. 438）又卷16《圣武纪》天平十七年五月条：“己未，地震。令京师诸寺，限一七日，**转读**《最胜王经》。”（第三册，p. 8）又卷17《圣武纪》天平胜宝元年正月条：“始从元日七七之内，令天下诸寺悔过，**转读**《金光明经》。又禁断天下杀生。”（第三册，p. 60）又卷17《圣武·孝谦纪》天平胜宝元年五月条：“因发御愿曰：‘以《华严经》为本，一切大乘小乘经律论抄疏章等，必为**转读**讲说，悉令尽竟。远限日月，穷未来际。’”（第三册，p. 82）又卷19《孝谦纪》天平胜宝八岁五月条：“尔其阅水难留，鸾舆晏驾。禅师即誓，永绝人间，侍于山陵，**转读**大乘，奉资冥路。”（第三册，p. 162）又天平胜宝八年十二月条：“甲申，请僧一百于东大寺，**转读**《仁王经》焉。”（第三册，p. 168）又卷20《淳仁纪》天平宝字二年七月条：“戊戌，敕：‘为令朝廷安宁，天下太平，国别奉写《金刚般若经》三十卷，安置国分僧寺二十卷，尼寺十卷，恒副《金光明最胜王经》，并令**转读**焉。’”（第三册，p. 256）又卷22《淳仁纪》天平宝字四年四月条：“闰四月壬午，**转读**《大般若经》于宫中。”（第三册，p. 350）又卷28《称德纪》神护景云元年十月条：“庚子，御大极殿，屈僧六百，转读《大般若经》。奏唐、高丽乐及内教坊踏歌。”（第四册，p. 182）又卷30《称德纪》宝龟元年七月条：“谨于镜内诸大小寺，始自今月十七日七日之间，屈请缁徒，转读《大般若经》。”（第四册，p. 288）又卷34《高绍纪》宝龟八年三月条：“癸酉，屈僧六百口、沙弥一百口，转读《大般若经》于宫中。”《奈良朝写经71·十诵律卷第17》：“维神护景云二年，岁在戊申五月十三日景申，弟子谨奉为先圣，敬写一切经一部，工夫之庄严竟矣。法师之转读尽焉。”（p. 425）高齐那连提耶舍译《月灯三昧经》卷7：“佛及诸声闻，彼便已供养。转读此经人，即是持法藏。”梁慧皎《高僧传》卷13《经师传论》：“天竺方俗：凡是歌咏法言，皆称为呗。至于此土，咏经则称为转读，歌赞则号为梵呗。”隋宝贵合《合部金光明经》卷4《依空满愿品》：“若有善男子、善女人，已得听闻是《金光明经》书写，半月半月一过转读。是善功德，聚于前功德，百千分不及一分，乃至算数譬喻，所不能及。”→【転読講说】

【転奉/つたへてたてまつる】 偏正　转手奉献给某人。《古语拾遗》：“于是，素戋鸣神欲奉辞日神。升天之时，栉明玉命奉迎，献以瑞八坂琼之曲玉。素戋鸣神受之，转奉日神。”（p. 121）晋世法炬、法立合译《法句譬喻经》卷1《惟念品》：“昔佛在世时，弗加沙王与瓶沙王亲友。弗加沙王，未知佛道，作七宝华，以遗瓶沙，瓶沙王得之，转奉上佛，白佛言：‘弗加沙王，与我为友，遗我此华，今已上佛，愿令彼王，心开意解，见佛闻法，奉敬圣众。当以何物，以报所遗?’”西晋竺法护译《慧上菩萨问大善权经》卷1：“又族姓子，善权闿士，假使生在，贫匮之门，设行乞匃，求一夕膳，无鄙劣心，转奉贤众。”按：《汉语大词典》失收。

【転経/てんぎょう】 述宾（6例）　唱诵佛经。《日本灵异记》上卷《归信三宝钦仰众僧令诵经得现报缘第32》：“又请曰：‘我等参向官，开寺南门，令得亲拜。更请我等及于诣阙之间，欲令钟声从。’众僧随愿鸣钟，转经开门令得奉拜。”（p. 130）《续日本纪》卷4《元明纪》和铜元年四月条：“己丑，诏：‘为天下太平，百姓安宁，令都下诸寺转经焉。’”（第一册，p. 138）又卷8《元正纪》养老四年十二月条：“癸卯，诏曰：‘释典之道，教在甚深。转经唱礼，先传恒规。理合遵承，不须辄改。比者，或僧尼自出方法，妄作别音。遂使后生之辈积习成俗。不肯变正，恐污法门。从是始乎，宜依汉沙门道荣、学问僧胜晓等转经唱礼。余音并停之。’”（第二册，p. 80）又卷8《元正纪》养老五年十二月条：“己卯，太上天皇弥留。大赦天下，令都下诸寺转经焉。”（第二册，p. 104）又卷9《圣武纪》神龟二年九月条：“宜令所司，三千人出家入道，并左右京及大倭国部内诸寺，始今月二十三日一七日转经。凭此冥福，冀除灾异焉。”（第二册，p. 162）西晋竺法护译《前世三转经》、东晋佛驮跋陀罗译《诸菩萨求佛本业经》卷1：“菩萨见帝王时，心念言：‘十方天下人皆使自致为经中王，自然转经，说道无有休绝时。’”高丽一然撰《三国遗事》卷5：“家亲请法流寺僧亡名来转经，大鬼命小鬼，以铁槌打僧头仆地，呕血而死。”按：《汉语大词典》首引唐王建《题诜法师院》

诗："僧院不求诸处好，转经唯有一窗明。"偏晚。→【礼仏転経】【行道転経】

【転経行道/てんぎょうぎょうどう】 四字 读诵佛经，绕佛绕堂。《续日本纪》卷33《光仁纪》宝龟六年九月条："壬寅，敕：'十月十三日，是朕生日。每至此辰，感庆兼集。宜令诸寺僧尼，每年是日，转经行道。'"（第四册，p.456）东晋帛尸梨蜜多罗译《佛说灌顶经》卷11："那舍长者，又自思惟：'我父母昔病苦之时，大修福德，欲终未终，及命终已，然灯续明，转经行道，斋戒一心，乃至三七，未曾懈废。'"刘宋求那跋陀罗译《佛说轮转五道罪福报应经》卷1："佛语阿难：'凡作功德皆应身，为烧香福会，转经行道，不得倩人。'"唐圆照集《大唐贞元续开元释教录》卷2："谨牒：是日也，佥定四分律疏大德十四人，恩命分赴两寺道场，奉为国家转经行道。"→【行道転経】

【転盛/いよいよさかる】 后补 （2例） 加剧，加重；变得盛大。《日本书纪》卷5《崇神纪》七年二月条："七年春二月丁丑朔辛卯，诏曰：'昔我皇祖大启鸿基。其后，圣业逾高，王风转盛。'"（第一册，p.270）又卷21《用明纪》二年四月条："天皇之疮转盛，将欲终时，鞍部多须奈进而奏曰，臣奉为天皇，出家修道。"（第二册，p.506）（1）西聂承远译《佛说超日明三昧经》卷1："譬如若月，十日之时，光明转盛，照于众生，菩萨如是，功德威耀，日日增益，度诸危厄，哀愍群黎之患。"东晋佛驮跋陀罗译《大方广佛华严经》卷59《入法界品》："譬如小火，随所焚烧，其焰转盛。菩提心火，亦复如是，随所缘法，慧火猛盛。"姚秦鸠摩罗什译《大智度论》卷2《序品》："说法人欲去，行道人渐少，恶人力转盛，当以大慈，建立佛法！"（2）《敦煌变文·维摩诘经讲经文》："居士之病容转盛，喘息微微；吾曹之愁色倍深，呼嗟急急。"（p.770）按：《汉语大词典》失收。先行文献中，变文例句是唯一用于叙述病情的例句。

【転聞/つたへきく】 偏正 （2例） 并非耳闻目睹，而是出自他人的传闻。《日本灵异记》上卷《令盗绢衣归愿妙现菩萨修得其绢衣缘第34》："买人转闻，乃知盗衣，当头匪求，宴嘿弗动也。斯亦奇异事矣。"（p.133）又中卷《观音铜像及鹭形示奇表缘第17》："诸人转闻，告知寺尼。尼等闻来见，实其像也。"（p.194）后秦佛陀耶舍、竺佛念等合译《长阿含经》卷6："余人转闻，有作贼者，王给财宝。于是复行，劫盗他物，复为伺察所得，将诣王所，白言：'此人为贼，愿王治之。'王复问言：'汝实为贼耶？'答曰：'实尔。我贫穷饥饿，不能自存，故为贼耳。'"北凉昙无谶译《大般涅槃经》卷22《光明遍照高贵德王菩萨品》："我于尔时，从善友所，转闻彼佛，当为大众，说大涅槃。我闻是已，其心欢喜，欲设供养。"隋阇那崛多译《佛本行集经》卷40《教化兵将品》："尔时提婆大婆罗门，从他转闻，彼大沙门，来至于此。闻已，即作如是思念：'我昔曾请，彼大沙门，许施饮食，我今薄财，贫贱困乏，当作何计？'"按：《汉语大词典》失收。

【荘飾/かざる】 偏正 （3 例） 妆饰；装饰。《日本书纪》卷 9《神功纪》摄政五十一年三月条：“（《百济记》）壬午年，新罗不奉贵国。贵国遣沙至比跪令讨之。新罗人**庄饰**美女迎诱于津。”（第一册，p. 460）又卷 14《雄略纪》二年七月条“（《百济新撰》）己巳年，盖卤王立。天皇遣阿礼奴跪，来索女郎。百济**庄饰**慕尼夫人女，曰适稽女郎，贡进于天皇。”（第二册，p. 152）《续日本纪》卷 19《孝谦纪》天平胜宝八岁十二月条：“国别颁下灌顶幡一具，道场幡四十九首，绯纲二条，以充周忌御斋**庄饰**。”（第三册，p. 168）后汉安世高译《佛说摩邓女经》卷 1：“至晡时，母为女布席卧处。女大喜，自**庄饰**。阿难不肯，前就卧处。”西晋法炬译《佛说优填王经》卷 1：“归语其妻曰：‘吾为无比得婿，促**庄饰**女将往也。’夫妻共服饰。其女步瑶华光，珠玑璎珞，庄严光国。”梁宝唱等集《经律异相》卷 40：“昔摩因提梵志，生女端正。国王太子，大臣长者，来求不得。见佛金色，三十二相，便自念言：‘如此人比我女便与。’还家谓妇言：‘今得女婿，踰于我女。’即**庄饰**女，众宝璎珞，将女出城。”按：《汉语大词典》首引《南史》卷 11《后妃传上》：“帝好乘羊车经诸房，淑妃每**庄饰**袭帷以候。”偏晚。

【荘厳雕刻/そうごん・ちょうこく】 四字 刻镂得庄严肃穆。《唐大和上东征传》：“昔梁武帝崇信佛法，兴建伽蓝，今有江宁寺、弥勒寺、长庆寺、延祚寺等，其数甚多；**庄严雕刻**，已尽工巧。”（p. 79）北周阇那耶舍译《大云经请雨品第 64》卷 1：“诸璎珞藏，**庄严雕刻**，师子座海云……不断不散，充满虚空。作是事已，于一切佛，及菩萨海，恭敬尊重，礼拜供给，如是供养。”

【荘厳国家/くにをかざる】 自创 圣洁的国家，神圣的国家。《奈良朝写经 52・大唐内典录卷第 10》：“伏愿藉斯至善，**庄严国家**，淳化出于三五之先，圣寿超于万亿之外。”（p. 312）后汉竺大力、康孟详合译《修行本起经》卷 1《现变品》：“迎遮迦越王法，**庄严国**土，面四十里，平治道路，香汁洒地，金银珍琦，七宝栏楯，起诸幢幡，缯采花盖，城门街巷，庄严校饰，弹琴鼓乐，如忉利天，散花然灯，烧众名香，敬侍道侧。”西晋竺法护译《正法华经》卷 3《授声闻决品》：“又诸声闻，无数百千，那术之众，诸菩萨等，无数百千，**庄严国**土。”唐实叉难陀译《大方广佛华严经》卷 14《贤首品》：“常欲利乐诸众生，**庄严国**土供养佛，受持正法修诸智，证菩提故而发心。”按：“庄严”，形容词，美的、圣洁的、神圣的意思。谓经过装饰以后，达到了审美标准，就变得美丽而又圣洁了。（李维琦：《佛经词语汇释》，湖南师范大学出版社，2004，第 400 页。）

【荘厳華飾/そうごんし、けしょくす】 典据 装饰美化，同义连用。《唐大和上东征传》：“明日度岭，入（始丰）县，日暮至国清寺，松篁蓊郁，奇树璀璨；宝塔玉殿，玲珑赫奕，**庄严华饰**，不可言尽。孙绰《天台［山］赋》不能尽其万一。”（p. 59）唐孟献忠撰《金刚般若经集验记》卷 3：“至经藏所，见数十间屋，屋甚精丽，经卷遍满，金轴宝帙，**庄严华饰**，不复可言。”

【莊厳既了/かざることすでにをはりぬ】 自创 （3例） 已经装饰完好，准备已经停当。《奈良朝写经3·舍利弗阿毗昙卷第12》：“奉为圣朝恒延福寿，敬写一切经论及律，**庄严既了**。”（p. 15）《奈良朝写经23·十轮经卷第3》：“皇后藤原氏光明子，奉为尊考赠正一位太政太臣府君、尊妣赠从一位橘氏太夫人，敬写一切经论及律，**庄严既了**。”（p. 179）《奈良朝写经64·金光明最胜王经卷第1》：“维天平宝字六年岁次壬寅二月八日，菩萨戒佛弟子百济丰虫，奉为二亲，敬写《法华经》一部……**庄严既了**。”（p. 393）（1）元魏吉迦夜、昙曜合译《杂宝藏经》卷1：“得母此语，谓呼已定，便计伴侣，欲入海去。**庄严既**竟，辞母欲去。”（2）刘宋佛陀什、竺道生等合译《弥沙塞部和醯五分律》卷1：“父母闻之，敕其妇言：‘汝可庄严，如吾子在家，所好服饰。’**庄严既**毕，父母将之，同诣彼林。”（3）唐道宣撰《集神州三宝感通录》卷2：“金像寺至梁普通三年四月八日下敕于建兴苑铸金铜花趺，高五尺九寸，广九尺八寸。**庄严既**讫，沂流送之，以承像足，立碑颂德。”按：“庄严”，表示做好准备、装饰完、布置好的意思。指准备工作已经结束，条件已经具备。

【莊厳竟/そうごんをはりぬ】 三字 已经装帧完毕，布置已经结束。《奈良朝写经71·十诵律卷第17》：“维神护景云二年，岁在戊申五月十三日景申，弟子谨奉为先圣，敬写一切经一部，工夫之**庄严竟**矣。”（p. 425）后秦弗若多罗、罗什合译《十诵律》卷38：“尔时菩伽王子，竟夜办具种种多美饮食。办已，晨朝敷坐处，以衣布地，庄严鸠摩罗堂及阶陛。**庄严竟**，即语萨若瞿姤路摩牢，往世尊所，白言时到。”萧齐僧伽跋陀罗译《善见律毘婆沙》卷1《阿育王品》：“过七日已，庄严拟赴王命，如天帝释，诸天围绕。阿育王国土，亦复如是。**庄严竟**，人民游观无有厌足，人民悉入寺舍。”唐菩提流志译《大宝积经》卷16：“见如是行相者是初地，若卒有所作是二地，若庄严是三地，若见**庄严竟**是四地，若见四众聚会是五地，若见天众是六地。”

【莊厳已訖/かざることすでにをはりぬ】 完成 已经装潢完好；已经准备停当。《奈良朝写经22·道行般若波经卷第5》：“维天平十二年岁次庚辰三月十五日，正三位藤原夫人，奉为亡考赠左大臣府君及见在内亲王郡主发愿，敬写一切经律论各一部，**庄严已讫**。”（p. 167）隋阇那崛多译《佛本行集经》卷42《优波斯那品》：“尔时，彼等三大商主，及诸商人，相共欲往，海内治生，堪入海货，**庄严已讫**。”唐义净译《根本说一切有部毘奈耶杂事》卷14：“尔时长者，即于其夜，具办种种，净妙饮食，所谓五噉食五嚼食，即于晨朝，敷设床座，及盛水器，**庄严已讫**。遣使白佛，饮食已办，唯愿知时。”

【装飾/よそふ】 并列 （2例） 打扮，修饰；服装，服饰。《日本书纪》卷14《雄略纪》十四年四月条：“天皇即命根使主为共食者，遂于石上高拔原飨吴人。时秘遣舍人，视察**装饰**。”（第二册，p. 196）《续日本纪》卷9《圣武纪》神龟元年五月条：“五月癸亥，天皇御重阁中门，观猎骑。一品以下至无位，豪富家及左右京、五畿内、近江等国郡司并子弟、兵士，庶民勇健，堪**装饰**者，悉令奉猎骑事。兵士以上，普赐禄有差。”（第二册，p. 150）（1）西晋竺法护译《佛说方等般泥洹经》卷1：“有果树器树衣树，璎珞**装饰**树伎乐树，其枝叶华实各亦炽盛，树香之气芬馥甚美，如天上所有。”唐义净译《根本说一切有部毘奈耶杂事》卷37：“转轮圣王，命终之后，以五百斤，上妙叠絮，以用缠身，上下各有，五百妙衣，以为**装饰**。于铁棺中，满盛香油，舁王置内，然后盖棺，以诸香木，焚烧其棺。”（2）《后汉书》卷83《逸民传·梁鸿》：“（孟光）及嫁，始以**装饰**入门。七日而鸿不答。”《颜氏家训·风操第6》：“江南风俗，儿生一期，为制新衣，盥浴**装饰**。”→【严飭】【严飾】

【追出/おひいづ】 格义 （2例） ①追赶出来。《古事记》下卷《清宁记》：“尔即小楯连闻惊，而自床堕转，而**追出**其室人等，其二柱王子坐左右膝上泣悲，而集人民作假宫，坐置其假宫，而贡上驿使。”（p. 356）②月亮爬上山梁。《万叶集》卷11第2461首：“山叶　**追出**月　端端　妹见鹤　及恋”（第三册，p. 193）。（1）后汉竺大力、康孟详合译《修行本起经》卷2《出家品》：“时国王瓶沙，即问臣吏：‘国中何以寂默，了无音声？’对曰：‘朝有道士，经国过去，光相威仪，非世所有。国人大小，**追出**而观，于今未还。’”宋智觉注《心性罪福因缘集》卷3：“是吉尸尼，恶行沙门，内怀恶心，现有智行，独受人敬。诽谤我等。由是我等，恶名周遍。我等来至，彼比丘所，骂詈诽谤，或加杖木，令去国内，**追出**远境。”（2）《魏志》卷28《邓艾传》：“艾父子既囚，钟会至成都，先送艾，然后作乱。会已死，艾本营将士**追出**艾槛车，迎还。”（p. 781）《后汉书》卷20《王霸传》：“匈奴左南将军将数千骑救览，霸等连战于平城下，破之，**追出**塞，斩首数百级。”（p. 737）按：《清宁记》的“追出”，有“赶出、赶走”之意，《心性罪福因缘集》的文例与之意同；《修行本起经》《邓艾传》《王霸传》的文例意同，有“追赶出去”之意；《万叶集》的文例为拟人用法，谓月儿从山梁上升了起来。

【追打/おひうつ】 偏正 （2例） 追赶着殴打。《日本灵异记》上卷《非理夺他物为恶行受报示奇事缘第30》：“又五月五日成赤狗到汝家之时，唤犬而相之，唯**追打**者饥热还。”（p. 126）又中卷《打法师以现得恶病而死缘第35》：“彼王见之，留马令刑。师与弟子，入乎水田，而逃避走。犹强**追打**师，负持藏皆击破损。”（p. 240）辽非浊集《三宝感应要略录》卷2：“时梦诸童子，执竹杖**追打**，恶鬼驱出国，即时疾疫顿息。又梦有大力鬼神掘地，甘水涌出，满一切田，即稼苗殷盛，五谷丰稔。”

【追福/さきほひをおふ】 述宾 为死人做功德，追荐祈福。《奈良朝写经19·灌顶随愿往生经》：“爰为二郎，敬造自愿药师如来、侠侍观世音菩萨，**追福**日光遍照、月光遍照菩萨等像一铺，并写《随愿往生经》一卷。”（p. 129）失译人名今附东晋录《天尊说阿育王譬喻经》卷1：“贤者便言：‘君坐杀猪，乃致此罪，今复欲杀道人，罪岂不多乎？’鬼神思惟，实如贤者之言，便放令去。道人得去，还语其家子孙，为作追福。神即得免苦。”方广锠整理《佛说水月光观音菩萨经》卷1：“弟子朝议郎检校尚书工部员外郎翟奉达为亡过妻马氏追福，每斋写经一卷，标题如是。”按：《汉语大词典》首引北凉昙无谶译《优婆塞戒经》卷5：“若父丧已，堕饿鬼中，子为追福，当知即得。”略晚。

【追来/おひく】 后补 （5例） 追上来，追过来；追讨而来。《古事记》上卷《伊耶那岐命与伊耶那美命》：“最后，其妹伊耶那美命身自追来焉。尔千引石引塞其黄泉比良坂，其石置中各对立。”（p.48）又中卷《垂仁记》“故窃伺其美人者，蛇也。既见畏遁逃。尔其肥长比卖患，光海原自船追来。”（p.208）《日本书纪》卷1《神代纪上》：“伊奘诺尊惊而走还。是时，雷等皆起追来。”（第一册，p.54）又卷12《履中纪》即位前纪条：“则更还之，发当县兵令从身，自龙田山踰之，时有数十人执兵追来。”（第二册，p.80）《日本灵异记》中卷《阎罗王使鬼得所召人之赂以免缘第14》：“思留船单独来家，借马乘来。至于近江高岛郡矶鹿辛前，而睠之者，三人追来。”（p.211）（1）唐唐临撰《冥报记》卷3：“僧曰：‘张法义是贫道弟子，其罪并忏悔灭除，天曹案中已勾毕，今枉追来不合死。’”《敦煌变文·王昭君变文》：“昭军（君）一度登山，千回下泪，慈母只今何在？君王不见追来。”（p.157）又《目连变文》：“同姓同名有千姟，煞鬼交错枉追来。”（p.1073）（2）《魏书》卷91《江式传》：“乃曰追来为归，巧言为辩，小兔为䨲，神虫为蚕，如斯甚众，皆不合孔氏古书、史籀大篆、许氏《说文》《石经》三字也。”（p.1963）按：《汉语大词典》失收。

【追生悔恥/おひてくいはづることをなす】 自创 谓事后产生悔恨羞耻的想法。《日本书纪》卷25《孝德纪》大化五年三月条：“皇太子始知大臣心犹贞净，追生悔耻，哀叹难休。”（第三册，p.176）（1）梁僧伽婆罗译《解脱道论》卷1：“常生忧悴，若已作罪，追生惭悔，心不安隐，如盗在狱，心不乐圣，如旃陀罗，无欲王位。”（2）唐玄奘译《瑜伽师地论》卷46《菩提分品》：“我等先以，愚夫觉慧，于不如实，唯彼相似，唯彼影像，发起真实，涅槃胜解。由是因缘，于先胜解，追生羞愧，依止于后，如实胜解。”按：《孝德纪》中“追生悔耻”的说法是在佛典表达的基础上自创而来的。

【追遠報恩/とほきをおひて、めぐみをむくゆ】 先例 追念先人，报答恩惠。《日本灵异记》上卷《妻为死夫建愿图绘像有验不烧火示异表缘第33》：“赞曰：‘善哉！贞妇。追远报恩，迄秋设会。诚知其敦。炎火随列，尊像不焚。上天所佑，知复何论。’”（p.132）明弘赞注《沩山警策句释记》卷2：“大智律师云：‘追远报恩，弃儒从释。刮磨旧习，洗涤世缘。’”

【追贈/おひおくる】 自创 （2例） 为超度死者举办的追福佛事。《日本灵异记》下卷《阎罗王示奇表劝人令修善缘第9》：“为彼死妻，奉写《法华经》，讲读供养，追赠福聚，赎祓彼苦。斯奇异事矣。”（p.284）又《将写〈法华经〉建愿人断日暗穴赖愿

力得全命缘第13》："妻子哭愁，图绘观音像，写经追赠福力而径七日已讫。"（p. 293）

【綴鉢/てつはつ】偏正　经黏合的饭钵。《怀风藻》第104首释道慈《初春在竹溪山寺于于长王宅宴追致辞》："缁素杳然别，金漆谅难同。纳衣蔽寒体，缀钵足饥咙。"（p. 168）东晋佛陀跋陀罗、法显合译《摩诃僧衹律》卷10："上座若取，应持上座钵与第二上座。如是次第，乃至无岁比丘。若都无人取者，应还本主。若是钵大贵者，应卖取十钵直、九钵直入僧净厨，一钵还本主。应语言：汝持此钵，乃至破是持缀钵，比丘入聚落。"唐义净译《根本萨婆多部律摄》卷7："有五种镕湿物，不应缀钵，谓黑糖、黄蜡、铅、锡、紫矿。有五种缀铁钵法。"《全唐文》卷133傅奕《请废佛法表》："臣闻佛戒僧尼，粪扫衣，五缀钵，望中一食，独坐山中，清居禅诵。"（p. 1346）按：《汉语大词典》失收。

【捉得/とりう】后补（3例）抓获，捕获。《唐大和上东征传》："（遂）于既济寺搜得干粮，大明寺捉得日本僧普照，开元寺得玄朗、玄法。"（p. 44）又："僧道航隐俗人家，亦被捉得，并禁狱中。"（p. 45）又："于是，江东道采访使下牒诸州，先追所经诸寺三纲于狱，留身推问；寻踪至禅林寺，捉得大和上，差使押送，防护十重围绕。送至采访使所。"（p. 60）（1）失译人名今附后汉录《大方便佛报恩经》卷5《慈品》："复经少时，王家伺官，即伺捉得，以律断之，如治贼罪。"吴支谦译《撰集百缘经》卷1《菩萨授记品》："王闻是语，即集四兵，如彼所论，健者置前，劣者在后，寻共交战，即破彼军，获其象马，即便捉得，阿阇世王。大用欢庆，与共同载，羽宝之车，将诣佛所。"隋阇那崛多译《佛本行集经》卷49《五百比丘因缘品》："时罗刹女，闻彼大海，有船破坏，罗刹女等，即往救接。一时捉得，五百商人，共彼商人，五欲自娱，欢喜踊跃。"（2）《搜神记》卷2："大鬼过后，捉得一小鬼，问：'此何物？'曰：'杀人以此矛戟。若中心腹者，无不辄死。'"按：《汉语大词典》失收。

【捉来/とらへく】后补　抓来，抓到。《日本书纪》卷14《雄略纪》七年七月条："七年秋七月甲戌朔丙子，天皇诏少子部连蜾蠃曰：'朕欲见三诸岳神之形。汝膂力过人，自行捉来。'蜾蠃答曰：'试往捉之。'"（第二册，p. 168）（1）西晋法护译《修行地道经》卷1："族亲见困如此，遣人呼医……急急呼医，捉来上车。"东晋瞿昙僧伽提婆译《增壹阿含经》卷16《高幢品》："尔时，梵摩达王，在高楼上，遥见有小儿耶维长寿王及夫人身。见已，敕左右曰：'此必是长寿王亲里，汝催收捉来。'时诸臣民，即往诣彼。未到之顷，儿已走去。"梁宝唱等集《经律异相》卷19："我奴迦罗呵。逃在他国。当往捉来。"《敦煌变文·庐山远公话》："白庄曰：'却即早来，勿令我怪。若也来迟，遣左右捉来，只向马前腰斩三截，莫言不道！'"（p. 255）（2）《北史》卷83《许善心传》："化及目送之，曰：'此大负气。'命捉来。骂云：'我好欲放你，敢如此不逊！'其党辄牵曳，遂害之。"（p. 2805）《朝野佥载·补辑》："任正理为汴州刺史，上十余日，遣手力捉来，责情决六十，杖下而死。工商客生酣饮相欢，远近闻之莫不称快。”（p.161）按：《汉语大词典》失收。

【捉搦/そくじゃく】 并列 （7例） 捉拿，捕捉，掌控。《续日本纪》卷3《文武纪》庆云三年三月条：“自今以后，两省、五府，并遣官人及卫士，严加**捉搦**，随事科决。”（第一册，p.102）又卷10《圣武纪》天平二年九月条：“庚辰，诏曰：‘京及诸国多有盗贼，或捉人家劫掠，或在海中侵夺。蠹害百姓，莫甚于此。宜令所在官司严加**捉搦**，必使擒获。’”（第二册，p.238）又卷11《圣武纪》天平三年八月条：“诏曰：‘自余持钵行路者，仰所由司，严加**捉搦**。’”（第二册，p.248）又卷36《高绍纪》宝龟十一年十月条：“能加**捉搦**，委问归不。愿留之辈，编附当处。愿还之侣，差纲递送。”又卷37《桓武纪》延历二年四月条：“如有违犯，以军法罪之，宜加**捉搦**，勿令侵渔之徒肆浊滥。”又卷38《桓武纪》延历三年十月条：“放火劫略之类。不必拘法。惩以杀罚。勤加**捉搦**。”又延历四年五月条：“己未，敕曰：‘出家之人，本事行道。今见众僧，多乖法旨。或私定檀越，出入闾巷。或诬称佛验，诖误愚民。非唯比丘之不慎教律，抑是所司之不勤**捉搦**也。’”宋希麟集《续一切经音义》卷8：“**搦**杀：上女陌反。《字统》云：**捉**，**搦**也。从手，溺省声。又音女角反。《切韵》：持也。”隋阇那崛多译《佛本行集经》卷27《魔怖菩萨品》：“我指能执持日月，虚空星宿及诸辰，**捉搦**彼等一切天，四海水入手掌内。”又卷31《昔与魔竟品》：“如是知已，远离彼庵，不被猎师，之所**捉搦**，而说偈言。”唐义净译《根本说一切有部毘奈耶药事》卷14：“尔时大王，即出严敕，令四衢道，诸城门所，但有要路，皆令**捉搦**，莫放童子出城。”按：《汉语大词典》首引唐苏颋《禁断女乐敕》：“眷兹女乐，事切骄淫，伤风害政，莫斯为甚……仍令御史金吾，严加**捉搦**。”略晚。

【捉取/とらふ】 后补 擒拿，捕捉。《日本书纪》卷14《雄略纪》七年七月条：“乃登三诸岳，**捉取**大蛇，奉示天皇。”（第二册，p.168）（1）后汉安世高译《佛说奈女祇域因缘经》卷1：“梵志更大愁恼，乃退思惟当是土无肥润故耳。乃**捉取**百牛之乳，以饮一牛，复取此一牛乳，煎之为醍醐。”梁宝唱等集《经律异相》卷17：“手神复言：‘赖我手**捉取**。’目神复言：‘赖我见之。’耳神复言：‘赖我闻王求乳，将尔等来。’舌神即言：‘汝等空以竟诤，此功是我有，今杀活在我耳。’”唐义净译《根本说一切有部毘奈耶随意事》卷1：“其王瞋怒，作是言：‘**捉取**此沙门释子系缚，将令使看象看马，我今种种诸杂驱使，令其役力。’或作是敕：‘**捉取**沙门，夺其衣钵，皆悉杀之。’”（2）《抱朴子·内篇·仙药》：“行山中，见小人乘车马，长七八寸者，肉芝也，**捉取**服之即仙矣。”（p.201）按：《汉语大词典》首引南朝梁任昉《奏弹刘整》：“苟奴与郎逡往津阳门籴米。遇见采音在津阳门卖车栏、龙牵。苟奴登时欲**捉取**。逡语苟奴：‘已尔。不须复取。’”（p.560）偏晚。→【拔取】【乞取】【学取】【斫取】【酌取】

【捉手/てをとる】 格义 抓住手。《上宫皇太子菩萨传》：“其山门有二十里松径。有一异人，守护此山。若恶人入山，怀劫夺者，至松径，异人即出**捉手**，牵入松林溪中。"（1）吴支谦译《菩萨本缘经》卷2《一切持王子品》："时婆罗门寻前**捉手**：'且莫挑出，目今属我，更莫余施。'"东晋瞿昙僧伽提婆译《增壹阿含经》卷44《十不善品》："是时，目连即前，**捉手**将至门外，还取门闭，前白佛言：'不净比丘，已将在外，唯然世尊，时说禁戒。'"梁宝唱等集《经律异相》卷17："盲人不知为在何国，互相**捉手**，践踏他田，伤碎苗谷。"按：传世文献中，"捉手"，犹言握手。《蜀志·赵云传》"云遂随从，为先主主骑"裴松之注引《赵云别传》："云以兄丧，辞瓒暂归，先主知其不反，**捉手**而别。"《世说新语·方正篇第2》："宗世林（中略）不与之交"，刘孝标注引晋张方《楚国先贤传》："（曹操）乃伺承起，往要之，**捉手**请交。承拒而不纳。"

【斫（斮）倒/きりたふす】 后补 （3例） 砍倒。《日本书纪》卷2《神代纪下》："时味耜高彦根神忿曰：'朋友丧亡，故吾即来吊。如何误死人于我耶？'乃拔十握剑，**斫倒**丧屋。"（第一册，p. 126）又卷16《武烈纪》四年四月条："四年夏四月，拔人头发，使升树颠，**斫倒**树木，落死生者为快。"（第二册，p. 278）又卷20《钦明纪》十四年三月条："丙戌，物部弓削守屋大连自诣于寺，踞坐胡床，**斫倒**其塔，纵火燔之，并烧佛像与佛殿。"（第二册，p. 490）东晋瞿昙僧伽提婆译《中阿含经》卷55："彼作是念：'此树常多，有好美果，然此树下，无自落果，可得饱食，及持归去。我不能缘树，我今宁可，斫倒此树耶？'即便**斫倒**。"齐那连提耶舍译《大悲经》卷4："尔时阿难，闻是语已，瞻仰如来目不暂瞬，即便思惟悲号啼哭放身投地，犹如斫倒临峻大树。"隋那连提耶舍译《莲华面经》卷2："我今归依礼佛树，生于持戒大地中；乃为无常之斧钺，不久**斫倒**大牟尼。"按：《汉语大词典》失收。

【斫伐/さききる】 并列 砍伐。《元兴寺伽蓝缘起并流记资财账》："此会此时，他田天皇欲破佛法。即此二月十五日，**斫伐**刹柱，重责大臣及依佛法人人家，佛像殿皆破烧灭尽。"（1）东晋佛驮跋陀罗译《大方广佛华严经》卷59《入法界品》："菩提心者，则为釿斧，**斫伐**无知，诸苦树故。"刘宋求那跋陀罗译《杂阿含经》卷10："譬如祇桓，林中树木，有人**斫伐**枝条，担持而去。汝等亦不忧戚。所以者何？以彼树木非我、非我所。"梁宝唱等集《经律异相》卷6："昔三佛舍利亦在此塔园中，即**斫伐**棘刺，先起塔基。"（2）《晋书》卷106《石季龙传》："时石宣淫虐日甚，而莫敢以告。领军王朗言之于季龙曰：'今隆冬雪寒，而皇太子使人**斫伐**宫材，引于漳水，功役数万，士众吁嗟。陛下宜因游观而罢之也。'"《隋书》卷22《志第17》："祯明元年六月，宫内水殿若有刀锯**斫伐**之声，其殿因无故而倒。"按：《汉语大词典》首引《水浒传》第48回："他如今都把白杨树木**斫伐**去了，将何为记？"偏晚。

【斫取/きりとる】 后补 砍下，削下。《日本书纪》卷21《崇峻纪》即位前纪条："乃**斫取**白月胶木，疾作四天王像，置于顶发而发誓言：'今若使我胜敌，必当奉为护世四王，起立寺塔。'"（第二册，p. 512）（1）吴康僧会译《六度集经》卷1："有人以斧，斫取其首，鱼时死矣。”元魏慧觉等译《贤愚经》卷6《月光王头施品》：“汝身盛壮，力士之力，若遭斫痛，傥复还悔，取汝头发，坚系在树。尔乃然后，能斫取耳。”又卷7《设头罗健宁品》：“五人欢喜，寻各斫取，食饱赍归，因以其事，具语国人。”（2）《齐民要术》卷5《种榆白杨》：“斫取白杨枝，大如指，长三尺者，屈著垅中。以土压上，令两头出土，向上直竖，二尺一株。”（p. 428）《艺文类聚》卷88《桐》：“桐郎复来，保乃斫取之，缚著楼柱。明日视之，形如人，长三尺余。”（p. 1527）按：《汉语大词典》失收。→【拔取】【乞取】【学取】【酌取】【捉取】

【濁意/にごれるこころ】偏正 污浊的想法，执着的意念。《日本灵异记》上卷《序》：“然景戒，禀性不儒，浊意难澄。坎井之识，久迷太方。能功所雕，浅工加刀。恐寒心，贻患于伤手。”（p. 54）西晋竺法护译《阿差末菩萨经》卷4：“诸所发心，以护制持，执心坚固，不受浊意，是当来福。”失译人名今附秦录《大乘悲分陀利经》卷4《八十子受记品》：“大师告言：‘其有菩萨，具大悲者，取不净土，度诸浊意，倒见众生。汝童真，自可知之。’”唐实叉难陀译《大方广佛华严经》卷72《入法界品》：“非是住悭嫉，谄诳诸浊意，烦恼业所覆，能知佛境界。”

【酌取/くみとる】后补 挹取，舀取。《日本书纪》卷2《神代纪下》：“时有丰玉姬侍者，持玉碗当汲井水，见人影在水底，酌取之不得。”（第一册，p. 182）（1）失译人名今附东晋录《饿鬼报应经》卷1：“一鬼问言：‘我受此身，肩上有铜瓶，满中洋铜，手捉一杓，以酌取之，自灌其头，举身焦烂。如是无数，苦痛无量，何罪所致？’”唐义净撰《南海寄归内法传》卷1：“若观井水，汲出水时，以铜盏于水罐中，酌取掬许，如上观察。若无虫者，通夜随用，若有同前泸漉。”（2）《诗经·大雅·泂酌》：“泂酌彼行潦”，汉郑玄笺：“流潦，水之薄者也，远酌取之，投大器之中，又挹之注之此小器。”陆贽《全唐文》卷465《其二请两税以布帛为额不计钱数》：“臣谓宜令所司，勘会诸州府初纳两税年绢布定估，比类当今时价，加贱减贵，酌取其中，总计合税之钱，折为布帛之数，仍依庸调旧制，各随乡土所宜。”

【諮嘆/なげく】并列 叹息；赞叹。《日本书纪》卷15《显宗纪》即位前纪条：“白发天皇闻，熹咨叹曰：‘朕无子也。可以为嗣。’”（第二册，p. 234）（1）吴康僧会译《六度集经》卷6：“天人鬼龙，闻当为佛，皆向拜贺，还居咨叹①，各加精进。”西晋竺法护译《生经》卷3：“如来世尊，未曾有短，男女见之，莫不安隐。时为我等，说微妙谊，咨叹道称，我等欢喜，稽首归命。”又《文殊支利普超三昧经》卷3《决疑品》：“王阿阇世谓贤者大迦叶曰：‘于今现者，当受斯衣，仁者最尊，佛所咨叹，宜当受之。’”（2）《全唐文》卷70文宗皇帝《命访长孙无忌裔孙制》：“朕每览国史，至太尉无忌之事，未尝不废卷咨叹。”（p. 740）刘清《止水赋》：“有一人兮充赋，每咨叹于

① “叹”，宋本、元本、明本中作“嗟”。

涧松，饰清颜而自肃，希止水而今逢，则知无美恶以毕鉴。岂徒取乎矫容？”按：《汉语大词典》首引《新唐书》卷 81《阳惠元传》：“帝**咨叹**不已，玺书慰劳。”偏晚。

【姿体/かたち】 并列 相貌，身材。《古事记》下卷《雄略记》：“于是赤猪子以为，望命之间，已经多年，**姿体**瘦萎，更无所恃。”（p. 340）西晋竺法护译《正法华经》卷 7《菩萨从地踊出品》：“弥勒又启：‘欲引微喻，譬如士夫，年二十五，首发美黑，**姿体**鲜泽，被服璨丽，端严殊妙，常怀恐惧，见百岁子。’”又《佛说宝网经》卷 1：“**姿体**端正，颜色无比，财富无穷，戒不缺漏，智慧具足，心识宿命。不怀贪嫉，无所妄想。所在之处，常以和安。与诸菩萨，以为眷属。离于一切，诸声闻众，便得启受，所说功德。”按：《汉语大词典》首引《北齐书》卷 21《高昂传》：“昂，字敖曹，乾第三弟。幼稚时，便有壮气。长而俶傥，胆力过人，龙眉豹颈，**姿体**雄异。”（p. 293）偏晚。

【資施/たすけほどこす】 并列 资助和施供。《日本灵异记》下卷《序》：“既入末劫，何弗仂矣。喃泛言恻，那免劫灾？唯**资施**众僧一抟食，于修善之福而不逢当来饥馑之灾苦。”（p. 260）北凉昙无谶译《佛所行赞》卷 4《化给孤独品》：“虽获甘露道，犹**资施**以成，缘彼惠施故，修八大人念。”唐义净译《根本说一切有部苾刍尼毘奈耶》卷 11：“俗旅问言：‘圣者何故，著此弊衣？’尼曰：‘我岂有夫，男女奴婢，而与衣服？仁等**资施**，方得充济。’”唐道宣撰《续高僧传》卷 17：“及至晦夜，崇遗告曰：‘吾有去处，今须付嘱。’即以衣**资，施**于三宝。”按：《汉语大词典》失收。

【資益/しやく】 并列 利益；增益。《奈良朝写经 19·灌顶随愿往生经》：“众彩起绚，月相含晖，龙宫秘文，贯珠流影。以兹功德，**资益**亡灵。”（p. 129）（1）刘宋求那跋陀罗译《杂阿含经》卷 15：“尔时世尊，告诸比丘：‘有四食**资益**众生，令得住世，摄受长养。何等为四？谓一粗抟食、二细触食、三意思食、四识食。’”（2）《魏书》卷 110《食货志》：“河东郡有盐池，旧立官司以收税利，是时罢之，而民有富强者专擅其用，贫弱者不得**资益**。”

【緇侶/しりょ】 偏正（6 例） 僧侣。《续日本纪》卷 9《元正纪》养老六年七月条：“其僧纲者，智德具足，真俗栋梁。理义该通，戒业精勤。**缁侣**以之推让，素众由是归仰。”（第二册，p. 120）又卷 22《淳仁纪》天平宝字三年六月条：“其**缁侣**意见，略据汉风，施于我俗，事多不稳。虽下官符，不行于世。故不具载。”（第三册，p. 324）又卷 23《淳仁纪》天平宝字四年七月条：“今者，像教将季，**缁侣**稍怠。若无褒贬，何显善恶？”（第三册，p. 356）又卷 28《称德纪》神护景云元年八月条：“乙酉，参河国言：‘庆云见。屈僧六百口于西宫寝殿设斋。以庆云见也。’是日，**缁侣**进退无复法门之趣。拍手欢喜一同俗人。”（第四册，p. 170）又卷 35《高绍纪》宝龟十年九月条：“僧尼之名，多冒死者。心挟奸伪，犯乱宪章。就中颇有智行之辈，若顿改革，还辱**缁侣**。宜检见数一与公验。自今以后，勿令更然。”又卷 36《高绍纪》宝龟十一年正月条：“如闻**缁侣**行事与俗不别，上违无上之慈教，下犯有国之道宪。僧纲率而正之，孰其不正乎？”唐道宣撰《一切经音义》卷30：“缁俗：滓师反。《毛诗传》云：缁，黑色也。”又《一切经音义》卷81：“《说文》：帛黑色曰缁。从纟，甾音。”唐彦琮撰《唐护法沙门法琳别传》卷2：“琳实不才，叨簉缁侣，方圆倚伏，无所自容。不能拔萃出群，卒致危身之败；不能和光同滓，终罹无状之辜。徒复拥膝长吟，惭魂吊影耳。”唐道宣撰《续高僧传》卷22：“弱岁辞亲，慕从缁侣，修习戒检，极用偏功，将欲剪削。父母留恋，遂停俗里，以仁孝见知。”新罗崔致远《唐大荐福寺故寺主翻经大德法藏和尚传》卷1：“及后历曰永隆元年觐亲于夏州，道次郡牧邑宰靡不郊迎缁侣为荣。”按：《汉语大词典》失收。

【緇門/しもん】偏正　僧侣，佛门。《唐大和上东征传》淡海元开《初谒大和上二首并序》：“禅林戒网密，慧苑觉华丰。欲识玄津路，缁门得妙工。”（p. 99）唐慧立本、彦悰笺《大唐大慈恩寺三藏法师传》卷1：“玄奘宿因有庆，早预缁门，负笈从师，年将二纪。”唐道宣撰《续高僧传》卷20：“释静琳，俗姓张氏，本族南阳。后居京兆之华原焉。幼龄背世，清附缁门。”唐段成式《酉阳杂俎续集》《金刚经鸠异》：“灵岿感悟，折节缁门。”

【緇素/しそ】并列（3例）　指僧俗。僧徒衣缁。俗众服素，故称。《日本书纪》卷27《天智纪》五年是冬条：“是冬，京都之鼠向近江移。以百济男女二千余人，居于东国。凡不择缁素，起癸亥年至于三岁，并赐官食。倭汉沙门智由献指南车。”（第三册，p. 268）《怀风藻》第104首释道慈《初春在竹溪山寺于长王宅宴追致辞并序》：“缁素杳然别，金漆谅难同。衲衣蔽寒体，缀钵足饥咙。”（p. 168）《元兴寺伽蓝缘起并流记资财账》：“揖命渎边天皇之子名等与刀祢祢大王，及巷哥伊奈米大臣之子，名有明子大臣，闻道诸王子教缁素，而百济惠聪法师、高丽惠慈法师、巷哥有明子大臣，长子名善德为领，以建元兴寺。”后秦僧肇撰《肇论》卷1：“难曰：论云‘不取’者，为无知故不取？为知然后不取耶？若无知故不取，圣人则冥若夜游，不辨缁素之异耶？若知然后不取，知则异于不取矣。”《水经注・颍水》：“水中有立石，高十余丈，广二十许步，上甚平整。缁素之士，多泛舟升陟，取畅幽情。”（p. 541）高丽一然撰《三国遗事》卷4：“曾向清凉梦破回，七篇三聚一时开。欲令缁素衣惭愧，东国衣冠上国裁。”

【緇徒/しと】偏正（6例）　僧侣，僧徒。《续日本纪》卷22《淳仁纪》天平宝字三年五月条：“宜命百官五位以上，缁徒师位以上，悉书意见，密封奏表，直言正对，勿有隐讳。”（第三册，p. 310）又卷23《淳仁纪》天平宝字四年七月条：“敕报曰：‘省来表知具示。劝诫缁徒，实应利益，分置四级，恐致烦劳。’”（第三册，p. 358）又卷25《淳仁纪》天平宝字八年九月条：“然欲隆佛教，无高位则不得服众。劝奖缁徒，非显荣则难令速近。”（第四册，p. 36）又卷30《称德纪》宝龟元年七月条：“谨于镜内诸大小寺，始自今月十七日七日之间，屈请缁徒，转读《大般若经》。”（第四册，p. 288）又卷38《桓武纪》延历四年五月条：“不加严禁，何整缁徒？自今以后，如有此类，摈出外国，安置定额寺。”又延历四年七月条：“癸丑，敕曰：‘释教深远，传其道者，**缁徒**是也。天下安宁盖亦由其神力矣。’”唐慧立本、彦悰笺《大唐大慈恩寺三藏法师传》卷4：“见百余所，僧徒万人，遵行大乘及上座部教。**缁徒**肃穆，戒节贞明，相勖无怠。”又卷9：“玄奘言行无取，猥预**缁徒**，亟叨恩顾，每谓多幸。重忝曲城之造，欣逢像法之盛，且惭且跃，实用交怀。无任竦戴之诚，谨诣朝堂。奉表陈谢。”唐道宣撰《续高僧传》卷22：“母怀之时，即袪嗜欲，辛腥俗味，眇然不顾。识者以为，儿之所致，同身子矣。及年七岁，心慕**缁徒**，道见沙门，寻而忘返。亲欣其信仰也。”按：《汉语大词典》首引唐孟浩然《陪张丞相祠紫盖山途经玉泉寺》：“皂盖依松憩，**缁徒**拥锡迎。”略晚。

【子細/こまやか】 口语 （3例） 即“仔细”。细心，详细。《古事记》序文曰：“以和铜四年九月十八日，诏臣太安万侣，撰录稗田阿礼所诵敕语旧辞以献上者，谨随诏旨，**子细**采摭。”（p.22）《元兴寺伽蓝缘起并流记资财账》：“牒，以去天平十八年十月十四日被僧纲所牒称：寺家缘起并资财等物，**子细**勘录，早可牒上者。依牒旨，勘录如前，今具事状，谨以牒上。”《续日本纪》卷25天平宝字八年七月条：“伏望正名者，为贱为良，有因有果，浮沉任理，其报必应。宜存此情。**子细**推勘浮沉所适，剖判申闻者。”（第四册，p.12）唐义净译《根本说一切有部毘奈耶》卷5：“月护见已，便作是念：看彼意趣，翻覆我衣，**子细**观察，必定有心，偷我衣去。”《魏书》卷41《源怀传》：“怀性宽容简约，不好烦碎，恒语人曰：‘为贵人，理世务当举纲维，何必须太**子细**也。’”（p.928）高丽知讷撰《真心直说》卷1：“若达真心诸名尽晓，昧此真心诸名皆滞，故于真心切宜**子细**。”按：“子细”一词可能是在隋唐以后才开始出现的口语词，敦煌文献中的以下文例可为佐证。《敦煌变文·捉季布传文》：“季布既蒙**子细**问，心口思惟要说真。”（p.96）又《维摩诘经讲经文（四）》：“**子细**思量，又乃不可。喜有四件，忧有四般，不如对我世尊，一一分明说破。”（p.863）等。

【子育蒼生/そうせいをことしてはぐくむ】 四字 抚爱、养育百姓如同自己的孩子。《续日本纪》卷38《桓武纪》延历四年五月条：“癸丑，先是，皇后宫赤雀见。是日诏曰：‘朕君临紫极，**子育苍生**，政未洽于南薰，化犹阙于东户。’”隋智顗说、灌顶记《仁王护国般若经疏》卷1《序品》：“我今圣主，道化无方，**子育苍生**，仁恩普洽，恒以三观，安隐色心。”又《仁王经合疏》卷1亦见内容相同的记载。唐慧立本、彦悰笺《大唐大慈恩寺三藏法师传》卷1：“伏惟大王，禀天地之淳和，资二仪之淑气。垂衣作主，**子育苍生**。东抵大国之风，西抚百戎之俗。楼兰、月氏之地，车师、狼望之乡，并被深仁，俱沾厚德。”按：作为“子育苍生”的类义表达，另见《续日本纪》卷20天平宝字二年正月条：“二年春正月戊寅，诏曰：‘朕以庸虚，忝承大位，母临区宇，**子育**黎元。’”（第三册，p.242）又卷22天平宝字三年五月条：“五月甲戌，敕曰：‘朕以寡昧，钦承圣烈，母临六合，**子育**兆民。’”（第三册，p.308）

【子育万類/ばんるいをことしてはぐくむ】 四字 抚爱、养育万物如同自己的孩子。《续日本纪》卷29《称德纪》神护景云二年六月条：“癸巳，武藏国献白雉。敕：‘朕以虚薄，谬奉洪基，君临四方，**子育万类**。善政未洽，每兢情于负重，淳风或亏，常骇念于驭奔。’”（第四册，p. 202）唐圆照集《代宗朝赠司空大辨正广智三藏和上表制集》卷5觉超《贺祈雨表一首（并答）》：“伏惟皇帝，圣德动天，**子育万类**，率土欢心，百僚咸庆。道场僧等，不胜欣跃之至。”

【紫袈裟/むらさきのけさ】 三字（2例） 染成紫色的袈裟。与紫色衣裳并称紫衣。日本僧侣是法相宗的玄昉入唐时，受玄宗赠予紫色袈裟，而首次穿着。此后，紫衣与绯衣遂成为朝廷封赏高僧的赐予物。《续日本纪》卷16《圣武纪》天平十八年六月条：“己亥，僧玄昉死。玄昉，俗姓阿刀氏。灵龟二年，入唐学问。唐天子尊昉，准三品，令著**紫袈裟**。天平七年，隋大使多治比真人广成还归。赍经论五千余卷及诸佛像来。皇朝，亦施**紫袈裟**著之。”（第三册，p. 28）唐阿地瞿多译《陀罗尼集经》卷3《佛说跋折啰功能法相品》：“其梵天身披**紫袈裟**，顶戴花冠作簸箕光，其手脚腕皆著宝钏。”唐圆照集《代宗朝赠司空大辨正广智三藏和上表制集》卷4：“于时愆亢纳虑于隍，大师结坛应期，油云四起，霈然洪澍。遂内出宝箱，赐**紫袈裟**一副绢二百匹，以旌神用。”唐段成式撰《寺塔记》卷1：“寺有韩干画下生帧，弥勒衣**紫袈裟**，右边仰面菩萨及二狮子，犹入神。”→【緋色袈裟】

【紫郷山寺/しがさんじ】 寺名 亦称志我山寺、紫乡山寺。天智七年（669）创建。《续日本纪》卷10《圣武纪》天平元年八月条：“又诸国天神地祇者，宜令长官致祭。若有限外应祭山川者，听祭。即免祝部今年田租。又在近江国**紫乡山寺**者，入官寺之例。”（第二册，p. 218）

【自本/もとより】 述宾（5例） 原本、本来。《古事记》上卷《天照大御神与须佐之男命》：“亦问：‘汝哭由者何?’答白言：‘我之女者，**自本**在八稚女。是高志之八俣远吕知，每年来吃。今其可来时。’”（p. 68）《日本书纪》卷11《仁德纪》即位前纪条：“是时额田大中彦皇子将掌倭屯田及屯仓而谓其屯田司出云臣之祖淤宇宿祢曰：‘是屯田者，**自本**山守地。是以今吾将治矣。尔之不可掌。’”（第二册，p. 20）又六十年十月条：“于是天皇昭之曰：‘是陵**自本**空。故欲除其陵守而甫差役丁。今视是怪者，甚惧之。无动陵守者。’”（第二册，p. 66）又卷23《舒明纪》即位前纪条：“其国家大基，是非朕世。**自本**务之。汝虽肝稚，慎以言。”（第三册，p. 28）又卷29《天武纪下》六年六月条：“是月，诏东汉直等曰：‘汝等党族之**自本**犯七不可也。是以，从小垦田御世至于近江朝，常以谋汝等为事。今当朕世，将责汝等不可之状以随犯应罪。’”（第三册，p. 376）吴康僧会译《六度集经》卷8：“深睹人原始，**自本**无生，元气强者为地，软者为水，暖者为火，动者为风，四者和焉，识神生焉。”姚秦竺佛念译《菩萨从兜术天降神母胎说广普经》卷1《天宫品》：“究竟一相义，性**自本**虚寂。常想无起灭，有余及无余。”唐实叉难陀译《大乘入楞伽经》卷6《偈颂品》：“心体**自本**净，意及诸识俱。习气常熏故，而作诸浊乱。”按：《汉语大词典》失收。传世文献中的词序当是“本自”。《古诗为焦仲卿妻作》：“昔作女儿时，生小出野里。本自无教训，兼愧贵家子。”《世说新语·文学第4》：“王本自有一往隽气，殊自轻之。”汉译佛经中，亦可见“本自”的说法。吴康僧会译《六度集经》卷1：“阿难与调达本自无怨，故不相害也。”

【自称名曰：‘~’/みづからなのりて~といふ】 先例 自己称呼自己叫作……。《日本书纪》卷14《雄略纪》九年七月条：“秋七月，有从百济国逃化来者，**自称名曰**贵信，又称贵信。吴国人也。”（第二册，p. 189）宋志盘撰《佛祖统纪》卷42：“师初至，不知所从，**自称名曰**契此。蹙额皤腹，言人吉凶皆验。常以拄杖，荷布袋游化廛市，见物则乞，所得之物，悉入袋中。”

【自此已来/これよりこのかた】 时段 从此以后。《续日本纪》卷7《元正纪》灵龟二年八月条：“**自此已来**，驱使丁乏，凡诸属官并未辛苦。请停棉给丁，欲得存济。许之。”（第二册，p. 16）（1）东晋瞿昙僧伽提婆译《增壹阿含经》卷44《十不善品》：“六十年中，说此二偈，以为禁戒，**自此已**[①]**来**，以有瑕秽，便立禁戒。彼佛寿六万岁。”唐道宣撰《广弘明集》卷2：“由是政教不行，礼义大坏，鬼道炽盛，视王者之法，蔑如也。**自此已来**，继代祸乱，天罚极行，生民死尽，五服之内，鞠为丘墟，千里萧条，不见人迹，皆由于此。”唐道世撰《法苑珠林》卷7：“十年前，其水上激，高十余丈，然始傍散。有一人乘马逐鹿，直赴泉中，**自此已来**，不复高涌。”（2）《晋书》卷19《礼上》：“此等皆明达习礼，仰读周典，俯师仲尼，渐渍圣训，讲肄积年，及遇丧事，尤尚若此，明丧礼易惑，不可不详也。况**自此已来**，篇章焚散，去圣弥远，丧制诡谬，固其宜矣。”（p. 581）《旧唐书》卷72《褚亮传》：“至光武乃总立一堂，而群主异室，斯则新承寇乱，欲从约省，**自此已来**，因循不变。”按：“自此已来”，亦作“自此以来”。《续日本纪》卷12《圣武纪》天平八年十一月条：“昔者，轻堺原大宫御宇天皇曾孙建内宿祢，尽事君之忠，致人臣之节。创为八氏之祖，永遗万代之基。**自此以来**，赐姓命氏。或真人，或朝臣，源始王家，流终臣氏。”（第三册，p. 304）

【自当/おのづからに】 后缀 （6例） 自然应当。《日本书纪》又卷1《神代纪上》：“故二神喜曰：‘吾息虽多，未有若此灵异之儿，不宜久留此国。**自当**早送于天而授以天上之事。’”（第一册，p. 36）又卷2《神代纪下》：“若兄起忿怒，有贼害之心者，则出潮溢琼以漂溺之。若已至危苦求愍者，则出潮涸琼以救之。如此逼恼，**自当**臣伏。”（第一册，p. 170）又卷5《崇神纪》七年二月条：“是夜，梦有一贵人，对立殿户，自称大物主神曰：‘天皇勿复为愁。国之不治，是吾意也。若以吾儿大田田根子令

① “已”，圣本中作“以”。

祭吾者，则立平矣。亦有海外之国，**自当**归伏。'”（第一册，p. 272）卷19《钦明纪》四年十一月条：“朕念在兹，尔须早早建，汝若早建任那，河内直等**自当**止退。岂足云乎？”（第二册，p. 378）又卷23《舒明纪》即位前纪条：“贱臣何之独辄定嗣位，唯举天皇之遗诏以告于群臣。群臣并言，如遗言，田村皇子**自当**嗣位，更讵异言？”（第三册，p. 24）《续日本纪》卷15《圣武纪》天平十五年十月条：“是故，预知识者，恳发至诚，各招介福，宜每日三拜庐舍那佛。**自当**存念各造庐舍那佛也。”（第二册，p. 432）（1）《东观汉记·邓禹传》：“赤眉无谷，**自当**来降。”（2）后汉康孟详译《佛说兴起行经》卷1：“佛便心念：‘此是宿缘，我自作是，**自当**受之。'”姚秦鸠摩罗什译《妙法莲华经》卷4《提婆达多品》：“文殊师利言：‘其数无量，不可称计，非口所宣，非心所测，且待须臾，**自当**有证。'”隋宝贵合《合部金光明经》卷8《舍身品》：“已有诸人，入林推求。不久**自当**，得定消息。”按：《舒明纪》中的“自当嗣位”一句，“新编日本古典文学大系”误读作“自ヅカラニ嗣位ニ当リタマフ”。

【自度/じど】 自创 （7例） 私度僧，未经官许私自出家者。亦称“私度”。《日本灵异记》上卷《呰读〈法华经〉品之人而现口喎斜得恶报缘第19》：“昔山背国，有一**自度**，姓名未详也。”又《邪见假名沙弥斫塔木得恶报缘第27》：“石川沙弥者，**自度**无名，其俗姓亦未详。”（p. 116）又下卷《沙门诵持方广大乘沉海不溺缘第4》：“舅僧展转乞食，偶值法事，有于**自度**之例。”（p. 272）又《如法奉写〈法华经〉火不烧缘第10》：“牟娄沙弥者，榎本氏也。**自度**无名。”（p. 286）又《击沙弥乞食以现得恶死报缘第15》：“真老不施乞物，返夺袈裟，诸见逼恼言：‘汝曷僧也？’乞者答曰：‘我是**自度**。’真老亦拍逐之，沙弥大恨而去。”（p. 298）又《未作毕捻埴像生呻音示奇表缘第17》：“舍俗**自度**，剃除鬓发，著福田衣，求福行因。”（p. 302）又《刑罚贱沙弥乞食以现得顿恶死报缘第33》：“有一**自度**，字曰伊势沙弥也。”（p. 348）按：佛教词“自度”，谓自行解脱。因为二乘人不起利他弘愿，唯持戒以自求调伏，修智慧以自求度脱。

【自度師/じどのし】 自创 犹言“自度僧”。《日本灵异记》下卷《刑罚贱沙弥乞食以现得顿恶死报缘第33》：“更不可疑，护法加罚。随**自度师**，犹视忍心。”（p. 348）

【自尔以来/それよりこのかた】 时段 （6例） 从那以后。《日本书纪》卷1《神代纪上》：“**自尔以来**，世忌著笠蓑以入他人屋内。又讳负束草以入他人家内。有犯此者，必债解除。此太古之遗法也。”（第一册，p. 86）《肥前国风土记·神埼郡》条：“昔者，此郡有荒神，往来之人，多被杀害。缠向日代宫御宇天皇，巡狩之时，此神和平。**自尔以来**，无更有殃。因曰神埼郡。”（p. 322）又《松浦郡》条：“**自尔以来**，白水郎等，就于此岛，造宅居之”（p. 334）《续日本纪》卷32《光仁纪》宝龟三年二月条：“逮乎季岁，高氏沦亡。**自尔以来**，音问寂绝。”（第四册，p. 370）又卷37《桓武纪》延历二年九月条：“其祖父山村王，以去养老五年，编附此部。**自尔以来**，子孙蕃息，或七八世，分为数烟。”又卷40《桓武纪》延历十年十二月条：“小治田朝庭御世被遣于伊与国。博世之孙忍人，便娶越智直之女生在手，在手庚午年之籍不寻本源，误从母姓。**自尔以来**，负越智直姓。”（1）东晋法显译《佛说杂藏经》卷1：“**自尔以**[①]**来**，未满二百年，此寺今在，吾亦见之，寺寺皆有好形像。”刘宋沮渠京声译《弟子死复生经》卷1：“会后与善师，相得相教作善，牵我入佛道中，得见沙门道人，授我五戒，奉行十善。**自尔以来**，至于今日，不复犯恶。”梁僧佑撰《出三藏记集》卷14：“遂以妓女十人逼令受之，**自尔以来**，不住僧房，别立廨舍，供给丰盈。”（2）《后汉书》卷36《郑兴传》：“今年正月繁霜，**自尔以来**，率多寒日，此亦急咎之罚。天子贤圣之君，犹慈父之于孝子也。”（p. 1222）《宋书》卷52《谢述传》：“以庶务草创，未遑九伐，**自尔以来**，奄延十载。”按：“自尔以来”，亦作“自尔已来”。《常陆国风土记·香岛郡》条：“神户，六十五烟。淡海大津朝，初遣使人，造神之宫。**自尔已来**，修理不绝。年别七月，造舟而奉纳津宫。”（p. 392）

【自発誓言/みづからせいげんをおこす】 誓愿 主动地许下誓愿。《奈良朝写经23·十轮经卷第3》：“又光明子**自发誓言**，弘济沉沦，勤除烦障，妙穷诸法，早契菩提。”（p. 179）唐法崇述《佛顶尊胜陀罗尼经教迹义记》卷1：“菩萨于后，食香乳讫，入尼连禅河，洗其质已，往金刚座，**自发誓言**：‘不破结跏，成等正觉。’发是语已，天地震动，魔宫不安。”宋守伦注《法华经科诸》卷6：“自说誓言者，良以自制其心，名之曰誓。若诸菩萨，怜愍有情，其欲流通此经，遐资末世，必须大誓庄严，约心不退。所以如来，令彼**自发誓言**，其在兹矣。”

【自非～何得～/～あらざるよりは～をえむ】 句式 倘若不是……，又怎么会……呢？《肥前国风土记·总记》条：“奏言：‘臣辱被圣命，远诛西戎，不沾刀刃，枭镜自灭。**自非**威灵，**何得**然之？’”（p. 310）唐道世撰《法苑珠林》卷53：“顽戆常不觉，慧种未开萌。**自非**慕高友，**何得**寤神英？”又卷65：“牵我入三涂，楚痛受万危。**自非**慈放舍，**何得**命延时？”又卷70：“三界受报，六道苦因。**自非**断妄，**何得**牢坚？”唐道世撰《诸经要集》卷2：“八藏微难识，三祇未可休。**自非**惩心垢，**何得**会真如？”唐智升撰《开元释教录》卷7：“法门八万理乃多途，**自非**金口所宣，**何得**显斯奥旨？”

【自奉迎/みづからむかへたてまつる】 三字 （2例） 亲自出面迎接。《日本书纪》卷7《景行纪》十二年十月条：“到速见邑，有女人，曰速津媛，为一处之长。其闻天皇车驾，而**自奉迎**之咨言：‘兹山有大石窟，曰鼠石窟。有二土蜘蛛，住其石窟。’”（第一册，p. 350）《丰后国风土记·速见郡》条：“时于此村有女人，名曰速津媛，为其处之长。即闻天皇行幸，亲**自奉迎**。”（p. 300）西晋竺法护译《佛说大方等顶王经》卷1：“时佛往诣，善思童子，所居里中，在于舍边，立在门前。善思童子，见佛世尊，即欲下楼阁，往**自奉迎**，心中喜悦，不能自胜，已投楼下，承佛圣旨，住于虚空，以偈

① “以”，元本、明本中作“已”。

叹佛。”刘宋求那跋陀罗译《杂阿含经》卷37：“时彼士夫，复以摩那提那长者语，白尊者阿那律：‘我是俗人，多有王家事，不得躬自奉迎。唯愿尊者，通身四人。明日日中，哀受我请，怜愍故。’”梁僧佑撰《释迦谱》卷1：“时守门者，入白王言：‘阿私陀仙人，乘虚空来，今在门外。’王闻欢喜，即敕令前，王至门上，自奉迎之。”

【自伏罪/みづからしたがふ】三字　主动承认罪责。“伏”通“服”。《日本书纪》卷2《神代纪下》：“时兄火阑降命既被厄困，乃自伏罪曰：‘从今以后，吾将为汝俳优之民。请施恩活。’”（第一册，p.160）（1）姚秦佛陀耶舍、竺佛念等合译《四分律》卷47：“时目连捉彼比丘臂，牵著门外，还白世尊言：‘众已清净，愿世尊说戒。’佛告目连：‘不应如是。若于异时，亦不应如是。目连，令彼伏罪，然后与罪，不应不自伏罪，而与罪。’”该例在唐怀素集《僧羯磨》卷3中亦见辑录。（2）《明史》卷244《杨涟传》：“夫宠极则骄，恩多成怨。闻今春忠贤走马御前，陛下射杀其马，贷以不死。忠贤不自伏罪，进有傲色，退有怨言，朝夕堤防，介介不释。”

【自涸/おのづからにひつ】偏正（2例）　自然干涸，自行枯竭。《日本书纪》卷2《神代纪下》：“若兄悔而祈者，还渍潮涸琼则潮自涸，以此救之。如此逼恼，则汝兄自伏。”（第一册，p.158）又：“弟出潮涸琼，则潮自涸，而兄还平复。”（第一册，p.172）（1）梁宝唱等集《经律异相》卷1：“甘泉自涸，地上生肥，其味香美，有若甘露。”宋慧洪撰《禅林僧宝传》卷24：“然州郡敦遣急于星火，其徒又相语曰：‘聪明泉者，适自涸，凡两月而得旨。如所乞，就赐紫伽梨，号广惠。’其徒又相语曰：‘聪明泉复涌沸矣。’”（2）《宋史》卷91《黄河上》：“夫如是，则北载之高地，大伾二山脽股之间分酾其势，浚泻两渠，汇注东北，不远三十里，复合于澶渊旧道，而滑州不治自涸矣。”按：《汉语大词典》失收。

【自今以去/いまよりのち】时段（6例）　从今往后。《续日本纪》卷5《元明纪》和铜三年三月条：“三月戊午，制：‘辄取畿外人，用帐内资人。自今以去，不得更然。待官处分，而后充之。’”（第一册，p.160）又卷7《元正纪》灵龟元年十月条：“自今以去，宜恤民隐以副所委。仍录部内丰俭，农桑增益言上。”（第二册，p.6）又灵龟二年五月条：“如是之徒，自今以去，不得补任国博士及医师。”（第二册，p.16）又卷8《元正纪》养老五年正月条：“宜文武庶僚，自今以去，若有风雨雷震之异，各存极言忠正之志。”（第二册，p.84）又养老五年六月条：“又京及诸国，因官人月俸，收敛轻税。自今以去，皆悉停之。”（第二册，p.96）又养老五年十月条：“冬十月癸未，太政官处分：‘唱考之日，三位称卿，四位称姓，五位先名后姓。自今以去，永为恒例。’”（第二册，p.102）（1）吴支谦译《撰集百缘经》卷2《报应受供养品》：“寻敕司官，击鼓唱令：‘自今以①去，听诸民众，设诸肴膳，供养佛已。’”失译人名附东

① “以”，宋本、元本、明本中作“已”。

晋录《菩萨本行经》卷 2:“波斯匿王，敕臣作限:‘**自今以去**，夜不得燃火，及于灯烛。其有犯者，罚金千两。’”刘宋僧伽跋摩译《萨婆多部毘尼摩得勒伽》卷 4:“比丘即生疑悔，乃至佛言:‘汝比丘受乐不?’答言:‘不受乐。’**自今以去**，不得独在，空处睡眠，眠者突吉罗。”(2)《宋书》卷 82《周朗传》:“又妃主所赐，不限高卑，**自今以去**，宜为节目。”(p. 2098)《太平御览》卷 369 所载《吕氏春秋》曰:“密子贱治单父，恐鲁君听谗，令己不得行术。将行，请迎史二人俱至单父，使其书。将书，密子掣其肘，书不善则怒。史患之，请归，报鲁君。鲁君太息曰:‘密子以此谏寡人。**自今以去**，单父非寡人有。’”

【自看/みづからみる】 偏正　自己看，亲眼看。《日本书纪》卷 24《皇极纪》元年五月条:“凡百济、新罗风俗，有死亡者，虽父母兄弟夫妇姊妹，永不**自看**。以此而观，无慈之甚，岂别禽兽?”(第三册，p. 60)(1) 东晋佛陀跋陀罗、法显合译《摩诃僧祇律》卷 18:“若前人问言:‘此水有虫不?’应答者:‘长老**自看**。’”元魏吉迦夜、昙曜合译《杂宝藏经》卷 1:“尔时鹿女，日月满足，便生千叶莲华。欲生之时，大夫人以物瞒眼，不听**自看**。”又卷 3:“复白王言:‘不用臣语，王**自看**之，臣不能看。’王即发看，两眼盲冥，不见于物。”(2)《艺文类聚》卷 63 所载《世说新语》曰:“杨修为魏武主簿，作相国门，始构榱桷。魏武**自看**，使人题门作活字，便去。杨修见，即令坏之。既竟，曰:‘门中活阔字，王嫌门大也。’”《先秦汉魏晋南北朝诗·北周诗》卷 2:“朝来户前照镜，含笑盈盈**自看**。眉心浓黛直点，额角轻黄细安。”按:《汉语大词典》失收。

【自可/おのづからに】 偏正 (2 例) 本来可以；自当可以。《日本书纪》卷 1《神代纪上》:“今则奉觐已讫，当随众神之意，自此永归根国矣。请姊照临天国，**自可**平安。”(第一册，p. 88) 又卷 12《履中纪》三年十一月条:“膳臣余矶献酒，时樱花落于御盏。天皇异之，则召物部长真胆连，诏之曰:‘是花也，非时而来。其何处之花矣，汝**自可**求。’”(第二册，p. 88)(1)《太平经·庚部之十二》:“行各自慎努力，念所行安危之事，书诫亦**自可**知也。”(2) 吴康僧会译《六度集经》卷 2:“大善!今我身者，定**自可**得，愿属道人，供给使令。”隋阇那崛多译《佛本行集经》卷 25《精进苦行品》:“汝优陀夷，**自可**入林面见太子，对论父王所使言语。”唐义净译《金光明最胜王经》卷 9《长者子流水品》:“善哉!大士。仁今**自可**，至象厩中，随意选取，二十大象，利益众生，令得安乐。”按:《汉语大词典》首引南朝宋刘义庆《世说新语·夙惠第 12》:“太丘曰:‘如此，但糜**自可**，何必饭也。’”偏晚。

【自滅/おのづからほろぶ】 偏正 (3 例) ①谓自行隐没、消亡。《肥前国风土记·总记》条:“奏言:‘臣辱被圣命，远诛西戎，不沾刀刃，枭镜**自灭**。自非威灵，何得然之?’”(p. 310)《常陆国风土记·九慈郡》条:“东山石镜。昔有魑魅，萃集玩见镜，则自去。俗云疾鬼面镜**自灭**。”(p. 408) ②火焰自然而然地熄灭。《续日本纪》

卷3《文武纪》庆云三年七月条："乙丑，丹波、但马二国山火。遣使奉币帛于神祇，即雷声忽应，不扑**自灭**。"（第一册，p.104）后汉竺大力、康孟详合译《修行本起经》卷2《出家品》："弃欲恶法，无复五盖，不受五欲，众恶**自灭**。"吴康僧会译《六度集经》卷4："夫为恶祸追，犹影寻身，绝邪崇真，众祸**自灭**矣。"按：《汉语大词典》失收。《九慈郡》条中的"自灭"用作具体义，谓鬼魅自行隐身而去；佛典中则用作抽象义，表示危厄、灾祸等自然祛除的意思。因此，原文与佛典在用法上出现了偏差。

【自没溺/おのづからにおぼほる】 三字　自己沉没溺水。《日本书纪》卷2《神代纪下》："故弟出潮溢琼，则潮大溢，而兄**自没溺**。"（第一册，p.170）唐慧琳撰《一切经音义》卷2："沈**溺**：上池林反。顾野王曰：沈，没也……《礼记》：孔子曰：君子**溺**于口，小人**溺**于水。《说文》云：没水中。"东晋瞿昙僧伽提婆译《中阿含经》卷23《秽品》："周那，若有不自调御，他不调御欲调御者，终无是处。**自没溺**，他没溺欲拔出者，终无是处。"按：《神代纪下》用作具体义，《秽品》用作抽象义。

【自内而出/うちよりいづ】 四字　从里面出来；从里面拿出来。《日本书纪》卷2《神代纪下》："良久有一美人，容貌绝世。侍者群从，**自内而出**，将以玉壶汲水，仰见火火出见尊。"（第一册，p.164）（1）唐道宣撰《广弘明集》卷17："皇帝于是亲以七宝箱，奉三十舍利，**自内而出**，置于御座之案，与诸沙门，烧香礼拜：'愿弟子常以正法，护持三宝，救度一切众生。'"该例在唐道世撰《法苑珠林》卷40、宋祖琇撰《隆兴编年通论》卷9、宋本觉编集《释氏通鉴》卷6中亦有辑录。宋赞宁等撰《宋高僧传》卷22："法本**自内而出**，见之甚喜，问南中之旧事，说襄邓之土风。"该例在《神僧传》卷9中亦有辑录。（2）《太平广记》卷401《张珽》条："既叩门，有一子儒服，**自内而出**，见象之颇喜，问象之曰：'彼三人者何人哉？'"

【自念無罪、而被囚執、此決定死/おもへらく、つみなくしてとらはる。これけつじょうしてしぬるならむ】 典据　自以为无辜，却被抓住，必死无疑。《日本灵异记》中卷《恃己高德刑贱形沙弥以现得恶死缘第1》："亲王**自念**：'**无罪而被囚执**，**此决定死**。为他刑杀不如自死。'即其子孙令服毒药，而绞死毕后，亲王服药而自害。"（p.146）后秦鸠摩罗什译《妙法莲华经》卷2《信解品》："于时穷子，**自念无罪**，**而被囚执**，**此**必**定死**；转更惶怖，闷绝躄地。"宋志盘撰《佛祖统纪》卷3："'穷子**自念**，**无罪而被囚执**，**此**必**定死**。'众生罪故，入生死狱，菩萨亦同罪人狱。二乘无大悲心，令入生死，即是而被囚执，永失三乘慧命。"

【自捧於～/みづから～をささげて】 于字　亲自手捧着某物。《日本灵异记》下卷《沙门诵持方广大乘沉海不溺缘第4》："彼聟奥国而为陷舅，聊备斋食，供于三宝。舅僧展转乞食，偶值法事，有于自度之例。匿面而居，受其供养。聟椽**自捧于**布施，献于众僧。"（p.272）唐道成注《释迦如来成道记注》卷2："《涅槃经》云：'以胜金刚定，自碎金刚身，不舍于大悲，舍利犹分布。'于是八国严卫，四兵肃容，各**自捧于**金坛，竟归兴于宝塔。”

【自是始也/これよりはじまる】 时段 是从这个时候开始的。《续日本纪》卷8《元正纪》养老三年十二月条：“又五位以上家，补事业、防阁、仗身，**自是始也**。”（第二册，p.50）宋本觉编集《释氏通鉴》卷2：“偶一夜闻，地下钟声，即诚恳经三日，忽从地，涌出宝塔，高一尺四寸，广七寸，佛像悉具。达既见塔，精勤礼忏，瑞应颇多。明州育王塔，**自是始也**。”又卷8：“时歧王范，及征君卢鸿一，皆勒碑制碣。旧唐史有传，赐僧谥号，**自是始也**。”

【自手行食/みづからのてでくひものをおこなふ】 自创 （2例） 自己动手吃饭。“行食”，递送饮食。《唐大和上东征传》：“大使**自手行食**，将优昙钵树叶以充生菜，复将优昙钵子供养众僧。”（p.70）又：“冯都督来，**自手行食**，供养众僧，请大和上受菩萨戒。”（p.72）东晋瞿昙僧伽提婆译《增壹阿含经》卷13《地主品》：“是时，王波斯匿，将诸宫人，**手自行食**，供给所须，乃至三月，无所短乏，给与衣被、饭食、床卧具、病瘦医药。”姚秦鸠摩罗什译《大庄严论经》卷15：“时彼国中，有一内官，字拔罗婆若，为附佣国主，供养众僧，**手自行食**。”唐义净译《根本说一切有部毘奈耶》卷37：“时彼女人，各留一钱，以充供直，作如是语：‘王子，我等贫人，无有器具，及诸座席。唯愿王子，为办供设，及诸所须。我等至时，**手自行食**。’”唐道宣撰《续高僧传》卷2：“宫中常设，日百僧斋，王及夫人，**手自行食**。斋后消食，习诸武艺，日景将昳，写十行经，与诸德僧，共谈法义。”

【自昔及今/むかしよりいまにいたるまで】 时段 从古到今。《续日本纪》卷8《元正纪》养老二年十二月条：“但**自昔及今**，杂言大赦，唯该小罪，八虐不沾。”隋吉藏撰《三论玄义》卷1：“**自昔及今**，一切诸教，同治断常之病，同开正道，但约今昔，教用异耳。”宋德洪著《石门文字禅》卷23《连瑞图序》：“**自昔及今**，政有能声者才，可倒指而数。”

【自昔迄今/むかしよりいまにいたるまでに】 时段 犹言“从古到今”。《日本书纪》卷19《钦明纪》五年二月条：“别谓河内直，**自昔迄今**，唯闻汝恶。汝先祖等俱怀奸伪诱说，为哥可君专信其言，不忧国难。”（第二册，p.384）（1）西晋竺法护译《普曜经》卷1《论降神品》：“迦叶佛、如来、至真、等正觉，道决所化，**自昔迄今**。”（2）《唐会要》卷12：“**自昔迄今**，多历年代，语其大略，两家而已。”《全唐文》卷663白居易《郑可吏部尚书制》：“敕：‘天官太宰，秩序常尊，**自昔迄今**，冠诸卿首，非位望崇盛者，不可以处之。’”（p.6741）

【自相謂之曰：“~”/みづからかたらひていはく~】 自创 （人们）各自相互说道：“……”。《日本书纪》卷20《钦明纪》元年六月条：“副使等**自相谓之曰**：‘若吾等至国时，大使显噵吾过，是不祥事也。’”（第二册，p.468）（1）吴康僧会译《六度

集经》卷6："菩萨伯叔**自相谓曰**：'吾之本土，三尊化行，人怀十善，君仁臣忠，父义子孝，夫信妇贞，比门有贤，吾等将复谁化乎？'"晋世法炬、法立合译《法句譬喻经》卷1《华香品》："于时诸女，**自相谓曰**：'我等禀形，生为女人，从少至老，为三事所鉴，不得自由，命又短促，形如幻化，当复死亡。不如共至，华香台上，采取香华，精进持斋，降屈梵天，当从求愿，愿生梵天，长寿不死。又得自在，无有鉴忌，离诸罪对，无复忧患。'"唐义净译《根本说一切有部毘奈耶》卷22："是时北方，有诸商客，闻此声，誉**自相谓曰**：'诸君当知，我等宜往，中国兴易，一则多得利润，二乃供养三宝。'"（2）《魏志》卷29《方技传》："佗尚未还，小儿戏门前，逆见，**自相谓曰**：'似逢我公，车边病是也。'疾者前入坐，见佗北壁县此蛇辈约以十数。"《魏书》卷53《李孝伯传》："萧赜使刘缵朝贡。安世美容貌，善举止，缵等**自相谓曰**：'不有君子，其能国乎？'缵等呼安世为典客。"

【自性愚痴/ひととなりぐちなり】 四字 天生愚蠢痴呆。《日本灵异记》下卷《村童戏克木佛像愚夫斫破以现得恶死报缘第29》："纪伊国海部郡仁嗜之滨中村，有一愚痴夫。姓名未详也。**自性愚痴**，不知因果。"（p. 337）唐玄奘译《瑜伽师地论》卷60："又有十种，愚痴有情，遍摄愚痴，诸有情类：一缺减愚痴；二狂乱愚痴；三散乱愚痴；四**自性愚痴**；五执着愚痴；六迷乱愚痴；七坚固愚痴；八增上愚痴；九无所了别愚痴；十现见愚痴。"又："**自性愚痴**者，谓如有一，于生死中，无始以来，自性不了，苦集灭道，众生无我，法无我等，是故愚痴。"

【自詣於~/みづから~にいたる】 于字 （2例） 自行去某处（具体义）；自然达到某一程度（抽象义）。《日本书纪》卷20《钦明纪》十四年三月条："丙戌，物部弓削守屋大连**自诣于**寺，踞坐胡床，斫倒其塔纵火燔之，并烧佛像与佛殿。"（第二册，p. 490）又卷25《孝德纪》即位前纪条："辞讫，解所佩刀，投掷于地。亦命帐内，皆令解刀。即**自诣于**法隆寺佛殿与塔间，剔除髯发，披著袈裟。"（第三册，p. 110）隋阇那崛多译《佛本行集经》卷40《教化兵将品》："尔时，提婆大婆罗门，从兵将边，依法受取，五百钱已，至自己家，付与其妻。付已语言：'汝宜精好，备办饮食。'身即**自诣，于**外林中，而往佛边。"唐道宣撰《集古今佛道论衡》卷4："二篇之志言，未绝于俗尘。三藏之经理，**自诣于**真极。"

【自幼迄長/おさなきときよりひととなるにいたるまで】 时段 从小到大。《日本灵异记》上卷《自幼时用网捕鱼而现得恶报缘第11》："时寺边有渔夫，**自幼迄长**，以网为业。"（p. 88）唐玄奘撰《大唐西域记》卷1："法师**自幼迄长**，游心玄理。名流先达，部执交驰，趋末忘本，摭华捐实。遂有南北异学，是非纷纠。永言于此，良用抚然。"

【自余~/そのほかの~】 除字 （49例） 犹其余；以外；此外。《日本书纪》卷1《神代纪上》："至贵曰尊，**自余**曰命，并训美举等也。下皆效此。"（第一册，p. 18）

又卷19《钦明纪》五年三月条："晓然若是尚欺天朝，自余虚妄必多有之。"（第二册，p. 394）又卷30《持统纪》五年十月条："乙巳，诏曰：'凡先皇陵户者置五户以上，自余王等有功者置三户。若陵户不足，以百姓充。免其徭役，三年一替。'"（第三册，p. 518）《日本灵异记》下卷《髑髅目穴笋揭脱以祈之示灵表缘第27》："去年十二月下旬，为买正月元日物，我与弟公率往于市，所持之物，马布棉盐。路中日晚，宿于竹原，窃杀弟公，而掣彼物，到于深津市，马卖赞岐国人，自余物等，今出用之。"（p. 333）《续日本纪》卷3《文武纪》庆云元年正月条："自余三位以下五位以上十四人各有差。"（第一册，p. 76）又卷7《元正纪》养老元年十一月条："又就而饮浴之者，或白发反黑，或颓发更生，或暗目如明。自余痼疾，咸皆平愈。"（第二册，p. 34）又卷8《元正纪》养老四年八月条："癸未，诏：'治部省奏，授公验僧尼多有滥吹。唯成学业者一十五人，宜授公验。自余停之。'"（第二册，p. 76）又养老五年三月条："今减课役，用助产业。其左右两京及畿内五国，并免今岁之调。自余七道诸国亦停当年之役。"（第二册，p. 90）又卷9《元正纪》养老六年二月条："如有违者，职事官主典以上，除却当年考劳。自余不论荫赎，决杖六十。"（第二册，p. 110）又卷9《圣武纪》神龟元年十月条："少领正八位下大伴栎津连子人、海部直土形二阶，自余五十二人各位一阶。"（第二册，p. 154）又神龟三年二月条："赐广岛絁二十匹、棉五十屯、布六十端。自余祝部一百九十四人禄各有差。"（第二册，p. 166）又卷10《圣武纪》天平元年二月条："戊寅，外从五位下上毛野朝臣宿奈麻吕等七人，坐与长屋王交通，并处流。自余九十人悉从原免。"（第二册，p. 206）又天平元年七月条："自余叙位赐禄亦各有差。"（第二册，p. 214）又天平元年十一月条："若有其身未得迁替者，依常听佃。自余开垦者，一依养老七年格。"（第二册，p. 228）又卷11《圣武纪》天平五年正月条："五年春正月庚子朔，天皇御中宫，宴侍臣。自余五位以上者，赐飨于朝堂。"（第二册，p. 264）又天平六年三月条："免供奉难波宫东西二郡今年田租调，自余十郡调。"（第二册，p. 276）天平三年八月条："诏曰：'自余持钵行路者，仰所由司，严加捉搦。'"（第二册，p. 288）又卷12《圣武纪》天平七年五月条："乙亥，畿内及七道诸国，外散位及勋位，始作定额，国别有差。自余听准格纳资续劳。"（第二册，p. 288）又天平七年五月条："百岁以上谷一石，八十以上谷六斗，自余谷四斗。"（第二册，p. 290）又天平九年十一月条："壬辰，宴群臣于中宫。散位正六位上大倭忌寸小东人、大外记从六位下大倭忌寸水守二人，赐姓宿祢。自余族人连姓。为有神宣也。"（第二册，p. 332）又卷13《圣武纪》天平十一年三月条："其进马人赐爵五级并物，免出马郡今年庸调，自余郡之庸。"（第二册，p. 350）又天平十一年十一月条："有贼兵来围，遂被拘执。船人或被杀，或迸散。自余九十余人，著瘴死亡。"（第二册，p. 356）又天平十一年十二月条："自余水手以上，亦各有级。"（第二册，p. 358）又卷14《圣武纪》天平十三年闰三月条："其见在平城者，限今日内，悉皆催发。自余散在他所者，亦宜急追。"（第二册，p. 392）又卷17《孝谦纪》天平胜宝元年七月条："自余定额寺，寺别一百町。”（第三册，p. 88）又卷 18《孝谦纪》天平胜宝二年正月条：“**自余**五位以上者，于药园宫给飨焉。”（第三册，p. 100）又天平胜宝二年二月条：“**自余**祝部叙位有差，并赐絁棉，亦各有差。”（第三册，p. 102）又卷 19《孝谦纪》天平胜宝六年四月条：“**自余**使下二百二十二人，亦各有差。”（第三册，p. 142）又卷 20《孝谦纪》天平宝字元年四月条：“**自余**内外诸司主典以上，及天下高年八十以上，中卫、兵卫舍人，门部、主帅、杂工。并卫士、仕丁。历仕三十年以上。加位一级。”（第三册，p. 182）又卷 21《淳仁纪》天平宝字二年十二月条：“**自余**额外，情愿输钱续劳者，一依前格处分。”（第三册，p. 300）又卷 22《淳仁纪》天平宝字四年正月条：“**自余**从军国郡司、军毅，并进二阶。”（第三册，p. 342）又卷 26《称德纪》天平神护元年十月条：“**自余**五十三人各有差。”（第四册，p. 94）又卷 28《称德纪》神护景云元年二月条：“**自余**祝部等，叙位赐物有差。”（第四册，p. 152）又卷 30《称德纪》神护景云三年十一月条：“**自余**隼人等赐物有差。”（第四册，p. 270）又卷 34《高绍纪》宝龟七年二月条：“**自余**八人各有差。”又宝龟八年十二月条：“**自余**各有差。”又卷 35《高绍纪》宝龟九年正月条：“**自余**五位以上者，于朝堂赐飨焉。”又卷 36《高绍纪》天应元年正月条：“**自余**番上，及内外文武官主典以上一级。”又天应元年十二月条：“**自余**行事，一依前敕。”又卷 37《桓武纪》延历元年三月条：“船主配隐伎国，**自余**与党亦据法处之。”又延历二年六月条：“**自余**不论荫赎，决杖八十。”又延历二年九月条：“除承嫡者之外，可科课役。望请承嫡之户，迁附京户。**自余**与姓科课。”又卷 38《桓武纪》延历四年五月条：“**自余**官司，节级科罪。”又卷 39《桓武纪》延历五年九月条：“**自余**畿内之国亦准此例。”又卷 40《桓武纪》延历九年十二月条：“**自余**三腹者，或从秋篠朝臣，或属菅原朝臣矣。”（1）吴支谦译《须摩提女经》卷 1：“阿若车邻，在如来左，舍利弗，在如来右，阿难承佛威神，复在如来左，**自余**比丘，或复现神变相，百千万种，弥塞虚空，云行到彼。”东晋佛驮跋陀罗译《大方广佛华严经》卷 5《菩萨明难品》：“如来境界因，唯佛能分别，**自余**无量劫，演说不可尽。”唐义净译《金光明最胜王经》卷 9《除病品》：“**自余**诸药物，随病可增加；先起慈愍心，莫规于财利。”（2）《魏书》卷 4 下《世祖纪》：“有司其案律令，务求厥中。**自余**有不便于民者，依比增损。”（p. 105）按：“自”，仅为构词成分，不构成意义。

【自余各～/そのほかはおのおの～】 除字 （2 例） 其他的各自、分别……《续日本纪》卷 13《圣武纪》天平十二年正月条：“己珎蒙美浓絁二十匹、绢十匹、丝五十絇、调棉二百屯。**自余各**有差。”（第二册，p. 360）又卷 35《高绍纪》宝龟九年六月条：“第二等伊治公呰麻吕并外从五位下，勋六等百济王俊哲勋五等。**自余各**有差。”隋阇那崛多译《佛本行集经》卷 58《婆提唎迦等因缘品》：“尔时世尊，既先度彼，剃除发师，及受具戒。然后次与婆提唎迦释王出家，受具足戒。**自余各**各，次第出家，及受具戒。”唐玄奘撰《大唐西域记》卷 3：“又更下令：‘具三明、备六通者住。**自余各**

还。’然尚繁多。又更下令：‘其有内穷三藏，外达五明者住，**自余各**还。’”

【自余国～/そのほかのくにの～】 除字 剩余其他国家的……《续日本纪》卷9《元正纪》养老七年十月条：“冬十月庚子，敕：‘按察使所治之国，补博士、医师，**自余国**博士并停之。’”（第二册，p. 134）元魏瞿昙般若流支译《正法念处经》卷54《观天品》：“随行何国，为王供养，如供养主。若村若城，多人住处，一切诸人，及大长者，皆悉供养。**自余国**土，所不行处，流名遍满。”唐义净译《根本说一切有部毘奈耶杂事》卷27：“王于暇日，出城游观。聚落居人，并皆存问：‘此等是谁，所管封邑？’答曰：‘咸是某甲，大臣所有。’便生念曰：‘城邑聚落，咸属大臣。我虽是王，但有宫闱，及食而已。**自余国**产，并皆无分。有乖国宪，将如之何？’”

【自余皆～/そのほかはみな～】 除字 其他的（剩余的）全都……《日本灵异记》中卷《女人恶鬼见点攸食噉缘第33》：“明日晚起，家母叩户，惊唤不答。怪开见唯，遗头一指，**自余皆**噉。”（p. 234）吴竺律炎、支谦合译《摩登伽经》卷2《观灾祥品》：“月在箕宿，宜治河渠，种植花果，建立园圃。宜出家人，**自余皆**凶，所失难获。”唐义净译《根本说一切有部毘奈耶颂》卷1：“及于同界中，四十九寻内，随情礼制底，**自余皆**白师。”唐窥基撰《妙法莲华经玄赞》卷4《方便品》：“赞曰：‘此明身业，行敬供养，上歌呗，是语业也，其能发心，即是意业。**自余皆**是，外财供养。三业行供养。’”

【自余如～/そのほかは～のごとし】 除字 剩余的如同……一样。《续日本纪》卷3《文武纪》庆云三年二月条：“自今以后。五世之王、在皇亲之限。其承嫡者相承为王。**自余如**令。”（第一册，p. 100）唐李通玄撰《新华严经论》卷21《十回向品》：“思者智会，其智会者，方可用而，真不惑心境，以大愿力，随智幻生等，众生数身，如应摄化故，名无尽功德藏。**自余如**文自具，不烦更解。”又卷30《十定品》：“如歌罗逻者，此云薄酪，谓初受胎如薄酪。**自余如**文自具。”

【自余依～/そのほかは～による】 除字 剩下的依据……《续日本纪》卷10《圣武纪》天平元年八月条：“又五世王嫡子以上，娶孙王生男女者，入皇亲之限。**自余依**庆云三年格。”（第二册，p. 218）（1）后魏菩提流支译《弥勒菩萨所问经论》卷5：“诸菩萨摩诃萨胜戒者，依初发菩提，不损害心，所起戒聚，乃至八地无量时，修一切戒聚，以利益他心，回向萨婆若智，离一切习气，得大涅槃。是诸菩萨摩诃萨，一切戒善，清净应知。**自余依**师，教持戒等，皆不清净。”（2）《魏书》卷48《高允传》：“乃旷官以待之，悬爵以縻之。其就命三十五人，**自余依**例州郡所遣者不可称记。”（p. 1081）

【自余以外/これよりほかは】 先例 除此以外。《日本书纪》卷25《孝德纪》大化二年三月条：“别以入部及所封民简充仕丁，从前处分。**自余以外**，恐私驱役。”（第

三册，p. 148）清黄宗羲《黄梨洲文集》卷1《序类》："今日追数梦幻，相国中翰既光芒箕尾，孙符墓木亦拱，二子负薪丙舍，轮庵又出刘道贞《问道续录》阅之，所载净慈同时七十二人。自余以外，存者不能二三，其余皆入，点鬼簿中，即天山堂一会，化为异物者且半。"按：在现存文献当中，《孝德纪》的文例远远早于《黄梨洲文集》。

【自余雑～/そのほかのぞう～】 除字 （2例） 其他杂七杂八的……《续日本纪》卷卷7《元正纪》灵龟元年十月条："宜以此状遍告天下，尽力耕种，莫失时候。自余杂谷，任力课之。若有百姓输粟转稻者听之。"（卷2，第四册，p. 6）又卷8《元正纪》养老四年三月条："据案唯言运送庸调脚直。自余杂物送京，未有处分。但百姓运物入京，事了即令早还。"（第二册，p. 70）刘宋佛陀什、竺道生等合译《弥沙塞部和醯五分律》卷30："此是从一法，增至十一法，今集为一部，名《增一阿含》。自余杂说，今集为一部，名为《杂藏》，合名为《修多罗藏》。"唐玄奘撰《大唐西域记》卷2："妇人一嫁，终无再醮。自余杂姓，寔繁种族，各随类聚，难以详载。"唐道镜、善道集《念佛镜》卷1："如来八万四千法门，若望念佛法门，自余杂善，总是少善根；唯有念佛一门，是多善根、多福德。"

【自余之～/そのほかの～】 除字 其余的……其他的……《肥前国风土记・松浦郡》条："昔者，同天皇，巡幸之时，在志式岛之行宫，御览西海。海中有岛，烟气多覆。勒陪从阿昙连百足，遣令察之。爰有八十余。就中二岛，岛别有人。第一岛，名小近，土蜘蛛大耳居之。第二岛，名大近，土蜘蛛垂耳居之。自余之岛，并人不在。"（p. 334）（1）吴竺律炎、支谦合译《摩登伽经》卷1《度性女品》："母语女言：'有二种人，虽加咒术，无如之何。何者为二？一者断欲，二是死人。自余之者，吾能调伏。'"唐道世撰《法苑珠林》卷97："人一生常不免，杀生及不孝。自余之罪，盖亦小耳。"唐慧详撰《古清凉传》卷1："登中台之上，极目四周，唯恒岳居其次。自余之山谷，莫不迤逦，如清胜也。"（2）《魏书》卷7下《高祖纪下》："事当从坐者，听一身还乡，又令一子抚养，终命之后，乃遣归边；自余之处，如此之犯，年八十以上，皆听还。"（p. 175）又卷113《志第19》："诸曹走使谓之凫鸭，取飞之迅疾；以伺察者为候官，谓之白鹭，取其延颈远望。自余之官，义皆类此，咸有比况。"（p. 2974）

【自余種種～/そのほかのくさぐさの～】 除字 其他各种各样的……《元兴寺伽蓝缘起并流记资财账》："又敬造法师寺，田园封户奴婢等纳奉。又敬造丈六二躯，又修自余种种善根。"元魏瞿昙般若流支译《正法念处经》卷39《观天品》："又复彼天，更有所念，欲令赤色，优钵罗中，歌音声出。即于念时，则有风吹，而令赤色，优钵罗叶，迭互相触，出种种声。自余种种，五乐音声。"隋达摩笈多译《起世因本经》卷7《三十三天品》："诸比丘，何等众生，以触为食？诸比丘，有诸众生，从卵生者，所谓鹅雁鸿鹤、鸡鸭孔雀、鹦鹉鸜鹆、鸠鸽燕雀雉鹊等。自余种种，杂类众生，从卵生者，以其从卵，有此身故，是等并皆，以触为食。"唐阿地瞿多译《陀罗尼集经》卷6《诸大菩萨法会印咒品》："唯除酒肉，五辛葱蒜。**自余种种**，上妙饼食，及果子等，备设供养。"

【自余衆～/そのほかのもろもろの～】除字 其他众多的……《续日本纪》卷20《孝谦纪》天平宝字元年七月条："其众者，安宿王、黄文王、橘奈良麻吕、大伴古麻吕、多治比犊养、多治比礼麻吕、大伴池主、多治比鹰主、大伴兄人。**自余众**者，暗里不见其面。"（第三册，p.202）隋阇那崛多译《大法炬陀罗尼经》卷17《诸菩萨证相品》："如人裸露，在道而行。设有一人，语众人言：'此人希有，锦衣覆身。'憍尸迦，于意云何？彼虽有言，**自余众**人，信此言不？"唐义净译《根本说一切有部毘奈耶颂》卷2："四种别悔法，如犯状已陈。**自余众**式叉，次第今当说。"唐善导集记《观无量寿佛经疏》卷3："众生称念，即除多劫罪。命欲终时，佛与圣众，自来迎接。诸邪业系，无能碍者，故名增上缘也。**自余众**行，虽名是善，若比念佛者，全非比校也。是故诸经中，处处广赞，念佛功能。"

【自余諸～/そのほかのもろもろの～】除字（9例） 其余诸多……《日本书纪》卷15《仁贤纪》即位前纪条："更名大为。**自余诸**天皇不言讳字。而至此天皇，独自书者，据旧本耳。"（第二册，p.254）《古语拾遗》："以中臣斋部二氏俱掌祠祀之职，猨女君氏供神乐之事，**自余诸**氏各有其职也。"（p.134）又："然则，天照大神者，惟祖惟宗，尊无与二。因**自余诸**神者，乃子乃臣，孰能敢抗？"（p.140）又："然则，神祇官神部可有中臣斋部猨女镜作玉作盾作神服倭文麻续等氏，而今唯有中臣斋部等二三氏，**自余诸**氏，不预考选。"（p.143）《续日本纪》卷12《圣武纪》又天平九年四月条："遣副使从五位上坂本朝臣宇头麻佐镇玉造栅。判官正六位上大伴宿祢美浓麻吕镇新田栅。国大掾正七位下日下部宿祢大麻吕镇牡鹿栅。**自余诸**栅，依旧镇守。"（第二册，p.314）又卷17《圣武纪》天平胜宝元年五月条："陆奥国者，免三年调庸。小田郡者永免。其年限者，待后敕。**自余诸**国者，国别一年免二郡调庸，每年相替，周尽诸郡。又咸免天下今年田租。"（第三册，p.78）又天平胜宝元年十月条："又免三郡百姓所负正税本利。**自余诸**郡，免利收本。陪从诸司赐棉，亦各有差。"（第三册，p.92）又卷22《淳仁记》天平宝字三年十二月条："丙申，武藏国隐没田九百町，备中国二百町，便仰本道巡察使勘检。**自余诸**道巡察使检田者，亦由此也。"（第三册，p.336）又卷28《称德纪》神护景云元年十月条："又外从五位下吉弥侯部真麻吕，徇国争先，遂令驯服，狄徒如归。进赐外正五位下。**自余诸**军军毅以上，及诸国军士、虾夷俘囚等，临事有效，应叙位者，镇守将军并宜随劳简定等第奏闻。"（第四册，p.182）（1）姚秦鸠摩罗什译《大庄严论经》卷3："汝愚痴邪见，迷惑错乱心，计己婆罗门，独有解脱分。**自余诸**种姓，无得解脱者。"隋阇那崛多译《佛本行集经》卷22《问阿罗逻品》："应一众生，不得杂患，应诸世人，供养自在，如父如母。**自余诸**天，不得供养。"唐义净译《金光明最胜王经》卷9《除病品》："沙糖蜜苏乳，此能疗众病。**自余诸**药物，随病可增加。”（2）《北史》卷49《贺拔允传》：“昧旦，攻围元进栅，拔之，即禽元进，**自余诸**栅悉降。”（p. 1803）按：《汉语大词典》首引《晋书》卷87《凉武昭王传》：“**自余诸**子，皆在戎间，率先士伍，臣总督大纲，毕在输力，临机制命，动靖续闻。”偏晚。

【自余諸事/そのほかのもろもろのこと】 除字　其余的各种事情。《续日本纪》卷20《孝谦纪》天平宝字元年正月条：“其军毅者，省选六卫府中器量辩了，身才勇健者拟任之。他色之徒，勿使滥诉。**自余诸事**，犹如格令。”（第三册，p. 174）隋阇那崛多译《大威德陀罗尼经》卷17：“阿难，若为如来，诸塔庙等，施诸衣物，而盗取者，彼当满足，非沙门法。除作是心，欲为藏举，若洗若染，若熏若香，**自余诸事**。”唐法砺撰述《四分律疏》卷7：“若永变作，非人畜生，或为二形，此三失戒，破内外道，以耶见故，理是失戒。若受戒已，作五黄门，亦不失戒，唯可有摈，不摈异也。**自余诸事**，受已生者，减不失戒。”

【自正/みづからただしくあり】 偏正→**【正己】【正人】**

【自著衣/おのがきたるころも】 三字　穿在自己身上的衣服。《日本灵异记》中卷《依恶梦至诚心使诵经示奇表得全命缘第20》：“即惊恐，念为女诵经，而依贫家，不得敢之。不胜心念，脱**自著衣**，洗净擎以为奉诵经。”（p. 201）东晋佛陀跋陀罗、法显合译《摩诃僧衹律》卷39：“若有事或泥作或裸露，当语言：‘姊妹小住。’应唱言：‘诸长老，比丘尼欲入，各**自著衣**。’”后秦弗若多罗、罗什合译《十诵律》卷61：“诸比丘持塔物、僧物著空地，**自著衣**持钵乞食，来还失是物去。佛言：‘行乞食时，担佛物僧物，自持衣钵，担荷不好。’佛言：‘乞食时，听以物著衣裹。’”按：《日本灵异记》例中“自著衣”的“自”，用作定语，汉译佛经中用作状语。

【自作方便/おのづからほうべんをなす】 四字　自行使用权宜之计。《唐大和上东征传》：“令住学道士法。为此，大和上名亦奏退，愿大和上**自作方便**。”（p. 83）后汉支娄迦谶译《文殊师利问菩萨署经》卷1：“我应时自念：‘当何以**自作方便**，而过达儭？如阿耨多罗三耶三菩清净之达倸，可得如异。’”失译人名今附后汉录《大方便佛报恩经》卷7《亲近品》：“尔时贼中，复有一人，先与是婆罗门子，亲善知识，以亲善故，先来告语：‘善男子，当知于初夜时，当有贼发。当时愦闹，恐相伤损，故来相告语。汝密**自作方便**，远舍而去，勿令伴知。’”唐道宣撰集《毗尼作持续释》卷5：“一切不得故，断众生命，下至蚁子。若比丘故，自手断人命，持刀与人，教死叹死，与人非药，若堕胎，若厌祷杀，**自作方便**，若教人作，非沙门非释子。”

【自作教化/みづからおもぶけをなす】 自创　“自作”，自己所做的事物，谓不依佛说，凭私见捏造。《续日本纪》卷10《圣武纪》天平元年四月条：“如有停住山林，详道佛法，**自作教化**，传习授业，封印书符，合药造毒，万方作怪，违犯敕禁者，罪亦如此。”（第二册，p. 210）

【宗（之）僧/しゅうのほうし】偏正 （2 例） 大安寺常修多罗宗的僧人。《日本灵异记》中卷《极穷女于尺迦丈六佛愿福分示奇表以现得大福缘第 28》："时宗僧等，见入钱藏，封印不误，唯无钱四贯。故取纳藏矣。"（p. 223）又："女以送寺。宗之僧等见钱器，封不误也。开见之，唯无钱四贯。怪之藏封。"（p. 223）

【走到/はしりいたる】后补 跑到某处，逃到某处。《日本灵异记》中卷《穷女王归敬吉祥天女像得现报缘第 14》："母王闻之，走到见之，养王乳母。乳母谈之曰。"（p. 184）（1）吴支谦译《九色鹿经》卷 1："时水中有一溺人，随流来下，或出或没，得著树木，仰头呼天：'山神、树神、诸天龙神，何不愍伤于我？'鹿闻人声，走到水中，语溺人言：'汝莫恐怖！汝可骑我背上，捉我两角，我当相负出水。'"道略集《杂譬喻经》卷 1："婆罗门大瞋，以杖打此道人一下。道人复语：'此过是患。'复欲重打，道人走到门外，复回头语婆罗门：'此是出也。'喻人不能，玄解义味，要须指事，然后悟之也。"《敦煌变文・捉季布传文》："走到下坡而憩歇，重整戈牟问大臣。"又《难陀出家缘起》："忙忙走到加盘（伽蓝）外，早见师兄队仗来。"（2）《魏书》卷 61《常珍奇传》："其子超走到苦城，为人所杀。小子沙弥囚送京师，刑为阉人。"《朝野佥载》卷 2："主人未晓，梦畅告云：'昨夜五戒杀贫道。须臾奴走到，告之如梦。'"按：《汉语大词典》失收。→【背走】【怖走】【東西狂走】【叫走】【退走】

【走疲/はしりつかる】后补 奔跑得疲惫，驰走得疲乏。《日本灵异记》中卷《阎罗王使鬼受所召人之飨而报恩缘第 25》："阎罗王使鬼，来召衣女。其鬼走疲，见祭食，腼就而受之。"（p. 214）（1）失译人名今附西晋录《观世音菩萨往生净土本缘经》卷 1："二子即下，东西驰走从戏，不知余事。后母密乘本船，还古乡。二子还到本滨，见之无船，及母不知去所。海侧走疲，举声呼母，更无答者。二子昼夜悲哭。"（2）西晋竺法护译《佛说普门品经》卷 1："我者亦空，奔走疲极，亦无追者，唐自苦体，执劳如斯，居家恩爱，是亦复空。"

【走入/にげいる・はしりいる】后补 （8 例） 跑进某处，逃入某处。《日本书纪》卷 21《崇峻纪》即位前纪条："皇子落于楼下，走入偏室。卫士等举烛而诛。"（第二册，p. 510）又卷 23《舒明纪》九年是岁条："是岁，虾夷叛以不朝。即拜大仁上毛野君形名为将军令讨，还为虾夷见败而走入垒，遂为贼所围。"（第三册，p. 46）又卷 24《皇极纪》四年六月条："古人大兄见走入私宫，谓于人曰：'韩人杀鞍作臣，吾心痛矣。'即入卧内，杜门不出。"（第三册，p. 100）《日本灵异记》上卷《恶人逼乞食僧而现得恶报缘第 15》："昔故京时，有一愚人，不信因果。见僧乞食，忿而欲击。时僧走入田水，追而执之。"（p. 96）又《归信三宝钦仰众僧令诵经得现报缘第 32》："神龟四年岁次丁卯九月中，圣武天皇与群臣，猎于添上郡山村之山。有鹿走入纳见里百姓之家中。家人不觉，杀而啖之。"（p. 130）又下卷《杀生物命结怨作狐狗互相怨报缘第 2》："禅师怪之，告犬主言：'应放知由。'才放走入病弟子室，咋狐引出。"（p. 267）

又《阎罗王示奇表劝人令修善缘第9》："一使**走入**而白之言：'召将来也。'告之：'召入。'奉诏召入。"（p. 284）《唐大和上东征传》："其荣睿**走入**池水中仰卧，不良久，见水动，入水得荣睿师，并送县推问。"（p. 44）后汉安世高译《佛说长者子制经》卷1："时佛住于门外，制便**走入**语母言：'我见一人来，大端正，绝妙天下，无有辈。我生以来，未曾见人如是。今在门住，欲乞匃。'"梁宝唱等集《经律异相》卷23："王出行国内，见乌在贫女门上鸣，王便举弓射乌。乌持王箭，**走入**女家。"高丽一然撰《三国遗事》卷1："时有大虎，**走入**座间，诸公惊起，而阏川公略不移动，谈笑自若，捉虎尾扑于地而杀之。"按：《汉语大词典》失收。

【走逸/はしりにぐ】并列　逃亡；逃走。《播磨国风土记·饰磨郡》条："所以号英马野（者），品太天皇，此野狩时，一马**走逸**。敕云：'谁马乎?'侍从等对云：'朕御马也。'即号我马野。"（p. 40）（1）唐道世撰《法苑珠林》卷62："贵人曰：'汝伯有罪，但宜录治。以先植小福故暂得游散，乃敢告诉。吾与汝父，幼少有旧，见汝依然，可随我共游观也。'狱吏不肯释械，曰府君无教，不敢专辄。贵人曰：'但付我，不使**走逸**也。'乃释之。"（2）《唐律疏议》卷7《卫禁》："（疏）议曰：'畜产唐突'，谓**走逸**入宫门。守卫不备者，杖一百。"按：《汉语大词典》首引《元典章新集·刑部·禁科取俸钱》："其良善之人可以无累，若有强梁有罪欠债之人必至**走逸**。"偏晚。

【走転/はしりめぐる】后补（2例）　四处逃窜；逃跑回来。《日本灵异记》中卷《常鸟卵煮食以现得恶死报缘第10》："时有当村人，入山拾薪。见于**走转**哭叫之人，自山下来，执之而引，拒不所引。犹强捉追，乃从篱之外，牵之而出，躃地而卧嘿然。"（p. 176）又下卷《减塔阶仆寺幢得恶报缘第36》："手于置爓，烧香行道，读陀罗尼，而忽**走转**。"（p. 356）姚秦鸠摩罗什译《大庄严论经》卷9："钩斫伤身体，欲盛不觉苦，象**走转**更疾，喻如于暴风。棘刺钩斫身，并被山石伤，头发皆蓬乱，尘土极坌污，衣服复散解，璎珞及环玔，破落悉堕地。"宋师明集《续古尊宿语要》卷2："昔日石塔长老，为苏东坡而少留。今朝新下生，为汪尚书而**走转**。一动一静，本实无心。或去或来，有何朕迹?"按：《汉语大词典》例引《杨家府演义》第7回："俱行了一程，遥闻前面军马鼓炮之声，如风雷迅烈一般，吓得五国国王尽皆**走转**，复聚于万春谷口。"偏晚。

【足蹈/あしふむ】主谓（2例）　脚踏某处，脚踩某处。《万叶集》卷11第2498首："剑刀　诸刃利　**足蹈**　死死　公依"（第三册，p. 202）又卷12第3057首："浅茅原　茅生丹**足蹈**　意具美　吾念儿等之　家当见津"（p. 342）后汉昙果、康孟详合译《中本起经》卷1《还至父国品》："子本在吾家，驾象名宝车；今者**足蹈**地，是苦安可堪?"吴支谦译《须摩提女经》卷1："是时，世尊还舍神足，如常法，则入满富城中。是时，世尊**足蹈**门阈上。是时天地大动，诸尊神天，散华供养。"隋阇那崛多译《佛本行集经》卷2《发心供养品》："时然灯佛，**足蹈**地已，其诸人民，悉各皆念：

‘我独头面，顶礼于佛，而发是言：我得于先，顶礼佛足。’”按：《汉语大词典》失收。

【足荘厳/あしかざり】 自创 为了行走便捷，在双脚配备上好的行头。《万叶集》卷11第2361首：“天在 一棚桥 何将行 稚草 妻所云 **足庄严**”（第三册，p. 168）（1）苻秦僧伽跋澄等译《僧伽罗刹所集经》卷2：“以辩才智，神**足庄严**，自专其意，解脱牢固，无淫怒痴。以觉意解，脱明炽然，一切具足，无有三爱，度一切结，力势不可坏，至涅槃海，无世俗患。”北凉昙无谶译《悲华经》卷7《诸菩萨本授记品》：“以神**足庄严**故，得如意足，到于彼岸。”唐实叉难陀译《十善业道经》卷1：“神**足庄严**故，恒令身心轻安、快乐。”（2）隋阇那崛多译《佛华严入如来德智不思议境界经》卷2：“曼殊尸利，譬如善作，成就大鞞琉璃摩尼宝，随所有边，安置诸庄严具中，若**足庄严**具中，若头庄严具中，彼彼庄严具中，最极光照，及彼等庄严具，亦最极光照，是彼鞞瑠璃摩尼宝威力故，如是，如是。”

【卒尔而～/にはかに～】 三字 突然发生某事或出现某一情况。《日本灵异记》中卷《忆持〈心经〉女现至阎罗王阙示奇表缘第19》：“圣武天皇御世，是优婆夷，夜寝，不病**卒尔而**死。”（p. 199）东晋佛陀跋陀罗、法显合译《摩诃僧衹律》卷39：“佛住舍卫城。尔时竭住母比丘尼，先不语**卒尔而**入竭住父比丘房，而摩其背。即反顾视之，见已言：‘咄咄！远我。’比丘尼言：‘我先常与洗浴。今摩触何苦？’语言：‘本是俗人，今日出家，不得如先。’”唐僧详撰《法华传记》卷3：“时众议曰：‘今既营经台，供养法宝，惟尚精华。岂可**卒尔而**已？其香炉峯柽柏木中精胜，可共取之以充供养。’”唐定宾作《四分律疏饰宗义记》卷4：“先有事起，依先有事而作法者，名有因起。所言无者，法前无事，**卒尔而**作，名无因起。”

【最頂/いただき】 比较 最上端，最高处。《常陆国风土记·筑波郡》条：“夫筑波岳，高秀于云。**最顶**西峰峥嵘，谓之雄神，不令登临。”（p. 362）陈真谛译《佛说立世阿毘昙论》卷2《天住处品》：“是堂中央，众宝大柱，耸出堂上，其柱**最顶**，覆金露盘，种种庄严，并皆具足。”唐菩提流志译《一字佛顶轮王经》卷2《成像法品》：“是大变像，名如来身**最顶**轮王大成就像，一切诸咒，等同通用，皆画成证。”唐道宣撰《续高僧传》卷11：“竹林蒙密，层巘重叠，唯有一路，才可通车。寺处深林，极为闲坦，是南齐高帝所立也。三院相接，**最顶**别院，名曰禅居，赵州沙门法进，之所立也。”按：《汉语大词典》失收。

【最好/いとうるはし】 比较（4例） 表示最理想的选择；最大的希望。《日本书纪》卷14《雄略纪》十四年四月条：“舍人复命曰：‘根使主所著玉缦，太贵**最好**。’”（第二册，p. 196）《播磨国风土记·穴禾郡》条：“敷草村，敷草为神座，故曰敷草。此村有山，南方去十里许，有泽，二町许。此泽生菅，作笠**最好**。”（p. 86）《续日本纪》卷9《圣武纪》神龟元年十月条：“又诏曰：‘登山望海，此间**最好**。不劳远行，足以游览。故改弱浜名，为明光浦，宜置守户勿令荒秽。’”（第二册，p. 154）又卷11

《圣武纪》天平三年八月条："辛丑，诏曰：'如闻天地所贶，丰年最好。今岁登谷。朕甚嘉之。'"（第二册，p. 248）（1）后汉支娄迦谶译《佛说无量清净平等觉经》卷1："所以帝王人中，独尊最好者何？皆其前世，宿命为人时作善。"梁宝唱等集《经律异相》卷30："波利还国，持此香璎，上波斯匿王。王甚珍奇，即列诸夫人，若最好者，以香璎与之。"北凉昙无谶译《大方等大集经》卷42《星宿品》："尔时殊致阿罗娑仙人，告诸天曰：'是佉卢虱吒仙人，于过去世，亦造恶业。罪因缘故，虽得人身，半为驴状，以有慈力，其罪除灭，更得最好、端正之身，犹如帝释。'"《敦煌变文·妙法莲华经讲经文（四）》："若问最好是上州胡饼炉间满市头。"（2）《齐民要术·杂说》："凡种小麦地，以五月内耕一遍，看干湿转之，耕三遍为度。亦秋社后即种。至春，能锄得两遍最好。"按：《汉语大词典》首引唐韩偓《三月》诗："四时最好是三月，一去不回唯少年。"偏晚。

【最上/もともすぐる】 偏正　最为上乘。《奈良朝写经14·七知经（圣武天皇敕愿一切经）》："朕以万机之暇，披览典籍，全身延命，安民存业者，经史之中，释教最上。"（p. 108）后汉支娄迦谶译《阿閦佛国经》卷2《佛般泥洹品》："疆王在大城，其城有善德万物，如是城为最上也。"东晋佛驮跋陀罗译《大方广佛华严经》卷6《净行品》："云何菩萨第一智慧，最上智慧，胜智慧，最胜智慧，不可量智慧，不可数智慧，不可思议智慧，不可称智慧，不可说智慧？"姚秦鸠摩罗什译《妙法莲华经》，卷6《药王菩萨本事品》："善男子，是名第一之施，于诸施中，最尊最上，以法供养，诸如来故。"

【最上之行/いとすぐれたるわざ】 比较　最为上乘的行为。《日本灵异记》中卷《依不布施与放生而现得善恶报缘》："功德之中，割自身宍，施他救命，最上之行。"（p. 191）宋法天译《七佛经》卷1："复次过去劫中，毘婆尸佛、尸弃佛、毘舍浮佛，宣说尸罗，清净戒律，成就智慧，最上之行。"

【最勝/もともすぐる】 格义（3例）　最为殊胜。《日本书纪》卷26《齐明纪》五年七月条："（《伊吉连博德书》）十一月一日朝有冬至之会。会日亦覲，所朝诸蕃之中，倭客最胜。后由出火之乱弃而不复检。"（第三册，p. 226）《丰后国风土记·海部郡》条："即敕曰：'取最胜海藻。'便令以进御。因曰最胜海藻门。"（p. 296）（1）后汉竺大力、康孟详合译《修行本起经》卷2《出家品》："古有真道佛所行，恬惔为上除不祥，其成最胜法满藏，吾求斯座决魔王。"姚秦鸠摩罗什译《妙法莲华经》卷2《譬喻品》："其两足圣尊，最胜无伦匹。彼即是汝身，宜应自欣庆。"唐义净译《金光明最胜王经》卷1《序品》："金光明妙法，最胜诸经王；甚深难得闻，诸佛之境界。"（2）后汉竺大力、康孟详合译《修行本起经》卷1《试艺品》："善觉听之，表白净王：'女即七日，自出求处，国中勇武，技术最胜[①]者，尔乃为之。'"姚秦鸠摩罗什译《妙

---

① "胜"，宋本、元本、明本中作"多"。

法莲华经》卷7后秦沙门僧睿述《妙法莲华经后序》："诸华之中，莲华**最胜**，华尚未敷，名屈摩罗。敷而将落，名迦摩罗。处中盛时，名芬陀利。未敷喻二道，将落譬泥洹，荣曜独足，以喻斯典。"唐义净译《金光明最胜王经》卷10《舍身品》："尔时，如来、应、正等觉，天上天下，**最胜**最尊，百千光明，照十方界，具一切智，功德圆满，将诸苾刍，及于大众，至般遮罗聚落，诣一林中。"按：《汉语大词典》失收。《史记》卷80《乐毅传》："先王命之曰：我有积怨深怒于齐，不量轻弱，而欲以齐为事。臣曰：'夫齐，霸国之余业而**最胜**之遗事也。'"（p. 2430）此言齐国是霸国剩下的基业，是常胜国家的后代。例中"最胜"，与《齐明纪》《海部郡》以及汉译佛经的意思不同。

【最勝安楽/もともすぐれたるあんらく】 比较 最为殊胜的身安心乐。《元兴寺伽蓝缘起并流记资财账》："随堪修行善捧营，愿引导后嗣，后嗣类蒙此法之赖，现在未来令得**最胜安乐**。"唐玄奘译《瑜伽师地论》卷18："我独处思惟，受**最胜安乐**。故不与人交，而绝无徒侣。"又《本事经》卷7《三法品》："施最胜良田，生最胜功德，感**最胜安乐**，寿色力名闻。供养最胜人，修行最胜法，得**最胜安乐**，天上或人中。"唐般若译《大乘本生心地观经》卷8《嘱累品》："譬如有人，得如意珠，置于家中，能生一切，殊妙乐具。此妙经宝，亦复如是，能与国界，无尽安乐。亦如三十三天，末尼天鼓，能出种种，百千音声，令彼天众，受诸快乐。此经法鼓，亦复如是，能令国界，**最胜安乐**。"按：该说法由玄奘首创，系玄奘译语。

【最勝王経/さいしょうおうきょう】 内典 （13例）《金光明最胜王经》的略称。10卷。唐义净译。《金光明经》的新译，由31品构成。据称是佛在王舍城耆阇崛山所说。经中说示，护持此经者，可受诸天善神的加护，国王若不供养赞叹此经，诸天将舍去其国，而起三灾七难。因此，日本特别尊崇此经，与《法华经》《仁王般若经》并奉为护国三部经。圣武天皇即位不久，便在诸国兴建国分寺（金光明四天王护国之寺），且必备一部《最胜王经》，盛行讲说。《日本灵异记》中卷《依汉神祟杀牛而祭又修放生善以现得善恶报缘第5》："如《**最胜王经**》说：'流水长者，放十千鱼。鱼生天上，以四十千珠，现报流水长者。'其斯谓之矣。"（p. 160）《续日本纪》卷9《圣武纪》神龟二年七月条："又诸寺院限，勅加扫净，仍令僧尼读《金光明经》。若无此经者，便转《**最胜王经**》，令国家平安也。"（第二册，p. 160）又卷11《圣武纪》天平六年十一月条："自今以后，不论道俗，所举度人，唯取暗诵《法华经》一部，或《**最胜王经**》一部，兼解礼佛，净行三年以上者，令得度者，学问弥长，嘱请自休。"（第二册，p. 282）又卷12《圣武纪》天平九年八月条："癸卯，令四畿内二监及七道诸国，僧尼清净沐浴。一月之内二三度，令读《**最胜王经**》。"（第二册，p. 324）又："丙辰，为天下太平，国家安宁，于宫中一十五处，请僧七百人，令转《大般若经》《**最胜王经**》。度四百人。四畿内七道诸国五百七十八人。"（第二册，p. 326）又卷13《圣武纪》天平十年四月条："夏四月乙卯，诏：'为令国家隆平，宜令京畿内七道诸国，三日内，转读《最胜王经》。'"（第二册，p. 338）又卷 14《圣武纪》天平十三年三月条："其僧尼，每月八日，必应转读《最胜王经》。每至月半，诵戒羯磨。每月六斋日，公私不得渔猎杀生。"（第二册，p. 390）又天平十三年闰三月条："甲戌，奉八幡神宫秘锦冠一头。金字《最胜王经》《法华经》各一部，度者十人，封户、马五匹。又令造三重塔一区，赛宿祷也。"（第二册，p. 392）又卷 16《圣武纪》天平十七年五月条："己未，地震。令京师诸寺，限一七日，转读《最胜王经》。"（第三册，p. 8）又卷 17《圣武纪》天平胜宝元年四月条："此〈远〉所念〈波〉、种种法中〈尔波〉、佛大御言〈之〉国家护〈我〉多仁〈波〉胜在〈止〉闻召。食国天下〈乃〉诸国〈尔〉最胜王经〈乎〉坐、庐舍那佛化奉〈止〉为〈弖〉"（第三册，p. 66）又卷 28《称德纪》神护景云元年八月条："复去正月〈尔〉二七日之间诸大寺〈乃〉大法师等〈乎〉奏请〈良倍天〉最胜王经〈乎〉令讲赞〈末都利〉"（第四册，p. 172）又卷 29《称德纪》神护景云三年五月条："然〈母〉庐舍那如来、最胜王经、观世音菩萨、护法善神梵王·帝释·四大天王〈乃〉不可思议威神力。"（第四册，p. 240）又卷 30《称德纪》神护景云三年十月条："犹朕〈我〉尊〈备〉拜〈美〉读诵〈之〉奉〈留〉最胜王经〈乃〉王法正论品〈尔〉命〈久〉。"（第四册，p. 262）

【最是～/もともこれ～】 比较 指居于首要地位的人或事物。《续日本纪》卷 7《元正纪》灵龟元年十月条："凡粟之为物，支久不败，于诸谷中，最是精好。宜以此状遍告天下，尽力耕种，莫失时候。"（第二册，p. 4）（1）失译人名今附后汉录《大方便佛报恩经》卷 6《优波离品》："此二篇戒，最是重者。一戒若犯，永不起二。"失译人名今附后汉录《杂譬喻经》卷 1："异道所奉神，名摩夷首罗，一头四面，八目八臂，诸鬼之最是可畏者。"东晋法显《高僧法显传》卷 1："佛言：'还坐。吾般泥洹后，可为四部众作法式。'像即还坐。此像最是，众像之始，后人所法者也。"（2）《抱朴子·内篇》卷 6《微旨》："九丹金液，最是仙主。然事大费重，不可卒办也。"（p. 124）《宋书》卷 82《周朗传》："是杀人之日有数途，生人之岁无一理，不知复百年间，将尽以草木为世邪，此最是惊心悲魂恸哭太息者。"《世说新语·雅量第 6》："顾和始为扬州从事，月旦当朝，未入，顷停车州门外。周侯诣丞相，历和车边，和觅虱，夷然不动。周既过，反还，指顾心曰：'此中何所有？'顾搏虱如故，徐应曰：'此中最是难测地。'周侯既入，语丞相曰：'卿州吏中有一令仆才。'"按：《汉语大词典》失收。

【罪報/つみのむくひ】 偏正（7 例） 犯罪的果报。谓因罪业而遭受的苦报。据称，下品的罪恶在未来得到畜生的果报，中品的罪恶在未来得到饿鬼的果报，上品的罪恶在未来得到地狱的果报，尤其是五逆谤法的罪，必堕入阿鼻地狱。《日本灵异记》上卷《邪见假名沙弥斫塔木得恶报缘第 27》："呜呼哀哉！罪报不空，何不慎欤？"（p. 116）中卷《恶逆子爱妻将杀母谋现报被恶死缘第 3》："诚知不幸罪报甚近。恶逆之罪，非无彼报矣。"（p. 152）又《依不布施与放生而现得善恶报缘第 16》："门左右备兰西稀馔，诸人乐食。吾居于中，七日饥渴，自口出焰。然言：‘汝不施饥耆妪，而厌**罪报**也。’”（p. 192）又下卷《依妨修行人得猴身缘第24》：“其时我者，禁从众多，不妨修道。虽不禁修道，因妨从者，而成**罪报**。”（p. 322）又《依妨修行人得猴身缘第24》：“依此**罪报**，罗睺罗不生六年，在母胎中者，其斯谓也矣。”（p. 323）又《强非理以征债取多倍而现得恶死报缘第26》：“为赎**罪报**，三木寺进入家内杂种财物，东大寺进入牛七十头马三十匹治田二十町稻四千束，负他人物，皆既免之。”（p. 329）又《假官势非理为政得恶报缘第35》：“我存世时，白米纲丁，而经数年，佰姓之物，非理打征。由其**罪报**，今受此苦。”（p. 353）姚秦鸠摩罗什译《妙法莲华经》卷7《普贤菩萨劝发品》：“若有人轻毁之，言：‘汝狂人耳，空作是行，终无所获。’如是**罪报**，当世世无眼。”梁宝唱等集《经律异相》卷11：“猎者言：‘汝有何罪?’答言：‘是熊看我，如父视子。我今背恩，将是**罪报**。’”

【罪福/ざいふく・つみとさきほひ】 并列 （3例） 罪业（恶业）与福业（善业）。罪业是谓于未来带来恶果的五逆、谤法等罪的行为，福业是谓于未来带来善果的五戒、十善戒等诸戒及受持正法的行为。《日本灵异记》上卷《序》：“愚痴之类，怀于迷执，匪信于**罪福**。深智之俦，覩于内外，信恐因果。”（p. 54）《续日本纪》卷7《元正纪》宝龟十一年正月条：“又诸国国师，诸寺镇三纲，及受讲复者，不顾**罪福**专事请托，员复居多侵损不少。如斯等类，不可更然，宜修护国之正法，以弘转祸之胜缘。”《奈良朝写经5・大般若经卷第267》：“明矣因果，达焉**罪福**。六度因满，四智果圆。”（p. 32）姚秦鸠摩罗什译《维摩诘所说经》卷2《入不二法门品》：“**罪福**为二，若达罪性，则与福无异，以金刚慧决了此相，无缚无解者，是为入不二法门。”刘宋昙无蜜多译《佛说观普贤菩萨行法经》卷1：“何者是**罪**？何者是**福**？我心自空，**罪福**无主。”唐普光述《俱舍论记》卷15《分别业品》：“**罪福**二门，非皆齐等。”→【妄説罪福】

【罪福（之）因果/ざいふく のいんが】 四字 罪业和福业的因果律。罪有苦报，福有乐果。《续日本纪》卷9《元正纪》养老六年七月条：“近在京僧尼，以浅识轻智，巧说**罪福之因果**，不练戒律，诈诱都里之众庶。内黩圣教，外亏皇猷。遂令人之妻子剃发刻肤，动称佛法，辄离室家。”（第二册，p. 120）梁诸大法师集撰《慈悲道场忏法》卷9：“夫三世**罪福，因果**相生，恻然在心，虑不斯隔，常谓影响相符，乃可胡越，善恶之致，非可得而舛也。”梁僧佑撰《弘明集》卷12：“佛教以**罪福因果**，有若影响，圣言明审，令人寒心。”

【罪類/つみのたぐひ】 偏正 罪责的种类；遭受恶报的一类。《古事记》中卷《仲哀记》：“尔惊惧而坐殡宫，更取国之大奴佐而，种种求生剥、逆剥、阿离、沟埋、屎户、上通下通婚、马婚、牛婚、鸡婚之**罪类**，为国之大祓，而亦建内宿祢居于沙庭，请神之命。”（p. 244）曹白延译《佛说须赖经》卷1：“夫以种恶栽，故生堕**罪类**。若其种善本，后必望福果。”西晋竺法护译《佛说弘道广显三昧经》卷1：“执权方便，普现五道，拔诸愚冥，使修菩萨，无欲之行，怀慈四等，济度一切，伤愍**罪类**，故现为龙。”隋阇那崛多译《佛本行集经》卷26《向菩提树品》：“以足网缦放光明，触**罪类**众生，安住不动，善行而行。”按：《汉语大词典》失收。

【醉眠臥/ゑひてみねぶりす】 三字 酒喝得不省人事。《日本书纪》卷14《雄略纪》即位前纪条：“既而穴穗天皇枕皇后膝，昼**醉眠卧**。于是眉轮王伺其熟睡，而刺弑之。”（第二册，p. 140）西晋竺法护译《生经》卷2：“甥酤美酒，呼请乳母及微伺者，就于酒家。劝酒大**醉眠卧**，便盗儿去。醒悟失儿，具以启王。”该例在梁宝唱等集《经律异相》卷44中亦见辑录。

【尊卑差別/たふときといやしきとのしなのわかちあり】 典据 地位的高低和差异不同。《日本灵异记》中卷《常鸟卵煮食以现得恶死报缘第10》：“《涅槃经》云：‘虽复人兽，**尊卑差别**。宝命重死，二俱无异。’云云。”（p. 176）北凉昙无谶译《大般涅槃经》卷20《梵行品》：“大王，如王宫中，常敕屠羊，心初无惧。云何于父，独生惧心？虽复人畜，**尊卑差别**，宝命畏[①]死，二俱无异。”新罗太贤集《梵网经古迹记》卷2：“佛告阿阇世王言：‘大王，汝王宫中，常敕屠羊，心初无惧。云何于父，独生惧心？虽复人兽，**尊卑差别**，宝命重死，二俱无异。’”

【尊仏/ほとけをたふとぶ】 述宾 尊崇佛陀。《续日本纪》卷9《圣武纪》神龟二年七月条：“戊戌，诏七道诸国，除冤祈祥，必凭幽冥，敬神**尊佛**，清净为先。”（第二册，p. 160）

【尊仏法/ぶっぽうをたふとぶ】 三字 尊崇佛法。《日本书纪》卷25《孝德纪》即位前纪条：“天万丰日天皇，天丰财重日足姬天皇同母弟也。**尊佛法**，轻神道。为人柔仁好儒。不择贵贱，频降恩敕。”（第三册，p. 108）西晋安法钦译《佛说道神足无极变化经》卷2：“不言凡人法，不**尊佛法**为尊，于凡人法，亦无所断，于佛法，亦无所断，如是生生复生。是名曰凡人法。”梁曼陀罗仙译《宝云经》卷2：“云何名菩萨不颠倒智慧？善学世谛，第一义谛，及诸经论，善学世间杂论，为成熟众生故，虽广闻多学，而不为于，显己功德，但为成熟众生，虽明知世典，而常**尊佛法**，以为最胜，终不染于，外道邪见。是名菩萨不颠倒智慧。”

【尊霊/そんりょう・たふときみたま】 偏正 （3例） 尊贵的灵魂。指死去的贵人或父母。《续日本纪》卷20《孝谦纪》天平宝字元年闰八月条：“此是，奉翼皇宗，住持佛法，引导**尊灵**，催劝学徒者也。”（第三册，p. 230）又卷26《称德纪》天平神护元年八月条：“己〈我〉心〈仁〉念求〈流〉事〈乎之〉成给〈天波〉、**尊灵**〈乃〉子孙〈乃〉远流〈天〉在〈乎方〉京都〈仁〉召上〈天〉臣〈止〉成〈无止〉云

---

① “畏”，宫本中作“重”。

〈利〉。"（第四册，p. 86）《奈良朝写经 31・别译杂阿含经卷第 10》："仰资二亲**尊灵**，归依净域，曳影于睹史之宫；游戏觉林，升魂于摩尼之殿。"（p. 232）（1）佛陀、天神现身。吴康僧会译《六度集经》卷 7："即弃家捐妻子，入深山处闲寂，以山水果蓏自供，处山举手，椎心哀号而云：'吾生怨乎！不值佛世，不闻佛经，十方现在，至真世尊，洞视彻听，皆一切知，恍惚髣髴，晖靡不之，愿现**尊灵**，令吾睹佛，得闻弘模，大道极趣。'"《南齐书》卷 58《东南夷传》："摩酰首罗天，依此降**尊灵**。国土悉蒙佑，人民皆安宁。"（p. 1015）（2）逝者的亡灵。吴竺律炎、支谦合译《摩登伽经》卷 2《观灾祥品》："月在七星，宜植杂谷，立仓和怨，种艺造犁，祭祀**尊灵**。"唐慧净撰《盂兰盆经赞述》卷 1："七世**尊灵**长辞百苦，永去千弥寒泉。"按：《汉语大词典》失收。

【尊容/たふときかたち】 偏正 尊贵的容貌，特指佛像或神像。《藤氏家传》下卷《武智麻吕传》："后就余闲，诣滋贺山寺，礼**尊容**而发愿，刻身心而忏罪。"（p. 344）（1）元魏慧觉等译《贤愚经》卷 12《波婆离品》："生遭圣世，甚难值遇，思睹**尊容**，禀受清化，年已老迈，足力不强，虽有诚欵，靡由自达。"唐菩提流志译《大宝积经》卷 32："或求如来无上道，或求菩萨声闻乘。犹入最胜栴檀城，瞻仰**尊容**自欣庆。"唐义净译《金光明最胜王经》卷 1《序品》："如是等声闻、菩萨、人天大众、龙神八部，既云集已，各各至心，合掌恭敬，瞻仰**尊容**，目未曾舍，愿乐欲闻，殊胜妙法。"（2）《水经注・漯水》："立祇洹舍于东皋，椽瓦梁栋，台壁棂陛，**尊容**圣像，及床坐轩帐，悉青石也。"

【尊像/たふときみかた】 偏正（8 例） 指诸尊之像，亦即佛、菩萨、明王、诸天、护法神等之像。《日本灵异记》上卷《赎龟命放生得现报龟所助缘第 7》："禅师为造**尊像**上京，卖财既买得金丹等物。"（p. 80）又《妻为死夫建愿图绘像有验不烧火示异表缘第 33》："赞曰：'善哉！贞妇。追远报恩，迄秋设会。诚知其敦。炎火随列，**尊像**不焚。上天所佑，知复何论。'"（p. 132）又《缔知识为四恩作绘佛像有验示奇表缘第 35》："时其**尊像**，为人所盗。悲泣求之，终不得矣。"（p. 135）又："时市人评曰：'可开其簏。'簏主怕然舍簏奔走。后开见之，**尊像**存焉。"（p. 135）又中卷《穷女王归敬吉祥天女像得现报缘第 14》："不胜悦望，捧得衣裳，著之乳母，然后参堂，将拜**尊像**，著之乳母衣裳，被之其天女像。"（p. 185）又《观音铜像及鹭形示奇表缘第 17》："尼众卫绕彼像，而悲哭云：'我失**尊像**，日夜奉恋，今邂逅而逢。我诸大师，何有罪过，蒙斯贼难？'"（p. 195）又《佛铜像盗人所捕示灵表显盗人缘第 22》："僧并檀越，闻之集来，卫于破佛，而号愁曰：'哀哉，恳哉！我大师，聊何有过失，蒙此贼难？**尊像**有寺，以像为师。今自灭后，以何为师矣？'"（p. 206）又《药师佛木像流水埋沙示灵表缘第 39》："引率知识，劝请佛师，令造佛耳。鹈田里造堂，居**尊像**以之供养。"（p. 246）

【尊重供養/たふとびくようす】 四字 （2例） 尊崇、重视、奉养三宝。《上宫圣德法王帝说》："时大臣军士，不克而退。故则上宫王，举四王像，建军士前誓云：若得亡此大连，奉为四王造寺**尊重供养**者。即军士得胜，取大连讫，依此即造难波四天王寺也。"《元兴寺伽蓝缘起并流记资财账》："时，中臣连物部连等而为上首，诸臣同心白言：'从今以后，三宝之法，更不破，更不烧流，更不凌轻，三宝之物不摄不犯。从今以后，左肩三宝坐，右肩我神坐，并为礼拜，**尊重供养**。'"东晋佛驮跋陀罗译《大方等如来藏经》卷1："如是等六十恒河沙菩萨摩诃萨，从无量佛刹，与无央数天龙、夜叉、乾闼婆、阿修罗、迦楼罗、紧那罗、摩睺罗伽俱，悉皆来集，**尊重供养**。"隋阇那崛多译《佛本行集经》卷25《精进苦行品》："汝至彼已，请彼沙门，布施及食，**尊重供养**，奉油并酥，以用涂身，然后别供，暖水澡浴。如是因缘，后应得成，汝等心愿。"唐义净译《金光明最胜王经》卷6《四天王护国品》："尔时，四天王俱共合掌，白佛言：'世尊，若有人王，于其国土，虽有此经，未常流布，心生舍离，不乐听闻，亦不供养，尊重赞叹，见四部众，持经之人，亦复不能，**尊重供养**，遂令我等，及余眷属，无量诸天，不得闻此，甚深妙法。'"→【信敬尊重】

【尊重三宝/さんぼうをたふとぶ】 四字 尊崇重视佛法僧。《元兴寺伽蓝缘起并流记资财账》："高丽大兴王方睦大倭，**尊重三宝**，遥以随喜，黄金三百二十两助成大福，同心结缘。愿以兹福力，登遐诸皇，遍及含识，有信心不绝，面奉诸佛，共登菩提之岸，速成正觉。"北凉昙无谶译《大般涅槃经》卷28《师子吼菩萨品》："复有二法，退菩提心。何等为二？一者贪乐五欲；二者不能恭敬，**尊重三宝**。以如是等，众因缘故，退菩提心。"又《大方等无想经》卷2《大众健度》："复次，善男子。假使恒河沙等十方世界，满中大火，有人在中，念是经者，火不能烧。常应供养，**尊重三宝**，勿令其心，中有忘失。"隋智顗说《释禅波罗蜜次第法门》卷3："**尊重三宝**，心乐供养，精勤勇猛，常无懈倦，当知此是，过去今生，信敬三宝，精勤供养习报。"

【昨夕/きぞ】 时段 昨晚，昨天晚上。《日本书纪》卷6《垂仁纪》八十八年七月条："……则使问清彦曰：'尔所献刀子忽失矣。若至汝所乎？'清彦答曰：'**昨夕**，刀子自然至于臣家，乃明旦失焉。'"（1）隋阇那崛多译《佛本行集经》卷15《净饭王梦品》："时净饭王，即便敕唤，此婆罗门，令入宫中。入已欢喜，即宣敕问，彼婆罗门，作如是言：'汝巧智慧，大婆罗门，今知已不？我于**昨夕**，夜半之时，见如是等，七种梦相。'"（2）《魏书》卷71《夏侯道迁传》："至明，前凉城太守赵卓诣之，见其衣湿，谓夬曰：'卿**昨夕**当大饮，溺衣如此。'夬乃具陈所梦。"（p. 1584）《广异记》："寻还襄阳，试索其妻裙带上，果得林檎。问其故，云：'**昨夕**梦见五六人追，云是张仙唤ㄐ筝，临别，以林檎系裙带上。'方知张已得仙矣。"

【左手掌中/ひだりのてのたなうら】 四字 今义同。《日本书纪》卷1《神代纪上》："已而素戋呜尊含其左髻所缠五百个御统之琼，著于**左手掌中**便化生男矣。"（第

一册，p. 72）失译人名今附梁录《牟梨曼陀罗咒经》卷 1：“先合掌已，以右手四指作拳，以大指捺其右肋，即举置于，**左手掌中**。”唐阿地瞿多译《陀罗尼集经》卷 1《释迦佛顶三昧陀罗尼品》：“其佛左边作金刚藏菩萨像，像右手屈臂向肩上，手执白佛。**左手掌中**，立金刚杵，其一端者，从臂上向外立著，咒师于佛前。”唐善导集记《观念阿弥陀佛相海三昧功德法门》卷 1：“又行者若欲坐，先须结跏趺坐，左足安右髀上与外齐，右足安左髀上与外齐，右手安**左手掌中**，二大指面相合。”

【左右前後/ひだりみぎまへうしろにして】 四字 （跟随在某人的）前后左右；簇拥着某人；前呼后拥。《日本灵异记》中卷《依汉神崇杀牛而祭又修放生善以现得善恶报缘第 5》：“千万余人，卫绕于我，**左右前后**，自王宫出。乘轝而荷，擎幡而导，赞叹以送，长跪礼拜。彼众人，皆作一色容。”（p. 159）隋阇那崛多译《佛本行集经》卷 7《树下诞生品》：“其外复有，一万香象，一万力士，皆服铠甲，随从夫人，**左右前后**，卤簿而行，皆各坐于，香象之上。”又卷 53《优陀夷因缘品》：“复将四兵，百官大臣，将帅僚佐，及诸居士，城邑聚落，长者耆年，以显大王，威势之力，并显大王，神德自在，将大亲族，兵众**左右，前后**围绕。”唐善无畏译《千手观音造次第法仪轨》卷 1：“如是善神，异口同音，各各誓言，显说释名，密语神咒，领诸眷属，**左右前后**，围绕守护。”按：“左右前后”的说法本身，在传世文献中多见。《尚书·周书·冏命第 28》：“惟予一人无良，实赖**左右前后**有位之士，匡其不及，绳愆纠缪，格其非心，俾克绍先烈。”《墨子》卷 15《号令第 70》：“吏卒侍大门中者，曹无过二人。勇敢为前行，伍坐，令各知其**左右前后**。”例中“左右前后”指身边的能人志士，不表示众人簇拥的意思。

【作大会/だいえをなす】 三字 举行人数众多的法会。《元兴寺伽蓝缘起并流记资财账》：“大臣乙巳年二月十五日，止由良佐歧刹柱立，**作大会**。”姚秦鸠摩罗什译《大庄严论经》卷 15：“共余婆罗门，先有斗诤，以瞋恚故，诣僧坊中，诈为妄语，作如是言：‘某婆罗门，明日于舍，设诸供具，当**作大会**，请诸比丘。’”萧齐求那毘地译《百喻经》卷 2：“昔有婆罗门师，欲**作大会**，语弟子言：‘我须瓦器，以供会用，汝可为我，雇借瓦师，诣市觅之。’”唐义净译《根本说一切有部毘奈耶》卷 49：“时守门者，遥见灯明，来就观察，乃见孩子，持归与妇，告曰：‘宜善恩育，当为汝子。’时守门者，便**作大会**，告及宗亲，云我妇生子。”

【作悪/あしきことをおこなふ】 述宾 （4 例） 干坏事，造孽，造众业。“作善”的对应词。①用于文章中。《日本灵异记》下卷《序》：“观代修善之者，若石峰花。**作恶**之者，似土山毛。”又《重斤取人物又写〈法华经〉以现得善恶报缘第 22》：“诚知作善来福，**作恶**来灾。善恶之报，终不朽失，并受二报。唯专作善，不可**作恶**矣。”（p. 315）②用于说话故事小标题。《日本灵异记》下卷《不顾因果**作恶**受罪报缘第 37》（p. 358）→【作善】

【**作悪業**/あくぎょうをなす】三字　做坏事，造业。《上宫皇太子菩萨传》："若恶人入山，怀劫夺者，至松径，异人即出捉手，牵入松林溪中。而言：'汝过去无量劫中**作恶业**，今旦坐禅入灭尽定，以一手捉石压脚上，更不得起。'"吴支谦译《撰集百缘经》卷6《诸天来下供养品》："蛇闻佛语，深自克责，盖障云除，自忆宿命，作长者时，所**作恶业**，今得是报，方于佛所，深生信敬。"北凉昙无谶译《大般涅槃经》卷29《师子吼菩萨品》："佛言：'善男子，须陀洹者，虽生恶国，终不失于，须陀洹名，阴不相似。是故我引，犊子为喻，须陀洹人，虽生恶国，以道力故，不**作恶业**。'"隋宝贵合《合部金光明经》卷2《忏悔品》："心念不善，口**作恶业**。随心所作，不见其过。"

【**作方便**/ほうべんをなす】三字　随机乘便，便宜行事。《万叶集》卷2第126～128首歌注："爰**作方便**，而似贱妪。"（第一册，p. 97）后汉安世高译《佛说奈女祇域因缘经》卷1："此王病笃，远来迎汝，如何不往，急往救护之，趍**作方便**，令病必愈。"吴支谦译《佛说义足经》卷1："是时，梵志自坐其讲堂，共议言：'我曹本为国王、大臣、人民、理家所待遇，今弃不复用。悉反事沙门瞿昙及诸弟子，今我曹当共**作方便**败之耳。'"梁宝唱等集《经律异相》卷15："时迦留陀夷往其舍食，为婆罗门妇说淫欲过诃破戒罪。妇即生疑恐知此事或向夫说，即**作方便**托疾请之。"按：《万叶集全注卷第2》根据中村元《佛教大辞典》指出"方便"为佛教词。需要说明的是，此处"作方便"是佛典中习见的固定搭配形式。

【**作仏**/ほとけをつくる】述宾（4例）　做佛事；造佛像。《日本灵异记》上卷《信敬三宝得现报缘第5》："皇太子言：'速还家，除**作佛**处。我悔过毕，还宫**作佛**。'"（p. 76）又："黄金山者，五台山也。东宫者，日本国也。还宫**作佛**者，胜宝应真圣武太上天皇，生于日本国，作寺**作佛**也。"（p. 76）按：佛教里有"作佛"一词，谓成佛之义。姚秦鸠摩罗什译《妙法莲华经》卷6《常不轻菩萨品》："是比丘，凡有所见：若比丘、比丘尼、优婆塞、优婆夷，皆悉礼拜赞叹，而作是言：'我深敬汝等，不敢轻慢。所以者何？汝等皆行菩萨道，当得**作佛**。'"

【**作何功徳善**/なにのくどくあるよきことをかおこなふ】自创　有何功德、做过什么善事？《日本灵异记》下卷《不顾因果作恶受罪报缘第37》："每打遍。问诸史言：'若此人在世时，**作何功德善**？'诸史答言：'唯奉写《法华经》一部。'"（p. 358）吴竺律炎、支谦合译《摩登伽经》卷1《众相问品》："汝于往昔，曾为何等，智慧言辞，乃能若是？修习何行，**作何功德**？唯愿为我，广宣分别。"西晋竺法护译《等集众德三昧经》卷3："于是钩锁菩萨白佛言：'如来愿说，百福之相，**作何功德**，而佛世尊，成斯相乎？'"东晋瞿昙僧伽提婆译《增壹阿含经》卷31《力品》："是时，诸比丘白世尊言：'鸯掘魔本，**作何功德**，今日聪明智慧，面目端政，世之希有？'"

【作訖以後/つくりをへてのち】时段 做完以后，完成以后。《播磨国风土记·神前郡》条："又云于和村。大神国作讫以后云：'于和，等于我美歧。'"（p. 92）（1）西晋安法钦译《阿育王传》卷4："迦叶自念：'如来是我，大善知识，当报佛恩。'报佛恩者，所谓佛所欲作，我已作讫，以法饶益，同梵行者，为诸众生，作大利益，示未来众生，作大悲想，欲使大法，流布不绝。"隋阇那崛多等合译《起世经》卷4《地狱品》："具足证已，愿我当言：'我今生死已尽，梵行已立。所应作者，皆已作讫，更不复于，后世受生。'"《齐民要术》卷5《种榆白杨》："作讫，又以锹掘底，一坑作小堑。"（p. 428）（2）失译人名今附秦录《别译杂阿含经》卷7："到佛所已，头面礼足，却坐一面，而作是言：'瞿昙，我于昔者，曾从宿旧，极老伎人边闻：于伎场上，施设戏具，百千万人，皆来观看。弹琴作倡，鼓乐弦歌，种种戏笑。所作讫已，命终之后，生光照天。'"

【作善/よきことをおこなふ】述宾（4例） 为善、行善之意。谓供养佛、从事佛道修行等，而累积善根。"作恶"的对应词。《日本灵异记》下卷《重斤取人物又写〈法华经〉以现得善恶报缘第22》："诚知作善来福，作恶来灾。善恶之报，终不朽失，并受二报。唯专作善，不可作恶矣。"（p. 315）又《用寺物复将写〈大般若〉建愿以现得善恶报缘第23》："爰三僧出来，问忍胜言：'汝作何善？'答：'我不作善。唯欲写《大般若经》六百卷，故先发愿，而未书写。'"（p. 319）→【作恶】

【作於～/～となる】于字 充当某角色。《日本灵异记》上卷《得雷之憙令生子强力在缘第3》："然后，少子作于元兴寺之童子。"（p. 65）姚秦鸠摩罗什译《大庄严论经》卷7："为一切众生，作于最亲友，独一说解脱，然示种种道。"失译人名今附秦录《别译杂阿含经》卷6："夫出家者，宜应如汝，作于沙门。"隋阇那崛多译《佛本行集经》卷1《发心供养品》："希有世尊，愿我当来，得作于佛，十号具足。还如今日，善思如来，为于大众、声闻人天，恭敬围绕，听佛说法，信受奉行，一种无异。"

【作斎/いはひをなす】述宾 犹言设斋祈求冥福。《元兴寺伽蓝缘起并流记资财账》："又尼等为白羯磨，法师寺急速作斋。"东晋瞿昙僧伽提婆译《中阿含经》卷4《业相应品》："恒水南岸杀、断、煮去，恒水北岸施与、作斋、咒说而来，因是无罪无福，因是无罪福报。"又卷37《梵志品》："摩纳，有一梵志，作斋行施，彼有四儿，二好学问，二不学问。于摩纳意云何？"唐道世撰《法苑珠林》卷91："辩珪曰：我为破斋，今受大苦。兼语诸弟子等曰：'为我作斋，救拔苦难。'弟子辈即为营斋。"

【作罪/つみをつくる】述宾（6例） 犯罪，造孽。《日本灵异记》上卷《非理夺他物为恶行受报示奇事缘第30》："作罪得报之因缘者，大乘经如广说。谁不信耶。所以经云：'现在甘露，未来铁丸'者，其斯谓之矣。'"（p. 126）又中卷《已作寺用其寺物作牛役缘第9》："于兹诸眷属及同僚，发惭愧心，而慄无极。谓作罪可恐，岂应无报矣。”（p. 173）又下卷《序》：“观代修善之者，若石峰花。作恶之者，似土山毛。匪礴因果**作罪**，以比无目之人履叵失之兮虎尾。甘嗜名利杀生，疑托鬼之人抱毒蛇。莫朽之号恶种，叵见之号善根。”（p. 260）又：“无记**作罪**，无记报怨，何况乎发恶心杀，无彼怨报欤。”（p. 260）又《不顾因果作恶受罪报缘第37》：“因时王，拍手言：‘如许见之世间众生**作罪**受苦，未见如此人太甚**作罪**。’”（p. 358）后汉康孟详译《佛说兴起行经》卷1：“是故大王，当学舍恶、从善。恶騃不学问，未识真道者，戏笑轻**作罪**，后当号泣受。是故大王，不可以戏笑**作罪**。王当学如是。”北凉昙无谶译《大般涅槃经》卷19《8 梵行品》：“耆婆答言：‘善哉，善哉！王虽**作罪**，心生重悔，而怀惭愧。大王，诸佛世尊，常说是言：有二白法，能救众生，一惭二愧，惭者自不**作罪**，愧者不教他作。’”按：《汉语大词典》失收。

【坐禅入滅尽定/ざぜんしてめつじんじょうにいる】典据　“坐禅”，静坐息虑，凝心参究。“禅”，梵语 dhyāna 的音译词“禅那”的省称。“灭尽定”，灭尽心、心所（心之作用）而住于无心位之定。《上宫皇太子菩萨传》：“若恶人入山，怀劫夺者，至松径，异人即出捉手，牵入松林溪中。而言：‘汝过去无量劫中作恶业，今旦**坐禅入灭尽定**，以一手捉石压脚上，更不得起。’”后秦僧肇撰《注维摩诘经》卷10《嘱累品》：“时优波掘林中，**坐禅入灭尽定**，魔即以天上严饰华鬘系额上已，广语四众，将共视之。此比丘于空闲处，严饰如是，云何名为，清净有德？须臾，优波掘从定起觉，头有华鬘，知是魔为，即指之汝是魔王，即取死狗，变为华鬘，极大严饰。”

【坐禅誦経/ざぜんずきょう】四字　静坐修禅，读诵经文。《上宫皇太子菩萨传》：“**坐禅诵经**，或口宣三藏；心味四禅，或振锡衲衣；携瓶揭钵，或冬夏袒膊；跣足经行，或隐居岩穴；飡松噉栢，或常坐不卧。”姚秦竺佛念译《出曜经》卷13《沙门品》：“智者立行，或时诵习精微，入定**坐禅诵经**，佐助众事，执意勇健，不怀怯弱，昼夜孜孜，不怀懈惓，是故说，智者立行，精勤果获也。”梁慧皎撰《高僧传》卷3：“跋陀嘉其恳至，遂共东行。于是逾沙越险，达自关中，常依随跋陀，止长安大寺。顷之，跋陀横为秦僧所摈，严亦分散，憩于山东精舍，**坐禅诵经**，力精修学。”

【坐普提之樹/ぼだいのきにざす】先例　坐在菩提树下修行（等候开悟）。《奈良朝写经66・大般若经卷第176》：“退愿笃蒙四恩，枕涅槃之山，**坐普提之树**，位成灌顶，力奋降魔，广及法界，六道有识，离苦得乐，齐登觉道。”（p. 403）宋太宗赵炅撰《御制莲华心轮回文偈颂》卷5：“‘运要齐真协’：运高迈之心，趣出尘之要。宜齐真理，协于妙法之谈。终至无为，**坐普提之树**。”

索　引

ア

イ

ウ

エ

オ

カ

キ

ク

ケ

コ

サ

シ

ス

セ

ソ

タ

チ

ツ

テ

ト

ナ

二

ヌ

ネ

ノ

ハ

ヒ

へ

ホ

マ

ミ

ム

メ

モ

ヤ

ユ

ヨ

ラ

リ

ル

レ

ロ

ワ

ヰ

ヱ

ヲ

图书在版编目(CIP)数据

汉文佛经文体影响下的日本上古文学：研究·资料：全三卷／马骏，黄美华著. -- 北京：社会科学文献出版社，2019.5
ISBN 978-7-5201-2876-6

Ⅰ.①汉… Ⅱ.①马… ②黄… Ⅲ.①日本文学-文学研究②中文-佛经-研究 Ⅳ.①I313.06②B94

中国版本图书馆 CIP 数据核字(2018)第 118977 号

汉文佛经文体影响下的日本上古文学（研究·资料）（全三卷）

著　　者／马　骏　黄美华

出 版 人／谢寿光
责任编辑／胡　亮

出　　版／社会科学文献出版社·群学出版分社（010）59366453
　　　　　地址：北京市北三环中路甲 29 号院华龙大厦　邮编：100029
　　　　　网址：www. ssap. com. cn
发　　行／市场营销中心（010）59367081　59367083
印　　装／三河市东方印刷有限公司

规　　格／开　本：787mm×1092mm　1/16
　　　　　印　张：149　字　数：3148 千字
版　　次／2019 年 5 月第 1 版　2019 年 5 月第 1 次印刷
书　　号／ISBN 978-7-5201-2876-6
定　　价／998.00 元（全三卷）